Akira Iriye (Hrsg.)

Geschichte der Welt

1945 bis heute
Die globalisierte Welt

W0110330

Schriftenreihe   Band 1413

Akira Iriye (Hrsg.)

Geschichte der Welt

1945 bis heute
Die globalisierte Welt

Mit Beiträgen von

Wilfried Loth
Thomas W. Zeiler
John R. McNeill und Peter Engelke
Petra Gödde
Akira Iriye

bpb:
Bundeszentrale für politische Bildung

Die deutsche Verlagsausgabe erscheint innerhalb der Reihe „Geschichte der Welt", herausgegeben von Akira Iriye und Jürgen Osterhammel.

Akira Iriye war bis zu seiner Emeritierung Professor für Geschichte an der Harvard University.

Jürgen Osterhammel ist Professor für Neuere und Neueste Geschichte an der Universität Konstanz.

Geschichte der Welt
A History of the World

Verlag C.H. Beck oHG und The Belknap Press
of Harvard University Press © 2013

Mit 62 Abbildungen und 9 Karten (© Isabelle Lewis)

Die Einleitung und die Beiträge von Petra Gödde und Akira Iriye wurden von Andreas Wirthensohn übersetzt.
Die Beiträge von Thomas W. Zeiler und John R. McNeill / Peter Engelke wurden von Thomas Atzert übersetzt.

Diese Veröffentlichung stellt keine Meinungsäußerung der Bundeszentrale für politische Bildung dar. Für die inhaltlichen Aussagen tragen die Autorin und die Autoren die Verantwortung.

Bonn 2014
Lizenzausgabe für die Bundeszentrale für politische Bildung
Adenauerallee 86, 53113 Bonn
Für die deutsche Ausgabe:
© Verlag C.H. Beck oHG, München 2013
Umschlaggestaltung: Michael Rechl, Kassel
Umschlagfoto: © Ivan Kashinsky / Panos Pictures / VISUM
Satz: Janß GmbH, Pfungstadt
Druck und Bindung: Druckerei C.H. Beck, Nördlingen
ISBN 978-3-8389-0413-9
www.bpb.de

INHALT

EINLEITUNG
Akira Iriye

«Außerdem sollte ein Buch, wie jedes andere Werk, von seiner These zusammengehalten werden. Ein Buch, das aus den Essays verschiedener Autoren besteht, ist daher als Ganzes eher weniger interessant als das Buch eines Einzelnen.» Bertrand Russell hatte ohne jeden Zweifel recht, als er in seiner Autobiographie unmittelbar vor dem eingangs zitierten Satz schrieb: «Aber meiner Meinung nach kann ein Mensch ohne Tendenz keine interessante Geschichte schreiben – wenn es wirklich einen solchen Menschen gibt.» Als Historiker haben alle Beiträger dieses Bandes ihren Standpunkt oder ihre «Tendenz», wie der Philosoph es formuliert. Aber ich hoffe natürlich, ihre Standpunkte sind nicht so unterschiedlich, dass dies den Band weniger interessant macht, als wenn er von einer Hand geschrieben wäre. Tatsächlich wird der Leser schon bald merken, dass die Beiträger einiges gemeinsam haben. Erstens wollen sie alle einen frischen Blick auf die «Zeitgeschichte» werfen, also auf die Geschichte der vergangenen Jahrzehnte seit dem Ende des Zweiten Weltkriegs. Zweitens sind wir alle der Überzeugung, dass sich diese Geschichte – wie eigentlich die Geschichte jeder Epoche – nur im globalen Kontext und nicht im Rahmen eigenständiger National- oder Regionalgeschichten begreifen lässt.

Drittens, und das ist uns besonders wichtig, sind wir der Ansicht, dass diese Globalgeschichte aus zahlreichen Schichten oder Ebenen besteht, die sich normalerweise nicht überlappen, aber trotzdem miteinander verbunden sind. Da gibt es die Geschichte der Welt, die sich auf der Ebene einzelner Staaten abspielt, ob nun jeweils für sich oder im Kollektiv. Für die Zeit nach 1945 wurde diese Geschichte zumeist im Rahmen des Kalten Krieges betrachtet, doch wie die folgenden Kapitel zeigen, gab es viele andere nationale und internationale Entwicklungen, die in den Blick rücken müssen, wenn man die jüngste Geschichte wirklich verstehen will. Parallel zu dieser im Wesentlichen geopolitisch bestimmten Ebene entwickelten andere Bereiche ihre jeweils ganz eigene Dynamik. Da war zum einen die

Ökonomie und zum anderen die Kultur, wo nationale Einheiten als Bezugsgrö-
ßen weniger wichtig waren als Waren, Kapital, Ideen sowie andere Produkte und
Betätigungen in verschiedenen Teilen der Welt. All diese Ebenen überlappten sich
gelegentlich und verschmolzen mitunter sogar miteinander, aber jede wies ihre
eigene Geschichte, Chronologie und Agenda auf. Eine gänzlich andere Ebene
stellte der natürliche Lebensraum dar, den die Menschen mit Tieren, Pflanzen,
Wasser, Luft und anderen physischen Dingen teilten.

Keine dieser Ebenen beanspruchte dauerhaft eine privilegierte Stellung für
sich. Es gab bestimmte Phasen, in denen dezidiert nationale Fragen oder die internationalen Beziehungen das Leben der Menschen bestimmten, während zu anderen Zeiten die Launen transnationaler wirtschaftlicher oder kultureller Faktoren
ihr Dasein beeinflussten, wohingegen sich die menschliche Umwelt mit ihrer eigenen, für Menschen schwer vorhersehbaren Art auf alle menschlichen «Lebens-
fahrpläne» auswirkte. Geschichte ist die Gesamtheit und das Ergebnis all dieser
Aktions- und Interaktionsebenen. Das erinnert an den amerikanischen Künstler
Robert Motherwell (1915–1991), der von seinen Gemälden einmal sagte, sie würden aus Bewusstseinsschichten bestehen. Auch Historiker versuchen zu zeigen,
dass es zu einem bestimmten Zeitpunkt eine Vielzahl an Themen und Entwicklungen gab, und hoffen, dass sich der Leser dadurch bewusst wird, wie reichhaltig
die menschliche Erfahrung – und die menschliche Interaktion mit dem physischen Universum – ist, ohne damit aber zu suggerieren, eine Ebene oder Bedeutung
allein sei für das Leben der Menschen maßgeblich.

Das heißt freilich nicht, dass in den Kapiteln dieses Buches einfach nur verschiedene Themen ohne Schwerpunkt – sieht man vom übergreifenden Bezugsrahmen der Globalgeschichte einmal ab – präsentiert werden. Die Darstellung der
Geschichte seit dem Zweiten Weltkrieg zeigt vielmehr eines ganz deutlich: ein bis
dahin nicht gekanntes Maß an grenzüberschreitenden Interaktionen zwischen
Menschen, ihren Gemeinschaften, Ideen und Gütern, mit der Folge, dass die
Schicksale von Nationen, Zivilisationen, Individuen und der natürlichen Umwelt
eng miteinander verknüpft waren, ob nun im politischen, ökonomischen, gesellschaftlichen oder kulturellen Bereich.

Wie Band 5 dieser Geschichte der Welt gezeigt hat, wurde die Welt zwischen
1870 und 1945 immer transnationaler, auch wenn die Nationen weiterhin macht-
voll präsent waren. Diese Entwicklung setzte sich nach 1945 fort. Ein zentraler
Unterschied zwischen diesen beiden Epochen globaler Transformation besteht
freilich darin, dass in ersterem Zeitraum technische Innovationen und ökonomische Transaktionen zwar alle Winkel dieser Erde in engen Kontakt miteinander
brachten, gleichzeitig aber die Welt in anderer Hinsicht noch nie so rigide geteilt
war: in Kolonisatoren und Kolonialisierte, in Kapital und Arbeit, in Weiße und
Farbige, in den Westen und in den Nicht-Westen, in «Zivilisierte» und «Unzivi-
lisierte», schließlich in die «Großmächte» und die schwächeren Staaten. Oder

anders gesagt: Die Transnationalisierung erfolgte in zweifacher Form, einmal in Richtung Einheit der Menschheit und einmal in Richtung Spaltung.

Im Gegensatz dazu hat sich die Welt seit 1945 in eine Reihe miteinander verknüpfter Beziehungen verwandelt, sodass die Kluft zwischen menschlicher Einheit und Spaltung – wenn auch niemals zur Gänze – überwunden wurde. War die globale Transformation früher vor allem durch die im Westen entwickelte moderne Technik und Ideologie vorangetrieben worden, so waren nunmehr im Wortsinne Millionen von Individuen und Menschengruppen an diesem Prozess beteiligt, in dessen Zuge viele der bestehenden Trennmauern niedergerissen wurden. Länder und Völker in nichtwestlichen Teilen der Welt haben aktiv Geschichte geschrieben und sich nicht einfach nur in eine westlich geprägte Welt eingefügt. In der Folge ist ein stärkeres «Menschheitsgefühl» entstanden, selbst wenn sich die Menschen ihrer Vielfalt deutlicher bewusst wurden. Ob die Menschheit unter diesen Umständen in der Lage ist, ihr Schicksal zu meistern, ein Schicksal, das heute eng mit der natürlichen Umwelt verbunden ist, wird die zentrale Frage des 21. Jahrhunderts sein.

Mit diesen und verwandten Themen befassen sich die folgenden Kapitel aus verschiedenen Perspektiven. Zunächst gibt Wilfried Loth einen Überblick über die internationale Politik nach dem Zweiten Weltkrieg. Der Schwerpunkt liegt dabei auf Europa, doch auch die Entwicklungen in anderen Teilen der Welt werden gründlich analysiert. Der Übergang von der Allianz gegen die Achsenmächte, die den Krieg gewann, zur Gegnerschaft zwischen den USA und der UdSSR lässt sich auf einer Ebene als traditionelle geopolitische Geschichte der Rivalität zwischen Großmächten erzählen, doch wie der Autor zeigt, hatte der Kalte Krieg noch unzählige andere Dimensionen. Das hatte nicht zuletzt damit zu tun, dass viele Weltregionen, die bislang außerhalb des Großmachtdramas standen, ihre Unabhängigkeit erlangten und damit immer selbstbewusster auftraten. Anders gesagt: Weltpolitik wurde, was ihre Reichweite angeht, globaler denn je.

Die Schlüsselfrage jeder Darstellung des Kalten Krieges lautet natürlich, warum er «kalt» blieb und sich nicht zu einem dritten Weltkrieg entzündete. Wilfried Loth bietet in dieser Frage eine ganz neue Perspektive: Seiner Ansicht nach lief die Beziehung zwischen Washington und Moskau nicht von Anfang an zwangsläufig auf einen wechselseitigen Antagonismus hinaus, vielmehr führten eine Reihe von unglücklichen Aktionen, Missverständnissen und Fehleinschätzungen dazu, dass man die Weltpolitik in erster Linie unter dem Gesichtspunkt der bipolaren Auseinandersetzung betrachtete. Beiden Seiten kam es zudem aus innenpolitischen Gründen zupass, die Krise zu verschärfen. Ob militärische Aufrüstung, politische Einheit oder eine bestimmte Wirtschaftsstrategie – all das konnte im Namen nationaler Sicherheit vorangetrieben werden. Wie sich zeigte, gelang es dieser Bipolarität trotzdem ungleich besser, einen Krieg zu vermeiden, als den Großmächten in der ersten Hälfte des 20. Jahrhunderts. Andererseits kam es lokal zu

gewaltsamen Zusammenstößen in Korea, Vietnam, Südasien, dem Nahen und
Mittleren Osten sowie in Afrika, die letztlich genauso viele Menschenleben forderten wie der Zweite Weltkrieg. Loth analysiert jeden dieser Konflikte und geht
dabei vor allem auch auf die jeweiligen Ursachen und Folgen ein.

Während der Kalte Krieg die Welt immer wieder spaltete, beförderten die ökonomischen Kräfte nach 1945 die gegenteilige Entwicklung. Der Frage, wie sich
die globale wirtschaftliche Vernetzung entwickelte, geht Thomas W. Zeiler in
Kapitel 2 nach. Er betont dabei vor allem die Rolle der USA, die in Handelsangelegenheiten, bei Investitionen und bei verwandten Transaktionen ein offenes, ver-
netztes System propagierten, was schließlich eine vollständige ökonomische
Globalisierung zur Folge hatte. Diese Politik stand häufig, aber nicht immer im
Zusammenhang mit der amerikanischen Strategie des Kalten Krieges, nämlich
die relative Wirtschaftskraft der eigenen Verbündeten gegenüber den Nationen
des Ostblocks zu stärken, und mitunter waren die beiden Ziele – das ökonomische
und das geopolitische – sogar absolut unvereinbar. Dazu gehört auch, dass die
Liberalisierung der Handelspraktiken Länder wie Deutschland und Japan wirtschaftlich stärkte, die sich im Laufe der Zeit zu den Hauptkonkurrenten der USA
entwickelten. Ohne den Kalten Krieg wäre die ökonomische Globalisierung möglicherweise anders verlaufen, aber gegeben hätte es sie trotzdem.

Eine wichtige Frage gilt dabei den Gewinnen und Verlusten dessen, was Zeiler
die amerikanische «Doktrin der offenen Türen» nennt. Zu den Aktiva zählt dabei
ohne Zweifel die Globalisierung der Weltwirtschaft, und auch zum wirtschaftlichen Erfolg in Europa und Asien trug sie sicherlich bei. Doch die meisten Länder in der arabischen Welt und in Lateinamerika konnten bis Ende des 20. Jahrhunderts nicht davon profitieren, und Afrika blieb unterentwickelt. Das änderte
sich zu Beginn des 21. Jahrhunderts, doch nun geriet die US-Wirtschaft selbst in
schwere Turbulenzen. Auch in diesem Fall macht die Lektüre von Kapitel 1 und 2
deutlich, wie sehr die geopolitische und die ökonomische Ebene auf dieser Welt
miteinander verbunden sind. Wenn, wie Beobachter aus aller Welt behaupten, das
«amerikanische Jahrhundert» zu Ende gegangen ist, hat das, so ist zu fragen,
seinen Grund darin, dass sich die mittels der ökonomischen und militärischen
Macht der USA geschaffene Welt so sehr verändert hat, dass die Nation als Triebkraft des Wandels nicht mehr so wichtig ist wie früher? Oder stehen dahinter
nichtstrategische und nichtökonomische Entwicklungen, die das Schicksal der
Menschheit immer stärker bestimmen?

Die Kapitel 3 und 4 liefern in dieser Hinsicht aufschlussreiche Analysen. In
Kapitel 3 gehen John R. McNeill und Peter Engelke bis zu den Ursprüngen der
Menschheit zurück und fragen nach dem Verhältnis zwischen der Erde und ihren
Bewohnern. Wie sie zeigen, herrschte dabei bis vor kurzem eine Art Gleichge-
wicht zwischen beiden, wobei die natürliche Umwelt mehr als ausreichend Raum
und Ressourcen für unzählige Aktivitäten einer langsam zunehmenden Welt-

bevölkerung lieferte. Das änderte sich freilich nach dem Zweiten Weltkrieg dramatisch, denn die globale Bevölkerung verdoppelte und verdreifachte sich, wobei immer mehr Menschen in urbanen Zentren und in größerem Komfort als ihre Vorfahren lebten. Unterdessen nutzte – und verschmutzte – die Industrialisierung Luft und Wasser in einem Maße, dass die Menschen krank wurden und mitunter sogar starben. Auch die Energieressourcen reichten nicht mehr für alle menschlichen Aktivitäten aus, und mit der ersten Ölkrise in den 1970er Jahren brach erstmals in der Geschichte diese Balance zusammen. Die Suche nach alternativen Energiequellen führte zum Bau von Atomkraftwerken in Nordamerika, Europa, Asien und schließlich in allen Teilen der Welt. In diesen Anlagen kam es seit den 1970er Jahren unweigerlich zu Störfällen und Katastrophen, wobei es dabei am schlimmsten die USA, die Sowjetunion und zuletzt 2011 Japan traf.

Diese Geschichte gehört genauso zur Zeitgeschichte wie der Kalte Krieg und die wirtschaftliche Globalisierung. Und doch wurde die Geschichte der Umwelt und der Umweltbewegung zumeist isoliert betrachtet. Dieser Band unternimmt als eine der ersten Darstellungen den Versuch, dies zu korrigieren und zu zeigen, dass die natürliche Umwelt ebenso sehr «Heimat» der Menschheit ist, wie es Nationen, Familien und andere menschliche Schöpfungen sind.

Von diesen Schöpfungen gebührt den kulturellen Produkten ein ganz eigener Platz in der zeitgenössischen Geschichte. Wie Petra Gödde in Kapitel 4 detailliert zeigt, lässt sich die Globalgeschichte nach 1945 nicht wirklich verstehen, wenn wir nicht erkennen, inwieweit die Menschen und ihre Gemeinschaften von der kulturellen Globalisierung betroffen waren und ihrerseits zu dieser Globalisierung beitrugen. Gleichzeitig aber verschwanden ihre kulturellen Traditionen und gesellschaftlichen Gewohnheiten keineswegs. Vielfalt und Homogenisierung gingen miteinander einher. Das Bewusstsein für gemeinsame Vorstellungen, Vorlieben und Lebensweisen entwickelte sich parallel zur Behauptung von Vielfalt. Innerhalb dieses allgemeinen Rahmens beschreibt Gödde ausführlich Phänomene wie Migration, Tourismus und Konsumismus. Sie alle brachten Menschen aus entfernten Ländern einander näher und bereicherten dabei die globalen Kulturen, ohne jedoch eine einzige Globalkultur zu schaffen.

Besonderes Augenmerk liegt dabei auf der Lebenswelt der Frauen, deren Geschichte üblicherweise im Rahmen von Nationalgeschichten oder interkulturellen Frauenbewegungen abgehandelt wird. Gödde hingegen beschreibt globale Frauen – also Frauen in allen Teilen der Welt, die gleichzeitig leben und über Grenzen hinweg jede Menge Vorstellungen und Interessen gemeinsam haben, auch wenn sie sich, nicht anders als Männer, in anderen Aspekten des Lebens deutlich unterscheiden. Auf einer Ebene geht es dabei um Menschenrechte. Wie bei anderen Rechten war auch die Durchsetzung von Frauenrechten ein global gemeinsames Ziel, wenngleich die Umsetzung je nach Region unterschiedlich ausfiel. Dabei handelt es sich freilich nicht um eine Geschichte mit bekanntem, glücklichem Ausgang, nicht um eine teleologische Erzählung davon, wie sich in den beinahe sieben Jahrzehnten seit dem Ende des Zweiten Weltkriegs alles zum Besseren wendete. Auch im 21. Jahrhundert kommt es immer wieder zu – zum Teil massiven – Menschenrechtsverletzungen, und auch die Intoleranz gegenüber Vielfalt existiert nach wie vor.

Gleichwohl sind sich Männer, Frauen und Kinder heute ohne jeden Zweifel stärker als ihre Vorfahren dessen bewusst, was global vor sich geht. Die Zunahme dieses Interdependenzempfindens, des Gefühls einer menschlichen Schicksalsgemeinschaft, ist einer der bemerkenswertesten Aspekte der Zeitgeschichte. Dieses Thema wird denn auch in Kapitel 5 aufgegriffen. Auf der Basis dessen, was in den ersten vier Kapiteln geschildert wurde, fragt dieses Schlusskapitel danach, wie sich inmitten der tiefgreifenden weltweiten Veränderungen in den Bereichen Politik, Wirtschaft, Umwelt und Kultur das Bewusstsein für transnationale Verbindungen entwickelte. Es handelt sich dabei um die Geschichte einer Idee, einer Haltung, einer Gesinnung, die dem, was um die Menschen herum vorgeht, einen Sinn zuzuschreiben versucht und im Zuge dessen ein immer stärkeres Gefühl der Vernetztheit entstehen lässt. Dieses Gefühl blieb keineswegs auf Erwachsene beschränkt, sondern erfasste auch jüngere Generationen. Inwiefern die Jugend – wie auch immer man sie altersmäßig definiert – den Gang der Geschichte prägend beeinflusst, wird in diesem Band zwar nicht eingehender untersucht, gehört aber zu den zentralen Themen der Zeitgeschichte, und die Kapitel 4 und 5 gehen insofern darauf ein, als sie zumindest ansatzweise zeigen, auf welche Weise junge Menschen in aller Welt Teil der Geschichte des Transnationalismus wurden bzw. dabei sogar eine tragende Rolle spielten.

Ohne Zweifel zielen nicht alle transnationalen Verbindungen und Vorstellungen auf Frieden und Gerechtigkeit, und in der Geschichte nach 1945 finden sich zahllose Beispiele für das Unverständnis gegenüber fremden Menschen und Dingen, ja für Feindseligkeit gegenüber denen, die die eigenen Überzeugungen nicht teilen. Gleichwohl ist der vorliegende Band – nicht anders als die anderen Bände dieser neuartigen Geschichte der Welt – geprägt von der zunehmenden Erkenntnis, dass Männer, Frauen und Kinder, die Räume, die sie bewohnen, sowie Tiere und Pflanzen allesamt interdependente, auf vielfache Weise miteinander verbundene Lebewesen sind.

STAATEN UND MACHTBEZIEHUNGEN IM WANDEL

Wilfried Loth

EINLEITUNG

Mit dem Zweiten Weltkrieg ging auch die Dominanz des europäischen Staaten-systems, die seit der Entstehung der neuzeitlichen Weltgesellschaft gegolten hatte und im Zuge der Industrialisierung Europas verstärkt worden war, zu Ende.[1] Diese Dominanz war brüchig geworden, seit die Entwicklung der Produktiv-kräfte und der Waffentechnik die Autonomie der europäischen Großmächte zunehmend in Frage gestellt hatten und parallel dazu die USA an die Spitze der Industriestaaten vorgestoßen waren. Aber grundsätzlich hatte sie nach den Er-schütterungen des Ersten Weltkriegs noch fortbestanden – zum einen, weil eine Mehrheit der US-Amerikaner glaubte, sich noch einmal aus den europäischen Angelegenheiten zurückziehen zu können, und zum anderen, weil Russland nach der Revolution vorerst Mühe hatte, sich als unabhängiger Machtfaktor zu be-haupten. Der Versuch des nationalsozialistischen «Dritten Reiches», Souveränität im klassischen Sinne durch hegemoniale Expansion zurückzugewinnen, führte dann aber sehr rasch zum Zusammenbruch jenes alten Europa: Der Zweite Welt-krieg beschleunigte die Erosionstendenzen, die sich aus dem wirtschaftlich-tech-nischen Fortschritt ergaben. Zugleich zwang er die USA und die Sowjetunion, sich substantiell und auf Dauer in Europa zu engagieren. Eine deutsche Hege-monie über den europäischen Kontinent bedrohte letztlich auch ihre Sicherheit. Zu beseitigen war die deutsche Hegemonie aber nur durch Intervention von außen. Die europäischen Staaten, die Opfer deutscher Aggression geworden waren, waren nicht mehr in der Lage, das alte System von Rivalität und Gleichgewicht in Europa aus eigener Kraft wiederherzustellen.

Europäische Verluste

Die rapide Beschleunigung des Niedergangs des alten Europa ergab sich in erster Linie aus den ungeheuren Verlusten, die ein Weltkrieg mit den technischen Mitteln des 20. Jahrhunderts mit sich brachte. Der Zweite Weltkrieg kostete vermutlich mehr als 52 Millionen Menschen das Leben; davon entfielen allein 27 Millionen auf die Sowjetunion, die die Hauptlast des Krieges auf dem alten Kontinent zu tragen hatte (die Zahlen sind nicht ganz sicher, aber die Größenordnung dürfte zutreffen).[2] Nächst der Sowjetunion hatte die ost- und südosteuropäische Region die meisten Todesopfer zu beklagen: 7,5 Millionen, davon allein vier Millionen ermordeter Juden, insgesamt knapp neun Prozent der Bevölkerung. Deutschland (in den Grenzen von 1937 gerechnet) verlor 5,6 Millionen Menschen, etwa acht Prozent der Bevölkerung. Die übrigen Länder Europas, von den Kriegshandlungen weniger stark betroffen, zählten insgesamt weitere vier Millionen Tote. Insgesamt beliefen sich die Verluste an Menschenleben auf das Fünf- bis Sechsfache der Opfer des Ersten Weltkrieges. An die 50 Millionen Menschen hatten im kontinentaleuropäischen Raum zeitweise oder für immer ihre Heimat verloren: Soldaten, Kriegsgefangene, Opfer der nationalsozialistischen «Entmischungspolitik» in Osteuropa, Lothringen und Südtirol (2,8 Millionen), Evakuierte (allein 6,2 Millionen in Deutschland), bei Kriegsende Flüchtlinge und Vertriebene aus deutschen Siedlungsgebieten östlich der Oder-Neiße-Linie und in der Tschechoslowakei (von denen etwa 12 Millionen in die vier Besatzungszonen Deutschlands gelangten, während 2,5 Millionen die Flucht nicht überlebten), Flüchtlinge und Deportierte der baltischen Völker und Polen, die in zuvor zum Deutschen Reich gehörige Gebiete umgesiedelt wurden (zwei Millionen). Was an menschlichen Bindungen und sozialen Gemeinschaftsformen verloren ging, zählte keine Statistik.

Von den neutralen Ländern sowie Großbritannien abgesehen, waren nahezu alle europäischen Großstädte zerstört. Besonders groß waren die Schäden im osteuropäischen Raum, wo sowohl die sowjetischen als auch die deutschen Truppen auf ihren Rückzügen nach dem Prinzip der «verbrannten Erde» gehandelt hatten, sodann in Italien, Jugoslawien und Griechenland, in den Niederlanden, wo man Dämme und Deiche gesprengt hatte, in Nordfrankreich, wo nach der alliierten Invasion vom Juni 1944 erbittert gekämpft worden war, und schließlich in Deutschland selbst, dessen Städte und Industrieanlagen zum Ziel massiver Bombenangriffe geworden waren. Volkswirtschaftlich noch weit größer war der Schaden, den die Zerstörung der Verkehrswege angerichtet hatte. In Frankreich waren Eisenbahnen und Handelsflotte nur noch zu 35 Prozent betriebsfähig, in Deutschland war der Eisenbahnverkehr praktisch zum Erliegen gekommen, in Belgien und den Niederlanden war das Kanalsystem zusammengebrochen. Der Mangel an Menschen, Maschinen und Verkehrsverbindungen führte zu einem Rückgang der landwirtschaftlichen Produktion. In ganz Europa wurden 1946/47 nur etwa

75 Prozent des Vorkriegsvolumens landwirtschaftlicher Erzeugnisse erreicht. Schätzungsweise 100 Millionen Menschen mussten von 1500 und weniger Kalorien pro Tag leben. Hunger, Kälte und elementare Not bestimmten den Alltag der europäischen Bevölkerung.

Verlässliche Zahlen über den Stand der industriellen Gesamtproduktion Europas bei Kriegsende gibt es nicht. In Frankreich erreichte die Produktion 1945 etwa 35 Prozent des Standes von 1938 (der seinerseits noch 20 Prozent unter dem Stand von 1929, vor Einbruch der Weltwirtschaftskrise, gelegen hatte). Die neutralen und weniger zerstörten Länder erreichten etwas mehr, Deutschland, Österreich und Griechenland weit weniger. Noch Ende 1946 belief sich die industrielle Produktion in Frankreich und den Benelux-Ländern auf nur 89 Prozent des Vorkriegsstandes, in Ost-, Südost- und Südeuropa auf rund 60 Prozent, in Deutschland auf 40 Prozent. Der Pro-Kopf-Anteil am Nationaleinkommen war von 1938 bis 1946 in Süd- und Osteuropa von 120 auf 90 Dollar im Jahr gesunken, in Frankreich und den Benelux-Ländern von 290 auf 260 Dollar. In Großbritannien, der Schweiz und den skandinavischen Ländern war er von 420 auf 580 Dollar mäßig gestiegen. Kriegs- und Kriegsfolgekosten hatten die öffentlichen Finanzen zerrüttet und inflationäre Entwicklungen ausgelöst. In Deutschland war siebenmal so viel Geld im Umlauf wie vor dem Krieg, in Frankreich waren die Preise um das Vierfache gestiegen, in Griechenland und Ungarn brachen die Währungen zusammen. Belgien und Norwegen entgingen dem Zusammenbruch nur durch Abwertungen. Nicht nur die Besiegten, auch die Sieger hatten für den Krieg empfindlich zu zahlen.[3]

Der wirtschaftliche und politische Substanzverlust der europäischen Nationen beschleunigte zudem den Emanzipationsprozess der Völker, die von den Europäern kolonisiert worden waren. Großbritannien unternahm während des Zweiten Weltkriegs Anstrengungen, den Indern die Unabhängigkeit für die Nachkriegszeit zuzusichern, um einen Übergang des Subkontinents in das Lager der Achsenmächte zu verhindern. 1947 wurde Indiens Unabhängigkeit realisiert, 1948 ebenso die Unabhängigkeit für Burma und Ceylon. Die Dominions Kanada, Südafrika, Australien und Neuseeland, die die Bindungen an das «Mutterland» schon während des Ersten Weltkrieges weitgehend gelockert hatten, gingen nun vollends eigene Wege. Das Komitee des «Freien Frankreich» unter Charles de Gaulle hatte 1941 in Konkurrenz zum Regime von Vichy den Mandatsgebieten Syrien und Libanon die Unabhängigkeit versprechen und für die übrigen Kolonialgebiete «Reformen» zusagen müssen. In Marokko und Tunesien reklamierten 1944 einheimische Bewegungen einen unabhängigen Status; in Algerien kam es 1945 zu blutigen Auseinandersetzungen; in Indochina erklärte die Vietminh-Bewegung das Land nach der Niederlage der japanischen Besatzungsmacht für unabhängig vom französischen Imperium. In gleicher Weise nutzte die indonesische Nationalbewegung die japanische Kapitulation dazu, die Unabhängigkeit des Inselreiches von den früheren niederländischen Kolonialherren zu proklamieren.

Gewiss versuchte Frankreich, seine kolonialen Positionen durch Nachbildung des britischen Commonwealth-Modells zu restaurieren. Ebenso gab es in Großbritannien Widerstand zumindest gegen die radikalen Unabhängigkeitsbewegungen. Das Ergebnis aller Versuche, die imperiale Machtstellung zu retten, waren jedoch nur langwierige bewaffnete Kämpfe in den Kolonialgebieten. Sie konnten umso weniger gewonnen werden, als sich die beiden Hauptsieger des Zweiten Weltkrieges – die USA noch mehr als die UdSSR – ihrerseits die Befreiung der Kolonialgebiete Afrikas und Asiens von europäischer Vorherrschaft auf ihre Fahnen geschrieben hatten. Statt, wie man in Paris und Den Haag gehofft hatte, die europäischen Länder durch das überseeische Potential wieder zu stärken, trug das Beharren auf kolonialen Herrschaftsansprüchen dazu bei, Europa weiter zu schwächen – wirtschaftlich, militärisch und moralisch.

Machtverschiebungen

Diese Verluste waren umso dramatischer, als die gleichen Kriegsereignisse den wirtschaftlichen und machtpolitisch-strategischen Aufstieg der USA in atemberaubendem Tempo beschleunigten. Von 1938 bis 1945 stieg das Volumen ihrer industriellen Produktion infolge der Anforderungen der kriegsführenden Mächte und des Ausfalls europäischer Produktionskapazitäten um mehr als das Dreifache; bei Kriegsende umfasste es mehr als die Hälfte der Weltproduktion. Der Pro-Kopf-Anteil am Nationaleinkommen stieg im gleichen Zeitraum von 550 auf 1260 Dollar, das Vierfache der Summe, die im Durchschnitt der europäischen Länder noch erreicht wurde. Entsprechend verschlechterten sich die *terms of trade* für die europäische Wirtschaft, und da die europäischen Investitionen in Übersee unterdessen größtenteils zur Finanzierung des Krieges veräußert und die europäischen Dienstleistungen (insbesondere in der Schifffahrt) eingestellt worden waren, entstand ein Defizit in der europäischen Gesamtzahlungsbilanz, das 1947 die stattliche Höhe von 7,5 Milliarden Dollar erreichte. Die USA erzielten im gleichen Jahr einen Überschuss von 10 Milliarden Dollar.

Ihre Rolle als Kreditgeber und Materiallieferant des Krieges ermöglichte es ihnen, dem Ziel einer weiteren Öffnung der Märkte für amerikanische Produkte und amerikanisches Engagement ein gutes Stück näherzukommen. Bei der Gründung des Weltwährungsfonds im Sommer 1944 in Bretton Woods mussten sich die künftigen Mitglieder prinzipiell zur freien Konvertibilität ihrer Währungen verpflichten. Gleichzeitig stiegen die USA strategisch – als See- wie als Luftmacht – zur führenden Militärmacht der Welt auf. Mit der Atomwaffe, die am

16. Juli 1945 in Alamogordo im US-Bundesstaat New Mexico erstmals erfolgreich erprobt und am 6. und 9. August 1945 in Hiroshima und Nagasaki eingesetzt wurde, entwickelten sie ein Mittel zur Sicherung ihrer Überlegenheit, dem
andere Mächte zumindest vorerst nichts Vergleichbares entgegenzusetzen hatten.
Mit alledem entwickelten sich die USA zu einer Macht, die zum ersten Mal in der
Geschichte wirklich das Prädikat Weltmacht verdiente. Bei den Entscheidungen
über die Gestaltung der künftigen Friedensordnung hatte sie mehr Gewicht als
jede andere Macht.

Die europäischen Staaten verloren demgegenüber noch dadurch weiter an Gewicht, dass auch die Sowjetunion als Siegermacht beträchtliche strategische Gewinne verzeichnen konnte. Zwar war die Bilanz des Krieges in sowjetischer Sicht
längst nicht so positiv wie bei den USA. Die 27 Millionen Sowjetbürger, die den
Krieg nicht überlebt hatten, stellten etwa 14 Prozent der Vorkriegsbevölkerung
dar. Der westliche Teil des Landes war weithin verwüstet: Die Kriegszerstörungen beliefen sich nach amerikanischen Schätzungen auf 35,7 Milliarden Dollar,
nach sowjetischen Angaben von 1947 sogar auf 128 Milliarden. Die Landwirtschaft, die 1941 gerade begonnen hatte, sich von den Folgen der Kollektivierung
zu erholen, war durch die Kämpfe auf sowjetischem Boden und die Ausbeutung
durch die Deutschen weithin desorganisiert. Das Industrialisierungsprogramm
war um Jahre zurückgeworfen; und das sowjetische Herrschaftssystem war durch
die deutsche Besatzung und die Anstrengungen, die zur Befreiung notwendig
waren, nachhaltig erschüttert. Von einem wirklichen Weltmachtstatus war die
Sowjetunion damit noch weit entfernt. Dennoch gelang Josef W. Stalin nicht nur
die Rückeroberung der meisten Gebiete, die in den Revolutionskämpfen nach
dem Ersten Weltkrieg verloren gegangen waren. Er erreichte darüber hinaus die
Kontrolle über die ostmittel- und südosteuropäische Region, die in der Zwischenkriegszeit als Aufmarschgebiet für antisowjetische Allianzen gedient hatte.
Schließlich stieg die Sowjetunion mit dem Vormarsch der Roten Armee bis zur
Elbe-Werra-Linie zur stärksten Militärmacht des europäischen Kontinents auf.
Gleichzeitig sicherte sie sich damit ein Mitspracherecht bei der Regelung der deut-
schen Frage.

Für die Deutschen ergab sich aus dem totalen Zusammenbruch des nationalsozialistischen Imperiums erstens der Verlust der östlichen Siedlungsräume, die
seit dem Hochmittelalter erkämpft worden waren, und zweitens der Untergang
des kleindeutschen Nationalstaates, wie er von Otto von Bismarck 1866/71
durchgesetzt worden war. Unter den alliierten Siegermächten herrschte zwar
große Unsicherheit, *wie* die Welt vor einer neuen deutschen Aggression geschützt
werden sollte. Sie stimmten jedoch darin überein, *dass* ein dauerhafter Schutz
vor der deutschen Gefahr gefunden werden müsse als nach dem Ersten Weltkrieg.
Alle ihre Pläne liefen daher in der Substanz darauf hinaus, keinen unabhängigen
deutschen Nationalstaat nach klassischem Muster mehr zuzulassen. Die bedin-

gungslose Kapitulation, die der amerikanische Präsident Franklin D. Roosevelt als Kriegsziel durchgesetzt hatte, versetzte die Alliierten in die Lage, diese Absicht auch zu erreichen: Mit der Unterzeichnung der Kapitulationsurkunden am 7. und 9. Mai 1945 ging die Souveränität über bislang deutsches Territorium und über die deutsche Bevölkerung vollständig in die Gewalt der Siegermächte über. Faktisch-machtpolitisch bedeutete dies das Ende des Deutschen Reiches von 1871, auch wenn die späteren Spannungen zwischen den Siegern verhinderten, dass dieser Untergang völkerrechtlich fixiert wurde.

Dass mit dem deutschen Nationalstaat auch das alte Europa untergegangen war, ergab sich allein schon daraus, dass nun sowohl die USA als auch die Sowjetunion als Besatzungsmächte in Deutschland und Österreich beträchtliche Anteile an der Verfügungsgewalt über die mitteleuropäische Region errungen hatten, die sie im Interesse der eigenen Sicherheit nicht mehr preisgeben konnten. Die beiden europäischen Mächte, die formal ebenfalls als Siegermächte an der Besatzung Deutschlands und Österreichs beteiligt waren, waren ihnen deutlich nachgeordnet: Großbritannien, das 1940/41 zunächst über ein Jahr ganz allein verzweifelt dagegen angekämpft hatte, ein Satellit der deutschen Weltmacht zu werden, musste nun erleben, wie die ökonomische Auszehrung den Vorsprung an diplomatischer Erfahrung mehr als wettmachte und eine Anlehnung an die amerikanische Führungsmacht unvermeidlich wurde. Die britische Politik konnte nur noch versuchen, sich dadurch einen möglichst großen Handlungsspielraum zu erhalten, dass sie einerseits die USA als Gegengewicht zur Sowjetunion dauerhaft auf dem europäischen Kontinent engagierte und andererseits die kleineren europäischen Staaten, soweit sie nicht in den Machtbereich der Sowjetunion geraten waren, zu einem Gegengewicht gegen amerikanische Hegemonialtendenzen formierte. Großmacht-Autonomie im klassischen Sinne war mit diesem Balanceakt freilich nicht mehr zurückzugewinnen. Vielmehr wirkte die britische Politik nun notwendigerweise selbst an der Stabilisierung der neuen Machtverhältnisse in Europa mit.

Noch weniger konnte Frankreich wieder als unabhängige Großmacht agieren, nachdem es im Juni 1940 aufgrund taktischer Fehler der Generalität und innerer Demoralisierung dem deutschen Angriff erlegen war. Die Résistance und die Truppen des «Freien Frankreich» ersparten dem Land zwar die Etablierung einer Besatzungsverwaltung durch die amerikanischen und britischen Befreier, wie sie Roosevelt zunächst geplant hatte. Auch stifteten sie, was noch wichtiger war, einen neuen nationalen Konsens, der es Frankreich nach den Selbstzerfleischungen der 1930er Jahre endlich wieder erlaubte, als handlungsfähiger Akteur auf der internationalen Bühne aufzutreten. Zur Befreiung selbst konnten die französischen Kämpfer jedoch nur wenig beitragen, und auch in wirtschaftlicher Hinsicht waren die Franzosen nach den Jahren der Ausbeutung durch die deutsche Besatzung auf amerikanische Hilfe angewiesen. Die geostrategischen Probleme stellten sich damit für Frankreich ähnlich wie für Großbritannien; nur war die Abhängigkeit von der amerikanischen Führungsmacht noch größer und die Machtbasis für eine eigenständige Rolle in der Weltpolitik noch schmaler. Den Status einer Besatzungsmacht in Deutschland und Österreich erhielt Frankreich erst nachträglich aufgrund des britischen Strebens nach Entlastung bei der Besatzungsverwaltung; an den Absprachen über die Nachkriegsordnung, die auf den Konferenzen von Jalta und Potsdam im Februar und Juli 1945 getroffen wurden, waren französische Vertreter nicht beteiligt. Die Diskrepanz zwischen formaler und realer Macht, die sich daraus ergab, konnte wohl zur Erweiterung des Handlungsspielraums genutzt werden, verleitete aber auch zu kontraproduktiven Alleingängen.

Die kleineren europäischen Staaten wurden von dem generellen Machtverlust Europas so weit in Mitleidenschaft gezogen, dass sie hinsichtlich der Zukunft Deutschlands überhaupt kein Mitspracherecht mehr erlangen konnten und auch bei der Regelung der übrigen europäischen Angelegenheiten mehr Zuschauer als Akteure waren. Die Staaten, die in den Machtbereich der Roten Armee gelangt waren, mussten sich eng an die sowjetische Politik anlehnen, und zwei von ihnen, Polen und die Tschechoslowakei, waren auch gezwungen, ethnisch umstrittene Gebiete an die Sowjetunion abzutreten. Die Staaten der westeuropäischen Region und Italien sahen sich aus sicherheitspolitischen wie aus wirtschaftlichen Gründen auf einen Verbund der westlichen Staaten angewiesen und konnten sich nur noch dadurch einen gewissen Spielraum erhalten, dass sie das amerikanische Übergewicht in diesem Verbund durch europäische Integration relativierten und zugleich einem französischen Übergewicht in einem integrierten Europa durch die Einbeziehung Großbritanniens begegneten. Und selbst die Staaten, die sich dank günstiger Randlagen oder geschickter Politik der beginnenden Blockbildung in Ost und West entziehen konnten, mussten weitere Einschränkungen ihrer Handlungsfreiheit hinnehmen: Ihre Sicherheit hing nun von der Ausgestaltung des Verhältnisses zwischen den beiden Haupt-Siegermächten ab, ohne dass sie über nennenswerte Möglichkeiten verfügten, auf dieses Verhältnis einzuwirken.

Mit alledem büßte Europa nicht nur seine traditionelle Führungsrolle in der Weltpolitik ein, es verlor überhaupt die Fähigkeit zur Formulierung eigenständiger Politik. An die Stelle des europäischen Gleichgewichtssystems trat die Polarisierung zwischen den beiden Hauptsiegern des Krieges, und die europäischen Staaten, die sich um das deutsche Machtvakuum gruppierten, gerieten unvermeidlich in den Sog dieser Polarisierung.

**Verbliebene
Handlungsspielräume**

Allerdings bedeutete der Untergang des alten Europa nicht, dass die beiden vormaligen Flügelmächte, die sich jetzt aus europäischer Perspektive als Weltmächte präsentierten, den alten Kontinent einfach unter sich aufteilten. Dazu war allein schon das ökonomische Potential, das sich in Europa über die Kriegszerstörungen hinweg erhalten hatte, zu bedeutend. Der Substanzverlust war nicht so tiefgreifend, wie es bei einem Blick auf die Ruinen zunächst den Anschein hatte: Im Ruhrgebiet etwa, dessen Kohlebergwerke nach Kriegsende täglich nur noch 25 000 Tonnen statt 400 000 wie vor dem Kriege förderten, waren doch nur 15 bis 20 Prozent des Maschinenbestandes in einem irreparablen Zustand; der Wert der deutschen Industrieanlagen insgesamt lag 1946 höher als ein Jahrzehnt zuvor. Vielfach erwies sich die Zerstörung von Anlagen sogar als produktionsfördernd, erlaubte sie doch, technologische Innovationen schneller durchzusetzen, als das unter normalen Umständen möglich gewesen wäre. Die vielen Flüchtlinge und Vertriebenen schufen zwar Versorgungs- und Integrationsprobleme, sie stellten aber auch eine Reservearmee oft hochqualifizierter Arbeitskräfte dar und ermöglichten damit die Aufrechterhaltung eines niedrigen Lohnniveaus und daraus resultierend hohe Investitionsraten.

Hinzu kam, dass die beiden Hauptsiegermächte an einer raschen Stabilisierung des alten Kontinents interessiert waren. Die USA befürchteten, ohne potente europäische Handelspartner und Absatzmärkte nach dem Ende des Krieges in eine massive Überproduktionskrise zu geraten; die Sowjetunion wollte die geschwächten europäischen Staaten nicht in Abhängigkeit von der amerikanischen Führungsmacht geraten lassen. Die USA suchten daher sogleich nach Kriegsende die wirtschaftlichen Schwierigkeiten der Europäer durch Kredite und Hilfslieferungen zu überbrücken (wobei sie allerdings zunächst die europäische Hilfsbedürftigkeit noch zu gering einschätzten); die Sowjetunion bemühte sich – anders als dies westliche Beobachter erwartet hatten und vielfach bis heute behauptet wird –, die europäische Bevölkerung, soweit sie über die kommunistischen Parteien beeinflussbar war, zu Konsumverzicht und raschem Wiederaufbau zu mobilisieren. Waren erst einmal die Verkehrsverbindungen wiederhergestellt und die politischen Organisationsprobleme einigermaßen beseitigt, so musste die Produktion relativ schnell wieder in Gang kommen. In der Tat erlebten die europäischen Volkswirtschaften in der zweiten Hälfte der 1940er Jahre überall einen ziemlich gleichmäßigen Wiederaufstieg – noch ehe die Hilfen des Marshall-Plans wirken konnten und nahezu unabhängig davon, welche ordnungspolitischen Konzepte in den einzelnen Ländern verfolgt wurden.[4]

In direkte Abhängigkeit von einer Hegemonialmacht gerieten darum nur diejenigen Länder, die im Machtbereich der Sowjetführung lagen. Die übrigen Länder konnten zumindest ihre ökonomische Abhängigkeit gering halten, zumal dann, wenn sie ihre Ressourcen zusammenlegten und ihre Positionen koordinierten. Sie konnten auch davon profitieren, dass die sowjetische Führung kein Interesse daran hatte, sie in die Arme der amerikanischen Verbündeten zu treiben und damit die US-Präsenz auf dem alten Kontinent weiter zu verstärken. Und sie konnten sich den Umstand zunutze machen, dass die USA auf kooperative Partner angewiesen blieben, die das Zurückschrecken der amerikanischen Öffentlichkeit vor kostspieligen politischen Engagements kompensierten, und zudem in ihrer Unerfahrenheit für europäische Impulse offen waren.

Außerdem zielten die Strategien der neuen Führungsmächte nicht notwendigerweise auf Konfrontation und Blockbildung in Europa. Gewiss waren die beiden Hauptsieger des Krieges mit gegensätzlichen Ordnungsvorstellungen angetreten – die amerikanische Demokratie mit der Hoffnung auf Durchsetzung liberaldemokratischer Ordnungsformen in den befreiten Ländern; Stalin mit dem Anspruch, an der Spitze einer revolutionären Bewegung zu stehen, die die historisch notwendige Überwindung bürgerlich-kapitalistischer Ordnungsverhältnisse durchsetzen würde. Ihre fundamental verschiedenen Gesellschaftssysteme legten gegensätzliche außenpolitische Strategien nahe – in den USA die Ausdehnung des Freihandelsprinzips und die lautstarke Propagierung freiheitlicher Ideale; in der Sowjetunion die Abschirmung gegen kapitalistische Mächte und freiheitliche Tendenzen. Weder die USA noch die Sowjetunion verfügten über langjährige Erfahrung im Umgang mit fremden Mächten, und bei beiden spielte die ideologische Betrachtungsweise internationaler Probleme traditionell eine große Rolle – das erschwerte die Verständigung zusätzlich.

Auf der anderen Seite sprachen gewichtige Gründe für eine Fortsetzung der friedlichen Zusammenarbeit, die zum Sieg der Anti-Hitler-Koalition geführt hatte, und damit für eine einvernehmliche Regelung der Friedensordnung. Weder die Führungsgremien der USA noch die Führer der Sowjetunion wollten einen neuen Krieg. Die einen nicht, weil von allen Kosten und Leiden abgesehen die eigene Bevölkerung schon für den gerade überstandenen Krieg nur mit äußerster Mühe gewonnen worden war und das Drängen auf Demobilisierung das gesamte öffentliche Leben bei Kriegsende beherrschte; und die anderen nicht, weil ihr Regime in diesem Krieg nur knapp am Zusammenbruch vorbeimanövriert war und allein zur Wiederherstellung der Vorkriegsverhältnisse viele Jahre angestrengter Wiederaufbauarbeit nötig waren. Auch wuchsen mit dem technologischen Fortschritt Kosten und Zerstörungskraft großer Kriege, und es erschien schon darum geboten, sie zu vermeiden – erst recht, wenn dabei, wie man sich nun allmählich bewusst wurde, eine so gefährliche Waffe wie die Atombombe zum Einsatz kommen konnte. Wenn aber Krieg als Mittel zur Gestaltung der amerikanisch-sowjetischen Beziehungen nicht in Frage kam, dann war es ein Gebot der Vernunft, das Konfliktpotential niedrig zu halten. Das wiederum legte es nahe, ein antagonistisches Nebeneinander von zwei Machtblöcken erst gar nicht entstehen zu lassen.

Die konkreten wirtschaftlichen Interessen der beiden Führungsmächte waren bei aller Gegensätzlichkeit der Wirtschaftsordnungen und des ordnungspolitischen Anspruchs zunächst einmal über weite Strecken komplementär: Während sich die USA nach der kriegsbedingten Produktionsausweitung neue Märkte erschließen mussten, um eine Überproduktionskrise mit hoher Arbeitslosigkeit und Rezession zu verhindern, benötigte die Sowjetunion eine erhebliche Zufuhr von Industriegütern, um die Folgen der Kriegszerstörungen zu überwinden und dem Erwartungsdruck der Bevölkerung, der im Krieg entstanden war, durch eine Steigerung des Konsums begegnen zu können. Unter der Voraussetzung, dass die USA der Sowjetunion zunächst entsprechende Anleihen gewähren würden, konnten die Sowjets ihre Importbedürfnisse aus der amerikanischen Produktion decken; die damit verbundene Öffnung der sowjetischen Märkte kam dem amerikanischen Interesse an einem weltweiten multilateralen Handelssystem entgegen. Zur Deckung ihres Handelsbilanzdefizits gegenüber den USA konnten die Sowjets ihre noch unerschlossenen Rohstoffbestände der amerikanischen Industrie zugänglich machen. Es war daher kein Wunder, dass gerade die liberale Geschäftswelt die amerikanische Führung zur Fortsetzung der Kooperation mit den sowjetischen Alliierten drängte und dass sowjetische Wirtschaftstechnokraten Signale in die gleiche Richtung gaben.

Vor allem aber verfügten sowohl die USA als auch die Sowjetunion über eine gewisse Flexibilität bei der Wahl ihrer Mittel und bedrohten sich bei der Verfolgung ihrer gegensätzlichen Sicherheitsinteressen nicht wirklich vital. Die USA strebten zwar eine liberale Ausrichtung der politischen wie der wirtschaftlichen Weltordnung an; sie konnten sich im Interesse ihrer wirtschaftlichen Expansion aber auch mit Partnern arrangieren, die weder hinsichtlich der politischen Verhältnisse noch im Wirtschaftssystem ihren Idealvorstellungen entsprachen. Osteuropa, das vorrangige Interessengebiet sowjetischer Sicherheitspolitik, war für sie weder strategisch noch wirtschaftlich von sonderlicher Bedeutung. Vor dem Zweiten Weltkrieg gingen etwa 2 Prozent der amerikanischen Exporte nach Osteuropa, 3,5 Prozent der Importe kamen von dort, und 5,5 Prozent der auswärtigen Anlagen waren dort lokalisiert. Entsprechend plädierte Präsident Roosevelt dafür, der Sowjetunion eine Einflusssphäre im östlichen Europa zuzugestehen und sie mit Anleihen beim Wiederaufbau des kriegszerstörten Landes zu unterstützen. Das sollte helfen, Stalin und dem Moskauer Politbüro das ewige Misstrauen gegenüber den westlichen «Imperialisten» zu nehmen und damit die Grundlagen für eine dauerhafte Zusammenarbeit zu schaffen.

Umgekehrt blieben Stalin und die gesamte Machtelite der Sowjetunion in den Denkmustern der leninistischen Ideologie befangen. Danach waren die entwickelten kapitalistischen Staaten allesamt dem Untergang geweiht, der Sieg des Sozialismus, der in der russischen Oktoberrevolution seinen ersten Durchbruch erzielt hatte, war unaufhaltsam. Mit den imperialistischen Mächten und ihren Führern

konnte es keine Zusammenarbeit auf Dauer geben, nur zeitlich begrenzte taktische Allianzen waren vorstellbar. Jedoch war Stalin Realist genug, um zwischen
«reaktionären» und weniger reaktionären, «aggressiven» und weniger aggressiven
Gruppierungen und Repräsentanten des Kapitals zu unterscheiden. Zugleich verfügte er über ein waches Gespür für die tatsächlichen Machtverhältnisse: Er
wusste (oder hatte bitter erfahren müssen), dass in kaum einem europäischen
Land die Zeichen auf Revolution standen, und es wurde ihm klar, dass die USA
aus diesem Krieg ungleich mächtiger hervorgingen als die kriegszerstörte Sowjetunion. Den amerikanischen Durchbruch bei der Entwicklung der Atombombe
nahm er als eine gewaltige Niederlage wahr, die den gerade errungenen Sieg über
Hitlerdeutschland zunichte zu machen drohte.

Stalin suchte sich daher mit den westlichen Siegermächten zu arrangieren, um
Erreichtes zu sichern und einer neuen Bedrohung des Sowjetstaates durch aggressive Imperialisten vorzubeugen. Er glaubte, im Pragmatismus der britischen Führung und in der progressiven Grundhaltung der Roosevelt-Administration über
Grundlagen für ein solches Arrangement zu verfügen. Auf sie gestützt, sollte die
Kriegsallianz in ein Friedensbündnis überführt werden. Die «Kommission für
Fragen der Friedensverträge und der Nachkriegsordnung», die Stalin im September 1943 eingesetzt hatte, legte im November 1944 ein Memorandum vor, das
eine Abgrenzung von Einflusssphären in Europa empfahl. Zur «maximalen Inte-
ressensphäre der Sowjetunion» wurden darin Finnland, Schweden, Polen, Ungarn, die Tschechoslowakei, Rumänien, die Balkanländer und die Türkei gezählt.
Die Niederlande, Belgien, Frankreich, Spanien, Portugal und Griechenland galten als «sicherlich zur britischen Sphäre» gehörig. Unter der Abgrenzung dieser
Interessensphären wurde verstanden, «dass Britannien keine besonders engen Beziehungen mit den Ländern in unserer Zone aufnehmen darf» und dort auch
keine militärischen Stützpunkte unterhalten kann. Umgekehrt sollte das Gleiche
für die Sowjetunion in Bezug auf die Länder in der britischen Zone gelten. In
einer dritten, neutralen Zone, die Norwegen, Dänemark, Deutschland, Österreich und Italien umfasste, sollten «beide Seiten auf der gleichen Grundlage und
mit regelmäßigen wechselseitigen Konsultationen zusammenarbeiten».[5]

Das Beharren auf einer sowjetischen Sicherheitssphäre bedeutete nicht, dass
Stalin dort auch gleich das Sowjetsystem einführen wollte. In einem umfangreichen Memorandum zur Nachkriegsordnung, das der stellvertretende Außenminister Ivan Majskij am 11. Januar 1944 an die Spitzen der sowjetischen Führung
schickte, wurde eine Orientierung an «den Prinzipien der breiten Demokratie im
Geist der Volksfront-Idee» für *alle* befreiten Länder vorgeschlagen, für Frankreich ebenso wie für Deutschland und Polen. Die Siegermächte sollten bei der
«Demokratisierung der Regime im Nachkriegseuropa» eng zusammenarbeiten.[6]
Folglich wurde selbst den kommunistischen Führern im östlichen Teil Europas
gesagt, dass die sozialistische Revolution und die Übernahme des sowjetischen

Premierminister Winston Churchill, US-Präsident Franklin D. Roosevelt und Marschall Josef Stalin auf der Konferenz von Jalta, Februar 1945. Die «Großen Drei» verständigten sich auf die Grundzüge einer gemeinsamen Nachkriegsordnung.

Systems noch nicht auf der Tagesordnung stünden: «Das ist nicht eine so leichte Sache wie manche denken.»[7] Für Deutschland und für Österreich ergab sich daraus das Programm einer gemeinsamen Umgestaltung durch die Siegermächte. Die deutschen Kommunisten wurden angewiesen, gegen alle Versuche vorzugehen, die Einheit der Anti-Hitler-Koalition zu untergraben, und für die «Vollendung der bürgerlich-demokratischen Revolution» von 1848 zu arbeiten.[8]

Die Führungsgruppen in Washington und Moskau unternahmen denn auch einige Anstrengungen, die Kooperation der Siegermächte über das Kriegsende hinaus aufrechtzuerhalten. So wurde auf der Konferenz von Jalta beschlossen, Deutschland und Österreich in Besatzungszonen aufzuteilen und die Hauptstädte Berlin und Wien, die jeweils inmitten der sowjetischen Besatzungszone lagen, von allen Besatzungsmächten gemeinsam verwalten zu lassen. In Potsdam verständigten sich die «Großen Drei» (Stalin, Roosevelts Nachfolger Harry S. Truman, der britische Premierminister Winston Churchill und sein Nachfolger Clement Attlee) darauf, die vier Besatzungszonen unter der Oberhoheit eines Alliierten Kontrollrats gemeinsam zu verwalten und einen Außenministerrat mit der Ausarbeitung eines Friedensvertrags zu beauftragen. Eine deutsche Zentralregierung sollte vorerst noch nicht errichtet werden, wohl aber «einzelne zentrale Verwaltungsbehörden» für wichtige Bereiche wie Wirtschaft, Finanzen und Verkehr.

Parallel dazu schufen die «Großen Drei» mit den Vereinten Nationen eine Weltfriedensorganisation, die den Frieden vom ständigen Agreement der Hauptsiegermächte abhängig machte und damit die Notwendigkeit ihrer Kooperation betonte. In der Charta der Vereinten Nationen, am 26. Juni 1945 in San Francisco unterzeichnet, wurde zwischen ständigen Mitgliedern des Sicherheitsrates – neben den USA, der UdSSR und Großbritannien auch China und Frankreich – und sonstigen Mitgliedsländern unterschieden. Den ständigen Mitgliedern wurde ein Vetorecht bei Beschlüssen des Sicherheitsrates eingeräumt; die Generalversammlung aller Mitgliedsländer musste sich mit einer Empfehlungskompetenz für Maßnahmen zur Schaffung einer «friedlichen Ordnung» begnügen.

Als der Krieg zu Ende ging, war die Zukunft Deutschlands, Europas und des neuen Weltstaatensystems in mehrfacher Hinsicht offen. Es war noch nicht entschieden, ob dem Untergang des Deutschen Reiches eine gemeinsame Kontrolle der Deutschen durch die Siegermächte folgen würde, die Schritt für Schritt in eine kontrollierte Autonomie überging, oder aber die Bildung zweier deutscher Staaten, die in die gegensätzlichen Machtblöcke in Ost und West integriert wurden. Ebenso wenig war entschieden, welche Intensität diese Machtblöcke annähmen und ob zwischen ihnen Kooperation oder Konfrontation vorherrschen würde. Es war offen, in welchem Ausmaß die Staaten im sowjetischen Machtbereich ihre innere Autonomie verlieren würden und sich dem stalinistischen Gesellschaftsmodell anpassen mussten. Und es war offen, ob und in welchem Maße das übrige Europa zum Stabilisierungsfaktor zwischen Sowjetunion und USA oder zum Objekt und Opfer ihrer Konfrontation werden würde. Die Entscheidungen in allen vier Bereichen hingen eng miteinander zusammen. Dabei kamen auf die USA aufgrund ihres strategischen und ökonomischen Übergewichts besondere Verantwortung zu; es hing aber auch vieles von der Haltung Stalins ab – und manches auch von den Aktivitäten der westlichen Europäer.

1. UMWÄLZUNGEN DER NACHKRIEGSZEIT

Dass die Spielräume für eine einvernehmliche Regelung der Nachkriegsordnung weitgehend ungenutzt blieben und stattdessen der beginnende Kalte Krieg Europa teilte, war zunächst eine Folge sehr spezifischer Unfähigkeiten: Die kommunistischen Führer wussten sich nicht so zu verhalten, dass ihre Kooperationsangebote auch glaubwürdig erschienen, und den westlichen Gesellschaften fiel es schwer, die Weitsicht aufzubringen, die für eine Kooperation notwendig war. Daraus resultierte in einem zweiten Schritt eine wechselseitige Fehlwahrnehmung: Beide Seiten sahen sich gegenseitig in zunehmendem Maße als Aggressor, und je mehr sich diese Wahrnehmung verbreitete, desto stärker wirkte in einem dritten Schritt das Sicherheitsdilemma, das sich in jeder Konkurrenzsituation antagonistischer Mächte einstellt: Beide Seiten trafen Vorkehrungen gegen den befürchteten Übergriff der Gegenseite, und diese wurden von der anderen Seite als Beweis für die aggressiven Absichten des Gegners gedeutet und hatten weitere Vorkehrungen zur Folge – ein doppelter Teufelskreis, aus dem nicht leicht zu entkommen war.

Die Sowjetisierung Osteuropas

Der Prozess der Teilung Europas begann mit der Erfahrung, dass sich die Beseitigung der gesellschaftlichen Wurzeln des Faschismus und die Sicherung einer sowjetfreundlichen Orientierung der Völker im westlichen Vorfeld der Sowjetunion nicht so leicht bewerkstelligen ließen, wie man in Moskau wohl erhofft hatte. Das ließ die Kommunisten überall dort, wo ihnen die Rote Armee die Macht dazu gab, zu hergebrachten leninistischen Methoden greifen, die mit den Prinzipien der Demokratie und des Rechtsstaats nicht vereinbar waren: Agitation der Volksmassen, Manipulation hinter den Kulissen, Androhung von Gewalt und letztlich auch polizeiliche und militärische Unterdrückung ohne rechtsstaatliche Kontrolle. In der Praxis nahm die «antifaschistisch-demokratische Umwälzung» im sowjetischen Machtbereich damit doch Züge an, die an die leninistische Revolution erinnerten.

So schien Stalin eine Machtübernahme durch polnische Kommunisten lange Zeit nicht das geeignete Mittel zu sein, eine antisowjetische Orientierung Polens zu verhindern. Vielmehr suchte er bis zum Sommer 1944 nach Kräften in der polnischen Exilregierung in London, die zur Rückgabe der polnischen Eroberungen von 1920 und zu künftiger Kooperation mit der Sowjetunion bereit waren. Erst als endgültig feststand, dass solche Kräfte nicht zu finden waren, gab er dem Drängen der polnischen Kommunisten nach, ein kommunistisch dominiertes Regime zu etablieren. Dem Warschauer Aufstand des nichtkommunistischen Widerstands im August 1944 verweigerte er die mögliche Unterstützung; Widerstandsführer, die nach dem Einmarsch der sowjetischen Truppen im Winter 1944/45 über ihren Anteil an der Macht verhandeln wollten, ließ er verhaften. Unter amerikanischem Druck mussten dann Ende Juni 1945 der «Polnischen Bauernpartei» unter der Führung von Stanislaw Mikołajczyk vier Kabinettssitze in der Regierung des «Lubliner Komitees» eingeräumt werden, die von den Kommunisten kontrolliert wurde, ebenso ein weiterer Sitz den Sozialisten. Als sich die Bauernpartei-Mehrheit jedoch weigerte, in die von Kommunisten und Sozialisten dominierte «Demokratische Front» einzutreten, verschoben die Kommunisten die Wahlen zur Verfassunggebenden Versammlung bis zum Januar 1947 und manipulierten sie dann noch so weit, dass die Demokratische Front 394 von 444 Parlamentssitzen erhielt. Die Kommunisten konnten nun ihren Führungsanspruch ungehindert durchsetzen. Sie steuerten freilich zunächst einen Kurs des «eigenen Weges zum Sozialismus», der darum bemüht war, die bäuerlichen Massen wie den Klerus der katholischen Kirche für die Mitarbeit am sozialistischen Staatsaufbau zu gewinnen.

In der tschechoslowakischen Exilregierung fand Stalin jene Kooperationsbereitschaft, die er bei der polnischen vergeblich gesucht hatte. Staatspräsident Edvard Beneš und eine Mehrheit demokratischer Kräfte des Landes zogen aus der Erfahrung des Münchener Abkommens von 1938 und der Verschiebung der Machtverhältnisse auf dem Kontinent von sich aus den Schluss, die Tschechoslowakei müsse, um ihre Unabhängigkeit zu sichern, die Sowjetunion als Schutzmacht gewinnen. So gab Beneš den Plan einer tschechoslowakisch-polnischen Föderation auf sowjetischen Einspruch hin auf und stimmte im Juni 1945 der Abtretung der Karpato-Ukraine an die Sowjetunion zu. In der internationalen Politik schloss er sich zumeist den sowjetischen Positionen an. Folglich ging die politische Macht nach der Befreiung durch sowjetische und (zu geringem Teil) amerikanische Truppen an eine «Nationale Front» aus Kommunisten, Sozialdemokraten, nationalen Sozialisten, Katholischer Volkspartei und Slowakischer Demokratischer Partei über. Die Kommunisten konnten zwar eine starke

Stellung einnehmen, die Politik der sozialen Umgestaltung (einschließlich der Vertreibung der Sudetendeutschen) wurde jedoch von einem breiten Konsens aller Koalitionspartner getragen.

In Ungarn, das mit Deutschland verbündet gewesen war und bislang von einer schmalen Oberschicht konstitutionell-autoritär regiert wurde, unterstützten die sowjetischen Truppen im Dezember 1944 die Bildung einer «Volksfront»-Regierung aus Kommunisten, Sozialisten und der Unabhängigen Partei der Kleinen Landwirte. Sie leitete in vorsichtigen Schritten soziale Reformen des Landes in die Wege. Eine Massenbasis für eine sowjetfreundliche Politik fand sich jedoch nicht; vielmehr erlitten die Kommunisten in den Wahlen vom November 1945 mit 17 Prozent der Stimmen (gegen 57 Prozent für die Partei der Kleinen Landwirte und 17,4 Prozent für die Sozialisten) eine deutliche Niederlage. Die Landwirte-Partei konnte nun den Ministerpräsidenten (zunächst Zoltán Tildy, ab Februar 1946 Ferenc Nagy) und die Hälfte der Regierungsmitglieder stellen, geriet aber unter zunehmenden Druck der Kommunisten. Im Januar 1947 wurden einige führende Mitglieder der Partei der Verwicklung in einen Putschversuch beschuldigt und verhaftet. Ende Mai 1947 wurden die wichtigsten Minister der Partei der Kleinen Landwirte aus der Regierung ausgeschlossen; Nagy, der sich gerade zur Kur in der Schweiz aufhielt, erklärte seinen Rücktritt und wählte das Exil. Damit war der Weg zur Errichtung des kommunistischen Machtmonopols frei.

In Rumänien suchte sich die Sowjetführung zunächst mit der Verschwörergruppe oppositioneller Generäle und Politiker zu arrangieren, die im August 1944 das mit Hitler verbündete Regime von Marschall Ion Antonescu gestürzt hatte. Forderungen rumänischer Kommunistenführer nach größerem Anteil an der Macht wurden von Stalin abschlägig beschieden. Unter dem Eindruck allgemeiner Unruhe unter der antikommunistisch eingestellten ländlichen Bevölkerung erzwangen die sowjetischen Besatzer dann aber im März 1945 von König Michael die Berufung einer Regierung der «Nationaldemokratischen Front» unter Petru Groza, die von den Kommunisten kontrolliert wurde. Die Opposition gegen das neue Regime blieb beträchtlich und nahm sogar weiter zu, konnte sich aber nicht mehr durchsetzen: Im August 1945 versuchte König Michael vergeblich, die neue Regierung zu stürzen. Im Januar 1946 wurden auf amerikanischen Druck hin zwei Vertreter der Oppositionsparteien in die Regierung aufgenommen, ohne dass sie dort tatsächlichen Einfluss erlangen konnten. Als die Wähler der kommunistischen Partei im November 1946 eine vernichtende Niederlage bereiteten, wurden die Wahlergebnisse gefälscht. Im Laufe des Jahres 1947 wurden die oppositionellen Führungskräfte verhaftet, ihr Anhang im Mittelstand wurde durch eine Währungsreform seiner materiellen Grundlage beraubt und die selbstständigen Elemente innerhalb des regierenden «Blocks demokratischer Parteien» wurden ausgeschaltet. Schließlich wurde zum 30. Dezember 1947 die Abdankung des immer noch populären Königs erzwungen.

In Bulgarien organisierte eine «Vaterländische Front» aus Bauernpartei, Kommunisten, Sozialisten und Offizieren der überparteilichen politischen Vereinigung des Zweno-Kreises im September 1944 beim Herannahen der sowjetischen Truppen einen Putsch gegen das bisherige autoritäre Regime, das mit Hitlerdeutschland verbündet gewesen war. Innerhalb der Regierungskoalition gewann die kommunistische Partei, hier mit rasch wachsendem Massenanhang und durch die Präsenz der sowjetischen Besatzer abgesichert, alsbald die führende Position. Durch das Vorgehen britischer Truppen gegen die prokommunistische Partisanenbewegung im benachbarten Griechenland ermutigt, wagte der stellvertretende Ministerpräsident Nikola Petkow im Juli 1945 die Kraftprobe mit den Kommunisten, indem er mit einem Teil seiner Bauernpartei die «Vaterländische Front» verließ. Zu den Wahlen vom November 1945 wurde jedoch nur eine Einheitsliste der «Front» zugelassen und diese mit 88 Prozent bei einer Wahlbeteiligung von 85 Prozent bestätigt. Verhandlungen über die Wiederaufnahme zweier Oppositionspolitiker in die Regierung (wie sie die Sowjetführung den USA schließlich auch für Bulgarien zugestanden hatte) scheiterten an der Weigerung der Kommunisten, der Opposition realen Einfluss zuzubilligen. Nach dem Inkrafttreten des Friedensvertrags am 10. April 1947 und der Auflösung der Interalliierten Kontrollkommission, deren Präsenz der Opposition noch einen gewissen Schutz gewährt hatte, wurde Petkow verhaftet und zum Tode verurteilt, seine ohnehin schon angeschlagene Bauernpartei wurde zerschlagen.

In Jugoslawien setzte sich die kommunistische Partisanenbewegung unter Josip Broz Tito im Kampf gegen die Achsenmächte weitgehend aus eigener Kraft gegen rivalisierende Widerstandsgruppen durch. Während Stalin darauf drängte, mit den bürgerlichen Kräften und dem exilierten König zusammenzuarbeiten, räumte Tito den nichtkommunistischen Kräften nur eine untergeordnete Rolle in der «Volksfront» ein. Er trieb die Enteignung von Großgrundbesitz und Industrie nach sowjetischem Vorbild voran und ließ die aktiven Anhänger der vordem rivalisierenden Formationen – insbesondere der serbischen nationalistischen Kampfbewegung der Tschetniks und der kroatischen Ustaša – strafrechtlich verfolgen. Die bürgerlichen Kräfte um den Ministerpräsidenten der früheren Exilregierung Ivan Šubašic schieden daraufhin im August/September 1945 aus der Volksfront-Regierung aus. Titos Regime kam damit kommunistischen Ordnungsvorstellungen noch am nächsten. Gleichwohl geriet es alsbald in Spannungen mit Stalin, dem der revolutionäre Eifer der jugoslawischen Genossen vielfach zu unbedacht erschien.

Unter umgekehrten Vorzeichen blieb auch in Finnland der sowjetische Einfluss begrenzt: Nachdem die finnische Armee den sowjetischen Vormarsch zweimal, im Finnisch-sowjetischen Winterkrieg 1939/40 und bei der sowjetischen Karelien-Offensive im Sommer 1944, zum Stillstand gebracht hatte, entschloss sich Stalin für einen Waffenstillstand, der es ihm erlaubte, den Vormarsch nach

Jugoslawischer Soldat an einer Straßensperre in Triest, 1. Mai 1946. Der «Eiserne Vorhang von Stettin an der Ostsee bis nach Triest an der Adria», den Winston Churchill in seiner Rede in Fulton, Missouri am 5. März 1946 verurteilte, wurde in den Jahren der Blockbildung stetig verstärkt.

Deutschland zu beschleunigen. Die finnischen Kommunisten wurden angewiesen, mit allen Kräften zusammenzuarbeiten, die sich für die Einhaltung der Waffenstillstandsbedingungen einsetzten. Die nach dem Kriege gebildete Regierung unter Juho Kusti Paasikivi achtete darauf, nicht gegen die Interessen der Sowjetunion zu handeln und nahm so der Sowjetführung jeden Anlass zu einem erneuten Interventionsversuch.

Westeuropa und Deutschland

In den Ländern im Einflussbereich der amerikanischen und britischen Truppen, besonders in Frankreich und in Italien, mobilisierten die Kommunisten unterdessen auf Stalins Anweisung alle verfügbaren Reserven für einen Wiederaufbau, der in Zusammenarbeit mit den traditionellen Eliten erfolgen sollte. In Frankreich halfen die Kommunisten dem Führer des «Freien Frankreich», General Charles de Gaulle, die Milizen der Résistance zu entwaffnen; danach boykottierten sie die Forderungen ihres sozialistischen Koalitionspartners nach Nationalisierung aller Großindustrien, Wirtschaftsplanung und Partizipation. In Italien versagte sich die Kommunistische Partei unter dem Vorsitz von Palmiro Togliatti den radikalen Umgestaltungsplänen der Sozialisten und der aus dem Widerstand hervorgegangenen Aktionspartei zugunsten einer Zusammenarbeit auch mit den Liberalen und vor allem mit den Christlichen Demokraten.

Die amerikanische Führung würdigte diese Stabilisierungspolitik der Kommunisten im westlichen Europa freilich nicht. Stattdessen wurde das Vorgehen der Kommunisten im östlichen Europa als Bruch mit den Vereinbarungen von Jalta aufgefasst, in denen Stalin allen befreiten Ländern «dem Volkswillen entsprechende Regierungen» zugesichert hatte.[9] Entsprechend galten die beträchtlichen Gewinne, die die Kommunisten in den westeuropäischen Ländern in den ersten Nachkriegswahlen erzielt hatten, als Vorboten kommunistischer Machtergreifung auch im westlichen Europa und in Deutschland. Wirtschaftliche Verelendung und kommunistische Agitation wurden als eine höchst explosive Mischung wahrgenommen. Die meisten europäischen Länder stünden «hart am Rande des Abgrunds und können jederzeit hinuntergestoßen werden», warnte der Unterstaatssekretär für Wirtschaftsfragen im State Department, William Clayton, in einem Memorandum vom 5. März 1947; in Griechenland und Frankreich sei schon abzusehen, wie auf den wirtschaftlichen Zusammenbruch kommunistische Machtübernahmen folgen würden.[10]

Im Zuge ihrer Bemühungen um «Eindämmung» der sowjetischen Expansion (ein Konzept, für das der amerikanische Diplomat George F. Kennan seit dem Frühjahr 1946 warb) setzte die Regierung von Präsident Truman ihre Wirtschaftshilfe gezielt gegen den kommunistischen Einfluss ein und drängte bei den Sozialisten und Christdemokraten auf Ausschluss der Kommunisten aus der Regierungsverantwortung. Die Regierungspartner der Kommunisten zeigten, da sie zur Durchsetzung ihrer eigenen Reformpläne auf kommunistische Unterstützung angewiesen waren, zunächst wenig Neigung, den amerikanischen Forderungen nachzukommen. Sie gerieten aber bald auch im eigenen Land unter den Druck antikommunistischer Kräfte, die im Zeichen der beginnenden Ost-West-Konfrontation an Gewicht zunahmen. In Frankreich entstand den Christdemokraten mit der Sammlungsbewegung, die de Gaulle nach seinem Rücktritt als Ministerpräsident 1946 ins Leben gerufen hatte, eine «rechte» Konkurrenz, die sie zwang, von ihren «linken» Koalitionspartnern abzurücken; in Italien arbeiteten traditionelle Honoratioren und der Vatikan auf einen Bruch der Christdemokraten mit den Kommunisten hin. Deren Position innerhalb der Regierungen wurde folglich immer schwächer, und die Unzufriedenheit ihrer Anhänger mit der von Moskau verfügten Austeritätspolitik wuchs. Im Frühjahr 1947 waren der Unmut der kommunistischen Basis einerseits und der Druck der Kommunistengegner andererseits so weit angewachsen, dass die Regierungsbündnisse mit den Kommunisten auseinanderbrachen, zunächst in Belgien am 11. März, dann in Frankreich am 5. Mai und schließlich in Italien am 13. Mai.

Noch stärker wirkte sich die beginnende Ost-West-Konfrontation auf Deutschland aus, das die Siegermächte zunächst gemeinsam verwalten wollten. Hatte Roosevelt dem sowjetischen Konzept für deutsche Reparationsleistungen noch grundsätzlich zugestimmt (Demontagen und Lieferungen aus laufender Produktion im Wert von 20 Milliarden Dollar, die Hälfte davon für die Sowjetunion), so fürchtete Truman, dass Reparationen in dieser Höhe zum wirtschaftlichen Zusammenbruch Europas führen würden. In Potsdam konnte daher nur beschlossen werden, dass jede Siegermacht ihre Reparationsbedürfnisse zunächst durch Lieferungen aus der eigenen Besatzungszone befriedigt. Der Sowjetunion wurden darüber hinaus zehn Prozent der Demontagen in den westlichen Besatzungszonen zugestanden (und weitere fünfzehn Prozent gegen Lebensmittel- und Kohlelieferungen aus dem Osten); dabei blieb der Umfang der vertretbaren Demontagen vorerst unbestimmt.

Die Folgen dieser reparationspolitischen Teilung waren umso gravierender, als Frankreich, das auf der Konferenz von Potsdam nicht vertreten war, die Errichtung der gemeinsamen Verwaltungen für alle vier Besatzungszonen blockierte. De Gaulle wollte damit die Separierung des Rheinlandes von einer möglichen deutschen Konföderation und die Internationalisierung des Ruhrgebietes erreichen, die er beide im Hinblick auf die künftige Sicherheit Frankreichs für unerlässlich hielt. Tatsächlich sorgte das Fehlen zonenübergreifender Instanzen aber nur dafür, dass die Entnazifizierung der deutschen Gesellschaft in Ost und West einen unterschiedlichen Verlauf nahm – in den Westzonen nicht so gründlich, aber gemäß den Grundsätzen des Rechtsstaats, in der Ostzone oft brutal und willkürlich. Als die Sozialdemokraten zur stärksten Partei zu werden drohten, zwangen sie die sowjetischen Besatzer zum Zusammenschluss mit den Kommunisten. Die neue «Sozialistische Einheitspartei Deutschlands» (SED), auf einem Parteitag in Berlin am 21./22. April 1946 konstituiert, blieb freilich auf die sowjetische Zone beschränkt, und damit wurde die Spaltung zwischen Ost und West vertieft.

Darüber hinaus förderte die rigoros erzwungene Vereinigung der Arbeiterparteien das Misstrauen der Westmächte hinsichtlich der sowjetischen Absichten in Deutschland. Der Verdacht, Stalin habe es auf eine Einbeziehung ganz Deutschlands in den sowjetischen Machtbereich abgesehen, bremste ihre Bereitschaft, sich um gemeinsame Regelungen für alle vier Besatzungszonen zu bemühen. Pläne für eine gesamtdeutsche Regelung, so das amerikanische Angebot eines Viermächte-Garantiepakts zur Entmilitarisierung Deutschlands oder der britische Vorschlag zum schrittweisen Aufbau einer provisorischen Regierung, wurden zwar noch bis zur Moskauer Außenministertagung im März/April 1947 ernsthaft diskutiert, scheiterten aber regelmäßig am sowjetisch-amerikanischen Gegensatz in der Reparationsfrage. Im Frühjahr 1946 wandte sich die britische Regierung dem Ziel einer staatlichen Organisation der drei westlichen Besatzungszonen ohne sowjetische Beteiligung zu. Ein knappes Jahr später machte sich auch die amerikanische Regierung dieses Ziel zu eigen. Die britische und die amerikanische Besatzungszone wurden zum 1. Januar 1947 zur «Bizone» zusammengeschlossen. Stalin hielt demgegenüber an der gesamtdeutschen Zielsetzung fest, seine Besatzungsverwaltung führte aber zugleich den Prozess der Überwindung des Nationalsozialismus in der eigenen Besatzungszone in einer Weise fort, die demokratische Grundsätze missachtete.

Die Pläne für eine «Dritte Kraft» der Europäer zwischen den USA und der Sowjetunion kamen unter diesen Umständen kaum voran. Die Wiedererrichtung einer Internationale sozialistischer Parteien Ost- und Westeuropas, die der Blockbildung entgegenwirken konnte, scheiterte an der Furcht der Osteuropäer wie der britischen Labour Party vor einer Einschränkung ihrer Bewegungsfreiheit. Versuche, die Beziehungen zwischen west- und osteuropäischen Staaten zu intensivieren, so der Plan eines Bündnisses zwischen Frankreich und der Tschechoslowakei, blieben in ersten Ansätzen stecken. Initiativen für eine westeuropäische Assoziation unter der gemeinsamen Führung Frankreichs und Großbritanniens führten infolge britischen Zögerns und französischer Konzentration auf eine Abtrennung des Rheinlands vom deutschen Staatsgebiet nur zum französisch-britischen Pakt von Dünkirchen (4. März 1947), der über die Verpflichtung zum gegenseitigen Beistand gegen eine neue deutsche Aggression hinaus noch keine substantiellen Kooperationsbestimmungen enthielt.

Andererseits hatten aber auch Bemühungen, Westeuropa mit den USA zu einem Block gegen sowjetische Expansion zusammenzuschweißen, zunächst wenig Erfolg. Winston Churchill, nunmehr britischer Oppositionsführer, sprach im März 1946 bei einer Rede in Trumans Wahlkreis in Fulton/Missouri öffentlich vom «Eisernen Vorhang» zwischen Ost und West und der Notwendigkeit transatlantischer Solidarität. Im September 1946 rief er Franzosen und Deutsche bei einer Rede an der Universität Zürich auf, die Bildung «einer Art Vereinigter Staaten von Europa» in Angriff zu nehmen, die offensichtlich auf das westliche Europa beschränkt sein sollten. Beide Male stieß er in der Öffentlichkeit des westlichen Europa auf weit mehr Ablehnung als Zustimmung.

Wendepunkt Marshall-Plan Die Wende zur dauerhaften Zweiteilung des europäischen Kontinents begann, als sich die amerikanische Regierung im Frühjahr 1947 entschloss, ihre Stabilisierungspolitik für Westeuropa einschließlich des westlichen Deutschlands zu intensivieren. Dieses Bemühen war aus der Sicht der Truman-Administration notwendig, da sich die Hilfen, die man bislang an europäische Länder vergeben hatte, als zu gering erwiesen und die Europäer zum Protektionismus zurückzukehren drohten. Er war aber auch außerordentlich schwierig: Der amerikanische Kongress zeigte sich wenig geneigt, neue Kredite für Europa zu bewilligen, und die französische Regierung weigerte sich, einem raschen Wiederaufbau der westdeutschen Industrie zuzustimmen, wie er für die dauerhafte Gesundung der europäischen Wirtschaft unerlässlich war. Den Widerstand des Kongresses überwand die Truman-Administration, indem sie die sowjetische Bedrohung bewusst überdimensioniert darstellte: In der «Truman-Doktrin», die der Präsident dem Kongress am 12. März 1947 aus Anlass der Bitte um Hilfsgelder für Griechenland und die Türkei präsentierte, erschien der Konflikt zwischen der Sowjetunion und den USA nun als globaler Kampf zwischen einem Regime von «Terror und Unterdrückung» und der «Freiheit». Truman erklärte es zur amerikanischen Mission, diese Freiheit überall zu verteidigen. Den französischen Widerstand suchten Kennan, nunmehr Chef des Politischen Planungsstabes im State Department, und der amerikanische Außenminister George C. Marshall zu überwinden, indem sie die geplanten Hilfen für die europäischen Länder zu einem multilateralen Wiederaufbauprogramm zusammenfassten, das zugleich den Weg zur Integration der beteiligten Länder eröffnete. Damit sollte nicht nur die Gewähr dafür gegeben werden, dass die Hilfe nicht erneut verpuffte; mit der europäischen Integration wurde Frankreich und den anderen Westeuropäern auch eine neue Form der Kontrolle des deutschen Wiederaufstiegs in Aussicht gestellt. Um dieses Programm, seit seiner Vorstellung durch den Außenminister am 5. Juni 1947 als «Marshall-Plan» bekannt, in den westeuropäischen Ländern mit ihren starken kommunistischen und sozialistischen Kräften durchzusetzen, wurden auch die osteuropäischen Länder und die Sowjetunion zur Beteiligung eingeladen. Damit ergab sich noch einmal eine Chance, die begonnene Spaltung Europas rückgängig zu machen – zumindest theoretisch.

Tatsächlich löste die Ankündigung des Marshall-Plans in Ost- wie in Westeuropa beträchtliche Hoffnungen auf eine Verwirklichung der «Dritten Kraft» aus. Stalin schwankte eine Zeitlang zwischen der Furcht vor der Westblockbildung im Falle einer Absage an den Plan und der Furcht vor einer Auflockerung oder gar Auflösung seines osteuropäischen Herrschaftsbereichs im Falle seiner Beteiligung. Er stellte daher Bedingungen für eine sowjetische Beteiligung, in der Hoffnung, dass sich die westeuropäischen Regierungen ihm anschließen würden. Als diese jedoch ablehnten, hatte Stalin sich praktisch selbst aus dem Programm ausgeschlossen. Am 2. Juli 1947 erteilte der sowjetische Außenminister Wjatscheslaw Molotow dem angeblichen «Plan zur Unterjochung Europas» unter den amerikanischen Imperialismus eine Absage. Die osteuropäischen Regierungen, die ausnahmslos ihr Interesse an einer Beteiligung am Marshall-Plan bekundet hatten und mit Ausnahme Jugoslawiens selbst nach der sowjetischen Absage noch zur Teilnahme entschlossen waren, wurden von der Sowjetführung gezwungen, ihre Zusagen zurückzunehmen; Finnland entschied sich, um Moskau nicht zu verärgern, von sich aus für den Verzicht auf eine Beteiligung.

Um die amerikanischen Pläne zu durchkreuzen, entwickelte Stalin im Laufe des Sommers 1947 eine Strategie, die die Mobilisierung der westlichen Europäer gegen die vermeintliche Unterjochung mit einer stärkeren Ausrichtung der osteuropäischen Regime auf das sowjetische Vorbild und einer Verschärfung der Kontrolle durch Moskau verband. Ende September wurden die Führer der wichtigsten kommunistischen Parteien auf einer Konferenz im schlesischen Schreiberhau (polnisch Szklarska Poręba) mit dem neuen Kurs der sowjetischen Politik vertraut gemacht und zur Zusammenarbeit in einem «Kommunistischen Informationsbüro» (Kominform) verpflichtet. Der sowjetische Delegationsleiter Andrej Schdanow definierte den Ost-West-Konflikt spiegelbildlich zur Truman-Doktrin als globale, auf Sieg oder Untergang angelegte Auseinandersetzung zwischen dem «imperialistischen und antidemokratischen Lager» unter Führung der USA einerseits und den «antiimperialistischen und antifaschistischen Kräften» unter sowjetischer Ägide andererseits.

In den osteuropäischen Ländern wirkten jetzt der Moskauer Druck und eine allgemeine Krise des Wiederaufbaus, auch infolge des Ausbleibens der amerikanischen Hilfsgelder, dahingehend zusammen, dass die bis dahin noch verbliebenen Freiräume autonomer politischer Kräfte beseitigt wurden. In der Tschechoslowakei endete eine dramatische Kraftprobe zwischen der kommunistischen Partei und ihren demokratischen Koalitionspartnern mit der Etablierung einer Regierung unter kommunistischer Kontrolle (29. Februar 1948) und der vollständigen Entmachtung der demokratischen Kräfte. Wie hier wurden auch in den übrigen osteuropäischen Ländern noch verbliebene organisierte Oppositionsgruppen ausgeschaltet, die sozialdemokratischen Parteien wurden nach ausgiebigen «Säuberungen» mit den Kommunisten verschmolzen, alle Arbeiterorganisationen wurden der Kontrolle durch kommunistische Kader unterworfen, und kommunistische Führer, die im Verdacht standen, sich Stalin gegenüber nicht jederzeit absolut loyal zu verhalten, wurden nach und nach aus den Parteiführungen entfernt. Die Umformung der Gesellschaft wurde strikt am Vorbild der Sowjetunion ausgerichtet, an die Stelle pragmatischer Bündnisse mit partiell reformbereiten Gruppen trat der polizeistaatliche Terror einer Minderheit. Nach sowjetischem Muster wurde dem Aufbau der Schwerindustrie überall Vorrang eingeräumt, zentralistische Planungsmethoden wurden eingeführt, und gegen erhebliche Widerstände wurde auch die Kollektivierung der Landwirtschaft vorangetrieben. Die Wirtschaftsproduktion wurde mehr und mehr auf die Bedürfnisse des sowjetischen Wiederaufbaus hin abgestellt, Verbindungen mit den westlichen Märkten wurden rigoros reduziert. Aus der vielfältigen indirekten Herrschaft der Sowjetunion im östlichen Europa entstand so ein geschlossener Sowjet*block*.

In Westeuropa ließen die kommunistischen Parteiführungen dem seit Kriegsende angestauten sozialen Unmut ihrer Klientel freien Lauf. In Frankreich und Italien kam es daraufhin im Winter 1947/48 zu massiven Streikbewegungen, die bisweilen den Charakter eines allgemeinen Aufruhrs annahmen. Die Durchsetzung der amerikanischen Ziele in Westeuropa wurde durch sie freilich nicht verhindert, sondern im Gegenteil sogar noch gefördert: Die Mehrheit der Westeuropäer, die die Furcht der Amerikaner vor einer Ausdehnung des sowjetischen Einflusses auf das westliche Europa bisher als unbegründet zurückgewiesen hatte, gewann nun angesichts der spektakulären Streik-Aktionen und der militanten Polemik gegen die angeblichen Imperialisten selbst die Überzeugung, dass die kommunistischen Parteien in Westeuropa auf den Sturz der bestehenden Ordnung hinarbeiteten und die sowjetische Führung den ganzen Kontinent unter ihre Kontrolle zu bringen versuchte. Eine Rückkehr der Kommunisten in die Regierungsverantwortung war damit praktisch ausgeschlossen. Die Kommunisten sahen sich in das Getto ihrer «Gegenkultur» verwiesen, die politischen Gewichte verschoben sich deutlich nach rechts, und der Wiederaufbau im Zeichen des Marshall-Plans vollzog sich auf der Basis eines breiten antikommunistischen Konsenses.

Restauration in Westeuropa Vom Winter 1947/48 an wurde der Kalte Krieg zur innenpolitischen Realität in den Staaten des westlichen Europa. In Frankreich mussten die Sozialisten notgedrungen die Rolle der linken Flügelgruppe einer Koalition aus Christdemokraten und Konservativen übernehmen, die sich von dem Reformprogramm der ersten Nachkriegsregierungen immer weiter fortbewegte. In Italien siegten die Christdemokraten bei den Wahlen im April 1948 deutlich über das Bündnis von Kommunisten und Linkssozialisten; durch die Gettoisierung der Kommunisten konnten sie sich fortan über Jahrzehnte an der Spitze der Regierung behaupten. Im westlichen Deutschland sahen sich die Sozialdemokraten des Rückhalts durch den starken SPD-Anhang in der sowjetischen Besatzungszone beraubt, und christliche Sozialisten innerhalb der CDU verloren ihre Schlüsselstellung. Generell halfen der neue antikommunistische Konsens und eine wachsende Furcht vor sowjetischer Bedrohung den traditionellen bürgerlichen Eliten, die durch die Zusammenarbeit mit den Nationalsozialisten oder ihr Versagen angesichts der nationalsozialistischen Expansion diskreditiert waren, sich zu rehabilitieren und erneut Machtpositionen zu besetzen. In Großbritannien geriet die regierende Labour Party unter zunehmenden Druck der Konservativen; 1951 verlor sie die Mehrheit, die sie 1945 errungen hatte.

Entscheidend verstärkt wurde dieser Trend zur Restauration traditioneller Ordnungsverhältnisse durch das amerikanische Drängen auf rasche Rekonstruktion und Integration der europäischen Volkswirtschaften. Die Truman-Adminis-

tration lehnte sozialdemokratische Reformvorstellungen zwar nicht prinzipiell
ab, sie war aber davon überzeugt, dass die wirtschaftliche und die politische Not
im westlichen Europa keine Experimente mehr zuließen. Folglich organisierte sie
den Wiederaufbau im Zeichen des Marshall-Plans nach dem eigenen liberalen
Erfolgsmodell. Der Wiederaufbau der westdeutschen Schwerindustrie wurde
nicht länger aus Sicherheitsgründen gebremst, sodass die deutsche Wirtschaft
alsbald wieder ihre traditionelle Führungsrolle auf dem Kontinent einnehmen
konnte. Die Sozialisierung der Ruhrindustrie, Kernstück der Reformforderungen
von deutschen Christdemokraten bis zu französischen Sozialisten, wurde unter
massivem amerikanischem Druck im Herbst 1947 auf die Zeit nach der Etablierung einer gewählten westdeutschen Regierung verschoben und damit de facto
hintertrieben. In der Vorbereitung der westdeutschen Währungsreform arbeitete
die amerikanische Besatzungsbehörde eng mit traditionellen liberalen Kräften
zusammen; durch die Begünstigung der Sachwertbesitzer und das Ausbleiben
eines gleichzeitigen Lastenausgleichs wurde der Weg zu einer marktwirtschaftlichen Wirtschaftsordnung vorgezeichnet, die die bestehenden Besitzverhältnisse
im Grunde unangetastet ließ. Die amerikanischen Marshall-Plan-Gelder mussten
beim Kongress jedes Jahr neu beantragt werden, und die Verwendung unterlag
der abschließenden Kontrolle durch die amerikanische Economic Cooperation
Administration (ECA). Damit war eine längerfristige Wirtschaftsplanung der
Teilnehmerländer des Plans erschwert, während die amerikanische Seite über
gewisse Einwirkungsmöglichkeiten auf die jeweilige nationale Investitionspolitik
verfügte und diese im Sinne ihrer liberalen Ordnungsvorstellungen nützte.

Dass es den Westeuropäern nicht gelang, ihre Autonomie bei der Verwirklichung des Marshall-Plans in einem größeren Maße zu behaupten, hatten sie sich
freilich zu einem guten Teil selbst zuzuschreiben: Die Truman-Regierung hatte
die Initiative für die Formulierung des Hilfsprogramms im Sommer 1947 ausdrücklich den Teilnehmerländern überlassen. Sie war nicht an einer dauerhaften
strukturellen Abhängigkeit der europäischen Länder von den USA interessiert,
sondern an der Wiedergewinnung starker selbstständiger Handelspartner. Erst
nachdem sich die Europäer nicht auf ein integriertes Wiederaufbauprogramm zu
einigen vermocht hatten und auch das Projekt einer europäischen Zollunion als
erster Schritt zur Integration der Teilnehmerländer gescheitert war, hatte sie damit begonnen, ihre Vorstellungen von einem optimalen Wiederaufbauprogramm
zu diktieren. Zwar unternahmen französische Regierungen wiederholt den Versuch, die Einigung der Marshall-Plan-Länder voranzubringen, doch zögerte die
britische Labour-Regierung, sich auf eine definitive Bindung an den Kontinent
einzulassen. Ohne britische Beteiligung wollte die Mehrheit der kontinentalen
Europäer, vor allem die europäische Linke und die Benelux-Länder, aber nicht
mit der Einigung Europas beginnen. Folglich blieb die Einigungspolitik trotz eines
beträchtlichen Aufschwungs der europäischen Einigungsbewegung 1947–1949 in

den ersten Anfängen stecken. Die Gründung des Europarats im Mai 1949, in den Augen der Kontinentaleuropäer nach langwierigen Verhandlungen ein erster Schritt zur Schaffung eines föderierten Europa, bedeutete in Wahrheit eine weitere Verzögerung konkreter Einigungspolitik: Die britische Regierung weigerte sich, die Vorschläge der Abgeordneten der neuen Einrichtung aufzugreifen, und verurteilte sie damit zur Bedeutungslosigkeit.

Die westliche Blockbildung   Während die europäische Einigung stagnierte und die Idee der «Dritten Kraft» damit de facto weithin scheiterte, kam die westliche Blockbildung rasch voran. Von der Aussicht auf ein mögliches Vordringen der Sowjetunion nach Westeuropa höchst beunruhigt, drängte der britische Außenminister Ernest Bevin seinen amerikanischen Kollegen Marshall schon im Dezember 1947 zur Schaffung eines «westlichen demokratischen Systems, das die Amerikaner, uns selbst, Frankreich, Italien, usw., und natürlich die Dominions umfasst» und das insbesondere den Europäern einen militärischen Schutz durch die USA garantieren sollte.[11] Als Vorleistung offerierte er den Amerikanern einen kollektiven Verteidigungspakt Großbritanniens, Frankreichs, Belgiens, der Niederlande und Luxemburgs: den Brüsseler Pakt vom 17. März 1948. Nach der dramatischen Machtergreifung der Kommunisten in der Tschechoslowakei Ende Februar 1948, die die Furcht vor einer sowjetischen Aggression für viele Westeuropäer existentiell werden ließ, fand diese Politik eine breite Mehrheit im westlichen Europa. Ebenso setzte sich nun in den USA die Bereitschaft durch, den Brüsseler Pakt mit eigenem Engagement zu unterstützen. Am 11. Juni 1948 stimmte der amerikanische Senat einer Erklärung zu, die erstmals in der amerikanischen Geschichte den Abschluss eines Verteidigungsbündnisses in Friedenszeiten ermöglichte.

Beschleunigt wurde der Prozess der westlichen Blockbildung durch die geradezu verzweifelten Versuche Stalins, die Konstituierung eines westdeutschen Staates – logische Folge der Einbeziehung der drei westlichen Besatzungszonen in das westeuropäische Wiederaufbauprogramm – im letzten Moment doch noch zu verhindern. Nachdem sich die Vertreter der USA und der Brüsseler Paktstaaten Anfang Juni 1948 in London auf die Form der staatlichen Neuorganisation Westdeutschlands geeinigt hatten, nahm Stalin die Durchführung der westdeutschen Währungsreform in den Westsektoren von Berlin zum Anlass, die Landverbindungen zwischen Berlin und den Westzonen vom 24. Juni an zu blockieren. Nur so schien es ihm möglich, die Verwirklichung der Londoner Beschlüsse zu stoppen und die Verhandlungen über eine gesamtdeutsche Lösung wieder in Gang zu bringen.

In der Tat erwog das State Department nun ernsthaft den Plan eines allseitigen Truppenrückzugs aus den vier Besatzungszonen – in der Hoffnung, so den Prestigeverlust vermeiden zu können, der aus einem erzwungenen einseitigen Abzug der westlichen Besatzungstruppen aus Berlin resultieren musste. Der britische und der französische Militärgouverneur in Deutschland argumentierten im gleichen Sinne. Als sich dann aber rasch zeigte, dass die Versorgung der Westberliner Bevölkerung über eine Luftbrücke in die britische und amerikanische Besatzungszone auch über den kommenden Winter sichergestellt werden konnte, entschieden sich Marshall und Truman nicht nur zum Durchhalten; sie zögerten Verhandlungen über einen Abbruch der Blockade sogar bewusst hinaus. Weil die Berlin-Blockade die Aggressivität und zynische Brutalität der Sowjetmacht so eindrucksvoll unter Beweis stellte, war sie ein hervorragendes Mittel, noch verbliebene Widerstände gegen die Westblockbildung zu überwinden: sowohl das Zögern der Westdeutschen, sich auf eine Staatsgründung einzulassen, die den Graben zu den Deutschen in der sowjetischen Zone vertiefte, als auch die Ängste der Franzosen vor der Wiederherstellung eines starken deutschen Nachbarn und den Widerstand des amerikanischen Kongresses gegen ein kostspieliges und auf Dauer verpflichtendes militärisches Engagement der USA in Europa. Am 4. April 1949 unterzeichneten die Vertreter der USA, Kanadas, Großbritanniens, Frankreichs, der Beneluxländer, Italiens, Norwegens, Dänemarks, Islands und Portugals in Washington den Nordatlantischen Verteidigungspakt; am 8. Mai verabschiedete der Parlamentarische Rat westdeutscher Länderparlamentarier in Bonn das Grundgesetz für die Bundesrepublik Deutschland.

Als Stalin merkte, dass er mit der Blockierung der Zufahrtswege nach West-Berlin die Gründung der Bundesrepublik nicht verhindern konnte, blieb ihm nichts Anderes übrig, als die Autobahnverbindungen und Schifffahrtswege wieder freizugeben. Am 12. Mai 1949 wurde die Berliner Blockade aufgehoben. Noch hoffte er aber auf eine breite Volksbewegung gegen die Schaffung eines westdeutschen Staates. Vorstöße der SED-Führung, mit der Bildung einer Regierung für die Ostzone nachzuziehen, wies er wiederholt zurück; stattdessen wurden die deutschen Genossen angewiesen, mit einer «Nationalen Front» für die «wirtschaftliche und politische Einheit» Deutschlands zu kämpfen.[12] Erst nachdem am 14. August die Wahlen zum ersten Deutschen Bundestag stattgefunden hatten und sich die Hoffnung auf eine neue Zusammenkunft des Alliierten Außenministerrats zerschlagen hatte, willigte Stalin im September ein, die Verfassung für eine «Deutsche Demokratische Republik», die ein «Deutscher Volkskongress» mit fragwürdiger Legitimation am 30. Mai verabschiedet hatte, vorerst nur für das Gebiet der sowjetischen Besatzungszone in Kraft zu setzen. Dies geschah am 7. Oktober 1949. Die nach der Verfassung vorgesehenen Wahlen wurden allerdings zunächst um ein Jahr verschoben und dann am 15. Oktober 1950 nach einer «Einheitsliste» durchgeführt, die keine Wahlmöglichkeit mehr enthielt. Dem zweiten deutschen Staat fehlte damit von vornherein die demokratische Legitimation.

Auf diese Weise hatten sich bis Ende 1949 anstelle des zusammengebrochenen europäischen Gleichgewichtssystems zwei gegensätzliche Machtblöcke formiert, die von den beiden Hauptsiegern des Zweiten Weltkrieges dominiert wurden und Europa in eine östliche und eine westliche Hemisphäre teilten. Das europäische Machtvakuum, das der Untergang des «Dritten Reiches» hinterlassen hatte, war aufgefüllt, die Einflusssphären der Weltmächte waren klar abgegrenzt, die Verwirklichung ihrer grundlegenden Interessen gesichert. Offen blieb, ob und wie lange die Konfrontation fortdauern würde, unter der sich diese Teilung vollzogen hatte, welches Ausmaß das amerikanische und das sowjetische Engagement in Europa annehmen würden und wie dauerhaft die Teilung folglich sein würde.

Die chinesische Revolution

Der Zusammenbruch des japanischen Imperiums in Ost- und Südostasien führte, anders als der Zusammenbruch des deutschen Imperiums in Europa, nicht zu einer Teilung der Region im Zeichen des Kalten Krieges. Dies ist in erster Linie darauf zurückzuführen, dass die Befreiung der südost- und ostasiatischen Region nicht von einer Koalition aus westlichen und sowjetischen Streitkräften bewerkstelligt wurde, sondern im Wesentlichen den US-amerikanischen Streitkräften zu verdanken war. Die Sowjetunion trat erst ganz zum Schluss, am 7. August 1945, in den Krieg gegen Japan ein. Auch wenn der sowjetische Angriff auf die japanischen Truppen in der Mandschurei großen Anteil an der Entscheidung der japanischen Führung für das Kapitulationsangebot vom 10. August 1945 hatte, konnte Stalin nicht mehr als eine formale Beteiligung der Sowjetunion an der Besatzung Japans durchsetzen. Offiziell waren elf Nationen an der Besatzung beteiligt; die USA stellten jedoch 90 Prozent der Truppen, und ihr Oberbefehlshaber General Douglas MacArthur verfügte als Oberkommandierender der alliierten Mächte über nahezu unbeschränkte Befugnisse.

Dass die ostasiatische Region dennoch in den Sog des Ost-West-Gegensatzes geriet, ist der Attraktivität leninistischer Politikmodelle für Bevölkerungen zu verdanken, deren traditionelle Lebensweisen durch die Konfrontation mit der westlichen Moderne herausgefordert wurden. Sie führte zur Entstehung von kommunistisch-nationalistischen Bewegungen, die für die Sowjetunion ebenso zum Problem wurden wie für die USA.

Nirgends zeigte sich das dramatischer als in China. Mit dem Abzug der japanischen Truppen, die den östlichen Teil des Landes von der Mandschurei bis nach Kanton kontrolliert hatten und von den kriegführenden Parteien auf chinesischer

Seite nicht aus eigener Kraft zurückgedrängt werden konnten, wurde der Bürgerkrieg zwischen der Nationalen Volkspartei Guomindang (GMD) unter der Führung von General Jiang Kaishek und den Kommunisten, neuerdings unter der Führung von Mao Zedong, wieder akut. Zwar drängten die amerikanischen Befreier beide Seiten zu einer Verständigung. Die Guomindang, die von ihrer Basis in der südwestlichen Provinz Sichuan aus den größten Teil der japanischen Truppen entwaffnete und in die von ihnen beherrschten Gebiete einrückte, war jedoch nicht bereit, die Macht mit den Kommunisten zu teilen. Die Kommunisten wiederum, die von einigen Basisgebieten im Norden des Landes aus operierten, wollten ihre militärische Macht nur um den Preis des Eintritts in eine Koalitionsregierung zur Disposition stellen.

Sie konnten auch nicht von Stalin dazu bewogen werden, sich der offensichtlich dominierenden Regierung der Nationalpartei unterzuordnen. Der sowjetische Diktator ließ es zwar zu, dass die kommunistischen Guerillakämpfer in den ländlichen Gebieten der Mandschurei Fuß fassten, die von der Roten Armee besetzt worden war; er versagte den Kommunisten aber umfassende militärische und wirtschaftliche Hilfe und schloss stattdessen schon am 14. August 1945 ein Bündnis mit der Regierung Jiang Kaisheks, das ihm die Kontrolle der Äußeren Mongolei sowie die russischen Rechte an Eisenbahnen und Häfen in der Mandschurei bestätigte. Nachdem sie große Teile der von den Japanern installierten Industrieanlagen abtransportiert hatten, zogen sich die sowjetischen Truppen, wie mit der US-Regierung vereinbart, im Frühjahr 1946 vollständig aus der Region zurück.

Truman hingegen entschied sich, die Regierung Jiang Kaishek mit reichlich Geld und Waffen zu unterstützen; ein Eingreifen amerikanischer Truppen in den Bürgerkrieg lehnte er jedoch ab. Stattdessen wurde der prominente General George C. Marshall am 15. Dezember 1945 als amerikanischer Sonderbotschafter nach China geschickt, mit der Aufgabe, beide Seiten zum Eintritt in eine Koalitionsregierung zu bewegen. Mehr als einen vorübergehenden Waffenstillstand im Januar 1946 brachte er jedoch nicht zustande. Im Juli 1946 entschloss sich Jiang Kaishek, die kommunistischen Bastionen im Norden erneut anzugreifen. Mit einer Streitmacht von 4,3 Millionen Mann glaubte er die weitaus schlechter ausgerüsteten 1,2 Millionen kommunistischen Kämpfer rasch unter seine Kontrolle bringen und so die Autorität seiner auch international anerkannten Regierung endlich im ganzen Land durchsetzen zu können.

Der erneute Ausbruch der Feindseligkeiten konnte die beiden Weltmächte nicht dazu bewegen, ihre Haltung zu revidieren. Die amerikanischen Beobachter glaubten nicht, dass die Truppen Jiang Kaisheks in der Lage sein würden, die kommunistischen Kämpfer militärisch zu besiegen; gleichzeitig sahen sie, dass das korrupte GMD-Regime wenig populär war und zunehmend an Rückhalt verlor. Mehr als wirtschaftliche Unterstützung erschien folglich nicht ratsam, auch wenn deren Effekt zusehends verpuffte. Umgekehrt glaubte Stalin nicht an einen raschen Sieg der Kommunisten; zudem war er besorgt, der Bürgerkrieg in China könnte ihn ungewollt in eine militärische Konfrontation mit den USA führen. Er vermied daher zunächst jede Unterstützung und mahnte die chinesischen Genossen wiederholt zur Zurückhaltung. Entschieden wurde der Ausgang des Bürgerkriegs in erster Linie von den kämpfenden Parteien im Lande selbst.

Anders als Jiang Kaishek erwartet hatte, fiel die Entscheidung eher auf dem politischen als auf dem militärischen Feld. Die Landbevölkerung erlebte die GMD-Kommandeure nur als rücksichtslose Organisatoren von Truppenaushebungen und Abgaben. Demgegenüber gingen die Kommunisten in den von ihnen kontrollierten Gebieten zu einer «Landrevolution» über, die die ländliche Oberschicht enteignete und insgesamt 43 Prozent der bebauten Fläche an sechzig Prozent der Landbevölkerung umverteilte. Gleichzeitig diskreditierte sich das GMD-Regime auch zunehmend bei der städtischen Bevölkerung: durch repressives Vorgehen gegen die Arbeiterschaft, Übergabe der zuvor von den Japanern enteigneten Fabriken an raffgierige Funktionäre, politische Unterdrückung und eine galoppierende Inflation, die Staatsbedienstete und andere Bezieher fester Einkommen rasch in die Armut stürzen ließ, während Günstlinge des Regimes gigantische Gewinne kassierten. Ende 1947 hatte die Guomindang ihre Legitimität weitgehend verloren.

Die Unterstützung aus der Bevölkerung machte mit der Zeit wett, was den Kommunisten zunächst an militärischer Schlagkraft und Waffen gefehlt hatte. Vom Beginn des Jahres 1948 an liefen ganze Truppenteile der Nationalarmee zur «Volksbefreiungsarmee» der Kommunisten über. Nachdem die kommunistischen Verbände sukzessive die Kontrolle über die ländlichen Gebiete des Nordens und großer Teile des Zentrums errungen hatten, kam es Anfang November 1948 bei Xuzhou (dem wichtigsten Eisenbahnknotenpunkt in Zentralchina) zur Entscheidungsschlacht. Sie dauerte bis zum Januar 1949 und wurde dadurch entschieden, dass der Guerillaführer Deng Xiaoping zwei Millionen Bauern aus den vier benachbarten Provinzen zur logistischen Unterstützung der kämpfenden Truppen mobilisieren konnte. Danach fielen die großen Städte des Nordens, in denen sich die Truppen Jiang Kaisheks verschanzt hatten, ohne größeren Widerstand in die Hände der kommunistischen Armee: zunächst Tianjin, dann am 31. Januar 1949 Peking.

Nach dem Sieg der Kommunisten in Zentralchina bot Jiang Kaishek Waffenstillstandsverhandlungen an. Diese führten aber zu keinem Ergebnis. Im April 1949 entschloss sich Mao Zedong gegen den dringenden Rat Stalins, den Yangzi-Fluss zu überqueren. Tatsächlich konnten seine Truppen jetzt auch den Süden und Westen des Landes mit außerordentlicher Geschwindigkeit unter ihre Kontrolle bringen. Bereits im Mai mussten sich die GMD-Truppen in Shanghai ergeben. Am 1. Oktober 1949 rief Mao in Peking die «Volksrepublik China» aus. Zwei

Kommunistische Truppen stellen nach dem Fall Shanghais im Mai 1949 auf einem LKW die Konterfeis ihrer Führer zur Schau. Nachdem Mao Zedong im April den Yangzi überschritten hatte, brachte er den gesamten Süden und Westen Chinas unter seine Kontrolle. Ende Dezember kapitulierte mit Chengdu schließlich auch die letzte größere Stadt, die sich noch in der Hand der Nationalisten befunden hatte.

Wochen später eroberte die Volksbefreiungsarmee Kanton. Ende Dezember fiel mit Chengdu in Sichuan die letzte bedeutende Stadt, die noch von Truppen der Nationalarmee gehalten worden war. Jiang Kaishek hatte sich unterdessen nach Taiwan abgesetzt. Dorthin folgten ihm etwa eine halbe Million seiner Soldaten.

Für die US-Regierung war der Sieg der chinesischen Kommunisten «eine schmerzliche politische Niederlage»,[13] wie der Nationale Sicherheitsrat in einem Memorandum vom Dezember 1949 feststellte. Eine Bedrohung für die amerikanische Sicherheit sah man freilich in Washington nicht von ihr ausgehen, allein schon weil die immensen sozialen und wirtschaftlichen Probleme des chinesischen Reiches auch dem neuen Regime zu schaffen machen würden. Truman konnte sich zwar nicht dazu durchringen, das neue Regime in Peking anzuerkennen; eine militärische Aktion zur Rettung Jiang Kaisheks schloss er jedoch aus. Am 12. Januar 1950 erklärte Außenminister Dean Acheson öffentlich, der amerikanische «Verteidigungs-Perimeter» in Asien reiche von den japanischen bis zu den philippinischen Inseln. Weder die Nationalchinesen auf Taiwan noch andere Regime auf dem asiatischen Festland konnten danach mit militärischer Unterstützung durch die USA rechnen.

Stalin ließ sich von seinen Beratern dazu bewegen, dem siegreichen Mao Zedong wirtschaftliche Hilfe und militärische Unterstützung im Falle eines Angriffs
zuzusichern. Konkret wurde der Chinesisch-sowjetische Freundschaftsvertrag
vom 14. Februar 1950 aber nur hinsichtlich der Bestätigung der territorialen Zugeständnisse, die Jiang Kaishek der Sowjetunion 1945 gemacht hatte. Aus Stalins
Sicht war das neue Regime in China noch lange nicht kommunistisch und Mao
darum keineswegs ein sicherer Verbündeter. In der Tat gehörten elf der 24 Mitglieder der neuen chinesischen Regierung nicht der Kommunistischen Partei an.
Um die Umgestaltung des Koalitionsregimes zu einem kommunistischen Land
zu forcieren, sollte Mao noch viele Kampagnen inszenieren, meist verbunden mit
blutigem Terror. Im Zuge des «Großen Sprungs nach vorn» starben 1958–62
zwischen 15 und 46 Millionen Chinesen an einer Hungersnot; in der «Großen
Proletarischen Kulturrevolution» 1966–69 gingen fanatisierte «Rote Garden»
systematisch gegen Bildungs- und Verwaltungseliten vor.

Der Koreakrieg

Der Prozess der sozialistischen Umgestaltung Chinas wurde durch den Krieg in
Korea beschleunigt. Als die japanische
Herrschaft über die koreanische Halbinsel im August 1945 nach vierzig Jahren zu
Ende ging, setzte der japanische Gouverneur noch rasch einen koreanischen Ad-
ministrator ein, den linksorientierten und sehr populären Yŏ Un-hyŏng. Dieser
organisierte eine repräsentative Versammlung von «Volkskomitees», die sich
überall im Lande gebildet hatten. Am 6. September 1945 wurde die «Koreanische
Volksrepublik» proklamiert; eine breite Koalitionsregierung begann mit der Umsetzung eines Programms, das die Enteignung des Landadels, Nationalisierung
großer Industriekomplexe und ein Minimum an Sozialreformen vorsah. Unterdessen rückten sowjetische Truppen von der Mandschurei in den Norden des
Landes vor, während amerikanische Truppen im Süden landeten. Stalin hatte
keine Einwände erhoben, als Truman nach dem Abwurf der Atombomben über
Hiroshima und Nagasaki, anders als in Jalta vereinbart, eine Beteiligung der
USA an der Besetzung Koreas und eine Abgrenzung der Besatzungszonen entlang
des 38. Breitengrades verlangt hatte.

Während die sowjetischen Besatzer die Regierung der Volksrepublik und ihre
Komitees gewähren ließen, setzten die Amerikaner eine Militärregierung ein, die
auf das Personal der japanischen Besatzung zurückgriff und die Volkskomitees
oft mit Gewalt beseitigte. Ein Versuch, eine neue gesamtkoreanische Regierung
zu etablieren, scheiterte an den Extremisten auf beiden Seiten. Daraufhin entschloss sich die US-Regierung im September 1947, die Vereinten Nationen mit der
Durchführung von Wahlen zu beauftragen. Das Interim-Komitee der Volksrepu-

blik in der Nordzone unter Führung des Kommunisten Kim Il Sung verwehrte den UN-Vertretern den Zutritt. Die Wahlen fanden folglich nur in der Südzone statt (im Mai 1948) und führten zur Etablierung einer «Republik Korea», die auf die amerikanische Besatzungszone beschränkt blieb. Da Anhänger der Volksrepublik und gemäßigte Kräfte die Wahlen aus Angst vor einer Spaltung des Landes boykottierten, konnte Syngman Rhee das Präsidentenamt erringen, ein konservativer Politiker, der lange im amerikanischen Exil gelebt hatte. Der Norden reagierte mit eigenen Wahlen am 25. August 1948. Kim Il Sung wurde Ministerpräsident einer «Demokratischen Volksrepublik Korea». Nach ihrer Installierung verließen die sowjetischen Truppen Ende 1948 das Land. Die amerikanischen Truppen folgten ihnen im Juni 1949.

Weder Syngman Rhee und seine Anhänger unter den Besitzenden und Kollaborateuren noch Kim Il Sung und die Befreiungsbewegung waren jedoch bereit, sich mit der Teilung des Landes abzufinden. Beide Seiten rüsteten auf und suchten ihre Schutzmächte für die Unterstützung eines «Befreiungskrieges» zu gewinnen. Rhee stieß allerdings in Washington auf taube Ohren, während Kim Il Sung nach langem Drängen bei Stalin Gehör fand. Mitte Juni 1950 gab der sowjetische Diktator sein Einverständnis zu einem Angriff der nordkoreanischen Truppen auf den Süden. Kim hatte ihn wohl davon überzeugt, dass der Krieg ohnehin bevorstand, das Regime von Syngman Rhee rasch zusammenbrechen und die Amerikaner nicht zurückkehren würden, um ihn zu retten.

Am 25. Juni 1950 überschritten nordkoreanische Truppen den 38. Breitengrad. Sie drangen rasch nach Süden vor; bis Ende Juli hatten sie die gesamte Halbinsel bis auf einen knappen südöstlichen Landstrich um die Stadt Pusan erobert. Truman und seine Berater begriffen den Angriff jetzt jedoch als Ausdruck einer sowjetischen Strategie militärischer Expansion, der es Widerstand zu leisten galt. Nicht zuletzt unter dem Druck einer öffentlichen Meinung, die sie beschuldigte, China leichtfertig an den Kommunismus verloren zu haben, beauftragten sie General Douglas MacArthur, den amerikanischen Prokonsul in Japan, dem südkoreanischen Regime mit Luft- und Seestreitkräften zu Hilfe zu eilen. Da die Sowjetregierung den Sicherheitsrat gerade boykottierte (aus Ärger darüber, dass dort der Sitz Chinas immer noch von der Regierung Jiang Kaisheks gehalten wurde), gelang es ihnen auch, ein Mandat der Vereinten Nationen zur Verteidigung Südkoreas zu erhalten. Insgesamt 16 Nationen beteiligten sich an dem Militäreinsatz unter dem Oberbefehl MacArthurs, darunter Australien, Kanada und Großbritannien. Die Hälfte der Truppen wurde allerdings von den USA gestellt, 40 Prozent von den Südkoreanern.

Mit einer Landung in Incheon (dem Hafen in der Nähe der Hauptstadt Seoul) am 15. September begann MacArthurs Gegenoffensive. Innerhalb von zwei Wochen wurde Seoul zurückerobert, dann begannen die Mandatstruppen, über den 38. Breitengrad nach Norden vorzudringen. Weiterhin peinlich darauf bedacht, eine direkte Konfrontation mit den USA zu vermeiden, fand sich Stalin bereits mit einem amerikanischen Sieg ab. «Was soll's», erklärte er im Moskauer Politbüro. «Lasst die USA halt unsere Nachbarn im Fernen Osten sein. Sie werden herkommen, aber wir werden jetzt nicht gegen sie kämpfen. Wir sind für einen Kampf nicht gerüstet.»[14]

Gerettet wurde das Regime Kim Il Sungs durch Mao Zedong. Als die Truppen MacArthurs auf breiter Front gegen die chinesische Grenze vorrückten, entschloss sich Mao am 13. Oktober gegen den Widerstand seines Ministerpräsidenten Zhou Enlai, Stalins Aufforderung zur Intervention zu folgen. Mao vermutete, dass die Truppen MacArthurs nicht am Yalu Halt machen würden. Vor allem aber sah er in einem Sieg der Amerikaner in Korea ein Signal an die nationalchinesischen Kräfte, den Kampf um die Herrschaft über China wieder aufzunehmen. Am 25. November, nachdem die UN-Truppen gerade den Yalu erreicht hatten, begann eine groß angelegte Offensive chinesischer Truppen. MacArthurs Truppen wurden nach Süden zurückgedrängt. Am 31. Dezember überschritten die Chinesen und Nordkoreaner den 38. Breitengrad nach Süden, kurz darauf fiel Seoul in ihre Hand.

MacArthur forderte jetzt, die nationalchinesischen Truppen auf dem Festland landen zu lassen und auch Atombomben gegen China einzusetzen. Die drohende Niederlage vor Augen, war Truman nahe daran, diesen Forderungen nachzugeben. Erst als sich die Front wieder stabilisierte, entschied er sich dagegen. Der Krieg blieb auf Korea beschränkt. Nach einer erneuten amerikanischen Offensive, bei der im März 1951 die Rückeroberung Seouls gelang, und einer vergeblichen chinesischen Frühjahrsoffensive mutierte er zum Stellungs- und Abnutzungskrieg. Als MacArthur Anfang April den amerikanischen Kongress für eine Ausweitung des Krieges auf China zu mobilisieren versuchte, wurde er von Truman wegen Ungehorsams entlassen. Die Truman-Administration fürchtete, die Sowjetunion würde eine Ausweitung des amerikanischen Engagements in Ostasien zu weiterer Expansion in Europa und am Persischen Golf nutzen. Ein Krieg gegen China war für sie «der falsche Krieg am falschen Ort zur falschen Zeit gegen den falschen Feind».[15]

Aber auch der «begrenzte Krieg», wie er in Washington fortan genannt wurde, kostete viele Opfer. Die Zahl der koreanischen Todesopfer, Soldaten und Zivilisten, wird auf 1,3 Millionen im Süden und 1,4 Millionen im Norden geschätzt – etwa zehn Prozent der Gesamtbevölkerung. Hinzu kamen etwa eine Million gefallener chinesischer Kämpfer und 54 000 tote US-Soldaten. Städte und Industrieanlagen wurden weitgehend zerstört. Im Juni 1951 drängten die chinesische und die nordkoreanische Führung daher auf Waffenstillstandsverhandlungen. Diese führten jedoch lange zu keinem Ergebnis, nicht zuletzt weil Stalin seine Verbündeten ermahnte, nicht voreilig nachzugeben. Die Bindung der US-Streitkräfte in Korea war ganz in seinem Interesse. Erst nach seinem Tod im März 1953, als seine Nachfolger nach einem «akzeptablen Weg zu einem schnellstmöglichen Friedensschluss in Korea» suchten,[16] konnte am 27. Juli 1953 in Panmunjom nahe der Demarkationslinie ein Waffenstillstandsabkommen unterzeichnet werden.

Die Waffenstillstandslinie verlief teils südlich, teils nördlich des 38. Breitengrads. Korea war jetzt dauerhaft geteilt, mit einem brutalen Regime im Norden, das immer mehr stalinistische Züge annahm, dabei aber die Balance zwischen den beiden großen Nachbarn China und Südkorea zu wahren suchte, und einem Süden, der ganz von amerikanischer Hilfe abhängig war. Unter dem Schutz amerikanischer Truppen regierte Syngman Rhee ziemlich autoritär, bis die Weigerung der Armee, gegen demonstrierende Studenten und Professoren vorzugehen, ihn am 26. April 1960 zum Rücktritt zwang. Südkorea erlebte jetzt eine kurze Phase der Demokratie, dann setzte eine Militärregierung unter General Park Chung Hee eine umfassende Modernisierung in Gang.

Japans Demokratisierung Unter dem Eindruck des Koreakrieges fiel auch das amerikanische Engagement in Japan dauerhafter aus, als ursprünglich geplant war. Die amerikanischen Besatzer hatten mit einem Demokratisierungsprogramm begonnen, das die Entmilitarisierung, die Bestrafung von Kriegsverbrechern, eine umfassende Landreform und die Etablierung eines parlamentarischen Regimes einschloss. Im Oktober 1946 ließen sie den japanischen Reichstag eine Verfassung beschließen, die von amerikanischen Beamten ausgearbeitet worden war. Sie reduzierte die Rolle des Kaisers auf ein «Symbol des Staates und der Einheit des Volkes» und etablierte ein Zwei-Kammern-System. Die Bürger- und Menschenrechte wurden unter Verfassungsschutz gestellt, Frauen wurden in jeder Hinsicht mit den Männern rechtlich gleichgestellt. Darüber hinaus verzichtete das japanische Volk in Artikel 9 der Verfassung «für immer auf den Krieg als ein souveränes Recht der Nation und die Androhung oder Anwendung von Gewalt als Mittel, internationale Streitigkeiten zu regeln».

Vor allem diese Bestimmung war unter den Japanern heftig umstritten. Aus den Wahlen vom 25. April 1947 ging jedoch eine sozialistisch geführte Regierung hervor, die den Entmilitarisierungskurs mehrheitlich unterstützte. Wenig später machten sich in Washington Tendenzen bemerkbar, Japan wirtschaftlich und auch militärisch als einen Pufferstaat zur Eindämmung der kommunistischen Expansion zu organisieren. Die Anstrengungen zur Entflechtung der großen japanischen Konzerne ließen nach, das Streikrecht wurde angesichts starker Militanz der Gewerkschaften wieder eingeschränkt, eine Säuberung von linksorientierten Kräften trat an die Stelle der Säuberung von Ultranationalisten. Nach dem Beginn des Koreakriegs erhielt Japan das Recht, eine 75 000 Mann starke «Nationale

Polizeireserve» aufzubauen, die mit Panzern, Flugzeugen und Marineeinheiten ausgestattet wurde.

Das Pentagon gab jetzt seinen Widerstand gegen den Abschluss eines Friedensvertrages mit Japan auf, allerdings nur unter der Voraussetzung, dass die amerikanischen Stützpunkte auf japanischem Territorium erhalten blieben. Tatsächlich behielten sich die USA im Friedensvertrag von San Francisco, der am 8. September 1951 unterzeichnet wurde, die volle Jurisdiktion über die Insel Okinawa vor, die mit 117 amerikanischen Stützpunkten eine zentrale Rolle in der Organisation des pazifischen Verteidigungsgürtels der USA spielte. In einem gleichzeitig geschlossenen Sicherheitsvertrag stimmte Japan dem Verbleib amerikanischer Truppen auf japanischem Gebiet zu. Mit Rücksicht auf die Stimmung im Lande weigerte sich der konservative Premierminister Shigeru Yoshida jedoch, die Verpflichtung zur Aufstellung eigener Truppen in den Vertrag aufzunehmen, die die US-Regierung unterdessen wünschte. Im Gegenzug gingen die USA auch keine formale Verpflichtung ein, Japan im Falle einer Aggression zu verteidigen.

Yoshida hatte den amerikanischen Unterhändlern insgeheim die Aufstellung einer 50 000 Mann starken Truppe zusagen müssen. Es dauerte aber bis zum März 1954, bis ein Gesetz zur Schaffung von «Selbstverteidigungskräften» eine Mehrheit im Reichstag fand. Danach wuchs die Forderung nach einer Revision des ungleichen Sicherheitsvertrages. Schwierige Verhandlungen führten zum revidierten Sicherheitsvertrag vom 21. Januar 1960. Darin wurde den USA weiterhin das Recht zugestanden, Streitkräfte in Japan zu stationieren und die vorhandenen Luftstützpunkte auszubauen. Im Gegenzug gab es aber jetzt eine Beistandszusage und die Verpflichtung zu gegenseitiger Konsultation. Außerdem wurde Japan das Recht zugestanden, den Vertrag einseitig zu kündigen. Trotz dieser Zugeständnisse stieß der Vertrag auf heftige Opposition der Sozialisten, Kommunisten und Gewerkschaften. Massendemonstrationen und ein Generalstreik konnten seine Ratifizierung jedoch nicht verhindern. Danach konnten die Konservativen, jetzt vereint in der Liberaldemokratischen Partei, die Wahlen vom November 1960 mit deutlicher Mehrheit für sich entscheiden. Die Linke musste sich fortan auf Dauer mit der Oppositionsrolle zufrieden geben.

Unter dem Druck der amerikanischen Vormacht arrangierte sich Japan auch mit den sonstigen ehemaligen Kriegsgegnern. Mit der nationalchinesischen Regierung auf Taiwan wurde schon 1952 ein Friedensvertrag geschlossen. Um die Ratifizierung des Sicherheitsabkommens im amerikanischen Kongress zu sichern, lehnte Yoshida eine Anerkennung des volkschinesischen Regimes in Peking ausdrücklich ab. Mit Ländern wie Burma (1954), den Philippinen (1956), Indonesien (1958) und Südvietnam (1959) dauerten die Verhandlungen länger, weil jeweils Reparationsansprüche zu befriedigen waren. Am schwierigsten gestalteten sich die Verhandlungen mit Südkorea. Weil die japanische Herrschaft über die Koreaner besonders viel Bitterkeit hinterlassen hatte, konnten die diplomatischen Beziehungen zwischen beiden Ländern erst 1965 aufgenommen werden, unter wütenden Protesten der koreanischen Opposition. Mit der Sowjetunion wurde im Oktober 1956 ein Abkommen über die Beendigung des Kriegszustandes geschlossen. Es enthielt insofern einen Kompromiss, als Japan nur einen Teil der beanspruchten Gebiete zurückerhielt: die südlichen Kurilen sowie die Inseln Habomai und Shikotan.

Dekolonisation in Südostasien

In Indochina sah sich die kommunistisch-nationalistische Bewegung zunächst mit der vormaligen französischen Kolonialmacht konfrontiert. Als die japanischen Besatzer hier am 14. August 1945 kapitulierten, kam es in den Städten zu Massendemonstrationen für die nationale Unabhängigkeit, und lokale Komitees der Vietnamesischen Unabhängigkeits-Liga (Vietminh) übernahmen die Macht. Am 2. September proklamierte ihr Anführer, der Kommunist Ho Chi Minh in Hanoi die «Demokratische Republik Vietnam». Internationale Anerkennung fand er damit jedoch nicht. Vielmehr schickte de Gaulle seine Truppen zunächst in den Süden des Landes, der von den Briten besetzt worden war. Bis zum Februar 1946 konnten sie dort die militärische und politische Autorität Frankreichs wieder herstellen. Um die chinesischen Truppen wieder loszuwerden, die den Norden besetzt hatten, fand sich Ho Chi Minh daraufhin zu einem Kompromiss mit den Franzosen bereit: In einem Abkommen vom 6. März 1946 wurde den französischen Truppen auch der Zugang in den Norden eröffnet. Dafür sagte Frankreich zu, sich nach fünf Jahren aus Vietnam zurückzuziehen. Über die Einheit des Landes sollte eine Volksabstimmung entscheiden, und dann sollte Vietnam einen «Freien Staat» im Rahmen einer indochinesischen Föderation bilden, die wiederum der Union française angehören sollte. De facto stellte Frankreich damit den Vietminh die Ausdehnung ihrer Autorität auch auf den Süden in Aussicht, unter der Bedingung, dass das Land insgesamt im französischen Einflussbereich bliebe.

Dieser Kompromiss hielt jedoch nicht lange vor. Thierry d'Argenlieu, der Chef der französischen Zivilverwaltung im Süden, war keineswegs bereit, das Land der Autorität des Vietminh zu überlassen. Stattdessen etablierte er am 1. Juni 1946 in Saigon eine «autonome» Regierung Cochinchinas, die ihre Macht langfristig auch auf den Norden ausweiten sollte. Da ihn in Paris niemand zu desavouieren wagte, gerieten die Verhandlungen um die Ausgestaltung des Kompromisses vom 6. März bald in eine Sackgasse. Parallel dazu gewannen auf beiden Seiten die Anwälte einer militärischen Konfrontation die Oberhand. Nach ersten Attentaten von Vietminh-Guerillas gegen französische Garnisonen bombardierten die französischen Truppen am 23. November Vietminh-Stellungen in der Hafenstadt Haiphong und töteten dabei 6000 Vietnamesen. General Vo Nguyen

Giap, Oberkommandierender einer unterdessen auf 100 000 Mann angewachsenen Vietminh-Armee, antwortete am 19. Dezember mit einem Angriff auf französische Niederlassungen in Hanoi.

Der Krieg blieb lange unentschieden. Frankreich konnte zwar die meisten Städte unter seine Kontrolle bringen; das Land und die Wälder blieben jedoch in der Hand einer Guerilla-Armee, die nicht zu fassen war. Auch die Installation des ehemaligen Kaisers von Annam, Bao Daï, als Souverän eines «unabhängigen Staates der Französischen Union» bescherte den Franzosen keinen Durchbruch: Der Kaiser galt in den Augen eines großen Teils der Vietnamesen als so korrumpiert, dass er tatsächlich zu einer Belastung für die ehemaligen Kolonialherren wurde. Nach dem Sieg Mao Zedongs erhielt der Vietminh Waffen und Hilfsgüter aus China; dafür konnten die Franzosen jetzt die USA zur materiellen Unterstützung ihres Feldzugs gegen den Kommunismus bewegen. Erst der Fall einer französischen Sperrfestung bei Dien Bien Phu, 300 Kilometer westlich von Hanoi an der Grenze zu Laos, am 7. Mai 1954 führte zu einer Einstellung der Kämpfe. In Paris setzte sich jetzt die Einsicht durch, dass dieser Krieg nicht zu gewinnen war.

Weil Stalin den Einfluss Maos begrenzt halten wollte und dieser eine neue Konfrontation mit den USA scheute, war die französische Niederlage nicht gleichbedeutend mit einem Sieg des Vietminh. Nach einer Friedenskonferenz in Genf, an der neben den beiden vietnamesischen Regierungen die Vertreter Frankreichs, Großbritanniens, der USA, der Sowjetunion und Chinas teilnahmen, musste ein verbitterter Ho Chi Minh vielmehr akzeptieren, dass Vietnam provisorisch am 17. Breitengrad geteilt wurde. Im Waffenstillstandsvertrag vom 21. Juli 1954 wurde vereinbart, dass sich die französischen Truppen hinter diese Linie nach Süden zurückzogen. Zwei Jahre später sollten dann freie Wahlen in beiden Landesteilen stattfinden.

Dazu kam es jedoch nicht. In Saigon erzwang der Katholikenführer Ngo Dinh Diem als neuer Premierminister nach wenigen Monaten, gestützt auf die USA, den Rückzug der französischen Truppen auch aus dem südlichen Teil Vietnams. Dann setzte er Bao Daï ab und erklärte sich selbst zum Staatsoberhaupt. Im Mai 1956 lehnte er die Durchführung der vereinbarten Wahlen mit der Begründung ab, dass seine Regierung den Waffenstillstand ja nicht unterzeichnet habe. Damit wurde die Wiedervereinigung Vietnams erneut zu einem Langzeitprogramm. Während Ho Chi Minh seine Herrschaft im Norden im Zuge oft brutaler sozialistischer Umgestaltung festigte, bot Diems korrupte und autoritäre Herrschaft im Süden den oppositionellen Guerilla-Einheiten reichlich Anreize zum Handeln. Von den Guerilla-Einheiten des Südens dazu gedrängt, beschloss die Vietnamesische Arbeiterpartei im September 1960, den militärischen Kampf um die Wiedervereinigung auszuweiten. Eine zweite Phase des Indochinakrieges zeichnete sich ab, die dann als Vietnamkrieg in die Geschichtsbücher eingehen sollte.

Auch das indonesische Inselreich erlebte eine Konfrontation zwischen einer Unabhängigkeitsbewegung, die nach der japanischen Kapitulation am 17. August

1945 eine selbstständige Republik ausrief, und der vormaligen Kolonialmacht, die nach der vorübergehenden Besetzung durch britische Truppen in ihr altes Herrschaftsgebiet zurückkehrte. Bis die Truppen der Niederlande im März 1946 in der Region eintrafen, hatte die Regierung der Republik Indonesien unter Achmed Sukarno ihre Autorität auf Java, Sumatra und Madura sichern können. Nach der Abwehr erster Angriffe der Niederländer musste sie im Vertrag von Linggadjati vom 15. November 1946 die Beschränkung auf Java und Sumatra sowie die Eingliederung ihrer Republik in künftige Vereinigte Staaten von Indonesien und eine Niederländisch-Indonesische Union zugestehen. Auch dieser Kompromiss hielt jedoch nicht lange: Im Juli 1947 begannen die Niederländer mit einer blutigen Polizeiaktion wegen angeblicher Vertragsverletzungen durch die indonesische Regierung, in deren Verlauf sie die Mehrzahl der Städte Javas und einen großen Teil Sumatras besetzten.

Gerettet wurde die indonesische Regierung nur durch eine Intervention der Vereinten Nationen. Ein UN-Vermittlungsausschuss setzte am 17. Januar 1948 ein neues Abkommen durch, mit dem die republikanische Gebietshoheit weiter reduziert wurde, auf Zentraljava und das Hochland von Sumatra. Die wichtigen Reisanbaugebiete in Westjava sowie die Plantagen und Ölvorkommen Sumatras blieben in der Hand der Niederländer. Die niederländische Regierung drängte allerdings weiterhin auf Eingliederung dieser Rest-Republik in eine indonesische Föderation. Weil Sukarno sich hartnäckig weigerte, griff sie im Dezember 1948 erneut zu den Waffen. Nach einem Angriff auf den republikanischen Regierungssitz in Yogyakarta wurden Sukarno, sein Stellvertreter Mohammad Hatta und fast die gesamte Regierung verhaftet.

Für den Ausgang des Konflikts wurde der Umstand entscheidend, dass die Kommunisten in der indonesischen Unabhängigkeitsbewegung, anders als in der vietnamesischen, keineswegs eine führende Rolle spielten. Nach der Niederschlagung einer Revolte in Maidun im östlichen Java im September 1948, an der sie beteiligt waren, war ihre Position sogar noch schwächer geworden. In der öffentlichen Meinung der USA überwog daher die Parteinahme für die indonesischen Nationalisten, und die US-Regierung rückte an die Seite der Arabischen Liga und der indischen Staaten, die übereinstimmend die Anerkennung der Unabhängigkeit Indonesiens forderten. Im Herbst 1949 drohte sie der niederländischen Regierung mit der Einstellung der wirtschaftlichen Unterstützung im Zeichen des Marshall-Plans. Das beschleunigte das Umdenken in Den Haag. Am 2. November 1949 verzichteten die Niederlande auf alle Besitzansprüche mit Ausnahme des Westens Neuguineas (Irian Barat). Dort konnte Sukarno seine Autorität erst 1963 durchsetzen, nach der Mobilmachung für eine militärische Intervention.

Auf den benachbarten Philippinen waren die USA selbst Kolonialmacht. Sie hatten dem Land freilich schon zum 1. Juli 1946 die Unabhängigkeit gewährt, gemäß

einem Plan schrittweiser Emanzipation, den sie seit Mitte der 1930er Jahre umgesetzt hatten, und unter Wahrung wirtschaftlicher und militärischer Vorrechte.
Sie standen daher auf der Seite der Regierung, als dort kurz nach der Unabhängigkeitserklärung eine Bauernrevolte gegen die politisch dominierenden Grundherren
ausbrach. Die Bewegung der Huk, hervorgegangen aus der antijapanischen Volksarmee, wurde teilweise von den Kommunisten unterstützt, aber keineswegs von
ihnen gelenkt. Von den amerikanischen Verbündeten wurde sie gleichwohl als
kommunistische Bedrohung wahrgenommen. Entsprechend stark fiel die Unterstützung für das Regime von Präsident Manuel Roxas aus. Obwohl die Huk in
vielen Landesteilen Zulauf bekamen, mussten sie schließlich im Mai 1954 militärisch kapitulieren. Die USA konnten sich damit ihren wirtschaftlichen Einfluss und
ihre Militärstützpunkte bis zum Ausgang der 1980er Jahre sichern.

Auf der malaiischen Halbinsel waren es die Briten, die nach der Kapitulation
Japans als Kolonialmacht zurückkehrten und sich dann mit einer Unabhängigkeitsbewegung konfrontiert sahen. Diese stand unter kommunistischer Führung,
blieb jedoch auf den chinesischen Teil der Bevölkerung beschränkt. Der britische
Hochkommissar konnte sich daher bei der Bekämpfung des 1948 beginnenden
Aufstands auch auf malaiische Soldaten und Polizisten stützen. Nach der Umsiedlung von mehr als 500 000 chinesischen Bauern aus den Guerillagebieten in
so genannte «neue Dörfer» konnten sich die Aufständischen nur noch im Grenzgebiet zu Thailand halten. Die Briten investierten viel in die wirtschaftliche Entwicklung des Landes und zogen sich ohne Widerstand zurück, als sich die rivalisierenden Volksgruppen der Malaien, Inder und national orientierten Chinesen
1955 auf eine Wahlallianz verständigten. Auf diese Weise stellten sie sicher,
dass die Föderation Malaya, die zum 1. August 1957 ihre Unabhängigkeit erhielt,
weiterhin Großbritannien verbunden blieb.

Insgesamt war der Kommunismus dort erfolgreich, wo er armen Bauern zu
einer Verbesserung ihrer elenden Lebensverhältnisse verhelfen konnte und nicht
durch eine Allianz der Oberschichten mit den vormaligen Kolonialherren daran
gehindert wurde. Der Kalte Krieg zog die USA stärker in diese Auseinandersetzungen hinein, als es ihrer antikolonialen Philosophie entsprach, und ließ sie
zur militärischen und wirtschaftlichen Hegemonialmacht des pazifischen
Raums aufsteigen. Politisch erreichte diese Region jedoch längst nicht die Ge-
schlossenheit des atlantischen Raums. Vielfache Probleme der inneren Staatenbildung und der fortdauernde Gegensatz zwischen Japan und den vordem von
ihm beherrschten Gebieten sorgten dafür, dass sich an einem Militärbündnis
gegen «kommunistische Aggressoren», zu dem die USA im Frühjahr 1954 auf-
riefen, neben den Commonwealth-Ländern Großbritannien, Australien und
Neuseeland nur die Philippinen, Thailand und Pakistan beteiligten. Die «Southeast Asia Treaty Organization» (SEATO), offiziell gegründet am 8. September
1954, konnte auch kaum politische Bedeutung erlangen.

Die Teilung Indiens

Der Prozess der Dekolonisation blieb nicht auf die Regionen beschränkt, die Teile des japanischen Imperiums gewesen waren. Auch im Nahen und Mittleren Osten, in Südasien und in Afrika sahen sich die europäischen Großmächte Großbritannien und Frankreich mit der Notwendigkeit konfrontiert, ihre Imperien zu liquidieren. In Lateinamerika machten sich Bestrebungen bemerkbar, die ökonomische Abhängigkeit von den USA zu überwinden. Wie in Ost- und Südostasien war die Ablösung von den Kolonialmächten auch hier mit Prozessen der Modernisierung und ehrgeizigen Bemühungen um moderne Staatsbildung verbunden. Sie verlief darum auch dort konflikthaft, wo sie nicht direkt in den Sog der Ost-West-Auseinandersetzung geriet. Weil sich vormalige Kolonialherren wie nationalistische Modernisierer unterschiedlich klug verhielten, waren die Ergebnisse auch unterschiedlich. Sie auf ein Schema zu bringen – die Entstehung der «Dritten Welt» oder die Vermehrung blockfreier Staaten – erweist sich als problematisch.

Indiens Entlassung in die Unabhängigkeit von britischer Oberherrschaft war bei Kriegsende eine unabweisbare Notwendigkeit. Die Verhaftung von 60 000 Anhängern und Führern der indischen Kongresspartei, die 1942 die sofortige Unabhängigkeit forderten, hatte nur zu blutigen Unruhen in Nordindien geführt. Wie mehr als zwei Millionen indische Soldaten unter Kontrolle gehalten werden sollten, die für die britisch-indische Armee mobilisiert worden waren, wusste niemand zu sagen. Vor allem aber beeinträchtigte die zu Kriegszwecken entwickelte und wesentlich kostengünstiger produzierende indische Industrie jetzt die britischen Exportchancen auf dem Weltmarkt, und durch die Abschöpfung dieser Produktion für den Kriegsbedarf war Indien zum Gläubiger des Mutterlandes geworden. Die britischen Schulden bei Indien beliefen sich auf ein Fünftel des Bruttosozialprodukts.

Das Problem war nur, dass völlig unklar war, an wen die Verwaltung der unterschiedlichen Provinzen und vielfältigen lokalen Autoritäten des indischen Subkontinents übergeben werden sollte. Die Kongresspartei unter der Führung von Jawaharlal Nehru bot sich als Partnerin für die Schaffung eines indischen Zentralstaates an, der die unterschiedlichen Völkerschaften, Kasten und Religionsgemeinschaften zusammenhalten sollte. Ihre Autorität wurde jedoch durch die Muslimliga unter der Führung von Muhammad Ali Jinnah herausgefordert, der die Schaffung eines eigenen Staates für die muslimische Bevölkerung forderte – eines «Landes der Reinen», in seiner Muttersprache «Pakistan». Vermutlich hatte er dabei nur die Gleichstellung muslimischer und Hindu-Provinzen in einer lockeren indischen Konföderation im Sinn. Da diese Vorstellung aber nicht mit den Plänen der Kongresspartei für einen Gesamtstaat zu vereinbaren war, war die Unabhängigkeit tatsächlich nur um den Preis der Teilung zu erreichen.

Im März 1947 schickte die britische Labour-Regierung Lord Louis Mount-batten als Vizekönig mit dem Mandat nach Indien, die Entlassung des Landes in die Unabhängigkeit bis zum August 1948 zu vollziehen. Nach vergeblichen Versuchen, Jinnah für eine gesamtstaatliche Lösung zu gewinnen, entschied sich Mountbatten für die Teilung nach religiösen Gesichtspunkten. Das bedeutete, dass Jinnah nicht die gesamten Provinzen Panjab im Nordosten und Bengalen im Südosten für Pakistan erhielt, sondern nur die Distrikte, in denen die Muslime in der Mehrheit waren. Die fruchtbaren östlichen Distrikte des Panjab und die Millionenstadt Kalkutta blieben bei Indien. Um Unruhen und Anarchie zu verhindern, beschleunigte Mountbatten die Umsetzung dieses Konzepts. Die entsprechende Vereinbarung wurde am 3. Juni 1947 getroffen; am 15. August 1947 wurden Indien und Pakistan zu unabhängigen Staaten erklärt.

Blutige Auseinandersetzungen zwischen Hindus und Muslimen ließen sich allerdings nicht vermeiden. In Kalkutta hatte der bengalische Ministerpräsident Shahid Suhrawardy die Moslems schon im August 1946 zur Vertreibung und Ermordung der Hindu-Arbeiter angestiftet – in der Hoffnung, die Stadt so dem muslimischen Staat zuschlagen zu können. Mahatma Gandhi, der charismatische Führer der Unabhängigkeitsbewegung, zwang Suhrawardy zum Zeitpunkt der Unabhängigkeitserklärung, mit ihm in einem Elendsviertel Kalkuttas zu wohnen und um Vergebung für das Blutbad zu bitten. Das und ein mehrtägiger Hungerstreik Gandhis bewirkten, dass sich die Gewalt in den bengalischen West-Distrikten in Grenzen hielt. Umso heftiger kam sie im Panjab zum Ausbruch. Hunderttausende Hindus und Sikhs flohen nach Delhi und drohten dort an den Muslimen Rache zu nehmen. Gandhi eilte nach Westen, um auch in Delhi Angst und Hass einzudämmen. Als sich der Innenminister der indischen Zentralregierung weigerte, den Pakistani den Anteil der Staatskasse auszuzahlen, der ihnen nach der Bevölkerungszahl zustand, trat er erneut in einen Hungerstreik. Am 30. Januar 1948 wurde er von einem radikalen jungen Hindu erschossen, der diesen Einsatz für einen gerechten Ausgleich als Hochverrat ansah.

Wie hoch die Zahl der Todesopfer im Zuge der Teilung ausfiel, ist unbekannt. Die Schätzungen bewegen sich zwischen 250 000 und einer Million. Nicht weniger als 14 Millionen Inder flohen in die eine oder die andere Richtung über die Grenzen. Hunderttausende von Staats- und Bahnbediensteten wurden ausgetauscht; das Inventar der Verwaltungen wurde säuberlich geteilt. In Kaschmir, das als staatsrechtlich eigenständiger Fürstenstaat selbst zu entscheiden hatte, welchem der beiden Nachfolgestaaten von Britisch-Indien es sich anschließen wollte, kam es sogar zu militärischen Auseinandersetzungen. Als pakistanische Freischärler den Anschluss des überwiegend muslimischen Landes an Pakistan erzwingen wollten, bat der Maharadscha, ein Hindu, die indische Regierung um Militärhilfe und erklärte den Anschluss an die Republik Indien. Erst im Januar 1949 konnten die Vereinten Nationen einen Waffenstillstand vermitteln. Seither gehören zwei Drittel des Territoriums von Kaschmir zu Indien.

Die versprochene Volksabstimmung in Kaschmir hat die indische Regierung unter Nehru stets vermieden. Ansonsten gelang es ihr aber, ein bemerkenswert stabiles parlamentarisches System zu errichten, das auf einem Machtgleichgewicht zwischen Einzelstaaten und Bundesstaat beruhte. Die ersten landesweiten Wahlen zwischen Oktober 1951 und Februar 1952 brachten der Kongresspartei eine deutliche Mehrheit, die bis in die 1990er Jahre immer wieder bestätigt werden sollte. Sie versetzte Nehru in die Lage, einen Kurs sozialstaatlicher Modernisierung zu fahren, der eindrucksvolle Erfolge bei der Entwicklung der Schwerindustrie erzielen konnte, bei der Bekämpfung des Kastenwesens und der traditionellen Herrschaftsstrukturen auf dem Land aber kaum vorankam. Immerhin gelang es, Hunderte von unabhängigen Fürstentümern nahezu ohne militärische Gewalt in den Staat einzugliedern und die zahlreichen Sprachenkonflikte durch kluge Neu-Zuschnitte der Bundesstaaten zu entschärfen.

Demgegenüber hatten die Nachfolger des im September 1948 verstorbenen Jinnah große Schwierigkeiten, aus den beiden über 1600 Kilometer voneinander entfernten muslimischen Landesteilen einen einheitlichen Staat zu formen. Die Führung teilten sich aus dem Süden geflohene Anhänger der Muslimliga im Panjab mit der dortigen regionalen Elite; die anderen westlichen Provinzen und das östliche Bengalen mussten sich einer autoritären Ordnung fügen. Erst 1956 trat die Verfassung einer präsidial ausgerichteten «Islamischen Republik Pakistan» in Kraft. Wahlen wurden aber weiter verschoben, nicht zuletzt, weil als ihr Ergebnis eine bengalische Mehrheit zu befürchten war. General Muhammad Ayub Khan gelang in den Jahren seiner Präsidentschaft (1958 bis 1969) eine gewisse Stabilisierung, verbunden mit wirtschaftlichem Aufschwung. Als die westpakistanische Minderheit im Frühjahr 1971 den Zusammentritt einer gewählten Nationalversammlung zu verhindern suchte, entschlossen sich die Ostbengalen, sich aus dem gemeinsamen Staatsverband zu lösen. Die westpakistanische Armee ging gewaltsam gegen die Abspaltung vor, musste aber vor indischen Truppen kapitulieren, die den Ostpakistani zu Hilfe eilte. Am 16. Dezember 1971 wurde die Unabhängigkeit der Volksrepublik Bangladesch anerkannt.

Konflikt um Palästina   Im Nahen und Mittleren Osten sahen sich die europäischen Großmächte mit dem erwachenden arabischen Nationalismus konfrontiert, der sich aus der Entwicklung einer modernen Mittelschicht speiste. Dieser Nationalismus richtete sich sowohl gegen die Abhängigkeit von den Imperialisten als auch gegen die vormodernen Eliten, auf die sich die Europäer bei der Kontrolle der Länder dieser Region stützten. Folglich gelang es den Europäern kaum, ihren wirtschaftlichen und militärischen Einfluss über die Gewährung der formalen Unabhängigkeit hinweg zu retten, und häufig vollzog sich ihre Entmachtung auch über interne Revolten und Umstürze.

Wesentlich beschleunigt wurde die Entwicklung des arabischen Nationalismus durch den Konflikt um Palästina, der aus dem britischen Versprechen vom November 1917 resultierte, die «Schaffung einer nationalen Heimstätte für das jüdische Volk» in diesem Gebiet zu unterstützen. Während die britische Regierung ihr Mandat über Palästina in einen binationalen Staat aus Arabern und Juden überführen wollte, drängten die jüdischen Siedler bei Kriegsende auf die sofortige Konstituierung eines unabhängigen jüdischen Staates. Vom Oktober 1945 an verliehen Überfälle und Attentate auf britische Einrichtungen in Palästina diesen Forderungen Nachdruck. Die britische Regierung reagierte im September 1947 mit der Ankündigung, sich bis zum kommenden Sommer aus dem Mandatsgebiet zurückziehen zu wollen. Wie im Falle Indiens hoffte sie, dass sich die Konfliktparteien angesichts der bevorstehenden Unabhängigkeit schon irgendwie zusammenraufen würden.

Unter dem Einfluss einer effektiven Lobby von Zionisten, die mit der Notwendigkeit argumentierten, in Europa verbliebenen jüdischen Flüchtlingen nach dem Völkermord der Nationalsozialisten eine neue Heimat zu bieten, entschied sich eine Zweidrittel-Mehrheit der Vollversammlung der Vereinten Nationen jedoch am 29. November 1947 für einen Teilungsplan, der die Schaffung von zwei ineinander verflochtenen Staaten vorsah. Beide sollten eine Wirtschaftsunion bilden; Jerusalem sollte internationalisiert und unter eine Treuhandverwaltung der Vereinten Nationen gestellt werden. Noch am gleichen Tag brachen Kämpfe zwischen militärischen Einheiten der Juden und der palästinensischen Araber aus, beide bestrebt, die Konstituierung des jeweils anderen Staates zu verhindern oder zumindest das Territorium des eigenen Staates zu erweitern.

Als die letzten britischen Truppen am 14. Mai 1948 das Land verließen, ohne die Macht formal an irgendjemanden übergeben zu haben, waren die jüdischen Truppen bereits in einer starken Position. David Ben-Gurion, der Vorsitzende des Jüdischen Nationalrats, proklamierte sogleich den unabhängigen «Staat Israel». Dieser wurde nicht nur von den USA sofort anerkannt, sondern auch von der Sowjetunion, die in der Schaffung eines jüdischen Nationalstaates eine gute Gelegenheit sah, den Einfluss ihrer britischen Rivalen im Nahen Osten zurückzudrängen. Sowjetische Waffenlieferungen und militärisches Training halfen den jüdischen Kämpfern, eine moderne Armee aufzubauen und der anfangs drohenden Niederlage zu entgehen.

Die palästinensischen Araber erhielten wohl Unterstützung von den arabischen Staaten. Deren Herrschern ging es aber weniger um die Vertreibung der Juden als um die Begrenzung der Expansion der Rivalen. Entsprechend gelang es der israelischen Armee, ihre Offensive fortzusetzen und erhebliche Gebietsgewinne über die von den Vereinten Nationen zugedachten Grenzen hinaus zu erzielen. Etwa eine Million Araber wurden vertrieben oder flohen, mehr als 350 arabische Dörfer wurden zerstört. Im Laufe des ersten Halbjahres 1949 fand sich dann ein arabischer Staat nach dem anderen zum Waffenstillstand bereit, zunächst Ägypten (24. Februar), dann Libanon (23. März), Jordanien (3. April) und zuletzt Syrien (20. Juli). Dem König von Jordanien wurde das Westjordanland überlassen, der Gazastreifen wurde unter ägyptische Verwaltung gestellt. Auf vier Fünfteln des palästinensischen Territoriums entwickelte sich jetzt ein israelischer Staat, der die verbliebenen Araber bewusst nicht integrierte. Die vertriebenen Araber siedelten meist in provisorischen Lagern in den Nachbarstaaten, häufig unter elenden Bedingungen. Aus ihren Reihen sollte die Palästinensische Befreiungsorganisation (PLO) hervorgehen, die in den 1960er Jahren eine neue Runde des Kampfes um Palästina einleitete.

Arabische Selbstbehauptung

Die Niederlage gegen Israel förderte die Tendenz arabischer Nationalisten, sich gegen ihre traditionellen Herrscher zu erheben. In Syrien, seit dem Abzug der letzten französischen und britischen Truppen am 14. April 1946 souverän, fegte ein Militärputsch im März 1949 die Regierung der alten städtischen Oberschicht hinweg, der vorgeworfen wurde, für das Debakel in Palästina verantwortlich zu sein. Weitere Putsche folgten, und im ständigen Wechsel von Putsch und Gegenputsch wuchs die Arabische Sozialistische Baath-Partei («Partei der Wiedergeburt») zur stärksten politischen Kraft des Landes heran. In Jordanien, ebenfalls seit dem Frühjahr 1946 unabhängig, hatte König Abdullah große Schwierigkeiten, Ostjordanier, Westjordanier und Palästinaflüchtlinge zu integrieren. Im Juli 1951 wurde er von einem muslimischen Extremisten ermordet. Sein Enkel Hussein, der die Königswürde im Mai 1953 minderjährig übernahm, konnte sich nur mit Mühe gegen syrische und irakische Expansionsgelüste behaupten.

In Ägypten brach sich die Unzufriedenheit mit der Kollaboration der Herrschenden Anfang 1952 ihre Bahn. Ägypten war seit 1922 formal unabhängig, tatsächlich kontrollierten die Briten (zusammen mit den Franzosen) aber immer noch den Suezkanal und einen ausgedehnten Komplex von militärischen Stützpunkten in der so genannten Kanalzone. Als britische Truppen im Januar 1952 auf die Unterkunft einer widerspenstigen ägyptischen Polizeieinheit feuerten und dabei 50 Polizisten erschossen, brach in Kairo ein Aufruhr los. König Faruk verlor zunehmend die Kontrolle über das Land. In der Nacht zum 23. Juli 1952 übernahm eine Gruppe «Freier Offiziere» um Nasser und Muhammed Anwar as-Sadat die Macht. Faruk wurde ins Exil geschickt, ein General, Muhammed Naguib als Premierminister etabliert. Zwei Jahre später hatte Nasser seine Macht genügend befestigt, um selbst das Amt des Premierministers zu übernehmen. Nach einem fehlgeschlagenen Attentat auf ihn wurde die radikale Organisation der Muslimbrüder verboten, Wahlen zu einer verfassunggebenden Versammlung wurden auf unbestimmte Zeit verschoben.

Verhandlungen mit der britischen Vormacht führten im Oktober 1954 zu einem Abkommen, in dem die britische Regierung den Abzug ihrer Truppen innerhalb von zwanzig Monaten zusagte. Sollten die arabischen Staaten oder die Türkei aber von einem anderen Land außer Israel angegriffen werden (gedacht war natürlich an die Sowjetunion), behielten die Briten bis 1961 das Recht, in ihre militärischen Stellungen zurückzukehren. Nasser hoffte, sich mit diesem Abkommen die Unterstützung der Briten und Amerikaner bei der Modernisierung Ägyptens gesichert zu haben. Als er aber im September 1955 aus Sorge vor einem israelischen Angriff ein Abkommen über Waffenlieferungen mit der Sowjetunion schloss, reagierten die Westmächte ausgesprochen feindselig: London und Washington stoppten die Finanzierung des Assuan-Staudamms, mit dem Nasser sowohl die Energieversorgung als auch die Rationalisierung der landwirtschaftlichen Produktion sicherstellen wollte. Im Juli 1956 erklärte der amerikanische Außenminister John Foster Dulles den amerikanischen Rückzug von dem Staudammprojekt öffentlich für endgültig.

Nasser reagierte darauf mit der Ankündigung, den Suezkanal zu nationalisieren. Die Einkünfte aus dem Schiffstransfer sollten die ausbleibenden britischen und amerikanischen Zahlungen für den Bau des Staudamms kompensieren. Die bisherigen Anteilseigner der Kanalgesellschaft wurden ausbezahlt, und am 15. September 1956 wurde der Kanalbetrieb unter ägyptischem Management wieder aufgenommen. Unter den Auspizien der Vereinten Nationen, bei denen die Briten Klage gegen die Enteignung eingereicht hatten, wurde ein Abkommen vorbereitet, das die Benutzung des Kanals zwischen Ägypten und einer Gesellschaft der Nutzerstaaten regeln sollte.

Die Regierungen Großbritanniens und Frankreichs wollten sich jedoch mit dieser Demütigung nicht zufrieden geben. Für sie war Nasser dabei, zu einem Führer des arabischen Nationalismus aufzusteigen, der sowohl die britische Position im Mittleren Osten bedrohte als auch die französische Stellung in Algerien unterminierte. Frankreichs Ministerpräsident Guy Mollet vereinbarte darum mit dem britischen Premier Anthony Eden einen Angriff der Israelis gegen die palästinensische Guerilla und ihre ägyptischen Unterstützer. In diesen Konflikt sollten dann britische und französische Truppen eingreifen, angeblich um die kämpfenden Parteien voneinander zu trennen, tatsächlich um die Kanalzone wieder in Besitz zu nehmen und Nasser zu stürzen. Am 29. Oktober 1956 begannen die israelischen Streitkräfte mit ihrem Angriff auf die ägyptischen Stellungen. Großbritannien und Frankreich stellten wie vereinbart ihre Ultimaten, und am 31. Oktober begannen sie mit Luftangriffen auf die Städte in der Kanalzone.

Als die Truppen der beiden Großmächte gerade dabei waren, die Kontrolle über Ägypten wiederzuerlangen, stoppte der amerikanische Präsident Dwight D. Eisenhower das Unternehmen. Für Eisenhower war dieser Versuch der Selbstbehauptung europäischer Kolonialmächte am Vorabend der amerikanischen Präsidentschaftswahl nicht nur äußerst ungeschickt. Er fürchtete auch, die Sowjets könnten sich in dieser Situation leicht zum Anwalt aller unterdrückten Völker aufspielen. Moskau, das gerade dabei war, den Aufstand in Ungarn niederzuschlagen, drohte allen kriegführenden Parteien den Einsatz «schrecklicher Vernichtungswaffen» an, wenn sie das Feuer nicht sofort einstellten. Auf Veranlassung der US-Regierung verabschiedete der Sicherheitsrat der Vereinten Nationen am 6. November eine Resolution, die einen sofortigen Waffenstillstand und den Rückzug der Aggressoren verlangte. Eden beugte sich dem als Erster, Mollet und Ben-Gurion mussten notgedrungen folgen.

Für Großbritannien und Frankreich bedeutete diese Niederlage den definitiven Abschied von einer beherrschenden Stellung in der Nahostregion. Nasser stieg zum Führer einer panarabischen Bewegung auf, die in allen arabischen Nachbarländern Anklang fand und im Anschluss Syriens an Ägypten zum 2. Januar 1958 (unter der Bezeichnung «Vereinigte Arabische Republik») ihren Höhepunkt erlebte. Am 14. Juli 1958 stürzten militärische Nasser-Anhänger König Feisal II. im Irak und errichteten auch dort ein modernes arabisches Regime, das den Abzug der Briten erzwang. Die Sowjetunion profilierte sich als Schutzmacht der jungen arabischen Staaten, die Ägypten, Syrien und den Irak mit umfangreicher Militär- und Wirtschaftshilfe unterstützte. Im November 1958 sagte Moskau den größten Teil der Finanzierung des Assuan-Staudamms zu. Demgegenüber rückten die USA auch in dieser Region in die Rolle des westlichen Widerparts der Sowjetunion ein, darum bemüht, wenigstens Jordanien und den Libanon im antiägyptischen Lager zu halten.

Vor allem aber avancierten die USA jetzt zur Schutzmacht Israels, das aus dem Suezkrieg zwar militärisch gestärkt, aber politisch vollkommen isoliert hervorgegangen war. Die Stellungen im Gazastreifen, von denen aus die palästinensischen Freischärler ihre Grenzangriffe gestartet hatten, waren zerstört, die ägyptische Seeblockade am Golf von Akaba aufgehoben, und UN-Truppen wachten an beiden Orten darüber, dass es so blieb. Der Respekt vor Israels militärischer Stärke, den der rasche Vorstoß der israelischen Streitkräfte im Oktober 1956 bei den Arabern erzeugt hatte, war freilich keine Friedensgarantie auf Dauer. Umso abhängiger wurde die israelische Demokratie jetzt von militärischer und wirtschaftlicher Unterstützung durch die USA.

Die Unterstützung Israels sowie der Nasser-Gegner im Libanon und in Jordanien ging einher mit einem Bündnis mit den konservativ-feudalen Kräften in den hauptsächlichen Ölförderländern. Nachdem eine nationalistische Koalition im Iran 1951 die Anglo-Iranian Oil Company (ab 1954: British Petroleum Company) verstaatlicht hatte und sich anschickte, den Schah ganz zu entmachten, half der amerikanische Geheimdienst CIA im August 1953 bei der Organisation eines Militärputsches, der Premierminister Mohammed Mossadegh stürzte und dem Schah den Thron rettete. Dieser arbeitete in der Ausbeutung der Ölvorkommen jetzt in erster Linie mit amerikanischen Gesellschaften zusammen; die Briten mussten sich mit einem geringeren Anteil begnügen. In Saudi-Arabien sah sich König Saud nach anfänglichen Sympathien für den arabischen Nationalismus bald als Verbündeten der USA in der Abwehr revolutionärer Bewegungen. Sein Bruder Faisal, der die Regierungsgeschäfte 1958 als Premierminister übernahm, stieg zum politischen und ideologischen Gegenspieler des Panarabismus auf. Die Gewinne aus der Ölförderung wurden lange Jahre je zur Hälfte zwischen den USA und Saudi-Arabien geteilt.

Öl spielte auch in Algerien eine Rolle, das seit Beginn der 1830er Jahre französische Kolonie war. Wichtiger aber war hier noch die große Zahl der französischen Siedler, die sich als Landherren etabliert und dabei die traditionelle Stammesstruktur weitgehend zerstört hatten. Zu Beginn der 1950er Jahre waren mehr als 800 000 Einwohner Franzosen, etwa elf Prozent der Bevölkerung. Verfassungsrechtlich war Algerien, in drei Departements aufgeteilt, Teil des französischen Mutterlands. Nach dem erzwungenen Rückzug aus Indochina taten sich die Franzosen daher relativ leicht, ihre Protektorate über Marokko und Tunesien nach blutigen Unruhen 1956 aufzugeben. In Algerien hingegen, wo die radikale Fraktion der Nationalisten – eine Nationale Befreiungsfront (FLN) um Achmed Ben Bella – seit November 1954 mit Terrorakten agierte, reagierte die Kolonialmacht nur mit Gewalt. Die gleiche Regierung Mollet, die die Verträge zur Entlassung Marokkos und Tunesiens in die Unabhängigkeit unterzeichnete, brach einen Versuch, der muslimischen Bevölkerung durch soziale Reformen und die formale Gleichstellung als Staatsbürger entgegenzukommen, unter dem Eindruck wütender Proteste der französischen Siedler erschrocken ab. Der Krieg weitete sich zu einem umfassenden französischen Truppeneinsatz gegen immer stärker werdende algerische Guerillaverbände aus, mit grausamen Terrorakten auf beiden Seiten.

Eine Lösung des Algerienkonflikts kam erst in Sicht, nachdem im Mai 1958 de Gaulle im Mutterland an die Macht zurückgekehrt war, von verängstigten Siedlern wie von ohnmächtigen Anhängern einer Entlassung Algeriens in die Unabhängigkeit als Retter gerufen. Nach vergeblichen Versuchen, die Kämpfe durch Kompromissangebote an die Befreiungsfront zu beenden, organisierte der Gründer der V. Republik im Januar 1961 ein Referendum, mit dem er sich ein Mandat für den Rückzug aus Algerien geben ließ. Verhandlungen, die von einem Staatsstreichversuch meuternder Generäle und Anschlägen auf prominente Befürworter der Unabhängigkeit begleitet wurden (auch de Gaulle wurde zweimal Ziel eines Mordanschlags), führten zur Unterzeichnung eines Unabhängigkeitsabkommens am 18. März 1962 in Evian. Frankreich konnte sich Ölkonzessionen, das Recht zu Atomversuchen in der Sahara und einen Flottenstützpunkt in Mers-el-Kébir sichern, doch verließen Hunderttausende von Algerienfranzosen aus Furcht vor Racheakten fluchtartig das Land.

Desaster in Schwarzafrika Verglichen mit Südostasien und der arabischen Welt waren die Triebkräfte des modernen Nationalismus – exportorientierter Landbau, Handelsnetze, industrielles Wachstum – in den afrikanischen Gebieten südlich der Sahara bei Kriegsende noch wenig entwickelt. Die Regierungen in London und Paris glaubten daher an die Möglichkeit einer «partnerschaftlichen Entwicklung». Gemeint war damit eine Modernisierung unter Erschließung der reichhaltigen Rohstoffvorkommen des afrikanischen Kontinents, die zugleich dem Wiederaufbau der vom Krieg erschöpften Metropolen zugutekommen sollte. Im Zuge dieser Modernisierung sollten moderne Eliten entstehen, und diesen sollte dann nach und nach Verantwortung übertragen werden. In welchem Ausmaß, das blieb unklar; die meisten Verantwortlichen dachten an langfristige Prozesse von dreißig und mehr Jahren.

Dieses Konzept ging jedoch nur dort einigermaßen auf, wo ländliche Gesellschaften dominierten und sich die Interessen der Weißen auf den Handel beschränkten: in Teilen des westlichen Afrikas. In der Goldküste, die lange schon als «Musterkolonie» galt, führten die Briten 1946 einen Legislativrat ein; zum 1. Januar 1951 setzten sie eine Verfassung in Kraft, die eine beschränkte Mitregierung einer gewählten Regierung vorsah. Der Wahlsieger Kwame Nkrumah konnte 1954 die innere Autonomie mit einem rein afrikanischen Kabinett durchsetzen und nach erneuter Bestätigung in den Wahlen von 1956 die vollständige Unabhängigkeit erringen. Zum 6. März 1957 trat der Staat Ghana ins Leben; separatistische Kräfte, die andere staatliche Zuschnitte bevorzugten, mussten sich der Wählermehrheit in der ehemaligen britischen Kolonie beugen.

In ähnlicher Weise reagierte die französische Regierung auf die Entwicklung einer Afrikanischen Demokratischen Sammlung (RDA) unter der Führung von Félix Houphouët-Boigny, eines reichen Kakaopflanzers von der Elfenbeinküste. Nach anfänglicher Repression wurde der RDA im Juli 1950 gegen die prinzipielle Anerkennung der Zugehörigkeit künftiger Staaten zur Union française freie Betätigung zugesichert. Im Januar 1956 wurde Houphouët-Boigny Minister in der Regierung Mollet. Unter seiner Mitwirkung verabschiedete die französische Nationalversammlung am 23. Juni 1956 ein Rahmengesetz für die Überseeterritorien, die in allen afrikanischen Territorien Frankreichs Parlamente auf der Basis des allgemeinen Wahlrechts installierte und den daraus hervorgehenden Exeku-

In Ghana erlangte Kwame Nkrumah 1954 mit einem rein afrikanischen Kabinett die interne Autonomie, und nach seiner Wiederwahl 1956 wurde das westafrikanische Land schließlich in die völlige Unabhängigkeit entlassen. Der neue Staat war einer der seltenen Fälle, in denen das britische Konzept der «Entwicklung durch Partnerschaft» Früchte trug.

tivräten zunehmende Regierungsverantwortung in Aussicht stellte. Entsprechend dieser Vorgabe wurde die Elfenbeinküste am 4. Dezember 1958 autonome Republik innerhalb der Französischen Gemeinschaft; Houphouët-Boigny übernahm alsbald das Amt des Premierministers und amtierte schließlich mit Beginn der Unabhängigkeit der Elfenbeinküste bis zu seinem Tod als Staatspräsident (1960–1993).

Aber schon im benachbarten Guinea stieß das Konzept der einvernehmlichen Evolution an seine Grenzen. Guinea war reich an Rohstoffen wie Bauxit, Gold und Diamanten, an deren Ausbeutung Frankreich weiterhin interessiert war. Entsprechend war die Bereitschaft zu Zugeständnissen geringer, die Militanz einer arbeitergestützten Unabhängigkeitsbewegung aber höher. Ihr Anführer Ahmed Sékou Touré verweigerte sich nach einer entsprechenden Volksabstimmung dem Eintritt in die Französische Gemeinschaft. Guinea wurde am 2. Oktober 1958 in die absolute Unabhängigkeit entlassen, und das bedeutete das Ende jeder finanziellen und sonstigen Unterstützung durch das Mutterland. Selbst die Telefone nahmen die abziehenden Kolonialherren mit.

Was als abschreckende Maßnahme gedacht war, wirkte ansteckend: Jetzt verlangten auch alle anderen Exekutivräte die volle Unabhängigkeit. De Gaulle, der vordringlich mit dem Algerienproblem beschäftigt war, gewährte sie ohne Rücksicht auf den jeweiligen Entwicklungsstand und den territorialen Zuschnitt der oft kleinteiligen Kolonialgebiete, der weder wirtschaftliche Zusammenhänge noch ethnische Differenzen respektierte. Bis zum September 1960 mutierten 14 französische Kolonialgebiete in Afrika zu formal unabhängigen Staaten. Auch Houphouët-Boigny schloss sich der Bewegung an, darauf bedacht, nicht von radikaleren Kräften in den Hintergrund gedrängt zu werden. Die wirtschaftliche Abhängigkeit von Frankreich blieb freilich erhalten; französische Gesellschaften mussten die Ausbeutung der Rohstoffvorkommen jetzt allenfalls mit Konkurrenten anderer westlicher Länder teilen.

Im östlichen und südlichen Afrika war es die stärkere Präsenz weißer Siedler, die die Strategie partnerschaftlicher Entwicklung ad absurdum führte. Britische Siedler in Kenia, Uganda, Tanganjika und Rhodesien sperrten sich solange gegen die von London angestrebte Gewährung des gleichen Wahlrechts für die einheimische Bevölkerung, bis die Nationalbewegungen unter dem Eindruck der Kapitulation Frankreichs auch hier auf vollständiger Unabhängigkeit bestanden. Als Erster erreichte Julius Nyerere im Mai 1961 in Tanganjika (1964 mit Sansibar zu Tansania vereinigt) dieses Ziel. Im Oktober 1962 folgte Uganda mit Milton Obote als Premierminister, im Dezember 1963 Kenia mit Jomo Kenyatta, im Mai 1964 Njassaland, das sich fortan Malawi nannte, im Oktober 1964 Nordrhodesien als Republik Sambia. Südrhodesien, seit 1923 britische Kronkolonie unter Selbstregierung der weißen Siedler, erklärte im November 1965 seine Unabhängigkeit ohne die Gewährung von Freiheitsrechten für die afrikanische Bevölkerungsmehrheit. Anschließende Verhandlungen mit der britischen Regierung über eine Demokratisierung des Siedlerstaates sollten bis 1980 andauern.

Während Großbritannien seine Verantwortung für die Entwicklung der kolonisierten Völker in stärkerem Maße wahrnahm als Frankreich, fehlte sie bei den kleineren europäischen Kolonialmächten völlig. Portugal begnügte sich mit militärischer Unterdrückung der Befreiungsbewegungen in Angola, Mosambik und Guinea-Bissau; erst nach dem Sturz der Diktatur im Mutterland konnten die Führer dieser Bewegungen die Macht übernehmen. Belgien, das die Förderung des Bergbaus und der Industrialisierung im Kongo stets mit striktem Verbot politischer Betätigung verbunden hatte, entschloss sich unter dem Eindruck heftiger Unruhen in der Hauptstadt Léopoldville im Januar 1959 zu möglichst schneller Unabhängigkeit. Sie wurde zum 30. Juni 1960 gewährt. Während die Europäer das Land in großer Zahl verließen und die Verwaltung zusammenbrach, kam es zu kriegerischen Auseinandersetzungen um die Separation der Provinzen Katanga und Kasai und Machtkämpfen an der Spitze der Zentralregierung. Sie wurden erst beendet, als General Joseph Mobutu im November 1965 eine repressive Militärdiktatur errichtete. 1962 entließ Belgien auch Ruanda und Burundi in die Unabhängigkeit, ohne zuvor viel für die Überwindung des Gegensatzes zwischen Tutsi und Hutu getan zu haben.

Der Preis, der für die hastige Dekolonisation gezahlt werden musste, bestand also, sich wechselseitig bedingend, aus wirtschaftlichem Stillstand und neuer Un-

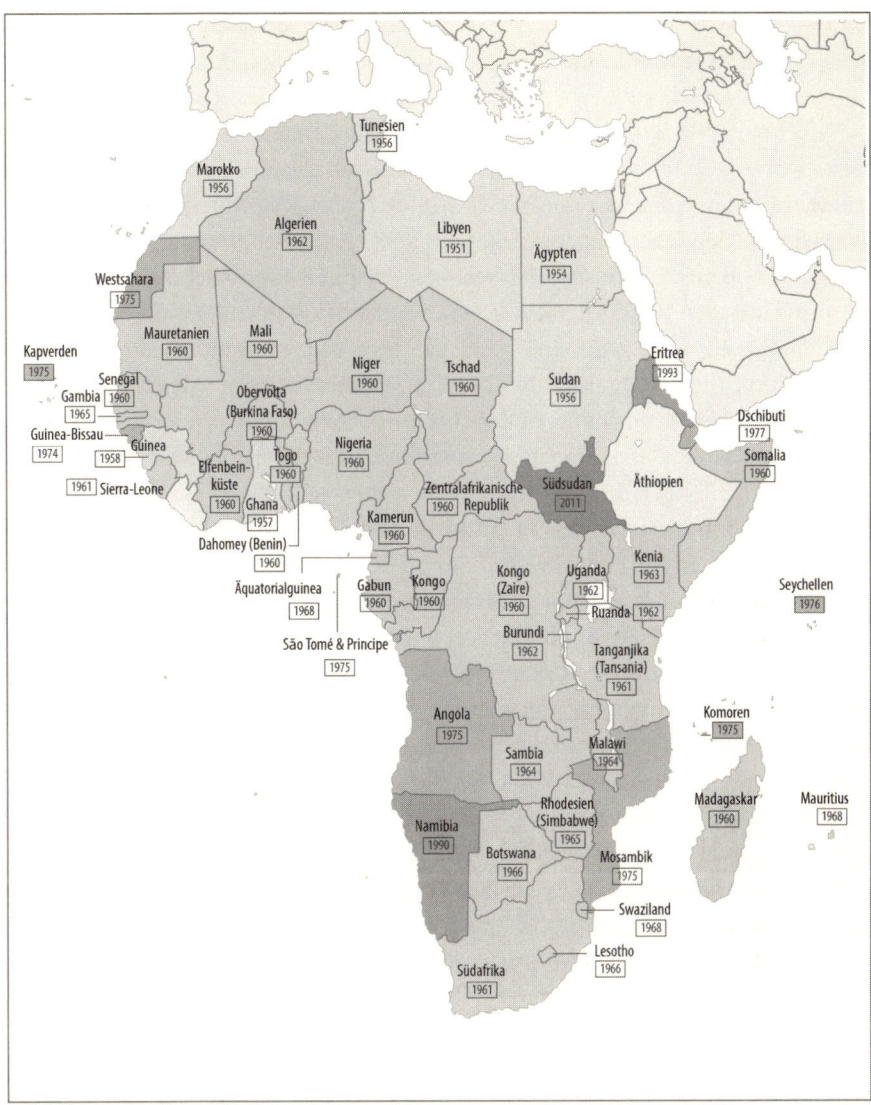

Karte 1: Die Zunahme unabhängiger Staaten in Afrika (1945–2012).

terdrückung. Nur sehr selten kam in den neuen Staaten eine selbsttragende wirtschaftliche Entwicklung in Gang. Viel häufiger waren unheilige Allianzen zwischen regionalen Plutokraten und europäischen Gesellschaften, die weiterhin den Handel, den Bergbau und die Industrie kontrollierten. Wo der Produktivitätsfortschritt dabei ganz an der einheimischen Bevölkerung vorbei ging, degenerierte Schwarzafrika zur «Vierten Welt», der auf lange Sicht jede Entwicklungsperspektive fehlte.

US-Interventionen in Lateinamerika

Demgegenüber waren die Länder Mittel- und Südamerikas schon lange auf dem Weg postkolonialer Entwicklung. Im Laufe der ersten Hälfte des 20. Jahrhunderts waren aber die benachbarten USA zum führenden ausländischen Investor aufgestiegen, und das hatte sie in eine strategische Allianz mit den einheimischen wirtschaftlichen Oberschichten gebracht. Solange die Benachteiligten dieser Konstellation – Bauern, Industriearbeiter und sonstige Unterschichten – ihr Heil in korporatistischen Regimen suchten, etwa in Mexiko, Brasilien und dann besonders ausgeprägt in Argentinien, sahen die USA keinen Grund zu direkter Intervention. Auf die Nationalisierung der Erdölgesellschaften in Mexiko und Brasilien antworteten sie nur mit dem Boykott ihrer Produkte. Als eine auf Bauern und Arbeiter gestützte Revolutionsbewegung 1952 in Bolivien die Macht übernahm, unterstützte die Regierung Eisenhower die neuen Machthaber sogar mit Lebensmittel- und Wirtschaftshilfe. Ihr Kalkül, dadurch die gemäßigten Elemente des neuen Regimes zu stärken, ging auf.

Sobald sich lateinamerikanische Revolutionäre aber mit Kommunisten verbündeten, gingen die USA entschlossen gegen sie vor. Das war zum ersten Mal in Guatemala der Fall, wo Präsident Jacobo Árbenz Guzmán im Juni 1952 mit der Enteignung und Aufteilung ungenutzter Landbauflächen begann, dabei unterstützt von der kleinen, aber zunehmend einflussreichen kommunistischen Partei des Landes. Hauptbetroffener der Enteignungen war die amerikanische United Fruit Company, die mit ihren weiträumigen Bananenplantagen das Wirtschaftsleben Guatemalas beherrschte. Ihre Direktion denunzierte die Reform als sowjetische Machtergreifung und erreichte damit, dass Eisenhower den CIA beauftragte, den Sturz von Árbenz zu organisieren. Im Juni 1954 startete die CIA vom benachbarten Honduras aus eine Invasion einiger hundert putschierender Soldaten; CIA-Flugzeuge bombardierten Guatemala-Stadt und andere Stadtzentren. Das Gros der Offiziere fiel daraufhin von Árbenz ab, der Präsident musste fliehen, und eine Militärjunta vertrieb die Bauern wieder von dem kürzlich zugeteilten Land.

Die gleiche Reaktion zeigte sich, als Fidel Castro nach gut zwei Jahren des Guerillakampfes zu Beginn des Jahres 1959 auf Kuba die Macht übernahm und alsbald mit einer Landreform begann, die auch die US-amerikanischen Zuckerrohrplantagen betraf. Castro war kein Kommunist, aber im Kampf um die Führung des revolutionären Regimes stützte er sich zunehmend auf die Kommunistische Partei (PCC), die einzige politische Massenorganisation der Insel, und im Februar 1960 schloss er ein Handelsabkommen mit der Sowjetunion, das die Abhängigkeit von den amerikanischen Abnehmern der Zuckerproduktion verringern sollte. Das genügte, um ihn in den Augen Eisenhowers als Anführer eines Aufruhrs erscheinen zu lassen, der ganz Lateinamerika erfassen konnte. Der Präsident beauftragte den CIA, eine Invasion nach guatemaltekischem Vorbild vorzubereiten; und nachdem Castro die wichtigsten US-Unternehmen auf Kuba verstaatlicht hatte, verhängte der US-Kongress eine Beschränkung des Zuckerimports und ein partielles Handelsembargo. Im Februar 1962 wurde das Embargo auf alle Einfuhren aus Kuba ausgedehnt.

Die Invasion wurde dann unter Eisenhowers Nachfolger John F. Kennedy im April 1961 durchgeführt. Anders als in Guatemala waren die 1400 Exilkubaner, die vom CIA ausgerüstet und instruiert worden waren, aber nicht erfolgreich. Castro hatte die kubanische Armee völlig neu aufgebaut und 100 000 Regimegegner vorsorglich eingesperrt. Entsprechend blieb der erhoffte Volksaufstand gegen Castro aus, und die Invasoren mussten sich nach drei Tagen kläglich ergeben. Statt Castro zu stürzen, hatten die USA damit seine Position weiter gestärkt. Vom Beispiel der kubanischen Revolution ermutigt, gingen revolutionäre Aktivisten in vielen lateinamerikanischen Ländern zum Guerillakampf über. Sie alle wurden von Polizei- und Militäreinheiten besiegt, die von US-amerikanischen *Counterinsurgency*-Experten ausgebildet worden waren und zum Teil auch durch amerikanische Militärhilfe finanziert wurden. Die Bedrohung aber blieb, und die USA gerieten in den Ruf, nach dem Niedergang des europäischen Imperialismus die imperialistische Weltmacht schlechthin zu sein.

2. EIN GLOBALER KALTER KRIEG

Die Interpretation der Dekolonisation in Kategorien des Kalten Krieges begünstigte die Verstetigung der Blockbildung in Europa. Die Institutionen, die dort
1949 geschaffen worden waren, trugen zunächst provisorischen Charakter. Die
Truman-Administration und auch die amerikanische Öffentlichkeit verstanden
den Nordatlantikpakt nicht als Festlegung auf eine dauerhafte Präsenz amerikanischer Truppen in Europa; vielmehr rechneten sie mit ihrer Rückkehr nach dem
Ende der Besatzungszeit in Deutschland und in Österreich. Die Verfassung der
Bundesrepublik Deutschland war ausdrücklich nur als «Grundgesetz» konzi-
piert, das dem staatlichen Leben in Westdeutschland «für eine Übergangszeit eine
neue Ordnung geben» sollte.[17] Die DDR war für Stalin nur ein erster und keineswegs freiwillig vollzogener Schritt auf dem Weg zu einem «friedliebenden, demokratischen Deutschland».[18] Vom Sozialismus in Deutschland war in seinem
Glückwunschtelegramm an die Führung des neuen Staates mit keinem Wort die
Rede.

Natürlich tendierten diese Provisorien dazu, sich zu verfestigen. Aber gerade
als die Teilung Europas zu einer dauerhaften Realität zu werden drohte, erhob
sich dagegen an vielen Stellen Widerstand. Um die Blockbildung in Europa entwickelte sich eine heftige Auseinandersetzung, deren Ausgang erst Mitte der
1950er Jahre feststehen sollte.

NATO und EVG

Auf amerikanischer Seite war es der erfolgreiche Test der ersten sowjetischen
Atombombe am 29. August 1949, der
einen Sinneswandel hervorrief. Bis dahin hatte die Truman-Administration auf
eine lange Fortdauer des amerikanischen Atomwaffenmonopols vertraut und
deswegen einen geringen Grad an konventioneller Rüstung für vertretbar gehal-

ten. Strategische Planungen für den Fall eines sowjetischen Angriffs auf das westliche Europa (den man für ganz unwahrscheinlich gehalten hatte) hatten einen Rückzug amerikanischer Truppen an die Atlantikküste vorgesehen, gefolgt von einer massiven Luftoffensive. Jetzt aber war auf die atomare Überlegenheit kein Verlass mehr, und der Sieg der Kommunisten in China rief den Eindruck hervor, dass Eindämmung mit wirtschaftlichen Mitteln allein, wie sie mit dem Marshall-Plan praktiziert wurde, nicht genügte. Ein Memorandum des Nationalen Sicherheitsrats vom 7. April 1950, das im Wesentlichen von Außenminister Dean Acheson und dem Chef des Politischen Planungsstabs Paul Nitze verfasst worden war, forderte darum, den kommunistischen «Drang zur Weltherrschaft» durch die Schaffung von militärischer Überlegenheit zu brechen. Dazu sollte eine effektive Organisation westlicher Verteidigung geschaffen werden, und die Verteidigungsausgaben sollten auf das Vier- bis Fünffache steigen.[19]

Die Schaffung einer effektiven Verteidigungsorganisation des Westens schloss logischerweise die Aufstellung deutscher Truppen ein. Die Bundesrepublik war das exponierteste Vorfeld westlicher Sicherheit. Man konnte sie daher weder ohne Schutz lassen noch auf ihren Beitrag zur Verteidigung verzichten. Weil die Wiederbewaffnung der Deutschen aber große Sorgen vor einem Wiederaufleben der deutschen Gefahr hervorrief, zögerte man zunächst, diesen Teil des Aufrüstungsprogramms in Angriff zu nehmen. Erst als der Angriff der Nordkoreaner auf das südliche Korea dem Szenario eines Angriffs ostdeutscher Kommunisten auf das westliche Deutschland zu einer gewissen Plausibilität verhalf, konnten die Anwälte einer Bewaffnung der Bundesrepublik in die Offensive gehen. Am 29. August 1950 bot Bundeskanzler Konrad Adenauer «im Falle der Bildung einer internationalen westeuropäischen Armee einen Beitrag in Form eines deutschen Kontingents» an;[20] zwei Wochen später verlangte Acheson von der britischen und französischen Regierung nicht nur eine Erhöhung ihres Rüstungsbudgets, sondern auch die Zustimmung zur Aufstellung deutscher Truppen in der Stärke von etwa zehn Divisionen. Nur unter diesen Voraussetzungen erklärte sich die amerikanische Regierung bereit, das militärische Engagement der USA in Europa zu verstärken und den Oberbefehl eines integrierten Generalstabs der NATO zu übernehmen.

Die französische Regierung reagierte auf diese Erpressung mit dem Vorschlag einer europäischen Verteidigungsgemeinschaft. Wenn deutsche Truppen schon unvermeidlich waren, dann sollte die Verfügungsgewalt über diese Streitkräfte nicht bei der Bundesregierung liegen, sondern bei der Gemeinschaft der westlichen Europäer. Frankreich wollte darum, wie Ministerpräsident René Pleven am 24. Oktober 1950 erläuterte, eine europäische Armee aufstellen, die einem europäischen Verteidigungsminister unterstellt war und nationale Kontingente «auf der Basis der kleinstmöglichen Einheit» integrierte.[21] Einen deutschen Generalstab sollte es folglich nicht geben; dagegen sollten die bestehenden europäischen Armeen nur soweit in die neue Organisation einbezogen werden, wie sie für die Verteidigung Europas benötigt wurden. Die Sicherung europäischer Interessen in den Übersee-Gebieten sollte weiterhin in nationalcr Hand bleiben.

Eine solche Diskriminierung der Deutschen innerhalb einer westlichen Verteidigungsgemeinschaft war freilich in der Bundesrepublik nicht durchsetzbar. Adenauer lehnte sie darum rundweg ab. Er wollte den Bedarf an deutschen Truppen im Gegenteil dazu nutzen, die Fesseln des Besatzungsstatuts abzustreifen, die die westlichen Siegermächte dem jungen westdeutschen Staat angelegt hatten. Die Regierungen in Washington und London hielten den französischen Vorschlag ebenfalls für abwegig: politisch nicht durchsetzbar und militärisch völlig unsinnig. Angesichts der Gefahr einer Verlagerung amerikanischer Truppen von Deutschland nach Korea stimmte die französische Regierung der Aufstellung deutscher Kampftruppen im Rahmen der NATO am 6. Dezember 1950 im Prinzip zu; über die Form des deutschen Verteidigungsbeitrags war damit aber noch nicht entschieden. Im Gegenzug beschloss der Ministerrat des Atlantikpakts am 18./19. Dezember in Brüssel die Schaffung einer integrierten NATO-Streitmacht. General Dwight D. Eisenhower, der legendäre Oberkommandierende der alliierten Streitkräfte im Zweiten Weltkrieg, wurde zu ihrem ersten Oberbefehlshaber bestimmt.

Eine Einigung über die Form des westdeutschen Beitrags zur NATO wurde erst nach langwierigen Verhandlungen erreicht. Um die Jahresmitte 1951 rang sich Acheson zu der Einsicht durch, dass er ohne eine europäische Einbindung in Frankreich nicht durchsetzbar war. Dafür musste der französische Außenminister Robert Schuman allerdings akzeptieren, dass den Deutschen innerhalb der Europa-Armee die gleichen Rechte zugestanden wurden wie den anderen Mitgliedern. Im Vertrag über die Europäische Verteidigungsgemeinschaft (EVG), der am 27. Mai 1952 von den Vertretern Frankreichs, der Bundesrepublik, Italiens, Belgiens, der Niederlande und Luxemburgs in Paris unterzeichnet wurde, wurden die Entscheidungen von einstimmigen Voten eines Ministerrats abhängig gemacht. Die Truppen sollten auf Divisionsebene integriert werden, und die Bundesrepublik sollte ein eigenes Verteidigungsministerium erhalten. Die Bundesrepublik wurde zumindest vorerst noch nicht in die NATO aufgenommen, die Bundesregierung konnte aber gemeinsame Sitzungen des EVG-Ministerrats und des NATO-Rats verlangen. Ein Generalvertrag, den die Bundesregierung am 26. Mai 1952 mit den westlichen Besatzungsmächten schloss, sah zudem die Aufhebung des Besatzungsstatuts vor. Allerdings behielten sich die westlichen Siegermächte alle «Deutschland als Ganzes» betreffenden Rechte vor und verboten den Deutschen weiterhin die Produktion strategisch relevanter Rüstung.

Der Koreakrieg und die Bereitschaft der Europäer, im Interesse der eigenen Sicherheit Kompromisse zu schließen, halfen dem ehrgeizigen Aufrüstungsprogramm NSC-68 über die parlamentarischen Hürden. Der Kongress akzeptierte nicht nur die Ausweitung der amerikanischen Truppenpräsenz in Europa (von zwei auf sechs Divisionen) und neue Militärhilfen für die europäischen Verbündeten, sondern auch die Entwicklung der Wasserstoffbombe (die dann im November 1952 erstmals erfolgreich getestet wurde) und die Ausweitung der amerikanischen Truppenstärke von 1,5 auf 3,5 Millionen Mann. Von 13 Milliarden Dollar im Jahr 1950 stieg der amerikanische Verteidigungshaushalt bis 1953 auf über 50 Milliarden, der Anteil der Verteidigungsausgaben am Bruttosozialprodukt stieg von fünf auf 13 Prozent. Die USA etablierten sich damit nun auch als die militärische Führungsmacht des westlichen Bündnisses.

Sowjetische Offerten Stalin reagierte auf die westlichen Entscheidungen zur Aufrüstung und zur Bewaffnung Westdeutschlands mit eigenen Rüstungsanstrengungen. Solange amerikanische Truppen in Korea kämpften, hielt er einen Angriff des Westens auf die sowjetischen Stellungen in Europa zwar noch nicht für wahrscheinlich, doch rechnete er fest mit der Möglichkeit eines solchen Angriffs in der Zeit danach. Entsprechend wurden die Parteichefs und Verteidigungsminister der osteuropäischen Volksdemokratien bei einem Planungstreffen in Moskau in der zweiten Januarwoche 1951 auf ein koordiniertes Aufrüstungsprogramm verpflichtet, das die Kriegsstärke ihrer Truppen bis Ende 1953 auf drei Millionen Mann bringen sollte. Ebenso wurde die Entwicklung einer eigenen Wasserstoffbombe forciert. Sie konnte dann im August 1953 erstmals erfolgreich getestet werden, zehn Monate nach der ersten Zündung der amerikanischen Wasserstoffbombe.

Gleichzeitig bemühte sich Stalin verstärkt, Verhandlungen über einen Friedensvertrag mit Deutschland in Gang zu bringen, mit dem wenigstens die Gefahr einer Einbeziehung des deutschen Rüstungspotentials in das Arsenal des Westens gebannt werden sollte. Im November 1950 verlangte die Sowjetregierung die Einberufung einer neuen Konferenz des Alliierten Außenministerrats; im Februar 1951 begann sie, den Entwurf eines Friedensvertrags auszuarbeiten, der auf dieser Konferenz vorgelegt werden sollte. Acheson weigerte sich jedoch, über die Deutschlandfrage zu verhandeln, solange der Beschluss zur Aufstellung westdeutscher Truppen nicht ausgeführt worden war. Daraufhin entschied man sich in Moskau, mit «Grundlagen» des Friedensvertragsentwurfs in die Öffentlichkeit zu gehen. Auf diese Weise sollten «sowohl das Parlament als auch die Regierung starken Druck von Seiten des Volkes erfahren»,[22] sowohl in Westdeutschland als auch bei den Westmächten, und diese dazu gebracht werden, sich doch noch zum Abschluss des Friedensvertrags bereitzufinden. Am 10. März 1952 veröffentlichte die Sowjetregierung entsprechende Noten an die Regierungen der Westmächte.

Darin wurde den Deutschen das Ende der Besatzungsherrschaft und der Abzug aller Besatzungstruppen in Aussicht gestellt, allerdings um den Preis der Verpflichtung, sich nicht an einem Bündnis zu beteiligen, das sich gegen eine der Siegermächte richtet.[23]

Der Versuch, die westdeutsche und internationale Öffentlichkeit für eine Neutralisierung Deutschlands zu mobilisieren, scheiterte jedoch kläglich. Die Westmächte verlangten in ihren Antwortnoten freie Wahlen in ganz Deutschland ohne jede Verpflichtung zur Neutralität. Daraufhin bezog Stalin auch die DDR in sein Aufrüstungsprogramm ein; Ulbricht erhielt die Erlaubnis, zum «beschleunigten Aufbau des Sozialismus» überzugehen. Nach dem Tod des Sowjetdiktators am 5. März 1953 holten seine Nachfolger die Pläne für einen Friedensvertrag aber wieder hervor. Lawrenti Berija betonte deutlicher als Stalin, dass das vereinte Deutschland «eine bürgerlich-demokratische Republik sein wird»,[24] und wies die SED-Führer an, den Kurs auf den Sozialismus in der DDR abzubrechen. Im Politbüro der SED setzte jetzt eine Diskussion ein, die bis zum 24. Juni 1953 zu dem Vorschlag führte, Ulbricht zu entmachten.

Die Aussicht auf eine tatsächliche Verständigung über einen Friedensvertrag mit Deutschland war umso größer, als Winston Churchill, seit 1951 wieder britischer Premierminister, nach dem Tode Stalins den Zeitpunkt für eine Verständigung mit der Sowjetunion für gekommen hielt. Am 11. Mai 1953 verlangte er in einer Unterhausrede die baldige Einberufung einer Gipfelkonferenz. Dort sollte die Sowjetunion verlässliche Garantien gegen einen deutschen und einen westlichen Angriff erhalten, unter anderem durch die Schaffung eines «wiedervereinigten und neutralisierten Deutschlands», wie er seinem Mitarbeiter Pierson Dixon erläuterte.[25]

Der 17. Juni 1953

Die Entwicklung zu einer Verständigung in der deutschen Frage, die dem Trend zur Blockbildung zuwiderlief, sollte allerdings durch zwei Ereignisse gestört werden. Zunächst führte der Widerspruch zwischen der Ankündigung eines «neuen», auf die Wiedervereinigung gerichteten Kurses in der DDR und dem Festhalten an einer Erhöhung der Arbeitsnormen am 16. Juni 1953 zu einem Protest der Arbeiter in Ost-Berlin, der sich am folgenden Tag zu einem Aufstand in der ganzen DDR ausweitete. Berija ließ den Ausnahmezustand verhängen und sowjetische Panzer gegen die Aufständischen vorrücken. Die Niederschlagung des Aufstands gegen die SED-Herrschaft kostete 51 Todesopfer – genug, um in der westlichen Öffentlichkeit einhellige Empörung auszulösen und die Befürworter einer Neutralisierung Deutschlands in die Defensive zu drängen. Mitte Juli konnte sich Adenauer im

Kreis der Westmächte mit dem Vorschlag durchsetzen, bei der Einberufung einer Vier-Mächte-Konferenz von vornherein auf der Forderung nach freien Wahlen in ganz Deutschland und der vollständigen Handlungsfreiheit einer gesamtdeutschen Regierung zu bestehen. Von den Garantien, die Churchill anbieten wollte, war nicht mehr die Rede.

Sodann wurde Berija am 26. Juni verhaftet und ein halbes Jahr später hingerichtet. Seine Rivalen im Präsidium des sowjetischen Ministerrats, die ihrer eigenen Entmachtung zuvorkommen wollten, verfolgten zwar keinen grundsätzlich anderen Kurs in der Deutschlandfrage und im Hinblick auf die Entspannung im Verhältnis zu den Westmächten; sie waren aber in der Wahrnehmung der politischen Realitäten in Deutschland längst nicht so klarsichtig wie ihr gestürzter Genosse und agierten entsprechend weniger flexibel und konsequent. Anfang Juli setzte Außenminister Molotow die Entscheidung durch, den Sturz Ulbrichts aufzuhalten. Am 18. Juli verloren die Gegner Ulbrichts im Politbüro der SED ihre Mehrheit, am 26. Juli beschloss das Zentralkomitee ihren Ausschluss. Die Generallinie der Partei wurde wieder auf den «Aufbau des Sozialismus» in der DDR ausgerichtet.

Als die sowjetische Führung am 15. August 1953 den schon unter Berija geplanten Vorschlag präsentierte, eine Provisorische Gesamtdeutsche Regierung mit der Organisation von Wahlen zu einer Verfassunggebenden Nationalversammlung zu beauftragen, war darin von einem gleichzeitigen Abzug der Besatzungstruppen, wie Berija ihn geplant hatte, nicht mehr die Rede. Stattdessen sollten die Regierungen der beiden Teilstaaten noch bis zur Verabschiedung einer gesamtdeutschen Verfassung im Amt bleiben. Das klang wie eine Rückversicherung für den Fall, dass die Wahlen nicht zur Zufriedenheit der Sowjetunion ausfallen würden, und nahm dem Vorschlag viel von seiner Attraktivität. Als die Außenministerkonferenz der vier Mächte nach langem diplomatischem Tauziehen am 25. Januar 1954 in Berlin zusammentrat, zeigte sich Molotow wieder etwas flexibler: Bis zum Inkrafttreten des Friedensvertrags sollten jetzt nur noch kleine Kontingente der Besatzungstruppen in Deutschland stationiert bleiben, die «Kontrollaufgaben» wahrnahmen.

Dieses Zugeständnis genügte jedoch nicht, um starke Unterstützung für die Idee einer Neutralisierung Deutschlands zu mobilisieren. Churchill geriet mit seiner Forderung nach Sicherheitsgarantien für die Sowjetunion ganz ins Hintertreffen. Stattdessen verlangten die Vertreter der Westmächte auf der Berliner Konferenz, eine Kommission zur Überwachung der Wahlen müsse mit Mehrheit entscheiden und eine künftige gesamtdeutsche Regierung müsse das Recht haben, sich mit anderen Staaten «zu friedlichen Zwecken» zusammenzuschließen. Das lief darauf hinaus, den Vertrag über die Europäische Verteidigungsgemeinschaft über die Wiedervereinigung hinaus zu retten und die DDR in ihren Geltungsbereich einzubeziehen. Dass Molotow darauf nicht einging, konnte niemanden überraschen. Tatsächlich lief die westliche Verhandlungstaktik auf ein erfolgreiches Scheitern der Konferenz hinaus, das den Weg zur Ratifizierung des EVG-Vertrags endlich frei machen sollte.

Umgekehrt fand Molotows Entwurf für einen Vertrag über die kollektive Sicherheit Europas wenig Gegenliebe auf der westlichen Seite. Er sah, solange die Wiedervereinigung noch nicht erfolgt war, die Mitgliedschaft beider deutscher Staaten vor. Dagegen wurde den USA nur ein Beobachterstatus zugebilligt, ebenso wie China als weiterem ständigen Mitglied des UN-Sicherheitsrates. Das war für die westlichen Regierungen selbst dann nicht akzeptabel, als Molotow einräumte, dass aus der Schaffung eines solchen Sicherheitspakts nicht notwendigerweise die Auflösung der NATO folgen müsse. Die Konferenz ging am 18. Februar 1954 zu Ende, ohne dass in der deutschen Frage irgendein Fortschritt erzielt worden wäre. Die Sowjetregierung legte Ende März nach, indem sie in einer weiteren Note zugestand, die USA könnten an einem kollektiven Sicherheitssystem für Europa gleichrangig beteiligt werden, und ergänzend eine Beteiligung der Sowjetunion an der NATO vorschlug. Aber auch damit war die westliche Fixierung auf die Westintegration der Bundesrepublik nicht mehr zu erschüttern.

Das Scheitern der EVG

Letztlich konnte die sowjetische Führung mit ihren Offerten und Initiativen nur einen Erfolg erzielen: Sie brachte das Projekt der Europäischen Verteidigungsgemeinschaft zum Scheitern. Insbesondere die Propagierung des kollektiven Sicherheitspakts für Europa weckte in Frankreich soviel Hoffnung auf einen Ost-West-Ausgleich, der einen Ausweg aus der ungeliebten Kombination von deutscher Wiederbewaffnung und eigenem Souveränitätsverzicht ermöglichte, dass das gleichzeitige Drängen der amerikanischen Regierung auf Ratifizierung des EVG-Vertrags kontraproduktiv wirkte. Eine parlamentarische Mehrheit für das Vertragswerk war folglich nicht zu finden. Die häufig wechselnden Regierungen in Paris verschoben die Ratifizierung immer weiter und bestürmten ihre Verbündeten, Vertragsergänzungen zuzugestehen, die die Aussicht auf eine Zustimmung der Nationalversammlung verbesserten; diese aber ließen sich auf eine Modifizierung des Verhandlungsergebnisses von 1952 nicht ein.

Am 30. August 1954 stellte der französische Ministerpräsident Pierre Mendès France den Vertrag zur Abstimmung, ohne sein eigenes Schicksal mit einem positiven Votum zu verbinden. Das führte, wie vorauszusehen war, zu einer Ablehnung des Vertrags, genauer gesagt: zu einer Beerdigung dritter Klasse. Eine Mehrheit von 319 gegenüber 264 französischen Abgeordneten lehnte es ab, überhaupt in die Diskussion des EVG-Vertrags einzutreten. Adenauer und seine amerikanischen Verbündeten waren entsetzt; in Moskau glaubte man dem lange angestrebten Durchbruch endlich nahe zu sein.

Die Freude der sowjetischen Führer hielt allerdings nicht lange an. Angesichts der Gefahr eines vollständigen Zusammenbruchs des westlichen Sicherheitssystems fanden sich alle westlichen Verhandlungspartner in kurzer Frist zu Zugeständnissen bereit, die sie bislang immer vermieden hatten. Mendès France akzeptierte einen direkten Beitritt der Bundesrepublik zur NATO. Churchills Nachfolger Anthony Eden stimmte einer Einbeziehung der Bundesrepublik und Italiens in den Brüsseler Pakt zu (der dadurch zur «Westeuropäischen Union» wurde). Der amerikanische Außenminister John Foster Dulles erklärte sich bereit, die militärische Präsenz der USA auf dem europäischen Kontinent auszuweiten. Adenauer bekräftigte den Verzicht der Bundesrepublik auf die Herstellung von ABC-Waffen und anderem strategischen Kriegsgerät, und stimmte zudem einem Saar-Statut zu, das die wirtschaftlichen Bindungen des Saarlandes an Frankreich bis zu einem Friedensvertrag festschrieb. Am 23. Oktober 1954 unterzeichneten die westlichen Außenminister die «Pariser Verträge», die diese Vereinbarungen festhielten.

Gegen ihre Ratifizierung machte die sowjetische Führung noch einmal mit allerlei Signalen des Entgegenkommens in den strittigen Fragen einer Friedensvertragsprozedur und der Etablierung eines kollektiven Sicherheitssystems Front. Die stärkste Wirkung erzielte sie dabei Ende März 1955 mit dem Zugeständnis, den Abzug ihrer Truppen aus Österreich nicht länger vom vorherigen Abschluss des Friedensvertrags mit Deutschland abhängig zu machen. Da die österreichische Regierung von sich aus eine bewaffnete Neutralität des Alpenstaates anbot, wurde damit der Abschluss des österreichischen Staatsvertrags in kürzester Frist möglich. Am 15. Mai 1955 wurde er in Wien unterzeichnet. Die sowjetischen Truppen begannen, sich aus dem östlichen Landesteil zurückzuziehen, und die sowjetischen Medien wurden nicht müde zu betonen, dass Gleiches auch in Deutschland geschehen könne. Anfang Juni wurde Adenauer zur Aufnahme diplomatischer Beziehungen nach Moskau eingeladen, die, wie es in dem Einladungsschreiben hieß, der «Wiederherstellung der Einheit eines deutschen demokratischen Staates» dienen sollten.[26]

All dies reichte aber nicht mehr aus, die Mehrheiten für die Westintegration der Bundesrepublik zu erschüttern. Ein Generalstreik gegen die Pariser Verträge, die Vertreter einer «Paulskirchen»-Bewegung in der Bundesrepublik gefordert hatten, blieb aus. Am 27. Februar 1955 ratifizierte der Bundestag die Verträge mit ungefährdeter Mehrheit. Genau einen Monat später erfolgte die Ratifikation in der zweiten Kammer des französischen Parlaments. Die Verträge konnten damit am 5. Mai 1955 in Kraft treten. Vier Tage später nahmen Vertreter der Bundesregierung zum ersten Mal an einer Sitzung des NATO-Ministerrats teil. Im November 1955 rückten die ersten Freiwilligen in die Kasernen der Bundeswehr ein. Bis Wehrpflichtige in größerem Umfang rekrutiert werden konnten, sollten allerdings noch über zwei weitere Jahre vergehen.

Angesichts der Vergeblichkeit aller Bemühungen, die Einbeziehung der Bundesrepublik in die NATO zu verhindern, orientierte Nikita Chruschtschow, der neue starke Mann der sowjetischen Führung, die sowjetische Europapolitik mehr und mehr auf eine Stabilisierung der SED-Herrschaft in der DDR um. Als die Regierungschefs des östlichen Machtblocks am 14. Mai 1955 in Warschau einen «Vertrag über Freundschaft, Zusammenarbeit und gegenseitigen Beistand» unterzeichneten, war auch der DDR-Ministerpräsident dabei; die DDR wurde, wenn auch vorerst nur mit einem Beobachterstatus, an der Organisation des neuen Paktes beteiligt. Nach letzten vergeblichen Sondierungen während der Gipfelkonferenz von Genf im Juli 1955 erklärte Chruschtschow auf einer Kundgebung in Ost-Berlin, man könne «die deutsche Frage nicht auf Kosten der Interessen der Deutschen Demokratischen Republik lösen»; eine «Beseitigung all ihrer politischen und sozialen Errungenschaften» sei nicht möglich.[27] Zwei Monate später, am 20. September 1955, schloss die Sowjetunion mit der DDR einen Vertrag über die beiderseitigen Beziehungen, der die DDR für «frei in der Entscheidung über Fragen ihrer Innenpolitik und Außenpolitik» erklärte, vorbehaltlich lediglich der für «Deutschland als Ganzes» geltenden Vier-Mächte-Abkommen. Anfang 1956 ging aus der kasernierten Volkspolizei der DDR die Nationale Volksarmee (NVA) hervor. Mit ihrer Integration in die Militärorganisation des Warschauer Paktes unter sowjetischem Oberbefehl, beschlossen vom Ausschuss der Warschauer Vertragsstaaten am 28. Januar 1956, wurde die Blockbildung auch auf östlicher Seite abgeschlossen.

Der Geist von Genf   Aus der Vollendung der Blockbildung resultierte, anders als es die Verfechter des Neutralisierungsprojekts in Ost und West befürchtet hatten, keine unmittelbare Verschärfung der Spannungen. Da die Ausdehnung des eigenen Machtbereichs in Europa weder für das westliche Bündnis noch für Moskau zu den vordringlichen Zielen zählte, erhielten vielmehr Tendenzen Auftrieb, sich auf der Grundlage des Status quo zu arrangieren. Verstärkt wurden sie dadurch, dass eine Reihe von Testexplosionen weiterer Wasserstoffbomben im Frühjahr 1954 die Gefahr einer Selbstvernichtung der Menschheit auf beiden Seiten drastisch deutlich werden ließ. Die Erleichterung über die Konsolidierung des eigenen Lagers und die Sorge um die Verhinderung eines Atomkrieges wirkten dahingehend zusammen, dass zehn Jahre nach der Beendigung des Zweiten Weltkrieges ein neuer Dialog über die Blockgrenzen hinweg einsetzte.

Deutlich wurde dies zum ersten Mal auf der Genfer Gipfelkonferenz vom 18. bis 23. Juli 1955, zu der sich die Westmächte nach der Unterzeichnung des öster-

reichischen Staatsvertrags bereitfanden. Die Sowjets präsentierten hier einen Ab-
rüstungsplan, der die Kontrolle der atomaren Produktion einer UN-Organisation
ohne Vetorecht übertrug und gleiche Obergrenzen für die konventionelle Rüstung auf beiden Seiten vorsah. Eisenhower, seit Januar 1953 Trumans Nachfolger
als US-Präsident, wollte sich nicht gleich auf einen derart ehrgeizigen Plan einlassen, der sein Konzept nuklearer Abschreckung angesichts konventioneller Unter-
legenheit gefährdete. Er schlug aber vor, als ersten praktischen Schritt eine wechselseitige Luftaufklärung («Open skies») und den Austausch von Aufstellungen
über alle militärischen Einrichtungen zu vereinbaren. Beide Seiten kamen überein, das Gespräch über Abrüstungsmaßnahmen fortzusetzen. Sie lernten, wie
Chruschtschow kommentierte, «dass wir uns nicht am Vorabend eines neuen
Krieges befanden und dass sich unsere Feinde in der gleichen Weise vor uns fürchteten wie wir uns vor ihnen».[28]

Dem Ziel der Verständigung auf der Grundlage des Status quo diente auch das
Angebot der Sowjetregierung, diplomatische Beziehungen mit der Bundesrepublik aufzunehmen. Für Adenauer war es ein ambivalentes Angebot: Einerseits
musste auch ihm an einem direkten Draht nach Moskau gelegen sein, andererseits drohte es seinen Anspruch zu unterminieren, auch für die Deutschen in der
DDR zu sprechen. Als ihm die sowjetische Führung bei seinem Besuch in Moskau vom 9. bis 13. September 1955 die Rückkehr der letzten 10 000 deutschen
Kriegsgefangenen versprach, die zu Zwangsarbeit verurteilt in sowjetischen Lagern saßen, konnte er es nicht mehr ablehnen. Notgedrungen bemühte sich die
bundesdeutsche Diplomatie, den Schaden, den die Anerkennung von zwei deutschen Staaten durch die Sowjetunion anrichtete, in Grenzen zu halten: Allen
anderen Staaten wurden «ernste Konsequenzen» bis zum Abbruch der diplomatischen Beziehungen angedroht, wenn sie die DDR anerkannten. Mit den anderen
Staaten des Ostblocks, die das bereits getan hatten, sollten keine diplomatischen
Beziehungen aufgenommen werden. Die Praxis dieser «Hallstein-Doktrin» half
zwar, die DDR international zu isolieren, sie erwies sich aber auch als Hindernis
bei allen Bemühungen, die Teilung Deutschlands zu überwinden.

Die «Politik der Befreiung» Osteuropas, die Dulles dem Wiedervereinigungs-
konzept Adenauers entsprechend im amerikanischen Präsidentschaftswahlkampf
gefordert hatte, erwies sich unter den Bedingungen der wechselseitigen atomaren
Bedrohung als reine Rhetorik. Als am 23. Oktober 1956 in Ungarn ein Aufstand
gegen das stalinistische Regime losbrach, beeilte sich Dulles zu versichern, die
USA betrachteten Moskaus Satellitenländer «nicht als potentielle militärische
Verbündete».[29] Der Reformkommunist Imre Nagy kündigte als neuer Ministerpräsident gleichwohl an, Ungarn werde eine Mehrparteiendemokratie einführen
und aus dem Warschauer Pakt austreten. Daraufhin beschloss Chruschtschow
am 31. Oktober, von der Sorge um seine eigene Machtstellung ebenso getrieben
wie von der Furcht vor einer Auflösung des Ostblocks, sowjetische Truppen zur

Männer beseitigen während des antikommunistischen Aufstands in Ungarn 1956 brennende Autoreifen von der Straße. Aus Angst um seine eigene Position und aus echter Sorge, der gesamte Ostblock könnte ins Wanken geraten, schickte Nikita Chruschtschow sowjetische Truppen, die den Aufstand gegen das stalinistische Regime des Landes niederschlugen.

Niederschlagung zu schicken. Am 4. November begannen sie, Budapest anzugreifen; bis zum 10. November hatten sie den erbitterten Widerstand fast überall im Land gebrochen. Die Eisenhower-Administration aber begnügte sich mit Protestresolutionen der UN-Vollversammlung.

Das atomare Abschreckungssystem begünstigte so die Aufrechterhaltung der Herrschaft kommunistischer Funktionäre in den Ländern des Ostblocks und die Fortdauer der Hegemonie der Sowjetunion über ihre Verbündeten. Der Warschauer Pakt erwies sich, kaum dass er ins Leben gerufen worden war, als ein Instrument zur Absicherung dieser Herrschaft nicht nur vor äußeren Gefahren, sondern mehr noch vor Emanzipationsbewegungen im eigenen Lager. Im Westen aber verlor das sowjetische Modell spätestens mit der Niederschlagung des Ungarn-Aufstands viel von der Anziehungskraft, die es auf Teile der Arbeiterbewegung und intellektuelle Kapitalismuskritiker ausgeübt hatte. Die brutalen Maßnahmen zur Aufrechterhaltung der kommunistischen Herrschaft standen in einem eindrucksvollen Kontrast zu den westlichen Erfolgen beim wirtschaftlichen Wiederaufbau und der Stabilisierung der Demokratien im westlichen Europa.

Die europäische Einigung Mit dem Scheitern der Europäischen Verteidigungsgemeinschaft waren die Bemühungen um eine Einigung Europas keineswegs zu Ende. Diese hatten lange vor dem Kalten Krieg begonnen, und sie zielten auch nicht nur darauf, den Westen in der Auseinandersetzung mit dem sowjetischen Block zu stärken. Friedenssicherung in Europa war das wichtigste Motiv der europäischen Einigungsbewegung, die sich im demokratischen Widerstand und Exil während des Zweiten Weltkriegs zu formieren begann. Hinzu kam das Interesse an größeren Wirtschaftsräumen, die die Europäer in die Lage versetzen sollten, gegenüber der ökonomischen Weltmacht USA konkurrenzfähig zu bleiben, und beides verband sich zu der Vorstellung, dass nur dauerhafte Kooperation und wirtschaftliche Integration der Europäer (mit dem daraus resultierenden Wohlstand) die Demokratie in Europa fester verankern könnten, als dies nach dem Ersten Weltkrieg der Fall gewesen war. In besonderem Maße galt dies für Deutschland: Nur die Integration der Deutschen in eine starke europäische Gemeinschaft konnte sicherstellen, dass von Deutschland keine Gefahr mehr ausging. Schließlich mochte ein vereintes Europa auch helfen, nicht in einseitige Abhängigkeit von einem oder beiden Hauptsiegern des Krieges zu geraten, den USA oder der Sowjetunion.

Die europäische Einigungsbewegung war eine gesamteuropäische Bewegung. Der erste Vertrag über die Bildung einer Konföderation in der Nachkriegszeit wurde am 15. Januar 1942 zwischen den Exilregierungen von Griechenland und Jugoslawien geschlossen. Eine Woche später folgte ein ähnliches Abkommen zwischen den Exilregierungen Polens und der Tschechoslowakei. Am 5. September 1944 vereinbarten die Regierungen Belgiens, der Niederlande und Luxemburgs die Bildung einer Benelux-Zollunion; sie sollte zum 1. Januar 1948 in Kraft treten. Nachdem Stalin den osteuropäischen Regierungen die Beteiligung am Marshall-Plan untersagt hatte, konnten die Pläne und Absprachen aber nur im westlichen Europa realisiert werden. Den entscheidenden ersten Schritt machte die französische Regierung im Juli 1948 mit einer Initiative zur Bildung einer Europäischen Parlamentarischen Versammlung, die «den Kern einer föderativen Organisation Europas» bilden sollte.[30] Wenn schon die Schaffung eines westdeutschen Staates unvermeidlich war, dann sollte er wenigstens gleich unter die Kontrolle einer europäischen Gemeinschaft gestellt werden.

Weil die Mehrheit der kontinentalen Europäer die Briten bei dieser europäischen Gemeinschaft von Anfang an dabei haben wollte, diese aber zögerten, sich Beschlüssen einer supranationalen Autorität zu fügen, führte diese Initiative zunächst nur zur Bildung des Europarats. Im Mai 1950 aber hakte der französische Außenminister Robert Schuman nach: Indem er jetzt seine Bereitschaft zur Schaffung einer Montanunion erklärte, die die damaligen Schlüsselindustrien unter eine gemeinsame Aufsichtsbehörde stellte, zwang er die Briten, sich für oder gegen die Beteiligung an einem supranationalen Europa zu entscheiden. Die Entscheidung fiel, wie allgemein erwartet worden war, negativ aus. Der Vertrag über die Schaffung einer Europäischen Gemeinschaft für Kohle und Stahl (EGKS) wurde nur von Frankreich, der Bundesrepublik Deutschland, Italien, Belgien, den Niederlanden und Luxemburg unterzeichnet. Mit seinem Inkrafttreten am 23. Juli 1952 begann das supranationale «Europa der Sechs». Eine Hohe Behörde unter dem Vorsitz von Jean Monnet, die in Luxemburg installiert wurde, sorgte fortan dafür, dass der Wiederaufbau und die Modernisierung der europäischen Schwerindustrie weder zu einer neuen deutschen Hegemonie führten noch zu Lasten der beteiligten Arbeitnehmer gingen.

Überzeugte Anhänger der Europa-Idee versuchten den Vertrag über die Europäische Verteidigungsgemeinschaft dadurch zu retten, dass sie ihn durch eine Europäische Politische Gemeinschaft (EPG) ergänzten. Für den italienischen Ministerpräsidenten Alcide de Gasperi war die Einrichtung einer supranationalen Autorität, die über Außenpolitik und Verteidigung bestimmte, die politisch notwendige Voraussetzung für die Schaffung einer europäischen Armee, und auch in Frankreich fand der Gedanke viel Anklang, auf diese Weise die Gefahr eines deutschen Alleingangs auf Dauer zu bannen. Im September 1952 wurde die Parlamentarische Versammlung der EGKS damit beauftragt, einen Vertragsentwurf über die Schaffung der Politischen Gemeinschaft auszuarbeiten. Das Projekt blieb jedoch in den Verhandlungen einer Regierungskommission stecken: Die Niederlande wollten sich an einer Politischen Gemeinschaft nur unter der Voraussetzung beteiligen, dass gleichzeitig ein Gemeinsamer Markt der Sechs geschaffen wurde. Dazu aber waren die Franzosen nicht bereit, weil sie ihre Wirtschaft noch nicht für hinreichend wettbewerbsfähig hielten.

Mit der Ablehnung der EVG durch die französische Nationalversammlung am 30. August 1954 war auch der unterdessen ausgearbeitete Entwurf eines EPG-Vertrags hinfällig. Auf der Suche nach Alternativen, die die Fortentwicklung des europäischen Projekts über die Montanunion hinaus sicherstellten, propagierte Jean Monnet zunächst die Schaffung einer europäischen Atombehörde. Sie schien notwendig zu sein, wenn Frankreich und die übrigen Europäer bei der dritten industriellen Revolution mithalten wollten, und sie schien auch leichter durchsetzbar zu sein als eine Wirtschaftsgemeinschaft oder eine Verteidigungsgemeinschaft. Nationale Atomindustrien hatten sich noch nicht entwickelt; folglich gab es hier auch keine etablierten Lobbys, die gegen die Schaffung einer weiteren supranationalen Autorität Front machen konnten. Der niederländische Außenminister Wim Beyen brachte dagegen aber gleich wieder das Projekt des Gemeinsamen Marktes in Stellung, das ihm insbesondere im Hinblick auf den Export in die Bundesrepublik wichtig war. Die Beschränkung der Integration auf einzelne Wirtschaftsbereiche wie Kohle und Stahl oder die Atomindustrie hielt er für wirtschaftlich kontraproduktiv.

Ein tatsächlicher Fortschritt in der Einigung der Sechs konnte erst dadurch erzielt werden, dass man sich auf beides verständigte: die Schaffung einer Atomgemeinschaft *und* einer Wirtschaftsgemeinschaft. Der Kompromiss bahnte sich an, als die Außenminister der Sechs auf einer Konferenz in Messina Anfang Juni 1955 beschlossen, ein Expertenkomitee beide Vorschläge studieren zu lassen. Dessen Vorsitzender Paul-Henri Spaak zeigte großes Verhandlungsgeschick bei der Entwicklung eines tragfähigen Konzepts, und dann sorgten Adenauer und sein französischer Kollege Mollet dafür, dass es über mehrere Verhandlungskrisen hinweg gerettet werden konnte. Beide mussten sich dabei gegen innenpolitische Widerstände durchsetzen: Mollet gegen eine parlamentarische Mehrheit, die insbesondere der Wirtschaftsgemeinschaft skeptisch gegenüberstand; Adenauer gegen Teile der Wirtschaft und der eigenen Regierung. Sein Wirtschaftsminister Ludwig Erhard hielt eine Zollunion, die nur sechs Staaten umfasste, für «volkswirtschaftlichen Unsinn».[31]

Für den Durchbruch in den Verhandlungen waren also die politischen Interessen an stärkerer Integration wichtiger als genuin wirtschaftliche Interessen. Das Ergebnis waren die Römischen Verträge vom 25. März 1957. Sie beinhalteten zum einen die Schaffung einer Europäischen Wirtschaftsgemeinschaft (EWG), allerdings in drei Etappen von insgesamt zwölf, maximal sogar fünfzehn Jahren, und zum anderen die Gründung einer Europäischen Atomgemeinschaft (Euratom), die allerdings weder Unternehmerfunktionen noch Kontrollfunktionen im militärischen Bereich übernahm. Es waren Rahmenverträge, die jeweils einen Kern der Gemeinschaftsbildung festschrieben – die Schaffung einer Zollunion und eines gemeinsamen Landwirtschaftssystems bzw. das Eigentum an spaltbarem Material –, die Übertragung weiter Politikbereiche auf die Gemeinschaftsebene aber von einstimmigen Voten der beteiligten Regierungen abhängig machten. An ihrer Ratifikation wirkte im Hintergrund das Aktionskomitee für die Vereinigten Staaten von Europa mit, in dem Monnet nach dem Ende seiner Amtszeit als Präsident der Hohen Behörde – also des EGKS-Exekutivorgans – wichtige Politiker aus allen beteiligten Ländern versammelt hatte. Zum 1. Januar 1958 traten beide Verträge in Kraft. Eine unabhängige Kommission aus neun Mitgliedern, die die Geschäfte der Wirtschaftsgemeinschaft führen sollte, nahm ihre Tätigkeit zunächst provisorisch in Brüssel auf.

Die Verständigung Frankreichs und der Bundesrepublik auf den Kompromiss der Römischen Verträge erlaubte es auch, ein Problem aus der Welt zu schaffen, das sich aus der Reaktion der Saarländer auf die Pariser Verträge ergab: Anders als die Regierungen in Paris und Bonn erwartet hatten, lehnten die saarländischen Wähler das Statut zur Europäisierung des Saarlandes in einem Referendum am 23. Oktober 1955 mit großer Mehrheit ab. Nach Lage der Dinge war jetzt nur noch ein Beitritt des Saarlandes zur Bundesrepublik möglich. Damit drohte Frankreich aber der Zugang zur Saarkohle verloren zu gehen, mit dem Regierungen und Öffentlichkeit seit Kriegsende fest gerechnet hatten. Im Kontext der Verhandlungen über die Wirtschaftsgemeinschaft sagte Adenauer einen weiteren Kohleabbau von französischem Territorium aus zu, sowie eine Beteiligung an der Finanzierung der Kanalisierung der Mosel, die für den Absatz französischer Erze und französischer Stahlprodukte wichtig war. Daraufhin konnte der politische Beitritt des Saarlandes zur Bundesrepublik zum 1. Januar 1957 vollzogen werden. Der Übergang vom französischen zum deutschen Wirtschafts- und Währungsgebiet erfolgte nach einer Übergangszeit am 6. Juli 1959.

Großbritannien beteiligte sich weder an der EWG noch an Euratom. Stattdessen strebte es eine Freihandelszone aller Länder an, die der Organisation des Marshall-Plans (OEEC) angehörten. Indem sie die Industriezölle zwischen den beteiligten Ländern schrittweise beseitigte, die unterschiedlichen Zollbarrieren gegenüber Drittstaaten aber unangetastet ließ, sollte sie verhindern, dass die britische Wirtschaft vom Zugang zum integrierten Markt der Sechs ausgeschlossen blieb. Verhandlungen über die Bildung einer solchen Freihandelszone scheiterten jedoch Ende 1958 an der französischen Forderung nach Schutzbestimmungen zum Erhalt des Gemeinsamen Marktes. Die britische Regierung versammelte daraufhin weitere OEEC-Länder, die aus unterschiedlichen Gründen ebenfalls der EWG fern geblieben waren, in einer «kleinen» Freihandelszone – der Europäischen Freihandelsassoziation (EFTA), die am 3. Mai 1960 in Kraft trat. Ihr gehörten neben Großbritannien Dänemark, Schweden, Norwegen, Österreich, die Schweiz und Portugal an. 1961 kam Finnland als assoziiertes Mitglied hinzu.

De Gaulle und das politische Europa

Mit dem Regierungsantritt de Gaulles im Mai 1958 verschob sich das Gewicht zwischen Atomgemeinschaft und Wirtschaftsgemeinschaft. Für den Präsidenten der V. Republik war die Wahrung absoluter Unabhängigkeit von der amerikanischen Atomindustrie wichtiger als der Synergieeffekt eines gemeinsamen Atomprogramms. Damit fiel nun ausgerechnet dasjenige Mitgliedsland als Motor der Atomgemeinschaft aus, das sich am stärksten für ihr Zustandekommen eingesetzt hatte. Folglich gelang es weder, einen Gemeinsamen Markt für Atomreaktoren zu schaffen noch auch nur die atomaren Forschungsprogramme zu integrieren. Demgegenüber konnte die Wirtschaftsgemeinschaft sogar rascher verwirklicht werden, als ursprünglich vereinbart worden war. De Gaulle trieb die Modernisierung Frankreichs zügig voran und wusste dazu die Instrumente des Gemeinsamen Marktes zu nutzen. Dabei kam ihm die günstige konjunkturelle Entwicklung im westlichen Europa zugute, und die schrittweise Reduzierung der nationalen Wirtschaftsgrenzen förderte diese Konjunktur noch zusätzlich. So gingen die Verhandlungen über den Aufbau der Wirtschaftsgemeinschaft zwar nicht ohne Krisen vonstatten, im Ergebnis konnte die Zollunion der Sechs aber zum 1. Juli 1968 vollendet werden, achtzehn Monate vor dem vertraglich vorgesehenen Termin.

De Gaulle warb darüber hinaus für eine Politische Union der Sechs. Sie sollte in erster Linie dazu dienen, Europa doch noch eine eigene Kompetenz in der Verteidigung zu verschaffen und die außenpolitische Abhängigkeit von den USA zu überwinden. Seit sowjetische Langstreckenbomber mit Atomwaffen amerikanisches Territorium erreichen konnten – das war Ende der 50er Jahre der Fall –, hielt er die amerikanische Garantie, im Verteidigungsfall Atomwaffen gegen die Sowjetunion einzusetzen, nicht mehr für glaubwürdig. Folglich sollte Europa zur Atommacht werden. De Gaulle war bereit, die französische Atomwaffe für europäische Zwecke einzusetzen; langfristig konnte er sich auch vorstellen, dass die übrigen Europäer ebenfalls über Atomwaffen verfügen würden, vielleicht sogar über ein gemeinsames Kommando. Nachdem im Februar 1960 die erste französische Atombombe mit Erfolg gezündet worden war, schlug er den EWG-Partnern am 5. September 1960 vor, einen ständigen Rat der europäischen Regierungschefs zu bilden, der über eine gemeinsame Außen- und Verteidigungspolitik entscheiden sollte.

De Gaulles Vorschlag stieß bei Adenauer auf starkes Interesse. Der deutsche Bundeskanzler suchte ebenfalls nach einer Rückversicherung für den Fall, dass die amerikanische Garantie nicht mehr wirkte, und er wollte auch einer Verständigung Frankreichs mit der Sowjetunion auf Kosten der Bundesrepublik zuvorkommen. Dagegen konnten die Regierungen Belgiens und der Niederlande dem Projekt nur wenig abgewinnen: Sie fürchteten anstelle des amerikanischen Schutzes eine deutsch-französische Hegemonie und wollten, um sie zu verhindern, Großbritannien in den Gemeinsamen Markt bringen. Außerdem tendierte de Gaulle dazu, die bestehenden europäischen Institutionen dem neuen Ministerrat unterzuordnen, der vorläufig nur einstimmig entscheiden sollte. Damit drohte ein Rückschritt an tatsächlicher supranationaler Organisation, der für viele nicht akzeptabel war.

Die Verhandlungen über das Projekt der Politischen Union gestalteten sich entsprechend schwierig. Ein französischer Entwurf vom 19. Oktober 1961, präsen-

Konrad Adenauer und Charles de Gaulle bei einer französisch-deutschen Militärparade in Reims, 8. Juli 1962. Mit der Einladung des deutschen Bundeskanzlers zu einem offiziellen Staatsbesuch in Frankreich beförderte der französische Staatspräsident die Idee eines Zweierbunds zwischen Frankreich und der Bundesrepublik Deutschland. Adenauer gab nach und unterzeichnete am 22. Januar 1963 den Vertrag über die deutsch-französische Freundschaft und Zusammenarbeit (Elysée-Vertrag).

tiert von de Gaulles Mitarbeiter Christian Fouchet (daher Fouchet-Plan genannt), sah vor, dass der Vertrag über die Europäische Union nach drei Jahren mit dem Ziel einer Vereinheitlichung der Außen- und Sicherheitspolitik und einer Zentralisierung der bestehenden Gemeinschaften revidiert werden sollte. Die Niederlande, Belgien und auch Italien beharrten demgegenüber darauf, dass nach drei Jahren die Rechte des Europäischen Parlaments gestärkt und Mehrheitsabstimmungen im Ministerrat eingeführt werden müssten. Als de Gaulle eine solche Verpflichtung zur Stärkung der Gemeinschaftsorgane ablehnte, brachen sie die Verhandlungen im April 1962 ab. Danach versuchte de Gaulle, das Projekt über eine Zweier-Union aus Frankreich und der Bundesrepublik zustande zu bringen. Adenauer zögerte zunächst, willigte dann aber bei einem Besuch in Paris im Januar 1963 überraschend in die Unterzeichnung eines deutsch-französischen Vertrags über Freundschaft und Zusammenarbeit ein. Er verpflichtete die beiden Partner, in der Außen- und Verteidigungspolitik zusammenzuarbeiten. Dazu sollten mindestens zweimal pro Jahr Gipfeltreffen stattfinden, die Außenminister und Verteidigungsminister sollten sich alle drei Monate treffen und nachgeordnete Beamte noch häufiger. Außerdem wurde ein deutsch-französisches Jugendwerk geschaffen, das die Verständigung zwischen den beiden Völkern auf eine dauerhafte Grundlage stellen sollte. Die beiden Regierungen verpflichteten sich, «sich vor jeder Entscheidung in allen wichtigen Fragen der Außenpolitik [zu] konsultieren» und auf dem Gebiet der Verteidigung «ihre Auffassungen einander anzunähern, um zu gemeinsamen Konzeptionen zu gelangen».[32]

Das ging allerdings den meisten deutschen Politikern, in der Regierung wie in der Opposition, zu weit. Von Jean Monnet zum Widerstand aufgerufen, der eine Abkehr Europas von den USA und eine Schwächung der europäischen Institutionen befürchtete, ergänzten sie den Vertrag bei der Ratifizierung im Bundestag mit einer Präambel, die seiner Verwirklichung de facto einen Riegel vorschob. Die Abgeordneten bekundeten darin ihren Willen, an den engen Bindungen an die USA festzuhalten und sich um eine baldige Aufnahme Großbritanniens in die Gemeinschaft zu bemühen. De Gaulle empfand das zu Recht als Ohrfeige. Im Juli 1964 unternahm er noch einen vergeblichen Versuch, Adenauers Nachfolger Ludwig Erhard zur Verwirklichung der gemeinsamen Außen- und Sicherheitspolitik zu bewegen; danach betrachtete er deutsche und italienische Initiativen zur Wiederaufnahme der Verhandlungen über die Politische Union nur noch mit Skepsis.

In Ermangelung aussichtsreicher Perspektiven auf ein unabhängiges Europa konzentrierte sich de Gaulle in den folgenden Jahren darauf, sein Verständnis von Unabhängigkeit vom amerikanischen Verbündeten exemplarisch vorzuexerzieren. Als die Kommission der EWG mit Walter Hallstein an der Spitze im Frühjahr 1965 versuchte, das französische Interesse an einer gemeinschaftlichen Finanzierung der europäischen Agrarmarktordnung dazu zu nutzen, die Rechte des Europäischen Parlaments und damit auch der Kommission zu stärken, reagierte der französische Präsident mit einer «Politik des leeren Stuhls»: Am 30. Juni 1965 brach sein Außenminister die Verhandlungen über die Finanzierung des Agrarmarkts bis zum Ende der Übergangszeit ab. Danach boykottierte er die Sitzungen des EWG-Ministerrats und des Ministerausschusses. Als Preis für eine Rückkehr verlangte er die Sanktionierung der Kommission und einen Verzicht auf den Übergang zu Mehrheitsabstimmungen im Ministerrat, der für den 1. Januar 1966 vorgesehen war.

Damit hatte er freilich den Bogen überspannt. Die EWG-Partner wussten sehr genau, dass Frankreich die Wirtschaftsgemeinschaft unterdessen ebenso sehr brauchte wie sie selbst. Entsprechend wurde wohl die Stärkung des Europäischen Parlaments vertagt, die definitive Finanzierung des Agrarmarkts aber auch. Ende Januar 1966 gab de Gaulle seinen Boykott auf, ohne dass die Partner der französischen Erklärung zustimmten, dass im Falle vitaler nationaler Interessen weiterhin Einstimmigkeit im Ministerrat erforderlich sein sollte. Lediglich im Hinblick auf die Rolle der Kommission konnte de Gaulle nach über einem Jahr weiteren zähen Ringens einen Prestigeerfolg erzielen: Um die Fusion der Exekutiven der

drei Gemeinschaften und damit die Entwicklung einer gemeinsamen Energiepolitik nicht noch länger hinauszuzögern, willigte Bundeskanzler Kurt Georg
Kiesinger Ende April 1967 ein, die Amtszeit Hallsteins als Präsident der gemeinsamen Kommission von EGKS, EWG und Euratom auf ein halbes Jahr zu beschränken und gleich auch schon einen Nachfolger zu bestimmen. Dazu war
Hallstein jedoch nicht bereit, und so trat mit der Fusion der drei Exekutiven am
1. Juli 1967 der Belgier Jean Rey seine Nachfolge an.

Am 7. März 1966 kündigte de Gaulle den Austritt Frankreichs aus der militärischen Organisation der NATO an, ohne dass zuvor die von ihm angestrebte
europäische Alternative zur transatlantischen Integration nähergerückt wäre.
Frankreich blieb zwar Mitglied des Atlantischen Bündnisses, es zog seine Truppen aber aus dem Kommandobereich der NATO zurück und forderte die Verbündeten auf, Stützpunkte auf französischem Territorium zu räumen. Diese kamen
der Aufforderung nach, und das Hauptquartier der NATO wurde von Paris nach
Brüssel verlegt. Damit konnte de Gaulle zwar die Unabhängigkeit der französischen Atomstreitmacht sichern, die politische Gemeinschaft der Sechs rückte
aber nur noch weiter in die Ferne: Die europäischen Partner fühlten sich durch
sein einseitiges Vorgehen erneut brüskiert und suchten folglich wieder verstärkt
die Verständigung mit den USA. Ende 1967 verabschiedeten die verbliebenen
NATO-Partner offiziell die gemeinsame Strategie der «flexible response».

Der britische Beitritt   Die Auseinandersetzungen um die künf-
                                    tige Entwicklung der Europäischen Ge-
                                    meinschaften waren umso brisanter, als
sich die Regierung von Harold Macmillan schon im Sommer 1961 daran machte,
die britische Entscheidung gegen eine Beteiligung an der europäischen Einigung
zu korrigieren. Der Handel mit den Ländern der dynamischen Sechsergemein-
schaft wurde für die britische Wirtschaft zusehends wichtiger als die alten Verbindungen mit dem Commonwealth; zugleich drohte ein politisches Übergewicht
Frankreichs oder gar Deutschlands in Europa. Folglich stellte die britische Regierung am 9. August 1961 einen Antrag auf Beitritt zur EWG. Die Regierungen
Irlands und Dänemarks schlossen sich dem Antrag sogleich an, Irland aufgrund
der engen wirtschaftlichen Verflechtung mit Großbritannien, Dänemark wegen
des starken Interesses an freiem Zugang zum deutschen Markt. Im April 1962
folgte auch noch ein Beitrittsantrag Norwegens, das im Falle eines Erfolgs der
vorherigen Anträge in die wirtschaftliche Isolation zu geraten drohte.

Die Beitrittsanträge stießen im Europa der Sechs vielfach auf ein positives
Echo. Großbritannien und die anderen Aspiranten waren sowohl im Hinblick
auf die wirtschaftliche Entwicklung als auch auf die politische Stärke der Ge-

meinschaft willkommen, und in den kleineren Mitgliedsländern galt ihr Beitritt auch als Rückversicherung gegen eine französische oder deutsche Hegemonie. De Gaulle und andere Anwälte eines politisch profilierten Europas fürchteten allerdings, eine Erweiterung vor der Vollendung könne zu einem Scheitern des Einigungsprogramms führen. Insbesondere das Ziel eines unabhängigen Europa schien de Gaulle angesichts der atlantischen Orientierung der britischen Politik gefährdet.

Unter diesen Umständen sollte es sich als kontraproduktiv erweisen, dass Macmillan mit Rücksicht auf das konservative Establishment auf Sonderregelungen im Hinblick auf die britischen Commonwealth-Bindungen bestand und in der Frage einer europäischen Atomstreitmacht nicht zu einer eindeutigen Position fand. Die Verhandlungen über den britischen Beitritt gerieten im August 1962 ins Stocken. Nachdem über mehrere Monate hinweg kein Fortschritt mehr erzielt worden war, konnte de Gaulle am 14. Januar 1963 die Verhandlungen in einer Pressekonferenz einseitig aufkündigen. Sein Veto löste zwar heftige Erbitterung bei den kontinentalen Befürwortern eines britischen Beitritts aus, war aber letztlich nicht mehr zu umgehen. Auch die anderen Beitrittsgesuche waren damit hinfällig geworden.

Vier Jahre später stand die Beitrittsfrage aber wieder auf der Tagesordnung. Macmillans Nachfolger Harold Wilson stellte am 11. Mai 1967 erneut einen Beitrittsantrag; die Regierungen Irlands, Dänemarks und Norwegens schlossen sich erneut mit eigenen Anträgen an. Angesichts des anhaltenden Niedergangs der britischen Wirtschaft war der Beitritt für den Labour-Premier Wilson noch dringlicher als für seinen konservativen Vorgänger. Entsprechend nachdrücklich erklärte er sich von vornherein zum Verzicht auf Sonderregelungen bereit und bekannte sich zu dem Ziel eines politischen Europa. Das brachte ihm die einhellige Unterstützung nicht nur der kleineren Mitgliedsstaaten, sondern auch Italiens und der Bundesrepublik ein. Auch die Kommission setzte sich, anders als 1961, engagiert für die Beitrittsanträge ein. De Gaulle konnte die Aufnahme der Verhandlungen mit einer erneuten einseitigen Erklärung am 27. November 1967 zwar noch hinauszögern, aber letztlich nicht mehr verhindern.

Solange de Gaulle an seinem Widerstand gegen die Aufnahme von Beitrittsverhandlungen festhielt, blockierten die Regierungen der Benelux-Staaten und Italiens nämlich alle Initiativen zur Stärkung der Europäischen Gemeinschaften, die auch in Frankreichs Interesse lagen: nicht nur einen neuen Anlauf zur Politischen Union, der diesmal von der Bundesregierung ausging, sondern auch die Entwicklung einer gemeinsamen Energiepolitik und einer Technologiepolitik, mit der man den Rückstand gegenüber der amerikanischen Konkurrenz aufholen wollte, und die Pläne für eine Währungsunion, die angesichts der wirtschaftlichen Stärke der Bundesrepublik immer dringlicher wurden. Als die Partner begannen, sich auf eine politische Zusammenarbeit mit Großbritannien auch ohne französische

Beteiligung einzulassen, lenkte de Gaulle schließlich ein: Am 4. Februar 1969 erklärte er sich gegenüber dem britischen Botschafter Christopher Soames zu Gesprächen über eine Neugründung der Gemeinschaften bereit.

Da Wilson den Beitritt zu den bestehenden Gemeinschaften einer diffusen Neugründung vorzog, führte diese Initiative zunächst nur zu einer kräftigen Verstimmung in den französisch-britischen Beziehungen. Unter de Gaulles Nachfolger Georges Pompidou gab Frankreich dann aber auf der Haager Gipfelkonferenz im Dezember 1969 endgültig grünes Licht für die Aufnahme der Beitrittsverhandlungen mit Großbritannien. Sie begannen im Juli 1970, fünf Wochen nachdem der konservative Edward Heath Wilson als Regierungschef abgelöst hatte. Heath konnte Pompidou Zugeständnisse im Hinblick auf den Import neuseeländischer Molkereiprodukte und karibischen Zuckers entlocken, die für die dortigen Produzenten existenziell waren, musste aber akzeptieren, dass Großbritannien nach den Regeln der Wirtschaftsgemeinschaft überproportional zu ihrer Finanzierung beizutragen hatte. Die Verhandlungen wurden im Juni 1971 abgeschlossen, der Beitrittsvertrag zusammen mit den Verträgen mit den drei anderen Kandidaten am 22. Januar 1972 in Brüssel unterzeichnet.

Weil die Beitritte unvermeidlicherweise wirtschaftliche Partikularinteressen tangierten, erhob sich in allen beteiligten Ländern Widerstand gegen einen Beitritt zu den ausgehandelten Bedingungen. Wilson ließ sich angesichts der heftigen Opposition dazu verleiten, Nachverhandlungen zu verlangen. Am 13. Juli 1972 ratifizierte das britische Unterhaus den Beitritt dennoch, wenn auch nur mit knapper Mehrheit. Das irische Parlament stimmte mit großer Mehrheit zu. Dagegen musste in Dänemark eine Volksabstimmung abgehalten werden, die dann eine Zustimmung von 63 Prozent ergab. In Norwegen endete die Volksabstimmung mit einer Ablehnung von 54 Prozent. Als die Verträge über die erste Erweiterung der Europäischen Gemeinschaften am 1. Januar 1973 in Kraft traten, war Norwegen darum nicht mehr dabei.

Die Vertiefung der Gemeinschaften

Mit dem französischen Einlenken in der Beitrittsfrage war auch der Weg zur Entwicklung der Gemeinschaftsprojekte frei, gegen die sich die Beitrittsbefürworter bislang aus taktischen Gründen gesperrt hatten. Auf dem Haager Gipfel beschlossen die Staats- und Regierungschefs die definitive Finanzierung des Gemeinsamen Agrarmarkts aus Eigeneinnahmen der Gemeinschaft, verbunden mit einer Stärkung der Haushaltsbefugnisse des Europäischen Parlaments. Weiter vereinbarten sie, im kommenden Jahr in enger Zusammenarbeit mit der Kommission einen Stufenplan zur Schaffung der Wirtschafts- und Währungsunion aus-

zuarbeiten. Schließlich beauftragten sie die Außenminister, einen Vorschlag über
«Fortschritte auf dem Gebiet der politischen Einigung» auszuarbeiten.[33]

Aufgrund französischer Vorbehalte ging die Institutionalisierung der außen-
und verteidigungspolitischen Zusammenarbeit nicht so weit, wie sie etwa Bundeskanzler Willy Brandt für notwendig hielt. Gemäß dem Bericht einer Expertenkommission unter dem Vorsitz des belgischen Diplomaten Étienne Davignon wurde
im Oktober 1970 die Europäische Politische Zusammenarbeit (EPZ) etabliert, eine
Vereinbarung über regelmäßige Konsultationen der Außenminister der Gemeinschaften, die versuchen sollten, in den großen Fragen der internationalen Politik
einen gemeinsamen Standpunkt zu finden. Die administrative Basis der Außen-
ministertreffen blieb auf einen Ausschuss der Politischen Direktoren der beteiligten
Ministerien beschränkt. Dennoch gelang es den Regierungen der Gemeinschaften
alsbald, eine gemeinsame Nahostpolitik und eine gemeinsame Südafrikapolitik zu
entwickeln. Bei der Vorbereitung und Durchführung der Konferenz über Sicherheit
und Zusammenarbeit in Europa (KSZE) in den Jahren 1973 bis 1975 sprachen sie
mit einer Stimme und konnten dadurch ihre Forderungen auch weitgehend durchsetzen. Die Schlussakte der KSZE wurde von Aldo Moro als amtierendem Rats-
vorsitzenden auch im Namen der Europäischen Gemeinschaften unterzeichnet.

Hinsichtlich der Währungsunion sah der Plan einer Expertenkommission unter
dem Vorsitz des luxemburgischen Ministerpräsidenten Pierre Werner, der ebenfalls im Oktober 1970 vorgelegt wurde, ein Maßnahmenpaket zur Zusammenführung der Wirtschafts-, Haushalts- und Geldpolitik der nationalen Regierungen
vor, verbunden mit einem schrittweisen Aufbau von Gemeinschaftsinstitutionen.
Innerhalb eines Jahrzehnts sollte auf diese Weise eine gemeinsame Währung eingeführt werden. Der Plan wurde im März 1971 von den Regierungen mit einigen
Modifikationen angenommen. Seine Umsetzung wurde aber alsbald durch heftige Währungsturbulenzen erschwert, und dann sorgten französische Sorgen vor
Souveränitätsverlust und deutsche Inflationsängste dafür, dass einvernehmliche
Regelungen zum Erreichen der Etappenziele kaum zustande kamen.

Im April 1972 konnten sich die sechs EG-Staaten immerhin mit Großbritannien, Irland und den skandinavischen Staaten auf die Bildung eines Europäischen
Wechselkursverbundes verständigen, der so genannten «Währungsschlange». Sie
sah Stützungskäufe für schwache Währungen und Verkäufe von starken Währungen vor und zielte damit auf die Schaffung einer Zone hoher Währungsstabilität inmitten der weltweiten Spekulation. Aber auch dieser Zwischenschritt erwies sich als zu ehrgeizig: Großbritannien musste die «Schlange» schon vor dem
Vollzug des EG-Beitritts wieder verlassen; die Bundesrepublik stellte im März
1973 die Unterstützung schwacher Währungen ein; und nach dem Einsetzen der
Weltwirtschaftskrise infolge der Vervierfachung der Erdölpreise 1973/74 konnte
sich auch Frankreich nicht mehr in der «Schlange» halten. Eine Gemeinschaftswährung rückte damit in weite Ferne.

Angesichts der Schwierigkeiten bei der Verwirklichung der Politischen Union wie der Währungsunion engagierte sich Willy Brandt, hier wie beim Projekt der Gemeinschaftswährung dem Rat von Jean Monnet folgend, für eine Institutionalisierung der Gipfeltreffen. Zunächst konnte er Pompidou für ein weiteres Gipfeltreffen nach dem Abschluss der Erweiterungsverhandlungen gewinnen, den Pariser Gipfel vom Oktober 1972. Ein Jahr später erhielt er sein Einverständnis für regelmäßige Zusammenkünfte der Staats- und Regierungschefs. Sie sollten dreimal im Jahr zusammenkommen, um Hindernisse auf dem Weg zur Europäischen Union zu beseitigen. Da die Regierungen der kleineren Mitgliedsstaaten befürchteten, ein solcher Europäischer Rat könne zur Entmachtung der Kommission und damit zu einem Verlust an Supranationalität führen, kam ein Beschluss zu seiner Einführung auf dem Gipfeltreffen von Kopenhagen im Dezember 1973 aber noch nicht zustande. Erst auf dem zweiten Pariser Gipfeltreffen im Dezember 1974 wurde die Einrichtung des Europäischen Rates beschlossen. Den Bedenken hinsichtlich der Rolle der Kommission wurde dahingehend Rechnung getragen, dass der Kommissionspräsident zu den Beratungen der Staats- und Regierungschefs hinzugezogen wurde. Gleichzeitig wurde beschlossen, Voraussetzungen dafür zu schaffen, dass ab 1978 Direktwahlen zum Europäischen Parlament stattfinden konnten.

Nach der Konstituierung des Europäischen Rates beschloss Jean Monnet, sein Aktionskomitee aufzulösen. Es schien ihm jetzt, da Krisenmanagement und Fortentwicklung der Europäischen Gemeinschaften in der Hand der Staats- und Regierungschefs lagen, nicht mehr notwendig zu sein. «Unser Komitee», schrieb er, «das dazu beigetragen hatte, diesen Mechanismus des Handelns zu schaffen und zu beleben, schien mir nun weniger unerlässlich und weniger in der Lage, eine Arbeit zu erledigen, die nach all den Verträgen ausdrücklich den Organen der Gemeinschaft, den Regierungen und neuen Institutionen anvertraut worden war.»[34] In der Tat hatte die europäische Einigung nach vielen Auseinandersetzungen und Kompromissen in Zuschnitt und Arbeitsweise eine Gestalt angenommen, die von längerer Dauer sein sollte.

Die Berlin-Krise

Die Pläne zu konventioneller Aufrüstung ließen sich aus finanziellen Gründen nicht in dem Umfang verwirklichen, wie sie von den Westmächten wie von den Ostblockstaaten zu Beginn der 1950er Jahre beschlossen worden waren. Die amerikanische wie die sowjetische Führung setzten darum mehr und mehr auf atomare Abschreckung: Die Androhung des Einsatzes von Atombomben sollte Defizite an konventioneller Rüstung kompensieren beziehungsweise eine Reduzierung des kostspieligeren konventionellen Arsenals erlauben. Der Übergang zum atomaren Abschreckungssystem rief allerdings auch die Sorge vor atomarer Vernichtung auf den Plan. Folglich sahen sich die Führungen der beiden atomaren Supermächte auf einen ständigen Dialog angewiesen. Bedingt durch ideologische Fehlwahrnehmungen und den Mangel an Erfahrung mit dem atomaren Patt kam er nur mühsam voran, sodass neue Spannungen im Ost-West-Verhältnis nicht ausblieben.

Der Ausbau des amerikanischen Atomwaffen-Arsenals kam schon unter Eisenhower zügig voran. 1955 verfügten die USA über 1309 Langstreckenbomber, die sowjetisches Territorium erreichen konnten, 698 «taktische» Atomwaffen für den Einsatz in Europa und insgesamt 3008 atomare Sprengköpfe. Mit der Doktrin der «massiven Vergeltung» wurde jeder eventuelle konventionelle Angriff der Sowjetunion mit einem umfassenden atomaren Gegenschlag auf sowjetisches Territorium bedroht. Als Ausgleich für die 1956 angekündigte Ausdünnung der amerikanischen Truppenverbände in Europa strebten die europäischen Verbündeten die Ausstattung ihrer Truppen mit miniaturisierten, für den Gefechtseinsatz tauglichen Atomwaffen an. Dem stimmte die amerikanische Führung im Frühjahr 1957 grundsätzlich zu, wenn auch mit der Einschränkung, dass die nuklearen Sprengköpfe in amerikanischer Verwahrung bleiben sollten. Die Verbündeten sollten lediglich mit amerikanischen Trägerwaffensystemen ausgestattet werden.

Dagegen machte nun die Sowjetunion Front. Chruschtschow betrieb zwar ebenfalls eine Umschichtung von der konventionellen zur atomaren Rüstung: Der Personalstand der Roten Armee sank von den 5,7 Millionen Mann, auf die Stalin sie in seinen letzten Lebensjahren hochgerüstet hatte, im Jahr 1955 auf etwa 3,6 Millionen im Jahr 1959, während gleichzeitig ein Arsenal von Mittelstreckenraketen aufgebaut wurde, die Ziele in Europa erreichen konnten. Der Aufbau des sowjetischen Mittelstreckenarsenals kam jedoch nur langsam voran, und noch schwieriger gestaltete sich der Bau von Langstreckenbombern und Interkontinentalraketen, die amerikanisches Territorium erreichen konnten. Den Ausbau des taktischen Arsenals der NATO-Streitmacht in Europa konnte man daher in Moskau nur als einen neuen Rüstungsschub wahrnehmen, mit dem man kaum mithalten konnte und der umso riskanter war, als er den Westmächten und der Bundesrepublik neue Optionen eröffnete. Entsprechend unterstützte Chruschtschow den Vorschlag des polnischen Außenministers Adam Rapacki, eine atomwaffenfreie Zone aus den beiden deutschen Staaten und Polen zu bilden.

Da Rapackis Vorschlag auch im Westen viel Anklang fand, gelang es Chruschtschow im März 1958, die Westmächte zur Zustimmung zur Einberufung einer neuen Gipfelkonferenz zu bewegen, auf der über die Schaffung einer Zone kontrollierter Rüstungsbegrenzung in der Mitte Europas verhandelt werden sollte. Allerdings verhob er sich bei dem Versuch, die westliche Öffentlichkeit dafür zu mobilisieren, auch die Frage eines Friedensvertrags mit beiden deutschen Staaten auf die Tagesordnung der Konferenz zu bringen. Die westlichen

Regierungen konnten das als mangelnden Willen zu tatsächlicher Abrüstung darstellen und damit den Zusammentritt der Konferenz hinauszögern. Stattdessen gewann Adenauer Ende März eine Mehrheit des Bundestages für die Ausrüstung der Bundeswehr mit Atomwaffen, und am 8. April unterzeichneten die Verteidigungsminister der Bundesrepublik, Frankreichs und Italiens ein Abkommen über die gemeinsame Produktion von Atomwaffen.

Das Scheitern des Rapacki-Plans war für Chruschtschow umso unerquicklicher, als er zur gleichen Zeit von Ulbricht bedrängt wurde, etwas gegen die Präsenz der Westmächte in West-Berlin zu unternehmen, die seine Bemühungen um einen wirtschaftlichen Sieg im Kampf der Systeme konterkarierten. Monat für Monat nutzten 10 000 und mehr DDR-Bürger die Sektorengrenze in Berlin als Schlupfloch zur Flucht in den Westen. Gerade die gut ausgebildeten, jungen Fachkräfte verließen das Land; das bedrohte auf die Dauer nicht nur die Konkurrenzfähigkeit, sondern auch die Lebensfähigkeit des deutschen «Arbeiter- und Bauernstaates». Chruschtschow reagierte auf diese Entwicklungen mit dem Berlin-Ultimatum vom 27. November 1958: In einer Note an die drei Westmächte und die beiden deutschen Regierungen verlangte er die Umwandlung West-Berlins in eine «freie Stadt» ohne westliche Truppen und eine Verständigung mit der DDR über den Zugang zu dieser Stadt. Für den Fall, dass entsprechende Regelungen nicht innerhalb von sechs Monaten vereinbart würden, kündigte er einen separaten Friedensvertrag mit der DDR an.

Mit der Androhung eines separaten Friedensvertrages mit der DDR wollte er in erster Linie die Westmächte dazu zwingen, die DDR anzuerkennen. Das, so hoffte er, würde den «Arbeiter- und Bauernstaat» attraktiver erscheinen lassen und den Flüchtlingsstrom stoppen. Darüber hinaus sollte ein Friedensvertrag die beiden deutschen Staaten aus ihren Militärbündnissen lösen. Auf diese Weise ließ sich die atomwaffenfreie Zone in Mitteleuropa doch noch erreichen, und der Sozialismus konnte unbehindert von den Zwängen militärischer Konfrontation zeigen, dass er das bessere Gesellschaftsmodell zu bieten hatte.

Tatsächlich bewegten sich die Westmächte unter dem Druck des Ultimatums auf eine Anerkennung der DDR zu. Die Anwälte eines Disengagements der Weltmächte in Deutschland gerieten unter dem Eindruck der brutalen sowjetischen Drohung jedoch nur noch weiter in die Defensive. So kam eine Außenministerkonferenz in Genf, auf der die vier Siegermächte vom 11. Mai 1959 an über die deutsche Frage und den Status von Berlin verhandelten, alsbald ins Stocken. Eine Gipfelkonferenz, auf die sich Chruschtschow bei einem Staatsbesuch in den USA Ende September 1959 mit Eisenhower einigte, endete bevor sie begonnen hatte: Weil unterdessen klar war, dass es in der deutschen Frage keinerlei Zugeständnisse des Westens geben würde, nahm Chruschtschow die Aufdeckung von amerikanischen Spionageflügen über sowjetischem Territorium zum Anlass, vor Eröffnung der Verhandlungen am 16. Mai 1960 in Paris von Eisenhower eine

Entschuldigung zu verlangen und, als er diese nicht erhielt, unter wütenden Beschimpfungen abzureisen.

Ein weiterer Anlauf zur Verständigung, diesmal mit Eisenhowers Nachfolger John F. Kennedy, scheiterte an dem Vorsatz des jungen Präsidenten, sich nicht einschüchtern zu lassen. Als sich Chruschtschow und Kennedy am 5. und 6. Juni 1961 in Wien trafen, begnügte sich der Präsident mit der Ankündigung, Berlin unter keinen Umständen «aufzugeben». Chruschtschow erneuerte daraufhin das längst verstrichene Ultimatum, und Kennedy bereitete sich und die Öffentlichkeit auf die Möglichkeit einer bewaffneten Konfrontation um die Zufahrtswege nach Berlin vor. Um gleichwohl verbliebene Möglichkeiten zur Verständigung nicht zu verschütten, präzisierte er bei der öffentlichen Ankündigung seiner Kampfbereitschaft, was für ihn unabdingbar war: der freie Zugang nach Berlin, das Recht auf militärische und sonstige Präsenz der Westmächte in Berlin, Freizügigkeit in den Westsektoren der Stadt.

Das bot Chruschtschow die Möglichkeit, eine Maßnahme zur Eindämmung des immer stärker werden Flüchtlingsstroms aus der DDR zu ergreifen, die eigentlich nicht zu dem Ziel passte, West-Berlin zu neutralisieren oder gar der DDR einzuverleiben: die Absperrung der Sektorengrenze in Berlin durch eine Mauer quer durch die Stadt. Ulbricht hatte eine solche Maßnahme wiederholt gefordert, war damit aber auf Ablehnung gestoßen, weil Chruschtschow das Kriegsrisiko zu groß erschien. Nachdem Kennedy aber die Rechte der Alliierten an Gesamt-Berlin nicht in den Katalog der «Essentials» einbezogen hatte, für die er zu kämpfen bereit war, hielt er eine provisorische Abriegelung der Sektorengrenze für vertretbar. Am 1. August 1961 erhielt Ulbricht dazu die Erlaubnis, und in der Nacht zum 13. August wurde sie durchgeführt.

Kennedy reagierte erleichtert und signalisierte Bereitschaft, über die Anerkennung der DDR zu verhandeln, wenn nur die Freiheit West-Berlins gesichert blieb. Das ermöglichte es Chruschtschow, das Ultimatum erneut aufzuweichen und auf den Abschluss eines separaten Friedensvertrags mit der DDR zum Jahresende zu verzichten, sehr zur Enttäuschung Ulbrichts. Informelle Vorgespräche über eine Regelung der mit den beiden deutschen Staaten und Berlin verbundenen Fragen führten allerdings zu keinem Ergebnis, da sich Adenauer und de Gaulle erneut gegen jede Art von Zugeständnis sperrten.

Die Kuba-Krise

In dieser Situation verleitete eine dringende Bitte Fidel Castros, ihm bei der Verteidigung Kubas gegen eine erneute amerikanische Invasion zu helfen, Chruschtschow zu einem Vabanquespiel, das die Welt an den Rand des Dritten Weltkriegs führte. Die Sowjetunion verfügte über keine Mittel mehr, um Kuba weiter aufzurüsten oder gar Truppen zur Abwehr einer Invasion zu entsenden. Das brachte Chruschtschow auf die Idee, auch hier konventionelle durch atomare Rüstung zu ersetzen. Eine Stationierung sowjetischer Mittelstreckenraketen auf Kuba sollte zudem das Risiko mindern, Opfer eines amerikanischen Überraschungsangriffs zu werden. Das Übergewicht der USA in der atomaren Rüstung war unterdessen gewaltig angestiegen: Sie verfügten jetzt über 17 mal soviel Langstreckenbomber und Interkontinentalraketen wie die Sowjetunion und waren damit in der Lage, die sowjetischen Atomwaffen mit einem Überraschungsangriff weitgehend oder sogar vollständig auszuschalten. Sowjetische Mittelstreckenraketen auf Kuba, die amerikanische Städte erreichen konnten, konnten daran nichts ändern. Aufgrund ihrer Sichtbarkeit mochten sie aber die amerikanische Führung davon abhalten, die Möglichkeit eines Präemptivschlags tatsächlich zu nutzen. Ende Mai 1962 setzte Chruschtschow im Präsidium des sowjetischen Zentralkomitees einen entsprechenden Stationierungsbeschluss durch; ab Juli wurden achtzig Raketen und vierzig Sprengköpfe auf den Weg nach Kuba gebracht.

Womit Chruschtschow nicht gerechnet hatte, war der innenpolitische Druck, unter dem Kennedy stand. Seit dem Debakel in der Schweinebucht wurde er kritisiert, zu wenig für die Befreiung Kubas zu unternehmen. Als Anfang September die ersten Gerüchte über eine Raketenstationierung auf Kuba auftauchten, erklärte er daher gleich öffentlich, er werde keine Offensivraketen auf der Insel dulden. Als die Vermutung Mitte Oktober zur Gewissheit wurde, sah er sich vor die Notwendigkeit gestellt, seiner Ankündigung auch Taten folgen zu lassen. Zunächst wollte er die Raketenstellungen mit einem Überraschungsangriff aus der Luft zerstören, noch ehe sie gefechtsbereit waren. Wegen des damit verbundenen Kriegsrisikos entschied er sich dann aber am 21. Oktober dafür, zunächst nur eine Seeblockade zu errichten, die eine weitere Zufuhr sowjetischer Raketen und Sprengköpfe unterband, und Chruschtschow öffentlich aufzufordern, die Raketen zurückzuziehen. Am 22. Oktober gab er die Stationierung der Raketen in einer Fernsehansprache bekannt und informierte Chruschtschow und die Weltöffentlichkeit über seine Reaktion.

Der Kremlchef zeigte sich zunächst unbeeindruckt, ließ dann aber in der Nacht zum 25. Oktober sowjetische Schiffe unmittelbar vor der Blockadelinie haltmachen. Im Präsidium ließ er sich ermächtigen, die Raketen wieder abzuziehen, wenn sich die USA verpflichteten, Kuba nicht zu besetzen. Eine Einigung auf dieser Grundlage scheiterte aber zunächst daran, dass Chruschtschow in einer Radiobotschaft am 27. Oktober die Forderung nachschob, dass die USA ihrerseits die Mittelstreckenraketen abbauen sollten, die sie in der Türkei stationiert hatten. Auf diese zusätzliche Bedingung für den Abzug der Raketen von Kuba wollte Kennedy nicht eingehen, weil er befürchtete, dann das Vertrauen der Verbündeten zu verlieren. Erst als seine Stabschefs einen Angriff auf Kuba innerhalb von

Ein kubanischer Flüchtling in Miami schaut sich Präsident John F. Kennedys Fernsehansprache vom 22. Oktober 1962 an. Kennedy verkündete eine Seeblockade und forderte
Nikita Chruschtschow dazu auf, die bereits auf Kuba stationierten Atomraketen wieder
abzuziehen; damit zwang er den Sowjetführer, sein provokatives Manöver abzubrechen
und wieder einen stärker kooperativen Kurs einzuschlagen, um die Gefahr eines Atomkriegs zu verringern.

48 Stunden verlangten, stimmte er in einer geheimen Botschaft an Chruschtschow zu, wenn auch nur unter der Bedingung, dass das Zugeständnis hinsichtlich der Türkei nicht publik gemacht würde. Chruschtschow akzeptierte das und
gab in einer weiteren Radiobotschaft am Morgen des 28. Oktober (Washingtoner
Zeit) nur den Abbau der Raketenstellungen auf Kuba bekannt. Damit war die
Kriegsgefahr gebannt.

Die gemeinsame Erfahrung, am Rande der atomaren Selbstvernichtung gestanden zu haben, ließ beide Führer der Weltmächte, so unterschiedlich sie
waren, in der Sorge um friedenssichernde Maßnahmen zusammenrücken. Nach
einer Phase weiteren Tauziehens im Detail, das den Scharfmachern auf beiden
Seiten geschuldet war, kam es im Frühjahr und Sommer 1963 zu einer Reihe
von Annäherungen und Vereinbarungen: Chruschtschow hörte auf, eine Umwandlung West-Berlins in eine «Freie Stadt» zu verlangen, und ließ damit die
provisorisch gemeinte Absperrung in Berlin zu einer dauerhaften Befestigung
werden. Zwischen den beiden Regierungszentralen wurden eine Telexverbin-
dung und eine direkte Funkverbindung installiert (das «rote Telefon»), die die
Gefahr eines Atomkrieges aufgrund von Missverständnissen bannen sollten.

Die Außenminister Großbritanniens, der USA und der Sowjetunion unterzeichneten ein erstes Atomtest-Abkommen, das oberirdische Atomtests verbot.

Kennedy forderte seine Landsleute im Juni 1963 auf, ihre Einstellung zur Sowjetunion und zum Kalten Krieg «noch einmal zu überdenken»;[35] Chruschtschow propagierte nach der Unterzeichnung des Atomtest-Abkommens einen «Geist von Moskau» in der Tradition des «Geistes von Genf». Im Herbst regte Kennedy ein neues Spitzentreffen mit Chruschtschow an, auf dem weitere Schritte zur Verbesserung der Beziehungen besprochen werden sollten: Zusammenarbeit in der Raumfahrt, Ausbau der Handelsbeziehungen, wechselseitige Truppenreduzierungen. Chruschtschow regte darüber hinaus Gespräche über ein Verbot von Atomwaffen im Weltraum, atomwaffenfreie Zonen und den Abschluss eines Nichtangriffspaktes zwischen NATO und Warschauer Pakt an.

Der Entspannungsdialog, der sich hier anbahnte, verzögerte sich infolge der Ermordung Kennedys im November 1963 und der Absetzung Chruschtschows im Oktober 1964. Er war aber grundsätzlich nicht mehr aufzuhalten. Beide Seiten wussten jetzt, dass Versuche, den Status quo zu verändern, sehr schnell zur atomaren Katastrophe führen konnten. Sie konzentrierten ihre Politik daher darauf, die Kontrolle über das jeweils eigene Lager zu sichern und die Verbreitung wie die Einsatzmöglichkeiten von Atomwaffen zu begrenzen. Verhandlungen zwischen der Regierung von Präsident Lyndon B. Johnson und den Chruschtschow-Nachfolgern um Generalsekretär Leonid Breschnew und Ministerpräsident Alexej Kossygin führten 1966 zur Einigung über einen Vertrag zur Nichtverbreitung von Kernwaffen. Nach schwierigen Abstimmungen mit den atomaren «Habenichtsen» und «Schwellenländern» wurde er am 1. Juli 1968 unterzeichnet.

Der Vietnamkrieg

Zusätzlich behindert wurde der Entspannungsdialog durch das amerikanische Engagement in Vietnam. Die Kennedy-Administration reagierte auf die Entscheidung der Kommunisten in Nordvietnam, den Guerillakrieg gegen das Diem-Regime im Süden auszuweiten und mit den diversen Oppositionsgruppen eine Nationale Befreiungsfront (FNL) zu bilden, mit einem komplexen «Befriedungskonzept». Es sah vor, erstens die Landbevölkerung in «strategischen Dörfern» zu konzentrieren, die Schutz vor den Aufständischen boten, zweitens die südvietnamesischen Streitkräfte durch moderne Waffen und militärische Schulung zu stärken und drittens die amerikanischen «Militärberater» auch in eigenen Einheiten agieren zu lassen. Auf diese Weise sollte die Infiltration aus dem Norden innerhalb von 18 Monaten gestoppt werden. Kennedy wusste wohl um die Schwäche des Diem-Regimes, fürchtete aber auch, ein Sieg der Kommunisten in Südvietnam würde die antiamerikanischen Kräfte in Südkorea und Japan stärken und seine eigene Glaubwürdigkeit als Führer des freien Westens gefährden.

Die Befriedungsaktionen der amerikanischen «Berater», bis zum Herbst 1963 schon 16 000 an der Zahl, stießen jedoch ins Leere – nicht zuletzt weil Diems arroganter Bruder Ngo Dinh Nhu und seine Frau die Buddhisten des Landes gegen ihre Herrschaft aufbrachten. Als Nhu im August 1963 Armeeeinheiten in die buddhistischen Tempel marschieren ließ, die zahlreiche Mönche töteten oder verwundeten, signalisierte die Kennedy-Administration ihre Unterstützung für einen Militärputsch. Dieser fand am 1. November 1963 statt; Diem und Nhu wurden erschossen. Danach wechselten sich in Saigon mehrere Regierungen in rascher Folge ab, während die FNL immer mehr ländliche Gebiete unter ihre Kontrolle bringen konnte.

Unter Präsident Johnson entwickelten sich die verdeckten Operationen rasch zu einem regulären, wenn auch nie erklärten Krieg. Am 1. Februar 1964 begannen südvietnamesische Einheiten, mit amerikanischer Unterstützung Operationen gegen militärische Küstenstellungen im Norden durchzuführen. Nachdem dabei in der Nacht vom 2. zum 3. August 1964 ein amerikanischer Zerstörer im Golf von Tongking von nordvietnamesischen Schiffen beschossen worden war, ordnete Johnson am 5. August einen ersten Bombenangriff auf Versorgungslager in Nordvietnam an. Das Regime in Hanoi reagierte mit der Mobilisierung regulärer Truppen, die den Vietcong im Süden zu Hilfe eilten. Johnsons Berater schlossen daraus, dass ein Sieg der Kommunisten nur noch durch eine massive Verstärkung des amerikanischen Einsatzes verhindert werden konnte. Im März 1965 begannen pausenlose Bombenangriffe auf Ziele im Norden und in den vom Vietcong beherrschten Gebieten (Codename «Rolling Thunder»); ab Mai landeten immer neue Kontingente amerikanischer Bodentruppen, die den Durchbruch bei der Rückeroberung der Vietcong-Gebiete erzwingen sollten.

Die Zahl der in Vietnam kämpfenden US-Soldaten stieg von 40 000 Mann im Mai 1965 auf 275 000 im Juli und 443 000 im Dezember. Im Juni 1966 umfasste das amerikanische Expeditionskorps 542 000 Mann, unterdessen überwiegend Wehrpflichtige. Hinzu kamen fast 50 000 Soldaten aus Südkorea, 11 000 aus Thailand, 1500 von den Philippinen, 8000 aus Australien und 500 aus Neuseeland – alle aus Sorge vor einer Ausweitung des kommunistischen Einflusses in Südostasien. Die Südvietnamesen weiteten ihre Truppen ebenfalls auf über eine halbe Million aus. Ihre Regierung wurde im Juni 1965 direkt von einer Militärjunta um Nguyen Van Thieu und Nguyen Cao Ky übernommen, die Kriegführung wurde aber ganz von den amerikanischen Stäben bestimmt. Bis Ende Oktober 1968 flog die amerikanische Luftwaffe 107 700 Angriffe und warf dabei 2,5 Millionen Tonnen Bomben ab – mehr als im gesamten Zweiten Weltkrieg.

Mit all dem gewaltigen Einsatz von Menschen und Material kamen die USA der angestrebten «Befriedung» Südvietnams aber nicht näher. Vietcong und nordvietnamesische Truppen waren zahlenmäßig unterlegen (schätzungsweise 230 000 Partisanen und 50 000 reguläre Truppen), kämpften aber aus der Deckung der Dschungelgebiete heraus. Sie bauten zahllose Tunnel, durch die sie verschwinden und wieder auftauchen konnten, und nutzten ein verdecktes Wegesystem, das hauptsächlich durch den Osten von Laos und Kambodscha führte (den so genannten «Ho Chi Minh-Pfad»), zur kontinuierlichen Versorgung aus dem Norden. Um dem Gegner den Schutz durch die Baumkronen zu nehmen, versprühten die Amerikaner dioxinhaltiges Gift in großen Mengen. Durch den Gifteinsatz wurde eine Waldfläche von der Größe der Niederlande vernichtet, unzählige Vietnamesen erkrankten an Leberkrebs, Epilepsien und Allergien aller Art. Eine Wende im Krieg ließ sich aber auch so nicht erreichen. Im Gegenteil förderte das brutale Auftreten des amerikanischen Korps die Sympathien der Zivilbevölkerung für die Vietcong-Kämpfer. Die Bombardierung von Munitionslagern und Fabriken im Norden wurde durch Lieferungen aus der Sowjetunion und China kompensiert. Mao Zedong fand sich zu dieser begrenzten Form der Unterstützung bereit, um die Stellung der Amerikaner in der Region zu schwächen und die Vietnamesen nicht zu stark werden zu lassen. Den sowjetischen Führern ging es vordringlich um ihr Ansehen in der kommunistischen Bewegung.

Um dieses Ansehen nicht zu beschädigen, lehnten Breschnew und Kossygin auch eine Einladung Johnsons ab, zur Erörterung der Abrüstungsproblematik in die USA zu kommen. Im Februar und Juni 1967 unterstützten sie zwar Friedensinitiativen Johnsons, indem sie dessen Gesprächsangebote an Ho Chi Minh weiterleiteten. Anders als Johnson es erhofft hatte, übten sie jedoch keinen besonderen Druck auf die Führung in Hanoi aus, auf diese Angebote einzugehen. Die vietnamesischen Kommunisten waren weder bereit, eine Einstellung der Bombenangriffe auf Nordvietnam durch einen Verzicht auf Südvietnam zu erkaufen noch sich überhaupt auf Friedensgespräche mit den Amerikanern einzulassen. Eine Begegnung Johnsons mit Kossygin am Rande der UN-Vollversammlung am 23. und 24. Juni 1967 in dem Städtchen Glassboro in New Jersey verlief in ausgesprochen freundlicher Atmosphäre, brachte aber keinerlei konkrete Ergebnisse.

Nachdem die Vietcong am 31. Januar 1968 eine koordinierte Offensive gegen zahlreiche Städte des Südens begonnen hatten (die so genannte «Tet-Offensive»), setzte sich in der amerikanischen Öffentlichkeit und auch bei der militärischen Führung der Eindruck durch, dass dieser Krieg nicht zu gewinnen sei. Obwohl die Zersplitterung der Vietcong zu hohen Verlusten führte, ging Johnson jetzt mit seinem Verhandlungsangebot in die Öffentlichkeit. Am 31. März erklärte er sich zur Einstellung der Bombenangriffe auf Ziele in Nordvietnam bereit, wenn die Regierung in Hanoi zu Friedensgesprächen bereit sein sollte. Da die nordvietnamesische Führung durch das Debakel der Tet-Offensive ebenfalls in ihrer Siegesgewissheit erschüttert war, ging sie jetzt auf das Angebot ein. Von de Gaulle vermittelt, der sich schon seit 1965 als Gegner des amerikanischen Krie-

ges in Vietnam profiliert hatte, begannen am 13. Mai 1968 Waffenstillstands-
gespräche in Paris. Am 1. November 1968 wurde die Bombardierung Nordvietnams eingestellt.

Der Weg zur Entspannung Angesichts der Behinderungen des Ent-
spannungsdialogs ging das Wettrüsten
unvermindert weiter. Die USA installier-
ten eine neue Generation von Interkontinentalraketen («Minuteman») und bauten
ihr Arsenal an U-Boot-gestützten Raketen gewaltig aus. Letzteres stieg von
144 Raketen 1962 auf 416 im Jahr 1964 und 656 in 1967, während die Zahl der
Interkontinentalraketen im gleichen Zeitraum von 296 über 834 auf 1054 wuchs.
Die Sowjetunion investierte nach dem Kuba-Debakel ebenfalls verstärkt in den
Bau von Interkontinentalraketen und atomar bestückten U-Booten, kam damit
aber langsamer voran. 1964 waren aus den weniger als zwei Dutzend Interkontinentalraketen, über die die Sowjetunion am Vorabend der Kuba-Krise verfügte,
etwa 190 geworden, bis 1967 stieg der Bestand auf 500. Hinzu kamen seit 1963
etwa 100 U-Boot-gestützte Raketen. Damit gewann nun auch die sowjetische
Seite eine eindeutige Zweitschlagskapazität, auch wenn der amerikanischen Seite
immer noch eine Eskalationsdominanz erhalten blieb.

Als die sowjetischen Raketenexperten 1964 mit Planungen für ein Raketen-
abwehrsystem begannen, das zunächst den Moskauer Großraum und die Westgrenze im Baltikum vor anfliegenden Atomraketen schützen sollte, drängte US-
Verteidigungsminister Robert McNamara sogleich auf den Abschluss eines
Vertrages, der die Etablierung solcher Systeme verbot. In seiner Sicht drohten sie
nur zu einer Beschleunigung des Wettrüstens zu führen, ohne wirklichen Schutz
bieten zu können. Deswegen sollten sich beide Seiten mit «wechselseitig garan-
tierter Vernichtung» («mutual assured destruction» oder MAD) zufrieden geben.
Moskau erklärte sich zu solchen Verhandlungen allerdings nur unter der Bedingung bereit, dass gleichzeitig über eine Begrenzung der strategischen Rüstung
gesprochen werde. Das wiederum war in Washington nicht mehrheitsfähig, weil
es erkennbar auf ein Aufschließen der Sowjetunion zur strategischen Parität
zielte. Folglich zogen sich die Kontakte in Fragen der Rüstungsbegrenzung hin,
ohne dass es zu wirklichen Verhandlungen kam.

Der schleppende Fortgang des amerikanisch-sowjetischen Dialogs ermöglichte
es de Gaulle, eigene europäische Akzente in der Entspannungspolitik zu setzen.
Sein Entspannungskonzept zielte auf Überwindung des Status quo, auf allmähliche Auflösung der Militärblöcke in Europa und des totalitären Charakters des
sowjetischen Imperiums durch Intensivierung der Beziehungen zwischen Ost und
West. «Wir müssen Lösungen suchen», legte er Chruschtschow im März 1960

dar, «nicht indem wir zwei monolithische Blöcke gegeneinander stellen, sondern indem wir nacheinander die Entspannung, die Verständigung und die Zusammenarbeit [*détente, entente et coopération*] im Rahmen unseres Kontinents üben. Auf diese Weise schaffen wir zwischen den Europäern vom Atlantik bis zum Ural ein Verhältnis, knüpfen Bande, erzeugen eine Atmosphäre, die zunächst den deutschen Problemen einschließlich Berlin ihre Virulenz nehmen, dann die Bundesrepublik und Ihre Republik im Osten sich einander annähern und zusammentun lassen und schließlich das ganze germanische Gebilde fest in ein Europa des Friedens und des Fortschritts einordnen, wo es einen neuen Aufstieg nehmen kann.»[36]

Entsprechend baute de Gaulle die Kooperation mit der Sowjetunion aus. Nachdem 1963 ein kultureller Austausch zwischen beiden Ländern vereinbart worden war, folgte im Oktober 1964 ein Handelsvertrag, der langfristige französische Kredite für die Sowjetunion einschloss. Im März 1965 wurde eine Vereinbarung unterzeichnet, mit der die Sowjetunion die französische Technik bei der Einführung des Farbfernsehens übernahm. Zwei Monate später vereinbarten beide Seiten eine Zusammenarbeit bei der friedlichen Nutzung der Kernenergie. Schließlich folgte im Rahmen eines prestigeträchtigen Staatsbesuchs de Gaulles in Moskau Ende Juni 1966 die Vereinbarung regelmäßiger Kontakte auf höchster Ebene, vorbereitet von einer Ständigen gemeinsamen Kommission, sowie ein Abkommen über die Zusammenarbeit in der Raumfahrt. De Gaulle nahm auch als erster westlicher Regierungschef diplomatische Beziehungen zum Regime Mao Zedongs in China auf. Bei einem Staatsbesuch in Polen im September 1967 forderte er seine Gastgeber ziemlich unverhohlen auf, in der Unabhängigkeit von der sowjetischen Vormacht weiter zu gehen, als sie es bislang getan hatten.

Unter dem Eindruck de Gaulles begann auch die Bundesrepublik Deutschland, sich auf eine Politik der Entspannung zuzubewegen. Die Regierung Erhard schloss 1964 Handelsverträge mit Polen, Ungarn, Rumänien und Bulgarien. Unter Willy Brandt als Regierendem Bürgermeister vereinbarte der Berliner Senat mit der DDR-Regierung ein «Passierschein-Abkommen», das West-Berlinern zu den Weihnachtsfeiertagen 1963 Verwandtenbesuche im Ostteil der Stadt ermöglichte. Gleichartige Besuchsregelungen wurden für Allerheiligen und Weihnachten 1964 getroffen, für Ostern, Pfingsten und Weihnachten 1965 sowie Ostern und Pfingsten 1966. Die Regierung der Großen Koalition, in der Brandt die Leitung des Außenministeriums übernahm, erklärte sich im November 1966 darüber hinausgehend bereit, diplomatische Beziehungen mit den osteuropäischen Staaten aufzunehmen. Die Hallstein-Doktrin war damit praktisch aufgegeben. Ende Januar 1967 konnte die Aufnahme diplomatischer Beziehungen mit Rumänien bekannt gegeben werden, das unter Nicolae Ceauşescu einen Kurs pron000000cierter Eigenständigkeit gegenüber Moskau eingeschlagen hatte. Im Dezember 1967 folgte die Wiederaufnahme diplomatischer Beziehungen zu Jugoslawien.

Den Regierungen Ungarns, Bulgariens und der Tschechoslowakei, die dem Beispiel Rumäniens folgen wollten, machte Moskau allerdings unmissverständlich klar, dass sie eine Isolierung der DDR nicht zulassen dürften. Ende April 1967 erklärte eine Konferenz kommunistischer Parteien Europas in Karlsbad (an der weder die Rumänen noch die Jugoslawen teilnahmen) den Bonner «Verzicht auf die Alleinvertretungsanmaßung», die Anerkennung der «Unantastbarkeit der bestehenden Grenzen in Europa» und die Normalisierung der Beziehungen «zwischen der besonderen politischen Einheit West-Berlin und der DDR» zur Voraussetzung für eine Normalisierung des Verhältnisses zur Bundesrepublik.[37] Um die Gefahr einer Erosion des Warschauer Paktes zu bannen, die in den französischen und deutschen Annäherungsbemühungen steckte, rückte die sowjetische Führung von dem Angebot beträchtlicher Truppenreduzierungen in Europa ab, das bislang immer in ihren Abrüstungsvorschlägen enthalten gewesen war. Gleichzeitig wurde die besonders gefährdete DDR durch Freundschafts- und Beistandsverträge gestützt, die die osteuropäischen Bruderstaaten auf Moskauer Geheiß mit ihr zu schließen hatten.

Die Grenzen der europäischen Entspannungskonzeption wurden noch deutlicher, als die Tschechoslowakei im Frühjahr 1968 auf eine Liberalisierung ihres Regimes zusteuerte. Angesichts großer wirtschaftlicher Probleme, Spannungen mit der slowakischen Minderheit und massiver studentischer Proteste drangen dort die Reformkräfte im Partei- und Staatsapparat nach vorn. Unter der Führung des bisherigen slowakischen Parteichefs Alexander Dubček wurde am 5. April ein Aktionsprogramm der Kommunistischen Partei (KPČ) verabschiedet, das einen «Sozialismus mit menschlichem Antlitz» versprach. Manche Intellektuelle verstanden darunter die «Selbstverwaltung», wie sie in Jugoslawien propagiert worden war. Die Wirtschaftsreformer traten für eine beträchtliche Ausweitung des Westhandels ein, Außenpolitiker plädierten für tatsächliche Souveränität und Gleichheit in den Beziehungen zur Sowjetunion. Die Geheimpolizei wurde aufgelöst und eine Trennung von Partei und Staat in die Wege geleitet. Der neue Innenminister Josef Pavel nahm den Kampf gegen den sowjetischen Geheimdienst KGB auf, in der Armee wurden die moskautreuen Kräfte abgelöst, und die Parteiinstanzen bereiteten die Abschaffung des «demokratischen Zentralismus» vor.

Die Dynamik des «Prager Frühlings» rief alsbald Hüter der etablierten Ordnung auf den Plan – an vorderster Front Walter Ulbricht, der mit ähnlichen wirtschaftlichen Schwierigkeiten zu kämpfen hatte, dann Władisław Gomulka, der sich in Polen mit Studentenunruhen konfrontiert sah, den ukrainischen Parteichef Pjotr Schelest, der die nationalen Untertöne der Bewegung in seine Republik durchschlagen sah, die militärische Führung, die um die Kohäsion des Warschauer Pakts fürchtete, und nicht zuletzt die Spitzen des KGB. Ulbricht und Gomulka verlangten schon am 8. Mai, gegen die «Konterrevolution» in der Tschechoslowakei militärisch vorzugehen. Dazu war Breschnew lange nicht bereit. Nachdem aber die Präsenz sowjetischer Truppen im Rahmen eines Manövcrs nicht ausgereicht hatte, um im tschechoslowakischen Parteipräsidium eine Wende gegen die Reformer herbeizuführen, und der KGB selbst fabrizierte «Beweise» für ein westliches Komplott vorgelegt hatte, entschloss sich Breschnew am 14. August, dem Drängen der Interventionsbefürworter nachzugeben. In der Nacht zum 21. August setzte die Besetzung des Landes ein. Neben den sowjetischen Truppen beteiligten sich auch polnische, ungarische und bulgarische Einheiten; die DDR-Armee leistete logistische Unterstützung. Dubček konnte zwar nicht sogleich abgesetzt werden, musste sich aber einer schrittweisen «Normalisierung» fügen. Im April 1969 verlor er sein Amt an den anpassungsbereiteren Gustáv Husák.

Mit der Entscheidung für die Niederschlagung des «Prager Frühlings» bekräftigte Breschnew seine Machtstellung. Die Verteidigung der Privilegien der «neuen Klasse» kommunistischer Funktionäre (Milovan Djilas) rückte in das Zentrum der sowjetischen Politik. Ein Grundsatzartikel der *Prawda* brachte offen zum Ausdruck, dass «Souveränität und Selbstbestimmungsrecht der sozialistischen Staaten den Interessen des sozialistischen Weltsystems untergeordnet» seien.[38] Der Westen reagierte auf diese «Breschnew-Doktrin» und ihre brutale Anwendung mit Empörung. Wer wie de Gaulle große Hoffnungen auf die Wirkungen der europäischen Öffnung nach Osten gehegt hatte, sah sich bitter enttäuscht.

Dennoch litt der Entspannungsprozess unter dem «ärgerlichen Zwischenfall» (Johnson) der Invasion nur kurzfristig. Kurz vor der Entscheidung zum Einmarsch in die Tschechoslowakei hatten sich die Führungen beider Weltmächte endlich darauf geeinigt, sowohl über ein Verbot von Anti-Ballistic Missiles (ABM) als auch über die Begrenzung der strategischen Rüstung zu verhandeln. Moskau hatte dem Drängen Johnsons auf eine neue Gipfelbegegnung nachgegeben und den amerikanischen Präsidenten für Anfang Oktober nach Moskau eingeladen. Dieser Einladung wollte Johnson unter dem Eindruck der allgemeinen Empörung über die Niederschlagung des Prager Frühlings nicht sogleich nachkommen, und ein neuer Termin kam dann vor Ende seiner Amtszeit im Januar 1969 nicht mehr zustande. Grundsätzlich herrschte aber in den westlichen Hauptstädten Übereinstimmung, dass die bisherige Politik der Entspannung und der Anbahnung einer Friedensordnung fortgesetzt werden müsse. Auch Richard M. Nixon, im November 1968 zum Nachfolger Johnsons gewählt, schloss sich dieser Auffassung an. Bei aller antikommunistischen Rhetorik, die er in der Vergangenheit gezeigt hatte, war er unterdessen Realist genug, um die Schaffung einer «Struktur des Friedens»[39] für die beste Methode zu halten, die sowjetische Macht einzudämmen und die Gefahr atomarer Vernichtung zu bannen.

Die sowjetische Führung sah sich umso mehr auf Verständigung mit dem Westen angewiesen, als die Spannungen mit der chinesischen Führung, die sich seit Maos Propagierung des «Großen Sprungs nach vorn» bemerkbar machten, Ende der 1960er Jahre eskalierten. Nachdem Peking mit der Veröffentlichung eines

Grundsatzartikels *Über den Pseudokommunismus Chruschtschows und die historischen Lehren für die Welt* im Juli 1964 ideologisch mit dem Mutterland der sozialistischen Revolution gebrochen hatte, kam es im März 1969 zu schweren Zwischenfällen an der chinesisch-sowjetischen Grenze am Ussuri-Fluss. Sie machten deutlich, dass sich China in keiner Weise mehr zur Unterstützung sowjetischer Positionen im globalen Kräfteringen einsetzen ließ. Vielmehr war es zu einem ernsthaften Rivalen im Kampf um Einfluss in der so genannten Dritten Welt herangewachsen.

Die Ostverträge der Bundesrepublik

Nach den schmerzlichen Lernprozessen der 60er Jahre standen die Chancen gut, im Entspannungsdialog endlich zu substantiellen Ergebnissen zu gelangen. Mit der Entscheidung zur Intervention in der Tschechoslowakei rückte Leonid Breschnew ins Zentrum der sowjetischen Macht – ein auf Machterhalt konzentrierter Parteifunktionär, für den die Sicherung des Friedens oberste Priorität besaß und der in Erfolgen im Entspannungsdialog eine Möglichkeit entdeckte, das eigene Prestige auszubauen. Danach kam in den USA mit Richard Nixon ein realistisch gewendeter Republikaner an die Macht, der im Dialog mit dem sowjetischen Gegner weniger Rücksicht auf ideologische Hardliner und den «militärisch-industriellen Komplex» (Eisenhower) nehmen musste, als seine beiden demokratischen Vorgänger. Schließlich und vor allem fiel in der Bundesrepublik Deutschland mit der Wahl Willy Brandts zum Bundeskanzler einer sozialliberalen Koalition im Oktober 1969 die Entscheidung, den Entspannungstendenzen nicht länger im Wege zu stehen und sie stattdessen dazu zu nutzen, die Grenze zwischen den beiden deutschen Staaten durchlässiger zu machen.

Nixon zögerte das Gipfeltreffen mit der Moskauer Führung, um das sich Johnson bemüht hatte, und auch den Beginn der Verhandlungen über die Begrenzung der strategischen Rüstung zunächst hinaus. Bevor er sich auf Vereinbarungen einließ, wollte sich der neugewählte Präsident zunächst einen Überblick verschaffen und auch das westliche Bündnis unter seiner Führung konsolidieren. Das brachte Breschnew dazu, sich im Entspannungsdialog stärker als bisher auch um die Europäer zu bemühen, insbesondere um die Deutschen. Mit dem Budapester Appell vom 17. März 1969 korrigierte er die harte Haltung gegenüber der Bundesrepublik, die in den Karlsbader Beschlüssen vom April 1967 zum Ausdruck gekommen war. Die Anerkennung der DDR und der Oder-Neiße-Grenze wurden nicht mehr als Voraussetzung jeder Normalisierung dargestellt, sie erscheinen vielmehr als Etappenziel im Rahmen einer Europäischen Sicherheitskonferenz. Die Warschauer Paktstaaten verlangten auch nicht mehr eine «Friedensregelung auf der

Grundlage der Existenz zweier deutscher Staaten», sondern nur noch die «Anerkennung der Existenz der DDR», und sie ließen eine gewisse Flexibilität erkennen, was die Form dieser Anerkennung betraf.

Die Regierung der Großen Koalition reagierte auf den Budapester Appell mit dem Vorschlag, die Verhandlungen über einen beiderseitigen Gewaltverzicht wieder aufzunehmen. Wie weit sie in diesen Verhandlungen gehen wollte, blieb allerdings unter den Koalitionspartnern umstritten. Brandt entschied sich daraufhin in der Wahlnacht vom 28. September 1969, eine Koalition mit den Freien Demokraten zu bilden, die eher zu einer Öffnung nach Osten hin bereit waren als die Christdemokraten. In seiner Regierungserklärung vom 28. Oktober 1969 machte er gleich das entscheidende Zugeständnis, das für einen Kompromiss in der deutschen Frage notwendig war: die Anerkennung der staatlichen Existenz der DDR. «Auch wenn zwei Staaten in Deutschland existieren», lautete die Schlüsselpassage der Erklärung, «sind sie doch füreinander nicht Ausland; ihre Beziehungen zueinander können nur von besonderer Art sein.»[40] Einen Monat später unterzeichnete die neue Bundesregierung den Atomwaffen-Sperrvertrag, gegen den sich die Christdemokraten immer gewehrt hatten.

In den Verhandlungen zwischen der Bundesregierung und der Sowjetregierung, die im Dezember 1969 im Moskauer Außenministerium begannen, beharrte der sowjetische Außenminister Andrej Gromyko zunächst noch einmal auf der uneingeschränkten völkerrechtlichen Anerkennung der DDR und dem ausdrücklichen Verzicht auf jede Aussicht auf Wiedervereinigung. Mit diskreter Unterstützung durch KGB-Chef Juri Andropow konnte Brandts Unterhändler Egon Bahr dann aber eine Formel durchsetzen, die die Anerkennung der DDR mit einem grundsätzlichen Offenhalten der deutschen Frage verband: Im Moskauer Vertrag zwischen der Bundesrepublik und der Sowjetunion, der am 12. August 1970 von Brandt und Kossygin unterzeichnet wurde, wurde nur die «Unverletzlichkeit» der bestehenden Grenzen in Europa anerkannt, «einschließlich der Oder-Neiße-Linie, die die Westgrenze der Volksrepublik Polen bildet, und der Grenze zwischen der Bundesrepublik Deutschland und der Deutschen Demokratischen Republik». Gleichzeitig nahm die Sowjetregierung unwidersprochen einen Brief des deutschen Außenministers Walter Scheel entgegen, in dem die Bundesregierung erklärte, «dass dieser Vertrag nicht im Widerspruch zu dem politischen Ziel der Bundesrepublik Deutschland steht, auf einen Zustand des Friedens in Europa hinzuwirken, in dem das deutsche Volk in freier Selbstbestimmung seine Einheit wiedererlangt».[41]

Mit dem Moskauer Vertrag war der Rahmen vorgegeben, innerhalb dessen jetzt auch Verträge der Bundesrepublik mit der DDR, mit Polen und mit der Tschechoslowakei geschlossen werden konnten. Den Anfang machten die Polen, die zur Betonung ihrer Unabhängigkeit eigentlich gerne schon vor der Unterzeichnung in Moskau einen Vertrag mit Bonn geschlossen hätten. Die Vertragsunterzeichnung am 7. Dezember 1970 in Warschau, bei der Brandt spontan vor dem

Bundeskanzler Willy Brandt fällt am 7. Dezember 1970 am Denkmal für die Opfer des Warschauer Ghettos spontan auf die Knie, nachdem er zuvor den Vertrag zwischen Polen und der Bundesrepublik Deutschland unterzeichnet hat. Dieser Akt wurde weltweit als Ausdruck deutscher Reue und als endgültige Absage an alle deutschen Territorialansprüche in Osteuropa verstanden.

Ehrenmahl des Warschauer Ghettos niederkniete, wurde weltweit als Ausdruck deutschen Schuldeingeständnisses und deutschen Verzichts auf alle Gebietsansprüche im Osten verstanden. Schwieriger gestalteten sich die Verhandlungen mit der DDR. Erst als die Durchsetzung der «neuen Ostpolitik» in der Bundesrepublik innenpolitisch in Gefahr geriet, war die DDR-Führung zur Unterzeichnung eines Grundlagenvertrags bereit, in dem am 21. Dezember 1972 Erleichterungen des innerdeutschen Austauschs vereinbart wurden, auch wenn in der Präambel «unterschiedliche Auffassungen zur nationalen Frage» konstatiert wurden.[42] Noch länger zogen sich die Verhandlungen mit der Tschechoslowakei hin. Der Hauptstreitpunkt – die Frage der Gültigkeit des Münchener Abkommens vom September 1938, mit dem das Sudetenland an das Deutsche Reich abgetreten worden war – wurde im Vertrag vom 11. Dezember 1973 dahingehend gelöst, dass beide Seiten es für «nichtig» erklärten, ohne sich zur Frage der Staatsangehörigkeit der Sudetendeutschen zu äußern.

Gleichzeitig ebnete der Moskauer Vertrag den Weg zu einer Regelung des Berlin-Problems. Die Bundesregierung kündigte an, dass der Vertrag erst in Kraft treten könnc, wenn eine befriedigende Berlin-Regelung erreicht sei. Das brachte alle vier Siegermächte dazu, sich in den Berlin-Verhandlungen, die im März 1970 begonnen hatten, kompromissbereit zu zeigen. Unter aktiver Vermittlung von Bahr (der an den Verhandlungen offiziell gar nicht beteiligt war) einigten sich der sowjetische Botschafter Valentin Falin und sein amerikanischer Kollege Kenneth Rush auf die Formel, dass West-Berlin nicht zur Bundesrepublik gehörte, die «Bindungen» zwischen West-Berlin und der Bundesrepublik aber «aufrechterhalten und entwickelt werden» sollten. Die Sowjetunion übernahm ausdrücklich die Verantwortung für die Gewährleistung des freien Verkehrs zwischen West-Berlin und der Bundesrepublik; die Bundesregierung erhielt das Recht, die West-Berliner konsularisch zu betreuen und unter bestimmten Voraussetzungen in internationale Verträge einzubeziehen. Am 3. September 1971 wurde dieses Berlin-Abkommen von den Botschaftern der vier Mächte paraphiert.[43] Danach lud Breschnew Brandt kurzfristig zu einer persönlichen Begegnung ein. Bei dem Treffen in Oreanda auf der Krim in der dritten Septemberwoche zeigte er großes Verständnis für Brandts Forderung, die Entspannung durch Abrüstung substantieller werden zu lassen.

Amerikanisch-sowjetische Abkommen

Die Annäherung zwischen Bonn und Moskau brachte Nixon und seinen Sicherheitsberater Henry Kissinger dazu, ihre Zurückhaltung hinsichtlich der Strategic Arms Limitation Talks (SALT) aufzugeben. Im November 1969 begannen die Vorgespräche in Helsinki, von April 1970 an wurden die eigentlichen Verhandlungen in Wien geführt. Dabei ging es der amerikanischen Seite zunächst darum, den sowjetischen Aufholprozess hinsichtlich der Ausstattung mit Interkontinentalraketen zu stoppen, der in der zweiten Hälfte der 60er Jahre rasch vorangekommen war. Ihr Eröffnungsvorschlag sah daher vor, Reduzierungen nur bei den landgestützten Interkontinentalraketen vorzunehmen und eine Obergrenze für die Ausstattung mit «modernen schweren Wurfgeschossen» festzulegen. Mehrfach-Sprengköpfe (MIRV), wie sie die USA unterdessen entwickelt hatten, sollten dagegen nur verboten werden, wenn die sowjetische Seite zu Bodeninspektionen bereit war.

Das war sie nicht, und so zogen sich die Verhandlungen erst einmal in die Länge. Im Mai 1971 konnten beide Seiten eine Verständigung darüber erzielen, dass sowohl ein Abkommen über die Begrenzung der ABM-Systeme geschlossen werden sollte als auch ein Vertrag über gewisse Beschränkungen der Interkontinentalraketen. Auf amerikanischer Seite war damit aber immer noch die Vorstellung verbunden, dass die USA ihr strategisches Übergewicht erhalten sollten. Der Sowjetunion wollten sie nur ein ABM-System zugestehen, während sie selbst vier beanspruchten. Gleichzeitig sollte der Bestand an seegestützten Interkontinentalraketen, der auf sowjetischer Seite noch viel geringer war als auf der amerikanischen, in der gegenwärtigen Höhe eingefroren werden. Das machte eine Verständigung weiterhin schwierig.

Im Februar 1972 reiste Nixon zu einem Staatsbesuch nach China, hauptsächlich um Mao Zedong zur Unterstützung bei einem «ehrenvollen» Abzug aus Vietnam zu bewegen. Die Anbahnung von Beziehungen zu den bislang verfemten chinesischen Kommunisten sollte aber auch den Nebeneffekt haben, die Sowjetführung in der Frage des strategischen Kräfteverhältnisses nachgiebiger zu machen. Als Nixon deutlich wurde, dass diese Hoffnung getrogen hatte, fand er sich schließlich zur Anerkennung des Prinzips der strategischen Parität mit der Sowjetunion bereit. Kissinger konnte den Sowjets jetzt eine Obergrenze für die seegestützten Raketen vorschlagen, die den sowjetischen Ausbauplänen entsprach. Bei einem Blitzbesuch in Moskau im April 1972 akzeptierte er darüber hinaus zwei ABM-Systeme für jede Seite, je eines zum Schutz der Kommandozentrale und eines für eine Raketenanlage. Entsprechend enthielt das erste Vertragspaket zur Begrenzung der strategischen Rüstung, «SALT I» genannt, neben dem ABM-Vertrag eine Vereinbarung über das Einfrieren der Abschussvorrichtungen für Interkontinentalraketen beim gegenwärtigen, unterdessen annähernd gleich hohen Stand sowie ein Protokoll über Höchstgrenzen bei Abschussvorrichtungen auf U-Booten, beide auf fünf Jahre begrenzt.

Seine Unterzeichnung bei dem lange geplanten Staatsbesuch des amerikanischen Präsidenten in Moskau wurde zuletzt dadurch gefährdet, dass Nixon eine Großoffensive der nordvietnamesischen Truppen, die seine Strategie der «Vietnamisierung» des Krieges in Vietnam gefährdete, mit einer Verminung der Küstengewässer und der Wiederaufnahme der Bombenangriffe auf Hanoi und Haiphong beantwortete. Das ließ die Gegner der Rüstungsbegrenzung in Moskau argumentieren, der Generalsekretär könne keinen Präsidenten empfangen, der ein sozialistisches Bruderland mit Bomben attackierte. Nach mehreren Tagen unentschiedener Diskussion konnte sich Breschnew aber durchsetzen, unter anderem mit dem Argument, dass eine Absage des Nixon-Besuchs die bevorstehende Ratifizierung der Ostverträge im Deutschen Bundestag gefährde. Ohne es zu wissen, half Brandt also sowohl Breschnew als auch Nixon. Umgekehrt machten Moskau und Washington ihren Einfluss geltend, um den Ostverträgen über die parlamentarischen Hürden zu helfen. Als Brandt am 27. April durch ein Misstrauensvotum gestürzt werden sollte, half die DDR sogar mit der Bestechung eines christdemokratischen Abgeordneten nach. Die Verhandlungen über den Grundlagenvertrag wurden kurz vor der Bundestagswahl vom 19. November 1972 abgeschlossen, die dadurch de facto zu einem Plebiszit für die «neue Ostpolitik» geriet.

Nixons Staatsbesuch in Moskau vom 22. bis 26. Mai 1972 wurde zu einem Höhepunkt der Entspannungspolitik. Breschnew nutzte sogleich die Gelegenheit, einen persönlichen Kontakt zu dem amerikanischen Präsidenten aufzubauen, und dieser erwies sich als durchaus empfänglich für das Freundschaftswerben des Generalsekretärs. Beide unterzeichneten über das SALT-Paket hinaus eine ganze Reihe von Abkommen zur bilateralen Kooperation. Es wurde vereinbart, die Verhandlungen über die Begrenzung der strategischen Rüstung fortzusetzen, vor allem im Hinblick auf technische Neuerungen wie die Mehrfach-Sprengköpfe. Nixon stimmte zu, dass die vom Warschauer Pakt geforderte Konferenz über Sicherheit und Zusammenarbeit in Europa im kommenden Jahr zusammentreten sollte. Dazu wurde vereinbart, dass die Frage einer konventionellen Truppenreduzierung, da sie nur die Mitglieder der beiden Paktsysteme betraf, auf einer gesonderten Konferenz erörtert werden solle. Vor allem aber kamen Breschnew und Nixon überein, künftig regelmäßig persönliche Botschaften auszutauschen. Gipfelbegegnungen zwischen den Führern der beiden Weltmächte sollten zu einer festen Einrichtung werden. Beide waren davon überzeugt, damit die Grundlagen für eine friedliche Zusammenarbeit geschaffen zu haben.

Bis zum Oktober 1972 konnten Verhandlungen über einen amerikanisch-sowjetischen Handelsvertrag abgeschlossen werden. Er sah die Gewährung der Meistbegünstigung für die Sowjetunion vor, dazu Handelskredite, Klauseln zur Vermeidung von Marktstörungen und zur Regelung von Handelsdisputen sowie die Errichtung von offiziellen Handelsmissionen in Washington und Moskau. Ein besonderes Abkommen regelte die wechselseitige Öffnung von Handelshäfen sowie die gleichmäßige Verteilung der Handelsware auf sowjetische und amerikanische Schiffe. Außerdem ermächtigte der Präsident die Export-Import-Bank, der Sowjetunion ihre Kreditdienste zu offerieren. Damit sollte der Weg geebnet werden, amerikanisches Kapitel und amerikanisches Know-how für die Erschließung sowjetischer Rohstoffe zu nutzen – für die Wirtschaftsvertreter in der sowjetischen Führung ein wichtiges Ziel der Entspannungspolitik, das den Zielen der Friedenssicherung auf der Basis des Status quo und der Begrenzung der Ressourcenvergeudung durch das Wettrüsten nur wenig nachstand.

Im Juni 1973 fand Breschnews Gegenbesuch in den USA statt. Der Generalsekretär hielt sich zunächst in Washington auf und flog dann auf Nixons besonderen Wunsch mit dem Flugzeug des Präsidenten zu dessen Landsitz in San Clemente, Kalifornien. Dabei wurden eine Reihe weiterer Abkommen unterzeichnet, unter anderem zur Verstärkung des kulturellen und wissenschaftlichen Austauschs und zur friedlichen Nutzung der Atomenergie. Breschnew stimmte Nixons Vorschlag zu, die Gipfelbegegnungen künftig im jährlichen Wechsel stattfinden zu lassen. Schließlich wurde ein Abkommen zur Verhinderung eines Atomkriegs geschlossen. Es ging auf die langjährige sowjetische Forderung zurück, einen wechselseitigen Verzicht auf den Ersteinsatz von Atomwaffen zu vereinbaren. Die USA hatten das immer abgelehnt, weil es einen Widerruf der Abschreckungsgarantie für die europäischen Verbündeten implizierte. Nach zähem Ringen stimmte Nixon jetzt einer allgemeinen Gewaltächtung in Verbindung mit der Verpflichtung zur Konsultation im Falle des Risikos eines nuklearen Konflikts zu. Über eine Goodwill-Erklärung hinaus bedeutete dies eine Formalisierung der bestehenden Konsultationsstruktur.

Parallel zum Ausbau der amerikanisch-sowjetischen Beziehungen erfolgte der amerikanische Rückzug aus Vietnam. Da die chinesischen Genossen nach Nixons Peking-Besuch ihre Hilfslieferungen stoppten, ließ sich die nordvietnamesische Führung durch das massive Bombardement des Frühjahrs 1972 tatsächlich zu einem Arrangement bewegen, mit dem die USA zumindest den Schein eines «ehrenvollen Friedens» wahren konnten. Es sah vor, dass sich die amerikanischen Truppen, die bis 1972 schon auf 78 000 Mann reduziert worden waren, ganz aus dem Land zurückzogen, während die Regierung Thieu und die Revolutionsregierung der FNL bis zu allgemeinen Neuwahlen in Südvietnam im Amt blieben. Dagegen sperrte sich Thieu, musste er doch befürchten, sich allein mit materieller Unterstützung durch die USA nicht auf Dauer gegen die Vietcong behaupten zu können. Nachdem eine kurzfristige Wiederaufnahme der Bombardierungen an den Weihnachtstagen 1972 für einen Aufschrei in der Weltöffentlichkeit gesorgt hatte, musste er aber einlenken. Am 23. Januar 1973 wurde das Vietnam-Abkommen von Kissinger und Hanois Vertreter Le Duc Tho in Paris unterzeichnet. Fünf Tage später schwiegen die Waffen – wenn auch nur vorübergehend.

KSZE und MBFR-Gespräche Die Vorgespräche über die vereinbarte Konferenz über Sicherheit und Zusammenarbeit in Europa begannen am 22. November 1972 in Helsinki. Bis Anfang Juni 1973 wurde unter den 35 Teilnehmerstaaten – allen europäischen Staaten außer Albanien, dazu Kanada und den USA – Einvernehmen über die Tagesordnung erreicht. Sie sollte vier Punkte umfassen: Fragen der Sicherheit in Europa, Fragen der Zusammenarbeit in den Bereichen der Wirtschaft, der Wissenschaft und der Technik sowie der Umwelt, Fragen der Zusammenarbeit in humanitären und anderen Bereichen und schließlich Fragen der Konferenzfolgen. Zu dem ersten Punkt, informell «Korb 1» genannt, sollte zunächst ein Katalog von Grundsätzen erarbeitet werden, auf die sich die Teilnehmerstaaten bei der Gestaltung ihrer Beziehungen verpflichten sollten. Darüber hinaus kam man auf Drängen der europäischen NATO-Partner und einiger neutraler Staaten überein, über vertrauensbildende Maßnahmen im militärischen Bereich zu verhandeln. Unter Punkt 3 brachten die Vertreter der Bundesrepublik und ihre westeuropäischen Verbündeten Verhandlungen über Familienzusammenführungen, Reise- und Informationsfreiheit sowie kulturellen und sonstigen

Austausch unter. Die Vertreter der Sowjetführung und der anderen Warschauer-Pakt-Staaten akzeptierten das nur widerwillig; sie sahen aber schließlich ein, dass anders keine großen Fortschritte im Bereich der wirtschaftlichen Zusammenarbeit (Korb 2) zu erreichen war, der ihnen besonders am Herzen lag.

Auf der Konferenz selbst, die am 3. Juli 1973 in Helsinki begann und dann von den Diplomaten in Genf fortgeführt wurde, verlangten die Vertreter der Westmächte, zumeist mit Unterstützung der neutralen Länder, die Verankerung westlicher Prinzipien der Kooperation und des friedlichen Wandels in den gemeinsamen Erklärungen. Gromyko, der die Verhandlungen für die sowjetische Seite leitete und auf die Abschirmung des sowjetischen Imperiums bedacht war, leistete hartnäckigen Widerstand, gab aber schließlich jedes Mal nach. Ein Scheitern der Konferenz, die immer als zentrales Moment der sowjetischen Entspannungskonzeption gegolten hatte, glaubte er nicht verantworten zu können.

Tatsächlich enthielten die Konferenzdokumente zum Schluss mehr Verpflichtung zum Wandel als Anerkennung des Status quo. In der Grundsatzerklärung bestätigten die Teilnehmerstaaten zwar die territoriale Integrität, die Unverletzlichkeit der Grenzen und den Verzicht auf Einmischung in die inneren Angelegenheiten anderer Staaten. Gleichzeitig billigten sie aber auch allen Staaten «Freiheit und politische Unabhängigkeit» zu und ihren Völkern das Selbstbestimmungsrecht, sie gelobten, «sich jeder Form der bewaffneten Intervention oder der Androhung einer solchen Intervention gegen einen anderen Teilnehmerstaat» zu enthalten, sie versprachen «die Menschenrechte und Grundfreiheiten» zu achten, und sie erklärten die Achtung dieser Rechte zur Voraussetzung für die «Entwicklung freundschaftlicher Beziehungen und der Zusammenarbeit» zwischen den Staaten. Auf Drängen der Bundesregierung wurde sogar ein Passus in die Prinzipienerklärung aufgenommen, der den Staaten das Recht zubilligte, ihre Grenzen «durch friedliche Mittel und durch Vereinbarung» zu ändern. In Korb 3 wurde der «freie Austausch von Menschen, Informationen und Meinungen» vereinbart. Im «Dokument über vertrauensbildende Maßnahmen» verpflichteten sich die Teilnehmer, größere militärische Manöver vorher anzukündigen. Folgekonferenzen sollten die Einhaltung der Vereinbarungen überprüfen.[44]

Im Moskauer Politbüro warf diese eindrucksvolle Bestätigung westlicher Grundsätze die Frage auf, ob damit nicht der Einmischung der Westmächte in die inneren Angelegenheiten des Sowjetimperiums Tür und Tor geöffnet werde. Breschnew setzte dennoch die Unterzeichnung durch – einerseits in dem Bewusstsein, auf die Kooperation mit dem Westen angewiesen zu sein, andererseits in der Überzeugung, dass man mit eventuellen Dissidenten schon in der üblichen Weise fertig werden würde. Vom 30. Juli bis 1. August 1975 trafen sich die 35 Staats- und Regierungschefs in Helsinki, um die Schlussakte der Konferenz in einer großen Zeremonie zu unterzeichnen. Anschließend wurde sie in den Partei- und Regierungszeitungen des Warschauer Paktes in voller Länge veröffentlicht. Das

entsprach gängiger realsozialistischer Praxis und sollte in diesem Fall auch den
außerordentlichen Verhandlungserfolg Breschnews unter Beweis stellen. Dass die
Bürger der Ostblock-Staaten damit zugleich auch die Möglichkeit erhielten, sich
auf die KSZE-Schlussakte zu berufen, wurde nicht bedacht.

Weitaus weniger erfolgreich war der Westen bei den Verhandlungen über eine
Truppenreduzierung in Europa – und zwar deswegen, weil er sich anders als im
Falle der KSZE nicht auf eine gemeinsame Position einigen konnte, die Aussicht
auf Erfolg hatte. Während die Bundesregierung auf eine substantielle Reduzierung von stationierten (amerikanischen und sowjetischen) und einheimischen
Truppen als Beitrag zur Schaffung einer europäischen Friedensordnung drängte,
wollte Frankreich überhaupt keine Verringerung der amerikanischen Truppenpräsenz. Die Niederlande und Belgien wollten von Reduzierungen nicht betroffen
sein; die USA wollten nach anfänglicher Sympathie für Bahrs Konzept nur geringfügige Truppenverminderungen zugestehen. Nach vergeblichen Versuchen,
sich abzustimmen, begannen am 31. Januar 1973 in Wien Vorgespräche zwischen
Delegationen der NATO und des Warschauer Paktes. Bis Ende Juni einigte man
sich auf die Zusammensetzung einer Konferenz über «Mutual and Balanced
Force Reductions» (MBFR), an der auf westlicher Seite die Bundesrepublik und
die Benelux-Staaten teilnahmen sowie als Stationierungsmächte die USA, Großbritannien und Kanada, auf östlicher Seite die DDR, Polen und die Tschechoslowakei sowie die Sowjetunion als Stationierungsmacht. Daneben wurde die
Teilnahme von Beobachtern vereinbart, die selbst nicht von Truppenreduzierungen betroffen sein sollten: Ungarn und Rumänien auf der östlichen Seite sowie
Norwegen, Dänemark, Italien, Griechenland und die Türkei auf der westlichen.
Frankreich blieb der Konferenz fern.

Der Vorschlag, mit dem die NATO im Oktober 1973 in die eigentlichen Verhandlungen ging, sah keine prozentualen Reduzierungen vor, sondern die Festlegung gleicher Höchststärken für beide Paktsysteme. Die vorgeschlagene Obergrenze von 700 000 Mann implizierte für den Warschauer Pakt eine Reduzierung
von mindestens 235 000 Mann, für die NATO dagegen nur um 80 000 Mann.
Der Warschauer Pakt sollte 9000 Panzer abziehen, die NATO keinen einzigen.
Qualitative Aspekte der Reduzierungen wurden nicht thematisiert, und es wurde
auch kein Vorschlag gemacht, in welchen Schritten der ungleichmäßige Abbau zu
Lasten der östlichen Seite erreicht werden sollte. Die Länder des Warschauer
Pakts verlangten demgegenüber über drei Jahre verteilt mäßige Reduzierungen in
jeweils gleicher Höhe. Allerdings sollten die Stationierungstruppen nur in ihre
Heimatländer zurückkehren, nicht ganz abgebaut werden. Angesichts der Differenz zwischen amerikanischer und sowjetischer Entfernung zu Mitteleuropa ergab sich daraus eine einseitige Benachteiligung der westlichen Länder.

Da die NATO keine Anstalten machte, von der Konzentration auf die Forderung nach Abbau des konventionellen Übergewichts des Warschauer Paktes ab-

zugehen, fühlte sich Breschnew nicht übermäßig gedrängt, den eigenen Militärs stärkere Einschnitte zuzumuten. Die Einsicht in die Notwendigkeit substantieller Reduzierungen, die er im Gespräch mit Brandt und Bahr wiederholt bekundete, blieb hinter der Routine des Gleichgewichtsdenkens der Apparate zurück. Folglich erschöpfte sich die Konferenz in fruchtlosen Auseinandersetzungen um unterschiedliche Gleichgewichtsbegriffe, bei denen eine Einigung so gut wie ausgeschlossen war. Die Bundesregierung war nicht stark genug, diesen Teufelskreis zu durchbrechen, und bald versuchte sie es auch gar nicht mehr. Ein ganz zentraler Aspekt der deutschen Ostpolitik blieb damit vorerst unausgeführt.

Der schwierige Weg zu SALT II

Die Grenzen der «persönlichen Diplomatie», auf die Breschnew und Nixon gesetzt hatten, wurden alsbald auch bei den Verhandlungen über die strategische Rüstung deutlich. Im Laufe des Jahres 1974 verlor Breschnew gleich beide Partner seiner Entspannungspolitik: Im Mai trat Brandt zurück, weil er nach der Enttarnung des DDR-Spions Günter Guillaume eine Demontage seiner Person auf sich zukommen sah; im August erklärte Nixon seinen Rücktritt, nachdem das Repräsentantenhaus ein Amtsenthebungsverfahren wegen seines Verhaltens in der Watergate-Affäre gegen ihn eingeleitet hatte. Die deutsche Entspannungspolitik verlor dadurch an Dynamik, die amerikanischen Entspannungspolitiker büßten Autorität ein. Breschnew wiederum verlor aus gesundheitlichen Gründen an Durchsetzungskraft: Im November erlitt er einen ersten Schlaganfall, von dem er sich nur schlecht erholte.

Angesichts des Verfalls seiner Autorität hatte schon Nixon Schwierigkeiten, den Sowjets auch in der Ausstattung mit MIRV-bestückten Raketen Parität zuzugestehen. Bei seiner dritten Begegnung mit Breschnew Ende Juni 1974 – zunächst in Moskau, dann wie einst Brandt auf Breschnews Sommerresidenz in Oreanda – konnten daher nur Vereinbarungen in Nebenfragen getroffen werden: eine Reduzierung der erlaubten ABM-Systeme von zwei auf je eines, ein Verbot unterirdischer Atomversuche mit einer Sprengkraft von mehr als 150 Kilotonnen, Regeln für den Austausch und die Zerstörung von veralteten strategischen Waffen. Nixons Nachfolger Gerald Ford gelang bei einem Arbeitstreffen mit Breschnew am 23. und 24. November 1974 in Wladiwostok eine Vereinbarung, die die Sowjetunion zum Abbau der unterdessen erreichten quantitativen Überlegenheit bei den strategischen Trägersystemen verpflichtete, ihr aber gleichzeitig die Möglichkeit eröffnete, den Rückstand in der Ausstattung mit Mehrfachsprengköpfen allmählich aufzuholen. Als die Experten im Januar 1975 mit der Aushandlung der Details dieser Vereinbarung begannen, bestanden die amerikanischen Vertreter aber plötzlich auf der Einbeziehung der neuartigen «Backfire»-Bomber in die Berechnung der Höchstgrenze für die sowjetische Seite, während sie die ebenfalls neuen amerikanischen Marschflugkörper (Cruise-Missiles) nicht mitrechnen wollten.

Die sowjetische Seite war umso weniger bereit, sich auf diese Zumutungen einzulassen, als der amerikanische Kongress die Gewährung der Meistbegünstigungsklausel sowie zinsgünstiger Kredite an die Sowjetunion, wie sie im Handelsvertrag vom Oktober 1972 vorgesehen waren, im Dezember 1974 an sowjetische Garantien für die freie Auswanderung jüdischer Sowjetbürger band. Breschnew hatte eine solche Blockierung des Handelsvertrags verhindern wollen, indem er die Auswanderungsquoten stillschweigend ausweitete. Nachdem der demokratische US-Senator Henry Jackson die Ausreise aber zur Bedingung für die wirtschaftliche Unterstützung gemacht hatte, sah der Generalsekretär keine Möglichkeit mehr, den Vertrag zu retten. Der Vertrag wurde storniert, die Auswanderungsrate ging zurück, und Breschnew wurde mit der Frage konfrontiert, wie denn die militärischen Zugeständnisse in der Wladiwostok-Vereinbarung zu rechtfertigen seien, wenn doch die wirtschaftlichen Früchte der Entspannung ausblieben.

Jacksons moralische Offensive gegen die Entspannungspolitik erhielt durch die amerikanische Niederlage in Indochina zusätzliche Resonanz. War es mit dem Pariser Abkommen vom Januar 1973 zunächst gelungen, sie noch einigermaßen verborgen zu halten, so wurde sie im Frühjahr 1975 überdeutlich. Eine neue Großoffensive der Nordvietnamesen ließ das korrupte und demoralisierte Thieu-Regime zusammenbrechen. Am 30. April 1975 nahmen sie die Hauptstadt Saigon ein. Fernsehbilder des letzten amerikanischen Helikopters, der nicht mehr alle Regime-Anhänger mitnehmen konnte, die sich auf das Dach der amerikanischen Botschaft geflüchtet hatten, führten die Demütigung der amerikanischen Militärmacht jedermann drastisch vor Augen. Wenige Tage zuvor war Phnom Penh, die Hauptstadt des benachbarten Kambodscha, in die Hände der Roten Khmer gefallen, Verfechtern einer Art von Steinzeit-Kommunismus, die nun mit der Liquidierung oder Umerziehung der städtischen Bevölkerung begannen. In Laos, das ebenfalls in den Vietnam-Krieg involviert gewesen war, konnten sich die Kommunisten danach ebenfalls durchsetzen: Ende August übernahm die Rebellenbewegung Pathet Lao die Kontrolle des Landes.

Der Eindruck, dass der Kommunismus auf dem Vormarsch sei, wurde durch den Zusammenbruch des portugiesischen Kolonialreiches weiter verstärkt. Im April 1974 stürzte eine linksorientierte Gruppe junger Offiziere den Salazar-Nachfolger Marcelo Caetano, verfügte die sofortige Entlassung der afrikanischen Besitzungen in die Unabhängigkeit und begünstigte mit Unterstützung einer rasch wachsenden kommunistischen Partei gewaltsame Enteignungen der Großgrundbesitzer im Süden des Landes. Die Nelkenrevolution ließ das Gespenst einer kommunistischen Machtergreifung bei einem der ältesten NATO-Partner im

Westen Europas aufscheinen – wenn auch nur vorübergehend, bis zur Entmachtung der radikalen Offiziere durch gemäßigte Kameraden im Herbst 1975. Danach rief die kubanische Unterstützung für die marxistische Befreiungsbewegung in Angola neue Sorgen hervor. Castros Truppen wurden durch sowjetische Waffenlieferungen und Lufttransporte unterstützt – genauso wie die CIA den Südafrikanern zu Hilfe kam, die in Angola an der Seite der rivalisierenden Unabhängigkeitsbewegungen kämpften. Als die Marxisten den angolanischen Bürgerkrieg im Februar 1976 für sich entschieden, erschien auch das als ein sowjetischer Sieg.

Nachdem es Kissinger gelungen war, Ägypten nach dessen weitgehend vergeblichem Angriff auf Israel im Oktober 1973 auf die westliche Seite zu ziehen, fand Breschnew auch nichts dabei, einem Hilferuf des marxistischen Führers von Äthiopien, Leutnant Mengistu Haile Mariam nachzukommen, dessen Land seit Juni 1977 von somalischen Truppen angegriffen wurde. Um Stärke zu demonstrieren, wurde die sowjetische Unterstützung sogar bewusst überdimensioniert organisiert. Vom Dezember 1977 an flogen sowjetische Flugzeuge jede Menge Waffen und Panzer, 1500 sowjetische Militärberater und 12 000 Mann kubanische Kampftruppen nach Äthiopien. Mit ihrer Hilfe gelang es Mengistu bis zum Februar 1978, die Somalier zu vertreiben. Dass der Erfolg den Eindruck einer kohärenten kommunistischen Expansionsstrategie verstärken musste, nahm man im Moskauer Politbüro billigend in Kauf.

Die amerikanischen Präsidentschaftswahlen vom November 1976 wurden allerdings nicht von Henry Jackson gewonnen, sondern von dessen Parteifreund Jimmy Carter. Carter war ein politischer Neuling, der den Entspannungsprozess durchaus fortsetzen wollte, sich dabei aber so ungeschickt anstellte, dass er die Verständigung erst einmal weiter erschwerte. Sein Wunsch, statt der Begrenzung eine radikale Reduzierung der strategischen Rüstung in Angriff zu nehmen, führte zu einem neuen Verhandlungsvorschlag des Pentagon, der den mühsam ausgehandelten Kompromiss von Wladiwostok wieder zugunsten einer amerikanischen Vormachtstellung aufschnürte und entsprechende Gegenforderungen der sowjetischen Militärs hervorrief. Gleichzeitig ließ er sowjetischen Dissidenten demonstrativ öffentliche Unterstützung zukommen. Das trug nicht nur zur Verschärfung ihrer Verfolgung bei. Es hinderte Breschnew auch, einen direkten Draht zu dem neuen Präsidenten aufzubauen.

Unter dem Eindruck der vermeintlichen Erfolge sowjetischer Expansionsstrategie in Afrika ließ sich Carter von seinem Sicherheitsberater Zbigniew Brzeziński auch dazu überreden, in stärkerem Maße die «chinesische Karte» zu spielen. Im Mai 1978 ließ er Brzeziński nach Peking reisen, um die Möglichkeiten strategischer Zusammenarbeit und technologischer Hilfe zu besprechen. Die Pekinger Regierung honorierte die offenkundige Parteinahme im chinesisch-sowjetischen Grenzkonflikt mit der Bereitschaft, die Beziehungen zu den Vereinigten Staaten zu normalisieren, ohne weiter auf der vorherigen Preisgabe Taiwans zu bestehen.

Mitte Dezember kündigte ein gemeinsames chinesisch-amerikanisches Kommuniqué der überraschten Weltöffentlichkeit die Aufnahme diplomatischer Beziehungen an. Ende Januar 1979 rief Deng Xiaoping, der neue starke Mann der chinesischen Führung, seine amerikanischen Gastgeber bei einem Besuch in Washington zu einem Bündnis gegen die Sowjetunion auf.

Am 17. Februar 1979 marschierten chinesische Truppen in den Norden Vietnams ein, das zuvor ein förmliches Bündnis mit der Sowjetunion geschlossen hatte und gegen das Regime der Roten Khmer in Kambodscha Krieg führte. Carter, der Deng bei seinem Besuch dringend von einem solchen Schritt abgeraten hatte, begriff erst jetzt, dass er in der Parteinahme gegen die Sowjetunion zu weit gegangen war. Am 27. Februar ließ er Breschnew ausrichten, dass er die «Entwicklung guter Beziehungen zwischen unseren beiden Ländern» als seine «*größte* Verantwortung als Präsident» betrachte und es daher für dringend erforderlich halte, die aufgetretenen Spannungen zu überwinden.[45] Dann griff er persönlich ein, um letzte Widerstände des Pentagon und Brzezinskis gegen eine Wiederannäherung an die Wladiwostok-Formel in den SALT-Verhandlungen zu überwinden.

Das SALT-II-Paket, das bei einem Gipfeltreffen von Carter und Breschnew vom 15. bis 18. Juni 1979 in Wien unterzeichnet werden konnte (auf eine Reise nach Washington hatte man wegen des schlechten Gesundheitszustands von Breschnew verzichtet), beinhaltete einen raschen Abbau des sowjetischen Bestands an strategischen Waffenträgern auf die gemeinsame Obergrenze von 2250 gegen eine Begrenzung der mit Mehrfach-Sprengköpfen bestückten Raketen auf 1200 und eine Begrenzung der Zahl der Marschflugkörper pro schwerem Bomber. Beide Seiten sollten nur noch *einen* neuen Typ von Interkontinentalraketen entwickeln dürfen. Das Problem der Backfire-Bomber wurde dahingehend gelöst, dass ihre Zahl auf 275 begrenzt werden sollte und die Zahl der sowjetischen Interkontinentalraketen dafür um 150 reduziert wurde. Das war eine Regelung, die erneut keine substantielle Reduzierung der atomaren Rüstung brachte, dem potentiell unbeschränkten Wettrüsten aber deutliche Grenzen setzte und damit als Grundlage für weitere Vereinbarungen dienen konnte.

Die Begegnung zwischen Breschnew und Carter litt unter dem schlechten Gesundheitszustand des Generalsekretärs (der unterdessen auch das Amt des Präsidenten des Obersten Sowjets übernommen hatte) und der mangelnden Vorbereitung des amerikanischen Präsidenten. Beide versicherten sich aber, den Prozess der internationalen Entspannung fortsetzen zu wollen. Und sie kamen sich auch persönlich etwas näher. Der anfangs sehr formelle Carter brachte am dritten Tag Toasts auf «meinen neuen Freund, Präsident Breschnew» aus, und Breschnew meinte im kleinen Kreis, der amerikanische Präsident sei «im Grunde doch ein ganz netter Bursche».[46] Als beide zum Schluss der Verhandlungen ihre Unterschrift unter den SALT-II-Vertrag gesetzt hatten, ergriff Breschnew die Initiative zu einem Kuss. Das Foto, das dabei entstand, sollte als Sinnbild des Wiener Treffens um die Welt gehen.

3. NEUE AKTEURE IN DER WELTPOLITIK

Während Ost und West mühsam lernten, miteinander auszukommen, bildeten sich neue machtpolitische Zentren und Akteure in der Weltpolitik heraus. Zunächst war dies eine Folge der Dekolonisation beziehungsweise der Emanzipation einzelner Staaten von amerikanischer oder sowjetischer Hegemonie. Sodann machten sich die Folgen des Durchbruchs zu modernen Industriegesellschaften bemerkbar, die einigen asiatischen Staaten im Laufe der 60er und 70er Jahre gelang. Schließlich führte auch die Kartellbildung der erdölexportierenden Länder zu Machtverschiebungen, die der bipolaren Strukturierung des Weltstaatensystems entgegenwirkten. Die westlichen Industriestaaten hatten einige Mühe, sich diesen Veränderungen anzupassen. Dabei blieben Dispute, insbesondere zwischen den USA und ihren europäischen Verbündeten, nicht aus.

Die Bewegung der Blockfreien

Die Anfänge der Bewegung der blockfreien Staaten lassen sich bis in das Jahr 1947 zurückverfolgen, als Jawaharlal Nehru als Interimspremierminister noch vor der Unabhängigkeit Indiens asiatische und arabische Regierungen und Führer von Unabhängigkeitsbewegungen zu einer *Asian Relations Conference* nach New Delhi einlud. Dem indischen Premier ging es darum, die Solidarität der kolonisierten Völker des asiatischen Kontinents zu organisieren und ihnen gegenüber den Großmächten Gewicht zu verschaffen. Das erwies sich als schwierig. Eine permanente Organisation der teilnehmenden Länder, die er ins Leben rief, erlangte wenig Bedeutung. Gemeinsame Prinzipien, insbesondere das Prinzip der Bündnisfreiheit und Neutralität gegenüber den beiden Weltmächten, wurden erst auf einer Konferenz formuliert, zu der Nasser im Dezember 1952 nach Kairo einlud. Eine Konferenz im indonesischen Bandung im April 1955, an der Delegationen aus sechs afrikanischen und 23 asiatischen Staaten teilnahmen, darunter auf Betreiben Nehrus auch China, verabschiedete einen Katalog weiterer Grundsätze wie gegenseitige Anerkennung der Souveränität, Nichteinmischung in die inneren Angelegenheiten anderer Staaten, Regelung von Streitfragen mit friedlichen Mitteln und Zusammenarbeit. Auch wurde ein Verbot aller Atomwaffen gefordert.

Im gleichen Jahr 1955 nahm Nehru Verbindungen mit Josip Broz Tito auf, der 1948 dem Versuch Stalins getrotzt hatte, ihn wegen Unbotmäßigkeit durch willfährigere Genossen abzulösen, und seither versuchte, einen eigenen jugoslawischen Weg zum Sozialismus zu gehen. Die bislang nur sehr unverbindlich organisierte afroasiatische Solidarität weitete sich damit zu einer stärker strukturierten Gruppierung der blockfreien Staaten aus. Im September 1961 trafen sich die Vertreter von 25 blockfreien Staaten in Belgrad. Zu den Teilnehmern gehörten auch Kuba sowie ein Teil der kürzlich unabhängig gewordenen afrikanischen Staaten, geführt von Ghana und Guinea. Nehru versuchte die Gruppierung jetzt als Mahnerin für den Weltfrieden zu profilieren, war damit aber nicht sonderlich erfolgreich. Die Resolutionen, die die Weltmächte aufforderten, an den Verhandlungstisch zurückzukehren, gingen allzu großzügig über sowjetische Aktionen wie den Bau der Berliner Mauer hinweg.

Die Bewegung geriet in eine ernste Krise, als China im Oktober 1962 in das menschenleere, aber für die Verbindung nach Tibet wichtige Gebiet von Ost-Ladakh einmarschierte, das rechtlich zu Indien gehörte. Nehru versuchte daraufhin, die Sowjetunion als Gegengewicht zu China in den Kreis der afroasiatischen Mächte einzubeziehen. Das war für Indonesien kaum und für Pakistan überhaupt nicht akzeptabel, und so endeten Verhandlungen über die Einberufung einer zweiten Bandung-Konferenz, für die sich insbesondere Indonesiens Präsident Sukarno stark gemacht hatte, im Oktober 1965 mit einer Vertagung auf unbestimmte Zeit. Der organisatorische Fortbestand der Blockfreien-Bewegung wurde unterdessen von Tito und Nasser gesichert, die für Oktober 1964 eine zweite Konferenz der Blockfreien nach Kairo einberufen hatten. China war nicht eingeladen worden. Stattdessen nahm eine ganze Reihe weiterer afrikanischer Staaten teil.

Den Anstoß zur inhaltlichen Neuausrichtung und damit auch zur langfristigen Stärkung der Bewegung gab Fidel Castro mit einer «Solidaritätskonferenz der Völker Asiens, Afrikas und Lateinamerikas», zu der er im Januar 1966 Vertreter von 82 Staaten in Havanna begrüßen konnte. Sie thematisierte zum ersten Mal die fortdauernde ökonomische Abhängigkeit der aus Kolonien hervorgegangenen Länder von den Industrieländern und ließ damit ein gemeinsames Interesse der Länder aller drei Kontinente deutlich werden. Unter dem Einfluss der Dependenztheorie, die von lateinamerikanischen Wissenschaftlern entwickelt worden war, formulierten die Teilnehmer aggressive Forderungen an die Adresse der, wie es

hieß, imperialistischen und neokolonialen «Ausbeuter». Auf einer weiteren Konferenz in Algier im Oktober 1967, an der die Vertreter von 77 Staaten teilnahmen, wurden die Forderungen präzisiert: Sie zielten jetzt auf die Einräumung von
Zollpräferenzen für Rohstoffe und Produkte aus den Entwicklungsländern, An-
hebung der Entwicklungshilfe der Industriestaaten und auflagenfreie Kreditvergabe durch den Internationalen Währungsfonds. Die «Gruppe der 77» etablierte
sich damit als Wirtschaftslobby der so genannten Dritten Welt.

In den 70er Jahren, als das Problem der Verschuldung vieler Entwicklungsländer deutlich wurde, machte sie immer stärker von sich reden. Die Gipfelkonferen-
zen der Blockfreien fanden jetzt unter verstärkter Beteiligung lateinamerikanischer Länder im regelmäßigen Turnus von drei Jahren statt. Gleichzeitig nutzte
die «Gruppe der 77» verstärkt das Forum der Vereinten Nationen. 1974 gelang
ihnen die Verabschiedung einer Erklärung über die Errichtung einer «Neuen
Weltwirtschaftsordnung» durch die sechste Sondergeneralversammlung der Vereinten Nationen. Auf der vierten United Nations Conference on Trade and Development (UNCTAD IV), die 1976 in Nairobi zusammentrat, erreichten sie die
Verständigung auf ein integriertes Rohstoffprogramm, das den enormen Preis-
schwankungen bei Rohstoffen Einhalt gebieten sollte. Die beiden nächsten
UNCTAD-Zusammenkünfte 1979 und 1983 blieben ohne konkreten Ergebnisse,
bei UNCTAD VII 1987 in Genf kam es dann aber zu einer Annäherung von Entwicklungsländern und Industriestaaten: Letztere sagten gezielte Unterstützung
für vermehrte Eigenanstrengungen der Entwicklungsländer zu.

Natürlich litten die UNCTAD-Vereinbarungen unter ihrer geringen Verbind-
lichkeit. Auch wurde die Blockfreienbewegung erneut durch politische Gegensätze geschwächt. Castro versuchte Ende der 70er Jahre, die Gruppe der Blockfreien enger an die Sowjetunion heranzuführen. Das wurde jedoch von Tito
verhindert. Kubas militärische Intervention an der Seite der Sowjetunion im Konflikt zwischen Äthiopien und Somalia wurde scharf kritisiert, seine Führungsrolle in der Bewegung ging verloren. Intensivere Süd-Süd-Beziehungen wie die
kubanische Unterstützung für das MPLA-Regime in Angola oder die Handelsbeziehungen zwischen Brasilien und mehreren afrikanischen Staaten blieben
zeitlich und länderspezifisch begrenzt. Dennoch wirkte der Zusammenhalt der
blockfreien Staaten der Ost-West-Polarisierung entgegen. Gleichzeitig gelang es
ihnen, das Problem der Unterentwicklung auf die Tagesordnung der internationalen Politik zu setzen. Sie schufen damit die Voraussetzungen dafür, dass es nach
dem Ende des Ost-West-Konflikts ernsthafter in Angriff genommen werden
konnte.

Japan und die Tigerstaaten

Stärkeren Einfluss auf den Gang der internationalen Politik hatte aber der Aufstieg Japans und der kleineren ostasiatischen Staaten Südkorea, Taiwan, Hongkong und Singapur zu führenden Industriestaaten. Im Kern ergab er sich aus Industrialisierungsprozessen, die im 19. Jahrhundert eingesetzt hatten und dann durch die Bürgerkriege und Kriege der ersten Hälfte des 20. Jahrhunderts schwer behindert, aber nicht dauerhaft gestoppt worden waren. Kluge, wenn auch im Einzelnen unterschiedliche Entwicklungsstrategien und diskrete Unterstützung durch die amerikanische bzw. britische Schutzmacht sorgten dafür, dass sich dieser Aufstieg mit einer Dynamik vollzog, die die bisherigen Industriestaaten in ihrer Entwicklung nicht gekannt hatten.

Zunächst war diese Entwicklung in Japan zu beobachten. Unter dem Schutz hoher Zollmauern und durch eine Unterbewertung des Yen begünstigt, die beide von den USA um der Sicherheit im Kalten Krieg willen toleriert wurden, beschleunigte sich die Industrialisierung hier seit Mitte der 50er Jahre. Immer mehr Menschen zogen vom Land in die Städte. Hohe Bildungsinvestitionen und niedrige Löhne ließen international konkurrenzfähige Produktionszweige heranreifen, gefördert durch eine politische Organisation des Marktes, die auf Produktivitätssteigerung hin angelegt war. Konkurrenzfähigkeit wurde zunächst in der Textilindustrie und bei der Herstellung von optischen Geräten erreicht, Mitte der 60er Jahre in der Stahlindustrie und im Schiffbau, wenig später in der Automobilindustrie. Danach boomte, begünstigt durch die unterdessen steigenden Löhne, auch die Elektroindustrie. Bereits 1968 erwirtschaftete Japan auf diese Weise ein höheres Bruttosozialprodukt als die Bundesrepublik Deutschland. Es rückte damit zur zweitstärksten Wirtschaftsmacht des Westens hinter den USA auf. Das Volkseinkommen Japans verdoppelte sich in weniger als einem Jahrzehnt; der Anteil der Japaner, die in der Landwirtschaft arbeiteten, fiel von 38 Prozent in 1955 auf 12,6 Prozent in 1975.

Die Wachstumsraten verlangsamten sich in den 70er Jahren. Das war zum einen auf die Vervierfachung der Ölpreise Ende 1973 zurückzuführen, zum anderen aber auch auf den wachsenden Druck auf Verbesserung der Lebensbedingungen. Der Anteil der Staatsausgaben am Bruttosozialprodukt stieg von 12,7 Prozent in 1973 auf 17,7 Prozent in 1980. Im Prinzip ging das Wachstum aber weiter, weil Japan nun mit hochwertigen und immer noch preiswerteren Produkten auf den Weltmarkt drängte. Zum Teil profitierte die japanische Wirtschaft dabei auch von einem eigenen industriellen Know-how, das der ausländischen Konkurrenz überlegen war. Substantielle Forschungsförderung und die gezielte Entwicklung von High-Tech-Industrien (Computer, Elektronik) legten die Grundlagen für einen beispiellosen Exportboom in der ersten Hälfte der 1980er Jahre.

Der wirtschaftliche Aufstieg begünstigte Japans Emanzipation von der amerikanischen Schutzmacht. Bereits 1967 forderte die Regierung die Rückkehr Okinawas in den japanischen Hoheitsbereich. 1969 hatte sie damit Erfolg: Bei einem Besuch in Washington konnte Premierminister Eisako Satō die Rückgabe der Inselgruppe zum 15. Mai 1972 vereinbaren. Die amerikanischen Stützpunkte sollten zwar erhalten bleiben, die Jurisdiktion aber wieder bei den japanischen Organen liegen. Bei der Aktualisierung des amerikanisch-japanischen Sicherheitsvertrags im Juni 1970 wurde für beide Seiten das Recht zur jährlichen Kündigung festgeschrieben. Als Nixon dann im Frühjahr 1972 Verbindungen mit der chinesischen Führung aufnahm, ohne vorher mit seinen japanischen Verbündeten zu sprechen, entschloss man sich in Tokio, diplomatische Beziehungen zu Peking anzuknüpfen, ohne weiter auf amerikanische Interessen Rücksicht zu nehmen. Bei einem Besuch von Premierminister Kakuei Tanaka in Peking im September 1972 erklärte Japan den 1952 mit der nationalchinesischen Regierung auf Taiwan geschlossenen Friedensvertrag für ungültig. Taiwan wurde von Japan als integraler Bestandteil der Volksrepublik China anerkannt.

Auf die Aufnahme diplomatischer Beziehungen mit dem China Mao Zedongs folgte deren Intensivierung. Während Verhandlungen mit der Sowjetunion über den Abschluss eines Friedensvertrages an der japanischen Forderung nach Rückgabe der südlichen Kurilen scheiterten, schloss Japan am 12. August 1978 gegen den Widerstand der Sowjetunion wie der USA einen Friedens- und Freundschaftsvertrag mit der Volksrepublik China. Der Sicherheitsvertrag mit den USA wurde dadurch zwar nicht in Frage gestellt, dennoch hatte Japan damit die Grundlage für eine unabhängige Rolle im Kräfteparallelogramm des pazifischen Raumes gelegt.

Dieser Status wurde weiter gestärkt durch einen dynamischen Anstieg der japanischen Investitionen im Ausland. Von 1975 bis 1987 stiegen die Direktinvestitionen in Produktionsstätten im Ausland auf das Zehnfache. Zum Teil wurden damit Schutzvorkehrungen ausländischer Märkte umgangen, zum Teil wurde auch die Produktion in Länder mit niedrigerem Lohnniveau ausgelagert. Dazu kamen immer mehr Investitionen in ausländische Anleihen, Aktien und Obligationen. Dank der negativen Handelsbilanz der USA stieg Japan bis 1985 zum führenden Kreditgeber der Weltwirtschaft auf. 1987 löste Tokio New York als führenden Handelsplatz für Aktien ab. Im gleichen Jahr wurde deutlich, dass sich die japanischen Banken im Hinblick auf den Wert von Grundstücken und Investitionen in Südostasien gründlich verspekuliert hatten. Die Aktienmärkte brachen ein, und Banken und Unternehmen erlitten gewaltige Verluste. Das Ende des überproportionalen Wachstums änderte aber nichts daran, dass sich Japan unterdessen als internationale Industrie- und Finanzmacht fest etabliert hatte.

In Südkorea und auf Taiwan setzte der Umbruch zur Industriegesellschaft später ein als in Japan; er vollzog sich dann aber noch dynamischer. In beiden Ländern spielte die politisch bedingte finanzielle Unterstützung durch die USA eine große Rolle. Ebenso war eine spezifische Arbeitsteilung mit Japan von Bedeu-

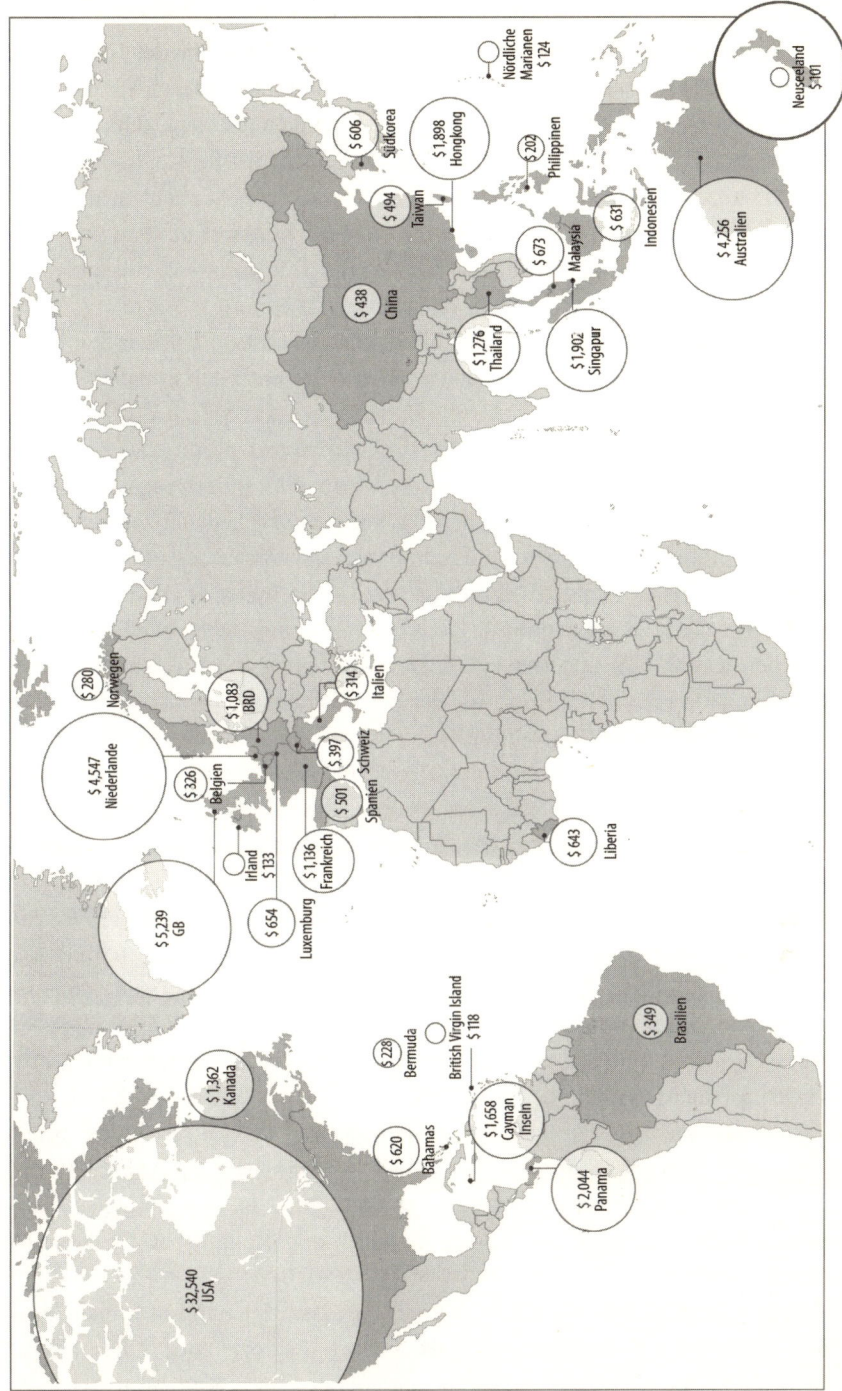

Karte 2: Die wichtigsten Empfänger direkter japanischer Auslandsinvestitionen, 1989 (in Mio. US-Dollar).

tung. Während japanische Firmen in Südkorea investierten, um von dem niedrigeren Lohnniveau zu profitieren, besorgten sich taiwanesische Firmen japanische Materialien und Halbfertigwaren zur Weiterverarbeitung. In beiden Fällen war das industrielle Wachstum daher von vornherein exportorientiert. Hochwertige Fertigprodukte zu günstigen Preisen gingen vor allem in die USA – zunächst preiswerte arbeitsintensive Produkte wie Textilien und Spielwaren, in den 70er Jahren schwerindustrielle Produkte, Schiffsbau und Konstruktion, in den 80er Jahren dann hochentwickelte elektronische Geräte. Dabei entwickelte insbesondere Südkorea bei den Letzteren eigenes technologisches Know-how.

Noch dynamischer verlief das exportorientierte Wachstum bei den Stadtstaaten Hongkong und Singapur. Hier ging es allerdings nicht um einen Übergang von der Landwirtschaft zur Industrie, sondern vom Handel zur Produktion. Beide Städte hatten sich als Handelsplätze und Militärstützpunkte des Britischen Empire entwickelt und sahen sich nun von ihrem Hinterland abgeschnitten – Hongkong, seit sich in China das auf autarke Entwicklung bedachte Regime Mao Zedongs durchgesetzt hatte, Singapur seit dem Ausscheiden aus der Föderation Malaysia im Jahr 1965. Bei der Umorientierung auf hochwertige Produktion profitierte Hongkong vom Zustrom gut ausgebildeter chinesischer Flüchtlinge und chinesischen Kapitals. Singapur setzte auf freien Zugang ausländischen Kapitals in Verbindung mit staatlicher Kontrolle der Entwicklung der Infrastruktur. Beide Stadtstaaten produzierten notwendigerweise von Anfang an für den Weltmarkt, beide entwickelten dabei ihre Produktpalette wie Südkorea und Taiwan, allerdings ohne die schwerindustrielle Komponente, die nur in den Flächenstaaten möglich war. Beide gewannen bis zu den 80er Jahren auch als Finanzplätze an Bedeutung.

Das Pro-Kopf-Einkommen in Hongkong und Singapur stieg auf diese Weise in den 80er Jahren auf mehr als das doppelte Niveau der Einkommen in Südkorea und Taiwan. Zusammen erreichten diese vier ostasiatischen Staaten, und das machte ihren Aufstieg weltpolitisch so bedeutsam, bis 1988 einen Anteil von 8,1 Prozent am Welthandel. Das war kaum weniger als der Anteil Japans (9,6 Prozent) und fast das Doppelte des Anteils aller lateinamerikanischen Länder zusammengenommen (4,2 Prozent). Nimmt man hinzu, dass dieser Anteil in den Anfängen der Expansionsperiode 1963 bei 1,6 Prozent gelegen hatte, wird verständlich, wieso diese Staaten in der westlichen Welt als «Tigerstaaten» wahrgenommen wurden.[47] Sie selbst bezeichneten sich allerdings lieber als die «vier kleinen Drachen».

Politisch vollzog sich der Aufstieg der ostasiatischen Staaten unter mehr oder weniger autoritären Vorzeichen. In Japan konnte die regierende Liberaldemokratische Partei, in Wahrheit eine Koalition rivalisierender Gruppierungen, ihre Macht in Wahlen immer wieder behaupten; erst nach dem wirtschaftlichen Einbruch an der Schwelle zu den 90er Jahren konnte eine Koalition von Oppositionsparteien 1993 für einige Jahre die Regierung übernehmen. In Südkorea errichtete General Park Chung Hee im Mai 1961 eine Militärherrschaft, die zwischen Repression und Wahlbestätigung schwankte und erst 1987 offenen Wahlen Platz machte. In Taiwan herrschte die zugewanderte Guomindang unter der Führung von Jiang Kaishek, der von 1950 bis zu seinem Tode 1975 als Präsident amtierte. Erst 1987 setzte mit der Aufhebung des Kriegsrechts ein Demokratisierungsprozess ein. In Singapur wurde die ursprünglich sozialistische People's Action Party (PAP) in Wahlen immer wieder bestätigt. Ihr langjähriger Führer Lee Kuan Yew, Premierminister von 1959 bis 1990, griff seit Mitte der 70er Jahre wiederholt zu repressiven Mitteln, um aufkommenden Widerstand zu unterbinden. Hongkong schließlich blieb bis zur Rückgabe an China, die 1984 für 1997 vereinbart wurde, britische Kronkolonie, in der eine wohlmeinende Verwaltung der Bevölkerung nur wenig Mitwirkungsrechte zugestand.

Ob die Einschränkung demokratischer Freiheiten die wirtschaftliche Modernisierung begünstigt hat, ist politisch umstritten. Sicher ist, dass in allen fünf Staaten ausgesprochen kluge Verbindungen von unternehmerischer Freiheit und präziser wirtschaftspolitischer Steuerung gefunden wurden. Die Dauerherrschaft einer Partei beziehungsweise eines Präsidenten führte allerdings in Japan und in Südkorea auch zu einem beträchtlichen Ausmaß an Korruption. Für alle fünf Länder gilt zudem, dass die gesellschaftlichen Folgen der wirtschaftlichen Modernisierung der autoritären Herrschaft mit der Zeit die Grundlagen entzogen.

Nahostkonflikt und Ölstaaten

Der Aufstieg der Ölstaaten hatte sich lange angebahnt, ohne dass dies von der Weltöffentlichkeit registriert worden wäre. Im Laufe der 60er Jahre war die Energieversorgung der europäischen Industriestaaten und Japans in zunehmendem Maße von importiertem Erdöl abhängig geworden. Gleichzeitig war der amerikanische Erdölimport in zehn Jahren um 50 Prozent gestiegen; die amerikanischen Ölreserven gingen allmählich zur Neige. Der wachsenden Bedeutung der Ölvorkommen des Nahen und Mittleren Ostens für die Energieversorgung der Industriestaaten – 1973 lag ihr Anteil an der Produktion bei 38 Prozent gegenüber sieben Prozent am Ende des Zweiten Weltkriegs[48] – entsprach ein wachsendes Selbstbewusstsein seiner Regierungen und demzufolge ein wachsender Anteil der erdölproduzierenden Länder an den Erträgen der Förderung. 1970 erzwang Muammar al-Gaddafi unter Androhung einer Nationalisierung der Erdölproduktion Libyens eine substantielle Preis- und Anteilssteigerung. Da die westeuropäischen Staaten ein Viertel ihres Erdölimports aus Libyen bezogen, konnte er sich damit durchsetzen und den Weg für Preis- und Anteilssteigerungen anderer Produzenten freimachen. Zur gleichen Zeit zogen die Briten ihre Truppen aus Kuwait und den Vereinigten Arabischen Emiraten am Persischen Golf ab, die zusammen mehr als ein Drittel des Erdöls des Nahen und Mittleren Ostens lieferten.

Einen gewaltigen Sprung nach oben machten die Erdölpreise dann im Zusammenhang mit der Entwicklung des Nahostkonflikts. Nasser hatte sich im Frühjahr 1967, mehr Getriebener als Treibender, zu einem neuen Angriff auf Israel entschlossen, und dem war die israelische Regierung am 5. Juni 1967 mit einem Luftangriff zuvorgekommen, der die Flugzeuge Ägyptens, Jordaniens, Syriens und des Irak fast vollständig am Boden zerstört hatte. Die Bodentruppen der Verbündeten hatten danach keine Chance mehr. Innerhalb von vier Tagen hatten israelische Truppen die Altstadt von Jerusalem, Westjordanien und die Sinai-Halbinsel bis zum Suezkanal besetzt. Einem Waffenstillstandsappell der Vereinten Nationen hatten sie erst Folge geleistet, nachdem am 10. Juni auch die Golanhöhen an der Grenze zu Syrien erobert waren. Einer Friedensregelung war Israel mit diesem Sechs-Tage-Krieg aber noch nicht nähergekommen. Die arabischen Staaten sprachen dem israelischen Staat weiterhin die Existenzberechtigung ab; der Abnutzungskrieg an den Grenzen ging weiter.

Auf Dauer konnten die Araber aber die Niederlage von 1967 nicht ertragen. Nassers Nachfolger Anwar as-Sadat sah sich 1973 vor die Notwendigkeit gestellt, einen neuen Angriff auf Israel zu wagen, diesmal allerdings mit dem Ziel, eine für beide Seiten akzeptable Grenzziehung zu erzwingen. Dazu sollten ägyptische Truppen die Kontrolle über die Suez-Zone zurückgewinnen, während syrische Truppen die Golanhöhen zurückeroberten. Mit diesen Faustpfändern sollten Friedensverhandlungen erzwungen werden, und dabei sollten die erdölexportierenden Länder, insbesondere Saudi-Arabien, Druck auf die westlichen Regierungen ausüben. Erst nachdem ihm König Faisal von Saudi-Arabien im August 1973 seine Unterstützung zugesagt hatte, entschied sich Sadat für den Krieg.

Die Angriffe der Armeen Ägyptens und Syriens erfolgten am 6. Oktober 1973, dem Tag des jüdischen Versöhnungsfestes (Jom Kippur). Dank besserer Bewaffnung als 1967 waren sie durchaus erfolgreich. Allerdings konnten israelische Panzerverbände und Flugzeuge vom 8. Oktober an die Golanhöhen zurückerobern. Eine ägyptische Entlastungsoffensive am Sinai-Gebirge führte zur Errichtung eines israelischen Brückenkopfes auf dem westlichen Kanalufer. Nachdem so ein militärisches Patt entstanden war, beschloss die Organisation erdölexportierender Länder (OPEC), von Saudi-Arabiens agilem Ölminister Ahmed Zaki Yamani zusammengeführt, am 17. Oktober in Kuwait, die Ölpreise um 70 Prozent zu erhöhen und die Öllieferungen an Länder, die Israel unterstützen, schrittweise zu drosseln, Monat für Monat um fünf Prozent. Als Präsident Nixon zwei Tage später Hilfslieferungen an Israel im Wert von 2,2 Milliarden Dollar ankündigte, verhängte Faisal ein vollständiges Embargo gegen die USA.

Der Druck, der von diesen Entscheidungen ausging, trug dazu bei, dass sich die Nixon-Administration jetzt für einen raschen Waffenstillstand und einen dauerhaften Friedensschluss engagierte. Die Sowjetunion hatte die arabische Seite zunächst mit Lufttransporten unterstützt, aus Sorge, ansonsten jeden Einfluss auf sie zu verlieren. Zugleich hatte sie aber zum Waffenstillstand aufgerufen. Die Nixon-Regierung griff dann mit einer Luftbrücke für Israel ein und schloss sich dem Waffenstillstandsaufruf an. Als Israel, unterdessen westlich von Suez auf dem Vormarsch, sich dem nicht beugen wollte, drängte Breschnew in einem Telegramm an Nixon am 24. Oktober auf einen gemeinsamen sowjetisch-amerikanischen Truppeneinsatz. Notfalls, fügte er hinzu, würde die sowjetische Regierung «die erforderlichen Maßnahmen auch allein ergreifen».[49] Das brachte Kissinger dazu, die US-Streitkräfte weltweit in höchste Alarmbereitschaft zu versetzen. Dann aber übte er seinerseits Druck auf Israel aus, und so konnte in der Nacht zum 26. Oktober eine Einstellung der Gefechte erreicht werden.

Um von der Feuereinstellung zum Friedensschluss zu gelangen, entfaltete Kissinger nun eine intensive Pendeldiplomatie zwischen Kairo, Tel Aviv und Damaskus. Bis zum 18. Januar 1974 gelang es ihm, ein Entflechtungsabkommen zwischen Israel und Ägypten zu vermitteln, wonach sich die israelischen Truppen bis vor die Sinai-Pässe zurückzogen und das Gebiet bis zum Suezkanal der Kontrolle durch UN-Kontingente überließen. Die Verhandlungen mit Syrien dauerten wesentlich länger. Erst Ende Mai 1974, nach vorübergehender Wiederaufnahme der Kampfhandlungen, stimmte Syriens Präsident Hafiz al-Assad einer Regelung zu, die den Rückzug der israelischen Truppen von den im Oktober 1973 eingenommenen Gebieten beinhaltete und an der Grenze zum Golan-Gebiet ebenfalls eine UN-Pufferzone errichtete. Die OPEC-Staaten honorierten Kissingers Bemühungen mit einer Aufhebung des Ölembargos gegen die USA.

Einer Friedensregelung standen freilich weiterhin unvereinbare Forderungen im Wege. Im November 1977 unternahm Sadat, wegen der katastrophalen Verschuldung Ägyptens dringend auf einen Frieden angewiesen, einen dramatischen Versuch, die festgefahrenen Verhandlungen zu durchbrechen: Er erklärte, für den Frieden «bis ans Ende der Welt» gehen zu wollen, sogar in die Knesset, das israelische Parlament. Die israelische Regierung kam nicht umhin, ihn dahin einzuladen. Am 20. November nannte er den israelischen Abgeordneten den Preis, den er für eine dauerhafte Anerkennung Israels und eine friedliche Zusammenarbeit verlangte: Rückzug aus den 1967 eroberten Gebieten und Errichtung eines Palästinenserstaates im Westjordanland. Das fand großen Beifall in der westlichen Welt und setzte Israel unter Druck.

Nach vergeblichen bilateralen Verhandlungen zwischen Ägypten und Israel erzwang US-Präsident Carter bei einem Treffen mit Sadat und Israels Premierminister Menachim Begin vom 6. bis 17. September 1978 die israelische Zustimmung zur Beendigung der Militärverwaltung auf dem Westufer und in Gaza.

Israelische Versuche, davon wieder wegzukommen, unterband er mit Besuchen in Kairo und Jerusalem im März 1979. Am 26. März 1979 konnte der ägyptisch-israelische Friedensvertrag in Washington unterzeichnet werden. Auch Carter unterschrieb, als «Zeuge». Dem Vertrag entsprechend zogen sich die israelischen Truppen bis 1982 in zwei Etappen aus dem Sinai zurück; israelische Siedlungen im Sinai-Gebiet wurden aufgegeben. Zwei Monate nach Inkrafttreten des Vertrages begannen Verhandlungen über die Verwirklichung der palästinensischen Autonomie. An ihnen sollten sich freilich neue Gegensätze entzünden, diesmal zwischen den Israelis und den Palästinensern selbst.

Die Vertreter der Erdölstaaten fassten auf einer zweiten Zusammenkunft am 4. und 5. November 1973 weitere Beschlüsse, die auf eine Vervierfachung des Ölpreises gegenüber dem Stand von Anfang Oktober hinausliefen. Sie nutzten damit die strategische Rolle im Nahostkonflikt, die ihnen durch die Bündnisstrategie Sadats zugefallen war, um die wirtschaftlichen Kräfteverhältnisse radikal zu ihren Gunsten zu verändern. Insgesamt stiegen die Öleinnahmen der OPEC-Länder allein im Jahr 1973 auf das Dreifache, von 33 Milliarden auf 108 Milliarden Dollar. Sie erreichten damit eine Summe, die 13 Prozent der globalen Exportwerte ausmachte.[50] Die OPEC-Staaten wurden dadurch mit einem Schlag zu wirtschaftspolitischen Akteuren, die nicht nur auf die Entwicklung der Konjunktur Einfluss nahmen, sondern auch ausländische Arbeitskräfte anzogen und einen Teil ihrer immensen Gewinne weltweit, besonders aber in den Industrieländern investierten.

In den Staaten der arabischen Halbinsel führte der neue Reichtum zu einem schnellen Umbruch von halbnomadischen Feudalgesellschaften zu wohlfahrtsstaatlicher Patronage, die es den regierenden Fürstenhäusern ermöglichte, ihre Macht zu befestigen. Ihre Abhängigkeit von wohlhabenden Kaufmannsfamilien sank, Führer rivalisierender Stämme konnten in die Verwaltung des Reichtums eingebunden werden, und die vordem in prekären Verhältnissen lebende Bevölkerung wurde durch vielfältige Wohltaten ruhig gehalten. Während internationale Spitzenarchitekten traditionelle Herrschersitze und Häfen zu ultramodernen Städten ausbauten und ausländische Arbeitskräfte die Erdölindustrie perfektionierten, setzten die Regierungen umfassende Bildungsprozesse in Gang und begannen mit eigener Industrieproduktion. Deren Anteil am Bruttosozialprodukt blieb allerdings beschränkt. Der überwiegende Teil der ausgebildeten einheimischen Bevölkerung ging in die rasch wachsende Verwaltung, die so genannte Petro-Bürokratie. Im tonangebenden Saudi-Arabien achtete die Königsfamilie zudem darauf, die religiösen Führer der einflussreichen Wahhabiten nicht zu verärgern. Auf diese Weise ließ sich vermeiden, dass sie zu Kristallisationspunkten einer möglichen Opposition wurden.

Demgegenüber traf der neue Reichtum im Iran auf eine wesentlich weiter entwickelte, komplexere Gesellschaft, und der regierende Schah, Mohammed Reza

Pahlavi, erwies sich als wesentlich ungeschickter bei seiner Verteilung. Der Schah setzte einseitig auf die Entwicklung einer modernen Industrie auf Kosten der traditionellen Mittelklasse; er investierte große Summen in die Entwicklung einer unproduktiven Militärmacht; er suchte die modernen Eliten mit Polizeigewalt von der Macht fernzuhalten und brachte mit seinen Modernisierungsmaßnahmen gleichzeitig die religiösen Führer gegen sich auf. Als das Land 1978 infolge verfehlter Investitionen in eine Rezessionskrise geriet, fand der Ayatollah Ruhollah Khomeini mit seinen Tiraden gegen den gottlosen, mit den westlichen Teufeln verbündeten Schah daher außerordentliche Resonanz.

Das Schah-Regime ging mit brutaler Härte gegen die Proteste vor, ließ sie dadurch aber nur noch weiter anwachsen. Khomeini wurde im August 1978 ausgewiesen, gewann dadurch aber nur noch größeren Einfluss. Von einem Pariser Vorort aus schickte er seine Botschaften per Tonbandkassetten in die Moscheen und Versammlungsräume der Muslime, per Telefon gab er den Führern der verschiedenen Oppositionsgruppen Anweisungen. Anfang Dezember nutzte er das religiöse Gedenken an den Märtyrertod des Schiitenführers Hussein zur Entfachung eines Massenprotests: Fast zwei Millionen Menschen demonstrierten am 10. Dezember in Teheran gegen die Herrschaft des Schahs. Mohammed Reza Pahlavi wusste sich nur noch dadurch zu helfen, dass er eine zivile Regierung installierte und am 16. Januar 1979 mit seiner Familie das Land verließ. Wenn sich die Lage beruhigt haben würde, wollte er zurückkehren.

Daraus wurde jedoch nichts. Khomeini kehrte am 1. Februar 1979 triumphierend aus dem Exil zurück und setzte sogleich eine Gegenregierung ein. Es gelang ihm, die Generäle weitgehend zu neutralisieren. Nach einem einzigen, wenn auch blutigen Gefecht zwischen der Kaiserlichen Garde und Luftwaffeneinheiten dankte die Schah-Regierung am 11. Februar ab.

In dem Kräfteringen um die neue politische Ordnung, das nun einsetzte, kamen dem religiösen Führer zwei Ereignisse zugute: zum einen die Besetzung der amerikanischen Botschaft in Teheran durch militante Studenten am 4. November 1979, zum anderen der Krieg mit dem Irak, der durch einen Angriff des neuen irakischen Führers Saddam Hussein am 22. September 1980 ausgelöst wurde. In der Botschaft konnten Papiere gefunden werden, die westlich orientierte Politiker diskreditierten. Als dann die US-Regierung Saddam Hussein zu Hilfe kam (wie zuvor schon Saudi-Arabien, Kuwait und Frankreich), um einen Export der iranischen Revolution in den Irak zu verhindern, steigerte das den anti-amerikanischen Furor im Iran nur noch mehr. Im Dezember 1979 wurde eine Verfassung per Referendum gebilligt, die einen obersten religiösen Führer mit weitgehenden exekutiven Vollmachten ausstattete. Während des Krieges mit dem Irak konnten gemäßigte Politiker ebenso ausgeschaltet werden wie militante Terroristen; konservative Ayatollahs, die sich gegen das Führerprinzip wandten, wurden an den Rand gedrängt.

Eine Frau mit einem schwarzen Tschador und einem G3-Sturmgewehr, Teheran, 12. Februar 1979. Sie beteiligt sich an der Besetzung der Universität Teheran einen Tag nach der iranischen Revolution. Ajatollah Ruhollah Khomeini gelang es, mit seinen Tiraden gegen den gottlosen Schah, der mit den «Teufeln» des Westens gemeinsame Sache gemacht habe, die Massen zu mobilisieren.

Die rapide sozio-ökonomische Modernisierung in der Begegnung mit dem Westen führte aber nicht nur im Iran zu einer Stärkung und Politisierung des Islams. Auch andere Regierungen, von Libyen bis Pakistan, machten sich seine Bindekräfte zunutze, um ihre Staaten und Gesellschaften über die gewaltigen materiellen Umbrüche hinweg zusammenzuhalten. Breite Kreise der Bevölkerung schenkten ihm größere Beachtung, um patriarchalische Familienstrukturen gegen den modernen Trend zur Individualisierung zu behaupten. Junge Studenten schließlich, die sich durch Entwicklungskrisen und starre Bürokratien um ihre Aufstiegschancen gebracht sahen, wurden nicht selten zu militanten Kämpfern eines fundamentalistischen Islamismus, der bald als eigenständiger politischer Faktor in Erscheinung trat. Die Besetzung der Großen Moschee von Mekka durch über vierhundert islamistische Studenten im November 1979 war ein erstes Indiz für seine zunehmende Bedeutung.

Nach dem Sturz des Schahs kam es zu einem zweiten Schub in der Entwicklung der Ölpreise. In seinem Ergebnis stieg der Preis pro Barrel Rohöl bis 1981 inflationsbereinigt auf das Zehnfache der Höhe, die er ein Jahrzehnt zuvor gehabt hatte. Die Erhöhung war diesmal allerdings nicht auf eine konzertierte Aktion der Produzenten zurückzuführen, sie resultierte vielmehr aus einer Panik der Märkte angesichts der Ungewissheit über Ausgang und Folgen der iranischen Revolution und wurde durch die kriegerische Auseinandersetzung zwischen den beiden großen Produzentenländern Iran und Irak noch verstärkt. So wurden das wirtschaftliche Wachstum und die Modernisierung der erdölproduzierenden Länder zwar noch einmal beschleunigt, zugleich verlor die OPEC aber viel von der 1973 errungenen Macht. Es etablierte sich ein komplexer Marktmechanismus, der die Erdölpreise von 1985 an auch wieder fallen ließ.

Das Treffen von Rambouillet

Der zweite Ölpreisschub hatte auch deswegen viel weniger dramatische Folgen, weil die Industrieländer unterdessen gelernt hatten, mit der neuen Herausforderung umzugehen. Der erste Ölpreisschub hatte die westlichen Industrieländer in einer Situation getroffen, in der der Aufholprozess der Westeuropäer nach den Kriegszerstörungen gerade zu Ende gegangen war und die USA infolge der Belastungen durch den Vietnamkrieg in ein Handelsbilanzdefizit gerutscht waren. Die Nixon-Regierung hatte auf diese Entwicklung mit der Aufgabe der Goldbindung des Dollars am 15. August 1971 reagiert; angestrengte Versuche, zu einem System fester Währungsparitäten zurückzukehren, waren im Frühjahr 1973 offenkundig gescheitert. Die höhere Belastung durch die Ölrechnungen führte folglich zu allgemeinen Preissteigerungen und Inflation; das Wachstum wurde weiter abgebremst, während das Krisenmanagement der nationalen Regierungen durch die Währungsschwankungen konterkariert wurde.

Aus tiefer Sorge um die politischen Folgen von Inflation, Wirtschaftsstillstand und Arbeitslosigkeit bemühten sich der französische Staatspräsident Valéry Giscard d'Estaing und der deutsche Bundeskanzler Helmut Schmidt um die Entwicklung einer gemeinsamen Krisenstrategie der Industriestaaten. Sie luden dazu den amerikanischen Präsidenten Gerald Ford und den britischen Premierminister Harold Wilson zu einem Gipfeltreffen im kleinen Kreis ein, das Mitte November 1975 auf Schloss Rambouillet (50 Kilometer westlich von Paris) stattfand. Entsprechend der weltwirtschaftlichen Bedeutung, die Japan unterdessen erlangt hatte, wurde der japanische Ministerpräsident Takeo Miki hinzugebeten. Und um die Gefahr eines Regierungseintritts der Eurokommunisten in Italien abzuwenden, lud man auch den italienischen Ministerpräsidenten Aldo Moro ein.

Die Sechs einigten sich darauf, das Kartell der Erdölproduzenten durch Förderung des Konsums zu unterlaufen: Niemand würde es sich dann mehr erlauben können, die Ölförderung künstlich zu drosseln; alle Produzenten würden versucht sein, sich auf Kosten der Konkurrenz höhere Einnahmen zu verschaffen. Weiterhin gab es eine Annäherung zwischen dem französischen und dem amerikanischen Standpunkt in der Währungsfrage: Die Teilnehmer vereinbarten zwar nicht die Rückkehr zu festen Wechselkursen, wie Giscard d'Estaing sie verlangt hatte; sie verständigten sich aber auf «Anstrengungen zur Wiederherstellung größerer Stabilität» und Maßnahmen gegen «gestörte Marktbedingungen oder unberechenbare Wechselkursschwankungen».[51] Ein Interimskomitee arbeitete dementsprechend 1976 Ergänzungen zum Vertrag über den Internationalen Währungsfonds aus. Die Regierungen wurden zu strengerer Disziplin in der Haushalts- und Wirtschaftspolitik verpflichtet, der Internationale Währungsfonds (IWF) erhielt die Aufgabe, diese zu überwachen.

Der Erfolg des Gipfels von Rambouillet veranlasste seine Teilnehmer, die Zusammenkünfte der Staats- und Regierungschefs der wichtigsten Industrieländer zu institutionalisieren. Schon 1976 fand das zweite Treffen statt, diesmal unter Einschluss Kanadas. Die Treffen der «Group of Seven» (G7) trugen dazu bei, mit den Herausforderungen fertig zu werden, die aus dem Aufstieg der neuen weltpolitischen Akteure resultierten. Allerdings sollten ihre Ergebnisse oft hinter den Erwartungen zurückbleiben: Die Neigung, sich im Glanz der wirtschaftlich Mächtigsten zu sonnen, überstieg oft die Bereitschaft zu tatsächlicher Koordination.

SALT – Kritik und Nachrüstung   Der Verlust der finanz- und währungspolitischen Hegemonie und mehr noch die demütigende Erfahrung der Besetzung der amerikanischen Botschaft in Teheran verstärkten in den USA den Trend zur Abkehr von der Entspannungspolitik. Präsident Carter gelang es nicht, die 52 amerikanischen Botschaftsangehörigen frei zu bekommen, weder durch drastische Sanktionen wie die Beschlagnahmung iranischen Kapitals in den USA noch durch diplomatische Kontakte. Ein Versuch, die Geiseln durch eine militärische Aktion im April 1980 zu befreien, scheiterte kläglich. Es dauerte nicht weniger als 444 Tage, ehe die eingeschlossenen Diplomaten die Botschaft am 20. Januar 1981 verlassen konnten. Über das ganze Jahr 1980 hinweg waren amerikanische Ohnmacht und der Hass der islamischen Fundamentalisten das beherrschende Thema auf den amerikanischen Fernsehschirmen. Oppositionelle Politiker, die der Regierung leichtfertige Preisgabe amerikanischer Interessen gegenüber der sowjetischen Supermacht vorwarfen, hatten unter diesen Umständen leichtes Spiel.

Das Bild von der Umarmung von Breschnew und Carter bei der Unterzeichnung von SALT II im Juni 1979 in Wien war Wasser auf die Mühlen der Entspannungsgegner, die seit Monaten gegen das Abkommen Front gemacht hatten. Ein Committee on the Present Danger, dem prominente Hardliner aus früheren Administrationen angehörten, darunter Eugene Rostow, Paul Nitze und Dean Rusk, warnte vor ungenügendem Widerstand gegen die sowjetische Hochrüstung, die die USA der Gefahr eines Entwaffnungsschlags aussetzte. Andere beklagten die Begrenzung der Zahl der Mehrfachsprengköpfe und der Cruise-Missiles oder kritisierten, dass die Sowjets ihre schweren Interkontinentalraketen behalten konnten, für die es auf amerikanischer Seite kein Pendant gab. Viele hielten Rüstungskontrollabkommen generell für verwerflich, solange die Sowjetunion Menschenrechte missachtete und ihren Einfluss in der Dritten Welt ausweitete. Senator Jackson, der Carter unmittelbar vor seiner Abreise nach Wien bezichtigt hatte, eine Politik des «Appeasement» zu betreiben, kündigte an, den Vertrag im Senat zu Fall zu bringen. Edward Rowny, der Vertreter der Vereinigten Stabschefs in der amerikanischen SALT-Delegation, trat aus Protest gegen die erzielten Kompromisse von seinem Amt zurück.

Mit der Wirklichkeit hatten die düsteren Warnungen vor einer sowjetischen Hochrüstung wenig zu tun. Gewiss hatte die Sowjetunion 1975 damit begonnen, ihre Interkontinentalraketen nach und nach mit Mehrfachsprengköpfen auszustatten, und die Zahl der Raketen auf U-Booten war über das amerikanische Niveau hinaus angewachsen (von 459 zum 30. Juni 1972 auf 923 zum 30. September 1979 gegenüber gleichbleibend 656 amerikanischen SLBMs). Ältere Raketen wurden durch Neuentwicklungen mit größerer Treffsicherheit ersetzt, und auch der Ausbau der Flotte ging weiter voran. Indessen war bei der gewaltigen Überlegenheit der amerikanischen Flotte an ein Einholen im maritimen Bereich auch nicht im Entferntesten zu denken. Ein einziger amerikanischer Flugzeugträger verfügte Mitte der 70er Jahre noch über mehr Munition als alle Schiffe der sowjetischen Überseeflotte zusammen. Die amerikanische MIRV-Ausstattung ging weit schneller voran als die sowjetische. Zu Beginn der 80er Jahre verfügten die USA über etwa 9500 Einzelwaffen für interkontinentale Angriffsträger, die Sowjetunion dagegen nur über etwa 5000; erlaubt waren nach SALT II 11 500 für die amerikanische Seite, 9500 für die sowjetische. Die Modernisierung der amerikanischen Systeme blieb hinter der sowjetischen keineswegs zurück; mit den Cruise-Missiles, die vom Radar nicht erfasst werden konnten, verfügten die USA sogar wieder über ein neues Element, dem die Sowjetunion vorerst nichts Vergleichbares entgegenzusetzen hatte. Die Verteidigungsausgaben der Sowjetunion stagnierten, bei der Anschaffung neuer Waffensysteme gab es seit 1976 deutliche Einschnitte.[52]

Die Beschränkungen der Modernisierungsmaßnahmen und die Zahl der Mehrfachsprengköpfe pro Rakete, die in SALT II vereinbart wurden, konnten die Gefahr eines sowjetischen Entwaffnungsschlags gegen die auf amerikanischem Territorium stationierten Interkontinentalraketen nicht vollkommen ausschließen. Das Gleiche galt aber auch für die amerikanische Fähigkeit zu einem Entwaffnungsschlag, der einen weit größeren Prozentsatz des sowjetischen Arsenals traf als umgekehrt. Mit dem Bau einer neuen Generation beweglicher Interkontinentalraketen vom Typ MX, die zwischen mehreren Abschussstellen hin und her transportiert werden konnten, legten sich die USA zudem einseitig eine Waffe zu, die durch einen Erstschlag nicht auszuschalten und auch nur schwer zu verifizieren war. Dadurch war der Umstand, dass allein die Sowjetunion über «schwere»

Interkontinentalraketen verfügte, mehr als ausgeglichen. Im Übrigen hatte nach den Bestimmungen von SALT II allein die Sowjetunion reale Kürzungen im Raketenarsenal vorzunehmen (um 350 strategische Raketen oder Bomber zum 1. Januar 1981); den USA blieb die Möglichkeit, sowjetisches Territorium auch mit den neuen Cruise-Missiles zu erreichen.

Größere Berechtigung hatte Helmut Schmidts Sorge, dass die «strategische Parität» zwischen den beiden Supermächten, wie sie in den SALT-Verträgen festgeschrieben wurde, die Drohung mit einem Ersteinsatz taktischer NATO-Atomwaffen oder einem amerikanischen Vergeltungsschlag zunehmend unglaubwürdig machte. Die neuen sowjetischen Mittelstreckenraketen vom Typ SS 20, die die etwa 600 älteren Raketen vom Typ SS 4 und SS 5 von 1977 an schrittweise ersetzten, waren geeignet, der Sowjetunion eine Erstschlagskapazität gegenüber den europäischen NATO-Verbündeten zu verschaffen. Anders als ihre Vorgänger waren sie mobil und damit weniger verletzlich. Sie verfügten über eine größere Reichweite und bei geringerem Wurfgewicht und geringerer Explosionskraft über größere Zielgenauigkeit; außerdem waren auf jeder Rakete drei Sprengköpfe montiert. Da war es theoretisch denkbar, dass eine sowjetische Führung sie in Verbindung mit den schnellen und schlecht aufzuhaltenden «Backfire»-Bombern dazu nutzen würde, in einem Überraschungsschlag Bodentruppen, Luftwaffe und in Europa stationierte Atomwaffen der NATO weitgehend auszuschalten. Da die Europäer nicht sicher sein konnten, ob die amerikanischen Verbündeten danach tatsächlich noch einen atomaren Vergeltungsschlag gegen die Sowjetunion führen würden, lag es nahe, einem solchen Erstschlag durch entsprechendes Wohlverhalten vorzubeugen.

Indessen schloss die Zweitschlagskapazität der Sowjetunion eine glaubwürdige Vergeltungsdrohung für den Fall eines sowjetischen Angriffs auf die europäischen Verbündeten keineswegs aus. Auch bei einer weitgehenden Zerstörung der festen Raketensilos war die Zahl der Sprengköpfe, die für einen inakzeptablen Vergeltungsschlag zur Verfügung standen, größer denn je, und ihr selektiver Einsatz war unverändert möglich. Zudem hatte die amerikanische Streitmacht die Zahl der seegestützten Sprengköpfe in Reichweite der Sowjetunion, die dem NATO-Oberbefehlshaber für Europa zur Verfügung standen, mit der Umrüstung von Polaris- auf Poseidon-Raketen verfünffacht (von 80 auf 400) und die atomar bestückten Kampfflugzeuge vom Typ F-111, die von Großbritannien tief in sowjetisches Gebiet vorstoßen konnten, mehr als verdoppelt (von 80 auf 164). Insofern stand im Prinzip auch eine «angemessene» Antwort auf einen sowjetischen Entwaffnungsschlag gegen das westliche Europa zur Verfügung.

Breschnew konnte darum offenbar nicht begreifen, wieso Schmidt sich Sorgen machte. Für ihn war die Ersetzung der zunehmend defekten und verletzlichen SS-4- und SS-5-Raketen ein ganz normaler Vorgang, vergleichbar mit der Modernisierung der westlichen Kurzstreckenwaffen und der Forward Based

Systems, die ebenfalls im Gange war. Sie schien umso mehr geboten, als sich die
USA der Einbeziehung der Forward Based Systems in ein Rüstungskontrollabkommen hartnäckig widersetzt hatten und Frankreich und Großbritannien
ebenso wie China ihre Mittelstreckenarsenale nicht nur modernisierten, sondern auch ausbauten. Breschnew reagierte daher mit Unverständnis, als Schmidt
gleich bei seinem ersten Besuch im Oktober 1974 versuchte, ihn auf das Problem des «eurostrategischen» Ungleichgewichts anzusprechen. Als Schmidt im
Juni 1979 versuchte, ihn für eine Begrenzung der Zahl der SS-20-Raketen zu
gewinnen, setzte er sich nicht gegen den Einspruch von Verteidigungsminister
Dimitri Ustinow durch.

Nach unerquicklichen Auseinandersetzungen über den möglichen Ersatz eines
Teils der in Europa stationierten taktischen Atomwaffen durch so genannte «Neu-
tronenwaffen» (die weniger materiellen Schaden anzurichten versprachen) verständigten sich Carter, Schmidt, Giscard d'Estaing und der britische Premierminister
James Callaghan bei einem Treffen auf Guadeloupe Anfang 1979 grundsätzlich auf
die Stationierung neuer Mittelstreckenraketen in Europa als Antwort auf die sowjetische Modernisierung. Einem Votum der europäischen Verteidigungsexperten
entsprechend sollten 464 Cruise-Missiles stationiert werden, die gegen die sowjetische Raketenabwehr immun waren, und 108 Raketen vom Typ Pershing II, die
strategische Ziele in der Sowjetunion in wenigen Minuten erreichen konnten. Damit verschaffte sich die NATO eine zusätzliche Erstschlagoption. Die Drohung
mit einem Entwaffnungsschlag, die theoretisch von den SS-20-Raketen ausging,
ließ sich damit freilich nicht beseitigen. Dagegen verschoben die neuen Mittelstreckenraketen das strategische Gleichgewicht, das aus sowjetischer Sicht infolge der
Nichtberücksichtigung der Forward Based Systems ohnehin noch nicht bestand,
weiter zugunsten der westlichen Seite. Aus sowjetischer Sicht war es gleichgültig,
ob amerikanische Raketen, die die Sowjetunion trafen, von den USA und ihren
U-Booten oder vom europäischen Kontinent aus gestartet würden.

Angesichts dieser Ambivalenz stieß der Plan zur Nachrüstung im eurostrategischen Bereich auch im westlichen Europa auf Kritik. Um den Bedenken Rechnung
zu tragen und möglichen Widerstand gegen die Stationierung zu neutralisieren,
verbanden die Außen- und Verteidigungsminister der NATO ihren Aufstellungs-
beschluss vom 12. Dezember 1979 daher mit einem Angebot an die Sowjetunion,
über eine Begrenzung der eurostrategischen Rüstung zu verhandeln. Die Aufstellung der neuen Raketen sollte erst vom Jahresende 1983 an erfolgen, und auch
dann nur, wenn die Verhandlungen bis dahin nicht zu konkreten Ergebnissen geführt haben sollten.

Die Afghanistan-Krise
Zu Verhandlungen waren freilich zunächst weder die Sowjets noch die Amerikaner bereit. Am gleichen 12. Dezember 1979, an dem in Brüssel der «Doppelbeschluss» gefasst wurde, fasste das
Moskauer Politbüro den Entschluss, Truppen nach Afghanistan zu entsenden.
Dort hatte nach einem Militärputsch im April 1978 eine Gruppe radikaler Kommunisten um Hafizullah Amin die Macht an sich gebracht. Sie überzogen das
Land mit einem energischen Modernisierungsprogramm und provozierten damit
überall Aufstände der traditionellen islamischen Kräfte. Die Moskauer Führung
versuchte, Amin zur Mäßigung und Verbreiterung seiner Machtbasis zu bewegen. Nachdem sie damit gescheitert war, fiel die Entscheidung, die radikalen
Kommunisten zu stürzen und durch gemäßigtere Kräfte zu ersetzen; diese sollten
größere Zustimmung im Lande finden und verbliebenen muslimischen Widerstand mit Hilfe der sowjetischen Truppen brechen.

Die Entscheidung war nicht unumstritten – wegen der voraussehbaren Schwierigkeiten, einen Guerillakrieg in den afghanischen Bergen zu gewinnen, und
wegen der Gefährdung der Entspannungspolitik, die von einer abermaligen sowjetischen Intervention in einem Land der Dritten Welt ausgehen musste. Verteidigungsminister Ustinow sprach sich aber dennoch dafür aus, vermutlich weil er
mit einem raschen Sieg auch den Kampf um die Nachfolge Breschnews für sich zu
entscheiden hoffte. Als Ustinow und Andropow die Gefahr eines Bündnisses der
radikalen Kommunisten mit den Amerikanern (!) an die Wand malten, ließ sich
auch Breschnew gewinnen. Am 25. Dezember 1979 wurden sowjetische Truppen
auf dem Luftweg in Kabul und im westlichen Afghanistan abgesetzt, gleichzeitig
überschritten motorisierte Einheiten die Grenze; insgesamt machte sich eine Interventionstruppe von 75 000 Mann auf den Weg. Am Abend des 27. Dezember
wurde der Präsidentenpalast in Kabul gestürmt, Amin und einige seiner getreuesten Anhänger wurden erschossen. Gleichzeitig ließ Babrak Karmal, Führer der
gemäßigteren Kommunisten, über einen Rundfunksender erklären, als Präsident
eines Revolutionsrates die sowjetischen Freunde um Hilfe gegen den Gewaltherrscher Amin gebeten zu haben.

Der Rückschlag für die Entspannungspolitik, den die Sowjetführung hier in
Kauf nahm, fiel heftiger aus, als man es sich in Moskau vorgestellt hatte. Carter
sah mit dem Coup von Kabul nicht nur alle Chancen für die Ratifizierung von
SALT II wegbrechen. Er fühlte sich auch persönlich von einem sowjetischen Präsidenten hintergangen, der ihm in Wien aufrichtiges Verhalten zugesichert hatte,
und akzeptierte darum Brzezinskis Interpretation, der den Einsatz sowjetischer
Truppen in Afghanistan als ersten Schritt zu einem Vorstoß über Pakistan und
den Iran bis zum Indischen Ozean deutete. Am 3. Januar 1980 bat er den Senat,
die Beratung des SALT-II-Vertrags für unbestimmte Zeit auszusetzen; tags darauf kündigte er in einer Fernsehansprache die weitgehende Stornierung des kul

Afghanische Flüchtlinge in Pakistan protestieren gegen den sowjetischen Einmarsch in Afghanistan, 5. Februar 1980. Die sowjetischen Hoffnungen, den islamistischen Widerstand im Land mit einer 75 000 Mann starken Invasionstruppe zu zerschlagen, wurden schon bald enttäuscht.

turellen und wirtschaftlichen Austauschs mit der Sowjetunion an, dazu einen Stopp der Getreidelieferungen, ein Embargo für High-Tech- und andere «strategische» Produkte, die Verschiebung der Eröffnung neuer Generalkonsulate in New York und Kiew und militärische und wirtschaftliche Hilfe für das vermeintlich bedrohte Pakistan. Am 20. Januar kam noch die Aufforderung an die amerikanischen Athleten hinzu, nicht an den Olympischen Spielen teilzunehmen, die für den Sommer 1980 in Moskau geplant waren.

Carters europäische Verbündete waren nicht bereit, diesen demonstrativen Abbruch der Entspannungspolitik mitzumachen. Sie hatten unterdessen die wirtschaftlichen Beziehungen und den Austausch von «Menschen, Informationen und Meinungen» mit dem Ostblock ausgebaut (inklusive des Freikaufs von politischen Gefangenen) und wollten allein schon deswegen das Projekt einer Überwindung der Blockkonfrontation nicht aufgeben. Handelsbeschränkungen als Antwort auf den Einmarsch sowjetischer Truppen in Afghanistan lehnten sie durchgehend ab. Stattdessen sprangen sie häufig dort ein, wo ursprünglich die Amerikaner als Kooperationspartner vorgesehen waren, sodass sich der europäisch-sowjetische Handel 1980 insgesamt beträchtlich ausweitete. Am Boykott der Olympischen Spiele in Moskau beteiligte sich nur die Bundesrepublik (gemeinsam mit China und Japan), und auch die nur nach heftigen innenpolitischen Auseinandersetzungen und in der Sorge, das westliche Bündnis nicht noch weiter zu belasten.

Giscard und Schmidt versuchten auch, den Ost-West-Dialog in Gang zu halten. Dazu reiste der französische Staatspräsident ohne vorherige Abstimmung im Kreis der Westmächte zu einem Treffen mit Breschnew am 19. Mai 1980 nach Warschau, der deutsche Bundeskanzler fuhr nach einem heftigen Schlagabtausch mit Carter am 30. Juni nach Moskau. Hinsichtlich des Afghanistan-Konflikts waren sie dabei nicht erfolgreich. Dagegen gelang es Schmidt, die Sowjetführung zu Verhandlungen über die Mittelstreckenraketen zu bewegen. Carter sträubte sich zwar gegen eine entsprechende Zusage, doch als Breschnew ihm am 21. August die Aufnahme von Verhandlungen vorschlug, konnte er mit Rücksicht auf den Verhandlungsteil des Doppelbeschlusses und die Kohäsion des westlichen Bündnisses nicht ablehnen. Am 25. September kamen Gromyko und der neue amerikanische Außenminister Edmund S. Muskie am Rande der UNO-Vollversammlung überein, Vorgespräche über die Begrenzung der Raketen mittlerer Reichweite am 16. Oktober in Genf beginnen zu lassen.

Der Verhandlungserfolg drohte sich aber gleich wieder zu verflüchtigen, als Carter am 4. November die Präsidentschaftswahlen verlor. Mit seinem demonstrativen Kurswechsel nach der Afghanistan-Intervention konnte er die Wähler nicht davon abhalten, sich gleich für das Original eines erklärten Entspannungsgegners zu entscheiden. Das war Ronald Reagan, der Kissinger ebenso des Ausverkaufs amerikanischer Interessen bezichtigt hatte wie Carter und nun explizit die Wiederherstellung amerikanischer Überlegenheit versprach.

**Reagan und die
Friedensbewegung**

Ronald Reagan trat seine Präsidentschaft mit einem relativ einfachen Weltbild an, das er auch offen vortrug. Entspannung war aus seiner Sicht gleichbedeutend mit westlicher Schwäche, eine Haltung, die es der Sowjetunion erlaubt hatte, «die größte Militärmaschinerie aufzubauen, die die Welt je gesehen hat»,[53] und in der Dritten Welt einseitig geostrategische Vorteile einzuheimsen. Das war umso besorgniserregender, als Moskaus Ziel die «Förderung der Weltrevolution» war. Dazu waren die sowjetischen Führer bereit, jedes Verbrechen zu begehen; sie standen hinter allen Unruhen, die in den Krisenregionen der Welt ausbrachen; sie herrschen, wie er im Frühjahr 1983 erklärte, über ein «Reich des Bösen».[54] Dagegen müsse die «Stärke» der amerikanischen Nationen wiederhergestellt werden – militärische Stärke, wirtschaftliche Stärke und moralische Stärke. Amerika müsse wieder die Führungsrolle in der westlichen Welt übernehmen, und die NATO müsse insgesamt mehr Stärke zeigen. Das sichere nicht nur den Frieden, sondern zwinge die Sowjets auch zur Abrüstung: «Sie können ihre militärische Produktivität nicht mehr beträchtlich ausweiten, weil sie ihr Volk bereits bis an die Sterbegrenze gebracht haben.»[55]

Entsprechend traf die Reagan-Administration weder Anstalten, die vereinbarten Verhandlungen über die Mittelstreckenraketen tatsächlich aufzunehmen, noch ließ sie sich auf eine Fortführung der Verhandlungen über die strategische Rüstung ein. Stattdessen konzentrierte sie sich zunächst auf öffentliche Attacken gegen die Sowjetunion und Aufrüstungsmaßnahmen. Knapp zwei Wochen nach seiner Amtsübernahme billigte Reagan eine Steigerung des laufenden Verteidigungsetats von 200,3 Milliarden Dollar um weitere 32,6 Milliarden oder 16 Prozent. Insgesamt stiegen die Verteidigungsausgaben von 1981 bis 1985 real um 51 Prozent, also um mehr als die Hälfte.[56] Richtlinien des Pentagons, die in eine Präsidenten-Direktive vom Mai 1982 mündeten (NSDD 332), verlangten die Fähigkeit, sowohl einen konventionellen als auch einen anhaltenden atomaren Krieg mit der Sowjetunion zu führen und dabei die Oberhand zu behalten. Dazu sollten die USA in der Lage sein, «Enthauptungsschläge» gegen die sowjetische Führung durchzuführen und regionalen Offensiven des Gegners mit «horizontaler Eskalation» auf anderen Kriegsschauplätzen zu begegnen. Außerdem nahm man sich vor, neue Waffensysteme zu entwickeln, bei denen die Sowjetunion nicht mithalten konnte. Ausdrücklich sollten dazu auch Weltraumwaffen gehören.

Angesichts der permanenten Demonstration von «Härte» gegenüber dem sowjetischen Feind entwickelte sich aus dem Unbehagen der Europäer am Verfall der Entspannung eine breite Friedensbewegung mit antiamerikanischer Stoßrichtung, und auch in den USA führte das Erschrecken über die Perspektiven der Aufrüstungspolitik und ihrer Kosten zur Entstehung einer Gegenbewegung. In Europa entwickelte sie im Hauptstationierungsland Bundesrepublik die stärkste Zugkraft. Am 10. Oktober 1981 demonstrierten 250 000 Menschen im Bonner Hofgarten gegen den Nachrüstungsbeschluss; Schmidt fiel es immer schwerer, ein Votum seiner Partei gegen die Durchführung des Beschlusses zu verhindern. In den USA artikulierte sich die Bewegung vornehmlich in Resolutionen, die ein Einfrieren der Atomwaffen auf dem gegenwärtigen Stand verlangten. Im Februar und März 1982 wurden entsprechende «Freeze»-Entschließungen in beide Häuser des Kongresses eingebracht. Die Administration konnte sie nur mit einer knappen Mehrheit abwehren, und auch nur dadurch, dass sie eine Alternativresolution unterstützte, die substantielle Rüstungskürzungen vor dem Einfrieren verlangte.

Angesichts des inneren und äußeren Drucks, der auf diese Weise entstand, kam die Reagan-Administration nicht umhin, der Bundesregierung auf einer NATO-Ratstagung am 4./5. Mai 1981 die Fortsetzung der Verhandlungen über die Mittelstreckenraketen zuzugestehen. Ein Jahr später fand sie sich auch zu einer Wiederaufnahme der Verhandlungen über die strategische Rüstung bereit. In beiden Fällen präsentierte sie aber Ausgangspositionen, die auf eine Wiederherstellung des amerikanischen Übergewichts hinausliefen: eine so genannte «Null-Lösung» bei den Mittelstreckenraketen, die die seegestützten Raketen der NATO ebenso unberücksichtigt ließ wie die britischen und französischen Raketen, und eine nach Waffengattungen gestaffelte Reduzierung der strategischen Rüstung, bei der die USA eine dreifache Überlegenheit an Sprengköpfen erlangt hätten. Ein Kompromiss, auf den sich die Unterhändler bei den Mittelstrecken-Verhandlungen in Genf im Juli 1982 einigten (die so genannte «Waldspaziergangs-Formel»: Beschränkung auf 75 SS-20-Raketen mit je drei Sprengköpfen und 75 Startrampen für je vier Cruise-Missiles), wurde weder von Washington noch von Moskau gebilligt.

Die sowjetische Führung reagierte auf die amerikanische Offensive mit Gegenvorschlägen, die auf eine Verstärkung des öffentlichen Drucks auf die Reagan-Administration zielten. Als in Polen eine landesweite Streikbewegung in eine offenkundige Liberalisierung des kommunistischen Regimes mündete, blieb sie darauf bedacht, dem Westen keinen Anlass zu einer weiteren Verschlechterung der Beziehungen zu liefern. Insbesondere wollte sie nicht auch noch die westlichen Europäer als Partner der Entspannungspolitik verprellen. Gegen die Bildung der unabhängigen Gewerkschaft Solidarność unter dem Vorsitz des Danziger Streikführers Lech Wałęsa am 17. September 1980 erhob sie daher keinen Einspruch. Als fortdauernde Streiks und politische Forderungen den «sozialistischen» Charakter Polens in Frage stellten, drängte sie zwar die polnische Führung zur Verhängung des Kriegsrechts; ein militärisches Eingreifen nach dem Muster der Niederschlagung des Prager Frühlings lehnte sie jedoch ab. Selbst als der polnische Ministerpräsident und Parteichef Wojciech Jaruzelski Anfang Dezember 1981 um militärische Unterstützung bat, blieb das Politbüro dabei, dass «eine Entsendung von Truppen überhaupt nicht in Betracht gezogen» werden könne. «Selbst wenn Polen unter die Kontrolle von Solidarność fällt, dann wird es eben so sein», erklärte Andropow. «Wir müssen uns in erster Linie um unser eigenes Land und um die Stärkung der Sowjetunion kümmern.»[57]

Der Ausbau der wirtschaftlichen Kooperation und die Begrenzung der atomaren Rüstung waren also für die sowjetische Führung unterdessen so wichtig geworden, dass sie die Solidarität mit den herrschenden Bruderparteien, die in der Breschnew-Doktrin steckte, de facto aufgab. Die Entscheidung zur Niederschlagung der Demokratiebewegung mit Hilfe polnischer Sicherheitskräfte traf danach Jaruzelski allein. Obwohl er wusste, dass es keine sowjetische Intervention geben würde, stimmte er der Verhängung des Kriegsrechts am 13. Dezember 1981 zu – offensichtlich aus Furcht, ansonsten für den Sieg der Konterrevolution in Polen verantwortlich zu sein. Solidarność wurde verboten; führende Mitglieder der Gewerkschaft und anderer unabhängiger Gruppen wurden interniert.

Das Kalkül, das hinter dem Verzicht auf die Breschnew-Doktrin stand, ging auf. Die europäischen Regierungen konnten dem Drängen auf neue Sanktionen gegen die Sowjetunion widerstehen, mit denen die Reagan-Administration auf

Jaruzelskis Coup antworten wollte. Der Gedanke an einen Abbruch der Verhandlungen über die Mittelstreckenraketen wurde nach einem Besuch Schmidts bei Reagan Anfang Januar 1982 rasch verworfen, wirtschaftliche Sanktionen verhängten schließlich die USA allein. Als sie im Juni auf technische Ausrüstungen ausgedehnt wurden, mit denen die Europäer eine Gas-Pipeline von Sibirien aus bauen wollten, kam es zu einer heftigen Auseinandersetzung zwischen den Verbündeten. Am beharrlichen Ausbau der deutsch-deutschen Beziehungen änderte sich auch nichts, als Schmidt im Oktober 1982 durch den Christdemokraten Helmut Kohl abgelöst wurde. Außenminister blieb weiterhin der liberale Hans-Dietrich Genscher. Im Juni 1983 vermittelte der bayerische Ministerpräsident Franz Josef Strauß, einst ein erklärter Gegner der Bonner Ostverträge, der DDR einen zinsgünstigen Kredit, der sie vorerst vor dem drohenden Staatsbankrott rettete.

Das Ende der Verhandlungen

Der Ausbau der deutsch-deutschen Beziehungen konnte freilich die Aufstellung neuer Raketen in Europa nicht verhindern. Dazu war der Einfluss von Erich Honecker in Moskau viel zu gering und die Position der Bundesregierung nicht konsequent genug. In der SPD wuchs zwar die Neigung, die mangelnde Verhandlungsbereitschaft der Reagan-Administration mit einer Verweigerung der Nachrüstung zu beantworten. Schmidt schreckte jedoch vor einer Beschädigung des westlichen Bündnisses zurück, und sein liberaler Koalitionspartner war dazu ebenso wenig bereit. Die neue Koalition, die Genscher nicht zuletzt wegen der Infragestellung des Nachrüstungsbeschlusses durch die SPD-Mehrheit einging, drängte zwar in Washington auf Kompromisse jenseits der Null-Lösung, sie machte ihre Zustimmung zur Aufstellung der neuen Raketen aber nicht vom amerikanischen Verhalten in den Verhandlungen abhängig.

In die sowjetische Position kam etwas Bewegung, nachdem Breschnew am 10. November 1982 überraschend gestorben war. Juri Andropow, der mit der Ernennung zum ZK-Sekretär im Mai zuvor praktisch schon als Nachfolger designiert worden war, konnte als neuer Generalsekretär gegenüber Ustinow einen höheren Preis für den Verzicht auf die Stationierung der amerikanischen Mittelstreckenraketen durchsetzen. In einer Fernsehansprache am 21. Dezember 1982 bot er an, sich auf 162 Raketen zu beschränken – so viele, wie Briten und Franzosen zusammen besaßen. In den Verhandlungen wurde daraus das Angebot einer Reduzierung auf 122 oder 127 Raketen, das hieß: Die Sowjetunion erklärte sich bereit, auf genauso viele Sprengköpfe zu verzichten wie die NATO neu aufstellen wollte. Die Fähigkeit zur Erstschlagsdrohung gegen die NATO-Einrichtungen auf dem europäischen Kontinent, die den objektiven

Grund für die Beunruhigung über die Aufstellung der SS-20-Raketen bildete, wurde damit preisgegeben.

In Washington blieb man jedoch bei der Linie, auf der Stationierung von Pershing-II-Raketen zu bestehen, wenn das sowjetische Mittelstreckenarsenal nicht vollständig beseitigt würde. Reagan gab am 30. März 1983 bekannt, dass er auch mit einer «Zwischenlösung» einverstanden wäre, bei der Amerikaner und Sowjets über die gleiche, nicht näher bezifferte Zahl von Sprengköpfen verfügen würden. Im September präzisierte er, es sollten 420 Sprengköpfe *weltweit* für jede Seite sein, wobei mit Rücksicht auf die sowjetischen Raketen in Asien nicht alle amerikanischen Raketen in Europa stationiert werden müssten. Das entsprach einer Reduzierung der Nachrüstung um etwa ein Viertel als Gegenleistung für einen Abbau der in Europa stationierten SS-20-Raketen auf etwa fünfzig. Mehr glaubte man nicht zugestehen zu müssen, um die Europäer bei der Stange zu halten und dann nach einem Vollzug der Nachrüstung aus einer Position der Stärke heraus weiterverhandeln zu können.

In der Tat kam die Reagan-Administration damit durch. Da Andropows Kompromissvorschläge unter anderem darauf hinausliefen, die gerade beginnende Ausstattung der britischen und französischen Raketen mit Mehrfachsprengköpfen zu stoppen, setzte sich François Mitterrand, seit Mai 1981 Nachfolger Giscard d'Estaings als französischer Staatspräsident, mit Beginn des Jahres 1983 massiv für die Verwirklichung des Nachrüstungsbeschlusses ein. Bei einem Gastauftritt vor dem Deutschen Bundestag am 20. Januar forderte er Solidarität gegenüber der Bedrohung durch die sowjetischen Mittelstreckenraketen ein, und beim Weltwirtschaftsgipfel in Williamsburg am 30./31. Mai setzte er eine Erklärung durch, die die Einbeziehung der Atomwaffen von «Drittstaaten» in die amerikanisch-sowjetischen Verhandlungen ausschloss. Kohl wagte es nicht, sich für eine eurostrategische Parität auf niedrigem Niveau einzusetzen, und die Regierungsfraktionen in Bonn akzeptierten die Erklärung, dass sich die sowjetische Seite nicht genügend verhandlungsbereit gezeigt habe. Am 22. November stimmte die Mehrheit des Bundestages der Stationierung der Pershing-II-Raketen zu.

Die Sowjetführung brach daraufhin, wie sie es zuvor angedroht hatte, die Mittelstrecken-Verhandlungen in Genf ab und zog sich auch aus den Verhandlungen über die strategische Rüstung zurück, die jetzt propagandistisch Strategic Arms Reduction Talks (START) genannt wurden. Gleichzeitig gab sie «Gegenmaßnahmen» zur Stationierung der Pershing-II und Cruise-Missiles bekannt: die Aufstellung von Marschflugkörpern im europäischen Teil der Sowjetunion und die Verlegung von taktisch-operativen Raketen in das Grenzgebiet der DDR und der Tschechoslowakei zur Bundesrepublik. Weitere Verhandlungen erschienen Andropow schlicht sinnlos und in gewisser Weise sogar kontraproduktiv. Sie drohten weiterhin illusionäre Hoffnungen auf ein Einlenken der

Reagan-Administration zu nähren und damit der Protestbewegung gegen das Wettrüsten die nötige Schärfe zu nehmen.

Eine neue Welle martialischer Äußerungen aus Washington ließ in Moskau die Sorge wachsen, Reagan könne tatsächlich aktiv einen Krieg gegen die Sowjetunion vorbereiten. Eine Woche nach seiner Polemik gegen das «Reich des Bösen» kündigte der amerikanische Präsident am 23. März 1983 eine Strategische Verteidigungsinitiative (Strategic Defense Initiative, SDI) zur Errichtung eines Raketenabwehrsystems im Weltraum an. Das kam einer Aufkündigung des Abschreckungssystems gleich: Sollte es gelingen, ein solches System zu etablieren, würden die USA in die Lage versetzt, die Sowjetunion mit einem atomaren Erstschlag bedrohen zu können, ohne einen Vergeltungsschlag befürchten zu müssen. Die Mittelstreckenraketen, die jetzt in Europa stationiert wurden, wurden damit zu Offensivwaffen, die einen auf Europa beschränkten Nuklearkrieg auslösen konnten. Entsprechend wurde der KGB jetzt angewiesen, auf Anzeichen für die Vorbereitung eines amerikanischen Erstschlags zu achten und sie detailliert nach Moskau zu melden. Im Dezember wurden verstärkt sowjetische U-Boote mit Atomraketen in die Nähe der amerikanischen Küsten beordert; anders glaubte man der «verstärkten atomaren Bedrohung der Sowjetunion» nicht mehr Herr zu werden.[58]

Als Reagan, auf seine Wiederwahl bedacht, der sowjetischen Führung im Januar 1984 ein neues Gesprächsangebot unterbreitete, ließ die Furcht vor einem amerikanischen Angriff in naher Zukunft wieder nach. Die sowjetischen Führer blieben aber darauf bedacht, dem in ihrer Sicht gefährlichen Präsidenten nicht auch noch als Wahlhelfer zu dienen. So gingen sie auf Reagans Gesprächsangebot inhaltlich nicht ein. Eine hochrangige Delegation sowjetischer Wissenschaftler durfte eine Einladung in die USA nur unter der Bedingung annehmen, dass sie keine Gespräche mit Regierungsvertretern führen werde. Am 8. Mai sagte die Sowjetunion die Teilnahme an den Olympischen Sommerspielen in Los Angeles ab, nachdem hinreichend deutlich geworden war, dass sie zu einem Forum für antisowjetische Demonstrationen zu werden drohten. Die Warschauer Paktstaaten, Rumänien ausgenommen, schlossen sich dem Boykott notgedrungen an; Kuba und Vietnam nutzten die Gelegenheit, mit ihrem Fernbleiben revolutionäre Solidarität zu bekunden. Im August wurde Honecker gezwungen, einen Besuch in der Bundesrepublik vorerst abzusagen.

Formuliert wurde diese Linie von einer Führungsgruppe, der neben Gromyko und Ustinow auch Konstantin Tschernenko und Michail Gorbatschow angehörten. Andropow konnte die Staatsgeschäfte praktisch nicht mehr wahrnehmen, seit ihn ein Nierenversagen Ende November 1983 definitiv ans Bett fesselte; am 9. Februar 1984 starb er. Nachfolger wurde in einem Akt der Verlegenheit der bisherige zweite Sekretär und ehemalige Breschnew-Vertraute Tschernenko. Gorbatschow, den Andropow ob seiner Tatkraft zum «zweiten Mann» aufbauen wollte, erwies sich als noch nicht durchsetzbar. Ustinow schlug ihn wohl vor, stieß damit aber bei einigen Vertretern der nunmehr «alten Garde» auf Bedenken. Da Tschernenko aber bereits gesundheitliche Probleme hatte und ohnehin kein starker politischer Kopf war, nahm Gorbatschow ebenfalls Führungsfunktionen wahr. Wie schon in den letzten Monaten Andropows leitete er die meisten Sitzungen des Politbüros.

Seit Reagans Wiederwahl abzusehen war, hielt die Moskauer Führung auch wieder nach Gelegenheiten Ausschau, doch noch zu Vereinbarungen mit dem Präsidenten der konservativen Revolution zu gelangen. Als Reagan Gromyko Ende August zu einem Gespräch anlässlich der nächsten UN-Vollversammlung einlud, sagte er nicht nein. Nach dem Gespräch, das am 28. September stattfand, erklärte Tschernenko, wenn Reagan wirklich zu Verhandlungen bereit sei, werde «die Sowjetunion gewiss zur Stelle sein».[59] Und nachdem Reagan am 7. November eine persönliche Botschaft an Tschernenko gerichtet hatte, stimmte das Politbüro neuen Verhandlungen über nukleare und Weltraumwaffen zu. Am 22. November wurde vereinbart, dass sich Gromyko und sein amerikanischer Kollege George Shultz zu Beginn des Jahres 1985 in Genf treffen sollten, um eine Tagesordnung für neue Verhandlungen auszuarbeiten.

Große Hoffnungen verband man in Moskau mit dieser Wiederaufnahme des Gesprächsfadens nicht. Dazu war die amerikanische Initiative zu unbestimmt und die antisowjetische Rhetorik aus Washington nach wie vor zu heftig. Bei einem Mikrofontest während des Wahlkampfs sagte Reagan im Scherz, er werde «in fünf Minuten mit der Bombardierung [Russlands] beginnen.» Unmittelbar vor Gromykos Besuch im Weißen Haus wurde der Presse ein geheimes CIA-Memorandum zugespielt, in dem behauptet wurde, das Sowjetimperium sei «in seiner Endphase angelangt» und daher gefährlicher denn je.[60] Gromyko wollte aber nach der Begegnung mit Reagan zumindest nicht ausschließen, dass man nach der Wiederwahl zu Vereinbarungen mit ihm kommen könnte. Diese Möglichkeit galt es auszuloten.

Gorbatschow und das Ende des Ost-West-Konflikts

Tschernenko und seine Politbüro-Kollegen waren gut beraten, auf Reagans Verhandlungsofferten einzugehen. Seit dem Sommer 1984 war der Präsident der konservativen Revolution davon überzeugt, genug für die Wiederherstellung von Amerikas Stärke getan zu haben. Das versetzte ihn in die Lage, nicht nur Verhandlungsbereitschaft zu demonstrieren, sondern nunmehr tatsächlich neue Vereinbarungen mit der sowjetischen Führung anzustreben. Und es erleichterte es ihm auch, dabei Positionen zu vertreten, die verhandlungsfähig waren. Bis es soweit war, verging allerdings noch einige Zeit. Die Administration war auf ernsthafte Verhandlungen nicht vorbereitet, und angesichts der fortdauernden konzeptionellen und personellen Rivalitäten fiel es ihr auch schwer, kohärente Positionen zu entwickeln.

Schon die Eröffnung der Verhandlungen erwies sich als außerordentlich schwierig. Die Moskauer Führung bestand darauf, dass die Weltraumwaffen in die Gespräche einbezogen wurden. Sie zu verhindern, war ihr erstes Ziel. Demgegenüber lehnte Reagans Verteidigungsminister Caspar Weinberger Verhandlungen über das SDI-Programm kategorisch ab. Nach langwierigen Verhandlungen einigte man sich schließlich darauf, dass die Verhandlungen, die am 12. März 1985 in Genf begannen, in drei Gruppen geführt wurden. Eine befasste sich mit strategischer Verteidigung und Weltraumwaffen, die zweite mit der Reduzierung der strategischen Offensivwaffen und die dritte mit den Mittelstreckenwaffen. Mögliche Verhandlungsergebnisse in einer Gruppe standen unter dem Vorbehalt, dass man sich auch in den anderen Gruppen verständigen würde.

Zwei Tage vor Beginn der Verhandlungen starb Tschernenko. Sein Tod bedeutete insofern keinen großen Einschnitt, als Gorbatschow angesichts des zunehmenden Verfalls des Generalsekretärs ohnehin schon die Geschäfte mehr und mehr an sich gezogen hatte. Seine Wahl zum Generalsekretär ließ sich jetzt auch nicht mehr verhindern; am 11. März 1985 wurde er vom Politbüro einstimmig nominiert. Gorbatschow kündigte allerdings «mehr Dynamik» in der Außenpolitik an,[61] und er hielt sich auch daran. Gorbatschow gehörte zur Generation der «56er»: Funktionäre, die in der Zeit von Chruschtschows Feldzug gegen den Stalinismus sozialisiert worden waren und bei aller Verwurzelung im Weltbild des Marxismus-Leninismus auf einen «besseren» Sozialismus hofften. Von den Vertretern der «alten Garde», die ihn ins Amt gehievt hatten, unterschied er sich im Wesentlichen dadurch, dass er sich von ideologischen Gewissheiten weniger den Blick für die unangenehmen Realitäten des sowjetischen Imperiums verstellen ließ.

Zu den Überzeugungen, die Gorbatschow in das neue Amt mitbrachte, gehörte die Einsicht in die Notwendigkeit einer «gemeinsamen Sicherheitspolitik». Ohne vertrauensbildende Maßnahmen, so der Kern dieser Überlegungen, die ihm über die UN-Kommission für Abrüstung und Sicherheit unter dem Vorsitz von Olof Palme vermittelt worden waren, waren wirkliche Sicherheit und Abrüstung nicht erreichbar. Folglich stimmte er gleich zu, als Reagan ihn zu einer persönlichen Begegnung einlud. Im Vorfeld des Treffens, das am 19. und 20. November 1985 in Genf stattfand, bot er nicht weniger als eine Halbierung der strategischen Offensivwaffen als Gegenleistung für einen beiderseitigen Verzicht auf Weltraumwaffen an. Außerdem regte er gesonderte Verhandlungen über die eurostrategischen Raketen an, an denen Frankreich und Großbritannien beteiligt sein sollten. Schließlich kündigte er an, die 27 SS-20-Raketen wieder einzumotten, die nach dem Vollzug der westlichen Nachrüstung im europäischen Bereich der Sowjetunion zusätzlich aufgestellt worden waren.

Das Angebot war für Reagan durchaus verlockend. Allerdings war er unter dem Einfluss seines Verteidigungsministers und seines Sicherheitsberaters nicht bereit, das SDI-Projekt sogleich aufzugeben. So konnte bei dem Genfer Treffen nur eine Verständigung über das «Prinzip» einer 50-prozentigen Kürzung der Nuklearwaffen erzielt werden. Reagan stimmte aber Gorbatschows Erklärung zu, «dass ein Atomkrieg nicht gewonnen werden kann und nie geführt werden darf», und er verpflichtete sich, «keine militärische Überlegenheit anzustreben».[62] Gemessen an der Kriegspsychose, die noch zwei Jahre zuvor die Gemüter beherrscht hatte, war das ein ebenso erstaunlicher wie ermutigender Fortschritt.

Gorbatschow suchte den Widerstand Reagans gegen eine Preisgabe des SDI-Programms nun dadurch zu unterlaufen, dass er, demonstrativ unbeeindruckt von erneuter antisowjetischer Rhetorik, immer mehr Zugeständnisse machte: vollständiger Abbau der amerikanischen und sowjetischen Mittelstreckenraketen in Europa, Einbeziehung des europäischen Teils der Sowjetunion in die Reduzierung der konventionellen Truppen in Europa, Einfrieren der sowjetischen Mittelstreckenraketen in Asien. Bei einem kurzfristig anberaumten neuen Treffen mit Reagan im Oktober 1986 in Reykjavik bündelte er diese Vorschläge zu einem Paket, das die amerikanische Seite praktisch nicht mehr ablehnen konnte, wenn sie nicht die Verpflichtung auf gleiche Sicherheit aufkündigen wollte. In der Tat wurde jetzt ein Abkommen ausgehandelt, das eine Halbierung der strategischen Atomwaffen in einem Zeitraum von fünf Jahren vorsah, die Abschaffung aller sowjetischen und amerikanischen Mittelstreckenraketen in Europa (ohne Berücksichtigung der französischen und britischen Systeme) und die Begrenzung der Mittelstreckenraketen außerhalb Europas auf einhundert für jede Seite. Im direkten Gespräch einigten sich Reagan und Gorbatschow sogar darauf, in einem Zeitraum von zehn Jahren *alle* Atomwaffen abzuschaffen.

Was die Vereinbarungen wert waren, blieb allerdings offen, weil beide Führer zum Schluss noch einmal in der Frage des Raketenabwehrsystems im Weltraum aneinandergerieten. Reagan gestand eine Fortdauer des ABM-Vertrages für zehn Jahre zu, wollte danach aber die Freiheit behalten, einen Schutzschirm im Weltraum zu installieren. Als Gorbatschow versuchte, ihn davon abzubringen, brach der Präsident das Gespräch ziemlich aufgebracht ab. Beide Führer kehrten fürchterlich enttäuscht in ihre Hauptstädte zurück – und lösten dort vielfach Entsetzen über die Zugeständnisse aus, zu denen sie sich bereitgefunden hatten. Nachdem die europäischen Verbündeten verlangt hatten, eine Beseitigung aller Atomwaffen dürfe es erst geben, wenn absolutes konventionelles Gleichgewicht in Europa erreicht sei, zogen die amerikanischen Vertreter in den Genfer Verhandlungen den Vorschlag einer Abschaffung aller ballistischen Offensivwaffen in einer zweiten Phase des Abrüstungsprozesses wieder zurück.

Angesichts der Gefahr, dass sich der in Reykjavik erreichte Konsens wieder verflüchtigte, rang sich Gorbatschow zu einem entscheidenden weiteren Zuge-

Ronald Reagan schüttelt Michail Gorbatschow im Garten des Weißen Hauses am 8. Dezember 1987 die Hand. Die beiden Staatsmänner unterzeichneten einen Vertrag zur völligen Abschaffung von Mittelstreckenraketen und einigten sich in einer ganzen Reihe von Detailfragen hinsichtlich des Abkommens, mit dem sie ihre offensiven Raketenarsenale halbieren wollten.

ständnis durch: Im Februar 1987 setzte er im Politbüro das Angebot durch, die Mittelstreckenraketen in Europa auch unabhängig von einem Verzicht auf SDI abzubauen und auch die Raketen kürzerer Reichweite zu beseitigen, die in der DDR und der Tschechoslowakei als Antwort auf die westliche Nachrüstung aufgestellt worden waren. Das lief für sich allein genommen auf eine einseitige Schwächung der sowjetischen Position hinaus, und viele Militärs und Diplomaten trugen dieses Angebot auch nur mit großem Unbehagen mit. Indessen war sich Gorbatschow ziemlich sicher, dass bei einem Durchbruch bei den Mittelstreckenraketen auch der Rüstungskontrollprozess im strategischen Bereich wieder in Gang kommen und dabei auch das SDI-Projekt auf der Strecke bleiben würde.

In der Tat war Reagan sogleich bereit, die Null-Lösung bei den eurostrategischen Raketen zum Abschluss zu bringen. Damit kamen die Verhandlungen auf höchster Ebene wieder in Gang, und sie waren auch nicht mehr zu stoppen. Die NATO-Strategen versuchten zwar noch, den drohenden Verlust der Mittelstreckenraketen durch ein Recht zur Aufstellung von Raketen kürzerer Reichweite zu kompensieren, doch bot Gorbatschow daraufhin bei einem Besuch von US-Außenminister Shultz am 13. und 14. April kurzerhand die Vernichtung auch der restlichen sowjetischen Raketen kürzerer Reichweite an – eine doppelte Null-Lösung also, die den sowjetischen Strategen ebenso wenig behagte. Als das Pentagon und die europäischen Verbündeten zögerten, sich darauf einzulassen, dehnte Gorbatschow das Angebot auf den asiatischen Bereich aus. Das fand Reagan so einleuchtend, dass er den Vorschlag gegen die Bedenkenträger in den eigenen Reihen durchsetzte. Am 8. Dezember 1987 unterzeichneten Reagan und Gorbatschow in Washington den Vertrag über die vollständige Beseitigung der Mittelstreckenraketen. Gleichzeitig erfolgte eine Reihe von Präzisierungen im Hinblick auf den angestrebten Vertrag über eine Halbierung der strategischen Offensivwaffen.

Dimensionen der Perestroika

Parallel zum Einstieg in die Abrüstung nahm Gorbatschow eine Reihe von Reformen in Angriff, die nicht nur das Bild des Sowjetsystems im Westen gründlich veränderten, sondern im Ergebnis auch seine Substanz. Zunächst verordnete er den Sowjetbürgern «Glasnost» – Mut zur Wahrheit anstelle des permanenten ideologischen Selbstbetrugs, Transparenz und Öffentlichkeit. Die Zensur wurde gelockert; kritische Romane, die sich mit den dunklen Seiten der sowjetischen Geschichte beschäftigten, durften zum ersten Mal erscheinen; die Wissenschaft wurde von politischen Rücksichtnahmen befreit, und Funktionsträger sahen sich zunehmend offener Kritik ausgesetzt. Im Dezember 1986 wurde die Verbannung Andrej Sacharows nach Gorki aufgehoben, die die Parteiführung nach dessen Kritik an der Afghanistan-Invasion im Januar 1980 angeordnet hatte; Anfang 1987 wurden fast alle politischen Dissidenten aus der Haft entlassen.

Der logisch nächste Schritt der «Perestroika» (Umgestaltung), wie das Reformprogramm vieldeutig genannt wurde, stieß allerdings auf erhebliche Widerstände. Obwohl von 1985 bis 1987 etwa die Hälfte aller Führungspositionen bis hinunter zu den Stadt- und Rayon-Sekretären neu besetzt wurde, konnte Gorbatschow erst nach mehreren vergeblichen Anläufen im Januar 1987 einem ZK-Plenum vorschlagen, die Funktionsträger in Zukunft aus einer Vielzahl von Kandidaten geheim wählen zu lassen. Durchgesetzt wurde dieses Prinzip erst auf einer Parteikonferenz im Juni 1988 und nur in verwässerter Form. Für Wahlen in der Partei blieb es bei einer Kann-Bestimmung, während die Sowjets künftig geheim gewählt werden sollten. Die Kompetenzen der Sowjets wurden gestärkt, doch wurde gleichzeitig festgelegt, dass die Ersten Sekretäre für die Wahl zum Vorsitzenden des jeweiligen Sowjets vorgeschlagen werden sollten.

Bei der Umsetzung der Beschlüsse der Parteikonferenz gelangen Gorbatschow dann aber entscheidende Erfolge. Nicht nur, dass sich nun vermehrt unabhängige Organisationen unterschiedlicher Couleur bildeten und sich verschiedene Blätter als Wortführer einer Demokratisierung profilierten: Die Wahlen zu einem Kongress der Volksdeputierten, aus denen der neue Oberste Sowjet hervorgehen sollte, wurden schon für den März 1989 anberaumt; die Zuständigkeiten und das Personal der ZK-Abteilungen wurden beschnitten und Gorbatschows Vordenker Alexander Jakowlew und Wadim Medwedew rückten in Schlüsselpositionen auf. Für die Wahlen wurde bestimmt, dass 750 Abgeordnete durch gesellschaftliche Organisationen delegiert, aber 1500 Abgeordnete direkt und personenbezogen gewählt werden sollten. Das führte zur Konstituierung eines Kongresses am 25. Mai 1989, der einen echten Pluralismus von Auffassungen bot und in dem die Vertreter der Nomenklatur nicht mehr über die Mehrheit verfügten. Fünfzehn Prozent der Abgeordneten gehörten der Partei überhaupt nicht an.

Die Stärkung der Selbstverantwortung einer sozialistischen Gesellschaft, die Gorbatschow hier betrieb, sollte auch für die sozialistischen Bruderstaaten gelten. Für ihn war das eine unabweisbare Folgerung aus dem Verzicht auf die Breschnew-Doktrin, die implizit schon zum Ende der Breschnew-Ära erfolgt war. Da die auswärtigen Parteiführer nicht mehr mit militärischer Unterstützung durch die Sowjetunion rechnen konnten, mussten sie ihre Politik so gestalten, dass sie die Zustimmung ihres Volkes behielten oder erwarben. Gorbatschow machte das den Parteiführern schon bei verschiedenen Begegnungen am Rande der Beisetzung von Tschernenko deutlich, aber viele verstanden ihn nicht oder wollten ihn nicht verstehen – auch als er bei späteren Treffen noch deutlicher wurde. Auf der Parteikonferenz im Juni 1988 sprach er darum ganz offen von der «Freiheit der Wahl», die jedem Volk zustehe, und brandmarkte jeden Versuch als «gefährlich», «jemandem eine Gesellschaftsordnung, Lebensweise oder Politik mit beliebigen, erst recht mit militärischen Mitteln aufzuzwingen».[63] Im Dezember 1988 wiederholte er dieses Bekenntnis vor dem Forum der Vereinten Nationen.

Die Abkehr von der Breschnew-Doktrin ermöglichte es auch, sich von der konventionellen Überlegenheit in Europa zu verabschieden, die einer substantiellen Abrüstungsvereinbarung bislang immer im Weg gestanden hatte. Im Mai 1987 billigte der Warschauer Pakt den Übergang von der Doktrin der «offensiven Verteidigung» zur Idee des «defensiven Gleichgewichts». Dem amerikanischen Präsidenten bot Gorbatschow bei dem Washingtoner Gipfel asymmetrische Kürzungen im konventionellen Bereich an, und als dieser auch nach mehreren Monaten keine Anstalten traf, darauf einzugehen, kündigte er im Dezember 1988 eine einseitige Reduzierung der Truppenbestände des Warschauer Paktes an, die dessen Personalbestand zwar nur um zehn Prozent verringerte, seine Angriffsfähigkeit aber erheblich beeinträchtigte. Er erreichte damit, dass neue Verhandlungen über die konventionellen Streitkräfte in Europa (VKE) am 9. März 1989 in Wien endlich begannen und dort auch die NATO bald substantielle Vorschläge vorlegte.

Schließlich setzte Gorbatschow bis zum Februar 1989 auch den sowjetischen Rückzug aus Afghanistan durch. Für ihn war das seit seinem Amtsantritt ein dringendes Anliegen: Der Krieg, der nunmehr schon fast ein Jahrzehnt dauerte, war offensichtlich nicht zu gewinnen; er brachte der Sowjetunion nur zahlreiche Todesopfer, hohe finanzielle Belastungen und eine fortwährende Beschädigung ihrer internationalen Reputation ein. Die Militärs behaupteten jedoch immer wieder, kurz vor dem Sieg zu stehen. Im Februar 1988 konnte Gorbatschow schließlich bekannt geben, dass der Abzug mit dem Inkrafttreten eines Abkommens zwischen Afghanistan und Pakistan am 15. Mai 1988 beginnen würde. Nachdem das Abkommen, ergänzt durch sowjetische und amerikanische Garantien, am 14. April unterzeichnet worden war, verließ die Hälfte der sowjetischen Truppen sogleich das Land, die letzten zogen wie angekündigt im Februar 1989 ab. Die zuvor von den Sowjets unterstützte Regierung konnte sich danach immerhin noch drei weitere Jahre an der Macht halten. Die sowjetische Niederlage sah damit zunächst weit weniger dramatisch aus, als sie tatsächlich war. 15 000 sowjetische Soldaten waren buchstäblich umsonst gestorben.

Die Auflösung des Ostblocks

Im Laufe des Jahres 1989 wurde deutlich, dass die Völker des Sowjetimperiums, wenn sie denn die «Freiheit der Wahl» hatten, keineswegs am Kommunismus festzuhalten gedachten – anders als Gorbatschow und seine Mitstreiter dies erwartet oder doch zumindest erhofft hatten. Im Kongress der Volksdeputierten formierte sich eine Minderheit von radikalen Reformern (bis zu seinem Tod im Dezember 1989 geführt von Andrej Sacharow), die den Übergang zum Mehrparteiensystem und zur Marktwirtschaft verlangten und offensichtlich für eine breite Koalition gesellschaftlicher Kräfte sprachen. Die Parlamente von Litauen, Lettland und Estland votierten für die Souveränität ihrer Republiken; in Georgien, Turkmenistan, Usbekistan und Kasachstan brachen national gefärbte Unruhen aus.

In Polen führte ein Wahlkompromiss, den das Jaruzelski-Regime nach neuen Unruhen im April 1989 mit den Vertretern von Solidarność ausgehandelt hatte, zu einer eklatanten Niederlage der Kommunisten: Von den 35 Prozent der Sitze des Sejm, die danach frei vergeben wurden, gingen in den Wahlen vom 3. und 4. Juni nahezu alle an Kandidaten der Opposition; der neu geschaffene Senat, ohne jede Restriktion gewählt, aber nur mit geringen Kompetenzen, wurde zu 99 Prozent von Oppositionskandidaten besetzt; von den 35 prominenten Kandidaten der nationalen Regierungsliste erreichten nur zwei die im ersten Wahlgang nötige Mehrheit. Parteichef Miecysław Rakowski fand sich daraufhin bereit, eine Allparteienregierung unter einem Vertreter von Solidarność zu akzeptieren. Am 24. August wurde Wałęsas Berater Tadeusz Mazowiecki für das Amt des Ministerpräsidenten nominiert, am 12. September wurde sein Kabinett vom Sejm bestätigt.

In ähnlicher Weise mündete der Prozess der Erneuerung der ungarischen Partei, der im Mai 1988 schon zum Rücktritt Kádárs vom Amt des Ersten Sekretärs geführt hatte, im Laufe des Jahres 1989 in ihren Abschied von der Macht. Nachdem die Reformer um Imre Pozsgay Ende Februar im Zentralkomitee einen Verfassungsentwurf durchgesetzt hatten, der Ungarn freie Wahlen verhieß, emanzipierte sich die Regierung unter dem Technokraten Miklós Németh von der Parteiführung, und Teilwahlen im Juli brachten einen Sieg der oppositionellen Kandidaten. Am 29. November setzten die radikalen Demokraten um János Kis in einem Referendum die Wahl des Präsidenten durch das künftige Parlament durch; damit war den Reformkommunisten die Aussicht genommen, sich wenigstens durch die Direktwahl des populären Pozsgay noch einen Anteil an der Macht zu sichern.

Bezeichnend und folgenreich war auch die Entscheidung der ungarischen Regierung vom 2. Mai, die Stacheldraht-Barrieren an der Grenze zu Österreich abzubauen. Als sich daraufhin im Laufe des Sommers Tausende von Flüchtlingen aus der DDR in Ungarn in der Hoffnung sammelten, von da aus in den Westen gelangen zu können, fasste die Regierung Németh Ende August den Beschluss, den DDR-Bürgern den Grenzübertritt nach Österreich auch offiziell zu gestatten. Vom 11. September an konnten DDR-Bürger über Ungarn legal in Drittstaaten ausreisen. Über 25 000 Ausreisewillige nahmen in den nächsten Wochen diesen Fluchtweg. Tausende anderer DDR-Bürger, die nicht mehr den Ausgang legaler Ausreiseverfahren abwarten wollten, flüchteten sich in die Botschaften der Bundesrepublik in Prag, Warschau und Budapest und in die Ständige Vertretung in Ost-Berlin. Als die Regierung in der dritten Septemberwoche Reisen nach Ungarn verbot, kam es zu Demonstrationen, auf denen alsbald nicht nur Reisefreiheit verlangt wurde, sondern eine grundlegende Reform der DDR.

Für die Entwicklung in der DDR wurde entscheidend, dass zu einer Demonstration am Abend des 9. Oktober in Leipzig 70 000 Menschen kamen und die allgegenwärtigen Organe der Staatssicherheit nicht gegen diese Demonstranten vorgingen. Angesichts der offenkundigen Abneigung Gorbatschows gegen eine gewaltsame Unterdrückung der Freiheitsbewegungen wagte es in Ost-Berlin niemand mehr, einen entsprechenden Einsatzbefehl zu geben. Die Herrschaft der SED war damit praktisch am Ende. Die Menschen verloren ihre Angst; in den nächsten Wochen gingen Hunderttausende auf die Straße und trieben die Regierenden vor sich her. Egon Krenz, der Honecker in einer späten Palastrevolte am 17. Oktober abgelöst hatte, ließ das Politbüro am 9. November ein neues Reisegesetz beschließen, das den DDR-Bürgern die freie Aus- und Wiedereinreise erlauben sollte. Als dies durch eine missverständliche Äußerung des Pressesprechers des Politbüros am Abend des 9. November bekannt wurde,

stürmten Zehntausende von Ost-Berlinern noch in der Nacht die Grenzüber-
gänge und erzwangen damit den Durchgang, noch ehe das neue Gesetz in Kraft
getreten war. Am 22. November wurde ein «Runder Tisch» mit den Vertretern
der bislang verbotenen Oppositionsgruppen eingerichtet, und für das Frühjahr
1990 wurden freie Wahlen vereinbart. Am 3. Dezember trat das gesamte Politbüro zurück; drei Tage später legte Krenz auch das Amt des Staatsratsvorsitzen-
den nieder.

Unter dem Eindruck des spektakulären Mauerfalls in Berlin brach das kommunistische Machtmonopol auch in den restlichen Staaten des Warschauer Paktes zusammen. Am 10. November setzten Gorbatschow-Anhänger in der Parteiführung
Bulgariens den langjährigen Partei- und Staatschef Todor Schiwkow ab. Nach einer
Großdemonstration am 18. November wurde auch hier ein «Runder Tisch» vereinbart, der freie Wahlen vorbereiten sollte. Am 28. November, nach elf Tagen an-
schwellender Demonstrationen, vereinbarten die Repräsentanten der tschechoslowakischen Opposition mit Regierungschef Ladisław Adamec die Bildung einer
Koalitionsregierung und die Demokratisierung der Verfassung. Am 11. Dezember
wurde eine Regierung gebildet, in der die Kommunisten nur noch eine Minderheit
darstellten; am 20. Dezember wählte das Parlament den Dissidentenführer Václav
Havel zum Staatspräsidenten. Am 21. Dezember wurde Rumäniens Alleinherrscher
Ceauşescu in einer offiziellen Massenveranstaltung vor dem Präsidentenpalast aus-
gepfiffen, tags darauf wurde er von einer aufgebrachten Volksmasse buchstäblich
aus dem Palast verjagt. Eine moderatere Fraktion des Staatsapparats, die ideologisch nicht mehr auf den Kommunismus festgelegt war, übernahm die Macht.
Ceauşescu und seine Frau wurden auf der Flucht gefangen genommen und am
25. Dezember von einem Hinrichtungskommando erschossen.

Nach dem Verlust des Machtmonopols hatten die kommunistischen Parteien
dramatische Mitgliederverluste zu verzeichnen. Zum Teil spalteten sie sich, und
die assoziierten «Massenorganisationen» gingen eigene Wege. Die neue tschechoslowakische Regierung forderte sogleich den Abzug aller Truppen des Warschauer Pakts. Im Januar 1990 schloss sich ihr die ungarische Regierung an.
Gleichzeitig demonstrierten in Georgien, in der Ukraine und in Litauen Hunderttausende für die nationale Unabhängigkeit ihrer Republiken. In der sowjetischen
Öffentlichkeit wurde der Ruf nach einem Mehrparteiensystem auch in der
Sowjetunion immer dringlicher. Für Gorbatschow (aber nicht nur für ihn) war
dies eine «Zeit, in der wir es nicht nur auf politischer Ebene kaum schaffen, die
Erscheinungen gedanklich zu verarbeiten».[64] Anfang Januar wurde ihm klar,
dass das Mehrparteiensystem auch in der Sowjetunion nicht länger aufgehalten
werden dürfe. Nach heftigsten Diskussionen im Politbüro wurde dem ZK-Plenum
vom 5. bis 7. Februar eine «Plattform» vorgelegt, die die Streichung des Machtmonopols der KPdSU aus der Verfassung vorsah. Mit ihrer Annahme ging die
Perestroika prinzipiell über das sozialistische System hinaus.

Friedensregelungen Unterdessen war aus der Forderung nach Freiheit für das Volk der DDR die Forderung nach deutscher Einheit geworden. Woche für Woche nutzten Zehntausende von DDR-Bürgern die neuen Reisemöglichkeiten, um definitiv in die Bundesrepublik zu wechseln. Bis zum Jahresende 1989 waren es schon mehr als 120 000, und ein Ende der Ausreisewelle war nicht abzusehen. Zehn Millionen DDR-Bürger, die die Bundesrepublik nur besuchten, die meisten von ihnen zum ersten Mal, gewannen einen lebhaften Eindruck von der Diskrepanz im Lebensstandard. Gleichzeitig wurde das Ausmaß des wirtschaftlichen Desasters der DDR offenkundig, und auch die Verkommenheit großer Teile ihres Führungspersonals trat offen zu Tage. Die Vision eines demokratischen Sozialismus in der DDR, die die Oppositionsgruppen antrieb, war unter diesen Umständen nicht mehrheitsfähig. Stattdessen drängte eine starke Mehrheit der Bevölkerung auf einen möglichst raschen Beitritt zur Bundesrepublik. Als sich Bundeskanzler Helmut Kohl am 19. Dezember mit dem Übergangs-Ministerpräsidenten Hans Modrow in Dresden traf, bestürmte ihn eine frenetische Menschenmenge, die staatliche Einheit Deutschlands herbeizuführen.

Kohl gab diesem Drängen in nüchterner Einschätzung der Kräfteverhältnisse nach. Nachdem er am 28. November 1989 mit einem zeitlich ganz unbestimmten «Zehn-Punkte-Plan» zur Wiedervereinigung die Gestaltung der deutschen Einheit für sich reklamiert hatte, bot er der DDR-Regierung am 6. Februar 1990 die Übernahme der westdeutschen Währung innerhalb eines halben Jahres an. Die Neuwahl der DDR-Volkskammer, die auf den 18. März vorgezogen worden war, entwickelte sich daraufhin zu einem Plebiszit für Kohl und die rasche Einheit durch Beitritt gemäß Artikel 23 des Grundgesetzes: Mit 48 Prozent der Stimmen ging die von den Christdemokraten geführte Allianz für Deutschland als große Siegerin aus dieser Wahl hervor.

Gorbatschow reagierte auf Kohls Zehn-Punkte-Plan höchst verärgert, und versuchte, die erkennbare Abneigung der britischen Premierministerin Margaret Thatcher und des französischen Staatspräsidenten François Mitterrand gegen eine deutsche Wiedervereinigung zur Geltung zu bringen. Als ihm aber seine Dienste übereinstimmend berichteten, dass die DDR bei der Bevölkerung nicht mehr zu halten war, ging er entschlossen in die Offensive: Im engsten Kreis der wichtigsten Verantwortlichen wurde am 26. Januar 1990 beschlossen, die Initiative zu einer Konferenz der «Sechs» zu ergreifen, also der vier Siegermächte und der beiden deutschen Staaten. Sie sollte über die Art der Wiedervereinigung und den künftigen internationalen Status des vereinten Deutschlands befinden.

Mit der Konferenzinitiative wollte Gorbatschow verhindern, dass sich die NATO im Ergebnis der deutschen Vereinigung bis an die Oder ausdehnte. Er stieß damit jedoch auf den Widerstand von Reagans Nachfolger George Bush, der umgekehrt eine Neutralisierung Deutschlands als Ergebnis der Vereinigung befürchtete. Mögliche Unterstützung für Gorbatschows Vision einer neuen Sicherheitsarchitektur bei den Deutschen schwand mit dem Wahlsieg der Allianz für Deutschland. Mitte Mai plädierten nacheinander die Regierungen der Tschechoslowakei, Polens und Ungarns für eine Mitgliedschaft des vereinten Deutschlands in der NATO. Mitterrand machte Gorbatschow klar, dass sie nicht mehr zu vermeiden sein würde. Von Bush auf sein Bekenntnis zur «Freiheit der Wahl» angesprochen, gestand er am 31. Mai im Gespräch mit dem amerikanischen Präsidenten zu, Deutschland solle «selbst entscheiden, in welchem Bündnis es sein möchte».[65]

Um Gorbatschow die Durchsetzung dieser Entscheidung im Moskauer Politbüro zu erleichtern, setzten Bush und Kohl auf einem Gipfeltreffen der NATO am 5. und 6. Juli eine Reihe von Beschlüssen durch, die dem sowjetischen Drängen auf ein gemeinsames Sicherheitssystem entgegenkamen: eine neue Strategie, die Nuklearwaffen zu «Waffen des letzten Zugriffs» machte und die Vorneverteidigung durch die Aufstellung mobiler Einsatztruppen ersetzte, Reduzierungen der konventionellen Truppen und der nuklearen Kurzstreckensysteme sowie eine Stärkung der KSZE durch jährliche Gipfeltreffen, ein Sekretariat, Zentren zur Wahlbeobachtung und Konfliktverhütung und ein parlamentarisches Gremium. Sodann handelte Gorbatschow bei einem Treffen mit Kohl in Moskau und im nordkaukasischen Erholungsort Archys am 15. und 16. Juli Einzelheiten des DDR-Beitritts aus: eine Übergangszeit von drei bis vier Jahren bis zum Abzug aller sowjetischen Truppen, während der sich die NATO-Befehlsgewalt noch nicht auf das Territorium der ehemaligen DDR erstrecke; finanzielle Hilfen für den Abzug der Sowjettruppen und die Rückkehr der Soldaten ins Zivilleben; eine Obergrenze von 370000 Mann für die Armee des vereinten Deutschlands. Ein Zwei-plus-Vier-Vertrag mit den entsprechenden Regelungen wurde am 12. September in Moskau unterzeichnet. Die Bundesrepublik erkannte darin auch die Oder-Neiße-Grenze als endgültig an. Die DDR trat mit Wirkung zum 3. Oktober aus dem Warschauer Pakt und dem COMECON aus und der Bundesrepublik bei.

Bei den Verhandlungen über konventionelle Abrüstung in Europa konnte man mit dem Zerfall des Warschauer Pakts kaum Schritt halten. Der Abzug der Sowjettruppen aus der Tschechoslowakei, Ungarn und der DDR machte es schwierig, sinnvolle Obergrenzen für beide Bündnissysteme festzulegen. Nach dem Abschluss der Zwei-plus-Vier-Verhandlungen verlangte auch Polen einen Abzug der sowjetischen Truppen, und Ungarn gab bereits sein Interesse an einem Austritt aus dem Warschauer Pakt bekannt. Bis zum November gelang es immerhin, ein Gleichgewicht bei den Waffensystemen zu vereinbaren, die für Offensiveinsätze maßgeblich sind. Nach dem VKE-Vertrag vom 20. November 1990 musste die NATO bis 1994 2100 Panzer verschrotten, die Sowjetunion sogar fast 12000 Panzer. Der Vertrag wurde auf einem Gipfeltreffen der Staats- und Regierungschefs der KSZE-Teilnehmer vom 19. bis 21. November in Paris unterzeichnet.

Weiter billigte der Gipfel das Wiener Dokument der Konferenz über vertrauensbildende Maßnahmen, das die Verpflichtung zum Informationsaustausch über Streitkräfte und militärische Aktivitäten erheblich verstärkte. Und schließlich wurde die Schaffung der neuen KSZE-Institutionen beschlossen, wie sie vom Londoner NATO-Gipfel akzeptiert worden waren.

Bis zur Unterzeichnung des START-Vertrags über die Halbierung der strategischen Rüstung dauerte es dagegen noch erheblich länger. Zunächst wollte die sowjetische Seite nicht akzeptieren, dass seegestützte Cruise-Missiles nicht auf die vereinbarten Obergrenzen angerechnet wurden; dann sträubten sich die amerikanischen Militärs gegen eine Abrüstung durch bloße Reduzierung der Zahl der Sprengköpfe pro Rakete. Erst bei einem Gipfeltreffen von Bush und Gorbatschow am 30. und 31. Juli 1991 in Moskau konnte der START-Vertrag unterzeichnet werden. Im weiteren Verlauf des Gipfels kündigte Bush die lange verzögerte Gewährung der Meistbegünstigungsklausel an.

Das Ende der Sowjetunion Der Zerfall des Ostblocks beschleunigte die Desintegrationstendenzen in der Sowjetunion. Die Wahlen zu den Parlamenten in den Republiken, die im Laufe des Jahres 1990 stattfanden, brachten überall national orientierte Mehrheiten, die die Unabhängigkeit ihrer Länder von der Union forderten. Präsidenten nach dem neuen Muster des sowjetischen Staatspräsidenten, das der Oberste Sowjet beschlossen hatte, versetzten die Republiken in die Lage, politisch eigenständig zu handeln. Als erste Republik erklärte Litauen seinen Austritt aus der Union, wenig später gefolgt von Estland und Lettland. Im Juni erklärte sich die Russische Föderation für «souverän». Sie trat zwar nicht aus, behielt sich das Recht zum Austritt aber ausdrücklich vor. Die Ukraine verband ihre Souveränitätserklärung im Juli 1990 mit Überlegungen zu einer eigenen Währung, einer eigenen Staatsbürgerschaft und der Neutralität des Landes. In Georgien wurde nach den Wahlen im Oktober ein Volksentscheid über die Zugehörigkeit zur Union angekündigt.

Für den Zusammenhalt der Sowjetunion waren diese Entwicklungen umso gefährlicher, als sich gleichzeitig die negativen Folgen der Wirtschaftsreformen bemerkbar machten, die seit 1987 nach und nach ohne durchdachtes Konzept beschlossen worden waren. Der sektoral gestaffelte Übergang zur Eigenverantwortlichkeit der Betriebe führte zu chaotischen Verhältnissen und vielfältigen Versorgungsengpässen; strategische Investitionen kamen aufgrund mangelnder Rechtssicherheit und mangelnder Erfahrung kaum zustande. Als im Laufe des Jahres 1990 auch elementare Konsumgüter und Grundnahrungsmittel selten und teuer wurden, verlor Gorbatschow viel von seiner ursprünglichen Popularität.

Demgegenüber konnte sich der frühere Erste Sekretär des Moskauer Stadtkomitees der Partei, Boris Jelzin, als engagierter Anwalt der Bevölkerung profilieren: Im Herbst 1987 nach einem halbherzigen Selbstmordversuch abgesetzt, war er bei den Wahlen zum Volksdeputiertenkongress mit Triumph auf die politische Bühne zurückgekehrt und betrieb nun als Vorsitzender des Obersten Sowjets der Russischen Föderation die Befreiung Russlands von den Kontrollen durch die sowjetischen Organe. Mit einer Rede auf dem 28. Parteitag der KPdSU am 12. Juli 1990 trat er demonstrativ und theatralisch aus der Partei aus.

Gorbatschow, der im März 1990 vom Obersten Sowjet zum Staatspräsidenten gewählt worden war und damit unabhängig vom Politbüro agieren konnte, zeigte zunächst eine gewisse Bereitschaft, die Macht mit Jelzin zu teilen. Im Sommer 1990 erarbeiteten Wirtschaftsexperten beider Lager ein Programm, das den Übergang zur Marktwirtschaft «in 500 Tagen» versprach und dabei die Übertragung der Steuerhoheit, der Verfügungsgewalt über die natürlichen Ressourcen und der Preisgestaltung an die Republiken vorsah. Nach anfänglicher Begeisterung kam Gorbatschow aber zu der Überzeugung, dass seine Verwirklichung zur Auflösung der Sowjetunion führe. Damit war das Tischtuch zwischen den beiden Rivalen zerschnitten, und Gorbatschow stützte sich wieder stärker auf die konservativen Kräfte im Politbüro und im Parteiapparat, die den allseitigen Machtverlust heftig beklagten. Jakowlew wurde an den Rand gedrängt; Außenminister Eduard Schewardnadse, einer der wichtigsten Unterstützer der Perestroika, trat nach Angriffen der Militärs im Dezember von seinem Amt zurück.

Als Spezialeinheiten des KGB im Januar 1991 friedliche Demonstranten in Litauen und Lettland umbrachten, wurde Gorbatschow jedoch klar, dass er sich in ein Bündnis mit Kräften begeben hatte, die über eine Verhängung des Ausnahmezustands die alte Ordnung mit Gewalt wiederherstellen wollten. Rasch steuerte er erneut um, untersagte jede Gewaltanwendung im Baltikum und setzte für den März ein Referendum über die «Bewahrung der UdSSR als eine erneuerte Föderation gleichberechtigter souveräner Republiken» an. Die baltischen Republiken Moldawien, Georgien und Armenien weigerten sich, das Referendum durchzuführen; in den übrigen Republiken brachte es eine Mehrheit von über 70 Prozent, in der Russischen Föderation allerdings nur knapp 53 Prozent. Gestützt auf dieses Votum führte Gorbatschow mit den Vertretern der neun verbliebenen Republiken Verhandlungen über einen neuen Unionsvertrag, der die Macht in erheblichem Umfang auf die Republiken verlagerte. Seine Unterzeichnung wurde für den 20. August 1991 vereinbart.

Für die konservativen Kräfte im Politbüro, im Geheimdienst und im Militär war damit der Zeitpunkt gekommen, ihre Pläne zur gewaltsamen Rückeroberung der Macht auch ohne und gegen Gorbatschow durchzusetzen. In der Nacht zum 19. August wurde Gorbatschow in seiner Urlaubsresidenz auf der Krim festgesetzt und der Ausnahmezustand erklärt; ein selbsternanntes «Notstandskomitee» beanspruchte die Kontrolle über die Massenmedien und die Verwaltungsorgane. Der Anspruch ließ sich jedoch nicht durchsetzen. Jelzin, der zwei Monate zuvor in direkter Wahl zum Präsidenten der Russischen Föderation gewählt worden war, rief vom Sitz des russischen Parlaments aus zum Widerstand gegen die Putschisten auf. Angehörige der Armee und des Geheimdienstes zögerten, ihren Befehlen zu folgen und die Putschisten wagten es nicht, gegen die Hunderttausende von Bürgern vorzugehen, die sich zum Schutz Jelzins und der Abgeordneten vor dem Parlament versammelt hatten. Nach zwei Tagen gaben die Putschisten auf. Sie wurden sogleich verhaftet, ebenso eine Reihe offenkundiger Sympathisanten. Der KPdSU wurde jede Tätigkeit in Russland verboten, und noch vor Ende des Monats wurde sie aufgelöst.

Jelzin war jetzt Herr der Lage in einer de facto unabhängigen Russischen Föderation. Gorbatschow amtierte zwar weiter als Staatspräsident, er war jedoch zugleich als Generalsekretär der Partei diskreditiert und verfügte über keinerlei Machtmittel mehr, um die Unabhängigkeit der Republiken zu verhindern. Am 8. Dezember 1991 kündigten die Präsidenten der drei slawischen Republiken Russland, Weißrussland und Ukraine die Auflösung der Sowjetunion an. Zusammen mit den Vertretern acht weiterer Republiken (Armenien, Aserbaidschan, Kasachstan, Kirgisien, Moldawien, Tadschikistan, Turkmenistan und Usbekistan) vereinbarten sie am 21. Dezember die Bildung der Gemeinschaft Unabhängiger Staaten (GUS) und erklärten die Sowjetunion zum Jahresende für aufgelöst. Gorbatschow blieb nichts Anderes übrig, als sich am 25. Dezember mit einer Fernsehrede als Staatspräsident zu verabschieden. Der Verzicht auf Gewalt, letztlich ein Akt der Selbstbefreiung der Völker des sowjetischen Imperiums, führte so nicht nur zum Abschied vom Kommunismus, sondern auch zur Auflösung des letzten Vielvölkerstaates, der das 19. Jahrhundert überlebt hatte.

4. EINE NEUE WELTORDNUNG

Das Ende des Ost-West-Konflikts ermöglichte nicht nur den Staaten, die bislang dem Ostblock angehört hatten, eine «Rückkehr nach Europa», wie der neue tschechoslowakische Staatspräsident Václav Havel es emphatisch formulierte. Auch Staaten, die aus unterschiedlichen Gründen Neutralität im Kalten Krieg gewahrt hatten, eröffnete sich jetzt die Möglichkeit, sich an dem europäischen Einigungsprojekt zu beteiligen. Politische Kräfte, die der westeuropäischen Einigung wegen der damit verbundenen Spaltung Europas reserviert gegenüber gestanden hatten, sahen sich veranlasst, sich verstärkt für europäische Demokratie und europäische Selbstbehauptung zu engagieren. Aus alledem ergab sich ein neuer Elan für den europäischen Einigungsprozess. Er setzte schon ein, bevor der Kalte Krieg zu Ende gegangen war, und trug durch seine offene Ausrichtung auch zu seiner Überwindung bei. Trotz unvermeidlicher Krisen und Verzögerungen führte er zu einer verstärkten Präsenz Europas auf der weltpolitischen Bühne.

Eurosklerose und Relance   Die Einrichtung des Europäischen Rates führte nicht so schnell zu einer Wiederbelebung der Integrationsdynamik, wie seine Initiatoren gehofft hatten. Bei der Bewältigung der Folgen des Ölpreisschocks von 1973/74 ging jedes Mitgliedsland zunächst einmal eigene Wege. Großbritannien stellte sogar nach einem Wahlsieg der Labour Party im Februar 1974 seine Beteiligung an der Europäischen Gemeinschaft noch einmal in Frage. Die zweite Regierung von Harold Wilson verlangte Subventionen für strukturschwache Regionen und eine Reduzierung der finanziellen Leistungen für die Gemeinschaft. Der Kompromiss, der dabei erzielt wurde, wurde in einem Referendum am 5. Juni 1975 gebilligt. Die Gemeinschaft richtete einen Regionalfonds ein, mit dem die Entwicklung zurückgebliebener Regionen in den Mitgliedsländern gefördert werden sollte. Seine finanzielle Ausstattung blieb allerdings vorerst sehr bescheiden. Darüber hinaus entwickelte die Gemeinschaft Aktivitäten auf den Feldern der Industriepolitik, der Forschungs- und Technologiepolitik, der Umwelt- und Energiepolitik und schließlich auch der Bildungs- und Kulturpolitik.

Vorschläge zur Weiterentwicklung der Gemeinschaften, die der belgische Premierminister Leo Tindemans im Auftrag des Europäischen Rates gesammelt und Ende 1975 vorgelegt hatte, wurden von den Staats- und Regierungschefs der Neuner-Gemeinschaft aber noch nicht einmal diskutiert. Die französische Politik sperrte sich auch unter Valéry Giscard d'Estaing gegen eine Ausweitung der Parlamentsrechte, Helmut Schmidt stellte sich einer Ausweitung der Gemeinschaftsausgaben in den Weg, Harold Wilson glaubte, seinen Wählern nicht noch mehr Europa zumuten zu können. Große Probleme machten auch die Beitrittsanträge, die zunächst 1975 Griechenland und dann 1977 auch Spanien und Portugal stellten: Der Entwicklungsrückstand der Südländer, die gerade ihre Diktaturen überwunden hatten, drohte den Gemeinschaftshaushalt zu belasten, während ihre landwirtschaftlichen Produkte das Gleichgewicht des europäischen Agrarmarkts bedrohten.

Einen ersten Meilenstein auf dem Weg zur Überwindung der «Eurosklerose» stellte die Einführung des Europäischen Währungssystems (EWS) zum 13. März 1979 dar. Von Kommissionspräsident Roy Jenkins betrieben und von Schmidt und Giscard d'Estaing politisch durchgesetzt, bot es stärkere Anreize zur Schaffung einer Währungsunion und zur Überwindung der Stagflationskrise als die gescheiterte «Währungsschlange» von 1972: Zu der Vereinbarung, die Währungen nicht mehr als 2,25 Prozent voneinander abweichen zu lassen, kam diesmal die Verpflichtung, auf den Geldmärkten zu intervenieren und Maßnahmen zur Konsolidierung des Haushalts zu ergreifen, wenn sich die eigene Währung diesem Grenzwert annäherte. Damit die Intervention effektiv sein würde, wurden dem Europäischen Fonds für Währungspolitische Zusammenarbeit je 20 Prozent der nationalen Gold- und Devisenreserven übertragen. Eine Europäische Währungseinheit (European Currency Unit oder ECU) sorgte für Transparenz in den finanziellen Transaktionen der beteiligten Länder.

Damit wurde ein Mechanismus geschaffen, der Ländern mit schwachen Währungen wie Frankreich half, die Inflation zu bekämpfen, und es der Bundesrepublik erlaubte, dem Aufwertungsdruck standzuhalten, der von der Schwächung des US-Dollars ausging. Die Länder der Europäischen Gemeinschaft konnten damit insgesamt auf den wirtschaftlichen Wachstumspfad zurückkehren und sich vom Dollar abkoppeln. Großbritannien beteiligte sich allerdings nicht. Wilsons Nachfolger James Callaghan hielt eine Beteiligung an einer europäischen Währungssolidarität weder für notwendig noch für durchsetzbar. Italien und Irland als Ländern mit besonders schwachen Währungen wurden größere Abweichungen zugestanden, bevor die Verpflichtung zur Intervention griff.

Hinsichtlich der Süderweiterung der EG erzielte Griechenlands Premierminister Konstantin Karamanlis einen Erfolg, indem er sich mit Unterstützungsforderungen und dem Beharren auf Ausnahmeregelungen zurückhielt. Es gelang ihm damit, die Verhandlungen über den griechischen Beitritt von den Verhandlungen mit den beiden anderen Ländern zu trennen und im Mai 1979 erfolgreich abzuschließen. Zum 1. Januar 1981 trat Griechenland als zehntes Mitglied der Gemeinschaft bei. Nach einem Regierungswechsel verlangte Karamanlis' sozialistischer Nachfolger Andreas Papandreou aber ultimativ Nachbesserungen der Beitrittskonditionen, und er nutzte die Vetomacht, über die er als neues Ratsmitglied verfügte, um den Partnern wenig solidarisch ein «integriertes Mittelmeerprogramm» als Voraussetzung für den Beitritt Spaniens und Portugals abzupressen. Die Verhandlungen mit Spanien und Portugal, die wegen der großen Konkurrenz in der landwirtschaftlichen Produktion und im Fischfang ohnehin schon schwieriger waren, wurden dadurch noch zusätzlich belastet. Die Beitrittsverträge mit den beiden Ländern der iberischen Halbinsel konnten erst im Juni 1985 unterzeichnet werden und traten zum 1. Januar 1986 in Kraft.

Die Verständigung über den Beitritt Spaniens und Portugals ließ auch deswegen so lange auf sich warten, weil der Gemeinschaft das Geld auszugehen drohte. Zum einen stiegen, nachdem die Garantiepreise zu einer horrenden Überproduktion geführt hatten, die Kosten zur Finanzierung der gemeinsamen Agrarpolitik ins Unermessliche. Zum anderen beharrte die konservative britische Premierministerin Margaret Thatcher, im Mai 1979 ins Amt gekommen, auf einer deutlichen Absenkung der britischen Beiträge, die auf eine einseitige Finanzierung der fragwürdigen Agrarpolitik hinausliefen. Eine Lösung des Problems, das die Atmosphäre unter den Ratsmitgliedern lange Zeit vergiftete, zeichnete sich erst auf dem Gipfel von Fontainebleau am 25. und 26. Juni 1984 ab: Der britischen Premierministerin wurde eine Reduzierung der britischen Zahlungen um 40 Prozent zugestanden, nachdem sie sich ihrerseits bereitgefunden hatte, die Eigenmittel der Gemeinschaft auf bis zu 1,4 Prozent der Mehrwertsteuer zu erhöhen. Die Überschüsse in der Agrarproduktion wurden abgebaut – durch die Einführung von Milchquoten (1984), die Senkung der Garantiepreise (1986) und die Förderung von Flächenstilllegungen (1988).

Für Kohl und Mitterrand stellte die Einigung von Fontainebleau den Auftakt zur Relance des Projekts der Europäischen Union dar. Sie wurden dabei von der gemeinsamen Sorge um die Einbindung der Deutschen ebenso getrieben wie von der Sorge um die europäische Wettbewerbsfähigkeit gegenüber der neuen asiatischen Konkurrenz und dem Unbehagen angesichts des martialischen Kurses der amerikanischen Sowjetpolitik. Unter dem Eindruck des Entwurfs eines Vertrags über die Europäische Union, den das Europäische Parlament im Februar mit überwältigender Mehrheit verabschiedet hatte, setzten sie in Fontainebleau die Einsetzung eines Ausschusses für institutionelle Fragen durch (unter dem Vorsitz des irischen Senators James Dooge), der erneut klären sollte, welche institutionellen Weiterentwicklungen durchsetzbar waren. Ebenso wurde ein Ausschuss für das «Europa der Bürger» gebildet, der Vorschläge im Hinblick auf die stärkere Präsenz der Gemeinschaft im Alltagsleben ihrer Bürger entwickeln sollte.

Für den langfristigen Erfolg dieser deutsch-französischen Initiative wurde es entscheidend, dass mit Jacques Delors zum 1. Januar 1985 ein Kommissionspräsident ins Amt kam, der es verstand, die Aufmerksamkeit der europäischen Politik auf den Teil der Reformagenda zu konzentrieren, der unabweisbar auch im britischen Interesse lag: die Vollendung des Binnenmarktes. Einen Abbau der nichttarifären Handelshemmnisse in der Gemeinschaft schien auch Margaret Thatcher als notwendig anzusehen, wenn die Europäer im Wettbewerb mit den USA einerseits und den neuen Wirtschaftsmächten im Fernen Osten andererseits weiter mithalten wollten. Außerdem mochte sie sich sagen, dass ein Aufbrechen korporatistischer Wirtschaftsstrukturen unter Verweis auf die europäische Ebene leichter durchzusetzen sein würde als im nationalen Alleingang.

Mit der konkreten Terminierung der Vollendung des Binnenmarkts auf Ende 1992 setzte Delors die Regierungen unter Druck, und mit der peniblen Auflistung von 300 Maßnahmen, die dazu erforderlich sein sollten, im Binnenmarkt-Weißbuch vom 15. Juni 1985 schuf er ein Instrument, das es ihm erlaubte, den Druck zu verstetigen. Zu dem Druck, der von der einhelligen Bekundung des Europäischen Parlaments ausging, kam damit der Druck von Unternehmern, Finanzkreisen und einem Teil der Belegschaften, die auf die Realisierung der Binnenmarkt-Perspektive drängten. Angesichts des doppelten Drucks konnten es sich weder Frau Thatcher noch die ebenfalls europaskeptischen Regierungen in Dänemark und Griechenland weiter erlauben, den Ausbau der Gemeinschaft über den Binnenmarkt hinaus zu blockieren. Bei dem Treffen des Europäischen Rates in Mailand 28./29. Juni 1985 stimmten sie zwar noch gegen die Einberufung einer Regierungskonferenz zur Revision der Gemeinschaftsverträge; als die Mehrheit der Ratsmitglieder gleichwohl bei ihrem Entschluss blieb, die Konferenz durchzuführen, wagte die Minderheit es dann aber nicht mehr, sie zu boykottieren.

Natürlich ging der Ausbau der Gemeinschaften, der als Ergebnis der Regierungskonferenz mit der Einheitlichen Akte vom 3. Dezember 1985 beschlossen wurde (offiziell unterzeichnet wurde sie im Februar 1986) nicht in allen Bereichen gleich weit. Einig waren sich alle Beteiligten, dass der Binnenmarkt tatsächlich zum 1. Januar 1993 vollendet sein sollte. Im Hinblick auf die Wirtschafts- und Währungsunion gab es eine grundsätzliche Verpflichtung, allerdings unterblieb angesichts des Widerstands nicht nur der britischen sondern auch der deutschen Regierung die Festlegung eines Zeitplans. Die EWG erhielt neue Kompetenzen im Bereich des Umweltschutzes, der Forschung, der Stärkung der Kohäsion und der Förderung des sozialen Dialogs. In der Außenpolitik wurde eine Konsultationspflicht vereinbart; Beschlüsse sollten auch dann gelten, wenn sich einzelne Mitglieder enthielten. Weil anders der Binnenmarkt nicht durchsetzbar war, akzeptierte die britische Regierung eine Ausweitung des Mehrheitsvotums im Rat. Die Exekutivkompetenzen der Kommission wurden gestärkt; das Parlament erhielt die Möglichkeit, in gewissen Bereichen Änderungen zu Gesetzesvorlagen durchzusetzen, wenn der Rat nicht mit qualifizierter Mehrheit Widerspruch einlegte.

Trotz des Kompromisscharakters der insgesamt neun Texte dieser Akte war mit ihrem Inkrafttreten zum 1. Juli 1987 ein wesentlicher Schritt zur Überwindung der Stagnation des Integrationsprojekts getan. In der Dynamik, die sie auslöste, wurde im Juni 1989 entschieden, mit einer ersten Stufe der Währungsunion, in der Freizügigkeit des Kapitalverkehrs herrschen und Großbritannien sowie die südeuropäischen Mitgliedsländer dem Europäischen Währungssystem beitreten sollten, zum 1. Juli 1990 zu beginnen. Helmut Kohl, der entsprechend dem Rat seiner Experten einer Gemeinschaftswährung erst zustimmen wollte, wenn Gleichklang in den wirtschaftlichen Verhältnissen und in der Wirtschaftspolitik herrschte, akzeptierte beim Europäischen Rat am 8./9. Dezember 1989 unter dem Druck Mitterrands die Einberufung einer Regierungskonferenz zur Schaffung der Währungsunion, mit Blick auf die zuvor zu überstehende Bundestagswahl allerdings erst zum Dezember 1990. Die Verwirklichung der Währungsunion rückte damit gleichwohl sichtlich näher.

Europa nach dem Kalten Krieg

Die Europäische Gemeinschaft war damit vergleichsweise gut gerüstet, als mit dem Zusammenbruch des sowjetischen Imperiums ganz neue Aufgaben auf sie zukamen. Sie konnte oder musste jetzt Ordnungsfunktionen auf dem europäischen Kontinent übernehmen, die bislang von den Weltmächten und ihren Blöcken wahrgenommen worden waren. Dazu gehörte, dass nach der Wiedervereinigung und dem Abzug der Siegermächte verstärkte Anstrengungen zur Einhegung der Deutschen unternommen werden mussten und dass die Gemeinschaft mit einem Mal auch für das Gelingen der Sanierung der osteuropäischen Länder mitverantwortlich war. Gleichzeitig fielen die politischen Barrieren weg, die die ehemals neutralen EFTA-Länder davon abgehalten hatten, sich der wirtschaftlich erfolgreicheren Gemeinschaft anzuschließen. Mit dem Aufstieg der USA zur alleinigen Weltmacht stellte sich die Frage nach einer eigenständigen Rolle der Europäer in der Weltpolitik mit neuer Dringlichkeit.

Von den Herausforderungen, die sich aus der Implosion des Ostblocks ergaben, hat die Gemeinschaft die Integration des größer gewordenen Deutschlands am besten bewältigt. Dies ist nicht zuletzt auch Helmut Kohl zu verdanken, der

im Prozess der Weichenstellung für die deutsche Einheit 1989/90 die Notwendigkeit erkannte, die Befürchtungen der europäischen Nachbarn hinsichtlich der
künftigen Rolle eines halbhegemonialen deutschen Staates in der Mitte Europas
durch rasche Schritte zur stärkeren Einbindung der Deutschen einzudämmen.
Schon bei seiner Zustimmung zur Einberufung der Regierungskonferenz zur
Währungsunion zum Dezember 1990 spielte diese Überlegung eine Rolle. Entscheidend war dann, dass Kohl im Vorfeld des Europäischen Rates von Maastricht am 9./10. Dezember 1991 einen Zeitplan für die Verwirklichung der Währungsunion bis 1997 oder spätestens 1999 akzeptierte und diese Entscheidung
auch gegen erhebliche Vorbehalte in der Finanzwelt und der öffentlichen Meinung der Bundesrepublik durchsetzte. Zum 1. November 1993 trat der Vertrag
von Maastricht in Kraft, zum 1. Januar 2002 wurde der Euro in den Teilnehmerländern der Währungsunion als alleiniges Zahlungsmittel eingeführt.

Bei der Gestaltung der Währungsunion mussten sich die weiteren Mitgliedsländer allerdings in hohem Maße nach deutschen Vorgaben richten, anders war
der Verzicht auf die D-Mark als De-facto-Leitwährung des Europäischen Währungssystems nicht zu erreichen. Die Europäische Zentralbank wurde nach dem
Muster der Deutschen Bundesbank als politisch unabhängige Währungsinstitu-
tion etabliert, und für den Übergang zur Währungsunion wurde die Einhaltung
objektiver Konvergenzkriterien vereinbart. Zur Konsolidierung ihrer Haushalte
mussten sich die Teilnehmer verpflichten, ihr Haushaltsdefizit auch in Zukunft
nicht über drei Prozent des Bruttoinlandprodukts und die öffentliche Gesamtver-
schuldung nicht über 60 Prozent des Bruttoinlandprodukts anwachsen zu lassen.
Großbritannien und Dänemark behielten sich die Entscheidung über eine Beteiligung an der Währungsunion bis zur Beschlussfassung über den Übergang zur
letzten Stufe vor und blieben dann tatsächlich bei ihren nationalen Währungen.

Angesichts der neuen Herausforderungen hielt es Kohl auch für nötig, hinsichtlich der politischen Zusammenarbeit und der Stärkung der Gemeinschaftsorgane
über die Reformen hinauszugehen, die in der «Einheitlichen Akte» beschlossen worden waren. Gemeinsam mit Mitterrand präsentierte er daher am 18. April 1990 die
Forderung nach Einberufung einer weiteren Regierungskonferenz, die einen Vertrag
über eine Politische Union erarbeiten sollte. Kohl und Mitterrand verlangten, «die
demokratische Legitimation der Union zu verstärken, ihre Institutionen effizienter
auszugestalten; die Einheit und die Kohärenz der Aktion der Union in den Bereichen
der Wirtschaft, der Währung und der Politik sicherzustellen; eine gemeinsame
Außen- und Sicherheitspolitik festzulegen und in die Tat umzusetzen».[66]

Trotz des gemeinsamen Auftretens des deutsch-französischen Tandems ließ
sich dieses ehrgeizige Programm nur unter erheblichen Abstrichen durchsetzen.
Institutionell wurden mit dem Vertrag von Maastricht die Mehrheitsentscheidungen im Ministerrat und die Mitwirkungsrechte des Parlaments ausgeweitet, ein
(allerdings rein beratender) Ausschuss der Regionen wurde eingerichtet, die Be-

fugnisse des Europäischen Gerichtshofs und des Europäischen Rechnungshofs wurden gestärkt, eine europäische Staatsbürgerschaft wurde eingeführt. In den EWG-Vertrag (jetzt: Vertrag über die Europäische Gemeinschaft) wurden neben den Bestimmungen zur Wirtschafts- und Währungsunion neue Zuständigkeiten in den Bereichen Bildung, Kultur, Gesundheitswesen, Verbraucherschutz und Sozialpolitik aufgenommen, die Zuständigkeiten in der Forschungs- und Umweltpolitik wurden ausgeweitet, und es wurde ein Kohäsionsfonds eingerichtet, mit dem die Finanzierung von Umwelt- und Verkehrsprojekten in strukturschwachen Regionen unterstützt werden konnte.

Außerhalb der Gemeinschaftsverträge, im Bereich der organisierten Zusammenarbeit der Regierungen, blieben die Gemeinsame Außen- und Sicherheitspolitik (GASP), für deren Operationalisierung ein Politisches Komitee aus Direktoren der Außenministerien eingerichtet wurde, und die Zusammenarbeit in den Bereichen Justiz und Inneres. Die Gemeinschaftsverträge und die beiden Bereiche der Regierungszusammenarbeit, für die die Kommission nur ein eingeschränktes Initiativrecht und das Parlament nur ein Konsultationsrecht erhielt, wurden in einer «Europäischen Union» zusammengefasst; die WEU wurde als «integraler Bestandteil» der Union damit beauftragt, etwaige Entscheidungen und Aktionen durchzuführen, «die verteidigungspolitische Bezüge haben».[67] Die Ausweitung der Gemeinschaftsaktivitäten musste so mit größerer Komplexität der Regelungen auf europäischer Ebene bezahlt werden; der Ausbau der Parlamentsrechte hielt mit dem Zuwachs der Ratskompetenzen nicht Schritt. Entsprechend verschärfte sich das Legitimationsdefizit der Gemeinschaft.

Hinsichtlich der Außen- und Sicherheitspolitik initiierte der Maastricht-Vertrag zwar eine rasch anwachsende «Deklarationspolitik» der Gemeinschaft, ein Zuwachs an Handlungsfähigkeit war damit jedoch nicht verbunden. Kohl und Mitterrand kündigten daher im Oktober 1991 die Bildung eines deutsch-französischen Korps an und stellten damit die Weichen für eine Überwindung der traditionellen sicherheitspolitischen Differenzen zwischen Frankreich und der Bundesrepublik. Nachdem sich Belgien, Spanien und Luxemburg der Initiative angeschlossen hatten, wurde der multilaterale Militärverband im Umfang von über 50 000 Soldaten im November 1995 als «Eurokorps» mit Sitz des Generalstabs in Straßburg eingerichtet. Als Ergebnis einer weiteren Regierungskonferenz, die angesichts der Halbheiten der Maastricht-Regelungen im Unionsvertrag von 1991/92 sogleich vereinbart worden war, wurde im Vertrag von Amsterdam vom 2. Oktober 1997 zudem die Stelle eines «Hohen Vertreters für die GASP» geschaffen, für Durchführungsbeschlüsse wurde das Mehrheitsvotum eingeführt, und das Generalsekretariat wurde mit einer Strategieplanungs- und Frühwarneinheit ausgestattet.

Ansonsten brachte der Vertrag von Amsterdam eine Ausweitung der Mitentscheidungsrechte des Parlaments und eine Stärkung der Kompetenzen des Kom-

Karte 3:   Die Erweiterung der Europäischen Union (1952–2013).

missionspräsidenten; seine Bestellung wurde von der Zustimmung des Parlaments abhängig gemacht. Wesentliche Teile der Bestimmungen zur Zusammenarbeit im Bereich der Justiz und der Innenpolitik sowie das Sozialprotokoll des Maastricht-Vertrages wurden in den EG-Vertrag übernommen. Ebenso wurde das Abkommen von Schengen, das Grenzkontrollen innerhalb der Gemeinschaft durch ein zentrales Informationssystem und gemeinsame Kontrollen der Außengrenzen ersetzte, in den Unionsvertrag integriert. Die Befugnisse der gemeinsamen Polizeibehörde Europol wurden ausgebaut, die Bestimmungen zur Gesundheits-, Umweltschutz- und Verbraucherpolitik wurden erweitert.

Als vergleichsweise unproblematisch erwies sich der EU-Beitritt der bisherigen EFTA-Staaten. Österreich hatte schon im Juni 1989 einen Beitrittsantrag gestellt; im Juni 1991 war Schweden gefolgt, 1992 Finnland, die Schweiz und Norwegen. Während der Schweizer Antrag nach dem Scheitern einer Volksabstimmung über den Beitritt zum Europäischen Wirtschaftsraum aus EG und EFTA im Dezember 1992 auf Eis gelegt wurde, begannen die Beitrittsverhandlungen mit den übrigen EFTA-Staaten im Januar 1993. Im Juni 1994 wurden die Beitrittsverträge unterzeichnet, zum 1. Januar 1995 traten sie in Kraft. Norwegen war allerdings nicht mehr dabei: Wie schon in der ersten Erweiterungsrunde von 1972/73 scheiterte die Ratifizierung hier in einer Volksabstimmung. Aus dem Europa der Zwölf wurde so nur ein Europa der Fünfzehn.

Wesentlich schwieriger gestaltete sich der Beitritt derjenigen Länder, die bis 1990 dem Ostblock angehört hatten. Während Großbritannien, Dänemark und auch Deutschland aus strategischen wie aus wirtschaftlichen Interessen auf eine möglichst rasche Ausweitung der Gemeinschaft nach Osten drängten, sahen Frankreich, die Benelux-Länder und die Subventionsempfänger des Kohäsionsfonds im Süden darin ein Projekt allenfalls für die nächste Generation. Die Gemeinschaft begnügte sich daher vorerst mit einer Unterstützung der politischen und wirtschaftlichen Reformen in den mittel- und osteuropäischen Ländern. Dazu dienten das im Herbst 1989 initiierte PHARE-Programm, Kredite der Europäischen Investitionsbank und der 1991 gegründeten Europäischen Bank für Wiederaufbau und Entwicklung sowie Assoziationsabkommen, die die Modernisierung der vormals staatssozialistischen Volkswirtschaften durch asymmetrische Liberalisierung fördern sollten. Im Oktober 1991 wurden die ersten Abkommen mit Polen, Ungarn und der Tschechoslowakei geschlossen, bis 1996 folgten Rumänien, Bulgarien, Slowenien und die baltischen Staaten.

Erst bei dem Kopenhagener Ratstreffen im Juni 1993 wurde den assoziierten mittel- und osteuropäischen Ländern eine grundsätzliche Beitrittsperspektive eröffnet. Bei dem Essener Ratstreffen im Dezember 1994 wurde auf Drängen Kohls eine finanziell unterfütterte «Heranführungsstrategie» beschlossen, die den beitrittswilligen Ländern helfen sollte, sich in einem strukturierten Dialog auf die Integration vorzubereiten. Drei Jahre später fasste der Europäische Rat in Luxemburg den Beschluss, mit denjenigen Antragstellern Verhandlungen aufzunehmen, die nach einem Votum der Kommission den Beitrittskriterien hinreichend nahekamen. Neben Zypern (das schon 1990 einen Beitrittsantrag gestellt hatte) waren dies Ungarn, Polen, Tschechien, Estland und Slowenien. Mit den anderen Bewerbern wurden vom April 1998 an Vorgespräche geführt.

Das Europa der 27 Eine Dynamisierung auf den Handlungs-
feldern, deren Bearbeitung in den 90er
Jahren nur mühsam vorankam, setzte
erst an der Schwelle zum neuen Jahrtausend ein. Zu verdanken war dies einem
größeren Maß an Realismus in der Europapolitik Großbritanniens seit dem
Amtsantritt von Tony Blair 1997 und Lernprozessen beim französischen Staatspräsidenten Jacques Chirac wie beim deutschen Bundeskanzler Gerhard Schröder.

Die im September 1999 installierte Kommission unter dem Vorsitz von Ro-
mano Prodi trieb die Verhandlungen mit den Beitrittskandidaten mit großer
Energie voran, die entsprechenden Arbeiten wurden im Amt eines speziellen
Erweiterungskommissars, Günter Verheugen, zusammengeführt. Im Dezember
1999 beschloss der Europäische Rat in Helsinki, mit Lettland, Litauen, der
Slowakei, Rumänien, Bulgarien sowie Malta ebenfalls Beitrittsverhandlungen
aufzunehmen. Für den Februar 2000 wurde eine neue Regierungskonferenz an-
gesetzt, die bis zum Ende des Jahres die institutionellen Voraussetzungen für die
Aufnahme der neuen Mitglieder schaffen sollte. Auf dem Gipfel von Nizza am
7./8. Dezember 2000 wurden die Sitzverteilung im Europäischen Parlament und
die Stimmengewichtung im Ministerrat für bis zu 27 Mitglieder der Union neu
geregelt und ein neues Verfahren zur Ermittlung der qualifizierten Mehrheit
eingeführt; in der Kommission sollte jedes Mitgliedsland künftig nur noch
durch einen Kommissar vertreten sein. Gleichzeitig wurde vereinbart, die Beitrittsverhandlungen nach Möglichkeit bis zum Ende des Jahres 2002 abzuschließen, sodass die Beitritte im Frühjahr 2004 vollzogen werden konnten. Die
Bürger der neuen Mitgliedsländer sollten an den nächsten Wahlen zum Europäischen Parlament im Juni 2004 teilnehmen können.

Nicht zuletzt dank des Verhandlungsgeschicks von Verheugen konnte dieser
ehrgeizige Zeitplan auch eingehalten werden. Mit den mittel- und osteuropäischen Staaten wurden viele Übergangsregelungen (für Zeiträume zwischen drei
und zwölf Jahren) vereinbart; hinsichtlich des Finanztransfers an die neuen Mitgliedsländer wurde ein komplizierter Kompromiss geschlossen. Am 16. April
2003 konnte danach in Athen der Beitrittsvertrag mit zehn Staaten unterzeichnet
werden (Polen, Ungarn, Tschechien, die Slowakei, Slowenien, Lettland, Estland,
Litauen, Zypern und Malta). Nach zeitgerechten Ratifizierungen in allen Mitgliedsstaaten der erweiterten Europäischen Union konnte der Beitrittsvertrag
zum 1. Mai 2004 in Kraft treten. Bulgarien und Rumänien, die größere Schwierigkeiten hatten, die Beitrittskriterien zu erfüllen, folgten zum 1. Januar 2007.

Hinsichtlich der institutionellen Reformen wurde im Vertrag von Nizza (offiziell unterzeichnet am 26. Februar 2001, in Kraft getreten zum 1. Februar 2003)
jedoch nur ein Minimalergebnis erzielt. Weil Schröder und Chirac es versäumt
hatten, ihre Interessen wie einst Kohl und Mitterrand im Vorfeld der Regierungskonferenz aufeinander abzustimmen, kamen zwar erneut weitere Auswei-

tungen der Mehrheitsentscheidungen und der Mitwirkungsrechte des Parlaments zustande, doch ergab sich daraus kein kohärentes Design. Nach den Bestimmungen des Nizza-Vertrages konnten Beschlussfassungen im Rat nach 14 verschiedenen Verfahren stattfinden, hinsichtlich der Mitwirkung des Parlaments waren elf Varianten möglich. Die Entscheidungsprozesse verloren damit weiter an Transparenz, Verantwortlichkeiten konnten immer schwerer zugeordnet werden.

Eine öffentliche Meinung, die durch ein öffentliches Plädoyer des deutschen Außenministers Joschka Fischer für einen Verfassungsvertrag zur Bildung der Europäischen Föderation auf substantiellere Fortschritte eingestimmt war, nahm den Vertrag von Nizza darum sehr kritisch auf. Schröder konnte in Nizza die Vereinbarung einer nächsten Regierungskonferenz für das Jahr 2004 durchsetzen, die diesmal unter Einbindung des Europäischen Parlaments, der nationalen Parlamente und der Zivilgesellschaft vorbereitet werden sollte. Chirac ließ sich dafür gewinnen, zur Vorbereitung dieser Regierungskonferenz eine gemeinsame Position mit der Bundesregierung zu erarbeiten, und der belgische Premierminister Guy Verhofstadt sorgte dann als Ratspräsident dafür, dass der Konvent zur Zukunft Europas, der auf der Ratstagung in Laeken am 14./15. Dezember 2001 installiert wurde, tatsächlich ein Mandat für einen Vorschlag zur Weiterentwicklung der Europäischen Union erhielt.

Weil große Teile der Öffentlichkeit ein Ergebnis im Sinne Fischers erwarteten, hat der Konvent diese Chance auch genutzt. Als Ergebnis seiner Beratungen wurde am 20. Juni 2003 der Entwurf eines «Vertrags über eine Verfassung für Europa» vorgelegt, der wesentliche Fortschritte in Richtung Transparenz und Handlungsfähigkeit enthielt: weitgehende Kongruenz von Mehrheitsentscheidungen im Rat und Mitentscheidung des Parlaments, beides als Regelfall; Installierung eines Europäischen Außenministers; Ausbau der Position des Ratspräsidenten, der nicht mehr gleichzeitig Regierungschef eines Mitgliedslandes sein soll. Die Staats- und Regierungschefs machten sich diesen Entwurf nach einigen Zugeständnissen an die Repräsentanzbedürfnisse Spaniens und Polens am 18./19. Juni 2004 in Brüssel zu eigen.

Die Gemeinsame Außen- und Sicherheitspolitik erhielt Substanz durch die Hinwendung Blairs zum Aufbau glaubwürdiger europäischer Krisenreaktionskräfte, die bei einem informellen Ratstreffen im österreichischen Pörtschach im Oktober 1998 zum ersten Mal deutlich wurde. Entsprechend einer Verständigung zwischen Blair und Chirac wurde beim Ratstreffen in Helsinki im Dezember 1999 die Aufstellung einer europäischen Eingreiftruppe im Umfang von 60 000 Soldaten bis zum Jahr 2003 beschlossen. Auf dem Gipfel von Nizza ein Jahr später wurden die meisten Institutionen der WEU von der EU übernommen. Javier Solana, der erste Hohe Vertreter für die GASP, übernahm in Personalunion das Amt des Generalsekretärs der WEU. Das Politische Komitee der GASP wurde zum Politischen und Sicherheitspolitischen Komitee (PSK) ausgebaut, dem ein Militärausschuss zuarbeitet.

Nach spektakulären Differenzen in der Haltung zur US-amerikanischen Intervention im Irak einigten sich die Staats- und Regierungschefs auf dem Brüsseler Ratstreffen am 12./13. Dezember 2003 auf eine gemeinsame Sicherheitsstrategie, die auf die Gewährleistung von Sicherheit in der europäischen Nachbarschaft und einen effektiven Multilateralismus in der internationalen Ordnung zielt. Mit der Annahme des Verfassungsvertrags im Juni 2004 verpflichteten sie sich, «ihre militärischen Fähigkeiten schrittweise zu verbessern» und eine «gemeinsame Verteidigungspolitik der Union» anzustreben.[68] Die Ablösung des Hohen Vertreters durch einen Außenminister der Union, die der Vertrag vorsah, eröffnete die Aussicht auf Einrichtung eines eigenen diplomatischen Dienstes. Mitgliedsstaaten, die festere Verpflichtungen in der militärischen Integration eingehen wollten, wurde dies in Form einer «strukturierten Zusammenarbeit» innerhalb der Union erlaubt.

Allerdings stieß die Verwirklichung des Verfassungsvertrages auf unerwartete Schwierigkeiten. In Frankreich wie in den Niederlanden stimmte eine Mehrheit der Wähler Ende Mai beziehungsweise Anfang Juni 2005 gegen seine Ratifizierung. Die deutsche Bundeskanzlerin Angela Merkel und der französische Staatspräsident Nicolas Sarkozy ergriffen daraufhin die Initiative zu einer semantischen Herabstufung des Vertragswerks, die es für national orientierte Wähler weniger angreifbar machen sollte. Nach einer erneuten Regierungskonferenz verabschiedete der Europäische Rat am 12. Dezember 2007 einen entsprechend modifizierten Vertrag. Bevor er zum 1. Dezember 2009 in Kraft treten konnte, musste aber noch ein negatives Referendum in Irland durch weitere Zusicherungen hinsichtlich der verbliebenen Handlungsfähigkeit der Nationalstaaten überwunden werden. Die Komplexität der europäischen Konstruktion stellt damit weiterhin ihre Achillesferse dar.

Die Grenzen der Supermacht

Nach dem Zusammenbruch des sowjetischen Imperiums und der Diskreditierung der kommunistischen Ideologie, die es zusammengehalten hatte, verblieben die USA am Ende des 20. Jahrhunderts als einzige Supermacht. Ihr Wirtschaftssystem hatte sich als das überlegene erwiesen, und dank schnellerer und effektiverer Nutzung der neuen Informationstechnologien sicherten sie sich erneut einen überproportionalen Anteil am weltweiten wirtschaftlichen Wachstum. Die politischen Werte der westlichen Demokratie, für die sich die amerikanische Politik mit wechselndem Geschick engagiert hatte, stießen über die Grenzen des einstigen sowjetischen Rivalen hinaus auf positive Resonanz und förderten vielfach die Bereitschaft, sich der amerikanischen Führung anzuvertrauen. In der militärtechnologischen Entwicklung hatten die USA unterdessen einen uneinholbaren Vorsprung erzielt, und da sie auch weiterhin in die Rüstung investierten, blieben sie auch die führende Militärmacht der Welt. 1998 betrug ihr Anteil am globalen Rüstungsbudget immer noch 35 Prozent, während der Anteil der Russischen Föderation gerade noch ein Zehntel dieser Höhe erreichte.[69] Der Versuch, das demokratische Modell mit Waffengewalt zu exportieren, angesichts dieser Konstellation durchaus naheliegend, sollte jedoch kläglich scheitern und die Grenzen der Supermacht deutlich werden lassen.

Die technologische Überlegenheit der USA wurde mit überraschender Eindringlichkeit deutlich, als Iraks Präsident Saddam Hussein im August 1990 das benachbarte Scheichtum Kuwait angriff. Zwei Jahre nach dem Ende des verlustreichen, aber letztlich unentschiedenen Krieges mit dem Iran hielt der Diktator von Bagdad die Eroberung des ölreichen Küstenstaates für das beste Mittel, die Kriegsschulden zu begleichen und wachsender interner Unzufriedenheit durch Machtausweitung in der Golfregion zu begegnen. US-Präsident George Bush entschloss sich, dagegen zu intervenieren – erstens weil der irakische Anteil an den weltweiten Ölreserven mit der Besetzung Kuwaits auf 20 Prozent anstieg und Saddam damit eine gefährliche Machtposition zu erlangen drohte, und zweitens weil der Konflikt eine Gelegenheit bot, die amerikanische Führungsrolle bei der weltweiten Friedenssicherung zu bekräftigen. Tatsächlich verurteilten die fünfzehn Mitglieder des UN-Sicherheitsrats einstimmig die irakische Aggression; auch Gorbatschow unterstützte die Sanktionen und die militärische Operation, die nach dem Ablauf eines Ultimatums am 17. Januar 1991 mit Bombenangriffen auf irakische Verteidigungssysteme begann.

Die Koalition von etwa 30 Staaten, die Bush gegen den Irak zusammengebracht hatte, rechnete mit einem langen und blutigen Krieg. Tatsächlich gelang es den 790 000 Mann alliierter Bodentruppen (davon 540 000 Amerikaner und 250 000 Verbündete) unter dem Kommando von US-General Norman Schwarzkopf dank überlegener Ausrüstung und souveräner Strategie, die irakischen Truppen innerhalb von 100 Stunden zu vertreiben. Die Bodenoperationen, die am 24. Februar begonnen hatten, wurden von Bush schon am 27. Februar gestoppt, um nicht den Eindruck unangemessener Aggressivität hervorzurufen. Saddam Hussein konnte sich dadurch im Irak an der Macht halten. In den USA aber breitete sich ein neues Selbstbewusstsein aus, das das Vietnam-Trauma und die Demütigung durch die Geiselnahme im Iran vergessen ließ.

Die US-Diplomatie nutzte den Sieg im Golfkrieg, um den Friedensprozess im Nahen Osten voranzutreiben. Im Oktober 1991 gelang es dem US-amerikanischen Außenminister James Baker, nach intensiver Pendeldiplomatie Vertreter Israels, Syriens, Jordaniens und des Libanon an einen gemeinsamen Konferenztisch nach

Madrid zu bringen. Repräsentanten der Palästinensischen Befreiungsorganisation (PLO) nahmen als Mitglieder der jordanischen Delegation an den Verhandlungen teil. Sie führten zwar zunächst zu keinem Ergebnis. Nachdem aber im Juni 1992 Yitzhak Rabin von der Arbeitspartei in Israel einen Wahlsieg errungen hatte, kam es zu geheimen Gesprächen zwischen Vertretern Israels und der PLO in einem Landhaus bei Oslo. Die dort getroffenen Vereinbarungen wurden am 13. September 1993 in Washington im Beisein von Präsident Bill Clinton unterzeichnet. Rabin und PLO-Führer Jassir Arafat verständigten sich im Grundsatz auf die Übergabe des Gazastreifens und der Stadt Jericho an die Autorität der Palästinenser. Ein weiteres Abkommen vom September 1995 («Oslo II») regelte die Ausweitung der palästinensischen Autonomie auf sechs weitere Städte und 450 Dörfer in der Westbank, etwa ein Viertel des 1967 eroberten Territoriums.

Damit war der Weg zur Zwei-Staaten-Lösung des Nahostkonflikts vorgezeichnet. Weitere Fortschritte auf diesem Weg ließen allerdings auf sich warten, nachdem Rabin im November 1995 von einem religiösen Fanatiker ermordet wurde und im Mai 1996 die Likud-Partei wieder die Regierung übernahm. Israel zögerte den vereinbarten Truppenabzug aus den Palästinensergebieten immer wieder hinaus; der Ausbau jüdischer Siedlungen in den besetzten Gebieten setzte Arafat unter Druck. Ende September 2000 setzte eine neue Welle von Unruhen in den palästinensischen Städten, Angriffen auf jüdische Siedler und Selbstmordanschlägen ein. Die israelische Armee reagierte mit planmäßiger Zerstörung palästinensischer Infrastruktur und gezielter Tötung palästinensischer Extremisten. Arafat wurde zeitweilig unter Hausarrest gestellt, sein Amtssitz in Ramallah im März 2002 weitgehend zerstört. Eine dauerhafte Einhegung der Gewalt gelang danach weder auf israelischer noch auf palästinensischer Seite. Die palästinensische Führung konnte sich unter dem Druck militanter Gruppen nicht dazu durchringen, Israel anzuerkennen. Israel zog sich zwar 2006 aus dem Gazastreifen zurück, beharrte aber gleichzeitig darauf, große Teile des Westjordanlandes und Ostjerusalem in den israelischen Staat einzubeziehen.

Stärkeres Engagement zeigten die USA nach einigem Zögern in den ethnischen Auseinandersetzungen im ehemaligen Jugoslawien. Dort war der von Tito bis zu seinem Tod im Mai 1980 geführte Vielvölkerstaat in Auflösung begriffen, seit Parteiführer wie der serbische Parteichef Slobodan Milošević die Förderung nationalistischer Emotionen als Mittel entdeckt hatten, die eigene Macht über die Diskreditierung der kommunistischen Ideologie hinaus zu behaupten. Im Juni 1991 sagten sich Slowenien und Kroatien von der jugoslawischen Föderation los, im Oktober Bosnien-Herzegowina, im November Mazedonien. Die serbisch geführte Bundesarmee zog sich nach kurzer Intervention aus Slowenien zurück; in Kroatien stimmte sie einem Waffenstillstand erst zu (am 2. Januar 1992), nachdem sie die geschlossenen serbischen Siedlungsgebiete erobert und die dortige kroatische Bevölkerung vertrieben hatte. Während eine UN-Schutztruppe die

Ein Friedhof mit 76 nummerierten Gräbern in Petrovo Selo im Nordosten Serbiens beherbergt die sterblichen Überreste von Albanern aus dem Kosovo, die 1999 ermordet wurden. Als die ethnische Minderheit der Albaner eine «Befreiungsarmee» ins Leben rief, reagierte der serbische Präsident Slobodan Milošević darauf mit Massenvertreibungen und der Ermordung von Zivilisten.

Einhaltung des Waffenstillstands in Kroatien überwachte, gingen die Serben zum Angriff auf Bosnien über. Die bosnischen Serben unter der Führung von Radovan Karadžić begannen mit «ethnischen Säuberungen» in den von ihnen kontrollierten Gebieten. Vom Frühjahr 1993 an gingen auch die bosnischen Kroaten mit «Säuberungen» gegen den muslimischen Teil der Bevölkerung vor.

Die internationale Gemeinschaft sah den Völkermorden lange Zeit ohnmächtig zu. Das Mandat der UN-Schutztruppen wurde auf Bosnien-Herzegowina ausgeweitet, sie sahen sich aber nicht in der Lage, vom UN-Sicherheitsrat beschlossene Schutzzonen für die verschiedenen Bevölkerungsgruppen durchzusetzen, und gerieten selbst in serbische Geiselhaft. Nachdem die Clinton-Administration im März 1994 einen Waffenstillstand zwischen Kroaten und Muslimen vermittelt hatte, ging sie dann aber im Sommer 1995 offensiv gegen die serbischen Aggressoren vor. Die kroatische Armee wurde ermuntert, die 1991 verlorenen Gebiete zurückzuerobern; Ende August begannen zwei Wochen gezielter Luftangriffe der NATO auf serbische Stellungen in Bosnien-Herzegowina. Im Oktober fanden sich die Serben daraufhin unter amerikanischer Vermittlung zu einem Waffenstillstand bereit; eine Friedenskonferenz in Dayton (Ohio) führte zur Unterzeichnung eines Friedensabkommens am 14. Dezember 1995, das eine Untergliederung

Bosniens in eine Muslimisch-Kroatische Föderation und eine Serbische Republik beinhaltete. Eine 60 000 Mann starke internationale Friedenstruppe unter Führung der NATO und Beteiligung russischer Einheiten überwachte seine Ausführung.

Im Kosovo, ursprünglich eine autonome Provinz Serbiens, formierte sich zu Beginn des Jahres 1998 eine «Befreiungsarmee» der albanischen Bevölkerungsmehrheit. Gegen sie ging die serbische Polizei vom März an mit Vertreibungen und Massakern an der Zivilbevölkerung vor; bald waren Hunderttausende von Albanern auf der Flucht. Die internationale Gemeinschaft suchte auch hier zunächst zu vermitteln. Als die serbische Regierung im März 1999 die Unterzeichnung eines Friedensabkommens ablehnte, reagierte die NATO mit Luftangriffen auf serbische Stellungen. Sie provozierte damit aber zunächst nur eine weitere Eskalation der Kämpfe auf kosovarischem Territorium. Erst als sich US-Präsident Clinton Ende Mai zur Entsendung von Bodentruppen entschloss, lenkte Milošević ein. Am 9. Juni 1999 wurde ein Abkommen über den Abzug der Serben und den Einzug einer Friedenstruppe der NATO unterzeichnet. Die Provinz wurde – offiziell vorübergehend – einer UN-Verwaltung unterstellt. Knapp neun Jahre später, nach weiteren Unruhen und nachdem sich 2006 auch Montenegro von Serbien getrennt hatte, erklärte das Kosovo im Februar 2008 seine Unabhängigkeit.

Der Wandel der NATO Die erfolgreichen Militäreinsätze in Bosnien-Herzegowina und im Kosovo trugen zur Überwindung der Krise bei, in die die NATO durch den Zusammenbruch des Warschauer Paktes geraten war. Das innerhalb der Allianz zunächst umstrittene Konzept, Friedensoperationen auch außerhalb des Bündnisgebietes durchzuführen, hatte sich bewährt und dem Bündnis einen neuen Sinn gegeben. Hinzu kam die wachsende Bereitschaft, gemeinsame Sicherheitsrisiken außerhalb des Bündnisgebietes wahrzunehmen und auch für die Sicherheit der neuen europäischen Nachbarn Verantwortung zu übernehmen. 1997 wurden Polen, Tschechien und Ungarn zum Beitritt eingeladen, und im März 1999 wurde diese erste Osterweiterung der NATO vollzogen. Russisches Unbehagen über diesen Schritt sollte durch die Bildung eines gemeinsamen NATO-Russland-Rates im Mai 1997 aufgefangen werden, der der Russischen Föderation die Entwicklung «ständiger Konsultation und Zusammenarbeit» in Aussicht stellte.[70]

Der NATO-Russland-Rat konnte russische Irritationen über das Vorgehen der NATO im Kosovo nicht verhindern. Nachdem die Moskauer Regierung einer militärischen Mission gegen die Serben nicht zustimmen wollte, entschlossen sich die NATO-Regierungen zur Intervention auch ohne UN-Mandat. Russland wirkte dann aber auf die serbisch-jugoslawische Regierung ein, den Waffenstillstand vom 9. Juni 1999 zu akzeptieren. Die Annäherung Russlands an die NATO neuer Art beschleunigte sich durch die Anschläge islamistischer Terroristen auf das World Trade Center in New York und das Pentagon am 11. September 2001, bei denen annähernd 3000 Menschen den Tod fanden. Russland und die NATO-Länder sahen sich jetzt einer gemeinsamen neuartigen Bedrohung durch das weltweit agierende Terrornetzwerk von al-Qaida ausgesetzt, einer Organisation von Djihadisten («Heiligen Kriegern»), die aus dem Kampf gegen die Kommunisten in Afghanistan hervorgegangen war. Gegen diese Bedrohung galt es, sich auch gemeinsam zu verteidigen. Im Mai 2002 wurde eine Neuformierung des NATO-Russland-Rates als beschlussfassendes Gremium in gemeinsamen Sicherheitsfragen entschieden. Die zweite Runde der NATO-Osterweiterung, beschlossen im November 2002 und vollzogen zum 1. April 2004, konnte danach ohne Beschädigung der Beziehungen zur Russischen Föderation durchgeführt werden. Mit Estland, Lettland, Litauen, Bulgarien, Rumänien, der Slowakei und Slowenien stieg die Zahl der NATO-Mitglieder auf 26.

Gleichzeitig führte der beispiellose Terrorangriff auf die Symbole amerikanischer Macht zu einer Stärkung der Solidarität der europäischen Verbündeten mit den USA. Am 12. September 2001 erklärte die NATO zum ersten Mal in ihrer Geschichte den Bündnisfall als gegeben. NATO-Aufklärungsflugzeuge halfen bei der Überwachung des amerikanischen Luftraums aus; zur Vorbereitung auf weitere Auseinandersetzungen wurde die Anpassung der nationalen Verteidigungsstrukturen an die neuartigen Gefahren beschlossen und eine rasch einsatzfähige NATO Response Force geschaffen. Wichtige NATO-Verbündete wie Großbritannien, Deutschland und Italien beteiligten sich an dem Feldzug gegen das Regime der Taliban in Afghanistan, das den Al-Qaida-Kämpfern die hauptsächliche territoriale Basis bot. Nach amerikanischen Luftangriffen vom 7. Oktober 2001 konnte das Taliban-Regime rasch beseitigt werden. Eine UN-Konferenz auf dem Petersberg bei Bonn etablierte Anfang Dezember ein Übergangsregime unter der Führung von Hamid Karzai, das freilich noch viele Jahre auf die Unterstützung durch eine Friedenstruppe von NATO-Verbündeten angewiesen bleiben sollte.

Die Regierung von US-Präsident George W. Bush begriff den Kampf gegen den Terror freilich nur in zweiter Linie als eine gemeinsame Angelegenheit. In erster Linie wollte sie alleine entscheiden, wie er zu führen war: als weltweiter Kampf für Freiheit und Demokratie, bei dem jede Unterstützung willkommen war, die USA notfalls aber auch im Alleingang handeln würden. Nach der Beseitigung des Taliban-Regimes gerieten drei weitere «Schurkenstaaten», wie Bush sich ausdrückte, in das Visier der amerikanischen Politik, gegen die sie offensiv vorgehen wollte: Nordkorea, Iran und Irak. Mit der Begründung, Saddam Hussein strebe die Herstellung von Massenvernichtungswaffen an, die er auch den Terroristen zur Verfügung stellen wollte, wurde als erstes ein Regimewechsel im Irak in Angriff genommen. Obwohl eine UN-Inspektion keinerlei Beweise für den Besitz oder das Streben nach solchen Waffen erbringen konnte, griff eine US-Streitmacht am 20. März 2003 den Irak an. Am 9. April wurde Bagdad erobert, am 1. Mai erklärte Bush die «Hauptkampfhandlungen» für beendet.

Unterstützt wurden die USA bei diesem Krieg von einer «Koalition der Willigen» aus NATO-Verbündeten wie Großbritannien, Italien, Spanien und Polen, aber auch Australien. Der französische Staatspräsident Jacques Chirac und der deutsche Bundeskanzler Gerhard Schröder traten dagegen ebenso wie Russlands Präsident Wladimir Putin kategorisch gegen diese völkerrechtswidrige Intervention auf. Sie sahen sich bestätigt, als nicht nur keine Massenvernichtungswaffen und auch keine Verbindungen zum Terrornetzwerk von al-Qaida gefunden werden konnten, sondern das brutale Auftreten der US-Soldaten dem Terrorismus neuen Zulauf verschaffte. Eine stabile Regierung im Irak zu installieren, gelang nach dem Sturz von Saddam Hussein keineswegs. Stattdessen mussten sich die Besatzungstruppen über viele Jahre mit Terroranschlägen und Angriffen schiitischer Milizen auseinandersetzen. Schätzungen des Sommers 2008 sprachen von 150 000 bis einer Million getöteter Iraker. Die USA zählten mehr als 4000 gefallene und Zehntausende schwer verwundete Soldaten.

Bushs Versuch, das weltweite Entsetzen über die Verletzlichkeit durch den islamistischen Terrorismus zur Begründung einer unilateralen Hegemonie der amerikanischen Supermacht zu nutzen, endete so mit einer Förderung der multipolaren Tendenzen. Das Ansehen der USA sank gewaltig, nicht zuletzt als bekannt wurde, dass US-Soldaten nicht vor der Folterung irakischer Gefangener zurückschreckten und Terrorverdächtige unterschiedlichster Provenienz ohne rechtliches Gehör und ordentlichen Prozess auf unbestimmte Zeit auf dem exterritorialen US-Stützpunkt Guantánamo am Rande Kubas festgehalten wurden. Im Laufe von Bushs zweiter Amtszeit griff der Ansehensverlust der Regierung auch auf das eigene Land über. Ein offensives Vorgehen gegen Nordkorea oder den Iran war jetzt nicht mehr durchsetzbar, auch wenn letzteres in Auseinandersetzungen mit den europäischen Verbündeten immer wieder zur Sprache gebracht wurde. Bushs Nachfolger Barack Obama trat sein Amt im Januar 2009 mit einem Programm zum Rückzug der amerikanischen Kampftruppen aus dem Irak an. Mit den Verbündeten verabredete er einen Plan zur Beendigung des Mandats in Afghanistan.

Der Niedergang des amerikanischen Ansehens im ersten Jahrzehnt des 21. Jahrhunderts ging mit einer Stärkung der europäischen Position innerhalb der NATO einher. Deutlich wurde dies, als Georgiens Präsident Micheil Saakaschwili im August 2008 gegen die russisch orientierten Provinzen Abchasien und Südossetien vorging, um die Entscheidung der NATO für eine Aufnahme Georgiens zu beschleunigen. Als die russische Regierung daraufhin ihre Truppen in Georgien einmarschieren ließ, war es Nicolas Sarkozy als amtierender Präsident des Europäischen Rates und nicht etwa der amerikanische Präsident, der einen Waffenstillstand vermittelte. Am 15. August erreichte er die Unterzeichnung eines Abkommens zwischen Saakaschwili und Russlands neuem Präsidenten Dimitri Medwedew, das den Rückzug der russischen Truppen und die Rückkehr der georgischen Truppen in ihre Garnisonen vorsah. An der Eigenständigkeit Abchasiens und Südossetiens war danach nicht mehr zu rütteln. Gleichzeitig verschwand aber auch die von den Europäern mehrheitlich abgelehnte Aufnahme Georgiens von der Tagesordnung der NATO. Die Aufnahme der Ukraine wurde auf die lange Bank geschoben.

Die Stärkung des europäischen Einflusses innerhalb des Bündnisses führte aber auch zu einer neuen Wertschätzung der NATO durch die USA. Die neue amerikanische Führung zog aus dem Debakel von Bushs missionarischem «Krieg gegen den Terror» den Schluss, dass Sicherheit vor Terroranschlägen und Sicherung der Versorgungswege noch am ehesten gewonnen werden könne, wenn man die europäischen Verbündeten materiell und moralisch mit ins Boot nimmt. Obama warb mit seiner Wahlkampfrede im Berliner Tiergarten am 24. Juli 2008 ganz gezielt um europäische Unterstützung, und er stieß damit auf eine gestiegene Bereitschaft, sie auch zu gewähren. Die europaweite Kritik an Bushs unilateraler Mission mündete nicht in verstärkten Antiamerikanismus, sondern eine stärkere Bereitschaft, weltpolitische Verantwortung zu übernehmen.

Dies wurde deutlich, als im Frühjahr 2011 bewaffnete Rebellen ihren Kampf gegen Libyens Diktator Muammar al-Gaddafi begannen. Frankreichs Präsident Nicolas Sarkozy forderte alsbald eine militärische Intervention zugunsten der Aufständischen. Er wurde dabei vom britischen Premierminister David Cameron unterstützt, allerdings nicht von der deutschen Bundeskanzlerin Angela Merkel. Nachdem der UN-Sicherheitsrat am 11. März beschlossen hatte, die Rebellen mit Luftangriffen auf die Truppen Gaddafis und die libysche Infrastruktur zu unterstützen, kamen in erster Linie französische und britische Verbände zum Einsatz; die USA begnügten sich mit technischer Unterstützung im Rahmen der Koordinierung durch die NATO. Bis zum August gelang es auf diese Weise, das Regime Gaddafis zu beseitigen und in der Hauptstadt Tripolis einen «Übergangsrat» zu installieren.

Der Aufstand gegen Gaddafi war Teil einer Protest- und Revolutionsbewegung gegen die autoritären Regime in der arabischen Welt, die ausgehend von Tunesien zahlreiche Länder des Maghreb und des Nahen Ostens erfasste. In Tunesien führte sie schon am 14. Januar 2011 zum Sturz von Staatspräsident Zine el-Abidine Ben Ali; in Ägypten trat am 11. Februar der langjährige Staatspräsident Husni Mubarak zurück; im Jemen unterzeichnete Präsident Ali Abdullah Salih nach monatelangen Protesten und bewaffneten Auseinandersetzungen im November ein Abkommen, das eine Machtübergabe an den Vizepräsidenten Abed Hadi vorsah. In Marokko, Algerien und Jordanien führten die Proteste zu Regierungswechseln und Reformen; in Bahrain und Saudi-Arabien wurden sie gewaltsam niedergeschlagen.

In Syrien entwickelte sich ein Bürgerkrieg, dem bis Anfang 2013 über 70 000 Menschen zum Opfer fielen. Aus dem «arabischen Frühling» ergaben sich damit neue Herausforderungen für eine europäische Mittelmeer-Strategie.

Chinas Aufstieg   Die Entwicklung in Richtung amerikanisch-europäischer Partnerschaft und gemeinsamer Gefahrenabwehr im asiatischen Raum entsprach der zunehmenden Verflechtung zwischen den betroffenen Wirtschaftsräumen. Mit einer Schnittmenge von fast 4 Billionen Euro in gegenseitigem Handel und Investitionen im Jahr 2007 waren die Volkswirtschaften der USA und der EU, die jeweils etwa 13 Billionen Euro erwirtschafteten und damit zusammen fast die Hälfte der Weltwirtschaft, so eng miteinander verflochten wie noch nie. Gleichzeitig stieg China zum zweitstärksten Handelspartner der USA (nach Kanada) auf und verstärkte damit noch die Bedeutung des asiatischen Wirtschaftsraums für die amerikanische Volkswirtschaft. Das amerikanisch-asiatische Handelsvolumen war sogar noch umfangreicher als das amerikanisch-europäische, auch wenn das wechselseitige Investitionsvolumen deutlich hinter der amerikanisch-europäischen Verflechtung zurückblieb.

Der Aufstieg Chinas zu einem «Ankerland» von globaler Bedeutung[71] war das Ergebnis eines langfristigen Prozesses, der mit den Bemühungen von Deng Xiaoping einsetzte, das Land nach den Auswüchsen der von Mao Zedong initiierten Großen Proletarischen Kulturrevolution nach dem Tode Maos im September 1976 auf einen pragmatischen Kurs zu bringen. Deng setzte nicht nur die Rückkehr zu einem geordneten Erziehungssystem und seinen massiven Ausbau durch, sondern auch Wirtschaftsreformen, die auf die Förderung von Privatinitiativen und des Leistungsprinzips zielten. Den staatlichen Unternehmen wurden größere Entscheidungskompetenzen zugestanden, in der Landwirtschaft wurden bäuerliche Familienbetriebe gefördert, Sonderwirtschaftszonen wurden für den internationalen Handel und internationales Kapital geöffnet. Dies führte zu Wachstumsraten von durchschnittlich sieben Prozent im Jahr, zu stärkerer Industrialisierung und zu gewaltigen Differenzen im Einkommen und in den Lebensstilen. 1987 erreichte das durchschnittliche Einkommen der Chinesen das Doppelte der Höhe von 1978.[72]

1986 gelangten Generalsekretär Hu Yaobang und Ministerpräsident Zhao Ziyang zu der Überzeugung, dass der langfristige Erfolg der Wirtschaftsreformen größere politische Freiheiten voraussetzte. Ein Programm der Trennung von Partei und Staat auf lokaler und Unternehmensebene wurde auf den Weg gebracht; Intellektuellen und Wissenschaftlern wurden größere Freiheiten in der Artikulation unterschiedlicher Auffassungen eingeräumt. Sie führten sogleich zur Entstehung einer breiten Demokratiebewegung unter den Studenten, die über die verbreitete Korruption und mangelnde Karriereaussichten besonders verbittert waren. Im Dezember 1986 kam es zu großen Demonstrationen in Wuhan, Peking und Shanghai, auf denen Forderungen nach Respektierung der Menschenrechte, Gewaltenteilung und demokratischen Wahlen laut wurden.

Die Parteiführung reagierte mit einem Abbremsen des Reformkurses. Hu Yaobang musste im Januar 1987 das Amt des Generalsekretärs abgeben; Zehntausende Studenten wurden zu Arbeitseinsätzen aufs Land geschickt. Die Bewegung ließ sich dadurch aber nicht eindämmen. Als Hu bei einer erregten Debatte im Politbüro am 8. April 1989 einem Herzanfall erlag, flammten die Demonstrationen wieder auf. In Peking besetzten am 27. April zwischen 500 000 und einer Million Studenten den Tiananmen-Platz (Platz am Tor des Himmlischen Friedens); am 13. Mai trat die Kerngruppe der Besetzer in einen Hungerstreik. Gegen den drohenden Verlust des Machtmonopols und gegen den Widerstand von Zhao Ziyang, der Hu als Generalsekretär gefolgt war, entschloss sich das Politbüro am 19. Mai unter dem Einfluss von Deng zur Verhängung des Kriegsrechts. Truppen aus allen Landesteilen wurden um die Hauptstadt zusammengezogen; und nachdem die Bevölkerung versucht hatte, ihren Einmarsch durch Barrieren und Sitzblockaden zu verhindern, drangen sie am 3. Juni mit Panzern und bewaffneten Militärfahrzeugen in die Stadt vor. Zwischen 800 und 2600 Zivilisten, die sich ihnen in den Weg stellten (die genaue Zahl wird wohl nie ermittelt werden können), wurden brutal erschossen. Die Räumung des Tiananmen-Platzes in den frühen Morgenstunden des 4. Juni erfolgte dann relativ unblutig; das Regime wollte den Eindruck ungehemmter Brutalität vermeiden.

Auf die Auflösung der Demonstration folgten zahlreiche Verhaftungen und Todesurteile gegen «Aufrührer». Zhao Ziyang und weitere Befürworter eines Dialogs mit den Studenten wurden ihrer Ämter enthoben. Die Niederschlagung der Demokratiebewegung bedeutete aber keine Abkehr vom Programm marktwirtschaftlicher Reformen. Neuer Generalsekretär wurde Jiang Zemin, der als Bürgermeister von Shanghai gezeigt hatte, wie man die wirtschaftliche Modernisierung fördern konnte, ohne die Kontrolle über die Studenten und andere Teile der Bevölkerung zu verlieren. Nach einer kurzen Phase der Stärkung zentralstaatlicher Autorität konnte Deng 1992/93 sogar eine Beschleunigung des Weges zu einer «sozialistischen Marktwirtschaft» durchsetzen. Jiang Zemin wurde zum Staatspräsidenten und Vorsitzenden der Zentralen Militärkommission gewählt (und damit auch zum Nachfolger Dengs, der 1997 im Alter von 92 Jahren starb). Die Regulierungen in den Sonderwirtschaftszonen wurden auf die unterentwickelten Binnenprovinzen ausgeweitet, und es wurde verstärkt auswärtiges Kapital ins Land geholt. Neben Auslandschinesen aus Hongkong oder Singapur betätigten sich jetzt vor allem auch japanische Anleger als Investoren.

Zusammengenommen führten diese Maßnahmen zu einer weiteren Beschleunigung des wirtschaftlichen Wachstums. Hatte die spektakuläre erste Verdoppelung des Pro-Kopf-Einkommens elf Jahre gedauert, so erfolgte die zweite Verdoppelung bis 1995 in acht Jahren.[73] In der zweiten Hälfte der 1990er Jahre entwickelte sich China zur Werkbank der Welt, mit Exportraten, die nach dem Beitritt zur Welthandelsorganisation 2001 einen täglichen Umfang erreichten, der dem jährlichen Umfang von 1978 entsprach, und rasch wachsenden Investitionen in Forschung und Entwicklung. Gleichzeitig begann die chinesische Wirtschaft in Zentralasien, Südostasien und Schwarzafrika zu investieren, um die Sicherung von Rohstoffen ebenso bemüht wie um die Ausweitung politischen Einflusses. Eine Reihe schwarzafrikanischer Länder, aber auch der Iran, Pakistan, Burma und Nordkorea erhielten chinesische Militärhilfe. Wenig um die Sicherung humanitärer und ökologischer Standards besorgt, wurde der chinesische Staatskapitalismus so zu einem unangenehmen Konkurrenten westlicher Entwicklungspolitik und zugleich zu einem wirtschaftlichen Akteur von globaler Bedeutung.

Insgesamt nahm die Modernisierung des chinesischen Kommunismus also einen ganz anderen Verlauf als die in etwa zur gleichen Zeit in Gang gesetzte Reform des sowjetischen Kommunismus. Der Vergleich beider Entwicklungen macht deutlich, dass es bei der Überwindung des Erbes marxistisch-leninistisch strukturierter Regime ganz entscheidend auf die Haltung der Spitzenpolitiker ankam. Im entscheidenden Moment wählte Deng eine andere Option als Gorbatschow. Die Frage, welche Option angemessen war, wird man je nach politischem Standpunkt unterschiedlich beantworten. Sicher ist nur, dass jede Option ihren Preis hatte und dass auch noch weitere Optionen zur Verfügung standen.

Machtgefälle, Koalitionen und Pole

Nach China traten weitere Ankerstaaten auf den Plan: große Staaten in dynamischer wirtschaftlicher Entwicklung, die Auswirkungen auf das weltweite Wirtschaftsgeschehen hatte und ihnen ein eigenständiges Agieren auf der weltpolitischen Bühne ermöglichte. In Indien führten marktwirtschaftliche Wirtschaftsreformen in der ersten Hälfte der 1990er Jahre zu einem Wirtschaftswachstum, das mit der chinesischen Entwicklung vergleichbar war und indische Firmen dank ebenfalls hoher Investitionen in Forschung und Entwicklung zu einem ähnlich kompetitiven Wettbewerber auf den Weltmärkten werden ließ.

In Indonesien, das von der asiatischen Wirtschaftskrise 1997/98 in besonderem Maße betroffen war, ermöglichte der Sturz von Staatspräsident Suharto nach mehr als 22-jähriger Militärherrschaft im Mai 1998 und die darauf folgende Bekämpfung von Korruption und Günstlingswirtschaft den Übergang auf einen soliden Wachstumspfad.

Auch in Brasilien machte die schrittweise Überwindung einer mehr als 20 Jahre andauernden Militärherrschaft in der ersten Hälfte der 1980er Jahre den Weg zu wirtschaftlicher Sanierung und stabilem Wachstum frei. Über mehrere politische Wechsel hinweg (1992/94 vom Liberalen Fernando Collor de Mello zum Sozialdemokraten Fernando Henrique Cardoso, 2002 von Cardoso zum Sozialisten Luiz Inacío Lula da Silva) entwickelte sich das Land zur treibenden Kraft lateinamerikanischer Wirtschaftsentwicklung.

In Mexiko gingen energische Maßnahmen zur Reduzierung der hohen Staatsverschuldung seit 1990 mit einer Pluralisierung des Parteiensystems, Förderung des privaten Unternehmertums und Bekämpfung der Drogenmafia einher. Nach zwei heftigen Wirtschaftskrisen waren Ende der 1990er Jahre wieder höhere Wachstumsraten und steigende Wettbewerbsfähigkeit zu verzeichnen.

In Südafrika erzwang der Anschluss der USA und Großbritanniens an das von der Vereinten Nationen verhängte Wirtschaftsembargo von 1990 an die Aufhebung des Apartheid-Regimes. Unter der Präsidentschaft von Nelson Mandela (1994–1999) begann eine von allen maßgeblichen politischen Kräften getragene Hinwendung zu sozialstaatlich eingehegter Marktwirtschaft, die dem Land auch eine regionale Vormachtstellung einbrachte.

Nach der Jahrtausendwende begannen die Ankerländer, ihren Einfluss durch Kooperation zu verstärken. Im August 2003 ergriff Brasilien, unterstützt von Indien, China und Südafrika, die Initiative zur Bildung einer G20-Gruppe von Entwicklungsländern, die sich dem Programm der OECD-Länder für die Doha-Runde der Verhandlungen der Welthandelsorganisation widersetzten. Die Industriestaaten reagierten mit einer schrittweisen Öffnung ihrer Kooperationsstrukturen. 2006 wurde Russland in den Club der G7 aufgenommen, das seit einem dramatischen Wirtschaftseinbruch in der ersten Hälfte der 1990er Jahre mit einer Halbierung der Industrieproduktion und des Bruttosozialprodukts selbst alle Merkmale eines Ankerlands aufwies. Auf dem G8-Gipfel in Heiligendamm im Juni 2007 wurde ein institutionalisierter Dialog mit China, Indien, Brasilien, Mexiko und Südafrika vereinbart; diese Länder nahmen seither auf informeller Basis an den jährlichen G8-Treffen teil.

An die Stelle der bipolaren Weltordnung trat damit weder eine amerikanische Hegemonie noch ein globales Dorf, in dem Staaten und Machtgefälle keine Rolle mehr spielen. Entstanden ist vielmehr eine komplexe Weltordnung, die mit dem Begriff der Multipolarität nur ungenügend beschrieben ist. Neben einem amerikanisch-europäischen Duopol sehr unterschiedlicher, aber aufeinander angewiesener Partner steht eine ganze Reihe von Staaten, die in unterschiedlichem Maße regionalen oder überregionalen Einfluss ausüben. Tendenziell ist eine Stärkung der asiatischen *players* in diesem Machtgefüge zu beobachten. Sie führt aber auf absehbare Zeit nicht zu einem Verlust der Vormachtstellung des Westens. Dagegen sprechen auch die Dynamik in der Akquirierung neuer Ressourcen, zu denen das amerikanische System fähig ist, und die aus ökonomischen Gründen unausweichliche Annäherung der Russischen Föderation an die Europäische Union.[74]

Zur Sicherung des Friedens, zur Mehrung des Wohlstands und zum Erhalt der natürlichen Lebensgrundlagen bleiben die staatlichen Akteure auf Kooperation angewiesen. Ob und in welchem Maße sie und die Gesellschaften, auf die sie sich stützen, die dazu erforderliche Einsicht aufbringen werden, ist eine offene Frage.

OFFENE TÜREN IN DER WELTWIRTSCHAFT

Thomas W. Zeiler

EINLEITUNG

Der Vertrag, den der japanische Pitcher Hideo Nomo 1995 mit den Los Angeles Dodgers schloss, markierte für den US-amerikanischen Baseball den Beginn der Globalisierung. Der Sport nutzte Marktmechanismen, die den globalen Handel beschleunigten, die Integration der Branche rund um den Globus förderten und kulturelle Konvergenzen über Grenzen hinaus verstärkten. Die Voraussetzungen dafür bot eine Weltwirtschaft, die nach dem Zweiten Weltkrieg maßgeblich von den Vereinigten Staaten ausgestaltet wurde. Nomos Karriere zeigt die Globalisierung als ein Zusammenwirken verschiedener treibender Kräfte, forciert durch einen als ein transnationales Unternehmen agierenden Liga-Verband, die Major League Baseball (MLB). Die Entwicklung der Satellitendirektübertragung sowie die Kooperation mit führenden Medienkonzernen vergrößerten den weltweiten Aktionsradius der MLB, doch zugleich hatte der Verband ein strategisches Interesse: Ein globaler Pool von Spielern und Zuschauern sollte das Spiel attraktiver machen und in der Konkurrenz mit anderen Sportarten stärken – sowie nicht zuletzt den Umsatz steigern (der 2009 bei über sechs Milliarden US-Dollar lag). Die Kehrseite dieses Prozesses liegt auf der Hand: Junge talentierte Spieler aus ärmeren Ländern, beispielsweise aus Lateinamerika, gerieten ins Visier eines unersättlichen Systems, das außerhalb der Beschränkungen internationaler arbeitsrechtlicher Bestimmungen rekrutierte. Indes machten ausländische Spieler bald mehr als ein Viertel aller auf den Spielerlisten der Major League geführten Baseballprofis aus, die Branche florierte – und steht im Grunde für eine Erfolgsgeschichte der Globalisierung.

Die Anwerbung von Spielern im Ausland, um sie in die große Show in den USA zu holen, war die eine Sache; daneben ging es der MLB vor allem darum, anderen Ländern die eigene Marke als Vision künftiger Entwicklung und Konvergenz zu verkaufen. Fans in aller Welt konnten die Spiele über Satellit verfolgen, bei den Liveübertragungen gab es Übersetzungen in mehr als ein Dutzend Sprachen, darunter Hindi, Papiamento, Arabisch und Koreanisch. Durch verzweigte und um-

Hideo Nomo, Coors Field,
Denver, 7. Mai 1995. Der Star der
Los Angeles Dodgers war der
erste japanische Spieler in
der Major League Baseball.
Er sorgte damit im Profisport
für Synergien über nationale
Grenzen hinweg, die sinnbildlich
für das moderne Zeitalter der
Globalisierung stehen.

fangreiche Lizenzverträge, die der Liga-Verband mit ausländischen Unternehmen
und Medienkonzernen schloss, entstanden lukrative lokale, regionale und globale
Partnerschaften. Man träumte von «dem Tag, an dem nicht nur das Spiel in vielen
Ecken der Welt gespielt wird, sondern auch die Nachfrage nach der Marke Major
League – gemessen an Turnieren, erweiterter Medienpräsenz, internationalen
Firmensponsoren und, gewiss, am Verkauf von T-Shirts und Kappen – den Erdball umspannt», wie es der Sport-Kolumnist Tom Verducci 2006 formulierte,
nach Abschluss der World Baseball Classic (WBC), des ersten internationalen
Turniers für Profispieler.[1] Dem weiteren Wachstum der MLB standen eigentlich
nur noch die zu überwindenden großen Distanzen (immerhin existierten Über-
schall-Flugverbindungen zumindest auf dem Reißbrett) und protektionistische
Anwandlungen entgegen, die Baseballspieler in ihrer Bewegungsfreiheit einschränkten. In den jeweiligen nationalen Verbänden wurde – keine Frage – nach
amerikanischen Regeln gespielt, selbst wenn manche Auswahlen anderer Länder
die USA bisweilen in ihrem eigenen Spiel schlugen, wie es Japan 2006 und 2009
im WBC-Turnier glückte.

Hideo Nomos Beispiel illustriert eines: Seit dem Zweiten Weltkrieg zeigen die
Züge der Weltwirtschaft unverkennbar die Macht der Vereinigten Staaten – und
deren Auswirkungen. Indes war diese Macht zwar signifikant, doch keineswegs
immer hegemonial. Das vorliegende Kapitel untersucht, wie Staaten, transnatio-

nale Unternehmen und einfache Menschen über die Jahrzehnte, in denen die Globalisierung ihre Dominanz in der Weltwirtschaft entfaltete, das US-amerikanische Modell aufnahmen, anpassten oder auch verwarfen. So blieben die Vereinigten Staaten zwar für Baseball die wichtigste Arena, doch zugleich trug der Markt anderen Interessen Rechnung, und dadurch veränderte sich auch diese uramerikanische Sportart. Nach dem Zweiten Weltkrieg bildete die Führungsrolle der USA die Grundlage für Wiederaufbau und Wachstum, doch in den darauffolgenden Jahrzehnten ließ eine multilaterale Governance das Regiment Washingtons erodieren, ohne es freilich zu ersetzen. Die Folge war eine Weltwirtschaft, geprägt durch die Grundsätze und Machtstrukturen der freien Marktwirtschaft nach amerikanischem Vorbild. Für viele reiche wie auch arme Länder gingen von der globalisierten Marktwirtschaft Wachstumsimpulse aus, großen Teilen der Welt bescherte sie auch Ungerechtigkeiten, vor allem aber sorgte sie dafür, dass weltweit Güter, Dienstleistungen, Geld und Menschen in größerer Zahl und Intensität als jemals zuvor nationale Grenzen überquerten. Im Folgenden nun wird es darum gehen, die historische Entwicklung der Globalisierung unter amerikanischem Einfluss in der Nachkriegszeit nachzuzeichnen. Auch wenn die USA eine zentrale Rolle spielten, standen sie natürlich in der Weltwirtschaft nicht allein. Die Weltwirtschaftskrise nach 1929 hatte den Kapitalismus weltweit verwüstet und nicht zuletzt in den verheerendsten Krieg der Menschheitsgeschichte geführt, eine Katastrophe, aus der die Vereinigten Staaten in überlegener Position an der Spitze der Weltwirtschaft hervorgingen. Seither und bis heute drohten Konkurrenten, die USA vom Thron zu stoßen, und wiederholte Krisen taten das ihre, die Stellung des Landes zu untergraben.

Im Mittelpunkt der Entwicklung standen immer Marktmechanismen: Ihre überlegene Position setzten die USA dazu ein, dem globalen Wirtschaftsaustausch Tür und Tor zu öffnen und sie ihm offenzuhalten, also den Markt von Hindernissen zu befreien, deren Abbau Sache multilateraler Übereinkommen war. Eine solche Haltung (als Ideologie und Praxis) soll im Folgenden die «Doktrin der offenen Türen» heißen, beruhend auf Marktgrundsätzen und -mechanismen sowie freiem Wettbewerb. Das Konzept der offenen Türen sollte dabei nicht verwechselt werden mit der von Großbritannien Mitte des 19. Jahrhunderts verfolgten Freihandelspolitik und ebenso wenig mit der von den USA nach 1899 eingenommenen Haltung China gegenüber, obgleich gewisse Ähnlichkeiten bestehen. «Offene Türen» umfasst in diesem Fall den Zugang zu Märkten, die Freiheit und Expansion des Handels- und Finanzverkehrs sowie weltweite enge wirtschaftliche Verflechtungen und wechselseitige Abhängigkeiten. Die – wie auch immer man sie nennen mag – offene, ausgreifende und systemisch integrierte Globalisierung erfasste auf verschiedenste Art Staaten, Territorien, Gesellschaften und Institutionen, Netzwerke und Menschen weltweit. Sie setzte sich in einer von Kriegen, diplomatischen Spannungen, Armut und wirtschaftlichen Turbulenzen

erschütterten Welt auch deshalb durch, weil Amerikas mit Macht vorangetriebe-
nes Projekt auf Marktkräfte setzte, die entweder bereits etabliert waren oder
sich in multilateralen Übereinkommen auf Regierungsebene Bahn brechen konnten. Ein Kernthema des vorliegenden Beitrags bleibt daher auch, wie zwischenstaatliche Beziehungen den Globalisierungsprozess lenkten, obwohl wesentliche
Akteure privatwirtschaftliche transnationale Unternehmen waren.

Der Weg zur Globalisierung war weder einfach, noch brachte er allen Vorteile,
noch war er durchgängig pluralistisch. Die USA gaben im Kräftespiel der Weltwirtschaft den Ton an, doch in der frühen Nachkriegszeit war ihre Macht zweifellos gefestigter als in den darauffolgenden Jahrzehnten, in denen Konkurrenten
stärker in Erscheinung traten. Darüber hinaus wurde die Weltwirtschaft seit
1945 durch zahlreiche Beben erschüttert, so beispielsweise durch die Währungskrise in Großbritannien, das Ende des Kolonialismus, durch Kriege und den Kalten Krieg, die Explosion der Energiepreise, durch Revolten gegen die «offenen
Türen» in der Dritten Welt, durch Armut, Elend und ungeheure Schuldenlasten,
durch den Aufstieg Japans, Europas, Chinas, der ölfördernden Staaten und Indiens, durch den Untergang der Nachkriegswährungsordnung und durch wiederholte Debakel an den Kredit-, Investment- und Wertpapiermärkten, die zunehmend die gesamte Weltwirtschaft umklammerten. Die Rückschläge gehören
ebenso wie die Erfolge zur Geschichte des US-amerikanischen Modells der
Marktwirtschaft, dessen Dynamik die Welt ins Zeitalter der Globalisierung
katapultierte.

1. GESCHLOSSENE TÜREN

Kriegsbedingte Veränderungen

Während des Zweiten Weltkriegs – als die Alliierten noch bemüht waren, die Achsenmächte von strategischen Rohstoffen abzuschneiden, und gleichzeitig selbst verstärkt auf Güter aus amerikanischer Produktion zurückgriffen – begannen die USA und Großbritannien, die Institutionen einer Wirtschaftsordnung für die Nachkriegszeit aufzubauen. Ziel war eine multilaterale Weltwirtschaft, die Europa und andere wichtige Handelsplätze den Gütern, Investitionen und dem Einfluss aus den USA öffnete und im Gegenzug auch die US-Wirtschaft verstärkt dem Wettbewerb mit dem Ausland aussetzte. Ein Dorn im Auge waren Washington britische Handelshemmnisse, durch die Produkte aus Ländern außerhalb des Commonwealth benachteiligt wurden. Obgleich die Briten nämlich die Idee einer weltweiten wirtschaftlichen Öffnung durchaus befürworteten, hatten sie an den Handelsbarrieren des Empire und der Bevorzugung seiner Mitgliedsländer und Kolonien festgehalten. Doch der Ernst der Lage im Krieg zwang Großbritannien eine Art Überlebensmodus auf, der auch die Jahre des Wiederaufbaus noch prägte. Angesichts der Aussicht auf amerikanische Großzügigkeit, die dazu beitragen würde, die eigene Wirtschaft wiederzubeleben, war London bereit, sukzessive auf den imperialen Protektionismus zu verzichten. Die Verhandlungen über die Umrisse einer neuen internationalen Wirtschaftsordnung kündeten bereits vom Wandel im britisch-amerikanischen Verhältnis und vom Aufstieg der Vereinigten Staaten. Ein wirklicher, multilateraler Globalisierungsprozess setzte indes erst später ein, als wichtige Partnerländer wieder auf die Füße gekommen waren. In der unmittelbaren Nachkriegszeit etablierte der Unilateralismus der USA – und weniger die Globalisierung – die amerikanische Hegemonie auf dem Weltmarkt.

Die Kräfteverhältnisse resultierten ganz offenkundig aus den Verwüstungen, die der Krieg rund um die Welt hinterlassen hatte. Große Teile Europas und Asiens lagen in Trümmern. Zwar gab es, insbesondere in den USA, optimistische Stimmen, die meinten, die europäischen Volkswirtschaften wären schon bald wieder auf den Beinen, doch zerschellten derartige Hoffnungen am Ausmaß der Kriegsschäden sowie am Scheitern der stimulierenden Hilfsprogramme und Konjunkturmaßnahmen, von denen man erwartet hatte, dass sie das Wirtschaftsleben rasch wieder dauerhaft ankurbelten, die aber letztlich Stückwerk blieben. Die Verwüstungen des Krieges in vielen Ländern einerseits und die Leistungskraft der amerikanischen Wirtschaft andererseits addierten sich für die USA zu einem gewaltigen Wettbewerbsvorsprung vor dem Ausland – bei gleichzeitiger weltweiter Präsenz. Die Zahlen sprechen eine beeindruckend deutliche Sprache: Die Vereinigten Staaten überragten alle anderen Länder sowohl beim Sozialprodukt als auch beim Konsum in einem bislang – und seither – beispiellosen Ausmaß. 1945 lebten gerade einmal sechs Prozent der Weltbevölkerung in den USA, doch gingen fast die Hälfte der weltweit erzeugten Nutzenergie und vierzig Prozent des globalen Energieverbrauchs auf ihr Konto. Die Vereinigten Staaten verfügten über 59 Prozent der globalen Erdölreserven; es verwundert daher kaum, dass die amerikanische Autoindustrie achtmal mehr Autos produzierte als Großbritannien, Frankreich und Deutschland zusammen – und hundertmal mehr als die Sowjetunion, der neue globale Rivale. Sechzig Prozent aller Autos weltweit fuhren auf amerikanischen Straßen. 1950 besaßen die Verbraucher in den USA im globalen Vergleich ferner die meisten Kühlschränke, Telefone und Fernsehgeräte. (Was Letztere anging, betrug der Anteil der amerikanischen Haushalte sogar annähernd hundert Prozent.) Hinter der Kaufkraft stand natürlich ein entsprechendes Einkommensniveau: Ende der 1940er Jahre verdienten amerikanische Arbeiter und Angestellte durchschnittlich rund doppelt so viel wie ihre britischen Kollegen, dreimal so viel wie Franzosen, fünfmal so viel wie Deutsche und sogar siebenmal so viel wie Russen. Hinzu kam die amerikanische Vormachtstellung im Welthandel und der Umstand, dass das Land über beinahe die Hälfte der globalen Währungs- und Goldreserven verfügte: Es war tatsächlich «ein Land, in dem Milch und Honig flossen», wie ein Historiker es einmal formulierte, inmitten einer Welt der Hoffnungslosigkeit und Mühen.[2]

In dieser Situation standen die Vereinigten Staaten angesichts des Krieges vor gewaltigen Aufgaben; es war nicht die Zeit, durch multilaterale Übereinkommen Türen zu öffnen. Über längere Zeit hatte das Land ansehnliche Überschüsse im Außenhandel mit Europa und dem britischen Commonwealth erzielt, während im Geschäft mit Asien und Lateinamerika ein unerheblich kleines Defizit zu Buche schlug. 1946 erlebte dann der Außenhandel einen regelrechten Boom; die Bilanz wies einen Gesamtüberschuss von 3,3 Milliarden US-Dollar aus Geschäften mit Europa aus, gegenüber Commonwealth-Ländern betrug das Plus über eine Milliarde, fast 500 Millionen waren es im Asienhandel und noch 320 Millionen im Warenverkehr mit Lateinamerika. Die Handelspartner konnten vielleicht hoffen, die Schräglage im Austausch mit den USA eines Tages ausgleichen zu können – und einigen, Frankreich oder Deutschland etwa, gelang ein relativ rascher Aufschwung –, doch fürs erste behinderten Kriegsschäden den Wiederaufbau und ein Gleichgewicht der Weltwirtschaft.[3]

Der Zweite Weltkrieg zerstörte Länder und Produktionsanlagen, politische Systeme und Ideologien, Lebensgrundlagen und Leben in West- und Osteuropa, in China und Japan. Die Briten, lange Jahre die Finanziers des Kapitalismus, verausgabten sich im Kampf gegen den Faschismus, rangen schließlich ums Überleben und gingen bankrott. Ganze Volkswirtschaften funktionierten nicht mehr oder gerieten ins Stottern, zig Millionen Menschen waren getötet oder verwundet, und Hunderte Millionen Wohnungen und Betriebe waren vernichtet. In vielen Landstrichen herrschten Hunger und Knappheit, besonders in Europa und Asien. Luftangriffe hatten bedeutende Städte wie Hamburg, Manila oder Warschau zerstört, zahlreiche Fabriken in Deutschland dem Erdboden gleichgemacht und den Güterverkehr in wichtigen Häfen wie Rotterdam, London und Tokio beinahe zum Erliegen gebracht. Die Verkehrswege in Europa lagen in Trümmern, ländliche Gegenden waren von den Wirtschaftszentren abgeschnitten. Weder Japan noch Deutschland verfügten über eine Handelsflotte, die Güter hätte transportieren können. Die Sowjetunion wiederum erweiterte ihr Territorium, demontierte Fabriken und nötigte Bauern und Arbeiter zu höheren Leistungen. Die Maßnahmen schwächten Deutschland zusätzlich und bescherten der UdSSR eine Vormachtstellung in Mitteleuropa. Der extrem kalte Winter 1946/47 war eine weitere Strapaze für Europa, den Kontinent, den der Krieg in die Knie gezwungen hatte und dessen Zukunftsaussichten eher trübe schienen.

Die Notwendigkeit (und Gelegenheit) eines rettenden Eingreifens der Vereinigten Staaten war unübersehbar. Letztendlich flossen Güter und Hilfsleistungen im Wert von 42 Milliarden US-Dollar an die Alliierten; die amerikanische Unterstützung während des Krieges, ermöglicht durch den eigens verabschiedeten Lend-Lease-Act (Leih- und Pachtgesetz), verdeutlichte zugleich die zunehmende US-Dominanz in der Weltwirtschaft. In der Hauptsache ging es bei den Lend-Lease-Milliarden um den militärischen Sieg; allerdings pochten die US-Unterhändler zugleich darauf, dass Großbritannien im Gegenzug noch bestehende Handels- und Finanzbarrieren im Commonwealth abbaute. Gewiss hätte Franklin D. Roosevelt als US-Präsident die Notlage Londons niemals ausgenutzt und die Hilfsleistungen zurückgehalten, doch das Ziel, die Marktkräfte für die Nachkriegszeit zu stärken, war klar formuliert, und Großbritannien fügte sich in die Gegebenheiten, wenn auch widerwillig. Die Verhandlungen über die Unterstützungsleistungen während des Krieges (sowie ein Darlehen an England in Höhe von 3,75 Milliarden US-Dollar im Jahr 1946) waren entsprechend angespannt und lösten bei den Verteidigern des Empire Empörung und Proteste aus. Das Lend-Lease-Programm diente den Interessen der USA – und das wichtigste war

Die Schlacht um die Philippinen, 2. März 1945. Dieser Trupp amerikanischer Soldaten patrouilliert in einer epochalen Schlacht des Zweiten Weltkriegs durch die ummauerte Innenstadt Manilas. Das Ausmaß der Zerstörung macht deutlich, dass es in der Nachkriegszeit enormer Aufbauhilfe bedurfte.

zweifellos der Sieg über das NS-Regime und den japanischen Militarismus; zugleich zeichneten sich darin die amerikanische Vorstellung des freien Wettbewerbs und die Umrisse einer Nachkriegsordnung ab.

Die Kriegsproduktion katapultierte die Vereinigten Staaten in eine überlegene Position. Die Erhöhung der Produktionsmengen und der Transport nach Übersee führten zu mehr als einer Verdreifachung der US-Exporte und zu einer Verdopplung des Bruttoinlandsprodukts. Industrie, Landwirtschaft und Beschäftigte erwarteten ein anhaltendes Wachstum, das ihnen ein Auskommen bieten und die Zeit der gerade überwundenen Depression mit ihren zahlreichen Insolvenzen und hoher Arbeitslosigkeit vergessen machen würde. Der Außen- und Fernhandel erlangte steigende Bedeutung für Wirtschaftswachstum und Stabilität. Entsprechend waren die Verantwortlichen in den USA bemüht sicherzustellen, dass der Weltwirtschaft ausreichend Liquidität und Investitionsmittel zur Verfügung standen sowie gleichzeitig möglichst wenig Barrieren den freien Austausch von Gütern und Dienstleistungen behinderten. Die Wirtschaft sollte weltweit florieren – und amerikanische Produkte kaufen. Das eigennützige Eintreten Amerikas für die Marktwirtschaft prägte, wenig überraschend, die Struktur der entscheidenden internationalen Finanz- und Handelsinstitutionen der Nachkriegszeit.[4]

Hegemonie wird finanziert

Im Juli 1944 kamen mehr als 700 Delegierte aus 44 alliierten Nationen in einem Ferienhotel in Bretton Woods, New Hampshire, zusammen, um ein Abkommen auszuhandeln, auf dem das internationale Währungssystem der Nachkriegszeit beruhen würde. Zwei Jahre hatten britische und amerikanische Unterhändler darum gerungen, in welchem Ausmaß Marktkräfte oder staatliche Aufsicht die Wirtschaftsbeziehungen bestimmen sollten, und hatten dabei vor allem drei zentrale Probleme behandelt, nämlich welche institutionellen Arrangements geeignet wären, dem Welthandel die notwendige Stabilität zu verleihen, wie die erforderlichen Regelungen sich durchsetzen ließen, und wer schließlich ein solches System garantieren würde. In der Vergangenheit hatte das existierende Goldstandard-System nur dauerhaft fixierte Wechselkurse gekannt, um zu verhindern, dass sich Geldwertschwankungen negativ auf stabile Handelsbeziehungen auswirkten, doch waren Staaten durch die Rigidität des Goldstandards gezwungen, in schlechten Zeiten durch währungspolitische Maßnahmen die Deflation zu verstärken – oder den Goldstandard aufzugeben, wie die USA es während der Weltwirtschaftskrise getan hatten. Das Abkommen von Bretton Woods hielt am hohen Stellenwert von Gold und an fixen Wechselkursen fest, doch wurde vereinbart, das System durch eine Goldparität des Dollar abzusichern, wodurch die US-Währung zur internationalen Leitwährung wurde.

Den Vereinigten Staaten einen solch beispiellosen Einfluss zu gewähren, ging nicht konfliktfrei über die Bühne; alle Beteiligten jedoch hatten – und das ist das Bemerkenswerte – ein starkes Interesse an einer multilateralen Weltwirtschaft oder zumindest an einer Ordnung, in der nicht eine oder zwei hegemoniale Mächte die Richtung vorgaben, sondern verschiedene Nationen einvernehmliche Einigungen erzielten. Uneins war man sich indes darüber, wie das zu bewerkstelligen sei. Das galt insbesondere für die Briten, deren Delegation der bekannte Ökonom John Maynard Keynes leitete; doch auch sie hatten begriffen, dass New York den Platz Londons als globale Finanzmetropole beanspruchen würde und das Britische Empire zudem geschwächt und gezwungen war, die heimische Wirtschaft verstärkt staatlich zu regulieren. Ungeachtet mancher Konflikte schufen die beteiligten Nationen mit dem Abkommen von Bretton Woods die Voraussetzungen für die Gründung des Internationalen Währungsfonds (IWF, International Monetary Fund), der seine operative Tätigkeit 1947 aufnahm und zu dessen Aufgaben es gehörte, dem Welthandel ausreichend Liquidität bereitzustellen. Die zweite zur Umsetzung des Abkommens etablierte Institution war die Internationale Bank für Wiederaufbau und Entwicklung (International Bank for Reconstruction and Development, IBRD), eine der fünf heute in der Weltbankgruppe integrierten Organisationen, die – ausgestattet mit zehn Milliarden US-Dollar Anfangskapital – dafür Sorge tragen sollte, Darlehen zur wirtschaftlichen Entwicklung und insbesondere zum Wiederaufbau der durch den Krieg zerstörten Länder zu vergeben. Ganz wesentlich für beide Bretton-Woods-Institutionen war die prädominante Stellung der Vereinigten Staaten, deren Macht nicht zuletzt daher rührte, dass sie als größter Investor im IWF auch über die meisten Stimmrechte verfügten, entsprechend dem von ihnen eingebrachten Anteil an den Währungs- und Goldeinlagen, die den Kreditpool des IWF bildeten. IWF und Weltbank sorgten in der Nachkriegszeit für das Funktionieren des Bretton-Woods-Systems, und der US-Dollar wurde zur weltweiten Reservewährung.

Zunächst nutzten die Amerikaner ihren massiven Einfluss, um einer befürchteten Inflation und den damit verbundenen Gefahren für die Preisniveaustabilität entgegenzuwirken. Als wichtigste Gläubigernation der Welt waren sie auf Preis- und Geldwertstabilität bedacht und verlangten von den Mitgliedsländern des IWF Sparmaßnahmen. Zunächst, in einer ersten Anpassungszeit, sollte den Schuldnern, um sich von den Kriegsfolgen zu erholen, erlaubt sein, Handel und Geldverkehr zu beschränken, doch in der Folge ging es darum, staatliche Eingriffe einzuschränken, Ausgaben zu begrenzen und Vermögenswerte zu veräußern, um aktiv an einer multilateralen, marktorientierten Weltwirtschaft zu partizipieren. Ein Sonderfall war die UdSSR. Ursprünglich hatte die Sowjetunion die Absicht bekundet, dem Bretton-Woods-System – als drittgrößter Investor im IWF – beizutreten, und die westlichen Nationen hatten, wenn auch eher aus diplomatischen denn aus wirtschaftlichen Gründen, den russischen Beitritt begrüßt. Doch im Dezember 1945 rückte Moskau vom IWF ab, nicht zuletzt aus der Erkenntnis heraus, dass das Abkommen in erster Linie die kapitalistische Staatengemeinschaft und insbesondere die USA, den potentiellen Rivalen, stärkte.[5]

Der Rückzug der UdSSR löste in den USA weder in Bankkreisen noch in der Politik großes Bedauern aus; konservative Kräfte konzentrierten sich auf die Währungspolitik, im Vordergrund standen die Stärken und Interessen der Vereinigten Staaten. Bretton Woods erlaubte dem Land, auf größere und zudem wirtschaftlich möglicherweise sinnlose Auslandshilfsprogramme zu verzichten, und erhob den Dollar zur «Ankerwährung» im internationalen Währungssystem. Im Endeffekt bedeutete das, andere Staaten konnten ihre Währungen zwar an Gold «ankoppeln» (sie also innerhalb bestimmter, unter IWF-Regime vereinbarter Wechselkursparitäten fixieren), doch tatsächlich determinierte der US-Dollar die Wechselkurse. Er wurde zu einem neuen «Goldstandard» – internationale Transaktionen bezogen sich auf die amerikanische Währung, die Währungen anderer Länder waren durch ihr Verhältnis zum Dollar definiert und ließen sich gegen Gold zu einem festen Kurs von 35 US-Dollar pro Feinunze eintauschen. Wirklich zu funktionieren begann das System erst Anfang der 1950er Jahre, als die erste Phase des Wiederaufbaus nach dem Krieg abgeschlossen war. Im weltumspannenden Handel, der Grundlage des multilateralen Systems, erfolgten Zahlungen für Waren und Dienstleistungen in Dollar. In Bretton Woods brachte es der damalige Finanzminister Henry Morgenthau auf den Punkt: «Das Finanzzentrum der Welt wird New York sein. ... Wir sind hier im Vorteil, und ich persönlich denke, wir sollten ihn ausnutzen.»[6] Das taten die Amerikaner, indem sie ihre Überlegenheit in der Weltwirtschaft ausspielten.

Das Streben nach einer multilateralen Welthandelsordnung

Eine globale Marktwirtschaft zu gestalten war das Ziel nicht nur des Abkommens von Bretton Woods, sondern ebenso des Allgemeinen Zoll- und Handelsabkommens (General Agreement on Tariffs and Trade – GATT), das nach dem Willen der USA ein neues weltumspannendes System des Handels begründen sollte. So war etwa Cordell Hull, Außenminister in der Regierung Roosevelts, der festen Überzeugung, eine liberale Handelsordnung, die nationale Sicherheit und Frieden seien untrennbar verbunden. Er träumte nicht den realitätsfernen Traum vom uneingeschränkten Freihandel (verstanden als eine Ordnung ganz ohne protektionistische Hindernisse), da er in allen Ländern ein politisches Interesse daran unterstellte, heimische Produzenten durch Zölle und andere Maßnahmen zu begünstigen. Aber er sah Gleichbehandlung («Antidiskriminierung»), Chancengerechtigkeit und ordnungsgemäße Austauschbeziehungen auf internationalen Märkten als förderlich für den Frieden an. Ein Wirtschaftssystem mit offenen Türen, das Prinzipien der Marktethik verinnerlicht und auf multilaterale Einigungen über den Abbau von Handelsschranken gründet, wäre Hulls Überzeugung zufolge in der Lage, kopflose Reglementierungen zu vermeiden, die gewöhnlich «zur Unterdrückung der Menschenrechte, allzu häufig zu Kriegsvorbereitungen und zu einer aggressiven Haltung anderen Nationen gegenüber» führten.[7] Hull missbilligte unter anderem auch Beschränkungen der Goldzirkulation, doch noch mehr verabscheute er den Wirtschaftsnationalismus der Briten, wie er im System der bevorzugten Handelsbeziehungen innerhalb des Commonwealth zum Ausdruck kam. Das US-Außenministerium als Verhandlungsführer der Regierung folgte dieser Linie des Ministers und bemühte sich, dem Handel rund um die Welt die noch verschlossenen Türen zu öffnen. Die Herstellung marktwirtschaftlicher Verhältnisse als Pfeiler der US-Handelspolitik – und als Grundlage der Globalisierung – geht nicht zuletzt auf Hulls Bemühungen zurück.

In der unmittelbaren Nachkriegszeit ereignete sich somit weniger ein Angriff auf die Souveränität von Nationalstaaten – denn die wirtschaftliche Erholung und der Wiederaufbau der Volkswirtschaften erforderten bestimmte Schutzmaßnahmen –, vielmehr wurden in eine entstehende neue Handels- und Währungsordnung zarte Keime der Globalisierung eingepflanzt. Die Doktrin der offenen

Türen bereitete den Boden, auf dem eine solche Globalisierung in späteren Zeiten einmal würde gedeihen können, sobald die Weltwirtschaft die Not und Unsicherheit hinter sich gelassen hatte, die sie Mitte der 1940er Jahre erschütterten. Insbesondere die Briten, doch andere Länder standen ihnen darin nicht nach, erweckten nicht gerade den Anschein, als wären sie auf reglementierungsfreie Handelsbeziehungen aus. Überall gab es innenpolitische Interessen und eine Gefährdung einheimischer Produzenten durch eine stärkere Importkonkurrenz, in allen Ländern war man bemüht, in den anbrechenden Friedenszeiten die eigene Wirtschaftskraft wiederherzustellen, und überall gab es auch Rücksichten jenseits aller Markttheorie. Kurz und gut, die reine ökonomische Lehre stand niemals im Begriff, die Handelspolitik oder -diplomatie zu bestimmen; die Globalisierung verdankt sich ebenso sehr Visionären wie pragmatischen Politikern. Der Abschluss des GATT im Jahr 1947 gab Multilateralität und freiem Wettbewerb Auftrieb, auch gegen protektionistische Tendenzen; die vertragsschließenden Staaten übernahmen in gewisser Weise Hulls Hoffnung auf Frieden durch Prosperität, angetrieben durch Marktkräfte.

Die multilaterale Welthandelsordnung entstand als Kompromiss zwischen entfesselten Wirtschaftsbeziehungen – dem unerreichbaren Endziel der freien Marktwirtschaft – und kurzsichtigen Profitinteressen, die subventionierende Eingriffe im Export oder protektionistische Maßnahmen im Import forderten. Das Ergebnis der Zugeständnisse und Rücksichten war ein Welthandelssystem, das (wie das Währungssystem) nur bedingt marktwirtschaftlich funktionierte und den freien Wettbewerb dämpfte – Großbritannien hielt am System der bevorzugten Handelsbeziehungen im Empire fest, Australien schützte Wolle durch Zölle, die Sowjetunion unterstellte den Außenhandel in marktfeindlicher Manier der staatlichen Kontrolle, europäische Länder und ebenso Japan unterstützten Kartellbildungen, und die Kolonien in der «Dritten Welt» verlangten einen Schutz heimischer Produzenten und einen besseren Zugang zu den Märkten der Industrieländer. Selbst die Vereinigten Staaten ließen es nicht zu, quer durch alle Branchen Zölle mit prozentualen Abschlägen zu senken; das US-Handelsrecht sah lediglich in ausgewählten Sektoren Zollsenkungen vor, und zwar unter der Bedingung der Wechselseitigkeit dort, wo auch andere Länder teilweise auf Abgaben verzichteten. Die Erneuerung des Reciprocal Tariff Act im Jahr 1945 (das Gesetz ist bis zum heutigen Tag geltendes US-Handelsrecht) wies in Richtung einer multilateralen Welthandelsordnung und führte zu umfangreichen, nicht länger auf Sektoren beschränkten Zollsenkungen. Die Briten erwarteten von den Amerikanern als Gegenleistung für Abgabenerleichterungen und den Verzicht auf bestimmte bevorzugte Handelsbeziehungen im Empire einschneidende Zollabschläge, doch wie Kanada, Australien und andere Länder des Commonwealth war London eher an einer reglementierten Welthandelsordnung interessiert, in der Importe und Exporte einander ausglichen, als an der Ausweitung des Welthandels durch eine

Politik der offenen Türen. Die fortwährenden Gespräche und Verhandlungen der unmittelbaren Nachkriegszeit führten letztlich zu einem Kompromissverfahren: Die verschiedenen Länder bemühten sich Punkt für Punkt um bilaterale Absprachen, um die Ergebnisse sodann auf die größere Gruppe der an den Verhandlungen zum GATT beteiligten Handelsnationen auszuweiten, sie also gewissermaßen zu «multilateralisieren».

Die Vertreter Großbritanniens und der USA hatten freilich eine etwas weiter reichende Institution im Sinn als bloß das Verhandlungsforum des GATT; ihnen schwebte für den Welthandel ein institutionelles Gegenstück zum Bretton-Woods-Währungssystem vor. Die Hoffnung war, alle möglichen Aspekte des Handels- und Wirtschaftslebens – Beschäftigung, Subventionen, Besteuerung, Kontingente, Kartelle, Handelspräferenzen, Entwicklung und Zölle – im Verantwortungsbereich einer Organisation zusammenfassen zu können, die für die internationalen Wirtschaftsbeziehungen zuständig wäre und, worauf insbesondere die Amerikaner Wert legten, die Einhaltung der Marktregeln sicherstellen sollte. Aus solchen Überlegungen entwickelte sich die Idee zur Schaffung der Internationalen Handelsorganisation (International Trade Organization, ITO). Über den Entwurf einer Charta berieten zahlreiche Konferenzen zwischen 1945 und 1948, das Ergebnis wurde schließlich im kubanischen Havanna vorgestellt. Die Amerikaner waren bemüht, in der ITO-Charta möglichst wenige Hemmnisse festzuschreiben, doch stießen sie auf die bereits bekannten Widerstände gegen eine multilaterale Marktordnung. Verschiedene Länder drängten auf Ergänzungsbestimmungen, die das amerikanische Engagement für die Liberalisierung des Welthandels verwässerten. Einige Änderungen erlaubten Ländern, zuvor eingegangene Vereinbarungen über Zollsenkungen zu revidieren, andere blockierten die Bemühungen von US-Banken, Investitionen in Entwicklungsländern zu schützen, oder verpflichteten Investoren, die Förderung der Industrialisierung über ihre Gewinnorientierung zu stellen. Ein lockeres Bündnis lateinamerikanischer Länder forderte, protektionistische und antiimperialistische Vorstellungen in der Charta zu verankern.

Die Änderungen und Zusatzvereinbarungen bedeuteten für die Charta das Ende. In der ideologischen Konfrontation des Kalten Krieges war das Projekt der ITO zum Scheitern verurteilt, da der US-Kongress (in dem die Konservativen damals die Mehrheit stellten) und Freihandelspuristen aus der Wirtschaft überzeugt waren, eine solche Organisation untergrabe das amerikanische System des freien Wettbewerbs und diene dem Wirken der kommunistischen Bedrohung. Der New Yorker Geschäftsmann Philip Cortney mahnte, «wir treiben geradewegs in den Kommunismus und letztendlich in einen Krieg», denn die Charta befürworte unfreie Handelsbeziehungen und begünstige mithin den «Sozialismus rund um die Welt».[8] Letztlich wandten die Vereinigten Staaten sich gegen ihr eigenes Projekt. Die ITO wurde im Namen der freien Marktwirtschaft geopfert; 1950 kün-

digte Präsident Harry S. Truman an, die Vorlage aus dem Gesetzgebungsver-
fahren im Kongress zurückzuziehen. Im Kern tauchte die Idee Mitte der 1950er
Jahre noch einmal auf, verschwand aber erneut, bis die Welthandelsorganisation
(World Trade Organization, WTO) vierzig Jahre später mit einem ähnlich umfassenden Programm die Renaissance der Globalisierung vorantrieb.

Ein gutes Beispiel für die Schwierigkeiten, mit denen sich die Politik der offenen Türen in jenen Jahren zwischen Krieg und Frieden konfrontiert sah, bietet
eine der am stärksten globalisierten Branchen: Hollywood. Nach dem Krieg
steckte Großbritannien in der bislang schlimmsten Finanzkrise seiner Geschichte
und war in ernste Zahlungsschwierigkeiten geraten; das Defizit des Königreichs
(die so genannte Dollar-Lücke) belief sich 1947 auf die alarmierende Summe von
zwei Milliarden US-Dollar. London konnte sich seine überseeischen Verpflichtungen schlicht und einfach nicht mehr leisten – und begann deshalb, schrittweise das Engagement im Nahen und Mittleren Osten aufzugeben, ein Prozess,
der 1956 mit dem Rückzug in der Suezkrise einen Höhepunkt erreichte. Doch
auch die heimische britische Wirtschaft hatte darunter zu leiden. Wie sehr Großbritannien sich auch marktwirtschaftlichen Prinzipien verpflichtet fühlen
mochte, es war nicht die Zeit des freien Wettbewerbs. Da unter den Importen
aus den USA Hollywoodfilme und Tabak mit vierzig Prozent zu Buche schlugen,
setzte die britische Regierung an dieser Stelle – bei Konsumgütern also, ganz
nach den Vorstellungen des IWF – mit ihren Sparmaßnahmen an und befand,
ein voller Bauch sei wichtiger als Zigaretten oder Kino. Eine Quote für Filme aus
den USA wurde eingeführt: 45 Prozent der in britischen Kinos gezeigten Streifen
mussten aus heimischer Produktion stammen, hieß es eines Tages. Die Amerikaner reklamierten, ein solches Vorgehen verstoße gegen geltendes Handelsrecht
und sei eine ungerechte und diskriminierende Reglementierung. Führende Vertreter der Filmindustrie boten eine Lösung an, die die Türen öffnen sollte: Die
Briten sollten aufhören, den Konsum zu drosseln, und die Filmbranche in den
USA werde im Gegenzug den britischen Film fördern; allein 1948 könne London
so durch Filmexporte 30 Millionen US-Dollar verdienen. Die Briten wischten
das Angebot als falsches Versprechen vom Tisch, denn schließlich dominierten
amerikanische Studios die Branche in den USA und weltweit. Stattdessen setzte
die Regierung des Königreichs weiter auf Protektionismus, hielt an der Quotie-
rung fest und belegte US-Filme zusätzlich mit einer Sondersteuer. Letztere wurde
allerdings bereits im März 1948 wieder aufgehoben, nachdem US-Produzenten
zu einem Boykott britischer Exporte aufgerufen hatten. Dennoch wollten die
Briten nicht den Markt über die schwächelnde Filmbranche der Insel entscheiden
lassen, an den Kinoquoten jedenfalls hielt man im Königreich noch jahrzehntelang fest.[9]

Handelskonflikte wie der skizzierte und die Verwicklungen, die sich aus der
Verknüpfung einzelner Volkswirtschaften mit globalen Märkten ergaben, waren

für eine als Regulierungsinstanz angelegte Organisation wie die geplante ITO zu vielschichtig; in Ermangelung einer Welthandelsorganisation wurde so das GATT zu einer Auffanglösung. Das Abkommen entwickelte zu jener Zeit eine gewisse Dynamik, die sich in geringfügig sinkenden Zöllen niederschlug. In drei so genannten Welthandelsrunden zwischen 1947 und 1951 vereinbarten mehrere Dutzend Nationen annähernd 70 000 Zollzugeständnisse. Am Ende der dritten Verhandlungsrunde hatten sich die Abgaben gegenüber dem Niveau von 1948 um ein Viertel reduziert. Insbesondere in der ersten Runde prallten allerdings Vertreter einer stärkeren Marktorientierung und Verteidiger der britischen Handelspräferenzen hart aufeinander. US-Unterhändler gerieten angesichts der Weigerung Londons, nur im Geringsten nachzugeben, regelrecht in Wut, während britische Beamte eingestanden, in Anbetracht der Dollar-Lücke im Haushalt des Königreichs sei der «multilaterale Handel beinahe ein Ding der Unmöglichkeit».[10]

Großbritanniens Rettung nahte schließlich in Gestalt des sowjetischen Gespensts. Die Unterhändler der US-Regierung betrachteten die GATT-Verhandlungen immer auch unter dem Aspekt des Kampfs gegen den Kommunismus, ein Muster, das sich zu Beginn des Kalten Krieges herausgebildet hatte und bis zu seinem Ende fortlebte. Eines der vielen Beispiele, bei dem die Ökonomie der Politik untergeordnet wurde, ereignete sich 1949 in der zweiten Verhandlungsrunde, der so genannten Annecy-Runde. Die Lobby der amerikanischen Zitronenanbauer trat damals nachdrücklich gegen eine Senkung der Einfuhrzölle auf Zitronen aus Italien ein, aber wie man ihnen zu verstehen gab, war ein Zugeständnis unumgänglich, da es galt, eine Bauernrevolte in Sizilien abzuwenden und zudem die Bündnistreue der Italiener im gerade gegründeten Nordatlantikpakt (NATO) nicht zu gefährden.[11] Während des Kalten Krieges war der Handel ein Werkzeug der Diplomatie. Die USA öffneten häufiger den heimischen Markt, um Handelspartner zu unterstützen, und duldeten gleichzeitig die Ungleichbehandlung amerikanischer Exporte. Das alles geschah, um Stabilität und Wachstum innerhalb der kapitalistischen Welt zu fördern, und war letzten Endes Teil des Strebens nach einer liberalen, offenen Welthandelsordnung.[12]

Freier Wettbewerb in der krisengeschüttelten Nachkriegszeit

Die Führungsrolle der USA war umso mehr gefragt, als für den Westen zu den Schwierigkeiten des Wiederaufbaus nach dem Krieg die Bedrohung durch den Kommunismus hinzutrat. Die Bretton-Woods-Institutionen waren in Zeiten der Wirtschaftskrise wenig hilfreich. Zu instabilen Landeswährungen ließ sich keine Dollar-Konvertibilität herstellen und der von der Wall Street dominierte IWF bestand auf Zahlungsfähigkeit, einem

robusten Finanzsektor und solider Industrie als Voraussetzungen der Kreditvergabe. Die Vereinigten Staaten waren damit konfrontiert, dass 120 Millionen
Menschen in den Ländern der früheren Achsenmächte Nahrung und ein Dach
über dem Kopf brauchten und auch die Bevölkerung in den vom Krieg verwüsteten Gebieten der Alliierten dringend Unterstützung benötigte. Darüber hinaus
galt es, eine kostspielige Verwaltung im besetzten Deutschland, Japan und Österreich zu organisieren. All das sprach gegen die optimistischen Prognosen einer
raschen wirtschaftlichen Erholung. So lag die industrielle Produktion in Japan
danieder und erreichte gerade ein Fünftel des Niveaus von 1913, in Deutschland
war es nicht einmal halb so viel. Zugleich beschlagnahmte die UdSSR einen Teil
des Anlagevermögens in Deutschland als Reparationen, was den industriellen
Wiederaufbau dieser Zugmaschine der europäischen Wirtschaft zusätzlich bremste.
Konflikte um Gebietsansprüche vertieften den Bruch zwischen der Sowjetunion
und dem Westen; politische Spannungen auf einer ganzen Reihe von Feldern
waren die Folge, ob es dabei um die Weitergabe von Nukleartechnologie ging,
um die gemeinsame Verwaltung der Besatzungszonen auf dem Gebiet der ehemaligen Kriegsgegner oder um die russische Unterstützung für sozialistische Parteien und Umsturzbestrebungen in Westeuropa, Griechenland, der Türkei und
anderswo. All das veranlasste die USA, Einfluss und Macht der Sowjetunion
nach Möglichkeit einzudämmen.

Ökonomische Eindämmungspolitik war die erste Antwort Washingtons auf
die vermuteten expansionistischen und sicherheitsgefährdenden außenpolitischen
Bestrebungen der UdSSR. Die neue amerikanische Haltung teilte die Welt in zwei
Lager, und die Entwicklung einer multilateralen Weltwirtschaftsordnung wurde
auf unbestimmte Zeit aufgeschoben. Tatsächlich veränderte der aufziehende
Kalte Krieg die Weltwirtschaft und leitete eine Phase ein, in der die Globalisierung immer weiter zurücktrat; die unilaterale Führungsrolle der USA und die
Regionalisierung wirtschaftlicher Beziehungen wurden auf Jahrzehnte zur Regel.
Innerhalb dieser Schranken vertraten die Amerikaner eine umso stärkere Marktorientierung – insbesondere in der Konfrontation mit dem ideologischen und
praktischen Antikapitalismus des sowjetischen (und bald darauf chinesischen)
Machtbereichs wurde die wirtschaftliche Eindämmung in Washington und in
den Vorstandsetagen der Wirtschaft zu einem zentralen Orientierungspunkt. Erst
rund vier Jahrzehnte später, nachdem die Sorge um die Sicherheit aufgehört hatte,
die Weltwirtschaft zu bestimmen, sollte die Globalisierung erneut die Bühne betreten.[13]

Ökonomische Eindämmung war die vorherrschende Strategie, bevor – um das
Jahr 1948 herum – die Spannungen des Kalten Krieges die Welt soweit spalteten,
dass die militärische Aufrüstung und das Subsumieren von Handelsbeziehungen
unter politische Vorgaben die Förderung des freien Wettbewerbs als wichtigstes
Werkzeug der nationalen Sicherheit ersetzten. Zunächst waren die Bemühungen

keineswegs stimmig; so gewährten die Amerikaner Frankreich 1946 einen Kredit in Höhe von 650 Millionen US-Dollar, dem 1947 noch weitere folgten, während die Kredite an Italien nur schäbig gering ausfielen, obgleich das politische Über-leben des demokratischen Systems dort mindestens ebenso sehr auf der Kippe stand. Dummerweise erwies sich der Einsatz der USA in keinem der beiden Länder als ausreichend, die chronische Wirtschaftskrise zu beenden – oder die kommunistischen Machenschaften. Auch das Drängen der US-Unterhändler während der GATT-Verhandlungen in Genf, die europäischen Länder sollten mehr US-Exporte zulassen, führte nicht zu dem gewünschten Ergebnis, sondern verschlimmerte lediglich die Außenhandelsdefizite und die Dollar-Lücke bei den Europäern.[14] Die Weltbank verfügte über Einlagen in Höhe von 15 Milliarden US-Dollar, sodass US-Hilfsmaßnahmen hätten aufgestockt werden können, doch passierte während der Dollarkrise nichts dergleichen. Die Vereinten Nationen boten, finanziert aus US-Kassen, humanitäre Unterstützung an, doch waren sol-che Maßnahmen schlicht und einfach unzureichend. Jede Hoffnung auf markt-wirtschaftliche Lösungen erwies sich als trügerisch. Erst mit der Truman-Dok-trin von 1947 zeichnete sich eine Wende ab; von da an setzten die USA auf ein direktes unilaterales Vorgehen. Aus Kongressmitteln wurden 400 Millionen US-Dollar Direkthilfe zur Verfügung gestellt, um das Vordringen der Kommunisten im Nahen und Mittleren Osten einzudämmen. Doch noch deutlicher war das – ebenfalls durch die Truman-Doktrin angeregte – gemeinsame Engagement von Regierung und Kongress, das bisherige Stückwerk beim europäischen Wiederauf-bau hinter sich zu lassen und ein umfassendes Programm zur wirtschaftlichen Erho-lung, regionalen Integration und Eindämmung des Kommunismus zu lancieren.[15]

Das Europäische Wiederaufbau-Programm (European Recovery Program, ERP), auch als Marshall-Plan bekannt, versprach, die wirtschaftliche Not in Westeuropa zu beseitigen und gleichzeitig die kommunistische Bedrohung einzu-dämmen. In Europa war die Situation für die Freunde Amerikas bitter. In den westdeutschen Besatzungszonen herrschte verbreitet Nahrungsmittelmangel, die Industrie lag danieder; die angespannte Lage wurde durch sowjetische Blockaden und die von allen Besatzungsmächten getragene Deindustrialisierungspolitik so-wie durch die Demontage von Fabrikanlagen und ihren Transport in die UdSSR verschärft. Die Kohleknappheit infolge der zum Erliegen gekommen Förderung aus deutschen Bergwerken bedeutete im harten Winter 1946/47 für große Teile der Bevölkerung in Westeuropa und insbesondere in Deutschland kalte Wohnun-gen, etliche Menschen erfroren. Der Hungerwinter und die Verzweiflung ange-sichts der Kälte, dazu noch Schwierigkeiten mit der Wasserversorgung, die selbst Mindesthygienestandards aufrechtzuerhalten zu einem Problem machten, und andere Härten mehr ließen einen lebhaften Schwarzmarkt entstehen, zumal konkrete internationale Hilfe nicht in Aussicht stand. In Berlin etwa versuchten Mütter, die Lage ihrer Familien zu verbessern, indem sie Zigarettenrationen bei

Bauern gegen Lebensmittel eintauschten; eine Frau erinnert sich an die Zeit, als sie gegen den Hunger kämpfte: «Ich war keine große Schwarzhändlerin, aber ganz gut beim Beschaffen.» Insbesondere Jugendliche betätigten sich häufig erfolgreich im illegalen Handel. Im amerikanischen Sektor Berlins versuchte die US-Verwaltung den Schwarzmarkt zu unterbinden, indem sie eine offizielle Tauschzentrale einrichtete, in der die Berliner Güter gegen Tauschzertifikate oder gegen andere Güter eintauschen konnten; doch waren die Bemühungen recht erfolglos. Selbst die Besatzer bedienten sich nicht selten der Schattenökonomie und tauschten etwa Zigaretten gegen Sex. In Deutschland entstand neben den legalen Wirtschaftsbeziehungen «eine ambivalente moralische Ökonomie», die das Überleben häufig effektiver sicherte.[16]

Die landwirtschaftliche Produktion belief sich 1947 in Europa auf gerade 83 Prozent des Niveaus von 1938, in der Industrie sah es nicht viel besser aus und die Exporte erreichten nur 59 Prozent des Vorkriegsstandes. Solche Zahlen erklären die breiter werdende Dollar-Lücke und das daraus resultierende Versagen multilateraler Handelsbeziehungen und Finanzmechanismen. Obgleich die US-Wirtschaft nicht von Exporten abhängig war – sie machten 1947 gerade 6,5 Prozent des Bruttosozialprodukts aus –, verkauften doch die amerikanischen Bauern, Stahlkocher und Automobilhersteller einen nicht unerheblichen Teil ihrer Erzeugnisse im Ausland und rund 2,4 Millionen Arbeitsplätze hingen vom Export ab. Es gab also durchaus ökonomische Gründe, die den Kongress und die Verantwortlichen in der amerikanischen Wirtschaft hätten überzeugen können, einem umfassenden Hilfsprogramm für den Wiederaufbau Europas zuzustimmen, doch der letztlich entscheidende Aspekt war die Gefährdung der Demokratie auf dem alten Kontinent. Die Planungen erwogen, auf Reserven der Weltbank sowie private Anleihen und Kredite zurückzugreifen, doch letztlich erschien es am zweckmäßigsten, ein umfangreiches staatliches Programm zu lancieren.[17] Ohne ein solches mochten Hunger und Hoffnungslosigkeit in eine Revolution umschlagen; die Politik reflektierte insofern die wirtschaftlichen Realitäten, eine Situation, in der eine große Zahl Menschen Not litten und Kommunisten das Elend politisch nutzten.

Der Marshall-Plan beendete nicht allein und mit einem Schlag die Wirtschaftskrise in Westeuropa, noch führte er in der Weltwirtschaft plötzlich wieder zu idealen Marktbedingungen, doch mit dem Ende des fünfjährigen Hilfsprogramms 1952 waren zumindest die Grundlagen für einen Neubeginn des freien Wettbewerbs geschaffen. Das Volumen der Unterstützung belief sich auf insgesamt 13 Milliarden US-Dollar; mit den Mitteln gelang es den Europäern, die industrielle Produktion wieder anzukurbeln, Verteilungsengpässe weitgehend zu beseitigen und allgemein das Vertrauen in die Wirtschaft wieder herzustellen.[18] Allerdings verstärkte der Marshall-Plan auch die Dynamik der Teilung Europas und insbesondere den Abstand zu den Ländern im sowjetischen Machtbereich, die eine ihnen ebenfalls angebotene Unterstützung aus Mitteln des ERP abgelehnt hatten.

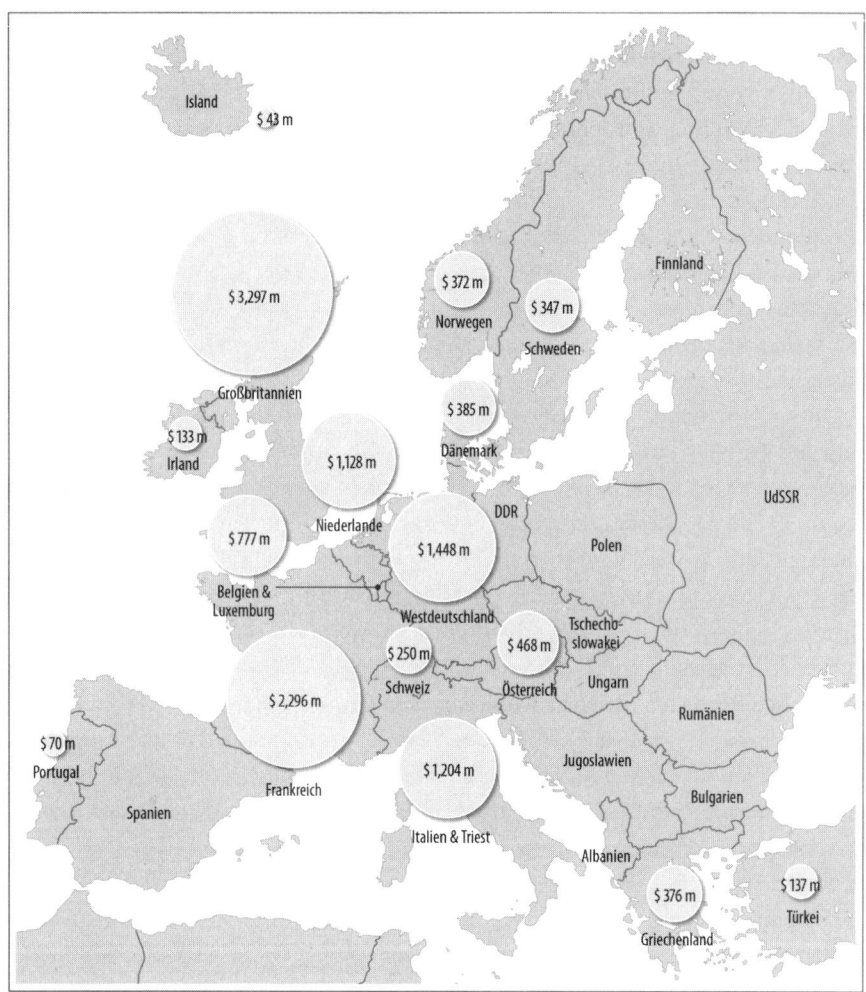

Karte 4:   Empfänger von Hilfsgeldern aus dem Marshall-Plan, 1948–1951 (Hilfsgelder in Mio. US-Dollar).

Insgesamt stimulierte das Programm die wirtschaftliche Erholung Westeuropas und trug dazu bei, in der kapitalistischen Welt einen integrierten, marktorientierten Rahmen zu etablieren, in dem Momente der Globalisierung überlebten. Die Länder, die Unterstützung aus dem ERP erhielten, waren indes keinem Diktat unterworfen, das ihnen eine Politik der offenen Türen vorschrieb; vielmehr passten sie den Marshall-Plan ihren Traditionen und Strukturen an und durchkreuzten etliche der US-Absichten, so beispielsweise das Bemühen, den britischen Handel mit – dem nunmehr sozialistischen – Osteuropa einzuschränken.[19] Doch erreichten auch die USA letztlich ihr Ziel. Sie bereiteten der Integration Westeuropas den Weg, indem sie – ganz marktwirtschaftlich – Handel und Gewerbe stärkten statt – sozialistisch – Einkommen umzuverteilen. Ein solcher Weg trug dazu bei, die wirtschaftlichen Beziehungen weltweit zu normalisieren und war insofern tatsächlich ein Schritt in Richtung eines wahrhaft multilateralen Systems des freien Wettbewerbs nach amerikanischem Vorbild.[20] Der Erfolg diente zweifellos auch den Interessen der USA. Wie William L. Clayton, damals Staatssekretär im US-Außenministerium und ehemalige Manager in der Baumwollindustrie, bemerkte: «Hinter unseren Bemühungen, das geben wir unumwunden zu, stehen die Bedürfnisse und Interessen des Volkes der Vereinigten Staaten. Wir brauchen Märkte, große Märkte, zum Kaufen und Verkaufen.»[21] Amerika setzte seine Kräfte für das große Ganze und auch, selbstverständlich, zum eigenen Wohle ein.

Um den marktwirtschaftlichen Neubeginn kümmerten sich in transnationaler Zusammenarbeit die Economic Cooperation Administration (ECA), die für das Programm zuständige US-Behörde, und ihre europäischen Partner. Zu den Mitarbeitern zählten prominente Führungspersönlichkeiten aus der Wirtschaft, die als Regierungsbeamte die Hilfe koordinierten; zudem unterhielt die ECA Beiräte für alle möglichen Bereiche des Wirtschaftslebens, die das Wiederaufbauprogramm begleiteten sowie in verschiedenen Arbeitsgruppen in westeuropäischen Ländern mitwirkten, häufig Experten aus der Industrie, den Gewerkschaften und staatlichen Behörden. Beispielsweise gab es in Großbritannien eine Arbeitsgruppe aus führenden ECA-Mitarbeitern und Vertretern der US-Handelskammer, die mit britischen Managern, Technikern, Gewerkschaftern und Beamten kooperierten, die selbst wiederum dem nationalen Beirat des Arbeitsministeriums angehörten. In Frankreich schufen Arbeitgeber und Gewerkschaften so genannte Modernisierungskommissionen, um in verschiedenen Branchen der französischen Wirtschaft die Hilfe zu koordinieren; zu den Mitarbeitern in leitender Position gehörte der Vater der europäischen Integration, Jean Monnet. Ähnliche Gremien entstanden in Westdeutschland und in Italien. All diese Bemühungen förderten Wachstum und wirtschaftliche Integration und schufen die Grundlage für künftige multilaterale Beziehungen. Allerdings zeigte sich auch, dass die Amerikaner ihre Ansprüche relativieren mussten: Die Wirtschaft Europas war nicht so einfach nach dem Vorbild des New Deal umzugestalten, die Regierungen nicht ohne weiteres in der Lage, Industrie und Landwirtschaft, Arbeitgeber und Arbeitnehmer auf gemeinsame Ziele zu verpflichten. Für den Augenblick bevorzugten die Europäer ein eigenes Modell – ihnen ging es eher um die Verteilung des Kuchens und weniger darum, einen größeren zu backen. Gleichwohl schuf das ERP transnationale Verbindungen und stimulierte die wirtschaftliche Integration Europas.[22]

Der Marshall-Plan hatte erhebliche Auswirkungen auf die Weltwirtschaft. Aus dem Bestreben heraus, die europäische Integration als Grundlage einer dauerhaften wirtschaftlichen Erholung zu fördern – und damit zugleich die Voraussetzung

eines weltweiten Systems mit offenen Türen zu schaffen – wurde die Organisation
für europäische wirtschaftliche Zusammenarbeit (Organisation for European
Economic Co-operation, OEEC) gegründet, als Beratungsgremium für das ERP.
1961 schließlich entstand daraus die Organisation für wirtschaftliche Zusammenarbeit und Entwicklung (Organisation for Economic Co-operation and Development, OECD), ein zunächst aus zwanzig Mitgliedsstaaten bestehendes internationales Forum zur Förderung der freien Marktwirtschaft rund um die Welt. Die
OEEC und die ECA (unter der Leitung Paul G. Hoffmans, eines ehemaligen
Managers von Studebaker) unterstützten die trans- und supranationale wirtschaftliche Integration, wie sie sich etwa in der 1950 geschaffenen Europäischen
Zahlungsunion sowie der im darauffolgenden Jahr gegründeten Europäischen
Gemeinschaft für Kohle und Stahl niederschlug. Diese so genannte Montanunion
vereinte in Frankreich und Westdeutschland die – nicht zuletzt politisch aufgela-
denen – Schlüsselindustrien und gewann die Unterstützung der USA, obgleich es
sich tatsächlich eher um ein Kartell handelte, das marktwirtschaftlichen Prinzipien
im Grunde widersprach.[23] Derartige Institutionen spiegelten wider, wie wenig
multilateral die Strukturen der Weltwirtschaft tatsächlich waren: Die Zahlungsunion beispielsweise etablierte kein europaweites einheitliches Währungssystem,
sondern erlaubte eine fortgesetzte unilaterale Ungleichbehandlung gegenüber
dem US-Dollar, während sie andererseits auf Dollarhilfen angewiesen blieb. 1957
führten die Entwicklungen schließlich zur Gründung des gemeinsamen Marktes
der Europäischen Wirtschaftsgemeinschaft (EWG), doch auch hier wurden Exporte aus Nichtmitgliedsstaaten diskriminiert. Die europäische wirtschaftliche
Integration öffnete die Türen ein Stück, aber nicht ganz. Die Bemühungen schufen
eine politische Zusammenarbeit, förderten eine größere Liberalisierung des Handels innerhalb Europas und einten die Verbündeten im Kalten Krieg; die Möglichkeit einer wirklichen Globalisierung des Marktes bestand weiter, sobald die
äußeren Bedingungen sie zulassen würden.

Ein wichtiges Moment der Marktwirtschaft hatte sich in Westeuropa etabliert:
Konsum war auch hier zu einer wirtschaftlichen Triebkraft von überragender
Bedeutung geworden. Gewiss, die Europäer hatten ihre eigenen Ansichten, was
die Strukturen und Strategien der Wirtschaft in ihren Ländern anging (schließlich reichte auch in Europa die Tradition der Marktwirtschaft in der Vorkriegszeit lange zurück), doch das amerikanische Modell, einen höheren Lebensstandard
als gutes Recht anzusehen, wirkte zweifellos attraktiv. Europäer wurden zu
«mündigen Verbrauchern», man nannte sie «Kinder von Marx und Coca-Cola»,
die Wohlstand und Sicherheit anstrebten, privaten Erfolg und staatlich garantierten Einkommenszuwachs. Von den Amerikanern lernten die Europäer, dass Produktivität und Wachstum an erster Stelle stehen und die Beschäftigten auch bereit
sein mussten, für die Belebung der Konjunktur durch die Auslandsnachfrage notfalls Einkommenseinbußen hinzunehmen oder bei der Arbeitsplatzsicherheit Ab-

striche zu machen. Zum Wachstum gehörte die Massenproduktion in einer sich entwickelnden Konsumgesellschaft und -kultur, in der die Ökonomie mehr Bedeutung hat als die Politik. Das amerikanische Montageband, so die Botschaft, sorge wirklich für volle Teller, während die kommunistische Propaganda immer nur verspreche, alles sei umsonst.[24] Die am weitesten reichende Konsequenz des Marshall-Plans war entsprechend die Etablierung eines den Atlantik überspannenden Interesses am Konsum, einer Gemeinschaft von Konsumgesellschaften, die Basis einer marktorientierten Weltwirtschaft nach amerikanischem Vorbild.

Die Ökonomie des Kalten Krieges

Mit den Hilfsmaßnahmen für Westeuropa verbanden die Vereinigten Staaten das Bemühen, den Zusammenhalt der kapitalistischen Staatengemeinschaft gegen die UdSSR, ihre Satellitenstaaten in Osteuropa und weitere potentielle Sowjet-Verbündete zu stärken und zu festigen. Ein Ziel war, Wirtschaftsverbindungen in die sozialistische Welt möglichst zu kappen, in der Hoffnung, den Gegnern im Kalten Krieg nicht nur strategische Erzeugnisse wie hochentwickelte Technologie und militärische Ausrüstung, sondern auch andere Güter vorzuenthalten, so die Abhängigkeit der Satelliten von der Sowjetunion zu verstärken und Moskau dadurch zu zwingen, wertvolle Ressourcen für die Verbündeten aufzuwenden und die eigenen Rüstungsanstrengungen zu vernachlässigen. Darüber hinaus betrachteten die USA schon lange die sozialistische Planwirtschaft, den staatlichen Außenhandel, Regierungsmonopole, Währungsmanipulationen und andere marktfeindliche Maßnahmen in der Sowjetunion mit wachsendem Unmut. Die Sowjets waren schlichtweg nicht bereit, sich an die Regeln des multilateralen Welthandels oder das Prinzip offener Türen zu halten, wie nicht zuletzt ihre Ablehnung der Bretton-Woods-Institutionen, des GATT oder des Marshall-Plans belegte. Der Kalte Krieg, der eingesetzt hatte, nachdem die Allianz des Zweiten Weltkriegs zerbrochen war, verschärfte sich Mitte 1947: Das internationale politische Klima wurde frostiger und die ERP-Staaten unter Führung der USA begannen, Exporte in den kommunistischen Machtbereich zu drosseln und schließlich ein Embargo zu verhängen.

Das strategische Handelsembargo, immer weiter ausgedehnt, wurde zu einem zentralen Instrument der westlichen Eindämmungspolitik dem Ostblock gegenüber, mit für die Weltwirtschaft weitreichenden Folgen. So stornierte beispielsweise der Maschinenbaukonzern Allis-Chalmers 1947 eine Lieferung an ein tschechoslowakisches Stahlwerk mit der Begründung, die bestellten Anlagen dienten den wirtschaftlichen Interessen der Sowjetunion. Auf der Liste der Erzeugnisse, die unter das Embargo fielen, standen schon bald nicht mehr nur Rüs-

tungsgüter und Hochtechnologie, sondern auch zahlreiche «zivile» Produkte; in
vielen europäischen Ländern aber wuchs der Unmut über den Umfang der Sanktionen, die den Wirtschaftsaufschwung bedrohten. 1948 war der Handel zwischen West- und Osteuropa auf ein Drittel des Vorkriegsniveaus gesunken, eine
bedenkliche Entwicklung, schließlich war Wachstum unverzichtbar für Wiederaufbau und Stabilität. Die Westeuropäer waren angewiesen auf Kohle aus Polen,
die das Land in großen Mengen exportierte. Ein Darlehen der Weltbank, das für
den Import von Konsumgütern notwendige Devisen eingebracht hätte, lehnte
Polen indes ab; 1950 trat das Land schließlich aus der Weltbank aus. Die Bege-
benheit verweist darauf, wie stark verflochten die Wirtschaft der europäischen
Länder war. Obwohl die Sanktionen ständig ausgeweitet wurden, zeigten die
OEEC-Länder häufig wenig Neigung, die von den USA geforderten Opfer zu
bringen. In Washington und London wurden die Listen mit den als Embargoware
eingestuften Gütern immer länger, doch gleichzeitig unterliefen viele OEEC-
Länder, auch Großbritannien, die Maßnahmen und hielten bilaterale Handelsbeziehungen zur Sowjetunion und anderen Ostblockstaaten aufrecht.[25]

Die Briten liefen Amerika beileibe nicht einfach hinterher. So gab es beispielsweise eine direkte Konkurrenz zwischen britischen und US-amerikanischen Herstellern in der Luftfahrttechnik und insbesondere auf dem international boomenden Flugzeugmarkt. Der Markt bot den Briten zum einen Gelegenheit, die
heimische Wirtschaftskrise samt Devisenknappheit zu überwinden, zum anderen
artikulierte sich in diesem Bereich auch eine offene Unzufriedenheit über die
amerikanische Kontrolle des Ost-West-Handels. In London existierte bei Kriegsende bereits ein brandneues Langstrecken-Verkehrsflugzeug auf dem Reißbrett,
die Bristol Brabazon, und schon 1945 begannen britische Unternehmen, modernste
Strahltriebwerke an Länder zu liefern, die dabei waren, zivile Luftverkehrsflotten
aufzubauen. Solche Geschäfte waren insofern ungewöhnlich, als die britische
Regierung unter Clement Attlee den beteiligten Unternehmen, darunter Rolls-
Royce, recht bedenkenlos freie Hand ließ, sodass Interessenten mit minimaler
staatlicher Kontrolle hochmoderne Antriebe kaufen konnten, beispielsweise
Triebwerke der Reihen Nene und Derwent, die insbesondere in der neuesten
Generation von Militärmaschinen zum Einsatz kamen. Man war sich durchaus
bewusst, dass die Lieferung solcher Antriebe gerade auch an potentielle Gegner
den eigenen technologischen Vorsprung gefährdete, doch angesichts der wirtschaftlichen Lage waren die Briten bereit, dieses Risiko einzugehen. 1946 kam es
zum Verkauf ziviler Verkehrsflugzeuge aus Großbritannien nach Argentinien, in
ein Land, das in den Vereinten Nationen wegen seiner früheren Sympathien für
das NS-Regime umstritten war. Der nächste Kunde war Josef Stalin selbst. Die
Amerikaner protestierten; sie mussten erkennen, dass die britischen Konkurrenten das US-Monopol in der Nachkriegs-Luftfahrtbranche bedrohten, trumpften
aber mit dem Argument, auch Technologie, die nicht primär militärischen Zwe-

cken diene, könne die Schlagkraft des Gegners stärken. 1948 verkauften die Briten dann auf eine große Bestellung Moskaus hin die gesamten Bestände an Nene-
und Derwent-Triebwerken und räumten sogar die Lager der Royal Air Force. Die
Amerikaner kritisierten das Geschäft als unmoralisch, dumm und gefährlich,
nicht zuletzt weil es über die Bühne gegangen war, obwohl man 1947 in hochrangigen Gesprächen vereinbart hatte, bei künftigen Luftfahrtgeschäften zunächst
die Militär- und Sicherheitsexperten der entsprechenden Regierungsstellen zu
konsultieren.[26]

1949 wurde der so genannte Koordinationsausschuss für Ost-West-Handels-
politik (Coordinating Committee for East West Trade Policy, CoCom) gegründet, eine Stelle, die technische Expertise und zugleich exekutive Aufgaben vereinte; das CoCom war das Ergebnis der fortbestehenden Differenzen unter den
westlichen Alliierten in sicherheitsrelevanten Ost-West-Geschäften wie dem Luftverkehr. Das verhängte multilaterale Embargo des Westens kategorisierte bestimmte Güter und Technologien (beziehungsweise erfasste sie in Listen) und
umfasste zunächst 129 militärische und strategische Exporterzeugnisse sowie
eine Handvoll anderer, bei denen man sich eine spätere Überprüfung vorbehielt.
Von da an waren die US-Behörden bemüht, weitere Güter der Liste hinzuzufügen,
während die Europäer – im Großen und Ganzen zumindest – darauf aus waren,
Einträge zu streichen. Die ganze Prozedur stand sicherlich nicht in Einklang mit
marktwirtschaftlichen Prinzipien im Sinne der Amerikaner oder der Vorstellung,
dem Handel die Türen zu öffnen, sondern war eine massive Auswirkung des
Kalten Krieges. Das US-Außenministerium erkannte die Notwendigkeit, auf die
wirtschaftlichen Nöte der ERP-Länder Rücksicht zu nehmen, doch insbesondere
aus dem Handelsministerium, dem Kongress und dem neu geschaffenen Nationalen Sicherheitsrat kam Gegenwind, denn dort betrachtete man in der Pattsituation des Kalten Krieges Exporte in den Ostblock unterschiedslos als Sicherheits-
risiko. Mitte der 1950er Jahre dann, angesichts einer Welt, die geprägt war durch
die frostige Konfrontation zweier Militärblöcke, schwenkte auch das Außenministerium auf eine härtere Gangart und Sanktionen ein, wozu unter anderem die
Unterstützung für eine Erweiterung des Embargos im Ost-West-Handel gehörte.
Die Briten freilich weigerten sich, weitere so genannte nicht-strategische Güter in
die CoCom-Liste aufzunehmen, zumindest bis zum Beginn des Koreakriegs im
Juni 1950, und hielten an ihren Handelsbeziehungen zur kommunistischen Welt
fest. Doch auch in diesem Fall stach die Politik ökonomische Überlegungen aus.
Der wirtschaftspolitische Ausschuss warnte Premierminister Attlee, es sei «notwendig, nicht nur kurzfristig die Schlagkraft des Sowjetblocks einzuschränken,
sondern auch auf längere Sicht die Entwicklung seines militärischen Potentials
aufzuhalten».[27] Handel und Zahlungsverkehr waren im Europa der Nachkriegszeit zu Instrumenten ökonomischer Kriegführung geworden; Idealisten einer ge-
einten Welt, Menschenfreunde und Globalisierungsbefürworter mochten darüber

bestürzt sein, doch der Kalte Krieg hatte Vorrang vor dem Traum von offenen Türen.

Im Brennpunkt Berlin beispielsweise behauptete die sowjetische Seite, die Wirtschaftsbeziehungen zwischen den Sektoren erlaubten dem Westen, die Stadt auszuplündern, während die demokratischen Alliierten es als ihre Aufgabe betrachteten, die Einwohner der Stadt vor der Geißel des Kommunismus zu bewahren. Die Sowjets nahmen darüber hinaus für sich in Anspruch, sie selbst und nicht der Westen seien tatsächlich an der Einheit der europäischen Wirtschaft interessiert, denn schließlich ziele die von Großbritannien, Frankreich und den USA eingenommene Position in der Deutschlandpolitik auf die Schaffung eines eigenständigen deutschen Staates.[28] Da sie nicht in der Lage waren, den Handel mit und nach Berlin zu kontrollieren, entschieden sich die Sowjets im Juni 1948 zu einer Blockade der Stadt, um den Abfluss von Vermögen aus der Stadt zu stoppen und vor allem auf die Währungsreform im Westen zu reagieren, die das wirtschaftliche Auseinanderdriften der Besatzungszonen weiter vertiefte. Angesichts der massiven Militärpräsenz, mit der die Sowjets die Unterbrechung aller Land- und Wasserverbindungen durch die östliche Besatzungszone nach Berlin sicherten, errichteten die Amerikaner eine Luftbrücke, um die isolierten Westsektoren der Stadt auf dem Luftweg zu versorgen. So gelang es, die ein Jahr während Blockade zu überdauern. In dieser so genannten ersten Berlinkrise spitzte sich der Kalte Krieg gefährlich zu, doch zugleich wurde beiden Seiten deutlich, dass wirtschaftliche Mittel den Gegner nicht in die Knie zwingen würden. Beide setzten fortan auf militärische Optionen, auf Bündnisse, Rüstung und Konfrontation. Das Ziel einer multilateralen Handelsordnung unter marktwirtschaftlichen Vorzeichen zu verwirklichen, war der Marshall-Plan nicht in der Lage; dennoch behaupteten die Vereinigten Staaten ihre Interessen und ihre Macht in Deutschland.

Das sowjetische Gegenstück zum Marshall-Plan zeigte merkwürdigerweise eine recht multilaterale Gestalt und umfasste den entstehenden Block der sozialistischen Länder, unter denen Ostdeutschland, die spätere Deutsche Demokratische Republik, eine Schlüsselrolle einnahm. Um den wirtschaftlichen Herausforderungen des Westens zu begegnen und den Exportkontrollen des CoCom sowie den Verlockungen des ERP etwas entgegenzusetzen, mobilisierten die Sowjets ihre Satellitenstaaten und gründeten 1949 den Rat für gegenseitige Wirtschaftshilfe (RGW). Dieser sozialistische Wirtschaftsblock – im Westen gemäß der englischsprachigen Namensfassung auch oft COMECON genannt – erstreckte sich von Berlin bis Wladiwostok am Pazifischen Ozean, umfasste entsprechend ein weitaus größeres Gebiet als der Marshall-Plan oder die EWG ein Jahrzehnt später, und bestand bis 1991. Obgleich aus von Moskau diktierten bilateralen Vereinbarungen zwischen den sechs Gründungsmitgliedern hervorgegangen – den RGW bildeten ursprünglich die Sowjetunion, Polen, Bulgarien, Rumänien, die Tschechoslowakei und Ungarn, Albanien kam noch 1949, die DDR 1950 hinzu –, waren die

Beziehungen gekennzeichnet durch multilateralen Handel und Austausch in allen wichtigen ökonomischen Bereichen von der Produktion bis zur Finanzwirtschaft. Im Gründungskommuniqué heißt es, der RGW diene der «weitergehenden wirtschaftlichen Zusammenarbeit zwischen den volksdemokratischen Ländern und der UdSSR» und werde sich «aus gleichberechtigten Vertretern aller an der Konferenz beteiligten Länder zusammensetzen. Seine Aufgaben werden im Austausch von wirtschaftlichen Erfahrungen, Gewährung gegenseitiger technischer Hilfe und gegenseitigen Beistandes beim Austausch von Rohstoffen, Nahrungsmitteln, Maschinen und Ausrüstungsgegenständen bestehen.»[29]

Wie das Kominform die kommunistischen Parteien rund um den Globus verband und der Warschauer Pakt das Militärbündnis des sowjetischen Blocks war, so schuf der RGW weltweite Wirtschaftsbeziehungen zwischen sozialistischen Ländern. Mitte der 1950er Jahre beispielsweise hatten die Volksrepublik China, Kuba und Vietnam Beobachterstatus, doch auch mit Finnland, dem Irak, Nicaragua, Mosambik und weiteren Staaten gab es eine indirekte Zusammenarbeit durch Kooperationsabkommen und gemeinsame Kommissionen, an denen Regierungs- und Wirtschaftsvertreter aus dem RGW und Partnerländern teilnahmen. Die globale Reichweite verdeutlichte, dass die Kommunisten – zumindest der Intention nach und auf dem Papier – eine funktionierende Alternative zur freien Marktwirtschaft zu bieten hatten.[30] In den führenden Ländern des Westens sah man im RGW nichts weiter als ein Gebilde, das die sowjetische Herrschaft bemäntelte, doch tatsächlich bezog sich die Organisation auf eine weiter zurückreichende Geschichte planwirtschaftlicher Traditionen in Osteuropa und bildete zugleich ein Gegenstück zum GATT und zu den auf Marktoffenheit beruhenden Handelsbeziehungen im Westen. Festzuhalten bleibt darüber hinaus, dass etliche sozialistische Länder wie die Tschechoslowakei, Polen, Rumänien und Ungarn dem GATT beitraten – gegen den Widerstand Washingtons übrigens, das für den Handel mit diesen Ländern Einschränkungen forderte; und auch die Volksrepublik China bemühte sich um eine Aufnahme als Vertragspartei. Der RGW war freilich als multilaterale Föderation auf die Vielschichtigkeit sozialistischer Wirtschaftsverhältnisse zugeschnitten: Die Vermittlung wirtschaftlicher Beziehungen wurde nicht allein dem Markt überantwortet, sondern baute auf Abkommen zwischen Regierungen, um Preise festzusetzen (auf einem häufig künstlich hohen Niveau) oder unterschiedliche Formen der Distribution nebeneinander zu handhaben, Märkte ebenso wie staatliche Handelsmonopole. Darüber hinaus war der RGW eine Antwort auf die Sanktionen und die CoCom-Liste des Westens, die den Anstoß, eine weitergehende wirtschaftliche Zusammenarbeit unter sowjetischer Oberhoheit einzugehen, letztlich verstärkten.[31]

Der RGW war indes zugleich ein geschlossenes System, dem Marktgrundsätze ziemlich fern lagen, und auch wenn das Potential vorhanden war, sich in eine wahrhaft supranationale Organisation zu verwandeln, um die Wirtschaftspläne

der Mitgliedsstaaten zu harmonisieren und eine gemeinsame Politik zu formulieren, hätte eine solche Entwicklung die Autorität der kommunistischen Parteien –
und letztlich Stalins selbst – infrage gestellt. In jenen Jahren herrschte tatsächlich
Willkür. In den 1950er Jahren, nach einer kurzen Schönwetterperiode, in der die
Mitgliedsstaaten Entscheidungen ohne zentralisiertes Diktat trafen, erklärte die
sowjetische Führung weitere Beratungen kurzerhand für überflüssig; der RGW
hatte fortan nur noch die Funktion, den Handel zu koordinieren. Die Maßnahme
zielte darauf, zu verhindern, dass die Mitglieder des RGW sich gegen die Sowjetunion verbündeten, und diente allgemein dem Machterhalt. Welche Motive im
Einzelnen auch dahintersteckten, die UdSSR drosselte multilaterale Wirtschaftsbeziehungen in Osteuropa und den Balkanländern und setzte beispielsweise das
Prinzip durch, vor allem die technologisch rückständigen Länder zu begünstigen –
zu denen die Sowjetunion damals im Vergleich zum stärker industrialisierten
Osteuropa zählte. Der RGW traf zudem kaum Vorkehrungen, um Korruption im
staatlichen Wirtschaftsapparat zu verhindern; Monopole beherrschten in den
Mitgliedsländern die Wirtschaft. Effektiv war das System aber beispielsweise,
wenn es darum ging, harte Währung zu horten, einzelne Mitgliedsökonomien zu
stabilisieren oder gegenüber dem Weltmarkt abzuschirmen – der RGW funktionierte auf der Grundlage staatlicher Handelsmonopole und Verrechnungsgeschäfte, für die freier Wettbewerb oder aussagekräftige Wechselkurse nicht
existierten. Eine Folge der Außenhandelsmonopole und der weitgehenden Abschottung der Betriebe in den RGW-Staaten gegenüber ausländischer Konkurrenz war im Laufe der Jahrzehnte ein sukzessiver Rückgang des internationalen
Handelsvolumens. Dennoch koordinierte der Wirtschaftsrat die ökonomischen
Beziehungen innerhalb der kommunistischen Welt; der RGW war die Antwort
der UdSSR auf den Marshall-Plan, er förderte Handel und Gewerbe, sorgte so im
Osteuropa der Nachkriegszeit für den Wiederaufbau und war für den sowjetischen Block ein wesentliches wirtschaftspolitisches Instrument, das Wachstum
und Überleben in der geteilten Welt des Kalten Krieges sicherte.[32]

Der Koreakrieg begann ein Jahr nach dem Ende der Berliner Luftbrücke. Auf
beiden Seiten ergaben sich daraus nur noch mehr gute Gründe, an der Logik der
Abschottung festzuhalten und den Ost-West-Handel weiter einzufrieren, so wie
der Kalte Krieg selbst schon die Entwicklung einer offenen und multilateralen
Weltwirtschaftsordnung hatte einfrieren lassen. Tatsächlich belief sich der Warenwert der amerikanischen Exporte in die UdSSR auf gerade noch zwei Millionen
US-Dollar; der Wert der Exporte aus Westeuropa stieg allerdings auf 682 Millionen US-Dollar und damit auf mehr als die Hälfte des Stands von 1938. Dennoch
erlitten die USA mit ihrem unnachgiebigen Kurs keinen Schiffbruch, denn insgesamt gesehen war der Export der amerikanischen Verbündeten gegenüber dem
Höchststand von 1949 um ein Drittel zurückgegangen, als er noch einen Warenwert von 994 Millionen US-Dollar erreicht hatte.[33] Berücksichtigte man zudem

die anhaltende wirtschaftliche Erholung der durch den Marshall-Plan geförderten Länder und die ersten Ansätze zur Liberalisierung des Handels unter dem GATT sowie ferner die Stabilisierung der Lage durch das Militärbündnis der NATO, so konnten die Vereinigten Staaten durchaus behaupten, eine gewisse Dynamik in Richtung freier Marktwirtschaft existierte, ungeachtet der verhärteten Fronten des Kalten Krieges.

Schauplatz Asien Zur gleichen Zeit, da unter dem Druck der anhaltenden Krise in Europa militärische Eindämmung Wirtschaft und Diplomatie ausstach, entwickelte sich auch Asien zu einem Testgelände für Sicherheitsstrategien in einer Weltwirtschaft, in der die Vision multilateraler Märkte gefährdeter denn je war. Das Ziel, eine militärische Aggression Japans in Zukunft zu verhindern, sowie Bemühungen, im chinesischen Bürgerkrieg zu vermitteln, gehörten nach 1945 zweifellos zu den weltpolitischen Hauptanliegen. Die Konfrontation im Kalten Krieg nährte indes die Besorgnis, welche Folgen die regionale Entwicklung für die globalen Märkte haben würde. Wie in Europa übernahmen die Vereinigten Staaten in Ostasien eine Führungsrolle bei den Bestrebungen, die Region in eine multilaterale Weltwirtschaftsordnung zu reintegrieren, doch auch dort waren es häufiger Kanonen statt Butter, die zu treibenden Kräften der politischen Entwicklung wurden.

Die amerikanische Besatzungszeit in Japan verdeutlichte diese Entwicklung. Standen bis 1947 die Entmilitarisierung und die Liberalisierung der politischen Institutionen des Landes im Mittelpunkt des amerikanischen Engagements, so ging es den Vereinigten Staaten in der Folgezeit vor allem darum, Japan im Kräftefeld amerikanischer strategischer Interessen zu platzieren; die politischen Strukturreformen traten in den Hintergrund, während die Belebung der Konjunktur an Bedeutung gewann. In gewisser Weise war das den Erfahrungen in Europa vergleichbar, wo das Bemühen um offene Türen ebenfalls einer pragmatischeren Wiederaufbaupolitik wich. Doch die Parallelen gingen noch weiter. Japan lag nach 1945 danieder, der Krieg hatte mehr als 1,8 Millionen Menschenleben gefordert und grob vierzig Prozent der Städte zerstört. Etwa sechs Millionen demobilisierte Soldaten und repatriierte Siedler mussten gesellschaftlich reintegriert werden, und das angesichts einer hohen Arbeitslosigkeit, die 1946 rund 13 Millionen Menschen betraf. Japan war vollkommen abhängig von den Vereinigten Staaten: Die überseeischen Kolonien hatte das Land durch den Krieg verloren, an Lebensmitteln und Rohstoffen herrschte Mangel, Handel und Gewerbe waren zusammengebrochen. Wie Deutschland hatte auch Japan einst als Werkbank der Welt gegolten, doch das war Vergangenheit. Die Bevölkerung hungerte, und schlechte Ernten verschlimmerten die Lage. Plünderungen und andere Verbrechen waren an der Tagesordnung, Mangel und eine galoppierende Inflation vergrößerten das Leid. 1948 hatten 3,7 Millionen Familien keine eigene Wohnung. Wie in Deutschland florierte der Schwarzmarkt (in Japan bisweilen *jiyû ichiba*, «freier Markt» genannt), die Preise explodierten zunächst auf rund das 34-Fache des amtlich festgesetzten Preises, um dann wieder zurückzugehen, sodass Dinge des alltäglichen Bedarfs 1949 auf dem Schwarzmarkt durchschnittlich das Doppelte des amtlichen Preises kosteten. Unmittelbar nach dem Krieg maß General Douglas MacArthur, der als Oberster Befehlshaber für die Alliierten Mächte die Besatzungsbehörden leitete, der Gefahr eines Wiederauflebens des japanischen Militarismus allerdings mehr Bedeutung bei als der Not im Land.[34]

In seinem Bemühen um die Demokratisierung Japans ging MacArthur daran, die Zaibatsu, eng verflochtene Finanz- und Industriekonglomerate, die ganze Sektoren der japanischen Ökonomie kontrollierten, zu zerschlagen. Dieses Vorgehen gegen die japanischen Familienkonzerne erinnerte an Roosevelts Kampagne gegen Kartelle. Konzentrierter Reichtum, so die amerikanische Überzeugung, führe dazu, individuelle Rechte und Freiheiten sowie den freien Wettbewerb zu unterdrücken, und stürze nicht selten ganze Länder in chauvinistische Aggression. Schätzungen zufolge erreichte beispielsweise allein der Koloss Mitsui die Größe mehrerer der größten amerikanischen Konzerne wie U. S. Steel, General Motors, Standard Oil, Alcoa, IBM, National City Bank und DuPont. Durch die Reformen bekamen linke Agitatoren und Gewerkschafter Oberwasser, was den Unmut konservativer Kreise weckte; doch Japans Eliten ging es bei der Verteidigung der Zaibatsu immer auch um die Behauptung der eigenen gesellschaftlichen und politischen Position. Durch Säuberungsmaßnahmen in der Wirtschaft auf Veranlassung der Behörde MacArthurs verloren rund 1500 Manager und Banker ihre Stellung, übertriebene Darstellungen japanischer Konservativer nannten indes die zwanzigfache Zahl. Viele Angehörige der japanischen Oberschicht hatten die amerikanischen Besatzer zunächst als kapitalistische Verbündete angesehen, die den Familienkartellen, als für den ökonomischen Wiederaufbau unverzichtbar, wohlwollend gegenüberstehen würden, doch erwiesen sich solche Hoffnungen als blauäugig. Den Amerikanern ging es um Bestrafung, und die japanischen Unternehmen bekamen die Konsequenzen zu spüren. Auch in der Landwirtschaft gab es große Veränderungen: Premierminister Shigeru Yoshida, selbst Konservativer, stimmte einer Landreform zu, die den Pächtern das von ihnen bestellte Land übertrug; die bislang bestehenden Verhältnisse, in denen der Pachtzins reichen Grundbesitzern zufloss, waren ein Überbleibsel der Feudalzeit. Die Inflation der Jahre 1947 bis 1950 tat ein Übriges, in der Landwirtschaft fiel der Anteil der Pächter auf acht Prozent.[35]

Eine Reihe von Ursachen – innenpolitische Spannungen, eine grobe Fehleinschätzung der Versorgungslage, sodass Hunger und Not in der Bevölkerung fortdauerten, ferner Reparationszahlungen und eine ins Stottern geratene Weltwirtschaft – sorgten dafür, dass die Wirtschaft noch Ende 1947 schwächelte und der erhoffte Aufschwung ausblieb. Die Industrieproduktion erreichte weniger als die Hälfte des Durchschnittsniveaus der frühen 1930er Jahre, bei den Exporten waren es gerade zehn Prozent. Auch die Einkommen blieben auf dem niedrigen Stand von fünfzig Prozent des Niveaus der 1930er Jahre, ungeachtet der hohen amerikanischen Ausgaben, die sich 1947 auf rund 400 Millionen US-Dollar allein für die Kosten der Besatzung beliefen. In der US-Regierung reifte sukzessive die Erkenntnis, dass die Reparationsleistungen aufhören müssten, ebenso die weitere Zerschlagung der Zaibatsu, um zu verhindern, dass die japanische Wirtschaft unter immer größeren staatlichen Eingriffen in eine anhaltende Depression abrutscht. Wie George F. Kennan, amerikanischer Diplomat, Chef des Planungsstabs im Außenministerium und Mitbegründer der Eindämmungspolitik, es formulierte, nahm Japan für den Westen, wie Spanien in der Mittelmeerregion, eine entscheidende strategische Position ein, als ein Pfeiler im nordostasiatischen Raum, doch stand das Land unmittelbar vor einer wirtschaftlichen Katastrophe, und es in dieser Situation sich selbst zu überlassen, «wäre genau das, was die Kommunisten wollten».[36] Die Furcht vor der kommunistischen Revolution löste die vor dem Wiedererstarken des japanischen Militarismus ab.

Die strategischen Erwägungen führten dazu, dass die Vereinigten Staaten ihren politischen Kurs änderten. Die Zerschlagung der Kartelle verschwand von der Agenda, stattdessen sollte nun ein Friedensvertrag vorbereitet werden, der die kostspielige Besatzungszeit zu beenden erlaubte; gleichzeitig drängte man Japan, sich in der Handelspolitik zu öffnen, um die Eingliederung des Landes in die Arrangements von Bretton Woods und des GATT anzustoßen. 1948 willigte MacArthur ein, die weitere Zerschlagung der Zaibatsu zu beenden, die Reparationen auslaufen zu lassen (die letzte Leistung erfolgte im Mai 1949) und generell die Kontrolle der Wirtschaft weniger streng zu handhaben. Handelsbeschränkungen wurden nicht vollständig aufgegeben; Japan schützte die Inlandskonjunktur weiterhin durch Einfuhrzölle auf amerikanische Exporte, doch geschah das mit Zustimmung der USA, schließlich sollte die Wirtschaft sich erholen und das politische System sich stabilisieren. Japan wurde zum wichtigen Verbündeten in der asiatischen Allianz gegen den Kommunismus.[37]

Strategen im Kalten Krieg bestärkten Japan, die Wirtschaftsbeziehungen in Südostasien auszubauen, um mit dem Überschuss, der sich im Handel mit den weniger entwickelten Nachbarn erzielen ließ, den Wiederaufbau des Landes und die Versorgung der japanischen Industrie mit Rohstoffen zu finanzieren – und zudem noch offene Verpflichtungen den Vereinigen Staaten gegenüber zu erfüllen. Die Reinvestition amerikanischen Kapitals in Japan schließlich würde die regionale Ökonomie weiter stärken. Um der Wirtschaft Japans eine solche exportorientierte Struktur zu geben statt die traditionelle Schwerindustrie wieder aufzubauen, setzte die Regierung Yoshida auf eine neomerkantilistische Strategie; zur zentralen Institution wurde mit seiner Gründung 1949 das Ministerium für internationalen Handel und Industrie (MITI). Das MITI folgte in seiner Politik Überlegungen von Hisato Ichimada, des Gouverneurs der Bank of Japan, und Yoshisuke Aikawa, des Gründers des Nissan-Konzerns, die beide angeregt hatten, arbeitsintensive Leichtindustriebranchen in den Mittelpunkt des industriellen Wiederaufbaus zu stellen. Deren Erzeugnisse waren problemloser zu produzieren und auch, aufgrund des geringeren Preises, zu vermarkten als Güter der Chemie- oder Schwerindustrie; sie waren zudem in Übersee in einer guten Wettbewerbsposition und würden die Deviseneinnahmen steigern.[38] Obwohl es keinen Marshall-Plan für Asien gab, blühten in jener Zeit die Investitionen amerikanischen Kapitals in Japan auf. Mit der Orientierung der Wirtschaft auf die Leichtindustrie und den Außenhandel schufen Yoshida und seine Liberale Partei, die in der japanischen Politik bis in die 1990er Jahre hinein tonangebend blieb, eine dauerhafte Ausrichtung am amerikanischen Leitbild des freien Wettbewerbs in einer multilateralen Weltwirtschaft. Der «Kurswechsel» von 1947 sollte durch den Koreakrieg seine Bestätigung erfahren. Nach dessen Ausbruch erfolgte 1951 die Unterzeichnung des Friedensvertrags mit Japan: Die Vereinigten Staaten behielten Militärstützpunkte und übernahmen die Verantwortung für den Schutz und die Sicherheit des Landes, Japan erhielt im Gegenzug die volle Souveränität, wenngleich eingebettet in amerikanisch geprägte politische Formen und wirtschaftliche Strukturen.

Tokio war nach amerikanischer Überzeugung auf dem besten Weg, im Wirtschaftssystem Asiens eine Schlüsselrolle einzunehmen. Wiederaufbau und wirtschaftliche Unabhängigkeit würden aber nur von Dauer sein, falls es den USA gelang, die Ökonomie des Fernen Ostens insgesamt zu stärken, sodass japanische Produkte in der Region zahlungskräftige Käufer finden konnten. Eine solche Vorstellung hatte kein weltweites System multilateraler Marktwirtschaft und Kooperation vor Augen, sondern war Ergebnis der Konfrontation im Kalten Krieg und der Angst vor dem Kommunismus. Regionalismus galt als der sichere Hafen umfassenderer wirtschaftlicher Integration, Nachhaltigkeit und Sicherheit. So betrachtete man auch die Kolonien in Südostasien, etwa das französische Indochina, das britische Malaysia und das niederländische Indonesien; sie galten als Eckpfeiler der wirtschaftlichen Erholung Europas. In Nationalbewegungen und Aufständen hingegen sah man potentiell gefährliche Vorboten kommunistischer Machtübernahme. In Südostasien ging es darum, so die Perspektive der Amerikaner, die Sowjets daran zu hindern, sich den Zugriff auf Bodenschätze zu sichern und die Konfrontation auf die gesamte Region auszudehnen. Der bevorstehende Sieg der chinesischen Kommunisten ließ diese Gefahr bereits greifbar werden; allerdings fehlte es China, trotz des langen amerikanischen Engagements im Land und im Unterschied zu Japan, an entwickelten ökonomischen Strukturen und einer historisch verwurzelten Integration in die Weltwirtschaft. Die Rohstoffe der Region sowie die Entwicklung Westeuropas und Japans blieben daher wichtige Aspekte des amerikanischen Interesses in Südostasien.[39]

Unter dem Eindruck der Krisen in Europa und Asien gewannen Strategien der Regionalisierung die Oberhand über Ansätze der Globalisierung. Europa und Asien verband nicht zuletzt, dass die Vereinigten Staaten eine Menge Energie und erhebliche Mittel im Kampf gegen Kräfte aufwandten, von denen zu erwarten war, dass sie Demokratie und Marktwirtschaft weltweit zerstörten. Washington war entschlossen, in beiden Regionen auch künftig amerikanische Interessen und die Marktwirtschaft zu verteidigen. Es galt daher, Kennans Einschätzung zufolge, Japan und Westdeutschland, «die beiden größten Industriekomplexe im Osten und Westen», vor dem Kommunismus zu retten. Derart immunisiert sollten beide sich zu regionalen Ankerpunkten der antikommunistischen Koalition entwickeln.[40] Implizit hieß das allerdings, Japans Wirtschaft eine untergeordnete Rolle zuzuweisen, die sie nicht für die amerikanischen oder europäischen Märkte, sondern lediglich für Entwicklungsländer qualifizierte. Dass die Planer im japanischen MITI eine wirtschaftliche Spitzenstellung anvisierten – gegründet auf lange Sicht vor allem auf Forschungsinvestitionen, innovative Technologien und Fertigung in höchster Qualität – blieb den Amerikanern damals verborgen. Die Schatten des Kalten Krieges, die japanische Dollar-Lücke und das Festhalten an der Doktrin offener Türen legten es für die Vereinigten Staaten nahe, Japans Entwicklungsperspektive in Südostasien zu sehen – was nicht einer gewissen Ironie entbehrte angesichts der vom japanischen Kaiserreich in den 1930er Jahren und während des Kriegs verfolgten Politik in der so genannten Großostasiatischen Wohlstandssphäre. Mit Blick auf die Region wandelten sich die USA immer deutlicher vom vernehmbaren Kritiker des Kolonialismus zu einem Verteidiger der europäischen Präsenz, vom langjährigen Freund Chinas zum lautstarken Gegner des Landes.[41]

China schien für eine Politik der Marktöffnung verloren. Im Nachtrag zu den Beschlüssen zum Europäischen Wiederaufbauprogramm hatte die Regierung Truman 1948 auf Drängen der Kongresslobby Jiang Kaisheks, des Führers der chinesischen Nationalpartei Guomindang, ein 463 Millionen US-Dollar schweres Unterstützungspaket bewilligt, um den Bürgerkrieg gegen Mao Zedongs Kommunisten fortzusetzen. Die Hilfszahlungen waren an die Bedingung geknüpft, dass Generalissimus Jiang die Korruption in Regierung und Partei bekämpft, was indes nie geschah. Der Gang der Ereignisse überholte Jiang, der nur einen kleinen Teil der Unterstützung in Empfang nehmen konnte, bevor Mao 1949 die Macht übernahm und die Guomindang-Regierung nach Taiwan vertrieb. Für das Selbstbewusstsein und die außenpolitischen Interessen der USA war die Entwicklung ein verheerender Schlag, doch zumindest bis zum Beginn des Koreakriegs schloss die US-Regierung den Handel mit China unter der neuen kommunistischen Re-

gierung nicht völlig aus – im Unterschied zur Strategie in Osteuropa. Zum Teil
spiegelte ein solches Vorgehen Rücksichten auf britische Wirtschaftsinteressen
und insbesondere die Sorge um die Sicherheit der Bank-, Anlage- und Reederei-
geschäfte in Hongkong wie auf dem chinesischen Festland wider.[42]

Während den Amerikanern der Sieg des Kommunismus in China als ein weiterer Beleg der sowjetischen Bedrohung galt, sahen die Briten die Dinge anders. Die
USA versuchten, durch den sukzessiven Abbruch wirtschaftlicher Verbindungen
zu China einen Keil zwischen Moskau und Peking zu treiben, weil sie hofften, ein
abhängiger Mao werde für Stalin zunehmend zur Last. Die Briten schlugen einen
realistischeren Weg ein und bauten Beziehungen zur neuen Regierung in Peking
auf, um zumindest einen Fuß in der Tür zu behalten. Die Differenzen waren
schon vor der Machtübernahme der Kommunisten im Oktober 1949 deutlich,
doch als London Anfang 1950 der Regierung Jiangs in Taiwan die Unterstützung
entzog und die Volksrepublik China anerkannte, zeigten sich im britisch-amerikanischen Verhältnis Verwerfungen. Es kam zu unmittelbaren Reaktionen in der
amerikanischen Politik – Washington zog die militärische Unterstützung für
Hongkong ab – und auch längerfristigen Auswirkungen auf Diplomatie und
Wirtschaftsbeziehungen. Im Frühjahr 1950 legte der Nationale Sicherheitsrat ein
Memorandum vor – bekannt als NSC 68 –, eine streng geheime, von hochrangigen
Experten verfasste Beurteilung der Sicherheitslage angesichts des Konflikts mit
dem internationalen Kommunismus. China wurde in dem Dokument zwar kaum
erwähnt, doch war der Tenor unmissverständlich: Angemahnt wurde Amerikas
Bereitschaft, dem Kommunismus überall auf der Welt entgegenzutreten, selbst an
scheinbar entlegenen Orten. Es war an US-Außenminister Dean Acheson, den
Streit um die Unterstützung Taiwans und den Handel mit «Rotchina» zu entschärfen und zu versuchen, die Differenzen mit Großbritannien, dem engsten
Verbündeten der Vereinigten Staaten, beizulegen.[43]

In den Augen der Briten förderten stärkere Handelsbeziehungen mit China
Frieden und Stabilität – zudem konnten sie dazu beitragen, dass sich das Land in
solch lukrativen Branchen wie der Luftfahrt eine führende Position zurücker-
oberte. Doch die Amerikaner hielten unerschütterlich an der These fest, eine Iso-
lation Pekings werde einen Keil ins chinesisch-sowjetische Verhältnis treiben.
Großbritannien weigerte sich dennoch, wie im Übrigen auch andere westliche
Staaten, gegen China ein Embargo zu verhängen, selbst noch nach 1953, als im
Gefolge des Koreakriegs das Land mit Sanktionen belegt wurde und die CoCom-
Liste für Exportbeschränkungen noch länger war als in Osteuropa. Marktwirt-
schaft und internationale Politik standen weiter in Konflikt.

Tatsächlich spielte die Volksrepublik China zu jener Zeit aus amerikanischer
Sicht keine entscheidende Rolle für den Weltmarkt. Der amerikanisch-chinesi-
sche Handel hatte zu keinem Zeitpunkt die Träume der Verfechter offener Türen
beflügelt; es gab nur in relativ geringem Umfang Exporte aus den USA nach

China, zumal im Vergleich zum Außenhandelsvolumen mit Europa oder auch Japan. Von 1950 bis 1952 kletterte die Hilfe für die nationalchinesische Exilregierung Jiang Kaisheks in Taiwan von 18 Millionen auf 80 Millionen US-Dollar, doch war die Erhöhung dem Kalten Krieg geschuldet und nicht ausgeweiteten Wirtschaftsbeziehungen. Hinzu kam, dass selbst Unternehmen wie General Electric oder die Bank of America sich für die Anerkennung der Regierung Mao Zedongs aussprachen, nicht zuletzt um ihre Investitionen zu retten – US-Unternehmen hielten 1950 Anlagevermögen im Wert von rund 180 Millionen US-Dollar auf dem chinesischen Festland. Bestärkt wurden sie durch die neue Regierung in Peking, die nach dem Bürgerkrieg bemüht war, möglichst rasch geordnete Verhältnisse wiederherzustellen, und ausländisches Kapital willkommen hieß. Doch die Regierung Truman und der Kongress forderten US-Unternehmen ultimativ auf, sich aus China zurückzuziehen; die Volksrepublik sollte kein Teil der amerikanischen multilateralen Weltwirtschaftsordnung sein, bevor Mao und der Kommunismus nicht von der Bildfläche verschwunden waren.[44] Taiwan agierte fortan auf der Bühne der kapitalistischen Welt als China – über zwei Jahrzehnte lang blieb im amerikanischen Wirtschaftssystem die Volksrepublik außen vor.

Krieg und Handel   Erlebten die späten 1940er Jahre bereits den Niedergang multilateraler Beziehungen in der Weltwirtschaft, so verhärtete sich die Situation im Koreakrieg: Die gegnerischen Blöcke erstarrten in einem Zustand permanenter Konfrontation, was jegliche marktorientierte Entwicklung verhinderte. Ein unilaterales Denken und protektionistische Haltungen traten nach dem 25. Juni 1950, dem Tag des Kriegsbeginns in Korea, in den Köpfen führender westlicher Politiker und Diplomaten an die Stelle von Offenheit und Internationalismus. Die Truman-Regierung hatte zuvor bereits die Hoffnung, Handel und Hilfsleistungen würden den Kommunismus eindämmen, weitgehend aufgegeben, und der Umfang der direkten militärischen Unterstützung für die Verbündeten hatte sich in den vier Jahren bis 1950 verfünffacht, auf 523 Millionen US-Dollar. Der Krieg trug dazu bei, dass die Förderung oder Kontrolle von Exporten zu einem Instrument wurde, das ausnahmslos der Logik des Kalten Krieges gehorchte, ein Mittel, um die Versorgung in verbündeten Ländern zu verbessern und andererseits die Ausfuhr strategischer Güter in die Sowjetunion und ihre Satellitenstaaten zu unterbinden. Der Koreakrieg ließ den in erster Linie um die nationale Sicherheit besorgten Staat mit großer Deutlichkeit hervortreten; ein Tiefpunkt für die freie Marktwirtschaft.

Der Krieg machte nicht nur die militärischen Kräfteverhältnisse deutlich, sondern hatte auch erhebliche Auswirkungen auf die asiatischen Volkswirtschaften.

Südkorea erlebte nach dem Waffenstillstand eine Rezession, während Nordkorea dank der ins Land gepumpten chinesischen und sowjetischen Hilfe eine Zeit lang boomte. Doch auch die «Werkbank» Ostasiens, Japan, blühte durch umfangreiche Hilfe von außen auf. Tatsächlich war es für den japanischen Wiederaufbau und die weitere wirtschaftliche Entwicklung eine gewaltige – und mitten in einer ernsten Rezession dringend benötigte – Konjunkturspritze, als das Land für US-amerikanische Truppen und den militärischen Nachschub zum Bereitstellungsraum und Depot wurde. Mitte 1950, nur etwa zwei Jahre nach dem Kurswechsel in der amerikanischen Politik, steckte Japan in einer schweren Wirtschaftskrise mit einer halben Million Arbeitslosen, dramatischen Kursverlusten an den Börsen und zahlreichen Pleiten im Kleingewerbe. Im Juni 1950 produzierte Toyota gerade einmal 300 Lastwagen, hinzu kamen Auseinandersetzungen mit starken Gewerkschaften und Probleme bei der Kreditbeschaffung. Dann brach der Krieg in Korea aus und das Glück wendete sich, für Toyota ebenso wie für andere Unternehmen; vor Japan lag nun die Aussicht auf eine bedeutende Rolle in der Weltwirtschaft.

Die Position als unverzichtbarer Stützpunkt für den Nachschub während des UN-Militäreinsatzes in Korea bescherte Japan beträchtliche Einnahmen. Versorgung und Logistik waren entscheidend; Ende 1950, nach einem halben Jahr Krieg, ließen die Engpässe der europäischen und US-amerikanischen Armeen die Nachfrage in Japan dramatisch in die Höhe schnellen. Die USA gaben zwischen 1950 und 1954 annähernd drei Milliarden US-Dollar für Waffen, Fahrzeuge, Munition, Kleidung und andere Ausrüstungsgegenstände aus, mehr als während der fünfjährigen Besatzungszeit. Der warme Regen sorgte für ein Ende der Dollarknappheit in Japan und katapultierte das Land erstmals nach dem Ende des Zweiten Weltkriegs auf eine aussichtsreiche Position im globalen Wettbewerb – den japanischen Unternehmen kam zudem die Entwicklung eines Nachfrageüberhangs auf dem Weltmarkt zugute. Japan war nicht mehr länger ein kleinerer Erzeuger hochpreisiger Güter, sondern wurde aufgrund der Kriegsnachfrage innerhalb der Weltwirtschaft zu einem der großen Anbieterländer wettbewerbsfähiger Produkte. Das Wirtschaftswunder, das mit dem Konflikt einsetzte, erschien manchen politisch Verantwortlichen in Japan «vom Himmel gesandt». Hisato Ichimada, der Gouverneur der Bank of Japan sah «göttliche Hilfe» im Spiel, und auch Premierminister Shigeru Yoshida lobte den Impuls, der die Wirtschaft stabilisierte und das Wirtschaftswachstum ankurbelte.[45] Toyota kam kurz vor dem Konkurs wieder auf die Beine und konnte im Fahrzeugbau ein Auftragsplus von vierzig Prozent verzeichnen. Binnen eines Jahres verkaufte das Unternehmen 5000 Lastwagen, steigerte die Produktionsleistung auf 2000 Einheiten monatlich und zahlte die erste Dividende seit dem Zweiten Weltkrieg aus. Die Stahlproduktion stieg um 38 Prozent, die Exporte verdreifachten sich in den ersten acht Kriegsmonaten und das Handelsvolumen an der Börse stieg um achtzig Prozent. Von der Textilbranche bis zum Baugewerbe, von der Metallindustrie bis

Eine Autofabrik von Toyota, Juni 1952. Der Koreakrieg befeuerte die japanische Ökonomie: Er steigerte die Produktion durch Exportnachfrage, etwa nach diesen Autos, sorgte für stabile Beschäftigung, machte das Land zum Verbündeten der USA und wies Japan den Weg in eine Zukunft voller Wachstum.

zur Telekommunikation sorgte der Boom in den nächsten zwei Jahrzehnten für ein jährliches Wachstum von zehn Prozent.[46]

Die Nachfrage aus dem Militär allein legte kein dauerhaftes Fundament für die wirtschaftliche Genesung Japans, doch brachte sie die Dinge in Gang und sorgte für mehr Investitionen in der Grundstoffindustrie, für mehr Kredite im Maschinen- und Investitionsgüterbereich und letztlich für ein anhaltendes Exportwachstum. Zwei wichtige Veränderungen kamen hinzu, die eine betraf Japan, die andere die Weltwirtschaft. In Japan erlebten sowohl die Qualifikation der Beschäftigten als auch die technologische Entwicklung einen Schub, und auch das Tempo der Modernisierung erhöhte sich. Erworbene Patent- und Handelsrechte – häufig aus den USA – unterstützten Entwicklung, Wachstum und Erfolg kapitalintensiver japanischer Unternehmen. Regierung und die einflussreichsten Wirtschaftsverbände taten sich zusammen, um neueste amerikanische Technologie zu importieren, die zu militärischen und zivilen Zwecken gleichermaßen zum Einsatz kam. So produzierte beispielsweise der Stahl- und Maschinenbaukonzern Mitsui auch Waffen, während die Hersteller militärischer Fernmeldetechnik die Technologie gleichzeitig auf die Produktion von Transistorradios und Kameras übertragen konnten. Die Radio Corporation of America (RCA) förderte die japanische Unterhaltungselektronikindustrie durch die Vergabe von Patentlizenzen an Unternehmen; der Technologietransfer nach Japan erlebte eine Blütezeit. Zwischen

1951 und 1984 schlossen japanische Firmen mehr als 42 000 Lizenzverträge mit
einem Gesamtvolumen von rund 17 Milliarden US-Dollar. Die Investition war
jeden Cent wert, legte sie doch den Grundstein für die spätere Marktdominanz
japanischer Spitzengeräte.[47]

Die andere wichtige Veränderung im Gefolge des Koreakriegs betraf die Geo-
graphie des Welthandels. Die Amerikaner erkannten, dass es mit dem Ende der
Besatzungszeit in Japan nicht mehr darum ging, die Wirtschaft des Landes gerade
so am Existenzminimum aufrechtzuerhalten, sondern eine künftige ökonomische
Kooperation verlangte, die Expansion der japanischen Handelsbeziehungen in
Südostasien durch Anreize, Subventionen und Unterstützung zu fördern. In den
Verhandlungen über den Friedensvertrag von 1951 kam es auch zu einer Neube-
stimmung des Verhältnisses zwischen Japan und den Vereinigten Staaten; Handel
und Industrieaufträge würden künftig die US-Auslandshilfe ersetzen. Die japanische Wirtschaft sollte zudem nicht länger auf China ausgerichtet sein, sondern in
erster Linie auf Südostasien, aber auch auf die USA. 1952 trat Japan dem CoCom
bei und verhängte für den Handel mit China strenge Ausfuhrkontrollen, wodurch
die Exporte in das kommunistische Nachbarland nur noch 0,4 Prozent des japanischen Außenhandels ausmachten. (Demgegenüber gingen 1941 noch rund
27 Prozent der Ausfuhren nach China.) Die Gegenleistung für Tokios Loyalität
im Kalten Krieg war die Zustimmung, in größerem Umfang japanische Exporte
in die USA zuzulassen, vor allem Textilien und andere Konsumgüter – eine Politik,
die den Unmut der Protektionisten im Kongress weckte. Auch die Briten murrten
über die Dumpingpreise, mit denen japanische Güter die Märkte in Südostasien
eroberten. Washington erwiderte nur, die Briten sollten «den Realitäten ins Gesicht sehen und darauf vorbereitet sein, sich der japanischen Konkurrenz stellen,
sobald Japan, unbedrängt vom Kommunismus, sich den Märkten der westlichen
Welt zuwendet».[48] Japan hatte seine Rolle in der «freien Welt» erkannt und entwickelte enge Beziehungen zum Westen und dessen asiatischen Verbündeten,
Bande, die das Land auf Dauer an einer marktwirtschaftlichen Orientierung festhalten ließen.

**Unterentwicklung und
Wirtschaftshilfe**

Das amerikanische Bemühen, im Ringen
mit dem Kommunismus eine offene Weltwirtschaftsordnung zu schaffen, gegründet auf Handelsbeziehungen neuer
Art, wirtschaftliche Integration und verstärkten Massenkonsum, stabilisierte bestimmte Regionen, die – wie Westeuropa oder Japan – als gefährdet galten, und
rückte zugleich jene Teile der Welt stärker in den Blick, die allgemein als Dritte
Welt, als Entwicklungs- oder Schwellenländer bezeichnet werden. In Asien, Latein-

amerika, Afrika sowie dem Nahen und Mittleren Osten brachte der Kalte Krieg das ökonomische (und militärische) Gewicht der USA zum Tragen, mit bisweilen gravierenden Auswirkungen für viele Millionen Menschen. Der Kolonialismus war das Fundament der Vorkriegsweltwirtschaft gewesen, nach 1945 jedoch erteilten die Vereinigten Staaten dem Imperialismus eine Absage. Während die europäischen Verbündeten noch eine ganze Zeit lang an ihren Kolonien festhielten, entließen die USA die Philippinen 1946 in die Unabhängigkeit, und Washington schickte sich an, eine Position wirtschaftlicher Dominanz auszufüllen, die keiner territorialen Inbesitznahme bedurfte. Die Strategie der offenen Türen machte Amerika zu einem Imperialisten anderer Art, bestrebt, in der Dritten Welt die Markt- und Wettbewerbsverhältnisse des Westens durchzusetzen, in denen es vorrangig um Profit, Stabilität und Sicherheit ging.

Unübersehbar war eine solche Orientierung bei dem Bemühen, Japan in Südostasien zu etablieren. Die Ironie, dadurch eine Art Nachkriegsversion der Großostasiatischen Wohlstandssphäre des imperialen Japan zu schaffen, blieb manchen Beobachtern nicht verborgen, doch die Notwendigkeit, neue Handelsbeziehungen aufzubauen, um die wirtschaftliche Verflechtung mit China zu kappen und Japan seinen Ort im Orbit der freien Welt zuzuweisen, ließ alle Bedenken verstummen. Eine solche Strategie zog für die USA außen- und geopolitische Konsequenzen nach sich. Washington musste sich entschließen, Frankreich in der damaligen Kolonie Indochina gegen die Insurrektion der kommunistischen Unabhängigkeitsbewegung unter der Führung Ho Chi Minhs zu unterstützen, um Japan und anderen asiatischen Verbündeten zu verdeutlichen, dass Rohstoffversorgung und Handel nicht gefährdet waren. Der Krieg, den die USA schließlich in Vietnam führten, sollte zu einem Kreuzzug gegen den Kommunismus werden, doch das ursprüngliche Interesse war es, das wieder erstarkende Japan zum Herzstück einer multilateralen Handels- und Finanzordnung in Asien zu machen, die die Region stabilisieren, Japan befrieden und den Kapitalismus insgesamt weltweit im Kampf gegen den Kommunismus stärken würde.[49] Die amerikanische Entwicklungspolitik in der Dritten Welt spiegelte gleichermaßen Sicherheitsbelange wie die Sorge um den freien Wettbewerb wider.

Die Vereinigten Staaten waren zweifellos entschlossen, den Zugang zu den Rohstoffen weltweit offenzuhalten, die für das Wohlergehen der Weltwirtschaft – und ebenso der amerikanischen – unverzichtbar waren, und zugleich waren sie bemüht, unterentwickelte Märkte zu dominieren und gegen den Einfluss der Sowjetunion oder Chinas abzuschirmen. Es existierten Synergien zwischen Regierungs- und Unternehmensstrategien (besonders multinationaler Konzerne), Investitionen zu sichern und Exportwachstum zu fördern. Die Folgen solcher Verhältnisse waren allerdings in der Regel bestenfalls ungewiss – in den betroffenen Ländern war die Konsequenz selten einmal wirtschaftliche Entwicklung und häufiger die Ausbeutung der Bevölkerungsmehrheit durch autoritäre Regime zum

Nutzen westlicher Anleger und Regierungen. Alles in allem waren die Erfahrungen der Empfänger, denen Hilfe aus den entwickelten Ländern zuteilwurde, äußerst zwiespältig: In einigen vollzog sich eine Modernisierung, der Prosperität folgte, doch für die meisten gab es keinen Ausweg aus einem System, in dem sie Rohstoffe und landwirtschaftliche Erzeugnisse lieferten oder billige, arbeitsintensive Konsumgüter produzierten, die den dominanten Ländern des Westens oder auch Ostens zugutekamen; gleichzeitig war der Druck ausländischer Konzerne oder sozialistischer Regierungen auf die Wirtschaft vor Ort so groß, dass er die ökonomische Entwicklung deformierte und demokratische Reformen verzögerte. Der Kalte Krieg sorgte in gewisser Weise für Sicherheit, doch nicht für Freiheit, Gleichheit, Gerechtigkeit und Wohlstand für die Mehrheit der Bevölkerung in den Entwicklungsländern.

Die ökonomisch entwickelten Länder und die internationalen Institutionen wie Weltbank oder IWF sahen eine Situation, die Entwicklungsländer zum Schauplatz der Ausbeutung von Ressourcen und billiger Arbeitskraft degradiert, tatsächlich keineswegs positiv. Die Hegemonialmacht USA schluckte undemokratische Verhältnisse und Menschenrechtsverletzungen, wo es um die Sicherung wichtiger Rohstoffe ging, doch waren die Handelsbeziehungen und die Auslandsinvestitionen in den Ländern der Dritten Welt während des Kalten Krieges weder besonders stabil noch durchgängig profitabel – eine Ausnahme bildete lediglich die Ölbranche. Im Großen und Ganzen zeigten sich Unternehmen zudem eher abgeneigt, in Entwicklung zu investieren, sodass Amerikaner und Europäer gezwungen waren, durch direkte und indirekte Hilfsleistungen zu intervenieren, statt auf Mechanismen multilateraler Märkte und Austauschbeziehungen aufbauen zu können.[50] Darüber hinaus verwehrten entwickelte Länder in etlichen Fällen aus protektionistischen Motiven den Import billiger Produkte aus der Dritten Welt – ob Textilien, Stahl oder landwirtschaftliche Erzeugnisse – und untergruben somit zusätzlich Entwicklungschancen; solche Maßnahmen vertieften allerdings gerade die Abhängigkeit der «Peripherie» von der Hilfe des «Zentrums», der kapitalistischen Länder. Die Struktur der Handelsbeziehungen begünstigte zweifellos die Industrieländer, denen günstige Rohstoffe für technologisch avancierte Produktionsprozesse zur Verfügung standen; die Entwicklungsländer hatten das Nachsehen. Banker und Bürokraten plädierten weltweit gewöhnlich für eine «unpolitische», auf internationalen Mechanismen beruhende Entwicklung, die ihrer Überzeugung nach ein Zeitalter der Prosperität, Modernität und des Friedens eröffnen werde. Politisch Verantwortliche in den Ländern des Zentrums wiederum stellten häufig nationale Interessen über weltumspannende oder auch nur einfach marktwirtschaftliche Perspektiven – und schreckten dabei vor protektionistischen Maßnahmen gegen Produkte aus der Dritten Welt ebenso wenig zurück wie vor Militäreinsätzen. Und selbst die Weltbank als führende nichtstaatliche Organisation, die sich das Ziel wirtschaftlicher Entwicklung auf die Fahnen geschrieben hatte, konzentrierte sich eher auf das Reich der Ökonomie und vernachlässigte politische Reformen, sodass es ungeachtet der Aufgabe, die armen Länder der Welt in einen offenen Weltmarkt zu integrieren, zu keinem grundlegenden Wandel der internationalen Arbeitsteilung kam.[51] Es existierte somit zwar ein wachsendes Bewusstsein der humanitären Probleme und politischen Auswüchse in der Dritten Welt, doch die Verhältnisse und Muster der internationalen Wirtschaftsbeziehungen blieben im Fortgang der Globalisierung über die Jahrzehnte widersprüchlich und zwiespältig.

In der amerikanischen Strategie jener Jahre überwogen die Sicherheitsbedenken die Sorge um den Markt, und der Anstoß für höhere Investitionen, Handel und Wachstum ging eher von den Ländern der Dritten Welt selbst aus, die in den USA den wichtigsten Garanten der Modernisierung und Entwicklung sahen. Auf der ITO-Konferenz von 1947 in Havanna warben sie um Unterstützung für ihre noch in den Kinderschuhen steckende Industrie, doch das ITO-Projekt scheiterte, nicht zuletzt weil die Amerikaner zu viele Widerstände gegen einen von Hemmnissen befreiten Handel sahen. In der Folgezeit blieben auch die US-Einfuhrzölle trotz mehrerer GATT-Runden relativ hoch, und die Länder der Dritten Welt waren auf Auslandshilfe angewiesen. Die USA indes zeigten sich weiterhin davon überzeugt, dass offene Türen und private Investitionen wirksamer seien als staatliche Entwicklungshilfe, wie etwa die Geschichte des so genannten Point-IV-Programms von 1949 verdeutlichte. Der Kongress bewilligte für dieses von der Regierung Truman aufgelegte Entwicklungshilfeprogramm gerade einmal 34,5 Millionen US-Dollar, eine Summe, die angesichts der Erfordernisse völlig unzureichend war und lediglich die Kluft zwischen westlichen Entwicklungsversprechen und tatsächlichem Handeln deutlich machte. Sicherheitsbedenken und die Logik des Kalten Krieges rahmten auch die Entwicklungshilfe – eine den Bedürfnissen der armen Länder nicht immer gerecht werdende Ausrichtung.[52]

Amerikaner priesen gerne die Vorzüge, die der freie Wettbewerb ihrem Land beschert hatte, und fanden aufmerksame Zuhörer in den Entwicklungsländern; auch viele der auf der Suche nach dem amerikanischen Traum in die Vereinigten Staaten eingewanderten Menschen stammten aus den Ländern der Dritten Welt. Die USA genossen einen gewissen Nimbus, der das Lob der Marktwirtschaft umso heller erstrahlen ließ, und in der unmittelbaren Nachkriegszeit war der *american way* beinahe konkurrenzlos. Die sowjetische Erfahrung verkörperte andere Mittel und Wege der Entwicklung, im Mittelpunkt standen dort die staatliche Planung der Wirtschaft und unmittelbare Transferleistungen, doch vor Mitte der 1950er Jahre – genauer gesagt, vor Stalins Tod – schenkte Moskau der Dritten Welt praktisch keinerlei Aufmerksamkeit. Die europäischen Kolonialmächte hatten abgewirtschaftet und auch wenn es manchen gelang, ihre Macht wiederzuerlangen, waren, wie nicht zuletzt die Unabhängigkeitsbewegungen rund um den Globus verdeutlichten, die Tage des Imperialismus gezählt. Der so genannte Amerikanismus – die «Freiheit, die sich in Waschmaschinen und Geschirrspülern, Staubsaugern, Automobilen und Kühlschränken zeigt» – faszinierte die Entwicklungsländer, während die Vereinigten Staaten der Weltwirtschaft ein neues Gesicht gaben.[53]

Wenn offene Türen für den Wettbewerb auf viele Länder einen Reiz ausübten, ist damit freilich nicht gesagt, die Dritte Welt habe multilaterale Handelsbeziehungen und die freie Marktwirtschaft uneingeschränkt aufgegriffen. Ein Paradebeispiel war Indien. Die Regierung von Jawaharlal Nehru setzte auf ein gemischtes Wirtschaftssystem; es gab einen Fünfjahresplan, der vorsah, die landwirtschaftlichen Erträge zu steigern (um insbesondere den Hunger zu bekämpfen) und ländliche Gebiete gezielt zu entwickeln sowie die Elektrifizierung und Industrialisierung voranzutreiben. Zugleich waren alle Aktivitäten mehr oder weniger in kapitalistische Strukturen eingebettet: Die Eigentumsverhältnisse auf dem Land wurden nur in geringem Umfang reformiert, die Verstaatlichung der Industrie beschränkte sich auf die Kommandohöhen der Kommunikations-, Elektrizitäts-, Rüstungs- und Transportbranche, während ansonsten der freie Wettbewerb dominierte. Vertreter der US-Regierung allerdings favorisierten eine weitere Steigerung der Nahrungsmittelproduktion und vor allem eine stärkere Konzentration auf Konsumgüter wie Radios, Fahrräder und Textilien. So sprach sich beispielsweise Chester Bowles, der amerikanische Botschafter, 1952 dafür aus, die Entwicklung des ländlichen Raums marktwirtschaftlich in Angriff zu nehmen: «Wie würde ich es lieben, wenn Sears and Roebuck hierherkämen und endlich das Einzelhandelsproblem anpackten, um Konsumgüter preisgünstig und genau abgestimmt auf den indischen Markt anzubieten.»[54] Differenzen, was wirtschaftliche Perspektiven und Planungsziele, kapitalistisches Denken und kulturelle Dispositionen anbelangte, waren offenkundig. Im Großen und Ganzen hielten die Inder die Amerikaner für gierige Materialisten mit einem enormen Konsum, aber zugleich von gewaltiger wirtschaftlicher Macht, die Anerkennung verdiente; Amerikaner betrachteten den Nahrungs- und Geldmangel sowie überhaupt die ökonomische «Rückständigkeit» der Inder mit Schaudern. Doch die Vereinigten Staaten waren das Land, dem sich Indien nach der Unabhängigkeit und der Abtrennung Pakistans 1947 zuwandte; vom hochverschuldeten Großbritannien war keine Unterstützung zu erwarten.

Die Vereinigten Staaten stürzten nicht nach Südasien, um Großbritannien abzulösen; Washington war klar, dass die europäischen Länder, aber auch Japan, auf ihre ehemaligen und noch existierenden Kolonien angewiesen waren, um angestammte Märkte und Rohstoffquellen nicht zu verlieren. Zwischen 1948 und 1953 wies der amerikanische Handel mit Indien und Pakistan Überschüsse auf, doch die Wirtschaftsbeziehungen mit Südasien waren keineswegs gewaltig und für den Augenblick auch nur von einem untergeordneten ökonomischen Interesse für Washington. Indien verfügte indes über bestimmte strategische Rohstoffe wie

Mangan und Beryll, und die USA waren bemüht, sich solche Ressourcen zu sichern, stießen dabei jedoch auf Widerstände: zum einen war New Delhi geneigt, die Vorräte dem Markt zu entziehen, zum anderen lehnte die Regierung Nehru die Ausbeutung von Rohstoffen durch Ausländer ab. Die indischen Behörden schufen eine Unzahl von Einschränkungen, die Anleger verschreckten; die Ablehnung ausländischer Investitionen ließ auch amerikanisches Kapital nur zögerlich ins Land fließen. Derartige Probleme sowie die Vorstellung, Indien sei schlichtweg zu traditionell für eine Modernisierung, ließen die Amerikaner zu der Überzeugung gelangen, das Land in eine dynamische, marktorientierte Weltwirtschaft zu integrieren, sei ein Ding der Unmöglichkeit.

Nach dem Beginn des Koreakriegs schließlich strömte finanzielle Unterstützung in die Entwicklung der indischen Lebensmittelproduktion. Asien war stärker in den Blickpunkt der USA gerückt, und es folgten zwei Millionen Tonnen Weizen. Doch die Schrecken des Hungers vergrößerten sich erneut, als diese Hilfslieferungen ins Stocken gerieten. Schuld daran waren, zumindest teilweise, Zwistigkeiten um die zeitgenössischen amerikanischen Interessen in der Region. In jener Phase des Kalten Krieges – während des Koreakriegs – waren die USA bemüht, einen regionalen Militärpakt unter Einschluss von Indien und Pakistan zu schmieden und den Konflikt zwischen den beiden neu entstandenen Nationen um Kaschmir beizulegen; Indien sperrte sich und unternahm lediglich einen Versuch, bei überaus schwierigen Gesprächen mit Peking über einen Gefangenenaustausch zu vermitteln, was aber letztlich scheiterte. Das Hilfsprogramm für Indien wurde weiter eingeschränkt, als die USA sich in der Folgezeit stärker auf Militärhilfe konzentrierten und die Wirtschaftshilfe für die Region reduzierten, und die Spannungen verschärften sich. New Delhi war für das amerikanische Modell globaler wirtschaftlicher Ordnungspolitik ein eher schwieriger Partner, vor allem weil Washington weniger die regionale Entwicklung im Blick hatte als die Absicht, Indien in einem weltumspannenden Raster des Kalten Krieges zu positionieren.[55]

Der Nexus von Kaltem Krieg und Weltwirtschaft wurde darüber hinaus beim Thema Rohstoffe deutlich, insbesondere wo es um die Förderung von Bodenschätzen ging. Nutznießer der Politik der nationalen Sicherheit waren beispielsweise die großen multinationalen Ölkonzerne, die davon profitieren konnten, dass Großbritannien und die USA prowestliche Monarchien in Saudi-Arabien und im Iran stützten, allgemein den Persischen Golf absicherten und Lateinamerika als traditionelles Einflussgebiet der USA fest im Griff hielten. Die Erdölbranche verzeichnete in den 1950er Jahren einen steilen Anstieg privater und öffentlicher Investitionen und damit einen deutlichen Wandel gegenüber den Jahren 1945 bis 1950, als der Zuwachs nur rund zwanzig Prozent betragen hatte. In der Rohstoffbranche insgesamt waren indes amerikanische Investitionen bereits in der zweiten Hälfte der 1940er Jahre um mehr als einhundert Prozent auf 1,2 Milliarden US-Dollar angewachsen und verdoppelten sich bis 1960 ein weiteres Mal;

in Lateinamerika glichen die Neuinvestitionen allerdings nicht zuletzt den Rückgang des britischen Engagements aus. Billiges Öl und verschiedene andere, nur im Ausland vorhandene Rohstoffe galten in den USA als unverzichtbar für die nationale Sicherheit (wie Kautschuk) oder Versorgung (Kaffee); manches war auch während des Zweiten Weltkriegs knapp geworden und die Vorräte durch Importe aufzufüllen kam nicht selten günstiger als die einheimische Produktion. 1948 beispielsweise wurden die USA, als Land mit dem größten Ölverbrauch weltweit, zum ersten Mal in ihrer Geschichte bei Erdöl zum Nettoeinfuhrland. Die Machtblöcke des Kalten Krieges rivalisierten um Ölvorräte.[56]

Das Erdöl im Nahen und Mittleren Osten bietet ein Beispiel, bei dem die Vereinigten Staaten zu drastischen Maßnahmen griffen, um ihre Interessen zu behaupten. Angesichts kleiner werdender eigener Ölvorräte – etwa fünfzehn Prozent der globalen Ölreserven fanden sich in den USA – stieg die Abhängigkeit von ausländischen Quellen. Im Jahrzehnt nach 1946 schnellten die amerikanischen Auslandsinvestitionen in der Ölbranche um 550 Prozent in die Höhe, auf ein Gesamtvolumen von 9,05 Milliarden US-Dollar. Die öffentliche Hand arbeitete eng mit einer Gruppe großer Konzerne zusammen, federführend darin die Standard Oil Company of California (Socal) und die Texas Company (Texaco), und zwar unter dem Namen Arabian-American Oil Company (Aramco); beteiligt waren zudem Socony-Vacuum Oil (später Mobil) und Standard Oil of New Jersey (Esso). 1950 vereinbarte die Gesellschaft mit Saudi-Arabien eine Gewinnaufteilung, um weitere Ölfelder zu erschließen. Der Preis des geförderten Öls lag einschließlich der Transportkosten in die USA noch rund vierzig Cent pro Barrel unter dem Preis von Öl aus lateinamerikanischen oder US-Quellen. Bereits 1947 hatte Aramco Verträge über den Bau einer transarabischen Pipeline geschlossen, der so genannten Tapline, die Saudi-Arabien mit dem Libanon verbinden sollte. 300 000 Barrel Öl pro Tag würden durch die Tapline fließen können, um auf Tankschiffe verladen und gen Westen transportiert zu werden. Ein solches Projekt erforderte die Art «entschlossener Diplomatie», die mit politischer Unnachgiebigkeit und Härte wirtschaftliche Ziele durchsetzte und sich so unter den Eliten der Dritten Welt nicht gerade Freunde machte. Aramco jedenfalls brauchte für den Bau der Pipeline sichere Wegerechte. Der Libanon zeigte sich kompromissbereit, doch Shukri al-Quwatli, ein nationalistischer syrischer Politiker, widersprach dem Vorhaben. Die Truman-Administration unterstützte daraufhin insgeheim Husni az-Za'im, den Chef des syrischen Generalstabs, der im März 1949 putschte und Quwatli stürzte. Damit war der Weg für die Tapline frei. Die im Jahr darauf zwischen Aramco und den Saudis vereinbarte 50-prozentige Aufteilung der Ölgewinne verhalf dem Königreich zu sprunghaft ansteigenden Einnahmen. Das Gleiche geschah in Venezuela, wo Royal Dutch Shell und Standard Oil of New Jersey ebenfalls ein hälftiger Anteil am Gewinn abgerungen wurde. Die US-Regierung setzte daraufhin die Anti-Trust-Gesetzgebung teilweise außer

Mohammad Mossadegh, 10. November 1953. Nachdem seine Regierung von der CIA gestürzt worden war, wurde der ehemalige Premierminister Irans vor Gericht gestellt. Er habe, so der Vorwurf, einen Putsch gegen den iranischen Schah versucht, den langjährigen Verbündeten der USA. Mossadegh war gegen Ölgesellschaften in Iran vorgegangen, während der Schah ihnen freizügig gestattete, die wichtige Energiequelle auszubeuten.

Kraft und gewährte den amerikanischen Konzernen kräftige Steuernachlässe, um ihnen einen Ausgleich für den Verlust der Hälfte ihrer Erträge in Venezuela und Saudi-Arabien zu bieten. Doch umgekehrt sicherten sich die Vereinigten Staaten nicht nur dauerhaft die Versorgung mit billigem Öl durch neue Vorkommen und die Pipeline in Arabien – was zudem die Entwicklung in anderen prowestlichen Ländern des Nahen Ostens sowie den Wiederaufbau in Europa förderte –, sondern sie gewannen in Saudi-Arabien auch einen standhaften Verbündeten in der Region. Wirtschaftshilfe und Rüstungsexporte in befreundete Ölstaaten folgten, ebenso Steuererleichterungen für Ölkonzerne, weil sie US-Interessen dienten. Die Fördermenge in Saudi-Arabien stieg um sechzig Prozent, der Gewinnanteil des Königshauses um 135 Prozent; 1954 zahlte Aramco König Ibn Saud über 250 Milliarden US-Dollar, viermal so viel wie 1949.[57]

Angesichts der potentiellen sowjetischen Bedrohung des Iran waren die USA bereit, den Zugang zu den Ölressourcen im Nahen und Mittleren Osten noch umfassender zu sichern und zu festigen. Unmittelbar nach dem Krieg hatten die

USA die Briten im Iran gegen sowjetische Ansprüche unterstützt, später arbeiteten beide Länder zusammen, um die Verstaatlichung der iranischen Erdölindustrie zu stoppen, wie die Kräfte um Premierminister Mohammad Mossadegh sie vorantreiben wollten, der ein entschiedener Gegner des westlichen Imperialismus war. Als Mossadegh 1951 die britische Raffinerie in Abadan konfiszieren ließ, verhängte Großbritannien erfolgreich ein Embargo gegen Öl aus dem Iran. Ein Plan, Mittel der Weltbank zur Verfügung zu stellen, um den Betrieb wieder aufnehmen zu können, und gleichzeitig die Bank als Treuhänderin über die Ölfelder und die Raffinerie in Abadan einzusetzen, scheiterte an politischen Verwerfungen. Mossadegh verstieg sich in das Vorhaben, die Briten zu vertreiben; London hielt eisern an imperialen Ansprüchen fest und war entschlossen, einen in britischen Augen fanatischen Nationalisten zu stoppen, der dabei war, den Mittleren Osten zu destabilisieren. Angesichts einer drohenden Verstaatlichungswelle in der gesamten Dritten Welt verweigerte Washington die von Mossadegh während des Embargos erbetene Wirtschaftshilfe und fädelte stattdessen einen Staatsstreich ein, der die Macht des Schahs wiederherstellte. Die fünf großen amerikanischen Ölkonzerne erhielten daraufhin vierzig Prozent der Einnahmen aus der britischen Konzession, die ehedem die Anglo-Iranian Oil Company ausgehandelt hatte.[58] Der Iran und seine Erdölvorkommen fielen nicht in die Hände der Sowjets, sondern blieben für die nächsten beiden Jahrzehnte unter amerikanischer Kontrolle. Einstweilen sah es so aus, als seien Ölkonzerne das bevorzugte Instrument der US-Außenpolitik in der Region. Die Zusammenarbeit zwischen ihnen und der US-Regierung setzte, wie der Historiker Douglas Little anmerkte, den Iran auf «die länger werdende Liste der Länder im Nahen und Mittleren Osten, deren Ölfelder dem Reich der nationalen Sicherheit Amerikas zugeschlagen wurden».[59]

2. GESCHLOSSENE UND UNVERSCHLOSSENE TÜREN

Das bei beiden Supermächten erwachte Interesse an der Dritten Welt verdeutlicht, wie sehr im Kalten Krieg im Schatten der militärischen Pattsituation die Schlacht um Märkte und Ideologien tobte. Nach Stalins Tod 1953 verstärkte die Sowjetunion ihre Bemühungen, in der Dritten Welt Handelsbeziehungen zu knüpfen und Hilfsangebote zu lancieren; Washington zwang dieses Vorgehen Moskaus, das Konzept der offenen Türen zu überdenken. Mit wachsender Besorgnis stellten die Vereinigten Staaten fest, dass die kommunistische Bedrohung zunahm, antiwestliche Stimmungen sich ausbreiteten und viele Länder versuchten, im Kalten Krieg eine neutrale Haltung einzunehmen. Die Modernisierung brachte ebenso Probleme mit sich wie die Verbesserung des Lebensstandards oder die Entwicklung des Handels, und viele Menschen rund um die Welt, die damit zu kämpfen hatten, machten die amerikanische Politik für ihr Elend verantwortlich. Offenkundig war zudem, dass private Unternehmen und Investoren bestenfalls ein schwach ausgeprägtes Interesse besaßen, der Dritten Welt zu helfen. Die Vereinigten Staaten benötigten dringend eine Antwort auf die sowjetische Herausforderung. Das Vordringen des Kommunismus zu verhindern oder zu stoppen, lautete ein Jahrzehnt lang das oberste Ziel der amerikanischen Wiederaufbau- und Entwicklungspläne für die Weltwirtschaft nach dem Zweiten Weltkrieg. Nun veränderte sich die Aufgabe und es entbrannte ein Kampf um die Herzen und Köpfe – und den Leib – von drei Fünfteln der Weltbevölkerung.

Die Sowjetunion trieb den Wettlauf voran, indem sie das Volumen der Unterstützung für die Dritte Welt um siebzig Prozent erhöhte, von umgerechnet 850 Millionen US-Dollar im Jahr 1954 auf 1,44 Milliarden zwei Jahre später. Kredite, Kompensationsgeschäfte und technische Zusammenarbeit nahmen noch stärker zu, ohne mit Auflagen zur Austeritätspolitik verknüpft zu sein, wie die USA und die Weltbank sie forderten. Allerdings musste Moskau noch ein wenig Überzeugungsarbeit leisten, da vielen, vor allem asiatischen Ländern Stalins

Grundsatz noch präsent war, der die Loyalität zum so genannten sozialistischen Lager zur Vorbedingung einer Zusammenarbeit mit der Sowjetunion erklärt hatte.[60] Der neue starke Mann im Kreml hingegen, Nikita Chruschtschow, billigte Beziehungen zu nichtsozialistischen Ländern in der Dritten Welt, schließlich ging es der sowjetischen Seite darum, der imperialistischen Welt unter Führung der USA gemeinsam entgegenzutreten – und dazu waren multilaterale Partnerschaften, ganz im amerikanischen Sinn, der Schlüssel.

Ein solches Bemühen war keineswegs rundum erfolgreich und brachte eigene Widersprüche hervor. Doch zunächst wurden wirtschaftliche Beziehungen gefestigt; namentlich die Hilfen für China versiebenfachten sich zwischen 1953 und 1960 auf sieben Prozent des sowjetischen Nationaleinkommens. Mit dieser Unterstützung war es der gestärkten Volksrepublik möglich, mit Kommunisten in Asien und Osteuropa sowie linken Aktivisten weltweit Verbindungen zu knüpfen; regelmäßige internationale Kongresse sollten Fertigungsprozesse, Verkehrssysteme, Forschung, Ausbildung und technologische Innovationen «von Berlin bis Shanghai» koordinieren. Vorbild dazu war das Modell wirtschaftlicher Integration im kapitalistischen Westen. Peking gab sich allerdings recht eigenwillig und wenig zurückhaltend, bemühte sich zum einen um rasche Entwicklungserfolge und verbat sich zum anderen Empfehlungen Moskaus, wenn es um den zukünftigen Kurs ging. 1959 wurde das chinesisch-sowjetische Zerwürfnis offenkundig, nachdem Mao das russische Eintreten für einen friedlichen Wettstreit mit dem Westen und die Möglichkeit partnerschaftlicher Beziehungen mit nichtsozialistischen neutralen Ländern wie Ägypten und Indien wütend zurückgewiesen hatte. Die sowjetische Seite war anderer Meinung und machte geltend, dass die Unterstützung neutraler Länder, sowohl der genannten als auch anderer, diese davon abgehalten habe, sich wirtschaftlich mit dem Westen zu verbünden. Anfang der 1960er Jahre dann zogen die Sowjets ihre technischen Berater aus China zurück; die Beziehungen waren am Ende.

Das Zerwürfnis zwischen China und der Sowjetunion war für den sozialistischen Multilateralismus Moskaus ein schwerer Schlag, doch die UdSSR war noch an zahlreichen anderen Orten der Dritten Welt dabei, ihre Modernisierungsoffensive voranzutreiben. Wie die Vereinigten Staaten, die ihre Verbündeten ermunterten, dem amerikanischen Weg zu folgen, und Entwicklung als Ergebnis des freien Wettbewerbs versprachen, riet in den 1950er Jahren auch die Sowjetunion, sich an den großen Erfolgen der wirtschaftlichen Entwicklung Russlands zu orientieren. Länder der Dritten Welt und nationale Befreiungsbewegungen sollten, um das Joch des Kolonialismus abzuwerfen, dem Leitbild der stetig wachsenden sozialistischen Produktion folgen, um sich aus der Armut zu erheben und ihre Unabhängigkeit sicherzustellen. Die UdSSR bot eine Alternative, so Chruschtschow, zum westlichen Muster der Unterwerfung unter die Interessen ausländischen Monopolkapitals und industrieller Unterentwicklung. Für die Kapitalisten seien die Länder der Dritten Welt lediglich Holzlieferanten, keine modernen, dynamischen Nationen; das sowjetische Modell hingegen mache sie unabhängig und versetze sie in die Lage, mit Hilfe ihrer Rohstoffe die Industrialisierung voranzutreiben. Für die Bevölkerungen der Dritten Welt beginne «ein besseres Lebens», gleichzeitig werde die sozialistische Welt insgesamt gestärkt und dazu beigetragen, den Kolonialismus endgültig zu begraben. Die Unausweichlichkeit des Sozialismus, der binnen einer Generation weltweit siegen werde, wurde für die Sowjets zum Mantra; solange der Westen nicht versuchte, die Revolution in der Dritten Welt aufzuhalten, werde die Weltwirtschaft in den Händen der Kommunisten zu einem Instrument des Fortschritts der Massen.[61] Die Globalisierung folgte entsprechend sozialistischen statt kapitalistischen Vorgaben.

Der fundamentale Kurswechsel der Sowjetunion im Hinblick auf die Weltwirtschaft sollte sich auszahlen. Waren nur wenige Jahre zuvor die kommunistischen Parteien überall in Südasien und im Mittleren Osten isoliert, umwarb die UdSSR ab 1954 führende Politiker in Indien, Burma und anderen Ländern mit der Aussicht auf massive und mannigfaltige Unterstützung. Beispielsweise vereinbarte Indien im Februar 1955 mit der Sowjetunion den Bau eines gigantischen Stahlwerks in Bhilai im Bundesstaat Chhattisgarh. Ein Staatskredit mit niedrigen Zinsen und langer Laufzeit über umgerechnet 112 Millionen US-Dollar finanzierte das Geschäft, das auch das Angebot einschloss, die Handelsbeziehungen in Landeswährung auszuweiten, Indien mit Industriegütern zu beliefern und im Gegenzug Rohstoffe abzunehmen. Eine hochrangig besetzte russische Staatsdelegation besiegelte im Jahr darauf den Erfolg der neuen zwischenstaatlichen Wirtschaftskooperation. Es war ein Beispiel gezielter Wirtschaftsplanung, wie es die Amerikaner in Rage versetzte, die der industriellen Entwicklung Indiens bislang wenig Aufmerksamkeit hatten zuteilwerden lassen. Washington beeilte sich, noch etwas von der indischen Stahlproduktion abzubekommen, und bot dem größten privatwirtschaftlichen Stahlkonzern des Landes, der Tata Iron and Steel Company (TISCO), Unterstützung beim Unternehmensausbau an. Das US-Finanzministerium sperrte sich allerdings gegen die Sonderkonditionen, die dem Konzern von der amerikanischen Außenhandelsbank, der Export-Import Bank, angeboten wurden, weil der niedrige Zinssatz einen einzelnen Kreditnehmer unzulässig bevorzugt hätte, sodass TISCO wegen der Finanzierung letztlich zur Weltbank ging. Die sowjetische ökonomische Offensive war zu jener Zeit in vollem Gang, nicht nur in Indien. Mitte 1956 gab es mit vierzehn Entwicklungsländern Kreditvereinbarungen in Höhe von umgerechnet 820 Millionen US-Dollar, Vereinbarungen über weitere 180 Millionen US-Dollar standen kurz vor ihrem Abschluss. Wie Washington unglücklicherweise feststellen musste, betrafen die neuen Kredite vor allem Länder wie Jugoslawien, Ägypten, Indien und Afghanistan, blockfreie Staaten also, die durch das geschickte Vorgehen Moskaus bei repräsentativen Bauvorhaben der öffentlichen Hand für die sowjetische Seite eingenommen

werden konnten. Der grimmige Blick russischer Militärs sei einem Lächeln und
wirtschaftlicher Großzügigkeit gewichen, befand US-Außenminister John Foster
Dulles; die Attraktivität Amerikas und die Zugkraft der Marktwirtschaft in der
Dritten Welt waren verschwunden.[62]

Moskau hatte keine Scheu, auch im vermeintlich vom wirtschaftlichen Einfluss der Vereinigten Staaten dominierten Lateinamerika zu agieren. Während
US-Präsident Dwight D. Eisenhower noch warnte, sollten die Sowjets sich
den Entwicklungsländern zuwenden, würde das die Spannungen zwischen den
Supermächten verschärfen, bot die russische Führung Lateinamerika erweiterte
Handelsbeziehungen und technische Unterstützung «zu beiderseitigem Vorteil»
an – es war Teil der Offensive um die Herzen und Köpfe in der Region.[63] Der
sowjetische Lateinamerikahandel hatte im Jahr zuvor um ein Drittel zugenommen; zu den wichtigsten Partnern gehörte Kuba, das über eine halbe Million
Tonnen Zucker in die UdSSR exportierte. Tatsächlich verzeichnete der Handel
zwischen der Sowjetunion und den Ländern Lateinamerikas in der Folgezeit
einen Rückgang, doch das bekundete Interesse reichte aus, in den USA Befürchtungen zu wecken.

Für beide Supermächte, aber auch für internationale Hilfswerke steckte die
Region voller Herausforderungen. Der Kalte Krieg vergrößerte die Probleme
Lateinamerikas. Die USA konzentrierten sich in erster Linie auf die Bedrohung
durch den sowjetischen Kommunismus; viele Länder belasteten indes historische Rivalitäten (wie die Spannungen zwischen Ecuador und Peru) und vor
allem die enorme Armut. Doch zunehmend wurde deutlich, dass in erster Linie
die USA, aber auch die UdSSR, durchaus bereit waren, der politischen Stabilität
und wirtschaftlichen Entwicklung in der Region mehr Aufmerksamkeit zu
schenken. Natürlich beinhaltete dies auch die Möglichkeit, dass der Riese aus
dem Norden sich verstärkt in innere Angelegenheiten auf dem gesamten Kontinent einmischen würde. In Guatemala beispielsweise arbeitete 1954 die noch
junge Central Intelligence Agency (CIA) mit einheimischen konservativen Kräften und dem multinationalen Konzern United Fruit Company zusammen, um
die von der gemäßigt liberalen Regierung verfolgten Pläne für eine Landreform
zu durchkreuzen. Zunächst lehnte United Fruit die von Seiten der guatemalte-
kischen Behörden angebotene Entschädigung ab. Washington sah in den Ver-
staatlichungsplänen eine gefährliche Tendenz in Richtung Sozialismus und eine
Bedrohung der Politik der offenen Türen. Ein durch die CIA unterstützter
Staatsstreich zwang den gewählten Präsidenten Jacobo Árbenz Guzmán, aus
Guatemala zu fliehen. Eine Militärjunta trat an die Stelle der Regierung und
unterdrückte während der darauffolgenden drei Jahrzehnte die Bevölkerung
(mit stillschweigender Unterstützung der USA). CIA-Direktor Allen Welsh
Dulles überließ das Land sich selbst, ohne Wirtschaftshilfen in Erwägung zu
ziehen, die ähnliche Ereignisse in Zukunft möglicherweise hätten abwenden

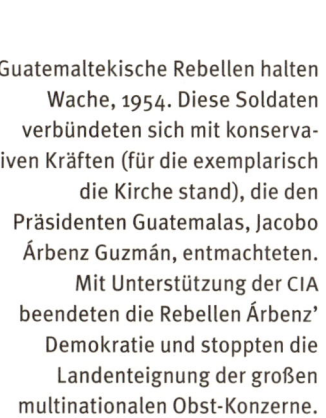

Guatemaltekische Rebellen halten Wache, 1954. Diese Soldaten verbündeten sich mit konservativen Kräften (für die exemplarisch die Kirche stand), die den Präsidenten Guatemalas, Jacobo Árbenz Guzmán, entmachteten. Mit Unterstützung der CIA beendeten die Rebellen Árbenz' Demokratie und stoppten die Landenteignung der großen multinationalen Obst-Konzerne.

können – es war das Zusammenspiel von Kaltem Krieg und Marktdoktrin, das die Ereignisse bestimmte.[64]

Unter Historikern herrscht Uneinigkeit darüber, ob die sowjetische Wirtschaftsoffensive die Politik der USA in Lateinamerika tatsächlich veränderte. Gewiss schrillten in Washington die Alarmglocken und es gab mehr Staatsbesuche. (Markante Beispiele waren die Rundreise von Vizepräsident Richard Nixon 1958 und die überhitzten Reaktionen auf die Revolution in Kuba.) Doch die Geheimdienste und Sicherheitsbehörden hatten Länder wie Guatemala bereits im Visier, bevor die Russen irgendetwas ankündigten. Den Amerikanern wurde zunehmend klar, dass die Annahme, wirtschaftliche Modernisierung und Entwicklung führten im Selbstlauf zu Demokratie und Loyalität dem Westen gegenüber, nur galt, wenn sie nicht von außen in Frage gestellt wurde. Das sowjetische Interesse an Lateinamerika aber tat genau das und nötigte die Vereinigten Staaten, über energischere wirtschaftliche Maßnahmen nachzudenken, die den Lebensstandard in der Region verbessern konnten, was allein durch Bekenntnisse zur freien Marktwirtschaft nicht zu erreichen war. Die Staaten Lateinamerikas reagierten positiv auf Initiativen wie beispielsweise die Etablierung eines interamerikanischen Komitees, um Fragen der wirtschaftlichen Entwicklung zu diskutieren. Die Regierung

Eisenhower beriet darüber, die Ausgaben für Wirtschaftshilfe aufzustocken, um den freien Wettbewerb zu unterstützen. Letzten Endes setzte sich allerdings der Primat des Marktes gegen staatliche Reformen nennenswerten Umfangs durch; an Washingtons traditioneller Haltung, Wachstum und Entwicklung den Kräften des Marktes zu überlassen und auf staatliche Einmischung zu verzichten, hielten auch nachfolgende Regierungen fest. Lateinamerikas Probleme aber bestanden weiter.[65] Auch wenn die sowjetische Initiative verpuffte, hatte sie deutlich gemacht, was von den Entwicklungsversprechen der Vereinigten Staaten Lateinamerika gegenüber zu halten war.

Die Aufnahme ihrer wirtschaftlichen Offensive in der Dritten Welt bestärkte die Sowjetunion; Handelsbeziehungen sollten in der Folge zunehmend politischen Zwecken dienen. Moskau gewährte günstige Kreditrahmen, gewöhnlich mit Zinssätzen zwischen zwei und zweieinhalb Prozent und sehr langen Laufzeiten von durchschnittlich vierzig Jahren, und somit deutlich bessere Bedingungen, als die westlichen Mächte sie offerierten. Auch Kompensations- und Tauschgeschäfte, bei denen beispielsweise ägyptische Baumwolle oder burmesischer Reis gegen Industriewaren gehandelt wurden, begünstigten die Konjunktur. Eine Vielzahl von Entwicklungsprogrammen – mit deren Hilfe etwa Anlagen zur Zuckerverarbeitung oder Textilfabriken errichtet wurden – trugen zur schnellen und effektiven Modernisierung wirtschaftlich entscheidender Branchen bei, sehr zur Freude politisch Verantwortlicher und einheimischer Geschäftsleute. Darüber hinaus stärkten politische Motive die Verhandlungsposition von Ländern der Dritten Welt den Sowjets wie den Amerikanern gegenüber. Indonesien etwa gewährten die Vereinigten Staaten aus strategischen Gründen mehr Landwirtschaftshilfe, und Afghanistan nutzte die geopolitischen Interessen der Sowjets, um mehr Militärhilfe zu erhalten, die wiederum das Land in der Region stärkte. An Wirtschaftshilfe geknüpfte Bedingungen konnten sich für die Amerikaner auch außenpolitisch nachteilig auswirken. So verwies Burma die US-Hilfsmission nach Abschluss einer Vereinbarung mit der UdSSR außer Landes; später allerdings wurden die Amerikaner zur Rückkehr aufgefordert. Durch Wirtschaftshilfe an Ägypten konnte Moskau im Nahen Osten Fuß fassen und bekam Zugang zum Suezkanal. Chruschtschow lieferte Kairo und Damaskus Waffen im Tausch gegen ägyptische Baumwolle und vergrößerte so die Spannungen in der Region. Im arabisch-israelischen Konflikt bezogen die Sowjets Stellung auf der Seite der Rohstofferzeugerländer. Die Empfänger der Wirtschaftshilfe aus Moskau waren «im Allgemeinen beeindruckt durch die sowjetischen Anstrengungen», wie der Historiker Burton Kaufman es formulierte; mit den Hilfsmaßnahmen stieg der sozialistische Einfluss in der Weltwirtschaft.[66]

Entwicklungshilfe

Der Präsident der Vereinigten Staaten sah es genauso. Für Eisenhower war der Kalte Krieg eine Entscheidungsschlacht um Freiheit und Würde der Menschheit, doch nun, da «die Sowjets in der Rolle des Weihnachtsmannes mitmischen», wie ein Berater des Präsidenten warnte, schadete das den US-Interessen. Eisenhower war überzeugt, die UdSSR verfolge die Absicht, die Dritte Welt ökonomisch zu infiltrieren, um sich durch derartige «finstre Machenschaften» ein politisches Übergewicht zu sichern. In dieser Situation bat der Präsident den Kongress um die Bewilligung höherer Mittel im Rahmen des Mutual Security Act, der die Auslandshilfe regelte; für das Haushaltsjahr 1957 sah sein Entwurf ein gegenüber dem Vorjahr um zwei Milliarden US-Dollar aufgestocktes Hilfsbudget vor. Von diesen Mitteln sollten jeweils 100 Millionen US-Dollar für den Nahen und Mittleren Osten sowie für Afrika bestimmt sein, eine Milliarde für Asien. Durch die Wirtschaftsoffensive der Sowjets aufgeschreckt, bewegten sich die USA endlich und sehr langsam in Richtung einer Art Marshall-Plan für die Entwicklungsländer. Der Kongress indes zögerte, solch enorme Summen bereitzustellen und blieb darüber hinaus skeptisch, ob die Mittel in den Händen solch unsicherer Kantonisten wie Indien, Jugoslawien und Spanien die Erwartungen erfüllen würden. Konservative Abgeordnete betrachteten die Wirtschaftshilfe als eine Art Bestechungsgeld, bei dem man nicht sicher sein konnte, ob es die erhoffte Wirkung zeigte, während Liberale fürchteten, die Mittel würden Diktaturen stützen und für Waffenkäufe ausgegeben, statt die Industrialisierung zu fördern und die Armut zu bekämpfen. Andere wiederum waren überzeugt, die Vereinigten Staaten könnten die gebündelten Bemühungen der Sowjets in der Dritten Welt nicht ausmanövrieren, da die UdSSR «ein Wirtschaftsprogramm anbiete, das den Menschen in Asien das Blaue vom Himmel und noch viel mehr verspricht», wie es ein Abgeordneter formulierte.[67] Der Kongress gab schließlich grünes Licht für einen Sonderfonds, in dem die Entwicklungshilfe gebündelt wurde; statt der von Eisenhower geforderten Summe wurde eine Milliarde US-Dollar weniger bewilligt, allerdings betraf der größere Teil der Kürzungen den Bereich der Militärhilfe. Wie eine Regierungsstudie ergeben hatte, waren viele Länder nicht nur an wirtschaftlicher Entwicklung interessiert, sondern wollten zugleich ihre Neutralität im Kalten Krieg wahren. Für die Vereinigten Staaten bestand daher die Notwendigkeit, die Doktrin der nationalen Sicherheit zu überdenken und zu zeigen, dass sie in der Lage waren, den Ländern der Dritten Welt bessere Produkte und bessere Bedingungen zu bieten als die Sowjets. Als der indische Premierminister Nehru 1956 die USA besuchte, traf er eine im Vergleich zu früher wesentlich entgegenkommendere amerikanische Führung an; Wirtschaftshilfe stand schon bereit.

Die Entwicklungshilfeprogramme für die Dritte Welt begünstigten – wie die Handelsbeziehungen mit dem Westen auch – in der Regel etablierte Eliten, insbesondere wo diese Rohstoffe kontrollierten, und linderten bestehende Probleme bestenfalls auf kurze Sicht. Der Grund dafür war, dass die vornehmlich strategisch (statt ökonomisch) motivierte Unterstützung in den meisten Fällen nicht zur Modernisierung beitrug – zu den bemerkenswertesten Ausnahmen gehörten Ägypten und Israel, die beiden wichtigsten Empfängerländer amerikanischer Direkthilfe. Dem Kalten Krieg geschuldete Hilfsmittel verfehlten die – mitunter explizit formulierten – Erwartungen der Dritten Welt, die eine Unterstützung ihrer eigenen wirtschaftlichen Entwicklung erwartete. Zweifellos begriffen amerikanische Regierungsstellen die Bedeutung der Ökonomie, doch zahlreiche offizielle Studien in den 1950er Jahren und später untersuchten Auslandshilfe immer im Kontext der Frage, inwiefern Wirtschaftswachstum zur Stabilität der Weltordnung und zum Sieg der Demokratie über den Kommunismus beitrug. Washington entfernte sich bei der Gewährung von Hilfen zusehends von rein marktwirtschaftlichen Überlegungen. Bei der Finanzierung industrieller Entwicklungsprojekte setzten die Vereinigten Staaten auf die amerikanische Export-Import Bank sowie auf die Weltbank (1958 finanzierte die IBRD Investitionen in Höhe von insgesamt 3,8 Milliarden US-Dollar in 47 Ländern, meist in der Dritten Welt), doch die Eisenhower-Administration vergab zusätzlich günstige Darlehen zu gelockerten Bedingungen wie langen Laufzeiten und niedrigen Zinssätzen. Mitte der 1950er Jahre wurde es – geregelt durch den Mutual Security Act – zur gängigen Praxis, dass Kreditnehmerländer ihre Schulden den USA gegenüber durch die Lieferung strategischer Rohstoffe beglichen. Länder wie Bolivien, Indien und zahlreiche andere im Nahen und Mittleren Osten sowie in Afrika machten davon bei der Tilgung ihrer zinsgünstigen US-Darlehen Gebrauch.[68]

Auf Drängen von Entwicklungsländern wurde 1956 der Sonderfonds der Vereinten Nationen für wirtschaftliche Entwicklung (Special United Nations Fund for Economic Development, SUNFED) als ein multilaterales Instrument geschaffen, doch die Vereinigten Staaten setzten weiterhin lieber auf bilaterale Entwicklungsprogramme und riefen einen nationalen Fonds für Entwicklungskredite ins Leben, der mit zwei Milliarden US-Dollar ausgestattet der Förderung des Wirtschaftswachstums in Ländern der Dritten Welt dienen sollte. Der Fonds entstand als eine unmittelbare Antwort auf die sowjetische Wirtschaftsoffensive und in zeitlicher Nähe zur Ungarn- und Suezkrise, aber auch in diesem Fall musste Eisenhower innerhalb und außerhalb seiner Regierung allerlei Widerstände gegen eine Verwendung öffentlicher Mittel in der Entwicklungshilfe überwinden. Im Kongress hatte der Präsident 1957 eine Kürzung seines Etatentwurfs um ein Drittel und darüber hinaus die Weigerung hinzunehmen, Militär- und Wirtschaftshilfe voneinander zu trennen. Letztendlich verknüpfte Eisenhower einmal mehr das langfristige Engagement für wirtschaftliches Wachstum mit der Frage der nationalen Sicherheit Amerikas, allerdings mit einem Programm, das auf Kredite der öffentlichen Hand setzte, statt einzig auf private

Investitionen zu bauen oder die notwendigen Mittel aus amerikanischen Handelsüberschüssen aufzubringen.[69]

Ein Sinneswandel kündigte sich in Lateinamerika an. Nach Unruhen beim Staatsbesuch von US-Vizepräsident Nixon in Venezuela im Jahr 1958 führte unter anderem die politische Initiative liberaler Abgeordneter im Kongress, die auf mehr Wirtschaftshilfe für die Nachbarn im Süden drängten, zur Gründung der Interamerikanischen Entwicklungsbank (Inter-American Development Bank, IADB). Das Institut sollte nicht nur Darlehen und Kredite für technische Aufbauprojekte zur Verfügung stellen, sondern darüber hinaus um das Vertrauen von Investoren werben, Geld in Entwicklungsländern anzulegen. Brasilien und andere lateinamerikanische Länder forderten den US-Kongress auf, fünf Milliarden US-Dollar zum Kapitalstock der Bank beizutragen, doch lehnten die Abgeordneten das ab. Mit einer Einlage von gerade einmal 450 Millionen US-Dollar durch die USA ausgestattet, blieben die Handlungsspielräume der IADB relativ beschränkt. Letztlich erhielt Lateinamerika nur einen verschwindend geringen Bruchteil der US-amerikanischen Wirtschaftshilfe; betrug das Gesamtvolumen weltweit 1958 rund 2,1 Milliarden US-Dollar, so gingen davon nur ungefähr 60 Millionen in die Region – und damit nur geringfügig mehr als die für Militärhilfe ausgegebenen 54 Millionen US-Dollar. Die konservative Eisenhower-Administration bemühte sich, den neuen Realitäten des Kalten Krieges ins Auge zu sehen und sie mit der marktwirtschaftlichen Ideologie zu vereinbaren, die den freien Wettbewerb privater Unternehmen als ausschließliches Fundament der Weltwirtschaft betrachtete. Grundlegende Einstellungen hatten sich zu wandeln begonnen, und amerikanische Regierungen hatten angefangen, private und öffentliche Institutionen nachdrücklicher zu gemeinsamen Anstrengungen zu bewegen; doch letztlich behinderten die staatlichen Interventionen die Entwicklung der Globalisierung.

Die kubanische Revolution brachte den Sozialismus in die Region, und Präsident John F. Kennedy weitete die Hilfsprogramme der Eisenhower-Jahre erheblich aus. Nur ein paar Wochen nach seinem Amtsantritt und ein paar Tage vor dem fehlgeschlagenen Versuch, Fidel Castro zu stürzen, erklärte Kennedy seine Absicht, die 1960er Jahre zu einem «Jahrzehnt der Entwicklung» zu machen, und bat alle Länder der Hemisphäre um «eine breit angelegte gemeinsame Anstrengung, in ihrem Umfang und in der Größe ihrer Ziele beispiellos, um die Grundbedürfnisse der Menschen Amerikas zu befriedigen und ihnen ein Zuhause, Arbeit und Land, Gesundheit und Bildung zu geben».[70] Der Ökonom und Wachstumstheoretiker Walt W. Rostow überzeugte Kennedy, dass zumindest vier lateinamerikanische Länder, nämlich Venezuela, Brasilien, Kolumbien und Argentinien auf dem besten Weg waren, wirtschaftlich durchzustarten, und spätestens in den 1970er Jahren ein selbstständiges Wachstum erwarten ließen. Ein neuerlicher sowjetischer Vorstoß, bei dem Chruschtschow antikapitalistische nationale Revolutionen ausdrücklich begrüßte, bewog Kennedy, ein 500 Millionen US-Dollar

schweres Sonderpaket auf den Weg zu bringen, das für Lateinamerika Lebens-
mittelhilfe sowie Darlehen und Maßnahmen zur Stützung der Verbraucherpreise
vorsah. Gleichzeitig kündigte er die so genannte Allianz für den Fortschritt an,
ein Abkommen, das Lateinamerika für das Jahr 1962 Unterstützung in Höhe von
einer Milliarde US-Dollar in Aussicht stellte, der im Verlauf des Jahrzehnts weitere 20 Milliarden folgen sollten, um den Lebensstandard bei einer jährlichen
Wachstumsrate von 2,5 Prozent bis 1970 zu verdoppeln. Darüber hinaus rechnete
der amerikanische Präsident mit Inlandsinvestitionen von rund 80 Milliarden
US-Dollar in den Ländern selbst, um diese ehrgeizigen Ziele zu erreichen, Landreformen einzuleiten, den Analphabetismus zu bekämpfen, die Rohstoffpreise zu
stabilisieren und die Demokratie zu fördern.[71]

Der kurzfristige Erfolg des mutigen und populären Programms täuschte über
die Tatsache hinweg, dass die Allianz für den Fortschritt zwischen Kaltem Krieg
und amerikanischem Marktwirtschaftsdogma zerrieben wurde. Die tatsächlichen Ergebnisse wurden von Rhetorik überlagert, die herrschenden Eliten Lateinamerikas hatten wenig Interesse an Reformen und strukturelle Probleme wie
etwa das Bevölkerungswachstum standen wirkungsvollen Bildungs-, Gesundheits-
oder Wohnungsbaumaßnahmen entgegen. Auch die Demokratie erlebte keine
Blütezeit, da die US-Regierung lieber auf antikommunistische Hardliner setzte
als auf eine Steigerung des Wohlstands.[72] Die Volkswirtschaften Lateinamerikas
wuchsen nur zögerlich, mit jährlichen Wachstumsraten um die 1,5 Prozent –
lediglich sieben erreichten die anvisierten 2,5 Prozent. Erst zwischen 1970 und
1974 stieg das Bruttoinlandsprodukt in der Region um durchschnittlich 3,8 Prozent. Gleichzeitig wuchs die Arbeitslosigkeit, und die Macht der Grundbesitzer-
oligarchien blieb unangetastet. Die Unterstützung durch die USA erreichte bis
1968 eine Höhe von 1,4 Milliarden US-Dollar jährlich, danach strich die Regierung Nixons die Fördermittel; private Investitionen eingerechnet, belief sich die
jährliche Summe sogar auf durchschnittlich 3,3 Milliarden US-Dollar. Die Fort-
schrittsallianz sorgte dafür, dass während der Laufzeit des Programms insgesamt
22,3 Milliarden US-Dollar Unterstützung nach Lateinamerika flossen, doch erreichten sinnvoll eingesetzte Mittel letztlich nur sehr wenige Menschen. Für die
ärmsten Teile der Bevölkerungen gab es kaum Hilfen; durchschnittlich erhielt
jeder Lateinamerikaner nicht mehr als zehn Dollar aus dem Programm. Das
Volumen der Exporte aus Lateinamerika stieg zwischen 1960 und 1968 von acht
auf zwölf Milliarden US-Dollar, der Zuwachs konnte aber mit der Expansion des
Welthandels insgesamt nicht mithalten; der Marktanteil am lukrativen US-Markt
halbierte sich sogar bis in die frühen 1970er Jahre.[73]

Alles in allem bestimmte das Ethos des freien Wettbewerbs weiterhin den Kurs,
zumal es darum ging, die Ausbreitung des Kommunismus einzudämmen. US-
Konzerne machten in Washington ihren Einfluss geltend, damit lateinamerikanische Regierungen das Investitionsklima in ihren Ländern verbesserten. Gleichzei-

tig wurden der Konkurrenz durch lateinamerikanische Exporte Hindernisse in den Weg gelegt, und die Empfänger von Auslandshilfe brachte man dazu, Produkte von US-Unternehmen zu kaufen. Deutlich zutage trat die Macht von US-Konzernen beim Sturz der sozialistischen Regierung von Salvador Allende 1973 in Chile, ein Staatsstreich, in den International Telephone and Telegraph involviert war. Im gleichen Jahr löste die Organisation Amerikanischer Staaten (OAS) das ständige Komitee der Allianz für den Fortschritt auf, das als Verwalter des Programms fungiert hatte, und die Allianz verschwand von der Bildfläche. Das Volumen der US-amerikanischen Direktinvestitionen in Lateinamerika nahm zu, während sich der Schwerpunkt von der Rohstoff- auf die verarbeitende Industrie verlagerte, was zur Diversifizierung der Ökonomien beitrug. Doch letztendlich begannen US-Investoren, anderswo nach offenen Türen zu suchen. Viele Länder Lateinamerikas blieben von Washington abhängig oder versanken in Armut.

Das Zeitalter der Dekolonisation

Entwicklungsländer, die ihr Schicksal mit keiner der Supermächte verknüpfen mochten, begannen sich am Vorschlag der Zusammenarbeit und des gegenseitigen Respekts zu orientieren, den Jawaharlal Nehru 1954 angesichts der Spannungen zwischen Indien und China formuliert hatte. Im April 1955 trafen sich Vertreter aus 29 Ländern Asiens und Afrikas, in ihrer Mehrzahl gerade unabhängig geworden, die zusammen mehr als die Hälfte der Weltbevölkerung repräsentierten, im indonesischen Bandung, um eine Ende des westlichen Imperialismus und ebenso des von vielen als neokolonial empfundenen sowjetischen Vordringens zu fordern. Bei diesem Treffen akzentuierten die dekolonisierten Länder der Dritten Welt zum ersten Mal ihre Position als blockfreie neutrale Staaten im Kalten Krieg. Die Teilnehmer der Konferenz widmeten sich einer ganzen Reihe von regionalen Disputen, protestierten gegen den so genannten *colour curtain*, die rassistischen Strukturen in den internationalen Beziehungen, und diskutierten über Mittel und Wege zu einer weltweiten Friedensordnung. Um die wirtschaftliche Entwicklung voranzutreiben, bemühte sich die Asien-Afrika-Konferenz darum, Kooperationen zwischen den teilnehmenden Nationen zu stiften, schloss dabei allerdings keineswegs Beziehungen zu anderen Ländern oder zu ausländischem Kapital aus. Die Konferenz zielte nicht auf einen eigenen regionalen Wirtschaftsblock mit einem ständigen Beratungsmechanismus, um durch Handelsmessen, Finanzinstitute und Informationsaustausch die regionalen Wirtschaftskräfte zu stärken und um Unterstützung von außen zu werben. Die in Bandung Versammelten unterstrichen hingegen die Notwendigkeit des verstärkten Engagements von Vereinten Nationen und Weltbank, um Erzeugerpreise zu stabilisieren und die Diversifizierung des

Handels zu fördern. Alles in allem würde die wirtschaftliche Zusammenarbeit, so die Überzeugung, die Ungleichheiten in den Handelsbeziehungen ebenso abbauen wie ausbeuterischen Bedingungen für Darlehen, technische Unterstützung und Entwicklungshilfe die Grundlage entziehen. Indem sie sich verpflichteten, wirtschaftliche Angelegenheiten in die eigenen Hände zu nehmen, den Handel zu fördern und verstärkt technologisches Know-how auszutauschen, zeigten die Konferenzteilnehmer aus der Dritten Welt in Bandung ihre Bereitschaft, zu Vorreitern multilateraler Wirtschaftsbeziehungen zu werden.[74]

Die Bemühungen führten 1961 in Belgrad zur Gipfelkonferenz der Bewegung der blockfreien Staaten, einer Organisation von (im Jahr 2007) insgesamt 118 Nationen, die weder NATO noch Warschauer Pakt angehörten. Unter den Mitgliedsländern kam es ebenso häufig zu Konflikten wie zur Zusammenarbeit, etliche schlugen sich, statt tatsächlich Neutralität zu wahren, auf die Seite der einen wie der anderen Supermacht oder verließen die Blockfreien-Bewegung ganz. Doch was die Weltwirtschaft anbelangte, war eine durchgängige Tendenz wahrzunehmen, die zum Erbe der Kolonialzeit gehörenden asymmetrischen Handelsbeziehungen und die Ausbeutung der armen Länder zurückzudrängen, an denen die Supermächte im Prinzip festhielten. Die Bemühungen zeitigten unterschiedliche Erfolge, was Wirtschaftswachstum und Entwicklung anbelangte, und letztlich ziehen sich die Auseinandersetzungen bis in die Globalisierung der Gegenwart; doch gelang es den blockfreien Ländern, den Diskurs – und vielleicht sogar die Struktur – der kapitalistischen wie der sozialistischen Wirtschaftsordnung zu verändern.

Die Sowjetunion war bestrebt, die Teilnehmer der Bandung-Konferenz durch ihre Wirtschaftsoffensive für sich einzunehmen; die Reaktion der USA schwankte zwischen Zynismus und Sorge. Einige in Washington sahen in Bandung eine kommunistische Verschwörung am Werk, andere, darunter auch Eisenhower, waren enttäuscht darüber, dass die Neutralisten wie die Sozialisten in der öffentlichen Meinung punkten konnten, indem sie Kolonialismus und den Kapitalismus der freien Welt in einen Topf warfen. In der voll entbrannten Propagandaschlacht erinnerte die US-Regierung zunächst daran, dass die UdSSR schließlich selbst als eine imperialistische Macht agierte; die marktfeindlichen Entwicklungsinitiativen, die etwa Nehru in Indien verfolgte, seien zudem größtenteils fehlgeschlagen und hätten jedenfalls die Lage der Bevölkerung keineswegs verbessert. Auch wenn die Amerikaner sehr wohl begriffen, dass der in Bandung eröffnete Dialog wie auch der sowjetische Vorstoß dazu beitrugen, die Machtverhältnisse in der Weltwirtschaft umzukrempeln, fehlten ihnen Antworten auf den Untergang des Kolonialismus – und die Kolonialmächte selbst waren Verbündete. Was folgte, war der Versuch, den Westen dazu zu bewegen, das Ende der Kolonialzeit in geordnete Bahnen zu lenken und stabile Verhältnisse zu bewahren. Letztlich war man auf amerikanischer Seite bemüht, vor allem die Offenheit der Märkte im Blick zu behalten, während die

Reformen der Weltwirtschaft nur quälend langsam vorangingen (zumindest aus Sicht der Dritten Welt).[75]

Die Amerikaner und die Sowjets operierten von da an auf dem «Markt» eines weltweiten Kalten Krieges. Für die Vereinigten Staaten gab es angesichts der neuen Herausforderungen einer in Veränderung begriffenen Welt natürlich die verschiedensten Möglichkeiten, die Entwicklungsländer für die Sache der freien Marktwirtschaft zu gewinnen. Wonach Washington aber zunächst Ausschau hielt, war eine theoretische Begründung des freien Wettbewerbs, die über ein Bekenntnis zum Multilateralismus und zu offenen Türen hinausging; in der Dritten Welt jedenfalls stieß zumindest Letzteres auf Misstrauen, schließlich standen dort die Türen für die Raubzüge der Kolonialmächte lange Zeit weit offen.

Die Suche nach Begründungen brachte die politisch Verantwortlichen auf Walt W. Rostow und seine am Westen ausgerichtete Modernisierungstheorie. Rostow beschrieb Modernisierung als eine lineare Fortentwicklung, die bestimmte Stufen des Wachstums durchlief und Jahrzehnte später in einer globalisierten, die Wirtschaftsprozesse umfassend integrierenden Weltordnung kulminierte. Der in gewisser Weise strukturalistische Ansatz lieferte eine Erklärung, wie Staaten aus einer Art ursprünglichen Armut das allerhöchste Niveau kapitalistischen Wohlstands erklommen; für die Entwicklung bestimmend waren – oder sollten sein – eine komplexe Wirtschaft und entsprechende Institutionen (Moderne) statt überlieferter Sitten (Tradition). Staaten und Bevölkerungen erreichten in diesem Modernisierungsprozess Stufe um Stufe, unterstützt von den Vereinigten Staaten und anderen Großmächten. Während sich die Strukturen und Verhältnisse moderner Ökonomie etablierten, etwa ein Bankensystem, eine Unternehmerklasse oder die Entwicklung wichtiger Technologien, erlebten die Nationen eine Zeit raschen Aufschwungs, die so genannte Take-off-Phase, in der die Industrialisierung das Wachstum und die Diversifizierung der Wirtschaft vorantrieb. Das Ergebnis war – Rostow zufolge – eine Gesellschaft im Reifestadium, gekennzeichnet durch einen hohen Lebensstandard, Massenkonsum und das weitgehende Verschwinden der Armut. Wie Rostow erläuterte, werde die Modernisierung «neue postkoloniale Beziehungen zwischen der Nord- und der Südhälfte der freien Welt» herstellen, und zwar als «neue Verbindung unter freien Menschen – arm und reich gleichermaßen».[76]

Rostows Entwicklungsmodell war zu keiner Zeit unumstritten. Kritiker machten geltend, es betrachte nur die großen Nationen und vernachlässige kleine, gelte allein für Marktwirtschaften und sage nichts über staatliche Planung, erkenne nur lineares Wachstum an, ignoriere aber die Zufälle und Sprünge der Entwicklung. Darüber hinaus orientiere sich der Autor einzig am Westen, ja sei sogar «amerikazentrisch», insofern er den Erfolg der US-amerikanischen Wirtschaft und die Entwicklung einer Massenkonsumgesellschaft in den Vereinigten Staaten zum alleinigen Maßstab mache. Tatsächlich war Rostow keineswegs verbohrt,

doch seine als «Alternative zur marxistischen Entwicklungstheorie» bezeichnete
Schrift erschien 1960 und die Auseinandersetzung des Kalten Krieges war zweifellos der Hintergrund seines Modells. Entsprechend hatte er die Vereinigten Staaten
vor Augen, als er den linearen Entwicklungsgang der Modernisierung beschrieb.
Amerika hatte das «höchste Stadium» dieser Entwicklung (das Zeitalter des
Massenkonsums) mit überwältigendem Erfolg erreicht; die kommunistische totalitäre Lenkung der Wirtschaft hatte einen anderen Kurs eingeschlagen. Um die
Wege der Modernisierung durch die verschiedenen Stadien der Entwicklung tobte
die Auseinandersetzung im Kalten Krieg, insbesondere in der Dritten Welt.
Rostows liberale Wirtschaftstheorie nun bot den Entwicklungsländern eine Alternative zum sozialistischen Entwurf, eine Alternative, die es von den Marktkräften
abhängig machte, den Prozess der Modernisierung voranzutreiben.[77]

**Widerstände in der
Dritten Welt**

Die Erfahrung der dürftigen Ergebnisse
oder geradezu zerstörerischen Auswirkungen marktwirtschaftlicher Wachs-
tumsstrategien hatte viele arme Staaten
und Entwicklungsländer bewogen, den von den USA vorgezeichneten Weg der
Modernisierung abzulehnen. Der Positivismus der liberalen Modernisierungstheorie war nicht unumstritten, und Mitte des 20. Jahrhunderts gewannen in der
Debatte Theorien an Gewicht, die auf die Frage nach den Gründen für die Armut
andere Antworten gaben. Der Marxismus beschuldigte die kapitalistische Weltordnung, die Entwicklung des globalen Südens insgesamt zu verhindern, insofern
monopolistische ausländische Investoren und Geschäftsleute, unterstützt von
einheimischen Eliten und ausländischen Regierungen, die Entwicklungsländer in
einer permanenten Situation ungleichen Tauschs blockierten. Eine solche Situation – gekennzeichnet durch niedrige Preise für die Exporte aus der Dritten Welt
und hohe Preise für Importe aus den Industrieländern – führe, so die These, zur
Verschuldung und Zerstörung der Ansätze ökonomischer Entwicklung. Für die
betroffenen Länder gebe es kein Entrinnen aus einem System, in dem sie landwirtschaftliche Erzeugnisse, Rohstoffe und billige, arbeitsintensive Konsumgüter
lieferten, und keinen Weg aus der Armut, außer den, das System zu verlassen –
oder durch eine Revolution umzuwälzen. Nur wenige wählten diesen Weg, doch
immerhin brachten die nationalen Erhebungen in Vietnam, Kuba oder Angola
marxistische Parteien an die Macht. Viele in der Dritten Welt wandten sich hingegen strukturalistischen Ansätzen zu, um das Dilemma zu analysieren und zu
kritisieren. Strukturalisten stimmten mit Marxisten wie etwa Paul Baran darin
überein, dass der Kapitalismus weltweit den reichen Norden bevorzuge und die
Unterentwicklung im Süden durch Verhältnisse ungleichen Tauschs perpetuiere.

Der argentinische Ökonom Raúl Prebisch, geschäftsführender Sekretär der Wirtschaftskommission der Vereinten Nationen für Lateinamerika, war einer der ersten Wissenschaftler, die zur Kritik des Liberalismus auf die Dependenztheorie rekurrierten und so erklärten, warum der Reichtum aus der Peripherie der Dritten Welt in die entwickelten kapitalistischen Länder des Zentrums abfloss. Der Historiker Immanuel Wallerstein bezeichnete diesen Zusammenhang später als das «moderne Weltsystem». Aus Entwicklungsländern exportierte günstige Primärerzeugnisse befriedigten auf dem Weltmarkt eine konstante, aber nicht notwendigerweise steigende Nachfrage aus den Ländern des Nordens; reiche Länder hingegen exportierten in den Süden hochpreisige Industrieprodukte, die dort vor allem gebraucht wurden, um die Entwicklung voranzutreiben. Verhältnisse ungleichen Tauschs sorgten so für einen Kaufkrafttransfer in die entwickelten Länder; ausländische Investoren mieden hingegen die Dritte Welt oder aber konzentrierten sich auf die dortigen Exportbranchen, was das Abfließen von Reichtum aus dem Süden in den Norden noch verstärkte.

Der Unterschied zwischen Marxisten und Strukturalisten zeigte sich bei den Schlüssen, die Vertreter des jeweiligen Ansatzes aus den festgestellten asymmetrischen – und zur Verarmung führenden – Handelsbeziehungen zogen. Marxistische Dependenztheoretiker predigten die Revolution, Prebisch und andere strukturalistische Ökonomen befürworteten eine strukturelle Veränderung des Welthandels durch eine stärkere regionale Integration, durch eine Expansion der Investitionstätigkeit und der Geschäftsbeziehungen innerhalb des Südens sowie schließlich durch eine Strategie der Importsubstitution. Letztere war das Schlüsselelement einer strukturalistisch inspirierten Politik gegen multilaterale Marktverhältnisse, gelegentlich ergänzt durch die Nationalisierung ausländischer Kapitalgesellschaften, Einschränkungen für ausländische Investitionen sowie Subventionen für einheimische Produzenten, um eine stärkere Diversifizierung anzuregen. In lateinamerikanischen Ländern war Importsubstitution schon in den 1930er Jahren eine populäre Strategie, und von afrikanischen Staaten wurde sie Ende der 1950er Jahre übernommen. Im Kern ging es darum, die vorherrschende Produktion von Primärgütern zu diversifizieren, Dienstleistungssektor und Infrastruktur auszubauen sowie vor allem die entstehenden technologischen und industriellen Strukturen zu fördern. Dazu gehörte insbesondere, die heimische Industrie durch Zölle, Importquoten und andere quantitative Handelsbeschränkungen zu schützen, die Produktion in erster Linie auf den heimischen Markt und nicht auf den Export auszurichten und das Wachstum durch staatliche Eingriffe in die Produktion, den Handel und die Konsummuster zu steuern. Der Werkzeugkasten des Protektionismus zeigte die Stärke des Südens gegen den kapitalistischen Westen in einer Zeit, da mehrere Dutzend Länder, die gerade ihre Unabhängigkeit erlangt hatten, die Vereinten Nationen grundlegend veränderten. Die Importsubstitution bedeutete freilich nicht, dass sich die Dritte Welt gegenüber der multilateralen Marktwirtschaft vollkommen abschottete, denn weiterhin begrüßte man Auslandsinvestitionen multinationaler Konzerne, um die wirtschaftliche Entwicklung zu fördern, und hieß auch Auslandhilfe willkommen. Die Hauptsorge galt jedoch dem einheimischen Markt, nicht den offenen Türen des Welthandels.

Die Tendenz, bei der Industrialisierung vor allem ins Inland zu blicken, stellte multilaterale Marktbeziehungen in Frage, die Erfolge indes waren sehr unterschiedlich. In einigen der großen Länder Lateinamerikas funktionierte die Strategie leidlich, beispielsweise in Argentinien, Brasilien, Mexiko und Venezuela, denn dort gab es ausreichend dimensionierte Binnenmärkte für die im Inland produzierten Konsumartikel. Kleinere Länder waren weniger erfolgreich. In Ostasien wiederum gab es Ökonomien mit einem enormen Zollniveau, die zugleich, wie Südkorea oder die Philippinen, über einen äußerst dynamischen Exporthandel verfügten, aber aus strategischen Gründen durch erhebliche amerikanische Wirtschaftshilfen und Investitionen unterstützt wurden und daher wenig Anlass für eine Politik der Importsubstitution hatten. Doch auch in Lateinamerika stießen die Versuche, die Industrialisierung durch Protektionismus abzusichern, rasch an Grenzen oder scheiterten schlichtweg, weil zum einen die Dominanz der entwickelten Länder des Nordens auf dem Weltmarkt nicht zu umgehen war und zum anderen der Welthandel nun einmal keine protektionistischen Beschränkungen duldete. 1960 waren die Exporte des Südens gegenüber der Marke von 1950 um annähernd ein Drittel gestiegen; Lateinamerika verzeichnete 22 Prozent Zuwachs, Afrika 42 Prozent, Asien hingegen nur zehn Prozent. Diese Zahlen verschleiern ein wenig die Tatsache, dass Asien bei Industrieexporten wie beispielsweise Textilien führte, die allerdings nur etwa fünfzehn Prozent des Welthandels ausmachten. Betrachtet man das Ziel der wirtschaftlichen Entwicklung, schlug die Strategie der Importsubstitution insgesamt fehl; tatsächlich war der Anteil der Dritten Welt an den Exporten weltweit, prozentual gesehen, rückläufig. Multinationale Konzerne behaupteten ihre dominante Stellung in lokalen Ökonomien und weiteten sie sogar noch aus, während Zollschranken den Wettbewerb strangulierten und letztlich einheimische Ineffizienz förderten.

Gleichwohl stellten sich Entwicklungsländer den Herausforderungen, und das mit einigem Erfolg. Zunächst einmal begrüßten sie Modernisierungsprogramme, wenn Wirtschaftshilfe damit verbunden war; häufig bestanden sie auch darauf, dass solche Wirtschaftshilfe ohne Auflagen gewährt wurde, wie beispielsweise der kenianische Politiker Tom Mboya, der 1961 den Briten gegenüber feststellte: «Sie sollten nicht vergessen, wir sind durchaus in der Lage, die Motive derer, die uns Hilfe anbieten, zu durchschauen.»[78] Bereits 1958 hatten aufstrebende Länder der Dritten Welt einen Erfolg im Welthandelssystem zu verzeichnen. Eine Expertenrunde des GATT empfahl den Ländern des Nordens, im Handel mit Ländern der Dritten Welt nicht auf wechselseitig ausgeglichenen oder multilateralen Handelsbedingungen zu bestehen und sich stattdessen zu bemühen, mehr Güter aus

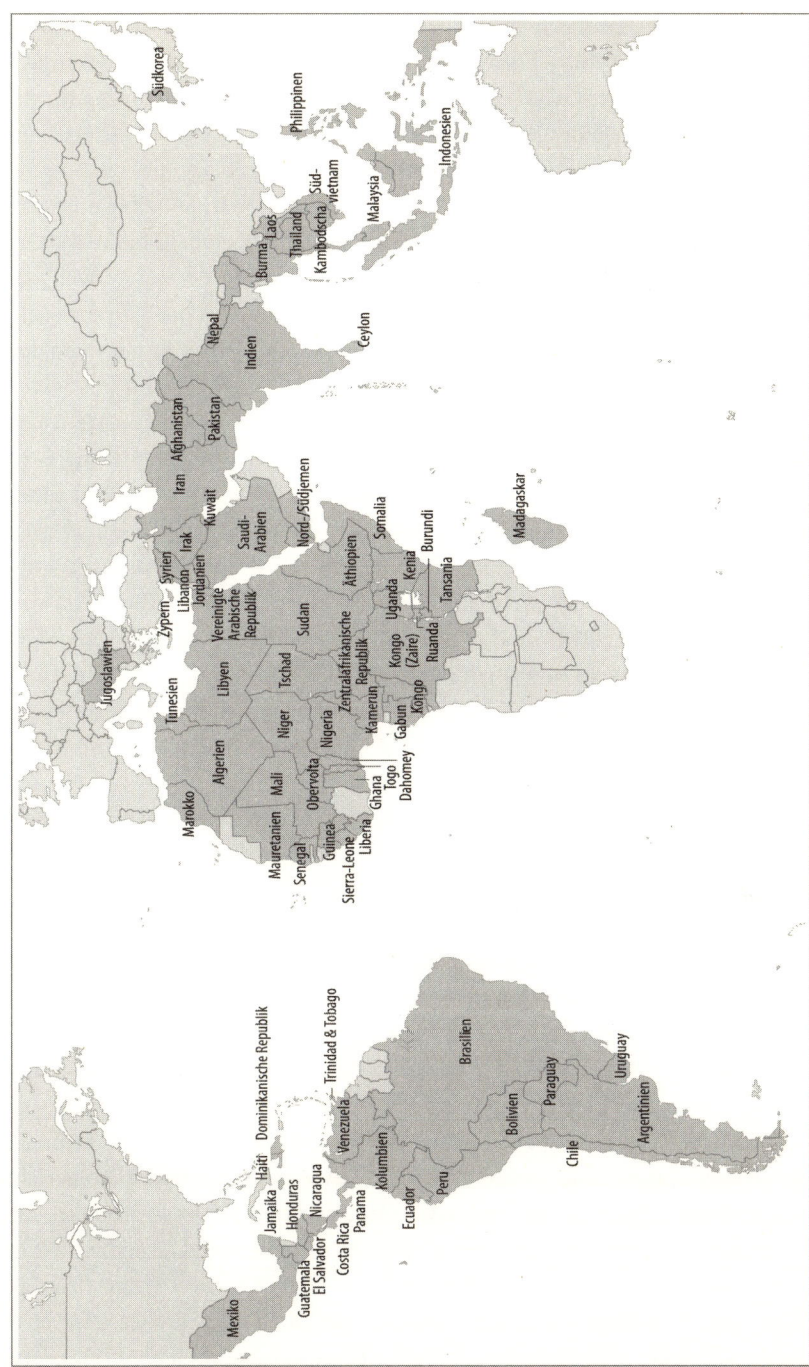

Karte 5: Unterzeichnerstaaten der Gemeinsamen Erklärung der 77 Entwicklungsländer auf der United Nations Conference on Trade and Development (UNCTAD), 1964.

weniger entwickelten Ländern nachzufragen. Strukturalistische Überlegungen sollten so zu einem Vorschlag führen, der eine Art Gegenstück der Blockfreien-Bewegung im Bereich der Wirtschaft anregte. Die Industrieländer wurden für die Belange und Erwartungen der Dritten Welt sensibilisiert, und selbst das letztliche Scheitern der ursprünglichen Initiative brachte den Süden dazu, sich von hausgemachten Entwicklungsrezepten zu verabschieden und internationale Lösungen zu suchen. Tatsächlich führte es zu einer Rebellion gegen das globale Finanzsystem und die kapitalistische Welthandelsordnung unter Führung der USA. Weil das GATT die Bedürfnisse der Entwicklungsländer nicht ausreichend berücksichtigte, verweigerten Staaten wie Südkorea, Mexiko, Jamaika und Argentinien den Beitritt. Um Hilfe wandten sie sich an die Vereinten Nationen und gründeten 1964 im Verlauf der ersten Welthandelskonferenz (United Nations Conference on Trade and Development, UNCTAD) die so genannte Gruppe der 77. Die G 77 wurden zu einem dauerhaften Zusammenschluss, um die wirtschaftlichen Interessen der Länder des Südens zu vertreten. Nach dem ersten offiziellen Gipfel 1967 in Algier gab es Vertreter der G 77 in allen Organisationen der Vereinten Nationen sowie im IWF und in der Weltbank. Das wichtigste Ziel der UNCTAD war es, auf das GATT einzuwirken und das Ziel der wirtschaftlichen Entwicklung in der Welthandelsordnung zu implementieren. Letzten Endes war es ein strukturalistischer Ansatz, der die UNCTAD inspirierte, und nicht von ungefähr stand der unermüdliche Raúl Prebisch von 1964 bis 1969 als erster Generalsekretär an der Spitze der Organisation.[79]

Die UNCTAD, der im Jahr 2009 insgesamt 191 Staaten angehörten, wurde als ein ständiges Organ der Vereinten Nationen institutionalisiert, das alle vier Jahre Delegierte der Mitgliedsländer zu einer Konferenz zusammenrief und ansonsten als zwischenstaatliches Beratungs- und Forschungsgremium mit Expertengruppen etwa zur Politikanalyse oder zum Technologietransfer fungierte. Zunächst konzentrierte sich die Organisation insbesondere auf das multilaterale System des Weltmarkts im GATT. Die UNCTAD stieß dabei auf erhebliche Probleme. Jahrelang hatten sich die Industrieländer im GATT auf den Handel untereinander konzentriert; die so genannte Kennedy-Runde zwischen 1963 und 1967 sollte sich vornehmlich den Fragen des neuen gemeinsamen Marktes in Europa widmen. 1962 nun unternahmen 21 Länder der Dritten Welt einen an den Norden gerichteten Vorstoß und regten an, für tropische Güter sowie Halbfertigprodukte die Einfuhrschranken fallen zu lassen oder zumindest zu senken und ferner auf quantitative Beschränkungen und neue Zölle auf Importe aus der Dritten Welt zu verzichten. Der Vorschlag stieß auf Widerstände seitens der EWG. Die sechs europäischen Länder hatten bereits diverse Assoziationsabkommen mit Handelsvorteilen für ehemalige Kolonien geschlossen, die diesen für viele ihrer Produkte Sonderkonditionen einräumten (insbesondere einen exklusiven Abbau von Handelshemmnissen), ohne dabei Wechselseitigkeit zu verlangen. Derartige Handelsvorteile schufen ein diskriminierendes System gegenüber anderen Ländern außerhalb solcher Abkommen. Doch insbesondere Frankreich drängte auf das schließlich 1963 unterzeichnete Yaoundé-Abkommen mit achtzehn assoziierten afrikanischen Ländern. Der Vorschlag der Dritte-Welt-Länder aus dem Jahr zuvor bedrohte das Zustandekommen dieses Abkommens, das Frankreich günstige Nahrungsimporte bescheren sowie das französische Ansehen in Afrika aufpolieren würde, zu einer Zeit, da die ehemalige Kolonialmacht gerade Algerien verlor. Lateinamerikanische Länder protestierten gegen die Handelsvorteile, die ihnen vorenthalten wurden, und die USA gaben ihnen dabei Rückendeckung, denn schließlich schloss das Yaoundé-Abkommen die meisten Entwicklungsländer aus – und vor allem wirkte es sich negativ auf den Export von Bananen und Kaffee vom amerikanischen Kontinent nach Europa aus, und das in Zeiten, da die internationale Leistungsbilanz der USA bereits ein wachsendes Defizit auswies.[80]

Eine systematische Vorzugsbehandlung für Exporte aus der Dritten Welt allgemein kam für die Vereinigten Staaten als Verfechter offener Märkte nicht in Frage. Washington erkannte zwar die Notwendigkeit an, die immer größer werdende Benachteiligung der Dritten Welt auf dem Weltmarkt zu korrigieren, doch eine einseitige Bevorzugung hätte nicht nur der Doktrin offener Türen widersprochen, sondern auch die zerbrechliche politische Unterstützung im Kongress für eine liberale Handelspolitik gefährdet. Während nämlich protektionistische Kräfte in der amerikanischen Innenpolitik den freien Zugang ausländischer Konkurrenzprodukte (wie etwa Zucker) zum heimischen Markt immer schon beargwöhnten, hätten Handelspräferenzen in der Weltwirtschaft ein falsches Signal gesetzt und eine Abkehr von marktwirtschaftlichen Prinzipien angedeutet. Die Vereinigten Staaten setzten daher darauf, Entwicklungsländer bei der Diversifizierung ihrer Wirtschaftsstrukturen durch Auslandshilfe, in (nicht verallgemeinerbaren) Einzelfällen auch durch Handelsabkommen sowie durch die Förderung der regionalen Integration zu unterstützen. In Vorbereitung der Kennedy-Runde des GATT erbot sich die neue US-Regierung unter Lyndon B. Johnson, bestimmte US-Zölle für alle Staaten gleichermaßen zu halbieren; gleichzeitig bestand sie darauf, für den Handel zwischen Nord und Süd eine «wirtschaftliche Grundlage» verbindlich festzulegen – sich also auf Marktmechanismen zu einigen und staatliche Eingriffe auszuschließen. Die GATT-Unterhändler erkannten wohl die Zeichen der Zeit und bemühten sich, die Länder der Dritten Welt zu besänftigen, indem sie Exportpräferenzen für Konsumgüter in Aussicht stellten. Die Vertreter des Südens waren einigermaßen entsetzt und verfolgten ihr Anliegen, den Welthandel neu zu regeln, schließlich unter dem Dach der UNCTAD.

Mehr als zweitausend Delegierte aus 120 Ländern und verschiedenen internationalen Organisationen drängten auf der Welthandelskonferenz die Vertreter des «Zentrums», also der westlichen Industrieländer, den Exporten aus der Dritten Welt nicht nur Vorrechte im Handel einzuräumen, sondern dem Süden darüber hinaus für den Fall, dass sich die Bedingungen weiter verschlechtern sollten, eine Kompensation für die erlittenen Verluste zuzusichern. Die Vertreter der Ostblockstaaten griffen die Forderungen bereitwillig auf und hofften, so politisch zu punkten (obwohl in den Ost-Süd-Handelsbeziehungen zuvor allerlei schiefgelaufen war), prangerten die «imperialistischen Mächte» wegen ihrer Verweigerungshaltung an und kritisierten insbesondere das postkoloniale Verhältnis der Westeuropäer zu den Ländern Afrikas. Die sozialistischen Staaten boten an, Waren zu festgelegten, stabilen Preisen zu kaufen, und eröffneten damit für Länder der Dritten Welt eine Möglichkeit, die Unwägbarkeiten auf dem westlichen freien Markt zu umgehen.

Das kapitalistische Zentrum war zutiefst uneins. Die Westeuropäer zeigten sich bereit, die Forderung nach einem «selektiven und kontrollierten» Nord-Süd-Handel weitgehend anzuerkennen und den multilateralen freien Wettbewerb im Sinne des von den Amerikanern dominierten GATT zurückzustellen; sogar Großbritannien und andere tonangebende Länder im GATT waren der Meinung, dass in den weltweiten Handelsbeziehungen die Doktrin der offenen Türen allzu eng ausgelegt worden war. Amerika musste sich entscheiden. Protektionistischer Druck aus der US-Innenpolitik, ein anderslautendes Verhandlungsmandat und das Festhalten an Prinzipien bewogen Washington, nicht auf den fahrenden Zug aufzuspringen und Handelspräferenzen zuzustimmen. Eine solche Zustimmung hätte allerdings auch das Ende des Meistbegünstigungsprinzips bedeutet, einer beinahe zwei Jahrhunderte durchgehaltenen Politik der Gleichbehandlung von Handelspartnern. Ausnahmen von diesem Grundsatz, etwa das US-Abkommen mit den Philippinen, das dem Inselstaat Präferenzen gewährte (und 1974 auslief), oder der zwischen den USA und Kanada geschlossene Autoteile-Zulieferer-Vertrag von 1965 schufen kein Präjudiz; zu sehr erinnerten Präferenzregelungen in den Augen Washingtons an abgewandelte Kolonialverhältnisse. Kurz und gut, auch wenn die erste Welthandelskonferenz, sehr zur Zufriedenheit der Amerikaner, nur ein Sekretariat schuf, war offenkundig, dass die Vereinigten Staaten mit ihrer Position allein standen. Um dem Yaoundé-Abkommen mit seiner selektiven Marktöffnung die Spitze zu nehmen und gleichzeitig negative Schlagzeilen zu vermeiden, konzentrierte sich Washington ab 1966 auf die Organisation für wirtschaftliche Zusammenarbeit und Entwicklung (OECD), um ein System von Handelspräferenzen zu schaffen, die allen Ländern gleichermaßen gewährt werden sollten.[81]

Als Frankreich einlenkte, nicht länger an Sondervereinbarungen mit afrikanischen Staaten hing und sich anschickte, ins Welthandelssystem zurückzukehren, waren die Vereinigten Staaten bereit, die Länder der Dritten Welt durch besondere Zollbestimmungen zu begünstigen und ihnen dadurch einen gewissen Wettbewerbsvorsprung zu verschaffen. Die meisten Wirtschaftsverbände und Arbeitnehmerorganisationen der USA unterstützten zu jener Zeit ein solches Arrangement, solange es amerikanischen Firmen und Beschäftigten nicht schadete. Die lateinamerikanischen Länder drängten zwar darauf, ein Präferenzsystem auf die Hemisphäre zu beschränken, doch die Vereinigten Staaten befürworteten eine globale Lösung. 1968 verabschiedete die Welthandelskonferenz UNCTAD II im indischen Delhi das so genannte allgemeine Präferenzsystem (Generalized System of Preferences, GSP) für eine ganze Reihe von Produkten, um ihnen den Zugang zu den Märkten des Nordens zu erleichtern. Doch auch weiterhin schwächten Missklänge in der Dritten Welt und wachsende Widerstände im Norden gegen eine Zollbefreiung für bestimmte Produzenten oder Produkte das Engagement für den Süden. Letzten Endes blieb das GSP, das 1976 in Kraft trat und drei Jahre später in der so genannten Ermächtigungsklausel festgeschrieben wurde, lediglich ein Zwischenspiel; vielen Ländern der Dritten Welt und wichtigen Exportartikeln gewährte das System Zollfreiheit, andere hatten weniger Nutzen davon. Gewiss, die Industrieländer schlossen beinahe alle Länder außerhalb der OECD in das Präferenzsystem ein, doch gab es auch Ausnahmen: Die USA etwa weigerten sich bis Mitte der 1990er Jahre, Vietnam Zollfreiheit einzuräumen. Darüber hinaus verhinderte Protektionismus in vielen Ländern des Nordens eine Erleichterung für den Import von qualitativ und preislich wettbewerbsfähigen Produkten aus Entwicklungsländern wie Textilien, Glas, Stahl und Lederwaren. Das allgemeine Präferenzsystem galt zu keinem Zeitpunkt wirklich umfassend; es entwickelte sich nie ein wahrhaft globales System von Handelsabkommen mit Entwicklungsländern. Von den Exporterleichterungen profitierten zudem vor allem die entwickelten Länder. In den 1980er Jahren schließlich war das Bemühen um eine Restrukturierung des Welthandels zugunsten des Südens weitgehend als gescheitert anzusehen. Das allgemeine Präferenzsystem, in den 1950er Jahren ein kühner Entwurf strukturalistischer Ökonomen, konnte sein Versprechen nicht einlösen.[82]

Nord und Süd im Kalten Krieg

Es war eine Zeit großer Erwartungen in der Weltwirtschaft, und die Länder der Dritten Welt waren bemüht, die Konkurrenz der Supermächte im Kalten Krieg zum eigenen Vorteil zu nutzen. Eine Möglichkeit war die Zusammenarbeit mit Organisationen wie der Weltbank, um die für Entwicklungsprojekte notwendigen Mittel aufzubringen. Ein anderer Weg bestand darin, die Gewinne multinationaler Konzerne möglichst im Land zu halten.

1954 bemühte sich die damals noch junge revolutionäre Regierung Ägyptens unter Nasser um Finanzquellen für den Neubau des Assuan-Staudamms. Die Wassermengen des Nils sollten genutzt werden, um Elektrizität zu produzieren, Felder zu bewässern, so die landwirtschaftlichen Erträge zu verbessern sowie die alljährlichen Überschwemmungen in den Griff zu bekommen. Das ungeheure

Vorhaben würde den Lebensstandard in Ägypten erhöhen und die neue Ordnung unter Nasser festigen. Die Weltbank legte daraufhin einen Finanzierungsplan für den Staudammbau vor, doch Nasser sperrte sich gegen die Bedingungen, die an das 400 Millionen US-Dollar schwere Darlehen geknüpft waren und etwa vorsahen, flussaufwärts den Sudan, zu jener Zeit praktisch noch britische Kolonie, an der Wassernutzung zu beteiligen und darüber hinaus die umgesiedelte sudanesische Bevölkerung, deren Dörfer in den Fluten des Stausees versinken sollten, angemessen zu entschädigen. Das blockfreie Ägypten vermutete hinter den Bedingungen der Weltbank imperialistische Interessen und geheime Absprachen zwischen Briten und Amerikanern, doch die Experten der Bank widersprachen dem und unterstrichen, ihre Beurteilung beruhe einzig auf ökonomischen und technischen Daten. Weitere Schwierigkeiten traten 1955 im Zusammenhang mit den Ausschreibungen für die Bauarbeiten auf. Über all dem schwebte der Kalte Krieg. Durch Ägypten führte der Suezkanal, als Verbindung zwischen Mittelmeer und Indischem Ozean eine Wasserstraße von strategischer Bedeutung, nicht zuletzt da zwei Drittel des für Europa bestimmten Erdöls aus dem Mittleren Osten den Weg durch den Kanal nahmen. Als Nasser ein Waffengeschäft mit der Tschechoslowakei ankündigte, fürchteten Briten und Amerikaner, nun werde der Sowjetblock maßgeblichen Einfluss auf das nordostafrikanische Land gewinnen, die Sicherheit des Suezkanals werde gefährdet und das Ansehen Großbritanniens untergraben. Wenig später kam hinzu, dass Nasser die Volksrepublik China anerkannte, die Ausweisung britischer Diplomaten aus Jordanien guthieß und eine aggressive Haltung Israel gegenüber an den Tag legte. Ein Grund zur Sorge war für Abgeordnete aus dem Süden der USA zudem, dass Baumwolle aus Ägypten auf den amerikanischen Markt drängte. Grund genug für US-Außenminister Dulles, einen erklärten Gegner jedweder Neutralität im Kalten Krieg, unter Verbündeten im Nahen und Mittleren Osten eine Koalition gegen Nasser zu schmieden; öffentlich unterstützte er freilich den Weltbank-Kredit für den Assuan-Staudamm.

Die Vereinigten Staaten und Großbritannien beeilten sich, die Finanzierung der Talsperre je zur Hälfte abzusichern, um Nasser so für sich zu gewinnen; letztlich garantierten die USA 270 Millionen US-Dollar. Gemeinsam mit dem US-Finanzministerium übte die Weltbank Druck auf Großbritannien aus, die in London in Pfund Sterling gehaltenen ägyptischen Währungsreserven freizugeben und eine akzeptable Vereinbarung mit Bezug auf den Sudan zu treffen.[83] Doch die Weltbank-Verantwortlichen bestanden darüber hinaus auf den Standards internationaler Kredite und forderten die Einholung von Vergleichsangeboten für das Projekt, statt den Auftrag an die westdeutschen Unternehmen zu vergeben, die Ägypten bislang in die Planungen einbezogen hatte. Nasser war verstimmt und betrachtete die neuen Bedingungen als Eingriffe in die ägyptische Souveränität. Die Vereinigten Staaten verschlimmerten die Situation und verursachten eine

Bau des Assuan-Staudamms in Ägypten, 14. Mai 1964. Neun Jahre zuvor hatte sich der Revolutionär Nasser wegen dieses Mammutprojekts mit westeuropäischen Finanziers und Bürokraten überworfen und bei sozialistischen Ländern um Unterstützung nachgesucht. Dieser Konflikt führte zur Suezkrise von 1956, als Nasser den Suezkanal verstaatlichte. Die USA beendeten die Krise, indem sie ein Eingreifen Frankreichs, Großbritanniens und Israels, das die Spannungen im Kalten Krieg verschärft hatte, beendeten. Das Projekt wurde ein paar Jahre später wieder aufgenommen.

schwere Krise, als sie 1956 ihre Zusage zur Mitfinanzierung zurückzogen, weil Ägypten angeblich nicht in der Lage sei, das Projekt abzuschließen – eine unwahre Behauptung, hatte doch die Weltbank dem Land gerade erst ökonomische Stabilität attestiert. Nassers Reaktion war dramatisch: Er verstaatlichte den Suezkanal, die Gebühreneinnahmen sollten in die Finanzierung des Staudamm-Projektes fließen, doch vor allem sollte der Schritt die führende Rolle Kairos in der arabischen Welt gegen die imperialistischen Staaten und ihre Konzerne verdeutlichen. Die Krise spitzte sich zu, als Israel, Frankreich und Großbritannien im Oktober und November 1956 militärisch in Ägypten intervenierten; allerdings verurteilten die Vereinten Nationen im Namen etlicher Staaten, darunter die USA und UdSSR, das Vorgehen umgehend. Eisenhower war wütend und befürchtete, die Krise könne antiwestliche Ressentiments schüren und den Sowjets erlauben, im Mittleren Osten Fuß zu fassen; den Briten drohte er mit Wirtschaftssanktionen, etwa die amerikanischen Sterling-Reserven zu veräußern und damit das britische Pfund zu ruinieren. Die Ordnungsmacht Amerika hatte das westliche

Bündnis finanziell unter Kontrolle. Obendrein verhängte Saudi-Arabien ein Öl-embargo gegen Großbritannien und Frankreich.[84] Die europäischen Mächte und Israel, durch Freund und Feind bedrängt, zogen sich vom Suezkanal zurück.

Die Suezkrise hatte für die Weltwirtschaft und die Stellung der Dritten Welt darin erhebliche Folgen. Organisationen wie die Weltbank finanzierten weiterhin Projekte durch Kredite (im Falle des Suezkanals beispielsweise ermöglichte ein Kredit die Vertiefung der Fahrrinne, um größeren Schiffen die Passage zu erlauben), doch konnte dies nicht verhindern, dass der Kalte Krieg die wirtschaftlichen und sozialen Reformen überschattete, die Ägypten und andere Länder in Angriff genommen hatten. Die Krise beschleunigte das Ende des britischen und französischen Kolonialismus, insbesondere im Mittleren Osten und in Afrika, und destabilisierte zudem das Bündnis der NATO, insofern in Paris zunehmend Zweifel an der Zuverlässigkeit Washingtons genährt wurden. Noch mehr kam das Machtgleichgewicht in der Region ins Kippen, als die Sowjetunion 1958 in die Finanzierung des Assuan-Staudammprojekts einstieg. 1960 begannen die Bauarbeiten, unterstützt durch schwere Baumaschinen und versierte Ingenieure aus Russland; das Aufstauen des Nils fing bereits vier Jahre später an, aber erst 1976 erreichte der Stausee seine volle Größe. In der Zwischenzeit war Ägypten zu einem wichtigen Akteur in der Weltpolitik und in regionalen Konflikten gleichermaßen geworden. Der Entwicklungsschub, der sich dem Staudammprojekt verdankte – beispielsweise lieferte das Assuan-Wasserkraftwerk in den ersten Jahren die Hälfte der Elektrizität des Landes –, hatte daran einen erheblichen Anteil. Nasser ging aus der Suezkrise als Sieger hervor und avancierte zur Führungsfigur der panarabischen Bewegung. Als aufstrebendes Entwicklungsland behauptete sich Ägypten erfolgreich im Spiel des Kalten Krieges.[85]

Erfolge wie die des ägyptischen Präsidenten oder die Durchbrüche der Welthandelskonferenz waren beeindruckend, doch die Dritte Welt blieb weiterhin arm und der Norden saß am längeren Hebel. Die Entwicklungsländer sahen sich mit dem strengen, sehr konservativen Ansatz des IWF bei der Kreditvergabe konfrontiert, der der Überzeugung folgte, diese Länder dem Diktat eines Mikromanagements unterwerfen zu müssen, da sie ansonsten aufgrund der Unzuverlässigkeit und Korruption ihrer Staatsverwaltungen ihren Verpflichtungen nicht nachkämen. Begünstigt durch die Abhängigkeit von multinationalen Konzernen und das weitgehende Fehlen einheimischer Märkte, wurden Armut und Unterentwicklung zu einem Teufelskreis. Ecuador beispielsweise bereiteten die mit den Krediten der amerikanischen Export-Import Bank und des IWF verbundenen Auflagen große Schwierigkeiten. Dazu gehörten eine strenge Haushaltspolitik, die unter anderem die Erhöhung der Benzin- und Strompreise mit sich brachte, aber auch zur Abwertung der Landeswährung führte, sowie die Öffnung der einheimischen Wirtschaft für multinationale Konzerne, die solche Unternehmen in die Lage versetzte, ihren Geschäftsanteil zu vergrößern. Selbst die Erschließung großer Erdölvorkommen im ecuadorianischen Amazonasgebiet durch ein Texaco-Gulf-Konsortium nach 1967 und die spätere Entdeckung weiterer Öllagerstätten beendeten nicht die wirtschaftliche Misere des Landes. Die Ölfelder erwirtschafteten beachtliche Erträge, der Bau einer Pipeline hatte zur Folge, dass sich die Exportmenge bis 1977 versiebenfachte, und die weltweit wachsende Nachfrage nach Öl ebenso wie steigende Preise führten gleichzeitig zu einem deutlichen Zuwachs des Bruttoinlandsprodukts. Dennoch dominierte in Produktion und Export das von multinationalen Unternehmen investierte ausländische Kapital; die Macht der Konzerne führt einmal sogar zum Sturz der Militärregierung, als Texaco-Gulf auf den Versuch einer strengeren Regulierung der Geschäftstätigkeit des Konsortiums mit dem Boykott der internationalen Vermarktung des ecuadorianischen Öls reagierte.

Der Fall Ecuador veranschaulicht die komplexen Beziehungen zwischen multinationalen Konzernen, internationalen Organisationen und Entwicklungsländern – und bietet ein Beispiel für grundlegende Ungerechtigkeiten im Weltwirtschaftssystem. Als die Preise für Kakao und Reis in den 1950er Jahren aufgrund der internationalen Konkurrenz sanken, verlegte sich Ecuador auf Bananen und wurde zum weltweit führenden Erzeuger, gestützt nicht zuletzt auf die steigende Nachfrage aus den Vereinigten Staaten. Das Volumen des Bananenexports stieg von 2,8 Millionen US-Dollar im Jahr 1948 auf 90 Millionen US-Dollar 1960; annähernd zwei Drittel der Exporte des Landes waren Anfang der 1960er Jahre Bananen. Die florierende Branche stützte sich auf rund 3000 inländische Bananenerzeuger, Export und Vermarktung allerdings lagen in den Händen fünf großer ausländischer Konzerne. Auf den Plantagen der United Fruit Company genossen die Beschäftigten zahlreiche Vorteile, darunter günstige Unterkünfte, sauberes Trinkwasser, günstige Nahrungsmittel, bezahlte Urlaubs- und Krankheitstage sowie im Vergleich zum übrigen Ecuador relativ hohe Löhne. Freilich steigerten Bananen nicht den allgemeinen Wohlstand und trugen auch nicht zur Modernisierung der ecuadorianischen Wirtschaft bei, in der, wie auch in anderen Ländern Lateinamerikas, die großen Exportunternehmen den Ton angaben. In Ecuador gab es nur kleine Fortschritte in Richtung Industrialisierung oder der Herausbildung einer Mittelklasse, wie sie für die städtische Entwicklung, die unternehmerische Initiative und das wirtschaftliche Wachstum unverzichtbar war. Alles in allem lag der Anteil der Industrie am Bruttoinlandsprodukt 1970 in etwa genauso hoch wie 1940, obwohl Quito die Empfehlungen der Wirtschaftskommission der Vereinten Nationen für Lateinamerika beherzigte und in den frühen 1960er Jahren einen Kurs der Importsubstitution verfolgte.[86] Schuld daran war der anhaltende Kalte Krieg, der dazu beitrug, die Weltwirtschaft zu entglobalisieren, und der die Bemühungen Amerikas um den freien Wettbewerb ausbremste.

Ost und West

Die Handelsbeziehungen zwischen dem Westen und dem Ostblock sowie innerhalb des sowjetischen Machtbereichs selbst waren eingeschnürt in Sicherheitsbedenken. In früheren Jahren hatte Stalin rücksichtslos die Einheit des RGW zu wahren versucht und Produktion und Güteraustausch auf die Mitgliedsländer konzentriert. Inzwischen war Moskau allerdings an einer Ausweitung der Wirtschafts- und Handelsbeziehungen mit dem Westen interessiert. Die friedliche Koexistenz ließ im Kalten Krieg eine Tauwetterperiode anbrechen. Unterstützt von amerikanischen Farmern, die Ernteüberschüsse loswerden wollten, plädierte Eisenhower bei einem Gipfeltreffen im Jahr 1955 dafür, gewisse Sanktionen zu lockern, die den Ost-West-Handel einschränkten, und die CoCom-Listen zu überprüfen. Er empfahl, sich nicht von vorgefassten Meinungen leiten zu lassen und der Sowjetunion Feindseligkeit zu unterstellen, sondern stattdessen Frieden und Sicherheit durch Handel zu stärken. Der Kongress schloss sich einem solchen Kurs prinzipiell an und die Regierung lockerte verschiedene Beschränkungen auf den Embargolisten. Nur zwei Jahre später lief Eisenhower krachend gegen eine Wand des aggressiven Antikommunismus. Anlass war eine britische Anfrage an die Vereinigten Staaten, für ein Geschäft mit Maschinenteilen in die Volksrepublik China einige Beschränkungen auszusetzen. Eisenhower empfahl eine gründliche Prüfung der Sachlage, nicht so sehr aus diplomatischen Rücksichten als aus dem Bestreben heraus, Handelsbeziehungen zwischen Japan und «Rotchina» zu ermöglichen. Kongressabgeordnete und ein besorgtes US-Handelsministerium zwangen ihn zu einem Rückzieher, indem sie ihn beschuldigten, das Exportkontrollgesetz von 1951, das so genannte Battle-Gesetz, zu verletzen, das Lieferungen an Nationen verbot, die bekanntermaßen mit kommunistischen Ländern Handel trieben. Das Handelsministerium wies beispielsweise einen Antrag von Dresser Industries aus Dallas ab, für die Herstellung neuer sowjetischer Tiefbohrer Daten über Bohrköpfe für Bohrungen in festem Gestein auszutauschen. Die Botschaft war unmissverständlich: Eine Lockerung der Ausfuhrverbote in den chinesisch-sowjetischen Block würde es nicht geben.[87]

In den 1960er Jahren setzte mit dem Wandel im Kalten Krieg auch der Dialog über Wirtschaftsbeziehungen in neuer Form wieder ein. Die Kennedy-Administration empfahl, den Ost-West-Handel als ein Vehikel zu nutzen, um das Verhältnis zwischen den Supermächten nach der Erschütterung der Kubakrise von 1962 zu verbessern. So genehmigten die Vereinigten Staaten 1963 eine umfangreiche Weizenlieferung an die UdSSR und befürworteten die Ausweitung des Handels mit Osteuropa. Kennedys Nachfolger Johnson trieb den Liberalisierungsprozess im Ost-West-Handel weiter voran und konzentrierte Entscheidungen im Weißen Haus und im Außenministerium, da in beiden ein Interesse bestand, der Sowjetunion gegenüber auf Entspannung zu setzen. Entsprechend arbeitete Johnson daran, durch Geschäfte mit den Sowjets Brücken zu bauen, unterstützt durch

amerikanische Unternehmen und Gewerkschaften – und mit erheblicher Rückendeckung durch CIA und Verteidigungsministerium. Die Ausfuhrkontrollen durch
das CoCom hatten die Sowjets nicht daran gehindert, in der Dritten Welt Fuß zu
fassen oder die ökonomischen Voraussetzungen für die Entwicklung technologisch avancierter Waffensysteme zu schaffen. Handelsbeschränkungen und
Ausfuhrverbote für strategische Güter blieben bestehen, denn die USA befanden
sich in Vietnam in einem tatsächlichen Krieg gegen den Kommunismus, doch
gleichzeitig war Washington entschlossen, das Meistbegünstigungsprinzip auf
Länder des kommunistischen Blocks auszuweiten, um durch den Handel einen
Wandel einzuleiten und die sozialistischen Ökonomien sukzessive in eine marktorientierte Weltwirtschaft einzubinden.

In Amerikas Taktik von Zuckerbrot und Peitsche im Ost-West-Handel, um auf
den Sowjetblock einzuwirken, wurde zur Regel. Unter Präsident Richard Nixon
erreichten die Liberalisierung der Wirtschaftsbeziehungen und die Entspannungspolitik den kommunistischen Ländern gegenüber einen Höhepunkt. Durch den
sukzessiven Abbau von Beschränkungen im Handel mit China erhöhte sich das
Volumen von fünf Millionen US-Dollar im Jahr 1971 auf 900 Millionen US-Dollar drei Jahre später. 1972 schlossen die USA und die UdSSR ein weitreichendes
Handelsabkommen, das Einfuhren von Industrieerzeugnissen nach Amerika im
Wert von 1,1 Milliarden US-Dollar sowie Getreidelieferungen an die Sowjetunion im Wert von ebenfalls über einer Milliarde US-Dollar den Weg ebnete. Das
US-Handelsministerium kürzte binnen weniger Monate die Liste der ausfuhrbe-
schränkten Güter von 550 auf 73 Posten, und auch das CoCom ging allmählich
dazu über, im Fall der strategischen Güter einzelne Posten zu streichen, statt den
Katalog kontinuierlich zu aktualisieren und zu erweitern. Die Anträge der USA
auf Ausnahmegenehmigungen stiegen von zwei im Jahr 1962 auf mehr als tausend im Jahr 1978. Der Ost-West-Handel florierte, die Sowjets waren auf dem
kapitalistischen Weltmarkt stärker präsent, und die USA intensivierten ihre Han-
delsbeziehung mit China und der UdSSR gleichermaßen. Es kam sogar zu Gesprächen über eine Zusammenarbeit bei der Ölförderung, nachdem infolge des
Nahostkonflikts die Versorgung aus der Region gefährdet war. Gestört wurden
die Ost-West-Handelsbeziehungen schließlich zunehmend durch politische Interventionen, beispielsweise 1974, als der US-Kongress darauf drang, Sanktionen
wegen Menschenrechtsverletzungen und Ausreisebeschränkungen für jüdische
Emigranten zu verhängen und den Sowjets deshalb Handelserleichterungen zu
versagen.[88]

In der Folgezeit richteten sich US-Handelsbeschränkungen erneut vor allem an
der sowjetischen Außenpolitik aus. Unter Präsident Jimmy Carter führte die Orientierung der US-Politik am sowjetischen Verhalten dazu, dass nach dem sowjetischen Einmarsch in Afghanistan 1979 der Handel praktisch zum Erliegen kam.
Carter verhängte ein Getreide-Embargo sowie einen Boykott der Olympischen

Spiele 1980 in Moskau und verschärfte die Restriktionen für den Technologieexport. Ronald Reagan war bemüht, die Handelsbeziehungen mit dem sowjetischen Erzfeind weitgehend einzustellen, um Moskau in den Untergang zu treiben. Doch änderten derlei Sanktionen nichts an der Tatsache, dass die kommunistische und die kapitalistische Welt enger miteinander verbunden waren als jemals zuvor – hier liegt einer der Gründe des russischen Erfolgs in der Globalisierung nach dem Fall des Kommunismus.

Den Weg der Integration ermöglichten zugleich Risse innerhalb des kommunistischen Systems. Der RGW verkörperte ganz offenkundig nur eine scheinbare Einheit der sozialistischen Länder in Europa. Viele der osteuropäischen Satellitenstaaten waren mit der sowjetischen Vorherrschaft unzufrieden und verärgert angesichts der Unterdrückung von Wirtschaftsreformen Ende der 1960er Jahre; überlieferte Rivalitäten und Misstrauen gegenüber der Politik Moskaus trugen ebenfalls dazu bei, das Projekt wirtschaftlicher Integration zu einer Farce werden zu lassen. Auch Versuche, die zentralisierten RGW-Strukturen durch Planungs- und Entscheidungsprozesse innerhalb industrieller Sektoren zu ersetzen, scheiterten daran, dass die so genannten horizontalen Entscheidungsketten sich als ebenfalls schwerfällig und bürokratisch erwiesen und nicht in der Lage waren, die Ressourcen und die administrative Infrastruktur bereitzustellen, die zur Integration grundverschiedener Ökonomien notwendig wären.[89] Die sowjetische Wirtschaftsoffensive war im Großen und Ganzen Mitte der 1970er Jahre am Ende, die kapitalistische Weltwirtschaft unter amerikanischer Führung hatte überlebt und ihre Vorherrschaft behauptet, auch wenn sie vielleicht auf etwas wackligeren Beinen stand als zuvor.

Die europäische Herausforderung

Die Hegemonie der amerikanischen Doktrin offener Türen beruhte zum Teil auf der schieren Macht der Vereinigten Staaten, doch zum Teil auch auf der wachsenden Wirtschaftskraft Westeuropas und Ostasiens; doch gerade diese beiden Regionen sollten die amerikanische Hegemonie in Frage stellen. Nach der Konstituierung eines gemeinsamen Marktes für Kohle und Stahl in den frühen 1950er Jahren folgten die Westeuropäer dem von Robert Schuman und Jean Monnet entworfenen pragmatischen Kurs europäischer Einigung. Die Amerikaner betrachteten die 1957 geschaffene und sechs Länder umfassende Europäische Wirtschaftsgemeinschaft als ein Mittel, Westdeutschland in einen demokratischen und antikommunistischen Staatenbund einzubinden und gleichzeitig Frieden und Wohlstand auf dem in der Vergangenheit so häufig durch Kriege zerrissenen Kontinent zu schaffen. In ökonomischer Hinsicht eröffnete die Konstitution eines gemeinsamen Marktes, der Frankreich, Westdeutschland, Belgien, Luxemburg, die Niederlande und Italien umschloss, die Möglichkeit einer gewaltigen transnationalen Zollunion, die den freien Wettbewerb förderte und Außenstehende durch offene Türen willkommen hieß. Die Wirtschaftsgemeinschaft (von den Briten weiterhin *common market*, gemeinsamer Markt, genannt) besaß eine solche Dynamik, dass sie die Bedeutung der anderen Europäischen Gemeinschaften, der Europäischen Atomgemeinschaft (Euratom) und der Europäischen Gemeinschaft für Kohle und Stahl (Montanunion), bald in den Schatten stellte und in ihre Zuständigkeit übernahm. 1973 traten der Gemeinschaft mit dem Vereinigten Königreich, Irland und Dänemark drei weitere Mitglieder bei, und es folgten noch zahlreiche andere europäische Staaten; 2009 zählte die Europäische Union 27 Mitgliedsländer.[90] Die EWG wurde zum Motor der Wirtschaft Europas.

Der Aufstieg der Gemeinschaft bedeutete für die existierenden Machtstrukturen in der Weltwirtschaft eine Herausforderung. Die EWG umfasste 168 Millionen Menschen in Westeuropa und weitere 63 Millionen in assoziierten Ländern und Gebieten – eine ansehnliche Handelsmacht. In den Augen der Gründer sollte sich nicht nur die Zollunion binnen eines Jahrzehnts zum größten Wirtschaftsraum der Welt entwickeln, sondern auch, gewissermaßen als ein Nebenergebnis, die Gemeinschaft zur Bildung einer supranationalen politischen Föderation führen, in der Entscheidungen der Exekutive, der Europäischen Kommission, vorbehalten blieben und nicht von Vertretern der nationalen Regierungen im Rat der Europäischen Union getroffen würden. Frankreichs Präsident Charles de Gaulle, immer bemüht, französische Interessen und Macht zu wahren und nicht nur die der Gemeinschaft zu stärken, stellte sich den Plänen der Kommission in den Weg. Darüber hinaus sperrte er sich gegen die Aufnahme Großbritanniens in den inneren Kreis der sechs Gründernationen, weil er in London einen Erfüllungsgehilfen der USA sah; letztere, so fürchtete der französische Präsident, wollten die Europäische Gemeinschaft unterwandern. Eine europäische Überstaatlichkeit etablierte sich erst in den 1990er Jahren, eng verknüpft mit der Schaffung einer gemeinsamen Währung, doch die Wirtschaftsgemeinschaft entwickelte sich bereits in den 1960er Jahren als Zollunion zu einer enormen Handelsmacht.

Nach umfangreicher Diskussion kam man in der EWG überein, die jeweilige nationale Handelspolitik aufzugeben und stattdessen als Union aufzutreten – ein Ansatz, der nicht nur der von den Vereinigten Staaten in der Nachkriegszeit verfolgten Politik eines diskriminierungsfreien Handels entgegenstand, sondern zudem die US-Position in der Weltwirtschaft in Frage stellte. Die Gemeinschaft der Sechs führte – anstelle nationaler Zollbestimmungen – einen gemeinsamen Außenzolltarif ein, der den Handel mit gewerblichen Waren zwischen dem gemeinsamen Markt und der Außenwelt regelte und sich damit bewusst von der multilateralen Doktrin offener Türen der Vereinigten Staaten abhob. Die Zölle zwischen den Mitgliedsländern der Gemeinschaft wurden harmonisiert – Frank-

reich und Italien senkten die Höhe der Abgaben, die Benelux-Staaten und Westdeutschland erhöhten ihre; der gemeinsame Zolltarif fand Anwendung auf Importe ins Gemeinschaftsgebiet, während der gewerbliche Handel innerhalb der
Gemeinschaft zollfrei blieb. Darüber hinaus schuf die EWG im Bereich der so
genannten Gemeinsamen Agrarpolitik ein protektionistisches Abgaben- und
Quotensystem für Nahrungsmittelimporte, das allerdings auch zu Disputen zwischen Frankreich und den europäischen Handelspartnern über das Ausmaß der
französischen Agrarsubventionen führte. Doch ungeachtet solcher Zwistigkeiten
(die nicht zuletzt dem von de Gaulle formulierten französischen Führungsanspruch im neuen Europa geschuldet waren) bevorzugte das Handelsrecht der
Gemeinschaft die Mitgliedsländer und diskriminierte Nichtmitglieder, etwa die
Vereinigten Staaten. Aus politischen Gründen begrüßten die Amerikaner dennoch eine solche eurozentrische Politik und stellten wirtschaftliche Grundsätze –
wie die Verteidigung multilateraler Handelsbeziehungen – hintan. Letzten Endes
konnte die US-Außenpolitik die europäische Einigung und ebenso die Einbindung
Japans als Erfolg verbuchen. Gleichwohl waren die möglicherweise negativen Folgen der Wirtschaftsmacht Europas für die ökonomischen Perspektiven der Vereinigten Staaten nicht zu vernachlässigen.

   Die Europäische Gemeinschaft entwickelte sich zu einer Macht, die in allen
Wirtschaftsbereichen die Führungsrolle und Vormachtstellung der USA in Frage
stellte. Bereits in den 1950er Jahren wurde der Abstand zwischen amerikanischer
und europäischer Produktion zusehends geringer. 1959 produzierte Europa jährlich 62,9 Millionen Tonnen Stahl (sieben Jahre zuvor waren es noch 36,6 Millionen Tonnen gewesen), während die Jahresleistung in den USA bei 84,5 Millionen
Tonnen stagnierte. 1960 überholte die Industrieproduktion in der Europäischen
Gemeinschaft die der amerikanischen Industrie; während des gesamten Jahrzehnts sank der Anteil der USA am Weltbruttosozialprodukt, der Anteil der EWG
stieg. Die Vereinigten Staaten blieben die größte einzelne Handelsnation, doch
wurden sie 1960 von der geballten Handelsmacht der Gemeinschaft der Sechs
überholt. Auch im Bereich der Exporte legten die Europäer zu, während der amerikanische Überschuss im Handel mit Europa dahinzuschwinden begann. Gewiss
war all das mehr oder weniger eine zwangsläufige Folge der in den 1950er Jahren
sich vollziehenden wirtschaftlichen Erholung nach dem Zweiten Weltkrieg; die
USA konnten realistischerweise nicht hoffen, den gewaltigen wirtschaftlichen
Vorsprung der unmittelbaren Nachkriegszeit zu halten. Doch die Europäische
Gemeinschaft der Sechs sowie die unter britischer Führung stehende Europäische
Freihandelsassoziation (European Free Trade Association, EFTA) – ein Zusammenschluss sieben europäischer Nationen, denen im Unterschied zur EWG nicht
an einer politischen Integration gelegen war – drohten zu Wirtschaftsblöcken zu
werden, die sich vor allem auf den Binnenhandel der Mitgliedsländer konzentrierten und die Vereinigten Staaten vor verschlossenen Türen stehen ließen. Tatsäch-

lich zeigten die US-Exporte in beide Wirtschaftsräume einen Rückgang, und jenseits des Atlantik begannen angesichts des europäischen Protektionismus die Alarmglocken zu schrillen. Gleichzeitig stieg in den Vereinigten Staaten die Inflationsrate, zum Teil aufgrund eines nicht nachhaltigen Wirtschaftswachstums, das selbst wiederum offenkundig nicht nachhaltigen Exportziffern nach Westeuropa geschuldet war.

Die Amerikaner suchten ihr Heil in Handelsgesprächen, um den Protektionismus der EWG zu durchbrechen. Während der Kennedy-Runde des GATT (1964–1967) bemühten sich die Vereinigten Staaten, ihre wirtschaftliche Führungsrolle in der westlichen Welt zurückzuerlangen und Europa und Japan zu einer Liberalisierung der Handelsbeziehungen zu bewegen. Von besonderer Bedeutung wäre ein Durchbruch bei der Gemeinsamen Agrarpolitik der EWG gewesen: Eine Liberalisierung dieses Bereichs hätte es Amerika ermöglicht, komparative Kostenvorteile in der Landwirtschaft auszuspielen und die Überschussproduktion amerikanischer Farmer loszuwerden. Ein weiterer Schwerpunkt Washingtons war die Senkung der Außenzolltarife für Industrieprodukte: Durch niedrigere Zölle wären amerikanische Unternehmen in der Lage, in den USA zu produzieren und ihre Erzeugnisse anschließend zu exportieren, statt gezwungen zu sein, durch Investitionen und die Fertigung in Europa Handelsschranken zu umgehen. Die Franzosen weigerten sich indes mitzuspielen, schließlich war aus ihrer Sicht ein entscheidendes Motiv für die Wirtschaftsgemeinschaft ihr Zugang zum deutschen Agrarmarkt und umgekehrt die Öffnung des heimischen Marktes für Industrieprodukte aus Deutschland. Als die Amerikaner versuchten, den Briten den Weg in die EWG zu bahnen – nicht zuletzt, um die französische Uneinsichtigkeit zu unterminieren –, legte de Gaulle sein Veto gegen eine Mitgliedschaft ein, in der er nur einen Schachzug sah, um die Integration der Gemeinschaft insgesamt zu torpedieren. Die Zölle auf Industrieprodukte senkten die Europäer in der Kennedy-Runde von sich aus, gleichwohl bestanden weiterhin komplizierte nichttarifäre Handelshemmnisse im Bereich der chemischen und der Stahlindustrie. Doch im transatlantischen Agrarhandel bewegte sich nichts, durch das gemeinsame Interesse Frankreichs und Deutschlands blieb es bei den protektionistischen Bestimmungen – daran hat sich bis heute kaum etwas geändert. Die Folgen für die USA waren offensichtlich: 1969 exportierten die USA in die Europäische Gemeinschaft nicht einmal mehr die Hälfte der Getreidemenge, die sie noch drei Jahre zuvor geliefert hatten.[91] Die EWG blockierte die US-Handelspolitik, trotz massiver Bemühungen Washingtons, die Türen offenzuhalten.

Die Entwicklung der Wirtschaft in Westeuropa zeigte bemerkenswerte Ergebnisse, doch war es tatsächlich ein anderer Wandel, der in noch stärkerem Maß das Aussehen der Weltwirtschaft veränderte. Die Gemeinschaft der Sechs schuf Mitte der 1960er Jahre gerade einmal ein Drittel des Nationalprodukts der Vereinigten Staaten, doch die reale Nachfrage der Zollunion erreichte die Hälfte der

US-amerikanischen. In Europa hatte eine Verschiebung eingesetzt, weg von der Ausrichtung auf die Produktion und hin zu einer stärkeren Konsumorientierung, die den Beschäftigten steigende Einkommen und mehr Kaufkraft bescherte und so die Nachfrage stärkte. Europa entwickelte sich für amerikanische multinationale Unternehmen zu einem Magneten. Werbung für den Massenkonsum zielte auf die Menschen in der Arbeitssphäre, holte die Europäer geradewegs aus traditionellen sozialen Schichtungen, in denen sie Arbeiter, Hausfrauen, Bürokräfte oder konservative leitende Angestellte waren, und verwandelte sie mit zunehmendem Wohlstand in schicke Konsumenten. In Anzeigen und auf Plakaten sah man Manager wie Arbeiter beim Skifahren, im Schnellrestaurant oder hinter dem Steuer schnittiger Automobile. 1965 wurden in Frankreich 4,2 Millionen Fernsehgeräte verkauft, 1954 waren es nur 5000 gewesen – die Konsumrevolution lockte die Europäer in die Geschäfte. Belgier ließen ihre Fahrräder stehen und fuhren Auto, Holländer kauften Waschmaschinen aus Deutschland und Kühlschränke aus Italien. Dank niedriger Binnenmarktabgaben öffneten sich die Grenzen in der EWG und der Handel mit Konsumgütern, von Schuhen bis zu Nahrungsmitteln, erlebte auf dem gemeinsamen Markt eine Blüte. Auch Kreditgeschäfte weiteten sich aus. Jean Monnet hatte angemerkt, die Europäer würden den Lebensstandard der Amerikaner binnen anderthalb Jahrzehnten nach der Gründung der Wirtschaftsgemeinschaft erreichen. Seine Prognose sollte sich als ziemlich genau erweisen; das Bruttonationaleinkommen in der EWG wuchs bis 1974 durchschnittlich um 3,5 Prozent jährlich, während das Wachstum in den USA im gleichen Zeitraum 2,1 Prozent betrug. Auch der amerikanische Konsum blieb hinter dem europäischen zurück. In den Ländern der Europäischen Gemeinschaft verdoppelte sich das verfügbare Einkommen der Lohn- und Gehaltsempfänger, das Handelsvolumen verdreifachte sich. Kaufkraft, Nachfrage und Konsumgewohnheiten hatten sich dramatisch verändert.[92]

Multinationale Unternehmen   US-Unternehmen investierten verstärkt in Produktionsanlagen und Niederlassungen in Europa, um zum einen auf die Verlagerung zu einer stärkeren Konsumorientierung zu reagieren und zum anderen europäische Handelsbarrieren zu umgehen. So konnten sie als in der Europäischen Gemeinschaft beziehungsweise der EFTA ansässige Firmen ihre Geschäftstätigkeit innerhalb des gemeinsamen Marktes entfalten, statt sich von außen zu bemühen, in Europa Fuß zu fassen. Multinationale Unternehmen expandierten rasch in der Region. Nachdem Kanada lange Zeit bei US-Auslandsinvestitionen den Spitzenplatz eingenommen hatte, gefolgt von Großbritannien, lief in den 1970er Jahren die Europäische Gemeinschaft (ab 1973 samt Vereinigtem Königreich) dem nördlichen Nachbarn der USA den Rang ab. Die Firmen nutzten die Gelegenheiten, die Europa bot, und verdreifachten annähernd ihre Investitionen in den Ländern des gemeinsamen Marktes – und das trotz einer eher zögerlichen Unterstützung aus Washington, wo man Auslandsinvestitionen als Liquiditätsabfluss im internationalen Zahlungsverkehr und als Abzug von US-Kapital aus der heimischen Wirtschaft ansah. Die Johnson-Administration ging sogar so weit, umfangreichere Auslandsinvestitionen aufgrund des zunehmenden Ungleichgewichts in der Zahlungsbilanz zu untersagen. (Zur Schieflage trugen im Übrigen Handelsdefizite ebenso wie Kapitalexporte bei.) Zugleich leisteten multinationale Konzerne einen wichtigen strukturellen und ideologischen Beitrag zur Globalisierung; viele Wissenschaftler beschrieben sie als entscheidende Alternative zur eher merkantilistischen Orientierung von Nationalstaaten. Das Engagement amerikanischer Konzerne im Ausland verkürzte die Distanzen zwischen Ländern und Kontinenten, verband Geschäfte, Menschen und Technologien rund um die Erde, und das auf eine Art und Weise, die Nationalstaaten umging, einbezog oder auch einfach überrannte. Befürworter der freien Marktwirtschaft begrüßten begeistert die Entwicklung dieser die Welt umspannenden Unternehmen, feierten sie als dynamische Botschafter des Wettbewerbs und Unternehmergeists, eines wachsenden Wohlstands, globaler Führung und letztlich des Weltfriedens, ungeachtet ihres Rufs als gewinnsüchtige, unkontrollierbare, kapitalistische Cowboys, ohne Moral oder soziales Gewissen – anders als ihre europäischen Pendants.

Während europäische Konzerne Investitionen mit gewissen sozialen Ansprüchen zu verbinden schienen, überschwemmten amerikanische Unternehmen bei ihrem Vormarsch europäische Märkte mit Konsumartikeln; die Gegenreaktion zeigte eher politische als ökonomische Konsequenzen. Der Antiamerikanismus in Europa und das Bild überregulierter Ökonomien mit häufigen Arbeitskämpfen hatten viele große Investoren lange Zeit abgeschreckt, doch der Abbau von Investitionshindernissen und die zurückgehenden Umsätze in den Vereinigten Staaten trugen dazu bei, dass amerikanische Unternehmen sich massiv im Ausland engagierten. Die Investitionen großer US-Konzerne in Europa vervierfachten sich beinahe, von 4,6 Milliarden US-Dollar im Jahr 1958 auf 16,2 Milliarden US-Dollar acht Jahre später, und machten rund ein Drittel der globalen US-Direktinvestitionen und damit den Löwenanteil des amerikanischen Engagements auf dem Weltmarkt aus. Die Unternehmen konzentrierten sich auf Wirtschaftszweige mit hoher Sichtbarkeit, etwa die Lebensmittel-, Kosmetik- oder Haushaltsgerätebranche, die rasches Wachstum und hohe Gewinne versprachen. In der Automobilbranche konnten die Amerikaner sich mit preisgünstigen Autos, neuer Technik und ordentlicher Motorleistung im Wettbewerb gegen die europäische Konkurrenz durchsetzen, insbesondere gegen französische Hersteller mit ihren schwach motorisierten Fahrzeugen. Chrysler allein setzte mehr Fahrzeuge ab als alle französischen Marken zusammen, und die jährlichen Umsätze von General Motors übertrafen in jenen Jahren das Bruttosozialprodukt Hollands, und zwar um zehn Prozent. Amerikanische Werbeagenturen eröffneten Niederlassungen in Europa, etwa J. Walter Thompson im wiederaufgebauten Frankfurt am Main, von wo aus die Agentur 117 Marken und Artikel quer über den gesamten Kontinent betreute, von Kraft Lebensmitteln bis zu De Beers Diamanten. General Electric drängte mit 200 000 Produkten auf den europäischen Markt. In den größeren Städten eröffneten die ersten Supermärkte nach amerikanischem Vorbild, machten dem kleinen Einzelhandel mit begrenztem Sortiment das Leben schwer und ersetzten ihn schließlich durch Selbstbedienungsmärkte, in denen alles unter einem Dach angeboten wurde. Die US-Konzerne, ihre Strategien und ihre Werbung waren erfolgreich; Europäer, vor allem Stimmen aus Frankreich (und insbesondere de Gaulle) warnten schon bald vor dem Imperialismus Washingtons, vor einer «Amerikanisierung» Europas und der drohenden «Übernahme» Großbritanniens. Selbst aus Kanada, wo US-Unternehmen in erheblichem Ausmaß im Rohstoffsektor tätig waren und wenigen Beschränkungen unterlagen, waren nationalistische Töne zu vernehmen, die eine Dominanz der Firmen aus dem südlichen Nachbarland beklagten, auf die eigene Unabhängigkeit pochten und die verstärkte Integration des nordamerikanischen Kontinents ablehnten. [93]

Angesichts der Tatsache, dass das Geschäftsvolumen amerikanischer Konzerne in Europa faktisch das Bruttosozialprodukt der EWG in den Schatten stellte, rieten Experten der Gemeinschaft der Sechs, die Entwicklung eigener multinationaler Unternehmen zu fördern und Kapital zu mobilisieren, um der amerikanischen Herausforderung insbesondere in den aufstrebenden neuen Hochtechnologiebranchen Telekommunikation und Information zu begegnen. Auf die Investitionen, die über den Atlantik kamen, konnte Europa kaum verzichten, also arrangierte es sich. Europäische Gesellschaften taten sich mit amerikanischem Know-how zusammen, so etwa alteingesessene französische Parfümerien mit den Herstellern synthetischer Duftstoffe aus New Jersey, was bis 1970 zur Übernahme von elf führenden Firmen der Branche durch Amerikaner führte. In Großbritannien, Deutschland, der Schweiz und Italien öffneten Warenhausketten und Selbstbedienungsmärkte reihenweise ihre Pforten – in den USA erledigten 85 Prozent der Haushalte ihre Einkäufe in solchen Geschäften. Kraft, Kellogg's und andere Lebensmittelhersteller konnten sich bedeutende Marktanteile in Europa sichern. Das hieß nicht, dass kleinere Anbieter allesamt verschwanden, aber ihre Zahl ging zurück; multinationale Gesellschaften konnten um zehn Prozent niedrigere Preise kalkulieren und einheimische Unternehmen in den Konkurs treiben. Die Konzerne beriefen sich auf die kapitalistische Ethik des freien Wettbewerbs; amerikanische Reifenhersteller wie Goodyear oder Firestone etwa umgingen Reglementierungen, indem sie der französischen Automobilindustrie Rabatte auf Autoreifen gewährten. Letzten Endes gab es viele Klagen über das provozierende Auftreten der Amerikaner, doch selbst die Franzosen tranken Coca-Cola oder tankten Esso. In den frühen 1970er Jahren schließlich konzentrierte sich das Geschäftsinteresse vieler US-Konzerne zunehmend auf den deutschen Markt – gewiss spielte dabei die Reglementierung in Frankreich auch in der Zeit nach de Gaulle eine Rolle, und nicht zuletzt machten sich staatliche Investitionsanreize bemerkbar. Multinationale Konzerne kannten keine nationalstaatlichen Rücksichten, sondern verfolgten regionale und globale Strategien.[94]

Es war nicht nur ein Kampf der Kulturen in der Weltwirtschaft; die Geburt des europäischen gemeinsamen Marktes fiel zeitlich in eins mit einer globalen Revolution im Transport-, Informations- und Kommunikationswesen, ohne die eine multinationale Expansion der Unternehmen ungleich schwieriger gewesen wäre. Ein nicht unerheblicher Teil der Direktinvestitionen amerikanischer Großkonzerne floss zwar auch, mit Unterstützung Washingtons, in die Dritte Welt – denn staatliche Entwicklungshilfe blieb für den Kongress ein rotes Tuch –, dennoch entfaltete sich die Dynamik multinationaler Unternehmen in erster Linie im Norden, in Westeuropa und Japan. Technologische Innovation aus den Vereinigten Staaten spielte dabei eine herausragende Rolle; 69 Prozent der Forschung und Entwicklung in den wichtigsten Industrieländern gingen auf das Konto amerikanischer Konzerne. Den Computermarkt beherrschte die International Business Machines Corporation (IBM), den Vertrieb der Produkte übernahmen auf dem europäischen und japanischen Markt einheimische Händler. 1960 gingen zwanzig Prozent des Geschäftsergebnisses von IBM auf Auslandsumsätze zurück, 1979 waren es 54 Prozent; 1964 stammten 62 Prozent der in Westeuropa installierten Rechneranlagen von IBM. Der Konzern behielt über seine Tochtergesellschaften und Vertragspartner im Ausland die volle Kontrolle, selbst als einzelne Regierungen sich bemühten, einheimische Firmen stärker ins Spiel zu bringen.

Die Veränderungen im Transportsektor waren augenfällig: Menschen und Waren bewegten sich mit ungeheurer Beschleunigung um den Globus. Der amerikanische Flugzeugbauer Boeing investierte ein Viertel seines Nettovermögens in die Entwicklung eines Langstreckenverkehrsflugzeugs und konnte 1957 die ersten 707 auf den Weg über den Atlantik schicken. Durch Flugverbindungen verkürzten sich Wege und Reisezeiten, und insbesondere amerikanische Geschäftsleute waren nunmehr in der Lage, doppelt so schnell, bequem und preisgünstig alle Ziele in Westeuropa ohne Umwege und Zwischenlandungen zu erreichen. Die Passagierzahlen stiegen zwischen 1957 und 1973 von 4,3 Millionen auf 18,9 Millionen, und dank sinkender Preise entdeckten auch Touristen das Fliegen für sich. (1980 nutzten 278 Millionen Urlaubsreisende das Flugzeug, 2009 waren es 880 Millionen bei einer Gesamtpassagierzahl von über 2,3 Milliarden.) 1969 konnte die Boeing 747, ein ursprünglich für Luftfracht konzipiertes Großraumflugzeug, die Effizienz im Luftverkehr noch weiter steigern und die so genannten Sitzplatzkilometer-Kosten nahezu halbieren. In den Folgejahren erweiterten neue Modelle die Kapazität immer weiter, sodass etwa die Route New York-Tokio mit

233 Passagieren geflogen werden konnte; 1989 brachten große Passagierjets bereits 412 Fluggäste auf 20-Stunden-Flügen mit Unterschallgeschwindigkeit an ihr Ziel. Durch Charterflüge ließen sich die Kosten noch weiter senken und auf den Flughäfen der Welt wurden junge Leute auf dem Weg nach Übersee zu einem gewohnten Anblick. Für Reisende mit gehobenen Ansprüchen und Geschäftsleute entwickelte ein englisch-französisches Konsortium die Concorde, die ihren regulären Flugbetrieb 1976 aufnahm und als erstes Linien-Überschallflugzeug in nur vier Stunden Flugzeit London und Paris mit New York und Washington D. C. verband. Viele Jahre lang verkehrte die Concorde auf der Transatlantikroute und flog darüber hinaus Ziele in Asien und Lateinamerika an, bis im Jahr 2000 die Explosion einer Maschine beim Start in Paris sowie die sehr hohen Betriebskosten zur Einstellung des Linienflugbetriebs führten. In jener Zeit ermöglichte die Revolution des Luftverkehrs, wie die Historikerin Mira Wilkins feststellte, «Geschäftsaussichten in reale Auslandsinvestitionen zu übersetzen» und so den Prozess der Globalisierung voranzubringen.[95]

Auch im Frachtverkehr verdanken sich Ausweitung und Globalisierung gesteigerter Effizienz, die wiederum ohne technologische Innovation undenkbar wäre. Das Luftfrachtvolumen stieg exponentiell, gemessen an verkauften Fracht-Tonnenkilometern zwischen 1957 und 1973 um 866 Prozent. Luftfracht verzeichnete auch im darauffolgenden Jahrzehnt enorme Zuwächse, doch standen dem internationalen Handel noch weitere Optionen zur Verfügung. Bereits 1960 hatten zwei amerikanische Speditionen die Frachtbehälter standardisiert, in denen sie Güter zwischen verschiedenen US-amerikanischen Häfen beförderten. Andere Firmen entdeckten schnell die Vorteile des Containertransports. Schon bald befuhren Containerschiffe die Ozeane und beschleunigten den atlantischen und pazifischen Überseehandel, ihre immer gigantischeren Ausmaße freilich führten ab den 1980er Jahren dazu, dass sie für die Passage durch den Panamakanal zu groß wurden. Und Seefracht beschränkte sich nicht auf Containerschiffe: Befahrbare Großfrachter, so genannte RoRo-Schiffe für den Transport von bis zu 2000 Automobilen, und Tanker für Erdöl und flüssiges Erdgas hatten ebenfalls ihren Anteil am Wachstum des Seeverkehrs und sorgten für reibungslose Transportabläufe rund um die Welt. Die Revolution des Transportwesens war eine wichtige Voraussetzung für die Expansion von Unternehmen, die auf beiden Seiten des Atlantik und darüber hinaus tätig waren. 1966 wuchs der internationale Handel mit Industrieerzeugnissen doppelt so schnell wie die globale Produktion; diese Dynamik verdankte sich zu einem großen Teil den gesunkenen Frachtkosten und trug zur weiteren Integration der Weltwirtschaft bei. In den 1980er Jahren fuhren Containerschiffe vom Pazifik in den Nordatlantik, ins Mittelmeer und weiter; Containerfracht war allgegenwärtig, und auch der Fernhandel nahm exponentiell zu. Zwischen 2001 und 2005 stiegen die Frachtkapazitäten um jährlich zehn Prozent; Reedereien stellten immer gewaltigere Schiffe in Dienst, mit Ladungskapa-

Flugbegleiterinnen im Stratoliner, der neuen Maschine von Boeing, 21. März 1956. Die 1937 eingeführte Boeing 307 – dieses Modell wurde für Übungszwecke verwendet – bekam eine neue Innenausstattung. Die Maschine hatte nun Platz für 98 Passagiere und bot Annehmlichkeiten wie eine Klimaanlage, individuelle Belüftung, fließend Wasser und Leselämpchen. Der Stratoliner war ein Vorläufer größerer Maschinen wie der Boeing 707, die schon bald mit Geschäftsleuten an Bord den Atlantik überquerten. Flugreisen wurden billiger und effizienter, wodurch die Geschäftswelt deutlich enger zusammenwuchs.

zitäten von 4000 Standard-Seefrachtcontainern – ein solches Containerschiff konnte, beispielsweise aus einem südkoreanischen, japanischen oder chinesischen Hafen kommend, 1,3 Millionen Farbfernsehgeräte mit 29-Zoll-Bildschirm oder 50 Millionen Mobiltelefone transportieren. Auf dem Reißbrett existierten schon bald Schiffe mit einer nochmals verdoppelten Ladungskapazität; die zum Weitertransport der Container benötigten Lastwagen würden aufgereiht einen 110 Kilometer langen Konvoi bilden. Die einzigen Hindernisse für immer größere Frachter wären geographischer Art, denn die verkehrsreichsten Schifffahrtswege der Welt, die Straße von Malakka zwischen Malaysia und Indonesien sowie der Suezkanal, setzen den Meeresungeheuern natürliche Schranken.[96]

Neue Kommunikationstechnologien trugen ebenfalls zum Wachstum multinationaler Unternehmen entscheidend bei. Das Telex bot die Möglichkeit einer schnellen und zuverlässigen Kommunikation, mit deren Hilfe sich Geschäftsabschlüsse und Managementaufgaben über weite Distanzen realisieren ließen. Daneben erlebten transatlantische Telefongespräche – über das erste Kabel, bei dem Mikrowellen-Signalverstärker zum Einsatz kamen – einen sprunghaften Anstieg, von 250 000 im Jahr 1957 auf 4,3 Millionen vier Jahre später. Telex und Telefon erlaubten US-Konzernen, ihre überseeischen Niederlassungen vom amerikanischen Hauptquartier aus im Auge zu behalten; Kommunikationsnetzwerke verknüpften die Metropolen der Welt in immer stärkerem Maß. In den darauffolgenden Jahrzehnten schufen Satelliten weitere Voraussetzungen, auch entlegene Gegenden der Erde in die Weltwirtschaft einzubinden. Zu einer solchen Integration trug auch das Fernsehen seinen Teil bei, das in jenen Jahren einen Boom erlebte: Fernsehen brachte exotische Bilder in den Alltag der Leute und gab dem vormals Fremden ein bekanntes Aussehen. Die Haltung vieler Manager wandelte sich durch umfassende und fundierte Informationen über die Verhältnisse und Möglichkeiten in Übersee. Insgesamt wurde ein Weltbild vorherrschend, für das Grenzen und Entfernungen keine Rolle spielten. Die Technologie begann, Zeit und Raum schrumpfen zu lassen, auch für Politik und Diplomatie. Ab den 1970er Jahren standen technologische Kommunikationsmittel und individuelle elektronische Medien immer mehr Menschen zur Verfügung und versorgten sie mit Informationen, vom Radio, Video- und Kassettenrekorder oder CD-Player bis zur satellitengestützten privaten Videoverbindung. Anfang 2010 besaßen mehr als 4,6 Milliarden Menschen ein Mobiltelefon – das sind zwei Drittel der Weltbevölkerung. (15 Jahre zuvor waren es gerade 55,5 Millionen gewesen.) Die Welt war ein «globales Dorf» geworden, wie es der kanadische Medientheoretiker Marshall McLuhan bereits 1962 ausgedrückt hatte, und die neuen Informations-, Kommunikations- und Transporttechnologien beschleunigten nicht nur die Bewegung von Gütern und Dienstleistungen, sondern schufen auch interaktive Verbindungen, die Haltungen und Kulturen einander anglichen und sogar homogenisierten.[97]

Das Ende von Bretton Woods   Die Rolle als Förderer von Einheit, Wohlstand und freiem Wettbewerb in Europa erfüllte die Vereinigten Staaten mit einem gewissen Stolz – für die amerikanische Leistungsbilanz war die Prosperität jenseits des Atlantik Gift, und das Gleiche galt für die dem Kalten Krieg geschuldete US-Präsenz in Übersee. So war die Schieflage der amerikanischen Zahlungsbilanz unmittelbares Resultat des wirtschaftlichen Aufschwungs in Westeuropa; ein schwindender Exportüberschuss, abfließende Direktinvestitionsströme und die Ausgaben für Militär- und Wirtschaftshilfe wirkten hier zusammen. Die Regeln im Währungssystem von Bretton Woods besagten, dass Staaten angehäufte Dollarrücklagen jederzeit auf Wunsch zu einem festen Kurs gegen Gold aus den amerikanischen Edelmetallreserven eintauschen konnten, statt US-

Dollars als eine Art Schuldverschreibung zu halten. Die USA standen zu diesem Mechanismus, da der Goldstandard nicht nur die wirtschaftliche, sondern auch die psychologische Grundlage des internationalen Währungssystems war, und der Dollar als Leitwährung die Macht und den Führungsanspruch Amerikas untermauerte.

1958 beschlossen zehn europäische Regierungen die freie Konvertibilität ihrer Währungen gegenüber dem Dollar. Eigentlich ein Signal für das Prosperieren der regionalen Ökonomien (und damit für das Gelingen der amerikanischen Wiederaufbaupolitik in der Nachkriegszeit), hatte die Konvertibilität zur Folge, dass die US-Goldreserven beschleunigt abschmolzen – in jenem Jahr um zwei Milliarden US-Dollar und im darauffolgenden erneut. Die Vereinigten Staaten waren durchaus bereit, diesen Preis für ihre Führungsrolle im westlichen Bündnis zu zahlen, doch verlor Amerika durch die Entwicklung zwischen 1958 und 1968 beinahe die Hälfte seiner Goldreserven. Washington bemühte sich, den Dollar durch Handelsanreize und andere Maßnahmen zu stabilisieren. Statt den Dollar abzuwerten, setzte das US-Finanzministerium auf Überbrückungslösungen und drang bei Verbündeten und Partnern auf eine multilaterale Lastenteilung. Doch das amerikanische Zahlungsbilanzdefizit stieg zunehmend weiter; als (unter anderem) Frankreichs Präsident de Gaulle drohte, Fort Knox zu stürmen, wurde deutlich, wie sehr das Defizit die Vereinigten Staaten belastete.[98]

Die Ausgaben für den Vietnamkrieg verschlimmerten die Lage, die Inflation fraß die amerikanische Inlandskonjunktur auf, und die weltweite wirtschaftliche Instabilität hielt an. Angesichts der Kosten in Höhe von jährlich 10 bis 14 Milliarden US-Dollar für den Krieg in Südostasien wuchs im Kongress die Sorge, der Konflikt werde über kurz oder lang das Weltwährungssystem ruinieren. Im Inland lagen die negativen Auswirkungen auf der Hand. Die Einkommen hielten kaum mit der Preissteigerung Schritt; aufgrund der Kriegsausgaben verdoppelten sich 1966 und 1967 die Lebenshaltungskosten, um sich im Jahr darauf sogar beinahe zu verdreifachen. US-Präsident Johnson war sich durchaus bewusst, wie der Vietnamkrieg die Inflation anheizte, die noch jahrzehntelang das Schreckgespenst der US-Wirtschaft bleiben sollte. Krieg und sonstiges Auslandsengagement verschlimmerten zudem die Spannungen innerhalb des westlichen Bündnisses. Die Zentralbanken fuhren fort, US-Dollars gegen Gold einzutauschen, und zugleich stellten die Verbündeten Amerikas Führungsrolle in Frage und äußerten insbesondere Zweifel an seiner Fähigkeit, die Verteidigung Westeuropas zu garantieren. Die wirtschaftliche Situation bedrohte die amerikanische Außenpolitik; Washington schien vor die Wahl gestellt, den Dollar oder Europa zu verteidigen.[99]

Offenkundig verlor das System von Bretton Woods zunehmend den Boden unter den Füßen. Eine Finanzkrise in Großbritannien machte 1967 schließlich die Abwertung des Pfund Sterling unausweichlich, einer Währung, die bereits seit langem unter Druck stand, aber bis dato immer wieder durch amerikanische

Rettungsaktionen gestützt worden war. Als der Suezkanal infolge des Sechstage-
krieges im Nahen Osten für die Schifffahrt gesperrt blieb, brachen die britischen
Exporte dramatisch ein. Arabische Länder flohen aus der britischen Währung
und tauschten ihre in Pfund Sterling gehaltenen Reserven in Dollar um. Frankreich erhob daraufhin die Forderung, durch politische Maßnahmen zum Dollar
komplementäre Mechanismen zu schaffen, um das Währungssystem zu stabilisieren und zugleich Washingtons Praxis zu beschneiden, die inländische Inflation
durch überseeische Defizite zu finanzieren. Das Ergebnis waren zum einen der so
genannte Eurodollar, das heißt die Verwendung der Dollarguthaben außerhalb
der USA als eine Geldmarktreserve, die das Volumen der Reserven Amerikas und
aller Zentralbanken zusammen überstieg, sowie zum anderen ein vom IWF ein-
geführtes System so genannter Sonderziehungsrechte, das zu mehr internationaler
Liquidität beitragen und die Folgen nationaler Zahlungsbilanzschieflagen dämpfen sollte. Keine der Maßnahmen erwies sich als ausreichend. Als die amerikanischen Goldreserven Anfang März 1968 weiter dramatisch schmolzen (einmal
sank die Rücklage binnen eines Tages um 179 Millionen Dollar), schwanden
langsam auch die letzten Hoffnungen, das System von Bretton Woods aufrechterhalten zu können. Vertreter der Zentralbanken kamen überein, die Goldparität
des Dollar teilweise aufzugeben und einen privaten Goldmarkt zu schaffen, auf
dem der Goldpreis daraufhin stieg. Der Erfolg der ganzen Maßnahme hing davon
ab, ob der überbewertete Dollar Vertrauen zurückgewinnen konnte. Um der
Instabilität provisorisch etwas entgegenzusetzen, gingen die Amerikaner rigoros
gegen den Abfluss von Kapital vor. Gleichzeitig gab es im westlichen Bündnis erhebliche Spannungen, ob ein Land mit großen Dollarreserven wie Westdeutschland seine Währung aufwerten oder beispielsweise Frankreich die seine abwerten
sollte – eine solche Maßnahme scheiterte dann letztlich an de Gaulle. Experten
schlugen vor, die Bretton-Woods-Ordnung der festen Wechselkurse insgesamt
aufzugeben und zu einem System frei schwankender Wechselkurse überzugehen,
den Kurs des Dollar anderen Währungen gegenüber also «floaten» zu lassen. Im
Kern bedeutete das, sich vom Goldstandard abzuwenden und die Goldparität des
Dollar zu beenden – ein Schlag für die amerikanische Hegemonie.

Nachdem die US-Regierung in der ersten Hälfte der Amtszeit von Präsident
Nixon dem Währungssystem wenig Beachtung geschenkt hatte, ergriff sie dramatische Schritte, die letzten Endes den Prozess der Globalisierung entscheidend voranbrachten. Es gab eine Debatte, ob die Inflation im Inland an allem
schuld war, wie Vertreter des Monetarismus es behaupteten, oder ob das amerikanische Zahlungsbilanzdefizit – verschlimmert noch durch die Belastungen
des Engagements im Ausland – dringend Gegenmaßnahmen erforderte. Nixon
konzentrierte sich schließlich auf die Inflation, die schwindelerregende Höhen
erreicht hatte und den Handelsbilanzüberschuss ebenso zu vernichten drohte
wie die Währungskonvertibilität. Den enttäuschten Vertretern der Weltbank er-

klärte der Präsident, der «Dollar mag wohl unsere Währung sein, aber er bleibt Ihr Problem».[100] Letztlich setzte Nixons Haltung die restriktive Fiskalpolitik seiner Vorgänger fort, und die Sparmaßnahmen und Kürzungen der öffentlichen Ausgaben zeitigten tatsächlich ein Ergebnis, nämlich für 1969 einen Überschuss im internationalen Zahlungsverkehr, den ersten seit neun Jahren. Ein solcher Erfolg sollte sich indes nicht wiederholen, anhaltend steigende Arbeitslosigkeit und Schulden blieben davon zudem unberührt. Bei den Kongresswahlen von 1970 erlittene Verluste der Republikaner ließen im Weißen Haus mit Blick auf die für 1972 angestrebte Wiederwahl des Präsidenten die Alarmglocken schrillen. Es war Zeit, die Wirtschaft anzukurbeln, doch gleichzeitig gab es eine ganze Menge Gerüchte um die Zukunft des Dollar, die 1971 für Unruhe auf den weltweiten Devisenmärkten sorgten.[101]

Das System von Bretton Woods hatte den Dollar zur weltweiten Leitwährung erhoben, zu der alle anderen nationalen Währungen in einem festgelegten Wechselverhältnis standen; innerhalb eines solchen internationalen Währungssystems war es unmöglich, den Dollar abzuwerten, um die Schieflage der Zahlungsbilanz zu korrigieren. Dies und die Goldparität des Dollar waren Mechanismen, die sich nunmehr als eindeutig dysfunktional und kontraproduktiv erwiesen. Die Prognose, dass das amerikanische Zahlungsbilanzdefizit 1971 enorme 22 Milliarden US-Dollar erreichen werde, brachte Nixon zum Handeln. Im Fokus standen zum einen die europäischen NATO-Partner und insbesondere Westdeutschland, die aufgefordert wurden, ihren Anteil an den Verteidigungsanstrengungen zu erhöhen, zum anderen gab es Empfehlungen aus dem Finanzministerium, das System von Bretton Woods einer gründlichen Revision zu unterziehen. Das konnte alles Mögliche beinhalten, und verschiedene Vorschläge lagen schon auf dem Tisch, doch am effektivsten erschien eine überzeugende Neuausrichtung des Währungssystems und, falls die Europäer weiterhin Dollars horteten, die Konvertibilität von Dollarreserven in Gold auszusetzen und insgesamt ein neues System flexibler Wechselkurse auszuhandeln.

Die darauffolgenden Maßnahmen, die das Bretton-Woods-System fester Wechselkurse immer weiter entkernten, waren eher evolutionär als revolutionär. Der völlig überraschende Alleingang der Vereinigten Staaten allerdings irritierte Amerikas Verbündete und Partner; multilaterale Prinzipien schienen der Vergangenheit anzugehören. Nach einem historischen Treffen mit hochrangigen Beamten kündigte Nixon am 15. August 1971 eine neue Politik und durchgreifende Maßnahmen an, und die Rhetorik der Ankündigung war unmissverständlich und hart. Vertreter des Außenministeriums waren bei dem vorangegangenen Treffen nicht zugegen, was nichts Gutes verhieß, und nicht einmal der damalige nationale Sicherheitsberater Henry Kissinger war davon in Kenntnis gesetzt. Stattdessen gaben an diesem Tag die Wirtschaftsnationalisten den Ton an. Eine wichtige Rolle spielte Finanzminister John Connally, der gegenüber Vertretern internationaler Banken geäußert hatte, die Vereinigten Staaten seien nicht länger gewillt, ein System aufrechtzuerhalten, das nicht den langfristigen Interessen Amerikas diene. Unter Connallys Federführung begann die Regierung, ihre so genannte neue Wirtschaftspolitik umzusetzen, zu der die Kontrolle und Fixierung von Löhnen und Preisen ebenso gehörte wie die Verhängung von Einfuhrzöllen und vor allem die Aufhebung der Dollar-Konvertierbarkeit in Gold. Als er das Goldfenster krachend zuschlug, schielte Nixon auf die Zustimmung des amerikanischen Publikums; in- und ausländische Beobachter, die sich um liberale Handels- und Finanzbeziehungen sorgten, waren alarmiert. Später gestand der Präsident ein, das überhastete Vorgehen sei ein Irrtum gewesen, doch das Bemühen um eine neue internationale Währungsordnung sollte verhindern, dass die Dollarkrise die Maßnahmen zur Ankurbelung der Inlandskonjunktur beeinträchtigte – und Nixons Wiederwahl gefährdete. Der krude Merkantilismus erschütterte einige, die von den Vereinigten Staaten erwarteten, deutlich für die freie Marktwirtschaft und ein System der offenen Türen einzutreten, nun, da das ein Vierteljahrhundert alte Bretton-Woods-System nur noch künstlich am Leben erhalten wurde.

Die globalen Finanzmärkte traf Nixons plötzlicher Kurswechsel unvorbereitet. Da sich die USA weigerten, den Dollar abzuwerten, reagierten die meisten Zentralbanken auf die neue Situation, indem sie ihre Währungen frei floaten ließen. Frankreich führte zunächst Kapitalverkehrskontrollen ein, um den Franc zu schützen, zog die Maßnahmen aber alsbald zurück. Als entschiedenster Verteidiger des alten Systems erwies sich Japan: Tokio bemühte sich, den Wechselkurs von 360 Yen je Dollar zu stützen und kaufte in den ersten zwei Wochen nach Nixons Erklärung vier Milliarden US-Dollar als Währungsreserve. Was wie ein hastiger Stützungskauf wirkte, könnte allerdings ebenso gut ein erzwungenes Arrangement mit dem neuen Floating-System gewesen sein, in einem Land, in dem Sicherheit und prosperierender Handel von den Vereinigten Staaten abhängig waren. Wie andere Nationen auch beugte sich Japan den neuen Gegebenheiten.

Im Dezember 1971 trafen sich Vertreter der zehn wichtigsten Industrienationen in Washington und unterzeichneten das nach dem Ort der Zusammenkunft benannte Smithsonian-Abkommen. Darin vereinbarten sie, dass Amerika seine Währung gegen Gold abwertete (auf 38 US-Dollar per Feinunze); im Gegenzug wertete Japan den Yen um 16,9 Prozent und Westdeutschland die Mark um 13,5 Prozent auf (wodurch Exporte aus diesen Ländern sich verteuerten). Während das Abkommen von Bretton Woods einen Stabilisierungsmechanismus vorsah, der Devisengeschäfte mit einer einprozentigen Abweichung von den festgelegten Wechselkursen erlaubte, erweiterte das Smithsonian-Abkommen die Bandbreite auf 2,25 Prozent. Doch auch diese Vereinbarung sollte nicht lange Bestand haben, da das gesamte Währungssystem immer größere Spannungen zeigte. Im Verlauf der folgenden beiden Jahre setzte sich das Abfließen von Dollars aus den USA unvermindert fort. Weitere politische Verhandlungen folgten, die eine neuerliche

Aufwertung ausländischer Währungen durch Abwertung der Leitwährung ergaben (von 38 auf 42 US-Dollar per Feinunze Gold). Zu Beginn des Jahres 1973 wurden in vielen europäischen Ländern die Devisenbörsen vorübergehend geschlossen, doch der Markt erzwang letztlich das freie Floaten der Währungen, deren Kurs gegenüber dem Dollar nun nach oben oder unten schwankte. Die Europäer und Japaner versuchten gegenzusteuern, da für sie ein schwächer werdender Dollar vor allem den internationalen Handel belastete, auch wenn sie mit einem solchen Kurs zugleich die amerikanische Inflation importierten (was jedoch, aufgrund der Abhängigkeit von der US-Wirtschaft, ohnehin unvermeidlich war). Letzten Endes entschieden sich die Vereinigten Staaten, den Dollarkurs nicht länger durch währungspolitische Maßnahmen zu stützen. «Der Weihnachtsmann ist tot», erklärte 1973 der neue Finanzminister George P. Shultz, und das galt auch für Bretton Woods.

Der Umbau des internationalen Währungssystems bestätigte die Amerikaner – und ordnete die globalen Wirtschaftsbeziehungen neu. Zweifellos hatte die Wettbewerbsfähigkeit der Vereinigten Staaten durch die vorherige Überbewertung des Dollar gelitten, der «Nixon-Schock» war insofern dazu angetan, Investitionen im Inland zu halten und statt Kapital wieder mehr Waren ins Ausland zu exportieren. Die Bretton-Woods-Institutionen – der IWF und die Weltbank – sahen sich vor neue Aufgaben gestellt. Der Währungsfonds wurde nicht mehr benötigt, um das internationale Währungssystem zu überwachen oder Industrieländern bei vorübergehenden Zahlungsbilanzproblemen Unterstützung zu gewähren. Stattdessen wandte der Fonds sich nunmehr der Aufgabe zu, Länder der Dritten Welt in die Weltwirtschaft zu integrieren und auf Regierungen einzuwirken, Märkte zu öffnen und entsprechend den Vereinbarungen des GATT Handelshemmnisse abzubauen. Mit anderen Worten, die Institution wurde zur Vorkämpferin einer (neo-)liberalen, auf freien Wettbewerb und Marktwirtschaft ausgerichteten Weltanschauung. Die Weltbank nahm einen ähnlichen Kurs; sie konzentrierte sich weiterhin auf die finanzielle und technische Unterstützung von Entwicklungsländern sowie auf die Absicherung ausländischer Direktinvestitionen in der Dritten Welt. Sobald die Kontrollen des Kapitalverkehrs wieder gelockert wurden, setzten die multinationalen US-Konzerne ihren Ansturm auf überseeische Märkte fort, um dort ihre Dominanz zu festigen. Der Dollar eroberte seine weltweit privilegierte Stellung zurück, zumal die Europäer immer noch ein Vierteljahrhundert davon entfernt waren, eine gemeinsame Währung zu etablieren, die mit der amerikanischen würde konkurrieren können. Das Floaten des Dollars legte den Grundstein für eine multilaterale Offenheit; globaler Handel und Investitionen schufen die Voraussetzungen für die Revolution der Marktwirtschaft und den Globalisierungsprozess Jahrzehnte später.[102] Auf kurze Sicht aber stand die Weltwirtschaft vor gewaltigen Problemen.

3. DIE TÜREN ÖFFNEN SICH

Ungefähr zur selben Zeit, da die internationale Währungsordnung sich unter dem Druck der Marktkräfte verwandelte, erlebten die Industrieländer den schlimmsten globalen Konjunktureinbruch seit der Weltwirtschaftskrise von 1929. In den Vereinigten Staaten erreichten Inflation und Zinsen ein Rekordniveau. Auch die Arbeitslosenzahlen schnellten empor, während das Bruttosozialprodukt um zwei Prozent sank. In anderen Industrieländern gab es ähnliche Probleme: Anfang der 1970er Jahre erfuhr die Inflation eine Beschleunigung; in den zehn größten Volkswirtschaften des Westens betrug die Preissteigerung 1974 durchschnittlich 13 Prozent. Noch Mitte der 1960er Jahre hatte die Inflationsrate bei rund 2,5 Prozent gelegen, doch zwischen 1968 und 1975 mussten die Verbraucher in den genannten Ländern für Konsumgüter zwischen 47 und 127 Prozent mehr bezahlen. Experten nannten dafür eine Reihe von Gründen: eine übermäßige Reglementierung der Wirtschaft (zu der beispielsweise neue Umweltschutzbestimmungen beitrugen), maßlosen Konsum, sozialstaatliche Programme und nicht zuletzt die Hegemonie der Vereinigten Staaten im Währungssystem, die mit günstigen Krediten auch die amerikanische Inflation in andere Länder exportierte. Erheblichen Einfluss auf die Inflation wie auch auf die Konjunktur hatte die Explosion der Preise für Lebensmittel und für Erdöl. Namentlich der Ölpreis stieg in einem Maß, das sich üblichen ökonomischen Erklärungen – etwa über die Korrelation von Preisen und Konjunkturzyklen – entzog.

Der wirtschaftliche Einbruch in den Vereinigten Staaten infolge des sprunghaft angestiegenen Ölpreises strahlte auf die gesamte Weltwirtschaft aus. Gerade sechs Prozent der Weltbevölkerung waren Amerikaner, doch auf sie entfiel annähernd ein Drittel des globalen Ölverbrauchs. Nach dem Zweiten Weltkrieg mussten US-Anbieter Öl zunächst nur in geringen Mengen importieren; sie dominierten den gewaltigen Inlandsmarkt und konnten dank geringer Steueraufschläge ihre Produkte zu niedrigen Preisen anbieten. Niedrige Verbraucherpreise wiederum kurbelten den Konsum weiter an. Obwohl die globale Nachfrage nach

Öl stieg und sich in der Nachkriegszeit alle zehn Jahre verdoppelte, vergrößerte sich der Abstand zwischen dem Verbrauch in den USA und demjenigen in anderen Ländern immer weiter. Westeuropa und Japan verfügten über praktisch keine eigenen Ölvorräte und führten enorme Mengen ein, doch bereits in den 1950er Jahren wurden auch die USA zum Nettoimportland für Erdöl. Steigende Nachfrage, der ein knappes Angebot gegenüberstand, hatte steigende Preise zur Folge – eine einfache Gleichung. Mit einem Gespür für die aus dieser Gleichung ableitbaren ungeheuren Profite gründeten Nationen mit großen Ölvorkommen 1960 die Organisation erdölexportierender Länder (Organization of Petroleum Exporting Countries, OPEC). Als Erzeugerkartell war die OPEC bemüht, das Angebot und somit die Preise zu kontrollieren, um möglichst hohe Gewinne zu erzielen.

Die OPEC, eine Organisation aus der Dritten Welt, verkörperte für die Länder des Nordens eine beispiellose ökonomische Kampfansage. Lange Zeit hatten die Industrieländer die globalen Ölmärkte beherrscht und dazu beigetragen, durch günstige politische Rahmenbedingungen und militärischen Schutz die Profite der führenden Ölkonzerne sicherzustellen – der *Seven Sisters*, wie sie genannt wurden, fünf US-Konzerne sowie British Petroleum und das englisch-niederländische Unternehmen Royal Dutch Shell. Diese Sieben bildeten ein Oligopol, das Erdölvorkommen aufteilte, Preise absprach und Wettbewerber unterbot. Erzeugerländer erpressten sie, entrichteten an sie geringe, pauschale Konzessionsgebühren, und bekamen dafür die totale Kontrolle über den globalen Ölmarkt. Mit steigenden Importen der Industrieländer gelang es den Regierungen der Förderländer zwar, die Einnahmen aus Konzessionen und Steuern zu erhöhen, doch die Sieben Schwestern beherrschten weiterhin die Erdölbranche außerhalb des kommunistischen Machtbereichs. Anderen Unternehmen verwehrten sie nach Kräften den Zugang zum Ölgeschäft, sie allein kontrollierten alle Abläufe, von der Förderung über die Raffination und den Transport bis zur Vermarktung des Öls. Allerdings war die Hegemonie in Gefahr. Die hohe Nachfrage des Westens, ein wachsender arabischer Nationalismus und eine zunehmende Unzufriedenheit in den Förderländern über die kläglichen Einnahmen in einer globalen Branche, in der die Amerikaner den Ton angaben, kennzeichneten eine Situation, in der die CIA 1960 zu dem Schluss kam, es «könnte sich eine Art ‹schleichende› Verstaatlichung entwickeln und die Unternehmen sukzessive in eine Position drängen, in der sie nur noch wenig mehr sind als Erfüllungsgehilfen der dortigen Regierungen».[103]

Mehrere Faktoren begünstigten den Aufstieg der OPEC. Neue erdölproduzierende Länder wie Algerien, Libyen und Nigeria hatten die Bühne betreten, die *Seven Sisters* sahen sich durch den Bau zusätzlicher Raffinerien mit mehr Wettbewerb konfrontiert und eine unvermindert zunehmende Nachfrage machte es für das Oligopol komplizierter, die Preise durch eine Verknappung des Angebots zu kontrollieren. Hinzu kam, dass die Regierung Eisenhower 1959 Einfuhrquoten beschlossen hatte, um die heimische Erdölindustrie vor dem Wettbewerb durch

billige Importe zu schützen (auch wenn sie damit die Grundsätze des freien
Markts verriet). Die *Seven Sisters* mussten mitansehen, wie ihnen allmählich die
Kontrolle über das Ölgeschäft entglitt. Förderten sie 1952 rund neunzig Prozent
des Rohöls in Nordamerika und den Ländern außerhalb des sowjetischen Machtbereichs, ging ihr Anteil bis 1968 auf 75 Prozent zurück. Das Zusammenspiel von
Wettbewerb und Protektionismus bewog die großen Sieben, den offiziellen Richtpreis für Rohöl (den so genannten *posted price*) zu senken; für die Förderländer
bedeutete eine solche Maßnahme Einbußen bei den Einnahmen aus den Konzes-
sionsverträgen, der Grundlage ihrer wachsenden Devisenreserven. Um ihre Interessen zu verteidigen, verhandelten die Länder unter Führung Libyens und Saudi-
Arabiens die Konzessionen und Gewinnbeteiligungen mit den Marktführern neu.
In dieser Situation und aus Verärgerung über die amerikanischen Quoten gründeten fünf Länder – der Iran, der Irak, Kuwait, Saudi-Arabien und Venezuela –
die OPEC. Dem Kartell gelang es, während der 1960er Jahre ein weiteres Fallen
des Richtpreises zu verhindern, doch weder konnte es die Vereinigten Staaten
zwingen, die Einfuhrbeschränkungen zu lockern, noch die Konzerne überzeugen,
die Fördermengen zu drosseln und die Preise zu erhöhen. Erst in den 1970er
Jahren entwickelte die OPEC eine Form von Handlungsstärke. Inzwischen war
offenkundig, wie abhängig die westlichen Industrieländer von Erdöl als Energieträger waren. Das Kartell kontrollierte die Versorgung mit der wichtigsten Ware
der Welt.[104]

Die Abhängigkeit vom Öl machte die Industrieländer verwundbar und die
OPEC fasste die Gelegenheit beim Schopf. 1972 beruhte in Westeuropa die Energieversorgung zu 60 Prozent auf Erdöl, in Japan waren es 73 Prozent und in den
USA annähernd fünfzig Prozent; vier Fünftel des in Westeuropa und Japan verbrauchten Öls kamen aus Nordafrika und dem Mittleren Osten. Der libysche
Diktator Muammar al-Gaddafi beschleunigte 1970 die Revolution im Ölgeschäft,
als er drohte, den (vom Oligopol der *Seven Sisters* unabhängigen) Ölkonzern
Occidental Petroleum zu verstaatlichen, und ihn zwang, die Produktion zu drosseln. Da weder westliche Regierungen noch die großen Sieben bereit waren, Occidental zu unterstützen, gab die Gesellschaft klein bei, erhöhte ihre Preise und
garantierte Libyen um zwanzig Prozent höhere Förderbeteiligungen und Steuern.
Auch andere unabhängige Konzerne beugten sich, und Ende des Jahres konfron-
tierte die OPEC die großen Sieben mit ähnlichen Forderungen. Angesichts der
unilateral angedrohten Blockade der Ölversorgung unterzeichneten die Oligo-
polisten 1971 eine Fünfjahres-Vereinbarung mit den Förderländern am Persischen
Golf, die den Ölpreis von 1,80 US-Dollar auf 2,29 US-Dollar pro Barrel (1 Barrel =
159 Liter) erhöhte und außerdem jährliche Preisanpassungen zum Inflationsaus-
gleich sowie steigende Förderbeteiligungen vorsah. Im Gegenzug wurden auch
den Ölkonzernen fünf Jahre Stabilität zugesagt. Der in der Agonie des Bretton-
Woods-Systems fallende Dollarkurs untergrub indes den Ölpreis; eine Zusatzver-

einbarung stellte Wechselkursschwankungen in Rechnung und korrigierte den Richtpreis auf 2,48 US-Dollar pro Barrel. George Williamson, ein Manager von Occidental, warnte: «Jeder in der westlichen Welt, der einen Traktor, einen Lastwagen oder ein Auto fährt, wird das hier zu spüren bekommen».[105]

Die OPEC hatte gerade erst begonnen, ihre Muskeln spielen zu lassen. Von den großen Sieben unabhängige Ölkonzerne verhandelten mit Saudi-Arabien, Katar und Abu Dhabi über die Perspektiven einer stärkeren Beteiligung der Förderländer am Eigentum über Ölressourcen und Produktionsanlagen. Die Verstaatlichung sollte mit einem Viertel des Gesellschaftseigentums beginnen, und bis 1982 sollte der Staatsanteil auf 51 Prozent steigen. 1973 nationalisierte Libyen ein Dutzend Ölgesellschaften und erlangte die vollständige Kontrolle. Im Jahr darauf übertrug der Schah der staatlichen Iranian Oil Company die Gesamtverantwortung für die Ölindustrie im Iran. Kuwait verstaatlichte – gegen eine Entschädigung von 50 Millionen US-Dollar – die Kuwait Oil Company und damit die Ölkonzession eines Joint Venture von BP und Gulf. Mitte des Jahrzehnts gingen die lange Jahre von Exxon, Mobil, Chevron und Texaco gehaltenen Anteile an Aramco in die Hände Saudi-Arabiens über, im Gegenzug blieb den Amerikanern die Vermarktung des Öls aus den Ölfeldern und Raffinerien von Dhahran. Bagdad verstaatlichte die Anteile der Iraq Petroleum Company, und auch Venezuela fuhr fort, ausländische Ölkonzessionen zu enteignen. Katar und Dubai nationalisierten ausländische Beteiligungen Ende der 1970er Jahre. Nach Lage der Dinge hatte das Oligopol der *Seven Sisters* aufgehört zu existieren.

Die Verbraucher, nicht die Konzerne, waren indes die wahren Opfer der OPEC-Revolution. Die großen Gesellschaften blieben auch weiter im Geschäft, denn der Richtpreis war auf fünf Jahre festgeschrieben, ungeachtet einer anhaltend steigenden Nachfrage nach Öl, die natürlich auch die Preise in die Höhe trieb. Die Inflation im Westen und die Abwertung des Dollar trugen allerdings dazu bei, dass die realen Gewinne moderat blieben. In dieser Situation traten Anfang Oktober 1973 die OPEC und das Oligopol der großen Sieben in Verhandlungen über eine Anpassung des Ölpreises. Das Kartell der Förderländer verlangte einen 15-prozentigen Aufschlag, um die jüngste Dollarabwertung auszugleichen. Die Konzerne unterbrachen die Gespräche, was sich als großer Fehler herausstellen sollte. Nur zwei Tage vor dem Treffen hatte der Jom-Kippur-Krieg begonnen. Die Organisation der arabischen Erdöl exportierenden Staaten (OAPEC) – ein Gegenstück zur OPEC, das 1968 nach dem Sechstagekrieg gegründet worden und entschlossen war, Öl als politische Waffe einzusetzen – wurde zur treibenden Kraft einer Konfrontation mit westlichen Staaten, Verbrauchern und Unternehmen, die Israel unterstützten. Als die Ölkonzerne zurück an den Verhandlungstisch kamen und dem Preisaufschlag um fünfzehn Prozent zustimmten, ließ der saudische Ölminister Ahmed Zaki Yamani sie wissen, dass die OPEC nunmehr eine Erhöhung um einhundert Prozent fordere. Die Konzernvertreter baten darum,

Scheich Ahmed Zaki Yamani,
Ölminister Saudi-Arabiens,
Dezember 1973. Yamani stand an
der Spitze der OPEC-Länder, als
sie mit Erfolg höhere Ölpreise
verlangten. Die Erdöl produzierenden Länder und Königreiche
schrieben die Regeln der Weltwirtschaft neu und veränderten nach
der ersten Ölkrise von 1973 die
Machtstrukturen.

die Gespräche um zwei Wochen zu vertagen, um ihre Unternehmensspitzen und
die US-Regierung zu konsultieren. Richard Nixon warnten sie, dass angesichts
der Unterstützung für Israel die «ganze Position der Vereinigten Staaten im Nahen
Osten im Begriff [ist], ernsten Schaden zu erleiden».[106]

Tatsächlich erhöhten die arabischen OPEC-Mitglieder den Preis für Rohöl auf
5,12 US-Dollar pro Barrel; Libyen und der Iran gingen noch weiter und versteigerten ihr Angebot meistbietend. Ferner beschloss das Kartell eine Drosselung
der Fördermenge um fünf Prozent monatlich und verhängte ein Exportembargo
gegen die USA, das aufrechterhalten werden sollte, bis Israel im Krieg zu territorialen Zugeständnissen bereit war. Am 23. Dezember 1973 verdoppelte die OPEC
unilateral den Preis für Öl vom Persischen Golf auf 11,65 US-Dollar pro Barrel.
Die Konzerne willigten ein, wohl wissend, dass die Konsumenten in der westlichen Welt die Hauptlast der gestiegenen Kosten zu tragen haben würden; für
eventuelle Engpässe stand zudem ausreichend Erdöl aus Lateinamerika und
Afrika zur Verfügung. US-Präsident Nixon warnte seine Landsleute vor einer
bevorstehenden Energieknappheit, ließ jedoch, wie bereits seine Vorgänger, den
Konzernen im internationalen Ölgeschäft freie Hand.

Die ölexportierenden Länder setzten letztlich auf das freie Spiel der Marktkräfte und konnten dabei nicht verlieren, solange die Nachfrage stabil blieb und
das Angebot beschränkt. Sie hatten die völlige Kontrolle über die Preise, handelten
untereinander Fördermengen aus und demonstrierten als Produzenten Einigkeit.
Saudi-Arabien und Kuwait gaben als größte Erzeuger die Richtung vor, was die
Drosselung der Förderung (und die Reduktion der Kosten) anging, um den Preis

aufrechtzuerhalten. Die Situation auf dem Ölmarkt blieb angespannt, die Konzerne kapitulierten vor der OPEC, verloren ihre Eigentumsrechte an die Ölländer, blieben aber, sobald es um Technologie, Dienstleistungen und Transport ging, im Geschäft. Unter den Hauptabnehmerländern versuchten die USA 1974 eine Koalition mit Japan und Westeuropa zu schmieden, eine Art Gegenkartell, um die gegen Israel auftretenden Förderländer mit einem Nachfrage-Boykott zu belegen und eventuell weitere wirtschaftliche oder sogar militärische Maßnahmen zu ergreifen. Doch die Verbündeten lehnten ein solches Ansinnen ab und setzten stattdessen auf den Dialog mit den Ländern, von deren Öl sie abhängig waren. Einverstanden waren sie hingegen mit dem amerikanischen Plan, eine Internationale Energieagentur (IEA) zu gründen, um Ölreserven anzulegen und zu verwalten sowie andere Energiequellen zu entwickeln. Im Großen und Ganzen jedoch gab es in diesen Fragen wenig Kooperation unter den Industrieländern. Während Washington auf die neue Agentur baute und ansonsten darauf hoffte, dass der Konsens der Erzeugerländer brüchig würde, unterzeichneten Europäer und Japaner bilaterale Abkommen mit OPEC-Staaten und untergruben damit die Einheit der Abnehmerländer. Die Amerikaner verlegten sich darauf, an ihre langjährigen Partner am Persischen Golf zu appellieren, die destabilisierenden Auswirkungen des Preisanstiegs für die Weltwirtschaft zu bedenken, doch selbst einem Verbündeten wie dem Schah war an möglichst hohen Einnahmen gelegen, auch auf dem Rücken der amerikanischen Verbraucher. Das Erdöl hatte die Möglichkeit eröffnet, den Norden wirtschaftlich zu erpressen.[107]

Die Ölkrise restrukturierte die gesamte Weltwirtschaft. Die OPEC sorgte für einen enormen Transfer von Vermögen, der den Leistungsbilanzen der ölfördernden Länder satte Überschüsse bescherte. In den Industrieländern untergrub die Explosion der Ölpreise Konjunktur und Kaufkraft, und in Ländern der Dritten Welt, die nicht mit Ölvorräten gesegnet waren, verschärfte sich durch die Verteuerung von Importen die Armut. 1977 deckten die Vereinigten Staaten ein Viertel ihres Energiebedarfs durch Importe, während es 1960 nur etwa acht Prozent gewesen waren. Wie Westeuropa und Japan waren auch die USA von der OPEC abhängig, in die 1977 rund 140 Milliarden US-Dollar flossen, eine Versiebenfachung der Einnahmen von 1973. Die Ölscheichs gaben das Geld in einer Geschwindigkeit wieder aus, dass aus dem Zahlungsbilanzüberschuss bis zum Ende des Jahrzehnts ein Defizit wurde, doch konnten sie sich weiterer Einnahmen sicher sein, schließlich besaßen sie das Erdöl. Rund um die Welt dämpften die gestiegenen Ölpreise das Wirtschaftswachstum. In Lateinamerika und Afrika war die Lage besonders ernst; die asiatischen Länder hingegen (einschließlich Japans) verfolgten die Strategie, die hohen Energiepreise durch eine Erhöhung der Industrieexporte in den Westen zumindest teilweise zu kompensieren. In den Vereinigten Staaten forderte die heimische Industrie daraufhin verschiedentlich protektionistische Gegenmaßnahmen, etwa die Autobauer, die den amerikanischen

Markt von einer Welle günstiger, dabei gut verarbeiteter und attraktiver Kleinwagen aus Ostasien überschwemmt sahen. Die westeuropäischen Verbündeten, denen der Nixon-Schock noch in den Knochen steckte, waren gern bereit, den arabischen Staaten Rüstungs-, Investitions- und Konsumgüter aller Art zu verkaufen, um die Ölminister zu besänftigen, die sich regelmäßig im OPEC-Hauptquartier in Wien trafen. Auch Japan begrüßte die Länder der arabischen Welt als Geschäftspartner, die Öl lieferten und im Gegenzug Autos kauften; in Saudi-Arabien wurde Nissan zum verkaufsstärksten Hersteller. Die Weltwirtschaft trat in ein Zeitalter des Übergangs und der Globalisierung ein; Amerika blieb darin überlegen, wurde jedoch zunehmend eine Macht unter vielen.[108]

Unter der Führung Saudi-Arabiens – des Landes mit den größten Erdölvorkommen der Welt und darüber hinaus den höchsten Förder- und Exportmengen der OPEC – passten die ölproduzierenden Länder ihre Produktionsmengen der weltweiten Nachfrage an und akkumulierten so enorme finanzielle Rücklagen aus dem Ölgeschäft. Die Golfstaaten verlangten keine übertrieben hohen Preise, denn die würden unter Umständen die Nachfrage eher abschwächen und die zentrale Stellung des Öls in der Weltwirtschaft gefährden. Zudem war sich die OPEC durchaus bewusst, dass der Norden Wege aus der Abhängigkeit suchte, sei es durch die Ausbeutung eigener Ölvorkommen in der Nordsee, in Alaska oder der Sowjetunion, sei es durch Energiesparbemühungen wie etwa das Umsteigen auf kleinere Autos. Die Saudis wandten sich entschieden gegen aggressive Bestrebungen einzelner OPEC-Länder, beispielsweise Venezuelas, des Iran, des Irak oder Nigerias, mit in der Regel relativ geringen Erdölreserven, aber hochfliegenden Entwicklungsvorhaben, die Produktion stärker zu drosseln, um kurzfristig deutlich höhere Erträge zu erzielen – also beispielsweise die reduzierten Fördermengen aus Zeiten kurzfristiger Flauten (wie 1978) beizubehalten oder auf eine Ausweitung der Förderung bei Versorgungsengpässen (wie 1979/80) zu verzichten. So wirkte Saudi-Arabien insgesamt moderierend auf radikale politische Ambitionen ein. Letztlich arrangierte sich der Westen mit steigenden Benzinpreisen, und eine solche widerwillige Akzeptanz stabilisierte wiederum die Situation. Die Zeche war dennoch zu zahlen: So etwa im Mittelwesten der USA, wo große Autofabriken ihre Tore schlossen und die Arbeitslosigkeit stieg. Präsident Jimmy Carter erklärte der Energiekrise den Krieg und ermahnte seine Landsleute, weniger Energie zu verschwenden; die Abhängigkeit der Vereinigten Staaten von importiertem Öl aber bestand fort.[109]

Die Revolution im Iran 1978 führte zu einem dramatischen Ende der moderaten Politik unter der Führung Saudi-Arabiens. Der Westen war gerade dabei, sich von der Rezession zu erholen, Ende 1975 hatten die meisten Länder das Schlimmste hinter sich und die Nachfrage nach Öl nahm wieder Fahrt auf. Doch dann schlitterte der Iran ins Chaos – ein Land, das immerhin siebzehn Prozent des OPEC-Öls exportierte –, der Schah wurde gestürzt und die an die Macht gekommenen Führer der islamischen Revolution stoppten 1979 alle Erdöllieferungen an den Westen. Die Golfstaaten konnten die Versorgungslücke zwar zu einem großen Teil überbrücken, doch Ölkonzerne und Verbraucher versuchten durch Hamsterkäufe für die prognostizierte Ölknappheit vorzusorgen. Turbulenzen erschütterten die Ölmärkte weltweit, und die Preise explodierten. Die OPEC erhöhte im Dezember 1978 zum ersten Mal seit fünf Jahren deutlich die Preise, und sowohl längerfristige Terminmärkte als auch der kurzfristige, flexible Spotmarkt, wo sich Preise nach Marktgesetzen bilden, gerieten nach der iranischen Revolution in Panik. Das gesamte noch verfügbare Rohöl wurde nun am Spotmarkt gehandelt, sodass die weltweite Verunsicherung zu Preisen deutlich über dem Richtpreis führte, der Anfang 1979 bei 13,34 US-Dollar pro Barrel (für die Rohölsorte «Arabian Light») lag. Selbst Saudi-Arabien hatte keinen Einfluss mehr auf das entfesselte Geschehen und die explodierenden Preise auf dem Erdölmarkt. Im März 1979 kündigte die OPEC eine 14,5-prozentige Preiserhöhung für Rohöl an. Im Juli stiegen die Preise erneut. Der scheidende US-Energieminister James R. Schlesinger erklärte: «Heute stehen wir vor einer Weltkrise von größeren Ausmaßen, als sie Churchill vor einem halben Jahrhundert beschrieb – und der Grund ist das Öl [...]. Die Energiezukunft ist düster, und sie wird wahrscheinlich in dem Jahrzehnt, das vor uns liegt, noch düsterer werden.»[110]

Auf dem Markt zeichnete sich schon bald eine gewisse Entspannung ab, freilich war die Schonfrist für die Abnehmerländer nur vorübergehend. Mitte 1980 pegelten sich die saudische Produktion und die weltweite Nachfrage ein wenig ein, doch der Beginn des Krieges zwischen Irak und Iran im September bedeutete den Ausfall der Ölexporte aus beiden Ländern. Die weltweit verfügbare Fördermenge nahm mit einem Schlag um rund zehn Prozent ab, die OPEC erhöhte daraufhin die Terminmarktpreise auf 33 US-Dollar pro Barrel, der Spotpreis stieg sogar auf 41 US-Dollar. Dieser zweite Ölpreisschock war Anlass heftiger Debatten über Amerikas Unterstützung für den Schah (oder für Israel) und darüber, ob nicht Verbraucherinteressen («der Markt») höher stehen sollten als außenpolitische Rücksichten. Saudi-Arabien und auch andere OPEC-Länder verloren Vertrauen in die Führungsqualitäten der Vereinigten Staaten und insbesondere in deren Fähigkeit, den Nahen und Mittleren Osten zu stabilisieren – die Vertrauenskrise vertiefte sich während der fünfzehn Monate anhaltenden Botschaftsbesetzung und Geiselnahme in Teheran. Es waren düstere Zeiten, und für die unmittelbare Zukunft prognostizierten Experten Jahre der Unsicherheit und das Ende der amerikanischen Idee einer multilateralen Weltwirtschaft mit offenen Türen.

In den frühen 1980er Jahren wurde die OPEC selbst ihr schlimmster Feind, da Wohlstand und aufbrechende Interessensunterschiede den Konsens zerstörten, auf dem einst die Stärke der Organisation beruht hatte. Der Ölpreis geriet unter Druck: Die globale Nachfrage befriedigten zum Teil andere Energieträger wie Erdgas, Atomkraft und Kohle, die infolge steigender Ölpreise verstärkt zum Einsatz kamen; eine erneute Rezession tat ein Übriges. Auch Energiesparbemühungen in den Industrieländern ließen die Preise nachgeben. Ölkonzerne bauten ihre Lagerbestände ab, weil die Vorratshaltung zu teuer wurde, und überschwemmten den Handel regelrecht. Und nicht zuletzt drängten andere und zum Teil neue Anbieter auf den Weltmarkt, die der Dominanz der OPEC den Kampf ansagten. Die UdSSR exportierte mehr Öl in kapitalistische Länder und erhöhte so ihre Deviseneinnahmen. Großbritannien und Norwegen hatten mit der Offshore-Förderung in der Nordsee begonnen und stiegen ins Erdölgeschäft ein. Auch Brasilien, Indien und China erhöhten ihre Fördermengen. Die USA bemühten sich um zuverlässige Handelspartner auf dem amerikanischen Kontinent und umwarben insbesondere Kanada, Mexiko und Venezuela. Zwischen 1980 und 1990 stiegen die US-Ölimporte aus der westlichen Hemisphäre um 240 Prozent auf 729 Millionen Barrel jährlich, während die aus dem Nahen und Mittleren Osten um ein Viertel zurückgingen, auf 681 Millionen Barrel pro Jahr. 1973 dominierte die OPEC den Weltmarkt mit einem Marktanteil von 63 Prozent, doch bereits zehn Jahre später war ihr Marktanteil auf weniger als ein Drittel gesunken. Zu Beginn der 1980er Jahre fielen die Öleinnahmen Saudi-Arabiens dramatisch, von 119 Milliarden US-Dollar im Jahr 1981 auf gerade noch 36 Milliarden US-Dollar drei Jahre später, und eine vergleichbare Entwicklung erlebten die Golfstaaten. Tatsächlich sah sich die OPEC 1983 zum ersten Mal in ihrer Geschichte gezwungen, die Rohölpreise zu senken; die Preise der Organisation lagen zu jenem Zeitpunkt, wie der saudische Ölminister Yamani feststellte, über dem Niveau, das auf dem Weltmarkt durchzusetzen war.

Während der 1980er Jahre begann das Ölkartell auseinanderzubrechen; einige Mitgliedsstaaten hatten angefangen, durch Förderung über die vereinbarten Quoten hinaus ihre OPEC-Partner zu hintergehen, und den moderaten Mitgliedern gelang es nicht, das Chaos aufzuhalten. Die Marktkräfte setzten sich gegenüber den von den Förderländern fixierten Preisen durch. Algerien, der Iran, Libyen, Venezuela und Nigeria erhöhten ihre jeweiligen Fördermengen über die in der OPEC vereinbarten Obergrenzen hinaus und trafen mit einzelnen Abnehmerländern eigene Absprachen über Transportkosten und Kreditrahmen. Saudi-Arabien und die Golfstaaten drohten damit, ihre Preise herabzusetzen, um die Abtrünnigen zu bestrafen; eine neue Vereinbarung der OPEC legte neue Obergrenzen und Förderquoten fest, und Saudi-Arabien wurde die Verantwortung dafür übertragen, als *swing producer* mit variablen Fördermengen den Ölpreis zu stützen. Doch immer mehr Öl wurde direkt auf dem Spotmarkt gehandelt; die Ölkonzerne hatten keine Angst mehr vor Preisspitzen. Schließlich stabilisierten sich die Preise, sie gerieten aber während des ganzen Jahrzehnts durch Überangebote immer wieder unter Druck; die insgesamt moderaten Gewinne stiegen nur geringfügig. Mitte der 1980er Jahre senkten Großbritannien, Mexiko und Norwegen ihre Preise unter den Richtpreis der OPEC. Die Organisation war gezwungen,

den Preis von 29 US-Dollar pro Barrel weiter zu senken. Die saudische Fördermenge schrumpfte auf 2,2 Millionen Barrel am Tag und damit auf weniger als ein
Viertel des fünf Jahre zuvor erreichten Niveaus; die Rolle als *swing producer*
innerhalb des Kartells legte Saudi-Arabien daraufhin nieder. Ende des Jahres
1985 beschloss die OPEC, den Preis des Rohöls dem Markt zu überlassen. 1986
stiegen die Fördermengen, doch der anvisierte Preis von 18 US-Dollar pro Barrel
bewegte sich deutlich unter den Margen der frühen 1980er Jahre. Tatsächlich lag
der Preis inflationsbereinigt sogar um ein Viertel unter den 11,65 US-Dollar, die
die OPEC 1973 durchgesetzt hatte, und die Produktion war gegenüber dem Niveau
fünf Jahre zuvor um zwei Drittel zurückgegangen.[111]

Das Ende des iranisch-irakischen Golfkriegs 1988 ließ auch den Ölmarkt
nicht unberührt. Beide Länder erhöhten die Erdölförderung, um mit den erwirtschafteten Einnahmen den Wiederaufbau zu finanzieren. Die OPEC fand allerdings keinen Konsens über Fördermengen und -quoten, sodass die Saudis beschlossen, um ihrer Marktanteile willen den Markt zu überschwemmen. Die
Preise fielen auf 13 US-Dollar pro Barrel und lagen damit inflationsbereinigt
abermals weit unter dem Niveau von 1973/74. Die einstige Disziplin der OPEC,
was Fördermengen und Preisabsprachen anging, war dahin und der schwelende
Konflikt eskalierte. Der Irak verschlimmerte die Situation, als er versuchte, den
Ölpreis nach oben zu manipulieren, um durch hohe Einnahmen die während
des Kriegs aufgelaufenen Schulden zu tilgen. Das benachbarte Kuwait hingegen
verfolgte die Strategie, durch niedrige Preise Produzenten außerhalb der OPEC
auszumanövrieren und gleichzeitig der Bedrohung, die von Saddam Husseins
Regime im Irak und seiner neuerlichen Aufrüstung ausging, etwas entgegenzusetzen. Entsprechend weigerte sich Kuwait, die 1989 geschlossene Vereinbarung
über Förderquoten mitzutragen und dadurch die Preise zu stützen. Nachdem die
OPEC erfolglos versucht hatte, die Differenzen zwischen beiden Ländern beizulegen – zumindest im Hinblick auf Fördermengen und den Ölpreis –, marschierten irakische Truppen im August 1990 in Kuwait ein. Förder- wie Abnehmerländer ergriffen für Kuwait Partei, nicht zuletzt weil das Land über ein
Fünftel der weltweit bekannten Erdölvorräte verfügte; durch die Besetzung
Kuwaits und dessen strategische Lage wurde der irakische Diktator zudem zu
einer Bedrohung für Saudi-Arabien und die Exportwege des arabischen Öls.
Eine umfangreiche Koalition von Staaten verhängte gegen Erdöl aus dem Irak
ein Embargo; betroffen war der Export von rund 4,3 Millionen Barrel pro Tag,
etwa sieben Prozent des Welthandels. Der Ölpreis stieg daraufhin steil an.
Durch Markteingriffe von Seiten der Embargo-Koalition, den Verkauf von
Lagerreserven und eine Erhöhung der Fördermenge sowohl innerhalb als auch
außerhalb der OPEC gelang es bis Januar 1991, als die Interventionstruppen der
Vereinten Nationen Kuwait befreit hatten, den Preis von 40 auf 33 US-Dollar
abzusenken.

Mit dem Ende des Krieges wurde deutlich, wie weit der Zerfall der OPEC inzwischen fortgeschritten war. Ungeachtet der Bemühungen Saudi-Arabiens gingen die Mitglieder der Organisation weitgehend getrennte Wege. Auch Absprachen mit Nichtmitgliedern wie Mexiko oder Großbritannien scheiterten; beide Länder verfolgten im Hinblick auf Fördermengen und Preise je eigene Strategien. Im Falle Mexikos wurde es nach der Peso-Krise von 1994 für das Land noch schwieriger, eine Übereinkunft mit der OPEC zu treffen. Der Golfkrieg von 1990/91 zeitigte erhebliche Turbulenzen auf den weltweiten Ölmärkten; in den 1990er Jahren konnten die Abnehmerländer davon profitieren.

Die OPEC ließ die Macht der Globalisierung aufscheinen und die Politik der Sicherheit in den Hintergrund treten. In der Logik des Kalten Krieges hatten die Vereinigten Staaten stets den privaten Wettbewerb gegenüber jeglicher staatlichen Reglementierung verteidigt. Entsprechend ließ Washington auch den großen multinationalen Ölkonzernen auf den weltweiten Märkten enorme Freiheiten, bewahrte das Oligopol vor lästigen Fragen des Kongresses ebenso wie davor, kartellrechtlich belangt zu werden. Das System funktionierte, bis die Erzeugerländer ihre Macht demonstrierten und den freien Wettbewerb in den siebziger Jahren unübersehbar ausmanövrierten. Zu jenem Zeitpunkt hatten die Vereinigten Staaten die Gelegenheit bereits verpasst, auf ihrem pseudo-marktwirtschaftlichen Kurs gegenzusteuern, der das Oligopol der *Seven Sisters* erst ermöglichte. Die Länder des Nordens zahlten die Zeche durch explodierende Ölpreise, die jahrzehntelang Wachstum und Einkommen schmälerten.[112]

Träume der Dritten Welt

Die Dritte Welt – die Länder ohne Ölreichtum – belastete die immer weiter steigende «OPEC-Steuer» in noch viel höherem Maß als die Industrieländer. Der Ölpreisschock untergrub Entwicklungsbemühungen, indem er Handel und Wirtschaftswachstum bremste. Die hohen Energiekosten entstellten die Leistungsbilanzen, denn Importe von Erdöl und Erdölprodukten schlugen durch hohe Preise überproportional zu Buche und zehrten Einnahmen und etwaige Überschüsse aus dem Export vollständig auf. In Lateinamerika häuften sich beispielsweise in Guatemala und El Salvador riesige Handelsbilanzdefizite an; das guatemaltekische Defizit kletterte von 12 Millionen US-Dollar im Jahr 1972 auf 112 Millionen US-Dollar drei Jahre später, das salvadorianische im gleichen Zeitraum auf 104 Millionen US-Dollar. Vielen Ländern blieb kein anderer Ausweg, als in den OPEC-Staaten oder den Industrieländern Kredite aufzunehmen, ein Weg, der sie immer tiefer in einen Schuldenkreislauf führte. Hoch verschuldet, wurden etliche Länder Teil einer «Vierten Welt», für die selbst die Armut der Dritten Welt unerreichbar blieb.[113]

Andere nutzten trotz misslicher Lage ihre Chancen. Erzeuger von Kupfer, Bauxit, Eisenerz, Bananen und Kaffee organisierten sich und bildeten Kartelle, die dem von amerikanischer Seite favorisierten Freihandel die Stirn boten, das Angebot knapp hielten und so insbesondere während der 1970er Jahre von steigenden Preisen profitierten. Die Industrieländer des Nordens waren auf den Import mineralischer Rohstoffe und ebenso von Kaffee angewiesen, und vor allem die Länder Westeuropas und Japan importierten Kupfer, Phosphate und andere Erzeugnisse, weil es ihnen an natürlichen Ressourcen mangelte. So bescherte der Abbau der Bauxitvorkommen Jamaika Einnahmen aus Konzessionen und Steuern; Marokko verdiente mit unilateral erhöhten Preisen am exportierten Phosphat. Kurzfristig waren Erzeugerkartelle häufig einträglich, wozu die Marktbedingungen beitrugen, und in manchen Bereichen (etwa im Bananenhandel oder auch bei Bauxit) stärkte die Kartellbildung die Position gegenüber multinationalen Konzernen oder erlaubte sogar eine Nationalisierung der Branche. Langfristig allerdings war nicht zu übersehen, dass keines der Kartelle über eine industriell vielseitige und schwer substituierbare Ressource verfügte, die dem Erdöl vergleichbar wäre. Kupfer war unter Umständen durch Aluminium zu ersetzen, und vermutlich stiegen Verbraucher auch von Kaffee auf Tee um. Im Fall des Erdöls existierte kein Ersatz. Doch für die meisten Erzeugerkartelle spielte eine langfristige Perspektive ohnehin keine Rolle, ihnen ging es nicht darum, Reserven aufzubauen, sondern um den schnellen Gewinn. Und schließlich würden Industrieländer, sollte die Versorgung mit einem strategischen Rohstoff wirklich gefährdet sein, gegebenenfalls auch politisch oder sogar militärisch intervenieren, um einer Verstaatlichung zuvorzukommen.[114]

Angesichts der Rücksichtslosigkeit, mit der multinationale Unternehmen sich vielerorts der Ressourcen bemächtigten, erschien manchen Ländern der Dritten Welt die erfolgreiche Nationalisierung der Ölindustrie in den OPEC-Ländern offenbar richtungsweisend und eine Enteignung der Konzerne als Ausweg aus der Armut. Eine solche Situation schien die Wahl des erklärten Marxisten Salvador Allende in Chile zu schaffen, ein Ereignis, von dem die Nixon-Administration glaubte, es werde sowjetischen und kubanischen Agenten auf dem amerikanischen Kontinent Tür und Tor öffnen. Chiles Wirtschaft kennzeichnete ein geringes Wachstum, Unterentwicklung und eine starke Vormachtstellung ausländischer Konzerne, die in einem Oligopol insbesondere die Kupferminen kontrollierten. Allende hatte sich vorgenommen, verschiedene strukturelle Schieflagen zu beseitigen, und angekündigt, unter anderem die chilenischen Aktivitäten der International Telephone and Telegraph Corporation (ITT) zu nationalisieren. ITT war mit einer Investitionssumme von rund 200 Millionen US-Dollar in Chile engagiert; das Gesamtvolumen amerikanischer Investitionen im Land belief sich auf etwa 964 Millionen US-Dollar. Die Enteignung der Kupferminen zweier US-amerikanischer Unternehmen, Kennecott und Anaconda, gab in Washington den Anstoß,

Salvador Allende, Präsident Chiles, September 1973. Der sozialistische Politiker wurde von einer Militärjunta gestürzt und ermordet. Die Amerikaner befürchteten, seine Verstaatlichung der internationalen Kupferunternehmen könnte in der Dritten Welt Revolten gegen die Marktwirtschaft befeuern.

Allendes Sturz vorzubereiten. An dem erfolgreichen Putsch (bei dem Allende im September 1973 getötet wurde) war unter anderem die CIA durch verdeckte Operationen beteiligt. Bereits im Vorfeld war wirtschaftlicher Druck ausgeübt worden, so wurden beispielsweise IWF-Kredite an Chile zurückgehalten oder Proteste und Streiks geschürt, um die sozialistische Regierung zu destabilisieren. Der Kalte Krieg hatte Vorrang in jenen schlechten Zeiten; die Länder der Dritten Welt würden nach anderen Wegen suchen müssen, ihre Entwicklung voranzutreiben.[115]

Nannten die Vereinten Nationen die 1960er Jahre auch das Jahrzehnt der Entwicklung, so wurde die darauffolgende Dekade zu einer der Verzweiflung und Verschuldung. In dieser Situation entstand eine Kampagne für einen «Nord-Süd-Dialog», um die wirtschaftlichen Beziehungen weltweit neu zu ordnen. Es gab darin neue Ansätze, etwa den Vorschlag, den Ölpreis in Entwicklungsprogrammen zu erwägen; nicht neu hingegen war der schon seit langem erhobene Anspruch, den Süden im System des freien Wettbewerbs stärker zu begünstigen. Seit der ersten Welthandelskonferenz Mitte der 1960er Jahre hatten die in der Gruppe der 77 zusammengeschlossenen Entwicklungsländer die Forderung lanciert, den globalen Reichtum in den Dienst der wirtschaftlichen Entwicklung zu stellen. Die Ölkrise warf nun ein Schlaglicht auf die anhaltende Verarmung in einer kapitalistischen Weltwirtschaft, die Wachstum und Modernisierung versprach, ohne sie wirklich zu fördern, und stattdessen den Kampf gegen den Kommunismus wichtiger nahm als den gegen die Armut in der Welt. Die Debatten mündeten zunächst darin, der Forderung nach Wandel durch eine «Erklärung über die Errichtung einer Neuen Weltwirtschaftsordnung» (NWWO) Nachdruck zu verleihen, die eine Reihe von Vorschlägen der G 77 vom Mai 1974 zusammenfasste. Es war ein weiterer Appell, die Gelegenheit zu ergreifen und die Ungerechtigkeiten des marktwirtschaftlichen Handels- und Finanzsystems zu beseitigen. Zunächst einmal erwarteten die Länder des Südens einseitige Zugeständnisse des Nordens. So fanden sich unter den Vorschlägen für eine neue Weltwirtschaftsordnung alte Forderungen: beispielsweise die nach einer verbindlichen Verpflichtung der Industrieländer zu Entwicklungshilfe und Technologietransfer ohne daran geknüpfte Bedingungen oder auch nach Gewährung pauschaler (und einseitiger) Handelspräferenzen für Exporte aus der Dritten Welt. Die Gruppe der 77 betonte die Wichtigkeit der Reglementierung und Kontrolle multinationaler Konzerne bei ihren Geschäften in den Ländern des Südens sowie darüber hinaus das Recht eines jeden Landes, ausländische Beteiligungen zu enteignen oder zu nationalisieren. Erzeugerkartelle wurden als erfolgreiches Modell ausdrücklich begrüßt und der Norden wurde aufgefordert, sie nicht störend zu beeinflussen. Alles in allem gelte es, so das Plädoyer, die Ungerechtigkeiten der Vergangenheit auszugleichen, und zwar aus einer stärker konfrontativen Haltung heraus, die den neuen Realitäten ins Auge blickte, und dabei die hohen Ölpreise ebenso sah wie das inspirierende Beispiel der OPEC. Der Appell für eine neue Weltwirtschaftsordnung war eine direkte Kampfansage an die Macht der Vereinigten Staaten, Westeuropas und Japans.[116]

Letztendlich verabschiedete die Generalversammlung der Vereinten Nationen die «Erklärung über die Errichtung einer Neuen Weltwirtschaftsordnung», doch dem Vorstoß standen erhebliche Hindernisse entgegen. Unter Umständen teilten die Länder der Dritten Welt eine Vision, doch keineswegs die Strategie, wie eine Reform der Weltwirtschaft zu erreichen sei. Diese Schwäche hatte lange Jahre jedwede gemeinsame Anstrengung untergraben, einen Wandel herbeizuführen. Schwellenländer wie Brasilien, Chile und Mexiko in Lateinamerika und die vier asiatischen «Tigerstaaten» Taiwan, Südkorea, Hongkong und Singapur hatten andere Perspektiven, Bedürfnisse und Ziele als die ärmsten Länder. Außer Hongkong hatten die genannten Länder nach dem Zweiten Weltkrieg alle einen Weg der Importsubstitution eingeschlagen und in der Folge ihre Industrien entwickelt; in den 1970er Jahren ging es ihnen in erster Linie um den Abbau von Exportschranken und den freien Zugang zu Kapitalmärkten und keinesfalls um reglementierte Handels-, Finanz-, Entwicklungs- und Investitionsprogramme. Die Tigerstaaten wollten den Weg der Importsubstitution verlassen, der ihren Exportambitionen Schranken auferlegte. Mit den Staaten der OPEC verband sie wenig, auch beim Öl gab es eben Haben und Nichthaben. Länder der Dritten Welt, die den Anschluss an die Industrialisierung bislang nicht gefunden hatten, waren hingegen in den gnadenlosen Weiten der Weltwirtschaft weitgehend auf sich gestellt. Ihre unterschiedlichen Schicksale waren verbunden mit überkommen politischen und wirtschaftlichen Schwierigkeiten, Armut und Hunger, zu denen aktuell die Auswirkungen der wirtschaftlichen Rezession und der Energiekrise hinzutraten – eine Lage, die kaum dazu ermutigte, der «Erklärung» beizupflichten.

Die Reaktion des Nordens auf die Konfrontationsstrategie, wie die Fürsprecher einer neuen Weltwirtschaftsordnung sie eingeschlagen hatten, war keineswegs eindeutig. Einige Länder aus dem amerikanischen Freundeskreis folgten bereitwillig der Aufforderung zum Dialog über den notwendigen Wandel der Weltwirtschaft, denn sie waren überzeugt, dass der erste Ölschock den Beginn eines neuen Zeitalters markierte und grundlegende Veränderungen in den globalen Wirtschafts- und Handelsbeziehungen bevorstanden. Der Norden realisierte, dass die gestiegenen Preise für Lebensmittel und Saatgut, Dünger, Maschinen, Baumwolle, Wolle und Kautschuk so bitter arme Länder wie Bangladesch, Vietnam und viele afrikanische Staaten besonders hart trafen. Ursprünglich standen die Amerikaner dem Plan des IWF reserviert gegenüber, bedürftigen Ländern Darlehen zu günstigen Bedingungen zu gewähren, da sie befürchteten, so die Bildung von Erzeugerkartellen zu fördern, die dem multilateralen Handel auf dem freien Markt den Rücken kehrten, doch letztlich willigte Washington widerstrebend ein und erlaubte dem Fonds, als Bank aufzutreten und eine Öl-Sonderfazilität einzurichten, um die durch Überschussländer zur Verfügung gestellten Finanzmittel an die Kreditnehmer zu vergeben. Im August 1974 nahm der IWF 3,6 Milliarden US-Dollar bei neun Ölexportländern auf und etablierte die Öl-Fazilität. Insgesamt nahmen 44 Länder Kredite (zu einen Jahreszinssatz von 7,7 Prozent) aus dem Programm von 1974 in Anspruch, die meisten von ihnen aus der Dritten Welt, doch darüber hinaus beispielsweise auch Griechenland und Italien, da beide die Ölkrise hart getroffen hatte. Im darauffolgenden Jahr stellten Zentralbanken aus europäischen und erdölexportierenden Ländern weitere Mittel zur Verfügung, die Italien, Großbritannien, Finnland, Griechenland, Neuseeland, Spanien und einer Handvoll Entwicklungsländern zugutekamen. Die Vereinigten Staaten hielten sich eher zurück und leisteten verschiedentlich Direkthilfe (die im Verlauf des Jahrzehnts allerdings weniger wurde), statt sich an derartigen multilateralen Bemühungen zu beteiligen. Washington sperrte sich gegen eine Neuordnung der globalen Finanzbeziehungen, wie sie die G 77 im Sinn hatte.

27 Länder – 19 Entwicklungsländer und acht aus dem Norden, darunter die Vereinigten Staaten – kamen 1975 zur Pariser Konferenz über internationale wirtschaftliche Zusammenarbeit (besser bekannt als Nord-Süd-Konferenz) zusammen, um die Vorschläge zur neuen Weltwirtschaftsordnung zu diskutieren. Immer noch verärgert über Washingtons Vorstoß, ein Kartell der Ölabnehmer-

länder gegen die OPEC zu schmieden statt die Kooperation mit den Ölförderländern zu suchen, war Frankreich auf der Konferenz vor allem bemüht, Alternativen zur Vormachtstellung Amerikas in der Weltwirtschaft zu diskutieren.
Washington seinerseits betrachtete mit Sorge die enger werdenden Beziehungen
zwischen der OPEC und verschiedenen Entwicklungsländern und war ansonsten
darauf bedacht, klar gegen Erzeugerkartelle Position zu beziehen und die verbündeten Industriestaaten auf die Verteidigung der Marktwirtschaft einzuschwören.
US-Außenminister Henry Kissinger machte keinen Hehl aus seiner Geringschätzung für die Pariser Konferenz, fühlte sich aber verpflichtet, bei der Welthandelskonferenz 1976 in Nairobi (UNCTAD IV) anwesend zu sein, um eine Verschwörung gegen die Interessen Amerikas abzuwenden. Zu diesem Zweck schlug er die
Gründung einer multilateralen Stelle zur Vermittlung von Importkrediten unter
der Zuständigkeit der Weltbank vor, um insbesondere für die Einfuhr mineralischer Rohstoffe privates Kapital zur Verfügung zu stellen. Auch die OPEC wartete mit einem eigenen Programm zur Entwicklungsförderung auf, einschließlich
eines arabischen Fonds zur wirtschaftlichen und sozialen Entwicklung, eines islamischen Entwicklungsfonds, der Afrikanischen Entwicklungsbank sowie eines
mit fünf Milliarden US-Dollar ausgestatteten Investitionsfonds unter Verwaltung
von OPEC-Ministern.[117] Die weltweite Rezession hielt an, und viele Länder waren
in erheblichem Umfang auf Mittel aus internationalen Krediten angewiesen – verstärkt nach dem zweiten Ölschock 1979. Die Entwicklungsländer konnten den
vehementen Widerstand der Industrieländer und vor allem der Vereinigten Staaten gegen Kernelemente des Vorschlags für eine neue Weltwirtschaftsordnung
nicht überwinden. Die Sowjetunion war selbst wirtschaftlich in Schwierigkeiten
und nicht bereit, für den Vorschlag in die Bresche zu springen. Zunehmende Differenzen zwischen den Ländern der Koalition des Südens kamen hinzu. Für eine
neue Weltwirtschaftsordnung standen die Zeichen wahrhaftig nicht günstig.

Die Konferenz endete, ohne ein Kommuniqué zu verabschieden. Man kam
überein, im Rahmen eines integrierten Rohstoffprogramms einen gemeinsamen
Fonds einzurichten, der dazu beitragen sollte, die Rohstoffpreise zu stabilisieren, man einigte sich auf höhere Hilfsziele und die Industrieländer verpflichteten sich darüber hinaus, zugunsten besonders armer Entwicklungsländer Son-
dermittel in Höhe von einer Milliarde US-Dollar bereitzustellen. Die UNCTAD
schuf den Gemeinsamen Fonds für Rohstoffe 1980, doch ratifizierten nicht ausreichend viele Länder das Abkommen, sodass es zunächst nicht in Kraft treten
konnte. Das vereinbarte Ziel für die Entwicklungshilfe von 0,7 Prozent des
Bruttoinlandsprodukts in Industrieländern wurde nie erreicht, und die Zusage
von einer Milliarde US-Dollar sollte ohnehin nur Beifall heischen – der Betrag
war schon zuvor zur Verfügung gestellt worden. Das Bemühen um eine neue
Weltwirtschaftsordnung schwand Ende der 1970er Jahre dahin und an seine
Stelle traten Ansätze zur Selbsthilfe, Bankkredite und Marktrezepte, mit an-

deren Worten: das amerikanische Programm des multilateralen freien Wettbewerbs.

Viele Aspekte der neuen Weltwirtschaftsordnung materialisierten sich freilich dennoch, sowohl institutionell als auch in den Wirtschaftsbeziehungen. Die Europäische Gemeinschaft (wie die EWG nach 1967 hieß) unterzeichnete 1975 mit 46 assoziierten Staaten aus Afrika, der Karibik und dem Pazifikraum – den so genannten AKP-Staaten – das Lomé-Abkommen. Weil Westeuropa in stärkerem Maß vom Handel abhängig war als die Vereinigten Staaten, sollte das aus den Erfahrungen der turbulenten 1970er Jahre heraus geschlossene Abkommen Rohstoffengpässe möglichst ausschließen. Die von der EG zugesagten Hilfsprogramme finanzierte der Europäische Entwicklungsfonds während der gesamten Laufzeit des Abkommens mit mehreren Milliarden US-Dollar. Darüber hinaus gab es Unterstützung durch Investitionen. Insgesamt wurde das Lomé-Abkommen dreimal erneuert, bevor das Cotonou-Abkommen es 2000 ersetzte. Lomé garantierte Exporten aus den AKP-Staaten einen bevorzugten Zugang zum EG-Markt, die Europäer verzichteten weitgehend auf Gegenpräferenzen; bei bestimmten wettbewerbsfähigen Waren wie beispielsweise Fleisch oder Zucker vereinbarte man Handelsquoten. Schließlich etablierte das Abkommen mit dem STABEX-Fonds ein Finanzinstrument, das bei einzelnen Rohstoffen und Agrarerzeugnissen, deren Weltmarktpreise besonders großen Schwankungen unterlagen, stabilisierend in den Handel eingreifen und die Exporterlöse sichern konnte. Als Fürsprecher einer Politik offener Türen im Welthandel protestierten die Vereinigten Staaten gegen das Lomé-Abkommen, weil nach ihrem Dafürhalten die Handelspräferenzen die Exporte aus anderen Ländern benachteiligten. Mitte der 1990er Jahre pflichtete die WTO der amerikanischen Position bei; EG und USA verständigten sich daraufhin auf eine Anpassung. Doch immer wieder aufflammende Konflikte über bestimmte Erzeugnisse – berühmt beispielsweise der Streit über die Bevorzugung karibischer Bananenexporte nach Europa – zeigten, dass es Washington mehr ums Prinzip des freien Markts zu gehen schien als um radikale Programme.[118]

Die Vereinigten Staaten zogen es zweifellos vor, dass Länder des Südens ihre Entwicklungsstrategie am GATT orientierten, dem Rückgrat des freien Welthandels; der wirtschaftliche Niedergang der US-Industrie ließ die amerikanische Politik freilich bisweilen in einem anderen Licht erscheinen. In der von 1975 bis 1979 währenden Tokio-Runde erreichten die Entwicklungsländer Ausnahmen bei Gegenseitigkeits- und Gleichbehandlungsklauseln, setzten das allgemeine Präferenzsystem als verbindliche Norm durch und erwirkten besondere Regelungen für die ärmsten Länder der Dritten Welt. Im Gegenzug einigte sich die Welthandelsrunde darauf, dass mit fortschreitender Entwicklung die Länder des Südens ihre Handelspräferenzen verloren und die üblichen GATT-Verpflichtungen in Kraft traten. Auch in der Uruguay-Runde (1986–1994) galt das Engagement der Amerikaner weiterhin der Abschaffung von Begünstigungen; an den

Verhandlungen nahmen 46 Entwicklungsländer teil, mehr als jemals zuvor bei einer Welthandelsrunde. Von herausragender Bedeutung für Washington waren die Tigerstaaten, deren exportorientiertes Wachstum sie zu ernstzunehmenden Weltmarktkonkurrenten machte.

Die Tigerstaaten standen für eine neue Haltung in der Weltwirtschaft, einen Pragmatismus, der multilaterale Prinzipien und den Grundsatz der offenen Türen verinnerlicht zu haben schien, wie sie auch das GATT kennzeichneten. Die asiatischen Länder setzten in ihrer Entwicklungsstrategie vor allem auf die Leichtindustrie, doch gerade diese Branchen, etwa die Textilindustrie, verfügten in den USA über eine einflussreiche Lobby. In den Vereinigten Staaten und anderen Industrieländern wurden immer wieder Klagen laut, die Tigerstaaten profitierten von unlauteren Handelspraktiken und würden beispielsweise Produkte zu Dumpingpreisen anbieten, Exporte subventionieren oder, ganz merkantilistisch, Importe beschränken; sie sollten daher aus dem allgemeinen Präferenzsystem ausgenommen werden. Mit der zunehmenden Rolle, die wirtschaftlich aufsteigende Länder des Südens ab Mitte der 1970er Jahre als wichtige Erzeuger auf den Märkten des Nordens spielten, wurden die Proteste gegen die Exporte aus den Billiglohnländern der Dritten Welt lauter. Die Amerikaner wurden zur treibenden Kraft hinter einer Reihe zweifelhafter Selbstbeschränkungsvereinbarungen, die protektionistische Schranken gegen den Handel mit Textilien und verschiedenen anderen Produkten aufrichteten – und dem Grundsatz offener Türen Hohn sprachen. 1978 wandte sich die Hälfte solcher Vereinbarungen gegen Exporte aus der Dritten Welt. Während der Uruguay-Runde verstärkten die EG, Japan und die USA durch nichttarifäre Handelshemmnisse die Abwehr von Importen; die Bestimmungen betrafen 55 Prozent der Einfuhren von Eisen und Stahl, achtzig Prozent der Kleidung und über ein Viertel der Schuhe aus dem Ausland. Insbesondere Entwicklungsländer drängten daher darauf, den Marktzugang zu erleichtern und protektionistische Maßnahmen abzubauen, und tatsächlich fielen im Jahrzehnt nach der Uruguay-Runde die Textilquoten weitgehend. Die Länder des Südens erreichten darüber hinaus die Zusage, bis zur Jahrtausendwende die Agrarsubventionen um zwanzig Prozent zu kürzen; der ambitionierte Vorschlag ging auf die Vereinigten Staaten zurück und wurde von der so genannten Cairns-Gruppe unterstützt, einem lockeren Kreis aus vierzehn kleineren und großen Agrarexport-Ländern. Das Versprechen wurde im Jahr 2000 nicht eingehalten, und es gab Gerüchte, dass die Initiative sowohl von den Europäern, die sich offen gegen ein Ende der Agrarsubventionen aussprachen, als auch von verschiedenen US-Unterhändlern hintertrieben wurde, darunter Vertreter großer Unternehmen in der Lebens- und Futtermittelindustrie wie Cargill.[119] Wirkliche Fortschritte zu erzielen, war für durchschnittliche Entwicklungsländer, die auf den Export landwirtschaftlicher Erzeugnisse angewiesen waren, ein nicht ganz einfaches Unterfangen.

Die Tigerstaaten und andere weit entwickelte Länder der Dritten Welt hingegen demonstrierten, dass es nicht genügt, den Grundsatz offener Türen zu predigen, ohne ihn zu leben – und die protektionistischen Maßnahmen des Nordens unterstrichen das in gewisser Weise. Die Schwellenländer erlangten Marktzugang, widersetzten sich aber dem Drängen, in ihren Ländern möglichst umfassend den Markt für Finanzdienstleistungen zu öffnen, die Beschränkungen für ausländische Investoren zu lockern und den Handel mit geistigen Eigentumsrechten zu regulieren – all das neue Aspekte der Welthandelsrunde. Nur mit Mühe kam die Uruguay-Runde schließlich ins Ziel. Im April 1994 unterzeichneten 125 Länder das Schlussabkommen, doch die Kontroversen und Konflikte über Agrarsubventionen und andere Punkte bestanden fort. Bill Clinton, der gerade sein Amt als amerikanischer Präsident angetreten hatte, bemühte sich, die Gespräche noch einmal in Gang zu bringen. Immerhin war das Welthandelsforum zum Ausgangspunkt verschiedener neuer regionaler Zusammenschlüsse geworden, die in den 1990er Jahren entstanden. Doch die Handelsschranken für Agrarprodukte blieben hoch, ungeachtet des Versprechens, Subventionen abzubauen – für die Dritte Welt eine ganz entscheidende Schwierigkeit. Peter Sutherland, damals GATT-Generaldirektor, feierte den Abschluss der Uruguay-Runde dennoch als Erfolg, als wichtigen Schritt zu einer nachhaltigen Entwicklung. Einige Kommentatoren waren anderer Ansicht und wandten ein, «während Amerikaner und Europäer stritten, wer welches Stück vom Welthandels-Kuchen abbekommt, fragten sich die Entwicklungsländer, was ihnen bleibt. Nun ist einigen die Antwort klar: die Krümel.»[120]

	Der wirtschaftliche Alptraum, Wachs

Schulden und wechselseitige Abhängigkeit

Der wirtschaftliche Alptraum, Wachstum und Entwicklung zu finanzieren, führte letztlich zu pragmatischen Reformen. In den Industrieländern saß nach dem Ölpreisschock das Geld nicht mehr locker, die Entwicklungsländer konnten kaum darauf hoffen, dass staatliche Entwicklungshilfe und Kredite ausreichend zur Verfügung stehen würden. Nach Einsetzen der zweiten Ölkrise 1978 und dem Amtsantritt des finanzpolitisch konservativen US-Präsidenten Ronald Reagan Anfang der 1980er Jahre begann eine Suche nach neuen Wegen in der Entwicklungshilfe. Multilaterale Hilfsprogramme boten eine Möglichkeit, doch Reagan beanstandete die Ausgaben und war prinzipiell dagegen, irgendetwas zu verteilen. Die Vereinigten Staaten setzten entsprechend stärker auf Kredite der Weltbank und des IWF, und zunehmend auch von Privatbanken. In diesem Bereich galt es freilich noch Bedenken auszuräumen. In der Weltwirtschaftskrise Ende der 1920er Jahre war es infolge der Zahlungsunfähigkeit vieler Kreditnehmer weltweit zu katastrophalen Bankzusammenbrüchen gekommen. Die Erinnerung daran und dazu noch an Schuldenkrisen in Argentinien, Brasilien und Peru während der 1960er Jahre oder auch an räuberische private Geldverleiher hatte dazu beigetragen, in den Ländern der Dritten Welt private internationale Kredite in Verruf zu bringen. Doch bereits 1965 schuf Mexiko die gesetzlichen Voraussetzungen, die es ausländischen Privatbanken erlaubten, Kreditgeschäfte mit öffentlichen oder privaten Darlehensnehmern abzuschließen; andere Länder folgten. Eine jüngere Generation amerikanischer Banker, denen nicht das Bild der Großen Depression vor Augen stand, konnte es kaum erwarten, neue globale Kapitalmärkte entstehen zu sehen. Sie nahmen das private internationale Kreditgeschäft in ihre Hand. Die Deregulierung der Geld- und Finanzmärkte nach dem Ende des Bretton-Woods-Systems gab Geschäftsbanken die Freiheit, weltweit erfolgreich mit lokalen Kreditinstituten zu konkurrieren. Nicht zuletzt aufgrund des im Islam bestehenden Zinsverbots verfügten solche internationalen Geschäftsbanken schon bald über enorme Petrodollar-Einlagen aus islamischen OPEC-Ländern. Die Banken standen bereit, Investitionen in Entwicklungsländern durch Kredite zu finanzieren, und die Kreditnehmer waren gewillt, die bisweilen hohen Zinsen zu zahlen; es war der Beginn einer Globalisierung des Kreditgeschäfts, die große Risiken barg und große Gewinne versprach.[121]

Banken wie Kreditnehmer agierten zunehmend optimistisch auf den privaten Finanzmärkten, und große Geldmengen flossen in die Dritte Welt. Die Banken pumpten OPEC-Überschüsse in die Kapitalmärkte Lateinamerikas, Afrikas und Asiens. Zwischen 1973 und 1981 stieg die jährliche Kreditaufnahme des globalen Südens (ohne die Ölförderländer) von 6,5 Milliarden US-Dollar auf 293 Milliarden US-Dollar. Auch die Exporte schossen in die Höhe und das summierte Bruttoinlandsprodukt der Dritten Welt war mehr als doppelt so hoch wie das des Nordens. Entsprechend schienen die Entwicklungsländer auch in der Lage zu sein, die Schulden zu bedienen. Rund zwei Drittel der von amerikanischen Geschäftsbanken vergebenen Auslandskredite gingen nach Lateinamerika, was der geographischen Nähe ebenso geschuldet war wie dem Vertrauen zu den lateinamerikanischen Eliten, die nicht selten eine akademische Ausbildung in den USA absolviert hatten. In der Region stiegen Alphabetisierungsrate und Lebenserwartung. Amerikanische und europäische Finanzinstitute machten auf dem privaten Kreditmarkt ansehnliche Geschäfte. Den Kreditnehmern aus der Dritten Welt berechneten sie, um den Kredit abzusichern, einen «Risikozuschlag» zusätzlich zu den üblichen Zinsen; schon bald drängten auch kleinere Banken auf den Markt, um die überdurchschnittlichen Profite nicht allein den internationalen Großbanken zu überlassen. Auf Seiten der Kreditnehmer türmten sich Monat für Monat neue Schulden auf alte, da Schuldner existierende Kredite durch neue ablösten, die mitunter sogar günstigere Bedingungen versprachen. Und auch auf Seiten der Banken war man gezwungen, um der Tilgung willen neue Kredite zu gewähren, damit die Kunden alte zurückzahlen konnten: Der Teufelskreis gegenseitiger, auf das Papier von Schuldscheinen gebauter Abhängigkeit drehte sich immer schneller. 1982 lag die Auslandsverschuldung der Dritten Welt um 264 Prozent über der von 1975. Solange die Zinsen im Verhältnis zur Inflationsrate niedrig blieben, war der Schuldendienst kein Problem, alles schien stabil.

Der zweite Ölpreisschock und steigende Zinsen brachten das Kartenhaus zum Einsturz und machten das gewaltige Ausmaß der Verschuldung der Dritten Welt sichtbar. Für jeden Dollar, um den der Ölpreis stieg, mussten die Länder des Südens, die nicht über Erdöl verfügten, beinahe zwei Milliarden US-Dollar pro Jahr zusätzlich in ihren Haushalten bereitstellen. Annähernd die Hälfte der Kredite stammte von privaten Geschäftsbanken. In der entstandenen Situation verlegten sich die internationalen Institute auf noch riskantere, gleichwohl verlockende Kreditgeschäfte. Die Belastung des Schuldendienstes stieg für die Länder der Dritten Welt im Jahr 1979 durchschnittlich um 21 Prozent (und für die ärmsten um beinahe 39 Prozent); die Kreditgeber wurden vorsichtiger und vergaben fortan in der Regel nur noch Kredite mit kurzer Laufzeit zu Zinssätzen, die ständig stiegen, denn auch die Inflation in den Vereinigten Staaten und in Westeuropa brach immer neue Rekorde. In manchen Fällen nahmen naive Kunden immer neue Kredite auf, die ihnen von aggressiv agierenden Banken aufgedrängt wurden. Auf der anderen Seite brauchten die Kreditnehmer Geld, häufig nicht einmal um in Infrastruktur oder Industrie zu investieren, sondern nur um laufende Ausgaben zu decken. In Mexiko hatte der Staat Stahlwerke, Raffinerien und Kraftwerke finanziert, doch das Zusammenwirken ineffektiver staatlicher Behörden und korrupter Gesellschaften machte die Bemühungen zunichte. Das Ergebnis war, dass sich Mexikos Verbindlichkeiten ausländischen Banken gegenüber zwischen 1978 und 1982 verdreifachten; Argentinien und Chile verzeichneten einen Anstieg ihrer Verschuldung um 500 Prozent. Die Länder hatten die ausländischen Kredite mit offenen Armen willkommen geheißen, und die internationalen Großbanken – unter anderem Citibank, Bank of America, Morgan Guaranty und Manufacturers Hanover – hatten die OPEC-Überschüsse fließen lassen.[122]

Ein solches System konnte nicht ewig funktionieren. Hohe Zinsen führten in Lateinamerika und anderswo zur Kapitalflucht. Nach dem Schuldendienst war die Abwanderung von Kapital der wichtigste Verwendungszweck für Devisen aus diesen Ländern; über ein Drittel der um 252 Milliarden US-Dollar gestiegenen Schulden Argentiniens, Brasiliens, Chiles, Mexikos und Venezuelas landete auf ausländischen Bankkonten. Auf Lateinamerika entfiel insgesamt der größte Teil der Schuldensumme in der Dritten Welt – und die Verschuldung wuchs dort schneller als anderswo. 1981 nahmen die Länder Lateinamerikas insgesamt neue Kredite in Höhe von 34,6 Milliarden US-Dollar auf und zahlten Zinsen in Höhe von 28,2 Milliarden US-Dollar, übrig blieben demnach ganze 6,4 Milliarden US-

Dollar. Zwischen 1982 und 1985 betrug der Nettotransfer der Region ins Ausland insgesamt 106,7 Milliarden US-Dollar, also mehr als sie in der Summe in den vorangegangenen neun Jahren erhalten hatte. Chile litt am meisten, das Bruttonationaleinkommen pro Kopf sackte um ein Fünftel ab, die Arbeitslosigkeit explodierte und erreichte rund dreißig Prozent, praktisch der gesamte privatwirtschaftliche Bereich stand vor dem Konkurs. Die Rezession war so extrem, dass verschiedene einheimische Banken sich im Ausland refinanzierten, doch sollten auch solche Praktiken bald ein Ende haben. In Argentinien folgte 1982, nach der Niederlage im Krieg gegen Großbritannien um die Falkland-Inseln, bei einem Schuldenniveau von 37 Milliarden US-Dollar die Zahlungsunfähigkeit. Venezuela versank in Elend und Chaos, als die Krise sich nach vier Jahren der Stagnation zuspitzte. Abhängig von Auslandskrediten, brach Brasiliens Wirtschaft regelrecht zusammen; die Oppositionsparteien verbündeten sich mit Industriellen und stürzten die Militärmachthaber, und ab 1985 hatte das Land eine zivile Regierung. Nach Gerüchten im August 1982 über eine angebliche Insolvenz US-amerikanischer Geldgeber kündigte die mexikanische Regierung überraschend an, sie könne ihren Schuldendienst nicht mehr leisten. Sinkende Ölpreise rissen die Wirtschaft des Ölförderlandes Mexiko noch tiefer in die Krise. Die US-Regierung sicherte dem Nachbarland umgehend Finanzhilfen und Kredite zu, und Privatbanken gewährten Mexiko einen Zahlungsaufschub für Schuldendienst und fällige Kredite. Die Verschuldungskrise war eskaliert; eine Kettenreaktion von Zahlungsausfällen erschütterte die Region.[123]

In den darauffolgenden Jahren machten hohe Zinsen den verschuldeten Ländern weiterhin zu schaffen. Die Amerikaner warteten mit dem Baker-Plan auf, benannt nach dem damaligen Finanzminister James Baker, der den Schuldnern Darlehen der US-Regierung in Aussicht stellte, die Kapitalflucht bremste und von den betroffenen Regierungen Austeritätsmaßnahmen und insbesondere die Kürzung öffentlicher Konsumausgaben verlangte. Im weiteren Verlauf des Jahrzehnts waren die Privatbanken gezwungen, ihre Verluste abzuschreiben – Citicorp verlor 1987 eine Milliarde US-Dollar; aus dem internationalen Kreditgeschäft zogen sie sich sukzessive zurück. Die Abschreibungen verminderten das Volumen ausstehender Kredite der neun größten US-Banken in der Region von 177 Prozent des Kapitals im Jahr 1982 auf 84 Prozent. Doch der Baker-Plan kaufte lediglich Zeit. 1989 unternahm James Brady, Bakers Nachfolger als US-Finanzminister, einen neuen Anlauf, um die Schuldenkrise zu beenden, und rief die Banken auf, mit den jeweiligen Ländern über Schuldenabschläge und Umschuldungen zu verhandeln. Zu diesem Zweck wurden neue Finanzinstrumente geschaffen, die so genannten Brady-Bonds, mit deren Hilfe die Gläubigerbanken in der Lage waren, beispielsweise Mexikos Schulden in Höhe von 69 Milliarden US-Dollar in neue, handelbare Schuldverschreibungen mit geringerem Zinssatz zu konvertieren. IWF, Weltbank, die mexikanische Regierung und Japan garantierten auf 18 Monate die

Zinsleistungen. Es war das erste Beispiel eines internationalen Schuldenerlasses durch Geschäftsbanken. 1994 war Brasilien das letzte der großen Schuldnerländer, das mit 750 Gläubigerbanken eine Vereinbarung unterzeichnete. Die Krise war überstanden.[124]

Internationale Darlehensgeber traten an die Stelle der privaten Großbanken, und es fiel in die Verantwortung von IWF und Weltbank, marktwirtschaftliche Grundsätze zu stärken. Unterstützt durch die Vereinigten Staaten, Japan und Westeuropa orientierten sie die Bedingungen der Kreditvergabe an den Grundsätzen des freien Wettbewerbs und an konservativen makroökonomischen Erwägungen. Der Kalte Krieg war zu Ende, und das Zeitalter der Globalisierung hatte begonnen.[125] Die Strukturanpassungsprogramme dieser Institutionen sahen Maßnahmenpakete zur Deregulierung dirigistischer Wirtschaftsstrukturen und zur Privatisierung von Staatsbetrieben vor, sie verlangten Sparmaßnahmen, die Liberalisierung des Handels und die Verbesserung des allgemeinen Investitionsklimas. Schuldnerländer gelangten zumindest zeitweilig zurück auf einen Weg bescheidenen Wachstums, da private Investitionen anstiegen und die Privatisierung einheimische Unternehmer zu Millionären (oder sogar Milliardären) werden ließ. Für die ärmsten Länder indes eröffnete sich kein Ausweg aus der Stagnation, in die Schuldendienst, ungleicher Tausch und mangelnde Marktkontrolle geführt hatten.[126]

Afrikas Tristesse

Afrika bot für eine solch traurige und alarmierende Situation ein Lehrbuchbeispiel, und insbesondere galt das für die Länder südlich der Sahara, die zu den ärmsten der Welt gehörten. Der Kolonialismus war Vergangenheit, aber ihre wirtschaftliche Lage ließ viele afrikanische Länder seit Beginn der 1980er Jahre am Rande des Abgrunds taumeln. Nach Ansicht vieler Beobachter war das wirtschaftliche, politische und soziale Chaos in großen Teilen des Kontinents dafür verantwortlich, dass Afrika den Anschluss an die Dynamiken des Weltmarkts und die wirtschaftlichen Segnungen der Globalisierung verlor. Zu den Gründen gehörten sowohl die Korruption und Ineffizienz im Innern als auch, als äußere Faktoren, ungünstige Marktbedingungen, Verhältnisse ungleichen Tauschs und nachteilige Strukturanpassungsprogramme. Afrika wurde zum Sinnbild der Schattenseiten der Weltwirtschaft.

Im Vergleich zu anderen Regionen der Welt waren die meisten afrikanischen Volkswirtschaften hoffnungslose Fälle. Gewiss, Nigeria, Angola, die Republik Kongo, Gabun und Kamerun kamen durch die Ölkrise in den Genuss unverhoffter Mehreinnahmen. Südafrika verzeichnete nach dem Zweiten Weltkrieg ein außergewöhnlich robustes Wachstum, das seinen Rohstoffressourcen, einer klugen

Steuerung der Industrialisierung, einem intelligenten Kurs der Importsubstitution und nicht zuletzt der strategischen Lage in den Koordinaten des Kalten Krieges zu verdanken war, wodurch amerikanisches Kapital ins Land strömte. In den wirtschaftlich turbulenten frühen 1970er Jahren indes war Importsubstitution nur noch ein Auslaufmodell, aber auch der südafrikanische Schwenk zu einer stärker exportorientierten Strategie kam zur Unzeit. In den 1980er Jahren dann trug das rassistische System der Apartheid die Verantwortung für die Abwanderung von Kapital, weil Investoren aus Übersee wegen der zunehmenden Gewalt beunruhigt waren oder ihr Engagement in Südafrika unter dem Eindruck von Bürgerrechtsprotesten in ihren Heimatländern aufgaben. Zerrüttet durch Ölkrise, Inflation, wegbrechende Investitionen und das Verschwinden billiger Arbeitskräfte nach dem Ende der Apartheid in den frühen 1990er Jahren, wurde Südafrika zu einem weiteren Kapitel in der allgemeinen Niedergangsgeschichte Afrikas nach dem Zweiten Weltkrieg.[127]

In den anderen 42 afrikanischen Ländern südlich der Sahara war die Lage eher schlimmer. 1995 lag das Bruttonationaleinkommen pro Kopf auf dem gesamten Subkontinent gerade einmal bei zwei Prozent des Durchschnitts in westlichen Ökonomien. Verfügten Amerikaner durchschnittlich über ein jährliches Pro-Kopf-Einkommen von 26 980 US-Dollar, kamen Bewohner eines mittleren afrikanischen Landes wie Mauretanien auf nur 460 US-Dollar jährlich, den Menschen in den ärmsten Ländern, wie etwa Mosambik, blieben hingegen gerade 80 US-Dollar pro Kopf und Jahr. Die demographische Entwicklung verschlimmerte die ökonomischen Probleme; schnelles Bevölkerungswachstum in Verbindung mit hoher Kindersterblichkeit, Hunger und Seuchen verhinderten in Afrika die Entwicklung einer stabilen Bevölkerungsstruktur. Mitte der 1990er Jahre lag der Anteil Lese- und Schreibunkundiger bei über vierzig Prozent, und es herrschte großer Mangel an ausgebildeten Arbeitskräften.[128]

Die Gründe für die traurige Situation waren zahlreich. Afrika bot vielfältige Musterbeispiele, wie Länder des Südens Opfer von Verhältnissen ungleichen Tauschs wurden. Ruanda etwa war geprägt durch Kaffeemonokulturen und entsprechend abhängig von den Launen des Weltmarkts und dem Auf und Ab der Preise: Sollte die Ernte ausfallen, die Nachfrage nach Kaffee im Norden erlahmen oder der Preis einbrechen, gab es keine Möglichkeit, anderweitige oder zusätzliche Einkommen zu schaffen. Vierzehn andere Länder waren in einer ähnlichen Lage: So produzierten beispielsweise Burundi und Uganda ebenfalls ausschließlich Kaffee, Sambia war abhängig von Kupfer und Somalia angewiesen auf Viehzucht. In anderen Ländern gab es zwei, drei oder vier Haupteinnahmequellen. Einige hatten es auf den ersten Blick besser, weil sie über Ölvorräte oder andere wertvolle Rohstoffe verfügten, es also etwa Uran gab (wie in Niger), Bauxit (wie in Guinea oder Ghana) oder Diamanten (wie in Sierra Leone). Doch auch diese Länder erlebten immer wieder Krisen, die zu politischen Wirren führten und

Wachstum und Entwicklung durchkreuzten. Nur sieben Länder, darunter Südafrika, Tunesien, Lesotho, Simbabwe und Tansania, verfügten über eine diversifizierte Exportökonomie, doch auch sie standen eher am unteren Ende der
Weltrangliste.

Die wirtschaftliche Situation verfestigte das Fortbestehen neokolonialer Ab-
hängigkeitsverhältnisse von den Ländern des Nordens, die sich auch negativ auf
die Preise von Exporterzeugnissen auswirkten, da unter solchen Bedingungen im
Wesentlichen die Käufer den Preis bestimmen. So trat etwa das französische
Unternehmen Sucres & Denrées 1988 als einziger Kaufinteressent für Kakao an
der Elfenbeinküste auf und kaufte die gesamte Ernte des Landes zu einem extrem
niedrigen Vorzugspreis. Zu vergleichbaren Situationen kam es zwischen 1980
und 1995 immer wieder, was dazu beitrug, dass der Gesamtwert der Exporte aus
afrikanischen Ländern in diesen Jahren um zwanzig Prozent zurückging. Derartige Verhältnisse verschlimmerten klassische Benachteiligungen in Handelsbeziehungen: Afrikanische Länder exportierten vor allem Rohstoffe und Agrarerzeugnisse, die sie zu Tiefstpreisen verkauften, teure Industrieprodukte mussten
sie hingegen importieren. Da insbesondere ausländische Investoren zögerten,
Kapital in Entwicklungsprojekten anzulegen und es so möglicherweise zu versen-
ken, führten die ungleichen Tauschverhältnisse dazu, dass nur fünfzehn Prozent
des Werts, den die afrikanischen Erzeugnisse für die Industrie des Nordens darstellten, als Investition auf den Kontinent zurückkehrte – der Rest blieb im Norden. Verhandlungen wie die zum GATT schienen da keinen Ausweg zu bieten;
beim Abschluss der Uruguay-Runde 1994 hätten die afrikanischen Delegierten
sich, so ein Kritiker, «wie die Schafe zur Schlachtbank führen» lassen und die
Vereinbarung «vorbehaltlos abgesegnet», obwohl sie wussten, dass der Kontinent
«nichts davon zu erwarten hatte».[129] Das marktwirtschaftliche System, wie die
Vereinigten Staaten es etwa beim GATT befürworteten, war für den Kontinent
eine Falle und gefährdete geradezu sein Überleben.

Anstrengungen, wirtschaftliches Wachstum und Entwicklung durch Auslands-
kredite anzuregen, waren größtenteils vergebens und in den 1990er Jahren versank
Afrika in Schulden. Die Länder südlich der Sahara standen bei ausländischen Ban-
ken mit sage und schreibe neunzig Prozent ihres Bruttonationaleinkommens in der
Kreide. Die Preise für eine ganze Reihe von Agrarerzeugnissen waren im Keller;
Kakao etwa brachte auf dem Weltmarkt 1981 nur noch ein Viertel des Ertrags von
1973. In zahlreichen Ländern, die nicht über Erdöl verfügten, verschlimmerten die
Energiekosten die Benachteiligung im Handel, und sie versanken noch tiefer in
Schulden. 1994 hatte Sambia – ein Land, das auf importiertes Öl angewiesen war –
Verpflichtungen in Höhe von 5,2 Milliarden US-Dollar, das waren 161 Prozent
seines Bruttonationaleinkommens. Vergleichbar der Situation in Lateinamerika,
gewährten die Banken Sambia immer neue Kredite und bauten darauf, dass das
Land seinen Verpflichtungen nachkommen werde. Doch Sambia kam aus der

Schuldenfalle nicht mehr heraus. Alles in allem wandte Afrika alljährlich 21 Prozent des mit Exporten erzielten Einkommens für den Schuldendienst auf; 1991 überstieg die Höhe der Auslandsschulden in den Ländern südlich der Sahara die Höhe des summierten Bruttonationaleinkommens, die Verschuldung lag damit doppelt so hoch wie in jeder anderen Region der Welt. Weltbank und IWF griffen zur Rettung des Kontinents mit Strukturanpassungsprogrammen ein.[130]

Im Gegenzug mussten die afrikanischen Länder sich zur Liberalisierung ihrer Ökonomien verpflichten, sie also vor allem für Investoren öffnen und die Staatsquote senken. Die ersten Länder waren in den 1980er Jahren Kenia, Malawi und Mauritius; 1995 hatten sich alle Staaten, selbst die sozialistischen Länder Sambia und Tansania, den Bedingungen gebeugt. Der Einfluss des Staates wurde massiv beschnitten, man setzte weitgehend auf Marktmechanismen oder eine Steigerung der Effizienz durch Privatisierung und die Re-Allokation von Ressourcen. Städtische Zentren waren durch den starken Staat in der geplanten Ökonomie der Importsubstitution am meisten begünstigt; Agrarsubventionen hatten die Preise landwirtschaftlicher Erzeugnisse niedrig gehalten, um die in den Städten lebende Bevölkerung – Beamte, Angestellte, Industriearbeiter, Geschäftsleute und Politiker – mit günstigen Lebensmitteln zu versorgen. Der IWF verlangte nun, dass die Bauern die Lebensmittel zu Marktpreisen verkauften: Die Landwirtschaft, und nicht die Industrie, sollte zum Motor des Exportwachstums werden. Strukturanpassungsprogramme sorgten dafür, Handelshemmnisse für Importe und Exporte abzubauen, Zölle wurden ebenso gesenkt wie die Staatsausgaben. Der Markt erforderte Disziplin, obwohl der Klientelismus ein tiefverwurzeltes soziopolitisches Phänomen war, dem nicht so leicht beizukommen war wie in Europa oder den Vereinigten Staaten mit ihren liberalen Traditionen. Spannungen zwischen ausländischen Investoren und einheimischen Eliten samt ihren Beamten waren daher vorgezeichnet.[131]

Die Ergebnisse der Liberalisierung waren enttäuschend, in manchen Fällen tragisch, bisweilen gar gefährlich. Eine Studie der Weltbank aus dem Jahr 1994 stellte fest, sechs afrikanische Länder südlich der Sahara hätten dauerhafte Fortschritte gemacht, in neun seien bescheidene positive Veränderungen zu erkennen, doch in elf habe sich die Lage verschlechtert. Siebzehn Länder belastete ein so ungeheurer Schuldenberg, dass jedes Programm ohne massive Kapitalzufuhr von außen schlichtweg zwecklos war. Die Orientierung auf Rohstoffe und Agrarerzeugnisse als entscheidende Exportgüter bedeutete eine neue Abhängigkeit von den Weltmärkten, die, befördert noch durch die Dynamik der Globalisierung, auf ein größeres Angebot mit sinkenden Preisen reagierten. Die Strukturanpassungsprogramme zogen kein zusätzliches ausländisches Kapital an, da transnationale Konzerne weithin Investitionen in den fragilen afrikanischen Ökonomien scheuten. Darüber hinaus stieg in den städtischen Zentren die Arbeitslosigkeit, nachdem Reformmaßnahmen Privilegien für die Industrie kürzten und den öffentlichen

Sektor verschlankten. Ohne staatliche Subventionen stiegen die Lebensmittelpreise. Die Weltbank ergänzte ihre Strukturanpassungsprogramme daraufhin durch Maßnahmen zur Armutsbekämpfung und Hungerprävention. Mitunter wurde die Wirtschaftskrise zum Motor demokratischen Wandels, da die Bevölkerung in einigen Ländern das mittlerweile bankrotte System des Klientelismus stürzte – so in Sambia und Malawi. Doch andererseits wurden auch bisweilen politische und ökonomische Konflikte gefördert, es gab Streiks, Regierungen verloren das Vertrauen der Bevölkerung, ethnische Spannungen wuchsen, es kam zu Aufständen (im Sudan und in Liberia) und zum Zusammenbruch von Staaten (in Zaire und Somalia).[132]

Die Bemühungen der Weltbank, im amerikanischen Sinn Türen zu öffnen, hatten ihre Schattenseiten, wie zwei Beispiele illustrieren. In Sambia verloren 8500 Textilarbeiterinnen und -arbeiter ihre Jobs, als die Kleiderfabriken nach 1989 nur noch knapp zwanzig Prozent der vorherigen Menge produzierten. Durch die Liquidation der staatlichen Fluglinie, von Verkehrsgesellschaften, Hotels und anderen Unternehmen wurden weitere 25 000 Sambier arbeitslos, hinzu kamen 60 000 nach Entlassungen im öffentlichen Dienst. In Ghana wiederum führte ein Strukturanpassungsprogramm zu 67 Prozent höheren Erzeugerpreisen für Kakao. Die Privatisierung von 195 staatlichen Betrieben folgte. Viele Unternehmen, darunter etwa die Goldminen der Ashanti Goldfields Corporation, wurden nach der Privatisierung an ausländische Investoren oder Konzerne veräußert und entwickelten sich nach der Sanierung geschäftlich erfolgreich weiter. Mitte der 1980er Jahre stabilisierte sich die ghanaische Wirtschaft, die Einnahmen aus dem Export stiegen. Doch gab es kein Take-off in eine nachhaltige Entwicklung im Sinne von Walt Rostows Modell. Währungsturbulenzen und ein Überangebot auf dem Weltmarkt ließen die Kakaopreise fallen, Ghanas Verschuldung wuchs. In der Industrie kam es zu Entlassungen. Bildungs- und Gesundheitssystem, vormals staatsfinanziert, kosteten fortan Geld; viele Ghanaer blieben so von höherer Bildung und Gesundheitsvorsorge ausgeschlossen. Steigende Lebensmittelpreise verschlimmerten die Lage. Rufe nach einem Wandel im Einparteienstaat führten 1992 zu demokratischen Wahlen, bei denen freilich die Mehrheit der Stimmen an den amtierenden Präsidenten Jerry Rawlings fiel, den 1981 durch einen Militärputsch an die Macht gekommenen Darling der neoliberalen Marktreformer. Kurz und gut, Afrika trat auf der Stelle (in den besten Fällen) und blieb (in vielen anderen) «gefährlich nah am Rande des Abgrunds».[133]

Auf dem afrikanischen Kontinent – aber auch in anderen Regionen der Welt – zeigte sich als eine der Folgen der Globalisierung eine deutliche Tendenz zur Marginalisierung einer großen Zahl von Menschen, wobei geschlechterspezifische Unterschiede auffielen. In vielen Gesellschaften, insbesondere in der Dritten Welt, betraf Armut zuerst und vor allem Frauen. Die durch den Markt bewirkte ökonomische Restrukturierung führte zu hohen Erwerbslosenraten – und die ersten, die ihre Arbeit verloren, waren Frauen am unteren Ende der sozialen Hierarchie. Neue Technologien, flexibilisierte und stärker durch Unsicherheiten geprägte Arbeitsmärkte und Bedingungen, die traditionelle Muster der Arbeit und Beschäftigung umwälzten, trugen zu steigender Armut bei und erhöhten geschlechterspezifische Unterschiede. Vor allem für arme Frauen verschlechterte sich die wirtschaftliche Situation durch den ökonomischen Wandel, den Strukturanpassungsprogramme internationaler Institutionen und kreditgebender Banken diktierten – zumal es an staatlicher Unterstützung fehlte. Ein hoher Analphabetismus und generell der mangelnde Zugang zu Bildung, verbunden mit geschlechterspezifischen Diskriminierungen in Entwicklungsprogrammen und Arbeitsbeziehungen (mehr als 75 Prozent der von Frauen verrichteten Arbeiten in ärmeren Ländern waren unbezahlt) zwangen Frauen, sinkende Einkommen und männlich dominierte Ausbeutungsverhältnisse hinzunehmen. Frauen verrichteten zudem in zunehmendem Maße schwere körperliche Arbeiten, und insbesondere Subsistenz- und Fürsorgetätigkeiten fielen ihnen zu, als die mit der Globalisierung einhergehende ökonomische Restrukturierung in den Ländern der Dritten Welt sozialstaatliche Einrichtungen demontierte. Seit 1975 und der ersten Weltfrauenkonferenz der Vereinten Nationen, die das Jahrzehnt der Frau ausrief, forderten Aktivistinnen Maßnahmen, um die missliche Lage armer Frauen weltweit zu verbessern und Frauen besonders auch am Arbeitsplatz zu stärken. Kritikerinnen des liberalen Marktmodells wiesen zudem darauf hin, wie die tiefsitzende Diskriminierung von Frauen und traditionelle patriarchale Herrschaft sich mit Ausbeutungsverhältnissen verbanden und zu einem geschlechterspezifisch gespaltenen Arbeitsmarkt beitrugen. Das Fortschreiten der Globalisierung verstärkte auch ihre Schattenseiten.

In Mosambik beispielsweise, einem der ärmsten Länder der Welt, war schwere Landarbeit, um die Familien zu ernähren, mehrheitlich Sache von Frauen. Das Land war hoch verschuldet – 1994 betrugen die Verpflichtungen 5,4 Milliarden US-Dollar, was knapp dem Fünffachen des Bruttonationaleinkommens entsprach – und von den Handels- und Finanzkreisläufen der Welt praktisch abgeschnitten. Aufgrund der Verschuldung floss Entwicklungshilfe in den Schuldendienst, und Nahrungsmittelhilfe erreichte die Bevölkerung nur zum Teil. Im Oktober 1995 kam es in der Hauptstadt Maputo zu massiven Protesten gegen steigende Nahrungsmittelpreise, die das Ausmaß der Probleme verdeutlichten. Die mosambikanischen Subsistenzbäuerinnen, die annähernd die Hälfte der Arbeitskraft im Land stellten, trugen die Hauptlast der Krise, denn sie lebten als Haushaltsvorstände weiterhin auf dem Land, während die meisten Männer auf der Suche nach Arbeit in die Städte und ins Ausland gezogen waren. Allerdings beschränkten gesellschaftliche Umstände und Rechtstraditionen die Möglichkeiten von Frauen, Land zu besitzen oder zu pachten; in der Regel hatten Frauen nur vermittelt über männliche Verwandte Anspruch auf Land. Solche Gegebenheiten und die fortschreitende Privatisierung drängten viele auf schlechteres Land. Hohe Lebensmittelpreise, geringe Einkommen und der Abbau staatlicher Aufgaben (so etwa das Streichen von Subventionen für Lebensmittel und öffentliche Verkehrsmittel oder die Privatisierung des Gesundheitswesens) verschlimmerten die Situation. Um ihre Familien zu versorgen, waren Frauen häufig gezwungen, als Landarbeiterinnen auf Farmen in der Nähe der Hauptstadt zu arbeiten. Strukturanpassungsprogramme verfehlten das Ziel einer Wiederbelebung des ländlichen Raums, zumal nach dem siebzehn Jahre währenden Bürgerkrieg in Mosambik, während die Beschränkung staatlicher Ausgaben in einer Vielzahl von Bereichen der öffentlichen Infrastruktur weiterging. Um die Versorgung mit grundlegenden Dingen des täglichen Lebens wie Brennmaterial und Trinkwasser zu organisieren, nahmen Frauen alltäglich neben ihrer sonstigen harten Arbeit lange und beschwerliche Wege auf sich. Ohne Zugang zu Ressourcen wurden Frauen so, häufiger als Männer, Opfer der marktwirtschaftlichen Restrukturierung; neben den Folgen der Privatisierung und des Abbaus staatlicher Programme lasteten auf ihnen vor allem die häuslichen Tätigkeiten und die Sorge für ihre Familien, von der Kindererziehung bis zur Pflege der Alten und Bedürftigen. Frauen sahen sich an den Rand gedrängt; ihre Lage verschlechterte sich aufgrund von ökonomischen Verhältnissen, wie sie mit den Strukturen, die der Norden dem Süden aufdrängte, mit Globalisierung und freiem Wettbewerb einhergingen.[134]

Das pazifische Jahrhundert Waren die afrikanischen Länder die Verlierer der von Amerika propagierten freien Marktwirtschaft, so gehörten die meisten Länder Ostasiens – namentlich die Tigerstaaten, Japan und die Volksrepublik China – zu den Gewinnern. Geschlechterspezifische Armut betraf allerdings auch in dieser Region viele Millionen. Die Philippinen etwa gerieten, in gewisser Hinsicht Mosambik vergleichbar, in den Teufelskreis der Schuldenfalle, und zum Kahlschlag bei Sozialausgaben kam die Einrichtung so genannter Exporthandelszonen. Solche Sonderwirtschaftszonen hatten ihre Ursprünge in Entwicklungsprogrammen, die multinationalen Konzernen ab den 1970er Jahren Investitionsanreize boten; in den 1990er Jahren kam die Dynamik der Globalisierung hinzu. Ausländische Unternehmen agierten in den Zonen, staatlich gefördert, außerhalb der regulären Zoll- und Steuerbestimmungen und waren so in der Lage, internationale Handelsbarrieren zu umgehen; Firmen aus Japan, Südkorea, Hongkong, Taiwan und anderen asiatischen Ländern, deren Exporte Mengenquoten unterlagen, produzierten auf den Philippinen Unterhaltungselektronik, Textilien und andere Konsumgüter für die amerikanischen und westeuropäischen Märkte. Die Enklaven waren Motor eines exportorientierten Wachstums und der marktwirtschaftlichen Integration des Landes; ausgebeutet wurden in den Produktionsbetrieben vor allem weibliche Arbeitskräfte.

Exporthandelszonen sollten einen Ausweg aus der Armut eröffnen, doch blieb es meist bei dem Versprechen, die Realität sah anders aus. Arbeit in der Halbleitermontage und ähnliche Tätigkeiten galten als gering qualifizierte Beschäftigungen, und die meisten Arbeitskräfte waren Frauen. Mehr als neunzig Prozent der Arbeiterinnen wurden in den umliegenden ländlichen Regionen rekrutiert; die Arbeit in der Fabrik war für sie möglicherweise ein Schritt aus traditionell geprägten gesellschaftlichen Strukturen und der Armut. Die hohen sozialen und ökonomischen Kosten der Strukturanpassungsprogramme waren die Kehrseite der Medaille. So schickten beispielsweise Familien aus der ländlich geprägten Provinz Bataan, in der Armut und Arbeitslosigkeit herrschten, ihre Töchter zur Arbeit in die Exporthandelszonen (viele der Arbeiterinnen in den Betrieben waren sehr jung, durchschnittlich zwischen 17 und 29). Die Löhne dort lagen allerdings unter dem Niveau der Fabriken in Manila, tatsächlich erhielten vierzig Prozent der Arbeiterinnen nicht einmal den gesetzlichen Mindestlohn – während nur siebzehn Prozent der Männer für derartige Hungerlöhne arbeiteten. Offenbar ging man davon aus, Frauen seien eher bereit, die Armut zu erdulden. Die Lebens- und Arbeitsbedingungen waren entsetzlich beengt und auch gefährlich; alles war zudem teuer. Die Frauen bewegten sich in einem durch und durch patriarchalen Umfeld, und es bot sich ihnen praktisch keine Gelegenheit, dem zu entkommen; auf Schritt und Tritt, vom Gang zur Toilette bis zum Bus, der sie zur Arbeit brachte, wurden sie von männlichen Aufpassern kontrolliert. Rollenklischees und sexuelle Belästigung bestimmten den Alltag. Die Arbeiterinnen in den Exporthandelszonen der Philippinen lebten am Rande der Armut und waren gesellschaftlich isoliert – eine Erfahrung, die sie mit vielen anderen teilten, die den Kräften der marktwirtschaftlichen Globalisierung begegneten.[135]

Doch die erfolgreichen Entwicklungen in Asien überstrahlten die Schattenseiten; erst in jüngerer Zeit arbeiteten sozialwissenschaftliche Studien sie auf. Entscheidend blieb für viele Länder (einschließlich der Philippinen) die außerordentliche Geschichte vom Wirtschaftswachstum, das die Armut überwindet, schien sie doch die neoliberale Doktrin von der Überlegenheit des Marktes und des freien Wettbewerbs, der Türen öffnet, zu bestätigen. Südkorea etwa erlebte eine bemerkenswerte Periode des Wachstums. 1960 war das Land eines der ärmsten der Welt, das Pro-Kopf-Einkommen (von 78 US-Dollar) lag sogar noch unter dem der Verwandten im kommunistischen Norden, kurz: ein hoffnungsloser Fall. Dann adaptierte Südkorea die Modernisierungsrezepte der Amerikaner, wich dabei allerdings vom westlichen Kurs ab und setzte unter anderem auf religiöse Traditionen und Familienwerte als Koordinaten des wirtschaftlichen Take-off.[136] Eine nach außen gerichtete Industrialisierung war der Kern der Entwicklungsstrategie, die unter der Führung von General Park Chung Hee umgesetzt wurde,

den 1961 ein Putsch gegen die demokratische Regierung an die Macht gebracht
hatte. Eine beherrschende Stellung in der Wirtschaft nahmen die so genannten
Jaebeol ein, Mischkonzerne in Familienbesitz, die ganze Industriezweige mono-
polisierten. Zum Motor der Entwicklung wurde eine auf die Städte konzentrierte
Industrialisierung mit arbeitsintensiven Fertigungsprozessen für ein exportorientiertes Wachstum, in dessen Mittelpunkt kostengünstige Güter standen, darunter
Textilien, Chemikalien, Elektronik, Werkzeugmaschinen und schließlich Autos.
Investitionen aus dem Ausland, vor allem aus Japan und den USA, sowie Kredite
internationaler Geldgeber und Banken finanzierten die Entwicklung, bis die inländische Sparquote und der heimische Markt ein selbstständiges nachhaltiges
Wachstum erlaubten. Die Ergebnisse der «Aufholjagd» Koreas gegenüber den
entwickelten Ländern waren atemberaubend. Zwischen 1962 und 1989 war der
Außenhandel der koreanischen Exportwirtschaft verantwortlich für ein jährliches Nettowachstum von acht Prozent; die Auslandsumsätze stiegen in diesem
Zeitraum von 480 Millionen US-Dollar auf 127 Milliarden US-Dollar. Ungeachtet der hohen Inflationsrate und, während der 1980er Jahre, der vierthöchsten
Verschuldung in der Dritten Welt wies Südkorea 1986 dank einer vorausschauen-
den Politik und kluger Managemententscheidungen einen Zahlungsbilanzüberschuss auf. Das Pro-Kopf-Einkommen hatte 4380 US-Dollar erreicht – eine
unglaubliche 56-fache Steigerung – und die inländische Sparquote sich verzehn-
facht. Südkorea hatte sich seinen Status als Tiger verdient, ein Land, das in weniger
als einem halben Jahrhundert zu einer Billionen-Dollar-Macht aufstieg.[137]

War Koreas Entwicklung schon bemerkenswert, so brachte der Aufstieg Japans zur zweitgrößten Ökonomie der Erde für die Weltwirtschaft grundlegende
Veränderungen mit sich. Seit den 1950er Jahren befand sich das Land, geschützt
durch einen amerikanischen Sicherheitsschirm, auf einem Weg der Modernisierung und des Wachstums; US-Investitionen begünstigten diese Entwicklung
ebenso wie die Hochkonjunktur während des Koreakriegs. Ehemalige Zaibatsu-
Konglomerate wie Mitsui und Mitsubishi traten nach ihrer Umstrukturierung
unter Aufsicht der Regierung als mächtige Wirtschaftsunternehmen auf den Plan;
die notwendigen Finanzmittel stellten Banken zur Verfügung. Mit von US-Firmen
gelieferter Technologie modernisierten die japanischen Unternehmen ihre
Industrie und setzten, weil ihnen der japanische Markt für Wachstum und Entwicklung letztlich zu klein schien, für die Zukunft auf eine Hightech-Export-
strategie.[138] Proteste aus den Vereinigten Staaten hatten zur Folge, dass Tokio in
Gestalt des stets umsichtig agierenden Handels- und Industrieministeriums MITI
den Export zunächst von sich aus freiwillig beschränkte. Spätestens Ende der
1960er Jahre jedoch war die japanische Industrie zu einer ernstzunehmenden
Konkurrenz geworden, trotz fortbestehender Handelshemmnisse für japanische
Produkte, die, wie sich Japan beschwerte, Hongkong und den anderen ostasiatischen Tigerstaaten Vorteile auf den US-Märkten gewährten. Washingtons an die

Adresse der Europäer gerichteter Appell, ihre Märkte japanischen Produkten zu öffnen, erfolgte eher halbherzig. In der allgemeinen Wahrnehmung galt Japan, insbesondere angesichts einer sich abzeichnenden Rezession, als ein ökonomischer Trittbrettfahrer. Der unterbewertete Yen kurbelte die Exporte zusätzlich an. Tokio, so der Historiker Alfred Eckes, «dinierte an der großen Tafel der Weltwirtschaft, lehnte es aber ab, sich an der Rechnung zu beteiligen».[139]

Freilich konnte es keinem Beobachter verborgen bleiben, dass die japanische Industrie Erzeugnisse von höchster Qualität für anspruchsvolle Verbraucher im Ausland produzierte und so beherzigte, was Gurus des Qualitätsmanagements wie William Edwards Deming (der in den USA lange Zeit nichts galt) lehrten. Tatsächlich verdankt sich der Erfolg Japans nicht zuletzt einer langfristigen internationalen Marketingstrategie, verbunden mit betont kooperativen Arbeitsbeziehungen zwischen Management und Arbeitnehmern sowie einer neo-merkantilistischen Nullsummen-Politik. Die Bedingungen waren ein Gegenpol zur Marktphilosophie der Vereinigten Staaten, die auf offene Türen und Wettbewerb sowie uneingeschränktes Wachstum setzte. Wettbewerbsfähige Unternehmen mit staatlicher Hilfe zusammenzubringen, förderte eine Kultur des Konformismus, bewirkte allerdings auch Wunder, was die Produktivität und das Exportpotential anging. Die Konsequenzen eines solchen, Exportorientierung und Protektionismus kombinierenden Ansatzes waren offensichtlich. Das Wirtschaftswachstum hatte viele Aspekte: einen stabilen Arbeitsmarkt, geprägt durch Anstellungen auf Lebenszeit, moderate Lohnkosten und Sonderzulagen, eine dezidierte Importkontrolle, hohe Steuern, eine staatliche Wirtschaftspolitik, die strategisch neue Industrien begünstigte, sowie die staatliche Förderung langfristiger Investitionen in die industrielle Infrastruktur statt kurzfristiger Profite an den Aktienmärkten. Japan produzierte 1960 eine halbe Million Autos, Anfang der 1970er Jahre waren es mehr als dreieinhalb Millionen; japanische Hersteller überflügelten erstmals Westdeutschland, die bis dato weltweit zweitgrößte Autonation. Die japanische Werftindustrie erreichte die doppelte Größe ihrer drei stärksten Konkurrenten. Sowohl die Vereinigten Staaten als auch die Europäer verzeichneten ein wachsendes Handelsbilanzdefizit mit Japan; Ende der 1970er Jahre verbuchte Tokio im Handel mit den USA jährliche Überschüsse in Höhe von zehn Milliarden US-Dollar. Das Land produzierte ganz offensichtlich mehr als die von Charles de Gaulle in den 1960er Jahren in einem herablassenden Scherz erwähnten Transistorradios. Japans Industriepolitik zeichnete ein Gespür für Konsumentenwünsche aus – also etwa während der Ölkrise sparsamere Autos zu bauen.[140]

Japan machte auf dem Weltmarkt glänzende Geschäfte, ohne sich dabei in jeder Hinsicht an marktwirtschaftliche Regeln zu halten – für die Vereinigten Staaten ein Affront. Die Ostasiaten schlugen Amerika in dessen Spiel durch Innovation und Kontrolle über den Markt, durch Weitsicht, gut geschulte Manager und Beschäftigte sowie intelligente strategische Entscheidungen. Da Tokio zugleich mehr Kapital exportierte als importierte, weil vor allem Rohstoffe aus dem Ausland stammten, verwandelte sich der Yen in eine starke Währung. Washington hingegen hatte durch sein militärisches Engagement Verpflichtungen – den Vietnamkrieg, aber auch die Stützpunkte in Korea, Vietnam und anderswo sowie den militärischen Schutz Europas im Rahmen der NATO –, die Milliarden von Dollars kosteten. Auf Druck der Vereinigten Staaten liberalisierte Japan 1970 den Zugang zu den inländischen Kapitalmärkten, allerdings unter strenger bürokratischer Kontrolle und nur für 78 der 200 größten amerikanischen Konzerne. Es sollten keine freien Investitionsströme nach Japan ermöglicht werden. In jener Zeit bescherte der japanischen Industrie die Nachfrage aus der US-Armee infolge des Vietnamkriegs Umsätze in einer Größenordnung von rund vier Milliarden US-Dollar jährlich. Richard Nixons Ankündigung im Juli 1971, diplomatische Beziehungen zum kommunistischen Regime in Peking aufzunehmen, mochte für Tokio empörend gewesen sein, doch tatsächlich war Japan durch Handelsabkommen und Devisenkredite schon lange zum wichtigsten Handelspartner der Volksrepublik China geworden. Japanische Investitionen hatten damals längst auch Südkorea erreicht; mit 64 Prozent betrug der japanische Anteil am südkoreanischen Kapitalmarkt rund das Vierfache der amerikanischen Präsenz. Die Japaner waren dabei, die Strukturen der Weltwirtschaft grundlegend zu verändern. In Amerika sprach man von sich verschiebenden Kräfteverhältnissen, weg vom Atlantik (und den Vereinigten Staaten), hin zum Pazifik.[141]

Tokio war zu einer Triebkraft im anbrechenden Zeitalter der Globalisierung geworden, für die Vereinigten Staaten und ihre Hegemonie in der Weltwirtschaft gleichermaßen Verbündeter wir Konkurrent. Amerikanische Industrielle hielten Präsident Nixon 1971 vor, Japan kaufe amerikanische Rohstoffe, führe umgekehrt aber hochwertige und teure Industrieprodukte in die USA aus, schotte dabei die heimischen Märkte für US-Exporte weitgehend ab und behandle Amerika letzten Endes wie ein Entwicklungsland. Es sei an der Zeit, Japan nicht länger ständig bevorzugt zu behandeln; man lasse «einem Golfer, der 80er-Runden erreicht, ja auch nicht das Handicap von 25 aus der Zeit, als er den Platz noch mit 100 Schlägen spielte», brachte es einer der Industriellen auf den Punkt.[142] Doch gleichzeitig registrierten amerikanische Hersteller sehr wohl den Erfolg der japanischen Konzerne, die dank der Koordination durch das MITI ihre Ressourcen optimierten und gemeinsam mit Regierung und Arbeitnehmern nach Lösungen suchten, ob bei der Überwindung von Unzulänglichkeiten oder der Erschließung neuer Märkte. Ein Beispiel aus der Halbleiterindustrie verdeutlicht das. Ende der 1970er Jahre wurden in einer Arbeitsgruppe, der Mitsubishi, NEC, Fujitsu, Toshiba und weitere Unternehmen angehörten, Forschung und Entwicklung konzentriert, um drei Jahre lang – durch Steuererleichterungen und Subventionen gefördert – mikroelektronische Bauteile zu entwickeln; die in dieser Zeit geschaffenen Technologiepatente erlaubten es der japanischen Computerindustrie, mit ihren amerikanischen Konkurrenten gleichzuziehen. Das Konglomerat aus Staat und Industrie, das schon bald von amerikanischer Seite als «Japan, Inc.» verunglimpft werden sollte, trieb das – marktwirtschaftlich betrachtet – unfaire Spiel noch weiter: So verwehrte Tokio den US-Halbleiterherstellern den Zugang zum japanischen Markt und warf den Amerikanern zu guter Letzt noch vor, an überkommenen Produktions- und Managementstrukturen festzuhalten.[143] Es war diese Art neomerkantilistischer Haltung und das gleichzeitige knallharte Auftreten auf den internationalen Märkten, die Finanzminister John Connally, einen Texaner, so in Rage versetzten: «Ein alter Cowboy weiß, dass ein gutes Pferd schnell totgeritten ist; in den Jahren nach dem Krieg hat die Welt die USA, das gute Pferd, schon fast totgeritten, aber das muss jetzt endlich aufhören.»[144]

Doch die Zügel in der Hand zu behalten, sollte in der Folgezeit, den Jahren der Ölkrise und einer steigenden Inflation, nicht leichter werden. Japan passte sich den neuen Bedingungen wesentlich erfolgreicher an als die Vereinigten Staaten. Richard Nixon und seine Nachfolger beklagten sich und bedrängten Japan (bisweilen drohten sie auch), endlich auf einen Marktkurs einzuschwenken, doch das alles konzentrierte sich zu sehr auf Symptome – die Arbeitslosigkeit, sinkende Gewinne und Insolvenzen –, statt nach den Ursachen der Krankheit zu suchen: amerikanische Selbstgefälligkeit und Anpassungsdefizite. Während die Amerikaner noch nach einem Sündenbock für den explodierenden Ölpreis suchten, arbeiteten die Stäbe im MITI bereits an einem nationalen Energieplan, der unter anderem vorsah, in der Schwerindustrie Energie einzusparen, die Kernkraft auszubauen, mit den Öl exportierenden Ländern im Mittleren Osten bilaterale Vereinbarungen zu treffen und die Importe raffinierter Erdölprodukte aus China zu steigern. Da Japan in den darauffolgenden Jahren zugleich stärker auf wissensbasierte Industriezweige setzte, vor allem die Mikroelektronik, stieg der Industrieverbrauch zwischen 1973 und 1986 nur um etwa sieben Prozent, und das bei einem um die Hälfte höheren Bruttoinlandsprodukt.[145] Japan und die Vereinigten Staaten blieben einander trotz Handels- und Währungskonflikten freundschaftlich verbunden – aber Japan stand in dem Ruf, sich im Wettbewerb unlauterer Mittel zu bedienen, und wurde deshalb immer wieder Ziel politischer und populistischer Schuldzuweisungen.

Die altehrwürdige US-amerikanische Autoindustrie war mit Beschuldigungen besonders schnell zur Hand. In den Staaten des Mittleren Westens entzündete sich die Empörung an importierten Toyotas und Hondas. Eine politische Karikatur zeigte 1992 einen ungeschlachten Football-Spieler in einem «Detroit»-Trikot, der sich wimmernd beim Schiedsrichter («US-Regierung») beschwerte, der nach einem Touchdown in der Endzone jubelnde, gut aussehende Feldspieler der gegnerischen Mannschaft (zu erkennen an seinem «Japan»-Trikot) habe unfair gespielt. Doch tatsächlich bauten japanische Autohersteller Benzin sparende und langlebige Autos. Die Verbraucher waren knapp bei Kasse, sahen die Preise an der

Tankstelle und kauften die im Verbrauch günstigeren Japaner. Zwischen 1975 und 1986 verdoppelte sich der Markt für Einfuhren aus Japan, und das trotz einer «freiwilligen» Exportbeschränkung, zu der Tokio sich 1981 hatte drängen lassen. Aufgrund der Aufwertung des Yen stiegen die Preise für japanische Autos. Die Hersteller aus Fernost fürchteten anhaltende protektionistische Maßnahmen und durch den starken Yen weiter steigende Exportkosten; daraufhin beschlossen sie, auf der grünen Wiese in Ohio, Tennessee und Kentucky Autofabriken zu bauen. Die Produktion in den Vereinigten Staaten umging Einfuhrzölle und die Hersteller gewannen die Unterstützung der amerikanischen Gewerkschaften, schließlich arbeiteten in den neuen Werkshallen Einheimische. 1978 produzierten japanische Hersteller noch keine Autos in den USA, zehn Jahre später rollten in den Fabriken auf der grünen Wiese 695 000 Fahrzeuge jährlich vom Band. In den 1980er Jahren hielten die Japaner am US-Automobilmarkt einen Anteil von 25 Prozent, mehr als Ford und Chrysler, und auch in Europa verkauften sich japanische Autos gut.

In den 1990er Jahren stieg der Marktanteil auf ein Drittel. Dem japanischen Ungetüm war es gelungen, sich intelligent an die neuen globalen Bedingungen anzupassen, während die amerikanischen Autobauer immer weiter zurückzubleiben schienen. Erfolglos waren die *Big Three* – Ford, General Motors und Chrysler – gemeinsam mit der Regierung bemüht, sich am amerikanischen Markt zu behaupten. Sie konzentrierten sich auf neue Modelle und angepasste Motoren, verfolgten traditionelle Strategien und kauften inländische Zulieferer, im Ausland stiegen sie mit Beteiligungen bei kleineren japanischen Herstellern (Mazda, Suzuki, Mitsubishi) ein, um die Produktion zu kontrollieren. 1979 hatte Chrysler vor dem Konkurs gestanden, der nur durch eine Bundesbürgschaft der US-Regierung abgewendet werden konnte; drei Jahre später gelangte das Unternehmen wieder in die schwarzen Zahlen. Japanische Hersteller stiegen mit fallenden Benzinpreisen in den 1980er Jahren mit Modellreihen wie Lexus (Toyota), Infiniti (Nissan) und Acura (Honda) in das Luxussegment des Marktes ein. Als Ronald Reagan, ungeachtet seines Nimbus als Verteidiger der freien Marktwirtschaft, Japan 1981 zu den erwähnten Ausfuhrbeschränkungen drängte, beugten sich Honda, Nissan und Toyota nicht nur, sondern hielten, nachdem die Bestimmungen vier Jahre später wieder aufgehoben waren, aus Publicity-Gründen noch eine kurze Zeit lang daran fest. Ungeachtet dessen stieg die Einfuhr japanischer Autos Ende der 1980er Jahre auf jährlich 2,3 Millionen Einheiten, von 1,85 Millionen vor der Drosselung des Imports. Der amerikanische Protektionismus hatte der japanischen Überlegenheit nichts entgegenzusetzen. Während die Amerikaner kurzfristige Gewinnziele vor Augen hatten, verfolgte Japan eine langfristige Strategie. Das Ergebnis war die Internationalisierung des US-Marktes.

Die Vereinigten Staaten mussten den Japanern auf dem einheimischen Markt viel Feld überlassen. In der Handelsbilanz schlugen 1992 Importe aus Japan mit

49,4 Milliarden Dollar zu Buche und waren somit für rund 43 Prozent des US-Außenhandelsdefizits verantwortlich. Umgekehrt bemühten sich US-Autozulieferer, mit ihren Produkten den japanischen Markt zu erobern. Solche und andere Expansionspläne, die geeignet erschienen, das amerikanische Handelsbilanzdefizit zu verringern, hatte Präsident George H. W. Bush im Gepäck, als er 1992 nach Japan reiste. Doch sein Einsatz für größere Marktanteile amerikanischer Autos auf dem japanischen Markt hatte wenig Erfolg. Trotz des Rückenwinds, den der Export durch die Schwäche des Dollar bekam, stieg der Absatz der *Big Three* in Japan nicht über die armseligen 30000 Fahrzeuge, die sie bereits im Vorjahr dort verkauft hatten. Vielleicht waren die wenigen Veränderungen – kleinere Modelle, der Umbau auf Rechtssteuerung – nicht genug, um das Interesse japanischer Käufer zu wecken. Umgekehrt florierte das Geschäft der japanischen Hersteller mit ihren Fabriken in den USA. 1995 wurden dort fast zwei Millionen Fahrzeuge gebaut, was den Anteil japanischer Autos auf amerikanischen Straßen weiter erhöhte, obwohl die Importe aus Japan in jenen Jahren auf rund 1,3 Millionen Einheiten jährlich zurückgingen. General Motors brachte mit den Saturn-Modellen neue und attraktive Autos auf den Markt, doch insgesamt verfiel Detroit bald wieder darauf, größere Fahrzeuge zu bauen, darunter insbesondere Geländelimousinen (so genannte SUVs). Gegen Ende des ersten Jahrzehnts im neuen Jahrtausend beschleunigte sich der Niedergang der *Big Three*, während die japanischen Marktführer das US-Geschäft fest im Griff hielten. Als die amerikanischen Hersteller 2009 Bundesbürgschaften beantragten, ging es um ihr nacktes Überleben.[146]

Die zweitgrößte Autonation der Welt schlug die größte auf deren heimischem Automarkt, doch die *Big Three* blieben nicht die einzigen, denen der Wind ins Gesicht blies, als Japan die Türen des amerikanischen Markts öffnete. Autos, Stahl, Computer oder Fernsehgeräte – japanische Exporte brachten US-Branchen mehr als einmal in Bedrängnis. Auch die Halbleiterindustrie bekam die Auswirkungen der japanischen Konkurrenz zu spüren, allerdings gedämpft, weil die US-Regierung bereit war, die Regeln der freien Marktwirtschaft für einen Moment zu vergessen. Bei Fernsehgeräten hielten amerikanische Hersteller 1969 noch 82 Prozent Marktanteile, 1988 war es praktisch unmöglich, überhaupt noch einen im Inland produzierten Apparat zu finden. Japanische Farbfernseher und später Breitbildgeräte hatten bis zur Jahrtausendwende praktisch alle US-Wettbewerber vom Markt verdrängt.[147] In der anbrechenden Globalisierung nach dem Ende des Kalten Krieges suchten die Amerikaner händeringend nach Antworten auf die große Herausforderung, die ihrer Hegemonie aus Japan erwuchs.

Es waren schwere Schläge, die Japan der US-Vorherrschaft im Handel zufügte, doch noch schwerer war für die amerikanische Psyche zu verkraften, was im Finanzbereich passierte. 1985 unterzeichneten die fünf weltweit führenden Wirtschaftsmächte das Plaza-Abkommen, durch das andere Währungen gegenüber dem Dollar aufgewertet wurden – insbesondere der Yen, der seinen Kurs verdoppelte. Das war einer der Gründe, warum die Reagan-Administration es nicht länger für notwendig erachtete, auf freiwilligen Beschränkungen japanischer Autoausfuhren zu bestehen, denn die Exportkosten würden durch die Aufwertung des Yen zweifellos steigen. In Ronald Reagans Weltbild war die freie Marktwirtschaft der zentrale Hebel, um außen- wie innenpolitische Ziele zu erreichen; zur ökonomischen Freiheit in diesem Sinn gehörte auch, durch Auslandsschulden und die Förderung ausländischer Investitionen in großem Umfang Haushaltsdefizite zu finanzieren. Angezogen durch hohe Zinsen, stieg das Niveau ausländischer Investitionen schon bald. Wie die OPEC-Staaten ihre Petrodollar-Überschüsse aus dem Ölgeschäft mit dem Westen im Ausland anlegten, verwendeten auch die Japaner ihre erheblichen Rücklagen, um in amerikanische Vermögenswerte zu investieren. Der Kursverfall des Dollar in den späten 1980er Jahren führte dazu, dass auch die Kurse der US-Wertpapiere in japanischem Besitz fielen, doch ungeachtet dessen blieb die Kaufkraft des Yen doppelt so hoch wie die des Dollar und die japanische Einkaufstour fand ihre Fortsetzung. Japanische Inverstoren wandten sich vermehrt Immobilien zu, die sie zu Ausverkaufspreisen erstanden.[148]

Beim Großeinkauf wechselten auch verschiedene populäre Orte und Namen ihre Besitzer. Den Amerikanern selbst war es keineswegs fremd, mit großen Namen im Ausland aufzutreten, und McDonald's, IBM, Apple und alle möglichen Unternehmen von Getränkeherstellern bis zur Elektronik- und Chemiebranche waren auf dem japanischen Markt keine Unbekannten. Der Disney-Park in der Bucht von Tokio schlug die Japaner in seinen Bann (und erleichterte ihre Brieftaschen), seit Cinderellas Schloss die Türen 1983 zum ersten Mal öffnete. Umgekehrt griffen japanische Unternehmen nach den Heiligtümern der amerikanischen Kultur und Wirtschaft. Sie kauften solche Wahrzeichen wie die Universal Studios, die CBS samt Columbia Records, die MCA (wodurch sie auch in den Besitz der Vermarktungsrechte am Yosemite National Park kamen), das Rockefeller Center samt des Weihnachtsbaums, Columbia Pictures und die Rechte am Indianapolis Motor Speedway, um eine Rennstrecke in der Nähe von Tokio bauen zu können. Zu den Schnäppchen gehörten des Weiteren Eigentumswohnungen, Häuser, Ranches, Skigebiete, Rennbahnen (und Rennpferde), Golfplätze und Strände auf Hawaii; zwischen 1985 und 1990 kauften Japaner Immobilien im Wert von insgesamt 65 Milliarden US-Dollar. Darüber hinaus legten sie 170 Milliarden US-Dollar in amerikanischen Wertpapieren an – rund vierzig Prozent der ausgegebenen US-Staatsanleihen hielten japanische Eigentümer. Ein derartiger Ausverkauf blieb nicht ohne Auswirkungen auf die seelische Verfassung der Amerikaner. Sie waren bestürzt, deprimiert und geneigt, die japanische Einkaufs- und Übernahmetour in bitteren und nicht selten rassistischen Worten zu kommentieren – ungeachtet der Tatsache, dass Briten und Holländer nach wie vor bei ausländischen Investitionen in amerikanischen Immobilien vor den Japanern lagen.[149]

Auch das mächtige Japan freilich bekam die Regeln des Marktes zu spüren. Für die Vereinigten Staaten war der Zustrom von Investitionskapital letztlich ein warmer Regen, der amerikanischen Pensionsfonds zugutekam und Orte revitalisierte, die in der Rezession extrem knapp bei Kasse waren. Für die japanische Wirtschaft indes erwiesen sich viele Investitionen als riesengroße ökonomische Dummheit. Mitte der neunziger Jahre brach die Konjunktur ein; ein starker Yen, zurückgehende Exporte und eine flaue Inlandsnachfrage, eine alternde Bevölkerung, die nur wenig für Konsumgüter ausgab, und drückende Hypothekenschulden trugen dazu bei, dass Japans Stern sank. Beschäftigte wurden entlassen; das Land steckte in hohen Schulden. Obwohl japanische Hersteller ihre Position auf dem US-Markt behaupteten, konnten amerikanische Autobauer in den 1990er Jahren durch bessere und günstigere Modelle sogar ein wenig verlorenes Terrain zurückgewinnen. Ende des Jahrzehnts stürzte der Nikkei-Aktienindex ab; ein Indikator der wirtschaftlichen Schieflage war 1999 ein 30-prozentiger Umsatzrückgang bei Sony, und das trotz der weltweit unverminderten Nachfrage nach Unterhaltungselektronik. Die japanische Wirtschaft musste Verluste vorhandener Vermögenswerte in Höhe von grob sieben Milliarden US-Dollar hinnehmen. Die Rahmenbedingungen hatten sich verändert. Nach dem Ende des Kalten Krieges war das Sicherheitsbündnis, das für die Vereinigten Staaten erhebliche Kosten bedeutet hatte, nicht länger ein Imperativ. Strukturmerkmale der japanischen Ökonomie wie Anstellungen auf Lebenszeit, eine enge Verzahnung mit der Politik und geschlossene Zulieferernetzwerke schienen im neuen Zeitalter der Deregulierung und des globalen Wettbewerbs deplatziert. Japan wies weiterhin einen Außenhandelsüberschuss mit den USA auf und blieb die zweitgrößte Wirtschaftsmacht weltweit, doch das Land wirkte konfus und auf die neuen Realitäten des globalen Handels mit weit geöffneten Türen wenig vorbereitet.

Tokio hatte mit seiner weltweiten Exportoffensive die Strukturen und Kräfteverhältnisse der Weltwirtschaft verändert. Doch was als nachdrückliche Herausforderung der Wirtschaftsmacht Amerikas begonnen hatte, endete in bloßem Opportunismus. Erst verspätet, nämlich im Jahr 2000, fand die japanische Wirtschaft mit der NASDAQ Japan Anschluss an die internationalisierten Aktienmärkte; die Sanwa-, die Asahi- und die Tokai-Bank fusionierten in jenem Jahr zum größten Bankkonzern aller Zeiten. Weiterhin setzte Tokio auf eine Lenkung der Wirtschaft und sperrte sich gegen den von USA und IWF propagierten Marktfundamentalismus. 2005 gab es sogar Regierungspläne, das Hochgeschwindigkeits-Internet staatlicher Kontrolle zu unterstellen. Trotz vehementer Vorstöße aus den Vereinigten Staaten und Europa blieben auf dem lukrativen japanischen Telekommunikationsmarkt ausländische Wettbewerber praktisch ausgeschlossen. Wirtschaftslenkung und Zielvorgaben für die Industrie gehörten weiterhin zum Repertoire der Politik in Japan – doch tatsächlich blieben Erfolge merkantilistischer Strategien im Zeitalter der Globalisierung nur eine Erinnerung aus vergangenen Jahrzehnten.[150]

China und Indien

Neue Konkurrenz erwuchs Amerika wie Japan von anderer Seite, mit dem Aufstieg der Volksrepublik China zu einer bedeutenden Macht in der Weltwirtschaft. Die Aufnahme diplomatischer Beziehungen zwischen Washington und Peking im Jahr 1979 förderte Chinas Wirtschaftsbeziehungen zum Westen und den Auftritt des Landes auf der globalen Bühne. China setzte auf eine kombinierte Entwicklungsstrategie, die Import-Substitution und exportorientierte Industrialisierung verknüpfte, und war dabei bemüht, die Fehler und Irrtümer der Selbstabschottung während der Kulturrevolution zu überwinden, die für zwei Jahrzehnte der Stagnation verantwortlich war. Der bilaterale Handel mit Japan und den Vereinigten Staaten erreichte in den 1970er Jahren ein Volumen von jeweils schätzungsweise vier Milliarden US-Dollar. Ungeachtet politischer Spannungen im chinesisch-japanischen Verhältnis dehnte sich das Handelsvolumen bis in die Mitte der 1990er Jahre auf rund das 15-Fache aus. Japan bezog aus China Erdöl und Raffinerieprodukte, umgekehrt flossen Investitionen in Chemieanlagen und Stahlwerke. Während der 1980er Jahre ging der Umfang des chinesischen Handels mit kommunistischen Ländern auf acht Prozent des Niveaus der 1950er Jahre zurück; in den 1990er Jahren schließlich, als die meisten kommunistischen Staaten von der Weltkarte verschwanden, wurden die Wirtschaftsbeziehungen zur kapitalistischen Weltwirtschaft naturgemäß noch wichtiger. Die Zukunft lag in China, stellten japanische Beobachter fest, in einem Land, das Prognosen zufolge bereits 2010 zur weltgrößten Ökonomie werden sollte. Das Vordringen auf die chinesischen Märkte verband Japan mit Entschuldigungen für die Verbrechen der Besatzungszeit während des Krieges und vor allem mit Wirtschaftshilfe (die allerdings nicht zuletzt der japanischen Exportwirtschaft zugutekam).

Japan blieb Chinas wichtigster Handelspartner, gefolgt von Hongkong (die Metropole fungierte auch als Verbindung zu den 55 Millionen in Taiwan und anderen Ländern lebenden Chinesen) und der Europäischen Union. Die Handelsbeziehungen mit den Vereinigten Staaten wurden schon bald enger als mit einzelnen Ländern Europas; umgekehrt war China ab 1981 der wichtigste Handelspartner Amerikas in der gesamten kommunistischen Welt. In jenem Jahr eröffnete Coca-Cola einen Abfüllbetrieb, doch genau genommen war der Handel mit China eine Einbahnstraße. Ungeachtet des schon im 19. Jahrhundert existierenden Traums vom unerschöpflichen chinesischen Markt exportierte das asiatische

Land Schuhe, Bekleidung, Elektronik und allerlei weitere Konsumartikel, die den US-Markt überfluteten, während umgekehrt die chinesische Nachfrage, etwa nach Technologie, deutlich unter den Erwartungen blieb. Die Vereinigten Staaten wiesen, wie auch Europa, im Geschäft mit China ein Außenhandelsdefizit auf – Importüberschüsse der USA beliefen sich im Jahr 2000 auf 84 Milliarden US-Dollar –, nur Japan erzielte ein Handelsbilanzplus.

Die Reformen unter Deng Xiaoping und insbesondere die Schritte zur wirtschaftlichen Dezentralisierung wurden zum Stimulus des Wachstums. Chinesischen Bauern war nunmehr erlaubt, Landnutzungsrechte zu erwerben und zu veräußern. Eine solche Regelung kam beinahe der Einführung von Privateigentum in der größten sozialistischen Ökonomie der Welt gleich. In der Landwirtschaft führte der Schritt zu Wachstum und effektiverer Allokation der Ressourcen. Ähnliche Strukturmaßnahmen folgten im Fischfang, in der Leichtindustrie und im Gastgewerbe. In der Industriepolitik gab es einen Schwenk zur Leichtindustrie sowie eine stärkere Fokussierung auf Verbraucher. Die Ende der 1980er Jahre eingeleiteten Reformen ermöglichten Betrieben Gewinn auf dem offenen Markt. Es entwickelten sich Aktienmärkte und ein diversifiziertes Bankensystem. Deng dezentralisierte ferner die staatseigenen Handelsgesellschaften und Industrieunternehmen, sodass sich in beiden Bereichen eigenständige Export- und Importstrategien entfalten konnten; Einnahmen aus Exporten, die über den Planzielen lagen, kamen den Exporteuren zugute. Unter den neu eingeführten Marktverhältnissen, deren Motor steigende Konsumnachfrage statt staatlicher Produktionskennziffern wurde, blieben den Unternehmen allerdings auch die Verluste. Die Folgen der Veränderungen jedenfalls waren enorm: Chinas Bruttoinlandsprodukt hob ab, zwischen 1978 und 1999 erreichte es Wachstumsraten von jährlich 9,5 Prozent; das Pro-Kopf-Einkommen folgte dieser Dynamik, lag jedoch 1999 noch immer unter 800 US-Dollar – China blieb ein Entwicklungsland.

Deng hatte beschlossen, die Isolation seines Landes zu beenden und dem Handel und Investitionen die Türen zu öffnen; Exporte sollten harte Währung einbringen. «Ein wichtiger Grund für Chinas Rückständigkeit nach der industriellen Revolution in den Ländern des Westens war seine Abschottung», hielt Deng fest. Das amerikanische Modell des freien Wettbewerbs übte eine so große Anziehungskraft auf ihn aus, weil er überzeugt war, die Geschichte habe gezeigt, «wenn wir uns nicht nach außen öffnen, werden wir nicht weit vorankommen».[151] China importierte Schwerindustrieerzeugnisse, insbesondere Eisen und Stahl, ferner Öl- und Gasförderanlagen sowie Getreide und exportierte Textilien, Erdöl, Spielzeug und andere Konsumgüter. Deng und sein Nachfolger Jiang Zemin öffneten China auch durch die Integration in internationale Organisationen. 1980 wurde China Mitgliedsstaat des IWF und der Weltbank und erhielt von beiden Institutionen Darlehen und Unterstützung. Kredite und bilaterale Entwicklungsabkommen, am umfangreichsten mit Japan, führten zu erklecklichen, doch keineswegs extremen Schulden, die sich 1999 auf 154 Milliarden US-Dollar beliefen. Den Beitritt zum GATT beantragte Peking 1986, allerdings sollte es fünfzehn Jahre dauern, bis die Mitgliedsländer sich entschließen konnten, den kommunistischen Staat aufzunehmen.[152]

In seinen Bemühungen um die Weltwirtschaft unterstützte China insbesondere ausländische Investitionen und Joint Ventures mit Unternehmen der kapitalistischen Welt. 124 eigens eingerichtete Sonderwirtschaftszonen, in der Regel in Küstenstädten sowie deren näherer Umgebung, lockten mit Steuervergünstigungen und Gewinnrückführungsgarantien. Dort gegründete Kapitalgesellschaften (im internationalen Sprachgebrauch WFOEs – Wholly Foreign Owned Enterprises – genannt), Niederlassungen ausländischer Unternehmen und Joint Ventures investierten in einem marktorientierten «Mikrogeschäftsklima» bis 1998 rund 40 Milliarden US-Dollar und vervierfachten so die acht Jahre zuvor erreichte Investitionssumme. Obwohl weiterhin Hindernisse existierten – die Inkonvertibilität der chinesischen Währung, bürokratische Schranken sowie nicht zuletzt die Haltung vieler Manager und Belegschaften –, flossen exportorientierte Direktinvestitionen in den chinesischen Nordosten und die Küstengebiete. Als Anleger traten multinationale Konzerne in Erscheinung und nicht selten Unternehmen von Auslandschinesen. Das Engagement verknüpfte auf vielerlei Arten auch das chinesische Hinterland mit den globalen Märkten und konzentrierte sich dabei nicht zuletzt auf traditionelle Handelsrouten nach Süd- und Südostasien sowie entlang des Yangzi. Eine neue Verbindung schuf die so genannte eurasische Kontinentalbrücke, eine Eisenbahnstrecke, die von Ostchina, beispielsweise von Pudong, dem neuentstandenen Stadtbezirk der Metropole Shanghai, in den Westen führte.[153]

Das Beispiel des Industrieparks Suzhou (bekannt unter dem internationalen Akronym SIP) illustriert das Vordringen der kapitalistischen Globalisierung. 1994 durch ein Abkommen zwischen Singapur und China als gemeinsames Entwicklungsprojekt gegründet, beherbergte der Park im Jahr 2002 insgesamt 103 Unternehmen mit einem Investitionsvolumen von über 16 Milliarden US-Dollar. «Kleine Verwaltung, große Gemeinde» lautete das Motto der effizienz- und serviceorientierten Betreibergesellschaft, um in einer durch minimale staatliche Vorgaben und ein ausgesprochen geschäftsfreundliches Klima geprägten Umgebung ausländische Investoren anzuwerben. Aus Singapur wurde das Modell eines soliden und dabei günstigen Sozialversicherungssystems übernommen, das Arbeitgeberbeiträge auf persönlichen Versicherungsfondskonten der Arbeitnehmer verbuchte. Beschäftigten und ihren Angehörigen standen eine gute Infrastruktur und reichlich Wohnraum zur Verfügung. Die Anwerbung neuer Firmen und auch der Arbeitnehmer geschah durch den Verwaltungsausschuss, nicht durch staatliche Stellen. Unternehmen strömten nach Suzhou. SIP wurde zu einem Modell der Verknüpfung staatlicher und privater Investitionen in transnationalen Finanzstrategien und regionalen Geschäftsnetzwerken – verschiedene internationale Hochtechnologiekonzerne, darunter beispielsweise Philips, entschieden sich für den Park als Standort für neue Werke, aber auch der singapurische Werft- und Maschinenbauriese Keppel kooperierte in einem Joint Venture mit United Industrial Suzhou und der Salim Gruppe, dem größten transnationalen Konzern Indonesiens. Mitte der 1990er Jahre kam es zu Konflikten, nachdem sich Widerspruch gegen die Umwandlung großer Flächen fruchtbaren Ackerlandes in Industriegebiet geregt hatte – und auch die Globalisierung selbst verfolgten chinesische Intellektuelle mit Unbehagen, sahen darin ein falsches Leitbild und ein Werkzeug des westlichen Neo-Imperialismus. Dessen ungeachtet wurde SIP zu einem Beispiel für ein erfolgreiches Infrastrukturprojekt auf Weltklasseniveau, dem bestens ausgebildetes Humankapital zur Verfügung stand. Die «gartenähnliche Stadtanlage» empfing weltweites Lob dafür, einen international wettbewerbsfähigen Industriekomplex für Hochtechnologie geschaffen zu haben.[154]

Das Bild der ökonomischen Entwicklung Chinas in diesen Jahren der Globalisierung wäre unvollständig ohne die historischen innen- und außenpolitischen Verwerfungen: die Konfrontation am Tiananmen-Platz im Juni 1989, Menschenrechtsverletzungen in Tibet, politische Spannungen mit Taiwan, Japan und anderen Ländern, auch die Ausbeutung der Arbeiter – und vor allem der Arbeiterinnen, denn die exportorientierte Industrialisierung zog immer mehr Frauen in die Produktion. Proteste gegen die chinesische Politik führten dazu, dass ein US-Autohersteller 1995 einen Auftrag für den Bau mehrerer Autowerke in China verlor; ein deutscher Konzern machte das Geschäft. Die Wucht der Globalisierung riss China, aber auch die Industrieländer weiter mit sich fort, während die weltweiten Handelsbeziehungen sich intensivierten. Im Jahr 2000 kündigte die chinesische Führung eine noch dezidiertere Weltmarktorientierung an; die zur offiziellen Strategie erhobene «*Going global*»-Politik sollte die Türen zum Ausland öffnen. Ziel war es, weltweit wirtschaftlich aggressiver aufzutreten und chinesische Gesellschaften in transnationale Unternehmen zu verwandeln.[155] Sah man von der Politik einmal ab, galt China in den Vorstandsetagen von Konzernen rund um die Welt als eine Goldmine – die größte Einzelhandelskette der Welt, Walmart, bezog einen Großteil ihres Sortiments aus der Produktion und Montage in chinesischen Fertigungsstätten. Schließlich revidierten, ebenfalls im Jahr 2000, der US-Kongress und Präsident Clinton ihre ablehnende Haltung der chinesischen Regierung gegenüber und beschlossen, dem Land auf Dauer im Handel Meistbegünstigung einzuräumen. China wurde Mitglied der WTO (die zwischenzeitlich aus dem GATT hervorgegangen war) und versprach eine weitere Öffnung der Märkte, weniger Beschränkungen für Importe und ausländische Unternehmen sowie westliche Standards bei Arbeitssicherheit und Gesundheitsschutz.[156]

Parallel arbeitete die chinesische Führung an der regionalen wirtschaftlichen Integration des Landes. Joint Ventures mit Japan, Singapur, Südkorea und weiteren Ländern bei Finanzierungen und anderen Bankgeschäften gehörten ebenso dazu wie niedrigere Zölle für Güter aus Asien. 2006 bekräftigte die Kommunistische Partei die «Going global»-Politik im neuen Fünfjahresplan; in den folgenden Jahren kam es zu einem Boom von Projekten, die durch ausländische Investitionen finanziert waren. Mittlerweile arbeiteten 3,45 Millionen chinesische Arbeitskräfte im Ausland, und 30 000 Unternehmen engagierten sich in rund 200 Ländern in allen Wirtschaftszweigen vom Baugewerbe bis zur Tourismusbranche. Etliche der großen Firmen oder ihre Tochterunternehmen wurden an den Börsen von Hongkong und New York gehandelt; die emittierten Aktien brachten Milliarden Dollar ein, die es den chinesischen Konzernen erlaubten, ausländische Firmen zu übernehmen, mit ihnen zu fusionieren oder Holdings zu gründen.[157] Die Konjunkturentwicklung bescherte China zwischen 1980 und 2008 einen 954-prozentigen Zuwachs beim Pro-Kopf-Einkommen, die Entwicklung verlief dreimal schneller als die des nächsten Konkurrenten in der Region, Südkorea.[158]

Der Weltmarkt zähmte den kommunistischen Drachen und wies ihm eine entscheidende Rolle auf der Bühne der globalen Wirtschaft zu – die Entwicklung begünstigte China und viele transnationale Unternehmen, doch die Vereinigten Staaten, Fürsprecher des freien Marktes, hatten wieder einmal das Nachsehen. 2008 sorgten schwache Exporte nach China bei gleichzeitig boomenden Importen in umgekehrter Richtung für ein enormes Defizit von 266,3 Milliarden US-Dollar, das größte Minus, das die USA jemals im Handel mit einem einzelnen Land verbuchen mussten. Ein erheblicher Teil dieses Defizits ging allein auf das Konto von Walmart, aber schlimmer noch war, dass der Importüberschuss erneut vor allem auf eingeführte Hochtechnologie und günstige Massenkonsumgüter zurückzuführen war und einen über zwei Jahrzehnte anhaltenden Trend bestätigte. Aufgrund des erfolgreichen Außenhandels hatte China im Jahr 2009 Devisenreserven in Höhe von über zwei Billionen US-Dollar akkumuliert. Einen großen Teil dieses Reichtums legte der asiatische Riese in US-Vermögenswerten an, nicht zuletzt um die Zinsen niedrig zu halten und die amerikanischen Verbraucher nicht als Kunden zu verlieren.[159] Transnationale Konzerne wie Walmart begrüßten die enorme Aufwärtsentwicklung, kleinere Wettbewerber und vor allem die Beschäftigten in den USA sahen sie keineswegs positiv. Kritiker forderten eine Aufwertung der chinesischen Währung, deren künstlich niedriger Kurs ein nicht unerheblicher Exportvorteil war, andere wiederum merkten an, dass nicht China das Problem sei, sondern der Globalisierungsprozess, der transnationalen Konzernen zugutekomme (darunter nicht zuletzt vielen amerikanischen). «Made in China» bedeutete zudem lediglich, dass das Land die letzte Station einer transnationalen Fertigungsstraße war, die sich durch zahlreiche Länder, darunter Japan, die Vereinigten Staaten und die

Tigerstaaten wand, einer globalen Angebotskette, bestimmt durch die Kräfte des Wettbewerbs.[160]

Auch Indien verwandelte die Globalisierung in einen Riesen, doch schritt die Entwicklung nicht in gleicher Geschwindigkeit voran wie in China. Die größte Demokratie der Welt hatte lange Zeit eine wirtschaftliche Mischstrategie verfolgt, eine Melange aus Kapitalismus und Sozialismus, die zum einen die Marktkräfte förderte, sie aber zugleich staatlicher Reglementierung und Lenkung unterwarf. Im Unterschied zu Chinas eher plötzlicher und dramatischer Öffnung gegenüber der kapitalistischen Welt, vollzog sich Indiens Entscheidung für klare marktwirtschaftliche Grundsätze in geordneten Bahnen. Während der Regierungszeit von Premierminister Rajiv Gandhi wurde in den 1980er Jahren begonnen, die staatliche Wirtschaftslenkung zu liberalisieren. In den frühen 1990er Jahren leitete dann vor allem der damalige Finanzminister Manmohan Singh entschlossene Reformen ein. Zuvor hatten Währungsturbulenzen und Änderungen in der Steuergesetzgebung, gestiegene Ölpreise und der Zusammenbruch des wichtigsten indischen Handelspartners, der UdSSR, zur wirtschaftlichen Stagnation beigetragen. Überhöhte IWF-Darlehen hatten eine Zahlungsbilanzkrise zur Folge, die zusätzlichen Druck auf New Delhi ausübte, die indische Wirtschaft zu liberalisieren. Die Regierung schaffte das *Licence Raj* genannte System der Genehmigungsverfahren ab, das Importe, Investitionen und unternehmerische Initiative kontrolliert hatte, reduzierte Staatsmonopole und förderte Direktinvestitionen aus dem Ausland. Die ehedem größte gelenkte Wirtschaft außerhalb des kommunistischen Machtbereichs wurde, so wollte es die Regierung, zu einer «marktfreundlichen, nach außen offenen» Ökonomie.[161]

Die südindische Metropole Bangalore versinnbildlichte die Segnungen einer marktorientierten Entwicklung und die positiven Auswirkungen der Globalisierung. Zum Stadtbild gehörten Kühe, Rikschas und avantgardistische Architektur; daneben war Bangalore die Heimat von Electronics City, einem Industrie- und Technikpark mit mehr als einhundert Hightech-Firmen, die zum Zentrum der Verbindungen Indiens zum Weltmarkt wurden. Software-Entwickler und Ingenieurinnen, die klügsten Köpfe der Revolution in der Informationstechnologie, kamen nach Bangalore, das zum Geburtsort solch gigantischer IT-Konzerne wie Infosys wurde. Das bereits 1981 gegründete multinationale Unternehmen bot Firmen und Einzelnen rund um die Welt Computerprogramme, Management-Dienstleistungen und integrierte Lösungen. Infosys wurde zu einem Giganten für Software und Outsourcing mit über 100 000 Beschäftigten in neun Zentren in Indien und 30 Niederlassungen weltweit, die 2008 einen Umsatz von über vier Milliarden US-Dollar erwirtschafteten.[162]

Die IT-Revolution in Bangalore veränderte das ganze Land, Innovation und Dienstleistungen wurden zu Markenzeichen Indiens. Call-Center boten ihre Dienste internationalen Kunden an, beispielsweise Telefongesellschaften, Haus-

Ausbreitung von Unternehmen im neuen Indien, Februar 1994. Globalisierung und Markt-
möglichkeiten erreichten Indien, nachdem das Land die Wirtschaft dereguliert hatte. Weg-
weiser mit Firmenlogos zeigen einige der über 160 Unternehmen, die sich in der dynamischen Stadt Bangalore angesiedelt haben, einem Zentrum der Technologiebranche.

haltsgeräte- und Computerherstellern, die ihre Hotlines besetzen mussten; internationale Forschungs- und Entwicklungszentren schossen – stärker noch als in
China – im englischsprachigen Bangalore mit seinen vielen Universitätsabsolven-
ten aus dem Boden. Indien war auf den Zug der Globalisierung aufgesprungen,
und internationale Firmen entdeckten das Land als erstklassige Adresse, um Forschung, technologische Umsetzung und Fertigung auszulagern und so Kosten zu
sparen. Die Wachstumsraten schossen in den Himmel, unter anderem boomten
Maschinenbau und Luftfahrttechnik, die Immobilien- und die Filmbranche. Die
Nachfrage nach Konsumgütern stieg steil an, im Luxussegment des Marktes
tummelten sich rund sechs Millionen potentielle Käufer; unter den einhundert
reichsten Menschen der Welt fanden sich 37 Inder. Deutsche Bank, Citigroup,
Goldman Sachs, Barclays und andere ausländische Investmentbanken boten vor
Ort ihre Dienste an. Der Konsum boomte. 2006 beispielsweise gewann die indische Mobilfunkbranche jeden Monat sieben Millionen Neukunden und stellte
damit selbst die Wachstumsraten in China in den Schatten.[163]
   Der südasiatische Riese profitierte zweifellos von den Dynamiken der Globalisierung. Gleichwohl war nicht zu leugnen, dass ein Viertel der Armen weltweit
in Indien lebte. Das Land war, wie andere auch, mit erheblichen Unsicherheiten

konfrontiert, wie wirkungsvoll (oder wirkungslos) die Marktwirtschaft bei der Bekämpfung der Armut in Entwicklungsländern sein würde. Die Auseinandersetzung um Kosten und Nutzen offener Türen in den globalen Handelsbeziehungen setzte sich ins neue Jahrtausend hinein fort, insbesondere nachdem die kapitalistische freie Marktwirtschaft zum Leitbild der Weltwirtschaft nach dem Kalten Krieg avanciert war.

4. OFFENE TÜREN

Der Untergang des Sowjetreichs vollzog sich nach 1989 an manchen Orten gewaltsam, an anderen fast lautlos. Die UdSSR selbst trat 1991, begleitet von etlichen Turbulenzen, von der Bühne ab. Der Kalte Krieg war zu Ende, und das Zeitalter der Globalisierung begann, ein wenig abseits des grellen Scheinwerferlichts medialer Aufmerksamkeit. Sie war ein Produkt der Fortschritte in der Kommunikationstechnologie und im Transportwesen, angetrieben, insbesondere in den USA, durch Deregulierung, die Öffnung von Grenzen und eine größere Freizügigkeit von Menschen, Geld und Waren – und nicht zuletzt durch die Neubelebung des Glaubens an die offenen Türen einer freien Marktwirtschaft, wie ihn in Amerika und Europa zahlreiche Wortführer in Wirtschaft, Politik, Recht und Wissenschaft vertraten. Der Prozess der Globalisierung förderte Annäherung, Wachstum, Transparenz und Demokratisierung der Weltwirtschaft. Der Nationalstaat trat hinter das transnationale Unternehmen zurück; Akteure des Wandels waren nicht länger Staaten und Regierungen, sondern Unternehmen, Produzenten, Investoren, Migranten und Reisende – kurz: Weltbürgerinnen und -bürger. Der Markt wurde zur einzigen Instanz, die Produzenten und Konsumenten zusammenbrachte, geprägt durch Nationen und internationale Institutionen, Individuen und Firmen, Unternehmen und Netzwerke, die eine weltweite Integration und Harmonisierung voranbrachten. Die Trilaterale Kommission der 1970er Jahre und das Weltwirtschaftsforum von Davos seit 1982 waren die Fürsprecher des freien Wettbewerbs an Stelle des reglementierten Kapitalismus. Monetäre Steuerung der Wirtschaft, Steuerentlastungen, Beschränkung der Macht von Gewerkschaften, Deregulierung, Freigabe der Wechselkurse und Handelsfreiheit kennzeichneten die Politik jener Globalisierer. Beschleunigung und Verbreiterung der Handels-, Geld-, Informations-, Mobilitäts- und Technologieströme waren die Mechanismen, die sie fördern wollten. Das Ende des Kalten Krieges schuf die politischen und diplomatischen Voraussetzungen, die Globalisierung bekam oberste Priorität.

Noch vor dem Ende der Pattsituation zwischen den Supermächten wurden die Amerikaner – und namentlich Ronald Reagan – zur treibenden politischen Kraft der Globalisierung. Freiheit lautete das politische Mantra, das die globale wirtschaftliche Integration ankurbeln sollte. Reagans lautstarke Rhetorik und ein gewaltiges militärisches Aufrüstungsprogramm gegen die marode und mittellose Sowjetunion, darüber hinaus Militärinterventionen im Mittleren Osten und in Lateinamerika waren die Begleitmusik eines Programms der Deregulierung und Privatisierung in den Vereinigten Staaten sowie der weltumspannenden Entfaltung der freien Marktwirtschaft. Reagan lehnte es ab, die Ökonomie Sicherheitsbedenken unterzuordnen, auch wenn er zweifellos die Strategien des Kalten Krieges, die Eindämmung und das Zurückdrängen des Kommunismus verinnerlicht hatte. Stattdessen setzte er auf den freien Wettbewerb am Markt – der selbst wiederum im Wandel begriffen war, durch technologische Neuerungen ebenso wie die Korrosion der Schranken, die das Patt der Supermächte einst aufgerichtet hatte. Fallende Ölpreise in den 1980er Jahren begünstigten Reagans Projekt, die US-Wirtschaft von Reglementierungen zu befreien. Billiges Öl und Steuererleichterungen sorgten dafür, dass die Amerikaner mehr Geld in der Tasche hatten, günstige Importe aus Japan und anderen Ländern kurbelten den Konsum weiter an; alles in allem herrschte weithin Konsens, den Staat aus der Wirtschaft herauszuhalten und den (amerikanischen) Wettbewerbsgeist zu befreien.

Die Revolution begann in den Vereinigten Staaten selbst. Zunächst forcierte Reagan die Deregulierung der Telekommunikation durch die Zerschlagung des weltgrößten Konzerns der Branche, nämlich AT&T. Die Privatisierung des US-Telefonmarktes brachte lokale Telefonanbietergesellschaften hervor, die so genannten *Baby Bells*, und öffnete den Sektor für ausländische Dienstleister, die daraufhin den US-Markt überrannten. (Im Ausland gewährte man freilich amerikanischen Konzernen keineswegs in gleicher Weise Zugang zu den nationalen Telekommunikationsmärkten.) Im Bereich der Informationstechnologie hatte ein Kartellverfahren gegen den Computerriesen IBM indirekt zur Folge, dass der Konzern die eigene Hardware mit Mikroprozessoren von Intel und einem Betriebssystem von Microsoft kombinierte, um den Personal Computer (PC) auf den Markt zu bringen. Der IBM-PC war somit kein proprietäres System, dessen Architektur Patentschutz unterlegen hätte, und schon bald wurden rund um die Welt, vor allem in den aufsteigenden asiatischen Staaten, PC-Klone montiert, die auf Komponenten, Chips, Laufwerke verschiedener Provenienz zurückgriffen. Der amerikanische Computerhersteller hatte so den Weg frei gemacht für eine Geschäftsstrategie, bei der ein Unternehmen keine eigene Fertigung mehr unterhält, sondern als «Hülle» eine Reihe von Zulieferern oder Subunternehmern, häufig international, in einem Netzwerk koordiniert, um absolute Hightech-Geräte zu möglichst niedrigen Lohnkosten produzieren zu lassen. Zwischen Mitte der 1980er Jahre und 1998 steigerte die IT-Branche ihren Anteil am US-Brutto-

inlandsprodukt von 4,9 Prozent auf 8,2 Prozent. Im gleichen Zeitraum hielt der
PC Einzug in die Arbeitswelt, die Zahl der Nutzer verdoppelte sich, sodass zur
Jahrtausendwende ungefähr die Hälfte der Arbeitsplätze mit einem Computer
ausgestattet waren. Während Reagans zweiter Amtszeit verzeichneten die Vereinigten Staaten aufgrund des Wettbewerbsvorsprungs amerikanischer Firmen einen
zunehmenden Exportüberschuss im Bereich IT-basierter Dienstleistungen, auch
wenn das Handelsbilanzdefizit unter dem Druck der Importe aus Japan, China
und anderen Ländern weiterhin stieg. Das Wachstum in der IT-Branche führte zu
Direktinvestitionen und Geschäften amerikanischer Unternehmen auf ausländischen Märkten – für die US-Regierung ein Anlass, nachdrücklich auf Normen
gegen Patentpiraterie und Copyright-Verletzungen zu dringen, um geistiges Eigentum und Dienstleistungen zu schützen.

Deutlich sichtbar wurde die Globalisierung im Finanzsystem. Finanzdienstleistungen waren auf einmal allgegenwärtig und standen in einem bislang beispiellosen Umfang zur Verfügung. Die VISA-Karte wurde zu einer globalen Marke:
Waren 1970 nur rund 30 Millionen solcher Kreditkarten im Umlauf, stieg ihre
Zahl bis zum Jahr 2000 auf eine Milliarde, und das Kartenunternehmen kontrollierte 57 Prozent des Weltmarkts in diesem Segment. Die Karte wurde in über
130 Ländern akzeptiert, die weltweite Transaktionsfrequenz lag bei gerade
fünf Sekunden, und Geschäftsvorgänge mit einem Volumen von 2,1 Billionen
US-Dollar wurden jährlich mit VISA-Karten abgewickelt. Auch das Ende fester
Wechselkurse und die Deregulierung des Kapitalmarkts, wie sie die USA, Kanada,
Deutschland, die Niederlande und die Schweiz Mitte der 1970er Jahre vereinbart
hatten (Großbritannien und Japan schlossen sich der Vereinbarung ein paar Jahre
später an), trugen zur Globalisierung des Finanzsektors bei. Niedrige Kosten für
transatlantische Telefongespräche – zwischen 1970 und 1990 fielen die Preise um
neunzig Prozent – sowie günstige und leistungsstarke Computer sorgten bei Bör-
senmaklern, Investoren und Führungskräften aus der Wirtschaft für einen besseren Informationsfluss und erlaubten ihnen weltweite Transaktionen rund um die
Uhr. Die Finanzbranche erlebte einen Höhenflug; transnationale Geschäfte mit
Schuldverschreibungen und Aktien machten 1980 einen Anteil von neun Prozent
am Bruttoinlandsprodukt der Vereinigten Staaten aus und kletterten bis 1996 auf
164 Prozent. Amerikaner hielten im Jahr 1984 ausländische Wertpapiere mit
einem Gesamtwert von 89 Milliarden US-Dollar, sechzehn Jahre später waren es
bereits 2,39 Billionen; umgekehrt stieg der Wert amerikanischer Aktien und
Schuldtitel in den Händen ausländischer Eigentümer im gleichen Zeitraum von
268 Milliarden auf 3,65 Billionen US-Dollar. Amerikanisches privates Kapital
erlangte eine zunehmend dominante Stellung bei Darlehen und Devisengeschäften
in der Dritten Welt: So stammten 1994 ganze 78 Prozent der Anlagegelder von
Banken und nur vier Prozent kamen von internationalen Institutionen. Die globale Integration des Finanzsektors schritt fort, und unter den Bedingungen der

Globalisierung expandierte die Branche; die Bank- und Finanzwelten einzelner Länder waren so eng miteinander verwoben, dass auch kleinere Ereignisse und Erschütterungen unmittelbar alle anderen betrafen.

Die wirtschaftliche Konvergenz verstärkte demographische und kulturelle Entwicklungen. Ob als Migranten, Studenten oder Touristen – mehr Menschen als jemals zuvor überquerten Grenzen. Die Zahl der Passagiere auf internationalen Flügen von US-Flughäfen stieg während des Vierteljahrhunderts bis zum Jahr 2000 um 240 Prozent auf 55,5 Millionen. In den 1970er und 1980er Jahren wanderten etwa eine halbe Million Menschen jährlich in die Vereinigten Staaten ein, 1989 erreichte ihre Zahl eine Million. Hinzu kam eine ungewisse, aber sicher ansehnliche Zahl von Immigranten ohne gültige Einreisepapiere. Betrachtet man regionale und globale Migrationsbewegungen, so entwickelten sich die lateinamerikanischen Staaten von Einwanderungs- zu Auswanderungsländern, und viele Lateinamerikaner gingen in die USA. In Kalifornien stellten sie 1991 ein Viertel der Bevölkerung. Die Zahl der Immigranten aus Asien verdoppelte sich in den 1980er Jahren. Darüber hinaus studierten Mitte der 1990er Jahre rund 454 000 Ausländer an amerikanischen Universitäten, ein Fünffaches der Amerikaner, die ihre akademische Ausbildung im Ausland absolvierten. Viele der Reisenden in aller Welt und Millionen «virtueller» Touristen kommunizierten und tauschten ihre Erfahrungen über das Internet aus. Noch 1997 waren global weniger als 40 Millionen Menschen durch das World Wide Web verbunden, doch nur ein Jahr später gab es bereits über 100 Millionen Nutzer. Die Welt war ins Informationszeitalter eingetreten. Es trieb die Globalisierung weiter voran und revolutionierte Kultur, Wirtschaft und Politik.[164]

Integration

Eine der Folgen der steigenden Mobilität und der stärker werdenden Integration von Märkten nach dem Kalten Krieg war merkwürdigerweise ein zunehmender Regionalismus und entsprechend ein Nachlassen des multilateralen Universalismus, für den die Vereinigten Staaten jahrzehntelang eingetreten waren. Zweifellos war die Entwicklung eine Konsequenz des Ringens innerhalb des GATT während der 1980er Jahre um den Abbau von Handelsschranken, doch spiegelte sich darin gleichermaßen der Erfolg des größten transnationalen Wirtschaftsraums der Welt, nämlich der Europäischen Union wieder, zu der die Europäische Gemeinschaft 1993 mit dem Maastrichter Vertrag schließlich geworden war. Anfang 2007 bestand die EU aus 27 europäischen Staaten, mehrere Balkanländer und die Türkei waren Beitrittskandidaten. (Mitte 2013 wurde Kroatien das 28. Mitglied.) Der Vertrag von Maastricht bekräftigte die Einheitliche Europäische Akte, die bereits 1985 die Schaffung eines

einheitlichen (oder «gemeinsamen») Marktes und die freie Zirkulation von
Gütern, Geld, Dienstleistungen und Menschen vereinbart hatte. Die Amerikaner
fürchteten Protektionismus und Handelsdiskriminierung, wie sie in einer Zollunion immer angelegt sind, doch die Europäer konzentrierten sich vor allem auf
eine gemeinsame Wirtschaftspolitik, die europäische Industrien begünstigte
(beispielsweise durch Subventionen, wie im Fall des europäischen Flugzeugbauers
Airbus), statt sich in einer Festung Europa einzumauern.[165]

Die Befürchtungen der Amerikaner in dieser Hinsicht waren also weitgehend
unbegründet. Ein weiterer Schritt der europäischen Integration war 1999 die Einführung des Euro als gemeinsamer Währung in zahlreichen Mitgliedsstaaten,
zunächst als Buchgeld, und drei Jahre später als Bargeld, das nationale Münzen
und Banknoten ersetzte; Großbritannien und Dänemark schlossen sich der Währungsunion nicht an. Der Konstitutionsprozess war politisch kompliziert, und
Differenzen unter den EU-Mitgliedsstaaten über die gemeinsame Wirtschaftspolitik blieben Hürden für eine weitergehende Integration. Zweifellos aber wurde
der Euro zum Konkurrenten des Dollar als Weltreservewährung. Die Größe der
EU versprach, die globalen wirtschaftlichen Kräfteverhältnisse und Beziehungen
zu verändern. 500 Millionen Bürgerinnen und Bürger Europas schufen annähernd
ein Drittel des gesamten weltweiten Bruttoinlandsprodukts, nämlich 2007 umgerechnet fast 17 Billionen US-Dollar. Schon seit Mitte der 1960er Jahre hatten sich
die Konsummuster in Europa immer mehr den amerikanischen angenähert und
bis in die 1980er Jahre traditionelle gesellschaftliche Beziehungen ebenso untergraben wie den Glauben an Produktionskennziffern und den bürokratischen
Staat im Sozialismus. Die EU war der größte Exporteur und zweitgrößte Impor-
teur weltweit, ferner der bedeutendste Handelspartner Indiens und Chinas, der
beiden dynamischsten Schwellenländer der Dritten Welt, und nicht zuletzt auch
Standort von 170 der in der *Fortune Global 500*-Liste geführten weltgrößten
Unternehmen. Ungeachtet des Gewichts und der wirtschaftlichen Vormachtstellung der USA auf den internationalen Finanzmärkten während der 1990er Jahre,
schufen die Europäer konkurrierende eigene transnationale Finanznetzwerke, die
den Kontinent mit einer Myriade von Verflechtungen überzogen.[166] Mit anderen
Worten, Europa setzte mehr und mehr auf Marktkräfte.

In der so genannten Lissabon-Agenda von 2000 beschlossen die EU-Regierun-
gen, Privatisierungen zu beschleunigen sowie technologische Innovation, Modernisierung und Arbeitsproduktivität zu fördern, um die Wirtschaftskraft der Gemeinschaft zu stärken und an den USA vorbeizuziehen. Verschiedene Beobachter
sprachen daraufhin von einem neuen europäischen Imperialismus, der die atlantische Welt ebenso beherrschen wolle wie die Dritte, ansonsten aber dem alten
Kolonialismus in nichts nachstehe. Die EU bot der amerikanischen Politik der
offenen Türen mit ihrer Zollunion die Stirn, wich dabei freilich nicht vom Kurs
des multilateralen Handels ab. Die schließliche Verabschiedung einer grundlegen-

den inneren Reform der EU, niedergelegt im Vertrag von Lissabon, der nach diversen Debatten und Meinungsverschiedenheiten von allen 27 Mitgliedsländern unterzeichnet wurde und am 1. Dezember 2009 in Kraft trat, zeigte ein neues Europa, ein Europa des Wettbewerbs. Der EU-Reformvertrag, wie er auch genannt wurde, straffte die Beschlussfassung innerhalb der Gemeinschaft, unterstrich Wechselbeziehung zwischen den Mitgliedsländern, stellte eine effizientere institutionelle Struktur her, stärkte die Exekutive, ohne die demokratischen Entscheidungsprozesse zu verwässern, und schuf nicht zuletzt das Amt des Hohen Vertreters für Außen- und Sicherheitspolitik, um die Außenbeziehungen der EU zu koordinieren. Die Einführung eines solchen Amtes sollte das Problem lösen, dass es der Außenpolitik der Gemeinschaft bislang an Kohärenz gemangelt hatte. Die unterschiedlichen Positionen der einzelnen Mitgliedsstaaten, ihre Unfähigkeit mit einer Stimme zu sprechen, hatten bislang dem außenpolitischen Einfluss der EU geschadet. Verglichen mit den Vereinigten Staaten, China oder Russland und selbst aufstrebenden Mächten wie Indien oder Brasilien fehlte es Europa an Nachdruck. Die Finanzkrise, die im Sommer 2008 begann und um die Welt ging, offenbarte, wie wichtig es war, jene fragmentierten außenpolitischen Entscheidungsprozesse überwunden zu haben und den Integrationsprozess fortzusetzen, um als Europäer die gemeinsame Wirtschafts-, Handels- und Finanzmacht, eigene Investitions- und Hilfsprogramme bei internationalen Verhandlungen in die Waagschale werfen zu können.[167] Europa trieb, wie Amerika auch, den Prozess der Globalisierung voran, auch in einer schweren Rezession.

Während der 1990er Jahre beschleunigte sich die Tendenz zur Regionalisierung weltweit, nicht zuletzt auch im Süden, wo man nach wie vor nach Perspektiven der Entwicklung suchte, enttäuscht von Importsubstitution, allgemeinen Handelspräferenzen und Programmen, die nur Schulden hinterlassen hatten. Lateinamerika und Asien sahen Wachstumsperspektiven in einem stärker regional konzentrierten Handel, während viele der mit der EU assoziierten afrikanischen Länder ihren Status Ende der 1990er Jahre neu verhandelten: Ergebnis war im Jahr 2000 das oben erwähnte Cotonou-Abkommen, das als Nachfolger der Konvention von Lomé für ein entschlosseneres Bemühen stand, die Armut zu bekämpfen und durch Zugang zu europäischen Märkten das Wachstum zu fördern.[168]

Eine Antwort auf die Herausforderung durch die Europäische Union war die Schaffung einer Nordamerikanischen Freihandelszone (North American Free Trade Area, NAFTA); das entsprechende Abkommen schlossen Kanada, die Vereinigten Staaten und Mexiko 1992. Bei ihrer trilateralen Vereinbarung ging es den Nachbarstaaten um die Förderung von Investitionen, die Liberalisierung des Handels und eine multilaterale Zusammenarbeit. Gegen die Freihandelszone regte sich heftiger Widerstand von Umweltschützern, kleineren und mittelständischen Unternehmen sowie Gewerkschaften; sie fürchteten eine Aushöhlung der gesetzlichen Bestimmungen beim Artenschutz, beim Verbot der Kinderarbeit, bei den Rechten von Strafgefangenen und allgemein gewerkschaftlichen Rechten sowie eine weitere Stärkung der Interessen großer Konzerne. Die kanadische Seite begrüßte, als sie das Abkommen unterzeichnete, die Liberalisierung des Handels als eine unabdingbare Grundlage der Globalisierung.[169] Mexiko, die schwächste der drei Ökonomien, sah seine Perspektive in der durch die NAFTA in Aussicht gestellte Entwicklung und insbesondere im Zugang zu den Märkten der reicheren Nachbarn. Und auch die Regierung Clinton warb vehement um innenpolitische Zustimmung für das Abkommen. Für die Gegner war die Ablehnung der NAFTA der Ausgangspunkt weiterer Proteste gegen Handelsvereinbarungen und die Globalisierung in den 1990er Jahren. Schließlich wurde, nicht zuletzt um die Opponenten ein wenig zu beschwichtigen, das Freihandelsabkommen durch Nebenabsprachen zu Umweltbelangen und Gewerkschaftsrechten ergänzt. In der Freihandelszone sollten, so die Vereinbarung, für wichtige Güter wie Textilien, Autos und Autoteile die Handelsschranken sukzessive fallen; Mexiko sollte abgeschottete Märkte wie den Finanzdienstleistungssektor und das Verkehrswesen öffnen. Befürworter und Kritiker stritten heftig über die Auswirkungen des Freihandelsabkommens. Manche behaupteten, die NAFTA sei ein großer Erfolg außenpolitischer Bemühungen und dazu geeignet, den trilateralen Handel und eine stärkere Investitionstätigkeit in einem Maß anzukurbeln, das die sonstigen weltweiten Handelsbeziehungen der drei Vertragsparteien in den Schatten stellen würde. Andere wandten ein, die NAFTA führe dazu, industrielle Arbeitsplätze aus den USA zum südlichen Nachbarn zu verschieben. Die Gegner der Freihandelszone verwiesen vor allem auf Mexiko. Kleinbauern wurden dort vom Land vertrieben und gingen illegal über die Grenze in die USA, während die hochsubventionierte amerikanische Landwirtschaft die Erzeugerpreise für Mais und Getreide drückte. Dessen ungeachtet stiegen die Verbraucherpreise für Maismehl und Tortillas, und die Armut wuchs. Für manche allerdings liefen die Geschäfte hervorragend. Mega-Konzerne wie Walmart drangen mit Billigprodukten aus dem Niedriglohnland China auf den mexikanischen Markt vor, und Tausende kleiner und mittelständischer Spielzeug-, Süßwaren- und Schuhhersteller standen dadurch vor dem wirtschaftlichen Ende. Letztlich warf die NAFTA ein Schlaglicht auf alle Vor- und Nachteile des kapitalistischen freien Wettbewerbs.[170]

Ein bemerkenswerter Anlauf zur Schaffung eines regionalen Wirtschaftsraums war die Gründung des Mercosur durch Argentinien, Brasilien, Paraguay und Uruguay im Jahr 1991; der Gemeinsame Markt des Südens sollte einen möglichst freien Handel der Mitgliedsstaaten untereinander sowie mit sechs weiteren assoziierten lateinamerikanischen Staaten fördern. Mit einem Bruttoinlandsprodukt von 1,2 Billionen US-Dollar im Jahr 1999 bemühte sich die Zollunion zugleich um Freihandelsabkommen mit Nichtmitgliedsländern. Solche Abkommen unterzeichnete Mercosur 2004 mit fünf Ländern der Andengemeinschaft und drei Jahre später mit Israel. Die Zusammenarbeit mit den Andenstaaten Ecuador,

Unterzeichnung des NAFTA-Vertrags, San Antonio, Texas, 17. Dezember 1992. Die Staatsoberhäupter Mexikos (Carlos Salinas de Gortari), der USA (George H. W. Bush) und Kanadas
(Brian Mulroney) beobachten stehend, wie das Nordamerikanische Freihandelsabkommen
unterzeichnet wird. NAFTA sorgte für eine Liberalisierung bei Handel und Investitionen,
um so die Entwicklung, die Profite und die Globalisierung des Kontinents zu fördern. Gegen
das Abkommen erhob sich Protest von Protektionisten, Umweltschützern, Gewerkschaften
und anderen Gruppen, von denen einige sich der marktwirtschaftlichen Globalisierung
widersetzten.

Peru, Bolivien, Venezuela und Kolumbien schuf einen Wirtschafts- und Handels-
raum, in dem 341 Millionen Menschen lebten, die fünftgrößte Ökonomie weltweit. Das Handelsvolumen des Binnenmarktes von Mercosur samt Andengruppe
belief sich 1991 auf rund 2,3 Milliarden US-Dollar und stieg binnen zehn Jahren
auf über 35 Milliarden US-Dollar. In ganz Lateinamerika legten die Länder des
Subkontinents im Handel untereinander zu; 2005 entfielen 19 Prozent ihres gesamten Außenhandelsvolumens auf Binnenmarktgeschäfte.[171]

Freilich war nicht zu übersehen, dass nach wie vor fast die Hälfte des gesamten
Handels der Region mit den Vereinigten Staaten abgewickelt wurde. Einige
Akteure waren daher in erster Linie darauf bedacht, das Machtgleichgewicht
zwischen NAFTA und EU aufrechtzuerhalten und die Schaffung einer Amerika-
nischen Freihandelszone (Free Trade Area of the Americas, FTAA) möglichst zu
blockieren. Das entsprechende Projekt sah vor, die NAFTA auf 34 Länder, «von
Alaska bis Feuerland», auszuweiten und so einen überregionalen gemeinsamen
Markt zu schaffen, der den freien Handel und Investitionen begünstigen würde;

perspektivisch sollten die Vereinbarungen die Absichten der Welthandelsrunden und die dort erzielten Ergebnisse übernehmen. Viele Länder in Mittel- und Südamerika sperrten sich gegen ein solche Idee und sahen darin in erster Linie ein Instrument des US-Imperialismus gegenüber der Hemisphäre, während die politisch einflussreichen Regierungen Brasiliens und Mexikos vor allem geltend machten, solche Überlegungen seien sinnlos, solange Amerika nicht bereit sei, seine Handelsschranken gegenüber lateinamerikanischen Exporten abzubauen. Washington wiederum betrachtete die FTAA als ein Mittel, die Türen zum Mercosur und zur Andengemeinschaft offenzuhalten, und sah die Senkung von US-Einfuhrzöllen als nachrangig an. Da die Vereinigten Staaten sich nicht bewegten, blieb das Projekt der Amerikanischen Freihandelszone im Entwurfsstadium stecken. Weitere Konsultationen zur wirtschaftlichen Integration folgten; das Problem, inwiefern der amerikanische Riese den Bedürfnissen der Entwicklungs- und Schwellenländer entgegenkäme, sowie allgemeine Fragen des Wachstums und der Entwicklung blieben während der ersten Dekade des neuen Jahrtausends zwischen Nord- und Lateinamerika auf der Agenda. Der «Washington Consensus», die Umsetzung marktfreundlicher Reformen und die Öffnung der Türen für den Handel, war aber weiterhin bestimmend. In der Region zeigten sich die Auswirkungen, sowohl positive (Schulden wurden abgetragen, die Inflation sank, Unausgewogenheiten der öffentlichen Haushalte wurden korrigiert) als auch negative (Armut, Märkte mit unterdurchschnittlichem Wachstum, finanzielle Schieflagen, mangelhafte Handelsergebnisse).[172]

Der Impetus der Integration erreichte auch Asien und den pazifischen Raum. 1992 schuf der ein Vierteljahrhundert alte Verband südostasiatischer Staaten (Association of Southeast Asian Nations, ASEAN) eine Freihandelszone. Die sechs Mitgliedsstaaten – aus denen bis 2012 zehn wurden – sowie weitere Länder mit Beobachterstatus vereinbarten ursprünglich, alle Zollschranken innerhalb ihres Binnenmarktes vollständig abzubauen oder, in einzelnen Fällen, auf höchstens fünf Prozent zu senken und darüber hinaus alle nichttarifären Handelshemmnisse bis 2008 abzuschaffen. Die wirtschaftliche Entwicklung erlaubte den Mitgliedsländern, den Termin vorzuverlegen und bereits 2003 ein gemeinsames Präferenzzollsystem einzuführen; die durchschnittlichen Zölle sanken auf 3,87 Prozent, der Handel innerhalb des gemeinsamen Marktes verdoppelte sich auf 95 Milliarden US-Dollar im Jahr 2000. Sechs Jahre später lagen die Durchschnittszölle bei 1,74 Prozent. Eine Besonderheit war, dass jedes Mitgliedsland im Außenhandel jeweils eigene nationale Zolltarife beibehielt.[173] 2001 begannen die ASEAN-Länder Gespräche mit China über eine Freihandelszone; auch Japan zeigte sich interessiert. 2008 stieg das Handelsvolumen auf 200 Milliarden US-Dollar. Eine noch größere Gruppe ist die insgesamt 21 Industrie- und Entwicklungsländer umfassende Asiatisch-pazifische Organisation für wirtschaftliche Zusammenarbeit (Asia-Pacific Economic Cooperation, APEC), die 1994 das Ziel formulierte, eine Freihandelszone zu errichten, um Handel, Investitionen und die wirtschaftliche Zusammenarbeit in Industrie, Rohstoffsektor und Finanzbranche zu fördern. Für die Industrienationen (darunter Kanada, die Vereinigten Staaten und Japan) sollte das Vorhaben bis 2010 und für die Entwicklungsländer der Gruppe zehn Jahre später umgesetzt sein.[174]

Der Regionalismus führte zu einem Take-off im Handel, doch drohte das im Rahmen des GATT entwickelte multilaterale System in eine Architektur regionaler Freihandelszonen zu zerfallen. Es bestand die Gefahr, das Ziel der Vereinigten Staaten, dem Handel weltweit die Türen zu öffnen, durch Arrangements zu untergraben, die Wettbewerb und Handel verzerrten. Um die Orientierung auf eine multilaterale Liberalisierung des Handels nicht aus den Augen zu verlieren und all die regionalen Wirtschaftsräume und Binnenmärkte auf Kurs zu halten, bedurfte es eines unbefangenen Lotsen. Die Idee war nicht besonders neu, schon 1948 stand eine ähnliche Absicht hinter dem (letztlich gescheiterten) Projekt der Internationalen Handelsorganisation, und Mitte der 1950er Jahre hatte es einen (ebenfalls erfolglosen) Anlauf gegeben, mit einer Organisation für Handelszusammenarbeit das Vorhaben in verkleinertem Maßstab wiederaufzunehmen. Um nun endlich einen umfassenden institutionellen Rahmen zu schaffen und die internationale Handelsordnung im Hinblick auf die verschiedenen handelspolitischen und handelsbezogenen Fragen den gewandelten Verhältnissen anzupassen, gründeten die EU und 75 weitere Unterzeichnerländer des GATT zum Abschluss der Uruguay-Runde 1995 die Welthandelsorganisation (World Trade Organization, WTO); die übrigen 52 Mitglieder des GATT traten der Organisation in den darauffolgenden beiden Jahren bei. Im Jahr 2007 gehörten 151 Mitgliedsländer der WTO an. Sie wachte über die Prinzipien einer liberalen Handelsordnung und sorgte für deren Durchsetzung; darüber hinaus diente sie als Verhandlungsforum zum Abbau von Handelshemmnissen und beobachtete die Implementierung aller Vereinbarungen.[175]

Da es im Kern zu den Aufgaben der WTO gehörte, die Handelspolitik der Mitgliedsstaaten zu überprüfen und auf deren Übereinstimmung mit liberalen Grundsätzen zu achten sowie allgemein dafür zu sorgen, dem Handel in der Weltwirtschaft die Türen offenzuhalten, konnte sich die mächtige Institution – und ihr Apparat mit seinen unzähligen Funktionen – der Aufmerksamkeit von Befürwortern und Gegnern sicher sein. Die WTO diente unter anderem als Zentrum der Forschung und war ein Weiterbildungsforum, um Entscheidungsträger aus der Dritten Welt in ihrem Engagement für eine liberale Handelspolitik zu unterstützen; nicht zuletzt fungierte sie innerhalb der globalen Handelsordnung als ein Knotenpunkt für die Zusammenarbeit und Abstimmung des IWF und anderer Bretton-Woods-Institutionen. Ihr hoher Bekanntheitsgrad und ihre weitreichenden Verantwortlichkeiten machten die WTO zum Adressaten, wann immer es Klagen über die Ungerechtigkeiten der Handelsordnung, die Macht der Konzerne, die Globalisierung oder die Hegemonie des Nordens gab. Naturschutz-organisationen wie der Sierra Club oder der World Wide Fund forderten einen Sitz in der WTO, um Umweltaspekten in der globalen Wirtschafts- und Handels-politik mehr Geltung zu verschaffen. Umgekehrt freilich machten Länder dagegen Front, dass handelspolitische Initiativen der USA häufig durch Interessengruppen beeinflusst waren. So erhoben beispielsweise 1998 mehrere asiatische Länder erfolgreich Einspruch gegen ein Einfuhrverbot, das die USA gegen Garnelen aus Ländern verhängt hatten, die sich weigerten, den Schutz der Meeresschildkröten – die häufig in den Netzen der Garnelenfischer endeten – gesetzlich zu verankern. Es war ein Fall, in dem ein Verfechter des freien Wettbewerbs eine staatliche Reglementierung verteidigte, doch letztlich gezwungen wurde, den Eingriff zu-rückzunehmen und die Marktkräfte gewähren zu lassen. Von konservativer (und verschiedentlich liberaler) Seite hieß es, die Welthandelsorganisation sei undemo-kratisch, weil nicht gewählte Bürokraten Regeln diktierten, denen sich nationale Regierungen beugen mussten. Als zwischenstaatliche Institution geriet die WTO in Konflikt mit ungezählten Interessengruppen, aber auch beispielsweise mit Ver-tretern von Entwicklungsländern, die bemüht waren, die Organisation der Kon-trolle des Nordens zu entwinden. Die Auswirkungen der WTO auf den Integra-tionsprozess waren gleichermaßen positiv wie negativ. Doch zweifellos konnte sie als Dachorganisation der globalen Handelsbeziehungen viele Länder bewegen, sich das Ideal der «einen Welt» zu eigen zu machen, einer Welt, in der Güter, Geld und Dienstleistungen über Grenzen hinweg ohne Rücksicht auf ihre nationale Herkunft frei zirkulierten.[176]

Der neue Regionalismus und ebenso die WTO förderten die Expansion des internationalen Handels und die Integration der größten Wirtschaftsräume der Welt. Die Warenexporte der sieben bedeutendsten Industrieländer (Vereinigte Staaten, Kanada, Japan, Westdeutschland, Frankreich, Vereinigtes Königreich und Italien) stiegen zwischen 1950 und 1999 um 17 Prozentpunkte, die Welt-marktintegration nahm entsprechend zu. Selbst in den USA, einem in seiner Geschichte wirtschaftlich immer autarken Land, wuchsen Im- und Exporte auf rund ein Viertel des Bruttonationaleinkommens an. In den 1990er Jahren wurde die internationale Verflechtung noch deutlicher, als China durch Auslandsinvesti-tionen und gleichzeitig als bedeutendes Exportland hervortrat. Auch in Japan stieg das Außenhandelsvolumen gleichzeitig mit den Auslandsinvestitionen (wozu beispielsweise die Werke von Toyota und Honda in den USA gehörten), und Ame-rikaner arbeiteten im Ausland für multinationale Konzerne, die Güter in der ganzen Welt verkauften: General Motors produzierte Autos in Deutschland, die bis nach Japan exportiert wurden; Compaq importierte Festplattenlaufwerke aus Taiwan; IBM ließ auf den Philippinen und in Südkorea fertigen; Boeing bezog Flugzeugteile aus siebzehn Ländern. Das Wiederaufleben des Handels nach 1950 führte zu einem höheren Grad an Integration zwischen den Industrieländern, aber auch zwischen ihnen und der Dritten Welt, und trug zu höheren Wachstumsraten bei als während des so genannten Goldenen Zeitalters europäischer kapitalistischer Expansion zwischen 1870 und 1913. Solcherart Auswirkungen der offenen Türen und der Marktintegration gaben Beobachtern Anlass, über die friedenstiftende Wirkung der Globalisierung in der Weltpolitik nachzudenken. Gegenseitige ökonomische Abhängigkeit werde, so meinten manche, künftig Kriege verhindern, da Staaten kein Interesse daran haben dürften, durch bewaffnete Konflikte lukrative Handels- und Geschäftsbeziehungen mit engen Partnern aufs Spiel zu setzen. Für andere hingegen stieg gerade mit zunehmender Integration die Wahrscheinlichkeit von Unstimmigkeiten; zudem lenke die übergroße Aufmerksamkeit für die Ökonomie vom Problem der Sicherheit ab, was für Demokratien die Gefahr berge, durch autoritäre Regime erpressbar zu werden. Doch wie die Bewertung auch ausfiel, Integration und zunehmende Wirtschaftskontakte trieben die Globalisierung voran.[177]

Handelsfragen

Die wachsende Weltmarktintegration ließ die Vereinigten Staaten auch weiterhin auf eine liberale Handelspolitik bauen, die wiederum den globalen Siegeszug der Marktwirtschaft begünstigte. Das Gleiche galt für Großbritannien: *New Labor* hatte mit den Traditionen des britischen Sozialismus gebrochen, und die Regierung von Premierminister Tony Blair knüpfte nach dem Wahlsieg 1997 tendenziell an die wettbewerbsfreundliche Politik der Konservativen unter Margaret Thatcher aus den 1980er Jahren an. Amerika und Großbritannien trieben beide den Globalisierungsprozess voran, der selbst wiederum den Handel ankurbelte. Bereits in der Nachkriegszeit hatten beide Länder an einem Strang gezogen und für den Wiederaufbau nach dem Zweiten Weltkrieg auf eine Melange aus Marktorientierung und staatlichen Maßnahmen gesetzt. Das Vordringen auf überseeische Märkte sollte Wachstum und Wohlstand weiter fördern. Für die Vereinigten Staaten und Großbritannien war die Strategie der offenen Türen gleichermaßen Chance und Notwendigkeit, da Öl-, Schulden- und Japankrise noch in der Weltwirtschaft nachhallten. In ihrer Geschichte waren die Vereinigten Staaten nicht auf Ex- und Import als Beitrag zum Nationaleinkommen angewiesen; der Anteil des Außenhandels mit Waren und Dienstleistungen am Bruttoinlandsprodukt lag zwischen 1945 und 1970 niemals über 10,8 Prozent, im Durchschnitt erreichte er gerade acht Prozent jährlich. In den 1970er Jahren dann verdoppelte sich der Beitrag auf 20,5 Prozent, und zur Jahrtausendwende machten Ex- und Import 26 Prozent des Bruttoinlandsprodukts aus. Fortschritte im Transport- und Telekommunikationssektor, einen starken Dollar und steigende Auslandsinvestitionen (die sich in den 1980er

Jahren verdoppelt und in den 1990er Jahren auf 2,2 Billionen US-Dollar verdreifacht hatten) im Rücken, verhandelten die Industrieländer unter Führung der Vereinigten Staaten in den Welthandelsrunden des GATT und in der WTO über die
Beseitigung von Handelshemmnissen.[178]

Auf der Strecke blieben dabei traditionelle arbeitsintensive Wirtschaftszweige.
Im Zuge der Globalisierung verlagerte sich deren Produktion in Entwicklungs-
und Schwellenländer, wo billige Arbeitskräfte nunmehr Güter fertigten, die vor
nicht allzu langer Zeit Amerikaner, Europäer oder Japaner produziert hatten.
Der Wandel, den die Weltmarktrevolution brachte, bedeutete für die Industrieländer nicht nur mehr Konkurrenz aus dem Ausland, sondern auch strukturelle
Veränderungen, die nicht notwendigerweise für alle einen Vorteil darstellten.
Viele der großen transnationalen Unternehmen, die ihren Hauptsitz in den USA
hatten, befürworteten freilich den freien Welthandel nachdrücklich. Ein Handel
ohne Hemmnisse begünstigte Importe, die zum einen den Verbrauchern zugutekamen und Arbeitsplätze im Dienstleistungssektor schufen, zum anderen US-
Herstellern günstige Komponenten lieferten, die die Fertigungskosten im Inland
senkten und die Firmen in eine bessere Ausgangsposition im globalen Wettbewerb brachten. Ein liberaler Abbau von Handelshemmnissen hieß auch weniger
Beschränkungen der Investitionstätigkeit, um den Kapitalfluss rund um die Welt
zu erleichtern und mit ihm Exporte – geschützt werden mussten in dieser Perspektive Eigentumsrechte, Produktspezifikationen, Patente und Ähnliches. Als
jedoch, ganz in der Logik eines solchen Marktliberalismus, billige Importe die
US-Märkte überschwemmten, hagelte es Proteste, im Kongress, aber vor allem
auch von Seiten einer sich abzeichnenden Koalition aus kleinen und mittleren
Unternehmen, Gewerkschaften, Verbrauchern, kleinen Bauern und anderen vom
Strukturwandel der Industriegesellschaft Betroffenen. Viele überalterte Industrien mussten schließen. Verschiedene Autobauer konnten sich im Wettbewerb
behaupten, weil sie auf Modernisierung und eine schlanke Unternehmensstruk-
tur setzten. Keine Wahl hingegen blieb älteren und gering qualifizierten Arbeitskräften; sie lebten in den angeschlagenen industriellen Ballungszentren des Landes und hatten keinen Zugang zur boomenden Hightech-Dienstleistungsbranche
oder zu anderen Tummelplätzen der transnationalen Unternehmen. In der Stahl-,
Textil-, Auto- und Elektroindustrie verloren Hunderttausende ihre Arbeitsplätze,
und die übrig blieben, mussten oft hinnehmen, dass ihre Einkommen sanken.
Die Verlagerung der Produktion infolge der Liberalisierung der Märkte war für
sie schmerzlich; neue Jobs fanden sie, wenn überhaupt, am unteren Ende der
Dienstleistungsbranche, im Sicherheitsgewerbe, bei Fast-Food-Ketten oder als
Gebäudereiniger. Solche Entwicklungen waren Wasser auf die Mühlen der Globalisierungsgegner, an deren Proteste in den späten 1990er Jahren häufig Indus-
triegewerkschaften beteiligt waren. Tatsächlich wurden in den Vereinigten Staaten
zwischen 1972 und 1992 rund 44 Millionen neue Arbeitsplätze geschaffen, je-

doch nicht im traditionellen produzierenden Gewerbe. Industriearbeitsplätze im Sektor der handelbaren Güter entstanden vor allem in Japan und in Schwellenländern wie Taiwan, Brasilien und Südkorea; freilich ging es dabei nicht so sehr um den Freihandel als um die Verfolgung zielstrebiger Exportstrategien angesichts eines weit geöffneten amerikanischen Markts.[179]

Der internationale Handel, und das war in gewisser Weise die andere Seite der Marktintegration, expandierte schneller und bot bessere Geschäftsmöglichkeiten als jemals zuvor in der Nachkriegszeit. Tatsächlich zeigt die Geschichte des globalisierten Handels eine komplizierte Beziehung zwischen Gewinnern, Verlierern und Macht. So berichtete beispielsweise eine Studie, die den «Reisen» eines T-Shirts nachspürte, gleichermaßen von Ausbeutung und Chancen: Die Reise begann auf einer Baumwollfarm in Texas und führte zunächst in die Garn-Fabrik Nr. 36 im chinesischen Shanghai, einen *Sweatshop*, in dem Wanderarbeiterinnen die Baumwolle unter übelsten Bedingungen verarbeiteten; weiter ging es über die ebenfalls in Shanghai befindliche Brightness Kleiderfabrik Nummer 3 und einige weitere Zwischenhalte zum Verkauf in einem Drugstore in Südflorida; Endstation schließlich war Afrika, als begehrtes Second-Hand-Kleidungsstück. Das T-Shirt für anderthalb Dollar (inklusive 24 Cent Zoll und Abgaben) überwand dabei US-Handelsschranken und ließ sich weder von bürokratischen Reglementierungen in den Kleiderfabriken von Shanghai noch von amerikanischen Kongressabgeordneten unterkriegen, die Agrarsubventionen für Baumwollfarmer und protektionistische Einfuhrzölle zum Schutz der US-Textilindustrie beschlossen. Ein wenig hatten unterwegs die chinesischen Firmen an dem T-Shirt verdient, wenn auch unter Beschränkungen, die ein kompliziertes Quotensystem ihnen auferlegte; und deshalb hatten auch die chinesischen Arbeiterinnen etwas davon, die eine ausbeuterische und unterbezahlte, bisweilen gefährliche und immer ermüdende Arbeit in der Fabrik der zermürbenden Schufterei und kulturellen Rückständigkeit des Landlebens vorzogen. Das protektionistische System der Textilbranche verdankte sich nicht zuletzt dem häufig verlängerten Multifaserabkommen von 1974, das Quoten für Entwicklungsländer festlegte, und das erst dreißig Jahre später auslief. Bis dahin führte der Protektionismus tatsächlich, wenn auch irgendwie verdreht, zu einer Entwicklungshilfe für die Industrie in kleineren Erzeugerländern. Nach dem Ende des Quotensystems übernahm der chinesische Riese die gesamte Produktion; die chinesischen Textilexporte schossen noch weiter in die Höhe, als Walmart als Abnehmer auftrat, der weltgrößte Einzelhandelskonzern, der US-Verbrauchern die niedrigsten Preise bieten wollte. Amerikanische Einzelhandelsketten verlangten vom Kongress, die Handelsschranken weiter abzubauen, und während in der Dritten Welt Arbeitsplätze verloren gingen, fanden manche ehemaligen Textilarbeiterinnen in den Vereinigten Staaten neue Jobs bei Walmart, Target, J. C. Penney und anderen Läden. Dort verdienten sie deutlich weniger und hatten auch weniger Sozialleistungen des Arbeitgebers als in ihren früheren Jobs.

Das alles war die harte Realität des Welthandels, dessen verschiedene Teilnehmer und Akteure allerhand Vor- und Nachteile erlebten, je nach Glück, Durchhaltevermögen oder unternehmerischem Geschick. Die Geschichte eines T-Shirts warf ein Licht auf Verhältnisse und Situationen, über die Freunde und Feinde der Globalisierung stritten: kompliziert und doch, insofern Produktion und Distribution sich über die ganze Welt erstreckten, zunehmend irrelevant.[180]

Die Kompromisse zwischen Freihandel und Protektionismus, die dem GATT-System innewohnten und die Öffnung nationaler Märkte zugleich förderten und beschränkten, waren für derartige Verhältnisse teilweise verantwortlich. In der Tokio-Runde, die 1979 endete, waren die Industrieländer übereingekommen, über die Frage der Zölle hinaus Möglichkeiten zu diskutieren, den Marktzugang zu stärken, geistige Eigentumsrechte zu schützen und wesentliche Dispute des modernen Handels beizulegen. Abgaben auf Industriegüter wurden, wie bereits nach der Kennedy-Runde der 1960er Jahre, weiter gesenkt, doch wichtiger noch war, dass zum allerersten Mal Vereinbarungen und Absprachen, so genannte Codes, für nichttarifäre Handelshemmnisse wie Subventionen, Ausgleichszölle, Dumping oder öffentliche Ausschreibungen getroffen wurden. Tatsächlich hatten derartige protektionistische Maßnahmen stark zugenommen, seit Zölle mehr und mehr an Bedeutung verloren. Die Codes sahen vor, dass betroffene Länder entweder selbst Ausgleichszölle verhängten oder faire Behandlung verlangten, wenn «Schutzmaßnahmen» sich gegen sie richteten. Mechanismen zur Kontrolle, Beratung und Beilegung von Streitigkeiten wurden für den Bereich der nichttarifären Handelshemmnisse ebenfalls vereinbart, allerdings nur für die Unterzeichnerstaaten der Codes. Viele Länder der Dritten Welt aber hatten den Absprachen nicht zugestimmt und blieben so, zumindest potentiell, weiter diskriminierenden Maßnahmen ausgesetzt. Der Tokio-Runde gelang es zudem nicht, Themenkomplexe wie freiwillige Ausfuhrbeschränkungen, gezielte Schutzmaßnahmen der Europäischen Gemeinschaft oder auch protektionistische Maßnahmen in der Landwirtschaft zu beraten – auf letzterem Problem hatte schon in der vorherigen Welthandelsrunde ein Fluch gelastet. Weder die Europäer noch die Japaner waren auch nur ansatzweise bereit, hier auf Protektionismus und Agrarsubventionen zu verzichten.[181]

In der Interimszeit zwischen dem Ende der Tokio-Runde und dem neuen Verhandlungsturnus, der 1986 in Uruguay beginnen sollte, sorgten die Kräfte der Globalisierung dafür, dass neue potentielle Hindernisse einer liberalen Welthandelsordnung erkennbar wurden. Zu den Bereichen, in denen neue Hemmnisse auftauchten, gehörten der Handel mit Dienstleistungen, beispielsweise in der Banken- oder Telekommunikationsbranche, der Wertpapierhandel, Versicherungen, Werbung und Datenverarbeitung. Häufig gab es in all diesen Bereichen strenge nationale Lizenz- und Steuervorschriften – und insbesondere Verstöße gegen den Grundsatz der Gleichbehandlung. Dienstleistungen waren bislang noch nicht Gegenstand des GATT gewesen, machten aber in den 1980er Jahren geschätzte dreißig Prozent des Welthandels aus – und im Fall des Außenhandels der Vereinigten Staaten doppelt so viel. Auch der Schutz geistigen Eigentums entwickelte sich zu einem neuen Handelsproblem, da insbesondere in Ländern der Dritten Welt patentierte Verfahren, Computersoftware sowie Audio- und Videomaterial häufig kopiert wurden, um Entwicklungskosten zu vermeiden und das Copyright zu umgehen. Darüber hinaus hatte das GATT sich mit neu aufgetauchten Handels- und Investmentproblemen zu beschäftigen: Staaten hatten neue protektionistische Maßnahmen eingeführt, beispielsweise Bestimmungen, die heimische Werkstoffe und Lieferanten bevorzugten, lokale Erzeuger begünstigten oder von Investoren verlangten, einen bestimmten Teil der Produktion zu exportieren oder Importe mit Exporten auszugleichen.

Die Uruguay-Runde des GATT, die von 1986 bis 1994 verhandelte, widmete sich solchen und weiteren Problemen. Es war die letzte Welthandelsrunde, bevor dieses beinahe fünfzig Jahre alte Forum 1995 in der Welthandelsorganisation aufging. Mit voranschreitender Globalisierung waren Handelsfragen so kompliziert und problembelastet geworden, dass viele Staaten sich, aus Sorge um ihre jeweiligen Interessen, dem einen oder anderen der oben erwähnten regionalen Wirtschaftsräume anschlossen und in bilateralen, trilateralen oder quadrilateralen Verhandlungen (wie sie etwa zwischen den USA, Kanada, der EU und Japan stattfanden) Handelsvereinbarungen trafen, bestimmte Fragen oder Bereiche diskutierten und Konflikte beilegten. Derartige Gespräche außerhalb des GATT untergruben indes die multilaterale Architektur; die in der Nachkriegszeit etablierte Welthandelsordnung stand in den 1980er Jahren kurz vor dem Kollaps, vergleichbar dem des Systems von Bretton Woods ein Jahrzehnt zuvor. Der freie Handel in der globalisierten Wirtschaft war in Gefahr. Die Uruguay-Runde widmete sich daher nicht nur wichtigen Problemen des Handels, sondern auch der Aufgabe, das GATT neuen Herausforderungen anzupassen und beispielsweise Kontrollmechanismen zu etablieren, die Beziehungen zum IWF und zur Weltbank zu stärken sowie den Anwendungsbereich des Abkommens auszudehnen.

Die Verhandlungen waren schwierig, zuzeiten erbittert, und zogen sich über acht Jahre hin, ohne dass sich ein wirklicher Durchbruch abzeichnete. Schließlich kamen die 124 Teilnehmerländer überein, die umfängliche Welthandelsrunde 1994 zu beenden. Vereinbart wurden weitere Zollsenkungen für Industriegüter (um rund ein Drittel) und das Auslaufen der Importquoten für Textilien. Handelsschranken in der Landwirtschaft blieben bestehen, doch erstmals kam eine GATT-Runde überein, den Marktzugang zu verbessern, die undurchsichtigen Agrarquoten durch ein Zollsystem zu ersetzen und Subventionen zu begrenzen. Darüber hinaus wurden strengere Codes vereinbart, die unlauteren Handel definierten und die Mechanismen gegen protektionistische Maßnahmen anpassten. Die Vertragsparteien unterzeichneten zudem ein Abkommen zum Handel mit

Dienstleistungen, das die Mitgliedsländer in erster Linie auf das Prinzip der Gleichbehandlung verpflichtete; ferner umfasst es formale Richtlinien, beispielsweise über die Anzahl der Niederlassungen ausländischer Banken in einem Unterzeichnerland. Ein weiteres Abkommen schützte Patente, Warenzeichen und anderes «geistige Eigentum»; die Normen in diesem Bereich sollten über einen längeren Zeitraum Stück für Stück umgesetzt werden, woran nicht zuletzt den Entwicklungsländern gelegen war. Auch in anderen Bereichen kam man erste Schritte voran, etwa bei Verhandlungen zur Investitionsförderung oder bei Gesprächen zur Liberalisierung der Telekommunikation, die 1997 in ein Abkommen mündeten.[182]

Die Uruguay-Runde beschäftigte sich darüber hinaus mit einer ganzen Reihe weiterer Fragen. Dazu gehörten etwa die Etablierung von Normen für den elektronischen Handel, um den Zugang zur nationalen Infrastruktur zu regeln, ferner die Stärkung der Wettbewerbspolitik, um gegen Kartelle vorzugehen, die einheimische Hersteller systematisch begünstigten, und nicht zuletzt Probleme des Arbeitsschutzes und der Umwelt. Ein Streitpunkt war beispielsweise ein Einfuhrverbot, das die US-Behörden gegen Thunfisch aus Mexiko verhängt hatten, weil die mexikanischen Fangflotten immer wieder Delphine töteten, die den engmaschigen Fischernetzen nicht entkommen konnten. In den Vereinigten Staaten war diese Art von Netzen verboten. Washingtons Importstopp für den Thunfisch aus Mexiko bezog sich darauf und erntete Beifall bei Umweltschützern. Mexiko protestierte und die WTO entschied schließlich zu seinen Gunsten: Handelsregeln, so das Argument, bezögen sich nur auf das Erzeugnis, nicht auf die Art und Weise seiner Erzeugung; jede andere Entscheidung schaffe einen Präzedenzfall, der dem Ziel zuwiderlaufe, in einem System offener Türen für den Handel Gleichbehandlungsprinzipien durchzusetzen, weil er Ländern ein Muster für Vorwände liefere, Handelshemmnisse aufzurichten. Es war letztlich ein Sieg für die Dritte Welt. Entwicklungsländer waren zunehmend auf der Hut, waren sie doch – wie der zum Politiker gewordene Finanztycoon James Goldsmith auch – überzeugt, die Uruguay-Runde werde am Ende die Dritte Welt fallen lassen und im Namen der «Armen in reichen Ländern» lediglich die «Reichen in armen Ländern» belohnen.[183] Der Konflikt mit der Dritten Welt verwies darauf, dass die Welthandelsordnung sich verändert hatte und vor neuen Herausforderungen stand.

In vielen Ländern hatten Aktivisten längst verstanden, dass die Anstrengungen der armen Länder mehr Aufmerksamkeit verdienten, als die WTO und andere Institutionen ihnen erwiesen. Im Zeitalter der Globalisierung engagierten sich viele Menschen in nationale Grenzen überschreitenden Initiativen, unabhängig von Staaten und politischen Institutionen, und viele Gruppen, Nichtregierungsorganisationen und Einzelne hatten insbesondere die wirtschaftliche Entwicklung der Dritten Welt zu ihrem Anliegen gemacht. In den Sozialwissenschaften und den Medien begann man, von einer Bewegung der «Zivilgesellschaft» zu sprechen, in der Tausende von Menschen sich in Bürgerinitiativen und sozialen Bewegungen engagierten und, jenseits staatlicher Behörden oder Unternehmen, die Lücke ausfüllten, die Staat und Markt gelassen hatten, um die Weltwirtschaft zu verändern. Ihr Einsatz für die Linderung der Not und Sozialreformen zielte darauf, die Fehler zu beheben und die Schäden auszugleichen, die durch die ungezügelte Globalisierung der freien Marktwirtschaft entstanden waren.[184]

Viel Engagement floss in öffentliche Diplomatie, die sich um Versöhnung und gesellschaftliche Reformen bemühte, etwa in humanitären Projekten für Kinder oder Flüchtlinge, wie sie Hollywood-Stars wie Audrey Hepburn, Brad Pitt und Angelina Jolie unterstützten. Jolie engagierte sich beispielsweise in enger Zusammenarbeit mit dem Ökonomen Jeffrey Sachs in einem afrikanischen Dorfprojekt, nahm am Weltwirtschaftsforum in Davos teil, um für wirtschaftliche und soziale Probleme zu sensibilisieren, und spendete mehrere Millionen Dollar für humanitäre Zwecke. In Davos bot sich die Gelegenheit, Maßnahmen zu diskutieren und Initiativen zu starten, die geeignet schienen, rund um die Welt Krankheiten zu bekämpfen und wirtschaftliche Not zu lindern. Für große Gesundheitsprogramme wurde Öffentlichkeit geschaffen, beispielsweise kündigte die Bill-und-Melinda-Gates-Stiftung in Davos an, erhebliche Mittel zur Behandlung und Bekämpfung von Krankheiten zur Verfügung zu stellen. Die private Stiftung – deren Vermögen im Wesentlichen aus Gates' Eigentum an Microsoft stammte – spendete allein für Gesundheitsprojekte jährlich rund 1,4 Milliarden US-Dollar, mehr als das Jahresbudget der Weltgesundheitsorganisation WHO. Die Medien und Kommunikationsmittel des Globalisierungszeitalters potenzierten die Reichweite und den Erfolg eines humanitären Engagements, das sich im Kern freilich bereits ein paar Jahrzehnte zuvor fand. So hatte bereits 1971 der Ex-Beatle George Harrison berühmte Musikerkollegen zu einem Benefiz-Konzert für Bangladesch versammelt. Wesentlich größere Dimensionen erreichten dann Bob Geldofs Projekte, die Gründung von Band Aid 1984 und die Live-Aid-Konzerte im Jahr darauf sowie schließlich das gleichzeitig in zehn Ländern stattfindende Event Live 8 im Juli 2005, das rund drei Milliarden Menschen weltweit live über Satellit im Fernsehen verfolgten. Band Aid und Live Aid sollten einen Beitrag leisten, die Armut in der Dritten Welt zu bekämpfen; die beiden Konzerte von 1985 dauerten über 15 Stunden, hatten rund 1,7 Milliarden Zuschauer weltweit und erbrachten eine Spendensumme von 100 Millionen US-Dollar. Bei Live 8 wollte Geldof eine noch weitaus massivere Unterstützung für den Süden erreichen, und nicht mehr allein durch Spenden: Politiker sollten sich verpflichten, geschätzten vier Millionen Menschen jährlich das Leben zu retten. In der für ihn typischen, eher undiplomatischen Art forderte Geldof 50 Milliarden US-Dollar jährlich bis 2010, ferner vermehrte Anstrengungen bei der Bekämpfung von AIDS und anderen Krankheiten, einen Schuldenerlass für 38 Länder (darunter für 18 bereits im Jahr 2005) sowie für Millionen armer Kinder freien Zugang zu Bildung und medizinischer Versorgung. Der aktuellen Politikergeneration warf er moralisches Versagen vor, weil sie die fortbestehende Armut in der Welt zulasse, trotz des ungeheuren Reichtums im Norden.

Andere Prominente nutzten ihre Berühmtheit, um sich nach Naturkatastrophen für Hilfe und Wiederaufbau einzusetzen. Prinzessin Diana war bekannt für ihr Engagement für Kriegs- und Bürgerkriegsopfer. Fußballstar David Beckham besuchte als UN-Sonderbotschafter 2004 Thailand nach der Tsunami-Katastrophe und engagierte sich auch in Afrika. Der Medienmogul Ted Turner, der Besitzer von CNN, spendete den Vereinten Nationen 1998 für humanitäre Zwecke eine Milliarde Dollar, über einen Zeitraum von zehn Jahren verteilt, für Gesundheits- und Bildungsprogramme. Die Stiftung des ehemaligen US-Präsidenten Jimmy Carter unterstützte ein Programm zur Bekämpfung des Medinawurms und anderer parasitärer Erkrankungen in Afrika; in vielen Gebieten und Ländern des Kontinents belasteten derartige Krankheiten die Bevölkerung und verursachten großen wirtschaftlichen Schaden. Auch die William-J.-Clinton-Stiftung engagierte sich im Bereich der Gesundheitsvorsorge, etwa in Kampagnen in Malawi und Ruanda; gleichzeitig unterstützte sie Programme, die Bauern durch einen besseren Marktzugang und faire Preise stärken sollten. Die globalen Initiativen der Clinton-Stiftung rekurrierten nicht selten auf die Kräfte der Globalisierung; die Spenden kamen von Regierungen, doch öfter noch von reichen und über gute Beziehungen verfügenden Menschen der weltweiten Zivilgesellschaft wie Hollywood-Produzenten, Mitglieder der Herrscherhäuser am Persischen Golf oder vermögende Unternehmer aus Indien. Für die Stiftung des Ex-Präsidenten arbeiteten rund 1400 bezahlte Mitarbeiter und Freiwillige in über 40 Ländern mit dem Ziel, durch marktorientierte Programme, getragen von Unternehmen, Regierungen und gemeinnützigen Organisationen gleichermaßen, Armut und Not zu lindern. Clinton verkörperte eine neue Dimension im Globalisierungsprozess – einen Mittelweg zwischen Unternehmen und Staat.[185]

Kaum jemand steckte eine solche Energie und Kreativität in sein Engagement für die Dritte Welt wie Bono, Sänger der irischen Rockband U2, der seine Berühmtheit bei Begegnungen mit Politikern in die Waagschale warf. Seine Initiativen brachten ihm eine Einladung zu den Gipfeltreffen der G8, der acht reichsten Industrienationen, in Gleneagles 2005 sowie zwei Jahre später in Heiligendamm ein. Schon zuvor hatte Bono gefordert, der Norden solle die Schulden des Südens streichen. Den versammelten Staats- und Regierungschefs unterbreitete er den Vorschlag, ihre Länder sollten sieben Prozent ihres Bruttonationaleinkommens in ein Programm zur Bekämpfung der Armut in Afrika stecken. Das zivilgesellschaftliche Engagement schließt im Übrigen Stars aus der Dritten Welt ein. Afrikanische Musiker wie Youssou N'Dour, Baaba Maal und Angélique Kidjo standen bei Live 8 gemeinsam mit Bob Geldof auf der Bühne.[186] Rund um die Welt setzten Menschen sich in Bewegung und warteten nicht länger auf Staaten, die über Handel und Wandel berieten, sondern begannen selbst etwas zu tun; Tech-

Das Live-8-Konzert in London, 2. Juli 2005. Der Musiker und Aktivist Bob Geldof (links im weißen Hemd) singt gemeinsam mit George Michael und Kindern den Beatles-Song «Hey Jude». Das Ganze war Teil einer Kampagne prominenter Künstler, mit der sie die Hilfe für die ärmsten Länder dieser Welt voranbringen wollten.

nologie und wirtschaftliche Integration im Zeitalter der Globalisierung halfen ihnen dabei.

Die nächste Welthandelsrunde – die so genannte Doha-Entwicklungsagenda, die planmäßig 2001 in der Hauptstadt Katars begann – war die erste unter den Auspizien der WTO. Überschattet wurde sie durch die noch frische Erinnerung an Proteste von Globalisierungsgegnern und vor allem durch die Anschläge vom 11. September in den USA. Die Weltwirtschaft hatte sich dadurch verändert. Ursprünglich hatten die multilateralen Verhandlungen bereits 1999 in Seattle als «Millenniumsrunde» beginnen sollen, doch als die Vereinigten Staaten und die Europäische Union Gespräche über die bekanntermaßen heikle Frage der Handelsschranken für landwirtschaftliche Erzeugnisse verweigerten, ließen Vertreter der Entwicklungsländer den Konferenzbeginn platzen. Unter Protest verließen sie den Tagungsort und damit waren die Gespräche von Seattle beendet. Gleichzeitig kam es zu massiven Straßenprotesten eines auf den ersten Blick recht merkwürdigen Bündnisses aus Gewerkschaftern, Umweltschützern, Anarchisten, Studenten, religiösen Gruppen, Verbraucherschützern und politischen Aktivisten. Sie protestierten gegen die Macht der Konzerne und den Druck, den multinationale Unternehmen auf Regierungen ausübten, um Beschränkungen auszuhebeln und einem entfesselten Kapitalismus zum Durchbruch zu verhelfen, gegen die Schwächung der Gewerkschaften, die Armut in der Dritten Welt, die internationale Elitenherrschaft und die Zerstörung des Planeten. Verschiedene Unternehmen hatten zuvor schon den Zorn der Protestierenden zu spüren bekommen.[187]

Nike bot ein Paradebeispiel. Auf die unterschiedlichsten Arten war das Unternehmen mit der Globalisierung verknüpft: Nike warb weltweit mit dem Basketballprofi Michael Jordan, das Firmen-Logo, der *Swoosh*, zusammen mit dem, was «Air» Jordan auf dem Spielfeld und vor allem in der Luft an schier unglaublichen Bewegungen zeigte, hatten zu einem globalen Basketballfieber geführt. Satelliten-Liveübertragung, Werbung, boomende Direktinvestitionen in China und die niedrigen Lohnkosten in ganz Asien trugen dazu bei, dass Jordan und Nike in den 1980er Jahren weltweit einen Kultstatus genossen. Zehntausende Beschäftigte in der amerikanischen Schuhindustrie allerdings, und das war die Kehrseite, hatten ihre Jobs verloren, die ihnen ordentliche 5,95 US-Dollar pro Stunde einbrachten, als Nike und andere Hersteller die Produktion ins Ausland verlagerten. In Indonesien zahlte Nike den Arbeiterinnen nur 14 Cent pro Stunde für Schuhe, die im Geschäft zwischen 49 und 125 US-Dollar kosteten. In den 1990er Jahren geriet der transnationale Konzern wegen dieser ausbeuterischen Verhältnisse zunehmend unter Beschuss: Nike, so der Vorwurf, zahle Hungerlöhne, erzwinge Überstunden, verhindere die Gründung von Gewerkschaften und behandle die Beschäftigten alles in allem menschenunwürdig. In Indonesien, Vietnam und China war es überall die gleiche Geschichte – schlechte Löhne und noch schlechtere Arbeitsbedingungen. 1997 besuchte ein Mitglied von Vietnam Labor Watch, einer Aktivistengruppe, die für Arbeiterrechte eintrat und das rücksichtslose Vorgehen transnationaler Konzerne anprangerte, eine Nike-Fabrik in Vietnam und berichtete, Aufseher würden die Arbeiterinnen demütigen und sie zum Beispiel zwingen, wenn sie nicht ausreichend Arbeitseifer bewiesen, in glühender Hitze in der Sonne zu stehen oder zu knien. Die Ausbeutung war auch hier geschlechterspezifisch: Von den 35 000 Beschäftigten in den Nike-Fabriken waren neunzig Prozent Frauen, erschöpft und unterernährt, die für nicht einmal zwei Dollar zwölf Stunden am Tag arbeiteten und Schuhe herstellten, die in den USA letztlich für das 40- bis 50-Fache eines solchen Tagelohns verkauft wurden.

Die öffentliche Empörung und anhaltender politischer Druck veranlassten die Clinton-Administration, auf Nike, L. L. Bean, Reebok und andere Hersteller (beziehungsweise ihre Verantwortlichen) einzuwirken und sie einen Verhaltenskodex unterzeichnen zu lassen, der unter anderem vorsah, die Arbeitszeit auf maximal 60 Wochenstunden zu begrenzen und landesübliche Löhne zu zahlen. Die aufgebrachte Protestbewegung wollte mehr und forderte zumindest die Anerkennung von Gewerkschaften und höhere als «landesübliche» Löhne, da das Minimum kaum für Wohnung und Nahrung ausreichte. Die Auseinandersetzung hielt an, doch 1997 sorgten die Asienkrise und die anschließende Rezession dafür, dass auch Nikes Verkaufszahlen einbrachen und das Rekordergebnis von 9,6 Milliarden US-Dollar fast halbierten. Michael Jordan blieb ein wichtiger Werbeträger und die Konzerngewinne blieben nach wie vor hoch, doch das strahlende Bild der Globalisierung hatte Flecken abbekommen.[188]

Auf die Proteste von Seattle folgten in den Monaten danach noch weitere. Tatsächlich waren aber auch vor den Ereignissen von 1999 angesichts der Auswirkungen der Globalisierung und des Eindrucks, transnationale Konzerne beherrschten die Wirtschaft und veränderten sogar die Alltagskultur, verbreitet Unbehagen und bisweilen Zorn zu spüren. Nike war ein Konzern, der Fabriken besaß, aber trotzdem darauf angewiesen war, die Produktion samt ihren Kosten mit hunderten von Zulieferern und Spediteuren in mehreren Ländern abzustimmen und zu koordinieren. Der Fast-Food-Riese McDonald's hingegen war ein ganz anderer Fall: Die Tausende von Restaurants in über 100 Ländern führten örtliche Franchisenehmer, die sich um Management, Personal und Lieferanten selbst kümmern mussten; in die Firmenzentrale in Illinois flossen Mieteinnahmen. Doch war die Art, wie die Profite entstanden, nicht das eigentliche Problem, sondern vielmehr der Einfluss der Restaurants auf Essgewohnheiten, Entwicklung und Gesundheit von Kindern (Gewichtszunahme, Jugendwahn, Konsumismus), auf Familienleben und -strukturen, in denen starke Individualisierungstendenzen auszumachen waren. Andere Formen des Zusammenseins wurden plötzlich wichtig (Geburtstagspartys bei McDonald's statt herkömmlicher Feste zu Hause), in den Vordergrund traten ökonomisches Kalkül und unternehmerisches Denken.[189]

Ein solcher Wandel, für den der mächtige transnationale Konzern sinnbildlich stand, nährte ebenfalls die Proteste gegen die Globalisierung; durch die offenen Türen des Handels schienen skrupellose Kapitalisten einzufallen, die Traditionen umwälzten und Gesellschaften aus dem Gleichgewicht brachten – alles im Namen von Modernisierung und Konsum. Andere Proteste waren konkreter motiviert. Anlass für mitunter mehrere Zehntausend Menschen, in Prag, Québec und Genua in den Jahren 2000 und 2001 auf die Straße zu gehen, waren ein Treffen von IWF und Weltbank, ein Amerika-Gipfel (der eine panamerikanische Freihandelszone beschließen wollte) und ein Gipfel der G 8 – es kam zu ungezählten Festnahmen, Verletzten und ein Demonstrant starb sogar. Die Delegationen der Welthandelsrunde trafen sich danach, zwei Jahre nach Seattle und nur zwei Monate nach den schrecklichen Anschlägen vom 11. September 2001, in Doha. Das entsetzliche Ereignis war ein Impetus für erfolgreiche Verhandlungen, von denen ein Signal für die Erholung der Weltwirtschaft ausgehen sollte; friedliche Handelsnationen, die sich dem Terrorismus widersetzten, bemühten sich Einigkeit zu demonstrieren.

Die sieben Jahre währende Handelsrunde in Doha wurde zu einem harten Ringen zwischen den Ländern des Nordens und einer großen Gruppe verärgerter Handelspartner aus dem Süden. Bei der Ministerkonferenz 2003 im mexikanischen Cancún verhinderte eine neu gebildete, G20 genannte Staatengruppe aus

Entwicklungs- und Schwellenländern unter Führung von Brasilien, China, Indien und Südafrika die Beschlussfassung über Detailfragen der vier so genannten Singapur-Themen (Investitionen, Wettbewerb, öffentliches Beschaffungswesen und Handelserleichterungen), die Jahre zuvor bei WTO-Konferenzen aufgetaucht waren und auch in der Doha-Runde für anhaltende Kontroversen sorgten. Über praktisch alle anderen Handelsfragen lagen sich die Industrieländer und die G20 ebenfalls in den Haaren. Prominentester Streitpunkt blieb jedoch der Landwirtschaftsbereich, genauer gesagt die Frage der Exportsubventionen, die den europäischen und US-amerikanischen Erzeugern Vorteile gegenüber landwirtschaftlichen Exporten aus dem Süden verschafften und die Weltmarktpreise künstlich niedrig hielten. Obwohl die europäische Delegation zusicherte, Subventionen abzubauen, weigerten sich die EU-Mitgliedsstaaten – und namentlich Frankreich –, diesem Kurs zu folgen und den traditionellen Agrarprotektionismus aufzugeben. Mitte 2006 spitzte sich der Konflikt in der Doha-Runde erneut zu und vertiefte sich noch, als der US-Kongress Agrarsubventionen für weitere fünf Jahre beschloss. Nachdem der indische Handelsminister Kamal Nath angekündigt hatte, er werde nicht «die Lebensgrundlage von Millionen Bauen aufs Spiel setzen» und Subventionen hinnehmen, und China ihn unterstützte, indem es Schutzzölle zugunsten der Erzeuger im Süden forderte, brach die Doha-Runde im Juli 2008 zusammen. Schuldzuweisungen machten die Runde; die Hoffnungen auf eine Fortsetzung der Gespräche zerstoben in den Turbulenzen der einsetzenden Weltwirtschaftskrise.[190]

Die ersten Handelsgespräche unter den Auspizien der WTO waren zu einem Stillstand gekommen; allerdings waren die Verhandlungen weder endgültig gescheitert, noch war es das Ende der Bemühungen um eine Liberalisierung der Weltwirtschaft oder gar ein Schiffbruch für die Globalisierung. Eine Einigung war weiterhin möglich, schließlich war es den multilateralen Handelsrunden noch immer gelungen, zu einer Vereinbarung zu gelangen. Die Verhandlungsführer diskutierten infolgedessen die Doha-Fragen am Rande anderer Wirtschaftsberatungen; eine formelle Ministerkonferenz der WTO fand im Spätherbst 2009 statt. Ungeachtet der ausgesetzten Verhandlungen ging der Globalisierungsprozess weiter. Von allen Seiten wurde versucht, durch kleine Richtungsänderungen oder Reglementierungen Einfluss zu nehmen, zumal die schwierige Situation der Weltwirtschaft Kompromissen nicht gerade zuträglich war.

Die anhaltende Dynamik der marktwirtschaftlichen Globalisierung zeigte sich etwa im Umweltbereich. Zu Beginn des 21. Jahrhunderts waren sich Menschen auf der ganzen Welt in hohem Maß der Beziehungen und Abhängigkeiten zwischen der Weltwirtschaft und der Umwelt, in der sie lebten, bewusst. Die Verschmutzung von Luft, Wasser und Boden waren in allen Ländern der Erde ein Problem, und Fragen des Klimawandels und möglicher negativer Auswirkungen – häufig unter dem Schlagwort von der «globalen Erwärmung» – genossen in der internationalen Gemeinschaft oberste Priorität. Das Kyoto-Protokoll von 1997 war ein Anlauf, die Emissionen so genannter Treibhausgase bis zum Jahr 2012 auf ein vereinbartes Niveau zu reduzieren. Die Vereinigten Staaten, im Bezugsjahr der Verhandlungen, 1990, als bedeutendster Verursacher für über 36 Prozent der Emissionen verantwortlich, unterzeichneten das Protokoll zunächst, weigerten sich jedoch aus Sorge, zu viele Auflagen würden die amerikanische Wirtschaft ersticken, es zu ratifizieren. Schwellenländer wie China und Indien waren, obwohl sie ebenfalls erhebliche Mengen Treibhausgase verursachten, nicht Mitgliedsparteien des Protokolls; sie hatten erfolgreich eine Ausnahmeregelung von den Reduktionsverpflichtungen beansprucht, weil für sie Entwicklung vor Umweltzielen rangierte. In der Dritten Welt herrschte weithin die Auffassung vor, wenn die Industrieländer etwas für den Umweltschutz tun wollten, sollten sie selbst die Lasten tragen.[191]

Spätere Klimakonferenzen wie die von Montreal 2005 oder die Übereinkunft von Kopenhagen 2009 sicherten Emissionseinschränkungen zu, Umfang und Fristen blieben aber weitgehend vage; vielerorts beschloss man eigene Quoten. Verstärkt wandte man sich weltweit der Entwicklung alternativer Energiequellen zu; internationale Konsultationen und Gespräche bemühten sich um außerinstitutionelle Partnerschaften und entwickelten neue Instrumente zur Erreichung der Klimaziele. Große und transnationale Unternehmen erkannten das Potential: eine Gruppe von 24 Gesellschaften, darunter British Telecom, Hewlett Packard, Toyota, Siemens und Volkswagen, schlug ein globales Emissionshandelssystem vor, das in einem ersten Schritt festlegen würde, wie viel Treibhausgase die Länder emittieren dürften, und davon ausgehend «Emissionsrechte» definierte. Die Idee eines Emissionshandels mit festen Obergrenzen sah vor, Unternehmen und anderen Verursachern eine bestimmte Menge «Zertifikate» zuzuteilen, Emissionsrechte, die sie dann, wenn sie sie nicht selbst einsetzten, mit anderen Verursachern handeln könnten, die ihre Obergrenzen überschritten. Durch Verringerung der Emissionen erzielten Unternehmen aus dem Handel mit Emissionszertifikaten Erträge; verringerten sie ihre Emissionen nicht, verursachte die Verschmutzung umgekehrt Kosten. Die Obergrenzen sorgten für längerfristige Investitionssicherheit und gerechtere Wettbewerbsbedingungen. So betraten mit dem Emissionsrechtehandel marktwirtschaftliche Prinzipien und Instrumente das Feld der Umweltpolitik.

Entsprechendes gilt für Technologie. Ein führendes Unternehmen, das sich um eine positivere «CO_2-Bilanz» bemühte (also darum, klimarelevante Emissionen zu vermeiden), war die Rösterei- und Kaffeehauskette Starbucks, die 2003 allein in Nordamerika geschätzte 295 000 Tonnen Kohlendioxid in die Atmosphäre blies. Erreicht werden sollten die unternehmensinternen Klimaziele durch Einsparungen bei der für Transport, Röstung und Zubereitung benötigten Energiemenge sowie durch die Verpflichtung, mindestens zu zwanzig Prozent Windenergie zu nutzen. Starbucks engagierte sich darüber hinaus in öffentlichkeitswirksamen

Aktionen wie der Kampagne «Grüne Schirme für eine grüne Welt» (bei der Star-
bucks-Schirme zugunsten einer Umweltstiftung versteigert wurden) oder dem
Online-Spiel «Planet Green», um Kunden zu motivieren, auf «grün» umzusteigen.
Der Suchmaschinenriese Google zeigte sich ebenfalls umweltfreundlich, als er
2009 «Climate Savers Computing» anstieß, eine Initiative, bei PCs stärker auf
die Energieeffizienz zu achten, der sich bald vierzig andere Unternehmen (darunter
auch Starbucks) anschlossen. Google, Starbucks und andere Unternehmen zogen
es zwar vor, ihre CO_2-Bilanz nicht zu veröffentlichen, um keine Geschäftsge-
heimnisse preiszugeben, aber immerhin behielt Google seine Emissionen im Auge
und war bemüht, seinen Strombedarf zunehmend aus nicht-fossilen Quellen zu
decken und ansonsten durch den Erwerb so genannter Kompensationszertifikate
Klimaschutzprojekte zu fördern. Erst jüngst nahm Google eine 1,6 Megawatt
produzierende Photovoltaikanlage auf dem Dach seiner Firmenzentrale im kalifornischen Mountain View in Betrieb. Verschiedene europäische Länder und auch
die US-Regierung unter Barack Obama erwogen 2009, «schmutzige» Importe
durch eine «CO_2-Steuer» zu belasten – freilich würde eine solche protektionistische Maßnahme den Marktgrundsätzen der WTO zuwiderlaufen.[192]

In den armen Ländern der Dritten Welt eröffneten Markt und Natur Entwicklungschancen, die geeignet schienen, der wirtschaftlichen Not der einheimischen
Bevölkerung und der fortgesetzten Umweltzerstörung abzuhelfen. Ökotourismus
und Initiativen für nachhaltiges Reisen florierten weltweit und bemühten sich,
Wälder, Inseln, Meeresgebiete und die gefährdete Tierwelt zu erhalten; der Raub-
bau war eine Kehrseite der Globalisierung, die durch moderne Kommunikations-
und Verkehrsmittel Distanzen verkürzt, das Reisen vereinfacht und noch den entlegensten Winkel erreichbar gemacht hatte. Ein anderes Problem war, dass viele
arme Länder nicht über eine zeitgemäße Energieversorgung verfügten – oder über
die Mittel, sie bereitzustellen. Rund ein Drittel der Weltbevölkerung musste, Schätzungen zufolge, regelmäßig auf Elektrizität und somit auf Licht und Kühlschränke
ebenso verzichten wie auf öffentliche Verkehrsmittel, ganz zu schweigen von Infor-
mations- und Telekommunikationstechnologie. Die drohende Bevölkerungsexplosion in den ärmsten Ländern der Welt machte die Dinge nicht einfacher. Für die
Weltbank allerdings bestand kein Grund zur Verzweiflung, schließlich waren rund
eine Milliarde Menschen in der Lage, sich zu marktüblichen Preisen eine Stromversorgung zu leisten – auch wenn sie mitunter Unterstützung brauchten. Sie wären
nicht länger auf schmutzige und letztlich kostspielige Energie aus Petroleum oder
Batterien angewiesen, sondern verfügten über öffentlich subventionierte Strom-
netze, die den Glücklichen zweifellos ein angenehmeres Leben erlaubten.

Ein direktes Ergebnis des Marktdenkens waren «Minikraftwerke», die ihren
Siegeszug um die Welt antraten. Es waren kleine Systeme oder Anlagen, in der Anschaffung relativ kostspielig, die aber, über einen längeren Zeitraum betrieben,
billig Energie produzierten und so insbesondere ärmere Menschen und Gemeinden

in Gebieten ohne entsprechende Infrastruktur versorgen konnten und unabhängig machten. Im Jemen beispielsweise betrieben Privatleute in Gemeinden, die nicht an das unzulängliche öffentliche Stromnetz angeschlossen waren, kleine Generatoren, die die umliegenden Haushalte mit Elektrizität versorgten. In Indien optimierte das Energieforschungsinstitut der Tata-Gruppe die Energieversorgung kleiner Dörfer und konzentrierte sich dabei auf Energieeinsparung (bei Petroleum, Heizöl und Holz, den traditionellen Energieträgern) und auf den Einsatz erneuerbarer Energien, um die Dörfer zu «begrünen». Auf den Philippinen begann eine gemeinnützige Organisation namens Preferred Energy Incorporated mit dem Bau eines Kleinwasserkraftwerks an einem Flüsschen, um die Dörfer der Umgebung mit Elektrizität zu versorgen. Das Projekt wurde von Hilfsorganisationen und Initiativen der einheimischen Bevölkerung gemeinsam getragen. Die Helfer sorgten für die finanziellen und technischen Voraussetzungen, die Dorfbewohner trugen Arbeitskraft, Baumaterial und Organisationstalent bei. Die Macht der Globalisierung zeigte sich auch in den entlegensten und ärmsten Gegenden der Welt.[193]

Krise

Nach dem Ende des Kalten Krieges trugen die Verhältnisse auf dem Weltmarkt wiederholt zu Finanzkrisen bei – und in der Folge nicht selten zu Handelskonflikten. 1994 übersetzte sich die Abwertung des mexikanischen Peso zunächst in eine Abwärtsspirale und dann in eine Währungskrise; US-amerikanischen Banken drohten enorme Kreditausfälle. Nur ein 50 Milliarden US-Dollar schweres Hilfspaket, das Washington gemeinsam mit IWF und Weltbank zur Verfügung stellte, konnte den Peso stabilisieren und den Zusammenbruch mehrerer US-amerikanischer Großbanken verhindern. Rund um die Welt sorgte der Zerfall der Sowjetunion und ihres Machtbereichs zu wirtschaftlichen Turbulenzen, die sich im besten Fall als schwächelnde Konjunktur zeigten, im schlimmsten Fall jedoch in tiefe Rezession und Krise mündeten. In Osteuropa waren die neuen Demokratien gezwungen, den Übergang zur kapitalistischen Marktwirtschaft völlig ohne die eigentlich dringend benötigte umfängliche Wirtschaftshilfe aus Westeuropa und Nordamerika zu bewältigen. Die Vereinigten Staaten und der IWF befolgten dabei den Rat solcher Experten wie des an der Universität Harvard lehrenden Wirtschaftswissenschaftlers Jeffrey Sachs, bei der Einführung der Marktwirtschaft auf eine «Schocktherapie» zu vertrauen, statt auf einen allmählichen und kontrollierten Übergang zu setzen, wie das beispielsweise China nach Mao Zedong getan hatte. Das Ziel war, radikal mit dem kommunistischen System zu brechen; tiefe Einschnitte sollten die Wendung zum kapitalistischen freien Wettbewerb und die demokratischen Veränderungen auf Dauer sicherstellen. Zwar erlebte Polen nach der Radikalkur des Übergangs einen wirtschaftlichen Aufschwung und auch die meisten Balkanländer erholten sich, doch den westeuropäischen Investoren, die in jenen Jahren den größten Teil des benötigten Kapitals zur Verfügung stellten, war weniger an einem stabilen und nachhaltigen Wachstum der gesamten Region als an schnellen Profiten gelegen. Die ehemaligen sowjetischen Satellitenstaaten sahen ihre Entwicklungsperspektive am ehesten in einer baldigen Aufnahme in die EU, zumal von einem recht visionslosen Westeuropa keine großen Hilfspakete zu erwarten waren. In den westeuropäischen Hauptstädten wiederum hatte man andere Sorgen und fürchtete eher eine Schwächung der Gemeinschaft durch den Beitritt der Länder Südeuropas, die zudem noch anfällig für den islamischen Fundamentalismus zu sein schienen. Die EU-Erweiterung fand schließlich statt, allerdings erst nachdem das Zerstörungswerk der Schocktherapie vollbracht war. Vor den größten Herausforderungen stand indes Russland.[194]

Die radikalen Marktreformen, die Boris Jelzin, der damalige Präsident der Russischen Föderation, Ende 1991 einleitete, setzten auf ein kompromissloses Austeritätsprogramm und folgten darin den Empfehlungen der Vereinigten Staaten und des IWF. Russland stürzte in eine tiefe Wirtschaftskrise. Die Schocktherapie riss die sozialistische Wirtschaft durch hektische Privatisierungen in Stücke, das Ende der Preiskontrollen stieß Schätzungen zufolge ein Drittel der Bevölkerung in die Armut. Bruttoinlandsprodukt und Industrieproduktion schrumpften um die Hälfte. 1995 war Russland nicht mehr in der Lage, seine Auslandsschulden zu tilgen – eine weitere Folge der neoliberalen Schocktherapie –, während die Privatisierung die ehemaligen Staatsbetriebe korrupten (Ex-)Funktionären mit Verbindungen zum organisierten Verbrechen überlassen hatte. Eine reich gewordene russische Mafia schaffte einen großen Teil ihres Vermögens außer Landes – eine viele Milliarden Dollar mächtige Kapitalflucht. Russland verrottete in einer tiefen Depression, gepaart mit Umweltzerstörung und gelegentlichen gewalttätigen Auseinandersetzungen; in der Wirtschaft herrschten Gesetzlosigkeit und das Recht des Stärkeren. Im Westen begann ein Umdenken, die kapitalistische Welt glaubte nicht mehr an den Erfolg eines raschen Wandels, und man suchte nach Möglichkeiten, Russland mit «weniger Schock und mehr Therapie» zu helfen, wie Strobe Talbott, stellvertretender Außenminister in Clintons Regierung, es formulierte.[195] Der Marxismus war tot und der Kommunismus zweifellos besiegt, doch der Globalisierungsprozess erschütterte die russische Gesellschaft in ihren Grundfesten und stellte das Überleben des Landes in Frage.

Die Weltwirtschaft offenbarte ihre Verletzlichkeit und die zunehmenden globalen Abhängigkeiten – sowie die Spannung zwischen den Marktidealen und den Macht- und Führungsambitionen der Vereinigten Staaten – erneut in der so genannten Asienkrise von 1997/98. Die Krise begann in Thailand, nachdem zuvor Investoren in ganz Asien günstige Kredite in Fremdwährung aufgenommen und damit in großem Maß Aktien und Immobilien gekauft hatten; als die ent-

standene Spekulationsblase zu platzen begann, flohen die Anleger aus der thai-
ländischen Währung, dem Baht, um sich mit Dollar oder Yen einzudecken. Die
thailändische Regierung versuchte, dem einsetzenden Kursverfall des Baht durch
Stützungskäufe in Höhe von rund 20 Milliarden US-Dollar entgegenzuwirken,
scheiterte jedoch. Im freien Handel verlor die Währung binnen Tagen trotz der
Stützungsmaßnahmen fast die Hälfte ihrs Werts, und im September 1997 war sie
gegenüber dem US-Dollar um siebzig Prozent abgewertet. Aufgrund der engen
wirtschaftlichen Verflechtung der ASEAN-Länder strahlte der Vertrauensverlust,
den die thailändische Ökonomie erlitt, auch auf die Partner Malaysia, Südkorea,
Indonesien, Singapur und die Philippinen aus. Landeswährungen wurden panik-
artig abgestoßen, Anleger flüchteten in vermeintlich sichere Häfen. An den Aktienmärkten brachen die Kurse ein, die Papiere verloren zwischen einem Drittel und
der Hälfte ihres Werts; Gläubigerbanken stellten aufgrund der verfallenden asiatischen Währungen und Vermögenswerte ihre Forderungen fällig. Die Wertpapier-
kurse fielen weiter, in Indonesien um 46 Prozent, in Malaysia um die Hälfte.
Wechselkurse folgten dem Abwärtstrend, der philippinische Peso verlor ein Viertel an Wert. Rund 150 Finanzinstitute in Asien wurden ganz oder vorübergehend
geschlossen, verstaatlicht oder der Aufsicht des IWF unterstellt.

Urplötzlich fegte eine schwere Rezession über eine Region, der bislang die
Globalisierung ein kräftiges Wachstum beschert hatte. Südkorea fiel durch ein
schrumpfendes Bruttoinlandsprodukt in der Weltrangliste der stärksten Volks-
wirtschaften in nur zwei Monaten vom elften auf den siebzehnten Platz und lag
damit hinter Indien, Russland und Mexiko. Die vier asiatischen Tiger hatten den
Biss verloren: Südkorea musste sich auf ein Rettungspaket des IWF einlassen, das
unter anderem Massenentlassungen vorsah, und Millionen wurden arbeitslos.
Auch Japan geriet durch die wirtschaftlichen Turbulenzen ins Schlingern. Die
Krise zog sich über ein Jahr lang hin. So verzeichneten die Philippinen 1998 ein
Nullwachstum. Schließlich griff die Asienkrise auf Ökonomien außerhalb der
Region über, Ansteckungssymptome zeigten sich in Russland, Brasilien sowie
Argentinien und drohten, die gesamte Welt zu infizieren. Ende Oktober 1997
gaben die Aktienkurse an den US-Börsen aufgrund der besorgniserregenden
Nachrichten aus Asien um 7,2 Prozent nach. Gewaltsame Proteste und Unruhen
in Indonesien, ausgelöst nicht zuletzt durch die Sorge um eine unsichere ökonomische Zukunft, führten zum Sturz Suhartos, der dreißig Jahre lang das Land
diktatorisch regiert hatte; auch der thailändische Premierminister Chavalit Yong-
chaiyudh musste wegen der desolaten wirtschaftlichen Lage zurücktreten.[196]

Hatte man noch kurze Zeit zuvor die Globalisierung verschiedentlich als das
Ende der Geschichte begrüßt (in dem Sinn, dass die Durchsetzung von Demokratie und Marktwirtschaft – einschließlich eines Kapitalismus mit offenen Türen –
als höchste Form menschlicher Verfassung anzusehen sei), standen nun plötzlich
die Verteidiger der freien Marktwirtschaft und insbesondere Washington und die

Wall Street als Gefahr für die Weltwirtschaft am Pranger. Dank der Liberalisierung der Märkte bewegten sich die Geldströme rund um den Globus in einer Welt ohne Grenzen; insbesondere der IWF und die Fürsprecher des amerikanischen Modells freien Wettbewerbs hatten immer wieder gefordert, die nationalen Kapitalmärkte zu liberalisieren, um Zahlungsbilanzdefizite zu korrigieren. Washington seinerseits machte Korruption und die unzureichenden Finanzmarktstrukturen in der Region und in einzelnen Ländern für die Krise verantwortlich; Abhilfe, so meinte man, könne nur ein Festhalten am eingeschlagenen Liberalisierungskurs schaffen. US-Finanzminister Robert Rubin, der vier Jahre zuvor die Rettungsaktion für den mexikanischen Peso koordiniert hatte, und Alan Greenspan, der Vorsitzende der US-Notenbank FED, kamen mit dem IWF überein, angesichts der Turbulenzen in Asien eine ganz ähnliche Strategie zu fahren wie die Vereinigten Staaten während der lateinamerikanischen Schuldenkrise in den 1980er Jahren. Zunächst einmal verlangten sie von allen betroffenen Ländern, noch entschlossener nach marktwirtschaftlichen Regeln vorzugehen. Ab Oktober 1998 senkte die FED mehrmals die Zinssätze, um Importe aus Asien zu stimulieren und die asiatischen Krisenländer so eher in die Lage zu versetzen, Schuldverschreibungen und andere Verbindlichkeiten zurückzuzahlen. Doch gleichzeitig wuchs damit der wirtschaftliche Druck auf angeschlagene Industriezweige wie etwa die Textilbranche. Viele Textilwerke schlossen für immer die Tore, und die großen Hersteller verlagerten die Produktion ins Ausland, nach Mexiko, Pakistan oder China, die niedrigere Lohnkosten boten. Unter den asiatischen Krisenländern trafen die auferlegten wirtschaftlichen Strukturreformen, die Neuordnung des Bankensektors und die Austeritätspolitik, um internationale Investoren anzuziehen, insbesondere Thailand und Malaysia hart. Gewiss, am Entstehen der Krise hatten Gier und spekulative Anlagestrategien zweifellos ihren Anteil, doch ebenso wichtig waren bestimmte Merkmale transnationaler Produktion und eine enorme Steigerung des Kapitalverkehrs sowie weitere Momente der Globalisierung, die den Wohlstand vieler Hundert Millionen Menschen mehrten, doch Milliarden andere übersahen.[197] Das Finanzfiasko in Asien klang schließlich wieder ab, doch der Aufschwung sollte nicht lange währen. Schon bald erschütterte die Tragödie des 11. September die Weltwirtschaft und entblößte die Verwundbarkeit der weltumspannenden Geld- und Warenströme.

Markt oder Staat? Der von Osama bin Laden organisierte Terroranschlag zeigte Gefahren und Tücken der Marktdoktrin: Zweifellos verwirklichte die Globalisierung die lange gehegte Hoffnung der Nachkriegszeit und öffnete die Türen, doch gleichzeitig erleichterte sie dadurch, tragischerweise, genau solche Taten. Offene Grenzen gewährten Unternehmen weltweit Marktzugang und förderten so Wachstum und Entwicklung, doch nutzten die Bewegungsfreiheit auch Kriminelle und Terroristen. Mit Drogenkartellen und transnationaler Banden- und Gewaltkriminalität hatten Staaten schon jahrzehntelang zu kämpfen. Der Drogenhandel erreichte zur Jahrtausendwende ein geschätztes Volumen von 500 Milliarden US-Dollar jährlich; Schleuser verdienten am illegalen Grenzübertritt von jährlich vier bis fünf Millionen Menschen rund sieben Milliarden US-Dollar. Die organisierte Kriminalität bildete Unternehmensstrukturen nach und schmiedete beispielsweise Bündnisse, um ihre Effizienz zu steigern, setzte auf Kooperation, um Chancen und Gewinn zu optimieren, und achtete darauf, dass die Beteiligten den richtigen kulturellen Hintergrund für ihre Aufgaben besaßen. Bin Laden machte sich die problemlose Verfügbarkeit technologischen Know-hows im Informationszeitalter zunutze, Anleitungen zur Herstellung von Sprengkörpern etwa fanden sich im Internet. Unter den vielen Millionen Menschen, die als Migranten weltweit nationale Grenzen überquerten, war es für die Selbstmordattentäter ein Leichtes, sich als Studenten oder Touristen zu tarnen, zumal die Zahl der Reisenden ständig zunahm. Auch der Boom des Frachtverkehrs und integrierter Transportsysteme, wie der Welthandel sie hervorbrachte, zusammen mit eher laschen Sicherheitsroutinen durch überforderte amerikanische Zollbeamte, ließ tagtäglich Zehntausende Container ohne größere Kontrollen in Häfen ankommen oder sie verlassen. Auf dem leicht zugänglichen, durchlässigen und offenen Markt fanden Terrornetzwerke, Drogendealer oder Gangs ideale Bedingungen vor, denn die schiere Größe und das enorme Handelsvolumen machten die Überwachung schwierig.[198]

Erste Anzeichen einer wirtschaftlichen Erholung nach den Anschlägen vom 11. September wurden bereits 2002 sichtbar. Der internationale Handel und die Investitionstätigkeit nahmen an Fahrt auf; bei aller Tragik war nüchtern festzustellen, dass die Globalisierung weitergehen würde. Trotz der Bedeutung, die dem Staat, nationalen Sicherheitsbedenken und einer Logik des Krieges neuerlich zukam, war klar, dass die Welt nicht zu den Strukturen einer ein halbes Jahrhundert alten Sicherheitsarchitektur unter der Führung Washingtons zurückkehren würde; umgekehrt war ebenso offenkundig, dass der Markt zu keinem Zeitpunkt staatliches Handeln ersetzt und die Bühne der Weltwirtschaft alleine bespielt hatte. Aber schließlich sollte sich Geschichte, auf nochmals andere Weise, scheinbar doch wiederholen, als eine weltweite Rezession nicht mehr länger ein Phänomen einer verstaubten und lange zurückliegenden Vergangenheit blieb. Ende 2006 bewegte sich die Welt auf einen Zusammenbruch zu; die Depression würde, wie bereits siebzig Jahre zuvor, Vermögen, Banken und andere Branchen verheeren. Und einmal mehr standen die Vereinigten Staaten – als Weltmarktführer – bei den Problemen in vorderster Reihe.

Als in den USA die Immobilienpreise zu fallen begannen (und gleichzeitig die Darlehenszinsen stiegen), führte das zu einer großen Zahl von Zahlungsausfällen bei so genannten Subprime-Hypothekendarlehen, bei denen die Darlehensnehmer Eigenheimkäufer mit geringem Einkommen und häufig ebenso geringer Bonität waren, und in der Folge kam es zu zahlreichen Zwangsvollstreckungen. Hypothekenbesicherte Darlehen und Wertpapiere verloren dramatisch an Wert und belasteten die gesamte Banken- und Versicherungsbranche, zuerst in den USA und dann weltweit. Eine globale Kreditklemme folgte. Mitte 2008 kam der nächste Schock: Die Benzinpreise kletterten auf ein Niveau, das an die Ölkrisen drei Jahrzehnte zuvor erinnerte. In einem düsteren Lagebericht beschrieb der Internationale Währungsfonds die Situation und die Aussichten der Weltwirtschaft im Oktober 2008: Demnach stand den Industrieländern eine schwere Rezession bevor (soweit sie sich nicht bereits darin befanden), für das darauffolgende Jahr sei, so die Prognose, mit der niedrigsten Wachstumsrate seit der Tragödie des 11. September zu rechnen. Wichtigen Akteuren der Investmentbranche – namentlich Bear Stearns, American International Group, Lehman Brothers, Merrill Lynch und Citigroup – wurde ihre Risikobereitschaft zum Verhängnis: Sie erlitten riesige Verluste, mussten Insolvenz anmelden oder wurden von Wettbewerbern zu einem Bruchteil ihres vorherigen Wertes übernommen. Die beiden großen Hypothekenbanken der USA, Freddie Mac und Fannie Mae, wurden samt hypothekenbesicherten Wertpapieren im Wert von fünf Billionen US-Dollar bundesbehördlicher Aufsicht unterstellt.[199] In allen Industrieländern waren die Zentralbanken bemüht, durch niedrige Zinsen Liquidität in die Finanzmärkte zu pumpen, die allerdings in Schockstarre verharrten; der IWF warnte indessen, die von der Hypothekenkrise in Amerika, Spanien und anderen Ländern ausgehenden Erschütterungen werde nicht nur der Norden zu spüren bekommen; steigende Lebensmittel- und Energiepreise sowie ausbleibende Weltmarktnachfrage träfen in besonderem Maß die Entwicklungs- und Schwellenländer. «Die Weltwirtschaft steht angesichts der gefährlichsten Erschütterung entwickelter Finanzmärkte seit den 1930er Jahren an der Schwelle einer großen Rezession», warnte der Bericht des IWF vom Oktober 2008.[200]

Der Internationale Währungsfonds sollte recht behalten: Im März 2009 war die Lage weltweit trostlos. Allein im letzten Quartal 2008 war das Bruttoinlandsprodukt in Taiwan um mehr als acht Prozent geschrumpft, die Arbeitslosenzahlen in den USA wie auch in Russland stiegen um jeweils ebenfalls acht Prozent, die osteuropäischen Währungen verloren gegenüber Euro oder Dollar kontinuierlich an Wert, Japan befand sich in der schlimmsten Rezession seit Jahrzehnten (schlimmer sogar als die Rezession der 1990er Jahre, die «verlorene Dekade»), und weltweit standen Automobilhersteller kurz vor dem Aus. Nach Ansicht verschiedener Beobachter war der Kapitalismus vollkommen gescheitert; Amerika und die Welt verfielen in anhaltende Depression.[201]

Die Erfahrung Islands mit privatisierten Banken im Spekulationsrausch bot geradezu ein Paradebeispiel für eine gefährliche Mischung aus Gier und riskanten Finanzprodukten in einem wackligen globalen Kreditsystem, das durch die Globalisierung in solch hohem Maß integriert war, dass ein Zittern in einer Ecke weltweite Beben auslöste. Das isländische Finanzsystem brach wortwörtlich zusammen, doch in diesem Fall war der Grund nicht in erster Linie die Belastung durch die amerikanische Hypothekenkrise. Zum Kollaps führten vielmehr exzessive hochriskante Leverage-Geschäfte, die darauf vertrauten, durch Kredite und Fremdkapitalaufnahme die Anlagerenditen grenzenlos steigern zu können. Die isländischen Banken hatten zunächst durch Einlagen von Auslandskunden und eine massive Kreditaufnahme am Interbankenmarkt ihre Liquidität erhöht, um sodann großzügig in Investmentgeschäfte einzusteigen, und zwar in der Hauptsache quer durch Europa in fremdkapitalfinanzierte Übernahmen (so genannte *leveraged buyouts* oder LBOs), die darauf bauten, der Aktienmarkt werde auf ewig expandieren; eine solche Strategie verzichtete selbstredend darauf, bei derlei riskanten Geschäften auf angemessene Reserven zu achten. Der isländische Wohlstand beruhte auf einem gewaltigen Schuldenberg, auf Krediten bei ausländischen Banken zu niedrigen Zinssätzen – jedenfalls im Vergleich zu den hohen isländischen Zinsen. Solange der Wechselkurs der isländischen Krone hoch blieb, war die Rückzahlung von Darlehen kein Problem. Doch als die globalen Finanzmärkte 2008 durch eine große Zahl von Insolvenzen erschüttert wurden, gelang es den isländischen Banken nicht mehr, ihre Kredite zu verlängern; die Krone verlor in kürzester Zeit 43 Prozent ihres Werts gegenüber dem Dollar und damit praktisch ihre internationale Konvertibilität. Die Gläubiger beharrten auf Rückzahlung; auf dem Interbankenmarkt gab es keine Kredite. Die weltweite Konkurswelle erreichte die Insel. Der Börsenhandel wurde vorübergehend ausgesetzt. Die Regierung verstaatlichte das Bankensystem. Allerdings hatten Tausende Anleger aus Großbritannien, Dänemark, Deutschland, den Niederlanden, Österreich und Norwegen Konten beziehungsweise Einlagen bei isländischen Banken – allein das Einlagevolumen britischer Kommunen belief sich auf umgerechnet rund 1,3 Milliarden US-Dollar – und verlangten in dieser Situation die Auszahlung ihrer Guthaben. Doch es gab zunächst keine Lösung. Mit einigen Ländern handelte Island wechselseitige Währungsabkommen aus; die Niederlande und England setzten auf Konfrontation, froren isländische Vermögenswerte in ihren Ländern ein und verklagten den isländischen Staat. Die globale Finanzkrise der Jahre 2008 und 2009 beruhte, genau genommen, auf überproportional hohen Schulden, die weltweit die Kreditmärkte überforderten.[202]

Die Aktienkurse fuhren Achterbahn, fielen an einem Tag um Hunderte von Punkten, um dann am nächsten beinahe genau so steil wieder zu steigen; Regierungen, Finanzexperten und Investoren steckten weltweit die Köpfe zusammen und suchten nach Lösungsstrategien. Die Zentralbanken senkten koordiniert die

Die Große Rezession beginnt, 15. November 2008. In Reykjavik versammeln sich Demonstranten zu Protesten gegen die untaugliche und nachlässige Politik der isländischen Regierung gegenüber dem Bankensektor. Als mit den weltweiten Zusammenbruch des Finanzsystems die Insolvenzen zunahmen und die isländische Krone an Wert verlor, verstaatlichte
die Regierung das Bankensystem.

Zinsen, doch die Turbulenzen in der Wirtschaft hielten an. In Asien, wo die Erinnerung an die Erschütterungen der letzten Krise noch relativ frisch war, stieg die
Sorge, weil der Dollar sich praktisch im freien Fall befand. Die für die meisten
Ökonomien so lebenswichtige Exportnachfrage wurde schwächer. Japanische
Autobauer trafen die Auftragseinbußen aus den USA und weltweit besonders
hart; es war die schlimmste Rezession in der japanischen Automobilbranche seit
mindestens einem Vierteljahrhundert. Toyota musste sogar die ersten Verluste
hinnehmen, seit das Unternehmen 1937 gegründet worden war. Der Konzern
reagierte, wie andere in der Branche auch, indem er den Gürtel enger schnallte,
Zulagen der Beschäftigten kürzte und sogar erwog, Teile der Belegschaft zu entlassen. Immer wieder musste der Börsenhandel in jener Zeit ausgesetzt werden,
beispielsweise auch in Indonesien. Investoren suchten nach sicheren Häfen, doch
im Bankensystem gab es bestenfalls prekäre Anlagen; sichere Orte waren rar.
Analysten stimmten darin überein, dass Zinssenkungen nicht ausreichen würden;
konventionelle makroökonomische Instrumente könnten weiter auftretende,
heftige Marktkontraktionen nicht verhindern, es drohe die schlimmste Rezession
seit der Weltwirtschaftskrise von 1929.[203]

Schon bald wurden in den meisten Ländern riesige Finanzhilfepakete geschnürt, um in Schieflage geratene Banken zu retten – Maßnahmen, die in ihrer Summe einer Nationalisierung der internationalen Finanzwelt gleichkamen. Die US-Regierung unter George W. Bush griff zunächst mit Steuererleichterungen ein und brachte dann ein gewaltiges Bankenrettungspaket mit einem Volumen von 700 Milliarden US-Dollar auf den Weg; Präsident Barack Obama legte 2009 in einem Konjunkturprogramm, das vor allem Investitionen in Infrastruktur und Bildung vorsah, noch einmal Milliarden nach. Auch die *Big Three* der amerikanischen Automobilindustrie zog es nach Washington, denn die angeschlagene Autobranche brauchte dringend Unterstützung. Bush konnte nur in geringem Umfang einspringen, denn der Kongress verweigerte zunächst die Hilfe. Der Obama-Administration gelang es dann, Mittel für Detroit aufzutreiben; in einem beschleunigten Konkursverfahren unter staatlicher Aufsicht wurden General Motors und Chrysler zu Restrukturierungen verpflichtet, die möglicherweise Millionen Arbeitsplätze retteten. Ob derartige Rettungsmaßnahmen Bestand haben würden, blieb die Frage – die Globalisierung forderte ihre Opfer.

Obgleich mit der Zeit und in manchen Bereichen die Aussichten allmählich besser wurden, war klar, dass die Weltwirtschaft schweren Schaden genommen hatte. Bis zum Frühjahr 2010 hatten Banken in den Vereinigten Staaten 885 Milliarden US-Dollar verloren, bei britischen Finanzhäusern belief sich die Summe auf 445 Milliarden, Banken in der Eurozone mussten 665 Milliarden US-Dollar Verlust verbuchen und Geldinstitute in Asien 2,3 Milliarden. Spanien, Ungarn und Griechenland drohte aufgrund der hohen Staatsverschuldung die Zahlungsunfähigkeit, während durch hohe Kreditausfälle überschuldete Banken in Frankreich, Deutschland und Österreich die Gefahr neuerlicher Turbulenzen und Unsicherheiten heraufbeschworen – bis hin zur Destabilisierung des Euro. Beim Gipfel der wichtigsten Industrie- und Schwellenländer, der so genannten Gruppe der 20 (G20), bekannten sich die versammelten Staats- und Regierungschefs ausnahmslos zu Reformen des Finanzsystems und des Welthandels sowie zu dem Ziel, mehr Arbeitsplätze zu schaffen, doch konkrete Maßnahmen gegen die wachsende Staatsverschuldung und gegen die Zahlungsbilanzschieflagen waren nur sehr wenige zu erkennen. Ende 2010 mehrten sich schließlich erste Anzeichen eines einsetzenden globalen Aufschwungs; Anfang 2012 zeigte sich eine leichte Entspannung am US-Arbeitsmarkt, allerdings blieb in Europa die Beschäftigungssituation weiterhin schlecht.

Ungeachtet freundlicher Prognosen, die eine globale wirtschaftliche Erholung erwarten ließen, befürchteten Beobachter, weltweit stehe vielen Ländern und Unternehmen eine «verlorene Dekade» bevor. Island war ein Beispiel. Ein anderes war Japan, wo die Abwahl der lange Jahre die Politik des Landes bestimmenden Partei vor allem auf die Enttäuschung der Japaner angesichts einer anderthalb Jahrzehnte anhaltenden Rezession zurückging. Die Liste «gescheiterter Staaten» in der Dritten Welt wurde länger: In Somalia kamen Agrarexporte so wenigen Menschen zugute, dass die Piraterie weiterhin florierte. Die korrupte Regierung Simbabwes hatte die Gewalt im Land geschürt und die Grundlagen der Wirtschaft zerstört; das Bruttoinlandsprodukt pro Kopf lag mit 200 US-Dollar noch unter den kläglichen 600 US-Dollar in Somalia. (In den Vereinigten Staaten betrug 2009 das Bruttoinlandsprodukt pro Kopf 49 900 US-Dollar.) Beobachter gingen davon aus, dass vier von fünf Simbabwern in bitterer Armut lebten; derweil beschleunigte sich die Inflation, das Land taumelte am Abgrund. Konnten die Länder Afrikas sich schon bislang in der Globalisierung kaum behaupten, so beeinträchtigte die Krise von 2008/09 die Perspektiven des Kontinents noch weiter.[204]

Die Dimensionen der Konjunkturprogramme in Europa, Nordamerika und Asien zeigten, wie engmaschig die Verbindungen in der Weltwirtschaft geworden waren; es gab keine unabhängigen Strategien mehr, die Länder, Institutionen und Anleger hätten verfolgen können. Im ersten Jahrzehnt des 21. Jahrhunderts hatten Indien, Brasilien, Südafrika und vor allem China auf den globalen Aktien- und Wertpapiermärkten großangelegte Einkaufstouren unternommen; das Volumen des Wertpapierhandels in China belief sich 2007 auf 230 Prozent des Bruttoinlandsprodukts (und hatte sich somit in sieben Jahren vervierfacht). Im gleichen Zeitraum verzeichnete auch der chinesische internationale Warenhandel sprunghafte Zuwächse. Zudem hatte China im großen Stil in US-Staatsanleihen investiert und war zu einem der wichtigsten Gläubiger der Vereinigten Staaten avanciert. Die wachsende chinesische Präsenz in der US-Wirtschaft betrachteten die Amerikaner ihrerseits mit einer gewissen Sorge. Sie waren noch nicht so ganz bereit zu akzeptieren, dass mit der Globalisierung der Finanzmärkte auch der Einfluss anderer Wirtschaftsmächte unausweichlich zunahm.[205] Doch zur internationalen Zusammenarbeit bestand keine Alternative, wie der Wirtschaftswissenschaftler und Nobelpreisträger Paul Krugman feststellte, «denn wir haben ein globalisiertes Finanzsystem, in dem eine Krise, die mit Apartments in Florida und Vorstadtvillen in Kalifornien begann, zum Zusammenbruch der Währung in Island führte. Wir stecken hier alle mit drin und brauchen eine gemeinsame Lösung.»[206] Mit der Zeit sollte sich eine solche Haltung durchsetzen und beherzigt werden.

Im September 2009 kamen die Regierungschefs der wichtigsten Industrie- und Schwellenländer zum G20-Gipfel in Pittsburgh, Pennsylvania, zusammen, wo sie angesichts der Wirtschaftskrise über gemeinsame politische Strategien diskutierten, wie der Weltmarkt künftig besser zu schützen sei. Die Tagesordnung umfasste eine lange Liste transnationaler Probleme, neben wirtschaftlichen Fragen debattierte der Gipfel auch Sicherheits- und Umweltthemen. Auch wenn die Wiederbelebung der Konjunktur in der aktuellen Situation im Mittelpunkt der

Beratungen stand, war man sich einig darüber, dass es für die Zukunft einiger deutlicher Veränderungen bedurfte. Ein erster richtungsweisender Schritt war es, an die Stelle des exklusiven G8-Kreises künftig die Gruppe der G20 treten zu lassen, der auch aufstrebende Wirtschaftsmächte wie China, Brasilien und Indien angehörten. Verschiedene Beobachter betrachteten diese Entwicklung als einen historischen Wendepunkt, da von nun an die Rolle von Vermittlern auf dem Weltmarkt nicht mehr nur allein den Vereinigten Staaten und Europa zufiel.[207]

Schon bald sahen die Prognosen für die Weltwirtschaft wieder positiver aus, wenn auch nicht gerade enthusiastisch. In den reicheren Ländern lagen die Wachstumserwartungen für die Jahre 2010 bis 2012 bei rund 2,7 Prozent, während sich den ärmeren Ländern, deren Volkswirtschaften nicht in gleichem Maße durch die Talfahrt an den internationalen Börsen und Kreditausfälle belastet waren, einigermaßen stabile Aussichten boten. Außerhalb der Eurozone standen die Chancen für Konjunkturbelebung und Wachstum am besten: In China, Russland, Brasilien, Mexiko und Indien war mit einem robusten Aufschwung zu rechnen (wenn auch im Falle Chinas nicht mehr in Dimensionen wie vor der Krise), und selbst für die Vereinigten Staaten zeichnete sich eine gewisse neue Wirtschaftsdynamik ab, nachdem die Bankenverluste hinter den Befürchtungen zurückblieben. Großbritannien litt unter dem extremen Sparkurs, den die Regierung dem Land verordnet hatte, um es für die Zukunft zu rüsten. Doch insbesondere die Unwägbarkeiten der anhaltenden Staatsschuldenkrise in Europa, die mittlerweile Spanien und Irland erreicht hatte, bereiteten Ökonomen Sorge. Selbst die stärkste europäische Volkswirtschaft, Deutschland, wuchs 2010 mit zögerlichen 1,2 Prozent und konnte im darauffolgenden Jahr nur geringfügig zulegen, auf 1,7 Prozent Wachstum. Insgesamt betrachtet kam die Eurozone 2010 nicht über eine schwache Wachstumsrate von einem Prozent hinaus. Für die Dritte Welt sah die Situation indessen düster aus. Obwohl Investitionen flossen, würden den Entwicklungsländern aufgrund der anhaltenden haushaltspolitischen Zwänge und der daraus resultierenden Sparmaßnahmen in den Ländern des Nordens insgesamt weniger Mittel zur Verfügung stehen. Daraus ergaben sich gravierende Folgen für die wirtschaftliche Entwicklung und Modernisierung. Abgesehen von Ländern wie China oder Indien, die ein solides Wachstum aufwiesen, gab es für die Dritte Welt wenig Grund zur Hoffnung.

Kurz, die verfügbaren Daten der Weltwirtschaft verwiesen auf einen allmählichen, gleichwohl anhaltenden Aufwärtstrend der Konjunktur, doch zugleich mittelfristig auf eine eher stockende Entwicklung – und nicht zuletzt auf Probleme, das Wachstum in eine anhaltende Belebung des Arbeitsmarkts und in Beschäftigung zu übersetzen.[208] Angesichts der Prognosen schienen insbesondere Banken und Börsen aufatmen zu können, doch erfuhr der Optimismus schon bald einen Dämpfer: Proteste, die von Spanien ihren Ausgang nahmen, breiteten sich im Oktober 2011 weltweit aus. Die Demonstrierenden – unter anderem an der Wall Street, dem *ground zero* des kapitalistischen Weltsystems – verlangten, das vermeintlich reichste «eine Prozent» der Bevölkerung zur Verantwortung zu ziehen, das seinen Wohlstand auf Kosten der «99 Prozent» aus mittleren und unteren Schichten mehre. Dass die Mächtigen, unterstützt durch Regierungen, wirtschaftlich wieder auf die Beine kamen, während die große Mehrheit der Bevölkerung weiterhin im Sumpf der Rezession steckte, war offenkundig nicht allzu schwierig zu begreifen; bereits die Protestbewegungen des so genannten Arabischen Frühlings des Jahres 2011 hatten hervorgehoben, ein großer Teil der, sagen wir, Ägypter komme gerade so über die Runden, während es einer kleinen Oberschicht blendend ging. Jahrzehntelang, so waren die Protestierenden überzeugt, sei die Existenz der Arbeiter- und Mittelklassen von globalen politischen und ökonomischen Eliten aufs Spiel gesetzt worden, die weder demokratisch legitimiert noch zur Verantwortung zu ziehen waren, um nun von der großen Bewegung der Zeit zu profitieren – der Globalisierung der Märkte.[209] Wachstum und Entwicklung der Weltwirtschaft waren positiv, doch bedurfte es paradoxerweise der globalen Finanzkrise, um die Risiken und Chancen sichtbar zu machen. Amerikas Weg nach dem Zweiten Weltkrieg öffnete dem freien Wettbewerb und der Globalisierung die Türen, auf sie richten sich Hoffnungen und Proteste, Strategien und Perspektiven in vielen Ländern und Unternehmen.

Fazit

Die tiefe Rezession der Jahre 2008/09 warf Fragen darüber auf, wie die Deregulierung der Finanzmärkte und der Weltwirtschaft zu bewerten sei, doch gleichzeitig machte der Abschwung deutlich, in welch hohem Maß Aktienmärkte, Banken und Industrie weltweit integriert waren. Das Paradigma der offenen Türen stand unter Belastung, funktionierte aber weiter, teils wohl aus Gewohnheit, doch vor allem weil es Wachstum, Entwicklung und Gewinn versprach, so wie es das seit 1945 getan hatte. Die Vorherrschaft Amerikas war geschwächt, und neue aufstrebende Wirtschaftsmächte in Europa und Asien stellten die Hegemonie Washingtons in Frage. Der beispiellose Erfolg des amerikanischen Modells trug so ironischerweise dazu bei, Amerikas Stärke zu untergraben. Die Vereinigten Staaten förderten und machten den Weg frei für eine kapitalistische, am freien Wettbewerb ausgerichtete Weltwirtschaft, die durch ihre Offenheit die Demokratisierung im Handel und in der Finanzwelt vorantrieb. Pluralismus und Machtbeteiligung waren Prinzipien, die für wahre Globalisierung standen – das von den Vereinigten Staaten jahrzehntelang verfolgte Ziel. In der Weltwirtschaft war kein Platz mehr für Unilateralismus, wie noch in der unmittelbaren Nachkriegszeit, oder für brachiale politische Manöver, wie etwa zur Zeit Richard Nixons. Die Globalisierung erforderte weltweite Zusammenarbeit; niemand, kein Land und kein Konzern war eine Insel.

Die Globalisierung blieb *work in progress* – schließlich ist sie ein Prozess und nicht das Endresultat, zu dem die kapitalistische Weltwirtschaft irgendwann geführt hatte. Und es gab in jenen Jahren seit 1945, in denen die Vereinigten Staaten der Globalisierung und dem Multilateralismus die Türen öffneten, immer wieder Gewinner und Verlierer. Händler und Investoren erlebten Auf- und Abschwünge während dieser langen Zeit. Und ebenso Länder: Der unerhörte Höhenflug Japans und schließlich die Turbulenzen, die das Land in den 1990er Jahren erlebte, sind in dieser Hinsicht ein einschlägiger Fall; ein anderer ist Deutschlands Aufstieg aus der Barbarei und der völligen Zerstörung im Zweiten Weltkrieg in die Spitzengruppe der europäischen Marktwirtschaften, getrübt in jüngerer Zeit durch das Ringen mit hoher Arbeitslosigkeit. Eine uneingeschränkte Dominanz der Vereinigten Staaten erlebte die Weltwirtschaft in der unmittelbaren Nachkriegszeit, in den 1970er Jahren dann geriet Amerika in Turbulenzen, und in den 1990er Jahren entwickelte es sich zum Vorreiter der Globalisierung. Thailand war ein im Vergleich zu vielen anderen Entwicklungsländern reiches Land, doch die Lebensqualität war niedriger als anderswo: Viele Menschen verfügten über relativ gute Einkommen, doch gab es häufig keine Kanalisation, und immer wieder kam es zu Überflutungen; dem Informationszeitalter lief das Land ständig hinterher, weil es an Hightech-Expertise mangelte. Manche Länder fanden nach dem Ende der Kolonialzeit nie wieder zu alter wirtschaftlicher Größe zurück, doch die ehemaligen Kolonialmächte Großbritannien, Frankreich und Holland integrierten sich erfolgreich in die Europäische Union. In Afrika, Lateinamerika und manchen Regionen des Nahen und Mittleren Ostens sowie in verschiedenen europäischen Ländern des ehemaligen Sowjetblocks führten mangelnde Selbstständigkeit und Misswirtschaft, Verschuldung und doktrinäre Marktpolitik, aber auch wiederkehrende Naturkatastrophen und Unsicherheiten, schließlich (seitens des Nordens und insbesondere der USA) übertriebene Freigebigkeit und Langmut gegenüber ungangbaren Entwicklungsmodellen dazu, dass hunderte Millionen Menschen weiterhin in Armut lebten. (Die Vereinten Nationen stellten fest, dass die Zahl der weltweit in extremer Armut lebenden Menschen von 1,8 Milliarden im Jahr 1990 auf 1,4 Milliarden im Jahr 2005 fiel – geschuldet war diese Entwicklung in erster Linie der Prosperität in China.)[210] Ein vergangenes goldenes Zeitalter der Globalisierung – das späte 19. und frühe 20. Jahrhundert, geprägt durch verbesserte Verbindungen, hohe Wachstumsraten, Währungsstabilität, solide Investitionen und wirtschaftliche Integration – endete, und das sollte nicht vergessen werden, plötzlich in der Katastrophe des Weltkriegs von 1914. Es bleibt nicht ausgeschlossen, dass Politik und Macht den Globalisierungsprozess durchkreuzen.

Die Weltwirtschaft machte manche zu Gewinnern, andere zu Verlierern; rund um die Welt gab es Hoffnung und Verzweiflung. Wissenschaftler rangen mit

Wirtschaftstheorien, Modellen und Zahlen. Wie schon gegen Ende des Zweiten Weltkriegs und in der Nachkriegszeit diskutierten Experten und Politiker fortgesetzt Fragen wirtschaftlicher Strukturen, Prozesse und Macht, aber auch der Moral in der Weltwirtschaft. Menschen, aber auch Unternehmen und andere transnationale Akteure trugen die Saat der Veränderung, des Protests und Wachstums mit sich, wenn sie nationale Grenzen überquerten. Länder schlossen Abkommen und Verträge und schufen die Rahmenbedingungen für ein ständiges Wachstum, um aufkommenden Wünschen und Bedürfnissen Rechnung zu tragen. Die Vereinigten Staaten zeigten derweil keine Neigung, sich mit der Rolle des abgehalfterten Zweiten zu begnügen; nach wie vor waren sie bemüht, ihr Gewicht in der Weltwirtschaft in die Waagschale zu werfen. Den Kern des amerikanischen Modells bildete die Macht des Marktes, und aufgrund ihrer ungeheuren Größe und wirtschaftlichen Macht gelang es den Vereinigten Staaten, ihm Geltung zu verschaffen. Die amerikanische Überzeugung von der Überlegenheit des freien Wettbewerbs sowie ihre Umsetzung in die Tat öffneten in der Nachkriegszeit die Türen zur Globalisierung, und rund um die Welt fand sie sich ebenso häufig bekämpft wie gefördert, in Frage gestellt wie begrüßt. Die Vereinigten Staaten entfesselten die Macht des freien Wettbewerbs, die Kräfte des Marktes brachten den Wandel und prägten, negativ wie positiv, das Leben von Milliarden Menschen.

Mensch und Umwelt im Zeitalter des Anthropozän

John R. McNeill und Peter Engelke

EINLEITUNG

Wer die Geschichte unserer Zeiten schreibt
und ihrer Wahrheit zu nah an den Fersen klebt,
dem schlägt sie wohl am Ende gar die Zähne aus.
Walter Raleigh, 1614

Seit dem 19. Jahrhundert haben die Geologie und andere Geowissenschaften sowie die Evolutionsbiologie und benachbarte Disziplinen die Erdgeschichte in eine
Folge von Ären, Perioden und Epochen unterteilt. Eine solche Gliederung stützt
sich im Großen und Ganzen auf die Umweltgeschichte unseres Planeten, insbesondere auf die Drehungen und Wendungen der Evolution des Lebens. Wir
befinden uns demnach – und das seit wirklich langer Zeit – im Känozoikum, und
darin in der Quartär genannten Periode. Unsere Epoche im Quartär heißt Holozän, ein Zeitabschnitt, der mehr oder minder die letzten 12 000 Jahre umfasst.
Definiert ist das Holozän vor allem klimatisch, als ein Interglazial, eine im Vergleich zur Epoche davor bislang ausgesprochen stabile Zwischeneiszeit. Was man
gewöhnlich als die Geschichte der Menschheit begreift, die gesamte Agrikultur-
und Zivilisationsgeschichte also, spielt sich innerhalb des Holozän ab. Oder vielleicht sollte man sagen: *spielte* sich innerhalb des Holozän ab.

Dieses Kapitel geht davon aus, dass für die Erdgeschichte ein neues Zeitalter
begonnen hat, das Holozän also vorüber ist und etwas Neues anbrach: das
Anthropozän. Popularisiert wurde die Vorstellung vom Anthropozän durch den
niederländischen Atmosphärenchemiker Paul Crutzen, der 1995 für seine Arbeiten über die Schädigung der stratosphärischen Ozonschicht mit dem Nobelpreis
für Chemie ausgezeichnet wurde. Die Veränderungen in der Zusammensetzung
der Atmosphäre, insbesondere der sehr deutlich belegte Anstieg der Konzentration von Kohlendioxid, schienen Crutzen so dramatisch und möglicherweise folgenreich für das Leben auf unserem Planeten, dass er zu dem Schluss kam, ein
neues Stadium der Erdgeschichte habe angefangen, eines, in dem die Menschheit
für die globale Ökologie zum maßgeblichen Faktor wurde. Genau das ist der
springende Punkt: Es ist menschliches Handeln, das in diesem neuen Stadium das
lautlose, unerschütterliche Wirken von Mikroorganismen ebenso überlagert wie
die Folgen der endlosen Kreiselbewegung der Erdachse oder der Exzentrizitäten
in der Erdbahn – es ist menschliches Handeln, das die neue Epoche definiert.[1]

Crutzen und seinen Kollegen zufolge begann das Anthropozän im 18. Jahrhundert, als fossile Brennstoffe zur wichtigsten Energiequelle aufstiegen und gleichzeitig ein weltweites Bevölkerungswachstum einsetzte.[2] In den 1780er Jahren wurde die energetische Nutzung von Kohle zu einem integralen Bestandteil des Wirtschaftslebens; von da an sollte Kohle als Energieträger global eine immer bedeutendere Rolle spielen. Neuere technologische Entwicklungen und neue Ansprüche führten dazu, dass schließlich vor allem im 20. Jahrhundert mit Erdöl und Erdgas weitere fossile Brennstoffe unverzichtbar wurden. Im letzten Jahrzehnt des 19. Jahrhunderts wurde die Hälfte der weltweit verbrauchten Energie aus fossilen Brennstoffen gewonnen, und bis zum Jahr 2010 stieg dieser Anteil auf beinahe achtzig Prozent. Die Geschichte der Neuzeit ist eingelassen in ein Energieregime, das auf fossilen Brennstoffen beruht; der Energieverbrauch wuchs dabei ständig und exponentiell.

Zur Geschichte der Neuzeit gehört zugleich ein rasantes Bevölkerungswachstum. 1780 lebten auf der Erde etwa 800 bis 900 Millionen Menschen; 1930 waren es rund zwei Milliarden, und 2011 wurde die 7-Milliarden-Grenze überschritten. In der gesamten Geschichte des Lebens auf unserem Planeten hat kein Primat und möglicherweise überhaupt kein anderes Säugetier sich derart frenetisch fortgepflanzt und sein Überleben gesichert. Und in der Geschichte unserer Spezies gibt es keine dem Bevölkerungswachstum in moderner Zeit vergleichbare demographische Entwicklung, und noch einmal wird es sie wohl auch nicht geben.

Wie der gewaltige Energieverbrauch und das Bevölkerungswachstum sich in Zukunft entwickeln werden, steht in den Sternen. Seit dem 18. Jahrhundert jedenfalls hat sich die Menschheit auf ein neues kühnes Abenteuer eingelassen, ohne Gegenstück in der bisherigen Geschichte oder Biologie. In dieser Zeit – im Anthropozän also – erlebten die Menschen gerade der letzten zwei bis drei Generationen im Bereich der meisten Entwicklungen, die das Zeitalter kennzeichnen, eine ungeheure Beschleunigung. Auf die Jahre 1945 bis 2010 gehen beispielsweise drei Viertel der anthropogenen Belastung der Atmosphäre mit Kohlendioxid zurück. Die Zahl motorisierter Fahrzeuge nahm im gleichen Zeitraum weltweit von 40 auf 800 Millionen zu. Die Erdbevölkerung verdreifachte sich beinahe, und die Zahl der in Städten lebenden Menschen stieg von rund 700 Millionen auf dreieinhalb Milliarden.

Die 65 Jahre von 1945 bis 2010 entsprechen heute ungefähr der durchschnittlichen Lebenserwartung eines Menschen. Nur einer von zehn derzeit Lebenden kann sich an irgendetwas vor 1945 erinnern. Der gesamte Erfahrungshorizont fast aller Zeitgenossen bezieht sich somit auf einen Moment, der den Zenit des Anthropozän markiert: zweifellos der ungewöhnlichste und keineswegs repräsentative Abschnitt in der 250 000 Jahre währenden Geschichte der Beziehungen unserer Gattung zur Biosphäre. Wir sollten daher ein wenig zurückhaltend sein und nicht erwarten, bestimmte, gegenwärtig zu beobachtende Tendenzen hielten noch lange an.[3]

Gleichwohl wird das Anthropozän weiterbestehen, solange es nicht zu einer Katastrophe kommt. Ihre Umwelt und die Ökologie des Planeten werden Menschen weiterhin in einem Maß beeinflussen, das zu ihrer Zahl in keinerlei Verhältnis steht und andere Gattungen und Arten kaum noch ins Gewicht fallen lässt. Doch ist ungewiss, auf welche Art und wie lange die Menschheit diese Rolle einnehmen wird. In ferner Zukunft einmal mag sich das Anthropozän womöglich als zu kurz erweisen, als dass man es tatsächlich als geologische Epoche ansehen könnte. Die Internationale Vereinigung für Geologische Wissenschaften (*International Union of Geological Sciences* – IUGS) ringt gegenwärtig mit der Frage, ob sie das Anthropozän formell in ihr erdgeschichtliches Schema aufnehmen soll. Die Zukunft wird es zeigen. Mit ein wenig Glück und Zurückhaltung unsererseits indes wird das Anthropozän möglicherweise ebenso lange währen wie andere, vorangegangene geologische Epochen.

Der Wechsel zu den fossilen Brennstoffen

Geschichtliche Entwicklungen haben immer vielgestaltige Wurzeln. Im Fall des Anthropozän liegen sie tief in der Vergangenheit – wie tief, ist allerdings unklar. In China und England nutzte man bereits im Mittelalter fossile Brennstoffe, doch noch bis 1750 deutete nichts darauf hin, dass sie innerhalb der nächsten 150 Jahre weltweit zur maßgeblichen Energiequelle werden würden. Eine – allerdings umstrittene – These besagt, menschliches Handeln, insbesondere die Rodung von Wäldern für die Landwirtschaft, habe seit 8000 Jahren das Klima beeinflusst und die Wiederkehr der Eiszeit verhindert. Wenn das zutrifft, wäre es sicherlich eine der starken Wurzeln des Anthropozän.[4]

Wir werden indes in diesem Abschnitt die am weitesten zurückreichenden (und zugleich zartesten) Anfänge des Anthropozän überspringen, also etwa die Nutzbarmachung des Feuers oder die Domestizierung von Pflanzen, und uns auf die Zeit zwischen 1700 und 1950 konzentrieren. In dieser Zeitspanne vollzog sich für die Menschheit der Übergang von einer organischen Wirtschaftsweise zu einer, für die fossile Brennstoffe unverzichtbar wurden, von einer langsamen und unregelmäßigen demographischen und ökonomischen Entwicklung zu einem schnellen und anhaltenden Wachstum, von geringen und lokal begrenzten Umweltfolgen zu schweren Auswirkungen, die sich überall bemerkbar machen.

Um 1700 lebten vielleicht 600 bis 700 Millionen Menschen auf der Erde, das entspricht heute in etwa der Hälfte der Bevölkerung Chinas oder dem Doppelten der Einwohnerzahl der USA. Fast achtzig Prozent dieser Menschen lebten auf dem eurasischen Kontinent. Nahezu alle waren nach heutigen Maßstäben bitter arm und eher der Gnade ihrer Umwelt ausgeliefert, als dass sie sie beherrschten. Ihr Leben prägte die Furcht vor schlechten Ernten und verheerenden Seuchen, Dinge, auf die sie so gut wie keinen Einfluss hatten und die sie für gewöhnlich als Zeichen göttlicher Vergeltung ansahen.

Sie waren nach Kräften bemüht, die Erde zu bearbeiten, um ihre Bedürfnisse zu befriedigen. Das einzige wirkungsvolle Mittel, das ihnen dabei zur Verfügung stand, war Feuer. Um Acker- oder Weideland zu schaffen, legten sie häufig Wald- oder Buschbrände, wie es ihre Vorfahren bereits lange vor ihnen getan hatten. Außer dem Feuer nutzten die Menschen vor allem ihre eigene Muskelkraft und diejenige domestizierter Tiere; so waren sie in der Lage, die Erde zu pflügen, Sumpfland trockenzulegen, Städte zu bauen und all die Dinge zu tun, durch die es ihnen damals möglich war, auf ihre Umwelt einzuwirken. Die direkten Folgen waren in den meisten Fällen nur geringfügig und sehr langfristig spürbar, meistens ging es darum, die Agrikultur auf Ländereien auszudehnen, die zuvor nicht bewirtschaftet worden waren oder brachlagen: Berghänge in Marokko wurden neu terrassiert, Moore in England drainiert, bengalischer Dschungel musste Ackerflächen weichen, in den Höhenzügen Südchinas entstanden Reisfelder, man rodete Land für Maniok in Angola und für Zuckerrohr in Jamaika.[5] Im lokalen Maßstab konnten sich derartige Eingriffe dramatisch auswirken. Global betrachtet blieben sie allerdings nahezu unbedeutend; viel schwerer wogen zuzeiten die Verheerungen ganzer Länder durch Kriege oder Epidemien. Auf dem amerikanischen Kontinent etwa führte die europäische Eroberung nach 1492 in eine demographische Katastrophe – die Bevölkerungszahl verringerte sich binnen eines Jahrhunderts um fünfzig bis neunzig Prozent –, wodurch sich auch viele zuvor landwirtschaftlich genutzte Gebiete bis 1700 in Wildnis verwandelten. Ökologische Sukzession ließ in diesen Landschaften Vegetation und Tierwelt neu entstehen. Ähnliches passierte, stärker lokal begrenzt, wo immer lange Kriege Bauern vom Land vertrieben, wie es etwa in vielen Gebieten Mitteleuropas während des Dreißigjährigen Krieges (1618–1648) der Fall war.

Ungeachtet der begrenzten technologischen Mittel zeitigten jene 600 Millionen Erdenmenschen massive, wenn auch mittelbare Umweltfolgen. Hauptgrund dafür war die Globalisierung der Frühen Neuzeit, die Überquerung der Weltmeere, die neue Verknüpfungen schuf. Die Seefahrt des 16. und 17. Jahrhunderts, die insbesondere den Atlantischen und den Indischen Ozean, in gewissem Maß aber auch schon den Pazifik erschloss, verband Gesellschaften und Ökosysteme, die zuvor grenzenlose blaue Wasser getrennt hatten.

Die dramatischste Folge der frühneuzeitlichen Globalisierung war die Übertragung von Infektionskrankheiten auf neue Länder und Bevölkerungen. Auf dem gesamten amerikanischen Kontinent, im südlichen Afrika, in Australien und Neuseeland kam es zu entsetzlichen Epidemien, die die Bevölkerungen gewaltig dezimierten. Allmählich führte die Verbreitung von Krankheiten allerdings dazu, dass Infektionen vorwiegend endemisch auftraten – oder zu so genannten Kinderkrankheiten wurden – und Epidemien insgesamt seltener ausbrachen. Die «mikrobielle Vereinheitlichung der Welt» führte zunächst zu einer höheren Säuglings- und Kindersterblichkeit, doch da viele Infektionskrankheiten für Erwachsene gefährlicher als für Kinder sind, ging die Krankheitsmortalität im Laufe der Zeit zurück. Darüber hinaus kam es womöglich zu einer Verbesserung der genetischen Resistenz gegen Infektionen, da Menschen, die Erkrankungen überstanden, sich häufiger fortpflanzten als ihre anfälligeren Zeitgenossen. Im Ergebnis kam es weltweit im 18. Jahrhundert zu einem langfristigen Aufwärtstrend beim Bevölkerungswachstum.[6] Zu jener Zeit sah die Entwicklung niemand, sie war weder intendiert, noch war es absehbar, dass die «mikrobielle Vereinheitlichung» zu einer Wegbereiterin des Anthropozän werden sollte.

Die Dynamik des Bevölkerungswachstums verdankte sich ferner der frühneuzeitlichen Globalisierung von Nahrungsmitteln. Während also einerseits die weltweite Ausbreitung von Infektionskrankheiten den Menschen des amerikanischen Doppelkontinents schwer zu schaffen machte, kam ihnen andererseits zugute, dass Weizen, Gerste, Bananen, Orangen, Äpfel und Dutzende anderer Getreide-, Obst- und Gemüsearten dort Einzug hielten. Verschiedene Agrarprodukte gediehen auch unter für einheimische Nutzpflanzen widrigen Bedingungen, bei anderen waren die Erträge sogar vergleichsweise hoch. Die verbesserte Nahrungsversorgung der Hemisphäre schuf eine der Voraussetzungen für ein schnelles Bevölkerungswachstum, wenn auch vor allem unter eingewanderten Westeuropäern sowie versklavten Westafrikanern und Angolanern.

Umgekehrt trugen Nahrungsmittel vom amerikanischen Kontinent dazu bei, die Lebensmittelversorgung in Europa, Asien und Afrika zu verbessern. Kartoffeln, Mais und Kassaven (auch als Maniok bekannt) gediehen unter klimatischen Bedingungen, die einheimischen Nahrungspflanzen in Eurasien oder Afrika Schwierigkeiten bereiteten. Kartoffeln förderten so das Bevölkerungswachstum in Nordeuropa, und der Anbau von Mais zeitigte ähnliche Folgen in bergigen Regionen Chinas. In Afrika wurden Mais und Maniok zu wichtigen Agrarprodukten. Allerdings lassen sich in diesem Fall die Auswirkungen auf das Bevölkerungswachstum nicht näher bestimmen, da es an Daten mangelt.

Im 19. Jahrhundert wurden auch Medizin und Wissenschaft zu Faktoren, die das Bevölkerungswachstum stark beeinflussten. Die früheren Verbesserungen im Bereich der Nahrungsversorgung verdankten den Naturwissenschaften nur sehr wenig. Nunmehr jedoch führten ein genaueres Wissen darum, wie Krankheiten übertragen wurden, sowie Fortschritte auf dem Gebiet der Boden- und Pflanzenchemie zu einer Reihe von Entwicklungen, die sich auf das Bevölkerungswachstum positiv auswirkten. Ein beachtlicher Stellenwert kam der Hygiene und der Kontrolle der Wasserqualität zu, um durch Wasser übertragbare Krankheiten wie

Ein indischer Kumpel mit einem Korb voll Kohle, ca. 1950. Kohle und andere fossile Brennstoffe wie Öl und Erdgas befeuerten die Weltwirtschaft nach 1945, hatten jedoch durch Förderung und Verbrauch negative Folgen für die Gesundheit der Menschen und die Umwelt.

Typhus, Cholera und Ruhr zu bekämpfen. Auch Verbesserungen des Transportwesens spielten eine Rolle, insofern Eisenbahnen und Dampfschiffe erlaubten, Getreide aus den entferntesten Gebieten Amerikas oder Australiens in Länder zu verschiffen, in denen die Möglichkeiten, vor Ort ausreichend Lebensmittel für eine wachsende Bevölkerung zu produzieren, an ihre Grenzen stießen. Wie wir weiter unten detailliert zeigen werden, wuchs die Bevölkerung im 19. und zu Beginn des 20. Jahrhunderts unaufhörlich; selbst die Opferzahlen der Weltkriege verlangsamten diesen Trend nur unmerklich.

Ebenso wie das Bevölkerungswachstum trug die wirtschaftliche Entwicklung dazu bei, uns ins Anthropozän zu befördern. Vor 1700 wuchs die Weltwirtschaft nur zaghaft; damals betrug ihr Gesamtvolumen nur ungefähr die Hälfte des heutigen Bruttoinlandsprodukts von Mexiko.[7] Im dritten Abschnitt werden wir darlegen, wie die Ökonomie in den folgenden Jahrhunderten florierte, teilweise infolge des Bevölkerungswachstums, teilweise aufgrund des technologischen Fortschritts und teilweise auch dank des Zusammenwirkens immer weiterer Spezialisierungs- und Austauschprozesse im Weltmaßstab – Ökonomen sprechen in diesem Zusammenhang häufig von einem Smith'schen Wachstum. Bis 1950 expandierte die Weltwirtschaft gegenüber dem Stand von 1700 um das

Vierzehnfache, ungeachtet der durch die Weltkriege und die Weltwirtschaftskrise der 1930er Jahre bedingten Rückschläge.

Ein Wirtschaftswachstum dieser Größenordnung bedeutete zugleich erhebliche
Eingriffe in die Umwelt. Wälder wurden gerodet, um Holz für Bauvorhaben aller
Art zur Verfügung zu haben. Man verwandelte Land in Baumwollplantagen, auf
denen Landarbeiter und Sklaven schufteten, damit der Nachschub für die Textilfabriken nicht abriss. Bergleute schürften und förderten aus dem Erdinneren Zinn,
Kupfer, Eisen und andere Erze für die Verhüttung. Ingenieure begradigten Flüsse
und leiteten sie in einem zuvor nicht gekannten Ausmaß um. Und nicht zuletzt
pflügten Bauern weltweit mehr Land denn je, um sich und die immer größere Zahl
ihrer nahen und fernen Nachbarn zu ernähren. Ihr Wirtschaften hatte die Menschheit zwangsläufig zu einer geologischen Kraft werden lassen, die das Antlitz der
Erde prägen sollte.

Ein großer Teil dieses Wirtschaftens setzte fossile Brennstoffe voraus – eine wesentliche Entwicklung auf dem Weg ins Anthropozän. Im Jahr 1700 nutzten die
Menschen praktisch keine fossilen Brennstoffe. Das sollte sich schon bald ändern
(wie der folgende Abschnitt zeigen wird). Kohle wurde, obschon sie nur in einigen
Teilen der Erde Verwendung fand, im Jahrhundert zwischen 1790 und 1890 allmählich zur insgesamt wichtigsten Energiequelle. Bis 1910 komplettierte Erdöl das
Bild. Kohle und Öl zusammen deckten schon bald drei Viertel des weltweiten Energiebedarfs und ermöglichten die Ausdehnung der Wirtschaftstätigkeit, wachsenden Reichtum, steigenden Konsum und größere Bequemlichkeit – und ebenso eine
Beeinträchtigung der Biosphäre – in zuvor nie gekanntem Ausmaß. 1945 befand
sich die Welt definitiv im Zeitalter fossiler Brennstoffe, auch wenn Hunderte Millionen Menschen noch nie einen Brocken Kohle oder einen Tropfen Öl gesehen hatten. Die Hinwendung zu fossilen Energieträgern markierte mehr als jede andere
einzelne Veränderung den Anbruch des Anthropozän. Den ungeheuren Ausmaßen
der Energienutzung nach 1945 wollen wir uns im folgenden Abschnitt zuwenden.

1. ENERGIEVERBRAUCH UND BEVÖLKERUNGSENTWICKLUNG

Energie ist ein irritierendes begriffliches Konzept. Der Ausdruck selbst geht wohl auf Aristoteles zurück, der damit Bewegung und Arbeit fasste. Physiker der Neuzeit kamen nur ein kleines Stück weiter als der ehrwürdige Grieche. Gemeinsam ist ihnen die Überzeugung, wonach im Universum eine endliche Menge Energie in mehreren, sich unterscheidenden Formen existiert. Energie kann demnach weder geschaffen noch zerstört werden, doch lässt sie sich von einer Form in eine andere umwandeln. Wenn man also beispielsweise einen Apfel isst, setzt man chemische Energie (im Apfel gespeichert) um: in Körperwärme, Muskelbewegung und andere Formen chemischer Energie (die wiederum in den Knochen und im Gewebe des Körpers gespeichert wird).[8]

Die Erde ist voller Energie, die praktisch vollständig von der Sonne stammt. Für den Menschen bedeutsam ist sie vor allem als Wärme-, Licht-, kinetische und chemische Energie. Von der Sonne kommend, erreicht Energie die Erde im Wesentlichen als Wärme und Licht. Ein Drittel davon wird sofort ins Weltall reflektiert, doch der größere Teil bleibt und wärmt Land, Wasser und Luft. Einen Teil des Lichts absorbieren Pflanzen und wandeln es mittels Photosynthese in chemische Energie um.

Bei jeder Energieumwandlung findet nicht die gesamte zur Verfügung stehende Energie Verwendung. Pflanzen beispielsweise nutzen weniger als ein Prozent der von der Sonne gelieferten Energie, der Rest wird abgeführt, vor allem als Wärme. Doch die von Pflanzen absorbierte Energie reicht dennoch aus, jedes Jahr rund 110 Milliarden Tonnen Biomasse im Meer und weitere rund 120 Milliarden Tonnen an Land wachsen zu lassen. Ein kleiner Teil dieser pflanzlichen Biomasse dient Tieren als Nahrung, die die darin gespeicherte Energie in Körperwärme, Bewegung und neues Zellgewebe umwandeln. Wiederum ein kleiner Teil des tierischen Gewebes wird zur Nahrung von Karnivoren. Auf jedem einzelnen Trophie-Niveau werden nur deutlich unter zehn Prozent der verfügbaren Energie erfolgreich umgewandelt. Der größte Teil des ankommenden Lichts bleibt somit auf der Erde ungenutzt. Dank einer großzügig scheinenden Sonne gibt es jedoch weiterhin Energie im Überfluss.

Bis zur Nutzbarmachung des Feuers blieben unsere Vorfahren Teil dieses verflochtenen Zusammenhangs aus Energie und Leben, ohne dass sie in der Lage gewesen wären, darauf einzuwirken. Die einzige Energiequelle, die ihnen zur Verfügung stand, war die Nahrung, die sie auftrieben. Doch durch den Besitz des Feuers waren unsere hominiden Ahnen vor etwa einer halben Million Jahren in die Lage versetzt, größere Energiemengen zu nutzen: Zuvor ungenießbare Dinge wurden gekocht und dadurch zu Nahrungsmitteln; Feuer spendete Wärme und trug ferner dazu bei, Sammeln und Jagen effizienter zu machen sowie die Energieressourcen etwa des erbeuteten Fleisches besser zu nutzen. Eine solche, alles in allem nur geringe Energiereserven kontrollierende Wirtschaftsweise bestand bis zu den Anfängen der Domestizierung von Nutztieren und zum Beginn der Agrikultur vor gut 10 000 Jahren.

Ackerbau und Viehhaltung versetzten die Bauern der Vorzeit schließlich in die Lage, deutlich mehr Energieträger als ihre Vorfahren zu produzieren und einzubringen. Getreide, also die Saat kultivierter Gräser wie Reis, Weizen oder Mais, steckt voller Protein und folglich Energie. Die bäuerliche Bewirtschaftung des Landes steigerte so die verfügbare Energiemenge um das Zehn- bis Hundertfache gegenüber der Situation ohne Landwirtschaft. Domestiziertes Großvieh verzehrte zwar selbst riesige Mengen Futter, verwandelte aber die aus Sicht des Menschen ansonsten nutzlose Vegetation der Steppe, Savanne oder von Feuchtgebieten in verwertbare Energie. Arbeitstiere wie Ochsen oder Wasserbüffel konnten zudem Pflüge ziehen oder, wie Pferde oder Kamele, Lasten transportieren. Nach und nach fand die Landwirtschaft Verbreitung, ohne sich jedoch jemals weltweit durchzusetzen.

Später vergrößerten Wasser- und Windmühlen die den Menschen zur Verfügung stehende Energiemenge. Wassermühlen gibt es seit vielleicht zweitausend, Windmühlen seit tausend Jahren. Solche Mühlen konnten an günstigen Standorten, an denen ausreichend Wasser- oder Windkraft vorhanden war, die menschliche Arbeitsleistung vervielfachen. Doch an den meisten Orten gab es entweder nicht ausreichend oder nur unstet Wind und Wasser für den Antrieb; das Energieregime blieb weitgehend organisch, gegründet auf die Muskelkraft von Menschen und Nutztieren sowie auf die Wärmeenergie aus Holz oder anderer Biomasse. Das organische Energieregime hatte bis ins 18. Jahrhundert Bestand.

Im England des 18. Jahrhunderts sprengte dann die Nutzung von Kohle alle Schranken jenes organischen Energieregimes. Durch fossile Brennstoffe verschaffte sich die Menschheit den Zugang zu Äonen konzentrierten Sonnenscheins – zur akkumulierten Energie aus rund 500 Millionen Jahren Photosynthese. Zunächst waren die Versuche, die Ressourcen aus den Tiefen der Vergangenheit zu nutzen, wenig effizient. Die ersten Dampfmaschinen, die gespeicherte chemische Energie in Wärme und letztlich Antriebsenergie umwandelten, vergeudeten 99 Prozent der ihnen zugeführten Energie. Doch fortgesetzte Weiterentwicklung bis in die 1950er Jahre schuf schließlich Maschinen, die deutlich weniger Energie verschwendeten als die photosynthetische oder karnivore Umwandlung. In diesem Sinne übertraf die Kultur die Natur.

Der gewaltige Umfang des Energieverbrauchs in den vergangenen Jahrzehnten übersteigt jegliche Vorstellungskraft. Bereits um 1870 nutzten Menschen Energie aus fossilen Brennstoffen in einem Ausmaß, das die weltweit jährlich durch Photosynthese erzeugte biochemische Energiemenge übertraf. Seit 1920 verbrauchte unsere Spezies vermutlich mehr Energie als in ihrer gesamten bisherigen Geschichte. Bis 1950 verdoppelte sich der Weltenergieverbrauch gegenüber dem Stand zu Beginn des 20. Jahrhunderts; in den darauffolgenden fünf Jahrzehnten verfünffachte er sich. Die Energiekrise der 1970er Jahre – markiert durch zwei jähe Ölpreiserhöhungen 1973 und 1979 – verlangsamte den schwindelerregenden Anstieg des Rückgriffs auf fossil gespeicherten Sonnenschein, ohne die Entwicklung aufzuhalten. Die zwischen 1950 und 2010 verbrauchten fossilen Brennstoffe entsprachen 50 bis 150 Millionen Jahren gespeicherten Sonnenscheins.

Das auf fossilen Brennstoffen beruhende Energieregime lässt verschiedene Phasen erkennen. Um 1890 überholte Kohle die Biomasse als den wichtigsten Energieträger weltweit. Die Vorherrschaft der Kohle währte rund 75 Jahre; um 1965 trat Erdöl ihre Nachfolge an. In jüngster Zeit wuchs die Bedeutung von Erdgas, sodass sich für die weltweite Zusammensetzung der Energieversorgung im Jahr 2009 folgendes Bild ergibt:

Tabelle 1: Globaler gewerblicher Energiemix 2009

Rohstoff	Anteil in %
Erdöl	35 %
Kohle	29 %
Erdgas	24 %
Wasserkraft	6 %
Nuklearenergie	5 %

Quelle: *BP Statistical Review of World Energy*, Juni 2010

Die Aufstellung gibt keine Auskunft über den Biomasseanteil, über den nur vage Angaben existieren. Doch eine vermutlich realistische Einschätzung beziffert den Beitrag der Biomasse zum gesamten Energievolumen auf ungefähr 15 Prozent,

den der fossilen Brennstoffe auf rund 75 Prozent und den von Wasser- und Kernkraft zusammen auf etwa 10 Prozent. Die Regentschaft des Erdöls, die nunmehr
über 45 Jahre währt, wird sich letztlich wohl als ebenso vergänglich wie die der
Kohle erweisen – doch das bleibt abzuwarten. Seit die kommerzielle Nutzung um
1860 begann, verbrauchten Menschen weltweit rund eine Billion Barrel Erdöl;
der jährliche Konsum beläuft sich gegenwärtig auf ungefähr 30 Milliarden Barrel
(Stand 2010).[9]

Der Blick auf globale Gesamtmengen täuscht indes über die gewaltigen Ungleichheiten hinweg, die beim Energieverbrauch zwischen verschiedenen Ländern
und Regionen weltweit bestehen. Zu Beginn des 21. Jahrhunderts beziffert sich
der Bedarf eines durchschnittlichen Nordamerikaners auf das Siebzigfache des
Mittelwerts im ostafrikanischen Mosambik. Die Zahlen für die Zeit seit 1965 in
Tabelle 2 sprechen in dieser Hinsicht Bände; deutlich werden der Aufstieg Chinas
und Indiens sowie die Verteilung des Reichtums in der Welt.

Tabelle 2: Jährlicher Energieverbrauch 1965–2009 (in Mio. Tonnen Öl-Äquivalent/MtOE)

Jahr	weltweit	China	Indien	USA	Japan	Ägypten
1965	3 813	182	53	1 284	149	8
1975	5 762	337	82	1 698	329	10
1985	7 150	533	133	1 763	368	28
1995	8 545	917	236	2 117	489	38
2005	10 565	1 429	362	2 342	520	62
2009	11 164	2 177	469	2 182	464	76

Quelle: *BP Statistical Review of World Energy*, Juni 2010

Anmerkung: Berücksichtigt ist lediglich der Verbrauch kommerziell erzeugter Energie,
nicht von Energie aus Biomasse; durch deren Einbeziehung ergäben sich um 10 bis 15 %
höhere Zahlen.

1960 war der Energiebedarf in den meisten Teilen der Welt außerhalb Europas
und Nordamerikas noch sehr gering. Nur etwa ein Fünftel der Weltbevölkerung
pflegte eine energieintensive Lebensweise. Doch gegen Ende des 20. Jahrhunderts veränderte sich binnen kurzer Zeit dieses Muster, das sich seit etwa 1880
gehalten hatte. In den 45 Jahren nach 1965 stieg der Energiebedarf in China um
das Zwölffache, in Indien um das Neunfache und in Ägypten um das Neun- bis
Zehnfache. In den USA nahm der Verbrauch im gleichen Zeitraum um rund
siebzig Prozent zu. 1965 entfiel auf die USA ein Drittel des Weltenergiever-
brauchs, 2009 war es nur noch ein Fünftel; Chinas Bedarf machte 1965 fünf

Prozent, doch 2009 immerhin ein Fünftel des globalen Verbrauchs aus, und 2010 überholte China die USA als weltweit größter Energiekonsument.

Kurz gesagt, der wachsende Energiekonsum in der Neueren und Neuesten Geschichte unterscheidet unsere Zeiten recht deutlich von aller vorherigen. Der Umstand, dass ein hoher Energieverbrauch nach 1850 ein Jahrhundert lang hauptsächlich auf Europa und Nordamerika sowie, in geringerem Maße, auf Japan beschränkt war, gehört wohl zu den wichtigsten Gründen der politischen und wirtschaftlichen Dominanz dieser Regionen im internationalen System. Seit 1965 stieg der globale Energiebedarf weiterhin mit nur geringfügig verminderten Wachstumsraten, doch die Entwicklung spielte sich weitestgehend außerhalb Europas und Nordamerikas ab, und zwar vorwiegend in Ostasien.

Energie aus fossilen Brennstoffen und die Umwelt

Die Herausbildung und Ausbreitung von Gesellschaften, die extensiv fossile Energieträger nutzen, stellte die für die Umwelt vermutlich folgenreichste Entwicklung der Neuzeit dar. Einesteils liegt das an den direkten Auswirkungen der Art und Weise, wie Kohle, Erdöl und (wenn auch in viel geringerem Maß) Erdgas gewonnen, transportiert und energetisch genutzt wurden (und werden), wozu nach wie vor Luft-, Wasser- und Bodenverschmutzungen gehören. Anderenteils zeitigten die billigen und im Überfluss vorhandenen Energieträger indirekte Auswirkungen: Sie ermöglichten das Entstehen zahlreicher Wirtschaftszweige, die ansonsten unrentabel gewesen wären und sich niemals oder allenfalls viel langsamer herausgebildet hätten.

Fossile Energieträger aus der Erdkruste zu gewinnen war immer schon ein schmutziges Geschäft. Beim Kohlebergbau – in den Jahrzehnten nach 1945 förderte man in mehr als 70 Ländern der Erde industriell Kohle – zeigten sich die Folgen zunächst am deutlichsten. Untertagebau und insbesondere Tiefbau bedeuteten Eingriffe in Land, Luft und Wasser. Unterirdisch gegrabene Stollen durchlöcherten die Erde in den Kohlerevieren im südlichen Wales, an der Ruhr, im Osten Kentuckys, im Donezbecken und in der Provinz Shanxi. Mitunter stürzten Minenanlagen unter Tage ein, wie es 2008 im Saarland geschah; ein kleines Erdbeben war die Folge. In China kam es 2005 durch den Kohleabbau zu einer Landsenkung, die ein Gebiet in der Größe der Schweiz (oder Estlands) in Mitleidenschaft zog. Förderrückstände und Abraumhalden verunstalteten die Landschaft rund um die Bergwerke. In China bedeckte – ebenfalls 2005 – Abraum eine Fläche von der Größe Hessens (oder Israels). In allen Bergbaugebieten wurden durch Ausflüsse aus Förderrückständen und Schlacken Gewässer mit Schwefelverbindungen verunreinigt. In Pennsylvania und Ohio vernichteten in den 1960er Jahren die ausfließenden sauren Grubenwässer in manchen Wasserläufen jegliches Leben. Der Untertagebau setzte zudem häufig Methan frei, ein starkes Treibhausgas, das die bestehende natürliche Belastung der Atmosphäre noch um rund drei bis sechs Prozent verstärkte.

Der Untertagebau schuf für die in der näheren Umgebung lebenden Menschen in jedem Fall gefährliche Umweltbedingungen, noch mehr jedoch für die Beschäftigten. Im Zuge des Großen Sprungs nach vorn (in den Jahren 1958 bis 1961) nahmen in China um die 100 000 kleine Bergwerke den Betrieb auf; bei Grubenunglücken starben zu jener Zeit jedes Jahr rund 6000 Bergleute, und noch in den 1990er Jahren war die Zahl der alljährlich zu beklagenden Opfer unverändert hoch. In Großbritannien kamen 1961 bei Grubenunglücken annähernd 4200 Kumpel ums Leben. In allen Kohlerevieren starben darüber hinaus noch weit mehr Menschen an einer Staublunge – Folge des jahrelangen Einatmens von Kohlepartikeln bei der Arbeit unter Tage.[10]

Tagebau, in den USA häufig einfach *strip mining* genannt, birgt für die Beschäftigten weitaus geringere Belastungen. Bereits vor Jahrhunderten hatten Menschen angefangen, mithilfe einfacher Werkzeuge Bodenschätze oberflächennah abzubauen, doch erst mit dem Einsatz von Dampfmaschinen im frühen 20. Jahrhundert wurde der Tagebau wirtschaftlicher. Nach 1945 begann mit technologisch weiterentwickelten Baggern und billigem Öl das Goldene Zeitalter des Tagebaus. Heute stammen ungefähr vierzig Prozent der weltweiten Kohleförderung aus dem Tagebau; abgesehen von China ist diese Förderart global weiter verbreitet als der Untertagebau. Beim Tagebau, der bis zu einer Tiefe von rund 50 Metern wirtschaftlich angewandt wird, tragen große Maschinen Erdreich und Gestein über oberflächennahen Kohleflözen ab; Vegetation und Böden werden dabei zerstört. In den USA regte sich in zahlreichen Gemeinden leidenschaftlicher Widerstand gegen den Tagebau, was 1977 zu Bundesgesetzen führte, die den Minenunternehmen eine Rekultivierung der Landschaft auferlegten.

Besonders unpopulär ist die *mountaintop removal* genannte Art des Tagebaus, bei der ganze Bergkuppen gesprengt und abgetragen werden. Praktiziert wird dies vor allem in Teilen von Kentucky und West Virginia mit großen Lagerstätten schwefelarmer Steinkohle. Hohe Energiepreise in den 1970er Jahren machten solche Tagebaue attraktiv; verschärfte Gesetze gegen Luftverschmutzung aus den 1990er Jahren, die eine Verwendung stärker schwefelhaltiger Kohle erschwerten, trugen das Ihre dazu bei, das ökonomische Kalkül des *mountaintop removal* aufgehen zu lassen. Die Gipfel der Appalachen wegzusprengen, hat weitreichende Konsequenzen für die Umwelt: Ins Gewicht fällt besonders die Verfüllung von Flussläufen und Tälern mit Abraum und Felsgestein, die Wälder unter sich begraben und den Wasserhaushalt massiv verändern; beschleunigte Erosion und wiederkehrende Erdrutsche sind die Folgen.

Der Tagebau und vor allem das Abtragen ganzer Berge riefen vielfältigen Widerstand auf den Plan, und das seit den 1930er Jahren. Überall in den Appalachen wurden aus ganz gewöhnlichen Leuten vom Land Umweltschützer, die sich dagegen wehrten, dass landwirtschaftliche Flächen, fischreiche Gewässer und Wälder voller Wild dem Kohlebergbau geopfert wurden. In den 1960er und 1970er Jahren erlebte die Bewegung gegen den Tagebau in den Appalachen ihre Blütezeit, doch in zahlreichen Gemeinden kam es zugleich zu Zwistigkeiten, denn schließlich boten die Bergbauunternehmen vielen eine Beschäftigung in einer ansonsten an Arbeitsplätzen armen Region. Letzten Endes blieb das *mountaintop removal* bis ins 21. Jahrhundert hinein wirtschaftlich rentabel.[11]

Die Erdölförderung zog ebenfalls Umweltprobleme nach sich, und nicht weniger Konflikte. Zu Beginn des 20. Jahrhunderts wurde häufig in dichtbevölkerten Regionen nach Öl gebohrt, so etwa im Osten von Texas, in Südkalifornien, am Fuß der Karpaten in Rumänien, im Stadtgebiet von Baku oder auch in Galizien, damals Teil des Habsburgerreichs. Unkontrolliert ausströmendes Öl und Gas, Havarien, Feuer und Explosionen bedrohten Leib und Leben. Um die Jahrhundertmitte waren die Bohr- und Fördertechnologien so weit entwickelt, dass Ölfelder nicht mehr notwendigerweise einem Morast aus Kohlenwasserstoffverbindungen gleichen mussten. Gleichzeitig verlagerte sich die Produktion zunehmend in dünner besiedelte Regionen, etwa nach Saudi-Arabien oder Sibirien, wo die Folgen einer Ölverschmutzung weniger kosteten – zumindest wirtschaftlich und politisch.

Die sprunghafte Erhöhung der Energiepreise in den 1970er Jahren führte schließlich dazu, dass auch an Stellen nach Öl gebohrt wurde, die zuvor nicht in den Blick geraten waren und häufig eine Herausforderung darstellten: in den Tiefen des Ozeans, in tropischen Regenwäldern und in der Arktis. Lecks, Havarien und Blow-outs – das unkontrollierte Austreten von Öl und Gas an der Bohrstelle – häuften sich im arktischen Eis und in der Tiefsee. Rohöl ist schon in geringen Mengen für die meisten Organismen toxisch und nur schwer wieder zu beseitigen. 2005 gab es weltweit rund 40 000 Ölfelder, und in keinem Fall war die Umwelt intakt. Nach Öl zu bohren ist zwangsläufig damit verbunden, eine industrielle Infrastruktur aufzubauen, schweres Gerät von mehreren tausend Tonnen Gewicht zu bewegen und nicht zuletzt ungeheure Mengen bei der Förderung anfallendes ölbelastetes Wasser, so genanntes Produktionswasser, freizusetzen. Darüber hinaus wird Wasser in die Lagerstätte gepresst, um unterirdisch den Druck und somit die Ölfördermenge zu erhöhen; das Wasser wird dabei mit verschiedenen toxischen Kohlenwasserstoffen (Benzol, Toluol), mit Schwermetallen sowie anderen hochgiftigen Verbindungen belastet, darunter solchen mit Arsen, Barium und Quecksilber. In den 1980er und 1990er Jahren liefen und sprudelten darüber hinaus alljährlich rund dreißig Millionen Tonnen Öl (oder 240 Millionen Barrel) in die Umwelt, zwei Fünftel davon allein in Russland.[12]

Off-Shore-Bohrungen, wie man sie erstmals in den 1890er Jahren in kalifornischen Küstengewässern unternahm, blieben viele Jahrzehnte lang auf geringe Wassertiefen beschränkt. In den 1920er Jahren begann man, im Maracaibo-See in Venezuela sowie im Kaspischen Meer nach Öl zu bohren – in beiden Fällen war eine bleibende Verschmutzung die Folge; in den 1930er Jahren folgten Ölplattformen im Golf von Mexiko. Technologischer Fortschritt und ungeheure Mengen von Investmentkapital, das den Ölkonzernen zur Verfügung stand, ermöglichten ab den 1940er Jahren die Erschließung neuer Off-Shore-Vorkommen in tieferen Gewässern. Ende des 20. Jahrhunderts förderten Tiefsee-Plattformen Öl unter anderem in der Nordsee, im Golf von Mexiko, vor den Küsten Brasiliens, Nigerias, Angolas, Indonesiens und Russlands. Große Plattformen ragen über 600 Meter über dem Meeresgrund auf und machen damit den höchsten Wolkenkratzern Konkurrenz.

Ölförderung auf See ist eine grundsätzlich riskante Angelegenheit. Wenn ein Tropensturm oder ein vom Kurs abgekommener Tanker eine Plattform havarieren lässt, fließt das Öl ungehindert ins Meer. Die schwersten Katastrophen dieser Art ereigneten sich im Golf von Mexiko. 1979 kam es auf einer vom staatlichen mexikanischen Mineralölkonzern betriebenen Plattform zu einem Blow-out; mehr als neun Monate lang trat Rohöl aus, bevor das Bohrloch versiegelt werden konnte. Rund 3,3 Millionen Barrel Öl sprudelten ins Meer. (1979 entsprach das ungefähr der Menge, die in den USA binnen sechs Stunden verbraucht wurde.) Im Golf von Mexiko breitete sich ein Ölteppich aus, der eine Fläche von etwa der Größe des Libanon bedeckte; die Ölpest zerstörte Fischgründe in Mexiko und schädigte texanische schwer.[13]

Im April 2010 kam es vor der Küste Louisianas auf der Deepwater Horizon, einer vom BP-Konzern geleasten Bohrplattform, zu einer Explosion. Elf Arbeiter kamen ums Leben, die Plattform havarierte und hinterließ in ungefähr 1500 Meter Tiefe ein Leck auf dem Meeresgrund; über drei Monate lang schlugen alle Versuche fehl, das Bohrloch zu versiegeln und das austretende Öl zu stoppen. Insgesamt rund fünf Millionen Barrel ergossen sich in den Golf von Mexiko, es war die bislang schwerste durch einen Unfall verursachte Ölpest der Geschichte. Die Feuchtbiotope und die (in früheren Jahren) von Touristen bevölkerten Strände am Golf bedrohte bald eine unbeschreibliche Menge angeschwemmten Rohöls. Öl und Teerklumpen bedeckten die Küsten von Louisiana, Mississippi, Alabama und Florida. Die Fischerei musste eingestellt werden, überall gab es tote und ölverklebte Vögel. Zu den Opfern gehörte auch der in Louisiana beheimatete Braunpelikan, der bereits in den 1950er und 1960er Jahren durch DDT kurz vor dem Aussterben gestanden hatte. Durch Vogelschutzmaßnahmen hatte der Pelikanbestand sich wieder soweit erholt, dass der Vogel 2009 in den USA von der Liste der gefährdeten heimischen Tierarten genommen werden konnte. In den ersten beiden Monaten nach der Havarie der BP-Plattform starben schließlich geschätzte vierzig Prozent der Braunpelikan-Population einen ölverklebten Tod. Rund 48 000 Einsatzkräfte und eine Armada von Booten und Schiffen, wie man sie seit der Landung in der Normandie nicht mehr gesehen hat, waren bemüht, die Umweltschäden zu begrenzen. Auf Jahre hinaus werden Ozeanographen und Meeresbiologen damit beschäftigt sein, die Auswirkungen der Ölpest zu bewerten, und Anwälte, wenn es darum geht herauszufinden, wer welche Verantwortung trägt und mit wie vielen Milliarden Dollar der Schaden zu beziffern ist. Tatsächlich sind kleinere Unfälle auf Plattformen im Golf von Mexiko an der Tagesordnung; zu einer großen Ölpest kommt es alle paar Jahre, doch nichts erreichte bislang die Dimensionen der Deepwater-Horizon-Katastrophe.[14]

In den Urwäldern Ecuadors nach Öl zu bohren, birgt andere Herausforderungen als die Förderung vor der Küste. Im entlegenen Hochland des Amazonas-Einzugsgebiets im Nordosten des Landes stieß 1967 ein Texaco-Gulf-Konsortium auf Öl, und in den fast fünf Jahrzehnten seither lieferte das Gebiet mehr als zwei Milliarden Barrel. Das zum größten Teil durch Pipelines über die Anden gepumpte schwarze Gold machte Ecuador zum zweitgrößten Erdöl-Exporteur Südamerikas und sorgte für kontinuierliche Staatseinnahmen. Die Förderung im Regenwald bedeutete freilich für das nordamerikanische Konsortium und später den staatlichen ecuadorianischen Mineralölkonzern, der 1992 die operativen Geschäfte übernahm, den Aufbau einer kompletten Infrastruktur samt Straßen, Pipelines, Pumpstationen und anderem. Da gesetzliche Regeln weitgehend fehlten, ging man ausgesprochen unbekümmert zu Werke. Toxische Flüssigkeiten wurden in enormem Umfang in Flussläufe und Gewässer eingeleitet (oder versickerten einfach); zu den Folgen gehört, dass es in einer der wasserreichsten Regionen der Erde vielen Menschen an sauberem Trinkwasser mangelt – eine bittere Ironie. Unglücke waren unausweichlich: 1989 etwa floss Öl in solcher Menge in den Rio Napo, dass sich dieser ungefähr einen Kilometer breite Fluss eine Woche lang schwarz färbte.[15]

Teile der indigenen Bevölkerung im Fördergebiet, insbesondere die Huaorani, nomadisch lebende Jäger und Sammler, versuchten, sich der Ölinvasion mit Speeren bewaffnet in den Weg zu stellen. Sie scheiterten und wurden von der ecuadorianischen Regierung umgesiedelt. Auch andere indigene Gruppen im Land wehrten sich gegen das Vordringen der Ölindustrie, zumeist allerdings ebenso erfolglos. Bei den in der Nähe der Ölfelder lebenden Menschen traten, verschiedenen epidemiologischen Studien zufolge, vermehrt Krankheiten und insbesondere Krebs auf.

Die Einnahmen aus dem Ölgeschäft waren für den ecuadorianischen Staat so attraktiv, dass zwei Drittel des heimischen Amazonasbeckens für die Exploration von Erdöl- und Erdgasvorkommen ausgewiesen wurden. 2005 bestanden für den größten Teil der Lagerstätten Förderverträge, darunter auch für Ölvorkommen unter dem Regenwald des Yasuní Nationalparks. Aus dem Blickwinkel eines kon-

Eine Ölförderanlage im Regenwald von Ecuador. Die enorme Umweltverschmutzung im Zuge der Ölgewinnung in Ecuador und anderen Regionen führte zu heftigen Auseinandersetzungen zwischen ausländischen Unternehmen und der lokalen Bevölkerung.

ventionellen ökonomischen Kalküls rechnete sich die Ölförderung in Oriente (so der einheimische Name der Region) sowohl für Ecuador als auch für die Mineralölkonzerne, denn die indigene Bevölkerung, deren Lebensweise die Ölindustrie zerstörte, trägt zum Inlandsprodukt so gut wie nichts bei. Ähnliches gilt für die Ökosysteme des westlichen Einzugsgebiets des Amazonas, die in ihrem Artenreichtum eine weltweit seltene Biodiversität aufweisen: Sie bringen ebenfalls wenig hervor, das in der nationalen Wertschöpfung zu Buche schlagen würde. Die gleiche Logik behauptete sich im Wesentlichen auch im benachbarten Peru, einzig eine Ölförderung in Nationalparks erlaubte die peruanische Regierung nicht. 2010 traf dann die ecuadorianische Regierung mit dem Entwicklungsprogramm der Vereinten Nationen (UNDP) und europäischen Regierungen eine Vereinbarung, in der sich die Sorge um den Klimawandel und die Erhaltung des Regenwaldes niederschlug und deren Ziel es sein soll, eines der Vorkommen unter dem Yasuni Nationalpark, wo nach Schätzungen annähernd eine Milliarde Barrel Öl lagern, gegen eine Zahlung in Höhe von 3,6 Milliarden US-Dollar an einen Treuhandfonds zugunsten Ecuadors im Boden zu belassen. Ein solches, durchaus neuartiges Arrangement stieß auch in Nigeria sofort auf das Interesse der zuständigen Behörden, und das aus gutem Grund.[16]

Das Nigerdelta im Südosten Nigerias, eine ausgedehnte Regenwaldlandschaft und eines der größten Feuchtgebiete weltweit, ist ein Labyrinth aus Wasserläufen, Sümpfen und Lagunen mit einst reichen Fischgründen. Verschiedene autochthone ethnische Gruppen, namentlich Ijaw und Ogoni, leben im Delta, die Bevölkerung zählt insgesamt mehrere Millionen Menschen (und unterscheidet sich darin vom dünn besiedelten ecuadorianischen Oriente). In den 1950er Jahren begannen Shell und BP mit der Erdölexploration; das schwefelarme Rohöl im Nigerdelta versprach eine unkomplizierte Raffination zu Benzin. Andere Konzerne folgten, um auf inzwischen über 160 Feldern Erdöl zu fördern; rund 7000 Kilometer Pipeline durchziehen das Delta. Jahrzehntelang luden Tanker Rohöl, wo Jahrhunderte zuvor Menschen als Sklaven nach Amerika verschifft wurden.

Laut – eher untertriebenen – Angaben der nigerianischen Regierung kam es zwischen 1976 und 2005 im Nigerdelta zu 7000 Ölunfällen, bei denen insgesamt rund drei Millionen Barrel Rohöl freigesetzt wurden.[17] Manche Katastrophen gingen auf Pannen zurück, wie sie in der Branche an der Tagesordnung sind; im Nigerdelta allerdings treten solche Störfälle infolge schlechter Wartung der Bohr- und Förderanlagen sowie schwieriger geographischer und politischer Bedingungen gehäuft auf. In anderen Fällen waren Sabotageakte von Einheimischen die Ursache, bei denen Rachemotive eine Rolle spielten, mitunter ging es auch um Erpressung oder aber darum, Ölkonzerne zu Schadenersatzleistungen zu bewegen. Das Delta des Niger war und ist eine der ärmsten Regionen Nigerias, ungeachtet des dort geförderten Öls, dessen Wert sich auf viele Milliarden Dollar beziffert. Für die Mehrheit der dort lebenden Menschen machte die Ölindustrie das Leben schwieriger. Die für die Ölexploration gegrabenen Entwässerungskanäle zerstörten große Teile der Mangrovensümpfe und damit die Laichplätze der Fische; im Zusammenspiel mit der Ölverschmutzung verschwand so eine wichtige traditionelle Nahrungsquelle im Delta. Luftverschmutzung und saurer Regen, verursacht maßgeblich durch die Gasfackeln an den Bohrlöchern, schädigten die Ernten. Anfang der 1990er Jahre erklärten die Vereinten Nationen das Mündungsgebiet des Niger zum ökologisch meistgefährdeten Delta weltweit. Aus Sicht der einheimischen Bevölkerung gingen (und gehen) die Zerstörung und der Diebstahl der natürlichen Reichtümer auf das Konto ausländischer Unternehmen und des nigerianischen Staates, dessen Führung mit bemerkenswerter Gründlichkeit Gewinne aus dem Ölgeschäft abschöpfte. Die Enttäuschung bereitete sowohl Befreiungsbewegungen nationaler Minderheiten als auch Verbrechersyndikaten den Boden. In jüngster Zeit haben Nigeria und seine multinationalen Geschäftspartner die Offshore-Förderung vorangetrieben – Widerstände einer einheimischen Bevölkerung sind auf See nicht zu erwarten.[18]

Die Suche nach Öl führte zu neuen Bohrungen in den frostigen Breiten Sibiriens und Alaskas sowie in den Regenwäldern. Die Sowjetunion hatte in den 1960er Jahren begonnen, die riesigen Öl- und Gasfelder Westsibiriens zu erschließen. (Zur seismischen Erkundung bediente man sich zwischen 1978 und 1985 unter anderem nuklearer Sprengsätze, sodass in sibirischem Erdöl mitunter geringe radioaktive Strahlung nachweisbar ist.)[19] Die viel bescheideneren Vorkommen im Norden Alaskas auszubeuten, nahm man in den 1970er Jahren in Angriff. In beiden Zonen, häufiger jedoch in Sibirien, kam es zu den üblichen Zwischenfällen. Rohöl, Produktionswasser und andere toxische Substanzen wurden zudem häufig vorsätzlich in die Umwelt freigesetzt. In den Feuchtgebieten in der Nähe des Polarkreises, in der Taiga und der Tundra laufen biologische Vorgänge verlangsamt ab, doch die negativen Auswirkungen von Ölverschmutzungen klingen in der Regel auch länger nach als in den Tropen.

Das ecuadorianische Oriente und das Nigerdelta sind extreme Beispiele für Gebiete, die große Opfer brachten, weil die Ölförderung dort zu gravierenden ökologischen Zerstörungen führte. Die Verunreinigung der Böden und Gewässer in diesen Regionen kam unter den einheimischen Organismen allenfalls ölfressenden Bakterien zupass. Den eigentlichen Nutzen hatten Menschen fernab, in Form billigen Öls für Konsumenten, ansehnlicher Profite für die beteiligten Firmen und eines luxuriösen Einkommens für manch einen Beamten und Politiker. Die Welt genoss die großen Vorteile des Öls, doch einige Orte zahlten einen hohen Preis. Die Nachbarn eines Tagebaus würden wahrscheinlich über die Geschichte der Kohleförderung dasselbe sagen.

Der Transport von Kohle und Öl

Die Förderung von Kohle und Erdöl zog die Umwelt stark in Mitleidenschaft, doch blieben die Konsequenzen mehr oder weniger auf den Umkreis der Kohlereviere und Ölfelder beschränkt – der Transport der fossilen Brennstoffe hingegen streute die Folgen. Kohle wurde vor allem in Güterwaggons und auf Frachtkähnen befördert; internationale Transporte waren verhältnismäßig selten. Es kam zu sehr wenigen Unglücken, und falls doch eines geschah, fiel eine havarierte Ladung Kohle neben den Gleisen, in einem Kanal oder einem Fluss kaum ins Gewicht.

Anders verhielt es sich im Fall des Erdöls. Kohle gegenüber hat Öl den großen Vorteil, sich recht einfach transportieren zu lassen. Als (mit Ausnahme der schwersten Sorten) flüssiger Stoff strömt es über weite Strecken problemlos durch Pipelines und kann auf Tankern verschifft die Ozeane in enormen Mengen überqueren. Seit den 1950er Jahren lagen Förder- und Verbraucherländer tendenziell immer weiter auseinander; die riesigen Ölfelder rund um den Persischen Golf gewannen zunehmend an Bedeutung, und Tankschiffe befuhren die Weltmeere in immer größerer Zahl. Global stellt Öl heute die Hälfte der auf See beförderten Tonnage, und die Gesamtlänge der verlegten Ölpipelines übertrifft die des Weltschienennetzes.[20]

Allerdings erwiesen sich Tanker und Pipelines als bemerkenswert unfallträchtig. Ein Grund für viele Tankerunglücke sind die immer gigantischeren Ausmaße: Ein Schiff dieser Größe ist praktisch nicht zu stoppen. 1945 fasste ein großer Tanker 20 000 Tonnen Öl, in den 1970er Jahren waren es knapp eine halbe Million, während heute die Kapazität bei weit über einer halben Million Tonnen Zuladung liegt. So genannte Supertanker sind 300 Meter lang und gehören zu den am schwierigsten zu manövrierenden Schiffen auf den Weltmeeren. Um zum Stehen zu kommen, brauchen die Ungetüme mehrere Kilometer.

Glücklicherweise wurden die Schiffskonstruktionen gleichzeitig sicherer. Seit den 1970er Jahren sind die meisten Rohöltransporter Doppelhüllentanker, wodurch sich die Gefahr einer Ölpest infolge einer Kollision mit Felsen, Eisbergen oder anderen Schiffen drastisch reduzierte. Doch wo es zu einer Ölpest kam, waren die Folgen meist immens, vor allem wenn die Katastrophe sich in Küstennähe ereignete und das Öl empfindliche Ökosysteme und wertvolles Land verunreinigen konnte.

Während sich kleinere Unfälle, bei denen es zum Austritt von Öl kommt, beinahe täglich ereignen, gehen die kapitalen Ölkatastrophen auf einige wenige Havarien zurück. Der Ärmelkanal erlebte in den Jahren 1967 und 1978 zwei gewaltige Tankerunglücke. Der größte bisherige Unfall geschah 1983 vor der Küste Kapstadts; dabei floss eine sechsmal größere Menge Öl ins Meer als 1989 bei der berüchtigten, durch die Exxon Valdez verursachten Ölpest. Obwohl Tankerhavarien praktisch überall möglich sind, ereigneten sich die meisten im Golf von Mexiko, vor der Ostküste Nordamerikas, im Mittelmeer und im Persischen Golf.[21] Zur jüngsten großen Ölpest nach einem Schiffsunglück kam es 2002, als ein Einhüllentanker vor der Nordwestküste Spaniens in einen Sturm geriet und auseinanderbrach.

Ein geringerer, doch insgesamt zunehmender Anteil des weltweit transportierten Erdöls lief nach 1945 durch Pipelines. Ursprünglich auf eine Betriebsdauer von fünfzehn bis zwanzig Jahren ausgelegt, wird von vielen, wenn nicht den meisten Pipelines erwartet, auch über diesen Zeitraum hinaus intakt zu funktionieren. Gefahr droht Pipelines durch Korrosion und Risse, insbesondere wenn sie extremen klimatischen Schwankungen ausgesetzt sind. Im Laufe der Zeit verbesserte sich zwar die Konstruktion der Röhren, doch nahm die Zahl der Unfälle aufgrund des weltweit rasch wachsenden Leitungsnetzes dennoch zu.[22]

Die am stärksten betroffenen Gebiete liegen in Russland. Zum größten einzelnen Unfall mit einer leckgeschlagenen Pipeline kam es 1994 in der Nähe von

Usinsk in der Republik Komi, etwa 1500 Kilometer nordöstlich von Moskau. Nach nichtamtlichen Schätzungen traten durch das Leck 600 000 bis eine Million Barrel Öl aus. Von offizieller Seite wurde das Leck zunächst geleugnet, was sich schon bald nicht mehr aufrechterhalten ließ. Ein weiterer großer Unfall ereignete sich 2006. Insgesamt sollen Schätzungen zufolge in den 1990er Jahren schadhafte Stellen an Pipelines zu einem Durchlecken von sieben bis zwanzig Prozent der russischen Ölproduktion geführt haben. Ein geringer Ölpreis, eine Branche, in der man, zumal in einem ökonomisch insgesamt desaströsen Jahrzehnt, nur geringen Wert auf regelmäßige Wartung legte, sowie die Herausforderungen durch ein extremes Klima und große Entfernungen wirkten hier zusammen. In den 1990er Jahren kam es alljährlich zu Tausenden von Lecks und Ölunfällen. Der winterliche Dauerfrost in den Regionen nördlich des Polarkreises – wo die Ölfelder von Komi liegen – setzt Pipelines und anderen Bauteilen der Ölinfrastruktur schwer zu.[23] Indigene Sibirer organisierten Widerstand gegen die Erschließung der einheimischen Erdöl- und Erdgasvorräte – kaum überraschend, denn schließlich gefährden die Pipeline-Unfälle auch ihre Lebensweise als Jäger, Fischer und Rentierhirten. In mindestens einem Fall entschieden sie sich sogar zum bewaffneten Kampf, der indes ebenso wenig sein Ziel erreichte wie die Auflehnung der Huaorani in Ecuador.[24]

Die verheerendste Pipeline-Katastrophe, angesichts der Zahl der unmittelbar ums Leben gekommenen Menschen, ereignete sich 1998 im Nigerdelta, infolge eines Lecks an einer von Shell und der staatlichen nigerianischen Mineralölgesellschaft betriebenen Leitung. Während Dorfbewohner herbeiströmten, um sich mit kostenlosem Öl zu versorgen, kam es zu einer Explosion und einer Feuersbrunst, in der mehr als tausend Menschen den Tod fanden. Zwei Dörfer brannten vollständig nieder. Bei zwei anderen Pipeline-Explosionen in Nigeria starben 2006 rund 600 Menschen. Im Vergleich der Transportmittel für fossile Energieträger aus den Fördergebieten an die Orte ihrer Nutzung erweisen sich Öltanker und Pipelines als zwar wirtschaftlicher, aber auch gefährlicher als Frachter und Güterwaggons im Falle der Kohle.[25]

Verbrennung fossiler Energieträger und Luftverschmutzung

Grubenunglücke und Pipeline-Explosionen töteten in den Jahrzehnten nach 1945 zigtausend Menschen, doch forderten sie nicht annähernd so viele Opfer wie die alltägliche, friedliche Nutzung fossiler Energieträger. Die vor allem durch die Verbrennung von Kohle und Öl verursachte Luftverschmutzung tötete weltweit viele Millionen Menschen.

Um eine Vorstellung zu bekommen, wie stark die Verfeuerung von Kohle die

Luft verschmutzt, mag es genügen, sich einmal die Menge der von einem durchschnittlichen Heizkraftwerk in den USA zu Beginn des 21. Jahrhunderts trotz jahrzehntelanger gesetzlicher Vorschriften und technologischer Verbesserungen weiterhin freigesetzten Schadstoffe anzusehen. Ein solches Kraftwerk stößt alljährlich Millionen Tonnen Kohlendioxid aus, das wichtigste Treibhausgas, außerdem mehrere Tausend Tonnen Schwefeldioxid, hauptverantwortlich für den sauren Regen. Hinzu kommen zig Kilogramm Blei, Quecksilber und Arsen, die in der Luft verteilt werden, ganz zu schweigen von Asche und Ruß. Die energetische Nutzung von Kohle hat ihren Preis – vor vierzig Jahren war er zweifellos noch höher, denn die Verfeuerung war erheblich schmutziger.

Urbane Luftverschmutzung hat eine lange Geschichte. Im 12. Jahrhundert beklagte Maimonides – ganz ohne Frage zu Recht – die Qualität der Luft in Kairo, einer Stadt, in der man damals vor allem Dung und Stroh verbrannte. Ein Jahrhundert später ergingen in London die ersten dokumentierten Erlässe gegen die Verunreinigung der Luft. Als Kohle zum wichtigsten Brennmaterial wurde, verschlechterten sich die Verhältnisse erheblich. Einen traurigen Höhepunkt erreichte der Smog in der britischen Hauptstadt in der zweiten Dezemberwoche 1952.

Eine kalte Luftmasse lag Anfang Dezember über der Themse und ließ die Temperaturen unter null sinken. Die Londoner legten eifrig Kohle nach. Tag für Tag bliesen die Schornsteine mit dem Rauch Tausende Tonnen Ruß und annähernd 400 Tonnen Schwefeldioxid in die Luft. Morgens konnten die Leute die andere Straßenseite nicht erkennen, und Einheimische, die die Stadt wie ihre Westentasche kannten, verliefen sich bei ihren täglichen Besorgungen. Manch einer fiel in die Themse und ertrank. Zwischen dem 5. und dem 9. Dezember starben 4700 Menschen, etwa 3000 mehr als gewöhnlich; drei Monate lang blieb die Sterblichkeitsrate auf einem selbst für Londoner Winter außerordentlich hohen Niveau. Aktuelle epidemiologische Studien beziffern die Zahl der auf die Luftverschmutzung während des Dezembers zurückzuführenden Todesfälle auf 12 000.[26] Im Winter 1952/53 töteten Rauch, Ruß und Schwefeldioxid damit ungefähr doppelt so viele Londoner wie die deutsche Luftwaffe während der Bombardements 1940/41. Den Bestattungsunternehmen gingen die Särge aus.[27]

In der Öffentlichkeit und der Presse gab es einen Aufschrei; Harold Macmillan, damals Kabinettsmitglied der Regierung Winston Churchills, schrieb in einem Memorandum, das er zu Lebzeiten klugerweise geheim hielt: «Aus irgendwelchen Gründen beflügelt ‹Smog› die Fantasie der Presse und des Volkes. … So lächerlich das erscheinen mag, schlage ich vor, ein Komitee zu bilden. Wir können nicht viel tun, doch sollte es so aussehen, als beschäftigten wir uns eifrig mit der Sache.»[28] Die Unbekümmertheit angesichts der Luftverschmutzung und ihrer Folgen war typisch für die Zeit; Macmillan hatte damals noch eine interessante politische Karriere vor sich, die ihn von 1957 bis 1963 bis ins Amt des Premierministers führen sollte. Dick wie Erbsensuppe nannten die Londoner den Smog, und er trat in der Stadt noch einige Jahre lang auf. Doch zwischen 1956 und Mitte der 1960er Jahre führten Gesetze zum Immissionsschutz sowie die verstärkte Nutzung von Heizöl und Erdgas dazu, dass sich die mörderischen Schwaden über London lichteten.[29]

Öl verbrennt insgesamt sauberer als Kohle. Die Verfeuerung von Heizöl beziehungsweise anderen Erdöldestillaten wie etwa Benzin setzt dennoch Blei, Kohlenmonoxid, Schwefeldioxid, Stickstoffoxide und flüchtige organische Verbindungen (abgekürzt VOCs) frei. Unter sommerlicher Sonne entsteht aus VOCs und Stickstoffoxiden der so genannte Ozonsmog. Was Ölderivate zur städtischen Luftverschmutzung beitragen, qualmt eher aus Auspuffrohren als aus Schornsteinen. Fahrzeugabgase sind der Grundstoff, aus denen sich der Ozonsmog bildet. Zum ersten Mal hat man eine solche photochemische Reaktion während des Zweiten Weltkriegs in Los Angeles festgestellt. Ein Ozonsmog entwickelt sich mit starker Motorisierung und dauerhaftem Sonnenschein besonders in Städten der niedrigeren Breiten, in denen zudem umliegende Berge einen Luftaustausch verhindern: Bekannte Beispiele sind Los Angeles, Santiago, Athen und Teheran; eine Spitzenposition behauptet Mexiko-Stadt.

Im Jahr 1950 verkehrten 100 000 Autos in Mexiko-Stadt, damals noch berühmt für das klare Licht und den ungetrübten Blick auf die in der Ferne sich erhebenden Vulkangipfel. In den 1990er Jahren verstopften vier Millionen Fahrzeuge die Straßen der mittlerweile beinahe permanent in Dunst und Smog gehüllten Kapitale. Personenwagen, Busse und Lastwagen waren für 85 Prozent der Luftschadstoffe in Mexiko-Stadt verantwortlich. Bisweilen war der Smog so schlimm, dass über dem Zócalo, dem großen Platz im Herzen der Stadt, Vögel mitten im Flug vom Himmel fielen. Nachdem man 1986 angefangen hatte, die Belastung sorgfältig zu überwachen, zeigte sich, dass in der Stadt die gesetzlichen Grenzwerte verschiedener Schadstoffkonzentrationen an 90 Prozent aller Tage überschritten wurden. In den 1990er Jahren gingen Schätzungen zufolge alljährlich 6000 bis 12 000 Todesfälle auf das Konto der Luftverschmutzung, das Vier- bis Achtfache der Zahl der Morde, die in der Hauptstadt verübt wurden. Verschiedene, seit den 1980er Jahren unternommene Versuche, die Belastung einzudämmen, zeitigten widersprüchliche Ergebnisse, doch die Sterbeziffer scheint gegenüber den frühen 1990er Jahren geringfügig rückläufig.

Öl und Kohle wurden so in den Großstädten der Welt zu Massenmördern. An der Schwelle zum 21. Jahrhundert starben in Westeuropa ungefähr genauso viele Menschen an Abgasen wie durch Verkehrsunfälle.[30] In China tötet die Luftverschmutzung mittlerweile jährlich rund eine halbe Million Menschen, und dank der vom Wind gen Westen getragenen Schadstoffe kommen in Korea und Japan weitere 11 000 Opfer hinzu.[31] In den 1990er Jahren lag verschiedenen Schätzungen zufolge die Zahl der auf Luftverschmutzung zurückgehenden Todesfälle weltweit bei etwa einer halben Million jährlich, eine Studie aus dem Jahr 2002 beziffert sie auf

800 000 pro Jahr.[32] Zwischen 1950 und 2010 dürfte durch toxische Verbindungen belastete Luft global zwischen 30 und 40 Millionen Menschen das Leben gekostet haben, in jüngster Zeit vor allem in China. Das entspricht ungefähr der Zahl der Toten aller rund um die Welt geführten Kriege dieser Zeit.[33] Darüber hinaus leiden viele Millionen Menschen aufgrund der eingeatmeten Schadstoffe an Asthma und anderen Erkrankungen. Der Löwenanteil der durch Luftverschmutzung verursachten Todes- und Krankheitsfälle geht auf das Konto der Verbrennung fossiler Energieträger.

Neben Gesundheitsschäden verantworten die Emissionen fossiler Brennstoffe – insbesondere von Kohle – eine sich ausbreitende Versäuerung (das heißt einen sinkenden pH-Wert) der Umwelt. Durch Vulkane und Waldbrände gelangten immer schon große Mengen Schwefel in die Atmosphäre, doch durch Kohleverbrennung verzehnfachte sich seit den 1970er Jahren das Volumen der Emissionen. Schwefeldioxid bildet in Verbindung mit Wassertröpfchen in der Atmosphäre, etwa in den Wolken oder im Nebel, eine schweflige Säure, die als Bestandteil im Regen, Schnee oder Reif zur Erde gelangt. Dieser landläufig saurer Regen genannte Niederschlag enthält zudem häufig auch noch Stickstoffoxide, ebenfalls Einträge aus der Verbrennung von Kohle oder Öl. Die Nutzung stark schwefelhaltiger Kohle, wie sie sich im Mittleren Westen der USA, in China, in Bengalen und in vielen anderen Gebieten findet, versäuerte allenthalben Böden und Gewässer. Bergwälder und Süßwasserökosysteme zeigten die Folgen am deutlichsten; einige besonders empfindliche Tier- und Pflanzenarten (wie die Amerikanische Seeforelle oder der Kanadische Ahorn) verschwanden in stark versäuerten Umgebungen. Ende des 20. Jahrhunderts gab es, grob gesagt, weltweit drei Schwerpunkte derartiger Umweltverschmutzung: Nord- und Mitteleuropa, das östliche Nordamerika sowie das östliche und insbesondere südöstliche China.

Zu einem politischen Thema wurde der saure Regen Ende der 1960er Jahre. Behörden vor Ort betrachteten es zunächst als eine naheliegende Lösung, höhere Schornsteine vorzuschreiben, sodass die schädlichen Abgase in einem weiteren Umkreis verteilt wurden. In den 1970er Jahren wurde dann der saure Regen ein internationales Problem, als die Kanadier gegen die Verschlechterung der Wasserqualität ihrer Seen protestierten, wofür sie in der Hauptsache US-amerikanische Kraftwerke verantwortlich machten, und die Skandinavier feststellten, dass die Schädigung ihrer Gewässer auf britische und deutsche Kohlekraftwerke zurückzuführen war. Polen und seine Nachbarländer nutzten allesamt stark schwefelhaltige Kohle, und der dort fallende saure Regen erreichte bisweilen den pH-Wert von Essig. In Teilen Polens galten für Züge Geschwindigkeitsbegrenzungen, weil aufgrund des sauren Regens vermehrte Korrosion die Gleise bereits sichtbar angegriffen hatte. Mit dem aufsehenerregenden Aufstieg Chinas seit den 1980er Jahren wurde der grenzüberschreitende saure Regen schließlich zu einem Zankapfel in Ostasien, als man nämlich in Korea, Japan und Taiwan die Auswirkungen der chinesischen Kraftwerke und Fabriken zu spüren begann.

Neben empfindlichen Ökosystemen greifen saure Emissionen auch die menschliche Gesundheit – wenn auch in relativ bescheidenem Maß – sowie vor allem Gebäudefassaden und überhaupt Oberflächen aus Kalkstein und Marmor an. Die griechischen Behörden reagierten und sicherten die wertvollen Plastiken der Akropolis im Museum, um sie vor der Zerstörung durch sauren Regen zu schützen. In der indischen Stadt Agra bedrohen die Emissionen einer nahegelegenen Ölraffinerie (neben Belastungen aus anderen Quellen) den Marmor des Taj Mahal.[34]

Saure Emissionen erwiesen sich erfreulicherweise als eines der Umweltprobleme, bei denen Gegenmaßnahmen griffen. In Europa und den USA legte man – nach Einwänden seitens der Montanindustrie und ihrer politischen Verbündeten mit einer gewissen Verzögerung – Emissionsobergrenzen fest und entwickelte den so genannten Emissionshandel als ein politisches Instrument, das es für die Verschmutzer interessant machte, die eigenen Emissionen durch geeignete Mittel zu reduzieren, begleitet vom Erwerb beziehungsweise von der Veräußerung von Emissionszertifikaten. Um 1990 eingeführt, sorgte dieses Instrument binnen kurzer Zeit für eine Reduktion des Schwefelausstoßes um 40 bis 70 Prozent, und das zu nur einem Bruchteil der ursprünglich erwarteten Kosten. Ökosysteme brauchen eine Weile, um sich zu erholen und den Säuregehalt zu regulieren, doch in Nordeuropa und im Osten Nordamerikas zeichnete sich zu Beginn des 21. Jahrhunderts eine Besserung ab. China, das im sauren Regen zu ertrinken drohte, unternahm große Anstrengungen, das Problem der Schwefelemissionen in den Griff zu bekommen, doch vereitelte die Abhängigkeit des Landes von Kohle bis 2006 alle Bemühungen; seither ist eine leichte Reduktion des Schwefelausstoßes festzustellen. In Nordchina bildeten die ständig in der Luft befindlichen großen Mengen alkalischen Staubs ein Gegengewicht zu den Auswirkungen des sauren Regens (da sie die Säure neutralisierten), doch im Süden des Landes erwiesen sich die Böden und Ökosysteme als ähnlich verwundbar wie in den nördlichen Breiten Europas oder im Osten Nordamerikas.[35]

Im Großen und Ganzen gelang es den reichen Ländern der Erde nach 1970, die Emissionen von Schwefeldioxid und anderen bei der Kohlenutzung anfallenden Schadstoffen deutlich zu reduzieren. Kopenhagen beispielsweise verringerte zwischen 1970 und 2005 die Schwefeldioxidkonzentration in der Luft um 90 Prozent.[36] London senkte die Belastung durch Rauch und Ruß zwischen den 1920er Jahren und 2005 um 98 Prozent.[37] 1950 atmeten die Einwohner der schottischen Stadt Glasgow alljährlich rund ein Kilogramm Ruß ein, 2005 praktisch keinen mehr. In Japan, bis in die Mitte der 1960er Jahre ein Paradies für Umweltverschmutzer, gelang es in den 1990er Jahren sogar in Städten wie der Industriestadt Osaka, lange Zeit Spitzenreiter bei Schwefelemissionen, für saubere Luft zu sorgen.[38] Die bemerkenswerte Verbesserung der städtischen Luftqualität ergab sich aus Veränderungen im Bereich der Energiegewinnung (man nutzte weniger Kohle, dafür mehr Öl und Gas), Deindustrialisierungsprozessen und der Einführung neuer Technologien, die sich vor allem aufgrund neuer Umweltbestimmungen auch ökonomisch durchsetzen konnten. In den meisten Fällen waren neuen Bestimmungen Proteste sozialer Bewegungen vorausgegangen. Die Bedeutung sozialer Bewegungen lässt sich an Deutschland zeigen: In Westdeutschland ging das Ausmaß der Luftverschmutzung seit den 1960er Jahren deutlich zurück, während in Ostdeutschland, wo die Angst vor der Staatssicherheit die Bürger bewog, ihre Ansichten für sich zu behalten, die Luftverschmutzung bis zum Ende des kommunistischen Regimes 1989 unkontrolliert hoch blieb.

Die Nutzung fossiler Brennstoffe spielt auch eine wesentliche Rolle beim unaufhaltsamen Anstieg der Konzentration von Kohlendioxid, einer weiteren Veränderung in der Zusammensetzung der Atmosphäre (mehr dazu im folgenden Abschnitt). In diesem Fall blieben – im Gegensatz zur Schwefeldioxid-Geschichte – staatliche Gegenmaßnahmen bis heute wirkungslos. Politische Bemühungen auf höchster Ebene wie die Verhandlungen in Kyoto (1997) und Kopenhagen (2009) führten zu keinerlei spürbarer Verringerung der Emissionen. Allein die in China seit den 1990er Jahren ausgestoßenen Kohlendioxidmengen konterkarierten alle kleineren Verbesserungen, die bislang irgendwo anders auf der Welt erreicht wurden. Der spektakuläre Anstieg der Nutzung fossiler Brennstoffe seit 1950 ist der Hauptgrund für die gleichzeitige Zunahme atmosphärischen Kohlenstoffs.

Die seltsame Karriere der Kernkraft

Im Unterschied zur Nutzung anderer Energieträger hat die Kernkraft einen Geburtstag: den 2. Dezember 1942. An jenem Tag beobachtete Enrico Fermi, ein emigrierter italienischer Physiker, in einem Reaktor unter der Tribüne des Football-Stadions der Universität Chicago erstmals eine induzierte Kernspaltungs-Kettenreaktion. (In die USA war Fermi übergesiedelt, weil seine Frau, eine Jüdin, in Mussolinis Italien Repressalien ausgesetzt war.) Die Kraft der im Atomkern gebundenen Energie stellt alle anderen der Menschheit zur Verfügung stehenden Energiequellen in den Schatten. Eine Handvoll Uran reicht aus, um mehr Energie freizusetzen als eine ganze Wagenladung Kohle. Ihre erste Anwendung fand diese bemerkenswerte Energie als Atombombe. Tausende wurden gebaut, zwei davon kamen zum Einsatz, beide durch die USA, um den Zweiten Weltkrieg zu beenden, im August 1945 gegen Japan.

Die friedliche Nutzung der Atomenergie schloss sich bald darauf an. Der erste Kernreaktor, der Elektrizität in ein Stromnetz einspeiste, gehörte zu einem kleinen Kraftwerk in der Nähe Moskaus und nahm 1954 den Betrieb auf. Wesentlich größere Reaktoren folgten in Großbritannien und den USA in den Jahren 1956/57. Mitte der 1950er Jahre versprach die Kernkraft glänzende Aussichten, und das für alle Zeiten. Wissenschaftler prognostizierten nukleargetriebene Flüge zum Mars. Man erwartete, Elektrizität werde schon bald «zu billig für den Stromzähler», so ein hoher US-Beamter. Durch die USA wie die UdSSR geisterten visionäre Vorstellungen der ungeheuren Möglichkeiten einer technischen Nutzung von Kernexplosionen, um etwa einen neuen Kanal durch den Isthmus von Panama zu sprengen oder anrückende Wirbelstürme aufzuhalten.[39] Zahlreiche Länder förderten die Nukleartechnologie mit gewaltigen Subventionen. In den USA war die Höhe der Summe, bis zu der Kernkraftwerke vor Gericht auf Schadenersatz verklagt werden konnten, gesetzlich gedeckelt, sodass die Betreiber sich Risikopolicen für Schadensfälle leisten konnten, die ansonsten kein Versicherer mit ihnen abgeschlossen hätte. Zwischen 1965 und 1980 stieg weltweit der Anteil des in Kernkraftwerken erzeugten elektrischen Stroms von unter einem auf etwa zehn Prozent, 2010 lag er bei 15 Prozent.

Länder, die über das notwendige wissenschaftliche und technische Know-how, aber möglicherweise über geringe Ressourcen im Bereich fossiler Energieträger verfügten, setzten fast alle auf Kernenergie. 2010 produzierten Frankreich, Litauen und Belgien mehr als die Hälfte ihres Stroms in Nuklearanlagen, in Japan und Südkorea war es ungefähr ein Viertel, in den USA ein Fünftel.

Die rosigen Erwartungen einer nuklearen Zukunft verblühten in den 1970er und 1980er Jahren, nachdem einige Unfälle öffentlich geworden waren. Bereits in den 1950er und 1960er Jahren hatten sich in zivil genutzten Kernreaktoren Dutzende von Unfällen ereignet, die schlimmsten in der UdSSR, doch hatte man sie so gut wie möglich geheim gehalten. 1979 kam es dann zu einem Unfall in der Anlage auf Three Mile Island in Pennsylvania, der Gegenstand einer öffentlichen Untersuchung wurde. Wie sich herausstellte, war es, nukleartechnisch betrachtet, ein kleinerer Zwischenfall, der dennoch fast zu einer Katastrophe führte; zudem wurde er nicht vor der Öffentlichkeit verborgen. In den USA führte der Unfall zu einem Meinungsumschwung, weg von der Kernkraft.[40] Weltweit schenkte die breite Öffentlichkeit der Panne auf Three Mile Island nur geringe Beachtung, doch in Ländern mit Nuklearindustrie erhielten Antiatomkraft-Bewegungen und Umweltschützer Auftrieb. Ihre Sorgen um die Sicherheit von Nuklearanlagen führten zu Reformen, strengeren Kontrollen und höheren Planungs- und Betriebskosten. Im März 1986 meinte der *Economist*, das führende britische Wirtschaftsmagazin, kategorisch: «Die Nuklearindustrie bleibt so sicher wie eine Schokoladenfabrik.»[41]

Vier Wochen später explodierte in Tschernobyl in der Ukraine (damals UdSSR) ein drei Jahre zuvor fertiggestellter Reaktor, wobei die Reaktorhülle barst. Durch die Explosion und das anschließende Feuer wurde hunderte Male mehr Radioaktivität freigesetzt als 41 Jahre zuvor über den japanischen Städten Hiroshima und

Nagasaki. Tagelang versuchte die sowjetische Regierung unter Michail Gorbatschow, die Katastrophe geheim zu halten, und unterließ es, die betroffene Bevölkerung vor den Risiken des Aufenthalts im Freien oder auch vor dem Genuss von Milch zu warnen (da Radioaktivität relativ schnell vom Gras über das Vieh in die Milch gelangt). Der Wind trug die radioaktiven Wolken über Europa und verbreitete sie in geringerem Ausmaß letztendlich über die gesamte nördliche Hemisphäre. Rund 830 000 Soldaten und Arbeiter (die so genannten Liquidatoren von Tschernobyl) wurden für die Aufräumungsarbeiten zwangsverpflichtet. 28 Liquidatoren starben binnen kürzester Zeit an der Strahlenvergiftung, einige Dutzend andere bald darauf. Im Lauf der Jahre wurden Tausende weitere Betroffene Opfer der Radioaktivität, weit mehr, als Sterbestatistiken vermuten ließen. Rund 130 000 Menschen wurden aufgrund der Kontamination ihrer Häuser und Wohnungen dauerhaft umgesiedelt. Zurück blieb ein Geistergebiet, verseucht durch radioaktive Strahlung auf einem noch mindestens 200 Jahre lang gefährlich hohen Niveau. Einige wenige Unerschrockene und Starrköpfe leben noch immer dort.

Die Sperrzone von Tschernobyl wurde seitdem faktisch zu einem Wildreservat, in dem es von Wildschweinen, Elchen, Hirschen, Wölfen, Störchen, Adlern und anderem Getier wimmelt. Sie durchstreifen Gebiete, in denen die Radioaktivität für Menschen lebensgefährlich hohe Werte erreicht – da Wildtiere allerdings ständig selbst zur Beute zu werden oder aber zu verhungern drohen, leben nur wenige lange genug, um an Krebs zu erkranken. Doch weisen die Tiere, von den Käfern bis zu den Wildschweinen, überproportional häufig Tumore, Alterungserscheinungen und genetische Veränderungen auf. Auch die Pflanzenwelt in der «Zone» – wie das Sperrgebiet von Einheimischen genannt wird – zeigt eine hohe Mutationshäufigkeit, ebenso die wenigen bisher untersuchten Mikroorganismen im Boden. Da im Körper eines durchschnittlichen Menschen ungefähr drei Kilogramm Bakterien, Viren und Mikropilze leben, werden die nach der Tschernobyl-Katastrophe aufgetretenen genetischen Veränderungen sich möglicherweise noch als folgenreich erweisen. In der Zone jedenfalls entwickelte sich im Gefolge der Ereignisse von 1986 eine Art biologisches Paradox: eine ungeheuer reiche Fauna und wieder erstehende, vielfältige Flora, deutlich fruchtbarer als in den Gegenden außerhalb des Sperrgebiets, und dies nicht zuletzt weil das Wirken des Menschen (Landwirtschaft, Bautätigkeit, Jagd) ausfällt – und gleichzeitig bleibt die Tier- und Pflanzenwelt gerade infolge des Unfalls nachhaltiger geschädigt als irgendwo sonst.[42]

Die Auswirkungen von Tschernobyl auf die Gesundheit von Menschen bleiben umstritten. Die Häufigkeit von Krebserkrankungen, insbesondere Schilddrüsenkrebs bei Kindern, schoss in den Jahren nach dem Reaktorunglück in die Höhe: Bis 2004 ist die Rede von bis zu 4000 zusätzlichen Erkrankungen, und für die kommenden Jahre werden weitere Fälle erwartet. Hätte die Regierung anfänglich nicht versucht, die Katastrophe zu vertuschen, könnte die Zahl deutlich niedriger liegen. Darüber zumindest herrscht weithin Einigkeit. Über das gesamte Ausmaß der gesundheitlichen Auswirkungen indes geht die Kontroverse weiter.

Epidemiologische Studien unternahmen zahlreiche Anläufe, die Mortalität nach Tschernobyl zu beziffern, häufig gestützt auf Rückschlüsse aus Erfahrungen mit Opferzahlen nach Hiroshima und Nagasaki. Das so genannte Tschernobyl-Forum, eine Arbeitsgruppe unter Federführung verschiedener Organe der Vereinten Nationen, kam 2006 auf geschätzte 9000 Todes- und 200 000 Krankheitsfälle im Zusammenhang mit der Reaktorkatastrophe – beruhigende Zahlen, wie der Sprecher des Forums befand. Im Spektrum der Expertenmeinungen liegt eine derartige Schätzung an der unteren Grenze. In jüngerer Zeit berichteten Forscher der Russischen Akademie der Wissenschaften und des Weißrussischen Forschungsinstituts für Strahlenschutz von einer großen Zahl eher schleichender Folgen. So stellten sie beispielsweise bei verstrahlten Personen ein frühes Altern und Symptome von Senilität fest, darüber hinaus stiegen in den Monaten nach Tschernobyl die Häufigkeit des Down-Syndroms, Fälle von Untergewicht bei Neugeborenen und darüber hinaus europaweit die Säuglingssterblichkeit. In der Ukraine waren 1994 über 90 Prozent der Tschernobyl-Liquidatoren erkrankt, 80 Prozent der aus der Sperrzone Evakuierten und 76 Prozent der Kinder von verstrahlten Eltern. Viele Menschen litten unter einer Schwächung ihres Immunsystems; im Gesundheitssystem etablierte sich der Ausdruck «Tschernobyl-Aids». Am stärksten betroffen war die Bevölkerung, die in der Nähe Tschernobyls gelebt hatte und daher einer großen Strahlendosis ausgesetzt gewesen war, ferner die Liquidatoren und die in den Monaten nach dem April 1986 geborenen Kinder – der Mutterleib war in jenem Frühjahr alles andere als ein sicherer Ort. Ausgehend von den gesteigerten Mortalitätsraten in den direkter Strahlung ausgesetzten Gebieten der ehemaligen Sowjetunion kommen die Forscher zu dem Ergebnis, dass die Reaktorkatastrophe bis 2004 bereits rund 212 000 Menschen in Russland, Weißrussland und der Ukraine tötete; weltweit, so schätzen sie, erreicht die Zahl der Todesopfer annähernd die Millionengrenze. Solche Angaben markieren eher das obere Ende des Spektrums. Allerdings wird man aufgrund der Schwierigkeiten, Todesursachen eindeutig zu bestimmen, und wegen der auf Veranlassung der sowjetischen Behörden verfälschten Gesundheitsunterlagen der Liquidatoren die wahre Zahl der Opfer und das Ausmaß der Folgen von Tschernobyl wohl niemals erfahren.[43]

Die Reaktorkatastrophe von Tschernobyl ereignete sich gleichzeitig mit einem Einbruch der Weltmarktpreise für Öl. Sowohl die ökologischen als auch die ökonomischen Argumente für den Bau von Kernkraftwerken wirkten plötzlich weniger überzeugend. Der Anteil der weltweit aus Kernenergie gewonnenen Elektrizität, der lange Zeit schnell angestiegen war, pendelte sich für die folgenden zwanzig Jahre bei 16 bis 17 Prozent ein.

Der Schockeffekt von Tschernobyl für die Nuklearindustrie hielt viele Jahre an, doch nicht ewig. In Italien hatte sich 1987 ein Referendum gegen die Nutzung der Kernenergie ausgesprochen – 2009 wurde die Entscheidung widerrufen. Die stetig wachsende Nachfrage nach Elektrizität, insbesondere in China, bewog die Verantwortlichen, den Bau von Kernkraftwerken voranzutreiben. Im Jahr 2010 waren weltweit (in 44 verschiedenen Ländern) 440 Anlagen in Betrieb und 50 weitere in Planung oder im Bau, davon zwanzig in China, zehn in Russland und fünf in Indien. Der Umstand, dass Nuklearenergie nur sehr wenig zum Entstehen von Treibhausgasen beiträgt, steigerte ihr Ansehen bei Leuten, die das Problem der globalen Erwärmung ernst nehmen, ungeachtet aller Bedenken über die Sicherheit, die Abhängigkeit von staatlichen Subventionen und das bislang ungelöste Problem, was mit dem gefährlichen Atommüll geschehen soll. Bis 2010 hatten sich in den USA rund 62 000 Tonnen abgebrannter nuklearer Spaltabfälle angesammelt, ohne dass eine Endlagermöglichkeit existierte.[44] Nach Angaben der US-Umweltschutzbehörde wird sich das Problem allerdings nach etwa 10 000 Jahren von alleine lösen, da von den Abfällen dann keine Gesundheitsgefährdung mehr für Menschen ausgehe. Ungeachtet der Sorge um die Umwelt und ungeachtet auch der Notwendigkeit staatlicher Subventionen, um am Markt überhaupt wettbewerbsfähig zu sein, erstand die Kernenergie aus der Asche von Tschernobyl und war 2010 beinahe rund um die Erde ein politisch gangbarer Weg.

Dann kam Fukushima.[45] Ein mächtiges Erdbeben der Stärke 9,0 auf der Richterskala führte im März 2011 zu einem Tsunami, der von Nordosten auf Japan traf. Gewaltige, bis zu 14 Meter hohe Wellen überschwemmten die Küstengebiete, töteten annähernd 20 000 Menschen und hinterließen Zerstörungen in einem Ausmaß, die das Ganze zur vermutlich kostspieligsten Naturkatastrophe in der Geschichte der Menschheit machten.

Das Kernkraftwerk Fukushima Daiichi, eines der leistungsstärksten der Welt, war 1971 in Betrieb genommen worden. 1978 hatte es ein Erdbeben überstanden. Die Betreibergesellschaft war die Tokyo Electric Power Company, bekannt als TEPCO. Im März 2011 schlugen die Tsunamiwellen meterhoch über das Kraftwerk, dessen Schutzmauern nur für höchstens halb so hohe Fluten konstruiert waren. Die sechs Reaktorblöcke fuhren herunter, doch Generatoren und Notstrombatterien versagten, und in der Folge fiel die Stromversorgung im gesamten Kraftwerk aus. Es gab keine Möglichkeit mehr, durch Einpumpen von Wasser die Brennstäbe in den Reaktorkernen zu kühlen, sodass die auch nach der Abschaltung des Reaktors weiterhin produzierte Nachzerfallswärme nicht abgeführt werden konnte. Feuer brachen aus, und es ereigneten sich Explosionen; die Gebäude wurden dadurch schwer beschädigt. In drei Blöcken kam es zu einer Kernschmelze. TEPCO-Mitarbeiter pumpten in der Hoffnung, so das Schlimmste verhindern zu können, Meerwasser in die Reaktoren. Die im ersten Monat nach dem Tsunami in die Umwelt gelangte radioaktive Strahlung belief sich auf etwa zehn Prozent der in Tschernobyl freigesetzten Menge. Dutzende Mitarbeiter des Kernkraftwerks Fukushima Daiichi waren hohen Strahlungsdosen ausgesetzt.

Die Regierung unterschätzte anfänglich den Ernst der Lage dramatisch, richtete aber schließlich eine 20-Kilometer-Sperrzone rund um das Kraftwerk ein. Etwa 350 000 Menschen verließen ihre Häuser und Wohnungen, um sich anderswo in Sicherheit zu bringen – ein zunächst nicht ganz einfaches Unterfangen. Amtlichen Informationen zufolge war das Trinkwasser im rund 200 Kilometer südlich gelegenen Tokio aufgrund der Strahlenbelastung für Kleinkinder ungeeignet. TEPCO und die japanische Regierung sahen sich wegen ihres Unvorbereitetseins und ihrer Unaufrichtigkeit wachsender öffentlicher Kritik ausgesetzt.[46]

Kleinere Mengen radioaktiver Strahlung verteilten sich in der nördlichen Hemisphäre, verdarben Milch in Nordamerika und weckten anderswo Ängste. In Deutschland beschloss die Regierung, einige der älteren Atomreaktoren abzuschalten, und mehrere Staaten kündigten eine Überprüfung ihrer Sicherheitsvorschriften an. China, obwohl der Katastrophe geographisch näher als die meisten anderen Länder, hielt mit unverminderter Rekordgeschwindigkeit am Bau neuer Reaktoren fest.

In Japan selbst bröckelte die Unterstützung für die Kernkraft in der Öffentlichkeit merklich, und binnen 14 Monaten nach der Katastrophe hatte man bei allen 54 Reaktoren des Landes den Stecker gezogen. An keinem Standort regte sich der Wunsch nach einem Weiterbetrieb. Um die daraus resultierenden Engpässe bei der Stromversorgung auszugleichen, steigerte Japan den Import fossiler Brennstoffe, was die Kosten erheblich in die Höhe trieb. Ob der Tsunami und die Zerstörung der Atomanlagen in Fukushima auf Dauer die Begeisterung für die Kernkraft dämpfen werden, bleibt abzuwarten.

Die zweifelhafte Karriere der Wasserkraft

Was den Ausstoß von Schadstoffen anbelangt, zieht die Stromerzeugung durch Wasserkraft mit der Kernenergie gleich; im Hinblick auf Auseinandersetzungen und Tragödien steht sie ihr kaum nach. Seit der Antike hatten Menschen Wasserkraft genutzt, um Kornmühlen zu betreiben, seit dem 18. Jahrhundert übertrugen Mühlen die Wasserkraft auf Maschinen in Werkstätten und Fabriken, doch erst seit 1878 erzeugen durch Wasser angetriebene Turbinen elektrischen Strom. In Europa und Nordamerika entstanden zwischen 1890 und 1930 Hunderte kleine Wasserkraftanlagen. In den 1930er Jahren wurden dann die USA zum Vorreiter beim Bau gigantischer Wasserkraftwerke, und die UdSSR folgte nur wenig später. Diese Ungetüme wurden – wie später die Kernkraftwerke – zu Sinnbildern einer sich durch technologische Meisterschaft auszeichnenden Modernität. Jawaharlal Nehru, indischer Premierminister von 1947 bis 1964, nannte Stauwerke verschiedentlich «die Tempel des modernen Indien». Weltweit baute man nach 1945 begeistert weiter Dämme und Talsperren, bis die Welle in den 1960er und 1970er Jahren einen Höhepunkt erreichte. Zu dieser Zeit hatte man in den industrialisierten Ländern an den meisten geeigneten Standorten Wasserkraftwerke errichtet.

Wasserkraft war attraktiv. Für Ingenieure lag ihr Vorteil darin, dass das Wasser praktisch jederzeit zur Verfügung stand, um Elektrizität zu erzeugen (außer wenn eine extreme Dürreperiode einen Stausee trockenlegte). Die aufgestauten Fluten waren als gespeicherte Energie an Ort und Stelle, und das ohne weitere Kosten (außer große Mengen verdunsteten, wie etwa im Assuan-Reservoir, das auf ägyptischer Seite Nassersee heißt). Zudem können Stauseen vielfältig genutzt werden: als Speicher zur Bewässerung, als Naherholungsgebiete oder als Fischereigewässer. Obwohl Umweltschützer an vielen Standorten Einwände gegen große Staudammprojekte erhoben, ist Wasser als Energieressource auch für sie attraktiv, da der Betrieb eines Wasserkraftwerks keinerlei Treibhausgase freisetzt. Natürlich ist der Bau eines Stauwerks ökologisch betrachtet eine ganz andere Geschichte, doch zieht man alle Phasen in Betracht, bleibt angesichts des Klimawandels Wasserkraft vermutlich die optimale Art der Stromerzeugung, jedenfalls bei weitem vorteilhafter als die Nutzung fossiler Brennstoffe.

Die Nachteile freilich sind nicht zu übersehen. An großen Staudämmen können große Unglücke passieren, wie 1975 am südchinesischen Banqiao-Staudamm. Der Damm brach während eines Taifuns, und eine gewaltige Flutwelle – ein Tsunami im Landesinneren – begrub das Land unter sich. Zehntausende Menschen ertranken; die in der Folge einsetzenden Epidemien und eine Hungersnot kosteten weitere 145 000 Menschen das Leben. Bei vielen Hundert anderen Staudämmen traten ebenfalls Probleme auf, ohne dass es indes zu ähnlichen Katastrophen kam. In anderen Fällen wiederum versandeten Stauseen einfach, sodass Kraftwerke nur zehn oder zwanzig Jahre lang zu nutzen waren; in China passierten solche Planungsmängel häufiger. Bisweilen zerstörten Staudämme und Stauseen wunderbare Landschaften, so als Brasilien einen Nationalpark opferte, um gemeinsam mit Paraguay am Paraná den Itaipu-Damm zu bauen, der 1982 fertiggestellt wurde. Das dortige Kraftwerk ist das zweitgrößte der Welt. In einigen Fällen vernichteten Stauseen archäologische Schätze, am bekanntesten sind der Assuan-Damm in Ägypten und das Südostanatolien-Projekt in der Türkei mit mehreren Staustufen an Euphrat und Tigris. Die betriebene «archäologische Bergung» kann gewöhnlich nur einen Bruchteil dessen retten, was in den aufgestauten Fluten versinkt.[47]

Der politisch brisanteste Aspekt bei der Planung von Staudämmen ist die Umsiedelung der einheimischen Bevölkerung. Stauseen bedecken riesige Gebiete – weltweit rund das Doppelte der Fläche Italiens. Einige der gewaltigsten Reservoire, wie sie sich in Ghana und Russland finden, dehnen sich über ein Areal aus, das der Größe Zyperns entspricht. Weltweit mussten zwischen 40 und 80 Millionen Menschen Stauseen weichen – allein in Indien waren es 20 Millionen. In manchen Fällen waren Menschen sogar gezwungen, Hals über Kopf zu fliehen, da man sie nicht vor den steigenden Fluten gewarnt hatte.[48] Die Betroffenen gehörten oftmals ethnischen Minderheiten an und lebten im Bergland und an reißenden Strömen. Sie wurden umgesiedelt, weil man in diesen Gegenden Elektrizität erzeugen konnte, die anderswo im Land gebraucht wurde.[49]

In Indien war nach der 1947 errungenen Unabhängigkeit der Bau von Staudämmen, verbunden mit Bewässerungs- oder Kraftwerkprojekten, ein wichtiger Bestandteil der nationalen Entwicklungsprogramme – häufig finanziert aus Mitteln der Weltbank. In den 1980er Jahren regte sich in der ländlichen Bevölkerung ein breiter Widerstand gegen Dammprojekte, nur selten jedoch gelang es den Gegnern, die staatlichen Pläne zu durchkreuzen. Eine starke Protestbewegung formierte sich etwa gegen die Bauvorhaben entlang der Narmada im Westen des Subkontinents; es kam zu politischen Tumulten und jahrelangen Rechtsstreitigkeiten. Das Narmada-Projekt sah Tausende von größeren und kleineren Stauwerken vor, Baubeginn war 1978. Während der 1980er Jahre entwickelte sich der Widerstand zunächst vor Ort und richtete sich vor allem gegen Umsiedelungsmaßnahmen, doch die Bewegung wuchs, zog weitere Kreise und fand schließlich die Unterstützung internationaler Umweltorganisationen. 1993/94 strich die Weltbank die noch ausstehende Finanzierung. Die Kritik aus dem Ausland schürte den indischen Nationalismus. Bekannte indische Autorinnen und Schauspieler engagierten sich in dem Konflikt, sowohl für als auch gegen das Projekt. Schließlich entschied der Oberste Gerichtshof zugunsten der Regierung und der geplanten Bauvorhaben; die Arbeiten wurden fortgesetzt und an die 100 000 Menschen – in Indien *oustees* (Vertriebene) genannt – mussten weichen, um den aufgestauten Wassern der Narmada Platz zu machen.[50]

Während in Europa und Nordamerika in den 1980er Jahren für weitere Wasserkraftwerke kaum noch geeignete Standorte zur Verfügung standen, plante und baute man in anderen Teilen der Welt unaufhaltsam neue Talsperren und Staustufen. Die Hälfte der weltweit nach 1950 realisierten Großstauwerke findet sich in China. Zwischen 1991 und 2009 entstand die Drei-Schluchten-Talsperre im Yangzi als Teil der (bislang) weltgrößten Wasserkraftwerkanlage. Um die 1,3 Millionen Menschen mussten dem Stausee weichen. Wie beim Narmada-Projekt entzündeten sich an den Planungen Kontroversen um die Umweltfolgen. Da die Talsperre enorme Mengen Schlamm und Sediment zurückhält, die der Fluss mit sich führt, begannen flussabwärts Flächen im Yangzi-Delta bereits zu erodieren, als sich der Stausee langsam füllte. Der Rückgang des organischen Eintrags ins Ostchinesische Meer bedroht zudem die reichsten Fischgründe des Landes.[51] Darüber hinaus wurde die Talsperre auf einer seismischen Verwerfung errichtet. Das Ausmaß der Katastrophe, die ein Brechen der Staumauer unmittelbar zur Folge hätte, übersteigt jede Vorstellungskraft. In gewisser Weise illustriert die Drei-Schluchten-Anlage die ökologische Ambivalenz der Wasserkraft: Ohne die Talsperre würde China alljährlich zig Millionen Tonnen Kohle mehr verbrennen.

Mitglieder des Save Narmada Movement protestieren nahe der amerikanischen Botschaft in New Delhi gegen das US-Energieunternehmen Ogden Energy Group, 4. April 2000. Strom aus Wasserkraft verursacht relativ wenig Umweltverschmutzung, erfordert jedoch üblicherweise das Aufstauen ungeheurer Wasserspeicher und die Umsiedelung der lokalen Bevölkerung, wie das bei einer ganzen Reihe von Staudämmen im Flusslauf der Narmada in Indien der Fall war.

Gegenwärtig existieren für Wasserkraft noch enorme Entwicklungsmöglichkeiten in Afrika und Südamerika, die wegen schwacher Strommärkte bislang ungenutzt blieben. Die wachsende Sorge um den Klimawandel erhöht die Chancen, dass die vorhandenen Perspektiven von Wasser als Energieresource auf Dauer nicht brach liegen werden, ungeachtet der damit verbundenen (Zwangs-)Umsiedelung der Bevölkerung und anderer Probleme.

Das (zögerliche) Auftauchen alternativer Energie

Die offenkundigen ökologischen Nachteile der fossilen Brennstoffe, der Nuklearenergie wie auch der Wasserkraft nährten die Sehnsucht nach gesunden und «grünen» Energiequellen. Hartnäckige Sorge um die Erschöpfung fossiler Brennstoffressourcen trug das Ihre dazu bei, verstärkt nach alternativen, erneuerbaren Energiequellen zu suchen. Bereits 1917 hatte sich der schottisch-amerikanische Erfinder Alexander Graham Bell zum Fürsprecher des aus Ernterückständen zu gewinnenden Ethanol als Brenn- und Kraftstoff gemacht, weil er davon überzeugt war, dass Kohle und Öl eines Tages ausgehen würden. Fallende Preise für fossile Brennstoffe und der in den frühen Jahren der Kernenergie vorherrschende Optimismus ließen allerdings die Suche nach alternativen Energiequellen bis in die 1970er Jahre hinein einschlafen. Die abrupten Ölpreissteigerungen von 1973 und 1979 sowie schließlich die Desillusionierung über die Kernkraft, die 1986, nach Tschernobyl, ihren Höhepunkt erreichte, lösten eine Welle des Interesses aus, sich Sonnen- und Windenergie, Gezeiten, Geothermie und einer Reihe anderer, vielleicht bislang weniger beachteter Möglichkeiten zuzuwenden. Ethanol seinerseits wurde in Brasilien seit den 1970er Jahren ein wichtiger Energieträger. Die Rückstände des verarbeiteten Zuckerrohrs lieferten hier die Grundlage eines Kraftstoffs für Autos, eines Gemischs aus 75 Prozent Benzin und 25 Prozent Ethanol.

Nichts ist erneuerbarer als der Wind. Windmühlen, um Korn zu mahlen, haben ihren Ursprung im Iran oder in Afghanistan. Windräder, um Wasser aus Brunnen zu pumpen, wurden gegen Ende des 19. Jahrhunderts populär, insbesondere auf den Great Plains Nordamerikas. Die großtechnische Erzeugung von Strom aus Windkraft entwickelten 1979 dänische Ingenieure, die erstmals moderne Windturbinen konstruierten. Technologische Verbesserungen, gefördert durch staatliche Subventionen, folgten rasch, und so stammte 2010 ungefähr ein Fünftel des Stroms in Dänemark aus Windkraft. In Spanien und Portugal beläuft sich der Anteil auf rund 10 Prozent. In den USA kommen weniger als zwei Prozent der Strommenge aus Windkraft, doch nimmt die Menge rasch zu; das Gleiche gilt für China. Nach 2008 übertraf die Leistung der jedes Jahr weltweit neu errichteten Windkraftanlagen die Wachstumsziffern im Bereich der Wasserkraft.

Die Attraktivität der Windkraft beruht überall in erster Linie auf ihrer Umweltfreundlichkeit. Auch wenn es hier und da um große Windparks ein paar kleinere Kontroversen gab, weil sie etwa das Aussehen der Landschaft veränderten oder gelegentlich Vögel oder Fledermäuse bedrohten, bleiben die Auswirkungen von Windkraft auf die Umwelt im Großen und Ganzen zu vernachlässigen. Für umweltbewusste Bürger und Regierungen verheißen Windräder einen Ausweg aus dem Schlamassel des Klimawandels. Genau genommen ist es eine Teillösung, denn Windkraft benötigt Wind, und der bläst selbst in Dänemark und Portugal nicht immer, wenn Strom gebraucht wird.

Die gleiche Einschränkung gilt für die Sonnenenergie, das andere Lieblingskind umweltbewusster Bürger. Wolken oder die Nacht beeinträchtigen die dauerhafte Versorgung mit Solarenergie. Doch dem Potential der Sonne lässt sich schwerlich widerstehen. Sie spendet in einer Stunde mehr Energie als die Menschheit in einem ganzen Jahr verbraucht. Und eine Jahresmenge generösen Sonnenscheins enthält mehr Energie als alle fossilen Brennstoffe und Uranvorkommen in der Erdkruste zusammen. Mehr als jede andere verfügbare Energiequelle verspricht die Sonne unerschöpfliche Kraft.

Die Technologie photovoltaischer Zellen wurde im späten 19. Jahrhundert entwickelt, doch führte sie jahrzehntelang ein Schattendasein. In den 1970er Jahren war dann Solarenergie, wie Windkraft auch, für viele Menschen aufgrund der hohen Ölpreise attraktiv. An entlegenen Orten, die nicht ans öffentliche Stromnetz angeschlossen waren, erwiesen sich Sonnenkollektoren als recht praktisch. Nach einigen eher ruhigen Jahren, die vor allem auf den Verfall des Ölpreises von 1985/86 zurückzuführen sind, stiegen Investitionen in Solarenergieanlagen nach 2000 wieder stark an. Staatliche Subventionen für die Solartechnologie in europäischen Ländern, insbesondere in Deutschland, spielten dabei eine wichtige Rolle. Die größten einzelnen Solarenergieprojekte weltweit waren 2010 allerdings in China im Bau: In den Gebieten im äußersten Westen des Landes, etwa in Xinjiang oder Tibet, gibt es viel Sonnenschein, während für die Kohle der Weg recht weit ist.[52]

Weltweit gingen, ungeachtet des exponentiellen Wachstums in jüngster Zeit, insgesamt weniger als ein Prozent der Stromversorgung auf das Konto von Wind- und Solarenergieanlagen. Mögen sie auch für die Hoffnung stehen, die Treibhausgasemissionen drastisch zu reduzieren, so liegt noch ein sehr langer Weg vor ihnen, wenn sie fossile Brennstoffe ersetzen sollen; das gilt insbesondere für Motoren und Verkehrsmittel, wo Öl nach wie vor große Vorteile bietet.

Die mittelbaren Auswirkungen reichlich vorhandener Energie

Das auf fossilen Brennstoffen beruhende Energieregime hatte weitreichende Folgen für Luft, Wasser und Erde, und nicht zuletzt für die Gesundheit des Menschen. Darüber hinaus führte die bloße Tatsache, dass (im Vergleich zu vergangenen Zeiten) billige Energie im Überfluss vorhanden ist, zu allen möglichen Umweltveränderungen. Billige Energie und die Maschinen, die sie antreibt, veränderten Holz- und Landwirtschaft, von anderen Gebieten ganz zu schweigen. Insgesamt vergrößerte billige Energie den Bereich dessen, was sich wirtschaftlich lohnt, und zugleich das Ausmaß energiefressender Arbeiten.

Man nehme nur die Holzernte. Seit 1960 hat die Waldzerstörung, insbesondere in feuchten tropischen Wäldern, stark zugenommen; die Abholzung gehört zu den großen Transformationen der Umwelt in der Neuzeit. Ermöglicht wurde sie durch billiges Öl. Wären Holzfäller nach wie vor auf Äxte und Handsägen angewiesen gewesen, hätten sie das Holz nur mithilfe der Muskelkraft von Arbeitstieren rücken und danach auf Wasserwegen flößen können, wäre die Abholzung weit weniger fortgeschritten. Waldarbeiter mit Benzinmotorsägen waren in der Lage, hundert bis tausend Mal mehr Bäume zu fällen als zu Zeiten von Axt und Schrotsäge. Seit den 1990er Jahren kommen gewaltige, von Dieselmotoren angetriebene, drei- bis vierachsige Harvester-Maschinen zum Einsatz, die wie «Insekten von einem anderen Planeten» aussehen; sie schneiden den Stamm in Bodennähe ab und fällen so einen Baum, ohne dass ein Mensch auch nur einen Fuß auf den Waldboden setzt.[53]

Noch fundamentaler veränderte Öl die Landwirtschaft. In den 1980er Jahren war eine einzige Person mit einem vollgetankten großen Traktor in der Lage, in den nordamerikanischen Ebenen an einem Tag 45 Hektar zu pflügen und so die gleiche Arbeit zu verrichten, für die es siebzig Jahre zuvor 55 Männer und 110 Pferde gebraucht hätte. Diese Art der Mechanisierung sorgte dafür, dass Menschen und Pferde in Nordamerika und Europa aus der Landwirtschaft (und vom Land) verschwanden. Noch 1920 wurde annähernd ein Viertel der Ackerfläche in den USA zum Anbau von Hafer für Pferde verwendet. Maschinen veränderten die Landwirtschaft auch in Teilen Asiens, wo es heute mehr als fünf Millionen Traktoren gibt – in Afrika sind es vielleicht 200 000.[54]

Die Mechanisierung ist indes lediglich der sichtbarste Ausdruck des Wandels, der mit der billigen Energie die Landwirtschaft erfasste. Das ungeheure Ausmaß der Nutzung von Stickstoffdünger beruhte ebenfalls auf der Verfügbarkeit billiger Energie. Rund fünf Prozent des weltweit verbrauchten Erdgases werden zur Herstellung von Düngemitteln verwendet. Viele Pestizide sind petrochemische Produkte, beruhen also auf dem Rohstoff Öl. Bewässerung, insbesondere der dauerhafte Betrieb von Grundwasserpumpen, ist ebenfalls auf billige Energie angewiesen. Alle diese Aspekte der modernen Landwirtschaft haben weitreichende Folgen für die Umwelt, und alle beruhen auf der Verfügbarkeit billiger Energie.

Billige Energie veränderte ferner Ausmaß, Intensität und ökologische Folgen in einer Reihe anderer Bereiche der Interaktion des Menschen mit der Natur, sei es im Bergbau, im Fischfang, im Städtebau oder im Tourismus. Ohne billige Energie wäre es kaum vorstellbar, sich mit Maschinen durch Tonnen von Gestein im westaustralischen Outback zu graben, um ein paar Gramm Gold zu fördern. Ebenso wenig könnten Trawler Netze von mehreren Kilometern Durchmesser über den Meeresboden schleifen. Städte wie Toronto oder Sydney wären nicht in der Lage gewesen, sich derart in die Landschaft zu fressen und dabei Wälder und Ackerland unter sich zu begraben. Nordamerikanische Touristen würden kaum nach Cozumel, Europäer nicht auf die Seychellen und Japaner nicht nach Saipan oder Guam fliegen – an Orte, deren Umwelt, Wirtschaft und soziales Gefüge der Massentourismus in den vergangenen vierzig Jahren grundlegend veränderte. In diesen und zig anderen Fällen lieferten in der Regel fossile Brennstoffe die billige Energie, doch auch wenn sie, ebenso billig, anderen Ursprungs gewesen wäre, hätte das im Ergebnis für Landschaft, Fische, Wälder, Ackerland und Strände wenig geändert. Die mittelbaren Auswirkungen auf die Umwelt resultieren aus dem Umstand, dass Energie im großen Maßstab eingesetzt wird, im Überfluss vorhanden ist und wenig kostet, und nicht aus den je besonderen Eigenschaften des Energieträgers.[55]

Gewiss sind nicht all die vielen Kräfte und verschlungenen Wege zu entwirren, die das Anthropozän formten, doch aus welcher Perspektive man es auch betrachtet, Energie bildet das Herzstück der neuen Epoche. Die seit 1945 genutzten Energiemengen sind so gewaltig, dass sie alles Bisherige in den Schatten stellen. Fossile Brennstoffe, Kernenergie und Wasserkraft hinterließen aufgrund ihrer je besonderen Eigenschaften in der Biosphäre ihre unauslöschlichen Spuren, als Verschmutzung, Strahlung, riesige Reservoirs und anderes. Billig verfügbare Energie versetzte Menschen in die Lage, in ganz neuer Form Dinge zu bewerkstelligen, sich schnell und weit zu bewegen, Geld zu verdienen und, wenn auch manchmal ungewollt und unbewusst, die Umwelt zu verändern. Die Vorteile der billigen Energie nutzten fast alle.

Bevölkerungs-
explosion

Die demographische Entwicklung der Menschheit in den Jahren nach 1945 ist, wie wir sehen werden, historisch einzigartig. Die steigende Zahl von Menschen auf der Erde beeindruckte bereits zeitgenössische Beobachter in den späten 1940er Jahren. Viele derjenigen, die der Entwicklung in späteren Jahren Beachtung schenkten, beklagten sie – bisweilen, doch keineswegs immer, führten sie dabei Umweltgründe an. Die vielleicht klassische Formulierung, in der sich das Unbehagen angesichts der Bevölkerungsdynamik artikulierte, stammt von Paul R. Ehrlich, Professor für Biologie an der Stanford University, der von der «Bevölkerungsbombe» sprach – ein Schlagwort, das auch seinem 1968 veröffentlichten Buch den Titel gab. In vielen seiner Vorhersagen lag Ehrlich falsch, doch hatte er recht mit der Behauptung, die Menschheit erlebe gerade eine Bevölkerungsexplosion, die gewaltigste in ihrer langen Geschichte.

Der Zweite Weltkrieg brachte rund 60 Millionen Menschen einen frühen Tod. Damals lebten gut zwei Milliarden Menschen auf der Erde, und jedes Jahr wurden rund 60 bis 70 Millionen Kinder geboren. In China, Japan, der UdSSR, Polen, Deutschland, Jugoslawien und mehreren anderen Ländern prägten die Einschnitte durch die hohe Zahl der Kriegsopfer und eine verminderte Geburtenrate die Bevölkerungsentwicklung nachhaltig. Doch global gesehen überflügelte die steigende Zahl der Geburten die der vielen Toten.

Darüber hinaus hatte der Krieg mittelbare Auswirkungen auf die spätere demographische Entwicklung. In der Nachkriegszeit setzte in verschiedenen Teilen der Welt ein Babyboom ein. Zudem trugen, wichtiger noch, bereits im Krieg eingeführte oder verbesserte Techniken und Verfahren in Medizin und öffentlicher Gesundheitsvorsorge dazu bei, die Lebenserwartung deutlich zu verlängern und insbesondere der Säuglings- und Kindersterblichkeit entgegenzuwirken. Die Bedingungen des Krieges hatten umfangreiche Maßnahmen des staatlichen Gesundheitssystems gerechtfertigt, Verwaltung und medizinisches Personal hatten gelernt, die Bevölkerung mit Impfstoffen und Antibiotika zu versorgen, die sanitären Verhältnisse wurden verbessert, und das alles mit möglichst wenig Aufwand und Kosten in einer schwierigen Lage. Das daraufhin einsetzende Bevölkerungswachstum ist in der 200 000-jährigen Geschichte der Menschheit einzigartig. Im Laufe nur einer Lebensspanne, zwischen 1945 und 2010, verdreifachte sich die Weltbevölkerung von rund 2,3 Milliarden auf 6,9 Milliarden Menschen. Dieses überaus seltsame Phänomen, ein anhaltendes Bevölkerungswachstum von mehr als einem Prozent jährlich, halten heute die meisten Zeitgenossen für normal. Doch ist es alles andere als das.

Die erste Milliarde war am schwersten zu erreichen. Die Menschheit brauchte viele Tausend Jahre – und stand dabei ein oder zwei Mal vor der Auslöschung –, bis sie eine Milliarde Individuen zählte. Das geschah um 1800 oder 1820. Etwa 1930 hatte sich die Weltbevölkerung auf zwei Milliarden Menschen verdoppelt. Nur weitere 30 Jahre später, 1960, war eine dritte Milliarde hinzugekommen. Danach setzte ein Crescendo ein: Die vierte Milliarde war 1975 erreicht, die nächste 1987 und eine weitere 1999; im Jahr 2011 lebten dann weltweit sieben Milliarden Menschen. Zwei Generationen lang hatte die Bevölkerung der Erde alle zwölf bis fünfzehn Jahre um eine Milliarde zugelegt. Zwei Drittel des Bevölkerungswachstums der Gattung spielten sich somit in den Jahren nach 1945 ab. Etwas Vergleichbares hatte es in der Geschichte der Menschheit noch nicht gegeben.

Eine Möglichkeit, diese einzigartige Bevölkerungsexplosion zu betrachten, besteht darin, die Entwicklung durch die Zahl der jedes Jahr hinzukommenden Menschen zu beschreiben, das heißt durch einen absoluten Zuwachs, errechnet aus der Differenz zwischen Geburten und Sterbefällen. Von 1920 bis 1945 stieg die Bevölkerungszahl weltweit im Durchschnitt um etwas über 20 Millionen pro Jahr. Nach 1950 näherte sich der jährliche absolute Zuwachs 50 Millionen, um in den frühen 1970er Jahren um 75 Millionen anzusteigen. Nach einer kurzen Stabilisierungsphase erreichte das Bevölkerungswachstum Ende der 1980er Jahre eine Rekordhöhe mit einem Zuwachs von ungefähr 89 Millionen Menschen jährlich – als ob alle zwölf Monate ein Deutschland oder ein Vietnam hinzukämen (ausgehend von der Einwohnerzahl dieser Länder im Jahr 2010).

Tabelle 3: Jährlicher Bevölkerungszuwachs weltweit 1950–2010 (in Tausend)

Zeitraum	Bevölkerungs- zuwachs pro Jahr	Zeitraum	Bevölkerungs- zuwachs pro Jahr
1950–1955	46 822	1980–1985	81 728
1955–1960	51 981	1985–1990	88 841
1960–1965	61 663	1990–1995	84 524
1965–1970	70 821	1995–2000	80 459
1970–1975	75 108	2000–2005	79 382
1975–1980	75 258	2005–2010	79 282

Quelle: Bevölkerungsabteilung der Vereinten Nationen/United Nations Population Division

Eine weitere Möglichkeit, die exponentielle Entwicklung der Weltbevölkerung zu betrachten, besteht darin, das Augenmerk auf Wachstumsraten zu richten. In der bisherigen Geschichte der Menschheit wies die Bevölkerungsentwicklung meist verschwindend geringe Wachstumsraten auf. Einer vorsichtigen Schätzung zufolge belief sich das jährliche Bevölkerungswachstum seit ungefähr dem Beginn unserer Zeitrechnung bis zur Mitte des 17. Jahrhunderts auf gerade einmal ein Zwanzigstel Prozent. Im 19. Jahrhundert erreichte das Wachstum eine Rate von rund 0,5 Prozent pro Jahr, in der ersten Hälfte des 20. Jahrhunderts waren es rund 0,6 Prozent.[56] Danach kam der steile Anstieg (zusammengefasst in Tabelle 4). Um 1970 herum kam das Wachstum auf Spitzenwerte von rund zwei Prozent jährlich. Danach war die Rate wieder rückläufig, besonders deutlich in den 1990er Jahren, und 2010 lag sie bei 1,1 Prozent pro Jahr. Was die Zukunft bringen wird, sei dahingestellt; demographischen Prognosen der Vereinten Nationen zufolge soll die jährliche Wachstumsrate bis 2050 auf 0,34 Prozent absinken und damit unter dem Niveau des 19. Jahrhunderts liegen. Wie auch immer, es waren die Jahrzehnte zwischen 1950 und 1990 mit Wachstumsraten von über 1,75 Prozent per annum, in denen höhere Geburtenraten und längere Lebenserwartung in einem Maße kumulierten, wie die Geschichte der Menschheit es zuvor niemals erlebte – und es sich auch nicht wiederholen wird. Denn sollte ein solches Bevölkerungswachstum irgendwie jahrhundertelang anhalten, wäre die Erde schon bald von einer gigantischen Masse menschlichen Fleisches umgeben, die sich mit annähernd Lichtgeschwindigkeit ausdehnte – bizarre Aussichten.[57]

Tabelle 4: Wachstumsrate der Weltbevölkerung 1950–2010 (in Prozent)

Zeitraum	Wachstumsrate der Weltbevölkerung	Zeitraum	Wachstumsrate der Weltbevölkerung
1950–1955	1,77	1980–1985	1,76
1955–1960	1,80	1985–1990	1,75
1960–1965	1,94	1990–1995	1,54
1965–1970	2,02	1995–2000	1,36
1970–1975	1,94	2000–2005	1,26
1975–1980	1,77	2005–2010	1,18

Quelle: Bevölkerungsabteilung der Vereinten Nationen/United Nations Population Division

Wir befinden uns im abklingenden Stadium der ungewöhnlichsten Episode in der Geschichte der menschlichen Bevölkerungsentwicklung. Der Hauptgrund (und es gibt mehrere andere) für den drastischen Rückgang der Geburtenziffern ist ein im Wesentlichen umweltbedingter: die Urbanisierung. Städter setzen fast immer schon weniger Kinder in die Welt als Menschen auf dem Land. Mit der schwindelerregenden Urbanisierung der Erde fielen die Geburtenraten.

Gleichwohl ist der biologische Triumph der menschlichen Gattung bemerkenswert. 2010 lagen Menschen zahlenmäßig deutlich vor allen anderen Großsäugerarten der Erde. Auch die Gesamtbiomasse der Menschheit (rund 100 Millionen Tonnen) ließ die der Konkurrenten aus dem Reich der Säugetiere hinter sich – mit Ausnahme lediglich der Rinder, von denen es 2010 rund 1,3 Milliarden mit einem Gesamtgewicht von 156 Millionen Tonnen gab. Auf Menschen (die zwischen 1800 und 2000 zudem erheblich an Körpergröße zulegten)[58] entfallen etwa fünf Prozent der tierischen Biomasse an Land, halb so viel wie der Anteil aller Haus- und Nutztiere. Ameisen in ihrer Überfülle allerdings übertreffen die menschliche Gattung noch.

Warum kam es zu dieser seltsamen Episode in der demographischen Entwicklung? Ganz grundlegend, weil die Sterberate rasch sank, nämlich von jährlich 30 bis 35 Todesfällen pro Tausend Individuen im Jahr 1800 auf 20 im Jahr 1945; bis in die frühen 1980er Jahre sank sie auf zehn und steht heute bei 8,4 pro Tausend. Zwar sank auch die Geburtenrate, doch langsamer. Global glitt die Bruttogeburtenrate von 37 Geburten pro Tausend Individuen im Jahr 1950 auf 20 im Jahr 2010, ein zwar deutlicher Rückgang, doch keineswegs so jäh wie das Absinken der Sterbeziffern.

Auf einer nicht ganz so elementaren Erklärungsebene lässt sich feststellen, dass die Lebenserwartung sich durch bestimmte Neuerungen verlängerte, während zeitweilig Geburtenkontrolle eine geringere Rolle spielte. Im Lauf des 18. Jahrhunderts führten in verschiedenen Teilen der Welt, vor allem in China und Westeuropa, systematische staatliche Maßnahmen gegen Lebensmittelknappheit sowie sukzessive Verbesserungen auf dem Gebiet der Krankheitsresistenz zu einer sinkenden Sterberate. Im 19. Jahrhundert setzten sich diese Entwicklungen fort, hinzu kamen revolutionäre Veränderungen insbesondere in den Bereichen der städtischen Kanalisation und der Versorgung der Bevölkerung mit sauberem Trinkwasser, sodann, zu Beginn des 20. Jahrhunderts, noch Impfungen und Antibiotika. Staaten (und Kolonialverwaltungen) schufen Gesundheitsbehörden, zu deren Aufgaben es gehörte, nach Kräften Schutzimpfungen und die Einhaltung von Hygienestandards zu überwachen. Der medizinischen Forschung gelang es, verschiedene Krankheitsüberträger zu identifizieren, etwa Läuse, Zecken oder Stechmücken, und in einigen Fällen wurden Wege beschritten, Überträger von Menschen fernzuhalten. Beispielsweise gelang es durch ein erfolgreiches Vorgehen gegen Moskitos, die Ausbreitung von Krankheiten wie Gelbfieber und Malaria zu vermindern. In den 1920er und 1930er Jahren schließlich ergründeten Ernährungswissenschaftler die Rolle verschiedener Vitamine und Mineralstoffe, sodass durch Mangelernährung bedingten Krankheiten wirksamer begegnet werden konnte.[59]

Nach 1945 sanken durch das Zusammenwirken all dieser Entwicklungen die Sterbeziffern in den meisten Teilen der Welt rapide. Die Lebenserwartung stieg gewaltig, was zudem darauf zurückzuführen war, dass Milliarden von Kindern das Erwachsenenalter erreichten, die in früheren Zeiten als Säuglinge oder Kleinkinder gestorben wären. In der zweiten Hälfte des 20. Jahrhunderts lag auch die Lebenserwartung von Armen deutlich über der der Unterschichten ein Jahrhundert zuvor, nämlich durchschnittlich um 20 Jahre. In dieser Hinsicht schloss sich die Kluft zwischen Reich und Arm fast vollständig.[60]

Ein solches Zurückdrängen der Macht des Todes war für die Menschheit eine beachtliche Leistung und eine der größten gesellschaftlichen Veränderungen der Neuzeit. Gegen Ende des 20. Jahrhunderts bestätigten zwei Ausnahmen den allgemeinen Trend: Zum einen verkürzte sich nach 1975 in Russland, der Ukraine und verschiedenen kleineren Nachbarländern die Lebenserwartung, zumindest bei Männern – zwischen 1946 und 1965 war sie in der Sowjetunion noch rapide angestiegen. Zurückgeführt wird diese Abweichung von der weltweit ansonsten zu beobachtenden Tendenz gewöhnlich auf Alkoholismus. Zum anderen verlängerte sich nach 1990 in den durch die verheerenden Folgen von AIDS besonders betroffenen Teilen Afrikas die Lebenserwartung nicht weiter. Beide Ausnahmen zeigten indes nur geringfügige Auswirkungen auf das Ineinandergreifen von verlängerter Lebenserwartung und beschleunigtem Bevölkerungswachstum – ein Zusammenhang, der weithin Sorgen hervorrief, auch um die Umwelt.

Versuche, das Bevölkerungswachstum zu drosseln

Schon vor langer Zeit erfüllte die Vorstellung einer Übervölkerung der Erde Menschen mit Sorge. Um das Jahr 500 vor unserer Zeitrechnung schrieb der chinesische Philosoph Han Fei: «Heute gelten fünf Söhne nicht als viel. Die Söhne haben wiederum fünf Söhne, sodass der Großvater noch zu seinen Lebzeiten fünfundzwanzig Enkel hat. So kommt es, dass die Zahl der Menschen groß und die Mittel knapp werden.» Der römische Autor Tertullian, ein frühchristlicher Apologet nordafrikanischer Herkunft, beschrieb um das Jahr 200 unserer Zeit, «dass der Erdkreis selbst von Tag zu Tag zivilisierter und erschlossener als ehedem ist …; überall Siedlungen, überall Bevölkerung …. Scharen von Menschen legen das beredteste Zeugnis davon ab: Wir sind der Erde eine Last. Kaum reichen die Elemente für uns aus, … die Natur kann uns schon nicht mehr erhalten.»[61] Viele Jahrhunderte lang findet sich eine solche Sorge vereinzelt wieder, bis 1798 der chinesische Schriftsteller Hung Liang-Chi und der britische Ökonom Thomas Malthus zeitgleich Werke veröffentlichten, in denen sie das Konzept der Überbevölkerung theoretisch zu begründen bemüht sind.[62]

Moderne Varianten der überlieferten Ängste fanden in den 1940er Jahren des 20. Jahrhunderts Verbreitung, und mit ihnen setzten systematische Bemühungen ein, das Bevölkerungswachstum zu kontrollieren. Während nahezu der gesamten Menschheitsgeschichte hatten Herrscher die Bevölkerung ihrer Territorien vor allem unter dem Aspekt militärischer Stärke betrachtet; erstrebenswert schienen ihnen daher möglichst viele Untertanen. Mit dem Aufstieg sozialdarwinistischer Vorstellungen nach 1870 traten Anthropologen und Ökonomen mit eugenischen Lehren auf den Plan, die im Kern forderten, bestimmte («mindere») Menschen sollten sich vermindert fortpflanzen – auch wenn ihnen die Mittel fehlten, derartige Bestrebungen durchzusetzen. Nach dem Zweiten Weltkrieg erhob sich dann ein Chor von Stimmen, der vor Überbevölkerung, bevorstehenden Hungersnöten, gewalttätigen sozialen Unruhen und – bisweilen – Umweltzerstörung warnte. In vielen Fällen fanden sie Gehör in den Führungsetagen der Macht.

Tabelle 5: Nicht bereinigte Geburtenrate: Indien und China
(Lebendgeborene pro Jahr und 1000 Einwohner)

	Indien	China
1950–55	43	44
1970–75	37	29
1990–95	31	19
2010	21	14

Quelle: Bevölkerungsabteilung der Vereinten Nationen/United Nations Population Division

Stimmen, die vor allem in Europa und Nordamerika laut wurden, sprachen sich dafür aus, das Bevölkerungswachstum einzudämmen, vorzugsweise im Rest der Welt und insbesondere in Asien. Hinter solchen Mahnungen standen die vielfältigsten Motive; doch wie dem auch sei, in verschiedenen asiatischen Ländern klang dieses Ziel nach dem Ende der Kolonialherrschaft für die neuen Mächtigen vielfach überzeugend.

Indien beispielsweise, das 1947 die Unabhängigkeit errungen hatte, war ab 1952 bemüht, das Bevölkerungswachstum zu bremsen. In den 1970er Jahren finden sich in Indien Geburtenratenvorgaben in den Fünfjahresplänen für die wirtschaftliche Entwicklung; es gab Bestrebungen, Sterilisationen bei Paaren anzuordnen, die bereits drei Kinder hatten. Gegen derartige Maßnahmen erhoben sich massive Widerstände, verbunden mit gewalttätigen Zusammenstößen, die letztlich zum Sturz der Regierung Indira Gandhis im Jahr 1977 beitrugen. Die Geburtenrate in Indien (siehe Tabelle 5) sank, doch viel langsamer als die Befürworter einer solchen Politik es wünschten.[63]

In China führten rigorosere Maßnahmen zu schnelleren Ergebnissen. Die Volksrepublik China wurde 1949 gegründet und verfolgte im Bereich der Geburtenkontrolle einen politischen Zickzackkurs. Jahrtausendelang hatten chinesische Herrscher hohe Geburtenraten propagiert, und auch Nationalisten wie Sun Yatsen und Jiang Kaishek nahmen eine solche Haltung ein. Zur Zeit der Revolution von 1949 stimmte Mao Zedong dem zu, da er, wie die meisten Marxisten, zunächst der Überzeugung war, eine Geburtenkontrolle sei in der kommunistischen Gesellschaft unnötig, da der Kommunismus Produktivkräfte entfalten werde, die der Kapitalismus bislang geknebelt hatte, und Nahrungsmittel im Überfluss abwerfen werde. Wenig später hielt Mao einen Dritten Weltkrieg für unausweichlich und eine wachsende Bevölkerung Chinas daher für wünschenswert. Im Jahr 1958 äußerte der stellvertretende KP-Vorsitzende Liu Shaoqi seine Vorfreude auf den Tag, an dem China sechs Milliarden Einwohner haben werde; er räumte allerdings ein, dass diese rosige Aussicht die Bereitschaft erfordere, miteinander Betten zu teilen. Einige in Maos Führungsriege waren anderer Meinung und überzeugt, ein weiteres Wachstum der riesigen chinesischen Bevölkerung gefährde die wirtschaftliche Entwicklung; nach der fürchterlichen Hungerkatastrophe im Zuge des so genannten Großen Sprungs nach vorn (in den Jahren 1958 bis 1961) bekamen derartige Einschätzungen mehr Gewicht. Doch die Kulturrevolution der Jahre 1966 bis 1976, eine gewalttätige politische Mobilisierung, die China administrativ und ökonomisch ins Chaos stürzte, durchkreuzte jede systematische Bevölkerungspolitik. In den 1970er Jahren jedenfalls begann man in China zunächst, Geburtenkontrolle durch die Verteilung kostenloser Kontrazeptiva zu fördern. Im weiteren Verlauf jenes Jahrzehnts lieferten Ingenieure – Experten für Kybernetik, vor allem für Raketensteuerung – unter dem Eindruck der düsteren Prognosen des Club of Rome die wissenschaftliche Begründung für

Eine Werbetafel propagiert Chinas «Ein-Kind-Politik», Chengdu, 1985. Aus Angst vor einer Überbevölkerung hatte die chinesische Führung 1979 dieses Programm beschlossen; es ist der umfassendste Versuch, das Bevölkerungswachstum zu beschränken, den es in der Weltgeschichte je gab. Zwar wurde diese Politik vielfach kritisiert, aber ohne sie gäbe es heute einige hundert Millionen Chinesen mehr auf der Welt.

eine drastische Senkung der Geburtenrate. Dank persönlicher Beziehungen zur Parteiführung fanden diese Ansichten Gehör und mündeten in eine Reihe von Maßnahmen, die mit Zuckerbrot und Peitsche zu kleineren Familien führen sollten. 1979 schließlich wurde von oben die «Ein-Kind-Politik» eingeführt, die Parteikadern die Macht gab, darüber zu entscheiden, wem es in welchem Jahr gestattet ist, ein Kind in die Welt zu setzen; Paaren, die sich nicht daran hielten, drohten harte Strafen, etwa der Verlust des Arbeitsplatzes, der Wohnung oder der Ausbildungsmöglichkeiten. Städtische Paare waren in der Regel eher bereit sich zu fügen; auf dem Land wurden die Vorgaben häufiger ignoriert, und zeitweilig gab es auch größere Spielräume. Die Politik kannte Ausnahmen für ethnische Minderheiten, von denen letztlich ernsthafte Widerstände zu erwarten gewesen wären. Jedenfalls gelang es in China, durch Maßnahmen zur Geburtenkontrolle sowie durch gewaltige sozialpolitische Anstrengungen das Bevölkerungswachstum von rund 2,6 Prozent Ende der 1960er Jahre auf 0,6 Prozent im Jahr 2010 zu reduzieren. Der Erfolg der Bevölkerungspolitik begünstigte nicht zuletzt das chinesische Wirtschaftswunder.[64]

Andere ostasiatische Gesellschaften, insbesondere Südkorea, Singapur und Malaysia setzten in den 1970er und 1980er Jahren zur Beschränkung des Bevölkerungswachstums auf eine weniger drakonische Politik und erreichten damit ebenfalls deutlich flachere Wachstumsraten. Mittelbar dürfte der Rückgang zur ansehnlichen Steigerung der Pro-Kopf-Einkommen in diesen Ländern beigetragen haben, die andernfalls vermutlich ausgeblieben wäre – ein für die Umweltgeschichte nicht ganz unwichtiger Aspekt. In gewisser Weise lag die Entwicklung im Trend: Praktisch überall auf der Welt waren ab den 1970er Jahren die Geburtenraten rückläufig, mit oder ohne staatliche Maßnahmen. Dennoch fielen die Geburtenraten in Ostasien am deutlichsten; Spitzenreiter war China, wo zweifelsohne die Bevölkerungspolitik der Regierung eine erhebliche Rolle spielte.

In den 1980er Jahren existierte weltweit in der großen Mehrheit aller Länder in der einen oder anderen Art eine Bevölkerungspolitik. In Europa bestand sie gewöhnlich aus wirkungslosen Maßnahmen zur Steigerung der Geburtenziffern. In den meisten Ländern der übrigen Welt zielten die Maßnahmen – manchmal vergeblich, manchmal aber auch mit großem Erfolg – darauf, die Bevölkerungsbombe durch eine Senkung der Geburtenrate zu entschärfen. Ohne solche politische Maßnahmen würden vermutlich mehrere hundert Millionen mehr Menschen die Erde bevölkern, viele von ihnen Chinesen.

Bevölkerungsentwicklung und Umwelt

Bevölkerungswachstum, insbesondere ein ungezügeltes wie in den Jahren 1945 bis 2010, schadet der Umwelt. Eine solche, auf den ersten Blick einleuchtende Feststellung betrachten die meisten Richtungen des modernen ökologischen Denkens als selbstverständliche Wahrheit. Dahinter steht eine einfache Logik: Mehr Menschen bedeuten mehr menschliche Eingriffe, und die wiederum bringen die Umwelt durcheinander. Als erste Annäherung ist die Schlussfolgerung unbestreitbar wahr. Doch stellt sich alsbald heraus, dass sie nicht immer und überall gilt, denn wann, wo und in welchem Ausmaß sie zutrifft, hängt von vielerlei ab. Hauptgrund dafür ist, dass «Umwelt» eine Menge beinhaltet, sodass menschliche Eingriffe, die zu Bodenerosion führen, nicht auch zu Luftverschmutzung führen müssen. Beispielsweise lässt sich ziemlich wahrscheinlich ein unmittelbarer Zusammenhang zwischen Bevölkerungswachstum und der Rodung westafrikanischer Wälder seit den 1950er Jahren herstellen, doch praktisch keiner zwischen der Bevölkerungsentwicklung und der nuklearen Kontamination sowjetischer Atomwaffenstützpunkte.

Das Bevölkerungswachstum zeigte die stärksten Auswirkungen auf die Umwelt in der Nahrungsproduktion. Die Verdreifachung der weltweiten Bevölkerung zwischen 1945 und 2010 machte jedenfalls eine mindestens ebenso umfangreiche Ausdehnung jenes Bereichs notwendig. Doch selbst in diesem Fall ist die Sache nicht so einfach. Nehmen wir zum Beispiel die Böden: Zweifellos führte das Bevölkerungswachstum zum Anstieg der Nachfrage nach Nahrung und somit nach Ackerland. In China etwa trugen Bevölkerungsentwicklung und steigender Nahrungsbedarf dazu bei, mithilfe staatlicher Programme die Grassavanne im Norden zu erschließen und die als Weideland genutzte Steppe in Getreideland zu verwandeln. Die Expansion über die Grenzen des Siedlungsraums hinaus blickt zwar in der chinesischen Geschichte auf eine lange Tradition zurück, doch vollzog sie sich selten in einer solchen Geschwindigkeit wie in den Jahrzehnten nach 1950.[65] Wie es häufig passiert, wenn ganzjähriges Gras dem Anbau von einjährigem Getreide weicht, führte der chinesische Vorstoß in die Steppe zu einer erhöhten Erosion der Böden, zur Wüstenbildung sowie bei starkem Wind zu Sand- und Staubstürmen. Andernorts trugen Bevölkerungsentwicklung und -druck dazu bei, dass Bauern auch in semiaride Gebiete auswichen, etwa in die West- und Zentralafrikanische Sahelzone am südlichen Rand der Sahara, eine Strategie, die in den 1960er Jahren relativ gut funktionierte, als im Sahel ausreichend Regen fiel, doch in den 1970er Jahren, als der Regen ausblieb, in eine Katastrophe mündete.

Bevölkerungsdruck war auch ein Grund, tropischen Regenwald zu roden oder niederzubrennen, um neues Ackerland zu gewinnen. In Guatemala, an der Elfenbeinküste, in Papua-Neuguinea und an Hunderten anderen Orten drangen Siedler in die Urwälder vor und schufen Ackerland. Die Auswirkungen auf die Böden waren häufig einschneidend und dauerhaft. Wo immer Farmer in abschüssigem Gelände Wald rodeten, provozierten sie die Gefahr einer großflächigen Bodenerosion, nicht durch Wind wie in den Grassavannen weltweit, sondern als Abtrag durch abfließendes (Regen-)Wasser. In vielen Gegenden führte die Rodung der Wälder zudem dazu, dass Böden mit einem hohen Eisenoxidgehalt sich unter der direkten starken Sonneneinstrahlung in ziegelähnliches Laterit verwandelten. Die Rodung tropischer Wälder samt ihrer negativen Auswirkungen auf die Böden hatte allerdings, neben der Besiedelung als Farmland, noch andere Gründe. Tatsächlich spielten in Lateinamerika und Südostasien die Erschließung von Land zur Viehzucht und die Nutzung der Hölzer eine gleichermaßen wichtige Rolle. Doch allenthalben, und insbesondere in Afrika, war das Bevölkerungswachstum ein Teil der Gleichung.

Eine gänzlich andere Entwicklung zeigte sich an einigen wenigen Orten, wo die wachsende Zahl von Menschen dazu beitrug, Landschaften zu erhalten. Waren Felder auf steilen Hügeln angelegt, bestand die Gefahr einer Erosion durch Niederschläge und abfließendes Wasser. Doch wenn es genug Arbeitskräfte gab, konnten die Bauern solche Risiken abwenden, indem sie das Land terrassierten. Im Hügelland des Machakos-Bezirks in Kenia etwa führte das rasche Bevölkerungswachstum dazu, dass die dort lebenden Akamba über genügend Arbeitskräfte verfügten, um Terrassen anzulegen und zu pflegen; die

Bodenerosion auf ihren Feldern und Parzellen wurde dadurch reduziert. (Auch ein Programm zur Bodenerhaltung des kenianischen Staates trug seinen Teil dazu bei.) Terrassiertes Land, sowohl vor langer Zeit angelegt als auch neueren Datums, ist rund um die Welt häufig anzutreffen, ob in den Anden, in den Hügeln rund um das Mittelmeer, im Himalaya oder in Ost- und Südostasien. In diesen Gegenden trug eine hohe Bevölkerungsdichte dazu bei, die Terrassen und Böden zu erhalten. In anderen bergigen Regionen hingegen, etwa in Südeuropa nach 1960, führte der Rückgang der Bevölkerungszahl zu einer beschleunigten Bodenerosion.[66]

Bevölkerungsentwicklung, Wasser und Fisch

Das Bevölkerungswachstum kann zudem als ein Hauptgrund des erhöhten weltweiten Wasserverbrauchs gelten. Wie Tabelle 6 zeigt, verdreifachte sich zwischen 1950 und 2010 nicht nur die Weltbevölkerung, sondern auch der globale Wasserverbrauch. Der größte Teil des Mehrverbrauchs, vermutlich an die 90 Prozent, entfiel auf Bewässerungsmaßnahmen. Bewässert wurden überwiegend Feld- und Gartenfrüchte; ein erheblicher Teil des Wassers diente allerdings auch der Bewässerung von Baumwolle und anderen Faserpflanzen. Die weltweit bewässerten Flächen verdreifachten sich im Zeitraum 1945 bis 2010 ebenfalls, Spitzenreiter waren Indien, China und Pakistan. In einigen Ländern indes, darunter auch in den USA, ging der Verbrauch nach 1980 (nicht zuletzt aufgrund von Maßnahmen zum Wassersparen) zurück, obwohl die Bevölkerung weiterhin wuchs. Doch insgesamt gesehen liegt der Schluss nahe, dass der Hauptgrund für die Verdreifachung des Wasserverbrauchs in der Verdreifachung der Weltbevölkerung zu sehen ist, da der Löwenanteil auf die Bewässerung von Anbauflächen für Nahrungsmittel entfiel.[67]

Tabelle 6: Weltweit verbrauchtes Süßwasser 1900–2010

Jahr	Milliarden Kubikmeter
1900	580
1950	1 366
1980	3 214
2010	4 324

Quelle: Peter H. Gleick, Water Use, in: *Annual Review of Environment and Resources* 28 (2003), S. 275–314, ausgehend von Daten, die Igor A. Schiklomanow (Sankt Petersburg) zusammenstellte.

Die Weltmeere waren Schauplatz einer ähnlichen Geschichte. Zwischen 1950 und 1960 verdoppelte die Seefischerei weltweit ihre Fangmengen. Bis 1970 verdoppelte sich das Volumen abermals; in den 1970er Jahren stagnierte es, wuchs in den 1980er Jahren um ein Viertel und hat seither dieses Niveau beibehalten – letztlich, weil die wichtigsten Fanggründe weltweit ab einem bestimmten Zeitpunkt bereits maximal ausgebeutet oder sogar überfischt waren. Berühmtestes Beispiel sind die historisch überreichen Kabeljaubestände des Nordatlantik vor der nordamerikanischen Ostküste, zwischen Cape Cod und Neufundland, die durch Überfischung zerstört wurden und sich nie mehr erholten.[68] Am schnellsten expandierte die Seefischerei freilich in asiatischen Gewässern, nicht zuletzt aufgrund der Nähe zur exponentiell wachsenden Nachfrage nach Nahrung auf dem Kontinent. In Indonesien etwa wurden 1950 noch weniger als eine halbe Million Tonnen Fisch aus dem Meer geholt, 2004 waren es mehr als vier Millionen Tonnen. Fast überall lohnte es sich für Fischer, möglichst schnell möglichst viel zu fangen, bevor ein anderer es tat. Fangquoten und andere Maßnahmen zu implementieren und durchzusetzen, um Fischgründe zu schützen und eine nachhaltige Fischerei aufzubauen, erwies sich als besonders schwierig.[69]

Das Bevölkerungswachstum war auch bei den Entwicklungen in den Fischgründen, wie bereits bei Wäldern und Böden, nur ein Teil der Geschichte. Weltweit verfünffachte sich zwischen 1950 und 2008 das Volumen des gefangenen Seefischs, während die Weltbevölkerung sich beinahe verdreifachte. Grob geschätzt lässt sich daher sagen, dass 60 Prozent der Zuwächse beim Seefischfang mit dem Bevölkerungswachstum im Zusammenhang standen.[70] Doch bleibt eine solche Rechnung reichlich ungenau, jedenfalls bezieht sie nicht ein, welch ungeheure Rolle neue, Kosten senkende Technologien bei der Expansion der Fischerei spielten (mehr dazu im folgenden Abschnitt). Der Atlantische Menhaden, nichts weiter als eine seit Jahrhunderten im Nordatlantik gefangene Heringsart, erlangte nach 1945 große Bedeutung für einen technologisch aufgerüsteten industriellen Fischfang, der neben Trawlern Flugzeuge zum Aufspüren der Fischschwärme einsetzte. Die Bevölkerungsentwicklung hatte, wenn überhaupt, kaum etwas mit der schnell eintretenden Erschöpfung der Bestände zu tun.[71]

Bevölkerungsentwicklung und die Atmosphäre

Manche Veränderungen der Umwelt standen in keinem unmittelbaren Zusammenhang mit der Nahrungsproduktion. In solchen Fällen ist die Rolle des Bevölkerungswachstums schwieriger zu bestimmen. Nehmen wir beispielsweise die Konzentration von Kohlendioxid in der Atmosphäre: Im Verlauf der vergangenen 200 Jahre hatten Emissionen dieses wichtigsten Treibhausgases zwei Hauptursachen, nämlich die Verwendung fossiler Brennstoffe (zu rund drei Vierteln) und Waldbrände (zu einem Viertel). Ganz zweifellos trug das Bevölkerungswachstum nicht nur zur steigenden Nachfrage nach fossilen Brennstoffen bei, sondern es brachte auch, wie oben ausgeführt, vermehrt Eingriffe in die Wälder weltweit mit sich, hatte also – in gewissem Maß – erhöhte Kohlendioxidemissionen zur Folge. Doch wie lässt sich diese Zunahme beziffern?

Wie weiter unten noch im Detail aufgezeigt werden wird, stieg als eine der Folgen der industriellen Revolution die Konzentration des Kohlendioxids in der Atmosphäre an. 1945 lag die Konzentration bei rund 310 ppm, 2010 bei rund 385 ppm.[72] Während dieser Zeit verachtfachte sich die Menge (nicht die Konzentration) des freigesetzten Treibhausgases. In einer ersten Annäherung ließe sich daher davon ausgehen, dass, angesichts der Verdreifachung der Weltbevölkerung im gleichen Zeitraum, das Bevölkerungswachstum für rund 37,5 Prozent des angefallenen Kohlendioxids verantwortlich zu machen ist.

Indes bleibt das wirklich nur eine erste Annäherung. Afghanistan etwa verzeichnete ein hohes Bevölkerungswachstum, doch nur geringe Emissionen von Kohlendioxid – weniger als zwei Prozent der in Großbritannien freigesetzten Menge. Die Folgen für die Atmosphäre waren also in hohem Maße davon abhängig, in welchem Land und an welchem Ort die Bevölkerung zunahm: In Großbritannien hatte Wachstum mehr Emissionen zur Folge als in Afghanistan; zugleich war es ein Unterschied, ob die Einwohnerzahl Kabuls (wo die Verwendung fossiler Brennstoffe wahrscheinlicher war) oder die eines abgelegenen afghanischen Dorfs wuchs. Es spielte auch eine Rolle, wann das alles passierte. Nach 1980 führten Energiesparmaßnahmen, ein Umschwenken in der Energieversorgung, das weg von Kohle führte, die fortschreitende Deindustrialisierung und andere Entwicklungen in reichen Ländern dazu, dass ein etwaiges Bevölkerungswachstum weniger Auswirkungen auf die Atmosphäre hatte als noch in den 1950er Jahren. Für die Jahre 1975 bis 1996 stellte eine stark statistisch orientierte Untersuchung fest, dass die Bevölkerungsentwicklung in bedeutendem Ausmaß für Kohlendioxidemissionen verantwortlich war, interessanterweise allerdings am wenigsten ausgeprägt in sehr armen und in sehr reichen Ländern. Freilich scheinen solche Berechnungen angesichts des stark gestiegenen Energieverbrauchs in China, heute ein Land mit mittlerem Einkommen, kaum noch aussagekräftig. Die traurige Wahrheit ist, dass es keine verlässliche Methode gibt, über die Jahre die Auswirkungen des Bevölkerungswachstums auf Emissionen von Kohlendioxid zu beziffern.[73]

Bevölkerungsentwicklung in weiteren ökologischen Kontexten

Die wichtige Frage des genauen Zusammenhangs zwischen Bevölkerungswachstum und Schadstoffemissionen ist letztlich nicht zu klären; relativ einfach hingegen finden sich Beispiele für Veränderungen der Umwelt, bei denen auf der Hand liegt, dass die Bevölkerungsentwicklung keinerlei Rolle spielte. Der Walfang, der in den Jahren nach 1945 mehrere Walarten – darunter Blau-, Grau- und Buckelwale – beinahe ausrottete, steht in keiner Beziehung zur Größe der Weltbevölkerung. In den bedeutendsten Walfangnationen – in Norwegen, Island, Japan und der damaligen UdSSR – verlief das Bevölkerungswachstum langsam, und die Waljäger bedienten mit dem Walfleisch eher traditionell verankerte kulturelle Präferenzen als eine Nachfrage nach Nahrung einer größer werdenden Bevölkerung.

Die Schädigung der Ozonschicht in der unteren Stratosphäre, die fast vollständig in die Zeit nach 1945 fällt, hatte ebenfalls praktisch keinerlei Bezug zur Bevölkerungsentwicklung. Die chemischen Verbindungen, die das stratosphärische Ozon zersetzen, gehören vor allem zur Gruppe der Chlorfluorkohlenstoffe (CFK), die in erster Linie als Treibmittel für Schaumstoffe, als Kühlmittel, Treibgas in Sprühdosen und Lösungsmittel Verwendung fanden. CFK wurden vor allem in Ländern mit geringem Bevölkerungswachstum freigesetzt. Das einzige das stratosphärische Ozon ebenfalls schädigende Gas, das in der Landwirtschaft zum Einsatz kommt, ist ein Pestizid namens Methylbromid. Es wird allerdings vorwiegend zur Schädlingsbekämpfung bei hochwertigen Nahrungsmitteln verwendet, Erdbeeren oder Mandeln aus Kalifornien etwa, die gehobenen Ansprüchen genügen müssen und schwierig zu transportieren sind; zum Bevölkerungswachstum besteht auch in diesem Fall so gut wie kein Bezug.

Ein letztes Beispiel: Umweltkatastrophen, wie sie sich in den Jahrzehnten nach 1945 häufig genug ereigneten, weisen ebenfalls keine erkennbare Verbindung zur Bevölkerungsentwicklung auf. Der verheerende Industrieunfall in der Nähe von Seveso, bei dem 1976 nördlich von Mailand in großen Mengen Dioxin freigesetzt wurde, passierte in einer Region mit einem extrem niedrigen Bevölkerungswachstum. Der schlimmste Chemieunfall in der Menschheitsgeschichte ereignete sich 1984. In einem Werk des US-amerikanischen Chemiekonzerns Union Carbide im zentralindischen Bhopal entwichen vierzig Tonnen der tödlichen Substanz Methylisocyanat; die Giftwolke ging über der Millionenstadt nieder, tötete mehrere Tausend Menschen und schädigte viele weitere irreparabel. Die Katastrophe stand nicht in Verbindung mit dem Bevölkerungswachstum.[74] 1986 ereignete sich die Reaktorkatastrophe von Tschernobyl. Das Kernkraftwerk war gebaut worden, um Elektrizität zu produzieren; zu dem Unfall kam es aufgrund technischer Mängel und menschlichen Versagens. In den 1980er Jahren war das Bevölkerungswachstum in der Ukraine eine zu vernachlässigende Größe.

Migration und Umwelt

Migrationsbewegungen hatten, wie das Wachstum der Bevölkerung auch, in unterschiedlichem Maß Auswirkungen auf die Umwelt. Der größte Migrationsstrom bewegte sich vom Land in die Städte mit unzähligen Umweltfolgen. Die Migration von einer Stadt in eine andere hatte wesentlich geringere Auswirkungen, abgesehen von Fällen, da Städte in zuvor nur dünn besiedelten Landstrichen aufblühten. Die Migration aus einer ländlichen Region in eine andere wiederum löste häufig folgenschwere Umweltveränderungen aus.

Die Jahrzehnte nach 1945 waren ein Zeitalter der Migration. Zig Millionen Menschen überquerten Grenzen und ließen sich in anderen Ländern nieder.[75] Noch mehr Menschen machten sich innerhalb ihres Landes in andere Landesteile auf. Millionen US-Amerikaner verließen die Industrieregionen des «Rust Belt» und zogen in die wärmeren Breiten des «Sun Belt», insbesondere nach Florida, Texas und Kalifornien. San Antonio, Texas, hatte 1940 eine Viertelmillion Einwohner; 2010 lebten annähernd anderthalb Millionen Menschen in der Stadt, die damit zur siebtgrößten in den USA geworden war.[76] Orte wie Phoenix und Las Vegas entwickelten sich beinahe aus dem Nichts zu bedeutenden Metropolen, wucherten in die Wüsten ringsum hinein und beanspruchten jeden Tropfen Wasser, der im weiten Umkreis verfügbar war. Die meiste Zeit des Jahres liefen in Häusern, Wohnungen und Büros Klimaanlagen; der verschwenderische Umgang mit Ressourcen ließ den Verbrauch fossiler Brennstoffe ständig steigen und trug dazu bei, dass am ohnehin schon stark beanspruchten Colorado weitere Staudämme und Wasserkraftwerke errichtet wurden.

Eine kleinere Migrationsbewegung, in gewisser Weise ebenfalls in einen «Sonnengürtel», gab es nach 1950 auch in China; ihr Ziel waren die Autonomen Gebiete Xinjiang und Tibet im äußersten Westen, klimatisch noch weitaus trockener als der US-amerikanische Süden. Doch war vor allem die Politik der Regierung – und nicht das Klima – dafür verantwortlich, dass Millionen Chinesen aus anderen Landesteilen nach Xinjiang, die nördliche der beiden Provinzen, gingen, ein zuvor von ethnischen Minderheiten dünn besiedeltes autonomes Gebiet, in dem sich das Leben auf eine Reihe von Oasen konzentrierte. Während der Kulturrevolution (1966 bis 1976) kam es zudem häufig zu Zwangsumsiedlungen. Heute bilden Han-Chinesen in Xinjiang vermutlich eine Mehrheit, trotz der gegenüber Uiguren und anderen einheimischen Minderheiten niedrigeren Geburtenrate. Die massive Einwanderung führte zu kulturellen und ethnischen Konflikten, aber auch zu neuen Umweltproblemen, so etwa zu Wasser- und Brennholzknappheit sowie einer verstärkten Wüstenbildung. Durch den gestiegenen Wasserbedarf, der zumindest teilweise auf die große Zahl der Zuwanderer zurückzuführen ist, halbierte sich seit 1950 die Fläche von Seen in Xinjiang.[77]

Zu Zeiten Maos gab es nur eine geringe Zuwanderung aus anderen Landesteilen nach Tibet, die an den Himalaya grenzende Hochlandprovinz, die China sich in den 1950er Jahren territorial eingegliedert hatte. Doch in den 1980er und 1990er Jahren gingen mehrere Hunderttausend Chinesen in das Autonome Gebiet Tibet, häufig als Arbeiter beim Straßen- und Eisenbahnbau. Seit den 1980er Jahren förderte zudem die Regierung die Zuwanderung von Chinesen. Laut amtlichem Zensus stellten 1953 Han sechs Prozent der Bevölkerung Tibets, 2000 waren es rund 50 Prozent. Im Gegensatz zu Xinjiang konzentrierten sich in Tibet die Zuwanderer im Wesentlichen in den Städten und darüber hinaus in Bergbauregionen oder in Arbeitersiedlungen in der Nähe von Großbaustellen. Die Ökosysteme des tibetischen Hochlands sind äußerst empfindlich; Steppe, Fauna und Luftqualität wurden durch die gestiegene Einwohnerzahl allesamt in Mitleidenschaft gezogen. In jüngerer Zeit war die Regierung bemüht, der Beeinträchtigung der Umwelt ein wenig entgegenzuwirken, beispielsweise wurden an Eisenbahnstrecken Wildübergänge errichtet. Darüber hinaus gab es etwa im Namen des ökologischen Gleichgewichts ein Programm, tibetische Wanderhirten in Dörfern anzusiedeln, mit der Begründung, die Hirten und ihre Herden trügen zur Zerstörung der Steppenlandschaft bei.[78]

Migration führte in den Regenwäldern Brasiliens und Indonesiens zu mindestens ebenso großen Veränderungen wie in den Prärien, Steppen und Wüsten der USA oder Chinas. Auch dort spielte die staatliche Politik eine entscheidende Rolle. Staatliche Vorgaben und Programme förderten und subventionierten in vielen Fällen die Migration von Menschen, so auch in Brasilien und Indonesien. Darüber hinaus gab es häufig für bestimmte Branchen und Unternehmungen eine behördliche Unterstützung oder Steuerung, was starke Auswirkungen auf die Umwelt hatte.

Jahrhundertelang galt das Amazonasgebiet – etwa siebzehnmal so groß wie die Bundesrepublik Deutschland und von annähernd der doppelten Fläche Indiens – vor allem von außen betrachtet als ungeheure, von Kostbarkeiten überquellende Schatzkammer, die nur darauf wartete, geöffnet zu werden. Der Kautschukboom (etwa zwischen 1880 und 1913) schien auf verlockende Art zu zeigen, welche Reichtümer dort zu holen waren. Doch selbst clevere Unternehmer mit den Ressourcen eines Henry Ford scheiterten in ihrem Bemühen, die Natur des Amazonas in Geld zu verwandeln. Mitte der 1920er Jahre hatte Ford begonnen, in Amazonien unter dem Namen Fordlandia ein Kautschukplantagen-Imperium zu errichten. Geblendet von den eigenen Illusionen sah er nicht die Widrigkeiten vor Ort und scheiterte nicht zuletzt daran, dass ein Pilz seine Kautschukbäume befiel. Als Henry Fords Enkel 1945 die Überbleibsel von Fordlandia verkaufte, lebten im dortigen Amazonasgebiet nicht mehr als 30 000 Menschen.[79]

In den 1950er und frühen 1960er Jahren unternahm die Regierung Brasiliens einen weiteren Anlauf, die brasilianischen zwei Drittel Amazoniens zu entwickeln. Es war, wie es damals hieß, das Land ohne Menschen für die Menschen ohne Land. Die Pläne der Regierung – es war die Zeit der Militärdiktatur zwischen 1964 und 1985 – zielten darauf, in den trockenen Landstrichen im Nordosten des Landes die Armut zu bekämpfen und die wiederkehrenden Forderungen nach einer Landreform zu beschwichtigen. Zugleich sollten in den Gebieten entlang der Grenzen regierungstreue Brasilianer angesiedelt werden, und schließlich ging es darum, den vermuteten natürlichen Reichtum des größten Regenwaldgebiets der Erde nicht länger brachliegen zu lassen. Tausende Kilometer Fernstraßen durchzogen schon bald die Wälder, und Millionen von Zuwanderern strömten in das Gebiet. Sie rodeten Waldstücke oder brannten sie nieder; auf den Rodungen entstanden vor allem Viehweiden. Amazonien wurde zusehends zu einem Land ohne Bäume für Menschen mit Vieh. Die Böden waren im größten Teil der Region nicht besonders nährstoffreich, sodass die Viehzüchter gewöhnlich nach ein paar Jahren weiterzogen und noch mehr Wald rodeten oder niederbrannten, um ihr Vieh zu weiden. Ähnlich machten es Bauern, die sich auf den Anbau von Sojabohnen spezialisiert hatten – ab den 1990er Jahren eine Wachstumsbranche. Im Jahr 2010 waren zwischen 15 und 20 Prozent des Regenwaldes der 1970er Jahre für Weideflächen oder Ackerland gerodet. Das Problem der Waldzerstörung im Amazonasbecken war in der brasilianischen Politik wie auch in der Umweltpolitik weltweit zu einem Dauerthema geworden.[80]

Indonesien wurde 1949 unabhängig, blieb aber ein instabiles Land. Der größte Teil der Bevölkerung und die gesamte Oberschicht lebten auf Java, einer fruchtbaren Vulkaninsel. Die meisten anderen indonesischen Inseln hatten schlechtere Böden und waren dünner besiedelt; in der Regel lebten dort Minderheiten, bei denen die Regierung in Jakarta nicht besonders beliebt war. Im Rückgriff auf Pläne, die in kleinerem Maßstab bereits die ehemalige holländische Kolonialmacht verfolgt hatte, lancierte die indonesische Führung – die selbst, wie die Machthaber in Brasilien, aus dem Militär hervorgegangen war – nach der Unabhängigkeit 1949 das so genannte Transmigrasi-Projekt. Das gewaltige Umsiedlungsprogramm sah vor, dass rund 50 Millionen regierungstreue Javaner sich auf einer der anderen Inseln niederließen, insbesondere auf Borneo und Sumatra. Hintergrund war die Absicht, dem Bevölkerungsdruck und der Armut auf Java etwas entgegenzusetzen, den natürlichen Reichtum der Außeninseln nutzbar zu machen und der Unzufriedenheit der Bevölkerung vor Ort durch die große Zahl politisch loyaler Siedler die Spitze zu nehmen.

Bis 1990, als das Transmigrasi zurückgefahren wurde, hatten weniger als fünf Millionen javanische Siedler sich durch die Aussicht auf ein Stück Land auf eine der anderen Inseln locken lassen. Ihre Kenntnisse im Reisanbau hatten auf Sumatra und Borneo zu nicht gerade ermutigenden Ergebnissen geführt – und bis 1984 hatte die Regierung nur Reis als Anbauprodukt gefördert. Den Viehzüchtern im Amazonasgebiet vergleichbar, mussten die Indonesier häufig Neuland erschließen, und das taten sie, indem sie den Regenwald niederbrannten, um die Nährstoffe in der Asche zu nutzen. Als Javaner, die von einer weitgehend entwaldeten Insel kamen, zögerten sie nicht, möglichst viel des als fremd empfundenen Le-

Regenwald im Amazonasbecken in Brasilien, der für die Umwandlung in landwirtschaftliche Nutzfläche gerodet wurde, 2009. Das bewaldete Gebiet in der Amazonasregion schrumpfte zwischen 1965 und 2012 um 20 Prozent.

bensraums zu beseitigen. So trugen die Siedler zum Kahlschlag bei; zwischen 1970 und 2000 war Indonesien eines der Länder, in denen die Zerstörung des Regenwaldes am raschesten fortschritt.[81]

Diese und andere bedeutende Migrationsbewegungen führten zu Umweltveränderungen beträchtlichen Umfangs. Ihre Reichweite war im Wesentlichen lokal oder regional begrenzt, wenngleich die Zerstörung von Wäldern in jedem Fall spürbar zur Belastung der Erdatmosphäre mit Kohlendioxid beitrug. Und trotz ihrer begrenzten Reichweite hatten die auf Migration zurückgehenden Umweltveränderungen häufig anhaltendere und folgenschwerere Auswirkungen als die Freisetzung von Treibhausgas und der Klimawandel – zumindest bis zur Gegenwart.

Migration selbst trug zum Treibhauseffekt bei, wenn es Menschen an Orte zog, in denen ein hoher Energieverbrauch zum Leben gehörte. Zig Millionen Zuwanderer kamen aus Mittelamerika oder der Karibik in die USA und nach Kanada, aus Nordafrika nach Westeuropa und aus Südasien an den Persischen Golf. In dem Maß, wie ihr Lebensstil sich der neuen Heimat anpasste – wozu gehört, Auto zu fahren oder die Energie aus fossilen Brennstoffen zu nutzen, um Häuser und Wohnungen zu klimatisieren –, verstärkte ihre Zuwanderung den globalen Energieverbrauch, die Emission von Treibhausgas und die Erwärmung des Planeten.

Die Jahrzehnte nach 1945 sahen in der Geschichte der globalen Bevölkerungsentwicklung ein außergewöhnliches Crescendo. Kein Zeitraum vergleichbarer Länge – nämlich eines Menschenlebens – war auch nur annähernd so außergewöhnlich. Spielte das Bevölkerungswachstum historisch je eine Rolle für die Umwelt, so zeigte sie sich in diesen Jahrzehnten.

Und es spielte eine Rolle: Nicht immer und überall, und gewiss nicht stets klar und eindeutig. In manchen Fällen, etwa bei der Zerstörung der westafrikanischen Regenwälder, war das Bevölkerungswachstum eine treibende Kraft. In anderen, etwa beim Walfang, war es, wenn überhaupt, nur von untergeordneter Bedeutung. Wie immer, wenn es um Menschen geht, war die Bevölkerungsentwicklung niemals alleinige Ursache, sondern entfaltete ihre Wirkung stets im Konzert mit anderen Faktoren.

Das Gleiche gilt für die Migrationsbewegungen. Die Jahrzehnte nach 1945 erlebten einen Aufschwung der Migration über große Entfernungen. Auch das hatte durchaus Auswirkungen auf die Umwelt, insbesondere in Fällen, in denen die Menschen aus einer bestimmten Umwelt in eine ganz andere und unbekannte gingen. Die vertraute Art des Handelns, ob beim Reisanbau oder bei der Viehzucht, führte in der neuen Heimat oft zu unvorhergesehenen und dramatischen ökologischen Folgen.

Seit nunmehr über fünfzig Jahren haben Umweltschützer besorgt das Bevölkerungswachstum als eine wesentliche Ursache ökologischer Veränderungen ausgemacht. Auch wenn eine solche Behauptung häufig zutrifft, besitzt die Kausalität doch keinerlei Allgemeingültigkeit. Wenn man das Konzept «Umwelt» entwirrt und spezifische Biome und Prozesse identifiziert, kann es gelingen, ein wenig weiter als zu einer solchen pauschalen Aussage zu kommen. In weiteren fünfzig Jahren, wenn das Bevölkerungswachstum, wie Demographen es prophezeien, sich auf (nahezu) null verlangsamt haben wird, werden wir eine dezidiertere Vorstellung davon besitzen, welche Auswirkungen es auf Umweltveränderungen hat, sowohl generell als auch im Hinblick auf die bewegten Jahre zwischen 1945 und 2010. Hoffen wir nur, dass sich bis dahin keine gewaltige Umweltkatastrophe ereignet, die die Analyse kompliziert.

2. KLIMA UND BIOLOGISCHE VIELFALT

Das Klima der Erde ist ein ungeheuer komplexes Phänomen, einschließlich subtiler und bislang nur unzureichend begriffener Beziehungen zwischen Sonne, Atmosphäre, Ozeanen, Lithosphäre (Erdkruste), Pedosphäre (Bodenhülle) und terrestrischer Biosphäre (vorwiegend Wäldern). Im Verlauf des 20. Jahrhunderts und insbesondere ab den 1950er Jahren machte das wissenschaftliche Verständnis des Erdklimas erhebliche Fortschritte. Gegen Ende des Jahrhunderts gelangte die Klimaforschung sukzessive an einen Punkt, an dem sie dem Erdklima, ausgehend von zunehmend exakten Daten, langfristig eine beunruhigende Prognose stellte. Man stimmte darin überein, dass der wachsende Einfluss der Menschheit auf die Umwelt seit dem Beginn der industriellen Revolution das Klima verändert und die Erde aufzuheizen begonnen habe. Verschiedentlich als «Treibhauseffekt», «globale Erwärmung» oder auch «anthropogener Klimawandel» bezeichnet, ging es vor allem um die auf menschliches Tun zurückgehende Beeinträchtigung des Kohlenstoffzyklus in der Geosphäre. Die Nutzung fossiler Brennstoffe und die Emission von Kohlendioxid (CO_2) sowie anderen Stoffen erhöhte ständig die Konzentration wirkmächtiger Treibhausgase in der Atmosphäre. Wissenschaftler befürchteten katastrophale Konsequenzen für das Weltklima, wenn der Entwicklung nichts entgegengesetzt würde. In der zunehmenden Fülle und Qualität der zum Thema vorgelegten Forschungsarbeiten sowie aufgrund neuer Technologien, die eine verbesserte Beobachtung von Klimadaten erlaubten, wurden die Prognosen immer bitterer. Doch noch immer bestand eine gewaltige Kluft zwischen dem, was Wissenschaftler für notwendig hielten, um eine Katastrophe abzuwenden, und der Bereitschaft zu politischen Antworten auf den Klimawandel weltweit. Zu Beginn des 21. Jahrhunderts gibt es zunehmend deutliche Indizien, dass das Klima der Erde und das Funktionieren zahlreicher Ökosysteme sich infolge hoher CO_2-Werte bereits zu verändern begonnen haben.

**Klima und industrielle
Revolution**

Dank ihrer Atmosphäre ist die Erde weder ein eisig kalter noch ein glühend heißer Planet. Stark vereinfachend ausgedrückt, wird ein Drittel des ankommenden Sonnenlichts zurück ins Weltall reflektiert; absorbiert und als Infrarotstrahlung in Wärmeenergie umgewandelt werden ein wenig mehr als zwei Drittel der Sonneneinstrahlung. Die Moleküle in der Atmosphäre, die diese Funktion übernehmen, sind die so genannten Treibhausgase (THG), von denen verschiedene existieren. Zu den natürlich vorkommenden Treibhausgasen gehören Wassermoleküle, Methan, Kohlendioxid und Distickstoffoxid (N_2O). Darüber hinaus gibt es Verbindungen nicht natürlichen, sondern anthropogenen Ursprungs, darunter vor allem die Chlorfluorkohlenstoffe (CFK), die erstmals in den 1920er Jahren synthetisch hergestellt wurden. Jedes Gas absorbiert Energie anderer Wellenlänge und weist zudem Besonderheiten hinsichtlich seiner Absorptionseigenschaften und Verweildauer in der Atmosphäre auf. Jedes Gas kommt darüber hinaus in der Erdatmosphäre in unterschiedlicher Konzentration vor, die im Lauf der Erdgeschichte beträchtlich variierte. Vor gar nicht allzu langer Zeit, zu Beginn der industriellen Revolution, betrug die natürliche Konzentration von Methan rund 0,7 ppm, von CO_2 rund 280 ppm und von N_2O rund 228 ppb. Die Konzentration dieser Verbindungen in der Atmosphäre hat sich seither erhöht.[82]

Gasförmige Stoffe in der Atmosphäre sind nicht die einzigen klimarelevanten Größen; noch weitere Faktoren beeinflussen die Menge des direkt auf die Erde treffenden, absorbierten oder reflektierten Sonnenlichts. Vorgänge im Inneren oder auf der Oberfläche des Planeten wirken sich auf das Klima aus; zwischen diesen wiederum und den Treibhausgasen kann sich ein kompliziertes Wechselspiel entwickeln. Ferner können die Intensität der Solarenergie und die Menge der die Erde insgesamt erreichenden Sonneneinstrahlung variieren, und auch geringfügige Abweichungen in der Erdrotation und in der Umlaufbahn um die Sonne erweisen sich als klimarelevant. Diese wiederkehrenden Abweichungen, bekannt als Milanković-Zyklen, zeigen sich im Lauf mehrerer Tausend Jahre und tragen zur Ausprägung und zum periodischen Verlauf der Eiszeitalter der Erde bei. Für die Menge der die Erdoberfläche erreichenden Sonneneinstrahlung sind zudem Aerosole von Bedeutung, also in der Luft schwebende Partikel, durch die ankommende Strahlung blockiert wird. Vulkanausbrüche können dergestalt Einfluss auf die globale Temperatur haben, wenn Asche und Ruß, die bei einer Eruption ausgestoßen werden, bis in die Stratosphäre gelangen und die Erde einhüllen. Der Ausbruch eines einzigen Vulkans kann so durch die Menge der freigesetzten Vulkanasche und Aerosole für einen weltweiten Temperaturrückgang sorgen, wenn auch nur vorübergehend (aber möglicherweise für ein paar Jahre), bis Niederschläge die Partikel wieder aus der Atmosphäre ausgewaschen haben. Die gewaltigsten dokumentierten Vulkaneruptionen der Weltgeschichte hatten erhebliche kurzfristige Auswirkungen auf die Temperaturen weltweit, so im Jahr 1600 der Ausbruch des Huaynaputina in Peru, 1783 der des Lakagígar auf Island, sowie die Eruptionen des Tambora von 1815 und des Krakatau von 1883, beide in der Inselwelt Indonesiens.

Obgleich stabiler als im vorangegangenen Zeitabschnitt der Erdgeschichte, weist das Klima des (vor grob 12 000 Jahren einsetzenden) Holozän ausgeprägte Schwankungen auf. Die Temperaturen im älteren Holozän lagen bis zu fünf Grad Celsius über dem niedrigen Durchschnitt des Eiszeitalters zuvor. Sein Temperatur-optimum erreichte das Holozän dann vor ungefähr acht bis fünf Jahrtausenden, als die Temperaturen in den höheren Breiten (vor allem der Nordhemisphäre) bis zu drei Grad Celsius über den durchschnittlichen Werten der Epoche lagen. Natürliche Temperaturschwankungen gab es auch in der nicht allzu weit zurück-liegenden Geschichte. So erlebte Europa zwischen 1100 und 1300 unserer Zeit-rechnung die so genannte mittelalterliche Warmzeit, als die Temperaturen um rund ein Grad Celsius über denen gegen Ende des 20. Jahrhunderts lagen. Dem schloss sich in Europa eine kältere Periode an, die so genannte kleine Eiszeit, die unge-fähr von 1550 bis 1850 dauerte und Temperaturen von durchschnittlich beinahe einem Grad Celsius unter denen der Gegenwart aufwies.

Im Mittelpunkt der Sorge über den anthropogenen Klimawandel steht in erster Linie die auf menschliches Tun zurückgehende Beeinträchtigung des natürlichen Kohlenstoffzyklus im Industriezeitalter. Der gesamte Kohlenstoff der Erde durch-läuft zwischen Lithosphäre, Pedosphäre, Biosphäre, Atmosphäre und den Ozea-nen einen Kreislauf. Seit der industriellen Revolution jedoch haben menschliche Eingriffe in diesen Zyklus die Kohlenstoffverteilung zwischen diesen Sphären verändert. Bereits im 18. Jahrhundert hatten Wissenschaftler beobachtet, dass CO_2 entsteht, wenn kohlenstoffhaltige Brennstoffe verbrannt werden, doch ein ausgereiftes Verständnis des globalen Kohlenstoffzyklus ist weitaus jüngeren Da-tums. Im Wesentlichen geht es beim Problem des Klimawandels darum, dass durch menschlichen Eingriff Kohlenstoff aus den drei erstgenannten Sphären ent-fernt und in der Atmosphäre, meist als CO_2, freigesetzt wird, und zwar deutlich schneller als im natürlichen Zyklus, während gleichzeitig die Ozeane mehr Koh-lenstoff aus der Atmosphäre absorbieren. Zudem hat sich durch menschliches Zutun die Konzentration auch anderer, ebenfalls kohlenstoffhaltiger Treibhaus-gase in der Atmosphäre erhöht. Aus Methan (CH_4), das auch natürlich vor-kommt, entstehen bei genügend großem Sauerstoffangebot beim Verbrennen CO_2 und Wasser. Zu einem noch größeren Problem wird Methan allerdings in dem Moment, da es direkt in die Atmosphäre freigesetzt wird. In molekularer Form ist Methan ein weitaus stärkeres Treibhausgas als Kohlendioxid.[83]

Mehr Kohlenstoff gelangt durch menschliches Zutun im Wesentlichen auf zwei Arten in die Atmosphäre. Erstens werden Kohlenstoffverbindungen durch das Ab-holzen von Wäldern freigesetzt, durch das Verbrennen oder Verfaulen des Holzes sowie aus den nunmehr exponierten, kohlenstoffreichen Böden. Gewiss ist das Abholzen von Wäldern ein sehr altes Phänomen, doch schritt die Waldzerstörung nach 1945 im globalen Maßstab in zuvor nicht gekannter Geschwindigkeit voran. Insofern intakte Waldgebiete Kohlenstoff aus der Atmosphäre absorbieren und durch Aufforstung neue Waldgebiete entstehen, gibt die Netto-Waldzerstörung darüber Auskunft, welche Menge Kohlenstoff zusätzlich in die Atmosphäre freigesetzt wird. So betrachtet, tragen Waldzerstörung und anderweitige Verwendung von Böden gegenwärtig mit rund 15 Prozent zur Gesamtmenge des anthropogen der Atmosphäre hinzugefügten Kohlenstoffs bei.[84]

Zweitens und wichtiger noch wird Kohlenstoff durch die Verwendung fossiler Brennstoffe freigesetzt. In diesem Bereich hat der menschliche Eingriff in den natürlichen Kohlenstoffzyklus die dramatischsten Folgen: durch den Zugriff auf die Kohlenstoffspeicher in der Lithosphäre (insbesondere Kohle, Erdöl und -gas) und den Transfer in die Atmosphäre und damit auch in die Ozeane. Die Verbrennung fossiler Brennstoffe ließ ungeheure Mengen Kohlenstoff in die Atmosphäre gelangen. Um 1750, vor dem Beginn der industriellen Revolution, wurden auf diese Art jährlich vielleicht drei Millionen Tonnen Kohlenstoffverbindungen atmosphärisch freigesetzt. Ein Jahrhundert später, um 1850, lag die Menge bei rund 50 Millionen Tonnen. Ein weiteres Jahrhundert später, nach dem Ende des Zweiten Weltkriegs, hatte sich die freigesetzte Menge um mehr als das Zwanzigfache erhöht, auf rund 1200 Millionen Tonnen. Doch selbst dieser ungeheure Zuwachs war noch nichts im Vergleich zu dem, was noch kommen sollte. 15 Jahre nach Kriegsende gelangten durch Industrie und Haushalte alljährlich bereits rund 2500 Millionen Tonnen Kohlenstoff in die Atmosphäre. Um 1970 hatte sich die Menge auf 4000 Millionen Tonnen erhöht, 1990 waren es über 6000 und 2006 wurden rund 8200 Millionen Tonnen Kohlenstoff in die Atmosphäre gepumpt – und damit 2700-mal mehr als 1750 und noch fast siebenmal mehr als 1945. An der Wende zum 21. Jahrhundert ist die Verbrennung fossiler Brennstoffe verantwortlich für rund 85 Prozent des gesamten anthropogen der Atmosphäre hinzugefügten Kohlenstoffs.[85]

Die Steigerung anthropogener Kohlenstoffemissionen wiederum führte zur Erhöhung der Konzentration von CO_2 in der Atmosphäre. Die Kohlendioxidkonzentration liegt heute bei rund 385 ppm, während der Wert vor der industriellen Revolution circa 280 ppm betrug. Eine solche CO_2-Konzentration ist die höchste seit mehreren Hunderttausend, möglicherweise sogar seit zwanzig Millionen Jahren. 1958, als die ersten verlässlichen, gezielten und kontinuierlichen Messungen des atmosphärischen Kohlendioxids begannen, hatte die Konzentration bereits 315 ppm erreicht; seither stieg das Niveau jedes Jahr weiter an. Es ist unwahrscheinlich, dass die CO_2-Konzentration zu einer anderen Zeit in der langen Geschichte der Atmosphäre jemals um ein Viertel innerhalb von fünfzig Jahren angestiegen ist.

In jüngster Zeit war die Emissionsentwicklung besonders beunruhigend. Der CO_2-Ausstoß wuchs im ersten Jahrzehnt des 21. Jahrhunderts mehr als doppelt so schnell wie im Jahrzehnt zuvor – nämlich um 3,3 Prozent per annum, gegenüber einem jährlichen Zuwachs von 1,3 Prozent in den 1990er Jahren. Das anhaltende Wachstum der Weltwirtschaft bietet dafür nur teilweise eine Erklärung. Beunruhigender noch war die so genannte CO_2-Intensität der Weltwirtschaft (das heißt die Höhe der CO_2-Emissionen pro Einheit Wirtschaftsleistung). Seit den 1970er Jahren war die Weltwirtschaft dabei, die anhaltende Steigerung des Kohlendioxidausstoßes zu begrenzen, was in den 1990er Jahren einen gewissen Optimismus hinsichtlich der künftigen globalen CO_2-Intensität nährte. Doch nach 2000 kehrte sich die Tendenz um. Das Wachstum der Weltwirtschaft ging mit eher höheren als geringeren Kohlendioxid-Emissionen einher, nicht zuletzt aufgrund der verstärkten energetischen Nutzung von Kohle in China.[86]

In den letzten Jahrzehnten des 20. Jahrhunderts führte die gestiegene CO_2-Konzentration in der Atmosphäre offenbar tatsächlich zu einer Veränderung des Weltklimas. Temperaturvergleiche zeigten gegenüber den Durchschnittswerten des Jahrhunderts eine mittlere Erwärmung der Atmosphäre in Oberflächennähe um etwa 0,8 Grad Celsius. Besonders auffällig traten die Veränderungen gegen Ende des 20. Jahrhunderts in Erscheinung: Rund zwei Drittel des Zuwachses waren ab der zweiten Hälfte der 1970er Jahre zu verzeichnen, der Rest ging auf die Zeit vor 1940 zurück. Seit den 1970er Jahren war zudem jedes Jahrzehnt wärmer als alle vorangegangenen, über die Aufzeichnungen vorliegen; 2010 meldete die US-Raumfahrtbehörde NASA, das gerade zu Ende gegangene Jahrzehnt sei das wärmste jemals dokumentierte gewesen. In den höheren Breiten der nördlichen Hemisphäre fiel der Temperaturanstieg besonders deutlich aus, was Klimamodelle zu bestätigen scheint, die an den Polen die stärkste Erwärmung, in den Tropen hingegen die geringste prognostizieren.[87]

Eine erhöhte CO_2-Konzentration in der Atmosphäre wirkte sich vor allem auch auf die Ozeane der Welt aus. Wie Messungen ergaben, hatten sich die Ozeane in der zweiten Hälfte des 20. Jahrhunderts ebenfalls erwärmt. In Tiefen bis 300 Meter betrug der Temperaturanstieg nach 1950 knapp 0,2 Grad Celsius, bezogen auf Tiefen bis 3000 Meter weniger als 0,04 Grad. Das mag sich nicht nach viel anhören, doch angesichts der Dichte von Wasser und dem immensen Volumen der Ozeane steht hinter dieser geringfügigen Veränderung eine ungeheure Menge thermischer Energie. Das Wasser der Ozeane bis in Tiefen von 3000 Metern absorbierte seit 1950 eine mehr als vierzehnmal größere Menge Energie als die Landmasse der Kontinente.

Erhöhte Ozeantemperaturen zeigten deutliche Auswirkungen, insbesondere auf Meeresspiegel und Meereis. Im Verlauf des 20. Jahrhunderts stiegen die Meeresspiegel weltweit um rund 15 Zentimeter an, was zu gleichen Teilen der Wärmeausdehnung des Wassers und dem Abschmelzen von Eisflächen und Gletschern, etwa auf Grönland, geschuldet war. Auch arktisches Meereis begann zu schmelzen. Die Eisbedeckung des Arktischen Ozeans im Frühjahr und Sommer ging im Verlauf der zweiten Hälfte des 20. Jahrhunderts um vielleicht zehn bis fünfzehn Prozent zurück. Wie bei der Erwärmung der Atmosphäre war die Veränderung gegen Ende des 20. und zu Beginn des 21. Jahrhunderts am ausgeprägtesten – einen Rekordrückgang der arktischen Eisdecke gab es 2007. Weniger eindeutig war die Entwicklung hingegen in der Antarktis. Ein beunruhigender Vorfall ereignete sich dort im April 2009, als ein Teil des gigantischen Wilkins-Schelfeises abbrach; doch während verschiedene Gebiete rund um den antarktischen Kontinent an Eisfläche verlieren, scheinen Gletscher an anderer Stelle zu wachsen. Das Gesamtvolumen des Meereises in der Antarktis hat sich dadurch seit den 1970er Jahren möglicherweise sogar erhöht.[88]

Die Erwärmung war nicht die einzige Auswirkung auf die Weltmeere. Einen Teil des Kohlendioxids in der Atmosphäre nehmen die «Kohlenstoffsenken» des Planeten auf, das heißt die Böden, Wälder, Ozeane und Gebirge. Obschon das genaue Funktionieren dieser Absorptionsvorgänge in der Wissenschaft noch umstritten ist, lässt sich feststellen, dass rund die Hälfte der auf die Nutzung fossiler Brennstoffe zurückgehenden CO_2-Emissionen ihren Weg in die verschiedenen Senken findet. Auf die Ozeane wiederum entfällt ungefähr die Hälfte der absorbierten Menge, wenngleich die Schätzungen auch hier auseinandergehen. Ohne diesen Dienst, den die Weltmeere der Umwelt erweisen, wäre die CO_2-Konzentration in der Atmosphäre noch weitaus höher. Bedauerlicherweise bleibt der Dienst nicht folgenlos. An der Schwelle zum 21. Jahrhundert deutet vieles darauf hin, dass das gesamte zusätzlich absorbierte Kohlendioxid in den Ozeanen deren Chemie bereits zu verändern begonnen hat. Das steigende Niveau gelösten Kohlendioxids säuert die Meere, was es zahlreichen Organismen erschwert, ihre Skelette und Schalen auszubilden. Manche dieser etwa im Plankton vorkommenden Kleinstlebewesen sind für Wale und Fische als Nahrungsquelle unverzichtbar. Noch beunruhigender sind Prognosen, dass es für Ozeane, aber auch für andere Kohlenstoffsenken wie Wälder, immer schwieriger werden könnte, atmosphärisches Kohlendioxid zu absorbieren. Befürchtet wird die Möglichkeit, Senken könnten CO_2 freisetzen, statt es zu absorbieren – beispielsweise könnte das passieren, falls tropische Regenwälder austrocknen.[89]

Die potentiellen Risiken des Klimawandels sind zahlreich, doch keines ist alarmierender als die Umwälzungen des weltweiten Wasserhaushalts. Die Erwärmung der Atmosphäre wird wahrscheinlich sehr viele Ökosysteme des Planeten verändern, die Niederschlagsmuster abwandeln, häufigere und extremere Wetterereignisse verursachen, die Meeresspiegel steigen lassen und Küsten überfluten, die Biodiversität negativ beeinflussen, die Ausbreitung von Infektionskrankheiten begünstigen, mehr hitzebedingte Todesfälle fordern und vieles andere mehr. Zu Beginn des 21. Jahrhunderts waren viele Wissenschaftler über-

zeugt, die Erwärmung der Atmosphäre zeigte bereits derartige Folgen. Das Abschmelzen von Gletschern war ein Beispiel. Im 20. Jahrhundert gab es immer
deutlichere Belege für einen weltweiten Gletscherschwund; gegen Ende des
Jahrhunderts beschleunigte sich die Entwicklung. In den europäischen Alpen
beispielsweise gingen die Gletscher zwischen 1975 und 2000 um ungefähr ein
Prozent pro Jahr zurück, seit der Jahrtausendwende waren es sogar zwischen
zwei und drei Prozent jährlich. Der Trend ist global: Die wissenschaftliche Beobachtung von dreißig «Referenzgletschern» rund um den Globus ergab, dass
der Schwund nach 1996 viermal so schnell voranschritt wie in den Jahren 1976
bis 1985.[90]

Die Sorge über den Rückgang der Gletscher mag vielleicht esoterisch erscheinen. Schließlich sind Gletscher für die meisten weit weg, sowohl geographisch
als auch mental. Zum allergrößten Teil findet sich das Eis der Welt an den Polen
sowie auf den Gletschern Grönlands und der Antarktis. Fast jeder wird von der
Gefahr eines ansteigenden Meeresspiegels gehört haben, sollten die Polarglet-
scher schmelzen, doch scheint dieses spezielle Problem eines der ferneren Zukunft zu sein. Welche Rolle hingegen spielt es, wenn andere Gletscher schmelzen, die sich nicht in den Polarregionen befinden? Was bedeutet es etwa den
meisten Amerikanern, dass die Gletscher im Glacier National Park in Montana
beinahe verschwunden sind und das Gebiet seinen Namen schon bald zu Unrecht tragen wird? Wohl nicht allzu viel, abgesehen vielleicht von ein paar
ästhetischen Einwänden. Doch in vielen Teilen der Welt ist die Schmelze in den
Gletschergebieten im Frühjahr und Sommer eine Sache auf Leben und Tod. Eindrucksvoll belegen das der Himalaya und die benachbarten Gebirgszüge in
Zentralasien, in denen sich weltweit die größten Eismassen außerhalb der Polarregionen finden. Diese Berge sind der Ursprung der gewaltigen Ströme Asiens,
von hier kommen die Wasser des Indus, Yangzi, Mekong, Ganges, des Gelben
Flusses, Brahmaputra und Irrawaddy, die zusammen mehr als zwei Milliarden
Menschen versorgen. Steigende Temperaturen im Himalaya, insbesondere in
größerer Höhe, bedeuteten in den vergangenen Jahrzehnten eine verstärkte
Gletscherschmelze. Schwindende Gletscher und Schneemassen, so die Sorge,
würden nicht nur die Wassermengen der Flüsse beeinträchtigen, sondern auch
jahreszeitliche Hoch- und Niedrigwasser, mit dramatischen negativen Folgen
für die flussabwärts lebenden Menschen, die von diesen Flüssen im Hinblick auf
Bewässerung, Trinkwasser und andere Aspekte abhängig sind. Und in der Tat
deutet vieles darauf hin, dass Ökosysteme, und damit die Lebensgrundlagen der
Bevölkerung, einem tiefgreifenden Wandel ausgesetzt sein werden.[91]

Während das Schmelzen der Gletscher einige Beobachter mit düsteren Vorah-
nungen erfüllt, haben Millionen von Menschen, die sich nicht bewusst mit dem
Klimawandel befassen, dessen Auswirkungen schon mittelbar zu spüren bekommen. Eine indirekte Folge einer erwärmten Atmosphäre ist die gestiegene Fähig-

Durch das Schwinden des Gletschers an der südlichen Annapurna im Himalaya ist ein eisfreies Feld entstanden, 2012. Seit Ende des 19. Jahrhunderts sind aufgrund steigender Durchschnittstemperaturen überall auf der Welt zahlreiche Gletscher geschmolzen. Der rasante Rückzug des Gletschereises im Himalaya seit 1980 gefährdet die Wasserversorgung in Süd-, Südost- und Ostasien.

keit der Luft, Wassertröpfchen aufnehmen zu können. Paradoxerweise hat dies sowohl die Aussichten auf Dürreperioden als auch auf Regengüsse erhöht. In trockeneren Gegenden der Welt kann die wärmere Luft mehr Feuchtigkeit halten, sodass weniger davon als Regen herabfällt. In Gebieten, wo es ohnehin schon viel regnet, verstärkt die wärmere Luft diese Tendenz noch, weil mehr Feuchtigkeit aus den Wolken abregnen kann. So sind Regionen wie der amerikanische Südwesten zunehmender Trockenheit ausgesetzt, während heftige Monsunregen den Himalaya-Ausläufern noch drastischere Fluten bescheren.[92] Unterdessen sorgt die gestiegene Oberflächentemperatur der Meere für mehr Tropenstürme. Auch wenn sich dem Klimawandel keine spezifischen Wetterphänomene wie etwa der Hurrikan Katrina (2005) oder die Flutkatastrophe in Pakistan von 2010 zuschreiben lassen, so scheinen solche Ereignisse auf lange Sicht doch mit dem Temperaturanstieg zusammenzuhängen. Leo Trotzki soll – so wird zumindest kolportiert – einmal gesagt haben: «Ihr interessiert euch vielleicht nicht für den *Krieg*, aber der *Krieg interessiert* sich für euch.» So steht es auch mit dem Klimawandel und den Menschen in manchen gefährdeten Regionen, sei es in den tiefer gelegenen Bezirken von New Orleans oder am Ufer des Indus: Sie mögen sich vielleicht nicht für den Klimawandel interessieren, aber umgekehrt werden sie seine Folgen zu spüren bekommen.

Klimawandel und Wissenschaftsgeschichte

Angesichts der Komplexität des Erdklimas dürfte es nicht überraschen, dass sich ein wissenschaftliches Verständnis der Klimavorgänge erst in jüngerer Zeit entwickelte. Da die atmosphärische Hülle der Erde mit allen anderen ihrer Sphären in Verbindung steht, setzte ein solches Verständnis eine in hohem Maß interdisziplinäre Kooperation zwischen Geophysik, Ozeanographie, Meteorologie, Biologie, Physik, Geologie, Mathematik und einer ganzen Reihe anderer Wissenschaften voraus. Als globales Phänomen erforderte der Klimawandel zudem die wissenschaftliche Zusammenarbeit über nationalstaatliche Grenzen hinweg. Die Geschichte der Klimatologie ist daher geprägt durch diese beiden Arten der Kooperation. Wenngleich viele Fragen des Klimawandels noch unerforscht sind, sah das vergangene halbe Jahrhundert doch bereits enorme wissenschaftliche Fortschritte. Nicht zuletzt aus Sorge über die steigende CO_2-Konzentration wurde dem Problem vermehrt wissenschaftliche Aufmerksamkeit zuteil. Voraussetzung dafür war allerdings in erheblichem Maß auch die Entwicklung bestimmter Technologien und Instrumente – Satelliten beispielsweise standen erst seit Beginn des Kalten Kriegs zur Verfügung –, mit deren Hilfe sich die notwendigen Daten sammeln und auswerten ließen, um die Geschichte des Erdklimas nachzuzeichnen und seine Zukunft zu prognostizieren.

Erste Erklärungsansätze, warum die Atmosphäre die Erde erst bewohnbar macht, gehen auf das 19. Jahrhundert zurück. Der französische Philosoph und Naturwissenschaftler Jean-Baptiste Joseph Fourier beschrieb in den 1820er Jahren, dass die Atmosphäre einen Teil der ankommenden Sonnenwärme abfing und dadurch die Temperatur weit höher stieg, als es sonst der Fall wäre. Fourier verglich die wärmeabsorbierende Wirkung der Atmosphäre mit dem Glasdach eines Gewächshauses, eine zwar unvollkommene, doch überzeugende Analogie. Auch in anderen Ländern Europas beschäftigten sich Wissenschaftler im Verlauf des 19. Jahrhunderts mit den grundlegenden Problemen der Funktionsweise des Erdklimas. Einflussreich waren nicht zuletzt die Studien des Schweizer Naturforschers Louis Agassiz, der um 1840 eine Theorie der Eiszeiten in der Erdgeschichte entwickelte. Daran anschließende wissenschaftliche Arbeiten bemühten sich vor allem darum zu verstehen, wie das Klima sich im Laufe der Zeit so dramatisch verändern konnte. Zu den Wissenschaftlern, die solchen Fragen nachgingen, gehörte auch der irische Physiker John Tyndall, der in den 1850er Jahren entdeckte, dass Kohlendioxid Infrarotstrahlung absorbierte. Bedeutender noch waren die Forschungen des schwedischen Chemikers Svante Arrhenius, der 1896 in einer bahnbrechenden Arbeit den Zusammenhang zwischen Kohlendioxid und Klima in wesentlichen Zügen darstellte. Unter anderem berechnete Arrhenius die globale Temperaturveränderung, die sich aus einem steigenden oder abnehmenden

CO_2-Gehalt der Atmosphäre ergebe. Bei einer Verdopplung der Konzentration erwartete er einen Temperaturanstieg um 5,7 Grad Celsius – verwarf allerdings die Möglichkeit, die Menschheit könnte so viel Kohlendioxid freisetzen.[93]

Arrhenius' Arbeit löste eine beträchtliche Debatte aus. Ihr Gewicht war allerdings dadurch beschränkt, dass die Beschreibung der verschiedenen globalen Systeme letztlich nicht auf wissenschaftlichen Grundlagen stand, die Datenbasis dürftig war und der konzeptionelle Rahmen die Möglichkeit verwarf, Menschen könnten über die Macht verfügen, das Erdklima zu verändern. So war Arrhenius beispielsweise darauf angewiesen, die CO_2-Konzentration in der Atmosphäre zu schätzen, da es noch keine Methode gab, sie verlässlich zu messen. Doch bereits die ersten Jahrzehnte des 20. Jahrhunderts erlebten wissenschaftliche Fortschritte auf zahlreichen Gebieten, die für die Erforschung des Klimas von Bedeutung waren. Im Europa der Zwischenkriegszeit trat der serbische Mathematiker Milutin Milanković mit der These hervor, Abweichungen in der Erdrotation und in der Umlaufbahn um die Sonne seien verantwortlich für die Eiszeitalter der Erde. Seine peniblen Berechnungen führten zu einem Verständnis der nach ihm benannten Milanković-Zyklen. Ungefähr zur selben Zeit arbeitete in der Sowjetunion der Geochemiker Vladimir Ivanovič Vernadskij an der theoretischen Beschreibung des natürlichen Kohlenstoffzyklus. Er machte klar, dass lebende Organismen in der Biosphäre verantwortlich für die chemischen Veränderungen in der Atmosphäre seien, indem sie ihr in großen Mengen Stickstoff, Sauerstoff und Kohlendioxid zusetzten. Pflanzen und andere lebende Organismen seien somit das eigentliche Fundament für die Klimageschichte der Erde.[94]

Ein grundlegendes Verständnis des Systems Erde entwickelte sich somit bereits im 19. und frühen 20. Jahrhundert, doch die großen Durchbrüche in der wissenschaftlichen Erforschung des Klimas fielen in die Zeit nach 1945. Angesichts der im Kalten Krieg forcierten öffentlichen Förderung der Natur- und Technikwissenschaften überrascht es nicht, dass wichtige Beiträge von US-Wissenschaftlern stammten. In den 1950er Jahren verwendete eine Gruppe von Forschern an der Scripps Institution of Oceanography in der Nähe des kalifornischen San Diego einen geringen Teil der vom Verteidigungsministerium zur Verfügung gestellten Mittel für Studien zum Kohlendioxidgehalt der Atmosphäre und der Ozeane. Zwei der Wissenschaftler, Charles David Keeling und Roger Revelle, damals Direktor der Scripps Institution, gründeten die erste Forschungsstation zur kontinuierlichen Messung des CO_2-Gehalts der Atmosphäre. Das Observatorium auf dem Mauna Loa, dem größten Vulkan der hawaiianischen Hauptinsel, wurde mit neuester, hochentwickelter Technologie ausgestattet. Die Wahl war auf Hawaii gefallen, weil die Messungen nicht durch Belastungen aus Emissionen nahegelegener Kraftwerke oder Fabriken verfälscht wurden. Die Mauna-Loa-Station lieferte den Wissenschaftlern erstmals kontinuierlich verlässliche Mess-

Graphik 1: Entwicklung des CO_2-Gehalts der Atmosphäre in ppm, gemessen am Mauna-Loa-Observatorium auf Hawaii

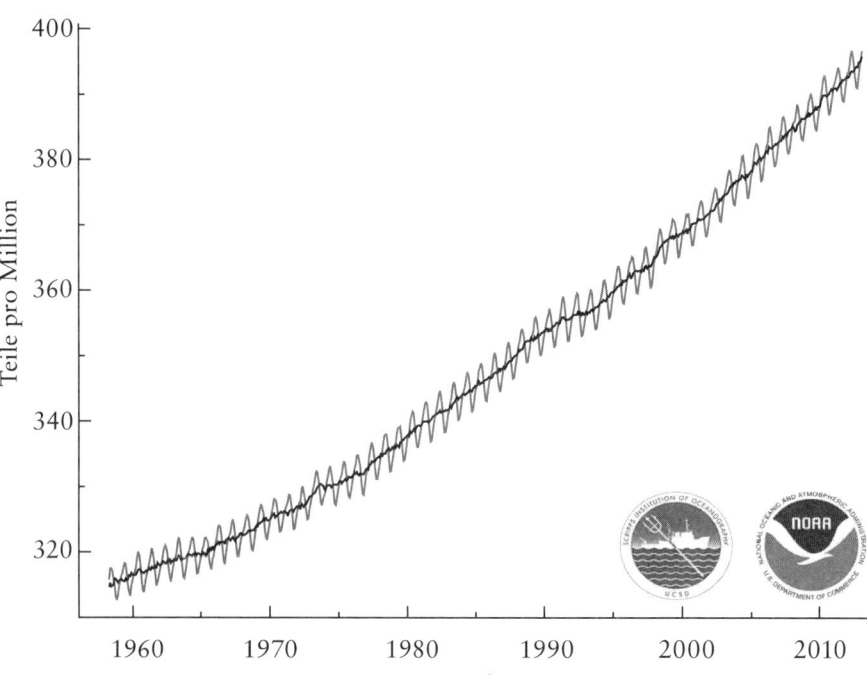

Quelle: Scripps Institution of Oceanography; National Oceanic and Atmospheric Administration/Earth System Research Laboratory

daten der atmosphärischen CO_2-Konzentration. Binnen weniger Jahre ließ sich daraus ablesen, dass der Kohlendioxidgehalt der Atmosphäre tatsächlich anstieg. Die seit 1958 am Mauna Loa registrierte Messreihe stellt sich dar als eine sägeblattartig gezackte Aufwärtskurve, eine Visualisierung, die zu einem der bekanntesten Sinnbilder des anthropogenen Klimawandels wurde.[95] Die Sägezahnstruktur stellt die saisonalen Schwankungen des CO_2-Gehalts auf der Nordhalbkugel dar: In den Sommermonaten lagert mehr Kohlenstoff in den belaubten Bäumen und Büschen und weniger in der Atmosphäre, im Winter hingegen enthält die Atmosphäre mehr CO_2.

Das Projekt am Mauna Loa stand im Zusammenhang mit dem Internationalen Geophysikalischen Jahr (IGJ), einer weltweiten Forschungskooperation, die sowohl die USA als auch die Sowjetunion nutzten, ihre technischen und wissenschaftlichen Fähigkeiten herauszustellen. So bot das IGJ Wissenschaftlern Gelegenheit, mithilfe neuer und leistungsstarker Technologien, die zu jener Zeit gerade erst entwickelt worden waren, geophysikalische Beobachtungs- und

Messprogramme zu realisieren. Erstmals in den 1950er, verstärkt in den 1960er und 1970er Jahren wurden Satelliten zur Erdbeobachtung eingesetzt und mithilfe von Großrechnern lauffähige Programme zur Modellierung des Erdklimas entwickelt. Der Kalte Krieg beschleunigte die Erkundung der Pole, und erste Vorhaben zur Untersuchung von Eisbohrkernen wurden lanciert. Sie versetzten Forscher in die Lage, in den polaren Eiskappen eingeschlossene, bis mehrere hunderttausend Jahre alte Luftblasen zu analysieren, die neue Informationen über die klimatischen Verhältnisse der Vergangenheit lieferten. Den ersten Eiskern bohrten US-Wissenschaftler in den 1950er Jahren im grönländischen Camp Century; trotz des rein militärischen Charakters des Projekts lieferte es wissenschaftlich verwertbare Daten. Die Sowjetunion verfolgte ein eigenes Forschungsprogramm auf der Wostok-Station in der Antarktis. Die seit den 1970er Jahren dort gebohrten Eiskerne reichen über 400 000 Jahre zurück, und die darin eingeschlossene Luft gewährte den Wissenschaftlern Einblicke in mehrere Eiszeiten.[96]

Die dem Kalten Krieg geschuldeten Forschungsprogramme überschnitten sich mit zahlreichen anderen internationalen wissenschaftlichen Unternehmungen. Die enorme Dimension der Fragestellungen, die benötigten Ressourcen, um sie in Angriff zu nehmen, und der Wunsch, Ergebnisse und Erkenntnisse zu teilen, bedeuteten nicht nur eine zunehmende wissenschaftliche Kooperation, sondern auch ein verstärktes Engagement internationaler Institutionen wie der Weltorganisation für Meteorologie (World Meteorological Organization – WMO) und später des Umweltprogramms der Vereinten Nationen (United Nations Environment Programme – UNEP). Bereits in den 1960er Jahren begannen zahlreiche bekannte Wissenschaftler, der Möglichkeit eines anthropogenen Klimawandels nachzugehen. Die Forschungen lieferten schon bald Ergebnisse, und 1972 setzte die erste Weltumweltkonferenz der Vereinten Nationen in Stockholm das Thema auf ihre Agenda. Kontinuierliche technische und methodische Fortschritte, bessere Messdaten und eine noch stärkere Vernetzung der wissenschaftlichen Programme brachten in den 1970er Jahren die Forschung voran. Führend auf dem Gebiet der Klimaforschung blieben weiterhin US-Wissenschaftler, was sich teilweise der institutionellen Förderung verdankte, etwa durch die Nationale Akademie der Wissenschaften der Vereinigten Staaten (NAS). Am Ende des Jahrzehnts stand die erste internationale Beratung, die sich ausschließlich dem Problem des Klimawandels widmete, die von WMO und UNEP organisierte Genfer Weltklimakonferenz von 1979.[97] Klimatologie, bis dahin eine Domäne hoch ausgebildeter Wissenschaftler mit präzisem Zugriff auf die Materie, sollte schon bald in die chaotischen Abläufe des Politikbetriebs geraten.

Wissenschaft trifft

Politik

Bis in die 1980er Jahre hinein beschränkte sich die Auseinandersetzung mit dem anthropogenen Klimawandel mehr oder weniger auf die Wissenschaft. Zwar hatte sich im Jahrzehnt zuvor das politische Bewusstsein für das Problem ein wenig geschärft und auch die Medien hatten sich seiner vereinzelt angenommen, doch blieb das Thema letztlich zu exotisch und zu abstrakt, als dass es viel Aufmerksamkeit erfahren hätte. Darüber hinaus herrschte unter Wissenschaftlern über die Erderwärmung keineswegs ein Konsens – die mediale Aufmerksamkeit richtete sich zudem auf die von einer Minderheit von Forschern vertretene These einer bevorstehenden neuen Eiszeit. Doch die 1980er Jahre markierten einen Wendepunkt: Die anthropogene globale Erwärmung bezweifelte in Wissenschaftskreisen kaum noch jemand, und erstmals wurde die Frage politisch aufgegriffen.

Die Wende ging zumindest teilweise auf ein geschärftes Bewusstsein für Umweltprobleme zurück. Der saure Regen war in manchen Ländern, insbesondere in Europa und Nordamerika, seit Ende der 1970er Jahre zu einem wichtigen politischen Thema avanciert. In den 1980er Jahren kam die Sorge um die Schädigung der Ozonschicht hinzu, im Unterschied zum sauren Regen ein globales Problem. Als 1986 das so genannte Ozonloch über der Antarktis entdeckt wurde, wuchs das öffentliche Interesse an der Bedeutung des stratosphärischen Ozons, ein Impuls, der im Jahr darauf schließlich zur Verabschiedung des Montreal-Protokolls zum Schutz der Ozonschicht führte. Die Verhandlungen darüber sahen Wissenschaftler als globale Klimapolitiker. Das Ozonloch war noch ganz frisch im öffentlichen Bewusstsein, als 1988 eine rekordverdächtige Hitze- und Dürrewelle in Nordamerika dazu beitrug, in der Öffentlichkeit wie auf Regierungsebene das Interesse daran zu wecken, Klimapolitik im internationalen Maßstab zu institutionalisieren. Ein Ergebnis war die Gründung des Zwischenstaatlichen Ausschusses für Klimaänderungen (Intergovernmental Panel on Climate Change – IPCC), einer wissenschaftlichen, von UNEP und WMO ins Leben gerufenen Körperschaft, deren Aufgabe es sein sollte, einen Konsens zu den Risiken der anthropogenen Erwärmung zu formulieren. Seit 1988 legte das IPCC mehrere umfangreiche Sachstandsberichte vor (bislang in den Jahren 1990, 1995, 2001 und 2007), in denen Ergebnisse und Prognosen der wissenschaftlichen Forschung rund um den Klimawandel umfassend wiedergegeben sind. Die Berichte sprechen eine zunehmend klare Sprache, was sowohl die anthropogenen Ursachen des Klimawandels als auch die Dringlichkeit politischer Antworten darauf anbelangt. Die wissenschaftlichen Befunde, heißt es im Bericht 2007 unmissverständlich, belegten «eindeutig» eine globale Erwärmung; der zu erwartende Temperaturanstieg bis zum Ende des 21. Jahrhunderts betrage – so die «beste Schätzung» – zwischen 1,8 und 4,0 Grad Celsius, entsprechend verschiedener Szenarien zur Entwicklung der

Karte 6:   Meereisbedeckung in der Arktis (1979–2012)

Treibhausgasemissionen. Das IPCC musste jeden Sachstandsbericht verteidigen, insbesondere gegen eine kleine, doch gleichwohl lautstarke und gut vernetzte Gruppe so genannter Klimaskeptiker, die den gesamten Ansatz, die vorgelegten Belege, die Motive sowie die Legitimation des zwischenstaatlichen Ausschusses in Zweifel zogen.[98]

Parallel zur Arbeit des IPCC wurden auf globaler Ebene politische Verhandlungen mit dem Ziel geführt, die durch den Menschen verursachten CO_2-Emissionen zu verringern. Ernsthafte Beratungen begannen 1988, nachdem die Generalversammlung der Vereinten Nationen den Klimawandel als «gemeinsames Problem der Menschheit» bewertet hatte. In erstaunlich kurzer Zeit arbeiteten Diplomaten eine UN-Rahmenkonvention zum Klimawandel aus, die auf dem Weltumweltgipfel in Rio de Janeiro 1992 unterzeichnet wurde. Obgleich die Bestimmungen nicht bindend waren, setzte das Abkommen einen Mechanismus regelmäßiger diplomatischer Konsultationen in Gang, um zu einer substantielleren Übereinkunft zu gelangen. Die in den darauffolgenden Jahren stattfindenden Treffen bereiteten die Vereinbarungen des Kyoto-Protokolls von 1997 vor, eines völkerrechtlich verbindlichen Abkommens, das die Industrieländer verpflichten sollte, die Emissionen von Treibhausgasen gegenüber dem Stand von 1990 (dem im Protokoll festgelegten Basisjahr) um einen bestimmten Anteil zu reduzieren.

Doch sofort wurden Schwierigkeiten sichtbar: Unter den weltweit größten Treibhausgas-Emittenten deuteten sich Differenzen an, die das Abkommen von Kyoto zu unterminieren drohten. Die Zwistigkeiten überschatteten in der Folge alle weiteren diplomatischen Anläufe. Ausgangspunkt war die Position zweier Länder mit extrem hohem Schadstoffausstoß, der USA und Chinas. Nach Kyoto verweigerten sich beide hartnäckig verbindlichen Emissionsabkommen. Im Fall der USA wäre es, selbst wenn die Regierung gewillt sein sollte, aufgrund starker innenpolitischer Widerstände ungemein schwierig, eine substantielle Verringerung des CO_2-Ausstoßes durchzusetzen. Seit 2006 waren die USA nach China der zweitgrößte Verursacher von Emissionen aus fossilen Brennstoffen, wobei die amerikanischen Pro-Kopf-Emissionen nicht nur deutlich über dem Weltdurchschnitt lagen, sondern auch den aller anderen Industrieländer übertrafen. Die USA beharrten auf ihrer Position, wonach es notwendig sei, die wirtschaftlich stärksten Schwellenländer, insbesondere Brasilien, Indien und China, ebenfalls zur Reduzierung ihrer Emissionen zu verpflichten. China wiederum hielt dagegen, es sei an den Industrieländern, als erste den Treibhausgas-Ausstoß drastisch zu verringern. Chinas Haltung wurde zunehmend unnachgiebiger, nicht zuletzt weil die chinesische Wirtschaft in erheblichem Maß von Kohle abhängig ist, eine Abhängigkeit, die sich seit 2000 noch verstärkte. Die chinesische Seite jedenfalls nahm als Schlüsselwert die Pro-Kopf-Emissionen der USA, die 2006 die Chinas um das Vierfache übertrafen, und pochte darauf, die Vereinigten Staaten sollten den ersten Schritt tun und ihrerseits die Treibhausgase reduzieren.[99]

Andere bedeutende Schwellenländer nahmen ähnlich gelagerte Positionen ein. Indien beispielsweise machte geltend, die reichen Länder der Welt hätten nicht nur eine moralische Verpflichtung, sondern vor allem auch größere Möglichkeiten, ihre Emissionen zu senken. Wie China stand auch Indien auf dem Standpunkt, ärmere Länder hätten das Recht, den Treibhausgas-Ausstoß zu erhöhen, wenn es der ökonomischen Entwicklung dient. Daneben warben Schwellenländer allerdings auch nachdrücklich um den Transfer von Filter- und Umwelttechnologie sowie Expertise aus reichen in ärmere Länder.

Auf der anderen Seite waren es einige wenige Industrieländer – als Wortführer traten insbesondere die Staaten der Europäischen Union auf – sowie eine Gruppe kleiner Inselstaaten, die durch steigende Meeresspiegel unmittelbar bedroht sind, die sich gemeinsam für eine starke und verbindliche Emissionskontrolle aussprachen, auf die sich zunächst die reichen Länder der Erde verpflichten sollten. Heute liegen die Pro-Kopf-Emissionen in Europa, beispielsweise in Frankreich, Großbritannien oder Deutschland, deutlich unter dem Niveau der USA, zum Teil aufgrund einer sich durch mehrere Jahrzehnte ziehenden Umstellung der Energieerzeugung, bei der man statt auf Kohle vermehrt auf Erdgas und Kernkraft setzte. Zwischen den extremen Positionen anzusiedeln sind Länder wie Japan, Kanada, Russland oder Australien, die im Laufe der Zeit immer wieder mit sehr unterschiedlichem Enthusiasmus an Klimaschutzverhandlungen teilnahmen. 2004 etwa ratifizierte das russische Parlament das Kyoto-Protokoll. Ein solcher Schritt fiel nicht zuletzt deshalb leicht, weil der wirtschaftliche Zusammenbruch des Landes im Verlauf der 1990er Jahre dazu geführt hatte, dass die russischen Emissionen bereits deutlich unter den in dem Abkommen festgesetzten Werten lagen – ein Umstand, der es Russland schließlich auch erlauben würde, vom Emissionsrechtehandel zu profitieren, wie er im Kyoto-Protokoll vereinbart worden war. Gleichzeitig allerdings gehörte Russland zu den wichtigen Öl und Erdgas produzierenden Staaten; die Unterstützung der russischen Führung für internationale Klimaschutzabkommen war also bestenfalls halbherzig. In anderen Ländern spielten innenpolitische und wirtschaftliche Entwicklungen eine stärkere Rolle, und die Positionen zu Emissionen und zum Klimaschutz veränderten sich mitunter. So brachten 2007 die Parlamentswahlen in Australien eine Regierung ins Amt, die zu erkennen gab, einem Klimaabkommen weniger ablehnend gegenüberzustehen.[100]

Als die erste Dekade des 21. Jahrhunderts sich dem Ende entgegenneigte, klaffte zwischen den Warnungen aus der Wissenschaft vor dem Klimawandel und dem politischen Willen, zu Lösungen zu kommen, eine beträchtliche Lücke. Eine Reihe prominenter Wissenschaftler war inzwischen zunehmend skeptisch, ob die Zeit noch ausreiche, um gefährliche oder sogar katastrophale Folgen der anthropogenen Erwärmung abzuwenden. Es stellte sich allem Anschein nach nur noch die Frage, wie stark die Temperatur weltweit steigen und welche Auswirkungen diese Entwicklung auf die Ökosysteme des Planeten haben würde. Aussichten auf einen

diplomatischen Durchbruch, der den Dimensionen der wissenschaftlichen Prognosen angemessen wäre, bestanden hingegen kaum mehr. Mehr als zwanzig Jahre
schon blieb Klimapolitik stets an den gleichen Hürden hängen. Erstens war es für
Politiker, die an der Macht zu bleiben gedachten, wenig reizvoll, den Klimawandel
anzusprechen; der Preis ihrer Tatenlosigkeit würde in der Regel ja erst spürbar werden, nachdem sie die politische Bühne verlassen hätten, während jegliche mit Opfern verbundene CO_2-Reduzierung umgehend Wählersympathien kosten würde.
Verzögerungstaktiken schienen sich also auszuzahlen. Zweitens war und ist die
Stabilisierung des Klimas ein öffentliches Gut, was bedeutet, dass alle Parteien davon Nutzen haben – unabhängig davon, wer sie in aufopferungsvoller Weise erstrit-
ten hat. Verhandlungsführer erlagen folglich der Versuchung, als Trittbrettfahrer
von den Mühen und Opfern anderer zu profitieren.

Optimisten setzten ihre Hoffnung auf erneuerbare Energiequellen, die am
Markt gegen fossile Brennstoffe konkurrenzfähig zu werden begannen. Manche
waren überzeugt, durch technologische Maßnahmen, so genanntes Geo-Enginee-
ring, biete sich eine Lösung, beispielsweise durch Spiegelpartikel in der Meso-
sphäre, um einfallende Sonnenenergie zu reflektieren, oder, weniger spektakulär,
durch das Abscheiden von Kohlendioxid und seine Sequestrierung im Boden oder
in unterirdischen Lagerstätten. Ob einer dieser Wege tatsächlich eine Lösung für
die Probleme des Klimawandels bieten kann, ist vielleicht die größte Herausforderung des 21. Jahrhunderts.

Biologische Vielfalt

Ein Bedauern über das Verschwinden
von Arten lässt sich in der Wissenschaft,
in der Philosophie und immer wieder
auch in der Öffentlichkeit über Jahrhunderte zurückverfolgen, doch bis vor kurzem schien die Möglichkeit unvorstellbar, die Menschheit könnte in der Lage
sein, das biologische Erbe des Planeten systematisch zu dezimieren. In den Blick
rückte eine solche Möglichkeit erst in der Nachkriegszeit, als eine kleine Zahl
von Wissenschaftlern begann, sich über die kumulative Wirkung menschlichen
Handelns auf die Biome (Ökoregionen) der Erde Gedanken zu machen. Die
Sorge, in den 1950er und 1960er Jahren von nur wenigen sporadisch artikuliert,
brauchte rund zwei weitere Jahrzehnte und insbesondere weitere Beobachtung
und Forschung, um auszureifen und eine kritische Masse zu erreichen. Der Begriff der «biologischen Vielfalt» und die griffige Verkürzung «Biodiversität» waren in der wissenschaftlichen Debatte noch bis in die 1970er und 1980er Jahre
hinein weithin unbekannt. Erst dann verbreiteten sich beide Ausdrücke rasend
schnell in der Wissenschaft und auch im allgemeinen Sprachgebrauch; ein
wichtiges Datum hierfür war eine 1986 von dem angesehenen Biologen Edward

O. Wilson in Washington organisierte Konferenz zum Thema. Die Beiträge der Konferenz, im Anschluss in einem Sammelband mit dem prägnanten Titel *Biodiversity* (dt. *Ende der biologischen Vielfalt?*) veröffentlicht, sprechen eine deutliche Sprache. In seinem Vorwort schrieb Wilson, der Band weise «eindringlich darauf hin, dass wir die Systeme, in denen die Vielfalt der Lebensformen seit über einer Milliarde Jahren gedeihen konnte, rapide verändern und zerstören». Die Botschaft wurde verstanden und von den Medien weltweit aufgegriffen, sie verband sich mit der in der Wissenschaft wie der Öffentlichkeit gleichermaßen zunehmenden Beunruhigung über die globalen Umweltveränderungen, das Abholzen des tropischen Regenwaldes oder den Abbau der Ozonschicht. In bemerkenswert kurzer Zeit wurde «Artensterben» ein Schlüsselthema der Umweltpolitik, und die Rede von der biologischen Vielfalt überall auf der Welt zu einem festen Topos.[101]

Biodiversität klang attraktiv, doch im wissenschaftlichen Alltag erwies sich das Konzept als schwierig und unhandlich. Was genau war damit gemeint? Was hieß Vielfalt und wie war sie zu messen? Bezog sich Biodiversität auf die genetische Vielfalt, die Artenvielfalt oder die Vielfalt von «Populationen» (also eine Art geographische Häufigkeit des Vorkommens von Tieren oder Pflanzen derselben Spezies)? Selbst wenn man sich auf ein Maß einigte, was folgte daraus? Weitaus sinnvoller sei es, so der Einwand zahlreicher Wissenschaftler, sich darauf zu konzentrieren, Ökosysteme und landschaftliche Lebensräume zu schützen und intakt zu halten, statt sich zwanghaft um die Zahl der Arten oder das Quantum des genetischen Materials zu kümmern. Um derartige Fragen entbrennen bis in die Gegenwart Debatten; Wissenschaftler sind sich indes durchaus bewusst, dass die Artenvielfalt einen zwar einfachen, aber zugleich leicht verständlichen Maßstab abgibt und deshalb auf ein besonderes öffentliches Interesse stößt. Selbst wenn die Fokussierung unzureichend ist, so lautet das Argument, ist das Artensterben dennoch eine sehr anschauliche Art, den globalen Rückgang der biologischen Vielfalt zu begreifen.[102]

Versuche, die Artenvielfalt der Welt zu bestimmen und zu katalogisieren, reichen viele Jahrzehnte zurück, doch trotz intensiver und nicht nachlassender Bemühungen können Biologen die Gesamtzahl existierender Spezies allenfalls mutmaßen. Schätzungen reichen von ein paar Millionen bis zu einhundert Millionen Arten und mehr. Viele Biologen tendieren eher zum unteren Ende des Spektrums, geben aber freimütig zu, dass ihre Zahlen lediglich grob überschlagen sind. Die Unterschiede erklären sich teilweise aus divergierenden Meinungen darüber, was als Spezies gilt – ob also etwa Mikroorganismen wie Bakterien mitgezählt werden –, im Kern aber aus der einfachen Tatsache, dass der Wissenschaft die meisten Spezies verborgen bleiben. Weniger als zwei Millionen Spezies sind identifiziert und wissenschaftlich «beschrieben», und nur ein kleiner Teil davon wurde sorgfältiger eingeordnet. Unter den beschriebenen Arten dominieren wirbellose

Tiere (die rund 75 Prozent aller Spezies ausmachen), gefolgt von Pflanzen (18 Prozent) und Wirbeltieren (weniger als vier Prozent).[103]

Mehr Einigkeit besteht darüber, wo die Lebensräume mit der größten Artenvielfalt zu finden sind: In den tropischen Waldgebieten Südamerikas, Afrikas und Südostasiens sind die Hälfte bis zwei Drittel aller Spezies der Erde anzutreffen, auf gerade zehn Prozent der Landoberfläche des Planeten. An der Spitze liegen die breitblättrigen Regenwälder, in denen sich die größte Zahl beschriebener Säugetier-, Vogel- und Amphibienarten findet. Die Regenwälder bergen auch den größten Artenreichtum bei Pflanzen, obgleich auch andere Regionen und Biome eine große Vielfalt von Pflanzenarten aufweisen, etwa der Mittelmeerraum oder die südafrikanische Kapprovinz. In einem stadiongroßen Stück des Regenwaldes im ecuadorianischen Tiefland beispielsweise sind mehr als eintausend Arten von Kleinpflanzen, Stauden, Sträuchern und Bäumen anzutreffen. In Ecuador allein (also in einem relativ kleinen Land von ungefähr der Größe Großbritanniens) vermutet man rund 40 Prozent mehr Pflanzenarten als in Europa insgesamt. Das untere Ende pflanzlicher Biodiversität markieren die Wüsten der Welt (gleichwohl gibt es trotz gegenteiliger Vermutung einige wenige relativ artenreiche Wüsten) sowie Landschaften in sehr hohen nördlichen Breiten.[104]

Terrestrische Spezies sind nur ein Ausschnitt der globalen biologischen Vielfalt. Andere Arten finden ihren Lebensraum in den Ozeanen und Meeren der Welt sowie, wenn auch zu einem geringeren Teil, im Süßwasser. Manche Wissenschaftler schätzen den Anteil der weltweit in den Ozeanen lebenden Spezies auf vielleicht 15 Prozent, doch ist dies eine zugegebenermaßen ungenaue Mutmaßung. Und obwohl Süßgewässer nur einen Bruchteil der Oberfläche oder auch der Wasserfläche des Planeten ausmachen, findet sich in ihnen eine relativ hohe Zahl verschiedener Arten, manchen Schätzungen zufolge bis zu sieben Prozent aller beschriebenen Spezies. Die Zahlen für die aquatische Umwelt sind allerdings noch weniger verlässlich als die für terrestrische Ökosysteme. Zurückführbar ist das in erster Linie darauf, dass viele Aspekte der Ökosystemeigenschaften und des Funktionsgefüges der Ozeane weitgehend unerforscht sind, ein Wissensmangel, der viel umfangreicher ist als bei terrestrischen Ökosystemen. Die Schwierigkeit, die Zahl und die Vielfalt der Arten abzuschätzen, wird noch potenziert durch die Natur der Unterwasserwelten: Ozeane und Meere sind unüberschaubar, und marine Ökosysteme sind mitunter besonders schwer zugänglich und zu erforschen. Im Ergebnis blieb das Wissen um Artenvielfalt und -reichtum in den Meeren und Ozeanen während des gesamten 20. Jahrhunderts weit hinter dem Wissen um terrestrische Arten zurück. Erst in jüngster Zeit hat sich in dieser Hinsicht etwas verändert.[105]

Gleichwohl gibt es Ähnlichkeiten mariner und terrestrischer Ökosysteme. Beispielsweise ist auch das Leben im Wasser nicht gleichmäßig über den Globus verteilt. Den tropischen Regenwäldern vergleichbar, sind manche ozeanische Ökosysteme unglaublich artenreich. Die Kontinentalsockel, die großen Korallenriffe und verschiedene, durch nährstoffreiche Meeresströmungen begünstigte Ozean-regionen (wie etwa die Neufundlandbank) weisen eine ungeheure Artenvielfalt und auch hohe Bestandszahlen auf. Als man etwa versuchte, in den tropischen Gewässern Neukaledoniens alle an einem einzigen Ort anzutreffenden Mollus-kenarten zu erfassen, entdeckte man 2738 verschiedene Spezies. Andererseits sind große Teile der Ozeane relativ unbelebt und darin den Wüsten der Welt vergleich-bar. Darüber hinaus sind auch, wie zahlreiche Arten an Land, sehr viele Lebe-wesen der Meere nicht besonders mobil. Während manche, insbesondere die gro-ßen pelagialen Spezies (wie verschiedene Wale, Delphine, Haie und Fischarten, die im offenen Ozean leben), über große Entfernungen wandern, gilt das für die meisten anderen Arten nicht. So können viele Spezies nur in einem genau defi-nierten Lebensraum existieren und sind daher nur an wenigen Stellen anzutref-fen. Endemismus ist ein wichtiges Merkmal von Ökosystemen – an Land, im Meer und in Süßgewässern gleichermaßen. Zackenbarsche beispielsweise sind Fische, die in tropischen und subtropischen Gewässern vorkommen, einzelne Arten wiederum sind nur an ganz bestimmten Orten zu finden.[106]

Die Bemühungen, die Zahl der weltweit existierenden Arten abzuschätzen, spiegeln die Beunruhigung über den Artenschwund wider. Insbesondere während der vergangenen drei Jahrzehnte gingen Wissenschaftler der Frage nach, ob die Menschheit dabei sei, das sechste große Artensterben der Erdgeschichte zu ver-ursachen, das heißt ein massenhaftes Aussterben von Spezies, das in seinen Aus-maßen den fünf bekannten Extinktionsereignissen in der Geschichte des Planeten gleichkäme – das jüngste derartige Ereignis liegt rund 65 Millionen Jahre zurück. Die wissenschaftliche Beschäftigung mit einem Artensterben fiel in den 1970er und 1980er Jahren zusammen mit einer wachsenden Beunruhigung über die Tro-penwaldzerstörung und deren Auswirkungen. Biologen vertraten die These, die Folgen menschlichen Handelns führten zum Verlust einer großen Zahl von Ar-ten, und zwar viel rascher als der gewöhnliche, im «Hintergrund» ablaufende Prozess des Artenschwunds. Edward O. Wilson, einer der prominenten Vertreter der These, schätzte 1986 auf der oben erwähnten Tagung zur Biodiversität, das schnelle Artensterben in den tropischen Regenwäldern falle 1000- bis 10 000-mal größer aus als vor dem Eingreifen des Menschen. Zahlreiche Biologen bezifferten die faktische Aussterberate und kamen dabei auch zu anderen Ergebnissen; letzt-lich erklären sich die Diskrepanzen einmal mehr eher durch die unbekannte Zahl der Spezies sowie die ungenaue Beurteilung der tatsächlichen Auswirkungen des Menschen. Alle Forscher stimmen freilich darin überein, dass das gegen-wärtige Artensterben den natürlichen Prozess um ein Vielfaches überragt. All-gemein herrscht zudem Einvernehmen darüber, dass zunehmende menschliche Eingriffe in die Ökosysteme des Planeten das verstärkte Artensterben in der zwei-ten Hälfte des 20. Jahrhunderts verantworteten. Bis zum Jahr 2000 waren nach verschiedenen wissenschaftlichen Schätzungen im sich dem Ende zuneigenden

Jahrhundert vielleicht eine Viertelmillion Arten ausgestorben, und es gab Befürchtungen, dass im 21. Jahrhundert zehn- oder zwanzigmal so viele ihr Ende finden könnten. Da die meisten Arten ausstarben, bevor sie wissenschaftlich beschrieben werden konnten, ereilte die große Mehrheit der verschwundenen Spezies ihr Schicksal, ohne dass die Menschheit von ihnen überhaupt Notiz genommen hatte.[107]

Die Idee, eine Liste der weltweit gefährdeten Arten zu erstellen, gab es bereits in den 1920er Jahren, doch dauerte es bis 1949, dass Naturschützer auf einer ersten provisorischen Übersicht vierzehn Säugetier- und dreizehn Vogelarten versammelten. Im gleichen Jahr wurde die Internationale Naturschutzunion (International Union for the Protection of Nature – IUPN) ins Leben gerufen; zu den Gründern gehörte unter anderem Julian Huxley, der erste Direktor der UNESCO (und Bruder des Schriftstellers Aldous Huxley). Die Organisation mit Sitz im schweizerischen Gland machte es sich zur Aufgabe, «die natürlichen Lebensgemeinschaften der gesamten Welt» zu bewahren. Während der 1950er Jahre begann die IUCN (1956 ersetzte «Conservation» das «Protection» im Namen des Verbands), eine Liste der gefährdeten Arten zu erstellen, seit den 1960er Jahren wird diese regelmäßig veröffentlicht. Die heute als Rote Liste gefährdeter Arten bekannte Übersicht genießt weltweit höchste Anerkennung und wird von Tausenden Biologen und anderen Wissenschaftlern erarbeitet. Doch ungeachtet der gewaltigen Anstrengungen, die in die Zusammenstellung eingehen, kann die Rote Liste nur einen Überblick über den Status eines kleinen Teils der existierenden Spezies bieten. Auf der 2008 veröffentlichten Liste finden sich annähernd 45 000 Arten, von denen 17 000 (knapp 38 Prozent) als gefährdet eingestuft wurden. Die Liste widmet terrestrischen Spezies überproportional viel Aufmerksamkeit, was sich daraus erklärt, dass über an Land lebende Vögel, Säugetiere, Amphibien und manche Pflanzenfamilien weitaus mehr bekannt ist als über Lebensformen im Wasser.[108]

Veränderungen der Artenvielfalt an Land

Wie in vielen anderen Bereichen der Umweltgeschichte in den letzten Jahrzehnten des 20. Jahrhunderts beschleunigte das Zusammenwirken von Bevölkerungswachstum, Entwicklung der Weltwirtschaft und technologischen Möglichkeiten den Rückgang der Artenvielfalt. An Land war die Hauptursache die Zerstörung von Habitaten. Während des gesamten 20. Jahrhunderts vergrößerte sich die als Acker- und Weideland genutzte Fläche weltweit auf mehr als das Doppelte, und rund die Hälfte dieser Ausdehnung fiel in die Zeit nach 1950. Der Zuwachs ging unmittelbar auf Kosten von Wäldern und Grasland. Der Wandel bedeutete eine umfassende Bedrohung terrestrischer Arten, da heterogene Landschaften mit einer großen Vielfalt von Flora und Fauna verschwanden und in hohem Maß homogenen, von Menschen zweckgerichtet genutzten Flächen wichen. Solche Landschaften boten zwar einigen dort bereits heimischen Pflanzenarten auch weiterhin einen Standort, doch sehr vielen nicht mehr, und auch für Wildtiere verringerte sich durch das Verschwinden der natürlichen Umgebung und die wirtschaftliche Nutzung systematisch der Lebensraum. Die Erfassung des Vogelbestands auf Acker- und Weideland beispielsweise zeigt, dass dort nur noch ein Bruchteil des Artenreichtums anzutreffen ist, der sich in den noch intakten Gras- und Waldlandschaften weltweit findet. Darüber hinaus setzte sich im 20. Jahrhundert auch in Landschaften, die schon über lange Zeit wirtschaftlich genutzt wurden, der Prozess des Rückgangs der Artenvielfalt fort; zunehmender Maschineneinsatz, intensiv bewirtschaftete Monokulturen und chemische Schädlingsbekämpfung prägten fast überall die Landwirtschaft. Neben dem Wandel zur landwirtschaftlichen Nutzung des Landes bedrohten vor allem Holzeinschlag und Sammeln, Jagd und Wilderei zu Subsistenzzwecken die biologische Vielfalt. Darüber hinaus führten invasive Spezies – Neophyten und Neozoen – zu großen Problemen. Heimische Arten fielen den neu etablierten zum Opfer oder wurden von ihnen verdrängt; letztere schufen sich und anderen Neobiota ökologische Nischen sowie «neuartige» Lebensräume und veränderten oder zerstörten die Kräfteverhältnisse in Ökosystemen. Schließlich tauchten gegen Ende des 20. Jahrhunderts in wissenschaftlichen Untersuchungen Belege dafür auf, dass Arten nicht zuletzt durch die widrigen Folgen des Klimawandels bedroht waren.[109]

Die weltweite Entwaldung war nach 1945 der massivste Eingriff an Land, insbesondere in den Tropen, wo ein sehr großer Teil der terrestrischen Flora und Fauna heimisch ist. Tatsächlich war es vor allem die Abholzung der tropischen Regenwälder, die Wissenschaftler dazu bewog, in den 1980er Jahren das Thema der Biodiversität mit Nachdruck auf die Tagesordnung zu setzen. Welche Dimensionen die Zerstörung der Tropenwälder in den Nachkriegsjahrzehnten genau annahm, bleibt allerdings weitgehend im Dunkeln. In der wissenschaftlichen Literatur werden für die Fläche gerodeten Regenwaldes und ebenso für die betroffenen Arten aufgrund divergierender Methoden und Ausgangsdaten unterschiedliche Zahlen genannt. Entsprechend bleibt die Debatte um die Entwaldung intensiv und kontrovers; Einvernehmen besteht jedoch darüber, dass die Eingriffe massiv waren. Eine Schätzung veranschlagt für die fünf Jahrzehnte nach 1950 insgesamt 555 Millionen Hektar zerstörter tropischer Wälder, eine Fläche größer als halb China.

Die Wälder in gemäßigten Breiten befanden sich im selben Zeitraum mehr oder weniger im Gleichgewicht, verloren also durch Abholzung nur wenig mehr als durch Aufforstung wieder nachwuchs. Es war eine relativ neue Wendung, denn noch im 18. und 19. Jahrhundert war die Zerstörung von Waldflächen in der Nordhemisphäre wesentlich schneller vorangeschritten als in den Tropen. Selbst im frühen 20. Jahrhundert hielt diese überproportionale Beanspruchung an, schließlich waren die Wälder Nordamerikas die global wichtigsten Lieferanten für Holz und Forsterzeugnisse. Doch dann verschob sich das Zentrum des Holzeinschlags aus den gemäßigten Breiten in die Tropen. Die Angst vor Engpässen beim Rohstoff Holz hatte in den USA und anderen Ländern zu neuen Bestimmungen geführt, weite Waldflächen wurden in ihrem Bestand geschützt und energische Aufforstungsmaßnahmen in Angriff genommen. Die europäischen Kolonialreiche machten sich die schnell fallenden Transportkosten zunutze, importierten vermehrt Holz aus ihren tropischen Besitzungen in Afrika und Südostasien und entlasteten so die Wälder in Europa.[110]

Bis zum Zweiten Weltkrieg hatte sich der Schwerpunkt globaler Entwaldung praktisch vollständig in tropische Regionen verschoben, und nach dem Krieg nahm die Zerstörung der Tropenwälder noch weiter zu. Auch der Wirtschaftsaufschwung der Nachkriegszeit steigerte den Druck auf die tropischen Waldgebiete. Die neuen unabhängigen Staaten der äquatorialen Breiten schätzten sich glücklich, die nordamerikanische, europäische und japanische Nachfrage nach Holz befriedigen zu können. Die Wälder lieferten genügend Holz für den Export und boten damit eine schnelle und einfache Möglichkeit, an dringend benötigte Devisen zu kommen. Auch das rasche Bevölkerungswachstum der Tropenländer wurde zu einem wichtigen Motor der Waldzerstörung, wenn Siedler Waldgebiete rodeten. Nicht selten förderten die Regierungen solche Migrationsbewegungen, weil sie es lieber sahen, wenn Landlose das Neuland als Acker- oder Weidefläche beanspruchten, statt für umfassende Landreformen zu streiten. Schließlich vereinfachte der technologische Wandel der Nachkriegszeit den Kahlschlag in den Tropen: Die Verfügbarkeit von Bulldozern und Kettensägen erlaubte eine zuvor unbekannte Effektivität. Alle diese Faktoren wirkten letztlich zusammen. In den späten 1970er und frühen 1980er Jahren konzentrierte sich der größte Teil der wissenschaftlichen Aufmerksamkeit, soweit sie den Tropen galt, auf die Abholzung des Amazonas-Regenwaldes. Obgleich die Tropenwälder Südostasiens ebenfalls bereits in einem gewaltigen Ausmaß zerstört waren, war es die Entwaldung Amazoniens, die weltweit mit größter Sorge verfolgt wurde, was wohl nicht zuletzt der ungeheuren Ausdehnung, der angeblichen Unberührtheit und der symbolischen Bedeutung des Amazonas geschuldet war.[111]

Schwere Schäden nahmen auch Insel-Ökosysteme, allerdings mit gewissen Unterschieden zu den Tropenwäldern. Inseln zeichnen sich durch isolierte Lebensräume aus, in denen viele endemische Pflanzen-, Säugetier-, Vogel- und Amphibienarten beheimatet sind. Die auf einer Insel existierenden Spezies können nicht entkommen, wenn Menschen sie jagen, ihren Lebensraum verändern oder nichteinheimische Arten einschleppen. Inselstaaten stehen regelmäßig weit oben auf der Rote Liste der IUCN, da sich dort überproportional viele gefährdete Arten finden (das gilt allerdings nicht für absolute Zahlen). Madagaskar beispielsweise ist die Heimat Tausender Pflanzen- und Tierarten. Nach 1896, als Frankreich die Insel annektierte, wurden die madagassischen Wälder systematisch abgeholzt. Holzeinschlag und ständige Eingriffe in Lebensräume setzten sich, nicht zuletzt aufgrund des hohen Bevölkerungswachstums, kontinuierlich und auch nach der Unabhängigkeit des Landes 1960 fort. Das Ergebnis war, dass bis zum Ende des 20. Jahrhunderts mehr als 80 Prozent der einheimischen Vegetation der Insel verschwunden waren und alle endemischen Spezies anhaltend unter Druck standen. Auch die Mehrzahl der bekannten ausgestorbenen Vogelarten der Welt war auf Inseln heimisch, vom Riesenalk bis zum Dodo. Durch die Isolation sind Ökosysteme auf Inseln schließlich anfällig für invasive Arten. Auf der mikronesischen Insel Guam fand die Braune Nachtbaumnatter, die dort um 1950 zufällig eingeschleppt worden war, so günstige Bedingungen vor, dass sie sich stark vermehrte. Binnen weniger Jahrzehnte vertilgten die Schlangen Beutetiere in solcher Menge, dass ein großer Teil der einheimischen Vögel und einige Säugetierarten auf der Insel ausstarben. Bemühungen, den Schlangenbestand auf Guam zu bekämpfen, schlugen fehl, und Biologen sind beunruhigt angesichts der Aussicht, dass die Nattern unbeabsichtigt auf andere pazifische Inseln eingeschleppt werden könnten.[112]

Veränderungen der Artenvielfalt im Wasser

Die Jahrzehnte nach 1945 erlebten dramatische Veränderungen der Süßwasser- und Meeresökosysteme, die denen der Lebensräume an Land in nichts nachstanden. In der Zeit nach dem Zweiten Weltkrieg bemächtigte sich der Mensch zunehmend der Flüsse und Ströme der Welt, bis es schließlich praktisch nirgendwo mehr einen im ursprünglichen Zustand belassenen Wasserlauf gab. Zehntausende Dämme, Deiche und Stauseen entstanden. Der neue Assuan-Staudamm am Nil, erbaut in den 1960er Jahren, wurde zum Symbol der weltweiten Sucht nach kolossalen Staudammprojekten. Ingenieure ließen Flussbetten und Fahrrinnen ausbaggern, der Verlauf ganzer Ströme wurde verändert, die Eingriffe zeigten erhebliche Auswirkungen auf Fließgeschwindigkeit, Strömung und Wassertemperatur. Einleitungen aus Städten, Gemeinden und der Industrie brachten die verschiedensten und nicht selten giftigen Chemikalien in die Flüsse. Sickereinträge aus der Landwirtschaft erhöhten in den Gewässern die Belastung durch Dünger. Das führte zur Eutrophierung von flussabwärts gelegenen Gewässern und zum Entstehen sauerstoffarmer «toter Zonen», wie etwa im Golf von Mexiko. Auch der verstärkte Sedimenteintrag durch Bergbau, Land- und Holzwirtschaft veränderte die Lebensräume in Strömen, Flüssen, Seen und Mündungsgebieten. Schließlich gingen weltweit die Marsch- und Sumpflandschaften dramatisch zurück, die Heimat

zahlreicher einzigartiger Fisch-, Vogel-, Amphibien-, Säugetier-, Pflanzen- und
Insektenarten. Derartige Entwicklungen waren praktisch überall zu beobachten,
gleichwohl gab es wesentliche Unterschiede. Marsch- und Sumpflandschaften
wurden trockengelegt, um das Neuland anderweitig zu nutzen, beispielsweise als
Acker- oder Bauland. Auch die Entnahme von Flusswasser zur Bewässerung, insbesondere in trockenen Gebieten mit knappen Wasserreserven, ließ Sumpflandschaften austrocknen. An manchen Flüssen, etwa dem Oranje in Südafrika oder
dem Colorado im Südwesten der USA, verringerten Bewässerungsprojekte die
Pegel so weit, dass die Flüsse saisonbedingt kein Wasser mehr führten und die
artenreichen Feuchtgebiete der Flussmündungen gefährdet waren.[113]

Süßwasserökosysteme wurden nach 1945 in wachsendem Maß durch Neozoen
gestört – der Entwicklung auf Inseln vergleichbar. Nun waren invasive Arten nichts
neues, doch die unbeabsichtigte oder vorsätzliche Etablierung neuer Spezies häufte
sich in der Nachkriegszeit. Der Nilbarsch, der ursprünglich nur in anderen Teilen
Afrikas vorkam und irgendwann in den 1950er Jahren im Viktoriasee heimisch
wurde, bietet ein dramatisches Beispiel dafür, was passieren kann, wenn invasive
auf endemische Spezies treffen. In den 1970er Jahren hatte sich der große Raub-
fisch bereits gewaltig vermehrt; er ernährte sich von den im Viktoriasee heimischen
Fischen, zu denen auch zahlreiche kleinere Buntbarscharten gehören, und stellte
das gesamte Ökosystem des Sees auf den Kopf. Die genaue Rolle, die der Nilbarsch
bei der Veränderung des Viktoriasees spielte, ist unter Biologen noch umstritten,
doch einhellig gilt sein Auftreten als einer der Hauptgründe für den Rückgang der
Artenvielfalt in Afrikas größtem See.[114]

Die massivsten Auswirkungen zeigte die Etablierung nicht heimischer Arten in
den Mündungsgebieten der großen Flüsse weltweit, wo Süß- und Salzwasseröko-
systeme ineinander übergehen. Flussmündungen sind zudem natürliche Häfen und
als solche auch für die Weltwirtschaft von großer Bedeutung. Im Verlauf des
20. Jahrhunderts machten sich in Mündungsgebieten die negativen Auswirkungen
im Zusammenspiel verschiedener Faktoren bemerkbar. Eingriffe in den Flusslauf
führten unter anderem zu veränderten Sedimentfrachten und Wassertemperaturen,
Städte und Industrie leiteten Schadstoffe ein, die Trockenlegung von Sumpfland
schließlich verringerte im Mündungsgebiet den Lebensraum für Tiere. Die infolge
dieser Veränderungen aus dem Gleichgewicht geratenen Flussmündungen wurden
zur neuen Heimat exotischer Arten, die häufig auf Schiffen als blinde Passagiere
eingeschleppt wurden. Am Beispiel der Bucht von San Francisco lässt sich das gut
verdeutlichen. Ende des 20. Jahrhunderts hatte die Bucht mehr als hundert Jahre
rascher städtischer Entwicklung erlebt, hinzu kam der Eintrag aus der Landwirtschaft und darüber hinaus waren Flussmündungen und Feuchtgebiete starken Eingriffen ausgesetzt. Die Häfen von Oakland und San Francisco schließlich gehören
zu den bedeutendsten der amerikanischen Westküste. Tausende von Seeschiffen
durchquerten jedes Jahr die Bucht, und alle konnten sie neue Arten einschleppen.

Heute beheimatet die Bucht von San Francisco mehr als 200 exotische Spezies, und einige darunter nehmen mittlerweile in ihren jeweiligen ökologischen Nischen eine dominante Stellung ein.[115]

Nach 1945 beeinträchtigte der Einfluss des Menschen nicht nur Süßwasserökosysteme, sondern zunehmend auch die Artenvielfalt in den Ozeanen. Menschen begannen, in die Ökologie der Tiefsee einzugreifen, die bislang praktisch außerhalb ihrer Reichweite gelegen hatte. Bei weitem am folgenreichsten war die Handelsfischerei. Seit Jahrtausenden hatten Menschen Ozeane und Meere befischt, doch in der Nachkriegszeit erlebte die Seefischerei einen ungeheuren Schub, und ihre Dimensionen, ihr Aktionsradius und ihre Folgen potenzierten sich. Mit zunehmendem Wohlstand und wachsender Weltbevölkerung stieg die weltweite Nachfrage nach Fisch rasant an. Um auf der Angebotsseite Schritt zu halten, bedienten sich Fischer in der Nachkriegszeit technologischer Innovationen, die es ihnen erlaubten, immer größere Mengen Fisch in immer größeren Wassertiefen zu fangen. Viele Technologien waren ursprünglich für militärische Zwecke geschaffen worden. Das Sonar-Verfahren beispielsweise, um feindliche U-Boote aufzuspüren und zu jagen, war im Zweiten Weltkrieg weiterentwickelt worden; nach dem Krieg diente die Technologie dann in der Fischerei zur Lokalisierung von Fischschwärmen. In der Zeit des Kalten Krieges immer weiter verbesserte Sonargeräte erlaubten, den Meeresgrund exakt abzubilden, und versetzten Fischer in die Lage, ihre Grund- und Schwimmschleppnetze optimal einzusetzen. In Verbindung mit anderen technologischen Neuerungen der Nachkriegszeit – Schiffscomputern, GPS-Navigationssystemen und reißfesten Monofilnetzen – wurden aus Fischerbooten hocheffiziente tödliche Maschinen. Staatliche Subventionen förderten den Bau seetüchtiger Großschiffe, die in der Lage waren, ungeheure Mengen Hochseefisch zu fangen, den Fang gleich an Bord weiterzuverarbeiten und tiefzukühlen. Solche Schiffe konnten auf See weite Strecken zurücklegen; für ihre Beute gab es kein Entkommen. Die 1980er und 1990er Jahre erlebten mit modernster Technologie ausgestattete Hochseefangflotten auf den Weltmeeren, die in den Tiefen des Atlantischen, Pazifischen und Indischen Ozeans fischten und dabei auch bis in polare Gewässer vorstießen.[116]

In den ersten Nachkriegsjahren herrschte noch beinahe uneingeschränkt die Überzeugung, die Fischbestände des Ozeans seien unerschöpflich und praktisch unendlich belastbar. Ausgehend von den USA in den 1940er und 1950er Jahren übernahmen Fischereibehörden rund um die Welt eine Sichtweise, die sich an der so genannten höchstmöglichen Belastbarkeit (Maximum Sustainable Yield – MSY) orientierte und den Glauben an den im Meer vorhandenen Überfluss widerspiegelte. Die MSY-Perspektive sah Fischbestände als unverwüstlich an und unterstellte, sie würden sich immer wieder problemlos erholen, zumindest bis zu jenem Punkt, der wieder einen maximalen Ertrag erlaubt. Der gezielte Fang älterer und größerer Fische durch die gewerbliche Fischerei, so das Argument, verschaffe jüngeren Fischen mehr Raum, Nahrung zu finden und sich fortzupflanzen, und die Bestände erholten sich schneller. Die Fürsprecher der MSY-Perspektive hatten den Ertrag im Blick und betonten, es bedürfe keiner Maßnahmen zum Artenschutz, solange ein Bestand keine Anzeichen für einen Rückgang zeige. Der MSY-Ansatz unterstellte, Fischbestände seien wissenschaftlich zuverlässig zu schätzen und daraus wiederum seien angemessene Fangquoten abzuleiten; die Nachhaltigkeit der Fischgründe sei so sichergestellt. Eine solche Zuversicht ignoriert freilich den Umstand, dass sehr viele Details der marinen Ökosysteme, die sich zudem in ständigem Fluss befinden, noch weithin unerforscht sind.[117]

Das Wachstum der Fischereiwirtschaft ließ die weltweiten Fangmengen nach 1945 beträchtlich ansteigen, hatte aber zugleich erhebliche Folgen für die Ozeane. Die Hochseefischerei dezimierte die Zahl der großen Raubfische wie etwa des Blauflossen-Thunfischs gravierend. Neue Fangmethoden machten die Fischerei effizienter, doch zugleich destruktiver. In Schleppnetze geraten in großen Mengen unerwünschter Fisch oder andere bedauernswerte Tiere, euphemistisch «Beifang» genannt, darunter Seevögel, Delphine, Schildkröten und Haie. Die Grundschleppnetze erreichten immer tiefere Regionen des Meeresbodens, wo sie alles umpflügten und vernichteten. Die Meerestiefen beheimaten eine Vielzahl von Lebensformen, die durch diese Art des Fischfangs an die Oberfläche gewirbelt werden, nur um als Abfall wieder über Bord geworfen zu werden. In den 1980er und 1990er Jahren zeigten die wichtigen Fischgründe weltweit Anzeichen einer Überfischung, in den meisten gingen die Bestände deutlich zurück; einige brachen regelrecht zusammen. Die Fischereibranche war in der Lage, trotzdem die Nachfrage zu befriedigen, indem sie auf immer weiterentwickelte technologische Möglichkeiten setzte, immer größere Wassertiefen befischte und zudem in Fischfarmen und Aquakulturbetriebe investierte. Um die Jahrtausendwende lieferten diese Zuchtanlagen 27 Prozent der weltweit konsumierten Fische, Muscheln und Schalentiere.[118]

Im Walfang verliefen die Dinge ähnlich. Ende des 19. und Anfang des 20. Jahrhunderts setzten Walfänger (unter ihnen viele Norweger) auf eine Reihe neuer Technologien, etwa Harpunenkanonen, dampfgetriebene Fangboote und riesige Fabrikschiffe, auf denen die erlegten Wale, nachdem sie an Bord gehievt waren, unmittelbar verarbeitet wurden. Im Zusammenspiel erlaubten die technischen Neuerungen den Walfängern, ihren Aktionsradius erheblich auszudehnen und auch Arten zu bejagen, die zuvor durch ihre Schnelligkeit außerhalb der Reichweite der Jäger gewesen waren. Vor allem norwegische, sowjetische und japanische Walfänger machten nunmehr Jagd auf Blau-, Finn- und Zwergwale, neben Arten wie den Pott- und Grönlandwalen, die bereits während des 19. Jahrhunderts hemmungslos bejagt worden waren. Der Verkauf von Tran, Walfleisch und anderen Produkten versprach stattliche Gewinne; allein im 20. Jahrhundert töteten Walfänger weltweit mehr als eine Million Tiere. Bis 1946 war die Branche vollkommen unreguliert; im selben Jahr gründete dann eine Konferenz, an der die wichtigsten Walfangnationen teilnahmen, die Internationale Walfangkommission (International Whaling Commission, IWC). Vordergründig sollte die IWC dem Zweck dienen, den weltweiten Walbestand zu überwachen, doch tatsächlich hatte sie in erster Linie die Interessen der Branche im Blick. Das änderte sich erst, als der Walfang ökonomisch in eine Krise geriet und viele Länder notgedrungen vom Markt verschwanden – so waren es 1969 nur noch Japan und die Sowjetunion, die in den walreichen Gewässern rund um die Antarktis weiter jagten. Zur Krise des Walfangs trug nach 1970 zudem der Druck von Umweltschützern und einer sensibilisierten Öffentlichkeit bei, sodass die Walfangkommission gezwungen war, immer striktere Fangquoten festzulegen. Schließlich wurde ein umfassendes Walfang-Moratorium beschlossen. (Die Entscheidung fiel bereits 1982, in Kraft trat das Moratorium 1986.) Doch war die Sache damit keineswegs erledigt. Eine sehr kleine Zahl von Ländern, deren Bevölkerung auf Walfleisch angeblich nicht verzichten mochte, setzte sich dafür ein, dass die IWC das Moratorium teilweise wieder aufhob. Japan, Island und Norwegen jagten weiterhin, wenn auch in geringerem Umfang, bestimmte Walarten und beriefen sich dabei auf den Artikel VIII des Internationalen Übereinkommens zur Regelung des Walfangs von 1946, der das Erlegen von Walen zu «Zwecken der wissenschaftlichen Forschung» erlaubt. Insbesondere das Vorgehen Japans ist umstritten und wird als provokant empfunden, da japanische Walfänger in antarktischen Gewässern alljährlich mehrere Hundert Zwergwale töten.[119] Dem Walfang und seiner Regulierung in jüngster Zeit ist es zuzuschreiben, dass alle marktfähigen Walarten am Rande des Aussterbens stehen, dass der letzte Schritt hin zur völligen Ausrottung jedoch bislang nicht erfolgt ist.

Das Tun des Menschen zeigte nicht nur in den Tiefen der Ozeane negative Folgen, sondern gefährdete auch Lebensräume im flacheren Wasser, insbesondere Korallenriffe. Als extrem artenreiche Habitate entstanden Korallenriffe im Laufe der Zeit durch die Ablagerung der Kalkskelette winziger Nesseltiere, der Korallenpolypen. Waren die Riffe noch im 19. Jahrhundert relativ unberührt, so gerieten sie im Verlauf des darauffolgenden Jahrhunderts unter starken Druck. Korallenriffe wurden intensiv befischt; die Fische dienten nicht nur als Nahrung, sondern es gab auch eine steigende Nachfrage im Meeresaquarien-Handel. Die beschleunigte Erosion tropischer Böden führte dazu, dass Sedimente aus Flussmündungen in nahegelegene Riffe gespült wurden, wo sie die Korallenpolypen erstickten. Schäden verursachte zudem der Tourismus in der Karibik und am Roten Meer, sowohl durch Verunreinigungen in der Nähe von Ferienanlagen als auch durch Freizeittaucher, für die ein Korallenriff ein beliebtes Ziel war. Auch die allmähliche Übersäuerung der Ozeane – eine Folge der Belastung der Atmosphäre mit Kohlenstoff – setzte den Korallenriffen stark zu. Erst in den 1980er Jahren entdeckten Wissenschaftler an Korallen allgemeine Schadensmuster; die

Eine grüne Meeresschildkröte oder Suppenschildkröte (*Chelonia mydas*) sowie mehrere Arten von Falterfischen am Great Barrier Reef vor Queensland, Australien, 2008. Ende des 20. Jahrhunderts hat die Übersäuerung der Ozeane die Korallenriffe – Heimat einer enormen Artenvielfalt von Meereslebewesen – weltweit zunehmend geschädigt.

ersten Konferenzen zum Schutz der Riffe schlossen sich an. In den 1990er Jahren sorgten Krankheiten und korallenfressende Parasiten für Beunruhigung, aber auch die so genannte Korallenbleiche, ein Belastungssymptom, bei dem die Korallen ihre Farbe verlieren und absterben – die Zerstörung wird vor allem auf gestiegene Ozeantemperaturen zurückgeführt. Ein Schub der Korallenbleiche im Jahr 1998 vernichtete schätzungsweise 16 Prozent der Korallenriffe weltweit. Im Jahr 2005 tötete ein schwerer Fall von Korallenbleiche viele Riffe in der Karibik ab. Weltweit zeigten bis 2010 rund 70 Prozent aller Korallenriffe Anzeichen von Krankheit. Obgleich es sich noch nicht genau belegen ließ, äußerten sich Wissenschaftler besorgt über das Ereignis, in dem sie einen Anhaltspunkt für die negativen Veränderungen der Ozeane durch den Klimawandel sahen.[120]

Angesichts des mannigfachen Drucks, der auf der Artenvielfalt des Planeten im 20. und frühen 21. Jahrhundert lastete, erscheint es verlockend, ein düsteres Bild zu zeichnen. Doch gab es zur gleichen Zeit zahlreiche Bemühungen, Arten und Lebensräume zu bewahren und zu schützen. Fernsehsendungen, die das Leben in freier Wildbahn zeigten, erfreuten sich seit den 1950er Jahren in Nordamerika und Europa großer Beliebtheit. Neue Naturschutzorganisationen entstanden, so etwa der World Wildlife Fund, der 1961 als Ableger der IUCN gegründet wurde. Binnen eines weiteren Jahrzehnts wurde Umweltschutz zum Anliegen einer Massenbewegung, die es schaffte, den Artenschutz in einigen Teilen der Welt fest im öffentlichen Bewusstsein zu verankern. 1973 wurde in den USA ein bahnbrechendes Gesetz zum Schutz gefährdeter Arten (Endangered Species Act, ESA) verabschiedet. Obwohl das Gesetz recht umstritten war, gelang es mit seiner Hilfe, bestimmte Arten – Wölfe beispielsweise – wieder in ihren angestammten Lebensräumen heimisch werden zu lassen. Ebenfalls 1973 lancierte Indien ein «Project Tiger» genanntes Programm zum Schutz der letzten wild lebenden bengalischen Tiger; im Unterschied zum US-Artenschutzgesetz konzentrierte sich das indische Programm auf die Einrichtung ausgedehnter Schutzzonen und Reservate als Lebensräume für die Großkatzen. Während der 1970er Jahre setzten sich Organisationen wie Greenpeace an die Spitze der globalen Kampagne gegen den Walfang, ein wichtiger Beitrag auf dem Weg zum weltweiten Moratorium von 1986.

Hinzu kamen diplomatische Bemühungen. Große internationale Abkommen und Initiativen widmeten sich dem Schutz der Biodiversität, angefangen mit der 1968 auf Einladung der UNESCO zustande gekommenen Biosphärenkonferenz. Meilensteine waren auch die Ramsar-Konvention über Feuchtgebiete von 1971, das Washingtoner Artenschutzübereinkommen (Übereinkommen über den internationalen Handel mit gefährdeten Arten freilebender Tiere und Pflanzen, kurz: CITES) von 1973, die Bonner Konvention zur Erhaltung wandernder wild lebender Tierarten von 1979 und die Biodiversitäts-Konvention (Übereinkommen über die biologische Vielfalt, kurz: CBD), die 1992 auf der Konferenz von Rio de Janeiro ausgehandelt wurde. Seit den 1970er Jahren wurde dem Problem der Biodiversität zunehmend politische Aufmerksamkeit zuteil, sowohl innenpolitisch als auch international.[121]

Die Einrichtung von Reservaten und Nationalparks gehörte zu den am weitesten verbreiteten Methoden des Artenschutzes. Solche Naturschutzgebiete waren ein Erbe des 19. Jahrhunderts und entstanden weltweit während des gesamten 20. und auch zu Beginn des 21. Jahrhunderts. In Afrika beispielsweise wurden die ersten Wildreservate in den britischen Kolonien um 1900 ausgewiesen, damals, um bestimmte Arten zu schützen und sie gleichzeitig der britischen Aristokratie vorzubehalten. Die adligen Großwildjäger unterstellten zu Recht, dass die Jagd manche Arten dezimiert oder sogar ausgerottet hatte, doch machten sie dafür einheimische afrikanische Jäger, neureiche Amerikaner und Europäer oder Wilderer verantwortlich. Sukzessive setzte sich die Idee durch, die kaum geschützten Reservate in Nationalparks nach amerikanischem Vorbild zu verwandeln. In den 1920er bis 1940er Jahren entstanden mehrere solcher Parks, darunter der Krüger-Nationalpark in Südafrika und der Serengeti-Nationalpark in Tanganjika (heute Tansania). Nach Erlangung der Unabhängigkeit unterstützten auch die Regierungen der jungen afrikanischen Staaten die Nationalparks und schufen darüber hinaus mehrere neue; man betrachtete die Parks mit Stolz, sie vermittelten ein Gefühl nationaler Identität – und zogen zudem Touristen an. 2002 schuf Gabun 13 Nationalparks, die insgesamt zehn Prozent der Fläche des Landes einnahmen, die meisten inmitten des Regenwaldes. Die Regierung hatte gehofft, durch die Einrichtungen Costa Rica als Ökotourismusziel nacheifern zu können, doch das ganze Unternehmen war nicht von Erfolg gekrönt.[122]

Gegen Ende des 20. Jahrhunderts fand sich die Idee des Reservats auch auf die Ozeane übertragen. Grundsätzlich war das Konzept eines Meeresschutzgebiets schon 1912 formuliert worden, doch war es bis in die 1970er Jahre in Vergessenheit geraten, als Biologen begannen, die Idee im kleineren Maßstab umzusetzen. Es zeigte sich, dass sich in Schutzgebieten, die den Fischfang praktisch unterbanden, zerstörte Ökosysteme regenerieren konnten. Da kaum Aussichten bestanden, den gewerblichen Fischfang zum Schutz der Artenvielfalt im Ozean ausreichend regulieren zu können, drängten Biologen auf die Ausweisung größerer Schutzzonen. Zu Beginn des 21. Jahrhunderts existierten schließlich zahlreiche Meeresschutzgebiete, auch wenn sie nur einen kleinen Teil der Weltmeere berührten. Einige Staaten schufen ausgedehnte Reservate und stellten dadurch beispielsweise einen großen Teil des australischen Great Barrier Reef unter Schutz, ebenso weite Gebiete rund um die Marianen und die Hawaii-Inseln im Pazifik sowie um den Chagos-Archipel im Indischen Ozean.[123]

Wissenschaftler leisteten ihren Beitrag, wenn es darum ging, Meeresschutzgebiete für Fische auszuweisen; doch auch in die Auseinandersetzung um den Schutz der Wale schalteten sie sich ein. Aus neueren Forschungsergebnissen ging hervor, dass die Weltmeere vor dem Beginn des modernen gewerblichen Walfangs möglicherweise wesentlich größere Bestände gehabt hatten. Solche Forschungen waren mehr als eine akademische Übung, kamen sie doch den Interessen der Walfänger in die Quere. So entzündete sich beispielsweise 2010 auf der Konferenz der IWC eine Kontroverse über den Vorschlag, das Walfangmoratorium von 1986 aufzuheben. Die langjährigen Walfangnationen Japan, Island und Norwegen hatten der Walfangkommission Berechnungen vorgelegt, wonach der Walbestand sich wieder hinreichend erholt habe, die Jagd also wieder aufgenommen werden könne. Kritiker verwiesen hingegen auf Erkenntnisse aus genetischen Untersuchungen, die belegten, dass die historischen Walbestände um ein Vielfaches höher gewesen waren als die IWC-Modelle suggerierten. Treffe das zu, so das Argument, wäre der aktuelle Walbestand alles andere als robust genug, um wieder bejagt zu werden.[124]

Der Schutz der Biodiversität wurde binnen kürzester Zeit zu einem globalen Imperativ. Doch die Realität sieht anders aus und mahnt zur Vorsicht. Ungeachtet mancher tatsächlicher Erfolge beim Artenschutz hat menschliches Handeln im 20. Jahrhundert die Zahl der gefährdeten Lebensformen und das Ausmaß ihrer Bedrohung weltweit dramatisch erhöht. Der Mensch verfügt zunehmend über die Welt: Die Auswahl fällt auf eine Handvoll ausgesuchter Pflanzen- und Tierarten, die in geordneten und vereinfachten Landschaften leben, und hinzu kommen, unbewusst und unbeabsichtigt, eine Handvoll weiterer Arten (wie Ratten, Rehe, Eichhörnchen, Tauben etc.), die sich den Bedingungen dort problemlos anpassen können. Die Folge ist ein dramatischer Rückgang oder das Aussterben anderer Pflanzen, Vögel, Säugetiere, Insekten und Amphibien, die noch vor kurzer Zeit in diesen Landschaften beheimatet waren. Es ist eine Frage der Ethik, die sich hier – und nicht nur hier – stellt: Genügt uns eine Welt mit Milliarden Menschen, Kühen, Hühnern und Schweinen, aber nur ein paar Tausend Tigern, Nashörnern und Eisbären, oder vielleicht auch nur wenigen Hundert, oder keinen?[125]

Das 21. Jahrhundert lässt noch größere Probleme als das vorangegangene erahnen. Wachsender Wohlstand, zumindest für einige, und bald drei oder fünf Milliarden Menschen mehr gefährden die Wälder, Feuchtgebiete, Ozeane, Meere, Flüsse, Steppen und Savannen der Erde. Doch der Klimawandel überragt im 21. Jahrhundert alle anderen Probleme. Wissenschaftler befürchten, selbst ein sehr geringer Temperaturanstieg werde sich auf alle Ökosysteme äußerst negativ auswirken. Manche Prognosen sprechen davon, eine durchschnittliche Temperaturerhöhung um zwei Grad Celsius bedeute für ein Fünftel bis ein Drittel aller Arten weltweit das Aus. Dabei gehen solche Studien optimistischerweise davon aus, gefährdete Arten verfügten über uneingeschränkte «Ausbreitungsmöglichkeiten», seien also in der Lage, sich in benachbarte kühlere Lebensräume zurückzuziehen. Doch eine solche uneingeschränkte Ausbreitung ist gewöhnlich nicht (mehr) möglich. Die durch den Eingriff des Menschen geprägten Landschaften – mit ihren landwirtschaftlichen Flächen, Straßen, Städten, Dämmen, Stauseen etc. – sind heute so zahlreich und verbreitet, dass vielen Spezies, selbst wenn sie versuchen würden, der globalen Erwärmung zu entfliehen, die Möglichkeit dazu gar nicht offenstünde. Für den Schutz der Artenvielfalt gibt es im 21. Jahrhundert eine Menge zu tun.[126]

3. STÄDTE UND DIE WIRTSCHAFT

Wir bewohnen einen urbanen Planeten. Bereits 2007 prognostizierten Demographen der Vereinten Nationen, irgendwann im darauffolgenden Jahr werde mehr als die Hälfte der Menschheit in Städten leben. Diese Entwicklung markiert einen grundlegenden Wandel in der Geschichte der Menschheit. Niemals zuvor hat die Mehrheit der Weltbevölkerung in städtischen Gebieten gelebt. Heute gibt es weltweit annähernd 500 Städte mit einer Bevölkerung von mehr als einer Million Menschen, über 60 Städte, in denen mindestens fünf Millionen leben, und acht mit mehr als 20 Millionen Einwohnern. In der größten Stadt der Welt, Tokio, leben rund 34 Millionen, wenn man den städtischen Ballungsraum einbezieht.[127] Die Folgen so vieler Städte und so vieler Menschen, die sie bevölkern, sind bislang nicht absehbar. Klar ist jedoch, dass Städte immer schon von ihrer natürlichen Umgebung abhängig waren und diese zugleich prägten.

In Städten konzentrieren sich weitaus mehr Menschen, als deren unmittelbare Umwelt versorgen kann. Städte sind nicht in der Lage, isoliert zu existieren, sie brauchen weit über ihre Stadtgrenzen hinaus Zugang zu Ressourcen – und zu Möglichkeiten, ihren Abfall loszuwerden. Zur Verfügung stehen müssen gleichermaßen stoffliche und energetische Ressourcen. Stofflich in diesem Sinne wären Nahrungsmittel, Trinkwasser, Erze und Baumaterialien (Stein oder Holz), vor allem aber auch eine ungeheure Menge gefertigter Güter; energetische Ressourcen sind selbst wiederum bisweilen Stoffe, die in die Stadt transportiert werden, das Wasser, das möglicherweise durch die Stadt fließt und Turbinen oder Mühlen antreiben kann, und schließlich die Elektrizität, die die Stadt über Leitungen von außerhalb erreicht. Vor dem Beginn der industriellen Revolution waren die Energieträger im Wesentlichen Holz und Kohle, darüber hinaus aber auch Lebens- und Futtermittel. Nach der industriellen Revolution stieg der Energiebedarf ungeheuer an, zunächst durch Fabriken, später durch verschiedene technologische Innovationen, die zu Synonymen des Stadtlebens wurden: elektrisches Licht, Straßenbahnen und andere öffentliche Transportmittel, Automobile und anderes mehr. Zum größten Teil lieferten fossile Brennstoffe die benötigte Energie. Während der raschen Industrialisierung im 19. Jahrhundert avancierte Kohle in den Städten Europas und Nordamerikas zum wichtigsten Energieträger. Erst deutlich später rückte Erdöl als zunehmend unverzichtbare Energiequelle nach, mancherorts während der ersten Hälfte des 20. Jahrhunderts, weltweit aber erst nach dem Zweiten Weltkrieg. Im Verlauf des 20. Jahrhunderts gewannen zudem Kern- und Wasserkraftwerke für die städtische Stromversorgung an Bedeutung.

Wo stoffliche und energetische Ressourcen zum Einsatz kommen, entstehen Abfälle. Ein Hüttenwerk verarbeitet Erze zu metallischen Werkstoffen (Eisen oder Stahl beispielsweise), produziert aber zugleich Schlacke und Abwasser. Zum Stoffwechsel der (menschlichen wie tierischen) Bewohner einer Stadt gehört der Verzehr von Nahrung ebenso wie die Ausscheidungen, deren Entsorgung den Städten in ihrer Geschichte erhebliche Probleme bereitete. Elektrizität dient allerlei nützlichen Zwecken; bei ihrer Produktion freilich fallen Schadstoffe und Gifte an. All diese Abfälle müssen irgendwo entsorgt werden. Ein Teil bleibt innerhalb der Stadtgrenzen und wird so für die Stadtbevölkerung zur Belastung. Im Falle bestimmter wasserlöslicher oder durch die Luft übertragbarer Schadstoffe und Toxine ist die Einwohnerschaft mitunter mit lebensbedrohlichen Folgen konfrontiert.

Für den Großteil ihrer Abfälle setzen Städte allerdings auf Entsorgungsmöglichkeiten außerhalb ihrer Grenzen. Da Kommunen häufig an Flüssen gelegen sind, landen Schmutz und Unrat zunächst dort, um erst stromabwärts (meist für andere) zum Problem zu werden. Auch in Küstenstädten dient der Ozean oft gleichen Zwecken. (So kippte beispielsweise die Stadt New York bis in die 1930er Jahre ihren Müll ins Meer.) Nicht selten enden Abfälle im Erdreich in der Umgebung der Stadt. Meist wirkt sich das negativ auf die Umwelt aus, etwa im Fall von Müllkippen oder Abraumhalden, doch gibt es auch die seltener werdenden positiven Gegenbeispiele, etwa wenn Fäkalien als Dünger auf erschöpften Ackerböden ausgebracht werden. Und auch die Verwendung fossiler Brennstoffe produziert Schadstoffe in erheblichen Mengen. Die Luftverschmutzung in Innenräumen, ein vor allem in ärmeren Städten immer noch drängendes Problem, geht meist auf die Verbrennung von Holz, Kohle, Petroleum oder Dung in häuslichen Öfen und Kaminen zurück. Zur lokalen Luftverschmutzung tragen Emissionen aus der Metallverhüttung und -verarbeitung bei, ferner Rauch und Ruß von Kohlefeuern (ein enormes Problem während des 19. und der meisten Jahre des 20. Jahrhunderts) sowie nicht zuletzt bodennahes Ozon, das durch Autoabgase entsteht. Die städtische Luftverschmutzung kann je nach Windverhältnissen ebenso gut zu einem Problem in einem größeren Gebiet werden. Saurer Regen und giftige Niederschläge auch in weiterer Entfernung sind zwei Beispiele für eine solche von Städten ausgehende Verschmutzung. In der zweiten Hälfte des 20. Jahrhunderts verursachten Städte mitunter sogar eine globale Luftverschmutzung, da große

Mengen der in die Atmosphäre freigesetzten Chlorfluorkohlenstoffverbindungen und Treibhausgase aus urbanen Ballungsräumen stammen.[128]

Die Beziehung zwischen Städten und ihrer Umgebung ist kein einfacher, linearer Stoffwechselprozess. Städte sind dynamische Gebilde, «sich ständig verändernde Systeme», um es mit den Worten des Umwelthistorikers Martin Melosi auszudrücken, und ihr Wachstum oder Schrumpfen hängt von unzähligen Faktoren ab. Die Einwohnerschaft und ebenso die ökonomischen und politischen Grundlagen sind permanent im Fluss. Das trifft auch für die beanspruchten Ressourcen und Entsorgungsmöglichkeiten außerhalb der Stadt zu; auch ihr Umfang kann unter veränderten Bedingungen schrumpfen oder expandieren. Angesichts der unsteten Verhältnisse waren Städte seit Jahrtausenden immer wieder bemüht, sich den Zugang zu kritischen Ressourcen zu sichern und zu bewahren. Das mittelalterliche Nürnberg etwa beanspruchte umfangreiche Kontroll- und Nutzungsrechte am nahegelegenen Reichsforst und wehrte systematisch konkurrierende Bestrebungen ab, um die Brennstoffversorgung der Stadt zu sichern.[129]

Städte verändern die Natur. Sie stören natürliche Wasserkreisläufe durch Brunnenbau, die Kanalisierung von Flüssen und Wasserverschmutzung. Flüsse, Ströme und Küstengewässer werden auf vielerlei Art geschädigt, durch die Zerstörung der biologischen Vielfalt ebenso wie durch Überdüngung. Städte verschmutzen die Luft um sie herum und erwärmen sie zudem. Um wachsende Städte zu ernähren, braucht es Ackerland, das Wälder und Grasland zurückdrängt, sodass bewirtschaftete, weniger komplexe und artenärmere Ökosysteme entstehen. Schächte und Stollen werden gegraben, um Erze und fossile Brennstoffe in Städte liefern zu können; die Folge ist häufig eine Schädigung der Umwelt durch Verschmutzung und Abraum. Das Wachstum der Städte erhöht ferner die Flächenversiegelung, etwa durch Pflasterung und Straßenbau, was das Versickern von Regenfällen verhindert, Wasserläufe beeinträchtigt und die Bodenerosion verstärkt. Und schließlich schaffen wachsende Städte «Randzonen», die dramatische Auswirkungen auf Flora-Fauna-Habitate und Artenvielfalt haben.[130]

Die Beziehung zwischen Städten und der Natur ist nicht ganz trostlos. Zweifellos konzentrieren sich in Städten seit ihren Anfängen vor mehr als 5000 Jahren Geist, Kreativität und Reichtum. Gut angelegt, benötigen Städte weniger Ressourcen pro Kopf als ländliche Siedlungsformen. Die höhere Bevölkerungsdichte in Städten gestattet die effizientere Produktion und Distribution von Gütern und das Bereitstellen zahlreicher sozialer Dienste. Ferner tragen Städte zu niedrigeren Geburtenraten bei: Obgleich bei der Entscheidung für Kinder immer eine ganze Reihe von Faktoren eine Rolle spielen, und obgleich es räumlich wie zeitlich enorme Unterschiede gibt, lässt sich beobachten, dass Stadtbewohnerinnen dazu neigen, weniger Kinder zu bekommen. Der Umstand mag darauf zurückzuführen sein, dass Paare in Städten einen besseren Zugang zu Verhütungsmitteln haben oder auch dass Städterinnen später heiraten und zudem größere wirtschaftliche, gesellschaftliche und Bildungschancen haben als Frauen in ländlichen Gebieten.[131] Im Großen und Ganzen tragen Kinder in einem urbanen Rahmen weniger als Arbeitskraft zum Familieneinkommen bei und verursachen durch Großziehen und Ausbildung einen höheren Kostenaufwand. Städtische Bevölkerungen bekommen daher bewusst weniger Kinder.

Der Aufstieg der Städte Vor dem Beginn der industriellen Revolution waren Städte eher eine Ausnahme. Nur ein kleiner Teil der Weltbevölkerung lebte in ihnen, und es gab insgesamt auch nur recht wenige. Vor 1800 zählte nur eine Handvoll Städte jemals eine Million Einwohner. Das antike Rom kam auf dem Höhepunkt der imperialen Epoche dieser Zahl wohl ein oder zwei Jahrhunderte lang nahe. Das gleich trifft auf eine sehr kleine Gruppe späterer Städte zu, beispielsweise auf Bagdad im 10. Jahrhundert unserer Zeitrechnung, auf Peking im 16. oder Konstantinopel im 17. Jahrhundert. Kaum eine (oder vielleicht auch keine) dieser Metropolen war in der Lage, eine solche Einwohnerzahl über längere Zeit zu halten. Selbst im 18. Jahrhundert zählten nur sehr wenige Städte mehr als eine halbe Million Bürger. Mehr oder weniger die einzigen, die in vormodernen Zeiten zu wirklicher Größe anwuchsen, waren die Hauptstädte von Weltreichen, deren Entwicklung mit den Wechselfällen der Politik schwankte, oder aber Handelsstädte, die vor allem von ihren Verbindungen nach Übersee abhingen.[132]

Wenn in vormodernen Zeiten nur wenige große Städte existierten und überhaupt urbane Siedlungen eher selten waren, so hatte das einfache Gründe. Städte benötigen für ihr Überleben einen Überschuss aus der Landwirtschaft. In der Menschheitsgeschichte war aber die landwirtschaftliche Produktivität lange Zeit so niedrig, dass die Bevölkerung in ihrer Mehrheit für das Bestellen des Landes und die Ernte benötigt wurde und deshalb auf dem Land lebte. Erschwerend kam hinzu, dass Transportmittel technisch kaum entwickelt waren, sodass es zu einem kostspieligen Unterfangen wurde, Güter wie Nahrung über längere Strecken zu befördern. An schiffbaren Flüssen oder Küsten gelegene Städte waren eindeutig im Vorteil, denn dort lag es nahe, Schiffe und Lastkähne zum Transport zu nutzen. Insbesondere traf das für sperrige Güter zu, und auch das Flößen von Holz flussabwärts war kostengünstig; der Transport über Land oder flussaufwärts freilich bedurfte selbst über kurze Entfernungen eines immensen Aufwands. Zum Überleben waren Städte auf den landwirtschaftlichen Mehrertrag anderer Gegenden angewiesen, der weitaus größer sein musste als ihr eigener. Und sie brauchten den Brennstoff – üblicherweise in Form von Holz oder Holzkohle – von noch größeren Räumen. Die Städte verhielten sich wie große Fleischfresser in einem beliebigen Ökosystem: Sie bezogen ihren Unterhalt aus einem gewaltigen Territorium, und daher konnte es nur wenige von ihnen geben.[133]

Städte waren zudem ungesunde Orte. Die Menschen lebten zusammengedrängt und unter mangelhaften hygienischen Verhältnissen, und über Krankheiten existierte nur ein geringes medizinisches Wissen. Die Folge war, dass in Städten die Sterblichkeit deutlich höher als auf dem Land lag. Es drohte ein früher Tod; Säuglinge und Kleinkinder starben sehr häufig an Kinderkrankheiten, und furchtbar oft wüteten unter der Einwohnerschaft der Städte Seuchen und Epidemien. Jahrhundertelang gab es außer der Quarantäne der Erkrankten praktisch keine Gegenmaßnahmen. Die Beulenpest entvölkerte Europa im 14. Jahrhundert, und auch in den folgenden Jahrhunderten trat sie in Europa und anderswo immer wieder auf. Seuchen trafen Handelsstädte aufgrund ihrer weitverzweigten Verbindungen häufig als erste und am schwersten. Im frühen 19. Jahrhundert breitete sich die Cholera vom indischen Subkontinent über Hafenstädte nach Europa und Nordafrika aus. Allerdings ist es wichtig festzustellen, dass nicht alle Städte im Hinblick auf die Überlebenschancen in ihnen gleich waren. So waren japanische Städte im 17. und 18. Jahrhundert wohl wesentlich gesündere Orte als die urbanen Zentren Europas oder Chinas. Wasserversorgung und Kanalisation zeigten sich in Japan deutlich weiterentwickelt, die Lebensgewohnheiten insgesamt hygienischer. Eine Folge war, dass in japanischen Städten seltener Epidemien grassierten.[134]

Nach 1800 überwanden Städte viele der Hemmnisse, die ihrem Wachstum entgegenstanden. Das 19. Jahrhundert war in den wirtschaftlich führenden Ländern der Welt durch eine rasche Urbanisierung geprägt. In dieser Zeit entstanden die ersten Megastädte. London machte es vor und wuchs von unter einer Million Einwohnern zu Beginn des Jahrhunderts auf mehr als fünf Millionen gegen Ende. Noch beeindruckender war New Yorks Wachstum: Aus der um 1800 bestehenden kleinen Hafenstadt wurde binnen eines Jahrhunderts die zweitgrößte Stadt der Welt; 1930 war New York die erste Metropolregion der Weltgeschichte, in der zehn Millionen Menschen lebten. Ihr Tempo beeindruckte den Science-Fiction-Autor H. G. Wells so sehr, dass er davon ausging, New York werde im Jahr 2000 bereits von vierzig Millionen Menschen bevölkert sein.[135] London verdankte sein Wachstum zu einem großen Teil seiner Rolle als politisches Zentrum der führenden imperialen Weltmacht des 19. Jahrhunderts. Die Stadt profitierte von der dominanten Stellung Großbritanniens in der schnell wachsenden globalen Wirtschaft, die erlaubte, Güter aus aller Welt einzuführen.[136] Mit der Errichtung der europäischen Kolonialreiche entstanden in den überseeischen Territorien neue Städte, eine Entwicklung, die sich im Verlauf des 19. Jahrhunderts verstärkte. Beispielsweise gehen die ostasiatischen Handelsstädte Singapur und Hongkong sowie die meisten der großen Ansiedlungen Australiens auf britische Gründungen in der ersten Hälfte des Jahrhunderts zurück. Wie in vielen Bereichen der Kolonialgeschichte spielten Einheimische kaum eine Rolle, wenn es um Stadtgründungen ging. So erklärt sich etwa die Lage Nairobis aus dem Umstand, dass die Briten den Ort für geeignet hielten, um dort ein Versorgungsdepot für die Eisenbahnstrecke von Mombasa nach Uganda zu errichten.[137]

Doch zur eigentlichen treibenden Kraft der Urbanisierung im 19. Jahrhundert wurde weniger der Imperialismus als vielmehr die industrielle Revolution. In Großbritannien hatte im 17. und 18. Jahrhundert die Modernisierung der Landwirtschaft die Nahrungsmittelproduktion erhöht. Es gab mehr zu essen, doch gleichzeitig entstand in ländlichen Gebieten ein Arbeitskräfteüberschuss. Landlose und Arbeitssuchende flohen in die Städte, in denen um 1800 die industrielle Revolution bereits in vollem Gang war. Orte wie Manchester wurden praktisch über Nacht zu bedeutenden Zentren; Landflucht und die Entwicklung der Fabriken, die dank billiger britischer Kohle boomten, wirkten hier zusammen. Vergleichbares ereignete sich ein paar Jahre später auf dem europäischen Festland, insbesondere dort, wo Kohle im Überfluss vorhanden war. Politische Umstände begünstigten schließlich auch anderswo eine ähnliche Entwicklung. So war Japan bereits ein Land mit weit fortgeschrittener Urbanisierung, als nach 1868 die Meiji-Restauration die Industrialisierung forcierte. In der Folge strömten Menschen in großer Zahl in die Städte. Waren 1868 nur ungefähr zehn Prozent der japanischen Bevölkerung Städter, sollte sich dieser Anteil bis 1940 annähernd vervierfachen. Zu dieser Zeit gab es in Japan 45 Städte mit mehr als 100 000 Einwohnern, darunter vier (Tokio, Kyoto, Nagoya und Osaka), in denen mehr als eine Million Menschen lebten.[138]

Mit der industriellen Revolution gingen zugleich bedeutende Veränderungen im Transportwesen einher. Dampfschiffe erlaubten eine schnelle und günstige Überquerung der Ozeane, was dem Welthandel und den Handelsstädten zugutekam. In der zweiten Hälfte des 19. Jahrhunderts gelangten zudem Massen von Auswanderern mit Dampfschiffen übers Meer und trugen in den USA, in Kanada, Argentinien, Brasilien, Südafrika und Australien erheblich zum Wachstum der Städte bei. Vielleicht noch bedeutender war die Entwicklung der Eisenbahn, die, wie das Dampfschiff zu Beginn des Jahrhunderts noch ein Kuriosum, am Ende desselben zu einem Hauptverkehrsmittel avanciert war. Die Eisenbahn verringerte die Transportkosten über Land dramatisch und erweiterte den Einzugsbereich der Städte weit über den beschränkten Radius hinaus, der vormals zu Fuß, zu Pferd oder mit Fuhrwerken zu erreichen war. Das beispiellose Wachstum Chicagos nach 1850 etwa verdankte sich nicht zuletzt dem Umstand, dass die Stadt zu einem Drehkreuz im Schienennetz avancierte, das die Weiten im Westen und Nordwesten erschloss. (H. G. Wells glaubte im Jahr 1902, Chicago werde eines Tages – wie New York – vierzig Millionen Einwohner zählen.)[139] Durch die Eisenbahn wurde die Stadt zum Zentrum des Handels mit Getreide, Vieh und

Holz aus der Mitte des nordamerikanischen Kontinents. Chicago konnte diesen Standortvorteil in ungeheure Macht übersetzen, die sich über einen Umkreis von mehreren Hundert Kilometern erstreckte. Insofern spielte die Stadt eine wichtige Rolle dabei, den Wald und das Grasland der Region in die wirtschaftlich intensiv genutzte und artenarme Landschaft zu verwandeln, die man heutzutage mit dem Mittleren Westen der USA identifiziert.[140]

Die Industrialisierung hatte für Städte noch weitere wichtige Konsequenzen. Der Reichtum wuchs, doch binnen kurzer Zeit verschärften sich überall die Probleme durch Schadstoffe und Unrat, durch Krankheiten, Elend und Übervölkerung. Das Ausmaß und die Geschwindigkeit des Wachstums selbst waren dafür verantwortlich. Die Industriearbeiter, die gerade erst vom Land zugewandert waren, hatten in den meisten Fällen keine andere Wahl, als dicht zusammengedrängt in nasskalten und düsteren Unterkünften zu leben. Die berühmt-berüchtigten New Yorker *tenement buildings* und die nicht weniger berüchtigten Berliner Mietskasernen gelten als die schlimmsten Beispiele, doch unwürdige Wohnverhältnisse begleiteten die Industrialisierung praktisch überall. Zu den Problemen der Wohnung kam eine hohe Belastung durch Schadstoffe, die Kanalisation war unzureichend und die Abfallbeseitigung bestenfalls mangelhaft. Arbeiterwohnungen lagen in der Nähe der Fabriken, die den Kohlenqualm in die Luft bliesen und ihre giftigen Abwässer in Bäche und Flüsse verklappten. Gerbereien, Schlachthäuser und Wurstfabriken produzierten mitten in den Städten, und organische Rückstände aus diesen Betrieben verunreinigten das Trinkwasser. Die Abfallentsorgung war ein einziger Albtraum. Nur wenige Kommunen sorgten überhaupt dafür, den anfallenden Unrat einzusammeln und zu beseitigen; die Straßen waren von organischen Abfällen aller Art übersät – von Pferdeäpfeln bis zu den Kadavern verendeter Tiere. Eine nur da und dort in Ansätzen bestehende kommunale Müllbeseitigung war alsbald überfordert mit dem Maß an Urbanisierung, das die Industrialisierung mit sich brachte.[141]

Die Behörden rangen um Lösungen für die Probleme, die das rasante Wachstum der Städte aufwarf. Abwasser- und Abfallentsorgung wurden ab Mitte des 19. Jahrhunderts zentrale öffentliche Aufgaben in Europa und Nordamerika. Reformer wie Edwin Chadwick in Großbritannien, der selbst den empirischen Zusammenhang zwischen Reinlichkeit und der Vermeidung von Krankheiten sah und bemüht war, andere davon zu überzeugen, trieben den Prozess voran. In den 1850er Jahren führte Chadwicks Einflussnahme dazu, dass London und andere britische Städte Abwasserkanäle bauten oder ausbauten. In Frankreich wirkten Stadtplaner in die gleiche Richtung. So gehörte zur Umgestaltung von Paris nach 1853 unter der Federführung von Georges-Eugène Haussmann auch die umfassende Erneuerung und Erweiterung der kommunalen Wasserversorgung und Kanalisation. Einen weiteren Schub bekamen die Maßnahmen zur öffentlichen Hygiene durch die bakteriologischen Entdeckungen der 1880er Jahre, die die

Keimtheorie erhärteten. Die Bakteriologie entzog den bislang vorherrschenden Auffassungen über den Ursprung und die Übertragung von Krankheiten ihre Grundlage und verschaffte den Bemühungen um Hygiene und Abfallbeseitigung sowie vor allem um die ausreichende Versorgung mit sauberem Wasser eine wissenschaftliche Legitimation. Nach 1880 investierten Städte in den USA große Summen in die öffentliche Wasserversorgung und Kanalisation.[142] Die Geschichte der Stadtplanung im modernen Sinn begann im späten 19. und frühen 20. Jahrhundert, als Planer daran gingen, die Industriestädte zu reformieren. Es waren Menschen wie der Amerikaner Frederick Law Olmsted, der Engländer Ebenezer Howard, der Schotte Patrick Geddes, der Österreicher Camillo Sitte oder der Deutsche Reinhard Baumeister, die damals zu Vordenkern der Stadtplanung und ihrer Nachbardisziplinen wurden.

In den ersten Jahrzehnten des 20. Jahrhunderts entstanden auf allen Kontinenten Großstädte; gleichzeitig begann das Automobil, die städtischen Räume Nordamerikas zu prägen und – insbesondere als Privatgefährt – die Gestalt, das Funktionieren und das Gefüge der Städte zu verändern. In den USA und Kanada entwickelte sich eine boomende Automobilindustrie. Erdöl wurde zu einer immer wichtigeren Energiequelle, ungeheure Vorkommen hatte man gerade in Texas entdeckt. Das Model T der Ford Motor Company, 1908 vorgestellt, senkte die Kosten eines Autos drastisch und machte es für Privatleute erschwinglich. Die Massenmotorisierung und mit ihr die Suburbanisierung setzten in den USA dann in der Zwischenkriegszeit ein. Gleichzeitig beschleunigte sich der Prozess der Verstädterung in anderen Teilen der Welt. In Afrika, Lateinamerika und Asien entstanden zunehmend größere Städte; die treibenden Kräfte dieser Entwicklung waren den aus Europa und Nordamerika bekannten nicht unähnlich. Beispielsweise wuchs die Bevölkerung Kairos während des Ersten Weltkriegs und danach wesentlich schneller als die Ägyptens in seiner Gesamtheit. Die Zuwanderung in die Stadt nahm zu, ein Resultat vor allem des wirtschaftlichen Zusammenbruchs auf dem Land, während gleichzeitig eine verbesserte Wasserversorgung und Kanalisation zu einer rückläufigen Mortalität beitrugen. 1937 kam Kairo auf 1,3 Millionen Einwohner; die Zahl hatte sich somit binnen eines halben Jahrhunderts mehr als verdreifacht. Ein ähnliches Wachstum erlebte ungefähr zur gleichen Zeit auch Mexiko-Stadt. Die Zuwanderung vom Land beschleunigte sich während der Revolutionsjahre (1910 bis 1920) auch in anderen mexikanischen Städten, angetrieben gleichermaßen durch die politischen Verwerfungen, die Veränderungen der sozialen und wirtschaftlichen Verhältnisse auf dem Land und die Industrialisierung. 1940 hatte sich das vom Großraum Mexiko-Stadt eingenommene Gebiet im Vergleich zu 1910 mehr als verdoppelt.[143]

Städte seit 1945

Die Zeit nach dem Zweiten Weltkrieg sah eine abermalige Beschleunigung der Urbanisierung. Der Anteil der Städtebewohner an der Weltbevölkerung schnellte dramatisch empor, von 29 Prozent im Jahr 1950 (damals 730 Millionen Menschen) auf aktuell rund 50 Prozent (heute gut drei Milliarden Menschen). Dies war eines der Hauptmerkmale des fortgeschrittenen Anthropozän: Die Mehrheit der Menschheit lebte nun in einer Umgebung, die sie selbst geschaffen hatte, und unsere Spezies war zu einem *animal urbanum* geworden. Die Zahl der Städter wuchs überall auf der Welt schneller als die Bevölkerung in ländlichen Gebieten. Gab es 1950 nur zwei Städte mit mehr als zehn Millionen Einwohnern, so zählte man bis zum Ende des Jahrhunderts zwanzig solcher Megastädte.[144] Die Verstädterung schritt überall voran, doch gab es, je nach Lage, Unterschiede im Hinblick auf die Geschwindigkeit, das Aussehen und die Folgen dieser Entwicklung.

Am spektakulärsten verlief die Urbanisierung während der Nachkriegszeit in Entwicklungsländern. Zwischen 1950 und 2003 erhöhte sich der in diesen Ländern in Städten lebende Anteil der Bevölkerung auf mehr als das Doppelte, nämlich von 18 auf 42 Prozent. Das entsprach einem absoluten Anstieg um annähernd zwei Milliarden Menschen – von 310 Millionen auf 2,2 Milliarden. Zwischen 1950 und 1975 wuchs die städtische Bevölkerung in den ärmeren Ländern der Welt durchschnittlich um 3,9 Prozent jährlich; die Wachstumsrate fiel damit knapp doppelt so hoch aus wie in den Städten der Industrieländer und sogar mehr als doppelt so hoch wie in den ländlichen Regionen der Entwicklungsländer. In der Zeit zwischen 1975 und 2000 waren die Unterschiede noch ausgeprägter. So ging das jährliche Wachstum der Städte in den Entwicklungsländern zwar auf 3,6 Prozent zurück, es war damit allerdings knapp viermal so hoch wie in den Industrieländern (0,9 Prozent) und gut dreimal so hoch wie der Bevölkerungszuwachs auf dem Land in armen Ländern (1,1 Prozent).[145]

Hauptgrund für die Expansion der Städte in den Entwicklungsländern nach 1945 war die Zuwanderung aus ländlichen Gebieten. Die Modernisierung der Landwirtschaft vertrieb viele Kleinbauern und Landarbeiter vom Land. Die Städte waren ihr einziger Ausweg, boten sie doch eine Reihe von Chancen, selbst bei insgesamt trüben Aussichten. Anziehend war zum einen die Möglichkeit, eine Beschäftigung zu finden, auch wenn das alles andere als gewiss war und am ehesten im informellen Sektor geschah. Attraktiv wirkte auch der Zugang zu Einrichtungen der sozialen Infrastruktur wie Schulen oder Krankenhäusern, mochten diese in Städten von Entwicklungsländern auch noch so unzureichend sein. Familiäre Verbindungen und andere soziale Netzwerke erleichterten den Weg vieler Migranten vom Land in die Städte.[146]

Auch ökonomische, politische und nicht zuletzt militärische Entwicklungen beeinflussten den Urbanisierungsprozess. Mitunter sorgte ein Wirtschaftsboom

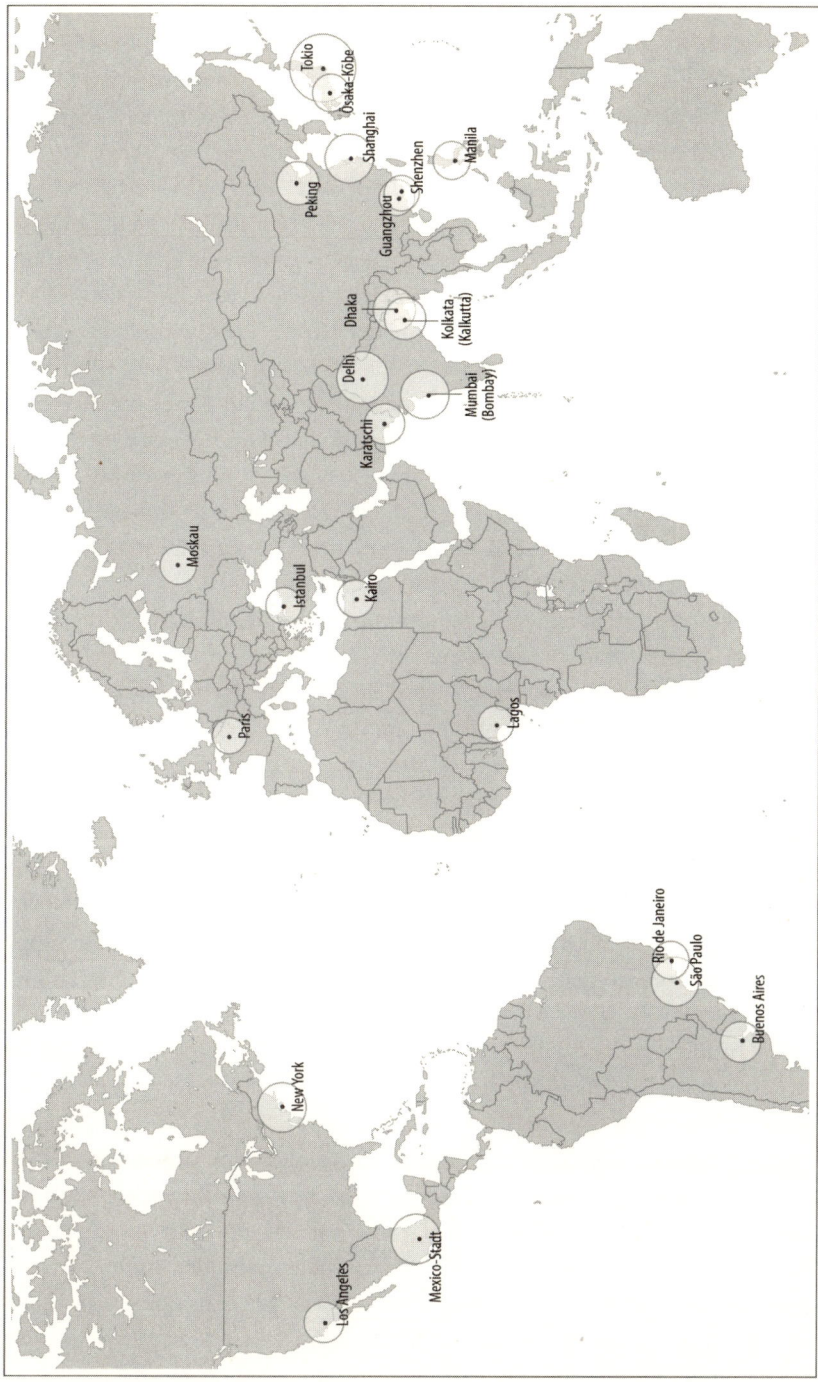

Karte 7: Urbane Regionen mit einer Bevölkerung von mehr als zehn Millionen
Menschen (2011)

dafür, dass urbane Zentren wuchsen. In den ölreichen Ländern am Persischen Golf etwa schossen manche Städte wie Pilze aus dem Boden, insbesondere nach dem Anstieg der Ölpreise in den Jahren 1973 und 1974, als enorme Einnahmen in die Region flossen. Vorzeigestädte wie Dubai oder Abu Dhabi entstanden, geprägt durch immensen Reichtum und die Zuwanderung von Menschen aus der näheren Umgebung ebenso wie aus dem Ausland. Auch die Politik einzelner Staaten wirkte sich auf Urbanisierungsprozesse aus, wie beispielsweise im kommunistischen China nach 1949. Dort setzte die staatliche Planung eine Zeit lang darauf, vermehrt Menschen in Städte zu ziehen, so etwa in den 1950er Jahren, als es der Führung vor allem um die Industrialisierung des Landes ging, während zu anderen Zeiten die Verstädterung gebremst wurde, etwa in den Jahren der Kulturrevolution. Schließlich spielten auch Kriege eine Rolle, sowohl Konflikte zwischen Staaten als auch Bürger- und Unabhängigkeitskriege oder Guerilla-Aufstände. Bewaffnete Auseinandersetzungen in ländlichen Gebieten trugen in verschiedenen Fällen dazu bei, dass die Menschen in die Städte gingen. So flohen beispielsweise nach der Unabhängigkeit Indiens 1947 mehrere Hunderttausend Muslime vor religiös motivierter Gewalt und Verfolgung nach Karatschi.[147]

Wie zu Zeiten der industriellen Revolution im 19. Jahrhundert überforderte die Geschwindigkeit, mit der die Städte nach 1945 wuchsen, die Behörden und Verwaltungen vor Ort. Dhaka, die Hauptstadt Bangladeschs, um nur ein Beispiel zu nennen, noch 1950 eine relativ kleine Stadt mit 400 000 Einwohnern, entwickelte sich bis 2007 zu einer Dreizehn-Millionen-Metropole. Für die Zuwanderer gab es in den Städten nicht genügend Wohnraum; was an Häusern und Wohnungen existierte, war häufig unbezahlbar, die Mieten in der Stadt zu hoch. Sehr viele waren daher gezwungen, sich irgendwo in den Randbezirken oder auf ungenutztem Land niederzulassen – auf verlassenen Grundstücken, an Bahnstrecken, in der Nähe von Müllhalden, an steilen Hängen oder in Sumpfgebieten. Armenquartiere, Slums und so genannte Squattersiedlungen wurden für die rasant wachsenden Städte in Entwicklungsländern typisch; im Allgemeinen lebte dort rund ein Drittel der Einwohnerschaft – häufig waren es mehr. Die absoluten Zahlen der in solchen informellen Siedlungen wohnenden Menschen erreichten ganz erstaunliche Dimensionen, beispielsweise waren es um 1990 in Mexiko-Stadt neun und in São Paulo drei Millionen Einwohner. In Bombay (heute Mumbai) beherbergten die Slums mehr als die Hälfte der Bevölkerung, während weitere 300 000 bis eine Million Menschen auf der Straße lebten. Viele Städte prägte darüber hinaus eine extreme räumliche Segregation, denn die wenigen mehr oder weniger Wohlhabenden waren bestrebt, sich gegen die Masse der Armen abzuschotten. In Karatschi etwa betrieb die Oberschicht in den 1960er und 1970er Jahren mit Nachdruck eine solche Abschottung, als Arme in großer Zahl in die Stadt strömten.[148]

Durch die in den Armenquartieren herrschenden Bedingungen verschärften sich Gesundheits- und Umweltprobleme. Auch hier wiederum war die Entwicklung der in Europa und Nordamerika im 19. Jahrhundert vergleichbar. Elende Wohnungen gepaart mit einer mangelhaften öffentlichen Infrastruktur bedeuteten für eine große Zahl von Menschen in den Städten der Entwicklungsländer erbärmliche Lebensverhältnisse. Viele Slums und Squattersiedlungen hatten, wenn überhaupt, nur eingeschränkt Zugang zu sauberem Trinkwasser und verfügten über keine Kanalisation oder Abfallbeseitigung. Die öffentliche Infrastruktur kam in erster Linie den wohlhabenderen Einwohnern zugute. Die Benachteiligung ärmerer Haushalte zeigte sich in den 1980er Jahren etwa im ghanaischen Accra, wo für die Bewohner der armen Viertel in der Regel für zehn oder mehr Haushalte nur eine Toilette zur Verfügung stand, während reiche Haushalte solche Zumutungen nicht kannten. Die gesundheitlichen Folgen derartiger Verhältnisse sind absehbar. Zwar gab es bei den Krankheitsursachen in den Entwicklungsländern gegen Ende des 20. Jahrhunderts insgesamt eine langsame Schwerpunktverlagerung von übertragbaren Krankheiten hin zu chronischen Erkrankungen, doch trafen in den urbanen Zentren übertragbare Krankheiten weiterhin in erster Linie die Bewohner der Armenviertel und blieben zugleich eine wichtige Todesursache. Besonders häufig erkrankten Kinder an Infektionskrankheiten und Parasitenbefall. Solch elende Verhältnisse waren in allen Slums anzutreffen, gleichwohl gab es jeweilige Besonderheiten.[149]

Mit der Zeit verbesserten sich die Bedingungen in vielen der informellen Siedlungen. Aus notdürftigen Unterkünften wurden allmählich dauerhafte Quartiere. Die Bewohner ersetzten die provisorischen Behausungen aus Pappe und Plastik durch beständigere aus Metall, Holz und Stein. Kommunale und nationale Behörden stellten nach und nach auch für viele Armensiedlungen eine grundlegende Versorgung mit Elektrizität, Kanalisation und Wasserleitungen sicher, ließen Straßen asphaltieren und Schulen einrichten. Wo es Parlamentswahlen gab, machten Politiker die Erfahrung, dass durch die Bereitstellung einer öffentlichen Infrastruktur in Armensiedlungen viele Wählerstimmen gewonnen werden konnten. So machte sich der spätere Ministerpräsident der Türkei, Recep Tayyip Erdoğan, einen Namen als Oberbürgermeister von Istanbul (1994 bis 1998), indem er die Versorgung bestimmter Stadtteile mit Wasser, Strom und Abwasser sicherstellte. Waren die Veränderungen von Dauer, nahmen vor allem in älteren Siedlungen die Probleme ab.[150]

Ein allgemeines Problem in den boomenden Städten der Entwicklungsländer war die Luftverschmutzung. Kohle war nach wie vor ein billiger Brennstoff, und insbesondere in Schwellenländern mit hohen Wachstumsraten griff man bereitwillig darauf zurück, sowohl in der Schwerindustrie als auch zur Stromerzeugung. In den letzten Jahrzehnten des 20. Jahrhunderts erlangten vor allem asiatische Megastädte aufgrund ihrer starken Luftverschmutzung traurige Berühmtheit. Extrem hohe Konzentrationen von Ruß und Schwefeldioxid, die zum größten Teil der Verbrennung von Kohle geschuldet sind, belasten die Luft in Peking und Shanghai, doch noch schlimmer ist es in Xian und Wuhan. Andernorts trugen auch ungünstige geographische Bedingungen zu den Problemen der Luftverschmutzung bei. Zu den Städten mit der schlechtesten Luft weltweit gehört Mexiko-Stadt nicht zuletzt, weil die Stadt hoch gelegen und zudem von Bergen umgeben ist. Ähnliche geographische Widrigkeiten spielen auch in Bogotá eine Rolle. Die Luftverschmutzung aufgrund der Nutzung von Kohle war und ist in Tausenden Städten weltweit ein Problem.[151]

Was Umweltprobleme anbelangt, machten Städten in Entwicklungsländern die Folgen extremer Armut und konzentrierten Reichtums gleichermaßen zu schaffen. Oft hingen sie direkt zusammen. Anschauungsmaterial bietet die Geschichte Jakartas. Einst die verschlafene Hauptstadt der Kolonie Niederländisch-Indien (damals hieß sie noch Batavia), wurde Jakarta nach der Unabhängigkeit Indonesiens 1949 zur boomenden Metropole. Zwei Aspekte charakterisierten zu jener Zeit das Wachstum. Zum einen sah die indonesische Führung in Jakarta, als Hauptstadt des Landes, den Motor der wirtschaftlichen Entwicklung und lancierte entsprechend viele und groß angelegte Vorzeigeprojekte. Man investierte enorme Summen in die Infrastruktur der Stadt, forcierte die schnelle industrielle Entwicklung und förderte die Bedeutung als Handelsplatz. Mit der Zeit wies Jakarta alle Merkmale einer modernen globalen Millionenstadt auf; Handel und Gewerbe prägten sie ebenso wie ausgebaute Schnellstraßen, ein Geschäftszentrum mit spiegelnden Hochhausfassaden oder Luxushotels. Zum anderen zog die wachsende Metropole Millionen Zuwanderer vom Land an; häufig führte sie ihr Weg in eine der vielen *kampung* (Dorf) genannten Siedlungen. Beide Entwicklungen prägten die Umweltgeschichte Jakartas nach 1949. Die Armen der Stadt litten unter Verhältnissen, wie sie auch andernorts für informelle Siedlungen typisch sind. Obgleich es den Behörden gelang, in manchen Bereichen die Bedingungen zu verbessern (insbesondere in den 1970er Jahren, in der Amtszeit von Ali Sadikin als Gouverneur von Jakarta), konterkarierten bestimmte Maßnahmen wiederum die Erfolge, so etwa, wenn ein Kampung einem neuen Gewerbegebiet weichen musste oder auch einfach nur der Bodenspekulation zum Opfer fiel. Die neu angesiedelte Industrie leitete derweil Abwässer in die Wasserläufe der Stadt, und Zementfabriken überzogen ganze Stadtteile mit dem Staub aus ihren Brennöfen. Mit wachsendem Wohlstand und befördert durch große staatliche Investitionen in den Straßenbau nahm auch der Autoverkehr zu und wurde zu einer der Hauptursachen des Smogs in Jakarta. Das Zusammenwirken all dieser Faktoren bereitete den Bewohnern der Hauptstadt ernste Gesundheitsprobleme.[152]

Doch nicht nur in Jakarta, auch in den Städten der Ersten Welt führte der steigende Wohlstand nach 1945 zu Umweltproblemen. Das Wachstum der Städte hielt auch in Industrienationen unvermindert an. Zwischen 1950 und 2003 stieg die Zahl ihrer Einwohner von 430 Millionen auf 900 Millionen an.[153] Doch mit

Jakarta, Mai 1963. Die Wanderungsbewegung von den Dörfern in die Städte führte in der zweiten Hälfte des 20. Jahrhunderts dazu, dass die Slums in den Metropolen explosionsartig wuchsen. Jakarta hatte 1945 rund 600 000 Einwohner; zu dem Zeitpunkt, als dieses Foto entstand, waren es bereits rund drei Millionen. Heute leben im Großraum Jakarta 25 bis 30 Millionen Menschen.

Blick auf die Umwelt fiel das Bevölkerungswachstum weniger ins Gewicht; eine viel größere Rolle spielte der Übergang zur so genannten Konsumgesellschaft.

Zwar hatte es bereits im 19. Jahrhundert sporadische Bemühungen gegeben, die Luftverschmutzung einzudämmen, aber nennenswerte Erfolge zeigten sich erst nach dem Zweiten Weltkrieg. Dafür gab es mehrere Gründe. Während der 1950er Jahre nahm der Druck einer stärker sensibilisierten Öffentlichkeit auf beiden Seiten des Atlantiks deutlich zu; der wachsende Unmut über die Rauchplage kam darin ebenso zum Ausdruck wie die Sorge über die von der Luftverschmutzung ausgehende Gesundheitsgefährdung. Mehrere Katastrophen, bei denen Rauch und Luftverschmutzung zahlreiche Menschenleben forderte, erregten große öffentliche Aufmerksamkeit, darunter 1948 der so genannte Donora-Smog in Pennsylvania sowie vor allem der noch weit folgenreichere Smog in London im Winter 1952. Ungefähr zur gleichen Zeit begannen verschiedene Kohlemetropolen erste wirksame Regelungen zu erlassen. Unmittelbar vor dem Krieg und in den Kriegsjahren verabschiedeten St. Louis und Pittsburgh kommunale Verordnungen, die zur Bekämpfung der Rauchplage eine möglichst rauchfreie Verbrennung oder Anlagen zur Rauchverminderung vorschrieben. Die Neuerungen zeigten unmittelbar Wirkung, und diese wiederum führte dazu, dass auch andernorts der Ruf nach Luftreinhaltung lauter wurde. Die Behörden in Westdeutschland verfolgten die Entwicklung mit Interesse, und auch ein großer Teil der Presse entdeckte das Thema. Im Verlauf der 1950er Jahre wurde in Deutschland «saubere Luft» zunehmend ernst genommen, nicht zuletzt im durch die Schwerindustrie geprägten Ruhrgebiet.[154]

Der energetische Wandel der Nachkriegszeit in den Industrieländern – von Kohle zu Öl und Erdgas – veränderte Ausmaß und Art der Luftverschmutzung grundlegend. Die Luft in Städten enthielt nunmehr weniger Schwefeldioxid und Schwebstaubpartikel (Rauch und Ruß), dafür nahm der Anteil von Stickoxiden, bodennahem Ozon und Kohlenmonoxid zu. Die Veränderung vollzog sich im Wesentlichen in den 1960er und 1970er Jahren; der industrielle Strukturwandel und die Verlagerung von Industriebetrieben aus den Innenstädten an die Peripherie trugen dazu ebenso bei wie die stärkere Nutzung von Erdöl. Gleichzeitig setzten sich in den führenden Industrienationen der Welt gesetzliche Regelungen zur Reinhaltung der Luft allgemein durch, nachdem erste kommunale Verordnungen bereits Jahrzehnte zuvor in Kraft getreten waren.[155]

Während in den Städten der Ersten Welt die Belastung durch Kohlenrauch zurückging, verschlechterten zunehmend Kraftfahrzeugabgase die Luftqualität. Photochemischer Smog wurde erstmals während des Zweiten Weltkriegs in Los Angeles beobachtet. Im Jahrzehnt darauf erlangte der Ozonsmog der Stadt eine solche Bekanntheit, dass man das Phänomen schon bald nach der kalifornischen Metropole benannte. Doch mit wachsender Popularität des Automobils verallgemeinerte sich auch das Smogproblem. In London, New York und Tokio stieg die Luftverschmutzung aufgrund des zunehmenden Autoverkehrs; andere Ursachen fielen immer weniger ins Gewicht. Die Einführung gesetzlicher Regelungen in den frühen 1970er Jahren sorgte in vielen Ländern für einen erheblich geringeren Ausstoß von Autoabgasen; in der Folge ging auch die Luftverschmutzung in den Städten zurück. Doch andererseits bedeutete die nach wie vor steigende Zahl von Fahrzeugen auf den Straßen, dass Ozonsmog weiterhin einen ganz wesentlichen Anteil an der Luftverschmutzung hatte. Gegen Ende des 20. Jahrhunderts wurden Autoabgase auch in den Großstädten von Entwicklungs- und Schwellenländern zu einem ernsten Problem, etwa in Jakarta, Peking oder São Paulo.[156]

Die Luftverschmutzung durch Autoabgase nahm in der Nachkriegszeit im Wesentlichen aus zwei Gründen zu: Der erste war die Motorisierung, das heißt der Umstand, dass große Teile der Bevölkerung über ein eigenes Auto verfügten. Bis zum 19. Jahrhundert bewegten sich die Menschen zu Fuß oder zu Pferd durch die Stadt. Im frühen 19. Jahrhundert tauchten dann in Europa die ersten Pferdeomnibusse auf, und gegen Ende des Jahrhunderts gab es elektrische Straßenbahnen. Ungefähr zur selben Zeit befuhren auch die ersten Automobile die Straßen, doch aufgrund ihres hohen Preises und der zahlreichen Schwierigkeiten, die ihre Nutzung begleiteten, blieben sie zunächst ein Spielzeug für Reiche. Verschiedene Länder investierten in der Zwischenkriegszeit in Schnellstraßennetze (so etwa Italien in die *autostrade* oder Deutschland in die Autobahnen), doch blieben Privatfahrzeuge, abgesehen von den USA und Kanada, zu jener Zeit noch die Ausnahme. Das änderte sich zunächst auch nach dem Zweiten Weltkrieg nicht grundlegend; der Wohlstand in Nordamerika, die zunehmende Suburbanisierung und Zersiedelung der Städte sowie die enormen Investitionen in das nationale Fernstraßennetz trugen dazu bei. Die privaten Haushalte in den USA und Kanada besaßen die meisten Autos weltweit, sowohl pro Kopf als auch absolut gesehen, und amerikanische Autobauer beherrschten den Weltmarkt. Konsumenten in anderen Ländern waren fasziniert von der amerikanischen Autokultur; für Stadtplaner wurde die amerikanische Mobilität zum erstrebenswerten Modell. In den 1950er bis 1970er Jahren schließlich avancierten Autos auch in Westeuropa, Japan und Australien zu Massenkonsumgütern. 1990 führten die Amerikaner immer noch die Weltrangliste der Autobesitzer an, doch andere Industrienationen lagen nicht mehr weit zurück.[157]

Der zweite Grund für die zunehmende Luftverschmutzung durch Autoabgase in Industrieländern in der Zeit nach dem Zweiten Weltkrieg war die Suburbanisierung. Natürlich hatten lange vor 1945 Vororte existiert, doch die Massenmotorisierung förderte ihre beschleunigte Entwicklung in der Nachkriegszeit. Dabei gab es erhebliche nationale Unterschiede. Die Vereinigten Staaten waren richtungsweisend, nicht zuletzt, was die Dimensionen und die kulturelle Bedeutung der Vororte anbelangte. Das geräumige freistehende Haus mit Zufahrt sowie ein oder zwei dort parkenden Autos wurde global zum Inbegriff und Sinnbild des Vorstadtlebens. Um 1950 wohnten rund zwei Drittel der städtischen Bevölkerung Nordamerikas in innerstädtischen Quartieren, in den Vororten war es nur rund ein Drittel. Vierzig Jahre später hatte sich dieses Verhältnis umgekehrt; die Siedlungsfläche amerikanischer Städte hatte sich im gleichen Zeitraum mehr als verdoppelt. Verfügbares Land trug dazu bei, dass urbane Kommunen in Nordamerika und Australien schneller und mit geringerer Verdichtung in ihr Umland wuchsen als anderswo. Europäische Vororte etwa waren dreimal dichter bebaut. Auch in Japan war ein Prozess der Suburbanisierung zu beobachten, doch blieb die Siedlungsdichte wesentlich höher als in allen anderen Industrieländern. Die bergige Landschaft Japans zwang die Städte, sich an schmalen Streifen entlang der Küsten am Japanischen Meer und am Pazifischen Ozean zu entwickeln. Trotz der Beengtheit wuchs das Automobilaufkommen in Japan dramatisch; allein in Tokio vergrößerte es sich zwischen 1960 und 1990 um zweieinhalb Millionen Privatfahrzeuge.[158]

In der Summe erwiesen sich Suburbanisierung und Motorisierung als äußerst folgenreich für die Umwelt. Kaum verwunderlich war die Zunahme des Autoverkehrs. Durch das Ausmaß der Suburbanisierung, die Zersiedelung der Vororte sowie andere Faktoren wie einen – auch im Verhältnis zu anderen Industrieländern – niedrigen Benzinpreis begünstigt, wurde das eigene Auto in Nordamerika häufiger genutzt als irgendwo sonst auf der Welt. 1990 legten durchschnittliche Amerikaner pro Jahr mehr als doppelt so viele Kilometer wie Europäer zurück, auch Australier ließen sie hinter sich. Umgekehrt kam es ihnen weitaus seltener als anderen Menschen in den Sinn, zu Fuß zu gehen, Rad zu fahren oder öffentliche Verkehrsmittel zu nutzen – auffällig ist insbesondere der Unterschied zu Städtebewohnern in Europa. Doch das war noch nicht alles. In den USA und Kanada waren Autos im 20. Jahrhundert ausnahmslos größer und schwerer als anderswo und deshalb alles andere als benzinsparend; sie verbrauchten nicht nur mehr Kraftstoff, sondern setzten auch weitaus mehr Kohlendioxid frei als irgendwo sonst.[159]

Steigender Wohlstand und Verstädterung zeitigten in der Ersten Welt eine Reihe weiterer Umweltfolgen. Das rasche Wachstum der Städte verbrauchte in dünn besiedelten Industrieländern wie den USA, Kanada oder Australien zwar nur einen geringen prozentualen Anteil der verfügbaren Flächen, dennoch verwandelte es Millionen Hektar Agrarlandschaft in Vorstadtsiedlungen. In dichter besiedelten Ländern waren die Auswirkungen des urbanen Wachstums auf die traditionelle Kulturlandschaft unmittelbarer und deutlicher zu spüren. In diesen Ländern wurde die Flächennutzung zunehmend stärker reglementiert und es gab, etwa in Großbritannien nach 1945, bei entsprechenden Planungen mehr Eingriffsmöglichkeiten. Städtischer Wohlstand führte ferner zu einem steigenden Wasser- und Energieverbrauch, da die Menschen sich gerne allen erdenklichen Komfort leisteten, den die Nachkriegszeit zur Verfügung stellte. Nur ein sehr geringer Teil des ungeheuren kommunalen Wasseraufkommens in den USA und Kanada wurde als Trinkwasser konsumiert oder zum Kochen verwendet. In den allermeisten Fällen diente das Nass dazu, den Rasen zu bewässern oder das Auto zu waschen, und es floss durch alle möglichen Haushaltsgeräte, durch Duschen und Toilettenspülungen. Allein eine Spülmaschine erhöhte den täglichen Wasserverbrauch eines Haushalts um bis zu 144 Liter. Schließlich brachten die Konsumgesellschaften der Nachkriegszeit ungeheuerliche Mengen Müll hervor. Auch in diesem Bereich waren die USA weltweit führend, sowohl pro Kopf als auch absolut gesehen. Wohlstand war ein Hauptgrund für steigende Müllmengen, hinzu kamen neue Materialien, die für die Konsumgesellschaft an Bedeutung gewannen, insbesondere Kunststoffe (mehr dazu weiter unten). Städte produzierten Massen von Müll und zwangen die Behörden, unablässig über dessen Entsorgung nachzudenken.[160]

**Auf der Suche nach
der grünen Stadt**

Ab den 1970er Jahren bemühten sich
mehr und mehr Menschen um so etwas
wie eine grundlegende ökologische Neu-
orientierung der Städte. Waren moderne
Metropolen notwendigerweise, so fragten sie sich, die gefräßigen, alles verschlin-
genden Ungetüme, wie sie das 20. Jahrhundert geprägt hatten, oder war ein Wandel denkbar, der die negativen Folgen für die Umwelt vermindern oder ganz vermeiden half? Der Verschleiß globaler Ressourcen hatte sich seit dem Beginn der
industriellen Revolution vervielfacht, Güter und Rohstoffe aus allen Teilen der
Welt strömten in die Metropolen: Soja aus Brasilien und Mais aus Nordamerika,
Öl aus Saudi-Arabien, Baumwolle aus Bangladesch, Kohle aus Australien, Holz
aus Malaysia und Gold aus Südafrika. Umgekehrt wurden die urbanen Abfall-
kreisläufe ebenfalls global, und auch der Großteil der anthropogenen Kohlenstoffemissionen stammte aus Städten.[161]

In den frühen 1990er Jahren formulierten der kanadische Ökologe William
Rees von der University of British Columbia in Vancouver und der Schweizer
Forscher Mathis Wackernagel das Konzept des «ökologischen Fußabdrucks», um
die globalen Auswirkungen des urbanen Lebensstils modellhaft zu quantifizieren. Städte beanspruchen, so Rees in einem frühen, 1992 veröffentlichten rich-
tungsweisenden Artikel, in dem er das Konzept umreißt, «pro Einwohner kontinuierlich mehrere Hektar biologisch produktiver Ökosysteme». Gestützt auf
vereinfachende Modellrechnungen, mit deren Hilfe er die Inanspruchnahme von
Flächen abschätzte, kam Rees zu dem Schluss, jeder Einwohner Vancouvers be-
nötige rund 1,9 Hektar produktiver Agrarfläche, um seinen Lebensmittelbedarf
zu decken. Die 1,7 Millionen Einwohner der Stadt würden demnach allein in diesem Bereich insgesamt 3,2 Millionen Hektar produktives Land beanspruchen.
Unter Berücksichtigung aller Ressourcen (Brennstoffe, Wald und Wasser inbe-
griffen) und auch aller durch Abfälle und Emissionen belasteten Flächen «okku-
piert» die Stadt nach Rees' Berechnungen ein Gebiet von der Größe Schottlands
oder South Carolinas. Selbst Vancouver, schlussfolgert Rees, eine Stadt, die gewöhnlich als eine der «grünsten» der Erde gilt, hinterlasse somit einen gewaltigen
ökologischen Fußabdruck.[162]

Die Kritik an den theoretischen Grundannahmen und der Praxistauglichkeit
des Konzepts einmal außer Acht gelassen, artikuliert die Vorstellung vom ökologischen Fußabdruck eine weitverbreitete Sorge um die Zukunft der Stadt. Ökolo-
gen und Planer wie Rees und Wackernagel gehörten zu den Ersten, die der Frage
nachgingen, ob für eine immer stärker urbanisierte Welt genügend Natur vorhanden war. Der Klimawandel, die Zerstörung der Ozonschicht und andere Umweltprobleme gaben Anlass zu weiterer Beunruhigung. Eine ganze Reihe internationaler Umweltkonferenzen jener Zeit griff derlei Bedenken auf, allen voran der
Weltgipfel von Rio im Jahr 1992. In der Folge appellierten verschiedene Stadt-

planer an ihre Disziplin und forderten, Umweltfragen stärker in den Mittelpunkt zu stellen, und manche Architekten begannen, Nachhaltigkeitskriterien für ein ökologisches Bauen zu entwickeln.[163]

Etliche Städte, vor allem in Mittel- und Nordeuropa, versuchten sich seit den 1970er Jahren an weitreichenden ökologischen Maßnahmen. Sie förderten in Heizkraftwerken den Ausbau der Kraft-Wärme-Kopplung (also die Verwertung der Abwärme, die bei der Stromerzeugung entsteht) und unterstützten die Nutzung erneuerbarer Energiequellen. Das Wachstum ihrer Kommunen konzentrierten sie auf Flächen, die an das bereits bestehende Stadtgebiet unmittelbar angrenzten; bei Neuerschließungen waren sie um eine möglichst hohe Bebauungsdichte bemüht. Darüber hinaus gab es Programme zum Recycling, zur Förderung innerstädtischer Grünflächen und Gärten, zur Dachbegrünung und Renaturierung.[164]

Derartige Maßnahmen und Initiativen wurden in Europa gängige Praxis, beispielsweise in Freiburg im Breisgau. Heute eine der führenden Kommunen weltweit auf dem Gebiet des Umweltschutzes und der Umwelttechnologie, hatte Freiburg in den 1990er Jahren begonnen, die Solarenergie als ein zentrales Moment der langfristigen ökonomischen Entwicklung der Stadt zu fördern. Die städtischen Behörden ließen Solarzellen an und auf öffentlichen Gebäuden installieren, unterstützten die Ansiedlung von Solarfirmen durch Subventionierung von Grundstücken und Gewerbeflächen, setzten sich dafür ein, dass Sonnenenergie Eingang in die Lehrpläne der Schulen fand und schlossen Kooperationen mit Forschungsinstitutionen vor Ort. Auch bei der Erschließung neuer Wohnquartiere spielte die Sonnenenergie eine wichtige Rolle, so etwa in den grünen Vorzeigeprojekten des Modellstadtteils Vauban im Freiburger Süden. Die gelungene Etablierung als Stadt der Solarenergie ist heute fester Bestandteil der städtischen Identität. Die Kommune bezeichnet sich selbst als die grünste Stadt Deutschlands, in der erneuerbare Energien gleichermaßen wirtschaftlich erfolgreich wie ökologisch sinnvoll eingesetzt werden.[165]

Seit den 1970er Jahren lässt sich auch beobachten, wie zahlreiche Kommunen in Europa mit dem Planungsparadigma der Nachkriegszeit – der autogerechten Stadt – brachen. Aus sozial- und kulturpolitischen Überlegungen heraus förderte man andere Verkehrsmittel, nicht zuletzt, um die historischen Stadtkerne zu bewahren und die schlimmsten Folgen der aufs Auto fixierten Entwicklung in den Griff zu bekommen, insbesondere die Luftverschmutzung und die Zersiedelung. Im Verlauf der 1970er und 1980er Jahre beschlossen beispielsweise die Stadtoberen von Zürich, das kommunale Straßenbahnnetz auszubauen und zu verbessern. Die verstärkte Nutzung der Tram bremste das Wachstum des automobilen Individualverkehrs; die Bahnen verschönerten das Straßenbild und trugen zur Belebung der Innenstadt bei. In verschiedenen europäischen Städten wurden ähnliche Ziele auf anderen Wegen erreicht, etwa in etlichen holländischen, dänischen und deutschen Kommunen durch die Förderung des Radfahrens. Die Popularität des Fahrrads in

Städten wie Amsterdam oder Kopenhagen bewog die jeweiligen Stadtverwaltungen, in Radwege und andere Infrastruktur zu investieren und so zur Nutzung des energieeffizientesten Verkehrsmittels des Planeten beizutragen.[166]

Umweltfreundliche Lösungen beschränkten sich keineswegs auf Städte der Ersten Welt, wie das Beispiel von Curitiba im Süden Brasiliens zeigt.[167] Seit Anfang der 1970er Jahre, als verschiedene innovative Planungsideen umgesetzt wurden, schuf die Stadtverwaltung eine Kommune, die für ihre Bemühungen um die Umwelt und ihren hohen Lebensstandard weltweites Lob erntete. Bei nahezu jedem Problem setzte Curitiba auf kreative Ansätze und insbesondere auf praktische, mit geringen Kosten verbundene Lösungen, statt wie viele Metropolen der so genannten Dritten Welt teure Vorzeigeprojekte zu favorisieren. Beispielsweise setzte die Kommune angesichts der chronischen Überschwemmungen nicht auf den Bau von Hochwasserdämmen entlang der Flussläufe im Stadtgebiet, sondern ließ kleinere Stauwerke errichten, hinter denen sich Seen bilden konnten; in der Umgebung der Seen wurden ausgedehnte städtische Parks angelegt. Ein solches Vorgehen führte zu zweierlei: Die Überschwemmungen gingen zurück, da die Seen die sommerlichen Regenfälle aufnahmen, während sich gleichzeitig die innerstädtischen Grünflächen vervielfachten.

Zahlreiche weitere innovative und richtungsweisende Projekte trugen zu dem hervorragenden internationalen Ruf Curitibas bei; die berühmteste Erfolgsgeschichte allerdings ist die der kommunalen Buslinien. Die bereits in den 1960er Jahren getroffene Entscheidung der Stadt, dem öffentlichen Nahverkehr Priorität einzuräumen, widersprach ganz entschieden dem stadtplanerischen Zeitgeist. Auf der ganzen Welt – und auch in Brasilien – waren Stadtplaner damit beschäftigt, Städte rund ums Auto zu entwerfen oder umzugestalten. Curitiba versagte sich diesem Diktat, das sich, davon war man in der Stadt überzeugt, einzig an begüterten Autofahrern orientierte und das die Mehrheit der Einwohnerschaft ignorierte. Überzeugt zeigte man sich ferner auch davon, dass mehr Autoverkehr nur Staus mit sich bringen und das Leben in der historischen Stadtmitte zerstören werde. Curitiba setzte stattdessen ab Anfang der 1970er Jahre auf den Ausbau des kommunalen Busliniennetzes. Fünf in die Innenstadt führende Hauptstraßen wurden für die Express- und Transitbuslinien reserviert, der andere Autoverkehr auf Seitenstraßen umgeleitet. Ein verzweigtes System von Zubringer- und Verbindungslinien mit verschiedenfarbig lackierten Bussen vervollständigte das Netz. Wenig aufwändige, gleichwohl intelligent gestaltete Details kamen hinzu, beispielsweise die *tubo* genannten Haltestellen, elegante Röhren aus Stahl und Glas, die ein schnelleres Aus- und Einsteigen ermöglichen und zu Sinnbildern der erfolgreichen kommunalen Verkehrspolitik wurden. Ergänzt wurden die Bemühungen durch eine Reglementierung der Flächennutzung, die beispielsweise entlang der Buslinien eine höhere Bebauungsdichte förderte, sowie durch Maßnahmen, die Fußgänger und Radfahrer in der Innenstadt privilegierten. Die Schritte führten zu schnellen Ergebnissen. Zu Beginn der 1990er Jahre gab es in Curitiba zwar mehr Autos pro Kopf als im brasilianischen Durchschnitt, doch entfiel ein Großteil des städtischen Verkehrsaufkommens auf öffentliche Transportmittel, und die Buslinien beförderten gut eine Million Fahrgäste am Tag. Kraftstoffverbrauch und Luftverschmutzung gingen entsprechend zurück.

In Havanna waren es eher unfreiwillige Maßnahmen als bewusste Planungsprozesse, die zur Ökologisierung einer Metropole in der Dritten Welt führten.[168] Wie in anderen Ländern auch, beruhte die Landwirtschaft im sozialistischen Kuba auf Mechanisierung (Maschinen, Traktoren), dem Einsatz von Chemikalien (Kunstdünger, Pestiziden) und der Spezialisierung auf den Anbau von landwirtschaftlichen Exportprodukten. In den 1980er Jahren importierte Kuba Lebensmittel in großen Mengen, während auf der Insel Zucker produziert wurde, um ihn zu exportieren. Das Land war abhängig von sowjetischem Öl und den Märkten in den sozialistischen Staaten; beides verschwand mit dem Untergang der Sowjetunion. Der plötzliche und dramatische Ausfall von Importen aller Art, darunter auch Erdöl, landwirtschaftliche Geräte, Dünger und Pestizide, führte dazu, dass Kuba nicht mehr genug Zucker produzierte, um über ausreichende Mittel für weitere Importe zu verfügen. Durch das anhaltende US-Handelsembargo wurde das Problem noch verschärft. Das Land stand praktisch am Rand einer Hungersnot, da es nicht in der Lage war, die Lebensmittelversorgung der Bevölkerung aus eigener Kraft sicherzustellen.

In den 1990er Jahren ließ sich Kuba schließlich in großem Umfang auf das Wagnis organischer Landwirtschaft ein – dem Land blieb kaum eine andere Wahl. Statt Traktoren verwendete man Ochsengespanne und statt Kunstdünger kam organischer Dung zum Einsatz. Die Folgen waren unerwartet positiv. So verdichteten Ochsengespanne die Böden weniger stark als Traktoren, und die verwendeten organischen Stoffe waren deutlich weniger toxisch als synthetische Pestizide und Dünger. Da für den Transport über größere Distanzen kein Kraftstoff zur Verfügung stand, mussten Nahrungsmittel näher an den Endverbrauchern produziert werden. Angesichts der immer noch drohenden Hungersnot nahmen die zwei Millionen Einwohner Havannas die Dinge selbst in die Hand und begannen, auf jedem verfügbaren Quadratmeter Erde einen Garten anzulegen. Im Lauf des Jahrzehnts entstanden so Tausende von Gärten in Innen- und Hinterhöfen, auf Dächern und Terrassen. Nachbarschaftskooperativen bildeten sich, um sich größere Parzellen vorzunehmen und gemeinsam zu bestellen, etwa Baseballfelder oder aufgegebene Grundstücke. Die Behörden erkannten das Potential und unterstützten die Bevölkerung Havannas, indem sie Werkzeuge, Land und Saatgut zur Verfügung stellten, praktische Ratschläge erteilten und die Entstehung von Straßenmärkten erlaubten. Um die Jahrtausendwende zahlten sich die Bemühungen aus. Havanna und andere kubanische Städte waren in der Lage, einen großen Teil der Grundnahrungsmittel selbst zu produzieren.

Der Weg Havannas ist erstaunlich, was das Tempo und das Ausmaß des Wandels angeht, doch ist die so genannte urbane Landwirtschaft ein global weit verbreitetes Phänomen. Mit dem raschen Wachstum der Städte in Entwicklungsländern vor allem im ausgehenden 20. Jahrhundert expandierte auch diese urbane Lebensmittelproduktion. Informelle Netzwerke entstanden, da die Armen in den Städten sich häufig das im Handel Angebotene nicht leisten können. Für die 1990er Jahre betätigten sich laut Schätzungen der Vereinten Nationen rund 800 Millionen Menschen weltweit in der städtischen Subsistenzlandwirtschaft, deren Überschüsse ihnen zugleich ein Einkommen ermöglichten; in der Dritten Welt produzierte der informelle urbane Agrarsektor einen beträchtlichen Teil der in den Städten konsumierten Lebensmittel. So stammten gegen Ende des Jahrhunderts in Accra rund 90 Prozent des frischen Gemüses, in Kampala rund 70 Prozent des Geflügels und in Hanoi rund die Hälfte des Fleischs aus der urbanen Lebensmittelproduktion.[169]

Städte wie Freiburg und Curitiba sind Fälle wirklichen Fortschritts. Sie zeigen einmal mehr, dass nicht alle Städte gleich sind und ungeheurer Einfallsreichtum und kreative Fähigkeiten dazu beitragen können, Probleme zu lösen. Doch selbst diese Beispiele sind nicht über alle Kritik erhaben. Skeptiker bezweifeln, dass es überhaupt umweltverträgliche Städte geben kann. Die fortschreitende Urbanisierung des Planeten hat nicht aufgehört. Die meisten Städte werden auch im 21. Jahrhundert weiterhin wachsen. Hinzu kommt, dass zunehmender Wohlstand es weltweit mit sich bringen wird, dass Städte auch in Zukunft (Luxus-)Güter in großen Mengen konsumieren werden, die sie selbst nicht herstellen können. Die globale Nachfrage nach Automobilen beispielsweise wird sich Prognosen zufolge in den kommenden Jahren vervielfachen, nicht zuletzt aufgrund der Prosperitätsentwicklung in Ländern wie Indien und China. Verbesserte Technologien und neue Ansätze in der Stadtplanung haben in vielen Städten (und nicht nur in den grünen Vorzeigekommunen, von denen oben die Rede war) die Umweltbedingungen verbessert, doch bleibt die Frage, ob derartige Bemühungen ausreichen, den Kurs zu ändern, den Städte jahrhundertelang eingeschlagen hatten.[170]

Ökologie und globale Wirtschaft

Die Entwicklung der Weltwirtschaft in der zweiten Hälfte des 20. Jahrhunderts war zweifellos auch für die Umwelt von überragender Bedeutung. Nach dem Zweiten Weltkrieg erholte sich die Konjunktur weltweit von den schweren Erschütterungen der Zwischenkriegszeit und es begann eine Epoche lang anhaltender und beispielloser Entwicklung. Der globale Aufschwung übertraf nach Umfang und Dauer jede frühere Expansionsphase, und das angesichts einer rasch

wachsenden Weltbevölkerung. In dem halben Jahrhundert nach 1950 versechsfachte sich das Volumen der Weltwirtschaft; das durchschnittliche jährliche
Wirtschaftswachstum erreichte 3,9 Prozent und übertraf damit bei weitem das
durchschnittliche Wachstum des historischen Industriezeitalters zwischen 1820
und 1950, das bei 1,6 Prozent jährlich lag, sowie – noch deutlicher – die ökonomische Expansion der frühneuzeitlichen, «postkolumbischen» Welt zwischen
1500 und 1820, die jährlich etwa 0,3 Prozent betrug. Zwischen 1950 und 1973
war das Wachstum am höchsten, man sprach von einem *Golden Age*, dem «Wirtschaftswunder» oder den *trentes glorieuses*. Aus verschiedenen Gründen, darunter steigenden Rohölpreisen und einer höheren Inflationsrate, verlangsamte sich
die Expansion der Weltwirtschaft nach 1973, ohne jedoch abzureißen. Das
Wachstum nach dem Krieg sorgte für die Erholung des Welthandels, die weltweiten Verbindungen durch Kommunikation und Reisen vervielfachten sich, die
internationale Migration nahm zu und der technische Fortschritt erfuhr eine
Beschleunigung. Geprägt war die Epoche zudem durch die weitgehende Integration – oder Reintegration – der ehemaligen Kolonien und später der sozialistischen Länder in die entwickelte kapitalistische Weltwirtschaft. Im Verlauf eines
halben Jahrhunderts trug der Aufschwung in weiten Teilen Asiens dazu bei, dass
Wohlstand und bisweilen politischer Einfluss das Niveau der bislang wirtschaftlich führenden Nationen zu erreichen begannen – also vor allem der Länder
Westeuropas, der USA, Kanadas, Australiens und Japans. Nach den Umwälzungen von 1989 bis 1991 in Mittel- und Osteuropa wurden auch die Staaten des
ehemaligen Ostblocks schrittweise, wenn auch mit unterschiedlichem Erfolg, in
die Weltwirtschaft reintegriert. Freilich kennzeichnete die Epoche auch eine
wachsende Kluft zwischen dem Wohlstand in einigen Teilen der Erde und der
anhaltenden Armut in anderen Ländern und Regionen.[171]

Für die rasante wirtschaftliche Entwicklung der Nachkriegszeit gibt es eine
Reihe von Erklärungen. Auf politischer Ebene erfolgte mit dem Beginn des Kalten Kriegs eine Aufteilung der Welt mehr oder weniger in zwei große Blöcke. In
beiden gab es eine dominante Supermacht, die ihre Überlegenheit nutzte, um
Wiederaufbau und ökonomisches Wachstum voranzutreiben, wenn auch mit sehr
unterschiedlichen Methoden. Ende der 1940er Jahre waren der Kalte Krieg und
die globale Neuordnung bereits voll im Gange. Der Westen unter Führung der
USA wuchs in der Folgezeit als Kapitalismus zum größeren und – wie sich herausstellen sollte – dynamischeren der beiden Systeme heran. Schon während des
Zweiten Weltkriegs hatten die Westalliierten (also vor allem die Vereinigten Staaten und Großbritannien) die Grundlagen dafür gelegt. Getrieben von der Sorge,
die Krisenanfälligkeit der Zwischenkriegszeit könnte sich wiederholen, schufen
die Alliierten eine Reihe von Institutionen, die darauf angelegt waren, eine part-
nerschaftliche Kooperation in Finanz-, Handels- und politischen Angelegenheiten
zu stärken und Alleingänge sowie Autarkiebestrebungen möglichst zu verhin-

dern. Zu diesen Institutionen gehörten die Vereinten Nationen und die aus der Konferenz von Bretton Woods, New Hampshire, im Jahr 1944 hervorgegangenen Organisationen, deren Aufgabe es war, den Wiederaufbau der durch den Krieg zerstörten Volkswirtschaften zu unterstützen: der Internationale Währungsfonds und die Internationale Bank für Wiederaufbau und Entwicklung, die spätere Weltbank. Binnen weniger Jahre führten Verhandlungen ferner zum Allgemeinen Zoll- und Handelsabkommen (GATT), durch das Zölle, Abgaben und andere Hemmnisse im internationalen Handel abgebaut werden sollten.

Die politische und ökonomische Vormachtstellung der Vereinigten Staaten, die 1945 alle anderen Länder überragten, machte das alles möglich. Die USA hatten den Krieg mit einer intakten Wirtschaft und ohne zerstörte Städte überstanden, ganz anders als Japan, die Sowjetunion, die Länder Europas oder China. Zudem war nur ein Bruchteil der Kriegsopfer Amerikaner, auch das ein großer Unterschied zur Situation anderer Staaten. Wie schon aus dem Ersten Weltkrieg waren die USA auch aus dem Zweiten als Gläubiger- und nicht als Schuldnerland hervorgegangen. Doch der möglicherweise wichtigste Aspekt in ökonomischer Hinsicht war, dass die USA als Industriemacht konkurrenzlos waren. Die Vereinigten Staaten hatten Großbritannien bereits Jahrzehnte zuvor überholt und ihren Vorsprung seither immer weiter ausgebaut. Die ungeheuren Ressourcen des Landes und sein Bevölkerungsreichtum trugen zu diesem Spitzenplatz ebenso bei wie Entschlossenheit und Innovationsbereitschaft der Industrie. Amerikanische Unternehmen hatten beispielsweise seit Beginn des 20. Jahrhunderts die Fließbandproduktion perfektioniert; die relativ hohen Löhne, die in diesen Unternehmen gezahlt wurden, erlaubten das Entstehen der weltweit ersten Massenkonsumgesellschaft, und das noch vor dem amerikanischen Kriegseintritt im Jahr 1941. In der unmittelbaren Nachkriegszeit standen die USA dank ihrer wirtschaftlichen Stärke als Garant für ein enormes Wiederaufbauprogramm, das dem doppelten Ziel diente, der Weltwirtschaft wieder auf die Beine zu helfen und den Kommunismus in die Schranken zu verweisen. Die immensen amerikanischen Finanzreserven erlaubten, Milliarden Dollar in Hilfsmaßnahmen für Europa (bekannt als Marshall-Plan) und Japan zu stecken, die dort zur Stabilisierung und zum wirtschaftlichen Aufschwung in den 1950er Jahren beitrugen, und gleichzeitig politische und militärische Bündnisse rund um die Welt zu schmieden. Auch die zumindest bis Anfang der 1970er Jahre anhaltende Stabilität des internationalen Finanzsystems beruhte ganz wesentlich auf der Stärke des US-Dollar.[172]

In den sozialistischen Staaten verlief die Geschichte nach 1945 ein wenig anders. Die Sowjetunion hatte unter allen am Zweiten Weltkrieg beteiligten Staaten am meisten unter dessen Folgen zu leiden und mehr als 20 Millionen Opfer zu beklagen. Angesichts dreier Invasionen, die Russland und später die Sowjetunion im Laufe von wenig mehr als einem Jahrhundert erlebt hatten, verspürte Stalin wenig Neigung, die Rote Armee bei Kriegsende aus Osteuropa abzuziehen. Die

UdSSR bemühte sich deshalb – wie die Westalliierten auch –, ihre Einflusssphäre zu festigen, unter anderem durch die Bildung eines osteuropäischen Wirtschaftsblocks, des 1949 gegründeten Rats für gegenseitige Wirtschaftshilfe (RGW). Der RGW sollte der Koordination der wirtschaftlichen Entwicklung der Mitgliedsstaaten dienen, doch im Unterschied zu der weitgehenden Freihandelsordnung, die gleichzeitig im Westen etabliert wurde, gelang es der Organisation im Ostblock kaum, eine wirtschaftliche Integration zu fördern. Stattdessen war der RGW eher ein Instrument für den bilateralen Handel zwischen der Sowjetunion und ihren Satelliten in Osteuropa.[173]

Das sowjetische Wirtschaftsprogramm der Zwischenkriegszeit, eine staatlich gesteuerte, zentral geplante Gigantomanie – der forcierte, gar hektische Auf- und Ausbau riesiger Schwerindustriekomplexe, von Staudämmen und Kraftwerken, Bergwerken und Industriekombinaten, die Kollektivierung der Landwirtschaft und anderes mehr – hatte binnen weniger Jahre aus einem kaum industrialisierten Land eine relativ hoch entwickelte Industrienation gemacht, die im Krieg in der Lage war, das nationalsozialistische Deutschland zu besiegen. Insofern war das Entwicklungsmodell erfolgreich, wenn man Erfolg in einem engen, produktivistischen Sinn versteht und die Gewalt gegen Mensch und Natur ignoriert, die eine staatlich gelenkte Industrialisierung solch ungeheuren Ausmaßes in derart knapp bemessener Zeit augenscheinlich unausweichlich mit sich brachte.

Nach dem Zweiten Weltkrieg hielten die Sowjets an dem einmal eingeschlagenen Weg fest. Die im Krieg zerstörten Industrieanlagen wurden wieder aufgebaut, zum Teil mithilfe von Reparationsleistungen, etwa durch Anlagen und Maschinen, die man eilig im besetzten Deutschland demontierte und nach Osten transportierte. Darüber hinaus konzentrierte sich die Sowjetunion weiterhin darauf, die Produktionsziffern vor allem in der Schwerindustrie zu erhöhen. In der Wirtschaft dominierten entsprechend große Unternehmen unter staatlicher Leitung statt der flexibleren und stärker konsumentenorientierten Strukturen, die im Westen entstanden. Verantwortlich dafür waren zum einen ideologische Vorgaben, die davon ausgingen, Fortschritt und Entwicklung ließen sich an der Schwerindustrie, an Tonnen produzierten Eisens und Stahls messen, zum anderen aber auch die Konfrontation im Kalten Krieg, die eine massive und fortgesetzte Aufrüstung mit schweren Waffen unausweichlich machte. Hinzu kam der augenscheinliche Erfolg des sowjetischen Entwicklungswegs, der zur erfolgreichen Industrialisierung und zum Sieg über die NS-Kriegsmaschinerie geführt hatte und es nunmehr erlaubte, den Westmächten im Kalten Krieg die Stirn zu bieten. Tatsächlich konzentrierte der Fünfjahresplan von 1946 die Anstrengungen auf die Schwerindustrie und die Rüstungsproduktion. Obwohl die Wirtschaftskraft anfänglich insgesamt deutlich geringer war, schloss das sowjetische Wachstum in den ersten Nachkriegsjahrzehnten beinahe zum westlichen auf. Das jährliche Bruttoinlandsprodukt (BIP) pro Kopf betrug im Osten durchschnittlich 3,5 Prozent, im Westen (einschließlich Japans)

3,7 Prozent. Es gab für die sowjetische Führung daher offenkundig wenig Anlass, das Entwicklungsmodell zu modifizieren, und entsprechend hielt sie in jenen Jahren am Primat der Schwerindustrie ebenso fest wie an der von oben gesteuerten, bürokratischen und stark zentralisierten Planwirtschaft.[174]

Wirtschaftswachstum ist indes in jedem Fall abhängig von einem maßgeblichen physikalischen Faktor: von Energie. Während des gesamten 20. Jahrhunderts entwickelten sich Energieverbrauch und wirtschaftliche Expansion im Gleichschritt, was hieß, dass Wachstum immer auch mit einem steigenden Energiebedarf einherging. Während globaler wirtschaftlicher Aufschwungphasen, wie in der Zeit vor dem Ersten oder nach dem Zweiten Weltkrieg, stieg der weltweite Energieverbrauch entsprechend stark an. In Phasen abgeschwächter Konjunktur oder während einer Rezession hingegen, beispielsweise in der Zwischenkriegszeit, erhöhte sich der Energieverbrauch deutlich langsamer. In den Jahrzehnten nach 1945 erforderte das enorme Wachstum der Weltwirtschaft Energiemengen, die alles bisher Dagewesene bei weitem überstiegen.[175]

Bei der Förderung fossiler Energieträger und ihrer Nutzung gab und gibt es weltweit große Unterschiede. Geologische Umstände begünstigten die führenden Förderländer. Die reichen Kohlevorkommen und die früh einsetzende Industrialisierung ermöglichten Großbritannien im 19. Jahrhundert den Aufstieg zum weltgrößten Erzeuger fossiler Brennstoffe. Ab den 1890er Jahren jedoch gelang es den Vereinigten Staaten aufgrund ihrer gewaltigen Kohle-, Erdöl- und Erdgasreserven, an Großbritannien vorbeizuziehen und diese Position auch dauerhaft zu behaupten. Nach dem Zweiten Weltkrieg überholte die UdSSR Großbritannien ebenfalls und übernahm – bis zu ihrem Verschwinden 1991 – den zweiten Platz hinter den USA. Gegen Ende des Jahrhunderts gehörten China, Kanada und Saudi-Arabien zu den weltweit größten Förderländern – neben den USA und dem post-sowjetischen Russland. Eine andere Geschichte ist der Energieverbrauch, und hier fällt eher die Wirtschaftsleistung als die Geologie ins Gewicht. Um es auf den Punkt zu bringen: Steigender Wohlstand benötigt mehr Energie. 1950 entfiel der Löwenanteil des Energieverbrauchs – insgesamt 93 Prozent der gewerblich erzeugten Energiemenge – auf die industrialisierte Welt. Mit der Zeit und mit fortschreitender Verallgemeinerung der industriellen Produktion, mit zunehmendem Wohlstand und wachsender Bevölkerung in anderen Ländern ging dieser Anteil zurück. 2005 betrug er nur noch etwas mehr als 60 Prozent. Absolut gesehen allerdings nutzten während der gesamten Nachkriegszeit die ökonomisch leistungsstärksten Länder der Erde die meiste Energie; 2003 führten Kanada und die USA die Liste des jährlichen Energieverbrauchs pro Kopf an. Energienutzung hing indes nicht notwendig vom Vorhandensein einheimischer fossiler Energieträger ab. Japan beispielsweise verfügt über praktisch keinerlei Kohle- oder Ölvorkommen, gehört aber beim Energieverbrauch weltweit zur Spitzengruppe. Am anderen Ende der Skala finden sich die Entwicklungsländer.

Die ärmsten Staaten Afrikas stehen dabei ganz unten, die dort genutzte Energiemenge entspricht nur einem winzigen Bruchteil des Energieverbrauchs in den reichsten Industrieländern.[176]

Die Gegenüberstellung von Kanada und Japan verweist auf einen anderen wichtigen Punkt: die Energieeffizienz. Ende des 20. Jahrhunderts wurde in Japan, um gesamtwirtschaftlich den Gegenwert von einem US-Dollar zu erzeugen, nur etwa ein Drittel der Energiemenge aufgewandt, die man in Kanada benötigte. Die Volkswirtschaften Europas waren annähernd genauso effizient wie Japan. Das andere Extrem bildeten schnell wachsende Schwellenländer wie China und Indien, deren Energieeffizienz fünf- bis sechsmal unter dem Niveau Japans und zwei- bis dreimal unter den Werten Kanadas und der Vereinigten Staaten lag. Solche Zahlen lassen zwei Feststellungen zu: Erstens scheint die Energieeffizienz von Volkswirtschaften einem historischen Muster zu folgen. Der Energieverbrauch je Einheit Bruttoinlandsprodukt (das heißt die Energieintensität) steigt typischerweise zu Beginn einer Phase rascher und forcierter Industrialisierung eines Wirtschaftsraums stark an. Die kurzzeitig erreichten Spitzenwerte sollten in der Folge langsam und schrittweise wieder sinken, wenn die Wirtschaft dazu übergeht, Energie effizienter zu nutzen. Historisch belegt das etwa die Erfahrung Großbritanniens, wo die Energieintensität in den 1850er Jahren einen Höchststand erreichte, Kanadas (um 1910) oder der USA (um 1920). Nicht alle Wirtschaftsräume folgten allerdings diesem Muster. In Japans wirtschaftlicher Entwicklung beispielsweise blieb die Energieintensität während des größten Teils des 20. Jahrhunderts relativ stabil auf einem verhältnismäßig niedrigen Niveau. Zweitens lässt sich feststellen, dass, wie die signifikanten Unterschiede innerhalb der industrialisierten Welt zeigen, eine hohe Wertschöpfung mit einem weitaus geringeren Energieverbrauch als in den USA oder Kanada auskommen kann. Es gibt verschiedene Faktoren, die erklären helfen, warum eine solche Kluft zwischen den Volkswirtschaften der Industrieländer entstehen konnte, angefangen von der Branchenzusammensetzung über unterschiedliche klimatische Verhältnisse bis hin zu Siedlungsmustern. Vergleichende Analysen zeigten jedenfalls, dass die zentralen Indikatoren der Lebensqualität – darunter Säuglingssterblichkeit, Lebenserwartung und die Verfügbarkeit von Nahrungsmitteln – sich nicht weiter substantiell verbesserten, sobald der Energieverbrauch ungefähr ein Viertel bis ein Drittel des US-amerikanischen oder kanadischen Niveaus erreicht hatte.[177]

Die Nachkriegsepoche war nicht nur von einer anhaltenden Expansion der Weltwirtschaft bei steigendem Energieverbrauch geprägt, sondern auch – wie oben gesehen – von einem in der Geschichte beispiellosen Bevölkerungswachstum. Nun war eine steigende Bevölkerungszahl erklärtermaßen immer schon ein Umstand, der wirtschaftliches Wachstum begründen konnte, insofern mehr Menschen gewöhnlich mehr Wirtschaftstätigkeit entwickeln. Umgekehrt sieht der Zusammenhang indes weniger eindeutig aus. Bisweilen wuchs die Bevölkerung in Ländern, die gerade eine starke wirtschaftliche Expansion erlebten. Doch gibt es auch Beispiele, bei denen das Bevölkerungswachstum eine Dimension erreichte, die Probleme verursachte und eine Steigerung der Wirtschaftsleistung pro Kopf verhinderte. Verallgemeinernd lässt sich daher über den Zusammenhang im Grunde nur feststellen, dass rasche Industrialisierung und Modernisierung sowie deren Folgen, wie beispielsweise Verstädterung und steigender Wohlstand, tendenziell die Geburtenziffern sinken ließen und somit langfristig gesehen das Bevölkerungswachstum bremsten. In den Industrieländern war ein solcher Trend 1945 bereits seit über einem Jahrhundert zu beobachten; in der Nachkriegszeit setzte er sich fort und führte zu Gesellschaften mit einem sehr schwachen oder gar keinem Bevölkerungswachstum. Ungeachtet dessen stieg die Lebenserwartung: In Australien etwa erhöhte sie sich zwischen 1950 und 1987 von durchschnittlich 69,6 auf 76 Jahre; in Schweden stieg sie um sechs Jahre, in Italien um zehn und in Japan um beinahe zwanzig. Die Volkswirtschaften der industrialisierten Welt waren mit dem Problem einer alternden Bevölkerung konfrontiert, was beispielsweise höhere Sozialbeiträge für eine sinkende Zahl jüngerer Beitragszahler bedeutete, die durch die Ansprüche der Älteren belastet wurden. Ein nachlassendes Bevölkerungswachstum zeigten insbesondere auch Entwicklungs- und Schwellenländer, in denen sich ein rascher wirtschaftlicher Wandel vollzog. Hatte zunächst in einigen ostasiatischen Wirtschaftsräumen (beispielsweise in Südkorea und Taiwan) ein riesiges Reservoir billiger Arbeitskräfte zur Verfügung gestanden, so führte der wirtschaftliche Erfolg auch in diesen Gesellschaften mit der Zeit dazu, dass das Bevölkerungswachstum sich verlangsamte.[178] Wie schon zuvor garantierte das Bevölkerungswachstum somit auch nach 1945 wirtschaftlichen Aufschwung, es gefährdete bei allzu hohem Tempo aber auch die Pro-Kopf-Produktivität. Als es ab 1975 wieder nachließ, zeichneten sich – zumindest in den reichen Ländern – Probleme generationsübergreifender Gerechtigkeit ab, vor allem im Hinblick auf nicht aufrechtzuerhaltende Rentenverpflichtungen.

Technologie, Wirtschaft und Natur

Auch die Entwicklung neuer Technologien trug zum rasanten Wirtschaftswachstum der Nachkriegszeit bei. Zeiten verstärkter wissenschaftlich-technischer Innovation hatten die Industrialisierung seit ihren Anfängen ausgezeichnet. Neue Erfindungen und die Entwicklung neuer Verfahren prägten insbesondere das ausgehende 19. und das beginnende 20. Jahrhundert; einige, etwa das Haber-Bosch-Verfahren zur Herstellung von Kunstdünger, sollten sich als grundlegende und folgenreiche Entdeckungen erweisen, und das nicht nur in wirtschaftlicher Hinsicht. Auch in der Zeit nach dem Zweiten Weltkrieg beflügelten wissenschaftliche

Forschung und technische Lösungen die Weltwirtschaft, ermöglicht gleichermaßen durch öffentliche wie private Gelder. Manche der technologischen Errungenschaften der Nachkriegszeit, etwa Satelliten oder das Internet, waren etwas
vollkommen Neues, andere bauten auf bereits Bekanntem auf. Ein Paradebeispiel
dafür ist der Seefracht-Container. Vor dem Zweiten Weltkrieg bestand die Ladung
von Frachtschiffen häufig aus Stückgut und Gebinden jedweder Größe und Form,
das Verladen und Löschen erforderte einen erheblichen Personal- und Zeitauf-
wand. Nach dem Krieg begannen Spediteure, Frachtbehälter einzusetzen, ein
Utensil, das zwar bereits existierte, aber in der Vorkriegszeit kaum Verwendung
gefunden hatte. Der große Vorteil eines Containers bestand darin, dass Stückgut
aller Art vorab in ein standardisiertes Behältnis gepackt werden konnte und diese
Behältnisse mithilfe von Kränen wesentlich schneller und praktisch ohne Docker
und Schauerleute zu verladen oder zu löschen waren. Dies führte zu einer enormen
Effizienzsteigerung im Transportwesen und senkte zudem gewaltig die Kosten. In
der Nachkriegszeit wurde der Seefracht-Container beim Transport von Industriegütern zum Standard, der auch auf Schiene und Straße zum Einsatz kam; die Verbindung von Container und Informationstechnologie schließlich erlaubte die Verfolgung und Überwachung von Millionen Frachteinheiten in Echtzeit. Im Jahr
2000 waren weltweit gut 6,7 Millionen Container im Einsatz, bei einem jährlichen Umschlag von rund 200 Millionen Einheiten. Die Verkürzung der Trans-
portzeiten dank Containerumschlag war ein entscheidender Faktor für den
Aufstieg exportorientierter Volkswirtschaften in Ostasien, die von ihren Absatz-
märkten buchstäblich Ozeane entfernt waren.[179]

Technologische Innovation nach dem Krieg beschränkte sich nicht auf das
Transportwesen und leistete nicht nur den einen oder anderen nützlichen Beitrag
zum reibungslosen Funktionieren der Weltwirtschaft, sondern es entstanden zugleich Umweltprobleme ganz neuer Art. Während des 19. Jahrhunderts hatte der
wissenschaftlich-technische Fortschritt nicht zuletzt eine ganze Reihe neuer, chemischer Produkte und synthetischer Stoffe hervorgebracht. Im 20. Jahrhundert
und insbesondere in der Zeit nach dem Zweiten Weltkrieg weitete sich die Verwendung solcher synthetischer Substanzen und Materialien immens aus. Labore
produzierten am laufenden Band zahllose neue Chemikalien, vom Haushaltsrei-
niger über den industriellen Schmierstoff bis zum Pestizid, Herbizid und Fungizid
für die Landwirtschaft. Ein Bewusstsein über mögliche Gesundheitsgefahren
oder Umweltfolgen der neuen Stoffe existierte kaum, die meisten kamen ohne
vorherige Tests und geregelte Zulassungsverfahren in Umlauf. Erst in den 1960er
und 1970er Jahren begann sich diese Praxis mit dem Aufkommen einer Öko-
Massenbewegung zu ändern.[180]

Die Herstellung und Verwendung von Kunststoffen zeigt eine typische Entwicklung. Aus natürlichen Grundsubstanzen wie beispielsweise Zellulose wurden im ausgehenden 19. Jahrhundert polymere Werkstoffe produziert. (Poly-

mere sind Molekularverbindungen aus verketteten Makromolekülen, die wiederum aus gleichartigen, einfacheren Molekülen bestehen.) Die Anfänge synthetischer Polymere – also von Kunststoffen im eigentlichen Sinn – gehen auf die Zeit kurz nach 1900 zurück. Später, in der Zwischenkriegszeit, begann man, solche Kunststoffe industriell zu produzieren und zu vermarkten. Während der 1950er und 1960er Jahre gelang es dann Großunternehmen der Chemieindustrie wie DuPont in den USA oder Imperial Chemical Industries (ICI) in Großbritannien durch bahnbrechende Erfindungen in ihren Labors, eine ganze Reihe Werkstoffe aus speziellen synthetischen Polymeren auf den Markt zu bringen und so den Grundstein zu ihrer weiteren raschen Verbreitung zu legen. In den Jahrzehnten vor 1960 existierte offenkundig kaum oder nur geringe Sorge, die Herstellung und Verwendung von «Plastik», wie die Kunststoffe umgangssprachlich genannt wurden, könnten negative Folgen für die Umwelt haben. Zeittypisch wurde diese Art von Errungenschaft recht vorbehaltlos willkommen geheißen. Ein 1959 erschienener Artikel in der Zeitschrift *The Science News-Letter*, einem populärwissenschaftlichen US-Magazin, etwa lobte die Polymer-Forschung in den höchsten Tönen: Polymere, so der Autor Peter Clark, böten «leichtere und festere Werkstoffe für Raketen, Raumschiffe und Automobile, die in jeder Hinsicht robuster sein werden als wir es heute kennen». Im damals üblichen festen Vertrauen darauf, dass die Wissenschaft in der Lage sein werde, jedwede Schwierigkeit zu meistern, beschrieb Clark «die Männer der Technik» als Menschen, die «im Wissen um ihre bedeutenden Entdeckungen» an der Lösung aller möglichen Probleme arbeiteten. Kunststoffe galten als technisch überlegen und wurden mit sozialem Fortschritt gleichgesetzt; Umweltüberlegungen spielten keine Rolle. Mitte des 20. Jahrhunderts explodierte die weltweite Produktion synthetischer Polymere: Waren es 1930 noch weniger als 50 000 Tonnen, so wurden 1950 rund zwei Millionen Tonnen und ein Jahrzehnt später über sechs Millionen Tonnen Kunststoffe hergestellt. Die Konsumgesellschaft kam richtig in Fahrt, und ständig drängten neue Kunststoffe auf den Markt. Plastik ersetzte in etlichen Bereichen traditionelle Materialien wie Glas oder Papier, und eine Vielzahl neuer Konsumgüter war ohne die Verwendung von Kunststoff undenkbar.[181]

Die Massenproduktion von Kunststoffen führte unausweichlich dazu, dass Plastik immer häufiger in den Ökosystemen des Planeten auftauchte. Anfang der 1970er Jahre wurden die Lobgesänge auf die neuen Materialien leiser; mit der erstarkenden Umweltbewegung begann ein Bewusstseinswandel, der dazu führte, über Kunststoffe in der Umwelt anders nachzudenken. Erste beunruhigende Berichte über Plastikmüll, insbesondere in den Meeren und Ozeanen der Welt, wurden öffentlich bekannt. Der norwegische Forscher und Abenteurer Thor Heyerdahl sorgte für Wirbel, als er in einem 1971 publizierten Buch den Atlantischen Ozean mit einer riesigen Müllkippe verglich. Thema des Buchs waren die beiden Transatlantik-Expeditionen, die Heyerdahl 1969 und 1970 mit den Papyrusbooten Ra und Ra II unternommen hatte. Aufbau und Zweck beider Reisen ähnelten Heyerdahls 1947 im Pazifik unternommenen Kon-Tiki-Expedition, die ihn berühmt gemacht hatte. Die Überquerung des Atlantiks hatte dem Autor unmittelbar vor Augen geführt, in welchem Ausmaß Öl und alle möglichen Arten Müll, darunter auch Plastik, den Ozean verunreinigten. Ende der 1960er Jahre war der Atlantik, so Heyerdahl, weit stärker verschmutzt als der Pazifik, den er zwei Jahrzehnte zuvor befahren hatte. «So etwas hatte ich nie gesehen, als ich hundertundeinen Tag mit der Kon-Tiki gefahren war und meine Nase stets dicht über dem Wasser hatte», schrieb er in *Expedition Ra.* «Uns allen [an Bord der Ra] wurde klar, dass die Menschen tatsächlich im Begriff stehen, ihre wichtigste Lebensquelle, die unentbehrliche Filtrieranlage der Erdkugel, zu verunreinigen: das Weltmeer.» Wenige Jahre später bestätigten Wissenschaftler der US-amerikanischen National Oceanic and Atmospheric Administration (NOAA) in einer großangelegten Studie zum Westatlantik und zur Karibik Heyerdahls Befund. Die Hälfte bis zwei Drittel der von den Forschern analysierten Stichproben waren durch Plastikabfälle belastet, und Kunststoffreste fanden sich auch im Verdauungstrakt untersuchter Fische.[182]

Das neu erwachte Interesse am Umweltschutz führte in den folgenden Jahrzehnten allerdings nicht zu einem Rückgang beim Einsatz von Kunststoffen; die vielfältigen Verwendungsmöglichkeiten und der Nutzen von Plastik wogen schwerer als die Umweltbedenken. Zu Beginn des 21. Jahrhunderts wurden weltweit jährlich rund 150 bis 200 Millionen Tonnen Kunststoff produziert (die Schätzungen gehen auseinander), also etwa 75- bis 125-mal so viel wie 1950 (und rund 3000- bis 5000-mal so viel wie 1930).[183] Ungeachtet der in vielen Ländern verabschiedeten Gesetze und Auflagen zum Umweltschutz nahm die Menge des Kunststoffabfalls in den Weltmeeren zu, von den Müllhalden an Land ganz zu schweigen – zu Beginn des 21. Jahrhunderts bestand ein Zehntel der weltweit anfallenden Müllmenge aus Kunststoffabfällen. Wie schon drei Jahrzehnte zuvor berichteten Forscher, Segler und Umweltschützer zur Jahrhundertwende von im Ozean treibendem Plastik.

Die neuen Berichte zu Beginn des 21. Jahrhunderts erzählten die Plastik-Saga freilich in einer neuen und beängstigenden Variante: Sie beschrieben riesige schwimmende Müllflecke, die man auf den Weltmeeren antrifft. Eine dieser Ansammlungen, ein gewaltiger, im Pazifischen Ozean zwischen Hawaii und Kalifornien langsam drehender Wirbel Plastiksuppe, präsentiert eine recht ansehnliche Kollektion aus der Kunststoffproduktion der vergangenen sechzig Jahre, wobei der größte Teil offenbar aus Japan stammt. (Die exakte Größe des pazifischen Müllflecks ist nicht bekannt, doch verschiedene Schätzungen aus dem Jahr 2010 geben an, er erstrecke sich über eine Fläche doppelt so groß wie Texas.) Der größte Teil des Wirbels besteht aus zerkleinerten Plastikresten, die als petrochemische

Müll, der aus dem Nordpazifikwirbel gefischt wurde, Oktober 2009. Fortschritte in der Chemie führten im 20. Jahrhundert zu immer langlebigeren Kunststoffprodukten, doch viele Plastikteile landen in den Weltmeeren und treiben dort jahrzehntelang umher.

Konfettisuppe dahintreiben. Hinzu kommt allerdings noch anderer Müll, bis hin zu Gummibooten, wie einst der Fliegende Holländer zur endlosen Irrfahrt verdammt. Der Südpazifik, der Indische Ozean, der Nord- und der Südatlantik – sie alle haben ihre eigenen, wenn auch kleineren Plastikwirbel. Wissenschaftler können zwar noch nicht genau sagen, wie der Plastikmüll in den Ozeanen die Meeresbiologie verändert, doch ist allgemein bekannt, dass Seevögel, Meeressäuger und Fische sich regelmäßig im Kunststoffabfall verheddern und häufig auch Plastikstücke fressen. Alle in jüngster Zeit untersuchten Meeresvögel aus dem Gebiet der Nordsee hatten Plastik aufgenommen, in der Kanadischen Arktis ist es ein Drittel. Kleinste Stücke Kunststoff finden ihren Weg durch die Nahrungskette der Ozeane und sammeln sich in den großen Jägern wie Orcas oder Thunfischen an. Glücklicherweise sind die meisten Kunststoffarten nicht toxisch, doch gibt es auch einige gefährliche. Manche Vögel haben gelernt, Plastikstücke zum Nestbau zu verwenden. Die Geschichte der Kunststoffe ist noch jung, und Chemiker prognostizieren, die auf dem Meer dahintreibende Plastiksuppe könne Jahrhunderte oder gar Jahrtausende überdauern; dank niedriger Ölpreise lastet ein neuer Selektionsdruck auf der Meeresflora und -fauna: die Anpassung an Plastik.[184]

Die Plastikgeschichte zeigt, dass wissenschaftlich-technische Neuerungen und ökonomischer Wandel ungeheure Folgen für die Umwelt haben können. Doch war die Beziehung zwischen Technologie, Wirtschaft und Umwelt häufig komplexer, als das Beispiel es vermuten lässt. Neue Technologien haben mitunter weniger destruktive Umweltfolgen als ihre Vorläufer, doch andererseits werden positive Auswirkungen auf die Umwelt häufig durch ein stärkeres Wirtschaftswachstum neutralisiert. Ein treffendes Beispiel liefert die Geschichte der Elektrohaushaltsgeräte, insbesondere die des Kühlschranks.

Die Technologie moderner Kühlschränke geht zurück auf das frühe 20. Jahrhundert, genauer gesagt auf die 1920er Jahre, als eine billige und augenscheinlich harmlose Art halogenierter Kohlenwasserstoffe, die Fluorchlorkohlenwasserstoffe (FCKW), als Kühlmittel im Labor synthetisiert wurde. Diese Entwicklung war entscheidend: In den USA fielen die Preise für Kühlschränke rapide, und noch vor dem Zweiten Weltkrieg hielten die Geräte dort Einzug in praktisch jeden zweiten Haushalt. In den nach dem Krieg in allen Industrieländern entstehenden Konsumgesellschaften stiegen die Verkaufszahlen für Kühlschränke jahrzehntelang. Nachdem in den 1970er und 1980er Jahren klar geworden war, dass FCKW dazu beitrug, die stratosphärische Ozonschicht der Erde zu zerstören – eine Einsicht, die 1987 zur Unterzeichnung des Montreal-Protokolls führte –, begannen die führenden Kühlschrankhersteller weltweit mit der Entwicklung «grüner» Geräte, die sie dann als solche erfolgreich bewerben und verkaufen konnten. In den 1990er Jahren verschwand FCKW langsam; andere Kühlmittel kamen auf den Markt, die Hersteller bauten Geräte mit weniger Materialverbrauch, verwendeten in geringerem Maß toxische Chemikalien, erzielten eine höhere Energieeffizienz, und die Geräte ließen sich zudem noch besser recyceln. Zusammen mit Zulassungsbehörden und Non-Profit-Organisationen arbeiteten die Unternehmen an Umweltstandards und einheitlichen Referenzwerten. All das zeigte Wirkung: 2002 verbrauchte ein Kühlschrank durchschnittlich acht Prozent weniger Energie als ein 1980 hergestelltes Gerät. Schwierigkeiten bereiteten indes andere Zahlen. Der Verkauf von Kühlschränken stieg weiterhin weltweit. Haushalte in Entwicklungs- und Schwellenländern, insbesondere in Ostasien, kauften ihren ersten Kühlschrank, während in den Industrieländern nicht selten der zweite oder dritte angeschafft wurde. Die guten Umwelteigenschaften der Kühlschränke der neuesten Generation wurden für alle großen Hersteller zu einem entscheidenden Argument des Marketing und trugen zum steigenden weltweiten Absatz bei – ein keineswegs nebensächlicher Umstand. Global betrachtet gehören Haushaltsgeräte heute zu den wichtigen Stromverbrauchern und haben großen Anteil an der schnell wachsenden Nachfrage nach Elektrizität in Ländern wie China.[185]

**Regionale wirtschaftliche
Veränderungen**

1945 lebte die überwiegende Mehrheit der Weltbevölkerung außerhalb der durch Massenkonsum und die intensive Nutzung von Energie und Rohstoffen charakterisierten Wirtschaftsweise, die heute große Teile des Planeten prägt. Die Geschichte der darauffolgenden sechs Jahrzehnte sah die – Globalisierung genannte – Einbeziehung immer weiterer Teile der Welt in diese Wirtschaftsform. Einzig die USA hatten den Krieg relativ unbeschadet überstanden und waren in der Lage, zur Konsumgesellschaft der Vorkriegszeit zurückzukehren. Die Volkswirtschaften Westeuropas und Japans hatte der Krieg beinahe ausgelöscht – zudem war da wie dort der Massenkonsum vor dem Krieg, jedenfalls verglichen mit den Vereinigten Staaten, noch kaum entwickelt gewesen. Doch gelang auch diesen Wirtschaftsräumen der Übergang zur Konsumgesellschaft, und Anfang der 1950er Jahre begann auch für sie das «goldene Zeitalter». Andere Regionen der Welt erlebten erst später ihre Integration in diese Weltwirtschaft. Vielleicht die wichtigsten waren die süd-, südost- und ostasiatischen Länder, angefangen mit den «Tigerstaaten» Taiwan, Südkorea, Singapur und Hongkong. Diese relativ kleinen Volkswirtschaften verfolgten eine exportorientierte Strategie und setzten auf niedrige Lohn- und Fertigungskosten sowie andere Vorteile, um ihre Produkte in den Industrieländern abzusetzen. Ihr Erfolg brachte andere Staaten der Region dazu, ihrem Beispiel zu folgen, darunter China, das zweifellos größte und bedeutendste Land, das diesen Weg einschlug. Dort begann der Wandel in den späten 1970er Jahren. Die staatliche, zentral gelenkte Wirtschaft wurde durch das Einbeziehen ausgewählter kapitalistischer Elemente ergänzt, eine Entscheidung, die dann in den 1990er Jahren zu etlichen spektakulären Ergebnissen führte. In den sozialistischen Ökonomien Osteuropas und der Sowjetunion dauerte es bis zu den Umwälzungen in den Jahren 1989 bis 1991, dann setzte auch dort der Übergang zu einer Konsumgesellschaft ein. In anderen Regionen der Welt wiederum führte die Integration in die Weltwirtschaft bisweilen zu mageren und bestenfalls ambivalenten Ergebnissen, das gilt sowohl für Lateinamerika als auch für Afrika.

Nach ein paar harten Jahren unmittelbar nach Kriegsende zeigten die Volkswirtschaften in Westeuropa eine schnelle Entwicklung. Unter dem Schutzschirm der USA konzentrierten sich die europäischen Eliten auf den wirtschaftlichen Wiederaufbau mithilfe eines konsumorientierten Wachstumsmodells und arbeiteten gleichzeitig daran, die politische und ökonomische Integration des Kontinents voranzubringen. Auf beiden Feldern waren sie erfolgreich. Das bereits in den 1950er Jahren einsetzende rasche Wachstum der Volkswirtschaften in den wichtigsten mit den USA verbündeten westeuropäischen Ländern – Westdeutschland, Frankreich, Italien und Großbritannien – verdankte sich dem Zusammenwirken von staatlicher Lenkung und Förderung, hohen inländischen Spar- und Investitionsquoten, qualifizierten Arbeitskräften und einem uneingeschränkten Zugang zum amerikanischen Markt mit seinen enormen Möglichkeiten. Zusätzlich wirkten sich günstige Energiepreise – insbesondere niedrige Ölpreise – konjunkturfördernd aus; wie bereits in den USA gehörte auch in Westeuropa das billige Öl zu den Grundlagen des sich entwickelnden Massenkonsums. Nach 1973 standen die europäischen Volkswirtschaften entsprechend zunächst vor beträchtlichen Schwierigkeiten, doch sorgte die wirtschaftliche Entwicklung bis zum Ende des Jahrhunderts weiterhin für positive Wachstumsraten. Die Integration der Märkte in der Europäischen Wirtschaftsgemeinschaft (der heutigen Europäischen Union) vollzog sich deutlich langsamer. Im Verlauf mehrerer Jahrzehnte aber gelang es den Politikern Europas und den Brüsseler Bürokraten, die Volkswirtschaften des Kontinents eng miteinander zu verknüpfen. Die Erweiterung der Gemeinschaft um neue Mitgliedsstaaten an der Peripherie des Kontinents – wie Spanien und Portugal – ermöglichte es, den vergrößerten europäischen Wirtschaftsraum noch weiter zu integrieren.[186]

Japan ging einen ähnlichen Weg. 1945 lag das Land am Boden, doch bereits während der Besatzungszeit begann die japanische Wirtschaft sich zu erholen, und bald erreichte ihr Volumen wieder Vorkriegsniveau. Das Anfang der 1950er Jahre einsetzende schnelle Wachstum verdankte sich nicht zuletzt Verträgen mit der US-Armee während des Koreakriegs. In den folgenden beiden Jahrzehnten belegte das Land mit einem Wirtschaftswachstum von jährlich acht Prozent im internationalen Vergleich einen Spitzenplatz. Der Erfolg Japans verdankte sich zu einem großen Teil gut ausgebildeten Arbeitskräften, umfangreichen Investitionen und einer engen Kooperation zwischen der Regierung und den Spitzen der Industrie, sowohl in der Wirtschaftspolitik als auch in der Technologieentwicklung, beispielsweise durch die Schaffung des mächtigen Ministeriums für internationalen Handel und Industrie (MITI). Nach 1973 schwächelte auch in Japan, wie fast überall, die Konjunktur; dennoch entwickelte sich die Wirtschaft bis in die 1990er Jahre hinein weiterhin positiv, mit Wachstumsraten über dem Niveau Europas oder der USA. Der steigende Lebensstandard in Japan spiegelte sich auch im Massenkonsum wider. Hatten typische japanische Haushalte früher praktisch keine langlebigen Konsumgüter besessen, so änderte sich das in nur wenigen Jahrzehnten nach Kriegsende. 1957 beispielsweise gab es in nur knapp drei Prozent der Haushalte im Land einen elektrischen Kühlschrank; 1980 besaßen praktisch alle einen. 1957 verfügten 20 Prozent der Haushalte über eine elektrische Waschmaschine und gerade 7,8 Prozent über einen Fernseher; 1980 waren beide Geräte in beinahe allen Haushalten vorhanden. Auch der Autobesitz entwickelte sich ähnlich steil: von 22 Prozent im Jahr 1970 auf 57 Prozent nur ein Jahrzehnt später. 1980 war die japanische Gesellschaft im Massenkonsum angelangt.[187]

Der wirtschaftliche Aufschwung in Europa und Japan demonstrierte auch die Anziehungskraft amerikanischer Kultur- und Konsummuster. In der Zwischenkriegzeit hatten Europäer auf die «Amerikanisierung» ihres Kontinents abwechselnd mit Pessimismus, Widerwillen und Begeisterung reagiert, doch in der Nachkriegszeit erreichte die amerikanische kulturelle und ökonomische Hegemonie beispiellose Dimensionen. Der Wohlstand, den in Europa zunehmend breite Schichten genossen, erlaubte es den Konsumenten, in vielen Bereichen des Alltags zu Marken und Produkten aus den USA zu greifen. Vor allem aber fanden viele Europäer die amerikanischen Konsumgewohnheiten – einschließlich eines verschwenderischen Umgangs mit Energie und Rohstoffen – nicht nur erstrebenswert, sondern sie besaßen auch die Mittel, einem solchen Lebensstil nachzueifern, verkörpert etwa durch das eigenen Auto, diverse Elektrogeräte, das Vorstadthaus und viele Dinge des täglichen Bedarfs. Das Phänomen beschränkte sich freilich nicht auf Europa.

In Japan existierte eine eigene Variante der Amerikanisierung, gefördert durch die Besatzungszeit nach dem Krieg, die die Japaner direkt mit amerikanischer Kultur in Berührung gebracht hatte. Als in den Jahren des Wirtschaftswunders die Einkommen stiegen, übernahmen Japanerinnen und Japaner bereitwillig Konsummuster, Nahrungsmittel, Mode und Populärkultur, die sie als typisch amerikanisch ansahen. Die Werbebranche entdeckte die Vorliebe für alles, was aus Amerika kam, und orientierte ihre Botschaften wie auch das neueste Produktdesign daran. Wie Italiener oder Briten auch, entwickelten die Japaner ihre «amerikanisierten» Konsumgewohnheiten. So eroberte Ende der 1950er Jahre der Supermarkt die japanischen Städte, und etwa zwei Jahrzehnte später waren es rund um die Uhr geöffnete Minimärkte und Fast-Food-Restaurants. Amerikanisierung bleibt indes zunächst nur ein Konstrukt, das in der Geschichtsschreibung nunmehr seit Jahrzehnten diskutiert wird. Viele Historiker betrachten die geschichtliche Rezeption, Übertragung und Herausbildung amerikanischer Kulturmuster im Ausland zu Recht als einen hochgradig komplexen und nichtlinearen Prozess in ständigem Wandel. Doch auch wenn der kulturelle Einfluss der USA weder eindeutig noch allgegenwärtig war, lässt sich zweifellos feststellen, dass er die Wünsche von Konsumenten weltweit prägte.[188]

Praktisch keine Rolle spielte der Massenkonsum in der sozialistischen Wirtschaftsordnung der UdSSR sowie, nach 1949, der Volksrepublik China. Mao Zedong hatte sich eine Weltsicht zu eigen gemacht, die in gewisser Weise die der sowjetischen Führung der Zwischenkriegsjahre widerspiegelte. Priorität hatte auch für Mao die schnelle Industrialisierung: Er fürchtete die Einkreisung durch den Westen und war bestrebt, ihn wie die Sowjetunion einzuholen und letztendlich zu überholen. Mao war überzeugt, die Kommunistische Partei Chinas sei – aufgrund ihrer überlegenen Organisationsfähigkeit und ihrer Bereitschaft, die Massen zu mobilisieren – in der Lage, ein armes Bauernland praktisch über Nacht in eine Industriemacht zu verwandeln. Wahr ist, dass nach 1949 die Industrialisierung in China voranschritt: Als Mao 1976 starb, hatte sich die Wirtschaft des Landes immens entwickelt und das BIP pro Kopf annähernd verdoppelt – allerdings von einem sehr niedrigen Niveau ausgehend.[189] Doch wie in der Sowjetunion zahlten die Menschen und die Umwelt in China dafür einen hohen Preis (mehr dazu im folgenden Abschnitt).

Um 1960 sah es so aus, als sei die Sowjetunion ökonomisch auf einem erfolgreicheren Weg als China. Doch in den 1970er Jahren häuften sich Anzeichen erheblicher struktureller Probleme. Die durchgängige und einseitige Konzentration auf die Schwerindustrie sowie die hohen Militärausgaben wirkten sich zum Nachteil der Konsumgüterproduktion aus; zentrale Planung, das Militär und große Staatsbetriebe hatten Vorrang, individuelle Konsumenten das Nachsehen. Die Sowjetökonomie war so zwar in der Lage, in einem fort ungeheure Mengen Güter zu produzieren, darunter natürlich auch Konsumgüter, doch entsprachen Letztere selten den Bedürfnissen der Bürgerinnen und Bürger. Das System brachte Betriebsleiter hervor, denen sich wenig Anreiz bot, Rohstoffe und Energie sparsam einzusetzen, und Arbeitskräfte, die kaum einen Grund sahen, übermäßig sorgfältig oder viel zu arbeiten. Obgleich die Sowjetunion über hervorragende Wissenschaftler verfügte, schienen die Betriebe nicht in der Lage, technologisch mit dem Westen Schritt zu halten, zumindest nicht in Bereichen wie der Informations- und Computertechnologie, die begonnen hatte, das Gesicht der Weltwirtschaft zu verändern. In der Landwirtschaft erwiesen sich die kollektivierten Betriebe als extrem ineffizient. Die kleinen Parzellen, die von der Landbevölkerung in Eigenverantwortung bewirtschaftet werden konnten, lieferten proportional weitaus bessere Erträge, wohl nicht zuletzt, weil die Bauern das hier Produzierte auf eigene Rechnung auf Märkten verkauften. Große landwirtschaftliche Projekte, wie beispielsweise das von Nikita Chruschtschow lancierte «Neulandprogramm» (1956–1963), verschwendeten unbeschreibliche Mengen wertvoller Ressourcen, insbesondere Ackerboden und Süßwasser. Darüber hinaus gab es in der UdSSR ernste soziale Probleme, die der Wirtschaft zusätzliche Schwierigkeiten bereiteten, etwa den chronischen Alkoholismus.[190]

In den 1970er Jahren zeigte die sowjetische Führung, wie schon unmittelbar nach dem Zweiten Weltkrieg, wenig Neigung zu irgendwelchen ernsthaften Reformen. Auch hier war der Grund der auf den ersten Blick erfolgreiche Weg des Systems. Die Entdeckung riesiger Erdöl- und Erdgasvorkommen in den 1960er Jahren war für die Sowjetwirtschaft ein warmer Regen: Für den Staat bedeuteten die zusätzlichen Ressourcen enorme Einkünfte, insbesondere nach 1973 und dem so genannten Ölembargo der OPEC, das die Preise weltweit emporschnellen ließ. Der während der gesamten 1970er Jahre auf hohem Niveau verharrende Ölpreis erlaubte den Sowjets, die Unzulänglichkeiten ihres Systems zu übertünchen. Etliche Länder des Westens, darunter auch die USA und Großbritannien, waren zu jener Zeit gezwungen, gerade in der Schwerindustrie schmerzliche Strukturreformen in Angriff zu nehmen; die Sowjets taten nichts dergleichen. Die alternde sow-

jetische Führungsriege, in erster Linie Männer, die unter Stalin aufgestiegen
waren, weigerte sich zudem, die immer mehr auch ökonomisch zum Problem
werdende geopolitische Konfrontation zu überdenken. Der Kalte Krieg zwang
der Sowjetunion Militärausgaben auf, die, setzt man sie in Beziehung zur Wirtschaftsleistung, das Land weitaus mehr belasteten als das im Westen der Fall war.
Die Beziehungen in der sowjetischen Einflusssphäre waren ein weiteres Problem.
Osteuropa war im Hinblick auf Ressourcen in zunehmendem Maß eine Bürde.
Im Unterschied zum westlichen Bündnis hielt den Ostblock in erster Linie Zwang
zusammen, wie die Aufstände in Ost-Berlin und Polen 1953, in Ungarn 1956 und
in der Tschechoslowakei 1968 gezeigt hatten und spätere Massenprotestbewe-
gungen wie die Solidarność in Polen noch zeigen sollten.[191]

In den 1980er Jahren geriet die Sowjetunion in eine immer hoffnungslosere
Lage. Mitte des Jahrzehnts schmolzen durch einen Einbruch der Ölpreise am
Weltmarkt die stattlichen Mehreinnahmen aus dem Ölgeschäft plötzlich dahin,
und die eklatanten Mängel der sowjetischen Ökonomie lagen offen zutage. Im
März 1985 deutete dann alles auf eine Wendung zum Besseren hin, als der 54-jäh-
rige Michail Gorbatschow zum neuen Generalsekretär gewählt und die alte
Garde im Kreml abgelöst wurde. Gegen die schon lange offenkundigen Defizite
des sowjetischen Systems legte Gorbatschow ein Programm grundlegender politischer und wirtschaftlicher Reformen auf und unternahm auch auf dem diplomatischen Parkett neue Vorstöße. Das Prinzip der Transparenz, *Glasnost* genannt,
zielte darauf, das politische System der Sowjetunion zu öffnen und einen freieren
Informationsfluss zu gewährleisten, während die unter dem Schlagwort *Perestroika* zusammengefassten Reformen die Wirtschaft umgestalten sollten. Auch das
Verhältnis zum Westen bemühte sich Gorbatschow auf eine neue Grundlage zu
stellen. Unter anderem sollte es tiefe Einschnitte bei Nuklearwaffen geben, eine
Entscheidung, aus der ebenso sehr Gorbatschows Einsicht sprach, dass die Militärausgaben entscheidenden Anteil an der wirtschaftlichen Schieflage der Sowjet-
union hatten, wie sie den Wunsch widerspiegelte, die Spannungen des Kalten
Kriegs abzubauen. Die Reformen führten auf einer Reihe von Feldern zu positi-
ven Ergebnissen, doch insgesamt gesehen waren sie ein Schlag ins Wasser. Die
Sowjetbürger reagierten auf die endlosen Berichte über die Inkompetenz und
Korruption in staatlichen Stellen mehrheitlich mit Zynismus und Zorn. *Glasnost*
wurde zu einer Steilvorlage für Nationalisten in den Republiken am Rand der
Sowjetunion. Nachdem Gorbatschow 1989 die Revolutionen in Osteuropa hatte
geschehen lassen, zerfiel zunehmend auch die UdSSR in ihrer staatlich-politischen
Einheit. Als schlimmer noch erwies sich, dass die Wirtschaftsreformen auf hal-
bem Wege stecken blieben und es nicht gelang, das Wachstum anzukurbeln. Versuche, den Konsum zu stimulieren und Leistungsanreize oder Gewinnziele in
staatseigenen Unternehmen zu implementieren, schlugen fehl oder zerschellten an
bürokratischer Trägheit und langjähriger Korruption.[192]

Gorbatschows Versuch, die Sowjetunion umzubauen, hat letztlich etwas erreicht, wenn auch nicht das Erhoffte. Die Reformen zielten darauf, einen todkranken Sozialismus wiederzubeleben, doch im Ergebnis führten sie zum Ende des Sowjetsystems. Nach ein paar Jahren des Zerfalls verschwand 1991 die UdSSR, und eine Reihe neuer Republiken trat an ihre Stelle. In den 1990er Jahren durchliefen sie alle sehr schwierige Transformationsprozesse im Übergang zur Marktwirtschaft. Das Gleiche passierte im ehemaligen Ostblock, obwohl dort etliche Volkswirtschaften, wie beispielsweise Polen, ein recht ansehnliches Wachstum erlebten. Russland, als Kern der ehemaligen Sowjetunion, traf der Wandel am härtesten; die veraltete und auf dem Weltmarkt keineswegs konkurrenzfähige Schwerindustrie befand sich schließlich überwiegend auf russischem Territorium. Hinzu kamen in den 1990er Jahren noch eine ganze Menge anderer Probleme; so leiteten etwa die Eliten den noch verbliebenen Reichtum des Landes zu einem erheblichen Teil in die eigenen Taschen um. Die russische Wirtschaft brach schließlich zusammen und schrumpfte binnen eines Jahrzehnts um 40 Prozent – wobei sich das genaue Ausmaß kaum beziffern lässt, da nur unzuverlässige Statistiken vorliegen und die Schattenwirtschaft gewaltige Ausmaße angenommen hatte.[193]

Chinas Weg war weitaus erfolgreicher. Bis in die 1970er Jahre hatte das Land eine Reihe von Erschütterungen erlebt – etwa den Großen Sprung nach vorn und die Kulturrevolution –, die es erschöpft hatten. Verschärft wurde die Situation durch eine zunehmende wirtschaftliche und politische Isolation. Die sich vertiefenden ideologischen Differenzen mit Moskau führten 1960 zum Abbruch sowjetischer Hilfe, ein Zeichen der eskalierenden Spannungen zwischen den zwei größten Ländern der kommunistischen Welt – beide waren zudem militärische Großmächte. Tatsächlich bedeutete das Zerwürfnis mit der Sowjetunion für China den Verlust des letzten politischen und wirtschaftlichen Verbündeten. Das begann sich Anfang der 1970er Jahre zu ändern, als China wie der Westen Chancen für einen geopolitischen Neubeginn sahen. Die US-Außenpolitik hatte China zwei Jahrzehnte lang als feindliche Macht angesehen, doch zu Beginn der 1970er Jahre kam es vor dem Hintergrund des chinesisch-sowjetischen Bruchs zu einer Annäherung zwischen Amerikanern und Chinesen. Die wirtschaftliche Reintegration Chinas in den Weltmarkt ließ noch ein weiteres halbes Jahrzehnt auf sich warten, bis nach Maos Tod 1976. Dessen Nachfolger suchten nach Wegen, die schlummernden Kräfte der chinesischen Wirtschaft zu wecken, und nahmen Reformen in Angriff, darunter die Einrichtung von Sonderwirtschaftszonen entlang der Südküste des Landes, die für den Exporthandel und ausländische Direktinvestitionen geöffnet wurden.[194]

Die wirtschaftliche Entwicklung in verschiedenen Nachbarstaaten zeigte die Vorzüge des Kapitalismus. Die «Tiger» Südkorea, Taiwan, Hongkong und Singapur hatten eine Wachstumsstrategie verfolgt, deren Grundlage der Export von Industriegütern war. Ab den 1960er Jahren konnten diese Länder die geostrategischen Gegebenheiten der Blockkonfrontation für sich nutzen. Der Kalte Krieg sicherte Staaten wie Taiwan, Japan, den Philippinen und Südkorea nicht nur dauerhaft die Aufmerksamkeit der USA, sondern auch Milliarden Dollar an Wirtschaftshilfe. Unternehmen aus Industrieländern waren in der Region auf der Suche nach Investitionsgelegenheiten und niedrigen Lohnkosten, allen voran japanische Firmen, die in diesem Teil der Welt zum wichtigsten ausländischen Akteur in der Wirtschaft wurden. Die «Tigerstaaten» ihrerseits hatten dem ausländischen Kapital unter anderem billige und gut ausgebildete Arbeitskräfte anzubieten sowie stabile, wenn auch nicht selten undemokratische politische Verhältnisse. So entwickelten sich die asiatischen «Tiger» schnell und erlangten vor allem in der Metall- und Elektronikbranche globale Bedeutung. Die Durchschnittslöhne stiegen, und viele Investoren verlegten sich auf andere Länder in der Region mit einem weiterhin niedrigen Lohnniveau, so etwa in Südostasien auf Länder wie Thailand, Malaysia und Indonesien, wo sich eine ähnliche Entwicklung vollzog.

In den 1990er Jahren war China vollständig in den Weltmarkt integriert. Die chinesische Führung hielt das Land geschickt auf einem exportorientierten Wachstumskurs; das niedrige Lohnniveau und das gewaltige Arbeitskräftereservoir machten das Land für ausländische Investoren rund um die Welt ungemein attraktiv. Seither erlebte die chinesische Wirtschaft eine Art Reprise des Goldenen Zeitalters in Japan, nur in weitaus größerem Maßstab. China weist heute ein sehr hohes Wirtschaftswachstum auf, das Pro-Kopf-Einkommen steigt ebenso wie das technologische Niveau, während der Konsumgütersektor expandiert. Wie auch in den anderen wirtschaftlichen Erfolgsgeschichten hatte der Staat an den Geschicken Chinas einen entscheidenden Anteil. Im Unterschied zur sowjetischen Führung in den 1980er Jahren bewies allerdings die Kommunistische Partei Chinas, dass sie in der Lage war, politisch und wirtschaftlich die Zügel in der Hand zu halten.[195]

Die Ausgangsposition vieler Entwicklungs- und Schwellenländer auf dem Weltmarkt war häufig sehr ungünstig, insofern sie lediglich Rohstoffe und Primärgüter exportierten, während sie (gewerbliche) Fertigerzeugnisse aus Industrieländern importieren mussten. Größtenteils war das ein Erbe der Kolonialzeit, als die Kolonialreiche in ihren überseeischen Besitzungen in erster Linie im Primärsektor investierten, vor allem in Plantagen und Minen. Der Handel von Primärgütern gegen Industrieerzeugnisse überdauerte die Dekolonisation, die während der 1940er bis 1960er Jahre die politische Weltkarte veränderte. Ein Erfolgsrezept für eine prosperierende wirtschaftliche Entwicklung war der Export solcher Güter freilich nicht. Zunächst einmal hatte die wirtschaftliche Konzentration auf den Primärsektor und die Rohstoffproduktion für die natürliche Umwelt in Entwicklungsländern unter Umständen verheerende Folgen, insofern eine solche Strategie langfristig gegebenenfalls ihre eigenen Grundlagen untergraben würde. Ein anderer Aspekt war, dass die Nachfrage aus den Industrieländern in diesem Bereich häufig fluktuierte: Der unstete Verbrauchergeschmack irgendwo am anderen Ende der Welt entschied über Wohl und Wehe ganzer Länder. Bananen beispielsweise prägten während des 20. Jahrhunderts ganz erheblich das Exportprofil etlicher lateinamerikanischer und karibischer Länder. In der ersten Hälfte des Jahrhunderts floss ein großer Teil der Gewinne aus dem Bananenhandel dem US-amerikanischen Konzern United Fruit zu, der ein riesiges Reich kontrollierte, das sich über ganz Mittelamerika und die Karibik erstreckte. United Fruit war gegründet worden, um die in den USA seit Anfang des Jahrhunderts sich ständig vergrößernde Nachfrage nach Bananen zu befriedigen. Doch in der Nachkriegszeit stieg die Nachfrage insgesamt nur noch langsam, die Verbraucher hatten ihre Vorlieben für anderes Obst entdeckt. In den 1970er Jahren schnellte der Konsum dann erneut in die Höhe, als eine Gesundheitswelle die USA erfasste und Bananen wieder in Mode kamen. Auch die Weltmarktpreise für andere Primärgüter – von Kakao bis Kupfer – waren vergleichbar dramatischen Schwankungen unterworfen, was für die Volkswirtschaften der Erzeugerländer große Unsicherheiten und immer neue konjunkturelle Rückschläge mit sich brachte.[196]

In vielen Entwicklungsländern war die politische Führung bemüht, Auswege aus der so genannten Rohstofffalle zu finden. Eine Lösung, die viele Länder in Asien, Afrika und vor allem Lateinamerika verfolgten, hieß Importsubstitution. Dabei ging man von der Annahme aus, der Welthandel würde arme Länder systematisch diskriminieren, Entwicklungsländer müssten daher, geschützt gegen die Konkurrenz des reichen Nordens, eine einheimische Industrieproduktion schaffen. Trotz zahlreicher Anläufe blieb die Strategie weitgehend erfolglos, insbesondere verglichen mit dem wirtschaftlichen Aufschwung in den asiatischen «Tigerstaaten». Manchen Entwicklungsländern gelang es schließlich, deren Modell erfolgreich nachzueifern, doch andere mussten feststellen, dass es ihnen unmöglich war, ausreichend ausländisches Kapital anzuziehen, um einen Boom wie den der «Tiger» zu wiederholen. Sehr viele Entwicklungsländer verfügten zudem nicht über eine ähnlich günstige geographische Lage wie etwa die Knotenpunkte Singapur und Hongkong.[197]

Nach dem Ende der Kolonialzeit lag das Pro-Kopf-Wachstum in Afrika um jährlich rund zwei Prozent unter dem anderer Weltregionen. Nach 1973 indes spitzte sich für die meisten Länder des Kontinents die Lage dramatisch zu, und zwischen 1973 und 1998 sank das Pro-Kopf-Wachstum auf beinahe null. Verantwortlich dafür waren unter anderem exorbitante Auslandsschulden, eine grassierende Korruption in den Staatsapparaten sowie die politische Instabilität, die zu etlichen Bürgerkriegen führte. In vielen Ländern Afrikas zeigten sich darüber hinaus gravierende soziale Probleme, von einem hohen Analphabetismus bis hin zu schweren Epidemien wie etwa der Ausbreitung von HIV/AIDS. All das förderte nicht gerade Investitionen aus dem Ausland. Doch wie sonst auch gilt:

Afrika ist nicht homogen. Manche Länder sind wohlhabender und stabiler als andere, etwa Botswana, Namibia oder die Elfenbeinküste.

Lateinamerika verzeichnete in der Nachkriegszeit mehr Erfolge, hatte aber gleichfalls Probleme. Das Goldene Zeitalter sah ein relativ starkes Pro-Kopf-Wirtschaftswachstum – nämlich rund 2,5 Prozent jährlich –, doch zwischen 1973 und 1998 gingen auch in Lateinamerika die Wachstumsraten auf etwa ein Prozent zurück. Inflation und eine hohe Auslandsverschuldung bereiteten den meisten Ländern des Kontinents ernsthafte Sorgen. Krasse ökonomische Ungleichheiten innerhalb der lateinamerikanischen Gesellschaften begrenzten die Möglichkeiten, Binnenmärkte für Erzeugnisse aus eigener Produktion zu schaffen, und nur wenige Branchen der lateinamerikanischen Industrien erwiesen sich als konkurrenzfähig auf internationalen Märkten. Die wirtschaftliche Stagnation der 1990er Jahre brachte die meisten Länder dazu, dem Beispiel Chiles zu folgen und nochmals mit offeneren Märkten und reduziertem staatlichem Zugriff zu experimentieren. Zu Beginn des 21. Jahrhunderts profitierte der Exporthandel so von steigenden Warenpreisen und der großen Nachfrage der chinesischen Wirtschaft nach Rohstoffen und Nahrungsmitteln.[198]

Trotz erheblicher regionaler und diachroner Unterschiede von Jahrzehnt zu Jahrzehnt war schnelles Wachstum das auffälligste Merkmal der Weltwirtschaft nach 1945. Billige Energie, technologische Innovation und Integration von Märkten trugen dazu bei, Pro-Kopf-Zuwächse zu generieren, die in der Menschheitsgeschichte ohne Beispiel waren. Niemals zuvor haben drei aufeinanderfolgende Generationen Vergleichbares erlebt wie diejenigen, die zwischen 1945 und 2010 am Leben waren. Dieses spektakuläre Wachstum ließ die Konsumniveaus mehrerer Milliarden Menschen steigen – und ebenso die Zukunftserwartungen der restlichen Erdenbewohner.

Wirtschaft, Umwelt und Dissens

In der Nachkriegszeit erhob sich zunehmend Widerspruch gegen die ökologischen Folgen der Weltwirtschaft und ihre sozialen Ungerechtigkeiten. Zwei kritische Gegenstimmen seien stellvertretend für viele genannt. Die erste ist die so genannte ökologische Ökonomie: Im Kern begreift sie die Weltwirtschaft als ein Subsystem innerhalb des abgeschlossenen Ökosystems Erde, dessen Wachstumsgrenzen durch die Prinzipien der Thermodynamik definiert sind. So durchlaufen etwa Materie und Energie dem zweiten Hauptsatz der Thermodynamik zufolge einen Prozess der Entropiezunahme, verlieren also einen ursprünglich konzentrierten Zustand (mit geringer Entropie) und gehen in einen zerstreuten Zustand (mit hoher Entropie) über. Die ökologische Ökonomie sieht ein auf unbegrenztem

Wachstum beruhendes Wirtschaftssystem als ein Ding der Unmöglichkeit an, da ein solches letztlich die nicht vermehrbaren Mengen konzentrierter Materie und Energie auf der Erde aufzehre und gleichzeitig – und aus genau den gleichen Gründen – die Erde durch hoch-entropische Abfälle und Emissionen verschmutze. Angesichts der Grenzen des Wachstums bleibe nur die Frage, wie lange der Prozess dauern werde.[199]

Die intellektuellen Wurzeln der ökologischen Ökonomie reichen bis ins 19. und frühe 20. Jahrhundert zurück, doch eine kohärente Ausarbeitung erfuhr der Ansatz erst in den 1960er und 1970er Jahren. Pionierarbeit leisteten Ökonomen, die im kritischen Widerspruch zu der in ihrer Disziplin vorherrschenden obsessiven Begeisterung für wirtschaftliches Wachstum standen, so etwa der Exil-Rumäne Nicholas Georgescu-Roegen, der in England geborene Kenneth Boulding oder Herman Daly, die alle drei an US-Universitäten lehrten und forschten. Zum Teil war die Ausformulierung der ökologischen Ökonomie aber auch dem Auftreten der Umweltbewegungen geschuldet, die dazu beitrugen, dass ein bislang unbekannter theoretischer Ansatz in den 1970er Jahren eine gewisse Popularität erlangte. Erst in den 1980er Jahren begann der Ansatz sich als eigenständiges Forschungsfeld zu verstehen und als «ökologische Ökonomie» zu bezeichnen. Am Ende des Jahrzehnts entstand die Internationale Gesellschaft für ökologische Ökonomie (International Society for Ecological Economics – ISEE) mit Untergliederungen in zahlreichen Ländern weltweit und einer wissenschaftlichen Zeitschrift, durch die der Ansatz nicht zuletzt auch Außenseitern zugänglich gemacht wird. In den 1990er Jahren erlebte die ökologische Ökonomie eine rasche Entwicklung. Wissenschaftler vertieften die theoretischen Grundlagen und formulierten unter anderem neue Maßstäbe zur Bewertung der Wirtschaftsleistung, die auch die gesellschaftlichen und ökologischen Kosten des Wirtschaftswachstums mit einbezogen. Eine bekannte, 1997 in der Zeitschrift *Nature* publizierte Studie versuchte, den Gesamtwert unverzichtbarer «Dienste» der Umwelt zu beziffern, etwa die Bestäubung von Pflanzen, den Nährstoffkreislauf, die Bereitstellung genetischer Ressourcen oder die Bildung von Böden, die als «natürliches Kapital» von der Erde kostenlos zur Verfügung gestellt werden. Die Autoren schätzten den Marktwert insgesamt 17 solcher Dienste auf alles in allem 33 Billionen US-Dollar jährlich. Kritik wurde laut, weil die Studie angeblich versuchte, der Natur ein Preisschild umzuhängen, doch der eigentliche Punkt war ein anderer: Die Forscher hatten gezeigt, dass immense Leistungen der Umwelt unbemerkt und unterbewertet bleiben.[200]

Eine zweite Richtung der Kritik an den sozialen und ökologischen Folgen der Weltwirtschaft orientierte sich am Gedanken der nachhaltigen Entwicklung. Zur ökologischen Ökonomie existierten zwar deutliche theoretische Verbindungen, doch der Nachhaltigkeitsansatz entstand überwiegend außerhalb akademischer Kreise. Ausformuliert wurde das Konzept in zahllosen internationalen Foren und

Konferenzen von Praktikern und Diplomaten, Vertretern sozialer Bewegungen und Umweltaktivisten. Es war eine politische Idee, und sie wurde in gewisser Weise Gemeingut. Von Anfang an war der Gedanke nachhaltiger Entwicklung mit zwei anderen wichtigen Vorstellungen der Nachkriegszeit verknüpft: erstens mit der Überzeugung, das Funktionieren der globalen Wirtschaftsordnung sei sozial zutiefst ungerecht, insbesondere für die Armen der Welt; und zweitens mit einem Bild der Weltwirtschaft, die allen Umweltschranken gegenüber maßlos ist, im Wesentlichen aufgrund der Konsumgewohnheiten in reichen Ländern. Doch letztlich wurde das Konzept der Nachhaltigkeit, von solch allgemeinen Umrissen einmal abgesehen, unzählige Male neu bestimmt.

Wie im Falle der ökologischen Ökonomie auch, lassen sich die ideologischen Wurzeln des Nachhaltigkeitsansatzes bis ins 19. Jahrhundert zurückverfolgen; die Ursprünge im eigentlichen Sinn liegen indes in jüngerer Zeit. Die grundlegenden Verbindungen, die der Ansatz zwischen Wohlstand, Armut und Ökologie herstellt, finden sich auf vielen – häufig unter der Regie der Vereinten Nationen organisierten – Umwelt- und Entwicklungskonferenzen der 1970er Jahre formuliert. Populär wurde der Ausdruck «nachhaltige Entwicklung» nach der Veröffentlichung des so genannten Brundtland-Berichts der UN-Weltkommission für Umwelt und Entwicklung, der 1987 unter dem Titel *Unsere gemeinsame Zukunft* erschien. (Namensgeberin war die Kommissionsvorsitzende, die damalige norwegische Ministerpräsidentin Gro Harlem Brundtland.) Die darin vorgenommene Definition nachhaltiger Entwicklung als «Entwicklung, die die Bedürfnisse der Gegenwart befriedigt, ohne zu riskieren, dass künftige Generationen ihre eigenen Bedürfnisse nicht befriedigen können», wurde zu einer klassischen Formulierung des Konzepts. Der Brundtland-Bericht war auch die Grundlage für die Institutionalisierung der Forderung nachhaltiger Entwicklung auf der Konferenz von Rio 1992 und bei nachfolgenden internationalen Verhandlungen.[201]

Indes funktioniert die Weltwirtschaft, ungeachtet der Ernsthaftigkeit, mit der die Kritiker ihre Argumente vorbrachten, auch zu Beginn des 21. Jahrhunderts noch mehr oder weniger auf die gleiche Art wie zuvor. Milliarden von Menschen in Entwicklungsländern streben danach, einen Lebensstandard zu erreichen, wie man ihn in Industrieländern genießt, während die Menschen in letzteren bestrebt sind, ihren Wohlstand weiter zu mehren. Solche Sehnsüchte stärken das Fortbestehen der Wirtschaftsordnung der Nachkriegszeit. In den Jahrzehnten seit 1945 erreichten Hunderte Millionen Japaner und Spanier sowie nicht wenige Brasilianer und Indonesier ein Konsumniveau, das für ihre Vorfahren noch unvorstellbar war. Obgleich Milliarden weiterhin ausgeschlossen blieben, stand die Entwicklung für eine bedeutende Verschiebung in der Geschichte der Menschheit, nämlich für eine zuvor unbekannte Größenordnung der Wirtschaftstätigkeit. In mancher Hinsicht stellte all das einen großartigen Fortschritt dar, bedeutete es doch für viele die Überwindung der Armut und erlaubte Menschen ein menschenwürdiges Leben. Doch zugleich wurden die Folgen für den Planeten insgesamt nur allzu deutlich. Eine zentrale Frage des kommenden Jahrhunderts wird sein, ob sich Konsumgewohnheiten und -muster soweit verändern lassen, dass sie mit einem begrenzten Ökosystem vereinbar sind.[202]

4. KALTER KRIEG UND UMWELTKULTUR

Wer den Kalten Krieg anzettelte und wann, ist eine Frage, über die Historiker – wie schon die kalten Krieger vor ihnen – weiterhin streiten; in groben Zügen ist es allerdings recht einfach. Während des Zweiten Weltkriegs oder kurz danach kam es zwischen den siegreichen Alliierten zum Zerwürfnis, und bald darauf waren sie Feinde. Stalins Sowjetunion sowie ihre osteuropäischen Satelliten bildeten über weite Teile Eurasiens einen Block, der sich von der Elbe bis nach Wladiwostok erstreckte. Die USA formten eine gegnerische Koalition, größer, doch auch weniger kompakt; zu ihr gehörten Verbündete aus Europa, insbesondere Großbritannien und Westdeutschland, im Nahen und Mittleren Osten, namentlich Iran und die Türkei, sowie in Ostasien, allen voran Japan. Die wichtigsten Schauplätze des Kalten Kriegs waren im Großen und Ganzen dieselben wie im Zweiten Weltkrieg, nämlich Europa und Ostasien. Zweifellos barg der Kalte Krieg viele gefährliche Momente, und manche politischen Manöver schienen damals geradewegs in eine Katastrophe zu führen, doch letztlich bemerkenswert ist die Stabilität, die er brachte, vor allem nach 1949, als der Sieg Mao Zedongs und der Kommunisten im chinesischen Bürgerkrieg die Frage erledigte, auf welche Seite sich das bevölkerungsreichste Land der Erde schlagen werde.

Es war eine Stabilität zwischen bewaffneten und weiter aufrüstenden Blöcken, denn eines der wichtigsten Merkmale des Kalten Kriegs war die fortgesetzte Militarisierung. In der bisherigen Geschichte der Neuzeit hatten Staaten nach Kriegen in der Regel ihre Militärausgaben drastisch reduziert, aufgehört, weiterhin Kriegsgerät anzuhäufen, und ihre Streitkräfte demobilisiert. Die USA und die UdSSR taten das nach 1945 nur für einen kurzen Augenblick. Im Kalten Krieg dann verharrten die Militärausgaben der Großmächte jahrzehntelang auf Rekordniveau. Gewaltige militärisch-industrielle Komplexe wurden unterhalten, gehegt und gepflegt, und die Rüstungsausgaben wuchsen in den Himmel. Voraussetzung dafür war fraglos der spektakuläre Wirtschaftsboom der Jahre 1945 bis 1973. In der Sowjetunion entfielen während des Kalten Kriegs auf das Militär an die 40 Prozent der industriellen Produktion; allein der Bau von Atomwaffen verschlang ein Zehntel der weltweit gewerblich erzeugten Strommenge.[203]

Der Kalte Krieg rechtfertigte zudem – zumindest nach zeitgenössischer Meinung – den unerschrockenen Einsatz von Investitionen, Arbeitskräften und Planungsressourcen in gigantischen staatlichen Infrastruktur- und Entwicklungsprojekten. So bewilligte etwa die US-Regierung 1956 unerhörte Summen für das größte Straßenbauprogramm der Welt, den Bau der Interstate Highways, eines nationalen Autobahnnetzes, das in gigantischem Ausmaß in die Landschaft eingriff, die Suburbanisierung beschleunigte, die Lebensräume wildlebender Tiere dauerhaft veränderte und vieles andere mehr. Die Entscheidung erfolgte – wie das meistens der Fall ist – aus einem Bündel von Motiven heraus, doch nicht zuletzt ging es darum, auf den erwarteten Krieg mit der UdSSR vorbereitet zu sein.[204] Maos China lancierte 1958 eine Kampagne, um binnen weniger Jahre die britische und US-amerikanische Industrieproduktion zu überholen, ein ebenso verzweifeltes wie abenteuerliches Unterfangen, das als Großer Sprung nach vorn bekannt wurde; 1964 begann das Land den Aufbau eines neuen militärisch-industriellen Komplexes aus dem Nichts. Nach dem chinesisch-sowjetischen Bruch begann die Sowjetunion ihrerseits, eine zweite Bahnlinie durch Sibirien zu bauen. Die Streckenführung in größerer Entfernung zur chinesischen Grenze als die alte Transsibirische Eisenbahn sollte eine sichere Verbindung zu den Häfen an der Pazifikküste schaffen. Die Baikal-Amur-Magistrale (BAM) genannte Bahn würde zudem dem Transport von Holz, Pelzen, Erzen und anderen Rohstoffen aus dem russischen Fernen Osten ungeheure neue Möglichkeiten erschließen.[205]

Die Bedingungen des Kalten Kriegs begünstigten ferner Autarkiebestrebungen in China und der Sowjetunion, die ebenfalls Auswirkungen auf die Umwelt hatten. Die USA setzten nicht in erster Linie auf wirtschaftliche Eigenständigkeit, sondern auf offene Seewege und internationalen Warenverkehr, gesichert durch die US-Marine und deren Verbündete. Stalin und Mao freilich meinten, ihre Länder sollten in der Lage sein, alle eventuellen Bedürfnisse aus heimischer Produktion zu bedienen, eine Haltung, in der sie durch US-Embargos, Sanktionen und Seesperren noch verstärkt wurden. Beide kommunistischen Länder unternahmen in ihren Bemühungen um Autarkie große Anstrengungen. Nach Stalins Tod beispielsweise forcierten Ende der 1950er Jahre dessen Nachfolger den Baumwollanbau in den trockenen Steppen Zentralasiens. Die zur Bewässerung der Felder benötigten riesigen Wassermengen entnahm man den Strömen, die bislang als Hauptzuflüsse den Aralsee gespeist hatten; seit Anfang der 1960er Jahre begann der Salzsee zunehmend auszutrocknen. Heute bedeckt Wasser kaum noch ein Viertel der Fläche von 1960, das Volumen ging in diesen fünf Jahrzehnten um 90 Prozent zurück. Die zunehmende Strangulation des Aralsees stellt eine der bedeutendsten Umweltkatastrophen des 20. Jahrhunderts dar, und zu ihren Folgen gehören das Verschwinden der Fischgründe, ausgetrocknete Feuchtgebiete in

Der Aralsee, vom Weltraum aus gesehen, Oktober 2008. Der einstmals viertgrößte See der Welt umfasste 2008 nur noch zehn Prozent seiner früheren Fläche. Sowjetische Bewässerungsprojekte hatten seit den 1960er Jahren dazu geführt, dass der See die Mehrzahl seiner Zuflüsse verlor und allmählich verlandet.

den Flussmündungen, eine Verzehnfachung des Salzgehalts im Seewasser, Staubstürme, die das Salz vom vertrockneten Grund des Sees über das Ackerland verteilen, sowie zahlreiche andere Probleme. Doch die Sowjetunion brauchte Baumwolle, und ihr Import aus Indien oder Ägypten wäre unter den Bedingungen des Kalten Kriegs mit Unwägbarkeiten verbunden gewesen, die Stalins Nachfolger tunlichst vermeiden wollten.[206]

Ebenfalls fasziniert von der Vorstellung wirtschaftlicher Autarkie, kam man in Maos China auf die Idee, im Regenwaldgebiet der Provinz Yunnan Kautschukplantagen anzulegen, und zwar im Bezirk Xishuangbanna, nahe der Grenze zu Burma und Laos. Anfang der 1950er Jahre kam aus der UdSSR das Ansinnen, China solle im Geist sozialistischer Solidarität Kautschuk produzieren, da der ursprünglich am Amazonas beheimatete Kautschukbaum im frostigen Klima der Sowjetunion nicht gedieh. Das aus dem Kautschuk hergestellte Gummi war ein strategischer Rohstoff, unverzichtbar für Panzer, Lastwagen oder Flugzeuge. (Naturkautschuk wurde unter anderem für deren Reifen benötigt.) Unglücklicherweise – aus Sicht Moskaus oder Pekings – stammte der überwiegende Teil des weltweit produzierten Kautschuks von der malaiischen Halbinsel, damals britische Kolonie, und aus Indonesien, dessen antikommunistische Militärregierung mit den USA verbündet war. Die ersten Plantagen in Xishuangbanna wurden 1956 angelegt; nach dem Bruch zwischen China und der Sowjetunion in den Jahren 1958 bis 1960 waren die Chinesen dann bestrebt, für eigene strategische Zwecke so viel Kautschuk wie nur irgend möglich zu produzieren. Einen großen Teil der dazu notwendigen Knochenarbeit verrichteten junge Leute, die während der Kulturrevolution aufs Land abgeschoben worden waren, um ihr politisches Bewusstsein zu verbessern. Für die Plantagen in der artenreichsten Region Chinas wurden auf Tausenden von Quadratkilometern Bäume gefällt und die Lebensräume zahlreicher Tiere zerstört. Die einheimische Dai-Bevölkerung wurde gezwungen, in höher gelegene Gebiete umzusiedeln, wo sie in Konflikt mit anderen Minderheiten geriet und zudem ihre angestammten Anbau- und Jagdgewohnheiten aufgeben musste. Die Kautschukbäume erlitten häufig Kälteschäden, da Xishuangbanna an der nördlichen Grenze der Klimazone liegt, in der die Bäume gewöhnlich gedeihen, doch schließlich führten die Anstrengungen dazu, dass die Region den begehrten Kautschuk produzierte. Als die chinesische Wirtschaft in den 1980er Jahren boomte (siehe oben), schnellte auch die Nachfrage nach Kautschuk für die Industrie in die Höhe, und in Xishuangbanna wurden immer mehr Kautschukbäume in Monokulturen angepflanzt. Plantagen, die eine Fläche von der Größe des Libanon bedeckten, verdrängten den Regenwald und veränderten das Klima der Region: Nebeltage wurden weitaus seltener und zyklische Wechsel von Flut und Dürre ausgeprägter. Durch die Kautschukverarbeitung gerieten zudem große Mengen chemischer Verunreinigungen in Flüsse und Seen. Zunächst durch den Kalten Krieg motivierte Autarkiebestrebungen führten so in Xishuangbanna letztlich zu ganz grundlegenden Umweltveränderungen.[207]

Rund um die Welt begünstigte der Kalte Krieg das Entstehen von Guerillabewegungen und den Ausbruch von Bürgerkriegen. In erster Linie die USA und die UdSSR, aber auch China, Kuba, Frankreich und Südafrika unterstützten, wo es ihnen opportun erschien, Separatisten, Revolutionäre, Widerstandsbewegungen und dergleichen als eine effektive und dabei kostengünstige Möglichkeit, ihre Gegner zu schwächen. In Ländern wie Angola, Mosambik, Äthiopien, Somalia, Vietnam, Afghanistan und Nicaragua intervenierten die Großmächte des Kalten Kriegs in Konflikte und Auseinandersetzungen vor Ort, unterstützten ihnen nahestehende Fraktionen durch Waffen, militärisches Knowhow und Geld – und gelegentlich durch Truppen. Der Guerillakampf hatte gewöhnlich in erheblichem Maße Auswirkungen auf die Umwelt – Wälder oder Felder wurden niedergebrannt, Vieh getötet, Gebiete überschwemmt –, weil die eine oder die andere Seite aus der Deckung von Wäldern heraus operierte oder die Landbevölkerung für ihre Unterstützung (und manchmal auch bloße Tolerierung) von Aufständischen bestraft werden sollte. Zudem führten derartige Kriege zu einer großen Zahl von Flüchtlingen, weil Menschen aus Gefechtszonen und Gegenden flohen, in denen Milizen oder die Armee ihre Lebensgrundlage zerstört hatten. Flüchtlingsströme (wie Migration überhaupt) veränderten die Umwelt sowohl dort, wo die Menschen weggingen, als auch dort, wo sie sich später niederließen.

Der Kalte Krieg sorgte für eine anhaltende Militarisierung, förderte das Wachstum der militärisch-industriellen Komplexe, begründete ungeheure Eingriffe in die Natur aus politischen Gründen, heizte Guerillakriege an – und leistete mit all dem einen erheblichen Beitrag zu den Veränderungen der Umwelt in den Jahrzehnten nach 1945. Doch keiner dieser Aspekte prägte die Biosphäre in solchen Dimensionen wie die Aufrüstung mit Nuklearwaffen.

Nuklearwaffenprogramme im Kalten Krieg und die Umwelt

Zu den Bedrohungsszenarien des Kalten Kriegs gehörte, dass die USA rund 70 000 Nuklearsprengköpfe bauten und zwischen 1945 und 1990 mehr als 1000 Atombombentests durchführten. Die UdSSR baute rund 45 000 atomare Gefechtsköpfe und testete mindestens 715; daneben produzierten auch Großbritannien nach 1952, Frankreich nach 1960 und China nach 1964 mehrere Hundert Nuklearsprengköpfe. Kernwaffen benötigen entweder angereichertes Uran oder (aus diesem gewonnenes) Plutonium. Die militärische Nachfrage führte nach 1950 zu einem steilen Anstieg der weltweit geförderten Uranmenge, insbesondere in den USA, Kanada, Australien, in den Ländern Süd- und Zentralafrikas, in Ostdeutschland, der Tschechoslowakei und der Ukraine, in Russland und Kasachstan. In den Jahren des beginnenden Kalten Kriegs gab es nur sehr wenige Sicherheitsbestimmungen; die Beschäftigten der Minen waren häufig hohen Strahlungsdosen ausgesetzt, wodurch viele Tausend Leben verkürzt wurden.[208] Alle Atommächte schufen ihren eigenen «Atom-Archipel»: ein Netzwerk von Einrichtungen und Anlagen, in denen Nuklearforschung, die Verarbeitung von Uran und die Herstellung von Waffen ineinandergriffen. Von den Augen der Öffentlichkeit abgeschirmt, gehörten die Standorte im Kalten Krieg zu den bestgehüteten Geheimnissen, und teilweise gilt das, insbesondere in Russland und China, bis heute. In den USA bestand der Atom-Archipel aus rund 3000 verschiedenen Einrichtungen, darunter etwa die Savannah River Site (in South Carolina) und das Rocky Flats Arsenal (in Colorado), die beide für die Herstellung von Kernwaffen unverzichtbar waren. Das «Kronjuwel» des Archipels aber bildete der Nuklearkomplex der Hanford Engineer Works (später Hanford Site genannt), der seit 1943 bestand, eine über 1500 Quadratkilometer große staubige, windige und beinahe unbelebte Steppenlandschaft an den Ufern des Columbia River im Südosten des US-Bundesstaats Washington.[209]

Hanford war während des gesamten Kalten Kriegs die wichtigste Anlage zur Herstellung von Nuklearwaffen in den USA.[210] In etwas über vier Jahrzehnten fiel in Hanford eine Strahlenbelastung in Höhe von 500 Millionen Curie (18,5 Trillionen Becquerel) durch nukleare Abfälle an. Die meisten dieser Abfälle verblieben auf dem Gelände und setzten – gleichermaßen unbeabsichtigt wie vorsätzlich – rund 25 Millionen Curie (925 Billiarden Becquerel) in die Umwelt frei. Häufig überstiegen die Strahlungsmengen alles, was zur jeweiligen Zeit als sicher galt. (Die Grenzwerte wurden indes über die Jahre immer weiter reduziert.) Zum Vergleich: 1979 setzte der Unfall im Kernkraftwerk Three Mile Island in der Nähe von Harrisburg (Pennsylvania) – ein Zwischenfall, der das Aus für den Bau weiterer zivil genutzter Atomkraftwerke in den USA bedeutete – rund 13 Millionen Curie (481 Billiarden Becquerel) Radioaktivität in die Umwelt frei, bei der Atomkatastrophe von Tschernobyl waren es geschätzte 50 bis 80 Millionen Curie (1,85 bis 2,96 Trillionen Becquerel). In Hanford jedenfalls fielen Radioaktivität und Atommüll in einem Ausmaß an, dass die davon ausgehenden Gefahren für die Umwelt und die Gesundheit ausreichend schienen, um von Seiten der verantwortlichen Behörden auf dauerhafte Geheimhaltung und gelegentliche Unaufrichtigkeit zu setzen; doch andererseits galten die Kosten als akzeptabel, schließlich ging es darum, ein Nuklearwaffenarsenal bereitzustellen. Die meisten Funktionäre glaubten, das Hanford-Projekt stelle ein minimales Risiko für die Menschen und Ranches der Umgebung dar und machten sich – zumindest in den Anfangsjahren – keine Gedanken über weitergehende Folgen für das Ökosystem.[211]

Die düstere Geschichte eines Experiments namens «Green Run» zeigt, wie sehr Dringlichkeit und Hast den Betrieb in Hanford prägten. Das Experiment sah die Freisetzung einer großen radioaktiven Wolke vor und fand im Dezember 1949 statt. Es ist bis heute nicht vollkommen klar, ob die ungeheure Menge des schließlich freigesetzten Gases beabsichtigt war oder ob das Ganze irgendwie außer Kontrolle geriet – die entsprechenden Dokumente unterliegen auch mehr als sechzig Jahre später noch der Geheimhaltung. Das ganze Experiment war vermutlich eine Reaktion auf den ersten erfolgreichen sowjetischen Atombombentest. Messstationen für Radioaktivität im Westen der USA hatten die Daten dieser Detonation aufgezeichnet. Diese Aufzeichnungen gaben amtlichen Stellen in den USA Grund zu der Annahme, die Sowjets hätten «grünes» Uran verwendet, das nach nur 16 bis 20 Tagen aus dem Reaktor entnommen worden war. Wenn dem so wäre, hätte dies darauf hingedeutet, dass die Sowjets die Produktion angereicherten Urans beschleunigten. Es scheint, als habe man sich 1949 entschlossen, zur Überprüfung der Hypothese auch in Hanford «grünes» Uran freizusetzen. Das ganze Experiment ging gründlich schief, wie verschie-

dene damals beteiligte Ingenieure inzwischen zu verstehen gaben. «Green Run»
setzte Radioaktivität in einer noch nie dagewesenen Größenordnung frei; über
dem Land und auch über den Siedlungen in Windrichtung ging radioaktives Jod
nieder – vor allem das Isotop ^{131}I, ein Radionuklid, das für Menschen potentiell
gesundheitsgefährdend ist und im Verdacht steht, Schilddrüsenkrebs zu verursachen. Die Betroffenen erfuhren von «Green Run» offiziell erst 1986, nachdem
die US-Regierung nach langen und hartnäckigen Bemühungen endlich einige
wenige einschlägige Dokumente freigegeben hatte. Das geheime Experiment
führt plastisch vor Augen, welche Risiken amtliche Stellen zu Beginn des Kalten
Kriegs einzugehen bereit schienen.[212]

Im Nachhinein bleibt bemerkenswert, wie sorglos die Verantwortlichen mit
den Gefahren radioaktiver Strahlung umgingen. In Ozeanien testeten ab 1946 die
USA, ab 1957 auch Großbritannien und ab 1966 Frankreich Nuklearwaffen.
Atomexplosionen erschütterten ein ums andere Mal verschiedene entlegene
Atolle. Nukleartests in Ozeanien waren deshalb so attraktiv, weil in der dünn
besiedelten Inselwelt die Detonationen nicht viele Menschen unmittelbar gefährdeten – und die letztlich Betroffenen zudem keine Staatsbürger der USA, Großbritanniens oder Frankreichs waren. Die auf den Inseln lebenden Polynesier oder
Mikronesier verfügten in der Regel nur über geringe Schulbildung und wenig
politischen Einfluss, was es den verantwortlichen Politikern und Beamten leichter
machte, die Gesundheit der indigenen Bevölkerung aufs Spiel zu setzen. Die ersten amerikanischen Nukleartests fanden nur elf Monate nach dem Ende des
Zweiten Weltkriegs statt; in den darauffolgenden Jahren wurden die Bewohner
des Bikini-Atolls und benachbarter Inseln wiederholt einer gefährlich hohen
Strahlendosis ausgesetzt. Sie und ein paar US-amerikanische Armeeangehörige
waren in den frühen Tagen der Atomtests im Grunde Versuchskaninchen; an
ihnen zeigte sich letztlich, wie empfindlich Menschen somatisch und genetisch
auf radioaktive Strahlung reagieren.

Auch das französische Nukleartestprogramm im Pazifik ordnete den Sicher-
heitsaspekt gelegentlich anderen Punkten unter. Einmal, im Jahr 1966, unternahm
General de Gaulle, damals französischer Präsident, eine Reise nach Polynesien, um
persönlich einem Atombombentest über dem Mururoa-Atoll beizuwohnen. Weil
widrige Winde die nach der Detonation entstehende radioaktive Wolke über bewohnte Inseln getragen hätten, verzögerte sich der Test zwei Tage lang. De Gaulle
wurde allmählich ungeduldig; der Hinweis auf anstehende Termine des Präsidenten schließlich sorgte dafür, dass die Windrichtung ignoriert und der Test durchgeführt wurde. Kurze Zeit nach der Explosion registrierte das neuseeländische
National Radiation Laboratory schweren radioaktiven Niederschlag über den
Inselgruppen Samoa, Fidschi und Tonga sowie anderen besiedelten Gebieten im
Südwestpazifik. De Gaulle war bereits auf dem Rückweg nach Paris, die Staatsgeschäfte riefen. Seit 1966 sind die Polynesier immer wieder mit Beschwerden und

Eingaben gegen das französische Atomwaffentestprogramm im Pazifik vorgegangen, ähnlich wie die Bewohner der Marshallinseln gegen die US-Tests seit 1946.[213]

Die Nuklearwaffenkomplexe in der Sowjetunion arbeiteten mit noch weitaus größerer Sorglosigkeit, was Umwelt- oder Gesundheitsrisiken anbelangte. Stalin hatte zu Beginn des Kalten Kriegs die Herstellung von Atomwaffen zur «obersten Aufgabe» erklärt, und 1949 war das Ziel erreicht. Zum sowjetischen Atom-Archipel gehörten Uranminen (in denen Hunderttausende Häftlinge eingesetzt wurden, von denen viele starben), für die Kernforschung errichtete geheime Städte, Fertigungsbetriebe für das Spaltmaterial, die Fabriken zur Herstellung der Waffen und die Testgelände. Die wichtigsten Zentren der Plutonium- und Nuklearwaffenindustrie lagen in der Nähe von Tscheljabinsk, ferner in der Gegend von Tomsk und bei Krasnojarsk, das heißt im Westen beziehungsweise in der Mitte Sibiriens. Die geheimen Einrichtungen trugen häufig kryptische Bezeichnungen, die von ihrer Postleitzahl abgeleitet waren, etwa Tomsk 7 oder Krasnojarsk 26. Bis in die Gegenwart umgibt ihre Geschichte größtenteils Schweigen. Am bekanntesten ist vielleicht Tscheljabinsk 65, das auch unter dem Namen Majak («Leuchtturm») lief. Die Gegend um Tscheljabinsk, einst eine durch Birken- und Kiefernwälder geprägte Landschaft mit Tausenden von Seen, stieg im Zweiten Weltkrieg zum wichtigsten Standort des sowjetischen militärisch-industriellen Komplexes auf, wo rund die Hälfte der Panzer für die Rote Armee gefertigt wurde. Die Anlagen waren weit entfernt von den gefährdeten Grenzen der Sowjetunion, es gab Stahlhütten und Chemiewerke sowie nicht zuletzt ausreichend Wasser – das alles empfahl Majak für die Produktion von Kernwaffen. Seit mehr als fünf Jahrzehnten nun gehören der Komplex und seine Umgebung zu den am stärksten verseuchten Orten der Erde.[214]

Das «Chemiekombinat Majak» nahm seinen Betrieb 1948 auf und war die erste Anlage, die in der Sowjetunion Plutonium produzierte. Im Lauf der Jahre wurden in Majak mindestens 130 Millionen Curie (4,81 Trillionen Becquerel) Radioaktivität freigesetzt (eine offizielle Zahl – inoffiziell ist von weitaus mehr die Rede), und die Auswirkungen betrafen mehr als eine halbe Million Menschen.[215] Besonders in den Anfangsjahren der Produktion, 1950 und 1951, entsorgte man Nuklearabfälle meist einfach in den Wasserläufen der Umgebung, in der Regel Nebenflüssen der Tetscha, die die Anwohner im weiten Umkreis mit Trinkwasser versorgte. Mehrere Tausend Menschen wurden evakuiert, und unter den Zurückgebliebenen stieg die Zahl der Leukämieerkrankungen.[216] Die Explosion eines Lagertanks mit hochradioaktiven Abfällen im Jahr 1957 setzte rund 20 Millionen Curie Strahlung frei; zwei Millionen Curie gingen vom radioaktiven Fallout in der Umgebung von Majak aus. An die 10 000 Menschen wurden evakuiert (allerdings erst acht Monate nach dem Zwischenfall), 200 Quadratkilometer erklärte man zu einem Sperrgebiet und verbot den Aufenthalt von Menschen darin.[217]

Extrem hoch dosierte Radioaktivität verseuchte die Gegend um den Karatschai-See. Eigentlich nur ein Tümpel und ab 1951 als Lagerstätte für Nuklearabfälle verwendet, wurde der See zur radioaktivsten Kloake der Welt. In ihm konzentriert sich 24-mal mehr Strahlung, als bei der Katastrophe von Tschernobyl freigesetzt wurde. Wer heute nur eine Stunde an seinem Ufer steht, ist bereits einer tödlichen Strahlendosis ausgesetzt. Da der Karatschai-See in einem sehr regenarmen Gebiet liegt, trocknen Teile des Gewässers bei sinkendem Pegel regelmäßig aus, der Grund liegt frei und heftige sibirische Winde verteilen den radioaktiven Staub. Besonders katastrophal waren die Folgen nach einer Dürre im Jahr 1967. Insgesamt verseuchten die tragischen Zwischenfälle von 1957 und 1967 sowie etliche weitere große Unfälle im Majak-Komplex eine Fläche von rund 20 000 Quadratkilometern.[218]

Die Kontamination in der Umgebung von Majak soll dennoch, schenkt man sowjetischen und russischen Studien Glauben, letztlich überschaubare gesundheitliche Folgen haben.[219] Alexander Penjagin allerdings, der ehemalige Vorsitzende des Unterausschusses für nukleare Sicherheit beim Obersten Sowjet der UdSSR, nannte die Verseuchung in Majak hundertmal schlimmer als in Tschernobyl. Berichte von Journalisten und Forschern, die die Region besuchten, verweisen ebenfalls auf ernste Gesundheitsprobleme, die keineswegs nur Einzelfälle darstellen.[220] Ähnliche Ergebnisse lassen sich epidemiologischen Studien entnehmen, obgleich deren Schlussfolgerungen häufig inkonsistent bleiben.[221] So lag etwa in einem besonders betroffenen Dorf 1997 die Lebenserwartung von Frauen um 25 Jahre unter dem russischen Durchschnittswert, bei Männern waren es 14 Jahre.[222] Das wahre Ausmaß des durch Majak verursachten menschlichen Leids bleibt schwer zu beziffern, zumal über die gesundheitlichen Folgen nuklearer Kontamination nach wie vor heftig gestritten wird, selbst wenn umfassendere Daten vorliegen.[223]

Die Auswirkungen der Atomwaffenprogramme zeigten sich nicht nur in Hanford und Majak. Nukleartests fanden auf den Atollen Ozeaniens, in Nevada, Kasachstan sowie auf Nowaja Semlja im Nordpolarmeer statt; die entsprechenden Gelände wurden vor allem in den 1950er und 1960er Jahren genutzt – und sind seither radioaktiv verstrahlt. Die sowjetische Marine entsorgte verbrauchte Nuklearbrennstoffe und kontaminierte Maschinenteile auch auf See und verseuchte durch die Abfälle Küstengewässer im Pazifik und im Nordpolarmeer, dort ebenfalls insbesondere rund um Nowaja Semlja. Überraschenderweise allerdings sind für die stärkste radioaktive Belastung eines Meeres nicht die Sowjets, sondern die Briten verantwortlich. Der Nuklearkomplex Windscale (den man später im Versuch, die traurige Berühmtheit loszuwerden, in Sellafield umbenannte) produzierte das waffenfähige Plutonium für das nukleare Arsenal des Königreichs; vor allem in den Jahren 1965 bis 1980 wurden aus der Anlage radioaktive Abwässer direkt in die Irische See verklappt. Durch die geringe Meeresströmung dort hielten sich die Einleitungen über längere Zeiträume, und irgendwann fand sich Radioaktivität auch im britischen Fisch. 1957 kam es zudem zu einem Feuer im Reaktor Windscale, das 32 Todesopfer forderte; 260 Krebserkrankungen wurden auf die freigesetzte Radioaktivität zurückgeführt. Die britischen Behörden informierten über die genauen Ausmaße des Störfalls erst im Jahr 1982.[224]

Die Nuklearwaffenindustrie «opferte» Gebiete in einem halben Dutzend Länder: Die politischen Notwendigkeiten des Augenblicks rechtfertigten offenbar deren todbringende Kontamination für die nächsten Jahrtausende. Doch die Verseuchung der Steppen, Birkenwälder, Flüsse, Seen und Dörfer rund um Majak übertraf in ihren Ausmaßen alles, was Uranminen, Nuklearanlagen, Testgelände und Lagerstätten für radioaktive Abfälle anderswo anrichteten; auch im 21. Jahrhundert nahm die radioaktive Kontamination in der Nähe der Anlage weiterhin zu.[225]

Es ist indes eine der vielen Ironien des Kalten Kriegs, dass mancher Standort der Nuklearwaffenindustrie sich de facto zu einem Wildreservat entwickelte. Die Savannah River Site etwa produzierte Plutonium und Tritium; in der gesamten Anlage, einem Sperrgebiet von rund 775 Quadratkilometern, bewegten sich daher nur sehr wenige Menschen. Da – im Interesse des Bombenbaus – Störungen von dieser Seite ausgeschlossen waren, fühlten sich auf dem Gelände schon bald Enten, Hirsche, Schlangen, 250 Vogelarten und der größte je in Georgia gesichtete Alligator (keineswegs eine Mutation) ausgesprochen wohl, ungeachtet der mehr als 130 Millionen Liter hochradioaktiver Abfälle, die dort verteilt sind. Auch das Rocky Flats Arsenal in Colorado, wo bis Mitte der 1990er Jahre ebenfalls Plutonium produziert wurde, entwickelte sich zu einem Wildreservat und ist heute ein Zufluchtsort, wo – wie es in einem bekannten Country-Song heißt – «*the deer and the antelope play*», und das unter den wachsamen Augen von beinahe hundert Weißkopfseeadlern. In der Schleife des Columbia River, in der die Produktionsanlage der ersten Atombomben liegt, die Hanford Site, wurde die stärkste Population Königslachse des gesamten Flusslaufes beobachtet.[226]

Auch der Umstand, dass Nukleartests zum Auslöser eines der ersten internationalen Umweltabkommen überhaupt wurden, entbehrt nicht einer gewissen Ironie. In den späten 1950er Jahren, als die bei den Tests herbeigeführten Explosionen immer gewaltiger wurden, der Kenntnisstand der Strahlenmedizin wuchs und sich die Anzeichen mehrten, dass Atomwaffentests in der Atmosphäre alle Ökosysteme – und Erdenbewohner – durch ihren radioaktiven Niederschlag in Mitleidenschaft zogen, begannen Politiker und Wissenschaftler erste Zweifel an der Fortführung der Tests zu äußern. In Ländern, in denen derartige Dinge erlaubt waren, trug der Protest von Bürgerinnen und Bürgern dazu bei, öffentlichen Druck für ein Verbot von Versuchen in der Atmosphäre aufzubauen. Hinzu kam verbreitet die Angst vor der Gefahr atomarer Vernichtung, verstärkt nach der Kubakrise im Oktober 1962. Ende 1963 unterzeichneten die UdSSR, die USA und Großbritannien ein partielles Teststoppabkommen (das heißt den Verzicht auf Tests in der Atmosphäre); viele andere Länder schlossen sich bald darauf an, ausgenommen allerdings Frankreich und China, die beide auf ihrer Eigenständigkeit in der Atompolitik beharrten. Eine Folge des Verbots von Kernwaffenversuchen in der Atmosphäre war, dass die nach 1964 Geborenen deutlich geringere Mengen des Betastrahlers Strontium (^{90}Sr) und anderer radioaktiver Isotopen mit sich herumtrugen als die Generation vor ihnen, denn die Atomtests des Kalten Kriegs hatten bei allen in den 1950er und frühen 1960er Jahren lebenden Menschen, selbst im fernen Tasmanien oder Feuerland, Spuren in Knochen und Zähnen hinterlassen.[227]

Alles in allem forderten die Atomwaffenprogramme im Kalten Krieg mittelbar und im Lauf der Jahre vermutlich ein paar hunderttausend, möglicherweise auch ein paar Millionen Opfer, die an Krebsleiden starben, verursacht durch freigesetzte Radioaktivität.[228] In fast allen Fällen trägt die Verantwortung für ihren Tod ihre eigene Regierung. Der französische Präsident François Mitterrand soll einmal geäußert haben, die wichtigste Qualität eines Staatsmannes sei die Gleichgültigkeit. Er meinte damit, dass es Zeiten gebe, in denen die Verantwortlichen Entscheidungen treffen müssten, die für andere Leid oder Tod bedeuten könnten. Im Kalten Krieg trafen Verantwortliche, darunter auch Wissenschaftler in der Atomwaffenforschung und -entwicklung, häufiger solche Entscheidungen. Ein paar hatten dabei zweifellos ein schlechtes Gewissen, doch wie alle anderen waren sie überzeugt, das politische Gebot der Stunde verlange von ihnen zu tun, was getan werden müsse, auch wenn es womöglich bedeutete, Mitbürger zu opfern.

Andererseits tötete die radioaktive Verseuchung nirgendwo, nicht einmal in der Umgebung von Majak, viele Millionen Menschen oder legte ganze Länder in Schutt und Asche. Rauchen kostete weitaus mehr Menschen das Leben als die Atomwaffenprogramme im Kalten Krieg, und Gleiches gilt für Luftverschmutzung und Verkehrsunfälle. Gegen Pläne, mit Hilfe thermonuklearer Sprengkörper künstliche Tiefwasserhäfen in Alaska zu schaffen oder einen neuen Kanal durch den Isthmus von Panama zu treiben, setzte sich Besonnenheit durch.[229] Als ein B-52-Bomber der US-Luftwaffe 1966 bei einer Luftbetankung explodierte und vier Wasserstoffbomben über Spaniens Südostküste verlor, kam es zu keiner Nuklearexplosion; allerdings wurde an der Absturzstelle Plutonium freigesetzt und das Land in der Umgebung verseucht.[230] Doch alles in allem, so ist man beinahe versucht festzustellen, hatten die Nuklearwaffenprogramme des Kalten Kriegs nur überschaubare Auswirkungen auf Umwelt und Gesundheit.

Die Geschichte ist damit aber nicht zu Ende, und sie wird es auf mindestens 100 000 Jahre nicht sein. Die radioaktive Strahlung der meisten Stoffe klingt nach Stunden, Tagen oder Monaten ab und birgt danach für Lebewesen keine Gefahr mehr. Doch verschiedene radioaktive Substanzen, wie sie in Kernwaffen Verwendung finden, das Plutonium-Isotop ^{239}Pu beispielsweise, haben eine Halbwertzeit von bis zu 24 000 Jahren, und manche bei der Herstellung von Atomwaffen entstandenen Abfälle stellen tatsächlich auf mehr als 100 000 Jahre eine tödliche Gefahr dar. Die Verpflichtung, sich um diese Rückstände zu kümmern, wird somit über die nächsten 3000 Generationen immer weitergegeben, und ein nicht konsequent sachgemäßer Umgang mit diesem Erbe wird auf lange Zeit die Zahl der Leukämiefälle und bestimmter Krebserkrankungen steigen lassen, insbesondere bei Kindern.

Um die Bedeutung dieser Verpflichtung zu ermessen, mag es genügen daran zu erinnern, dass vor 24 000 Jahren die letzte Eiszeit ihr Maximum erreicht hatte; es war lange vor der Entstehung von Städten oder der Landwirtschaft und auch lange vor dem Zeitpunkt, da die ersten Menschen Amerika oder Ozeanien besiedelten. Vor 100 000 Jahren wiederum durchstreiften Mastodonten, dicht behaarte Mammute und gewaltige Säbelzahntiger die Erdteile, auf denen später einmal die UdSSR und die USA entstehen sollten, während Hominide gerade erst begonnen hatten, ihren Heimatkontinent Afrika zu verlassen. In einer fernen Zukunft indessen, wenn nur ein paar Historiker noch etwas über den Zweiten Weltkrieg oder den Kalten Krieg wissen werden, bleibt der Menschheit nur, entweder weiterhin für die Sicherheit der nuklearen Abfälle aus jenem Kalten Krieg zu sorgen – durch alle politischen Turbulenzen, Revolutionen, Kriege, Regimewechsel, Staatsversagen, Pandemien, Erdbeben, Tsunamis, steigende und sinkende Meeresspiegel, Eiszeiten und Asteroideneinschläge, wie sie die Zukunft bringen mag, hindurch – oder aber mit den unvermeidlichen Folgen zu leben. Bis heute jedenfalls gibt es für das Problem der Lagerung nuklearer Abfälle keine zufriedenstellende Lösung.

Chinas Großer Sprung nach vorn und die Dritte Front

Kaum ein anderer führender Staatsmann im Kalten Krieg war wie Mao Zedong überzeugt, die Natur habe sich politischen Zielen unterzuordnen. Mao kam 1949 an die Macht; zu seinem Rüstzeug gehörte ein traditionelles marxistisches Verständnis, wonach Natur existiert, um durch Arbeit gebändigt zu werden. Das Ansehen, das sich aus seinem Erfolg als revolutionärer Führer speiste, und sein Geschick, Gegenspieler aus dem Weg zu räumen, begründeten die außerordentliche Machtfülle, die Mao in China während beinahe seiner gesamten, von 1949 bis 1976 währenden Amtszeit als der Steuermann des Staatsschiffs genoss. Wie viele, die ihre Macht vor allem ihrem Glück und Talent verdanken, war er von der Richtigkeit des eigenen Urteils fest überzeugt und nicht ohne weiteres durch Gegenargumente oder auch offenkundige Misserfolge zu beeindrucken. Seine Entschlossenheit etwa, den kapitalistischen Klassenfeind wirtschaftlich zu überholen, war eine wichtige Triebfeder einer 1958 lancierten Kampagne, die als der «Große Sprung nach vorn» bekannt wurde und sich über grundlegende Erkenntnisse der Chemie, Biologie und Physik ebenso hinwegsetzte, wie sie bestimmte Dispositionen der menschlichen Natur ignorierte.[231]

Welche Motive in erster Linie hinter dem Großen Sprung nach vorn standen, ist unter Wissenschaftlern bis heute umstritten. Aus Maos Sicht ging es aber sicherlich um ein doppeltes, letztlich ideologisch begründetes Ziel, nämlich zum einen China so rasch wie möglich zu industrialisieren und so den Kommunismus schneller aufzubauen als die «revisionistische» Sowjetunion, zum anderen das Land geopolitisch in einer feindseligen Welt entscheidend zu stärken. Uneinigkeit herrscht unter Wissenschaftlern auch über die Zahl der Opfer: Schätzungen über die Anzahl derer, die infolge der Beschlagnahmung von Getreide und anderer Maßnahmen im Zuge des Großen Sprungs an Hunger starben, reichen von 15 Millionen bis 50 Millionen Menschen, also etwa zwei bis sieben Prozent der Bevölkerung Chinas.[232]

Für Mao war insbesondere die Stahlproduktion der Inbegriff der Zukunft, der Stahl verkörperte Moderne und Macht. Als die wirtschaftliche Entwicklung während des ersten Fünfjahresplans (1953–1957) eher enttäuschend verlief, machte Mao Stahl zum Herzstück des zweiten und kündigte an, China werde in nur wenigen Jahren die britischen und amerikanischen Stahlmengen überbieten. Bei einem Besuch im Jahr 1958 äußerte der sowjetische Ministerpräsident Nikita Chruschtschow Zweifel daran, dass das Land solch hochgesteckte Vorgaben erreichen kann, woraufhin Mao die Planziele weiter erhöhte.[233] Maos geheime Ansprachen vor Parteikadern im gleichen Jahr belegen die anhaltende Begeisterung für Stahl und die Aussicht, China werde sich so als Großmacht etablieren.[234] Da dem Land Devisen und Technologie fehlten, um moderne Stahlwerke zu bauen, propagierte Mao die Errichtung kleiner «Hochöfen im Hinterhof», damit jede Landgemeinde und jedes Stadtviertel in der Lage wären, Stahl zu produzieren. Ministerpräsident Zhou Enlai, Maos Stellvertreter und zeitweiliger Rivale, organisierte selbst den Einsatz einer Arbeitsbrigade von Lehrenden und Studierenden der Universität Peking in der Stahlproduktion. In ganz China fand eine energische Mobilisierung aller Kräfte statt: 90 Millionen Menschen produzierten in Hinterhof-Hochöfen Eisen und Stahl und schmolzen dafür auch Kochtöpfe, Fahrradrahmen und Türgriffe ein. In einer beispiellosen Anstrengung gelang es ihnen, Chinas Stahlausstoß zu verdoppeln; ein Großteil des produzierten Werkstoffs war freilich spröde und dadurch unbrauchbar und wertlos.[235]

Eine solche Art der Stahlherstellung war naturgemäß energetisch extrem ineffizient und belastete die Umwelt in erheblichem Maß. In den kohlereichen Provinzen Chinas verschwendete die Stahlerzeugung im Hinterhof lediglich Kohle, in anderen Landesteilen führte die Dezentralisierung dazu, dass Kohle- und Erztransporte die Schienenstrecken verstopften und alles erdenkliche Holz verwendet wurde, um daraus Holzkohle für die Befeuerung der Hochöfen zu gewinnen. In Yunnan, Sichuan und möglicherweise in ganz China verschwanden dadurch binnen eines Jahres rund zehn Prozent der Waldfläche. Es war zweifellos die rasanteste Entwicklung in der langen Geschichte der Abholzung chinesischer Wälder.[236] Wenig überraschend auch war, dass kleine, noch dazu mit Holzkohle befeuerte Hochöfen in extremem Maß Emissionen freisetzten. Die Stadt Suzhou im Mündungsgebiet des Yangzi verzeichnete monatlich 400 Tonnen Ruß- und Staubpartikel pro Quadratkilometer, an manchen Stellen war die Belastung mehr als doppelt so hoch. Die Luft war derart durch Feinstaub – und Schwefeldioxid – verunreinigt, dass an Atmen kaum zu denken war.[237]

Ein zweiter Schwerpunkt des Großen Sprungs nach vorn war die Steigerung der Ernteerträge insbesondere bei Getreide. Die Landwirtschaft müsse, so Mao nicht zu Unrecht, mehr Nahrung produzieren. Auch in diesem Fall ging es allerdings darum, möglichst unverzüglich die neuen Ziele zu erreichen; pseudo-wissenschaftliche Methoden sollten dabei von Nutzen sein. Parteifunktionäre gaben den Volkskommunen unglaublich realitätsferne Produktionsziffern vor, und die Kommunen behaupteten aus Angst vor Repressalien, alle Planziele erfüllt zu haben. Bauern legten Feuchtgebiete und Seen trocken, um mehr Reis und Weizen anzubauen. Sie terrassierten Berge bis in die Gipfellagen und pflügten das Grasland in Nordchina. Sie befolgten Anweisungen, dichter zu säen und Pflanzen enger zu setzen, weil Mao überzeugt war, Pflanzen derselben Art würden miteinander nicht um Wasser und Nährstoffe konkurrieren, sondern irgendwie in harmonischer Eintracht wachsen. Mancherorts pflügten die Bauern das Land mehr als anderthalb Meter tief um, weil eine der Theorien, denen Mao vorübergehend anhing, besagte, so ließe sich die Fruchtbarkeit der Böden steigern und das Wurzelwachstum fördern. Allenthalben wurden dilettantisch Deiche und Dämme gebaut und neue Brunnen gebohrt, um die Felder zu bewässern. Mao forderte jede Kommune auf, eigene Wasserspeicher anzulegen; ein Slogan besagte, jedes Stück Boden habe ein eigenes Stück Himmel. Menschen, die sich skeptisch über Produktionsvorgaben und absurde landwirtschaftliche Methoden äußerten, konnten beinahe sicher sein, umgehend und hart bestraft zu werden. Maos Beurteilung der weltpolitischen Lage motivierte nicht nur ein Gefühl absoluter Dringlichkeit, sondern rechtfertigte auch die Gleichgültigkeit gegenüber allen Umweltfolgen, die den Großen Sprung nach vorn in der Landwirtschaft begleiteten.

Mit dem Kampf um höhere Getreideernten verband sich eine Kampagne gegen Insekten, Kleinnager und Vögel, die als Parasiten oder Schädlinge galten. Slogans forderten Chinesen ab dem Kindergartenalter zur «Ausrottung der vier Plagen» auf, womit insbesondere Ratten, Mücken, Fliegen und Sperlinge gemeint waren. (Mao war der Überzeugung, Japan sei es gelungen, sich aller Insekten zu entledigen.)[238] Parteifunktionäre gaben Volkskommunen und Stadtvierteln Quoten vor, wie viele Ratten und Sperlinge – und sogar Fliegen – nachgewiesenermaßen zu töten waren. 1959 fielen der Kampagne binnen sieben Monaten annähernd zwei Milliarden Sperlinge zum Opfer, deren Verbrechen darin bestand, Körner zu picken.[239]

All die hektische Betriebsamkeit führte in die Katastrophe.[240] Millionen Menschen auf dem Land verhungerten, während Parteikader immer weiter Getreide für die Städte, die Armee und den Export requirierten. Erst 1961 wurde die Agrarkampagne ganz aufgegeben (und Getreide aus Kanada und Australien importiert). Das tiefere Pflügen der Böden, die landwirtschaftliche Nutzung steiler Hänge und die Verwandlung der Steppe in Ackerland führten zu einer verstärkten Erosion und in der Folge zu Staubstürmen. Hastig gebaute Dämme brachen. Die Brunnen erschöpften mancherorts die Grundwasserreservoirs, während andernorts mit steigendem Grundwasserspiegel eine Versalzung der Böden einsetzte. In den Ebenen Nordchinas waren Ende der 1950er Jahre annähernd 40 Prozent der Fläche von Bodenversalzung betroffen, eine Entwicklung, die im Wesentlichen auf eine mangelhafte Wasserwirtschaft zurückging.[241] Die Jagd auf die Spatzen führte dazu, dass eine ganze Reihe von Insekten keine natürlichen Feinde mehr hatte, und der Befall der Speicher durch Getreideschädlinge häufte sich. (1959 nahmen Bettwanzen den Platz der Sperlinge in der Gruppe der «vier Plagen» ein.) In Jinan, am Unterlauf des Gelben Flusses gelegen, war ein Ergebnis der erfolgreichen Kampagne gegen die Spatzen eine Raupenplage.[242] Unmittelbar hatte der Große Sprung nach vorn in der Landwirtschaft in eine Hungersnot geführt, doch beeinträchtigte er auch längerfristig das landwirtschaftliche Potenzial Chinas.[243]

Das Scheitern des Großen Sprungs nach vorn verdüsterte Maos Stern für ein paar Jahre. Doch 1964 hielt er die Zügel wieder fest in der Hand. (Etliche Historiker sind der Meinung, dass er auch hinter den Kulissen stets die Kontrolle behielt.) Eine weitere von oben lancierte und militärisch organisierte Kampagne kündigte sich an, in deren Zentrum das Schlagwort von der «Dritten Front» stand. Ende 1964 kam Mao zu dem Schluss, dass die internationale Situation sich für China verschlechtert habe. Die Meinungsverschiedenheiten mit der Sowjetunion, die sich in den Jahren 1956 bis 1960 zugespitzt hatten, führten 1962 zum Bruch; aus dem ehemaligen Vorbild und Verbündeten wurde ein Feind. Die USA waren dabei, den Konflikt in Vietnam zu eskalieren und massiv mit Kampftruppen zu intervenieren. Mao kam zu der Überzeugung, es sei an der Zeit, China auf einen Krieg an allen Fronten vorzubereiten und insbesondere einen neuen militärisch-industriellen Komplex aufzubauen: tief im Landesinneren, außerhalb der Reichweite der amerikanischen Bomber, die in Taiwan, Südkorea oder Okinawa stationiert waren, und auch weitab der Grenze zur Sowjetunion. Die sowjetische Invasion in der Tschechoslowakei 1968 und wochenlange Zusammenstöße an der chinesisch-sowjetischen Grenze im Jahr darauf ließen die Führung in Peking davon ausgehen, Moskau sei bereit, die Rote Armee – Ende 1968 waren 25 volle Divisionen im Grenzgebiet stationiert – in China einmarschieren zu lassen.

Um dem erwarteten Angriff etwas entgegenzusetzen, sollten nach Maos Plänen geheime Rüstungsfabriken in den Provinzen Sichuan, Guizhou und Yunnan entstehen, samt der dazugehörigen Minen, Schmelzereien, Stahlwerke, Chemiekomplexe, Wasserkraftwerke, anderen Industrien und neuen Bahnstrecken, um alles zu verbinden. Bereits in den 1930er Jahren, als Japan die chinesischen Küstenregionen besetzt hielt, hatte es von Seiten der chinesischen Nationalisten Bestrebungen gegeben, Sichuan zu einem industriellen Zentrum zu machen. Mao war zudem ein Bewunderer der sowjetischen Strategie unter Stalin nach dem deutschen Überfall auf die Sowjetunion im Jahr 1941, als hunderte von Fabriken hinter den Ural verlegt wurden. Ende der 1960er Jahre nun sollte es darum gehen, das Gleiche zu tun, allerdings bevor es zu einem Angriff kam, in viel größerem Maßstab und in einem weitaus entlegeneren, bergigen Gebiet. Yunnan als ein potentieller Standort der Rüstungsindustrie hatte zudem den Vorteil, China die Unterstützung der Verbündeten in Nordvietnam im Kampf gegen die USA zu erleichtern, da eine direkte Bahnverbindung (und bis 1965 die einzige) zwischen Yunnan und Hanoi bestand.

Mao, bekanntlich für Halbheiten nicht zu haben, forcierte die Anstrengungen, den geplanten neuen militärisch-industriellen Komplex möglichst über Nacht zu realisieren. Ab Ende 1964 wurden in den Küstenprovinzen Industrieanlagen demontiert, ins Landesinnere transportiert und dort wieder aufgebaut. Zudem wurden in den Jahren 1965 bis 1971 praktisch sämtliche chinesischen Investitionen in neue Industrieanlagen zur «Dritten Front» umgeleitet. Baubrigaden der Volksbefreiungsarmee arbeiteten rund um die Uhr, verlegten Gleise, sprengten Tunnel in die Berge und bauten Werksgebäude. Wo es möglich war, entstanden Fabriken auch in Höhlen oder steilwandigen Tälern, was sie weniger verwundbar durch Luftangriffe machte. Alles in allem stand die «Dritte Front» für ein gewaltiges und weltweit beispielloses militärisch-industrielles Vorhaben. Als Herzstück des Programms gilt ein gigantisches Stahlwerk in Panzhihua.[244]

Die Stadt an der Grenze zwischen den Provinzen Sichuan und Yunnan ist reich an Bodenschätzen, wie sie nicht zuletzt auch für die Rüstungsindustrie von Bedeutung sind. Alle Voraussetzungen der Stahlproduktion sind vorhanden, in der unmittelbaren Umgebung von Panzhihua finden sich große Eisenerz- und Kohlelager sowie eines der weltgrößten Vorkommen von Titan. Vor 1964 waren die Einwohner der Stadt überwiegend Angehörige der ethnischen Minderheit der Yi; ihr Verhältnis zur gesamtchinesischen Bevölkerungsmehrheit der Han war kompliziert und spannungsreich. Nach 1965 strömten hunderttausende Wanderarbeiter nach Panzhihua. Welch hohen Stellenwert die Stadt in der chinesischen Politik plötzlich genoss, wird daran deutlich, dass Ministerpräsident Zhou Enlai selbst die Verantwortung für den industriellen Aufbau und Betrieb übernahm. Ab 1971 wurde in Panzhihua Stahl gekocht – mutmaßlich von besserer Qualität als 13 Jahre zuvor beim Arbeitseinsatz von Lehrenden und Studierenden der Pekinger Universität unter Zhous Leitung.

In jenen hektischen Jahren wurde kein Gedanke an die Umwelt verschwendet. Auch die Arbeitssicherheit stand alles andere als hoch im Kurs: Während der Bauarbeiten starben jährlich mehr als fünf Prozent der Beschäftigten in Panzhihua bei Arbeitsunfällen. Das Stahlwerk verpestete die Luft mit dicken Rauchwolken. Der Standort in einem steilwandigen Tal mit häufigen Inversionswetterlagen bedeutete, dass sich große Mengen Schwefeldioxid und Feinstaub manchmal wochenlang ansammelten, bevor günstige Winde sie wegtrugen. 1975 beispielsweise erreichte die Konzentration von Partikeln in der Luft mitunter das 300-Fache des landesweiten Normalwerts. Mochte der Standort des Stahlwerks in militärischer Hinsicht sinnvoll und durch die reichen Rohstoffvorkommen gerechtfertigt sein, für die Luftqualität war er fatal. Darüber hinaus vergiftete die Stahlproduktion Gewässer und Böden in der Umgebung. Vor 1979 gab es in Panzhihua keine Umweltschutzbestimmungen, obwohl die internationalen Verhältnisse sich längst gewandelt hatten, Chinas Isolation durchbrochen war, die Amerikaner Vietnam verlassen hatten und keinerlei strategische Gründe mehr dafür sprachen, Rüstungsbetriebe in den entlegensten Teilen des Landesinneren anzusiedeln. Heute ist Panzhihua das viertgrößte Zentrum der Stahlproduktion in China, wie die Kautschukplantagen von Xishuangbanna eine Eigentümlichkeit der Wirtschaftsgeographie, die ihre Existenz den Konstellationen des Kalten Kriegs verdankt.[245]

Die Kampagnen des Großen Sprungs nach vorn und das Industrialisierungsprogramm für die «Dritte Front» waren bestimmt durch eine Logik der Dringlichkeit. Im ersten Fall war nur teilweise die internationale Situation des Kalten Kriegs dafür verantwortlich. Im zweiten Fall war die Überzeugung, ein Krieg gegen die Amerikaner oder die Sowjets (oder gegen beide) stehe unmittelbar bevor, der alleinige Grund, eine solche «Dritte Front» aufzubauen. Die Logik der Dringlichkeit bedeutete in beiden Fällen, dass Umweltbelange keinerlei Rolle spielten.

Mao war Umweltfragen gegenüber keineswegs immer blind. Er befürwortete Aufforstungsmaßnahmen, und es gab vereinzelt Überlegungen, wie solche Maßnahmen sich auf den Grundwasserspiegel auswirken mochten.[246] Tatsächlich lautete eines der in der Agrarkampagne explizit genannten Argumente, eine Ertragsverbesserung würde erlauben, ein Drittel des chinesischen Ackerlandes zu renaturieren und in Wald zu verwandeln. Eine solche Wiederaufforstungsquote hatte ein sowjetischer Agronom für Russland empfohlen, und der Vorschlag hatte Maos Aufmerksamkeit erregt. Seine Perspektive war freilich in der Regel das, was man gewöhnlich «instrumentalistisch» nennen würde. Das Interesse an der Umwelt war durch die Frage geleitet, welche Möglichkeiten sie eröffnete, wichtige politische Ziele zu erreichen. Die wenigen Umweltbestimmungen, die in China zu jener Zeit existierten, wurden während der Kulturrevolution 1966 als «kapitalistisch, hemmend und revisionistisch» geächtet und über Bord geworfen.[247] Erst 1972/73 begann die chinesische Führung, ihre Haltung in Umweltfragen an manchen Punkten zu überdenken – nicht zuletzt angestoßen durch die erste internationale Umweltkonferenz in Stockholm.[248] Doch Chinas Versuche, die Umweltprobleme des Landes in den Griff zu bekommen, wurden bislang immer wieder durch die rasante Urbanisierung und Industrialisierung überrannt, die in den Jahrzehnten seit 1980 den tatsächlichen «großen Sprung nach vorn» der chinesischen Wirtschaft begleiteten. 2010 hatte China Maos kühnen Traum aus dem Jahr 1958 weit hinter sich gelassen und produzierte fünfmal so viel Stahl wie die USA. Maos forcierte Bemühungen um Autarkie und die Kampagnen zur Mobilisierung der bäuerlichen Massen belasteten die Umwelt in China schwer. Doch vielleicht vertagte das (wenngleich unbeabsichtigte) Aufschieben des wirtschaftlichen Aufstiegs Chinas, diese Verzögerung um eine Generation, noch gravierendere Folgen für Chinas Umwelt – und für den Planeten insgesamt.

Stellvertreterkriege und ökologische Kriegführung vom südlichen Afrika bis Vietnam

Als Mao in den 1950er und 1960er Jahren über den Zustand der imperialistischen Welt nachdachte, hatten sich die meisten der imperialistischen Länder bereits als Papiertiger erwiesen. Ihre Herrschaft über die überseeischen Gebiete in Asien und Afrika bröckelte. Eine Welle der Dekolonisation veränderte zwischen 1947 und 1975 die weltpolitische Landschaft grundlegend. Die Dekolonisation bot den Mächten des Kalten Kriegs eine Gelegenheit oder stellte sie, ihrer eigenen Wahrnehmung nach, vor die Aufgabe, unter den neu entstandenen Staaten nach Verbündeten zu suchen. Insbesondere die Sowjetunion war bemüht, sich als Vorkämpferin des Antiimperialismus darzustellen, und unterstützte entsprechend häufig Befreiungsbewegungen, die für ein Ende der britischen, französischen oder portugiesischen Kolonialherrschaft eintraten. China unter Mao tat dasselbe, und vor allem in den 1960er und 1970er Jahren entbrannte unverhohlen die Konkurrenz zwischen beiden Ländern um die Führungsrolle im antiimperialistischen Kampf.

Im südlichen Afrika prägte der Kalte Krieg den Prozess der Dekolonisation zutiefst. Politische Bewegungen und mitunter Guerillagruppen hatten sich in den 1960er Jahren gebildet. Ihr Kampf richtete sich gegen die Herrschaft der Portugiesen in Angola und Mosambik, gegen das Regime der weißen Siedler im damaligen Rhodesien (heute Simbabwe) und gegen die Herrschaft Südafrikas über das Gebiet des heutigen Namibia; zugleich gab es Gruppen und Bewegungen, die die weiße Herrschaft und das Apartheid-System in Südafrika selbst bekämpften. Die

Portugiesen waren ebenso wie die rhodesischen und südafrikanischen Weißen bemüht, die Wahrung ihrer Interessen als Kampf gegen den Kommunismus darzustellen und hofften, sich so die Unterstützung der USA und ihrer Verbündeten zu sichern.

1974/75 brach die stramm antikommunistische Diktatur in Portugal zusammen und mit ihr die portugiesische Kolonialherrschaft in Afrika. In Angola und Mosambik flammten Bürgerkriege auf, und die rivalisierenden Parteien fanden in den Kontrahenten des Kalten Kriegs bereitwillige Förderer. Im angolanischen Bürgerkrieg unterstützten schon bald die UdSSR, Kuba, China, die USA und Südafrika diese oder jene Fraktion. Die Logik des Kalten Kriegs war in diesem und in anderen Fällen nicht das alleinige Motiv des ausländischen Engagements. Südafrika rechtfertigte die Interventionen in Namibia, Angola oder Mosambik zwar in der Regel durch antikommunistische Rhetorik und wurde in manchen Fällen durch die USA darin bestärkt, doch ging es den herrschenden Weißen gleichermaßen darum, innenpolitisch das rassistische Apartheid-System aufrechtzuerhalten sowie außenpolitisch in den Nachbarländern den Sieg von Bewegungen zu verhindern, die ihrer Herrschaft ablehnend gegenüberstanden. Fidel Castro war zwar in vielerlei Hinsicht von der Unterstützung der Sowjets abhängig, entsandte aber ohne Rücksprache mit Moskau Zehntausende kubanischer Soldaten nach Angola und verfolgte damit eigene revolutionäre Ziele in Afrika. Die direkt oder indirekt durch den Kalten Krieg motivierte Unterstützung, die die Konfliktparteien im südlichen Afrika von außen erfuhren, trug jedenfalls dazu bei, dass die Bürgerkriege dort einen blutigeren Verlauf nahmen und verheerendere Folgen hatten, als es ansonsten der Fall gewesen wäre. Durch ausländische Unterstützung kamen im angolanischen Bürgerkrieg rund 15 Millionen Landminen zum Einsatz, die mehr Menschen verstümmelten als irgendwo sonst auf der Welt.

Im so genannten Ovamboland, einer dichtbevölkerten Ebene in Nordnamibia und Südangola, wüteten die Auseinandersetzungen zwischen 1975 und 1990, häufig unter Beteiligung südafrikanischer Truppen. Die Einsätze der Südafrikaner richteten sich gegen namibische Milizen, die mit einer der angolanischen Bürgerkriegsfraktionen verbündet waren; diese wiederum wurde von kubanischen Truppen unterstützt und war mit sowjetischen Waffen ausgerüstet. Armee und Guerillagruppen terrorisierten die bäuerliche Bevölkerung des Ovambolands über Jahre, brannten Häuser und Farmen nieder, töteten das Vieh und zerstörten Pflanzungen. Die Hirse, die wichtigste Getreidepflanze der Region, wuchs hoch genug, um Guerillakämpfern Deckung zu bieten, deshalb gehörte zur Strategie der Guerillabekämpfung das systematische Niederbrennen der Hirsefelder während der Wachstumsperiode. Tausende Menschen flohen, und die Natur holte sich brach liegende Felder und verlassene Ansiedlungen zurück: Häufig bedeckte alles ein für Mensch und Tier undurchdringliches Dickicht.

Im Süden Mosambiks mündete der Kampf gegen die portugiesische Kolonialherrschaft Mitte der 1970er Jahre ebenfalls in einen Bürgerkrieg. Wie auch andernorts genossen die rivalisierenden Parteien Unterstützung aus dem Ausland:
aus China, der UdSSR, Südafrika und nach 1980 aus Simbabwe. Aus manchen
Landesteilen floh die Hälfte der Bevölkerung, insgesamt Millionen Menschen.
Gestrüpp überwucherte die verlassenen Farmen. Die Verbuschung förderte in
Mosambik das Vordringen der Tsetsefliege, durch die unter anderem die Schlaf-
krankheit und Nagana, eine Viehseuche, übertragen werden. Der verbreitete Einsatz von Landminen hielt die Geflohenen davon ab, nach dem Ende der Kampfhandlungen Anfang der 1990er Jahre auf ihre Farmen zurückzukehren. Das Land
und seine Nutzung bleiben weiterhin durch den Krieg geprägt.

Im Ovamboland, im Süden Mosambiks und tatsächlich überall in den Bürger-
kriegsgebieten im südlichen Afrika veränderten die fünfzehn Jahre und länger
währenden bewaffneten Auseinandersetzungen die Umwelt: Die alltägliche Bewirtschaftung – das Zurückschneiden des Buschwerks, das Weiden der Herden,
das Ackern und Pflanzen – war zu gefährlich. Häufig kam stattdessen Feuer zum
Einsatz – um die Bevölkerung einzuschüchtern oder zu terrorisieren und feindlichen Kämpfern die Möglichkeit zu nehmen, sich zu verstecken – und hinterließ,
oft unbeabsichtigterweise, seine Spuren im Land. Armeen und Milizen operierten
nicht selten in Reservaten und Schutzgebieten, da sich dort bewaffnete Verbände
ohne gesicherte Nachschubwege durch Jagd mit Fleisch in großen Mengen versorgen konnten. Auch Tiere wie etwa Elefanten, deren Stoßzähne begehrte Beute
und leicht zu verkaufen waren, wurden zu beliebten Zielen von Truppen in Geld-
not. Menschen auf der Flucht strömten häufig in Schutzgebiete, wo sie so gut wie
möglich von Tieren, die sie dort erlegen konnten, und von wild wachsenden
Früchten lebten. Während des Unabhängigkeitskriegs in Simbabwe grassierten
unter Wildtieren wie Nutzvieh Milzbrand und Tollwut, weil durch die bewaffneten Auseinandersetzungen jegliche Veterinärversorgung zum Erliegen gekommen
war. Die Kriege im südlichen Afrika brachten Menschen und Tierreich gleichermaßen Tod und Verderben.[249]

In Vietnam war der Konflikt verheerender und das Engagement der Mächte
des Kalten Kriegs direkter als im südlichen Afrika. Nach 1945 verdoppelte die
vietnamesische Nationalbewegung (in deren Reihen auch ein paar Kommunisten
waren) ihre Anstrengungen im Bemühen um Unabhängigkeit von Frankreich. Die
Franzosen versuchten, die Kolonie zu halten, doch nach einer schweren Niederlage der französischen Truppen im Jahr 1954 war es mehr und mehr an den USA,
den Kommunismus in Vietnam zu bekämpfen. Auch wenn angesichts der Aussicht auf einen Bodenkrieg in Asien auf amerikanischer Seite gemischte Gefühle
im Spiel waren, engagierten sich die USA ab 1964/65 entschieden, um den schwachen Satellitenstaat in Südvietnam zu retten und Nordvietnam zu bekämpfen,
wo – unterstützt von China und der UdSSR – die Kommunisten herrschten. Für

Präsident Lyndon B. Johnson, und zunächst auch für die meisten Amerikaner, war Vietnam es wert, dass man darum kämpfte, und zwar in erster Linie, weil das Land auf dem Schachbrett des Kalten Kriegs eine wichtige Rolle zu spielen schien.

Durch die Feuerkraft der US-Armee war es von Anfang an ein asymmetrischer Konflikt. Es gab Phasen konventioneller Kriegführung, doch zumeist verlegten sich die Streitkräfte Nordvietnams und ihre Verbündeten im Süden, die Nationale Front für die Befreiung (FNL), genannt Vietcong, auf Guerilla-Strategien. Für die Amerikaner ihrerseits wurde die Bekämpfung der Guerilla zentral, doch war das etwas, womit sie nur wenig Erfahrung hatten. Also passten sie ihre eher auf massiven Kapital- und Materialeinsatz gestützte Art der Kriegführung an die Umstände an, die sie in Vietnam vorfanden, und bekämpften den Feind mit den neuesten Technologien.

Ein großer Teil Vietnams war von tropischen Wäldern bedeckt, die den Kämpfern der FNL eine gute Deckung boten. Die Nordvietnamesen bahnten sogar mehrere hundert Kilometer lange Nachschublinien durch den Dschungel, etwa den berühmten Ho-Chi-Minh-Pfad, der teilweise durch das benachbarte Laos führte. Sie fügten den Amerikanern Verluste durch Hinterhalte, Heckenschützen und Sprengfallen zu, nutzten Geländevorteile und insbesondere die Vegetation. Diese Taktiken konterte die US-Armee durch den Einsatz von Entlaubungsgiften, also von Chemikalien, die Bäume, Buschwerk und anderen Bewuchs vernichten. Das berüchtigtste Mittel hieß Agent Orange und enthielt Dioxin, eine besonders üble und langlebige chemische Verbindung. Eine ähnliche Form chemischer Kriegführung war erstmals – und in kleinerem Maßstab – in den 1950er Jahren angewandt worden, im britischen Feldzug gegen kommunistische Rebellen auf der malaiischen Halbinsel. Die USA setzten Pflanzengifte weitaus großflächiger ein. Praktischerweise ließen sich die Chemikalien kostengünstig und problemlos vom Flugzeug aus über ganze Landstriche versprühen. Um die amerikanischen Truppen vor den Überraschungsangriffen der FNL zu schützen, kamen insgesamt rund 80 Millionen Liter Entlaubungsmittel in einem Gebiet von ungefähr der Größe Massachusetts' zum Einsatz (was etwa acht Prozent der Fläche Vietnams entspricht), vornehmlich im Mündungsdelta des Mekong. Nach Angaben der vietnamesischen Regierung leiden heute vier Millionen Menschen unter den Folgen des verwendeten Dioxins.

Doch griff die US-Armee auch auf mechanische Mittel zurück, um dem Feind in Vietnam seine Deckung zu nehmen. Eine ganze Flotte so genannter Rome Plows, riesiger Planierraupen, die mit zwei Tonnen schweren Klingen bestückt waren, um Bäume wie Grashalme abzumähen, machte mit der Vegetation kurzen Prozess. Die Planierraupen waren in den USA speziell für den Einsatz in Vietnam entwickelt worden; dort dienten sie in erster Linie dazu, Wald entlang der Landstraßen abzuholzen. Rome Plows rodeten ab 1967 etwa zwei Prozent der Fläche Südvietnams. Schon zu Zeiten der Kaiser im antiken Rom war das Abholzen breiter Sicherheitsstreifen an wichtigen Verbindungsstraßen Teil der Strategie gegen Hinterhalte und Aufständische gewesen, doch noch nie zuvor waren solche Arbeiten derart effizient und gründlich erledigt worden wie von den Amerikanern in ihren Rome Plows. Mit Entlaubungsgiften und Planierraupen zerstörten die USA rund 22 000 Quadratkilometer tropische Wälder (ein Gebiet von der Größe Hessens oder Israels), grob 23 Prozent der Waldfläche Vietnams im Jahr 1973.[250]

Im Unterschied zu den Konflikten im südlichen Afrika war der Krieg in Vietnam nicht zuletzt durch massive Luftangriffe geprägt; alles in allem fielen mehr Bomben als im gesamten Zweiten Weltkrieg. In gut neun Jahren setzte die US-Luftwaffe über sechs Millionen Tonnen Sprengstoff ein, und die Bombardements hinterließen rund 20 Millionen Krater – mehr, als auf dem Mond in viereinhalb Milliarden Jahren durch Meteoriteneinschläge entstanden. Einige der Bombentrichter dienen heute als Fischweiher. Zum Einsatz kamen auch «Daisy-Cutter» («Gänseblümchenschneider») genannte Fliegerbomben, die knapp über dem Boden explodierten und in der Regel durch die entstehende Druckwelle eine etwa vier Fußballfelder große Fläche planierten. Entwickelt worden war dieser Bombentyp ebenfalls speziell für den Kampf im Dschungel von Vietnam, um Lichtungen für Hubschrauberlandeplätze oder Artilleriestellungen zu schaffen.

Feuerkraft und technologische Überlegenheit versetzten das US-Militär in die Lage, schnell und folgenschwer auf die Umwelt in Vietnam einzuwirken. Umweltauswirkungen hatte zweifellos auch die Kriegführung der Nordvietnamesen und des Vietcong, die beispielsweise Felder oder Dörfer niederbrannten, wenn es ihnen dienlich schien. Doch verfügten sie nicht über die technologischen Mittel und hatten vor allem nicht die geringste Veranlassung, wie die Amerikaner Wälder zu roden und zu vergiften.[251]

Der Krieg löschte nicht nur die Flora Vietnams zu einem beträchtlichen Teil aus, sondern veränderte auch nachhaltig die Lebensgrundlagen der dort heimischen Fauna. Zu den Gewinnern zählten vermutlich Aasfresser aller Art, denn Kadaver gab es zahlreich. Auch Ratten fanden, nicht zuletzt durch die Lebensmittelvorräte des Militärs, reichlich Nahrung. Zu den Leidtragenden gehörten die Elefanten, die von der US-Armee unter Beschuss genommen wurden, weil sie möglicherweise als Lasttiere dem Feind Vorschub leisteten. Der Vietcong machte – wie auch andere Guerillagruppen – Jagd auf Hunde, da sie feindliche Truppen eventuell vor bevorstehenden Überraschungsangriffen warnten. Waldtiere verloren ihren Lebensraum, denn im Gefolge der Entlaubungsangriffe wuchs in vielen Gegenden nur noch robustes Silberhaargras, das für die wenigsten Tiere als Nahrung geeignet ist. Pflanzenfresser nahmen große Mengen Toxine auf. Minenfelder waren für größere Tiere tödlich (und sind es noch Jahrzehnte später),

Brennende Hütten nach einem Napalm-Bombardement amerikanischer Flugzeuge, Vietnam, Januar 1966. Im Zuge des Anti-Guerilla-Kriegs wurde der Wald oftmals gezielt entlaubt, um dem Feind die Deckung zu nehmen.

während Leichtgewichte in diesem Fall mitunter im Vorteil sind. Wie im südlichen Afrika setzte der Krieg in Vietnam auch vielen Tierarten schwer zu, selbst wenn manche zu den Gewinnern gehörten.[252]

In früheren Zeiten entstanden häufig gerade in Kriegsgebieten Refugien, die Wildtieren einen günstigen Lebensraum boten, weil es Menschen zu gefährlich fanden, sich dort, inmitten der Gewalt niederzulassen. Gegen Ende des 20. Jahrhunderts scheinen Kriege für die Tierwelt ganz andere Folgen zu haben. Zum einen sind Waffen heute so leistungsstark und genau, dass selbst reichlich unerfahrene Jäger ohne große Schwierigkeiten in der Lage sind, Großwild zur Strecke zu bringen. Zum anderen waren nach 1945 die Beteiligten an kriegerischen Konflikten häufig Milizen, Paramilitärs, Guerillas und andere nichtreguläre Verbände, die von Ressourcen vor Ort leben mussten, weil sie weder über einen regelrechten Tross noch über verlässliche Nachschubketten verfügten. Aus ehemaligen Refugien für Wildtiere in Kriegsgebieten wurden so sukzessive Todesfallen. Zudem wirkten die Folgen der bewaffneten Auseinandersetzungen noch lange Zeit fort, nicht nur in Form der Landminen. Mit dem Ende der Kampfhandlungen wurden womöglich etliche unmittelbare Gründe für die Jagd auf Wildtiere obsolet, doch die nach jedem Konflikt weiterhin in Hülle und Fülle vorhandenen Waffen und Fahrzeuge und mitunter auch eine neu entstandene und folgenschwere Kultur der Gesetzlosigkeit führten häufig dazu, dass die (verzehr- oder handelbare) Fauna keine Friedens-dividende zu erwarten hatte.[253]

Ökologische Kriegführung und die massive Zerstörung von Flora und Fauna waren ein wichtiges Merkmal sowohl des Vietnamkriegs als auch der Kämpfe im südlichen Afrika – und letztlich aller bewaffneten Auseinandersetzungen weltweit, in die Guerillagruppen involviert waren, ob dabei eine Verbindung zu den Konfliktlinien des Kalten Kriegs bestand oder nicht. In den Jahrzehnten seit dem Ende des Kalten Kriegs ist die Zahl der Aufstände und asymmetrischen Konflikte etwas rückläufig, doch nicht zuletzt der Kongo, Somalia, Liberia, Sierra Leone, der Irak, Afghanistan und ein paar weitere unglückliche Länder wurden seither Schauplätze solcher nichtkonventioneller Kriege mit Kollateralschäden für die Biosphäre.

Vom Eisernen Vorhang zum Grünen Band

Während des Kalten Kriegs existierten Refugien für Flora und Fauna inmitten des «Kriegsgebiets», in Landstrichen entlang des so genannten Eisernen Vorhangs. Winston Churchill hatte jener Linie, die die sowjetische und die westliche Einflusssphäre trennte, 1946 ihren berühmten Namen gegeben. Der Eiserne Vorhang verlief von der Ostsee, wo West- und Ostdeutschland aneinander grenzten, bis zur Adria, obgleich nach dem Bruch zwischen Jugoslawien und der Sowjetunion das südliche Ende des Eisernen Vorhangs ein wenig dünnem Blech ähnelte. Doch von der Grenze zwischen Ungarn und Österreich bis zur Ostsee war der Eiserne Vorhang vierzig Jahre lang ein Sperrgebiet entlang einer mit Stacheldraht und militärischen Beobachtungstürmen gesicherten Demarkationslinie. Menschen, die sich ihr unerlaubt näherten, spielten mit ihrem Leben.

Da jegliche Bewirtschaftung in diesem Sperrgebiet ausgeschlossen war, wurde der Korridor am Eisernen Vorhang sukzessive und unbeabsichtigt zu einem Naturschutzgebiet, einem sich von Norden nach Süden erstreckenden Wildpark im Herzen Europas. Grenzpatrouillen wurden ungewollt zu Wildhütern: Sie hielten Menschen davon ab, sich der Grenze zu nähern, und schützten dadurch Fauna und Flora im Ökosystem. Seltene Insekten fanden einen Lebensraum, weil keine Pestizide zum Einsatz kamen. Rot- und Schwarzwild vermehrte sich stark. Wo der Eiserne Vorhang die Ostsee berührte, traf auch die Küstenfauna hervorragende Bedingungen an. Dem im Kalten Krieg herrschenden Misstrauen ist es ferner zu verdanken, dass die Drau in ihrem Unterlauf, wo sie die Grenze zwischen Ungarn und Jugoslawien bildete, ohne Vertiefungen und Begradigungen weitgehend naturbelassen fließt. So blieben nicht nur im Fluss lebende Arten erhalten, sondern auch die Auen, Flussschleifen, Altwasser und Mäander, in denen die Drau ihren ungebändigten Charakter zeigt. Das Grenzgebirge zwischen Bulgarien und Griechenland, die Rhodopen, waren in der Zeit des Kalten Krieges ebenfalls Sperrgebiet. Entsprechend waren die Berge Heimat zahlreicher seltener und gefährdeter Arten und besaßen möglicherweise die größte biologische Vielfalt der Balkanhalbinsel. Selbst in Berlin wurde der Mauerstreifen de facto ein Rückzugsgebiet für urbane Spezies.

Als 1989 die Berliner Mauer fiel und der Eiserne Vorhang sich öffnete, warben deutsche Wissenschaftler um Mitstreiter, um gemeinsam die ungewöhnlich reichen Biotope zu bewahren, die der Kalte Krieg hinterlassen hatte. In Zusammenarbeit mit Naturschutzorganisationen in Deutschland sowie unter anderem der IUCN wurden in einem Projekt, das den Namen «Grünes Band Europa» trägt, weite Strecken des ehemaligen Grenzstreifens als Naturparklandschaft ausersehen.[254]

Denkbar wäre, dass es zu einer ähnlichen Entwicklung auch in Korea kommt. Seit dem Ende des Koreakriegs 1953 trennt die so genannte Demilitarisierte Zone (DMZ) Nord- und Südkorea. In der Fläche nimmt sie etwa ein halbes Prozent der Halbinsel ein und ist rund vier Kilometer breit, ein schmaler Gürtel um Koreas Taille, abgeschirmt durch Stacheldraht, Sprengfallen, rund eine Million Landminen und bewaffnete Patrouillen mit Schießbefehl. Nach mehr als 5000 Jahren Bewirtschaftung des Landes entstand in der nun über fünf Jahrzehnte weitgehend unberührten DMZ ein Naturschutzgebiet. Dort findet sich ein umfangreicher Querschnitt der Ökosysteme Koreas, von der küstennahen Marsch bis zum Hochmoor. Dutzende gefährdeter Arten leben hier, so alleine fünfzig Säugetierspezies, darunter Bären, Leoparden, Luchse sowie eine sehr seltene Bergziege. Darüber hinaus beherbergt die Sperrzone zahlreiche Vogel- und Fischarten. Viele ostasiatische Zugvögel – wie etwa die majestätischen Mandschurenkraniche – nutzen die DMZ als Winterquartier oder Zwischenhalt auf ihrer Reise von Sibirien in wärmere Klimazonen. Die Kraniche mit der auffälligen karmesinroten Krone, heute außerordentlich selten, gelten in Korea und ganz Ostasien als Symbole des Glücks und eines langen Lebens; die DMZ gab ihnen eine neue Chance.

Seit 1998 bemühte sich eine Gruppe Koreaner (sowie etliche Ausländer), Vorbereitungen für den Tag zu treffen, an dem die beiden Koreas wieder eins werden und die Ökosysteme der DMZ nicht länger durch die politische Pattsituation geschützt sind. Sie fürchten – nicht ganz zu Unrecht angesichts des Stellenwerts, den Umweltschutz sowohl in Süd- als auch in Nordkorea bislang genoss –, mit einer staatlichen Einigung verwandelte sich die heutige DMZ in eine Betonwüste, die dem natürlichen Reichtum ein Ende bereitet. Eine Organisation namens DMZ-Forum unterbreitete daher den Vorschlag, in der Sperrzone statt des zufällig entstandenen Naturschutzgebiets ein mit Bedacht geschaffenes einzurichten, einen «Friedenspark». Möglicherweise wird daher eine der Hinterlassenschaften des Kalten Kriegs auch in Korea, wie am westlichen Eisernen Vorhang, ein «grünes Band» sein.[255]

In den spannungsreichen Jahrzehnten des Kalten Kriegs waren die Großmächte in der Regel überzeugt, ihr Überleben – und das ihrer Bürgerinnen und Bürger – hänge an einem seidenen Faden. Jeder noch so kleine Schritt, der einen Vorteil oder größere Sicherheit zu bieten schien, wurde begrüßt, und das Gleiche galt für alles, was die Wirtschaftskraft stärkte, die notwendig war, die hohen Rüstungsausgaben sicherzustellen. In einem solchen politischen Klima schien es gerechtfertigt, einzelne Orte wie Majak oder Hanford zu opfern, die Gesundheit und das Leben der Arbeiter in den Uranminen aufs Spiel zu setzen oder die Lebensgrundlagen der Dai-Bevölkerung in Yunnan zu zerstören. Führenden Staatsmännern bereitete es keine Schwierigkeiten, die notwendige Indifferenz der Umwelt gegenüber an den Tag zu legen, solange nur Sicherheit und Wirtschaftsleistung nicht in Gefahr gerieten.

Bis Ende der 1960er Jahre teilten die Bürger die Haltung ihrer Regierungen. Doch zu den paradoxen Entwicklungen des Kalten Kriegs gehörte es, zu einem steigenden Umweltbewusstsein beizutragen – wenn auch indirekt. Die diffuse Besorgnis angesichts des radioaktiven Fallouts der Nukleartests schlug sich in den frühen 1960er Jahren in einer entstehenden breiteren Umweltbewegung nieder. Später boten die Jahre der Entspannungspolitik zwischen etwa 1972 und 1979, als die Konfrontation ein wenig abklang, die Gelegenheit, ökologische Belange stärker und vernehmlicher in die Öffentlichkeit zu tragen. In Westeuropa, Nordamerika, Japan und den Teilen Osteuropas, die gewisse Spielräume zuließen, äußerten immer mehr Menschen ihre Zweifel an der nuklearen Hochrüstung wie auch am zügellosen Wirtschaftswachstum. Die Entspannung trug dazu bei, Umweltschutz zu einem wichtigen Thema zu machen und den Menschen zugleich das Gefühl zu geben, es sei an der Zeit, darüber zu sprechen. Auch nach dem Ende der Entspannungspolitik, das gewöhnlich auf 1979, das Jahr des sowjetischen Einmarschs in Afghanistan, datiert wird, blieb das Thema Umweltschutz in der Welt. Und es ließ sich auch nicht mehr daraus verbannen, als im Kalten Krieg in den 1980er Jahren eine neue Frostperiode anbrach, wie sehr verschiedene Repräsentanten aus Politik und Wirtschaft sich auch bemühten – etwa jener bayerische Politiker, der die deutschen Grünen als «trojanische Sowjet-Kavallerie» titulierte.[256]

Der Kalte Krieg hinterließ seine Spuren in der Biosphäre, auf jedem Kontinent und in jedem Ozean. Viele Auswirkungen waren nicht von Dauer, so die Zerstörung von Ernten und Dörfern in Stellvertreterkriegen, doch manche Auswirkungen werden noch Generationen lang fortbestehen, etwa das Austrocknen des Aralsees. Und es gibt Folgen, die uns – oder besser gesagt: unsere Nachfahren – noch in undenklichen Zeiten beschäftigen werden.

Die Umweltbewegung Das Entstehen der weltweiten Umweltbewegungen ist eines der bedeutsamen Ereignisse in der Geschichte des 20. Jahrhunderts. Für ihr Auftreten gab es eine Vielzahl von Gründen – die Besorgnis über Nukleartests, die wir oben diskutierten, war einer davon –, doch möglicherweise war das Offenkundige letztlich entscheidend: An vielen Orten war die Umwelt durch das Wirtschaftswachstum bedroht. Die Reaktion derer, die sich um ihre Gesundheit, ihr Leben oder um die Grundlagen der menschlichen Existenz insgesamt sorgten, ließ nicht lange auf sich warten. Die Orientierung der Weltwirtschaft brachte ihren eigenen Gegenpol hervor: die Umweltbewegung.

Die Anfänge der Umweltbewegung werden häufig mit der Veröffentlichung von Rachel Carsons *Der stumme Frühling* im Jahr 1962 in Verbindung gebracht. Für Singvögel, so Carson, würden chemische Gifte zunehmend zur tödlichen Falle, und letztlich könne das zu ihrer Ausrottung führen. Hinter dem alarmierenden Bild einer Welt ohne zwitschernde Vögel, das Carsons Buch zeichnete, stand die unmissverständliche Botschaft an die Menschheit, Chemikalien – wie damals vor allem DDT – seien im Begriff, die Grundlagen des Lebens selbst zu zerstören. Die moderne Chemie werde für die Menschheit zum Verhängnis, lautete die Mahnung des Buchs, die bei Lesern rund um die Welt Widerhall fand. *Der stumme Frühling* machte Carson über Nacht berühmt, in den Vereinigten Staaten ebenso wie in vielen anderen Ländern. (Das Buch wurde in mehr als ein Dutzend Sprachen übersetzt.) Der Ruf von DDT war dahin. Vor der Veröffentlichung galt die Chemikalie als ein Wundermittel und absolut sicher, danach wurde sie zum Sinnbild einer Hybris der Umwelt gegenüber. *Der stumme Frühling* war das erste einer ganzen Reihe von Bestsellern zu ökologischen Themen aus der Feder von Wissenschaftlern, darunter etwa das erstmals 1968 erschienene *Die Bevölkerungsbombe* von Paul Ehrlich oder *Wachstumswahn und Umweltkrise* von Barry Commoner aus dem Jahr 1971, um nur zwei der wichtigsten zu nennen.[257]

Umwelthistoriker haben verschiedentlich bereits darauf hingewiesen, dass es natürlich eine unzulässige Vereinfachung wäre, das Auftreten einer heterogenen globalen Massenbewegung auf ein einzelnes Buch zurückzuführen.[258] *Der stumme Frühling* traf nicht auf eine ökologische *tabula rasa*. Mehr als ein halbes Jahrhundert zuvor war in den USA eine heftige Debatte über die verantwortungsvolle Nutzung öffentlichen Landes – und insbesondere Waldes – entbrannt. Die Regierung schuf Nationalparks und baute im Verlauf des gesamten 20. Jahrhunderts das System eifrig weiter aus. Auch die Debatten über Umweltverschmutzung reichen in der amerikanischen Geschichte weit zurück. Auf dem Gipfel des Industriezeitalters polemisierten insbesondere gebildete Progressive gegen die «Rauchplage», was in verschiedenen Großstädten der USA zu ersten Bemühungen führte, die Luftverschmutzung durch Kohlenrauch in den Griff zu bekommen. Nach dem Zweiten Weltkrieg orientierten sich Ingenieure und lokale Beamte in Westdeutschland am Beispiel von St. Louis und Pittsburgh, um darauf hinzuwirken, vor allem in Industriezentren wie dem Ruhrgebiet die Luftverschmutzung durch Rauch zu reduzieren.[259]

Doch war die Zeit auch reif für die Botschaft von Rachel Carsons Buch. Die ersten beiden Jahrzehnte nach dem Zweiten Weltkrieg prägten ein blinder Glaube an den technologischen Fortschritt und ein hektisches Streben nach Wohlstand und Wachstum, das keinerlei Rücksichten kannte. Es war eine Haltung, die in beinahe jedem Land der Erde, ob arm oder reich, vorherrschte. Doch zeigte auch der Nachkriegskonsens schon Risse. Angesichts der Nukleartests schlich sich ins weltweite Lob der Technologie Besorgnis ein, und das lange vor der Veröffentlichung von *Der stumme Frühling*. In den 1950er Jahren lösten die in der Erdatmosphäre durchgeführten Atomtests der Großmächte – vor allem der radioaktive Fallout samt seiner Auswirkungen auf die menschliche Gesundheit – eine erste Welle weltweiter Empörung und Ängste aus. Die damaligen Versuche provozierten Proteste und bewogen Wissenschaftler wie Barry Commoner, systematisch über die Beziehung zwischen Technologie und natürlicher Umwelt nachzudenken. In den 1960er Jahren dann artikulierten einflussreiche amerikanische Wissenschaftler und Publizisten ein zunehmendes Unbehagen über die Begleiterscheinungen des Wohlstands. Verschiedentlich wurde öffentlich angeprangert, dass der zunehmende Reichtum nicht mit dem Schutz der Umwelt einhergehe. Zu den bekanntesten Intellektuellen, die solches formulierten, gehörte zweifellos John Kenneth Galbraith, der in seinem erstmals 1958 veröffentlichten Bestseller *Gesellschaft im Überfluss* unter anderem vor den negativen Folgen unkontrollierten Wirtschaftswachstums für die Umwelt warnte. Basis- und Nachbarschaftsgruppen, in denen häufig Frauen den Ton angaben, begannen gleichzeitig, die Suburbanisierung, jenen ultimativen Ausdruck amerikanischen Wohlstands in der Nachkriegszeit, zu kritisieren und mit der Zerstörung der Landschaft in Verbindung zu bringen.[260]

In den wohlhabenden Gesellschaften der Industrieländer war das in groben Zügen der Hintergrund für das massenhafte Engagement in der Umweltbewegung oder auch in einer der anderen «neuen sozialen Bewegungen» – der Kriegsgegner, Studenten, Frauen und Hippies – der späten 1960er Jahre. Unzufriedenheit und Proteste in so vielen Bereichen des Alltagslebens bildeten eine entscheidende Voraussetzung; die entstehende Umweltbewegung rückte von einem Platz am Rand der öffentlichen Aufmerksamkeit in deren Zentrum. Die Entwicklung war keineswegs auf die USA beschränkt, sondern zeigte sich in zahlreichen Ländern rund um die Welt. Menschen begannen Machtverhältnisse und Autoritäten in Frage zu stellen, wandten sich gegen rassistische Diskriminierung und die Ungleichbehandlung von Frauen, protestierten gegen die Regierung und das amerikanische Vorgehen in

Vietnam. In den Protestbewegungen gab es viele, die schon bald auch den Wachstumskonsens der Nachkriegszeit und seine Konsequenzen für die Umwelt kritisch betrachteten. Zahlreiche junge Leute, die an Studentenprotesten und Demonstrationen gegen den Krieg teilnahmen, stießen zur Umweltbewegung, gaben ihr neue Energien und beeinflussten oft auch ihre weitere Orientierung.[261] Andererseits sah der Umweltprotest nicht überall gleich aus; es gab die unterschiedlichsten Probleme und Motive, und auch die Beteiligten waren nicht durchweg junge Leute. Obgleich Studenten und Hippies eine stereotype Vorstellung des Aktivismus in den 1960er und 1970er Jahre prägen, waren sie in der neuen Ökologiebewegung nicht die einzigen. Zu Vorkämpferinnen wurden immer wieder Frauen mittleren Alters; das Gleiche gilt vielerorts für Intellektuelle jeder Couleur. Weltweit empörten sich viele Menschen über die Umweltzerstörung in ihrer unmittelbaren Umgebung, sie sorgten sich um die Folgen des Wachstums und der eingesetzten Technologien – und beteiligten sich deshalb an Umweltprotesten.

Japan bietet in dieser Hinsicht ein aufschlussreiches Beispiel. Nach dem Zweiten Weltkrieg waren die herrschenden Eliten in Politik und Wirtschaft vor allem daran interessiert, Land und Industrie mit vereinten Kräften unter allen Umständen so schnell wie möglich wiederaufzubauen. Die Bemühungen zeigten beeindruckende Erfolge. Binnen drei Jahrzehnten wuchs die japanische Wirtschaft auf ihr 50-faches Volumen an und erreichte Mitte der 1970er Jahre einen Anteil von rund zehn Prozent an der Weltwirtschaft. Riesige neue Industriekomplexe zogen Millionen Menschen in die japanischen Städte. Zu den Folgen gehörten weltweite Spitzenwerte auch bei der Verschmutzung von Luft, Wasser und Boden. Anfang der 1960er Jahre regten sich in verschiedenen Industriestädten erste Proteste, und praktisch immer wurden sie von Anwohnern getragen, die um ihre Gesundheit und ihr Leben fürchteten. Auf die Beschwerden reagierten die Behörden zwar hin und wieder, doch nicht annähernd ausreichend, und gegen Ende des Jahrzehnts war die Umweltverschmutzung landesweit zu einem wichtigen politischen Thema geworden. Umweltgruppen leisteten in der Folge, nicht zuletzt durch das Beispiel der zahlreichen Proteste im Ausland ermutigt, einen wichtigen Beitrag auf dem Weg zu einer strengen Umweltgesetzgebung, wie sie in Japan auf nationaler Ebene in den 1970er Jahren in Kraft trat. Im Großen und Ganzen richtete Japans Umweltbewegung ihr Augenmerk starr auf die Luftverschmutzung und Gesundheitsfragen, während der Schutz von Wäldern, Fauna, Fischbeständen oder Ökosystemen im Allgemeinen kein Thema für sie war.[262]

Nach 1970 nahmen Umweltproteste weltweit rasch zu. Den Aktivisten gelang es nunmehr, bei Großdemonstrationen ungeheuer viele Menschen zu mobilisieren. Bekannt wurden sicherlich der am 22. April 1970 erstmals begangene «Tag der Erde» sowie später die Massendemonstrationen gegen die Atomkraft in Westeuropa, doch gab es zahlreiche weitere Kundgebungen und Proteste an vielen

Der erste «Tag der Erde», New York City, 22. April 1970. Im Lauf der 1960er Jahre entstanden überall auf der Welt immer mehr Umweltbewegungen. Die Tradition des Earth Day wurde in den USA von Gaylord Nelson begründet, einem Senator aus Wisconsin, der angesichts einer Ölpest in Kalifornien zutiefst empört war. Der Earth Day wurde schließlich weltweit begangen und auch offiziell von der UNO unterstützt.

Orten und mit den verschiedensten Anliegen. Ältere Naturschutzorganisationen gerieten ins Hintertreffen, wo sich, aus bestimmten taktischen Überlegungen heraus, stärker konfrontativ auftretende Gruppen bildeten, die ihre kritischere Position häufig wissenschaftlich-ökologisch begründeten. So trat beispielsweise David Brower 1969 vom Vorsitz des Sierra Clubs, der ältesten Naturschutzorganisation der USA, zurück und gründete Friends of the Earth, eine globale Organisation, die sich nach Browers Vorstellung für einen radikaleren Wandel von Umwelt und Gesellschaft einsetzen sollte. Anfang der 1970er Jahre erschien eine ganze Reihe von Publikationen, die das Wirtschaftswachstum selbst in Frage stellten. Die bei weitem bekannteste war der Bericht *Die Grenzen des Wachstums* und erschien 1972, herausgegeben vom Club of Rome (der seine Gründung der Initiative eines italienischen Industriellen verdankte). An Studien wie dieser entzündete sich eine vehemente – und jahrzehntelang anhaltende – Debatte unter Wissenschaftlern und Publizisten über die Zukunft der Industriegesellschaft, über Umweltverschmutzung und Ressourcen.[263]

Der Kalte Krieg verstärkte auch gegenkulturelle Proteste. Obgleich durch das partielle Teststoppabkommen von 1963 Atomwaffentests in der Atmosphäre ausgeschlossen waren, setzten alle Nuklearmächte unterirdische Testprogramme fort. 1971 fuhr eine kleine Gruppe kanadischer und US-amerikanischer Aktivisten mit einem Kutter in die Nähe eines Testgeländes auf einer Aleuten-Insel im Nordpazifik und zwang dadurch die US-Regierung, einen geplanten unterirdischen Nukleartest abzubrechen. Aus der Aktion entstand eine Form des Umweltaktivismus, bei dem mit hohen Einsätzen gespielt wurde, und sie gilt als Geburtsstunde einer neuen, transnationalen Umweltschutzorganisation, Greenpeace. In den darauffolgenden Jahren setzte die Organisation ihren Protest gegen Nukleartests im Pazifik mit direkten Aktionen fort, eine Strategie, die sie in einen offenen Konflikt mit der französischen Regierung brachte. Die Konfrontation eskalierte 1985 mit der Versenkung des Greenpeace-Schiffs «Rainbow Warrior» durch Agenten des französischen Geheimdienstes im Hafen von Auckland (Neuseeland).[264]

Die Tests von Atomwaffen und darüber hinaus die ständige nukleare Bedrohung im Kalten Krieg motivierte viele Umweltaktivisten. Die ökologischen und grünen Parteien, die überall in Westeuropa entstanden, stimmten darin mit der Friedensbewegung überein. Dieses Bündnis wurde Ende der 1970er und Anfang der 1980er Jahre noch enger, nachdem 1979 die NATO beschlossen hatte, Pershing-II-Raketen und Marschflugkörper in Europa zu stationieren. Die weitverbreitete Angst vor einem Atomkrieg erfuhr in der Folge eine dramatische Steigerung. Die Grünen in Westdeutschland sind ein exemplarischer Fall eines solchen Bündnisses zwischen Friedens- und Umweltbewegung: Die Frühgeschichte der Partei ist durch einen standhaften Pazifismus ebenso geprägt wie durch Umweltengagement.

Umweltengagement der Armen

Die gleiche Entwicklungsdynamik, auf der in den Industrieländern der Nachkriegskonsens beruhte, zeigte auch in den ärmeren Ländern der Erde ihre Wirkung. Das in den 1950er Jahren einsetzende rasche Wirtschaftswachstum schuf Nachfrage nach Rohstoffen und Nahrungsmitteln in immer größeren Mengen – nach Erzen, Erdöl, Kohle, Holz, nach Fisch, Fleisch und landwirtschaftlichen Erzeugnissen aller Art. Die steigende Nachfrage überschritt jegliche Grenzen und bezog bald Teile der Welt mit ein, die bislang noch nicht vollständig in die modernen Wirtschaftskreisläufe integriert waren. Allerdings entsprach das weitgehend den Ambitionen und der Politik der nationalen Eliten in den meisten ärmeren

Ländern: Auch sie schlossen sich mehrheitlich dem Nachkriegskonsens an, der in den Industrieländern vorherrschte.

Doch die Intensivierung der Wirtschaftsbeziehungen hatte neben praktischen oft sehr negative Auswirkungen, insbesondere für die Armen in ländlichen Gebieten. Durch eine größere Nachfrage nach Erzen entstanden Minen an immer mehr Orten, steigende Nachfrage nach Holz bedeutete Rodungen in immer mehr Wäldern – und so weiter. Sobald Unternehmen aus der Rohstoffbranche irgendwo den Betrieb aufnahmen oder einen existierenden Standort intensiver ausbeuteten, trafen die schlimmsten Auswirkungen die (oft mittellose) Bevölkerung vor Ort. Vor allem zwei Probleme waren vorrangig: Das eine hing unmittelbar mit der Förderung und Bereitstellung der Rohstoffe zusammen, die mit allen möglichen Unannehmlichkeiten und mitunter sogar tödlichen Belastungen verbunden waren. Bergbau produzierte enorme Abraumhalden und verunreinigte im weiten Umkreis das Trinkwasser; der Holzeinschlag entwaldete ganze Berghänge, die Folgen waren Bodenerosion und Schlammlawinen; Staudamm- und Kraftwerkprojekte setzten ohne Rücksicht auf die ländliche Bevölkerung riesige Gebiete unter Wasser. Das zweite Problem betraf den Zugang zu natürlichen Ressourcen. Die ländliche Bevölkerung war für ihr auf Subsistenz gestütztes Überleben häufig auf die gleichen Ressourcen angewiesen, die nun weitaus umfangreicher durch mächtige (und unersättliche) Industrien ausgebeutet wurden. So waren beispielsweise Fischerdörfer, die mit kleinen Booten und einem geringen technischen Aufwand ihren Fang einbrachten, mit Trawlern und schwimmenden Fischfabriken konfrontiert, die in der Lage waren, ganze Fischgründe zu ruinieren.[265]

In solchen Situationen trat hervor, was als das «Umweltengagement der Armen» bezeichnet wurde. Das Konzept geht auf die 1980er Jahre zurück und wurde von indischen Sozialwissenschaftlern und Intellektuellen formuliert, die den Umweltgedanken in den Industrieländern einer eingehenden Kritik unterzogen. Sie kamen dabei zu dem Ergebnis, das Umweltengagement in den USA und anderen reichen Ländern sei durch die Sorge um eine idealisierte Natur motiviert, vorgestellt als eine unberührte Wildnis. Eine solche Konzeption sei nicht in der Lage, die wesentlichen Gründe der Umweltzerstörung zu begreifen, vor allem den Konsum, ob im eigenen Land oder in anderen Teilen der Welt. Daneben entwarfen verschiedene nordamerikanische und europäische Intellektuelle eine Theorie von den «postmaterialistischen» Wurzeln des Umweltengagements. Demnach engagierten sich Menschen in den westlichen Industrieländern für die Umwelt, weil ihre Grundbedürfnisse längst befriedigt sind. Umweltbewusstsein, so die These, sei in der reichen Welt entstanden, da der Wohlstand die Menschen in die Lage versetze, sich nicht mehr um die nächste Mahlzeit kümmern zu müssen und sich stattdessen Gedanken um Bären oder die Wildnis machen zu können. Die Armen in den Ländern der Dritten Welt hätten andere Prioritäten auch im Hinblick auf die Umwelt, da ihre wichtigste Sorge nach wie vor ihrem Überleben gelte.[266]

Die indischen Autoren wiesen die Unterstellung zurück, die Armen hätten kein Bewusstsein für die Natur und nicht den Wunsch, ihre Umwelt zu schützen. Ihre These untermauerten sie aus einer eingehenden Beschäftigung mit von indischen Dorfbewohnern getragenen Protestbewegungen. Die Kraft und Effektivität, mit denen die Bewegungen in Indien sich für die Umwelt engagierten, brachten ihnen und ihrem Anliegen nicht nur wissenschaftliche Aufmerksamkeit, sondern zwangen auch dazu, Umweltbewusstsein und -protest insgesamt neu zu denken. Das bekannteste Beispiel ereignete sich Anfang der 1970er Jahre im indischen Himalaya, als im Bundesstaat Uttarakhand Dorfbewohner sich den Forstbehörden entgegenstellten, die gerade Konzessionen für das Fällen von Holz versteigerten. Der Holzeinschlag mit staatlicher Unterstützung hatte bereits früher zum Abholzen ganzer Berghänge und in der Folge zu Überschwemmungen geführt, während umgekehrt den Dorfbewohnern eine von ihnen beantragte Nutzung des Waldes jahrelang verweigert worden war. Die neuen Konzessionen hätten erneut die Existenzgrundlagen und das Leben der Bevölkerung gefährdet. 1973 spitzten die Dinge sich zu, als eine Gruppe aus einem Dorf, darunter viele Frauen und Kinder, Holzfällarbeiten verhinderten, indem sie drohten, sich an die Bäume zu binden. Die Aktion gab der Bewegung ihren Namen, *chipko* (was in etwa «umarmen» heißt), und bescherte ihr dauerhafte Bekanntheit. Der schnelle Erfolg der Chipko-Bewegung hatte zur Folge, dass die Taktik eine Zeit lang auch in anderen Teilen des Himalaya populär war, bis sie schließlich wieder seltener wurde. Umweltschützern trug die Bewegung den (manchmal, je nach Standpunkt des Betrachters, wenig schmeichelhaft gemeinten) Spitznamen «Baumumarmer» ein – und Chipko wurde zum Inbegriff des Umweltengagements der Armen.[267]

Einzelheiten und Umstände mögen von Fall zu Fall unterschiedlich gewesen sein, dennoch finden sich in der Nachkriegsgeschichte reichlich Auseinandersetzungen, die sehr stark an die der Chipko-Bewegung erinnern und daher Gemeinsamkeiten nahelegen. Oft handelte es sich um lokale Proteste, die anderswo wenig Aufmerksamkeit erfuhren. Andere hingegen erregten einige öffentliche Beachtung: Die Cause célèbre ist der Protest gegen die Staudamm-Projekte entlang der Narmada im Westen Indiens. Ähnlich berühmt gewordene Beispiele sind die massiven Widerstände der autochthonen Bevölkerung auf den Außeninseln Indonesiens im Konflikt um Rodungen, die Proteste buddhistischer Mönche gegen die Waldzerstörung in Thailand und Burma oder die Empörung von Dorfbewohnern gegen die Ausweitung der Goldförderung in Peru. In mehreren Fällen kam es zu Tragödien. Der Kautschukzapfer Chico Mendes, ein Aktivist der Proteste gegen die Rinderzucht im brasilianischen Amazonasgebiet, wurde weltweit zu einem Symbol des Widerstands, nachdem er 1988 ermordet worden war. Ein weiteres Beispiel ist der Fall des nigerianischen Schriftstellers Ken Saro-Wiwa, der bei den Massenprotesten der Orgoni-Bevölkerung gegen die fortschreitende Zerstörung des Nigerdeltas durch die Erdölförderung eine führende Rolle spielte. Die nigerianische Regierung, in die Enge getrieben durch die öffentliche Aufmerksamkeit, die der beklagenswerte Zustand des Deltas erfuhr, ließ Saro-Wiwa und mehrere seiner Mitstreiter verhaften. In einem spektakulären Schauprozess wurden alle Angeklagten zum Tod verurteilt und trotz internationaler Proteste im November 1995 hingerichtet.[268]

Das Umweltengagement der Armen findet sich auch in Protesten in den Industrieländern, beispielsweise in den USA in den Bewegungen von Armen und Minderheiten gegen Belastungen, die ihre Gesundheit und ihre Gemeinden gefährden. Obwohl eine solche Selbstorganisation der Armen eine lange Geschichte hat, begannen Wissenschaftler erst in den 1980er Jahren, diese Art von Protesten systematisch zu untersuchen und theoretisch einzuordnen. Zu einem folgenreichen Konflikt kam es 1982, als der Gouverneur von North Carolina die arme und mehrheitlich afroamerikanische Gemeinde Afton als Standort einer Giftmülldeponie benannte. Die Einwohner reagierten darauf mit massivem Protest, der als eine der Wurzeln der Umweltgerechtigkeits-Bewegung in den USA gilt. Im Gegensatz zum so genannten Mainstream-Umweltengagement, von Vertretern der Bewegung als ein Phänomen vor allem der weißen Mittelklasse kritisiert, das die Interessen der Armen ignoriere, sollte Umweltgerechtigkeit den Protest gegen Umweltzerstörung mit den Anliegen der Bürgerrechtsbewegung verknüpfen. So wurde beispielsweise geltend gemacht, Giftmülldeponien und Kraftwerke seien in den häufigsten Fällen in der Nachbarschaft armer Gemeinden anzutreffen. Seit den 1980er Jahren wurde Umweltgerechtigkeit selbst wiederum Teil des Mainstream-Umweltengagements in den Vereinigten Staaten. Der starke Bezug auf die US-Bürgerrechtsbewegung beeinträchtigte jedoch die Attraktivität des Konzepts in anderen Teilen der Welt.[269]

Umweltprotest im Sozialismus

Sozialistische Regime waren an einigen der schlimmsten Umweltfrevel des 20. Jahrhunderts beteiligt. Gewiss gab es Unterschiede zwischen einzelnen Ländern, doch ebenso unzweifelhaft rangierte Umweltschutz auf der sozialistischen Prioritätenliste ziemlich weit unten. Verantwortlich dafür sind zu einem guten Teil ideologische Gründe. Für die sozialistische Orthodoxie bestand das Problem der Umweltzerstörung nur im Kapitalismus, da dort die Bedingungen der Profitmaximierung die Unternehmen zwängen, die negativen Umweltauswirkungen der Produktion auf die Gesellschaft abzuwälzen, um Kosten zu sparen. Ganz abgesehen davon, dass Unternehmen der Privatwirtschaft tatsächlich häufig genau in diesem Sinn handelten, kam es den Verfechtern der Sowjetideologie nicht in den Sinn, dass Umweltverschmutzung auch noch andere Gründe haben könnte.

Solche Scheuklappen hatten für die realexistierende sozialistische Umwelt nicht unerhebliche Folgen. Beispielsweise betrachtete die sowjetische Orthodoxie nach dem Zweiten Weltkrieg eine Kontrolle des Bevölkerungswachstums als reaktionär. Vorschläge in dieser Richtung gingen, so die herrschende Meinung, samt und sonders auf die Bevölkerungstheorie des britischen Ökonomen Thomas Robert Malthus zurück, der Armut als eine Folge der Überbevölkerung angesehen hatte, statt sie der kapitalistischen Ausbeutung zur Last zu legen – ein schwerwiegender Fehler. Auch Mao Zedong gehörte zu den Anhängern der sowjetischen Lehrmeinung in dieser Frage und weigerte sich nicht zuletzt deshalb, im raschen Bevölkerungswachstum Chinas einen Grund zur Sorge zu sehen. Mitte der 1950er Jahre warnte Ma Yinchu, damals Präsident der Universität Peking und ein bedeutender Ökonom und Demograph, ohne Geburtenkontrolle werde die Bevölkerungsentwicklung in China in eine Katastrophe münden. Mao spürte in der Warnung den Geist eines toten Engländers und beschuldigte Ma der Rechtsabweichung, machte ihn damit mundtot und beendete so jegliche Debatte über Bevölkerungspolitik bis Anfang der 1970er Jahre. Erst zu diesem Zeitpunkt gewann die Sorge um Überbevölkerung die Oberhand gegenüber sozialistischer Orthodoxie, und der Staat rekurrierte auf zunehmend rigide Maßnahmen zur Familienplanung, die 1979 in der extremen «Ein-Kind-Politik» kulminierten.[270]

Auch aus den theoretischen Grundlagen des Marxismus (samt seiner Lesarten im 20. Jahrhundert) ließ sich eine gewisse Zurückhaltung beim Umweltschutz ableiten. Marx hatte die Menschheitsgeschichte in progressiven Stufen entworfen, als Weiterentwicklung vom Feudalismus zum Kapitalismus, von dort zum Sozialismus und schließlich zum Kommunismus. In diesem theoretischen Modell galt die Industrie als unabdingbare Voraussetzung der letzten drei Stufen. Die kapitalistische Industrialisierung war daher gut, und die sozialistische Industrie konnte entsprechend nur besser sein. Kombinierte man eine solche theoretische Perspektive mit dem sehr realen Imperativ, mit den Westmächten militärisch gleichzuziehen, blieb den sozialistischen Regimen kaum eine andere Wahl, als die Industrialisierung mit größtem Nachdruck voranzutreiben.

Das Ergebnis war eine sehr eng gefasste und utilitaristische Perspektive auf die Natur. Hatte im ersten Jahrzehnt der Sowjetunion Naturschutz noch Ansehen genossen, markierte bereits Stalins erster Fünfjahresplan (1929–1934) eine dramatische Verschiebung in der staatlichen Politik; die Verwendung aller verfügbaren Ressourcen und die Steigerung der Produktionsleistung hatten von da an oberste Priorität. Bergbau und Holzeinschlag expandierten und machten auch vor den zahlreichen ausgewiesenen Schutzgebieten – den *Sapowedniki* – nicht Halt, die Kollektivierung der Landwirtschaft trat in ihre entscheidende Phase, und prominente Befürworter des Naturschutzes fielen den Säuberungen zum Opfer. Nach 1945 lancierte man in allen Staaten des sowjetischen Einflussbereichs unzählige gigantische – und, wie im Rückblick festzustellen ist, schlecht durchdachte – Großprojekte. Ingenieure in Osteuropa konstruierten in einem fort Wasserkraftanlagen und Stahlwerke, sowjetische Wissenschaftler träumten davon, die nach Norden, ins Polarmeer, fließenden Ströme Sibiriens nach Süden umzuleiten, wo sie die Baumwollfelder in Zentralasien hätten bewässern können. Die Regierung Kubas verfolgte Pläne, das Meer zwischen der Hauptinsel und kleineren Nebeninseln mit gigantischen Deichbauwerken zu umschließen und so der Karibik eine gewaltige Fläche abzutrotzen, die dann hätte trockengelegt werden sollen, um als Ackerland zu dienen. Die größte dieser letztendlich nicht realisierten Landgewinnungsmaßnahmen hätte Kubas Fläche um mehr als 15 Prozent vergrößert.[271] Dass die Pläne zurückgestellt wurden, lag eher an finanziellen Engpässen als an der Sorge um ökologische Fragen.

Vor diesem Hintergrund überrascht es nicht, dass Umweltschutz im Staatssozialismus nur eine sehr nachgeordnete Rolle spielte. Allerdings existierte eine Art Paralleluniversum staatlicher Organisationen, in denen der Umweltgedanke als solcher gepflegt wurde. Da Umweltzerstörung erklärtermaßen ein kapitalistisches Phänomen war, war es sozialistischen Regimen praktisch unmöglich, die Existenz oder das Ausmaß von Umweltschäden im eigenen Land einzugestehen, schon gar nicht in der Öffentlichkeit. Während also die staatliche Rhetorik den Umweltschutz pries, wurde jede Information über Umweltprobleme unterdrückt. Häufig stellte die Führung den hohen Stellenwert heraus, den Umweltschutz im Sozialismus genoss, um dem Rest der Welt dessen Überlegenheit zu demonstrieren. Als Beleg diente beispielsweise eine Umweltgesetzgebung, die strengere Maßstäbe als vergleichbare westliche Bestimmungen anlegte, oder es wurde auf die Existenz staatlich geleiteter und finanzierter Umweltorganisationen hingewiesen, die über ungeheure Mitgliederzahlen verfügten. Solche Erklärungen waren indes in der Regel haltlos: In den allermeisten Fällen wurde die Umweltgesetzgebung in der Praxis ignoriert, die Mitgliedschaft in staatlichen Organisationen bestand eher nominell, und deren Führungsgremien waren absolut loyal.[272]

Umweltprobleme öffentlich anzusprechen, konnte riskant sein, doch andererseits reagierten die staatlichen Behörden auf das Auftauchen unabhängiger Umweltorganisationen – was im Kalten Krieg vereinzelt geschah – nicht in jedem Fall mit Repression. Solange solche Gruppen nur relativ wenige Mitglieder hatten und keine offenkundig oppositionellen politischen Ziele verfolgten, stellten sie für die Behörden keine allzu große Gefahr dar. Selbst Episoden wirklicher nationaler Aufregung über Umweltprobleme, wie Ende der 1950er Jahre in der Sowjetunion im Fall der Verschmutzung unberührter Natur am Baikalsee in Sibirien, sprengten nicht die Grenzen des Erlaubten. Die sowjetischen Behörden hielten einen großen Teil der Informationen über den wahren Zustand des Baikalsees geheim und waren ansonsten bemüht, den Protest relativ ruhig zu halten. Andererseits berührte die Angelegenheit nur ein sehr begrenztes geographisches Gebiet und stellte keineswegs die staatlichen Wirtschaftspläne in Frage.[273] Andernorts vermieden sozialistische Staaten die Verfolgung von Umweltgruppen aus Sorge um den inneren Frieden. Das war beispielsweise in Ostdeutschland der Fall, wo sich seit den frühen 1970er Jahren eine kleine Umweltbewegung etablieren konnte. Sie entstand innerhalb des Raums der evangelischen Kirche, einer der wenigen Institutionen im Land, die in der Lage war, eine gewisse Unabhängigkeit vom Staat zu wahren. Die Staatssicherheit behielt die Aktivitäten der Umweltschützer im Auge und bemühte sich nach Kräften, sie einzudämmen oder zu unterwandern, doch ließen die Behörden die Gruppen ansonsten gewähren, weil sie ein offenes Kräftemessen mit der Kirche weitaus mehr fürchteten als einen Aufstand von Umweltschützern.[274]

In Teilen des sowjetischen Machbereichs scheiterte in den 1980er Jahren die Eindämmungspolitik gegenüber den nichtstaatlichen Umweltgruppen. Alle möglichen Umweltgifte hatten in weiten Gebieten Osteuropas und Russlands Luft, Wasser und Boden verpestet. In der Sowjetunion entstanden Anfang des Jahrzehnts die ersten informellen Ökogruppen außerhalb des staatlich-offiziellen Rahmens. Einflussreiche Schriftsteller wie Valentin Rasputin und Sergej Salygin stellten öffentlich den Umgang der staatlichen Stellen mit Umweltproblemen in Frage. Die massivsten Veränderungen folgten auf Michail Gorbatschows Amtsantritt; die von ihm eingeleiteten politischen Reformen eröffneten den Bürgern die Möglichkeit, offen und ohne vorherige behördliche Genehmigung auf Umweltangelegenheiten hinzuweisen. Aus vereinzelten Stimmen wurde nach Tschernobyl 1986 ein Massenchor; in den letzten Jahren des Jahrzehnts konstituierten sich Hunderte neuer Umweltgruppen. Viele davon entstanden in entlegenen Gegenden der Unionsrepubliken, wo Umweltzerstörung und Gleichgültigkeit der sowjetischen Behörden zusammentrafen. Nicht selten wurde die Empörung über Umweltprobleme in solchen Fällen nationalistisch artikuliert, beispielsweise in Lettland und Estland, und trug so zum schließlichen Zusammenbruch der Sowjetunion mit bei. Auch in Ungarn und der Tschechoslowakei entglitten die populären Umweltbewegungen in den 1980er Jahren der Kontrolle der staatlichen Bürokratie und wurden zu Vehikeln des politischen Dissenses.[275]

Die 1980er Jahre sahen auch in China eine bedeutende Verschiebung. Die zentrale Veränderung war – wie in anderen Bereichen – die Öffnung von Räumen, in denen sich zivilgesellschaftliche Formen entfalten konnten. Die Wirtschaftsreformen der späten 1970er und frühen 1980er Jahre hatten in der chinesischen Ökonomie die Weichen für die Gründung von Privatunternehmen und für die Möglichkeit eines nichtstaatlichen Außenhandels gestellt. Das zeitigte zwei Folgen: Die erste zeigte sich mit dem massiven Wirtschaftswachstum, das in den 1980er Jahren in China anhob. Wie andere Länder in der Nachkriegszeit, verfolgte die chinesische Regierung einen Wachstumskurs um jeden Preis – und ohne jegliche Rücksicht auf die Umwelt. Das Ergebnis waren bekanntlich schwarz gefärbte Flüsse, eine Bodenerosion beispiellosen Ausmaßes und eine Luft, die nicht mehr zu atmen war.

Die zweite Folge war eine Konsequenz der ersten. Die ersten Umweltproteste artikulierten sich in den 1980er Jahren, zunächst konzentriert auf die großen Städte. Gegen Ende des Jahrzehnts traten landesweite Netzwerke in Erscheinung. Wie andere sozialistische Regierungen auch, versuchte die chinesische Führung, den Unmut durch staatlich gelenkte Organisationen zu kanalisieren. Doch neue unabhängige Gruppen entstanden weiterhin. Die ziemlich große und einflussreiche Organisation «Freunde der Natur» beispielsweise wurde 1994 als Abteilung der Akademie für Chinesische Kultur staatlich anerkannt. Als somit registrierte Kulturorganisation war es ihr leichter möglich, nicht mit den staatlichen Beschränkungen in Konflikt zu geraten, denen Umweltgruppen ansonsten unterworfen waren. In der Folgezeit entstanden Umweltorganisationen in großer Zahl. Anfang des 21. Jahrhunderts existierten nach Schätzungen von Beobachtern in ganz China Tausende von Gruppen, sie entstanden in Städten jeder Größe ebenso wie auf dem Land. Und sie traten zunehmend unerschrocken auf. Ermutigt durch das chinesische Umweltministerium – das gelegentlich von der Parteilinie abwich –, engagierten sich verschiedene Gruppen auch bei so genannten Tabuthemen, wie etwa den Staudammgroßprojekten. Schon in den 1990er Jahren war das Projekt der Drei-Schluchten-Talsperre zu einem bedeutenden Schwerpunkt chinesischer Umweltaktivisten geworden.[276]

Institutionelle Umwelt-politik

Die frühen 1970er Jahre waren beinahe überall dadurch gekennzeichnet, dass Staaten und Regierungen verstärkt die Umweltpolitik für sich entdeckten. In den Mitgliedsländern der OECD verdoppelte sich zwischen 1971 und 1975 im Vergleich zum vorangegangenen Fünfjahreszeitraum die Zahl der verabschiedeten größeren Gesetzesvorhaben zur Umwelt. Allein in Westdeutschland schuf man in diesem Zeitraum rund zwei Dutzend neue gesetzliche Regelungen. In den USA wurde 1970 die Umweltschutzbehörde EPA (Environmental Protection Agency) gegründet, und in Großbritannien entstand im Zuge einer größeren Kabinettsumbildung ein Umweltministerium. Die Veränderungen waren nicht auf die reichsten Länder beschränkt. In Mexiko beispielsweise wurden umfassende Umweltschutzgesetze etwa zur gleichen Zeit wie in Japan oder in den USA verabschiedet. Eine große Zahl lateinamerikanischer Länder schloss sich dem Beispiel an und schuf Ministerien oder Umweltbehörden, häufig nach dem Vorbild der EPA in den Vereinigten Staaten.

In den 1970er Jahren gehörte Umweltpolitik zum Repertoire von Regierungen jedweder politischen Couleur. Der Republikaner Richard Nixon beispielsweise schrieb sich den Naturschutz auf die Fahnen, um Stimmen zu gewinnen. In Westdeutschland machte der FDP-Mann Hans-Dietrich Genscher die Umwelt zu seinem Thema, um Wähler des enorm populären sozialdemokratischen Kanzlers Willy Brandt auf seine Seite zu ziehen. Selbst rechtsgerichtete Diktatoren, die keine Wahlen vor Augen hatten, versuchten sich im einen oder anderen Fall an Umweltreformen. Die brasilianische Militärregierung vor 1985 etwa war in ihren ersten Initiativen in diese Richtung zwar weitgehend inhaltslos, doch bemüht, in den Augen des Auslands modern zu wirken. Substantieller war das Naturschutzprogramm, das der Diktator Joaquín Balaguer in der Dominikanischen Republik in die Wege leitete und das zumindest die destruktive Politik seines Vorgängers, vor allem im Hinblick auf die Waldnutzung, teilweise revidierte.[277]

Die Konjunktur der Umweltpolitik in vielen Staaten schlug sich auch in zahlreichen neuen internationalen Organisationen nieder. Bereits im 19. Jahrhundert hatten zwischenstaatliche Konferenzen und Abkommen sich mit Fragen wie dem Schutz wildlebender Tiere befasst. Nach dem Zweiten Weltkrieg erlebten solche Themen eine kleine Renaissance. Bereits Ende der 1940er Jahre wurde auf Initiative der noch jungen Vereinten Nationen und einer Handvoll Naturschützer die IUCN geschaffen. Als eine Art Ableger entstand später der World Wildlife Fund (WWF). In den 1950er und 1960er Jahren kam es unter dem Schirm der Vereinten Nationen zu einer ganzen Reihe von Konferenzen; unter anderem wurde dort das erfolgreiche Programm zum Schutz der Biosphäre lanciert.[278] Das bei weitem wichtigste Treffen jener Jahre war die Konferenz der Vereinten Nationen über die Umwelt des Menschen, die im Juni 1972 in Stockholm stattfand. Durch die Teilnahme von Delegierten aus aller Welt verlieh die Zusammenkunft dem Umweltschutz die höchsten diplomatischen Weihen. Außerdem gab es auch etliche konkrete Ergebnisse, so wurde etwa das Umweltprogramm der Vereinten Nationen (UNEP) ins Leben gerufen, das später seinen Sitz in Nairobi haben sollte. Allerdings offenbarte die Stockholmer Konferenz auch deutliche Interessensunterschiede, die künftig die Umweltdiplomatie erschweren würden; so kritisierten etwa verschiedene Entwicklungsländer, Umweltvereinbarungen kämen in erster Linie den reichen Ländern zugute, während sie den ärmeren Entwicklungsmöglichkeiten verwehrten.[279]

Nach Stockholm gehörten internationale Umweltabkommen zum Alltagsgeschäft der Weltpolitik. Alle erdenklichen Belange wurden Gegenstand multilateraler Vereinbarungen, ob Verschmutzung der Weltmeere, Walfang, Artenschutz, gefährliche Abfälle, Antarktis, Wälder, regionale Meere, Biodiversität, Feuchtgebiete, Wüstenbildung oder saurer Regen. Zugegebenermaßen waren manche der Übereinkommen schwach; andere wiederum waren es nicht, etwa das Montrealer Abkommen über die Ozonschicht von 1987. Während der vergangenen zwei Jahrzehnte spielten zwischenstaatliche Gremien eine entscheidende Rolle dabei, die Aufmerksamkeit auf den Klimawandel zu lenken, der seit der Jahrhundertwende das bedeutendste und zugleich umstrittenste Gebiet ak-

tueller globaler Umweltpolitik darstellte. Zur zentralen Körperschaft auf diesem
Feld avancierte der Zwischenstaatliche Ausschuss für Klimaänderungen (IPCC),
der in den frühen 1990er Jahren unter Federführung der UNO Gestalt annahm.
Zu seinen Aufgaben gehört es, die Fülle an Publikationen zum Klimawandel zu
sichten und die Essenz daraus zu einem Format zu verarbeiten, das sich als
Grundlage für politische Entscheidungsträger eignet. Seine Arbeit mündete in
die höchstverlässliche Auswertung relevanter wissenschaftlicher Studien, rief
aber dennoch auch Proteststürme einzelner Interessengruppen gegen eine Einschränkung fossiler Brennstoffe hervor.

Die Entwicklung der Umweltbewegungen und die der nationalen und internationalen Umweltpolitik weist zahlreiche Berührungspunkte auf. In vielen
Fällen zogen sich nationale Bewegungen nach einer sehr stark aktivistisch geprägten Anfangsphase ein wenig zurück und traten in eine längere Konsoli-
dierungsphase ein. Ein großer Teil der Tätigkeit konzentrierte sich darauf,
Expertenwissen und technische Kompetenz aufzubauen, um mit zunehmend
komplexen wissenschaftlichen, technologischen und rechtlichen Sachverhalten
umzugehen. Das war in manchen Fällen unerlässlich, insbesondere wo Industrie
und Unternehmen organisiert gegen die Umweltgesetzgebung arbeiteten. Doch
selbst nach politischen Rückschlägen – weil Regierungen, wie in Japan, Großbritannien und den USA geschehen, Umweltbelange in Frage stellten – gelang es
der Umweltbewegung in der Regel, ganz oder zumindest fast zu alter Stärke
zurückzufinden.[280] Das politische Engagement der Umweltaktivisten nahm zudem mit der Entstehung ökologisch ausgerichteter Parteien neue Formen an. Die
weltweit erste, auf nationaler Ebene agierende grüne Partei entstand 1972 in
Neuseeland. Gut ein Jahrzehnt später waren die Ökoparteien zu einem festen
Bestandteil im politischen Spektrum vieler Länder geworden, vor allem in Westeuropa.

Eine gewisse Institutionalisierung durchliefen auch die Umweltbewegungen
in vielen Ländern der Dritten Welt. Etliche der Initiativen in diesen Ländern
nahmen eine Entwicklung, die der ihrer Pendants in Europa oder Nordamerika
in nichts nachstand. So wuchsen manche zu großen, etablierten Organisationen
heran, deren Einfluss weit über ihren ursprünglichen nationalen Kontext hin-
ausreichte. Die kenianische Aktivistin Wangari Maathai fing 1979 an, Bäume
zu pflanzen, und verfügte damals über nichts weiter als ein bisschen Geld, ein
paar Kontakte im Ausland und ihre beeindruckende Ausstrahlung. Seither
pflanzte das von ihr ins Leben gerufene Green Belt Movement viele Millionen
Bäume in den ländlichen Gebieten Kenias und anderen Ländern Afrikas. Die
Bewegung wurde zu einer weltweiten Erfolgsgeschichte und zu einem Vorbild,
das Nachahmer fand; 2004 erhielt Maathai den Friedensnobelpreis.[281]

Die Umweltbewegung in Brasilien zeigte eine ähnliche Entwicklung, nur in
viel größerem Maßstab. Lange Zeit existierte dort überhaupt kein größeres Um-

weltengagement, abgesehen von einer überschaubaren Zahl von Wissenschaftlern und Naturschützern, die in Sorge waren, wie das beeindruckende Naturerbe des Landes zu schützen sei. Die Eliten einschließlich der Militärs, die das Land zwischen 1964 und 1985 diktatorisch regierten, teilten hingegen mehrheitlich die Auffassung, Brasilien solle sich ausschließlich auf ein rasches Wirtschaftswachstum konzentrieren.[282] Ab Ende der 1970er Jahre stand das Regime zunehmend unter Druck, politische Reformen einzuleiten. Wie andernorts auch, eröffneten sich dadurch Räume, in denen sich eine Umweltopposition formieren konnte. Im Lauf des darauffolgenden Jahrzehnts erweiterte eine stärker werdende Umweltbewegung den Horizont ihrer Aktivitäten, sammelte mehr Erfahrung und konsolidierte sich organisatorisch. Aktivisten knüpften Kontakte zu Gruppen in anderen Teilen der Welt. So begannen etwa brasilianische und westdeutsche Umweltgruppen eine Zusammenarbeit, nachdem die Regierungen beider Länder ein Abkommen zur Zusammenarbeit im Bereich der Nuklearenergie geschlossen hatten. Enormen Auftrieb bekam die Entwicklung der Umweltbewegung in Brasilien durch die (nach Stockholm 1972) zweite Weltumweltkonferenz der Vereinten Nationen, die im Juni 1992 in Rio de Janeiro stattfand. Brasilianische Umweltaktivisten reisten in der Vorbereitung auf die Veranstaltung rund um die Welt; zur Konferenz dann kamen Gruppen von überall her in Rio zusammen. Das Ergebnis dieser Aktivitäten vor und nach 1992 war eine weitreichende Präsenz der brasilianischen Umweltbewegung in den weltweiten aktivistischen Netzwerken.[283]

Das Aufkommen von Umweltbewegungen, Umweltpolitik und Umweltparteien war im Jahr 2011 geradezu als universal zu bezeichnen. Nahezu überall, wo demokratisch gewählt wurde, gab es auch grüne Parteien. Seit 2001 existierte auch eine internationale Vernetzung der grünen Parteien.[284] Zwar überlebte unorganisierter, spontaner, gegenkultureller Umweltaktivismus hier und dort und erschien etwa nach nachrichtenrelevanten Öko-Katastrophen wie dem Fukushima-Desaster auf der Bildfläche; zugleich verschwanden Umweltinstitutionen auch von Zeit zu Zeit, beispielsweise in Russland im Jahre 2000, als Präsident Putin das Umweltministerium abschaffte. Im Großen und Ganzen jedoch ist Umweltaktivismus im 21. Jahrhundert als soziale Bewegung überall auf der Erde zu einem legitimen und fest institutionalisierten Teil der politischen Architektur geworden, und zwar auf lokaler wie auf nationaler und internationaler Ebene. Gleichwohl blieb er – mit nur wenigen Ausnahmen – ein kleiner Teil dieser Struktur.

Die Etablierung des Umweltschutzes

Umweltschutz ist heute ein zentraler Bestandteil der globalen Kultur und wird von sehr vielen Menschen moralisch und gesellschaftlich begrüßt. Das ökologische Denken ist tief in den politischen Diskurs eingedrungen, während «Umwelt» gleichzeitig zu einer Ware wurde. Welche Gründe gibt es für diese Etablierung im Mainstream?

Umweltkatastrophen waren als anschauliche Beispiele schrecklicher Tragödien in der medialen Öffentlichkeit präsent und lieferten der Ökologiebewegung ständig neue Argumente. Manch eine Katastrophe, beispielsweise eine Ölpest nach einem Tankerunglück, produziert besonders einprägsame Bilder von dick mit schwarzem Schlamm überzogenen Stränden und ölverklebten, im Todeskampf sich windenden Seevögeln. 1967 kam es zu einer solchen schweren Havarie, als der Tanker *Torrey Canyon* im Ärmelkanal vor der Küste Cornwalls auf Grund lief. Die britischen Behörden waren nicht im Geringsten darauf vorbereitet, die Ausbreitung des austretenden Öls zu verhindern, und griffen zu extremen und verzweifelten Maßnahmen einschließlich der Bombardierung des Schiffswracks in der Hoffnung, es mitsamt dem restlichen Öl in Brand zu setzen. Es war das erste Tankerunglück weltweit, das zu einer Ölkatastrophe führte, und es lenkte die Aufmerksamkeit der Weltöffentlichkeit auf die Risiken der neuen Supertanker.[285]

Viele spektakuläre Katastrophen folgten. 1979 führte ein Unfall in einem der Reaktorblöcke des Kernkraftwerks Three Mile Island in Pennsylvania zu einer partiellen Kernschmelze. Während das Ereignis letztlich – gemessen an den tatsächlichen Schäden – als minderschwerer Zwischenfall eingestuft werden konnte, war die durch die Kernschmelze ausgelöste Angst sehr real. 1983 tötete ein Industrieunfall in der brasilianischen Stadt Cubatão mehrere hundert Menschen in einem in der Nähe des havarierten Werks gelegenen Armenviertel. Zehn Monate später explodierte das Chemiewerk von Union Carbide in Bhopal und tötete Tausende. Der absolut fürchterlichste Unfall, Tschernobyl, folgte weniger als zwei Jahre später. Es waren all diese und viele andere Umweltkatastrophen sowie die große öffentliche Aufmerksamkeit, die sie erfuhren, die dazu beitrugen, Umweltschutz im Mainstream zu etablieren.[286]

Auch die elektronischen Medien leisteten einen Beitrag zur dieser Verankerung im Mainstream. Katastrophen erfuhren ab den 1960er Jahren mehr Aufmerksamkeit, weil das Fernsehen in der Lage war, aufrüttelnde und emotionale Bilder in Haushalte rund um die Welt zu liefern. Doch manifestierte sich der Einfluss des Fernsehens nicht nur in Berichten von Unglücken. Kaum waren die Fernsehapparate – zumindest in Nordamerika und Europa – zu Massenkonsumgütern geworden, entdeckten die Programmmacher in den Sendern das immense Interesse des Publikums an Natur- und Tiersendungen. Bereits Mitte der 1950er Jahre konnten die Fernsehzuschauer in Westdeutschland *Ein Platz für Tiere* einschalten, eine beliebte Reihe, die der Frankfurter Zoodirektor Bernhard Grzimek verantwortete und moderierte. Ein paar Jahre später begrüßte der Zoologe Marlin Perkins die Amerikaner regelmäßig *Im Reich der wilden Tiere* (Originaltitel: *Wild Kingdom*). Doch die berühmtesten Naturbilder der Epoche lieferte der französische Ozeanograph Jacques Cousteau. Wie Grzimek hatte Cousteau in den 1950er Jahren einen Farbdokumentarfilm gedreht; beide ernteten für ihre Naturaufnahmen öffentlichen Ruhm und beide bekamen auch einen Oscar (Grzimek für seinen Film über die Serengeti, Cousteau für seine Aufnahmen aus der Unterwasserwelt des Mittelmeers). Aufgrund seines Erfolgs befuhr Cousteau weiter die Weltmeere und drehte dabei zahllose Film- und Fernsehdokumentationen, die überall auf der Welt gesendet wurden und ihren Autor berühmt machten. Die traumhaften Aufnahmen prägten sich tief ins Gedächtnis der Menschen ein und wurden zu ihrem Bild von Natur.[287]

In jüngster Zeit waren es das Internet bzw. das World Wide Web, die den Umweltschutz noch gründlicher im kulturellen und gesellschaftlichen Mainstream verankerten. Das Internet machte es Umweltaktivisten zunächst einmal weitaus einfacher, miteinander in Kontakt zu kommen und ihre gemeinsame Sache zu vertreten. Darüber hinaus versetzte das Netz sie in die Lage, vermehrt Spenden zu sammeln, Sachverhalte zu recherchieren oder auch juristische Fragen gemeinsam mit anderen zu klären. Umgekehrt wurde es durch die neuen elektronischen Medien für staatliche Behörden schwieriger, die Dinge gegebenenfalls zu kontrollieren und Umweltgruppen daran zu hindern, sich zu organisieren oder sich Informationen zu beschaffen. Durch das Internet konnte Umweltengagement aus dem Schatten eines Nischendaseins treten und die Mitte der Gesellschaft erreichen – und das selbst in Diktaturen.

Mit dem gestiegenen öffentlichen Interesse an der Umwelt ging zugleich ihre Kommerzialisierung einher. Unternehmen geben sich heute selbst so «grün» wie nur irgend möglich, und noch mehr gilt das für ihre Produkte. Natürlich ist das zu einem guten Teil eine simple Werbestrategie, mit deren Beziehung zur Realität es nicht besonders weit her ist, doch andererseits spricht daraus auch ein ehrliches Interesse, das ökologische Empfinden der Kunden anzusprechen. Eine solche Entwicklung spiegelt die zunehmende Macht der Verbraucher wider, die nach sicheren, sauberen, umweltfreundlichen und energieeffizienten Produkten suchen. Die Orientierung der Verbraucher führte beispielsweise zu einem Boom bei organischen Lebensmitteln, heute in vielen Teilen der Welt ein großes Geschäft.[288] Die Liste grüner Produkte und neuer grüner Branchen ist beinahe endlos: Elektroautos, energieeffiziente Haushaltsgeräte, umweltfreundliche Kleidung, Windkraftanlagen, Niedrigenergiehäuser, Photovoltaik für alles und jedes.

All das steht zweifellos für einen bemerkenswerten Wandel gegenüber den 1950er oder auch noch den 1960er Jahren. An ihm zeigt sich, wie sehr die Umweltbewegung dank ihres langen Atems auf globaler, nationaler und lokaler

Ebene an Reichweite und Bedeutung gewonnen hat. Fast allenthalben sind das Umweltbewusstsein und die Rücksichtnahme auf Umweltbelange alltäglich geworden. Was vor 1950 in erster Linie eine Angelegenheit für Aristokraten und Eliten war, denen Vögel, Jagdtiere und Eigentumsrechte am Herzen lagen, und was typischerweise «Naturschutz» genannt wurde, gewann erst allmählich ein breiteres Profil. In kleinen Schritten erwuchs daraus ein Umweltbewusstsein, und es wurde besonders zwischen 1950 und 1970 zu einem Projekt, dessen sich die politische Linke und Vertreter der Gegenkultur annahmen, zumindest in Europa und Nordamerika. In den nachfolgenden Jahrzehnten jedoch entstand daraus eine breitere, allgemeinere Bewegung. Die Umweltsache wurde von Menschen aus dem gesamten politischen Spektrum für relevant erachtet und war dank Lobby-Gruppen, Fundraising-Strukturen und Parteien vollständig in die politische Sphäre integriert. Dabei erfuhr der Umweltschutz nach wie vor Energiezufuhr von jungen, engagierten Menschen und Graswurzel-Aktivisten und behielt auch seine Fürsprecher in den Reihen blaublütiger Junker und Großgrundbesitzer, was teilweise zu skurrilen Allianzen führte.

Trotz des unzweifelhaften Erfolges der Umweltbewegung bleibt die Beobachtung, dass die globale Wirtschaft sich weiterhin in einer Art und Weise ausbreitet, die all das bedroht, wofür Umweltaktivisten einstehen und sich einsetzen. Die Nachkriegsvision eines unendlichen ökonomischen Wachstums und eines schrankenlosen technologischen Fortschritts bleibt so gesehen intakt – wenn nicht gar ohne echten Gegenpart.

GLOBALE KULTUREN

Petra Gödde

EINLEITUNG

Zu Beginn des 21. Jahrhunderts weisen die urbanen Zentren der Welt erstaunlich viele Gemeinsamkeiten auf. Egal ob man New York, Paris, Tokio oder auch Dubai, Mumbai oder Nairobi besucht, man findet die gleiche Markenkleidung, dieselben Restaurant- und Hotelketten und sogar vertraute Biersorten und Kaffee-Spezialitäten. Und dennoch, mit zunehmender Homogenität der Produkte und Angebote in diesen Städten einher geht auch größere Heterogenität, die sich sowohl in der ethnischen Komposition der Bevölkerung als auch in den kulinarischen und kulturellen Angeboten – Musik, Theater, Film und Literatur – bemerkbar macht. Das Leben in den Großstädten der Welt ist zunehmend multi-ethnisch und multi-kulturell. Das Zusammenwirken von Homogenisierung und Heterogenisierung ist ein wesentlicher Bestandteil «kreolisierter» globaler Kulturen.[1] Wissenschaftler sehen diesen Prozess als Teil der Globalisierung, ein Konzept, das nach wie vor in der Forschung umstritten ist. Teils geht es dabei um die Verknüpfung weit verzweigter Kulturen in ein immer enger verbundenes Netzwerk aus Ideen-, Handels- und menschlichen Beziehungen in der Moderne; teils um die weitaus längere Geschichte vormoderner Handelsrouten, Migrationen, Feldzüge und Entdeckungsfahrten.[2] Lokale Kulturen befinden sich in einem immerwährenden Umbruch, ausgelöst durch interne und externe Impulse wie Wissensproduktion und den Kontakt zur Außenwelt. An der Wende zum 20. Jahrhundert begannen Kulturanthropologen damit, die Mechanismen kultureller Entwicklung und kulturellen Wandels systematisch zu untersuchen.[3] Während diese Pioniere ihr Augenmerk insbesondere darauf richteten, Muster kultureller Differenz zu erklären, betonte die Globalisierungsforschung jüngerer Jahrzehnte in zunehmendem Maße Muster kultureller Assimilation und Anpassung. Betrachtet man die globalen Veränderungen von Kulturen seit 1945 jedoch genauer, so zeigt sich, dass Assimilation und Differenz in einer engen Wechselbeziehung zueinander standen und sich gegenseitig ergänzten.

Diskussionen über kulturelle Globalisierung nach dem Zweiten Weltkrieg sind eng verbunden mit den Debatten über die ökonomische Globalisierung. Tatsächlich tauchte der Begriff der Globalisierung erstmals in den 1970er Jahren in der Wirtschaftswissenschaft auf und sollte die Auswirkungen der zunehmenden Verflechtung von Unternehmen beschreiben.[4] Die kulturelle Globalisierung wird allgemein als Folge der wirtschaftlichen Globalisierung angesehen, von einigen mit zunehmendem Unbehagen, von anderen mit großer Zuversicht. Befürworter dieser Globalisierungsprozesse wiesen darauf hin, dass sowohl schöpferische Adaptation als auch die vollständige Übernahme überlegener wirtschaftlicher und kultureller Praktiken mehr Wohlstand und Macht für alle Beteiligten zur Folge habe. Sie feierten die ökonomische Globalisierung alljährlich beim Treffen der Welthandelsorganisation (WTO) und beim Weltwirtschaftsforum (WEF) in Davos, wo leitende Vertreter aus Politik und Wirtschaft jährlich darüber beraten, wie man die weltweite wirtschaftliche Zusammenarbeit fördern kann. Sie bemühten sich um den Abbau von Handelsbarrieren, den Ausbau internationaler unternehmerischer Zusammenarbeit, die Sicherung des Wirtschaftswachstums in den Industrieländern sowie Modernisierung in den Entwicklungsländern.

Skeptiker hingegen warnten vor dem Verlust der lokalen Selbstbestimmung durch die Übermacht und wirtschaftliche Ausbeutung seitens globaler Unternehmen. Ihrer Ansicht nach brachte Globalisierung mehr Macht und Reichtum lediglich für diejenigen, die den globalen Markt beherrschten, andererseits aber mehr Abhängigkeit für diejenigen, die in Entwicklungsländern lebten, und wachsende wirtschaftliche Ungleichheit für alle. Für diese Kritiker war Globalisierung im Grunde nichts anderes als ein westlicher – in erster Linie amerikanischer – Wirtschafts- und Kulturimperialismus, der die indigene Wirtschaftsentwicklung und lokale Eigenständigkeit zerstöre und damit neue postkoloniale Abhängigkeiten schaffe.[5] Einheimische Unternehmen konnten nicht mit größeren kostengünstigeren Produzenten konkurrieren und verschwanden deshalb vollständig oder gingen in anonymen Konzernstrukturen auf. George Ritzer hat diesen Prozess der Rationalisierung und Standardisierung in der Produktions- und Dienstleistungsbranche als «McDonaldisierung» bezeichnet.[6] Die Kritiker stellten überdies eine Verbindung zwischen wirtschaftlicher und kultureller Eigenständigkeit her und prophezeiten als Folge des Wirtschaftsimperialismus auch den Verlust lokaler kultureller Identität. Sie verlangten den Schutz einheimischer Kulturen vor den Auswirkungen des Kulturimperialismus seitens multinationaler Großunternehmen. Als Gegengewicht zum Weltwirtschaftsforum und zur Stärkung einer alternativen Globalisierung gründeten einige Globalisierungskritiker 2001 das Weltsozialforum (WSF), das sich jährlich zur gleichen Zeit wie das WEF in Davos mit Fragen der Demokratie, Gleichberechtigung und Menschenrechte auseinandersetzt.[7]

Ähnlich kontrovers wurden die Folgen der Globalisierung in der Politikwissenschaft diskutiert. Befürworter argumentierten, dass Globalisierung zu mehr Demokratie und Selbstbestimmung geführt hat. Sie verwiesen dabei auf Institutionen wie die Vereinten Nationen, die sich seit ihrer Gründung 1945 für bestimmte Verhaltensregeln im Umgang zwischen Staaten und Individuen eingesetzt haben. Eine der ersten und wichtigsten Amtshandlungen der UNO war die Allgemeine Erklärung der Menschenrechte, die die Mitgliedstaaten im Dezember 1948 unterzeichneten. Dort heißt es in der Präambel, dass «die Anerkennung der angeborenen Würde und der gleichen und unveräußerlichen Rechte aller Mitglieder der Gemeinschaft der Menschen die Grundlage von Freiheit, Gerechtigkeit und Frieden in der Welt bildet».[8] Die Vereinten Nationen und andere internationale Organisationen hielten sich an den Grundsatz, dass Beziehungen zwischen Menschen und Staaten von einem universalen System von Rechten und Gesetzen bestimmt werden, unabhängig von kulturellen oder ideologischen Differenzen.

Doch obwohl sich internationale Organisationen, die das Ideal universell gültiger Rechte und Gesetze verkörperten, nach 1945 ausbreiteten, verfügten sie über keinerlei Mandat, um sich in die politischen Entscheidungen souveräner Staaten einzumischen.[9] Gleichwohl zeigten sich ihre Befürworter optimistisch, dass diese Institutionen in der Lage seien, den politischen Liberalisierungsprozess voranzutreiben, denn sie lieferten einer wachsenden Zahl von Menschen die Mittel, ihre Situation in der Weltöffentlichkeit sichtbar zu machen und ihre politische und wirtschaftliche Unabhängigkeit zu sichern.[10] Zu diesen Mitteln gehörten Massenkommunikationsformen wie Rundfunk, Fernsehen und jüngst auch Internet, aber auch neue Möglichkeiten sozialer und geographischer Mobilität. Die Ausweitung des Kommunikationsnetzes könnte dazu führen, dass Kenntnisse über Weltgeschehnisse in weiter abgelegene Gebiete reichen und umgekehrt die Menschen in den Metropolen besser über Missstände in abgelegenen Regionen informiert werden. Zudem könnte größere Mobilität die Flucht vor repressiven Regimen ermöglichen. Internationale Organisationen waren in den Augen ihrer Fürsprecher sowohl ein Spiegel als auch ein Motor stärkerer globaler Vernetzung.

Auf der anderen Seite machten Kritiker die politische Globalisierung für den Verlust lokaler Selbstbestimmung verantwortlich. Sie behaupteten, dass internationale Organisationen wie die UNO nicht die Interessen der ärmsten Nationen vertreten, sondern den Vorstoß reicher Länder und internationaler Wirtschaftskonglomerate in die Provinzen unterstützen und damit auch die lokalen Machtbeziehungen in wirtschaftlicher, politischer und kultureller Hinsicht maßgeblich verändern. Der Verlust wirtschaftlicher Autonomie führte oft direkt zum Verlust der politischen Unabhängigkeit. Statt größere Selbstbestimmung und Demokratie, wie es die Befürworter der Globalisierung sahen, fanden Kritiker also das genaue Gegenteil: Verlust demokratischer Selbstbestimmung und die Verknüpfung von wirtschaftlicher und politischer Zentralisierung.

Dieses Kapitel zeichnet den Ursprung und die Entwicklung globaler Kulturen seit dem Ende des Zweiten Weltkriegs im Zusammenhang mit dem ebenso widersprüchlichen wie komplementären Kräftespiel von Homogenisierung und Heterogenisierung nach. Es bietet keinen umfassenden Überblick über die Kulturen der Welt seit 1945. Vielmehr konzentriert es sich auf grenzüberschreitende kulturelle Wandlungsprozesse, die globale Auswirkungen hatten. Die kulturelle Globalisierung seit 1945 erfolgte dabei in drei Phasen. Die erste Phase von Kriegsende bis in die 1960er Jahre war von den konkurrierenden kulturellen Vorstellungen der Sowjetunion und der Vereinigten Staaten bestimmt. In dieser Zeit bemühten sich sowohl die Sowjetunion als auch die USA und ihre Verbündeten mithilfe massiver staatlicher Programme um die kulturelle Vormachtstellung ihrer jeweiligen Ideologien in der Welt. Gleichzeitig stießen diese Versuche jedoch auf heftige Kritik aus den Reihen der eigenen Bevölkerung. Regimekritische Bewegungen begehrten gegen die staatlich sanktionierte kulturelle Konformität auf und unterminierten schließlich deren Vormachtstellung. Bei diesen regimekritischen Bewegungen handelt es sich nicht nur um das spezifische Phänomen der Gegenkulturen der 1960er Jahre, sondern allgemein um die Ausbreitung oppositioneller, regimekritischer, antikolonialer und subalterner Kulturen, die überall in der Welt des Kalten Krieges entstanden.

In der zweiten Phase von den 1960er Jahren bis zum Ende des Kalten Krieges fand eine zunehmende kulturelle Diversifizierung statt, in der die neuen postkolonialen Staaten Afrikas und Asiens ihre unabhängige kulturelle Identität betonten, während zur gleichen Zeit die Menschen in den westlichen Industrieländern wie nie zuvor alternative Kulturformen erprobten. Mit dem Anwachsen von Reiseverkehr, ökonomischen Netzwerken und Migration stieg auch das Ausmaß des Kulturtransfers, was dazu führte, dass immer mehr Menschen unterschiedlicher kultureller Herkunft regelmäßig miteinander in Kontakt kamen.

Die dritte Phase begann mit dem Ende des Kalten Krieges, als das Ausmaß und Tempo des Güter-, Ideen- und menschlichen Austauschs exponentiell anstieg. Das lässt sich nur zum Teil mit den politischen Transformationen nach dem Zusammenbruch des Kommunismus in Osteuropa erklären. Technologische Veränderungen im Kommunikationssektor, allen voran die Einführung des Internets Anfang der 1990er Jahre, sowie eine Zunahme der globalen Migration und des weltweiten Reiseverkehrs verbanden nun auch die entlegensten Gegenden der Welt miteinander und sorgten für weitere kulturelle Vielfalt in urbanen Regionen. Die Verstädterung beschleunigte sich ebenfalls zum Ende des 20. Jahrhunderts, vor allem in Afrika und Asien. Der Bevölkerungsfonds der Vereinten Nationen (UNFPA) verkündete 2007, dass jetzt mehr als die Hälfte der Weltbevölkerung in Städten lebe.[11] Neu entstehende wie alte urbane Zentren spiegelten das komplexe Wechselspiel von lokalen Besonderheiten und internationalen Gemeinsamkeiten wider und verschmolzen das Lokale mit dem Globalen zu Hybridkulturen, die sowohl lokal spezifisch als auch international erkennbar waren.

Dieses Kapitel fußt auf drei Prämissen. (1) Zwar beschleunigte sich der Prozess der kulturellen Homogenisierung zweifellos nach 1945, doch zu Beginn des 21. Jahrhunderts war die Welt noch immer eher durch kulturelle Vielfalt als durch Gleichförmigkeit geprägt. (2) Eine Kulturgeschichte der Welt muss, selbst wenn sie nur einen relativ kurzen Zeitraum von sechzig Jahren umfasst, unvermeidlich verallgemeinern. Ziel dieses Kapitels ist es deshalb, die globalen Konvergenzen der Kulturen dieser Welt zu zeigen, und weniger, die fortbestehenden Eigenheiten zu erkunden (von denen es zum Glück immer noch viel zu viele gibt, um ihnen hier auch nur annähernd gerecht werden zu können). Aus diesem Grund konzentriert sich dieses Kapitel auf kulturelle Umwandlungen, die in den letzten Jahrzehnten weltweite Bedeutung erlangt haben. Dazu gehören die kulturellen Ursachen und Folgen globaler politischer Entwicklungen, insbesondere der Kalte Krieg und die Dekolonisation, der Austausch von Gütern, Menschen und Ideen sowie die kulturellen Auswirkungen der wirtschaftlichen Globalisierung, vor allem auf dem Wege zur globalen Konsumgesellschaft. (3) Integraler Bestandteil kultureller Globalisierung ist eine zunehmende lokale Vielfalt. Dieses Kapitel zeigt deshalb, wie die fortwährende Entstehung und Ausbreitung oppositioneller Gruppen und Alternativkulturen dem kulturellen Konformitätsdruck trotzte; wie Universalismus und Partikularismus konstante kulturelle Faktoren blieben, die die Menschen auf dieser Welt enger miteinander verbanden und zugleich weiter voneinander entfernten; und wie schließlich die Prozesse globaler Homogenisierung und lokaler Heterogenisierung sich gegenseitig verstärkten. Diese Prozesse vollzogen sich an fernen, dem Weltmarkt bislang entzogenen Orten ebenso wie in den Metropolregionen der Industriestaaten.

Um das Zusammenspiel dieser drei Faktorengruppen – Konformität/Dissidenz, Universalismus/Partikularismus und Homogenität/Heterogenität – besser zu verstehen, konzentrieren sich die folgenden Ausführungen auf spezifische kulturelle Veränderungen seit 1945 in ihrem globalen Kontext. Einige dieser Umwandlungen erfolgten schon in der Frühzeit des Kalten Krieges, andere erst nach dessen Ende, und wiederum andere erstreckten sich über den gesamten Zeitraum. Die symbiotische Beziehung zwischen Homogenität und Heterogenität, zwischen universellen und spezifischen menschlichen Erfahrungen sowie zwischen Konformismus und Dissidenz wird immer wieder thematisiert. Die Herausforderung des 21. Jahrhunderts wird darin bestehen, die zentripetalen und die zentrifugalen Kräfte kulturellen Wandels zu erkennen und lokale Besonderheiten sinnvoll in das Netzwerk kultureller Globalisierung einzubetten.

1. KULTUREN DES KALTEN KRIEGES

Vom Ende des Zweiten Weltkriegs bis in die 1960er Jahre bestimmte die Politik des Kalten Krieges den internationalen Austausch von Menschen, Waren und Ideen. Sowohl die Sowjetunion als auch die Vereinigten Staaten mitsamt ihren jeweiligen Verbündeten und Klientelstaaten investierten viel in die Kulturdiplomatie, um die Loyalität nichtverbündeter Nationen zu gewinnen und ein weiteres Vordringen des Gegners – ideologisch wie territorial – zu verhindern. Im Bemühen, das kulturelle Erbe der Kolonialmächte zu überwinden, widerstrebte es diesen noch jungen Nationen verständlicherweise, sich auf neue internationale Abmachungen mit einem der beiden Blöcke einzulassen. Zwischen 1945 und 1970 erlangten 64 Länder die Unabhängigkeit, einige durch eine friedliche Machtübertragung, andere durch gewaltsame Aufstände gegen ihre Kolonialherren.[12] Schon vor dem Zerfall der Kolonialreiche nach dem Zweiten Weltkrieg hatten die Kolonialvölker versucht, ihre kulturelle Identität unabhängig von der Metropole neu zu definieren.[13] Diese tiefgreifenden politischen Umwandlungen hatten nachhaltigen Einfluss auf die Entwicklung der kulturellen Globalisierung seit 1945.

Die kulturellen Aspekte des Konkurrenzkampfes zwischen den USA und der UdSSR im Kalten Krieg sowie der Prozess der Dekolonisation wurden maßgeblich von den Auswirkungen des Zweiten Weltkriegs geprägt. Der Krieg hatte ungeheure Opfer gefordert – zwischen 50 und 70 Millionen Menschen hatten ihr Leben verloren, darunter sechs Millionen Juden –, und das Ausmaß der Zerstörung war beispiellos in der modernen Geschichte.[14] Feindliche Armeen auf dem Vormarsch durch Europa, Nordafrika und Asien brachten außerdem fremde Kulturen mit sich und vertrieben oder deportierten Millionen von Menschen aus ihrer Heimat. NS-Behörden in Deutschland und in den von Deutschen besetzten Gebieten zwangen Juden und andere «unerwünschte» Volksgruppen in Konzentrationslager. Zudem wurden Tausende von Zwangsarbeitern zum Arbeitseinsatz in deutschen Fabriken verpflichtet. In Asien führte die japanische Invasion der Mandschurei im Jahr 1931 zu einem massenhaften Exodus chinesischer Bürger.

An der amerikanischen Westküste wurden sowohl japanische Einwanderer als auch amerikanische Staatsbürger japanischer Herkunft in erster und zweiter Generation in Internierungslager abgeschoben.[15]

Darüber hinaus hatten die Grenzverschiebungen in Mitteleuropa nach dem Krieg zur Folge, dass Polen aus dem Ostteil ihres Landes, der an Russland fiel, und Deutsche aus dem Sudetenland und den Gebieten, die an Polen gingen, vertrieben wurden. Die meisten Holocaust-Überlebenden verließen Europa nach dem Krieg und suchten in den USA, in Israel und Lateinamerika eine neue Heimat. Flüchtlinge aus den ehemaligen deutschen Ostgebieten und Vertriebene landeten in den mittleren oder westlichen Teilen des Landes, wo ihnen die örtliche Bevölkerung oftmals mit Misstrauen und offener Feindseligkeit begegnete. Auch in Asien kam es zu Ausweisungen und Umsiedlungen von Volksgruppen, besonders in den von Japan besetzten Gebieten.[16] Die meisten Nachkriegsmigranten waren darum bemüht, ihr kulturelles Erbe zu bewahren und sich zugleich den lokalen Sitten ihrer neuen Heimat anzupassen.[17] Sie taten das im Kontext neuer internationaler Spannungen, bei denen die kommunistische Einflusssphäre im Umfeld der Sowjetunion gegen den kapitalistischen Westen kämpfte, was auf beiden Seiten ein bis dahin beispielloses Maß an kultureller und politischer Konformität verlangte.

Innerhalb ihrer Einflusssphäre duldete die Sowjetunion so gut wie keine politische und kulturelle Vielfalt. Sie umgab sich in Osteuropa mit einem Kordon aus Pufferstaaten und kontrollierte deren politische, ökonomische und militärische Angelegenheiten. In der Tschechoslowakei unterstützte sie 1947 aktiv einen kommunistischen Staatsstreich, und sie unterdrückte gewaltsam Aufstände und Reformbewegungen in der DDR 1953, in Ungarn 1956 und in der Tschechoslowakei 1968. Darüber hinaus schränkte sie die Meinungsfreiheit ein, verurteilte Regimekritiker zu Gefängnisstrafen und überwachte mit Hilfe eines umfassenden Staatssicherheits- und Justizapparats die öffentliche Meinung und nichtstaatliche Kultureinrichtungen in Osteuropa.[18] Diese Einschränkungen zwangen die Kunst- und Literaturproduktion in den Untergrund, von wo Teile in den Westen geschmuggelt wurden. Zu dieser Untergrundliteratur, die als Samsidat bekannt wurde, gehörte unter anderem Alexander Solschenizyns *Der Archipel Gulag*.[19] Außerhalb ihrer Einflusssphäre gerierte sich die Sowjetunion als Garant des Weltfriedens, als Beschützer der unterdrückten Klassen und als Anwalt derjenigen, die unter dem Joch von Kolonialismus und Imperialismus zu leiden hatten.

Im Gegenzug betonten die Vereinigten Staaten in der Nachkriegszeit ihre Rolle als Hüter von Freiheit und Gerechtigkeit und als Modell eines modernen Konsumkapitalismus, der allen, die sich einer demokratisch-kapitalistischen Ideologie verschrieben, Wohlstand versprach. Gleichzeitig aber unterstützten die USA im Namen des Antikommunismus autoritäre Regime, vor allem in Lateinamerika. Wiederholt mischten sie sich, offen oder verdeckt, in die inneren Angelegenheiten anderer Länder ein und setzten mitunter sogar aktiv demokratisch gewählte

Staatschefs ab, etwa 1953 in Iran und 1954 in Guatemala – stets mit Hinweis auf die nationale Sicherheit.[20] Statt direkter Kontrolle über ausländische Kultureinrichtungen bevorzugten Amerikaner aktive Kulturdiplomatie und ignorierten Zensur und politische Verfolgung in autoritären Diktaturen ihrer Verbündeten, solange diese antikommunistisch eingestellt waren. Zwar mischten sich die USA nicht so unmittelbar und weitreichend wie die Sowjetunion in die inneren Angelegenheiten ihrer Klientelstaaten ein, aber sie halfen lokalen Eliten im Austausch gegen eine US-freundliche Politik, ihre Macht zu festigen und Oppositionelle zu unterdrücken.[21]

Diese bipolare Rivalität sowohl in der politischen Arena des Kalten Krieges als auch auf dem soziokulturellen Gebiet der Identitätsbildung wurde maßgeblich von der Dekolonisation geprägt. Intellektuelle und politische Eliten in den unabhängig gewordenen Staaten Asiens und Afrikas sahen den Kalten Krieg oftmals als jüngste Manifestation europäischer Kolonialmachtkämpfe. Weder von der einen noch von der anderen Seite wollten sie kulturelle Offensiven hinnehmen, nutzten manchmal aber durchaus ihre eigene Hebelwirkung in diesem globalen Wettstreit. Diesen neu entdeckten Einfluss mussten sie gegenüber ihren Bemühungen abwägen, für sich selbst eine unabhängige, postkoloniale kulturelle Identität zu schaffen, die sowohl lokale Eigenheiten aufwies als auch eine Verbindung zu anderen postkolonialen Identitäten herzustellen vermochte. Dieses Austarieren von lokalen Besonderheiten und universalem Postkolonialismus wirkte sich in den 1950er und 1960er Jahren auf die internationale Ebene aus und prägte maßgeblich die Ausgestaltung des Systems des Kalten Krieges.

Die Verbreitung des Amerikanischen Traumes

Bei Kriegsende befanden sich die USA in der einzigartigen Position, die Weltpolitik zu beeinflussen. Im Gegensatz zu den europäischen und asiatischen Verbündeten hatten die amerikanischen Städte und Industrieanlagen kaum Schaden genommen. Tatsächlich ging es der Bevölkerung bei Kriegsende wirtschaftlich sogar besser als bei Kriegsbeginn.[22] Vor allem aber waren die Amerikaner gewillt, eine weltpolitische Führungsrolle zu übernehmen, anders als nach dem Ersten Weltkrieg, als die Mehrheitsführer im Kongress und die Öffentlichkeit Präsident Woodrow Wilsons ambitionierte Vision von einer neuen Weltordnung ablehnten.[23]

Vor dem Kriegseintritt der USA hatte ein kleiner, aber einflussreicher Teil der amerikanischen Öffentlichkeit eine aktivere außenpolitische Rolle des Landes gefordert. Ein Vertreter dieser Position war Henry Luce, Besitzer und Chefredakteur der Zeitschrift *Life*. In einem Artikel mit dem ambitionierten Titel «The American Century» vertrat er die Ansicht, die USA seien nicht nur in der Lage, sondern auch verpflichtet, «jetzt zum Motor für die Verbreitung der Ideale über die ganze Welt zu werden und ihr geheimnisvolles Werk zu verrichten, das Leben der Menschheit vom bestialischen Niveau auf das Niveau zu heben, das der Psalmist ‹ein wenig unter dem der Engel› genannt hat».[24] Er nannte vier Gebiete, auf denen Amerika wegweisend sein müsse: Unternehmertätigkeit, technologische Kompetenz, Wohltätigkeit und die Verteidigung der Ideale von Freiheit und Gerechtigkeit. In allen diesen Bereichen, so forderte er, müssten die USA in der zweiten Jahrhunderthälfte eine führende Rolle spielen.

Für Luce war der kulturelle Einfluss Amerikas in der Welt die Grundlage für den politischen Einfluss des Landes. «Amerikanischer Jazz, Filme aus Hollywood, amerikanischer Slang, amerikanische Maschinen und patentierte Produkte sind in der Tat das Einzige, was jede Gemeinschaft in der Welt, von Sansibar bis Hamburg, einmütig anerkennt.» Und er kam zu dem Schluss: «Blindlings, unbeabsichtigt, zufällig, ja entgegen unseren Bestrebungen sind wir bereits eine Weltmacht in allen trivialen Angelegenheiten – in allen (allzu) menschlichen Dingen.»[25] Amerika müsse nun in der zweiten Jahrhunderthälfte diesen «menschlichen» Einfluss in den politischen Bereich umlenken.

Zum Zeitpunkt der Veröffentlichung von Luces Zukunftsvisionen hatte US-Präsident Franklin D. Roosevelt bereits den Grundstock dafür gelegt, Amerikas kulturellen Einfluss in den Dienst des Politischen zu stellen. Schon 1938 hatte er im Außenministerium eine Abteilung für kulturelle Angelegenheiten (Division of Cultural Relations) ins Leben gerufen, die die Verbreitung amerikanischer Kultur im Ausland koordinieren und fördern sollte. Dahinter stand die wachsende Besorgnis im Hinblick auf die Propagandaarbeit der Achsenmächte in Lateinamerika und anderswo.[26] Nachdem die USA in den Krieg eingetreten waren, richtete die Roosevelt-Administration weitere Propagandabehörden ein, darunter das Office of Facts and Figures (OFF), das später in Office of War Information (OWI) umbenannt wurde. Im Juli 1942 begann der Rundfunksender Voice of America (VOA) damit, seine Propagandaprogramme in Europa und Asien auszustrahlen. OWI und VOA wurden nach dem Krieg zunächst aufgelöst, jedoch mit Beginn des Kalten Krieges 1947 wieder reaktiviert. Ein Jahr später stellte der Kongress mit dem Smith-Mundt Act die Finanzmittel bereit, um «ein besseres Verständnis der USA bei den Völkern der Welt zu fördern und kooperative internationale Beziehungen zu stärken».[27] Einen Monat nach Verabschiedung des Gesetzes nahm die VOA ihren Sendebetrieb in Russland wieder auf. 1953 waren bei diesem Sender 2000 Menschen beschäftigt, ein Viertel davon Ausländer, die Programme in 46 Sprachen erarbeiteten. Ein Großteil des Budgets floss in Sendungen, die in kommunistische Länder ausgestrahlt wurden.[28]

Im Jahr 1953 richtete die Regierung Eisenhower die United States Information Agency (USIA) ein, die unabhängig vom Außenministerium arbeitete und direkt dem Nationalen Sicherheitsrat und dem Präsidenten unterstellt war. In den folgenden viereinhalb Jahrzehnten finanzierte diese Behörde Bildungs- und Kulturprojekte im Ausland, verteilte Informationsmaterial in fremden Ländern und betrieb ausländische Informationszentren. Sie übernahm zudem die Verantwortung für das Programm der VOA. Hauptaufgabe der USIA war die Bekämpfung des Kommunismus in Osteuropa und in den blockfreien Gebieten, weshalb ihr Auftrag mit dem Ende des Kalten Krieges auslief. Unter Bill Clinton wurde sie 1999 schließlich aufgelöst, und das noch verbliebene Personal wurde ins Außenministerium eingegliedert.

In den 1950er und 1960er Jahren finanzierte die US-Regierung zudem geheim antikommunistische Organisationen, von denen der Kongress für kulturelle Freiheit (Congress for Cultural Freedom, CCF) vermutlich am bekanntesten ist. Einer der Begründer des CCF war Sidney Hook, Professor für Philosophie an der New York University und einer der führenden Verfechter des Antikommunismus in der Frühzeit des Kalten Krieges. Hook hatte binnen eines Jahrzehnts eine vollständige geistige Kehrtwendung vollzogen und war vom Marxisten zum Antikommunisten mutiert. Wie andere ehemals linke Intellektuelle, etwa George Orwell oder Arthur Koestler, war Hook abgeschreckt von den stalinistischen Auswüchsen des sowjetischen Kommunismus. Nach dem Krieg beobachtete er deshalb mit Sorge, wie sowjetische und kommunistische Intellektuelle internationale Netzwerke für den Weltfrieden und gegen die Atombombe ideologisch unterwanderten. Als sich im April 1949 im New Yorker Waldorf-Astoria-Hotel Vertreter der Kominform und linke Friedensaktivisten zur «Cultural and Scientific Conference for World Peace» versammelten, beschloss er, eine Gegenaktion gegen die in seinen Augen sowjetische Propagandaveranstaltung zu organisieren. Daraus entstand dann der Kongress für kulturelle Freiheit, den Hook und andere – darunter Karl Jaspers, Melvin Lasky, Tennessee Williams, Raymond Aron und Bertrand Russell – im Jahr darauf in Berlin gründeten. Offizieller Auftrag des CCF war es, Kunst- und Kulturprojekte zu unterstützen, die die liberale Demokratie festigten und den sowjetischen Bemühungen entgegentraten, den Kommunismus als Hort des Friedens und der Zivilisation darzustellen. Inoffiziell jedoch wurde der CCF Teil der kulturellen Eindämmungsstrategie der USA. In den 1960er Jahren lieferte die amerikanische Zeitschrift *Ramparts* Beweise dafür, dass die CIA den CCF von Anfang an finanziert hatte, und entlarvte die Unterwanderung liberaler Intellektuellenkreise durch US-Geheimdienste.[29]

Amerikanische Initiativen wie die Finanzierung des CCF sollten während des Kalten Krieges nicht nur das Verständnis für die amerikanische Kultur und Gesellschaft im Ausland fördern, sondern auch den ideologischen Klammergriff, in dem die kommunistischen Regime ihre Bevölkerung hielten, lockern. Die Bemühungen reichten dabei von offener Propaganda in der Frühphase des Kalten Krieges – etwa die Wiederbelebung der Psychological Warfare Division aus dem Zweiten Weltkrieg (die nun Psychological Strategy Board, PSB, hieß) während

Louis Armstrong mit seiner Trompete während einer Konzertaufnahme für die Voice of America, um 1965. Der Sender arbeitete unter den Aufsicht der United States Information Agency und hatte populäre Jazzsendungen im Programm wie etwa Willis Conovers »Music USA«, die sich an eine Hörerschaft in Osteuropa, Asien und Afrika richteten. Besonders häufig lief dabei Musik von Louis Armstrong.

des Koreakriegs – bis zu subtileren Formen der kulturellen «Infiltrierung» unter Aufsicht der USIA.[30] US-Kulturdiplomaten waren sich zunehmend der Macht der amerikanischen Populärkultur (vor allem des Jazz und der Hollywoodfilme) bewusst und legten den Schwerpunkt ihrer Arbeit nunmehr auf den Export von Musik, Filmen und Konsumgütern. Willis Conovers Jazz-Sendung «Music USA» wurde zum Ende der 1950er Jahre das populärste Programm der Voice of America in Osteuropa, Afrika und Asien.[31] Zusätzlich förderte die USIA internationale Jazztourneen und war besonders darum bemüht, dafür schwarze Musiker zu rekrutieren, um damit gleichzeitig einen positiven Eindruck über den Stand der Rassenbeziehungen in den USA zu erzeugen. Anfangs misstrauisch, erklärten sich schließlich einige Musiker bereit mitzuwirken, unter ihnen Duke Ellington und Louis Armstrong. Beide nutzten die Tourneen jedoch, um sich ein neues Publikum zu erobern (vor allem in Afrika) und zu Hause wie im Ausland unabhängige, mitunter sogar subversive Botschaften zu vermitteln. Zu einem dieser subversiven Momente kam es 1961, als Dave und Lola Brubeck gemeinsam mit Louis Armstrong das Musical *The Real Ambassadors* schrieben, das die Tourneen des Außenministeriums satirisch unter die Lupe nahm und deutliche Kritik an den Rassenbeziehungen in den USA übte.[32]

Eine der wichtigsten Waffen im Arsenal amerikanischer Kulturdiplomatie war der Konsumismus. Nach dem Zweiten Weltkrieg stellte die US-Wirtschaft in relativ kurzer Zeit von Kriegs- auf Konsumgüterproduktion um, um der großen Nachfrage nachzukommen, die sich über ein dutzend Jahre der Entbehrungen bedingt durch Weltwirtschaftskrise und Krieg aufgestaut hatte. Nach dem Krieg erklärten Politiker Konsum zu einer patriotischen Pflicht, der einen Beitrag zur nationalen Sicherheit leistete.[33] Überdies nutzten die Amerikaner den Konsumismus als Propagandainstrument im Kalten Krieg. So waren beispielsweise im Juli 1959 auf einer Ausstellung amerikanischer Industrieprodukte in Moskau auffallend viele Konsumgüter und Haushaltswaren zu sehen, darunter ein voll ausgestatteter Bungalow. Die Ausstellung stand in eklatantem Gegensatz zu einer sowjetischen Präsentation in New York einen Monat zuvor, bei der in erster Linie Schwerindustrie und Raumfahrttechnologie zu sehen gewesen waren.[34] Die Amerikaner gingen davon aus, dass das sowjetische Publikum eher an Küchenutensilien, Nylonstrümpfen, Pepsi Cola, Jazz und der neuesten Damenmode interessiert sei als an abstrakten Versprechen von Demokratie und Freiheit.

Antiimperialistische Kulturen   Während die Amerikaner eifrig an der kulturellen Infiltration Osteuropas arbeiteten, griff die Sowjetunion wiederholt zum Mittel militärischer Gewalt, um die Kontrolle in der eigenen Sphäre aufrechtzuerhalten. Die Aufstände in der DDR 1953 und in Ungarn 1956 sowie der Prager Frühling 1968 bedrohten wiederholt die politische Vormachtstellung des Kommunismus im Ostblock. Doch die gewaltsame Niederschlagung dieser Bewegungen schadete dem Ruf der Sowjetunion selbst in der kommunistischen Welt.[35] Nach Stalins Tod 1953 leitete die Sowjetführung unter Nikita Chruschtschow eine Phase der vorsichtigen Liberalisierung ein, in der Politiker und Intellektuelle ihre Meinung freizügiger kundtun durften. Chruschtschow wusste um die wachsende Kluft zwischen Ost und West und war deshalb umso mehr darum bemüht, die Produktion von Konsumgütern zu beschleunigen. Doch diese Anstrengungen wurden immer wieder durch Momente der gewaltsamen Unterdrückung unterbrochen, nicht nur in Ostdeutschland und in Ungarn, sondern auch im eigenen Land.

Während Chruschtschows Amtszeit konzentrierte sich die sowjetische Kulturpropaganda zunehmend auf Regionen außerhalb der unmittelbaren Einflusssphäre, vor allem in Südostasien und Afrika. In ihren internationalen Kampagnen machte sich die UdSSR dabei vor allem zwei zentrale Schwachpunkte der kapitalistischen Welt zunutze: ihre enge Beziehung zum Kolonialismus und ihr historisches Erbe des Rassismus. Viele der Länder, die nach dem Krieg Demokratie und Freiheit propagierten, hatten im 19. Jahrhundert zu den ersten und wichtigsten Kolonialmächten gehört. Einige von ihnen, darunter Frankreich, Belgien und Großbritannien, zögerten sogar noch nach 1945, ihre Kolonialgebiete aufzugeben. Die rhetorische Unterstützung des Westens für Freiheit und Selbstbestimmung klang deshalb in vielen Teilen der Welt hohl. Noch lange nach dem Erfolg der Dekolonisation verdächtigte man den Westen imperialistischer Bestrebungen, sodass die sowjetische Botschaft des Antiimperialismus auf offene Ohren stieß.

Die Sowjetunion konnte zudem auf die düstere Bilanz des Westens in Sachen Rassendiskriminierung verweisen. Der Kolonialismus beruhte auf einem soziokulturellen System der Rassenhierarchie, mit dessen Hilfe westliche Mächte ihre Herrschaft über nichtweiße Völker gerechtfertigt hatten. Der Zweite Weltkrieg machte die grausamen Konsequenzen einer ins Extrem getriebenen Philosophie der Rassenhierarchie deutlich. Während die USA Hitlers Politik der Vernichtung der «Judenrasse» aufs Schärfste verurteilten, rechtfertigten sie ihr militärisches Vorgehen gegen Japan mit einer Propagandakampagne, die den Gegner rassistisch herabsetzte.[36] Zudem machte das eigene System der Rassendiskriminierung in den USA Propagandabotschaften unglaubwürdig, die sich für Demokratie, Freiheit und Gleichberechtigung einsetzten. Die Sowjetunion, die sich dabei auf Lenins 1917 veröffentlichte Schrift über den Zusammenhang zwischen Imperialismus und Kapitalismus stützte, verurteilte Kolonialismus wie Imperialismus, ignorierte dabei aber wohlweislich die eigene Herrschaft über die Nachbarstaaten in Osteuropa und Zentralasien. Lenins Gedanken dienten vielen Freiheitskämpfern der Zwischen- und Nachkriegszeit als Inspiration.[37] Die antiimperialistische Sowjetpropaganda, gekoppelt mit dem Vermächtnis westlichen Machtmissbrauchs in Asien und Afrika, genügte, um Zweifel an der US-Botschaft von Freiheit und Demokratie zu wecken.

Als besonders geschickt erwies sich die UdSSR darin, die Nachkriegsrhetorik des Internationalismus mit der Botschaft vom Weltfrieden zu verbinden. Nachdem die Spannungen des Kalten Krieges im Sommer 1947 zunahmen, finanzierten die Sowjets mit Hilfe von Organisationen wie dem Internationalen Frauenbund (Fédération démocratique internationale des femmes), dem Weltjugendbund und später auch dem Weltfriedensrat internationale Treffen, auf denen die Idee des Weltfriedens propagiert wurde. Eines der ersten Treffen waren die Weltfestspiele der Jugend und Studenten in Prag 1947, die unter dem Motto «Jugend vereinige dich, vorwärts zu dauerhaftem Frieden» standen und 17 000 Besucher anlockten.[38] Nachfolgende Jugendfestspiele kombinierten immer wieder die Themen Internationalismus, Frieden und Antiimperialismus. Die meisten Teilnehmer waren Jugendliche aus blockfreien und kommunistischen Ländern, aber auch nichtkommunistische Friedensgruppen aus dem Westen waren anwesend.

Der Weltfriedensrat (World Peace Council, WPC) hingegen zog linke westliche Intellektuelle an, viele von ihnen Kommunisten. Seit seiner ersten Weltkonferenz

1949 in Paris, damals noch unter dem Namen «Weltkonferenz der Friedenspartisanen», arbeitete der Weltfriedensrat nur nominell unabhängig von der Sowjetunion. Als der Rat in den 1950er und 1960er Jahren ideologisch immer mehr versteifte, schrumpfte die Mitgliederzahl im Westen merklich.[39] Gleichwohl gelang es der Sowjetunion mit ihrer massiven Verwendung des Friedensbegriffs zumindest in den 1950er Jahren, in der weltweiten öffentlichen Meinung Kommunismus und Weltfrieden miteinander zu verbinden. Aus genau diesem Grund kritisierten westliche Politiker und Meinungsmacher den Weltfriedensrat und andere Friedensorganisationen beharrlich als kommunistische Frontorganisationen und deren Mitglieder als «Mitläufer». Henry Luce nannte den Weltfriedensrat «einen eiskalt berechneten Masterplan, mit dem die Bemühungen des Westens sabotiert werden sollen, den freien Volkswirtschaften dieser Welt wieder auf die Beine zu helfen und sich selbst zu verteidigen».[40] Friedensaktivisten und Pazifisten wurden überdies gern als verkappte Kommunisten oder als naive Opfer kommunistischer Propaganda verspottet.

Eine deutliche Ausweitung erfuhren die internationalen Propagandabemühungen der Sowjetführung durch sowjetische Nachrichtenagenturen. Zu Beginn der 1970er Jahre hatten sowjetische Publizisten der Nachrichtenagentur Nowosti Zugriff auf ein bemerkenswertes Netzwerk von internationalen Zeitungen, darunter englische Wochen- und Monatsblätter wie die *New Times*, *The Soviet Weekly* und *The Soviet Union*, die zum Teil seit den 1940er Jahren vertrieben wurden. Zudem überzogen die Propagandabehörden den Globus mit einem breiten Spektrum an Rundfunksendern. Die Sendegebiete, die Sprachen, in denen gesendet wurde, und die Zahl der Sendestunden nahmen im Lauf der 1950er und 1960er Jahre stetig zu. Die Propagandisten wollten unbedingt alle verfügbaren Kommunikationsmittel nutzen, um die Bevölkerung in der blockfreien Welt für sich zu gewinnen. Dazu gehörte auch die Übersetzung sorgfältig ausgewählter, ideologisch akzeptabler Werke der sowjetischen Literatur in verschiedene Sprachen: Wurden 1956 rund 20 Millionen russische Bücher in elf Sprachen veröffentlicht, so waren es 1970 schon 55,5 Millionen Bücher in 36 Sprachen.[41] Die sowjetischen Bemühungen in Bezug auf ausländische Informationsvermittlung ähnelten in vielfacher Weise denen der USIA, auch wenn sie unverhüllter propagandistisch waren als im Westen. Wie die USA erkannte auch die Sowjetunion, dass sich die Konkurrenzkämpfe des Kalten Krieges in die blockfreie Welt verlagert hatten und dass diese Kämpfe nicht nur mit militärischen, sondern auch mit kulturellen Mitteln ausgetragen wurden.

Als asiatische und afrikanische Länder um die Unabhängigkeit von ihren jeweiligen Kolonialmächten kämpften, waren sie besonders empfänglich für die sowjetische Botschaft von Antiimperialismus, Antirassismus und Frieden, insbesondere dann, wenn diese Botschaft mit dem Angebot wirtschaftlicher und finanzieller Unterstützung verbunden war. Doch wie der Fall von Nasser in Ägypten in den 1950er Jahren belegt, waren die Erfolge oftmals eher trügerisch. Nasser war durchaus bereit, die Sowjetunion um Finanzierung des Assuan-Staudamms zu bitten, nachdem die USA Druck auf ihn ausgeübt hatten und er sich ihren Forderungen nicht beugen wollte. Gleichwohl verschrieb er sich zu keiner Zeit kommunistischen Idealen, im Gegenteil: 1958, zwei Jahre nach der Suezkrise, ging er mit aller Härte gegen Kommunisten im eigenen Land vor.[42]

Die sowjetische Doppelrhetorik von friedlicher Koexistenz und Antiimperialismus klang auch für andere frisch in die Unabhängigkeit entlassene Länder attraktiv. In Indien verband die Sowjetunion ihre Friedensbekundungen mit technischen und finanziellen Hilfsangeboten sowie mit dem Versprechen verstärkter Handelsbeziehungen, die «mit keinerlei Verpflichtungen politischen oder militärischen Charakters» verbunden seien.[43] Indien und andere ehemalige Kolonien wussten nur zu gut um die militärische Macht der früheren Kolonialmächte und die Gefahr erneuter wirtschaftlicher Abhängigkeit, wenn man Hilfe aus dem Westen annahm. Die Sowjetunion konnte zwar kurzfristige Allianzen mit einigen dieser Länder schmieden, doch nur selten gelang es, dort kommunistische Regime zu etablieren.

Postkoloniale Kulturen   Obwohl der Dekolonisationsprozess eng mit den Entwicklungen des Kalten Krieges verknüpft war, lassen sich seine kulturellen Auswirkungen nur dann begreifen, wenn man sie zu historischen Prozessen aus der Zeit vor dem Kalten Krieg in Bezug setzt. Das globale System der Kolonialherrschaft veränderte nachhaltig die kulturelle Identität der Menschen, die in diesem System lebten. Die wirtschaftlich-politischen Prozesse der Ausbeutung natürlicher Rohstoffe, der Machtkonsolidierung und der Schaffung von Abhängigkeitsverhältnissen waren eng verbunden mit den kulturellen Prozessen von Unterwerfung, Assimilation und Widerstand.

Die europäischen Mächte hatten die ökonomische Ausbeutung der Kolonien schon seit langem damit gerechtfertigt, nichtweißen Völkern Zivilisation und einen besseren Lebensstandard zu ermöglichen. Zwar war die Zivilisierungsmission niemals das Hauptziel des Kolonialismus, sie wurde aber in vielen Teilen der Welt zu einem festen Bestandteil der Kolonialpolitik, unter anderem durch die Errichtung von Schulen und anderen Bildungseinrichtungen, um die einheimische Elite für Führungspositionen in der Kolonialbürokratie vor Ort auszubilden. Einige von ihnen setzten ihre Ausbildung an europäischen Universitäten fort, unter ihnen der vietnamesische Revolutionär Ho Chi Minh und der auf Martinique geborene algerische Aktivist Frantz Fanon, die beide in Frankreich studierten, sowie die Anführer der indischen Antikolonialbewegung Jawaharlal Nehru und

Mohandas K. Gandhi, die zum Studium nach Großbritannien gingen.[44] Die kritische Auseinandersetzung mit westlichem Denken und westlichen Werten – nicht zuletzt die Idee des Nationalismus – beeinflussten somit die Art und Weise, wie viele indigene Führungspersönlichkeiten ihren politischen Kampf um die Unabhängigkeit angingen. Es wäre jedoch falsch anzunehmen, dass westliche Bildung allein für den politischen Aktivismus dieser Persönlichkeiten verantwortlich ist. Die Kenntnis dieser Ideen unterstützte vielmehr die Formulierung wirksamer Strategien gegen die überwältigende Macht der Metropole.

Die meisten der neu gebildeten Staaten übernahmen die von den Kolonialmächten festgelegten Territorialgrenzen, auch wenn diese nicht unbedingt den Grenzen zwischen verschiedenen ethnischen oder Stammesgruppen entsprachen. Sie hielten sich überdies im Bemühen um Ordnung und zentralisierte Kontrolle an das europäische Modell des Nationalstaats.[45] Indigene Eliten verschiedener ethnischer Gruppen kämpften oft miteinander um die Macht, aus einem willkürlichen Konglomerat von Ethnien innerhalb der Territorialgrenzen des neuen Staates unabhängige nationale Identitäten entstehen zu lassen. Französisch-Indochina beispielsweise zerbrach in drei Staaten: Laos, Kambodscha und Vietnam. Nach dem Abzug der Franzosen im Jahr 1954 teilte das Genfer Abkommen Vietnam in zwei Zonen: die kommunistisch kontrollierte Demokratische Republik Vietnam im Norden und die südliche Republik Vietnam, die dem Westen verbunden war.

In Indien führten ethnische und religiöse Spaltungen dazu, dass die Briten eine Teilung des Subkontinents in zwei getrennte Staaten unterstützten: das von den Hindus dominierte Indien und das von Muslimen regierte Pakistan und Ostpakistan, ein Gebiet im Nordosten des indischen Subkontinents, das vom Rest Pakistans abgeschnitten war. Dieser östliche Teil erkämpfte in einem blutigen Krieg mit Unterstützung Indiens die Unabhängigkeit von Pakistan und wurde 1971 zum Staat Bangladesch. Spannungen zwischen Juden und Arabern nach der Gründung des Staates Israel 1948 belasteten auch die internationalen Beziehungen im Nahen Osten auf unabsehbare Zeit.

Und auch in Afrika kam es zu postkolonialen Spannungen. Politische, soziale und kulturelle Rivalität zwischen Hutu und Tutsi führte bereits vor der Erlangung ihrer Unabhängigkeit von Belgien 1962, zu internen Konflikten in Ruanda und Burundi. So massakrierten Hutu 1959 in Ruanda Tutsi, die daraufhin Zuflucht in Burundi und anderen Nachbarländern suchten. Die Thronfolge in beiden Ländern war lange Zeit überwiegend Tutsis vorbehalten, eine soziale Gruppe, die unter belgischer Herrschaft wirtschaftlich bessergestellt war. Tatsächlich war die politische Rivalität zwischen Hutu und Tutsi von den Kolonialherren (zunächst deutsch, dann belgisch) verursacht, denn sie hatten den Tutsi im Kolonialregime politische und wirtschaftliche Privilegien eingeräumt.[46]

In vielen Kolonien unterdrückte eine zentralisierte Bürokratie, die sich mit der einen oder anderen ethnischen oder sozialen Gruppe verbündet hatte, kulturelle und ethnische Spannungen mit eiserner Faust. Die Übertragung politischer Kontrolle an indigene Gruppen führte deshalb zu einem internen Machtkampf zwischen konkurrierenden politischen und ethnischen Gruppen, der mitunter in gewaltsame Auseinandersetzungen oder Bürgerkriege mündete.[47]

In Regionen mit einem signifikanten Bevölkerungsanteil weißer Siedler wie in Algerien, Namibia und Rhodesien führte die Dekolonisation zu erbitterten, mitunter gewaltsamen Rassenkonfrontationen. Europäische Siedler in diesen Regionen folgten dem Vorbild Südafrikas, das 1910 einen zentralisierten Staat unter Kontrolle der Weißen errichtet und enge Beziehungen zum Mutterland Großbritannien aufrechterhalten hatte. Als die Weißen nach der Unabhängigkeit ohne den Schutz der europäischen Kolonialmächte dastanden, griffen sie oft zu drastischen Maßnahmen, um ihre privilegierte Position gegenüber einer indigenen schwarzen Mehrheit zu behalten. In Südafrika errichtete die weiße herrschende Klasse nach dem Zweiten Weltkrieg ein rigides System der Apartheid und der politischen Unterdrückung, um so die Machtübernahme durch den immer besser organisierten Afrikanischen Nationalkongress (ANC), die wichtigste Bewegung für die Rechte der Schwarzen, zu verhindern.[48] Auch in Algerien bewahrten die weißen Siedler enge Bindungen zum französischen Mutterland, und ein wesentlicher Anteil an Algeriern befürwortete die Eingliederung in den französischen Staat. Dennoch gewannen die algerischen Nationalisten in den 1950er Jahren an Stärke und organisierten den Front de Libération Nationale (FLN), eine mächtige und gewalttätige Widerstandsbewegung gegen die französische Herrschaft. Der Unabhängigkeitskampf währte von 1954 bis 1962, als die französische Regierung schließlich jegliche Ansprüche auf algerisches Gebiet aufgab. Millionen von europäischen Algeriern, die so genannten Pieds-noirs, setzten sich daraufhin nach Frankreich ab.[49]

Während die ehemaligen Kolonien in Afrika nach politischer Unabhängigkeit strebten, bemühten sie sich gleichzeitig um eine Neudefinition ihrer kulturellen Identität. Die Kolonialherren hatten westliche Rituale, Gebräuche und Kultur in diese Regionen gebracht und indigene Praktiken oftmals unterdrückt, indem sie einen falschen Kontrast zwischen europäischer Moderne und kolonialer Rückständigkeit aufbauten.[50] Standen im antikolonialen Kampf geeinte indigene Bevölkerungen ihren Unterdrückern gegenüber, so zeigten sich in nachkolonialer Zeit neue Risse zwischen einheimischen Interessengruppen, die jeweils unterschiedliche Visionen von Unabhängigkeit verfolgten. Der Erfolg politischer Führer hing oft davon ab, inwieweit sie in der Lage waren, diese künstliche Gegenüberstellung von lokaler Tradition und kosmopolitischer Moderne sowie ethnische, kulturelle und Stammes-Differenzen innerhalb ihrer Anhängerschaft zu überwinden.

In den neugebildeten Staaten Afrikas gewann die afrokaribische Bewegung der Négritude, die in den 1930er Jahren entstanden war, zunehmend Anhänger. Deren Begründer, unter ihnen der Dichter und Essayist Léopold Sédar Senghor, der

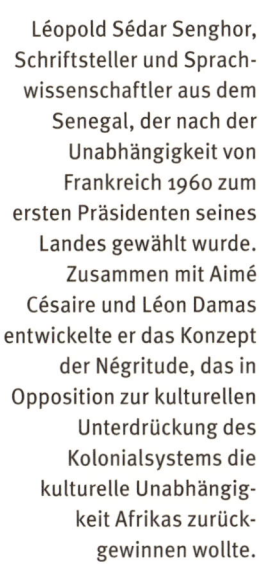

Léopold Sédar Senghor, Schriftsteller und Sprachwissenschaftler aus dem Senegal, der nach der Unabhängigkeit von Frankreich 1960 zum ersten Präsidenten seines Landes gewählt wurde. Zusammen mit Aimé Césaire und Léon Damas entwickelte er das Konzept der Négritude, das in Opposition zur kulturellen Unterdrückung des Kolonialsystems die kulturelle Unabhängigkeit Afrikas zurückgewinnen wollte.

1960 erster Präsident des Senegal wurde, und der Dichter Aimé Césaire von der Karibikinsel Martinique, lieferten das kulturelle Pendant zum politischen Drang nach Unabhängigkeit. Sie beriefen sich dabei auf afrikanische und afroamerikanische Autoren, insbesondere die Vertreter der so genannten Harlem Renaissance wie Langston Hughes und Richard Wright, die seit den 1920er Jahren schwarze Kultur mit Selbstachtung und Würde erfüllt hatten. Zudem orientierten sie sich an historischen Vorläufern des Kampfes gegen die weiße Kolonialherrschaft, etwa an Toussaint Louverture, der in den 1790er Jahren einen Aufstand gegen die Franzosen auf Haiti angeführt hatte.[51]

Jeder von ihnen entwickelte jedoch seine eigene praktische Umsetzung des Négritude-Konzepts. Für Senghor war Négritude «das gesamte Ensemble der zivilisatorischen Werte – kulturell, wirtschaftlich, gesellschaftlich und politisch –, die für die schwarzen Völker oder genauer: für die Welt der Schwarz-Afrikaner

charakteristisch sind. [...] Mit anderen Worten: das Gemeinschaftsgefühl, die
Gabe der Mythenbildung, die Gabe des Rhythmus, solcherart sind die wesentlichen Elemente der Négritude, die allen Arbeiten und Aktivitäten des schwarzen
Mannes unauslöschlich aufgeprägt sind.»[52] Senghors Négritude wurde zur einen-
den Kraft im afrokaribischen Unabhängigkeitskampf nach dem Zweiten Weltkrieg. Césaires Négritude hingegen beruhte auf einer weniger rigiden Vorstellung
von kultureller Unabhängigkeit der Schwarzen. Wie Senghor stellte er die Berechtigung der kulturellen Dominanz des Westens in Frage, freilich ohne den Nutzen
zu leugnen, den westliche Texte für das Anliegen kultureller Unabhängigkeit hatten. So betrachtete er zum Beispiel Shakespeares Drama *Der Sturm* als Vehikel
für die kulturelle Emanzipation der Kolonialisierten und plädierte dafür, das
Stück von 1610 für das schwarze Theater zu adaptieren.[53] Césaire sah in der
Hauptfigur des Stückes «einen vollkommenen Totalitaristen», «den Mann der
kalten Vernunft, den Mann der systematischen Eroberung – mit anderen Worten
ein Porträt des aufgeklärten Europäers». Sein Gegenspieler, der Eingeborene
Caliban, sei hingegen «seinen Anfängen noch immer eng verbunden, und seine
Beziehung zur natürlichen Welt ist noch nicht zerbrochen». Césaire setzte Prospero und mit ihm das aufgeklärte Europa mit dem Totalitarismus gleich, Caliban
dagegen stand für kulturelle Authentizität.[54] Noch wichtiger aber ist: Caliban
kann zwischen der Welt der Kolonisierten und der Welt der Kolonialherren hin
und her wechseln. Er spricht eine europäische Sprache, kennt die westlichen Sitten und verfügt somit gegenüber seinem Herrn Prospero über einen entscheidenden kulturellen Vorteil. Wie Caliban verwandelte auch Césaire sein kulturelles
Wissen über den Westen in ein Instrument der kulturellen Befreiung, indem er
westlichen Texten einen indigenen Sinn «einschrieb».

Das Konzept der Négritude stieß auf heftige Kritik. So schrieb Frantz Fanon in
Die Verdammten dieser Erde, afrikanische und karibische Intellektuelle wie
Césaire, deren Négritude auf der Uminterpretation europäischer Texte der Auf-
klärung beruhte, hätten daran mitgewirkt, dass die Kolonialkultur wieder an
Stärke gewonnen habe. Statt indigene nationale Kulturen wiederzubeleben, so
Fanons Vorwurf, hätten sie die europäische Sichtweise, die alle afrikanischen
und karibischen Kulturen als monolithischen Block betrachtet, übernommen.
«Der Begriff der *Négritude*», so behauptete er, «war die affektive, wenn nicht
logische Antithese zur Beleidigung der Menschheit durch den weißen Mann.»[55]
Die Beleidigung bestand darin, keine Unterschiede zwischen verschiedenen nationalen afrikanischen Kulturen anzuerkennen, die Existenz einer indigenen Kultur
zu leugnen oder ihnen die Werte westlicher Kultur aufzuzwängen. Der Irrtum der
einheimischen Intellektuellen, die von westlicher Kultur durchdrungen waren, bestand in Fanons Augen darin, eine afrikanische Kultur nachweisen zu wollen
statt einer angolanischen, kenianischen oder ghanaischen. Für Fanon war dieser
Prozess im Grunde eine Umkehrung des Kolonialsystems kultureller Unter-

drückung. Die Négritude, deren Ursprung sowohl in Amerika als auch Afrika lag, signalisierte für Fanon die «Rassisierung» kultureller Identität.[56]

Fanons Kritik machte einen wichtigen Aspekt des Prozesses kulturellen Wandels und der Vorstellung von kultureller Identität sichtbar. Der Kontakt mit fremden Kulturen, ob erzwungen oder freiwillig, veränderte in jedem Fall die kulturelle Matrix der einheimischen Bevölkerung. Für einheimische Intellektuelle wäre es ein vergebliches Unterfangen, den Prozess kultureller Transformation rückgängig zu machen und den Einfluss der Kolonialherrschaft auszulöschen. Selbst Verfechter der Négritude propagierten keine völlige Kehrtwende. Vielmehr versuchten sie den westlichen Kulturkanon der Kolonialzeit so zu integrieren, dass er den indigenen politischen und kulturellen Bedürfnissen entsprach. Anfang der 1990er Jahre bezeichneten Kulturanthropologen und Soziologen diesen Prozess als kulturelle Hybridisierung oder Kreolisierung.[57]

In Asien gab es zwar kein Pendant zur afrikanischen Négritude-Bewegung, doch das koloniale Engagement dort sorgte in Europa für eine sehr spezifische Vorstellung von Asien als dem «orientalischen» Anderen. In seinem 1978 erschienenen Buch *Orientalismus* vertrat der palästinensisch-amerikanische Literaturtheoretiker Edward Said die These, dass Vorstellungen von der Minderwertigkeit der Kolonialsubjekte aus dem Nahen und Mittleren Osten sich tief in die literarischen und kulturellen Texte der westlichen Welt eingegraben hätten. Es ging ihm in erster Linie darum, den Orientalismus als ein westliches Konzept darzustellen, und weniger um die Frage, auf welche Weise orientalistische Vorstellungen möglicherweise in den postkolonialen Identitäten nichtwestlicher Völker verankert waren.[58] Saids Kritik am Orientalismus führte zu einer Reihe von Forschungen, die den Einfluss westlicher Vorstellungen vom Orient in der Populärkultur und in politischen Beziehungen erkundeten, die ethnische und nationale Identitätsbildung hinterfragten und die ideologischen Grundlagen der Dichotomie Orient/Abendland analysierten.[59] Saids Schriften stießen in der Wissenschaft allerdings auch auf Kritik, vor allem von Wissenschaftlern, die seine Definition des Orientalismus in Frage stellten, die Existenz eines einzigen Orientalismus bezweifelten oder ihm vorwarfen, ein akademisches Problem polemisch auszunutzen.[60]

In späteren Arbeiten entwickelte Said seine Interpretation der kulturellen Folgen des Imperialismus weiter und stellte die These auf, dass der Imperialismus nicht nur kulturelle Unterjochung zur Folge hatte, sondern auch Integration, Hybridisierung und Heterogenisierung. Diese Deutung der wechselseitigen Beeinflussung imperialer und kolonialer Kulturen hatte zur Folge, dass Said – wie vor ihm Aimé Césaire – Autoren wie William Shakespeare für das Projekt der Dekolonisation in Anspruch nahm. Shakespeares Dramen verloren dabei ihre spezifisch europäische Identität und wurden zu einem globalen Repertoire menschlicher Erfahrung. Ausgehend von Césaires Version des *Sturm*, präsentierte Said alternative Interpretationen der zentralen Kolonialfiguren des Stückes, nämlich des rebellischen Sklaven Caliban und des assimilierten und angepassten Luftgeistes Ariel (in Shakespeares Version), der sich bei Césaire in einen Mulatten verwandelte. Laut Said lieferte das Stück Antworten auf eine zentrale Frage der Unabhängigkeitsaktivisten: «Wie stellt sich eine Kultur, die Unabhängigkeit vom Imperialismus sucht, ihre eigene Vergangenheit vor?» Die Dichotomie von Ariel und Caliban im *Sturm* eröffne, so Said, drei Alternativen. Die erste bestehe darin, sich Ariel zum Vorbild zu nehmen und den eigenen Untertanenstatus zu akzeptieren, solange die Kolonialherrscher an der Macht sind, und anschließend wieder zum ursprünglichen «eingeborenen» Ich zu werden. Die zweite Option nehme sich ein Beispiel an Caliban und integriere die «Mischlingsvergangenheit» in eine unabhängige Zukunft. Die dritte Option betrachte Caliban als jemanden, der darum kämpft, die vergangene Unterdrückung abzuschütteln und zu einem «präkolonialen» Ich zurückzukehren. Diese letzte Option sah Said im radikalen Nationalismus verkörpert, der die Ideologie der Négritude hervorbrachte. Wie Fanon hatte er tiefe Vorbehalte gegen diese Form kolonialer Emanzipation, denn sie könne leicht in eine banale Form von «Chauvinismus und Xenophobie» abgleiten, die im Grunde der zentralen europäischen Begründung für die Kolonialisierung entspreche.[61]

Mitte der 1960er Jahre waren sich die Politiker in vielen der soeben unabhängig gewordenen Nationen uneins darüber, ob es so etwas wie eine gemeinsame afrikanische oder asiatische Identität gab und, wenn ja, wie diese Identität genau aussah. Sprache, Religion und Stammesbräuche behinderten den kulturellen Einigungsprozess beträchtlich. Zudem spaltete das koloniale Erbe, zumindest in Afrika, die ehemaligen Kolonien in frankophone und anglophone Länder. Viele prominente Autoren und Dichter formulierten ihre Suche nach einer gemeinsamen afrikanischen Identität nicht in ihrer Muttersprache, sondern in der Sprache ihrer früheren Unterdrücker. Das galt für Senghor, der französisch schrieb, ebenso wie für den nigerianischen Schriftsteller Chinua Achebe, der seine Bücher auf Englisch verfasste.[62] Achebe, Autor des international vielbeachteten Romans *Things Fall Apart* (1958, dt. *Okonkwo oder Das Alte stürzt* bzw. *Alles zerfällt*), rechtfertigte seine Entscheidung für Englisch damit, dass es wichtig sei, über Sprachgrenzen hinweg mit anderen Opfern der Kolonialisierung und mit den Kolonisatoren zu kommunizieren.[63] Er gestand jedoch auch ein, dass sich bestimmte lokale Erfahrungen nicht adäquat auf Englisch formulieren ließen, und plädierte dafür, das Englische dahingehend zu erweitern, dass auch diese afrikanischen Vorstellungen und Erfahrungen angemessen zum Ausdruck gebracht werden können.[64]

Diese Diskussionen machten nicht nur deutlich, welche Wunden mehr als einhundert Jahre Kolonialherrschaft hinterlassen hatten, sondern auch, wie vielfältig die Kolonialerfahrungen waren. Die Afrikaner mussten stärker als die Asiaten ihre Identität innerhalb eines zunehmend heterogenen Umfelds aushandeln, in dem die Rückgewinnung einer verlorenen Stammeskultur vielversprechend war, zugleich aber auch die Gefahr dauerhaften Konflikts und Krieges in sich barg, was die Lebensbedingungen gegenüber den Erfahrungen der Kolonialzeit nicht unbedingt verbesserte und mitunter sogar verschlechterte. Kulturelle Kreolisierung war ebenso sehr Teil des Dekolonisationsprozesses wie ethnisch bedingter Konflikt, Gewalt und Krieg.

Die kulturellen Diskurse, die den Prozess der Dekolonisation begleiteten, trugen dazu bei, die eingefahrenen Strukturen des durch den Kalten Krieg bedingten kulturellen Konsenses in Ost und West in Frage zu stellen und die kulturelle Vielfalt sichtbar werden zu lassen, die durch die Rivalität der beiden Supermächte unterdrückt worden war. In diese Richtung wirkten auch die zunehmende Bewegung von Menschen und Gütern, die Entstehung einer internationalen Protestkultur sowie ein internationaler Diskurs der Rechte, der sich über die Ost-West-Spaltung hinweg ausbreitete. Diese Herausforderungen führten im Laufe der 1960er Jahre zu einer dauerhaften Umwandlung der politischen, wirtschaftlichen und kulturellen Beziehungen zwischen den Menschen und Nationen. Zwar heizte sich der Kalte Krieg Ende der 1970er Jahre mit dem sowjetischen Einmarsch in Afghanistan noch einmal auf, doch die kulturellen Konturen ihres Austauschs konnten die beiden Supermächte nicht mehr bestimmen. Die genannten Veränderungen stellten freilich weniger eine lineare Entwicklung von kultureller Konformität zu kultureller Vielfalt dar, sondern sie erzwangen eher eine Neuverhandlung des Verhältnisses zwischen beiden.

2. MENSCHEN UND GÜTER IN BEWEGUNG

Die transnationale Bewegung von Menschen und Gütern beschleunigte sich nach dem Zweiten Weltkrieg durch die Verschiebung nationaler Grenzen, die Erlangung kolonialer Unabhängigkeit in Afrika und Asien und die allgemeine Verbesserung der Transportmittel. Migranten – darunter Flüchtlinge, Touristen und Gastarbeiter – spielten eine Schlüsselrolle im weltweiten Prozess der kulturellen Heterogenisierung. Diese Migranten brachten kulturelle, religiöse und materielle Traditionen mit sich, die die kulturelle Landschaft ihrer Gastländer veränderten. Sie eröffneten Restaurants, Gebetshäuser und Kulturzentren, die anfangs für die Zuwanderer gedacht waren, mit der Zeit aber ganze Viertel in multiethnische Patchworks des kulturellen Pluralismus verwandelten.[65] In ihrer neuen Umgebung trugen diese Migranten zur Vertiefung des Verständnisses für kulturelle Vielfalt bei, eröffneten aber zugleich auch die Möglichkeit neuer kultureller Konfliktfelder. Transnationale Migration fand ihr materielles Gegenstück in der Entstehung eines globalen Konsummarktes, bedingt durch den Aufstieg multinationaler Unternehmen, die oft den Vorwurf der Homogenisierung mit sich brachten. Und tatsächlich finden sich Beweise, um diese These zu belegen (nicht zuletzt die rasche Ausbreitung globaler Marken); jedoch deuten andere Befunde auf eine erhöhte materielle Vielfalt an vielen Orten hin, etwa die Vielfalt ethnischer Restaurants in den Zentren großer Städte. Die Beschleunigung transnationaler Bewegung von Menschen und Gütern ging einher mit dem Prozess der kulturellen Hybridisierung, der viele Orte zugleich vertrauter und fremder erscheinen ließ.

Migranten

Die Migrationsmuster in der zweiten Hälfte des 20. Jahrhunderts waren vielfältiger und «multidirektionaler» als je zuvor. Nordamerika war nach wie vor ein Hauptziel für Menschen aus aller Welt, auch wenn die Zahl der Zuwanderer nach dem Krieg nie wieder das Niveau der Jahrhundertwende erreichte, als die Immigrationsrate der USA bei mehr als elf Zuwanderern je tausend Einwohner lag. In den 1940er Jahren sank sie auf 0,4 je Tausend, um dann in den 1990er Jahren auf das Nachkriegshoch von etwa vier je Tausend zu steigen.[66] Auch die ethnische Zusammensetzung der Migranten veränderte sich grundlegend. Waren die meisten US-Immigranten der früheren Welle aus Europa gekommen, so stammten sie in der zweiten Hälfte des 20. Jahrhunderts überwiegend aus Lateinamerika, Afrika und Asien. Die Gründe für die Emigration blieben jedoch stets die gleichen: wirtschaftliche Perspektivlosigkeit, Bevölkerungswachstum und Gewalt.

Ein Teil der weltweiten Migration seit dem Zweiten Weltkrieg ging auf die Dekolonisation zurück. Der Zustrom ehemaliger Kolonialuntertanen – den man gelegentlich auch als umgekehrte Kolonialisierung bezeichnet hat – diversifizierte die Städte der Industriestaaten, als Afrikaner und Asiaten nach England, Frankreich, Belgien und in die Niederlande strömten; Filipinos emigrierten nach Nordamerika, in den Nahen und Mittleren Osten sowie nach Japan. Lateinamerikaner, Asiaten und Afrikaner wanderten in die USA und nach Kanada aus. Natürlich war die Kolonialwelt schon immer, seit man in Kontakt getreten war, in die Metropole eingedrungen, insbesondere durch den Import von Rohstoffen, Handwerkserzeugnissen und Nahrungsmitteln (Gewürze, Getreide, Kaffee, Tee usw.).[67] Mit der Einwanderung von Kolonialbewohnern, die ihren Produkten folgten, veränderte sich jedoch auch die ethnische Zusammensetzung der Metropole und damit auch deren Kultur.

Die Dekolonisation löste nacheinander drei Migrationswellen aus. In der ersten kehrten die weißen Siedler und Kolonialbeamten in die Heimat zurück. Diese Rückkehrer, einige von ihnen mit einheimischen Ehepartnern, bildeten den Anlass für eine zweite Welle von Migranten: indigene Verwandte und Angehörige der Kolonialeliten, die ihre Machtpositionen und Privilegien in den nunmehr unabhängigen Staaten verloren hatten. Eine dritte Migrationswelle war interner Art, als die indigene Bevölkerung vom Land in die Stadt, aus armen in wohlhabende Regionen oder aus Gebieten mit hoher Arbeitslosigkeit in solche mit großer Nachfrage nach Arbeitskräften zog, und zwar innerhalb nationaler Grenzen wie auch grenzüberschreitend. Dazu zählte die breite Wanderungsbewegung innerhalb Afrikas, bei der fast eine Million Saisonarbeiter aus nördlichen Gebieten nach Südafrika strömten.[68]

Auch die europäischen Migrationsmuster veränderten sich nach dem Krieg beträchtlich, angefangen mit den Vertreibungen aufgrund von Krieg und Verfolgung.

Zwischen 1965 und 2000 stieg der Anteil der im Ausland geborenen Bevölkerung in Westeuropa von 2,2 auf 10,3 Prozent. Westeuropa war somit nicht mehr Auswanderungsregion, sondern Ziel von Immigranten aus anderen europäischen Ländern, aber auch aus Afrika und Asien. Zwischen 1989 und 1993 erreichte die Zuwanderung in EU-Staaten ein Allzeithoch – mehr als eine Million Menschen pro Jahr –, was vor allem mit dem Zerfall der Sowjetunion zu tun hatte. In den 1980er Jahren waren jährlich nur etwa 200 000 Menschen zugewandert. Nach 1993 pendelte sich diese Zahl bei knapp über 600 000 Menschen ein.[69]

Die europäische Binnenmigration war während und unmittelbar nach dem Krieg überwiegend politisch bedingt gewesen, insofern als ganze Bevölkerungsgruppen von den neuen sozialistischen Regimen vertrieben wurden oder vor diesen flohen; allmählich aber rückten wirtschaftliche Gründe in den Vordergrund, als Arbeitskräftemangel in Nord- und Westeuropa in den 1950er und 1960er Jahren Arbeiter aus Südeuropa anzog. So unterzeichnete beispielsweise Deutschland zwischen 1955 und 1968 Abkommen mit Italien, Spanien, Griechenland, Portugal, der Türkei, Tunesien, Marokko und Jugoslawien, in denen die Anwerbung von mehr als 2,5 Millionen Gastarbeitern beschlossen wurde. Als die Regierung dieses Programm 1973 auslaufen ließ, hatten viele dieser Arbeitskräfte ihre Familien nachgeholt und sich dauerhaft in den großen Industriestädten niedergelassen, vor allem im Ruhrgebiet. Die Kinder und Enkelkinder dieser Gastarbeiter wuchsen in einem kulturellen Umfeld auf, das nicht vollständig in die deutsche Kultur integriert war, aber auch keine wirklich engen Bindungen mehr an die Heimat der Eltern hatte. Als Deutschlands Wirtschaft in den 1970er und 1980er Jahren eine Rezession erlebte, nahmen Fremdenfeindlichkeit und Gewalt gegen Ausländer zu, die sich sowohl gegen schon lange im Land lebende Zuwanderer aus Südeuropa als auch gegen jüngst zugewanderte Immigranten aus Afrika und Asien richteten. Steigende Arbeitslosigkeit, vor allem nach der deutschen Wiedervereinigung, ließ in den 1990er Jahren eine heftige Debatte über Einwanderungspolitik, Staatsbürgerschaftsrecht und Integration von Ausländern entbrennen.

Als nicht minder schwierig erwies sich die Integration einer aus Nordafrika stammenden, überwiegend muslimischen Bevölkerung in die französische Gesellschaft seit den 1960er Jahren. Die meisten Zuwanderer lebten in abgesonderten Vierteln an den Rändern der Großstädte, mit schlechten wirtschaftlichen Perspektiven und verschiedenen Formen von Diskriminierung ausgesetzt. Großbritannien nahm Immigranten aus Europa und den Commonwealth-Ländern auf, ehe der Commonwealth Immigrants Act von 1962 den Zuzug von Bürgern aus den vormaligen Kolonien deutlich einschränkte. Das Gesetz, das die jährliche Zuwanderungsquote für Asiaten aus dem Commonwealth auf gerade einmal 1500 Personen begrenzte, war in erster Linie dazu gedacht, den Zustrom von Menschen aus Asien und Afrika zu verringern, obwohl ihr Anteil schon vorher weit geringer war als der anderer Europäer und weißer Immigranten aus Commonwealth-Staaten wie Australien, Neuseeland und Kanada.[70]

Auch in Lateinamerika verschoben sich die Migrationsströme. War die Region einst Ziel von Europäern und Asiaten gewesen, so wanderten nach dem Krieg immer mehr Menschen aus. Zwischen 1960 und 1980 verließen 1,8 Millionen Menschen Lateinamerika, die meisten von ihnen in die USA und nach Kanada. Vor allem Mexikaner und Menschen aus der Karibik profitierten dabei von einer Liberalisierung der amerikanischen Einwanderungsgesetze im Jahr 1965. Die meisten von ihnen arbeiteten für die riesigen Obst- und Gemüsefarmen in Kalifornien oder als Hausangestellte in den Städten an der Ost- und Westküste.[71] In allen Großstädten Nordamerikas entstanden neue ethnische Viertel. In Florida siedelte sich nach Fidel Castros Revolution 1959 eine große kubanische Bevölkerung an. Im Lauf der folgenden Jahrzehnte veränderte diese kubanisch-amerikanische Bevölkerung nicht nur die Kultur Floridas, sondern übte auch in Washington beträchtlichen politischen Einfluss aus, angeregt vom antikommunistischen Klima des Kalten Krieges.[72]

Der Erdölboom im Nahen und Mittleren Osten zog Arbeitskräfte aus Asien und Afrika an. Sie waren zumeist männlich, kamen allein und blieben nur für kurze Zeit. Sozial und familiär blieben sie nach wie vor ihren Heimatländern verbunden, und auch ihr Lohn floss zumeist in die lokale Wirtschaft ihrer Heimatgemeinden zurück.[73] Allein in den Vereinigten Arabischen Emiraten lag die Zahl der Ausländer in den 1990er Jahren um das Neunfache über der Zahl der einheimischen Bevölkerung.[74] Diese überwältigende Präsenz von Ausländern war sowohl Ursache als auch Folge des Booms in diesem Land. Gleichzeitig wuchs im Emirat die Sorge um den Erhalt des indigenen Beduinenerbes.[75] Da viele Einheimische ihre Kinder auf Eliteschulen und Eliteuniversitäten in Großbritannien und Nordamerika schickten, fiel es ihnen immer schwerer, an traditionellen Sitten und Gebräuchen festzuhalten.

Temporäre Migration war kein neues Phänomen der Nachkriegszeit. An der Wende zum 20. Jahrhundert kehrten rund dreißig Prozent der US-Einwanderer wieder in ihre Heimat zurück. Tatsächlich pendelten Anfang des 20. Jahrhunderts Millionen von Arbeitskräften saisonal zwischen Erntetätigkeiten in Südeuropa bzw. Lateinamerika und Fabrikarbeit in Nordeuropa bzw. den USA.[76] Gegen Ende des Jahrhunderts war Migration für einen beträchtlichen Teil der Weltbevölkerung zu einem lebenslangen Prozess des Pendelns geworden. Einige dieser transnationalen Pendler gehörten einer hochgebildeten und ziemlich wohlhabenden Schicht von *professionals* an, die sich Heimstätten auf mehr als nur einem Kontinent leisten konnten, die oft international tätig waren und deren Beruf ein hohes Maß an Mobilität verlangte.[77] Die meisten hatten wenig Gelegenheit und auch nicht wirklich den Wunsch, einheimische Kulturen kennenzulernen. Über Diasporavereinigungen bewahrten sie oftmals ihre nationalen Traditionen und gaben diese an ihre Kinder weiter.[78] Vor allem die westlichen Wirtschaftseliten im Nahen und Mittleren Osten, in Lateinamerika, Asien und Afrika schufen sich transnationale Enklaven, mit eigenen Wohngegenden, Einkaufs- und Erholungsmöglichkeiten sowie Privatschulen, die für die indigene Bevölkerung unerschwinglich waren. Daraus entstand eine neue Klasse von *expatriates*, die sich unter anderen Businessglobetrottern eher zu Hause fühlten als in dem lokalen Umfeld ihrer Gastländer.

Auch weniger wohlhabende Immigranten kehrten immer wieder in ihre Heimatländer zurück, als Flugreisen billiger wurden. Zudem sorgten neue Entwicklungen im Medien- und Kommunikationssektor dafür, dass im Ausland lebende Menschen persönlich und kulturell mit ihrer Heimat verbunden blieben. So konnten beispielsweise indische Immigranten in New York und London Ende der 1990er Jahre via Satellit indisches Fernsehen empfangen und standen in regelmäßigem Kontakt mit Familie und Freunden. Auch Brasilianer betrachteten ihre Zeit in New York eher als vorübergehenden Aufenthalt denn als dauerhafte Emigration. Sie waren, so Maxine L. Margolis, zu «transnationalen Migranten» geworden, «die über internationale Grenzen hinweg familiäre, kulturelle und ökonomische Bindungen unterhalten, welche die Gesellschaften in der Heimat und im Gastland umspannen».[79] Durch die zunehmende Ausweitung und Kostensenkung von Telefonie und Internet zum Ende des 20. Jahrhunderts selbst in den Ländern des globalen Südens bedeutete für Migranten räumliche Entfernung nicht mehr automatisch auch kulturelle Distanz. Ihr Gefühl, einer bestimmten Kulturgemeinschaft anzugehören, hatte sich deterritorialisiert.[80] Diasporagruppen in vielen Teilen der Welt sahen sich anders als ihre Vorgänger im 20. Jahrhundert nicht mehr dazu gedrängt, sich an eine angeblich homogene nationale Kultur anzupassen. Sie fanden oft kulturelle Vielfalt vor, wenn sie in urbane Ballungszentren zogen, und konnten sich frei entscheiden, wie eng sie ihrer kulturellen Herkunft verbunden bleiben wollten. Damit wurde kulturelle Identität nicht mehr nur eine Frage von Vermächtnis und Örtlichkeit, sondern auch eine Frage der Wahl.

Auch die Binnenmigration vom Land in die Städte hatte Auswirkungen auf die kulturelle Vielfalt. Das gesamte 20. Jahrhundert hindurch wurde die Weltbevölkerung immer urbaner, bis schließlich 2008 laut demographischem Jahrbuch der Vereinten Nationen die Stadtbewohner erstmals die Mehrheit stellten. Die Definition von «städtisch» variierte allerdings je nach Land erheblich, was diesen Meilenstein der Verstädterung ein wenig fragwürdig erscheinen lässt.[81] So legten einige Länder in ihren Statistiken die Bevölkerungsdichte zugrunde, andere das Ausmaß der Verwaltung, wieder andere die Gesamtagglomeration an einem bestimmten Ort.[82] Gleichwohl zeigen die Zahlen einen eindeutigen und konstanten Trend in Richtung Urbanisierung. Verzeichnete die UNO 1950 lediglich zwei Städte mit mehr als zehn Millionen Einwohnern (New York und Tokio), so waren es 2005 zwanzig, von denen lediglich sieben in den Industriestaaten lagen.[83] Der jüngste Zuwachs der städtischen Bevölkerung vollzog sich in erster Linie in Afrika, Asien und Lateinamerika. Laut UN-Bevölkerungsbericht von 2001 waren die beiden Städte mit der höchsten Wachstumsrate zwischen 1950 und 1975 Mexiko-Stadt sowie das brasilianische São Paulo. Ihre Bevölkerung vervierfachte sich in diesem Zeitraum von 2,9 bzw. 2,6 Millionen Menschen auf mehr als zehn Millionen. Das größte jährliche Durchschnittswachstum in dieser Zeit wies das südkoreanische Seoul auf. Seine Einwohnerzahl stieg von unter einer Million 1950 auf 6,8 Millionen im Jahr 1975. Im letzten Viertel des 20. Jahrhunderts verzeichneten Riad und Dschidda in Saudi-Arabien, Dhaka in Bangladesch, Lagos in Nigeria sowie Guatemala-Stadt durchschnittliche jährliche Wachstumsraten von mehr als sechs Prozent.

Die Migration in die Städte nahm zusammen mit dem Gesamtbevölkerungswachstum zu. Seit 1950 verzeichneten Asien und Afrika höhere Zuwachsraten als Europa und Nordamerika. Urbane Regionen boten ihren Bürgern oft eine bessere gesundheitliche Versorgung und bessere Bildungschancen. Doch diese Vorteile waren ungleich verteilt und wurden mitunter aufgehoben durch schlechtere Lebensbedingungen in anderen Kategorien, vor allem in Städten, die binnen kurzer Zeit rasant wuchsen und deren öffentliche Abfall- und Abwasserentsorgung, Wohnungsbau und soziale Dienste nicht mit dem enormen Zustrom an Menschen mithalten konnten. So war etwa die jährliche Wachstumsrate der nigerianischen Hauptstadt Lagos – mehr als 14 Prozent in den 1970er und 1980er Jahren – so groß, dass kommunale Einrichtungen und Dienstleistungen nicht Schritt halten konnten. Bei der Versorgung mit Strom und Wasser gab es immer wieder Engpässe, Müllentsorgung und Kanalisation gab es oft nicht, und auch an grundlegenden sozialen Einrichtungen wie etwa Schulen mangelte es.[84] In Mumbai (Bombay), dessen Bevölkerungszahl von drei Millionen 1950 auf über sechzehn Millionen im Jahr 2000 gestiegen war, lebten an der Jahrtausendwende mehr als die Hälfte der Menschen in Slums. Diese Stadt kann mit ihren Gegensätzen als beispielhaft gelten. Während in der Stadt rund 20 Prozent der indischen Industriewaren produziert wurden und moderne Wolkenkratzer das Bild prägten, lebte die Mehrheit der Bevölkerung in vorindustriellen Unterkünften der einfachsten Art. Während die hoch qualifizierte Minderheit der *professionals* in der Stadt mit internationalem Kapital wirtschaftete und auch für die Kultur- und Filmbranche Indiens produzierte, versanken die Armen am geographischen und sozialen Rand der Stadt immer tiefer im Elend, was die Stadt zu einem Warnsymbol für die polarisierenden Folgen der Globalisierung machte.[85] Die enorme Kluft zwischen Reichtum und Armut zeigte sich nicht mehr vorrangig entlang des Nord-Süd-Spektrums, sondern manifestierte sich immer öfter innerhalb der engen geographischen Grenzen einzelner Städte.

Ein Großteil der Migration in der zweiten Hälfte des 20. Jahrhunderts hatte ökonomische Ursachen. Für den Rest waren Kriege, Naturkatastrophen sowie politische und ethnische Verfolgung verantwortlich. Der Zweite Weltkrieg entwurzelte Millionen von Menschen überall in Europa: Millionen von Juden, Sinti und Roma, Behinderte und Widerstandskämpfer wurden in Deutschland und den von den Deutschen besetzten Gebieten verhaftet und ermordet; Zwangsarbeiter wurden aus Ost- und Südeuropa nach Deutschland sowie aus Südostasien nach Japan verfrachtet; Millionen Menschen aus Ost- und Mitteleuropa wurden vertrieben, als die nationalen Grenzen nach dem Krieg neu gezogen wurden. Hinzu kamen Millionen, die während des Krieges und danach den vom Krieg verwüsteten Kontinent verließen und anderswo nach besseren Lebensbedingungen und größerer politischer Freiheit suchten.

Zu denen, die Europa den Rücken kehrten, gehörten auch Millionen von Juden, die vor der Deportation geflohen waren oder die Konzentrationslager überlebt hatten. Ihre Hauptziele waren die USA und Palästina.[86] Der beträchtliche Zustrom jüdischer Flüchtlinge nach Palästina – der Bevölkerungsanteil der Immigranten lag in Israel 1949 bei 26 Prozent – veränderte die Demographie dieser Region drastisch und löste eine weitere Flüchtlingskrise aus, nämlich die der arabischen Palästinenser. Seit der britischen Balfour-Deklaration von 1917 hatten Zionisten versucht, im britischen Mandatsgebiet einen jüdischen Staat zu gründen. In der Deklaration war verkündet worden, die britische Regierung unterstütze die Schaffung einer «nationalen Heimstätte für das jüdische Volk in Palästina», vorausgesetzt die Rechte der dort lebenden nichtjüdischen Gemeinschaften würden gewahrt.[87] Als das britische Mandat in Palästina 1947 beendet war, teilten die Vereinten Nationen das Gebiet in einen jüdischen und einen arabischen Staat. Die Ausrufung des Staates Israel im Mai 1948 löste sogleich den ersten von mehreren arabisch-israelischen Kriegen aus, der eine Ausweitung des israelischen Territoriums und die Flucht von rund 330 000 Arabern in die Nachbarländer zur Folge hatte.[88] Viele palästinensische Flüchtlinge blieben dauerhaft in Lagern, die in den folgenden Jahrzehnten zu Brutstätten des politischen Radikalismus wurden. Unterdessen hielt die hohe Zuwanderung nach Israel an. 1972 war die weit überwiegende Mehrheit der jüdischen Bevölkerung Israels, nämlich 91,5 Prozent, im Ausland geboren. Die meisten Immigranten kamen nun nicht mehr aus Europa, wie unmittelbar nach dem Holocaust, sondern in den 1960er Jahren aus Asien und Afrika und in den 1990er Jahren aus dem Gebiet der ehemaligen Sowjetunion.[89] Der israelisch-palästinensische Konflikt macht mit Nachdruck deutlich, dass die enge Nachbarschaft von Angehörigen unterschiedlicher kultureller, ethnischer und religiöser Gruppen nicht automatisch zu einem besseren gegenseitigen Verständnis führt, sondern auch in größere Spannungen, offene Feindseligkeit und Gewalt münden kann.

Auch Afrika wurde zum Schauplatz von Flucht und Vertreibung, als in den gerade unabhängig gewordenen Staaten Bürgerkriege tobten, die breite Bevölke-

Palästinensische Flüchtlinge in Jordanien, 25. Juni 1949. Die Ausrufung des Staates Israel im Mai 1948 führte zum ersten von mehreren arabisch-israelischen Kriegen, in dessen Folge das israelische Staatsgebiet ausgeweitet wurde und rund 726 000 Araber in Nachbarländer wie Jordanien flohen. Viele dieser Palästinenser lebten dauerhaft in Flüchtlingslagern, die sich in den folgenden Jahrzehnten zu Brutstätten des politischen Radikalismus entwickelten.

rungsgruppen in die Flucht trieben. In Ruanda, Burundi, Äthiopien, Nigeria, dem Sudan, dem Kongo und Angola kam es aufgrund von politischen Unruhen immer wieder zu Flüchtlingskatastrophen.[90] In den ärmsten Regionen dieser Welt führten diese Konflikte und Vertreibungen oft zu fatalen Hungersnöten. Äthiopien erlebte von den 1960er bis zu den 1980er Jahren wiederholt große Hungersnöte; in der Region Biafra in Nigeria hungerten die Menschen während des gescheiterten Unabhängigkeitskriegs 1968–1970; und im Sudan fehlt es seit den 1980er Jahren immer wieder an Nahrung.[91]

Einige dieser Flüchtlinge suchten in Nordeuropa und Nordamerika um Asyl nach, was in den betroffenen Ländern zu hitzigen Diskussionen über Menschenrechte und Zuwanderungsregelungen führte. Länder mit historisch hohen Einwanderungsquoten wie etwa die USA, Kanada und Australien schienen den Zustrom neuer Immigranten und Asylbewerber besser verkraften zu können als Staaten mit homogenerer Bevölkerung etwa in West- und Nordeuropa. In all diesen Ländern blieb das Thema Zuwanderung auf der politischen Tagesordnung, insbesondere wenn es um Flüchtlinge aus Entwicklungsländern ging. Ob und inwieweit die Integration dieser Menschen gelang, hing oft vom politischen Willen der jeweils regierenden Parteien ab.

Migranten auf Zeit

Während Arbeitsmigranten und Flüchtlinge sich oftmals dauerhaft in der fremden Umgebung niederließen, brachten
Migranten auf Zeit wie Touristen, Geschäftsreisende, Studenten und Lehrende
weiteres Potential für kulturelle Heterogenisierung mit sich, wenngleich eher der
flüchtigen Art. Internationale Reisen nahmen parallel zu einer immer stärker pro-
sperierenden und globalisierten Wirtschaft nach dem Zweiten Weltkrieg zu. Die
Angehörigen nationaler Eliten waren seit dem 18. Jahrhundert zu Handels- und
Erholungszwecken ins Ausland gereist. In der zweiten Hälfte des 20. Jahrhunderts nahmen internationale Reisen dank verbesserter Verkehrsmittel und niedri-
gerer Preise auf vielfältige Weise zu. Dadurch kamen mehr Menschen denn je mit
fremden Menschen, Sprachen und Sitten in Kontakt. Anthropologen, Soziologen
und Historiker haben erst vor kurzem damit begonnen, die kulturellen Auswirkungen des globalen Tourismus auf Reisende und indigene Kulturen eingehender
zu erforschen.[92]

In den ersten Jahrzehnten nach dem Zweiten Weltkrieg reisten vor allem Amerikaner als Soldaten, Touristen und Unternehmer ins Ausland. Die Stationierung
amerikanischer Truppen in Europa, Nordafrika und Asien noch während des Krieges verschaffte den meisten Soldaten erstmals die Gelegenheit, fremde Orte zu
erkunden.[93] Bei Kriegsende hielt das US-Militär einen großen Teil Deutschlands,
Österreich und Japan besetzt und richtete im Pazifikraum, in Asien und in Europa
dauerhafte Stützpunkte ein. Die Erfahrung des Überseeeinsatzes veränderte die
Einstellung der Soldaten gegenüber fremden Kulturen, nicht zuletzt dadurch, dass
sie Kontakt zu den Menschen in der Nähe ihrer Stützpunkte bekamen. Die GIs
wurden dabei zu den wichtigsten Exporteuren amerikanischer Populärkultur.[94]

Während des Krieges und unmittelbar danach gehörten sie zu Frankreichs
ersten ausländischen Touristen. Ihre Ankunft in Frankreich im Juni 1944 war für
viele Amerikaner oftmals begleitet von Neugier auf alles Französische. So berichtete ein Soldat, seine Gedanken hätten «weniger der Befreiung, dem Kampf oder
der Vertreibung der deutschen Truppen aus dem Land gegolten, sondern der Tatsache, dass wir den Fuß auf französischen Boden setzten und wenigstens ein fran-
zösisches Wort zu einem Franzosen in Frankreich sagten».[95] Als auf den Kampf-
auftrag der Besatzungsalltag folgte, nahmen sich die Soldaten immer öfter Zeit,
als gewöhnliche Touristen die Umgebung zu erkunden.

Der Massentourismus wurde zu einem festen Bestandteil des weltweiten wirtschaftlichen Aufbaus nach dem Krieg. Mit der zunehmenden Reisetätigkeit von
Amerikanern und später dann Europäern und Asiaten stiegen auch die Ausgaben
für Konsumgüter, Hotels und Transport. 1948 richtete die US-Regierung im
Rahmen des Marshall-Plans sogar eine Abteilung für internationalen Reiseverkehr ein. Diese Travel Development Section (TDS) begann mit drei Angestellten
in Paris, wuchs jedoch rasch auf siebzehn Personen an und richtete Vertretungen

in allen Ländern ein, die Hilfen aus dem Marshall-Plan bekamen. Aufgabe der TDS war es, internationale Grenzüberschreitungen in Europa zu erleichtern und die Standards der lokalen Reisebranchen zu erhöhen. Zusätzlich entwickelte sie ein Programm, das amerikanische Investitionen in die europäische Tourismusbranche erleichtern sollte. Darüber hinaus war die US-Regierung bemüht, Auslandsreisen und die damit verbundenen Ausgaben von Amerikanern zu steigern, und die Grenze für zollfreie Warenimporte wurde von 100 auf 500 US-Dollar angehoben.[96] Eine der ersten globalen Tourismusinitiativen war die Einrichtung der International Union of Official Travel Organizations (IUOTO) durch die Vereinten Nationen 1947 in Den Haag. Die Organisation versuchte Reisebeschränkungen abzubauen sowie Pass- und Visabestimmungen weltweit zu standardisieren. Auf Anregung der IUOTO erklärte die UNO das Jahr 1967 zum Internationalen Jahr des Tourismus unter dem Motto «Tourismus – Reisepass zum Frieden». Die Organisation hatte eine Art Schnittstellenfunktion: Sie sollte die internationale Verständigung fördern, indem sie den Reisefluss über nationale Grenzen hinweg erleichterte, und sie sollte durch die Steigerung des globalen Konsums Entwicklung und Modernisierung voranbringen.[97]

Als internationale Reisen erschwinglicher wurden und sich Westeuropa und Asien von den Verheerungen des Krieges erholt hatten, veränderten sich soziales und ethnisches Profil des Tourismus. In den 1970er Jahren waren internationale Reisen kein Privileg der oberen Schichten mehr. Vielmehr kam nun ein breiterer Querschnitt der Weltbevölkerung in Kontakt miteinander. Laut Welttourismusorganisation, die 1974 endgültig ihre Arbeit als Nachfolgerin der IUOTO aufnahm, wuchs der internationale Reiseverkehr von 25 Millionen Reisenden 1950 auf 806 Millionen im Jahr 2005. Das durch den internationalen Tourismus weltweit generierte Einkommen belief sich 2005 auf geschätzte 680 Milliarden US-Dollar, was seit 1950 einen durchschnittlichen jährlichen Anstieg von 11,2 Prozent ausmachte. Mit der Zahl der Reisenden stieg auch die Zahl der Reiseziele. Gingen in den ersten Nachkriegsjahren 88 Prozent aller Reisen in lediglich fünfzehn Topziele vor allem in Europa und Nordamerika, so sank deren Anteil auf 75 Prozent 1970 und 57 Prozent im Jahr 2005. Viele der neuen Reiseziele lagen in Afrika und Südostasien, ein Anzeichen für die globale Reichweite des internationalen Tourismus.[98]

Die Tourismusbranche schuf dem französischen Ethnologen Marc Augé zufolge auch so genannte «Nicht-Orte», Transitorte, die ausschließlich für Touristen geschaffen und von diesen frequentiert wurden. Dazu gehörten Flughafenterminals, Hotellobbys und Autobahnraststätten, denen jede lokale kulturelle Bedeutung fehlte. Gleichwohl fungierten sie als wichtige kulturelle Örtlichkeiten, die eher die Kultur des Tourismus symbolisierten und weniger die kulturelle Erfahrung der Touristen. Sie waren die zentralen Schauplätze eines geographischen Übergangszustands und verkörperten als solche kulturellen Wandel ebenso wie kulturelle Vielfalt. Laut Augé berichteten Reisende häufig, sie hätten das Gefühl gehabt, in einem Nicht-Raum zu sein, selbst wenn es sich um ihren örtlichen Flughafen handelte. In der Schlange vor dem Check-in-Schalter hatten sie ihr Zuhause mental bereits verlassen. Die Nicht-Räume der Reisewelt waren seltsam abgekoppelt von ihrer tatsächlichen physischen Örtlichkeit. Die lokale Bevölkerung suchte diese Orte nur selten auf. Umgekehrt erlebten diejenigen, die sich durch diese Räume hindurchbewegten, nur selten die Kultur der lokalen Umgebung.[99]

Die kulturellen Auswirkungen des zunehmenden internationalen Tourismus lassen sich schwerer messen als die ökonomischen. Während die Vereinten Nationen und andere internationale Organisationen den Tourismus als Weg zu mehr Verständigung und Frieden priesen, sorgte er auch für neue Friktionen, da die Unterschiede zwischen verschiedenen Kulturen beim Lebensstandard und den sozialen Gepflogenheiten sichtbar wurden. Anfang der 1960er Jahre waren amerikanische Regierungsstellen zunehmend in Sorge, das respektlose Verhalten einiger amerikanischer Touristen und deren offene Zurschaustellung ihres Reichtums im Ausland könnten das Bild Amerikas in der Welt beschädigen. Ein Artikel über Tourismus in der Zeitschrift *Parade* beschwor 1960 amerikanische Leser: «Seien Sie kein hässlicher Amerikaner!»[100] Verfasser des Artikels war Frances Knight, Leiterin der US-Passbehörde und somit vertraut mit den Klagen ausländischer Strafverfolgungsbehörden über das delinquente Verhalten amerikanischer Touristen. Knights Darstellung des «hässlichen Amerikaners» als anmaßend und unsensibel war allerdings das genaue Gegenteil von dem, was ursprünglich 1958 in einem Buch von Eugene Burdick und William J. Lederer mit dem gleichnamigen Titel propagiert wurde. Darin wurde der «hässliche Amerikaner», ein Ingenieur namens Homer Atkins, als hilfsbereit, kreativ und für die einheimischen Sitten und Gewohnheiten empfänglich dargestellt. Seine Hässlichkeit war also rein äußerlich, und nicht, wie später angenommen, in seinem Wesen verankert. Durch konkrete Maßnahmen half er der lokalen Bevölkerung in einem fiktiven südostasiatischen Land auf wirkungsvolle Weise im Kontrast zu den Vertretern des Außenministeriums in den behüteten Konsulaten der Hauptstadt.[101] Doch schon bald bestimmte Knights Version des hässlichen Amerikaners das weltweite Bild in der Öffentlichkeit.

Die stetige Zunahme des internationalen Tourismus erwies sich für besonders beliebte Ziele als zweifelhafter Segen. Zwar profitierten einige Urlaubsorte enorm vom Zufluss ausländischer Devisen und dem Ausbau ihrer Infrastruktur, doch oft hatten sie unter dem Bau zahlreicher teurer Hotels, Restaurants, Bars und Touristenattraktionen zu leiden, die für Einheimische zumeist unerschwinglich waren. Zudem hegten viele die Befürchtung, diese Veränderungen würden indigene Kulturen untergraben. Dieses Problem spitzte sich in den 1970er Jahren weiter zu, als die Zahl der Touristen besonders aus Europa und Asien anstieg, was zu einer weiteren Internationalisierung der Hauptreiseziele, aber auch zu neuen Reibungen mit der einheimischen Bevölkerung führte. Als Reaktion darauf begannen einige Kommunen damit, die Ausweitung des Tourismus zu regulieren. Andere hatten der Macht internationaler Hoteliers und Reiseveranstalter nichts entgegenzusetzen. Sie mussten zusehen, wie ihre Heimat zu einem der «Nicht-Orte» wurde, zu einem Reiseziel ohne kulturelle Identität.

Der internationale Tourismus war aber auch eng an politische Verhältnisse gebunden. Der Ausbruch innerer Unruhen oder bewaffneter Konflikte führte in der Regel zum Zusammenbruch des Tourismusgeschäftes. Zudem unterlag der private Reiseverkehr zwischen Ost und West während des Kalten Krieges strenger Kontrolle. Osteuropäer, die in den Westen reisen wollten, befanden sich oft in einer ausweglosen Situation. War ihr Land bereit, ein Ausreisevisum auszustellen, so verweigerten ihnen westliche Behörden oft die Einreise, aus der Annahme heraus, dass es sich bei den Bewerbern entweder um überzeugte Kommunisten oder gar um Geheimagenten handelte. Auch Westeuropa und die USA schränkten die Reisen ihrer eigenen Bürger in den Ostblock ein, insbesondere von Personen, die bekanntermaßen enge Beziehungen zur kommunistischen Partei unterhielten. Die Vereinigten Staaten konfiszierten in den 1950er Jahren sogar die Reisepässe führender Kommunisten und politisch links eingestellter Persönlichkeiten. Davon betroffen waren unter anderem Paul Robeson, W. E. B. Du Bois, der Schriftsteller Albert E. Kahn und Funktionäre der kommunistischen Partei.[102] 1958 beendete der Oberste Gerichtshof mit einem Urteil diese Praxis und bestätigte das Recht amerikanischer Bürger jeglicher politischer Überzeugung, außer Landes zu reisen.[103] Als die Spannungen des Kalten Krieges im Zuge der Abrüstung in den 1970er Jahren nachließen, lockerten beide Seiten die Reisebeschränkungen zur anderen Seite des Eisernen Vorhangs.

Robeson und andere Vertreter der Linken waren freilich keine gewöhnlichen Freizeittouristen, sondern gehörten zu einer immer aktiver werdenden Gruppe internationaler Politreisender, die aus zweierlei Gründen unterwegs waren: Sie wollten die politischen und gesellschaftlichen Verhältnisse in anderen Ländern kennenlernen und im Ausland über die sozialen und politischen Verhältnisse in den USA berichten. Während die US-Regierung politisch Aktive wie Robeson und Du Bois in den 1950er Jahren weitgehend daran hinderte, ihre Mission zu verfolgen, ermunterte und förderte sie andere, die ein wohlwollendes Bild der USA vermitteln konnten. Tatsächlich rekrutierte die Regierung aktiv Künstler, Entertainer und Intellektuelle für die internationale Vermittlung der amerikanischen Botschaft von Freiheit und Demokratie. So traten Bob Hope und die Harlem Globetrotters 1959 in der Sowjetunion vor großem Publikum auf, und Dizzy Gillespie, Louis Armstrong, Benny Goodman und andere gaben Ende der 1950er und in den 1960er Jahren Jazzkonzerte in Afrika, Asien und Osteuropa. Mit diesen internationalen Tourneen verfolgte die US-Politik zwei miteinander verwandte Ziele. Zum Ersten versuchte sie von der wachsenden internationalen Popularität der amerikanischen Massenkultur zu profitieren, und zum Zweiten wollte sie durch die Einbeziehung afroamerikanischer Entertainer das unerwünschte Bild von den USA als Land der Rassendiskriminierung zurechtrücken. Die USA sahen sich in einem erbitterten Wettstreit mit der Sowjetunion um die Loyalität nichtweißer Menschen in Afrika und Asien, und da sie sich der eigenen Defizite in Sachen Gleichberechtigung der Rassen sehr wohl bewusst waren, versuchten sie diese durch Auslandstourneen schwarzer Künstler zu verbergen.[104]

Diejenigen, die an diesen Goodwill-Touren teilnahmen, entwickelten oft eine neue, mitunter kritischere Sicht amerikanischer Außenpolitik. Dazu gehörten auch junge Amerikaner, die seit Anfang der 1960er Jahre dem Friedenskorps angehörten. Diese jungen Idealisten, die vor allem durch Kennedys Botschaft vom Dienst an der Allgemeinheit inspiriert waren – im ersten Jahrzehnt nach Gründung des Peace Corps 1961 waren es rund 70 000 –, leisteten einen zweijährigen Freiwilligendienst in Weltregionen, die die US-Regierung von kommunistischer Agitation bedroht sah.[105] Nach ihrer Rückkehr verfügten sie oft über ein neues Bewusstsein für das Elend in unterentwickelten Ländern und sahen mitunter auch linke und egalitäre politische Werte in anderem Licht.[106] In der aufgeheizten Atmosphäre der Studentenproteste in den 1960er Jahren wurden viele Freiwillige aus dem Friedenskorps zu lautstarken Verfechtern der Rechte der Länder, in denen sie ihren Dienst geleistet hatten.

Neben Urlaubern, Geschäfts- und Politreisenden bildeten Studenten und Akademiker eine vierte Gruppe transnationaler Migranten auf Zeit. Seit Ende des Zweiten Weltkriegs stieg die Zahl offizieller Austauschprogramme rapide, da Einzelpersonen wie Regierungen im Ausland nach besseren Bildungschancen suchten. In den 1950er Jahren wurden die USA zum bevorzugten Ziel für ausländische Studierende und Akademiker, denn die Spitzenuniversitäten (von denen viele privat waren) investierten viel in Forschung und Entwicklung. Das bedeutete eine bemerkenswerte Kehrtwende, denn noch ein paar Jahrzehnte zuvor waren gutsituierte amerikanische Studenten an renommierte europäische Hochschulen gegangen, um dort eine bessere akademische Ausbildung zu erhalten.[107]

Die US-Regierung förderte den Bildungsaustausch als weitere Waffe im Arsenal für den kulturellen Konkurrenzkampf des Kalten Krieges, um die besten Köpfe aus dem Ausland anzuwerben und um die künftigen Eliten fremder Länder zu beeinflussen. Ein Kulturabkommen, das 1958 zwischen den USA und der Sowjetunion geschlossen wurde, enthielt eine Klausel für den Studentenaustausch. Doch in den ersten Jahren nahmen gerade einmal zwanzig Studenten aus der UdSSR und den USA daran teil, deutlich weniger, als von den Amerikanern erhofft. Die Sowjets blieben dem Programm gegenüber misstrauisch, denn sie fürchteten eine mögliche Rekrutierung ihrer Studenten durch den US-Geheimdienst. Eisenhower bezeichnete diese Befürchtungen zwar als unbegründet, doch er muss gewusst haben, dass die CIA genau zu dieser Zeit die National Student Association unterwanderte, die zu den Befürwortern eines verstärkten Studentenaustauschs zwischen den beiden Supermächten gehörte. Trotz begründeter sowjetischer Bedenken wurde das Austauschprogramm in den beiden folgenden Jahren auf rund 1500 Studenten ausgeweitet.[108]

Die Sowjetunion und Osteuropa unternahmen ebenfalls Anstrengungen, um Studenten aus blockfreien Staaten in Afrika und Asien zu rekrutieren. Die Ausbildung der politischen und gesellschaftlichen Eliten an den führenden Schulen und Universitäten der industrialisierten Welt war fester Bestandteil des Kolonialregimes gewesen, was zur Folge hatte, dass viele Bürger in den unabhängig gewordenen Staaten der Bildungsmission dieser Länder misstrauten. Insofern stellten Osteuropa und die UdSSR eine willkommene Alternative zu den ehemaligen Zentren imperialer Macht dar.[109] Doch die finanzielle Unterstützung für höhere Bildung im Osten lag weit unter der im Westen, was es erschwerte, qualifizierte Studenten aus den früheren Kolonien anzulocken.

Die Sowjetunion musste zum Beispiel mit dem sehr erfolgreichen amerikanischen Fulbright-Programm konkurrieren, das Tausende von Studenten und hochqualifizierte Akademiker in die USA brachte und Tausende amerikanischer Studenten und Akademiker ins Ausland schickte. Das 1946 von Senator J. William Fulbright angeregte Programm wuchs rasch zu einer großen und bedeutenden, von der Regierung finanzierten Organisation, die in 144 Ländern Austauschprogramme unterhielt. Doch während des gesamten Kalten Krieges gelang es dem Fulbright-Programm nicht, den Eisernen Vorhang zu überwinden.[110]

Die Ausweitung globaler Migrationen nach dem Zweiten Weltkrieg führte weltweit zu engerem Kontakt mit fremden Kulturen, was wiederum ein neues Verständnis der eigenen kulturellen Identität im Verhältnis zu anderen mit sich brachte. Kulturtraditionalisten versuchten die Welle kultureller Hybridisierung abzuschwächen und forderten Zuwanderungsbeschränkungen, aber auch höhere Anforderungen für die Integration von Außenstehenden in die dominante Kultur des Heimatlandes. Andere, insbesondere diejenigen, die selbst internationale Erfahrungen gesammelt hatten, neigten eher dazu, den weltweiten Zuwachs an kultureller Vielfalt als dauerhaften und unumkehrbaren Bestandteil der modernen Welt zu begrüßen. Tatsächlich war die Fähigkeit, in mehr als einem Kulturkreis zu leben, zu arbeiten und zu kommunizieren, am Ende des 20. Jahrhunderts zu einem wichtigen Karrierefaktor geworden. An allen großen Universitäten breiteten sich internationale Studiengänge, Wirtschafts- und Sprachprogramme aus, was die ökonomische und kulturelle Globalisierung beschleunigte. Auch diese Veränderungen machten deutlich, dass Globalisierung gleichzeitig von zwei Triebkräften bestimmt wurde, nämlich Homogenisierung und Heterogenisierung.

Globaler Konsum

Die ethnische Vielfalt in urbanen Regionen manifestierte sich auch materiell, und zwar durch die Entstehung und Ausweitung eines globalen Marktes für Konsumgüter nach 1945. Einen symbolischen Höhepunkt erreichte diese Entwicklung am 4. November 2008, als die Bewohner Dubais die Eröffnung des damals weltgrößten Einkaufszentrums feierten. Die Dubai Mall zeichnete sich aus durch eine Rekordzahl an Geschäften (1200, von denen bei Eröffnung allerdings nur 600 belegt waren), eine Rekordverkaufsfläche, ein Aquarium, das sich über drei Etagen erstreckte, eine Kunsteisbahn, ein Kinder-Abenteuerland, mehrere Kinosäle sowie über 120 Restaurants und zahlreiche Hotels. Das Werbevideo der Projektentwickler bezeichnete die Mall als «neuen Mittelpunkt der Erde».[111] Eröffnet wurde sie zu einem Zeitpunkt, als die weltweite Wirtschaftskrise und der nach einem Allzeithoch rasant fallende Ölpreis die Finanzierbarkeit solcher Riesenprojekte ernsthaft gefährdeten. Dass die Mall sich im Nahen Osten befindet, zeigt, dass sich der Schwerpunkt des globalen Kapitalismus von den alten Industriemächten Europas und Nordamerikas in neue, wirtschaftlich potente Weltgegenden verlagert hat.

Die Mall unterschied sich größenmäßig, nicht aber inhaltlich von unzähligen anderen Einkaufszentren in den Ballungsräumen der Welt. Dass sich Geschäfte aus Europa, Nordamerika und Ostasien unter einem Dach auf mehr als 350 000 Quadratmetern Verkaufsfläche versammelten, symbolisierte zugleich die Globalisierung des Konsums und die zentrale Rolle des Konsums für die Entstehung einer globalen Kultur. Die in der Mall erhältlichen Produkte waren ebenso global wie die Kundschaft, die überwiegend international war. Die Bandbreite der Läden – so gut wie jede große internationale Ladenkette war vertreten oder hatte sich zumindest einen Platz reservieren lassen – spiegelte das Spektrum internationaler Bewohner und Touristen in Dubai wider. Die Mall stand sinnbildlich dafür, dass sich die Orte des Konsums über den industrialisierten Norden und Westen der Welt hinaus ausgedehnt hatten.[112] Wichtiger noch: Sie schien die schlimmsten Befürchtungen der Globalisierungsgegner zu bestätigen, die prophezeit hatten, die überwältigende Wirtschaftsmacht einer ursprünglich westlichen Konsumkultur werde indigene Kulturen an der Peripherie zerstören.

Die Entstehung einer globalen Konsumkultur wird von Kritikern gern in einen Zusammenhang mit dem Aufstieg der USA zum Welthegemon und mit der globalen Verbreitung amerikanischer Konsumgüter gebracht. Wie die Historikerin Kristin Hoganson zeigte, begann der globale Konsum jedoch schon lange vor dem Aufstieg der USA zur Weltmacht – zu einer Zeit also, da die Amerikaner in erster Linie Konsumenten ausländischer Produkte und weniger Produzenten für fremde Märkte waren. Im 19. Jahrhundert importierten Amerikaner exotische Güter aus Ländern wie China und Japan.[113] Und bereits im 18. Jahrhundert waren sie begierig darauf gewesen, Importwaren zu konsumieren – das ging bekanntermaßen so weit, dass einige Produkte wie etwa Tee in den Unabhängigkeitskampf gegen Großbritannien eingebunden wurden.[114]

Man könnte weitere Beispiele der Konsumkultur bis in die Antike zurückverfolgen, als erste Handelsrouten zwischen Europa und Asien für einen regen Warenaustausch zwischen beiden Welten sorgten. Gewürze und Tee aus China und Indien veränderten kulinarische Sitten in Europa. Der Kaffee, im 20. Jahrhundert ein zentrales Genussmittel westlicher Gesellschaften, stammte aus Äthiopien und gelangte über die Türkei im 17. Jahrhundert nach Süd- und Mitteleuropa.[115] Reisende, die auf der Seidenstraße zwischen Südostasien und dem Mittelmeer unterwegs waren, hatten Stoffe, Nahrungsmittel, Pflanzen, Töpferwaren und neue Herstellungstechniken im Gepäck. Dieser Austausch von Waren und Ideen schuf vor mehr als 3000 Jahren frühe Muster kultureller und materieller Hybridität.[116] Der damit verbundene Konsum und kulturelle Wandel ging dem Aufstieg des Kapitalismus weit voraus. Gleichwohl breitete sich der internationale Handel während des Zeitalters der Entdeckungen und besonders im Gefolge von Merkantilismus und Kapitalismus rasch auch nach Asien und auf den amerikanischen Kontinent aus.

Der Import ausländischer Waren für US-Haushalte setzte sich im 20. Jahrhundert fort und nahm sogar noch zu, wurde jedoch überschattet vom drastischen Anstieg des Exports amerikanischer Konsumgüter.[117] Die «Vermarktung» Amerikas in der ganzen Welt begann Anfang des 20. Jahrhunderts und wurde am Ende des Zweiten Weltkriegs zu einem festen Bestandteil amerikanischer Außenpolitik. Amerika zu konsumieren wurde zu einer wichtigen Beschäftigung – in Westeuropa in der frühen Nachkriegszeit, weltweit dann in den 1970er Jahren. Doch während sich die Ausbreitung von Coca-Cola oder McDonald's-Filialen im Ausland leicht nachverfolgen und die internationale Verbreitung amerikanischer Filme oder von Starbucks-Läden ohne große Probleme quantifizieren lässt, ist es weitaus komplizierter, die politischen und kulturellen Auswirkungen dieser Entwicklung zu bemessen.

Mehr als jede andere Entwicklung seit 1945 hat der globale Konsum den Vorwurf der Homogenisierung auf sich gezogen.[118] Der Soziologe Douglas Goodman behauptete 2007 gar: «Wenn es eine globale Kultur gibt, dann ist es die Kultur des Konsumismus.»[119] Wenn Goodmans These stimmt, dann wurde Amerika als führender Produzent und Exporteur von Konsumgütern zum Vorbild globaler Kultur. Jedoch transportieren Waren und Kulturprodukte wie Musik und Film keine ihnen innewohnende feste, normative Bedeutung, die eng mit ihrem Herkunftsort verknüpft ist. Der Verzehr eines Hamburgers bei McDonald's hat für einen Taiwanesen oder Holländer nicht die gleiche kulturelle Bedeutung wie für einen Amerikaner. Der kulturelle Sinngehalt von Konsumgütern fällt je nach kulturellem Umfeld unterschiedlich aus. Soziologen, Anthropologen und Kulturhistoriker haben erst vor kurzem damit begonnen, diese und ähnliche Fragen eingehender zu erforschen, obwohl die globale Ausbreitung von Gütern schon vor langer Zeit begonnen hat.[120]

Einer der ersten Wissenschaftler, die über solche Fragen nachdachten, war der deutsche Philosoph und Literaturkritiker Walter Benjamin. In einem Essay aus dem Jahr 1936 über die Auswirkungen der Massenproduktion auf den kulturellen Sinngehalt von Kunst schrieb er, die Kunst verliere durch die neuen mechanischen Reproduktionstechniken ihre «Aura», also «das Hier und Jetzt des Kunstwerks – sein einmaliges Dasein an dem Orte, an dem es sich befindet». Mittels mechanischer Reproduktion könne ein Kunstwerk nunmehr zeitlich und räumlich transferiert und damit in einem völlig anderen Kontext «reaktiviert» werden. Das führe, so Benjamin, «zu einer gewaltigen Erschütterung des Tradierten», denn Kunst werde, indem sie einem breiteren Publikum zugänglich gemacht werde, nicht nur kommodifiziert, also zur Ware, sondern auch demokratisiert.[121] Aus dieser kritischen Perspektive betrachtet, bewirkte der Transfer von Produkten der Populärkultur – insbesondere von Filmen – vom Ort, an dem sie ursprünglich produziert worden waren, an Orte des Konsums den Verlust ihrer «Authentizität», ihrer Einzigartigkeit im Hier und Jetzt. Sie wurden zu Symbolen der allgemeinen Natur moderner Konsumkultur. Benjamin hatte recht damit, dass Artefakte, ob nun Kunstwerke oder Konsumprodukte, epistemologisch ihre Verankerung verloren, wenn man sie von ihrem bestimmten Ort und aus ihrer Zeit loslöste. Doch den Verlust der «Aura» sollte man nicht mit dem Verlust des Sinnes gleichsetzen. Konsumenten von Kunst und Artefakten gaben diesen Dingen einen neuen ihrem Ort und ihrer Zeit entsprechenden kulturellen Sinn.

Benjamins Analyse gibt Aufschluss über europäische intellektuelle Debatten zu Massenkonsum und Modernisierung seit Beginn des 20. Jahrhunderts. Auf der einen Seite standen diejenigen, die diese Entwicklung als Fortschrittsgeschichte betrachteten. Seit der Industrialisierung, so ihre Argumentation, würden die Menschen mehr produzieren und konsumieren, mehr wissen und länger sowie komfortabler leben. In kultureller Hinsicht verbanden ihre Verteidiger die Modernisierung mit einer besser informierten Öffentlichkeit, stärkerer politischer Partizipation (Benjamins Demokratisierung) und größerer Gleichberechtigung der Geschlechter.[122] Ihnen standen diejenigen gegenüber, die Sorgen um den Verlust dessen hatten, was Benjamin als «Aura» oder Authentizität bezeichnet hatte. Für sie bedeutete Modernisierung Depersonalisierung der Produktion, den Verlust des Individualismus in einer immer technokratischeren und bürokratischeren Welt sowie das Überwiegen von Materialismus und Konsumismus im Leben der Menschen. Ausgehend von der Frankfurter Schule der 1920er und 1930er Jahre entwickelte sich diese Sichtweise nach dem Krieg zu einer wesentlichen Kritik der westlichen Industriegesellschaft und inspirierte auch die Studentenproteste der 1960er Jahre. Anhänger dieser Position warnten davor, dass die Kräfte des Materialismus und die überwältigende Macht des kapitalistischen Systems indigene

Kulturen zerstören und sie durch generische Formen ohne authentische Bedeutung ersetzen würden.[123]

Sobald jedoch Wissenschaftler die Rezeption globaler – zumeist amerikanischer – Produkte im Ausland näher in Augenschein nahmen, stießen sie auf mehr Vielfalt, als Kritiker angenommen hatten. Ein bevorzugtes Forschungsobjekt für Anthropologen und Soziologen wurde dabei McDonald's, vielleicht weil ihre rasante globale Ausbreitung die Fastfoodkette zur Zielscheibe für Kulturtraditionalisten machte. 1937 von zwei Brüdern in der Nähe von Los Angeles gegründet, breiteten sich die Schnellrestaurants in den 1950er Jahren unter der Führung von Ray Kroc (der später das Unternehmen ganz übernahm) landesweit aus. Kroc wandte die Methoden des Fordismus und des Taylorismus auf die Essenszubereitung an. Ähnlich wie das Model T von Ford wurden Hamburger in einer Produktionskette «zusammengestellt». Dieses Verfahren machte das Produkt einheitlicher, billiger und damit für eine neue Konsumentengruppe mit begrenzten finanziellen Mitteln erschwinglich. Unterstützt durch Veränderungen der Demographie und der Infrastruktur in den USA – Suburbanisierung und Babyboom –, florierte McDonald's als günstige Restaurantalternative für amerikanische Familien aus unteren und mittleren Schichten. In den 1960er Jahren begann McDonald's seine internationale Expansion und eroberte bis Ende des Jahrhunderts 120 Länder.[124] Mehr als jede andere internationale Marke symbolisierte McDonald's im Lauf der Zeit die Globalisierung amerikanischer Kultur. Zusammen mit dem Hamburger verkaufte das Unternehmen auch eine Lebensweise, die man im Ausland mit Amerika assoziierte: Für die einen war das Weltläufigkeit, für andere standardisierte Geschmacklosigkeit. Kritiker meinten, McDonald's stehe für die schlimmsten Auswüchse globaler Kultur, dem jegliche Authentizität fehle. Für sie war Max Webers düstere Prophezeiung Wirklichkeit geworden, wonach die Rationalisierung «die Bedeutung des Charisma und des individuell differenzierten Handelns zunehmend» einschränke.[125]

Rationalisierung und Modernisierung wurden für McDonald's zum größten Vorteil. In Asien beispielsweise nannten Kunden als die wichtigsten Vorzüge der Restaurantkette häufig die hohen sanitären Standards, die Vorhersehbarkeit in der Auswahl, die zuverlässige Qualität und die professionelle Freundlichkeit des Personals. Zwar assoziieren die Kunden das Essen bei McDonald's mit amerikanischer Kultur, doch Forscher fanden kaum Anhaltspunkte dafür, dass diese Restaurants lokale Gepflogenheiten gefährdeten. Vielmehr wurde deutlich, dass die Restaurantkette selbst an einem Prozess der Indigenisierung und Hybridisierung beteiligt war. Die Franchise-Unternehmen passten sich lokalen Präferenzen in Sachen Essen und Service an und beeinflussten im Gegenzug die Gewohnheiten anderer Unternehmen in der Umgebung.[126]

McDonald's war der Vorreiter eines sich rasant ausbreitenden Netzes globaler Ladenketten. Diese Unternehmen wurden Teil dessen, was Ritzer als McDonaldisierung bezeichnete, eines Prozesses, der inzwischen über Fastfood und Läden hinausgeht und so unterschiedliche Bereiche wie Bildung, Kinderbetreuung, Gesundheitswesen, Reisen und Freizeit erfasst hat. Die Kernelemente dieser McDonaldisierung waren laut Ritzer Effizienz, Berechenbarkeit (die Betonung der quantifizierbaren Aspekte der verkauften Produkte), Vorhersagbarkeit (Service und Produkt sind überall gleich) und Kontrolle durch Technologie.[127] Zusammen bildeten diese Elemente eine Erfolgsformel, die lokale Unternehmen auf den globalen Markt vorbereiteten. Die McDonaldisierung schien somit zum ökonomischen Vehikel für die kulturelle Homogenisierung der Welt geworden zu sein.

Ritzer gehörte zu einer Gruppe von Wissenschaftlern, die den nivellierenden Auswirkungen des globalen Kapitalismus kritisch gegenüberstanden. Andere betonten die Beharrungskraft lokaler Kulturen sowie den Prozess der Hybridisierung, der neue kulturelle Formen entstehen lasse.[128] Der Politologe Benjamin Barber sah sowohl universalisierende als auch partikularisierende Kräfte am Werk und fand beide gleichermaßen bedenklich. Die nivellierenden Kräfte nannte er «McWorld» (also ähnlich wie Ritzer), die spezifizierenden «Dschihad», womit vor allem die ausschließende Kraft des religiösen und ethnischen Separatismus gemeint war. Seiner Ansicht nach handelte es sich in beiden Fällen um anarchische und letztlich zerstörerische gesellschaftliche Kräfte, die den demokratischen Liberalismus gefährdeten.[129] Der Soziologe Roland Robertson prägte den Begriff der «Glokalisierung», um die konkurrierenden, mitunter auch widersprüchlichen Auswirkungen des globalen Konsums zu benennen. Er versuchte, die jeweils ortsspezifische Anverwandlung globaler Produkte in den Vordergrund zu rücken, wozu auch eine mögliche Beeinflussung in umgekehrter Richtung zählt, bei der lokale «Mutationen» von Produkten sich darauf auswirken, wie diese Produkte in der Metropole konsumiert werden.[130] Kritiker, darunter auch Ritzer, warnten jedoch, dass Glokalisierung die Realitäten des überwältigenden ökonomischen Ungleichgewichts zwischen multinationalen Konzernen und lokalen Produzenten sowie die kulturellen Folgen dieses Ungleichgewichts ignoriere.[131]

Die Politik des Konsums

Bedenkt man, welch lange Geschichte der Konsum hat, so stellt sich die Frage, warum er erst in der zweiten Hälfte des 20. Jahrhunderts ins Blickfeld der Globalisierungsgeschichte rückte. Eine Antwort könnte in der Politisierung des Konsums in den Anfangsjahren des Kalten Krieges liegen. Die USA machten die Konsumfreiheit zu einem zentralen Bestandteil ihrer ideologischen Auseinandersetzung mit der Sowjetunion. Ein Werbespot in einer amerikanischen Wochenschau stellte Anfang der 1950er Jahre das üppige Angebot an Produkten in amerikanischen Supermärkten und Einkaufszentren

Wahlplakat der CDU in Nordrhein-Westfalen, 1948. Westdeutschland errichtete seinen Staat auf dem Versprechen von Wohlstand und Konsum. In den 1950er Jahren, den Jahren des Wirtschaftswunders, erfüllte er dieses Versprechen über alle Erwartungen.

den öden und leeren Regalen in sowjetischen Läden gegenüber. Der Spot zog damit eine direkte Verbindungslinie zwischen Konsumismus und Demokratie in den USA. Die Freiheit der Warenauswahl schien für die westliche Demokratie genauso wichtig zu sein wie die Freiheit zu wählen.[132]

Vor allem Deutschland und Japan wurden nach dem Krieg zu Laboratorien für die amerikanische Version der Konsumentendemokratie. Vertreter der amerikanischen Besatzungsbehörden betonten, materielle Sicherheit und wirtschaftliche Erholung seien notwendige Voraussetzungen für die Demokratisierung dieser einstigen Kriegsgegner. In Deutschland wurde der Gegensatz zwischen der konsumorientierten Volkswirtschaft des kapitalistischen Westens und der kollektivierten Planwirtschaft, wie sie die Sowjetunion favorisierte, auf dramatische Weise während der Berlinkrise sichtbar. Die Krise entstand im Juni 1948, als die Sowjetunion alle Verkehrswege nach Berlin blockierte und die westlichen Alliierten den von ihnen kontrollierten Teil der Stadt über eine Luftbrücke mit Nahrungsmitteln, Treibstoff und anderen lebenswichtigen Gütern versorgten. Die Luftbrücke verband symbolisch Konsum und westliche Demokratie miteinander, indem sie ganze Ladungen materieller Güter ins Herz der sowjetischen Besatzungszone brachte. Als die Blockade rund ein Jahr später beendet und Deutschland in zwei separate Staaten geteilt war, kam Westberlin genauso wie Westdeutschland mit dem westlichen System des demokratischen Kapitalismus in den vollen Genuss der Früchte des Konsumismus. Bezeichnend für die zentrale Rolle, die der Konsum für das westdeutsche Demokratieverständnis spielte, war ein Wahlplakat der CDU im Jahr 1949, auf dem zu lesen stand: «Endlich wieder kaufen können.»[133] Das westdeutsche Demokratieverständnis war grundlegend mit dem Konsumversprechen verknüpft. Und die Bundesrepublik erfüllte dieses Versprechen in den Jahren des Wirtschaftswunders über alle Erwartungen hinaus.

In Japan wie in Deutschland vermittelten die amerikanischen GIs die Botschaft von der engen Verbindung zwischen Demokratie und Konsumkultur vor allem dadurch, dass sie knappe Lebensmittel und Güter an die örtliche Bevölkerung verteilten. Und wie in Deutschland wurden auch in Japan amerikanische Zigaretten, Nylonstrümpfe, Kaugummi und PX-Rationen auf dem Schwarzmarkt gehandelt und dienten als Bezahlung für sexuelle Dienste oder als Geschenke. Auch die japanische Volkswirtschaft begann Anfang der 1950er Jahre ihren Wandel zu einer konsumorientierten Wirtschaft.[134] In den folgenden drei Jahrzehnten wuchs die japanische Wirtschaft enorm und entwickelte sich zu einem führenden Produzenten von Konsumgütern, vor allem von Autos und Elektronikprodukten. Der Konsum wurde zu einem festen Bestandteil der demokratischen Kultur im Nachkriegsjapan.

Mit der Verschärfung des Kalten Krieges wurden amerikanische Produkte zu politischen Instrumenten, teilweise bewusst forciert durch die Unternehmen, die an der weltweiten Verbreitung ihrer Waren interessiert waren. So verband beispielsweise Coca-Cola den Konsum seines Erfrischungsgetränks mit dem Drang nach Freiheit und Demokratie in internationalen Werbekampagnen. Während des Zweiten Weltkriegs konnte man die Brause überall dort finden, wo amerikanische GIs stationiert waren, während im eigenen Land die Werbung eine enge Beziehung zwischen dem Konsum von Coca-Cola und Patriotismus, Freiheit und Unterstützung der eigenen Truppen herstellte. Während des Kalten Krieges sorgte James Farley, Chef der Coca-Cola Export Corporation und überzeugter Antikommunist, dafür, dass die Werbeanzeigen mit antikommunistischen Botschaften versetzt wurden. Anlässlich der Olympischen Spiele 1952 in Helsinki ließ er 30 000 Kisten Coca-Cola publikumswirksam mit einem umgebauten Landungsboot aus dem Zweiten Weltkrieg an die finnische Küste transportieren. Die Coca-Cola-Invasion an der Grenzlinie zwischen Kapitalismus und Kommunismus zeigte sowohl die enge Verbindung zwischen militärischen und kulturellen Waffen im Kalten Krieg als auch die globale Ausbreitung der amerikanischen Konsumkultur.[135]

Die politische Brisanz des Konsums im Kalten Krieg fand ihren symbolischen Höhepunkt in der berühmten «Küchendebatte» zwischen US-Vizepräsident Richard Nixon und dem sowjetischen Ministerpräsidenten Nikita Chruschtschow

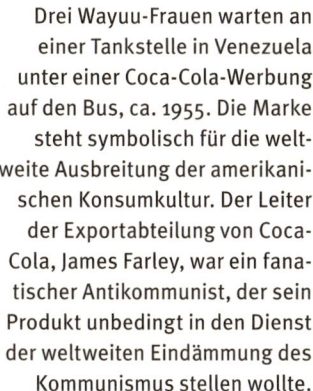

Drei Wayuu-Frauen warten an einer Tankstelle in Venezuela unter einer Coca-Cola-Werbung auf den Bus, ca. 1955. Die Marke steht symbolisch für die weltweite Ausbreitung der amerikanischen Konsumkultur. Der Leiter der Exportabteilung von Coca-Cola, James Farley, war ein fanatischer Antikommunist, der sein Produkt unbedingt in den Dienst der weltweiten Eindämmung des Kommunismus stellen wollte.

anlässlich der Amerikanischen Nationalausstellung in Moskau im Juli 1959. Ein Jahr zuvor hatten die USA und die UdSSR vereinbart, im jeweils anderen Land nationale Ausstellungen zu veranstalten. Die Sowjetunion präsentierte ihre technischen Errungenschaften im Juni und Juli 1959 in New York, die Amerikaner unmittelbar darauf in Moskau. Die Sowjets zeigten vor allem Produkte aus der Schwerindustrie und Raumfahrttechnologie, darunter auch ein Modell des russischen Sputnik-Satelliten von 1957.[136] Die amerikanischen Aussteller hingegen beschlossen, sich auf Konsumgüter zu konzentrieren. Und so waren auf der Ausstellung, die großteils von US-Unternehmen finanziert wurde – der US-Kongress leistete nur einen Beitrag von 3,6 Millionen US-Dollar aus Bundesmitteln –, Produkte wie Nähmaschinen von Sears, Staubsauger von Hoover und Einbaugeräte in der Modellküche eines voll ausgestatteten Bungalows zu sehen. Bei der gemeinsamen Besichtigung nutzte Chruschtschow die Gelegenheit zu einer Konfrontation mit dem amerikanischen Vizepräsidenten über die Vorzüge des Kommunismus gegenüber dem Kapitalismus. Er zweifelte offen an der Behauptung der Schausteller, dass es sich bei dem Modell um ein typisches Zuhause eines amerikanischen Arbeiters handelte und sah in ihm eher die verschwenderische

Zurschaustellung des Reichtums der kapitalistischen Oberklasse: «Eure amerikanischen Häuser sind so gebaut, dass sie höchstens zwanzig Jahre halten und die Bauherren am Ende wieder neue Häuser verkaufen können. Wir bauen solide. Wir bauen für unsere Kinder und Enkelkinder.» Nixon reagierte mit einem vielsagenden Hinweis auf den Primat des Konsums: «Amerikanische Häuser halten länger als zwanzig Jahre, aber trotzdem wollen viele Amerikaner nach zwanzig Jahren ein neues Haus oder eine neue Küche. Ihre Küche ist dann einfach überholt [...]. Das amerikanische System ist so ausgerichtet, dass es sich neue Erfindungen und neue Techniken zunutze macht.»[137] Nixon betonte den Wunsch der Amerikaner nach neuen Produkten, während Chruschtschow die sowjetische Handwerklichkeit in den Mittelpunkt rückte.

Die Küchendebatte offenbarte sinnbildlich die widersprüchliche Bedeutung des Konsums in den 1950er Jahren in der kommunistischen Gesellschaft. Einerseits schien Chruschtschow den Geltungskonsum, der in der amerikanischen Hightechküche zum Ausdruck kam, abzulehnen. Andererseits behauptete er, die Sowjetunion sei auf dem Feld des Massenkonsums erfolgreich, und erhob damit den Massenkonsum in den Rang eines nationalen Zieles.[138] Für Nixon und die Organisatoren der Ausstellung waren die höhere Qualität amerikanischer Konsumgüter und der höhere Lebensstandard gewöhnlicher Amerikaner das Hauptargument für die Überlegenheit des kapitalistischen Systems. Natürlich war in der Ausstellung auch eine amerikanische Wahlkabine zu sehen, doch dieses Symbol der Demokratie stand eindeutig im Schatten der überwältigenden Fülle an amerikanischen Konsumprodukten. Das Unternehmen Pepsico, einer der Sponsoren der Ausstellung, verteilte kostenlos Getränke an die Besucher, was die Botschaft vom materiellen Überfluss in den USA noch zusätzlich verdeutlichte. Die Ausstellung in Moskau hatte vor allem eine Botschaft im Sinn: dass das Leben in den USA weitaus komfortabler war als das der UdSSR und dass dieser Komfort auf den materiellen Gütern beruhte, die sich auch Normalbürger leisten konnten, und nicht auf den abstrakten Freiheiten und demokratischen Privilegien, die sie genossen.

Die amerikanische Ausstellung in Moskau ließ die sowjetischen und osteuropäischen Defizite bei der Entwicklung von Konsumgütern deutlicher hervortreten, auch wenn Chruschtschow bemüht war, das zu verbergen. Er wusste genau um die möglichen politischen Folgen einer wachsenden materiellen Kluft zwischen Ost und West und hatte auf dem XX. Parteitag der KPdSU 1956 bereits versprochen, den Lebensstandard in der Sowjetunion zu steigern. Im Anschluss an seine berühmte Abrechnung mit dem Stalinismus hatte Chruschtschow angekündigt, «in historisch kürzester Zeit die ökonomische Hauptaufgabe der UdSSR zu lösen: die reichsten kapitalistischen Länder in der Herstellung von Konsumgütern einzuholen und zu überholen».[139]

Doch Chruschtschows Tauwetter-Periode brachte keineswegs den ersehnten Wohlstand, sondern verstärkte in mehreren osteuropäischen Ländern noch die

Unzufriedenheit, die im Sommer 1956 in Polen in Streiks und Unruhen mündete und im Oktober und November des gleichen Jahres in Ungarn zu einem Volksaufstand führte. Sowjetische Truppen schlugen den Aufstand nieder und machten damit die Grenzen der poststalinistischen Liberalisierung deutlich. Im Bereich des Politischen dominierten also weiterhin stalinistische Methoden, während zumindest im kulturellen Bereich Veränderungen zu verzeichnen waren. In mehreren Bereichen etablierte sich der Modernismus, unter anderem beim Industriedesign und in der Architektur.[140]

Auch in anderen sozialistischen Ländern gab es den Drang nach Konsumgütern. In Ostdeutschland verkündete die SED auf ihrem V. Parteitag im Juli 1958, die DDR werde, was die Lebenshaltung angehe, den westdeutschen Rivalen bis 1961 übertreffen. Ziel sei es, so Parteichef Walter Ulbricht, die Überlegenheit der sozialistischen Gesellschaftsordnung gegenüber den imperialistischen Kräften der Regierung in Bonn zu demonstrieren.[141] Die Produzenten widmeten sich in den 1960er Jahren verstärkt der Produktion von Möbeln, Haushaltswaren und dem Modedesign. Die DDR wurde im Ostblock zum führenden Hersteller von Kunststoffen und anderen synthetischen Waren, was vor allem einer gut entwickelten Chemieindustrie zu verdanken war, deren Ursprünge bis in die Vorkriegszeit zurückreichten.[142] Die Ostdeutschen verwendeten Thermoplaste bei der Herstellung einer ganzen Reihe von Gütern, von Haushaltswaren bis zu Automobilen.

Besonders die Fahrzeugproduktion sollte den ostdeutschen Fortschritt in Richtung einer Konsumgesellschaft demonstrieren. DDR-Offizielle priesen die Langlebigkeit des Designs als Beleg für die Überlegenheit des sozialistischen Systems. «In den USA», so formulierte es Ende der 1950er Jahre ein sozialistischer Designexperte vom Institut für angewandte Kunst in Berlin, würden «zwar große Mengen Plaste produziert [...], aber hauptsächlich zu wertlosen, billigen, unerhört kitschig gemachten Massenwaren verarbeitet [...], zu Woolworth-Erzeugnissen, die mit ihren putzsüchtigen Verzierungen darauf angelegt sind, schnell durch Neues, Modischeres überholt zu werden, um wenigstens dadurch der natürlichen Haltbarkeit des Materials im Interesse immer neuen Absatzes und neuer Profite entgegenzuwirken.» Im Gegensatz dazu konzentriere sich die sozialistische Produktion auf langfristige Zweckmäßigkeit – eine implizite Verurteilung jener Art des verschwenderischen Konsums, wie sie in den USA praktiziert werde.[143] Die durchschnittliche Wartezeit von 15 Jahren für die Lieferung eines Trabant sowie das Design des Wagens und seines Schwestermodells Wartburg, das sich im Lauf der Jahre kaum veränderte, symbolisierten stattdessen jedoch das Versagen des Sozialismus in materieller Hinsicht.

Nur wenig offener zeigten sich osteuropäische Regierungsvertreter, als es in den 1950er Jahren um den sich wandelnden Modegeschmack ging. Lange Produktionszyklen und die Fünfjahrespläne machten es im Grunde unmöglich, mit dem Tempo mitzuhalten, in dem sich im Westen die Mode änderte. Gegen Ende

des Jahrzehnts sahen sich die Offiziellen damit konfrontiert, dass sich Freizeit-
kleidung amerikanischer Art immer größerer Beliebtheit erfreute. Im Westen produzierte Jeans und T-Shirts wurden zu gefragten und entsprechend teuren Waren
auf dem ostdeutschen Schwarzmarkt. Insbesondere die Jeans wurde, im Osten
wie im Westen, zum Symbol jugendlicher Rebellion gegen die strengen Normen
der traditionellen europäischen Gesellschaft. Während die Konservativen in
Westeuropa letztlich die Kommodifizierung der Jugendkultur akzeptierten, ver-
spotteten ihre Kollegen im Osten sie weiterhin als Beleg für kapitalistischen
Materialismus und Dekadenz und, schlimmer noch, als Anstachelung zu Jugendkriminalität und Bedrohung der kommunistischen Ideologie.

Sowjetische Behörden unterschieden deutlich zwischen ihrer Verachtung für
den westlichen Materialismus und ihrem eigenen Drängen auf vermehrten Konsum und Modernisierung. Chruschtschow verpackte höhere Lebensstandards als
sozialistisches Ziel. Er wusste nur zu gut, dass Knappheit bei Konsumgütern
einer der Hauptgründe für Unzufriedenheit unter den Bürgern in der Sowjetunion und in Osteuropa war, und beschloss, im Rahmen der ideologischen Parameter des Sowjetsystems eine konsumorientierte Wirtschaft aufzubauen.[144] Das
bedeutete, dass man die Produktion einheimischer Versionen westlicher Kon-
sumikonen beschleunigen musste. Die heimischen Marken hatten zwar einigen
Erfolg, konnten aber nicht mit den westlichen Originalen konkurrieren.[145]

Das Bemühen der Sowjets, einen Konsumsozialismus ohne ideologische Reform zu schaffen, scheiterte letztlich. Konsum stand für Wahlfreiheit und Privateigentum. Autos und Privathäuser verschafften den Bürgern mehr Freiheiten,
mehr Privatsphäre und mehr Mobilität, was staatlicher Kontrolle zuwiderlief.
Indem sie den Konsum förderten, gestatteten kommunistische Staaten in materieller Hinsicht eine begrenzte Meinungsfreiheit, während sie sie in Wort und
Bild weiter verboten. Sie merkten jedoch schon bald, dass auch materielle Ge-
genstände für politischen Protest genutzt werden konnten. Wenn jemand öffentlich original amerikanische Jeans trug, so bedeutete das im Kontext des Kalten
Krieges eine politische Provokation. Im Ostblock blieb Konsum somit während
des gesamten Kalten Krieges ein hochgradig politisierter und umkämpfter
Schauplatz.

Von entscheidender Bedeutung in diesem Ost-West-Konkurrenzkampf war, dass
die osteuropäischen Regierungen nicht in der Lage waren, die versprochenen
Konsumgüter zu liefern, denn trotz öffentlicher Verlautbarungen, den Westen bei
der Produktion von Konsumgütern zu übertrumpfen, fehlten den osteuropäischen Herstellern schlicht die materiellen Ressourcen, um ihre Produkte im großen Maßstab herzustellen. Design und Propaganda übertrafen in Osteuropa stets
die real existierende Produktion. Vor allem DDR-Bürger wurden sich der eigenen
materiellen Defizite schmerzlich bewusst, da sie ihren Lebensstandard mit dem in
Westdeutschland vergleichen konnten.[146]

Während politische Barrieren das Vordringen westlicher Konsumgüter in den kommunistischen Block verhinderten, erleichterten Fortschritte in der Logistik deren Ausbreitung andernorts. Sie sorgten dafür, dass einheimische Produkte einen globalen Markt erreichten und Hersteller schneller denn je auf Kundenwünsche reagieren konnten. Internationale Marken setzten auf billige Produktion, ein internationales Vertriebsnetz und weltweite Vermarktung. Ein weiterer wichtiger Faktor für die Globalisierung von Konsumprodukten waren verbesserte Kommunikationstechnologien, nicht zuletzt deshalb, weil sie neue Möglichkeiten boten, die Produkte für eine globale Kundschaft zu vermarkten. Die Werbung entwickelte sich in den USA in den 1920er Jahren zu einer eigenen Branche und breitete sich nach dem Krieg rasch in alle wichtigen Industrieländer aus. Werbeagenturen wurden zu zentralen Interpreten der Populärkultur und zu Produzenten populärer Wünsche. Sie stimmten ihre Botschaften fein auf lokale, nationale und internationale Märkte ab und richteten das Image eines Produkts so aus, dass es zum kulturellen, sozialen und ökonomischen Umfeld der jeweiligen Zielgruppe passte. Die Werbung verbreitete ihre Botschaft über gedruckte Medien, Rundfunk und – seit den 1950er Jahren – Fernsehen. Da man mit den neuen Kommunikationstechnologien ein deutlich größeres Publikum erreichte, wurde Werbung immer profitabler. Vor allem das Aufkommen des Fernsehens bot die Möglichkeit, Millionen Menschen gleichzeitig mit visuellen Botschaften zu versorgen, was die nationale und internationale Bekanntheit eines Produkts rasch steigerte.

Zwar sorgten die Konsumnetzwerke dafür, dass eine immer größere Zahl von Menschen aus verschiedenen Teilen der Welt enger miteinander verbunden war, aber viele der armen Weltgegenden blieben von der globalisierten Konsumgesellschaft ausgeschlossen. Konsum signalisierte und verstärkte Ungleichheit und damit auch materielle und kulturelle Differenzen. Die meisten Armen in der industrialisierten Welt und viele in den Entwicklungsländern hatten durch Werbeplakate, Zeitungen und Fernseher zwar Zugang zu den Bildern von Luxusgütern, konnten sich die Waren selbst aber nicht leisten. Die Ungleichheiten waren deutlich im Nord-Süd-Gegensatz erkennbar, aber sie machten sich auch innerhalb einiger Staaten bemerkbar, insbesondere im globalen Süden, wo schreckliche Armut und protziger Reichtum unmittelbar nebeneinander existierten. Während also städtische Eliten einer universalen Gemeinschaft globaler Konsumenten angehörten, waren sie von ihren Nachbarn durch klassenbedingte Ungleichheiten getrennt.

Wie andere Manifestationen der Globalisierung förderte somit auch der Konsum sowohl Homogenisierung als auch Heterogenisierung, da Konsumenten auf dem Markt individuell, ökonomisch und kulturell bedingte Entscheidungen trafen. Konsumenten aus der Mittel- und der Oberschicht kamen in den großen Ballungszentren in den Genuss einer breiten Produktauswahl, aber diese Vielfalt wiederholte sich auch in jeder anderen Metropolregion. Ganz gleich ob Konsumenten die Dubai Mall in den Vereinigten Arabischen Emiraten oder die Mall of America in den Außenbezirken von Minnesota aufsuchten – sie konnten sich auf ein Kernsortiment globaler Marken verlassen. Zu Beginn des 21. Jahrhunderts hatte es den Anschein, als seien menschliche Erfahrungen als Konsumenten eher von gesellschaftlicher Klasse als von Nationalität geprägt.

3. INFRAGESTELLUNG KULTURELLER NORMEN

Mit der Erweiterung des transnationalen Austauschs von Waren und Menschen wurden zunehmend die vorherrschenden kulturellen Normen und Praktiken in Frage gestellt. Ab Ende der 1950er Jahre eroberten diese kulturellen Anfechtungen auch die politische Bühne und untergruben überall die Macht der kulturellen und politischen Eliten. Menschenrechtsaktivisten in den USA verlangten die Gleichberechtigung der Rassen vor dem Gesetz. Jugendliche in Europa, Nord- und Südamerika sowie in Ostasien forderten größere politische und kulturelle Freiheiten, die den in Ost und West herrschenden Konsens des Kalten Krieges unterminierten. Frauen stellten Geschlechter- und Sexualnormen in Frage und verlangten Gleichberechtigung. Und Religionsgruppen forderten mehr Toleranz gegenüber verschiedenen Glaubenssystemen und angesichts einer zunehmend säkularen Welt eine Rückwendung zu religiösen Grundwerten. Diese Veränderungen warfen wichtige Fragen auf über die Auswirkungen der engeren Vernetzungen der Weltkulturen miteinander. Sorgte diese Entwicklung für ein besseres Verständnis und eine größere Toleranz gegenüber kultureller Differenz? Oder führte sie zu zunehmender kultureller Fragmentierung und erhöhter Gefahr für kulturelle Konflikte?

Transnationale Jugendkulturen

In der Nachkriegszeit wurden junge Menschen zu einer treibenden Kraft der kulturellen Globalisierung. Jugendliche begannen – zunächst in den westlichen Industriestaaten, dann aber auch in anderen Teilen der Welt – sich mit einer deterritorialisierten Kultur in Sachen Musik, Mode, Sprache und Verhalten zu identifizieren, die nationale Grenzen überschritt. Diese jungen Menschen suchten Verbindungen zu einer transnationalen Jugendgemeinschaft, die unabhängig von den dominanten regionalen und nationalen Kulturen war und oft in Opposition zu diesen stand, was oft zu Konflikten zwischen den Generationen führte. Jugendkulturen spielten eine wichtige Rolle dabei, dem Konformitätsdruck innerhalb der eigenen Gesellschaft zu widerstehen und ihn letztlich zu untergraben. Die Suche nach Alternativen begann im kulturellen Bereich mit der Schaffung kultureller Nischen innerhalb der bestehenden Strukturen. In den 1960er Jahren wurde aus der Suche dann eine politische Infragestellung dieser Strukturen, was eine politische und kulturelle Fragmentierung zur Folge hatte.

In den ersten Nachkriegsjahren assoziierte man die Vorstellung von einer eigenen Jugendkultur in erster Linie mit der amerikanischen Populärkultur. Diese Dominanz beruhte auf der historischen Rolle der USA bei der Produktion und Verbreitung von Massenunterhaltung, die bis in die Zwischenkriegszeit zurückreichte, sowie auf der ökonomischen und demographischen Entwicklung in den USA nach dem Krieg. Nach Jahren der Wirtschaftskrise und den Entbehrungen der Kriegsjahre hatten die Amerikaner nicht nur eine enorme Nachfrage nach Konsumgütern, sondern auch die industrielle Kapazität, diese zu produzieren. Die Herstellung dieser Konsumgüter kurbelte zusammen mit dem Babyboom (und seinen sozialen und ökonomischen Folgen) den Nachkriegsaufschwung in den USA an und sorgte dafür, dass amerikanische Produkte den Weltmarkt bis in die 1960er Jahre hinein beherrschten.

Tabelle 7: Geburtenrate Deutschland, Japan und USA
(Anzahl der Geburten pro 1000 Personen pro Jahr)

	Deutschland	Japan	USA
1945	16,1	30,9*	20,4
1950	16,3	28,1	24,1
1955	15,8	19,4	25,0
1960	17,4	17,2	23,7
1965	17,4	18,6	19,4

* Daten von 1943

In den USA hatten vor allem demographische Veränderungen Einfluss auf die Entstehung einer eigenen Jugendkultur. Die Geburtenraten stiegen von 2,4 Kindern pro Familie während der Weltwirtschaftskrise auf 3,2 Kinder in den 1950er Jahren.[147] In den rasant wachsenden Vorstädten rund um New York, Cleveland, Chicago und Los Angeles zog eine expandierende Mittelschicht die Generation der Babyboomer auf. Das Leben in den Suburbs drehte sich um die Bedürfnisse und Wünsche dieser Babyboomer. Als diese Kinder heranwuchsen, wurden sie in den 1950er Jahren zu einem wichtigen Faktor bei der Entstehung einer separaten

Jugendkultur. Ihre Geschmacksvorlieben in Sachen Mode, Musik und Unterhaltung unterschieden sich immer deutlicher von denen ihrer Eltern, und ihre Kaufkraft prägte den nationalen und internationalen Markt für Konsumprodukte.

Die Eltern dieser Generation waren von der großen Wirtschaftskrise und dem Krieg geprägt und sehnten sich deshalb nach Sicherheit, finanzieller Stabilität und dem Mittelschichtstatus, den die Suburbs versprachen. Der Soziologe David Riesman legte 1950 ein psychologisches Profil dieser Krisengeneration vor, das den Titel *The Lonely Crowd* trug (dt. *Die einsame Masse*). Für ihn war der vorherrschende soziale Charakter der Nachkriegsgeneration der außengeleitete Typ, der die Erwartungen der Menschen um ihn herum zu erfüllen suchte und sich in eine soziale Umgebung einfügen wollte, die von anderen vorgegeben worden war. Riesmans beißende Kritik der Nachkriegsgesellschaft sollte in den folgenden beiden Jahrzehnten bei den jugendlichen Rebellen auf große Resonanz stoßen.[148]

Riesmans Diagnose spiegelte sich in literarischen Werken und Sachbüchern der Zeit wider. So thematisierte zum Beispiel Sloan Wilsons 1955 erschienener Roman *The Man in the Gray Flannel Suit* (dt. *Der Mann im grauen Flanell*, 1956) beispielhaft die Mühen der Mittelschichtangestellten, Beruf, häusliches Leben und steigende materielle Erwartungen miteinander zu vereinbaren und zudem noch mit ihren Kriegstraumata fertig zu werden.[149] Dabei standen vor allem zwei gesellschaftliche Erwartungen an die Männer im Mittelpunkt: Sie sollten sowohl beruflich erfolgreich als auch fürsorgliche Väter sein. Beides sollte in der Nachkriegszeit einen erfolgreichen Mann ausmachen, und doch gerieten beide Rollen nicht selten in Konflikt miteinander. Das 1959 erschienene Buch *The Status Seekers* (dt. *Die unsichtbaren Schranken*) von Vance Packard ließ die sozialen Schranken, vor denen eine wachsende Mittelschicht stand, noch deutlicher werden. Packard lieferte eine schonungslose Analyse der sozialen Schichtung der US-Gesellschaft und kam zu dem Schluss, dass das amerikanische Ideal sozialer Mobilität und individueller Kreativität seit dem Aufkommen der Großkonzerne in den USA immer schwerer zu verwirklichen war.[150] Zentrale Werte des amerikanischen Traums schienen von der Monotonie und Gleichförmigkeit des Arbeitsplatzes bedroht zu sein.

Die amerikanische Jugendkultur der Nachkriegszeit entstand aus dem Widerstand gegen diesen sozialen Konformitätsdruck und gegen steigende Erwartungen. Die Ersten, die sich dagegen auflehnten, waren Jugendliche aus der Arbeiterklasse, die sich vom steigenden Lebensstandard und den besseren Beschäftigungsmöglichkeiten, in deren Genuss ihre Altersgenossen aus der Mittelschicht kamen, ausgeschlossen fühlten. In den ersten Jahren nach dem Krieg entwickelten sie zunehmend einen eigenen Kleidungsstil, einen eigenen Slang und einen eigenen Musikgeschmack, der aus der afroamerikanischen Musikkultur kam, und lehnten die Konventionen und den Verhaltenskodex der Mittelschicht ab. Aussehen und Sprache dieser Jugendkultur erregten 1953 durch den Film *The Wild One* (dt. *Der*

Wilde) landesweit Aufmerksamkeit.[151] Marlon Brando spielt darin Johnny, den Anführer eines Motorradclubs, der eine kalifornische Kleinstadt heimsucht und dort einen Tag und eine Nacht lang für Chaos sorgt. Johnny und seine Rockerfreunde tragen Blue Jeans und schwarze Lederjacken, was sie in ihrer Nonkonformität seltsam konform erscheinen lässt. Die Handlung basiert grob auf einem tatsächlichen Vorfall vom Juli 1947, als ungefähr 4000 Motorradfahrer mehrere Tage lang die kalifornische Kleinstadt Hollister in Angst und Schrecken versetzten.[152] Zwar steht der Film dem respektlosen und destruktiven Verhalten der Rocker durchaus kritisch gegenüber, versucht ihr Verhalten jedoch psychologisch und soziologisch auszuwerten. Johnnys Rebellion wirkt zunächst wahl- und ziellos. Als er von einem der weiblichen Gäste in der Bar gefragt wird, wogegen er denn aufbegehre, antwortet er: «Was hast du anzubieten?» Doch als er eine engere Beziehung zu Kathie entwickelt, die als Kellnerin in der Bar arbeitet und Tochter des lokalen Polizeichefs ist, werden die emotionalen Narben sichtbar, die der körperliche Missbrauch durch den Vater hinterlassen hat. Die Nähe zu Kathie rührt auch daher, dass ihr Verhältnis zu ihrem Vater ebenfalls gestört ist, denn ihm fehlt es als oberstem Gesetzeshüter in der Stadt an Standhaftigkeit und Respekt von den Bewohnern und der Motorradjugend. Der Film handelt also nicht nur von Jugendkriminalität, sondern auch von den Pflichten eines Vaters.

Nach *The Wild One* machten zwei weitere Filme die rebellische Jugend endgültig zum Hollywood-Kassenschlager. In *Blackboard Jungle* (dt. *Saat der Gewalt*) mit dem jungen Sidney Poitier in der Hauptrolle geht es um aufsässige Schüler an einer innerstädtischen Highschool, die die Autorität der Lehrer in Frage stellen.[153] Blackboard Jungle entwickelt das Thema der kriminellen Arbeiterklassejugend weiter, die gegen die elterliche Autorität aufbegehrt und sich zugleich danach sehnt, allerdings mit dem zusätzlichen Aspekt des Rassenkonflikts innerhalb der Schülergruppe. Ähnlich wie *The Wild One* kritisiert der Film das Verhalten der Jugendlichen, versucht zugleich aber die Probleme als Folge zerbrochener Familien und fehlender elterlicher Zuwendung zu verstehen. Im gleichen Jahr spielte der zum Jugendidol aufgestiegene James Dean in *Rebel Without a Cause* (dt. *... denn sie wissen nicht, was sie tun*) die Rolle eines desillusionierten Schülers, der sich nach Liebe und Geborgenheit sehnt.[154] James Dean machte die Jugendkultur auch für Heranwachsende aus der Mittelschicht interessant. Die drei Protagonisten des Films – Jim (James Dean), Plato (Sal Mineo) und Judy (Natalie Wood) – fühlen sich ihren Eltern entfremdet: Jim, weil sein Vater seiner überfürsorglichen und alles kontrollierenden Mutter nicht gewachsen ist; Judy, weil sie sich von ihrem Vater emotional abgelehnt fühlt; und Plato, weil sein Vater ihn verließ, als er noch ein kleiner Junge war, und seine Mutter ihn weitgehend der Obhut der Haushälterin überlässt. Die drei bilden eine imaginäre Kernfamilie mit Jim und Judy als Eltern von Plato. Sie suchen nach Ehrlichkeit, Geborgenheit und moralischer Orientierung, erfahren jedoch nur materielle Tröstungen und emotionale

Marlon Brando, an ein Motorrad gelehnt, in einer Szene aus dem Film *Der Wilde*, 1953. Der Streifen präsentierte die amerikanische Jugendkultur Ende der 1940er, Anfang der 1950er Jahre. Brando wurde zu einer internationalen Ikone der Jugendrebellion.

Ablehnung von ihren Eltern. Die Kritik des Films am schalen und seichten Leben der Eltern war eine erste Formulierung der politischen und moralischen Kritik am amerikanischen Materialismus, welche die Neue Linke dann in den 1960er Jahren weiterentwickelte.

Das geistige Zerwürfnis zwischen den Generationen verstärkte sich noch, als ein neuer Musikstil aufkam: der Rock'n'Roll. Nach dem Krieg experimentierten junge Amerikaner, darunter viele Weiße, mit neuen Rhythmusformen, die auf Jazz, Blues und andere musikalische Traditionen der Schwarzen zurückgriffen. Bill Haley, Buddy Holly, Elvis Presley und andere nahmen Anleihen bei der afroamerikanischen Musik und schufen daraus ihren spezifischen Rhythmus und Sound.[155] Die etablierte Branche lehnte zunächst Elvis ab, bis er mit der kleinen Plattenfirma Sun Records Erfolg fand. Zudem weigerten sich weiße Radiomoderatoren im Süden, seine Songs zu spielen, weil diese afroamerikanisch beeinflusst waren. Einige schwarze Rundfunksender wiederum lehnten ihn ab, weil er ein Weißer war oder weil er Songs von schwarzen Musikern kopiert hatte.[156] Nach Elvis' Durchbruch Mitte der 1950er Jahre waren konservative Kulturkritiker (zumeist Weiße) nicht nur über den Sound seiner Musik entsetzt, sondern auch über seine anzüglichen Tanzbewegungen. Sie warfen ihm vor, sexbesessen und zugleich weibisch zu sein. Weil seine öffentlichen Auftritte bei den Fans oft zu unkontrollierten Kreischanfällen und sogar zu Tumulten führten, sahen Vertreter der Obrigkeit in ihm eine Gefahr für die öffentliche Ordnung. Doch trotz der negativen Reaktionen – oder vielleicht gerade deshalb – erreichte Presleys Popularität in den USA und im Ausland schon bald schwindelerregende Höhen. Junge Menschen kopierten seine Tanzbewegungen, seine Frisur (Elvis färbte seine Haare schwarz, um wie Tony Curtis auszusehen) und seinen Kleidungsstil. Seine Musik und seine öffentlichen Auftritte waren beispiellos und deshalb leicht zu erkennen, wenn man sie nachahmte. Elvis' Stil wurde zu einem Vehikel, um etablierte kulturelle Normen und gesellschaftliche Konventionen in Frage zu stellen.

Die städtische Jugend in Europa und Japan übernahm von ihren amerikanischen Altersgenossen Kleidungsstil, Musikvorlieben und sogar einige sprachliche Wendungen, um Ähnliches zu bewirken, nämlich die zutiefst konservative und konformistische Kultur ihrer Elterngeneration herauszufordern.[157] Jazz, Rock, Blue Jeans, Zigaretten und Kaugummi wurden zu universalen Symbolen für die Revolte der Nachkriegsjugend. In Großbritannien griffen die Mods den Lebensstil der amerikanischen Beat Generation auf. Sie hörten Jazz und trafen sich in *coffee bars*.[158] In Deutschland fuhren die so genannten »Halbstarken« auf Mopeds herum, hatten Frisuren wie Elvis und trugen Jeans und Lederjacken wie Marlon Brando und James Dean. Mehr Sorgen bereitete ihren Eltern allerdings die plötzliche Zunahme von Jugendkrawallen und Kriminalität Mitte der 1950er Jahre.[159] Statt die Ursachen in der eigenen Gesellschaft zu suchen, hielten deutsche Politiker die Krawalle für ein aus den USA importiertes Problem und belebten damit die Diskussionen über das Übel der Amerikanisierung wieder, die bereits in der Zwischenkriegszeit geführt worden waren. Aus einem internen Generationenkonflikt machten sie somit einen importierten Kulturkonflikt.

Die amerikanische Jugendkultur schien sich auch in Osteuropa zu verbreiten. Ostdeutsche hatten über westliche Rundfunksender wie den RIAS in Westberlin oder Voice of America Zugang zu den neuesten Entwicklungen der amerikanischen Popkultur. Sie fuhren zudem häufig über die Grenze nach Westberlin, um sich neue amerikanische Filme anzusehen. Nach Schätzungen der Behörden in Ostberlin besuchten 1956 und 1957 täglich rund 26 000 Ostberliner die Kinos im Westteil der Stadt.[160] Auch Motorradgruppen nach US-Vorbild bildeten sich im Osten. Ostdeutsche Regierungsvertreter verurteilten diese Jugendtrends in ähnlicher Weise wie ihre Kollegen im Westen. Auch sie sahen sie als Bedrohung der öffentlichen Ordnung und als Import aus dem Ausland.

Für die ostdeutschen Machthaber ging es freilich um mehr als nur eine Jugendkultur in der Revolte. Sie interpretierten das Verhalten und den Kleidungsstil der Halbstarken als gedankenlose Übernahme der materialistischen Kultur des kapitalistischen Westens und damit nicht nur als Bedrohung deutscher Traditionen, sondern auch der sozialistischen Ideologie. Ende der 1950er Jahre startete der ostdeutsche Staat seinen Angriff auf den Rock'n'Roll. Parteichef Walter Ulbricht und

Verteidigungsminister Willi Stoph erklärten, bei Rock 'n' Roll handele es sich um eine anarchistische und kapitalistische Invasion und diese stelle eine Gefahr für die nationale Sicherheit der DDR dar. Die Justiz verhängte harte Strafen gegen Fans, die es wagten, die Musik öffentlich zu verteidigen oder gar zu hören. Ein typischer Fall ereignete sich im Herbst 1959, als fünfzehn Leipziger Jugendliche von einem Gericht zu Haftstrafen verurteilt wurden, weil sie in öffentlichen Protesten echten Rock'n'Roll gefordert hatten statt der verwässerten einheimischen Tanzform namens Lipsi, und weil sie die Parteiführung ausgebuht hatten.[161]

Im Nachkriegspolen sickerte die amerikanische Jugendkultur über eine Gruppierung namens *Bikiniarze* (Bikini-Jungs) in die heimische Szene ein; sie hatte sich nach dem US-Atomwaffentestgelände auf dem Bikini-Atoll im Südpazifik benannt. Die *Bikiniarze*, die vor allem in Warschau zu finden waren, waren mit ihrer westlichen Kleidung und ihrem gestelzten Auftreten leicht zu erkennen. Sie hörten Jazz, rauchten amerikanische Zigaretten und gaben sich gegenseitig amerikanische Spitznamen. Die polnischen Behörden verunglimpften sie als Hooligans (*chuligani*) und warfen ihnen sexuelle Promiskuität vor.[162] In der Tschechoslowakei nannten sich die Fans amerikanischer Popkultur *pásek*, in Ungarn hießen sie *jampec*.[163] Überall in Europa, in sozialistischen wie in kapitalistischen Ländern, hegten die staatlichen Behörden die gleichen Befürchtungen vom amerikanischen Materialismus, Kulturimperialismus und gesellschaftlichen Zerfall.

Für die europäische Jugend hingegen bedeutete Amerikanisierung etwas ganz anderes: Sie stand für Emanzipation, Modernisierung und in manchen Fällen auch Demokratisierung. Sie betrachteten die Übernahme der Popkultur Amerikas nicht als Kulturimperialismus, sondern als Rebellion gegen die kulturelle Konformität und das autoritäre Gehabe ihrer Elterngeneration und des Staates. Amerika wurde damit zu einem festen Bestandteil des heimischen Generationenkonflikts zwischen kultureller Homogenität und Heterogenität.[164] Die Jugend vor Ort nutzte das Ausländische, um den Konformismus zu Hause in Frage zu stellen. Aus ihrer Sicht stand die amerikanische Popkultur für Vielfalt und nicht für verordnete Konformität.

Nicht einmal die Sowjetunion konnte die Ausbreitung der US-Popkultur auf ihre Jugend verhindern, trotz der konzertierten Bemühungen der Behörden im ersten Nachkriegsjahrzehnt. 1946 ernannte Stalin General Andrej A. Schdanow zum Verantwortlichen für die Propagandakampagne gegen die Verwestlichung. Schdanow war ein hochdekorierter Veteran des Zweiten Weltkriegs, der die Verteidigung Leningrads während der deutschen Belagerung befehligt hatte. Anfang der 1950er Jahre konzentrierte sich die antiamerikanische Kampagne in der Nachfolge Schdanows auf eine Gruppierung namens *Stilyagi* (Stiljäger), die Ende der 1940er Jahre in sowjetischen Städten entstanden war. Ihre Mitglieder trugen modische Anzüge mit langen Jacketts mit breiten Schultern und engen Hosen, die an die Zoot Suits in Los Angeles zur Zeit der Weltwirtschaftskrise erinnerten. Sie hatten lange Haare, hörten Jazzmusik und gaben sich amerikanische Namen, in Anlehnung an amerikanische Schauspieler, deren Filme es durch die Zensur geschafft hatten, wie etwa Johnny Weissmüller, dessen männlicher Primitivismus in seiner Rolle als Tarzan den jungen Leuten gefiel, oder James Cagney, dessen Unterweltslang aus *The Roaring Twenties* (dt. *Die wilden Zwanziger*, 1939) sie übernahmen. Begriffe wie «dudes», «chicks» und «groovy» gehörten schon bald fest zur Sprache der *Stilyagi*. Diese Jugendlichen stellten damit nicht nur die kulturelle Konformität des stalinistischen Systems in Frage, sondern auch die überkommenen Werte ihrer Eltern wie etwa Fleiß und Traditionsverbundenheit. Ähnlich wie amerikanische Psychologen und Jugendexperten warfen auch sowjetische Behörden den Eltern vor, sie würden ihre Kinder, die «nur herumhängen und nichts tun», vernachlässigen.[165] Schikanierungen der *Stilyagi* seitens der Polizei, zum Beispiel durch willkürliche Festnahmen, waren an der Tagesordnung.

Während des poststalinistischen Tauwetters in der Chruschtschow-Ära wurde die Zensur westlicher Musik und westlich beeinflusster Jugendgruppen etwas gelockert. So lud zum Beispiel die sowjetische Regierung – möglicherweise mit dem Ziel, westliche Musik für eigene politische Zwecke einzuspannen – 1957 Jazzbands aus Ost und West zu den sechsten Weltfestspielen der Jugend und der Studenten nach Moskau ein, womit die Verbannung des Jazz letztlich beendet war. Neben Jazz fand auch Rock'n'Roll mit Hits wie Bill Haleys *Rock Around the Clock* ein breites Publikum in Moskau. Sowjetische Behörden hofften mit dieser Lockerung der Bestimmungen, die populäre Musik des kapitalistischen Westens mit den ideologischen Prämissen des internationalen Kommunismus und der Friede-und-Freundschaft-Thematik der Jugendspiele verknüpfen zu können und somit auch den internationalen Kommunismus für Jugendliche attraktiver zu machen. In ideologischer Hinsicht schien dieser Versuch weniger erfolgreich gewesen zu sein, in kultureller Hinsicht verschaffte das Festival jedoch dem amerikanischen Jazz und Rock den endgültigen Durchbruch im Ostblock.[166]

Das Moskauer Festival war das bei weitem größte der Treffen, die seit 1947 vom Weltbund der Demokratischen Jugend veranstaltet wurden. Für die UdSSR war es die erste Öffnung zum Westen. Laut offiziellen Statistiken nahmen 34 000 Besucher aus 131 Ländern teil. Zusammen mit den einheimischen Teilnehmern sollen allein der Eröffnungsfeier zwei Millionen Menschen beigewohnt haben.[167] Westliche Regierungen, darunter auch die amerikanische, bemühten sich aktiv, ihre Jugendorganisationen von einer Teilnahme abzuhalten, da sie das Spektakel als riesiges politisches Indoktrinierungslager ansahen. Diejenigen, die diese Warnungen ignorierten, unter ihnen auch amerikanische Journalisten, stießen in Moskau auf mehr Offenheit als erwartet und berichteten in der Presse vom kritischen Einfluss der 160 amerikanischen Teilnehmer, die mit den osteuropäischen und sowjetischen Jugendlichen häufig über amerikanische und sowjetische Politik und sogar über den Einmarsch in Ungarn im Herbst des Vorjahres diskutierten.[168]

Für die Dauer der Weltfestspiele hielten sich die sowjetischen Behörden und die Polizei auffallend zurück. Sie tolerierten westliche Musik, politische Debatten sowie persönliche Kontakte, von denen eine überraschend große Zahl zu romantischen Beziehungen heranwuchsen, wie zeitgenössische Beobachter mit einer Mischung aus Verwunderung und Besorgnis konstatierten.[169] Für viele junge Menschen in der Sowjetunion wurde dieses Jugendfestival zum Wendepunkt ihrer persönlichen Ansichten über westliche Kultur und Politik, und es mobilisierte einige von ihnen in den 1960er und 1970er Jahren für die politische Opposition.[170] Auf die westliche Jugend hatten diese und die nachfolgenden Weltfestspiele zwar deutlich weniger Einfluss, doch gleichwohl legten sie den Grundstein für einen transnationalen kulturellen und politischen Dialog. Das Ereignis in Moskau bestärkte eine ganze Generation in ihrer Entschlossenheit, die Spaltung des Kalten Krieges zu überwinden, so flüchtig und illusorisch diese Vorstellung auch sein mochte.

Politische Rebellion Die Politisierung der internationalen Jugendkultur erfolgte in Ost und West zu unterschiedlichen Zeitpunkten als Reaktion auf lokale wie globale Belange. In den USA wurde die Bürgerrechtsbewegung zu einem wichtigen Katalysator des jugendlichen Aktivismus Ende der 1950er Jahre. Organisationen wie die NAACP (National Association for the Advancement of Colored People) kämpften schon seit Beginn des 20. Jahrhunderts gegen die Rassendiskriminierung, vor allem auf juristischem Wege und ohne breite Basisbeteiligung. Das änderte sich in den 1950er Jahren, als die Afroamerikaner großangelegte, öffentlichkeitswirksame Kampagnen starteten, wie etwa den Busboykott von Montgomery, Alabama, 1956 oder die Greensboro Sit-ins 1960, die die Rassenintegration in den Restaurants der Woolworth-Kette erzwangen, sowie die Kampagne gegen Rassentrennung im Zentrum von Birmingham, Alabama, im Jahr 1963. Da diese Aktionen nicht nur lokal, sondern auch international Aufmerksamkeit erregten, wurde der Druck auf die US-Regierung, in Sachen Rassendiskriminierung tätig zu werden, auch von internationaler Seite her immer stärker.[171] Im Laufe der 1960er Jahre verschmolz Amerikas interner Kampf um Bürgerrechte immer mehr mit den internationalen politischen Entwicklungen der Dekolonisation in Afrika und Asien, der Politik des Kalten Krieges und dem Krieg in Vietnam.

Junge Aktivisten spielten jedoch nicht nur beim Kampf um Gleichberechtigung in den USA eine wichtige Rolle, sondern sie begannen auch, die bestehende Ordnung des Kalten Krieges in Frage zu stellen. In den 1950er Jahren schlossen sie sich Gruppen an, die das Ende des atomaren Wettrüstens forderten, unter ihnen

Pazifisten, linke Intellektuelle und Nuklearexperten, die an der Entwicklung der Atombombe beteiligt gewesen waren und nun angesichts der langfristigen Auswirkungen ihrer Erfindung alarmiert waren.[172] 1960 war die Anti-Atom-Kampagne zu einer Massenbewegung junger Aktivisten an den Universitäten in allen nördlichen und westlichen Industriestaaten geworden. Diese Aktivisten stellten die ideologischen Positionen des Kalten Krieges in Frage, forderten die Abschaffung von Atomwaffen und plädierten für eine neue Ära des Pazifismus und der wechselseitigen Verständigung. Mit ihrem Vorschlag einer friedlichen Koexistenz griffen sie das Vokabular auf, das die Sowjetunion seit den 1940er Jahren propagiert hatte. Gleichzeitig lehnten sie jedoch die ideologischen Grundsätze des sowjetischen Kommunismus ebenso ab wie das westliche System des ungebremsten Kapitalismus. Ihre politische Position außerhalb der traditionellen Parameter des ideologischen Spektrums im Kalten Krieg konvergierte in der transnationalen Bewegung der Neuen Linken.[173]

Ideologisch lagen die Ursprünge der Neuen Linken bei den neomarxistischen Theorien der Frankfurter Schule, allen voran Theodor W. Adorno, Max Horkheimer und Herbert Marcuse, und ihrer intellektuellen Erben wie Jürgen Habermas. In den USA beriefen sich die Studenten zudem auf die amerikanischen Soziologen David Riesman und C. Wright Mills sowie den französischen Philosophen Jean-Paul Sartre. Sartres Existenzialismus forderte seine Anhänger dazu auf, auf ihr eigenes inneres Bewusstsein zu vertrauen, wenn sie ihrem Dasein einen Sinn geben wollten, und sich nicht nach äußeren Erwartungen zu richten. Das ähnelte in gewisser Weise Riesmans Idealisierung der innengeleiteten Persönlichkeit. Adorno und Horkheimer wiederum kritisierten den geistlosen Materialismus des modernen Konsumismus, der in ihren Augen nicht nur kulturelle Originalität zunichtemachte, sondern auch die Menschheit in unmündige Individuen ohne unabhängige Willensstärke verwandelte und empfänglich machte für totalitäre Indoktrination. Sie betrachteten sowohl die sowjetische Implementierung der marxistischen Ideologie als auch die materialistischen Impulse der westlichen Konsumgesellschaft als Fehlentwicklungen, die zum Verlust politischer Macht und Autonomie führten. Gleichzeitig bezichtigten sie die modernen Massenmedien der Beihilfe zur kulturellen Indoktrinierung und Entpolitisierung der Bürger.[174]

Die philosophische und kulturelle Kritik der Massenkultur und der westlichen Demokratie fand 1962 ihren Ausdruck im Port Huron Statement, der Gründungserklärung der Students for a Democratic Society (SDS), einer amerikanischen Organisation der Neuen Linken. Ihr Hauptverfasser, Tom Hayden, aktiv in der Studentenpolitik an der University of Michigan, entwickelte die Idee einer «partizipatorischen Demokratie» und sprach sich dafür aus, wieder zu einer direkten Bürgerbeteiligung am politischen Prozess zurückzukehren. Unter Berufung auf Horkheimer, Adorno, Sartre und Mills konstatierte die Erklärung eine wachsende Entfremdung bei Studenten und Bürgern, eine zunehmende Bürokratisierung des Alltagslebens und fehlende Autonomie von Arbeitern, Managern und Studenten. Als Schauplatz eines radikalen Politaktivismus galt nun nicht mehr die traditionelle Basis der Linken – die industrielle Arbeiterklasse –, sondern die Universität und die Welt der Angestellten.[175] Die Erklärung spiegelte den generationsbedingten Wandel linksgerichteter Politik wider: von den traditionellen politischen Prinzipien der alten marxistischen Linken hin zum Graswurzelaktivismus und der partizipatorischen Demokratie der Neuen Linken.

Rassengleichheit, die Verhinderung eines Atomkriegs und die nationalen Befreiungsbewegungen in der Dritten Welt wurden im Laufe der 1960er Jahre zu den zentralen Themen der Neuen Linken in den USA und Westeuropa. Innerhalb der Neuen Linken gab es radikalere Strömungen, die ihren Widerstand gegen staatliche Repressionen im eigenen Land als Teil eines weltweiten Kampfes gegen Kolonialismus und Imperialismus begriffen. Einige von ihnen beriefen sich dabei insbesondere auf Frantz Fanon, der in seinem Buch *Die Verdammten dieser Erde* die These vertrat, Gewalt sei unvermeidlich Bestandteil der Befreiung des Kolonisierten von seinem Kolonisator.[176] Fanons Schriften dienten ihnen als Rechtfertigung für den Einsatz von Gewalt als legitime Strategie des Widerstands gegen die eigene Regierung. Sie entwickelten eine romantische Vorstellung vom militanten Revolutionär, für die beispielhaft Ho Chi Minh, Che Guevara und Mao Zedong standen. Insbesondere Che Guevara, der Mitte der 1960er Jahre von einem Guerillacamp zum nächsten zog, wurde zur Ikone der westlichen Jugend. Nachdem er Fidel Castro beim Sturz des kubanischen Staatschefs Fulgencio Batista am Neujahrstag 1959 geholfen hatte, setzte er seinen revolutionären Kampf zunächst im Kongo und dann in Bolivien fort, beide Male ohne Erfolg. Am 8. Oktober 1967 wurde er in den Bergen Boliviens festgenommen und einen Tag später hingerichtet.[177] Nach seinem Tod explodierte Ches Status weltweit als Vorbild revolutionärer Militanz.[178]

Es wäre jedoch falsch, würde man daraus den Schluss ziehen, dass Gewalt durch Revolutionskämpfer wie Che Guevara oder radikale Autoren wie Fanon von außen in den industriellen Norden importiert wurde. Gewalt war weltweit ein zentraler Aspekt der 1960er Jahre und war keinesfalls nur auf der Seite linker Demonstranten und Freiheitskämpfer zu finden. In den USA gab es die ersten Gewaltausbrüche von Seiten wütender Mobs weißer Rassisten, die friedliche Bürgerrechtler bei mittäglichen Sit-ins in Restaurants attackierten. Die Polizei verprügelte Demonstranten der Bürgerrechtsbewegung oder hetzte Hunde auf sie, wie etwa im Mai 1963 in Birmingham, Alabama. Militante Verfechter der Rassentrennung sprengten Kirchen in die Luft, lynchten Afroamerikaner und ermordeten führende Persönlichkeiten der Bürgerrechtsbewegung, unter ihnen Medgar Evers und Martin Luther King. Mitte der 1960er Jahre kam es in amerikanischen Städten wiederholt zu Gewaltausbrüchen, als der Frust über die ungerechte Behandlung durch die Polizei und über das langsame Vorankommen der Bürgerrechtsreform zunahm. Einige Unruhen entzündeten sich am brutalen Vorgehen der Polizei, andere waren eine Reaktion auf Massengewalt und Mord. Nach der Ermordung Martin Luther Kings im April 1968 kam es in Chicago, Washington, Baltimore und vielen anderen Städten zu schweren Krawallen.[179] Ein paar Monate später verprügelte die Polizei Protestierer beim Parteikongress der Demokraten in Chicago; sogar ein offizieller Bericht sprach anschließend von einem «police riot».[180] Der Staat war also in den 1960er Jahren sowohl Ausgangspunkt als auch Zielscheibe der Gewalt.

Auch in Europa setzte staatliche Gewalt einen Teufelskreis der Gewalt in Gang, der Ende der 1960er Jahre eskalierte. Als deutsche Studenten im Juni 1967 in Berlin auf die Straße gingen, um gegen den Besuch des Schahs von Persien zu demonstrieren, schoss ein Polizeibeamter auf den Demonstranten Benno Ohnesorg und verletzte ihn tödlich. Die Tötung eines unschuldigen Protestierers – Ohnesorg war in den Hinterkopf getroffen worden und konnte demnach, anders als zunächst behauptet, keine unmittelbare Bedrohung für die Polizei dargestellt haben – empörte die Studentenschaft in ganz Deutschland.[181] Und sie verhalf Rudi Dutschke, dem Wortführer des Sozialistischen Deutschen Studentenbunds (SDS), zu nationaler Prominenz. Dutschke wurde dann im Jahr darauf selbst Opfer der Gewalt, als ihm ein junger Rechtsradikaler am 11. April 1968 in den Kopf schoss – offenbar animiert durch die hasserfüllte Berichterstattung der *Bild*-Zeitung sowie durch die Ermordung Martin Luther Kings eine Woche zuvor. Dutschke überlebte nur knapp und starb 1979 an den Spätfolgen des Attentats.[182] Die nach der Ermordung Ohnesorgs ohnehin bereits radikalisierten Studenten richteten ihren Zorn nun, nach dem Mordversuch an Dutschke, gegen den Springer-Konzern und gegen die Bundesregierung. Die Radikalsten unter ihnen schlossen sich militanten Organisationen an, etwa der Bewegung 2. Juni oder der Baader-Meinhof-Gruppe, aus der dann die Terrorgruppe Rote Armee Fraktion (RAF) hervorging. Von den 1970ern bis in die 1990er Jahre verübte die RAF Sprengstoffanschläge und entführte und ermordete leitende Funktionäre aus Wirtschaft und Politik.[183]

Auch auf den Straßen von Paris kam es im Mai 1968 zu Gewaltausbrüchen, als demonstrierende Studenten sich in der so genannten «Nacht der Barrikaden» heftige Straßenschlachten mit der Polizei lieferten. Die Zusammenstöße waren der Höhepunkt monatelanger Unruhen, die im Jahr zuvor auf dem Universitätsgelände von Nanterre, einem Vorort von Paris, begonnen hatten. Die Proteste richteten sich anfänglich gegen Vorgaben der Universitätsleitung, unter anderem die strikte Geschlechtertrennung in den Wohnheimen auf dem Campus, die es männlichen Studenten verbot, die Wohnheime von Studentinnen zu betreten. Als die Verantwortlichen keinerlei Bereitschaft zum Einlenken zeigten, verstärkten sich die Proteste und die Liste der Klagen wurde immer länger.[184] Die Proteste mündeten schließlich, geschürt von der allgemeinen Entrüstung über das immer aggressivere Vorgehen der örtlichen Polizei, in die Forderung nach mehr demokratischer Mitsprache der Jugendlichen bei universitären und staatlichen Angelegenheiten und in eine allgemeine Kritik am konservativen sozialen und politischen Kurs der Regierung de Gaulle. Anfang Mai griffen die Proteste von Nanterre dann auf die Sorbonne im Herzen von Paris über. Je weiter der Konflikt eskalierte, desto mehr Unterstützung bekamen die Studenten von Gemäßigten, die jetzt überzeugt waren, die Behörden würden ihre Macht missbrauchen. Während der Nacht der Barrikaden vom 10. auf den 11. Mai 1968, die durch die Verhaftung von über 200 Studenten ausgelöst wurde, errichteten mehrere tausend Studenten Straßensperren und lieferten sich im Pariser Quartier Latin Straßenschlachten mit der Polizei. Mehrere hundert Menschen wurden dabei verletzt, weitere Aktivisten festgenommen.[185]

In Solidarität mit den Studentenprotesten riefen die Gewerkschaften am 13. Mai einen Generalstreik aus, der die Regierung beinahe zu Fall brachte. In dieser Auseinandersetzung fehlten bemerkenswerterweise die französische KP und die kommunistisch dominierte Gewerkschaft CGT. Sie unterstützten weder die Studenten noch die Forderung der Arbeiter nach *autogestion* (Selbstverwaltung). Die französischen Kommunisten sahen im Aufkommen der Neuen Linken eine Bedrohung für die eigene Vormachtstellung innerhalb der Linken, und damit hatten sie nicht ganz unrecht. Denn die Studenten und die Arbeiter stellten die sehr straff organisierte und hierarchische Autorität der kommunistischen Parteielite in Frage. Daniel Cohn-Bendit, Wortführer der *enragés*, beschimpfte die Kommunisten oft als autoritäre «stalinistische Kanaillen».[186] Das Bündnis von Studenten und Arbeitern in Frankreich stellte sowohl für die staatliche Autorität als auch für die Vormachtstellung der Alten Linken in der französischen Politik eine große Herausforderung dar. Doch trotz des Drucks von der Straße änderte sich auf lange Sicht wenig am politischen System des Landes, im Gegenteil: Die nächsten nationalen Wahlen im Juni brachten den Konservativen unter Präsident de Gaulle einen entscheidenden Sieg.

Auf der anderen Seite des Eisernen Vorhangs beobachteten die staatlichen Behörden die westlichen Protestbewegungen mit wachsender Unruhe. Sie teilten die Sorgen der französischen Kommunisten, womöglich die Kontrolle über die politische Agenda der Linken zu verlieren. Statt die Proteste als ermutigendes Zeichen für den bevorstehenden Zusammenbruch des kapitalistischen Systems zu sehen, befürchteten osteuropäische Regierungsstellen, die Proteststimmung könne auch die osteuropäische Jugend gegen ihre Regierungen aufstacheln. Als Mitte der 1960er Jahre Reformbewegungen in Polen und der Tschechoslowakei aufkamen, reagierten die sowjetische und andere osteuropäische Führungen daher alarmiert. Der Prager Frühling von 1968 wurde zur größten sozialen, kulturellen und politischen Bedrohung des Ostblocksystems bis zum endgültigen Zusammenbruch 1989.

Die Reaktion der meisten Ostblockstaaten auf diese Herausforderung – eine gemeinsame Militärinvasion – zerstörte im Grunde für die nächsten zwanzig Jahre
jede Hoffnung auf eine Reform des Systems.[187]

Der eigentliche Anstoß zu Reformen in der Tschechoslowakei kam nicht von
Studenten wie im Westen, sondern von den literarischen Eliten des Landes. Doch
ihre Kritik am tschechischen Sozialismus fand bei Studenten, Intellektuellen und
Akademikern Resonanz und wuchs so zu einer breiteren Reformbewegung heran.
Teilnehmer des vierten Schriftstellerkongresses der Tschechoslowakei kritisierten
im Juni 1967 offen die Politik der tschechischen KP, insbesondere die Einschränkungen der Meinungsfreiheit. Einer der Redner, der Dichter Pavel Kohout, erklärte in einer Ansprache, es sei «die Pflicht dieses Kongresses, des Kongresses
einer Vereinigung, der die große Mehrheit der Schriftsteller und Kommentatoren
angehört, eine Verbesserung des Pressegesetzes zu verlangen, damit jeder Autor
das Recht hat, die Meinungsfreiheit innerhalb des Rahmens – ich betone: innerhalb des Rahmens – der Verfassung zu verteidigen.»[188]

Der tschechische Staatspräsident und Generalsekretär der KPČ, Antonín Novotný, verurteilte die Schriftsteller wegen ihrer oppositionellen Rhetorik scharf
und drohte damit, gegen die auf Liberalisierung drängenden Kräfte vorzugehen.
Alexander Dubček jedoch, Erster Sekretär der Kommunistischen Partei der Slowakei, vertrat eine eher liberale Haltung. Auf der Sitzung des Zentralkomitees
Ende Oktober 1967 rief Dubček die Parteiführung dazu auf, «die innerpartei-
liche Demokratie zu vertiefen» und die streng hierarchischen Machtstrukturen zu
lockern.[189] Novotný, der zugleich als Oberbefehlshaber der Streitkräfte, Staatsoberhaupt und Parteiführer fungierte, geriet innerhalb der Parteistrukturen immer stärker in die Isolation. Zu Beginn des neuen Jahres schließlich beschloss die
Partei eine grundlegende Neustrukturierung, die Partei- und Regierungsämter
voneinander trennte. Novotný behielt das Amt des Präsidenten, eine weitgehend
repräsentative Funktion, während Dubček Generalsekretär der KPČ wurde.
Diese bürokratische und personelle Reform machte den Weg frei für den politischen Aufstieg des fortschrittlichen Flügels der KPČ, der seit Anfang der 1960er
Jahre auf mehr Offenheit innerhalb der gesellschaftlichen und politischen Strukturen des Landes gedrängt hatte.

Im April 1968 billigte die neue Parteiführung unter Dubček mit dem so genannten «Aktionsprogramm» eine Reihe von Maßnahmen, die größere politische
Vielfalt und mehr Meinungsfreiheit erlaubten.[190] Viele dieser Maßnahmen hatten
sich bereits in der Öffentlichkeit durchgesetzt und wurden so offiziell legitimiert.
Seit März hatten die Zeitungen ein immer breiteres Spektrum an politischen Meinungen abgedruckt, darunter auch Kommentare, die sich kritisch mit dem Sozialismus auseinandersetzten. Aus der inneren Emigration heraus entstanden wieder
nicht-kommunistische politische Parteien, die ihre eigenen Reformvorschläge publizierten. Im Juni 1968 veröffentlichten führende Schriftsteller und Intellektuelle

der Tschechoslowakei das «Manifest der 2000 Worte», das die Hoffnungen und Erwartungen an der Basis der Reformbewegung sowie die Vorstellungen, die hinter dem Konzept eines «Sozialismus mit menschlichem Antlitz» standen, benannte. Es rief Arbeiter, Studenten und Intellektuelle dazu auf, in ihrem unmittelbaren Umfeld weiter auf Reformen zu drängen.[191] Das Manifest ähnelte in vielem dem Port Huron Statement, das die Neue Linke in den USA sechs Jahre zuvor veröffentlicht hatte. Wie die amerikanische Erklärung forderte auch das Manifest ein Bündnis von Arbeitern und Intellektuellen und entwarf die Vision einer Rückkehr zur Basisdemokratie.

Trotz Dubčeks Beteuerungen hegten die Hardliner in der Tschechoslowakei und in benachbarten Ländern schwere Bedenken gegen die Reformen. Der sowjetische Staatschef Leonid Breschnew übte Druck auf Dubček aus, die Liberalisierungswelle zu zügeln. Besonders unnachgiebig in seiner Forderung nach einem Ende des tschechischen Reformkurses war der DDR-Staatsratsvorsitzende Walter Ulbricht, der befürchtete, der Reformimpuls von westdeutscher wie von tschechischer Seite könne die Jugend in seinem Land zu Forderungen nach Liberalisierung animieren. Von den sozialistischen Staaten Osteuropas schienen nur Rumänien und Jugoslawien vom Prager Frühling unbeeindruckt zu sein. Beide hatten seit Kriegsende einen unabhängigen Kurs in Richtung Sozialismus genommen und waren misstrauisch gegenüber einer externen Einmischung in die, wie sie es sahen, inneren Angelegenheiten eines sozialistischen Bruderstaates. Albanien, das sich bereits von der Sowjetunion politisch abgekoppelt hatte, fürchtete einen Eingriff in die eigene Souveränität mehr als ein Übergreifen des tschechischen Reformgeistes.[192]

Der Einmarsch der Truppen von vier Warschauer-Pakt-Staaten, nämlich Polens, Bulgariens, Ungarns und der Sowjetunion, am 20. August 1968 bereitete dem Reformgeist in Osteuropa schlagartig ein Ende. Politisch kehrte die Parteiführung zu einer konservativen Interpretation von Sozialismus zurück, die sich eng an die ideologische Linie der Sowjetunion hielt. Es schien, als seien die Versuche, die Ordnung des Kalten Krieges zu modifizieren, gescheitert – nicht unähnlich den Bemühungen in Frankreich im Sommer 1968 und in den USA. Gleichwohl hinterließen sie ein kulturelles Vermächtnis, das in alternativen Kommunen im Westen und von Dissidentengruppen im Untergrund im Osten weiter gepflegt wurde.[193]

Kulturelle Fragmentierung Auch wenn der Prager Frühling scheiterte, bildete er den Nährboden für eine Untergrundkultur des Nonkonformismus in den 1970er und 1980er Jahren, die die Machtstellung des kommunistischen Regimes allmählich unterminierte. Musik aus Amerika, etwa von Velvet Underground oder Frank Zappa, wirkte inspirierend auf tschechische Jugendliche. Gleichzeitig gründeten tschechische Musiker schon seit den 1950er Jahren ihre eigenen Rockgruppen, darunter Akord Klub, die im Raduta Club im Herzen von Prag auftraten, und The Plastic People of the Universe, die ihren Namen einem Zappa-Song von 1967 entlehnten. Durften die meisten dieser Gruppen in den späten 1950er und 1960er Jahren noch in den beliebten Prager Nachtclubs auftreten, war das nach dem Scheitern des Prager Frühlings nicht mehr ohne weiteres möglich. Die Parteiführung verbot Bands wie The Plastic People und zwang sie in den Untergrund, wo sie weiterhin agierten und andere Musikgruppen beeinflussten, die man als «zweite Kultur» bezeichnet hat. Diese «zweite Kultur» veranstaltete Rockkonzerte in tschechischen und slowakischen Kleinstädten fern der Überwachung durch Parteikader und schaffte es damit, die Rockmusik hinter dem Eisernen Vorhang am Leben zu erhalten.[194] Václav Havel, einer der führenden Aktivisten der tschechischen Dissidentenbewegung und der erste demokratisch gewählte postkommunistische Präsident der Tschechoslowakei, betonte nicht ohne Grund, wie sehr westliche Musik und Jugendkultur seine eigene politische und kulturelle Entwicklung in jungen Jahren beeinflusst hatten.[195]

Obwohl die jugendliche Begeisterung für Rockmusik an sich keine politische Form des Protests darstellte, wurde sie von staatlichen Behörden trotzdem als solche interpretiert. Mitte der 1970er Jahre kam es auf einigen Untergrundkonzerten zu gewaltsamen Auseinandersetzungen zwischen Polizei und Rockfans. In einem Fall randalierten junge Fans in der böhmischen Kleinstadt Kdyně, nachdem die Organisatoren ein Konzert aus Angst vor Ausschreitungen abgesagt hatten. Wütende Jugendliche zogen randalierend durch die Stadt, schlugen Autoscheiben ein und lieferten sich am Bahnhof eine Straßenschlacht mit der Polizei. Am Ende gab es mehr als hundert Verletzte.[196] Gemäßigte Stimmen innerhalb der Parteihierarchie warnten davor, dass das harte Vorgehen der Partei gegen Rockmusik zur Folge habe, dass unpolitische Fans zu Regimegegnern wurden. Doch die Parteiführung ließ sich von derlei Einwänden nicht beirren, sie setzte ihre Kampagne gegen Rockbands der zweiten Kultur fort und sorgte damit für die Re-Politisierung einer kulturellen Oppositionsbewegung.

Auch im Westen verschob sich das Interesse der Jugendlichen von politischem Aktivismus in den 1960er Jahren hin zur Selbstverwirklichung im Jahrzehnt darauf. Dieser Wandel zeugte nicht nur davon, dass man sich damit arrangiert hatte, das politische System selbst nicht verändern zu können, sondern er war auch Ausdruck des Bemühens, lokale und persönliche Lösungen für globale Probleme zu finden. Den Bewegungen, die Ende der 1960er, Anfang der 1970er Jahre entstanden – darunter die Umwelt-, die Frauen- und die Schwulen-und-Lesben-Bewegung –, ging es in erster Linie um das Wohlergehen von Individuen unabhängig von Nationalität, Geschlecht oder Rasse. Mit ihrem universalen Geltungsbereich waren sie zugleich lokal und global. Junge Amerikaner und Europäer experimentierten mit alternativen Formen von Partnerschaft, Familie und Gemeinschaft. Einige schufen alternative Arbeitsbedingungen für Erwachsene und alternative Lernbedingungen für Kinder.[197] Diese Fragmentierung schwächte einerseits die Macht dieser Bewegungen, veränderte aber andererseits auch die soziale und kulturelle Landschaft Westeuropas und der USA.

In vielen westlichen Ländern fand das Konzept persönlicher Verwirklichung und kultureller Vielfalt seinen Niederschlag im Bereich von Bildungsreformen, unter anderem in der antiautoritären Erziehung. Der Werdegang Daniel Cohn-Bendits ist bezeichnend in dieser Hinsicht. Nachdem er 1968 aus Frankreich ausgewiesen worden war, arbeitete er als Erzieher in einem alternativen Kinderladen in Frankfurt, der die antiautoritäre Erziehungsmethode praktizierte. Das Konzept war in den 1960er Jahren entwickelt und von Aktivisten der Neuen Linken aufgegriffen worden als Ablehnung gegen die streng autoritäre Erziehung, die viele von ihnen als Kinder oder Jugendliche am eigenen Leibe erfahren hatten. Trotz einiger umstrittener Aspekte – etwa der Vorstellung, Kinder sollten schon in frühem Alter ihre eigene Sexualität sowie die ihrer Altersgenossen und Eltern erkunden dürfen – trug die antiautoritäre Erziehung dazu bei, dass stärker kooperative Lernmethoden Eingang in die moderne Pädagogik fanden. Die Schullehrpläne reduzierten das stupide Auswendiglernen und setzten an dessen Stelle Hinterfragen, Diskussion und Erfahrungslernen.[198] Auch die Universitäten veränderten als Folge der Bürgerrechts-, der Frauen- und der ethnischen Bewegung allmählich ihr Lehrangebot, auch wenn dieser Wandel in Europa und Nordamerika unterschiedlich schnell voranschritt. Amerikanische Universitäten waren führend bei der Einrichtung von neuen Fachrichtungen wie den African American Studies, der Frauenforschung und den Ethnic Studies in den 1970er Jahren.

Weitreichenden Einfluss auf Kultur und Gesellschaft des späten 20. Jahrhunderts hatte die Umweltbewegung. Die Umweltschützer der späten 1960er Jahre waren in hohem Maße ein Produkt der Konsumgesellschaft nach dem Krieg. Konsumorientierte Vorstadtbewohner aus der Mittelschicht erwarteten Annehmlichkeiten wie frische Luft, sauberes Wasser und saubere Parks in ihrer Umgebung.[199] Doch die Umweltbewegung stand auch unter dem Einfluss der antimaterialistischen Philosophie der Neuen Linken. Die schädlichen Auswirkungen der Wohlstandsgesellschaft wurden in *Silent Spring* thematisiert, Rachel Carsons Buch über die Gefahren von Pestiziden und anderen Chemikalien, das 1962 in den USA und ein Jahr später in Deutschland unter dem Titel *Der stumme Frühling* erschien. Das Buch löste heftigen Widerstand gegen die Verschmutzung des globalen Ökosystems durch Chemie und Industrie aus und führte zu strengeren Umweltschutzregeln.[200] Es verband die lokale mit der globalen Umwelt, denn die Verschmutzung von Boden, Luft und Wasser in einem Teil der Welt hatte ökologische Auswirkungen in anderen Teilen. Umweltverschmutzung kannte keine nationalen Grenzen.

Bereits vor der Veröffentlichung von Carsons Buch hatten Umweltschützer Alarm ausgelöst über die allgemeine Verschmutzung der Umwelt. So hatten sie zum Beispiel seit den 1950er Jahren gemeinsam mit Atomkraftgegnern vor den weitreichenden ökologischen Schäden gewarnt, die durch einen Atomkrieg und Atommüll verursacht würden. Atomwissenschaftler hatten von Anfang an vor den Langzeitschäden eines Atomkriegs für die Umwelt gewarnt.[201] Doch erst Mitte der 1950er Jahre fanden die Gefahren nuklearer Verseuchung ihren Weg ins breitere öffentliche Bewusstsein, als der Fallout eines amerikanischen Atomtestgeländes im Pazifik bewohnte Inseln und internationale Fischereizonen erreichte. Ein japanischer Thunfischtrawler namens The Lucky Dragon geriet auf hoher See in die radioaktive Wolke, und Besatzung sowie Fang wurden radioaktiv verseucht. Der Vorfall sorgte weltweit für Aufregung, gab der Anti-Atom-Bewegung Auftrieb und führte zu internationalen Kampagnen für einen Stopp von Nukleartests.[202] 1963 unterzeichneten die Sowjetunion, die USA und Großbritannien das Atomteststoppabkommen, das oberirdische Atomwaffenversuche verbot. Unterirdische Tests blieben davon jedoch unberührt.[203]

Die Angst vor atomarer, chemischer und industrieller Verseuchung verhalf der Umweltbewegung zu globaler Bedeutung. In den späten 1960er und 1970er Jahren standen Amerikaner an der Spitze der Bewegung. 1970 riefen sie den 22. April zum «Earth Day» aus, um das Umweltbewusstsein zu stärken und Bemühungen zum Schutz der natürlichen Ressourcen voranzubringen. Zwischen der Verabschiedung des Wilderness Act 1964 und dem Superfund Act 1980 errangen amerikanische Umweltschützer eine Reihe bedeutender legislativer Erfolge.[204] Auf der anderen Seite gelang es den Europäern, dauerhaft politische Parteien zu etablieren, die sich auf Umweltfragen konzentrierten; sie errangen parlamentarischen Einfluss und trugen dazu bei, dass stringente Umweltschutzregelungen in Kraft traten. In Westdeutschland trat die Partei der Grünen erstmals 1985 in eine Regierungskoalition ein, und zwar zusammen mit der SPD in Hessen, und von 1998 bis 2005 bildete sie ebenfalls in einer Koalition mit der SPD die Bundesregierung. Der Einzug der Umweltparteien in die europäische Politik bewirkte, dass die etablierten Parteien der Mitte Umweltfragen wie etwa die Reduzierung der Luftverschmutzung, die Förderung erneuerbarer Energien und die zeitlich begrenzte Nutzung der Atomkraft nicht länger ignorieren konnten.

Auch Nichtregierungsorganisationen ökologischer Prägung gewannen seit den 1970er Jahren an Einfluss; sie spiegelten ein breites Spektrum an Umweltfragen wider und bündelten den Graswurzelaktivismus der Jugendbewegung der 1960er Jahre in ein Instrument politischer Interessenvertretung. Die meisten Organisationen waren auf regionaler und nationaler Ebene tätig, doch ein paar schufen sich eine internationale Basis wie etwa Greenpeace oder Earth First. Insbesondere Greenpeace erregte immer wieder internationale Aufmerksamkeit durch spektakuläre Proteste, über die in den Medien ausführlich berichtet wurde. Die Anfang der 1970er Jahre in British Columbia (Kanada) gegründete Organisation verband Anti-Atom- mit Umweltprotesten. Ihre erste Aktion richtete sich gegen Atomtests auf der Insel Amchitka im Südwesten Alaskas. Weitere Protestkampagnen galten dem französischen Atomtestgelände auf dem Mururoa-Atoll im Südpazifik, was die französische Regierung dazu veranlasste, das Greenpeace-Schiff Rainbow Warrior 1985 in die Luft sprengen zu lassen. Ein Fotograf, der sich nicht rechtzeitig in Sicherheit bringen konnte, wurde dabei getötet. Nachdem Greenpeace zur führenden aktiven Umweltschutzorganisation geworden war, verlegte man den Hauptsitz Ende der 1970er Jahre nach Amsterdam, ein Schritt, der die Ausbreitung des Umweltaktivismus in Europa signalisierte. Seit ihrer Gründung hat sich die Organisation um ein breites Spektrum an Umweltfragen gekümmert, darunter illegaler Walfang, Klimawandel und Entwaldung.[205]

Die Anti-Atom-Bewegung und die internationale Friedensbewegung erneuerten ihre Kooperation Anfang der 1980er Jahre im Kampf gegen den NATO-Doppelbeschluss von 1979, in dem die NATO-Staaten eine beiderseitige Verringerung der Mittelstreckenraketen vorschlugen, gleichzeitig aber mit atomarer Aufrüstung in Westeuropa drohten, sollten die Sowjetunion und ihre Partner im Warschauer Pakt den Vorschlag ablehnen. Als die Stationierung dieser neuen Raketen in Westeuropa näher rückte, kam es in allen großen Städten zu Massendemonstrationen und Friedensmärschen. Die Teilnehmer beklagten, die Doktrin der «wechselseitig garantierten Vernichtung» (*mutually assured destruction*, MAD) mache zusätzliche Atomwaffen überflüssig, denn Europa verfüge bereits über ausreichend Atomsprengköpfe auf seinem Territorium, um den Ostblock gleich mehrfach zerstören zu können. Obwohl die meisten Europäer die Bedenken der Demonstranten teilten, dass ein Mehr an Atomwaffen nur die Wahrscheinlichkeit der totalen Vernichtung erhöhen würde, setzten ihre Regierungen die Stationierung der Atomwaffen durch.

In den 1970er und 1980er Jahren zerfielen die Jugendkulturen in eine Vielzahl politischer und unpolitischer Untergruppen, die durch neue Kommunikationsmittel über riesige Entfernungen miteinander verbunden waren. Sie stehen sinnbildlich für das komplexe Wechselspiel von Homogenisierung und Heterogenisierung. Transnationale Jugendbewegungen und -kulturen spielten eine entscheidende Rolle dabei, die Systeme kultureller Dominanz in den Industriestaaten in Frage zu stellen und lokale und globale Gegenkulturen zu schaffen. Diese Entwicklungen führten, je nach Standpunkt, entweder zu kultureller Fragmentierung oder kulturellem Pluralismus. Fragmentierung bedeutete Verlust, Pluralismus hingegen Gewinn. Die Vertreter der dominanten Kultur betrachteten diese Diversifizierung als Verlust kultureller Traditionen und kultureller Einheit. Andere hingegen sahen sie als Chance für größere Wahlmöglichkeiten. Die meisten Menschen der jüngeren Generation hatten kein Problem mit der Vorstellung des Multikulturalismus, doch auch sie entwickelten ein feines Gespür dafür, dass Globalisierung Vielfalt erzeugen, aber auch wieder zerstören konnte.

Infragestellung der Geschlechternormen

Eine der weitreichendsten Infragestellungen kultureller Normen erwuchs aus dem Wiederaufleben und der Ausbreitung der internationalen Frauenrechtsbewegung seit den 1960er Jahren. In der zweiten Hälfte des 20. Jahrhunderts kämpften die Verfechter von Frauenrechten unablässig darum, das Leben der Frauen öffentlich sichtbar zu machen und ihre Rechte politisch zu verankern. Wichtige Unterstützung erhielten sie dabei durch die Bürgerrechtsbewegung in den USA und die globale Ausweitung der Menschenrechtsbewegung seit Anfang der 1970er Jahre. Frauen waren aktiv an den kulturellen Umwandlungen der Nachkriegszeit beteiligt, wurden zugleich aber auch von diesen Veränderungen geprägt. Nach 1945 arbeiteten mehr Frauen denn je außer Haus, beteiligten sich an politischen Prozessen und forderten lautstark ihre Rechte ein. Die wirtschaftliche und kulturelle Globalisierung wiederum beeinflusste die Art und Weise, wie Gesellschaften Rollen und Status von Frauen definierten. Es gab freilich enorme Unterschiede darin, welche sozialen und politischen Räume die Frauen besetzten und welche Fortschritte sie machten; das hing vor allem davon ab, welche Geschlechternormen in der jeweiligen Gesellschaft vorherrschten. Die Debatten über die Stellung der Frau in der Gesellschaft beruhten auf kulturellen Annahmen über die Geschlechterbeziehungen und bildeten damit einen integralen Bestandteil der Diskussion über globalen kulturellen Wandel im 20. Jahrhundert. Wenn Frauen an der Überwindung der Ungleichheiten in ihrem jeweiligen Umfeld arbeiteten, so beteiligten sie sich zugleich an der Konstruktion eines weltweiten universellen Verständnisses von Frauenrechten.

Ethnizität, Klassenzugehörigkeit und kulturelle Sitten prägten die Erfahrungen von Frauen ähnlich wie die von Männern; damit hatten sie auch an den durch den Kalten Krieg bedingten globalen Veränderungen teil, wie zum Beispiel Dekolonisation und Migration. Gleichwohl prägten Gender-Konzeptionen die Beteiligung der Frauen an diesen Transformationen in besonderer Weise und sollten daher gesondert behandelt werden. Betrachtet man den kulturellen Wandel aus der Gender-Perspektive, so werden die gegensätzlichen Triebkräfte zwischen Homogenisierung und Heterogenisierung einerseits und zwischen Universalismus und Partikularismus andererseits sichtbar. Die Lebensbedingungen von Frauen wurden in vielen Teilen der Welt immer ähnlicher und im jeweiligen lokalen Umfeld immer vielfältiger. Rollen und Rechte von Frauen waren sowohl in den örtlichen Traditionen ihrer Heimat als auch im globalen Verständnis von Menschenrechten verankert.

Die Stellung der Frauen in der Gesellschaft wurde in den späten 1940er und 1950er Jahren zu einem der Streitpunkte des beginnenden Kalten Krieges. Kommunisten und Kapitalisten präsentierten ein idealisiertes Bild der Rolle der Frau in ihren jeweiligen Gesellschaften, indem sie die Vorzüge herausstellten, die Frauen bei ihnen genossen, und die Nachteile beim jeweils anderen beklagten. Amerikaner und, in geringerem Maße, Westeuropäer betonten den steigenden Lebensstandard im Westen, der den Frauen größere Annehmlichkeiten in zunehmend technisierten Haushalten verschaffe, unter anderem Waschmaschinen, Staubsauger und andere moderne Gerätschaften. In der Sowjetunion und in Osteuropa hingegen pries man die Leistungen von Frauen in Produktion und Forschung. Hinter diesen idealisierten Darstellungen standen zwei widersprüchliche Ansichten: Die eine betonte die Rolle der Frau als Konsumentin, die andere ihre Rolle als Produzentin.

In den USA spielten die Frauen eine zentrale Rolle bei der Entstehung dessen, was Lizabeth Cohen als «Konsumentenrepublik» bezeichnet hat; dabei wurde der Konsum in den Rang eines patriotischen Akts erhoben, der die demokratischen Ideale Amerikas festigte.[206] Ideologisch untermauert wurde diese «Konsumentenrepublik» damit, dass der Massenkonsum die Nachkriegsökonomie ankurbelte, was wiederum die nationale Sicherheit gegenüber der Sowjetunion stärkte. Zusätzlich, so die Hoffnung der Konsumpatrioten, würden ein höherer Lebensstandard und ein Überfluss an Waren international die Vorzüge des kapitalistischen Systems gegenüber Sozialismus und Kommunismus demonstrieren. Das demokratische Konsumideal verlangte hingegen, dass der Platz der Frau wieder im privaten Haushalt angesiedelt wurde. Nachdem amerikanische Frauen während des Krieges in den Fabriken gearbeitet hatten, ermunterte man sie nun dazu, wieder in ihre traditionelleren Rollen als Mütter, Hausfrauen und Konsumentinnen zurückzukehren. Einkaufen wurde zu einer Möglichkeit, die Vorzüge des modernen liberal-kapitalistischen Staates zu genießen und gleichzeitig etwas für die nationale Sicherheit der USA zu tun.

Die «Vergeschlechtlichung» der Konsumentendemokratie war nicht auf die USA beschränkt. In Westdeutschland wurde das private Heim nach dem Krieg zum Ausgangspunkt für die wirtschaftliche Erholung und die Hausfrau als rationale Verbraucherin wurde zum Garanten von Freiheit und Demokratie. Durch ihre bewussten Kaufentscheidungen auf dem Markt (bei denen sie Kosten, Nutzen und Qualität der Produkte beurteilten), so die gängige Auffassung, hatten Frauen direkten Einfluss auf die Volkswirtschaft, womit sie sich vollwertig am staatsbürgerlichen Projekt des Aufbaus beteiligten. Das Wahlplakat der CDU von 1948, das eine Frau mit Einkaufskorb zeigt, sollte bewusst an die patriotischen Pflichten der Frau als Konsumentin erinnern.[207]

Dass man in der westlichen Welt vor allem auf die Frauen als Konsumentinnen setzte, bedeutete nicht, dass sie nicht auch produktiv zur Gesellschaft beitrugen. Während des Krieges hatten Frauen zwangsweise am Arbeitsmarkt und am öffentlichen Leben teilgenommen. Die Zahl weiblicher Beschäftigter außer Haus, darunter auch beim Militär, stieg kriegsbedingt in allen Ländern deutlich an. In den USA bemühte sich die offizielle Regierungspropaganda, die Berufstätigkeit von Frauen als Ausweitung ihrer Pflichten als Ehefrauen, Mütter und Töchter kämpfender Männer darzustellen. Auch in Deutschland propagierte der nationalsozialistische Staat weibliche Beschäftigung als Dienst am Vaterland, war damit allerdings weit weniger erfolgreich als die US-Regierung.[208] In allen Ländern, die am Krieg beteiligt waren, betrachteten Frauen, die außerhalb des Haushalts arbeiteten, dies als temporäre Angelegenheit, mit der sie ihren Anteil an der Kriegswirtschaft leisteten und die Familie durch ein zusätzliches Einkommen unterstützten, solange der männliche Ernährer an der Front war. Manche aber witterten Chancen, in neue Berufe vorzustoßen, die Frauen bislang verwehrt geblieben waren. Diese Frauen waren weniger bereit, ihre Jobs aufzugeben, als die Männer aus dem Krieg zurückkehrten und erneut Geschlechtertrennung am Arbeitsplatz einforderten. Ihr Widerstand war jedoch in den meisten Fällen vergebens, denn zumindest in den klassischen Männerberufen verloren sie ihren Arbeitsplatz, selbst wenn kein männlicher Bewerber zur Verfügung stand.[209] Trotz dieser Einschränkungen stieg die Zahl der berufstätigen Frauen in den westlichen Industriestaaten in den folgenden Jahrzehnten stetig an, teils bedingt durch Frauen, die verstärkt nach Berufstätigkeit außerhalb der Familie und Haushalt strebten, und teils bedingt durch sich wandelnde gesellschaftliche Einstellungen gegenüber berufstätigen Frauen. In den USA lag der Anteil von Frauen an der Gesamtzahl der Erwerbstätigen 1965 bei 34 Prozent, was einen Anstieg von neun Prozent seit 1940 bedeutete.[210]

Einen völlig anderen Ansatz, was die Berufstätigkeit von Frauen anging, verfolgte das kommunistische Regime in der Sowjetunion. Seit den 1920er Jahren hatte es die Erwerbstätigkeit von Frauen außer Haus gefördert. Als die sowjetischen Behörden in den 1930er Jahren damit begannen, im Zuge der industriellen Expansion Frauen als Arbeitskräfte zu rekrutieren, erreichte der weibliche Anteil an der Arbeiterschaft 42 Prozent. Die Integration von Frauen auch in traditionell männliche Berufe hatte jedoch keineswegs zwangsläufig eine stärkere Gleichberechtigung innerhalb der sowjetischen Gesellschaft zur Folge.[211] Männer diskriminierten häufig Frauen am Arbeitsplatz und setzten sie wiederholten Schikanen aus.[212] Doch der Arbeitskräftemangel während der Kriegsjahre erlaubte es Frauen, in alle Tätigkeitsbereiche vorzudringen, auch in die Landwirtschaft, wo einige von ihnen in großen Kolchosen führende Positionen bekleideten. Die meisten dieser Frauen verloren, ähnlich wie im Westen, ihre Posten nach dem Krieg wieder, doch die Gesamtzahl der erwerbstätigen Frauen stieg stetig, wenn auch langsamer.[213] Am Ende der Chruschtschow-Ära lag der Frauenanteil bei den Industriearbeitern bei 45 Prozent.[214] Ähnliche Entwicklungen fanden in anderen osteuropäischen Staaten statt. In der DDR betrug der Frauenanteil bei den Berufstätigen 1960 45 Prozent, zehn Jahre später waren es 48 Prozent.[215]

Die Sowjets propagierten das Ideal der kommunistischen Frau als Werktätige auch öffentlich in Kunst und Kultur oft in direktem Kontrast zu westlichen Vorstellungen. So bediente sich der polnische Künstler Wojciech Fangor in seinem ganz in der Tradition des sozialistischen Realismus stehenden Gemälde *Postaci* (Figuren) der Kategorie Geschlecht, um den Gegensatz zwischen Kommunismus und Kapitalismus herauszustellen. Das Bild zeigt auf der einen Seite ein bodenständiges Paar in schlichter Arbeitskleidung und auf der anderen eine zierliche, stark geschminkte Frau im weißen Kleid mit Perlenkette und gelb umrandeter Sonnenbrille. Die Gesichtszüge der arbeitenden Frau sind muskulös, ernst und ähneln denen des Mannes hinter ihr. Die hochgekrempelten Ärmel ihrer Arbeitsbluse zeigen kräftige Arme, die eine Hand hat sie in die Hüfte gestemmt, die andere ruht auf der Schaufel. Die Hände der westlichen Frau mit ihren lackierten Fingernägeln umklammern eine elegante Handtasche. Ihr Kleid ist mit Werbebotschaften bedruckt, unter anderem von Coca-Cola und Wall Street. Verstärkt wird der Gegensatz zwischen den Figuren noch durch den Gemäldehintergrund: Hinter dem Arbeiterpaar steht ein großes weißes Gebäude unter einem blauen Himmel, während hinter der kapitalistischen Frau ein (möglicherweise aufgrund der Luftverschmutzung) grauer Himmel und eine braune Ruinenlandschaft zu sehen sind.[216] Die oberflächliche, dekorative Schönheit des Kapitalismus scheint kaum in der Lage zu sein, den Verfall dahinter zu verbergen, während das klare, aufrichtige und hart arbeitende Antlitz des Sozialismus vor einer gleichermaßen klaren, modernen Stadtlandschaft leuchtet.

Ein Gemälde des lettischen Malers Michails Korneckis von 1959 feiert ebenfalls die Arbeit der Frauen, zugleich aber auch ihre Weiblichkeit. Das Bild zeigt drei Maurerinnen auf einem Gerüst an einem Gebäude. Zwei der Frauen tragen einen Overall, die dritte ein Kleid; alle drei haben ein Kopftuch auf. Die Frauen scheinen sich absolut wohl zu fühlen in diesem klassischen Männerberuf.[217] Doch das sowjetische Lob der Gleichberechtigung am Arbeitsplatz überschattet die Realität fortgesetzter Diskriminierung. Obwohl die Frauen im Sozialismus in der Arbeitswelt deutliche Fortschritte machten, gab es weiterhin ungleiche Bezahlung und Benachteiligungen bei der Stellenbesetzung. Zudem herrschte bei den Männern wenig Bereitschaft, klassische Frauenaufgaben im Haushalt oder bei der Kindererziehung zu übernehmen, was zur Folge hatte, dass die Frauen selbst den Balanceakt zwischen Erwerbstätigkeit, Haushalt und Kindererziehung bewältigen mussten.[218]

Die geschlechtsspezifischen Konnotationen, mit denen das Konsum- und das Produktionsethos der Rivalen im Kalten Krieg versehen waren, zeigten sich ganz deutlich am Beispiel der Küchendebatte zwischen Richard Nixon und Nikita Chruschtschow. Nach Auffassung Nixons waren die Frauen die Hauptnutznießer der amerikanischen Konsumkultur. Als er die Fülle an Küchengerätschaften präsentierte, erklärte er: «In Amerika machen wir den Frauen das Leben gerne leichter.» Chruschtschow antwortete: «Ihre kapitalistische Einstellung gegenüber Frauen gibt es im Kommunismus nicht.» Zwar führte er damals nicht weiter aus, was genau er damit meinte, aber er spielte eindeutig auf das kommunistische Gleichheitsethos an, das sich auch auf die Geschlechterverhältnisse bezog. In seinen Augen wurden im Kommunismus nicht Dinge *für* Frauen geschaffen, sondern Frauen *und* Männer schafften gemeinsam zum Gemeinwohl der Gesellschaft. Im Kommunismus waren Frauen zugleich Produzenten *und* Konsumenten.

Mit einer genialen PR-Aktion stellte das Sowjetregime seine Vorstellung von Gleichberechtigung öffentlich zur Schau, als es im Juni 1963 die erste Frau ins All schickte. Dieser Schritt versetzte dem ohnehin bereits angeschlagenen Selbstvertrauen der NASA einen weiteren Schlag und löste gleichzeitig eine transnationale Diskussion über Frauen in den Naturwissenschaften und der Technologie aus. Walentina Wladimirowna Tereschkowa, die am 16. Juni 1963 ins All flog, verkörperte den jüngsten Triumph der Sowjetunion über die USA. Sechs Jahre zuvor, am 4. Oktober 1957, hatten die Sowjets mit Sputnik I den ersten Satelliten ins All geschickt. Einen Monat später folgte der Hund Laika an Bord von Sputnik II. Statt den Weltraumflug eines Lebewesens als große Leistung anzuerkennen, betonten die USA, wie grausam dieses Experiment sei: Wie sich herausstellte, hatten die Russen noch kein Verfahren für den Wiedereintritt Laikas in die Erdatmosphäre entwickelt.[219] Doch 1961 hatten sie auch dieses Problem gelöst: Juri Gagarin flog als erster Mensch ins Weltall und kehrte sicher wieder auf die Erde zurück.

Die Art und Weise, wie die Sowjetunion Tereschkowas Leistung öffentlichkeitswirksam darstellte und wie der Westen mit der Nachricht umging, zeigt, wie sehr die Geschlechterverhältnisse in den Konflikt des Kalten Krieges eingeflochten waren. Tereschkowa, 1937 in einer Kleinstadt im Bezirk Jaroslawl in Zentralrussland geboren, arbeitete in einer Textilfabrik, als sie von sowjetischen Behörden 1962 für das Kosmonautenprogramm ausgewählt wurde. Ihre einzige Vorbereitung dafür war bis dahin eine Fallschirmspringerausbildung, die sie Ende der 1950er Jahre an ihrem Heimatort absolviert hatte.[220] Chruschtschow und die sowjetische Presse machten sie sogleich zum Symbol kommunistischer Gleichberechtigung zwischen Frauen und Männern.[221] Der erfolgreiche Start eines männlichen Kollegen zwei Tage zuvor in einem separaten Flug, der einen neuen Rekord bei der Zahl der Erdumkreisungen aufstellte, geriet angesichts des Wirbels um Tereschkowa beinahe in Vergessenheit. Ihre Rückkehr feierten die Sowjets mit großem Glanz und Gloria auf dem Roten Platz in Moskau. Chruschtschow bezeichnete ihren Flug als Höhepunkt sowjetischen Leistungsvermögens. «Das ist also das schwache Geschlecht für euch», erklärte er. «Der Name von Walentina Wladimirowna wird in die Weltgeschichte eingehen. Sie hat wieder einmal unter Beweis gestellt, dass Frauen im Sozialismus in allen menschlichen Belangen neben den Männern einherschreiten, bei aufopferungsvoller Arbeit ebenso wie bei Heldentaten, die die ganze Welt in Staunen versetzen.»[222] In der Sowjetunion wurde Tereschkowa als Nationalheldin gefeiert.

Tereschkowas Flug ins All fand auch in der westlichen Öffentlichkeit große Beachtung. Die ersten Berichte waren zwar durchweg positiv, wiesen jedoch einen unterschwelligen Sexismus auf, der sich mit der Zeit noch verstärken sollte. Da Tereschkowas Flug mit dem ihres Kollegen Waleri Bykowski zusammenfiel, spekulierten amerikanische Zeitungsberichte darüber, ob es vielleicht zu einem «Rendezvous im All» kommen werde. Immer wieder wurde auch ihre äußere Erscheinung thematisiert. Ein Artikel beschrieb sie als «Blondine» im All (auch wenn andernorts davon die Rede war, sie habe braunes Haar), ein anderer wusste zu berichten, dass sie «Pfennigabsätze und Langhaarigenmusik liebt», ein dritter nannte sie das «space girl».[223] Und *Life* titelte: «Blauäugige Blondine mit neuer Frisur spielt die Hauptrolle in russischem Raumfahrtspektakel».[224] Die sowjetische Propaganda leistete freilich ihren Beitrag dazu, dass Tereschkowas Aussehen überproportional häufig thematisiert wurde, denn sie veröffentlichte Bilder, auf denen sich die Kosmonautin vor dem Flug in einem Schönheitssalon die Haare machen ließ.[225] Offensichtlich war den Sowjetfunktionären daran gelegen, den amerikanischen Darstellungen berufstätiger russischer Frauen, denen es an Weiblichkeit fehle, entgegenzuwirken.

Amerikanische Frauen mit Raumfahrts-Ambitionen reagierten auf die Nachricht von Tereschkowas Start mit gemischten Gefühlen. Einerseits war damit bewiesen, was sie schon seit einiger Zeit behaupteten, dass nämlich Frauen genauso wie Männer in der Lage waren, am Raumfahrtprogramm teilzunehmen. Andererseits machte die Errungenschaft die Diskriminierung, die sie innerhalb des eigenen Programms erfuhren, um so deutlicher, denn NASA-Offiziere beharrten weiter darauf, Frauen vom Ausbildungsprogramm für Astronauten auszuschließen. Die NASA-Pilotin Jerri Cobb brachte ihr Bedauern zum Ausdruck, dass die NASA «nicht als erstes Frauen ins Weltall geschickt hat, denn irgendwann werden auch wir es tun.» Sie hatte zuvor zusammen mit 19 anderen Frauen an einem privat finanzierten Trainingsplan teilgenommen, der dem der männlichen Kandidaten exakt entsprach. Obwohl 13 von ihnen die Tests bestanden hatten, blieben sie vom Raumfahrtprogramm ausgeschlossen. Mit ihren Testergebnissen in der Hand hatte Cobb im Kongress zwei Jahre lang darum gekämpft, endlich auch Frauen zuzulassen.

Unterstützung bekam Cobb von Jane Hart, der Frau des demokratischen Senators aus Michigan, Philip A. Hart, die selbst Pilotin war und dafür plädierte, dass die NASA ihre Politik bald ändere.[226] Eine andere prominente Unterstützerin war Clare Booth Luce, Republikanerin und Frau des Verlegers Henry Luce, die eine Woche nach Tereschkowas Flug einen energischen Leitartikel in *Life* schrieb. Darin kritisierte sie insbesondere das Beharren des männlichen Establishments darauf, dass Frauen grundsätzlich weniger geeignet seien für das Raumfahrtprogramm als Männer und dass die sowjetische Aktion wenig mehr sei als ein PR-Spektakel. Bedenkt man Luces enge Verbindung zur Republikanischen Partei

und deren striktem Antikommunismus, so klingt ihre Schlussfolgerung recht
mutig: «Sowjetrussland hat eine Frau ins Weltall geschickt, weil der Kommunismus die von Natur aus bestehende Gleichheit von Mann und Frau predigt und
seit der Revolution von 1917 auch praktisch umzusetzen versucht hat.» Nachdem
sie dem Leser mit einer Fülle an Zahlen die Fortschritte russischer Frauen in technischen und medizinischen Berufen vor Augen geführt hatte, also in Berufen, die
in den USA noch immer männlich dominiert waren, erklärte sie: «Der Flug von
Walentina Tereschkowa ist folglich ein Sinnbild für die Emanzipation der kommunistischen Frau. Es signalisiert den russischen Frauen, dass sie aktiv am Ruhm
der Eroberung des Alls teilhaben (und sich nicht passiv darin sonnen wie die amerikanischen Frauen).»[227]

Die Versuche, den Ausschluss von Frauen aus dem amerikanischen Raumfahr-
programm zu begründen, reichten von wissenschaftlich-technischen bis zu kul-
turell-chauvinistischen Argumenten. Einige Kommentare in den USA stellten
Tereschkowas Eignung in Frage, da ihre Flugerfahrung aufs Fallschirmspringen
begrenzt und ihre technische Ausbildung beschränkt gewesen sei.[228] Andere taten
den Flug als bloße PR-Veranstaltung ab, die den Amerikanern beim Wettrennen ins
All die Schau stehlen solle, aber ohne wirklich greifbaren technischen Nutzen gewesen sei.[229] Ein deutscher Artikel zitierte die spöttische Bemerkung eines NASA-
Vertreters, dass es in der künftigen Mondflugkapsel mehr Platz gäbe und deshalb
125 Pfund für ein «Vergnügungsobjekt (recreation equipment) übrig» seien.[230]

Wieder andere stellten die Erfolge von Tereschkowa und anderen Frauen auf
männlich dominierten Feldern als Verlust dar. Sie behaupteten, die vielen Verpflichtungen russischer Frauen als Mütter, Hausfrauen und Berufstätige würden
zu Überarbeitung führen und, schlimmer noch, ihnen die Weiblichkeit rauben.
«Seit der Revolution, also seit eineinhalb Generationen», schrieb Audrey Topping, die Frau des Moskauer Büroleiters der New York Times, in einem Artikel,
«werden die russischen Frauen zerrissen zwischen dem Drang nach Gleichberechtigung mit den Männern, dem Zwang zu beweisen, dass sie auch zum Ruhme des
Staates beitragen können, und dem Wunsch, weiblich zu sein.» Habe man den
Frauen zunächst gesagt, Weiblichkeit westlicher Art sei als «bourgeois» abzulehnen, so würden sie sich jetzt wieder für Mode und Schönheit interessieren. Doch
«für die durchschnittliche sowjetische Frau wird es noch lange dauern, bis sie den
Standard in Amerika und Europa erreicht». Toppings Schlussfolgerung erinnerte
an die Nixon-Chruschtschow-Debatte vier Jahre zuvor: «Noch so viele Raum-
flüge können die sowjetische Frau nicht so erfolgreich von der Mühsal des Haushalts befreien, wie der gute alte Wäschetrockner, die Geschirrspülmaschine oder
ein effektiver Windelservice. Diese Dinge aber gibt es nicht in der Sowjetunion.»[231] Topping machte aus den Fortschritten russischer Frauen auf den Gebieten der Raumfahrt und Technik ein Defizit in den Bereichen, die für Frauen
angeblich wirklich wichtig waren: Mode, Schönheit und Konsum.

Obwohl Luce und Topping etwa derselben Generation angehörten, vertraten sie völlig unterschiedliche Vorstellungen von der Rolle der Frau in der Nachkriegsgesellschaft. Während Topping an einer traditionellen Definition der Frauenrolle festhielt, brachte der Kommentar von Luce den wachsenden Frust zahlloser gebildeter Frauen zum Ausdruck, die beruflich immer noch zahllose Hürden zu überwinden hatten. Diese Frauen bildeten die Vorhut der zweiten feministischen Bewegung, die Mitte der 1960er Jahre einsetzte.

Die französische Schriftstellerin und Philosophin Simone de Beauvoir (fünf Jahre jünger als Luce) lieferte die philosophische Grundlage für den neuen Feminismus. In *Le deuxième Sexe* (dt. *Das andere Geschlecht*) behauptete sie, die moderne Gesellschaft definiere Frauen stets nur in Abhängigkeit von Männern. Der Mann gelte als das wissenschaftlich objektive Selbst, die Frau als das subjektive «Andere». Ausgehend von der existenzialistischen Philosophie erklärte de Beauvoir, Frauen würden nicht als Frauen geboren, sondern durch einen schleichenden Prozess sozialer Konditionierung zu Frauen gemacht. Indem sie zwischen biologischem und sozialem Geschlecht unterschied und letzteres als gesellschaftliches Konstrukt identifizierte, schuf sie die Grundlage für eine feministische Kritik der modernen Gesellschaft. Nur wenn sie die gesellschaftliche Konstruktion von Geschlecht veränderten, könnten Frauen sich in «subjektive» Ichs verwandeln.[232] De Beauvoirs Schriften trugen maßgeblich zur Ausdehnung der Frauenbewegungen in Westeuropa und den USA in den 1960er Jahren bei.

Die amerikanische Journalistin und Schriftstellerin Betty Friedan nahm de Beauvoirs These vom anderen Geschlecht als Ausgangspunkt für ihr Buch *The Feminine Mystique* (1963, dt. *Der Weiblichkeitswahn*), das nur ein paar Monate vor Tereschkowas Flug erschien. Es dokumentierte die Unzufriedenheit der Frauen darüber, auf die Rolle als Mutter und Ehefrau reduziert zu werden, wo ihr Intellekt es ihnen doch erlaube, viel stärker am öffentlichen Leben teilzunehmen.[233] Die Thematisierung des «Problems, das keinen Namen hat», wie Friedan es nannte, trug entscheidend dazu bei, die zweite Welle des Feminismus in den USA ins Rollen zu bringen. Kritiker warfen Friedan jedoch vor, sie konzentriere sich zu sehr auf die Situation von Frauen aus der Mittelschicht und überschätze den Druck auf Frauen, sich auf den häuslichen Bereich zu beschränken.[234] Gleichwohl steht ihr Einfluss auf die Frauenbewegung der 1960er und 1970er Jahre außer Zweifel.

Die in Friedans Buch aufgeworfenen Fragen ergaben sich zu einer Zeit, da mehr Amerikanerinnen denn je eine akademische Ausbildung hatten und viele von ihnen sich an der Bürgerrechtsbewegung und an der Neuen Linken beteiligten. Die jüngeren Aktivistinnen unter ihnen hatten noch nicht die Einschränkungen von Mutterschaft und Haushalt erfahren und betrachteten sich keineswegs als das nachgeordnete «andere Geschlecht». Gleichwohl hatten sie es in ihrem Kampf für Rassengleichheit tagtäglich mit Geschlechterdiskriminierung zu tun. Bei den

Routinetätigkeiten innerhalb der jeweiligen Organisationen wurden Frauen oft auf Hilfsdienste verwiesen, darunter Sekretariatsarbeit und Haushaltspflichten wie Putzen und Kochen. 1965 brachten Casey Hayden und Mary King, zwei Aktivistinnen des amerikanischen Student Nonviolent Coordinating Committee (SNCC), ihren Frust in einer Streitschrift mit dem Titel *Sex and Caste. A Kind of Memo* zum Ausdruck. Darin zogen sie Parallelen zwischen der Diskriminierung, die Afroamerikaner in einer von Weißen dominierten Gesellschaft erfahren, und der Diskriminierung, die Frauen in einer männlich dominierten Gesellschaft zu spüren bekommen.[235] Ihre Schrift war eine erweiterte, aktualisierte und in vielerlei Hinsicht radikalisierte Version von Friedans «Problem, das keinen Namen hat», und von Beauvoirs «anderem Geschlecht». Sie stieß auf allgemeine Ablehnung seitens der Männer innerhalb der Bürgerrechtsbewegung und trug dazu bei, dass Frauen eigene Organisationen gründeten, mit denen sie gleiche Rechte für sich selbst einforderten. Afroamerikanische Frauen teilten viele dieser Erfahrungen, standen jedoch vor einem entscheidenden Dilemma: Würde die Thematisierung – ganz zu schweigen von der Bekämpfung – sexueller Diskriminierung den Kampf gegen die Rassendiskriminierung schwächen?[236]

Auch in Europa entstanden die Frauenbewegungen aus den Studentenprotesten der 1960er Jahre. Junge Frauen forderten mehr Gleichberechtigung innerhalb der Machtstrukturen ihrer Organisationen und gründeten Interessenvertretungen, um gegen Diskriminierung vorzugehen. In Großbritannien funktionierte der Londoner Workshop zur Frauenbefreiung weitgehend nach dem Muster US-amerikanischer Gruppen zur Bewusstseinsbildung. Gleichzeitig organisierte das Women's National Co-Ordinating Committee Konferenzen, gründete Gruppen für die Bewusstseinsbildung und kämpfte öffentlich für die Gleichbehandlung von Frauen am Arbeitsplatz wie für das Recht auf Abtreibung.[237] Im September 1968 artikulierte die westdeutsche Studentenaktivistin Helke Sander, die dem neu gegründeten «Aktionsrat zur Befreiung der Frau» angehörte, den Frust der Frauen auf einer Delegiertenkonferenz des SDS.[238]

In Frankreich wuchs die Frauenbewegung nach den Studentenprotesten vom Mai 1968 beträchtlich an. Eine Vielzahl verschiedener Organisationen verschmolz um 1970 zum «Mouvement de Libération des Femmes» (MLF). Eine der Organisationen innerhalb des MLF, nämlich die von der Psychoanalytikerin Antoinette Fouque ins Leben gerufene «Psychanalyse et Politique», beschritt schon bald eigene Wege, unter anderem indem sie das Etikett «feministisch» als pejorativ ablehnte. Fouque verwarf den Kampf um Gleichberechtigung, denn in ihren Augen leugnete er die Weiblichkeit von Frauen. Stattdessen war sie bestrebt, Frauen gerade durch die Betonung der Differenz zu stärken. «Psych et Po», wie die Organisation schon bald hieß, war deutlich besser organisiert als die anderen Gruppen innerhalb des MLF und verschaffte sich durch Periodika wie *Le quotidien des femmes* und *Des femmes en mouvements hebdo* allseits Gehör, was zur

Folge hatte, dass sie andere Frauengruppen in Frankreich schon bald in den Hintergrund drängte. Fouques PR-Kampagne sorgte dafür, dass man Psych et Po im ganzen Land als *die* französische Stimme des Feminismus wahrnahm. Fouque selbst schürte dieses Missverständnis noch, indem sie ihre Organisation 1979 in MLF umbenannte und damit andere feministische Stimmen in Frankreich zum Verstummen brachte.[239]

Überall publizierten Feministinnen ihre Anliegen und Forderungen mit Hilfe von Zeitschriften, die sich der feministischen Sache verschrieben hatten. In den USA gründete Gloria Steinem das Magazin *Ms.*, in der Bundesrepublik Deutschland gründete Alice Schwarzer *Emma*, und britische Feministinnen riefen *Spare Rib* ins Leben.[240] Mit wachsender Auflage und steigender Leserzahl gewann der öffentliche und akademische Diskurs über die Rechte der Frauen an Bedeutung. An den Universitäten gab es immer mehr Seminare, die sich mit Frauenfragen beschäftigten und aus denen sich nach und nach ganze Forschungszweige entwickelten. Ende der 1970er Jahre gehörte die Geschlechterforschung an den meisten amerikanischen und westeuropäischen Universitäten zum festen Bestandteil des akademischen Lehrangebotes.

Als die Bewegungen im Westen heranwuchsen, spalteten sie sich in eine Vielzahl spezieller Interessengruppen auf, die die Vielfalt der Lebensweisen von Frauen und der politischen Ziele widerspiegelten. Diese Fragmentierung erfolgte entlang verschiedener Linien, die mit Klasse, Rasse, politischer Überzeugung, Berufszugehörigkeit und sexueller Orientierung zu tun hatten. In den 1970er Jahren vervielfachte sich die Zahl der Schwulen- und Lesbengruppen, die ihre eigenen politischen Organisationen gründeten, um für die Abschaffung der Kriminalisierung der Homosexualität in den Gesetzbüchern zu kämpfen. Die Aktivisten aus der Schwulen- und Lesbenszene setzten vielfach auf die gleichen Strategien wie die Bürgerrechtsbewegung: In den USA und in Westeuropa inszenierten sie Sit-ins, organisierten Protestdemonstrationen und stellten die bestehende Gesetzgebung durch bewusste Verstöße in Frage. Die Mattachine Society, eine amerikanische Schwulenorganisation, veranstaltete 1966 in New York so genannte «Sip-ins», um gegen ein Gesetz des Staates New York zu protestieren, das Bars den Alkoholausschank an Homosexuelle untersagte. Ein Jahr später entkriminalisierte Großbritannien männliche Homosexualität durch den Sexual Offenses Act.[241] In den 1980er Jahren hatten die meisten westeuropäischen Länder Gesetze gegen Homosexualität gelockert oder ganz aufgehoben, doch kulturelle Vorbehalte blieben vielerorts bestehen. In einigen Ländern dauert die Kriminalisierung allerdings bis ins 21. Jahrhundert fort.[242]

Hauptanliegen der Frauenrechtler in der westlichen Welt waren Fragen der Sexualität und der Reproduktion. Als 1960 die Antibabypille auf den Markt kam, löste das in der industrialisierten Welt eine sexuelle Revolution aus, die den Frauen deutlich mehr Kontrolle über den Fortpflanzungsprozess verschaffte, sie

allerdings nicht vor sexueller Ausbeutung schützte. Einige radikale Feministinnen behaupteten im Gegenteil, die Geburtenkontrolle verstärke die sexuelle Ausbeutung von Frauen durch Männer nur noch, da nun keine Schwangerschaften
mehr zu befürchten waren.[243] Die Kanadierin Shulamith Firestone, Begründerin
der radikalfeministischen Gruppe Redstockings in New York, vertrat die Ansicht, die biologische Reproduktionsfunktion von Frauen mache sie anfällig für
männliche Ausbeutung. Den Geschlechtsakt sah sie als Ausdruck männlicher
Herrschaft über Frauen und damit als Urgrund weiblicher Abhängigkeit.[244] War
sexuelle Gewalt für alle Feministinnen ein wichtiges Thema, so fiel bei den meisten die Einschätzung sexueller Beziehungen weniger extrem aus. Sie verlangten
für Frauen das gleiche Recht auf sexuelle Befreiung wie für Männer und forderten, die sexuellen Beziehungen zwischen Mann und Frau müssten auf dem
Grundsatz der Gleichheit beruhen. Die Parole «Das Private ist politisch», die die
zweite Welle des Feminismus in den 1970er Jahren propagierte, macht deutlich,
wie sehr sich in den Bewegungen der 1960er Jahre der Schwerpunkt von der
Ebene des Kollektiven auf das Individuelle verschoben hatte.

Ein weiteres wichtiges Anliegen westlicher Frauenorganisationen war Anfang
der 1970er Jahre das Recht auf Abtreibung. Die meisten Länder verboten damals
Frauen einen Schwangerschaftsabbruch oder schränkten das Recht darauf zumindest stark ein. Nach intensiver Lobbyarbeit von Aktivistinnen, darunter Gloria Steinem, die Anfang der 1970er Jahre zu einer nationalen Berühmtheit geworden war, erklärte der Oberste Gerichtshof der USA den Schwangerschaftsabbruch
zu einem Grundrecht im Rahmen der US-Verfassung.[245] In den folgenden drei
Jahrzehnten fochten Abtreibungsgegner diese Entscheidung juristisch und in der
Öffentlichkeit an. Insbesondere Konservative und die katholische Kirche kämpften vehement darum, das Urteil Roe v. Wade in den USA rückgängig zu machen
und ähnliche Gesetze anderswo zu verhindern. Der Kampf gegen die Abtreibung
verschärfte sich, als militante Gruppen Ärzte attackierten, die Schwangerschaftsabbrüche vornahmen. Dr. David Gunn aus Pensacola, Florida, fiel 1993 als Erster
der tödlichen Gewalt der Abtreibungsgegner in den USA zum Opfer: Ein Aktivist
schoss ihn vor seiner Klinik nieder.[246]

Auch in Deutschland wurde das Recht auf Abtreibung zu einer entscheidenden
Frage für Feministinnen. Die Strafbarkeit des Schwangerschaftsabbruchs war im
Paragraphen 218 des deutschen Strafgesetzbuchs verankert. 1971 erklärten pro-
minente deutsche Feministinnen, darunter die Journalistin Alice Schwarzer, in
der Zeitschrift *Stern* öffentlich, dass sie abgetrieben und damit gegen geltendes
Recht verstoßen hätten.[247] Die durch diesen Artikel ausgelöste Kontroverse führte
zu einer öffentlichen Debatte in Deutschland und schließlich im Juni 1974 zur
Legalisierung von Schwangerschaftsabbrüchen in den ersten zwölf Wochen. Ein
Jahr später jedoch erklärte das Bundesverfassungsgericht diese Fristenlösung für
verfassungswidrig und zwang den Gesetzgeber, das Recht auf Abtreibung an ge-

nau definierte Bedingungen (darunter medizinische und strafrechtliche) zu knüpfen. Der juristische Kampf um die Abtreibung dauerte bis in die 1990er Jahre an,
als die deutsche Wiedervereinigung die Zusammenführung von ost- und west-
deutschem Recht zu einem einzigen Gesetzeswerk zur Folge hatte. In der DDR
war Abtreibung 1972 legalisiert worden.[248] Die neue Regelung erlaubte Abtreibungen im ersten Trimester nach vorheriger Schwangerschaftsberatung und einer
Warteperiode von drei Tagen, beschränkte spätere Abbrüche jedoch auf medizinische Indikationen.

Auch in Frankreich wurde das Abtreibungsrecht zu einem zentralen Anliegen
der feministischen Bewegung. 1971 verlangten französische Feministinnen ein
uneingeschränktes Recht auf Schwangerschaftsabbruch. Unterstützung bekamen
sie von einer Reihe prominenter Persönlichkeiten, darunter Simone de Beauvoir.
Zudem organisierten sie öffentliche Proteste und formulierten ein Manifest zum
Thema. Mit der 1975 in Kraft getretenen Loi Veil (benannt nach der damaligen
Gesundheitsministerin Simone Veil) wurden Schwangerschaftsabbrüche innerhalb der ersten zwölf Wochen straffrei.[249] Im Laufe der 1970er Jahre legalisierten
die meisten westeuropäischen Länder die Abtreibung oder lockerten zumindest
die bestehenden Einschränkungen.

Im globalen Süden setzten Frauenrechtler andere Prioritäten. Sie hatten nicht
nur mit der Diskriminierung von Frauen zu kämpfen, sondern auch mit ge-
schlechterübergreifend fehlenden ökonomischen und sozialen Rechten. Insbesondere in Asien und Afrika war die feministische Bewegung eng mit dem Projekt
der Dekolonisation und der nationalen Selbstbestimmung verknüpft. In Indien
entstanden Frauenorganisationen in den 1920er Jahren im Zuge der Unabhängigkeitsbewegung. Anders als ihren westlichen Geschlechtsgenossinnen ging es ihnen
weniger um persönliche oder sexuelle Befreiung als um die Erlangung der nationalen Unabhängigkeit in Zusammenarbeit mit männlich dominierten Organisationen.[250] In Ägypten engagierten sich Frauen ebenfalls seit den 1920er Jahren
feministisch. Nachdem sie 1956 das Stimmrecht erhalten hatten, beteiligten sie
sich zunehmend an öffentlichen und politischen Debatten. Eine der führenden
Feministinnen des Landes, die Ärztin Nawal El Saadawi, sorgte 1972 mit ihrem
Buch über Frauen und Sexualität (al-Mar'a wa-l-gins) für nationalen Aufruhr. Es
befasste sich mit verschiedenen Formen von Gewalt gegen Frauen in der ägyptischen Gesellschaft, darunter auch mit dem Ritual der weiblichen Beschneidung.
Saadawis Konzentration auf spezifische lokale Verhältnisse kann als beispielhaft
für die Strategien von Feministinnen in der Dritten Welt gelten.[251] Dazu gehörten
religiöse, soziale und politische Kontexte, die einen «ortsspezifischen» feministischen Ansatz verlangten.[252] So schlossen sich beispielsweise in Kenia Frauen zu
ländlichen Gemeinschaften zusammen, um sich mit Problemen der Kinderbetreuung, Gesundheitsfürsorge und ökonomischer Entwicklung zu befassen. In Lateinamerika ging es lokalen Frauengruppen oftmals um Fragen der Arbeit, was dazu

führte, dass Frauen eng mit Gewerkschaften zusammenarbeiteten. Ihre Ziele waren höhere Löhne, bessere Sozialleistungen und eine stärkere Beteiligung von Frauen und Männern am politischen Prozess.[253]

Der Kampf nichtwestlicher Frauen um Gleichberechtigung wurde unter Berücksichtigung der Kategorien Rasse und Klasse geführt. Was den Feminismus der Dritten Welt von seinem westlichen Pendant unterschied, war, so die aus Indien stammende Soziologin Chandra Mohanty, «der Gegensatz zwischen der Konzentration allein auf das Geschlecht als Grundlage gleicher Rechte und der Konzentration auf das Geschlecht in Relation zu Rasse und/oder Klasse als Teil eines allgemeineren Befreiungskampfs».[254] Aufgrund der unterschiedlichen Erfahrungen, die das Leben der Frauen im globalen Süden prägten, und der komplexen sozialen und politischen Verhältnisse vor Ort entstanden in Asien, Afrika und Lateinamerika Frauenbewegungen und -organisationen, die lokale Anliegen artikulierten, welche sich nicht automatisch auf eine kontinentale oder gar globale Ebene übertragen ließen. Als Frauengruppen auf der globalen Bühne im Rahmen der Vereinten Nationen und anderer internationaler Organisationen allmählich konvergierten, brachen diese Unterschiede besonders deutlich hervor.

Feministischer Internationalismus

Feministischer Internationalismus beschränkte sich im 20. Jahrhundert weitgehend auf die westlichen Industriestaaten. Die 1915 in den USA gegründete Women's International League for Peace and Freedom (WILPF) wurde zur ersten transnationalen Frauenorganisation. Ihr ging es anfangs freilich nicht um Gleichberechtigung, sondern um den Weltfrieden. Erst nach und nach wurde die WILPF auch zu einer Plattform für «rassische» und ökonomische Gleichberechtigung, was besser den Anliegen nichtwestlicher Frauenrechtlerinnen entsprach, wenngleich sie ihre Mitgliederbasis weiterhin vor allem in Europa und den USA hatte.[255] 1945 entstand als Alternative zur WILPF die Women's International Democratic Federation (WIDF). Zwar stammten ihre Mitglieder in erster Linie aus kommunistischen Staaten, doch war sie auch um Frauenorganisationen im Westen und in den blockfreien Staaten bemüht.[256] Anliegen der WIDF war es nach eigener Aussage, «nationale Unabhängigkeit und demokratische Freiheiten zu erlangen und zu verteidigen sowie Apartheid, Rassendiskriminierung und Faschismus aus der Welt zu schaffen». Dieser Grundsatz richtete sich in erster Linie an Frauenorganisationen im globalen Süden, doch die große politische Nähe der WIDF zur Sowjetunion hielt viele davon ab, sich ihr anzuschließen.[257]

Von Staaten getragene internationale Organisationen wie die Vereinten Nationen richteten erst ganz allmählich Unterabteilungen ein, die sich mit Frauenfragen

Delegierte der UN-Weltfrauenkonferenz in Mexiko-Stadt lauschen der Rede des mexikanischen Präsidenten Luis Echeverria, 19. Juni 1975. In der Mitte sitzt Leah Rabin, die Leiterin der israelischen Delegation. An der Konferenz nahmen mehr als 1000 Delegierte Teil – rund ein Drittel davon waren Männer –, während gleichzeitig über 5000 andere Aktivistinnen und Vertreter von Frauen- und Nichtregierungsorganisationen sich zu einem inoffiziellen Forum am anderen Ende der Stadt versammelten. Das Treffen machte deutlich, dass es neben gemeinsamen Anliegen auch zahlreiche Differenzen gab.

befassten. Das änderte sich in den 1970er Jahren, als die UNO, aufgeschreckt durch feministischen Graswurzelaktivismus, das Jahr 1975 zum Internationalen Jahr der Frau erklärte. Hastig wurde im Juni eine Internationale Frauenkonferenz in Mexiko-Stadt organisiert, weil der WIDF anlässlich des Jahres der Frau eine internationale Tagung in Ostberlin organisiert hatte und die UNO damit in den Hintergrund zu drängen drohte.[258] Die UN-Konferenz bestand aus einer formellen Tagung, an der rund 1000 offizielle Delegierte (ein Drittel davon männlich) aus den UN-Mitgliedstaaten teilnahmen, und einem informellen Forum in einem anderen Stadtteil von mehr als 5000 Delegierten, darunter Frauenorganisationen, NGOs und individuelle Aktivistinnen. Zu den offiziellen Teilnehmern gehörte bezeichnenderweise lediglich ein weibliches Staatsoberhaupt, nämlich die Premierministerin von Sri Lanka, Sirimavo Bandaranaike. Die beiden anderen weiblichen Staatsoberhäupter, die es weltweit gab, Indira Gandhi aus Indien und Isabel Perón aus Argentinien, waren dem Treffen wegen politischer Turbulenzen zu Hause ferngeblieben. Als Vertreterin der Sowjetunion kam die Kosmonautin Walentina Tereschkowa. Andere Länder schickten die Ehefrauen oder weibliche Verwandte der Staatsoberhäupter, unter ihnen Leah Rabin aus Israel, Jehan as-Sadat aus Ägypten und Prinzessin Ashraf Pahlavi, die Zwillingsschwester des Schahs, aus Iran.[259] Am inoffiziellen NGO-Tribunal nahmen mehrere prominente Feministinnen teil, darunter Gloria Steinem und Betty Friedan aus den USA, die Australierin Germaine Greer sowie die bolivianische Gewerkschaftsaktivistin Domitila Barrios de Chungara.

Das Treffen in Mexiko sollte die Grundlage für eine gemeinsame globale Agenda schaffen und wurde ein wenig verfrüht als «weltgrößtes Bewusstwerdungsereignis» gefeiert. In Wirklichkeit wurden mindestens genauso viele Differenzen wie Gemeinsamkeiten sichtbar. Zu den heftigsten und offensten Konfrontationen kam es auf der NGO-Veranstaltung. Ethel L. Payne, die für die afroamerikanische Zeitung *Chicago Defender* als Beobachterin vor Ort war, beschrieb das Spektakel als «komische Oper weiblichen Furors, der sich in den Sälen des Centro Medico Luft verschaffte, wo sich das bunte Volk von Dissidenten aller Überzeugungen zum Kampf versammelte».[260] Die Delegierten brachten ihre Meinungsverschiedenheiten auf dem Tribunal offen zur Sprache, denn diese Veranstaltung war weniger förmlich und die Delegierten waren von ihren Regierungen nicht dazu verpflichtet worden, eine bestimmte Position zu vertreten. Während die Feministinnen aus den Industriestaaten mehrheitlich Fragen sozialer Gleichheit und sexueller Befreiung (u. a. das Recht auf Abtreibung sowie die Rechte von Lesben) ganz oben auf die Tagesordnung setzen wollten, forderten ihre Kolleginnen aus den Entwicklungsländern, man müsse sich auf die ökonomische Entwicklung und die Umverteilung des Reichtums konzentrieren.[261]

Doch nicht nur zwischen Nord und Süd gab es Meinungsverschiedenheiten, sondern auch zwischen verschiedenen Gesellschaftsklassen. In einer der Auseinandersetzungen auf der NGO-Tagung warf Domitila Barrios de Chungara, die Frau eines Minenarbeiters aus Bolivien, den lateinamerikanischen Delegierten aus der oberen Mittelschicht vor, sie hätten ein falsches Gemeinschaftsgefühl gegenüber Frauen aus der Arbeiterschicht. Sie erinnerte sich später, dass sie empört ausgerufen habe: «Jetzt erklärt mir mal: Ähnelt eure Lage überhaupt der meinen? Ähnelt meine Situation im Geringsten der eurigen? Von welcher Gleichheit zwischen uns beiden sollen wir also sprechen, wenn wir so ungleich, so verschieden sind? Wir können im Moment überhaupt nicht gleich sein, nicht einmal als Frauen.»[262] Für Barrios de Chungara war das Problem der mangelnden Gleichberechtigung von Frauen eng mit dem Problem von Armut und wirtschaftlicher Ungleichheit verbunden. Sie war der Überzeugung, dass ihr Kampf für Frauenrechte nicht von ihrem Kampf für ökonomische Gleichberechtigung zu trennen war, einem Kampf, der sie mit den Männern in ihrer Gemeinschaft solidarisch verband.

Auch politische Gräben wurden sichtbar. Delegierte aus kommunistischen Ländern verkündeten auf beiden Foren selbstbewusst, ihre Staaten hätten die Gleichberechtigung von Mann und Frau bereits verwirklicht. Würden sich die Frauen also, so ihre Behauptung, darauf konzentrieren, eine neue Weltwirtschaftsordnung zu schaffen, wäre die Gleichberechtigung der Geschlechter quasi eine automatische Folge. Vilma Espin de Castro, Ehefrau von Verteidigungsminister Raul Castro und damit Schwägerin von Staatschef Fidel Castro, erklärte auf der offiziellen UN-Konferenz als Vertreterin Kubas: «Wir haben für unsere Frauen bereits all das erreicht, wonach diese Konferenz strebt. Wir können hier somit anderen Frauen von unseren Erfahrungen berichten und ihnen auf diese Weise helfen.» Für westliche Feministinnen wie etwa die französische Delegierte Françoise Giroud war die Betonung auf ökonomische Lösungen für die Ungleichheit zwischen den Geschlechtern nichts weiter als eine «Ablenkungsstrategie».[263] Für Teilnehmerinnen aus der Dritten Welt hingegen, wie etwa für Barrios de Chungara, war der Erfolg Kubas ein Zeichen der Hoffnung, da die wirtschaftliche Situation in ihrem Heimatland der in Kuba vor der Revolution ähnelte.

Die Schlusserklärung der offiziellen Konferenz, der «Welt-Aktionsplan», bekräftigte, dass die drei Ziele der Konferenz – Gleichberechtigung, Entwicklung, Frieden – eng miteinander verknüpft seien, und rief die Regierungen dazu auf, Frauen am öffentlichen Leben gleichberechtigt zu beteiligen und Mittel für die ökonomische Entwicklung bereitzustellen. Zu diesem Zweck rief die UNO das International Research and Training Institute for the Advancement of Women (INSTRAW) sowie den United Nations Development Fund for Women (UNIFEM) ins Leben.[264] Die Ergebnisse der Konferenz und des Tribunals enttäuschten alle. Nichtwestliche Frauenrechtler kritisierten, dass das Thema ökonomischer Ungleichheit zu wenig Beachtung gefunden habe; westliche Beobachterinnen stellten hingegen fest, der Plan enthalte in erster Linie Lösungen zu Problemen, die im Westen bereits gelöst seien. «Den armen Ländern, die in der UNO dominieren, bedeutet Feminismus wenig», klagte ein westlicher Kommentator. «Die Feministinnen kommen aus reichen Ländern, die auf solchen Treffen wenig zu sagen haben.»[265] Auch die Teilnehmerinnen der NGO-Tagung waren von den Resultaten enttäuscht. Germaine Greer, die australische Feministin, bezeichnete das Treffen als «Schattenspiel» und politisches Getue, das die Fragen, die allen Frauen wirklich am Herzen lägen, überdecke.[266] Die Kritik war zumindest zum Teil berechtigt. Die Anliegen von Frauen in westlichen und nichtwestlichen Staaten, aber auch in kommunistischen und liberal-demokratischen Gesellschaften waren zu unterschiedlich, um sie in einem einzigen Dokument zu vereinen. Überdies war die Agenda der offiziellen Delegierten wie auch vieler nicht offizieller Teilnehmer von politisch-strategischen Überlegungen geprägt. Doch auch wenn, wie Kritiker behaupteten, ein männlich dominierter Teil der Delegierten sowie weibliche Vertreter, die die männliche Führung ihrer Länder repräsentierten, Entwicklungsfragen in den Vordergrund rückten, so setzte doch der Austausch von Mexiko-Stadt einen transnationalen Dialog darüber in Gang, was Frauen in den verschiedenen Teilen der Welt am meisten beschäftigte und wie man eine universelle Gleichberechtigung erreichen konnte. Das Zutagetreten dieser Differenzen markierte den Beginn eines Prozesses, der alle Seiten näher zusammenbringen sollte.

Im Verlauf der Frauendekade der UNO und darüber hinaus nahm das Ausmaß an Konfrontation und gegenseitigem Missverständnis in der transnationalen Debatte über Frauenrechte stetig ab. Auf späteren UN-Frauenkonferenzen – Kopenhagen 1980, Nairobi 1985, Peking 1995 – achteten auch westliche Feministinnen stärker auf Aspekte der wirtschaftlichen Entwicklung, was den Feministinnen aus der Dritten Welt eine breitere Plattform verschaffte als in Mexiko. Beim Blick auf die Geschichte der internationalen Konferenzen seit 1975 bemerkte die indische Ökonomin Bina Argawal einen stetigen Prozess in Richtung Anerkennung der Tatsache, dass wirtschaftliche Gleichheit ein zentrales Merkmal auf dem Weg zur Gleichberechtigung der Frauen darstellt. Die «Aktionsplattform» von Peking bezeichnete sie als deutlichen Fortschritt gegenüber früheren Plänen. «Die geschlechtsspezifische Kluft bei Wirtschaftskraft, Eigentumsrechten und Armut nimmt zentralen Raum [in der Plattform von Peking] ein. Sie stellt zudem eine eindeutige Verbindung zwischen Frauenarmut und fehlender Gleichberechtigung her.» Insbesondere verwies sie auf einen Abschnitt der Plattform, in dem es hieß, dass «die Armut von Frauen in direkter Relation steht zum Fehlen ökonomischer Chancen und Autonomie, zu mangelndem Zugang zu wirtschaftlichen Ressourcen, u. a. zu Krediten, Landbesitz und Erbe, […] zu Bildung und Sozialhilfen, sowie zu minimaler Beteiligung an Entscheidungsprozessen». Die Entwicklung von Mexiko bis Peking bezeichnete Agarwal als den Übergang von «romantischer Verschwisterung» zu «strategischer Verschwisterung».[267] Oder anders ausgedrückt: War der Idealismus von Mexiko zerbrochen an der Realisierung der großen Kluft zwischen den Feministinnen aus verschiedenen Teilen der Welt, so bildete der Pragmatismus der Konferenz von Peking die Grundlage für konkrete Lösungen für Probleme der Ungleichheit auf der Welt. Diese Veränderung zeigte sich weniger in der Formulierung der großen Programme, sondern darin, dass sich die Machtverteilung zwischen westlichen und nichtwestlichen Frauenrechtlerinnen verlagert hatte.[268] Letztere hatten seit 1975 eine stärkere Konzentration auf die wirtschaftliche Entwicklung verlangt und im Laufe der Zeit zumindest einige Frauen aus den westlichen Ländern überzeugt.

Auch außerhalb des institutionellen Rahmens der Vereinten Nationen gab es Versuche, ein Netzwerk internationaler Frauenrechtlerinnen aufzubauen. In den USA gründete Robin Morgan, feministische Journalistin und Mitherausgeberin der Zeitschrift *Ms.*, 1984 das Sisterhood Is Global Institute (SIGI), das als dauerhaftes internationales Forum für den intellektuellen Austausch von Feministinnen diente. Kurz zuvor hatte Morgan einen 800-seitigen Sammelband mit Schriften von Feministinnen aus aller Welt veröffentlicht, die als erste Fellows ans Institut berufen worden waren.[269] Im Laufe der Zeit entwickelte sich SIGI zu einer der wichtigsten Organisationen der internationalen Frauenbewegung. Sie arbeitete eng mit den Vereinten Nationen und anderen transnationalen Organisationen zusammen, unter anderem mit Women Living under Muslim Law (WLUML), die zwei Jahre später von Marie-Aimée Hélie-Lucas in Paris ins Leben gerufen wurde.[270]

Feministinnen aus der Dritten Welt, deren Stimmen in transnationalen Frauenorganisationen seit den 1970er Jahren immer stärker wurden, verkomplizierten die Vorstellung westlicher Feministinnen von «universaler Verschwisterung» beträchtlich. Viele der Dritte-Welt-Feministinnen, die sich an der Debatte beteiligten, hatten eine westliche Bildung erfahren oder zeitweise im Westen gelebt und gearbeitet, wodurch Frauen aus der Arbeiterklasse, wie zum Beispiel Domitila Barrios de Chungara, zunehmend an den Rand gedrängt wurden.[271] Und dennoch bemühten sie sich, die Sichtweise nichtwestlicher Frauen aus der unteren Schicht zu artikulieren, auch wenn sie sich dabei der Sprache des westlichen Feminismus bedienten. Chandra Mohanty zum Beispiel, die an der University of Illinois in Soziologie promovierte, warf ihren westlichen Geschlechtsgenossinnen vor, ««Frauen aus der Dritten Welt› als homogene ‹machtlose› Gruppe» zu konstruieren, die «oftmals implizit als Opfer bestimmter sozioökonomischer Systeme dargestellt wurden». Bei dieser Konstruktion von Andersheit wurden Frauen aus dem globalen Süden zumeist als Opfer und Abhängige abgestempelt, denen es sowohl an Handlungsfähigkeit als auch an Individualität fehlte.[272]

Mohanty wies auf ein zentrales Paradoxon hin, das nicht nur in den feministischen Diskurs, sondern auch in die Verwendung von Gender als analytisches Konzept eingebettet war. Denn wenn Gender die soziale Konstruktion biologischer Unterschiede ist, wie es Joan Wallach Scott 1985 postuliert hatte, dann führen unterschiedliche soziale und kulturelle Kontexte zu unterschiedlichen Begrifflichkeiten von Gender.[273] Während die Differenz den Geschlechterbeziehungen in allen Kulturen gemein ist, hängen Art und Definition dieser Unterschiede vom jeweiligen sozialen und kulturellen Kontext ab. Mohanty und andere warfen westlichen Feministinnen vor, ihre Darstellungen der Ungleichbehandlung von Frauen in der Dritten Welt spiegelten die Darstellung des kolonialen «Anderen» in imperialistischen Schriften wider.[274] Westliche Feministinnen nahmen für sich das Recht in Anspruch, die soziale Konstruktion von Geschlecht zu definieren, und taten so, als handle es sich dabei um eine feststehende Kategorie. Fortschritte in Sachen Frauenrechte bemaßen sie dementsprechend nach westlichem Standard. Simone de Beauvoirs «anderes Geschlecht» wurde somit im Verhältnis zwischen westlichen und nichtwestlichen Frauen repliziert. Letztere waren zum «Anderen» des «Selbst» der Ersteren geworden. Frauen aus der Dritten Welt waren dem «deuxième sexe» ihrerseits noch einmal untergeordnet.

Feministinnen aus der Dritten Welt, die mit der Sprache des westlichen Feminismus eng vertraut waren, hinterfragten auch ihre eigenen Annahmen über Differenz im Verhältnis zu Frauen innerhalb der eigenen Gesellschaft. Gayatri

Chakravorty Spivak, eine aus der indischen Oberschicht stammende Literatur-
wissenschaftlerin, warnte ihre Kolleginnen (westliche wie nichtwestliche): «Will
man genug über Frauen in der Dritten Welt erfahren und eine andere Leserschaft gewinnen, muss man schätzen lernen, wie ungeheuer heterogen das Feld
ist, und die Feministin aus der Ersten Welt muss lernen, sich *als Frau* nicht mehr
privilegiert zu fühlen.»[275]

Zwei Fallbeispiele verdeutlichen diese Heterogenität wie auch die Folgen, die
das Streben nach einem universellen feministischen Bewusstsein hat. Das Ritual
der weiblichen Beschneidung, das in Teilen Afrikas und des Nahen und Mittleren
Ostens sowie in geringerem Maße im muslimischen Asien zu finden ist, wurde für
westliche Feministinnen seit Ende der 1970er Jahre zu einem wichtigen Thema.
Die amerikanische Journalistin und Aktivistin Fran Hosken veröffentlichte 1979
den *Hosken Report*, in dem sie diese Praxis dokumentierte und verurteilte. Der
Bericht löste im Westen Empörung und Besorgnis aus und bewirkte damit, dass
die weibliche Genitalverstümmelung (*female genital mutilation*, FGM), wie sie
schon bald hieß, zum Hauptanliegen westlicher Menschenrechtsverfechter und
Frauenrechtler wurde.[276] Zwar verteidigten nur wenige Frauen das Ritual, aber
viele kritisierten den offensiven und mitunter paternalistischen Ton von Hosken.
Gloria Steinem und Robin Morgan, die Herausgeberinnen von *Ms.*, wählten
1980 in einem Artikel einen etwas moderateren Ton. Sie verurteilten die Praxis,
taten das aber, indem sie die Opfer selbst zu Wort kommen ließen.[277] Darunter
war auch das Zeugnis von Nawal El Saadawi, die bereits eine einflussreiche
Wortführerin der Anti-Beschneidungskampagne in Ägypten war. Sie beschrieb
ihre eigene «Klitoridektomie» im Alter von sechs Jahren und die ihrer jüngeren
Schwester, ein Ereignis, das sie schließlich zur Feministin hatte werden lassen.[278]

Wenn man bedenkt, dass grundsätzliche Übereinstimmung darüber bestand,
dass es sich um eine barbarische Prozedur handelte, überrascht es doch ein wenig,
dass Saadawi und andere muslimische Feministinnen auf der UN-Konferenz in
Kopenhagen 1980 in der Beschneidungsfrage in heftigen Streit mit westlichen
Frauen gerieten.[279] Analysiert man den Disput jedoch genauer und im Kontext
des globalen feministischen Engagements, so wird die Sache verständlicher. Muslimische Frauen waren zwar über die Praxis genauso empört wie ihre westlichen
Geschlechtsgenossinnen, aber sie hatten aus zwei Gründen Einwände gegen die
Diskussion auf dieser Tagung. Zum Ersten hatten sie das Gefühl, das Thema
lenke von den Problemen der ökonomischen Ausbeutung und des Wirtschaftsimperialismus ab.[280] Und zweitens wandten sich Saadawi und andere gegen die
Art und Weise, wie durch die Konzentration auf FGM afrikanische und arabische Kulturen als rückständig und unzivilisiert dargestellt wurden.[281] Frauen aus
der »Dritten Welt« mussten somit nach wie vor mit Frauen aus der »Ersten Welt«
um die richtige Strategie für ihren Kampf ringen und darüber streiten, nach welchen Maßstäben man Fortschritte für die Frauen bemessen sollte.

Eine zweites Fallbeispiel, das zeigt, wie heterogen die Erfahrungen der Frauen waren, aber gleichzeitig auch die Risse innerhalb feministischer Kreise sichtbar werden lässt, ist die Kontroverse um die Verschleierungspraxis muslimischer Frauen. Die meisten Frauen in der westlichen Welt interpretierten das Tragen des Schleiers in islamischen Ländern als Zeichen der Unterdrückung der Frau. Feministinnen aus Ländern, in denen eine Verschleierung gängige Praxis war, fanden sich oft in einer schwierigen Position. Selbst wenn sie diesen Brauch nicht unterstützten, fühlten sie sich doch dazu verpflichtet, das Recht der Verschleierung zu verteidigen oder zumindest zu verlangen, dass man die Verschleierung in den richtigen Kontext stellte. Für einige muslimische Frauen wurde die Kopfbedeckung zum Instrument des Widerstandes gegen den Assimilierungsdruck in westlichen Ländern. Beispielhaft dafür steht der Fall von drei Schülerinnen einer Gesamtschule in einem Pariser Vorort 1989. Die Schulbehörde schloss die Mädchen, die 13 und 14 Jahre alt waren, vom Schulbesuch aus, weil sie gegen eine Schulregel verstießen, die das Tragen eines Kopftuchs untersagte.[282] Als die muslimische Immigrantengemeinde in Frankreich und prominente Intellektuelle, die für kulturelle Toleranz eintraten, lautstark gegen die Suspendierung protestierten, machte die sozialistische Regierung einen Rückzieher. In den anschließenden Diskussionen wurden die verschiedenen Kopf- und Gesichtsbedeckungen (Kopftuch, Schleier, Hijab, Tschador) oft synonym verwendet, auch wenn es enorme Unterschiede gab von der bloßen Bedeckung der Haare bis hin zur Verhüllung des ganzen Gesichts.[283]

Die Diskussionen über die Verschleierung zeigten, dass die Menschen dieser Praxis höchst unterschiedliche Bedeutung zuschrieben. In einem überzeugenden Kommentar benannte die australische Frauenrechtlerin Germaine Greer, die 1970 durch ihr umstrittenes Buch *The Female Eunuch* (dt. *Der weibliche Eunuch*) bekannt geworden war, 1994 die vielfältigen symbolischen Funktionen, die der Schleier in der modernen Gesellschaft haben kann: «Er [der Schleier] kann mit Unterdrückung oder Befreiung, mit Privilegierung oder Benachteiligung, mit Ohnmacht oder Ermächtigung gleichgesetzt werden. Eines aber ist sicher: Wird den Frauen das Recht verwehrt, ihn zu tragen, dann wird er zu einem Symbol der Freiheit. Wird das Recht, ihn zu tragen, von staatlichen Behörden verweigert, von denen man weiß, dass sie die Gruppe, die ihn tragen will, benachteiligen, dann wird der Schleier zu einem Symbol der Rebellion, ja sogar zur Waffe in einem Krieg.»[284] Der Streit um den Schleier entwickelte sich somit von einem Kampf um kulturelle Normen und kulturelle Integration zu einem Kampf um individuelle Rechte, ob nun von Frauen oder von Minderheiten. Greer erkannte die zahlreichen Dimensionen der Kontroverse und sah die einzige Lösung im Primat der freien Entscheidung.

Die Kopftuchdebatte in Frankreich wies auf einen allgemeineren Konflikt hin, der die Gleichberechtigung von Frauen und kulturelle Vielfalt gleichermaßen betraf. Der Historikerin Joan W. Scott zufolge ist «das Kopftuch konkret erfahrbares Symbol nicht hinnehmbarer Differenz. Es wehrt sich gegen die seit langem

bestehende Bedingung, dass Zuwanderer nur dann im vollen Sinne zu ‹Franzosen›
werden, wenn sie sich assimilieren (und ihren Glauben im Privaten praktizie-
ren)».[285] Das Kopftuch galt zum einen als Symbol für die Weigerung einer Zuwan-
derergruppe, sich in die französische Gesellschaft zu integrieren, und zum anderen
als Zeichen für die Unterdrückung der Frau in der muslimischen Gesellschaft, was
mit den französischen Normen der Gleichberechtigung zwischen den Geschlechtern nicht vereinbar war. Doch was für einige eine Erniedrigung von Frauen bedeutete, war für andere gerade ein Zeichen für die Emanzipation von Frauen. Wenn
muslimische Mädchen und Frauen darauf bestanden, ein Kopftuch zu tragen, so
beharrten sie damit auf ihrem Recht, ihre kulturelle Identität selbst zu bestimmen,
und beteiligten sich zudem an einer politischen Debatte über kulturelle Vielfalt.[286]

Das breite Spektrum an symbolischen Bedeutungen, die Schleier oder Kopftuch
annehmen können, sowie die Uneinigkeit selbst unter Feministinnen, wie man mit
dieser Streitfrage umgehen soll, zeigen, dass die Trennlinie zwischen kultureller
Universalität und kultureller Differenz nicht streng zwischen westlichen und nichtwestlichen Feministinnen oder gar zwischen Feministinnen und Nicht-Feministin-
nen verläuft. Allerdings wäre es auch falsch, anzunehmen, die Vielfalt weiblicher
Erfahrungen würde einen Konsens über weltweit gültige Frauenrechtsstandards
ausschließen. Vielmehr geht es laut Chandra Mohanty darum, eine alternative Universalität zu finden, die nicht ausschließlich auf westlichen Vorstellungen von Geschlechterbeziehungen und Gleichberechtigung beruht, sondern auch unterschiedliche Erfahrungen und soziale Kontexte berücksichtigt. «Es geht darum zu erkennen,
inwiefern Unterschiede es uns erlauben, die Verbindungen und Grenzüberschreitungen zu erklären, inwiefern eine Spezifizierung des Unterschieds es uns ermöglicht,
universelle Belange umfassender zu theoretisieren.»[287] Differenz und Universalität
müssen zusammenwirken, nicht nur – und vielleicht nicht einmal in erster Linie –,
um ein neues globales feministisches Bewusstsein zu erzeugen. Sie müssen die Vielfalt weiblicher Erfahrung innerhalb eines universellen Rechtsrahmens erfassen. Nur
wenn man die Dichotomie von Universalismus und Partikularismus überwindet,
wird das volle Spektrum weiblicher Bedürfnisse und Ziele sichtbar.

**Kontinuitäten und
Herausforderungen
religiöser Kulturen**

Abgesehen davon, dass sie eine Debatte
über Frauenrechte in muslimischen Gesellschaften anstieß, löste die Kopftuchdebatte in Frankreich natürlich auch eine
Diskussion darüber aus, welche Rolle Re-
ligion in der Öffentlichkeit spielen solle. Frankreich hatte sich lange Zeit am Prinzip der *laïcité* orientiert, die einen säkularisierten öffentlichen Raum verlangte.
Doch trotz dieses Säkularismus war Frankreich eine religiös und kulturell homo-

gene Nation, deren katholisches Erbe tief in seiner sozialen, kulturellen und politischen Identität verwurzelt war. Die Kopftuchdebatte entstand im Kontext weitreichender Wandlungsprozesse innerhalb der französischen Gesellschaft, als sich nichtweiße, nichtchristliche Zuwanderer in größerer Zahl denn je in Frankreich niederließen. Ihre sozialen, kulturellen und politischen Praktiken standen im Gegensatz zum Säkularismus in der französischen Gesellschaft, der auf der Basis einer einzigen dominanten Religion und einer abstrakten Vorstellung von staatsbürgerlicher Einheit entstanden war.[288] Die Existenz unterschiedlicher Religionen in enger Nachbarschaft – ein neues Phänomen im Europa und im Nordamerika der Nachkriegszeit – brachte besondere kulturelle Probleme mit sich und stieß an die Grenzen religiöser Toleranz. In der globalen Arena wurde Religion zugleich zum Motor wie zum Hindernis für kulturelle Homogenisierung und Heterogenisierung.

Obwohl der religiöse Pluralismus in allen modernen demokratischen Verfassungen verankert ist und im Zivilrecht Religionsfreiheit garantiert wird, blieben die meisten Staaten in Europa und Amerika tief verwurzelt im jüdisch-christlichen Brauch und Gedankengut. Zwei der größten konservativen Parteien im Nachkriegseuropa bezeichneten sich und ihren Auftrag explizit als christlich: in Italien die Democrazia Italiana und in der Bundesrepublik Deutschland die Christlich Demokratische Union. In den Vereinigten Staaten besann sich der Kongress ebenfalls auf die christlichen Wurzeln des Landes, als er 1954, auf dem Höhepunkt des Kalten Krieges, die Wörter «under God» wieder in das nationale Treuegelöbnis einfügte und den Zusatz «In God We Trust» für alle US-Banknoten vorschrieb. Auch wenn Staat und religiöse Macht offiziell voneinander getrennt waren, so spielten doch religiöse Werte und religiöse Symbolik für die Staatsgeschäfte und im Bereich der internationalen Beziehungen weiterhin eine zentrale Rolle.[289]

Soziologen, die den Säkularisierungsprozess einst als unvermeidliche Folge der politischen, ökonomischen und gesellschaftlichen Modernisierung seit dem 19. Jahrhundert betrachtet hatten, überdachten in den 1980er Jahren ihre Überzeugungen. Denn die Säkularisierungsthese konnte nicht die Wiederkehr des religiösen Fundamentalismus und die Ausbreitung diverser religiöser Sekten überall auf der Welt erklären. Als diese Wissenschaftler die Rolle der Religion in modernen Gesellschaften eingehender untersuchten, stellten sie fest, dass die vermeintliche Säkularisierung früherer Jahrzehnte allenfalls eine oberflächliche gewesen war.[290]

Während des gesamten Kalten Krieges spielte zum Beispiel religiöse Rhetorik eine zentrale Rolle in der Rivalität zwischen der Sowjetunion und den USA, was zumindest eine Historikerin dazu veranlasste, den Kalten Krieg als einen «der größten Religionskriege in der Geschichte» zu bezeichnen.[291] Auf amerikanischer Seite gehörte der Glaube an göttliche Vorsehung (*providentialism*) fest zur Vorstellung vom amerikanischen Exzeptionalismus, der in der Republik die Verwirklichung von Gottes gelobtem Land sah.[292] Anfang des 20. Jahrhunderts verband US-Präsident Woodrow Wilson seine Außenpolitik mit religiösen Verweisen auf

Amerikas Missionsverpflichtungen gegenüber der Welt.[293] Nach dem Zweiten Weltkrieg verstärkte sich diese Rhetorik: Politiker und Religionsführer stellten den Kampf gegen den Kommunismus zunehmend als Verteidigung jüdisch-christlicher Werte gegen die atheistischen Überzeugungen des kommunistischen Staates dar.[294] Führende US-Strategen des Kalten Krieges, darunter Dean Acheson und John Foster Dulles, beides Söhne protestantischer Geistlicher, griffen häufig auf religiöse Rhetorik zurück.[295]

Für die USA und ihre westlichen Verbündeten wurde die religiöse Symbolik zu einem wichtigen Tropus, um aus dem geopolitischen einen ideologisch-kulturellen Konflikt zu machen. Er ermöglichte es Politikern, den Konflikt in simple Gegensatzformeln von Gut und Böse zu fassen und die eigene Bevölkerung gegen den Kommunismus zu mobilisieren. Die Unterscheidung zwischen demokratischem Liberalismus und jüdisch-christlichen Werten verschwand in der politischen Rhetorik der damaligen Zeit fast völlig. Präsident Dwight D. Eisenhower hatte keinerlei Hemmungen, Politik mit religiösen Werten zu verschmelzen. Er bestand darauf, alle Kabinettssitzungen mit einem gemeinsamen Gebet zu beginnen, beriet sich regelmäßig mit dem protestantischen Pfarrer Billy Graham (der jedem Präsidenten bis zu Barack Obama als spiritueller Berater zur Seite stand) und erklärte 1955, dass «die Anerkennung des Höchsten Wesens erster, grundlegendster Ausdruck des Amerikanismus ist. Ohne Gott würde es keine amerikanische Form der Regierung und keinen American way of life geben.»[296] Eisenhowers Außenminister John Foster Dulles war ebenfalls tief gläubig, sodass Religion zu einem wichtigen Faktor bei allen politischen Entscheidungen wurde.

Im Westen war man gemeinhin der Ansicht, das kommunistische System sei nicht nur atheistisch, sondern geradezu religionsfeindlich. Zu Unrecht, wie Elizabeth Shakman Hurd gezeigt hat. Ihr zufolge hatte der sowjetische Staat ein laizistisches Modell des Säkularismus übernommen: Das politische System war frei von religiösen Bezügen und die Religionsausübung auf den Privatbereich beschränkt.[297] Zwar hatte Marx Religion als «Opium des Volkes» bezeichnet, doch das Sowjetsystem unter Lenin verbot die Religionsausübung zunächst nicht. Tatsächlich hatte Lenin 1905 sogar ausdrücklich das Recht jedes Bürgers auf private Ausübung seines Glaubens garantiert. Im öffentlichen oder politischen Bereich hingegen sollte Religion keinen Platz haben.[298] In dieser Hinsicht unterschieden sich Lenins Ansichten nicht wirklich von denen seiner liberalen Widersacher im Westen. Beide waren deutlich beeinflusst von der Haltung der Aufklärung im Hinblick auf die Rolle der Religion im öffentlichen Leben und auf die Trennung von Kirche und Staat. Stalin hingegen verfolgte zunächst eine deutlich härtere Linie gegenüber Religionsgruppen. In der Zwischenkriegszeit ließ er Religionsführer verfolgen und schränkte ihren Aktionsspielraum und ihre Unabhängigkeit deutlich ein. Während des Zweiten Weltkriegs jedoch machte er im Interesse stärkerer nationaler Einheit Zugeständnisse an die orthodoxe Kirche. Er versuchte die emotionale Bindung der Menschen an die Kirche mit einer ähnlich emotionalen Bindung ans Vaterland zu vermengen. Eine ähnliche Entwicklung vollzog sich in den 1970er Jahren in der DDR. In ihrem Bemühen, die sozialistische Gegenwart der DDR mit der geistigen Vergangenheit Deutschlands zu vereinen, rang sich die politische Führung zu einer öffentlichen Rehabilitierung des Reformators Martin Luther durch (der sein Leben bekanntlich an diversen ostdeutschen Orten verbracht hatte). Die DDR-Behörden hofften, mit dieser Verbindung zwischen religiöser und nationaler Identität die Loyalität gegenüber dem Staat zu fördern.[299] Doch trotz dieser Zugeständnisse blieb das Verhältnis der Staatsfunktionäre in Osteuropa und der Sowjetunion zu den Kirchen während des gesamten Kalten Krieges von Unbehagen und Misstrauen geprägt und schwankte ständig zwischen Repression und Integration.[300]

Die zentrale Rolle religiöser Rhetorik im westlichen Diskurs des Kalten Krieges stellte grundlegende Annahmen über die Säkularisierung der modernen Welt in Frage. Auf aufklärerisches Denken aufbauend, hatten Vertreter der Säkularisierungsthese behauptet, die Modernisierung führe zum Niedergang der Religion in Politik und Gesellschaft. Umgekehrt wurde die Säkularisierung von Politik und Gesellschaft aber auch oft als Zeichen der Modernisierung gedeutet. Dieser angebliche Zusammenhang von Modernisierung und Säkularisierung war so tief im modernen Denken verankert, dass fortschrittliche gesellschaftliche Kräfte auf der Verweltlichung des öffentlichen und politischen Lebens beharrten, während religiöse Führer sich aus Angst vor dem Glaubensverfall immer wieder der Modernisierung widersetzten.[301] Beispielhaft für diese Positionen stehen am einen Ende des Spektrums die Bemühungen des türkischen Präsidenten Kemal Atatürk in den 1920er Jahren, sein Land zu modernisieren und zu säkularisieren, und am anderen Ende des Spektrums die Versuche des Taliban-Regimes im Afghanistan der 1990er Jahre, den Modernisierungsprozess in Gesellschaft und Politik rückgängig zu machen, indem man wieder eine streng religiöse Reglementierung des öffentlichen Lebens erzwang.

Anhänger der Säkularisierungsthese können auf Westeuropa verweisen, wo die religiöse Bindung und die Zahl der Kirchenmitglieder seit den 1950er Jahren stetig abgenommen haben. Grace Davie freilich ist der Ansicht, ein Rückgang der Kirchenzugehörigkeit in diesen Ländern sei nicht gleichbedeutend mit einem Schwinden des Glaubens. Sie hat alternative Formen religiöser Praxis ausgemacht, die sich auf private, nichtinstitutionelle Weise manifestieren, darunter die Hinwendung zu Alternativreligionen und die praktische Umsetzung religiöser Überzeugungen in verschiedenen Wohlfahrtseinrichtungen.[302] Zudem gab es überall in Westeuropa große Unterschiede bei der Religionsausübung. So ging sie in den nördlichen, vorwiegend protestantischen Ländern stärker zurück als in den katholisch oder orthodox geprägten Teilen im Süden des Kontinents. Eine Ausnahme stellt Irland dar, denn dort war die Glaubenszugehörigkeit eng mit dem politischen Konflikt zwischen Protestanten und Katholiken in Nordirland verflochten. Zudem nahm die Anzahl nichtwestlicher religiöser Minderheiten in den meisten europäischen Ländern zu, insbesondere infolge der Zuwanderung aus den früheren Kolonien. Ende des 20. Jahrhunderts stellten Muslime rund drei Prozent der europäischen Bevölkerung. In Frankreich lebten rund drei bis vier Millionen Muslime; in Deutschland verdoppelte sich zwischen Ende der 1980er Jahre und 2008 die Zahl von rund 1,6 Millionen auf über drei Millionen.[303] In Großbritannien lag die Zahl der Hindus bzw. Sikhs bei etwas über einer Million.[304]

Doch wie der Kopftuchstreit in Frankreich bereits gezeigt hat, führte die zunehmende Säkularisierung in Westeuropa nicht zwangsläufig zu einem höheren Maß an religiöser Toleranz. Vielmehr wurden die tiefsitzenden religiösen Fundamente der säkularen Alltagspraktiken und Gewohnheiten des öffentlichen Lebens sichtbar. Die öffentliche Zurschaustellung von Religiosität durch das Tragen eines Kopftuchs brachte den Anschein kultureller Homogenität ebenso ins Wanken wie das Beharren auf Säkularität. Manche Kopftuchgegner verschmolzen Homogenität und Gleichheit miteinander. So beharrten beispielsweise die französischen Schulbehörden darauf, dass Homogenität bei Kleidung und äußerem Erscheinen zu einem egalitäreren Lernumfeld beitrage, indem sie Schüler nicht aufgrund ihres anderen kulturellen, religiösen oder ethnischen Hintergrunds heraushebe. Was die Befürworter dieser These nicht bedachten, war, dass ihre Vorstellung von kulturellem Egalitarismus eine spezifisch französische, westliche Form von Homogenität postulierte, die eine öffentliche Assimilation an das dominante jüdisch-christliche Kultursystem verlangte.

Religion konnte jedoch nicht nur zu kultureller Konformität animieren oder diese sogar einfordern, sondern auch kulturelle und politische Rebellionen hervorrufen. So wurde der religiöse Aktivismus zu einem der wichtigsten Orte von Opposition gegen das kommunistische System in Osteuropa. Die Wahl Kardinals Karol Wojtyła zum Papst 1978 sorgte für ein Wiederaufleben des Glaubens in Polen, der 1980 mit der Gewerkschaftsbewegung Solidarność zu einer breiten Dissidentenbewegung gegen den kommunistischen Staat verschmolz. Die Führungsriege von Solidarność, allen voran Lech Wałęsa, erkannte den entscheidenden Einfluss an, den Papst Johannes Paul II. auf die Bewegung hatte. Der polnische Präsident Wojciech Jaruzelski verhängte zwar 1981 den Ausnahmezustand und verbot Solidarność, doch konnte er die Macht der Kirche in diesem überwiegend katholischen Land nicht bezwingen. Im Verlauf des folgenden Jahrzehnts fungierte die katholische Kirche als Schutzschild der polnischen Dissidentenbewegung.

In der benachbarten DDR war es die evangelische Kirche, die eine zentrale Rolle in der Dissidentenbewegung gegen den autoritären Staat spielte. Kirchenobere und Kirchengebäude boten Oppositionellen in den 1980er Jahren Zuflucht. Als sich die Proteste gegen die Regierung im Herbst 1989 in Leipzig verstärkten, wurde die Nikolaikirche im Stadtzentrum zum Sammelpunkt für die wöchentlichen Montagsdemonstrationen nach dem abendlichen Friedensgebet. Die Zahl der Betenden und der Demonstranten in Leipzig stieg von rund tausend im September auf über eine halbe Million am 6. November an, drei Tage vor dem Mauerfall.[305] Hatte Religion in der Frühphase des Kalten Krieges als ideologische Waffe des Westens gedient, so wurde sie nun, an dessen Ende, zu einem Kernbereich der politischen Opposition in Osteuropa.

Religion spielte auch in den antikolonialen und Bürgerrechtsbewegungen eine wichtige Rolle. In Indien entwickelte Mohandas K. Gandhi in den 1940er Jahren seine Philosophie des gewaltlosen Widerstands aus den Geboten seines hinduistischen Glaubens. Seine Philosophie inspirierte wiederum Martin Luther King, einen Baptistenpastor aus Montgomery, Alabama, in seiner Bürgerrechtskampagne. Kings öffentliche Ansprachen, in denen er für die Gleichberechtigung der Afroamerikaner plädierte, waren stark von religiöser Rhetorik geprägt, und in den Südstaaten wurden die Kirchen zu Zentren des Widerstands gegen das System der Rassentrennung.[306] Malcolm X' Konversion zum Islam und seine Zugehörigkeit zur afroamerikanischen Nation of Islam beeinflussten ebenfalls stark seinen Kampf für die Gleichberechtigung. Zwar ging er schlussendlich auf Distanz zu dieser religiös-politischen Organisation, doch bis zu seiner Ermordung durch Mitglieder der Nation of Islam im Februar 1965 blieb er gläubiger Muslim.[307] Gestärkt durch ihre jeweiligen Glaubensüberzeugungen, teilten Malcolm X und King die Überzeugung von der Richtigkeit ihres Kampfes.

In Lateinamerika entwickelte sich die Befreiungstheologie zu einem maßgeblichen Instrument für Protestbewegungen gegen soziale und wirtschaftliche Missstände in vielen Teilen des Kontinents. Nach 1945 hatten rasantes Wirtschaftswachstum und Urbanisierung in Mittel- und Südamerika die Kluft zwischen Arm und Reich dramatisch vergrößert. Prominente katholische Theologen aus der Region – unter ihnen der Peruaner Gustavo Gutiérrez sowie die Brasilianer Leonardo und Clodovis Boff – machten sich öffentlich für ein neues Verständnis von Christentum stark, das die Verpflichtung, das Leid der Armen zu lindern, wieder ernst nahm.[308] Statt sich ausschließlich der Wohltätigkeitsarbeit zu widmen, wie das innerhalb der katholischen Kirche traditionell üblich war, kritisierten diese Theologen, zu denen später auch der 1980 ermordete Erzbischof Óscar Romero aus El Salvador zählte, ganz offen das politische System, das ungezügelten Kapitalismus mit repressiver politischer Herrschaft verband. Sie forderten stattdessen ein System, das auf der Umverteilung des Reichtums nach christlichen Moralprinzipien beruhte sowie darauf, die Menschenwürde durch ein Mindestmaß an Lebensstandard zu wahren. Als politisch links Stehende verlangten sie zudem bessere Arbeitsbedingungen, mehr staatliche Kontrolle über die Industrie sowie eine Reduzierung der Macht ausländischer, in erster Linie amerikanischer Investoren. Ihr Eintreten für mehr Gleichheit wurde vom Vatikan zensiert und von den politischen Eliten im eigenen Land verfolgt – im Fall von Óscar Romero mit tödlichem Ausgang.[309]

Óscar Romero in seinem Haus in El Salvador, 20. November 1979. Ende der 1970er Jahre unterstützte er die von lateinamerikanischen Theologen propagierte Befreiungstheologie, die es als oberste Pflicht des Christentums betrachtete, das Leid der Armen zu lindern. Romero wurde zudem zu einem der vehementesten Kritiker der Menschenrechtsverletzungen und des sozialen Unrechts, die vom Militärregime seines Landes begangen wurden. Nicht einmal ein Jahr später wurde er ermordet.

Der evangelikale Protestantismus bot sich denjenigen als Alternative dar, die vom Dogmatismus der katholischen Kirche enttäuscht und von der linkspolitischen Ausrichtung der Befreiungstheologie abgeschreckt waren. Seit den 1950er Jahren strömten Tausende von evangelikalen Missionaren aus den Kerngebieten in Europa und Nordamerika nach Asien, Afrika und Lateinamerika, um die örtliche Bevölkerung zu bekehren – mit spektakulärem Erfolg.[310] Der Evangelikalismus wurde schon bald zur am schnellsten wachsenden religiösen Richtung weltweit und stellte damit die traditionelle Vorherrschaft der katholischen Kirche in vielen Regionen, vor allem in Lateinamerika, in Frage.[311] Im Jahr 2000 waren 27 Prozent der Bevölkerung Afrikas Evangelikale, in Lateinamerika waren es 17 Prozent, in Asien fünf Prozent. Zu Beginn des 20. Jahrhunderts hatte ihr durchschnittlicher Anteil in diesen Regionen bei unter zwei Prozent gelegen.[312]

Die Ausbreitung dieser speziellen Spielart eines gewissermaßen populistischen Christentums lässt sich als eine Form von Rebellion gegen die lokalen Machtstrukturen betrachten, aber auch als Kooptation der örtlichen Bevölkerung durch reiche und konservative Kulturimperialisten. Zu den vehementesten Kritikern dieser Bewegung gehörten die Befreiungstheologen, die – nicht ganz zu Unrecht – behaupteten, die Missionstätigkeit nordamerikanischer evangelikaler Kirchen in

Lateinamerika spiegele die wirtschaftlichen und außenpolitischen Interessen Amerikas wider.[313] Die Weigerung der katholischen Kirche, die Grundprämissen der Befreiungstheologie zu unterstützen, dürfte ebenfalls zum enormen Erfolg der Evangelikalen und der Pfingstbewegung in dieser Region beigetragen haben. Frei von zentralisierter Kontrolle konnten sich diese modernen Missionare rasch auf die Bedürfnisse und Wünsche der lokalen Gemeinschaften einstellen. Sie formulierten eine spirituelle Botschaft, die zutiefst persönlich und auf das individuelle Heil ausgerichtet war. Gleichzeitig jedoch waren sie mit einem globalen Netzwerk einflussreicher Evangelikaler verbunden, das über ungeheure finanzielle Ressourcen und politischen Einfluss in den Industriemetropolen verfügte.

Fundamentalismus und Pluralismus

Der fundamentalistische Zweig des protestantischen Evangelikalismus entstand in den 1920er Jahren in den USA als ländliche Rebellion gegen die moderne Industriegesellschaft und gegen wissenschaftlich-technischen Fortschritt, der den Glauben vieler Menschen erschütterte. Als die Bewegung nach dem Krieg wieder auflebte, nutzte sie jedoch bestimmte Aspekte der Modernisierung, allen voran die neuesten Entwicklungen im Bereich der Kommunikationstechnologie, um die Botschaft des sozialen und kulturellen Konservativismus zu propagieren.[314] In den 1970er Jahren schufen evangelikale Theologen in den USA, darunter die Fernsehprediger Oral Roberts, Jerry Falwell, Jimmy Swaggart und Jim Bakker, echte und virtuelle Gemeinschaften von Gläubigen und riefen sie dazu auf, ihr persönliches und berufliches Leben in enger Verbindung mit den kirchlichen Institutionen zu gestalten. Jerry Falwell erbaute die Thomas Street Baptist Church in Lynchburg, Virginia, eine der ersten so genannten Megakirchen in den USA. Er nutzte moderne Werbekampagnen, um seine Gefolgschaft rasch zu vergrößern, Spenden einzutreiben und 1967 die Lynchburg Christian Academy sowie 1971 die Liberty University zu gründen.[315] 2010 waren an der Liberty University mehr als 73 000 Studenten eingeschrieben, davon gut 60 000 in den Online-Studiengängen. Diese und andere *megachurches* fungierten als religiöse Enklaven für fundamentalistische Christen, die Zuflucht vor der säkularen Gesellschaft suchten.

Es wäre jedoch falsch anzunehmen, Falwells Ziel sei eine Abschottung gegenüber der säkularen Welt gewesen. Vielmehr war er bestrebt, die äußere Welt stärker nach seinen Vorstellungen zu gestalten. Zu diesem Zweck gründete er Ende der 1970er Jahre eine politische Lobbygruppe namens «Moral Majority», die ganz offen konservative christliche Kandidaten für öffentliche Ämter unterstützte.[316] Diese Gruppe gründete eine Reihe politisch konservativer Organisationen, die man allgemein als die New Christian Right bezeichnete. Sie spendeten beträchtliche Summen für den Präsidentschaftswahlkampf von Ronald Reagan 1980, aber auch für die Wahlkämpfe zahlloser anderer konservativer Christen, die sich auf verschiedenen Ebenen um politische Ämter bewarben. Dank der Lobbyarbeit dieser Neuen Christlichen Rechten gewannen religiöse Konservative in den 1980er Jahren massiven politischen Einfluss in den USA. Sie bestimmten vielfach die Debatten über sensible gesellschaftliche Fragen wie etwa das Abtreibungsrecht, Homosexualität bis hin zur Behandlung der Evolution im Biologieunterricht an öffentlichen Schulen.

Der religiöse Fundamentalismus schlug auch in anderen großen Religionen Wurzeln, insbesondere im Islam. Die religiös-fundamentalistischen Bewegungen entstanden zum einen aus der Kritik an den liberaleren Strömungen innerhalb der eigenen Glaubensgemeinschaft, zum anderen aber auch, wie der Soziologe und Theologe Peter L. Berger es nennt, aus den «populistischen» Bewegungen gegen eine «säkulare Elite».[317] Nicht alle Fundamentalisten begaben sich auf die Ebene des politischen Protests, und noch weniger griffen zur Gewalt. Doch die, die es taten, gehörten oft zu den am stärksten desillusionierten und desorientierten Teilen der Bevölkerung, die den ökonomischen und kulturellen Globalisierungsprozess ablehnten. Trotz dieser ablehnenden Haltung vieler religiöser Fundamentalisten sind, wie Peter Beyer und Lori Beaman feststellten, «Religion und das Religiöse ein integraler Aspekt der Globalisierung und keine Reaktion ‹außerhalb› davon oder ihr Opfer».[318]

Seit den 1920er Jahre ist der Begriff «fundamentalistisch» politisch belastet und negativ konnotiert. Im letzten Viertel des 20. Jahrhunderts fand er breite Verwendung als Sammelbegriff für eine Reihe religiöser Gruppierungen, darunter muslimische, hinduistische und jüdische, und mitunter auch für nicht-religiöse Bewegungen. Die gelegentlich polemische Verwendung des Terminus und seine Anwendung auf recht unterschiedliche Religionen erschwerte zunehmend eine eindeutige Definition. Gleichwohl starteten Martin E. Marty, ein protestantischer Religionswissenschaftler, und der Historiker R. Scott Appleby 1987 das «Fundamentalism Project», eine Untersuchung fundamentalistischer Glaubensbewegungen und ihrer Definitionen, die von der American Academy of Arts and Sciences gefördert wurde. Im Verlauf der nächsten acht Jahre erschienen fünf Bände zu diesem Thema, mit einer Beteiligung von 200 Wissenschaftlern.[319] Als Marty sich 1988 an einer ersten Definition des Phänomens versuchte, begann er zunächst mit all dem, was Fundamentalismus nicht sei: Er sei kein Synonym für Konservativismus oder Traditionalismus; er sei nicht antimodern oder antiwissenschaftlich; es handle sich somit nicht um eine Bewegung, die zu einem wie auch immer gearteten statischen, vormodernen Ideal religiöser Praxis zurück wolle. Fundamentalisten seien zudem nicht immer Aktivisten, Militante oder Terroristen, und sie seien auch nicht zwangsläufig arm oder ungebildet.[320] Vielmehr, so Marty weiter, sei Fundamentalismus stets reaktiv oder reaktionär. Er ziele auf eine «selektive Wiederherstellung» ab, konzentriere sich auf bestimmte Aspekte der jeweiligen Religion und ignoriere andere, und er sei «ausschließend oder separatistisch». Marty bezeichnete Anhänger des Fundamentalismus sogar als «oppositionell», «absolutistisch» und «autoritär», denn sie seien unfähig zu jeglicher Art von Kompromiss mit denjenigen, die anderer Ansicht sind. Infolgedessen sei Fundamentalismus auch «antievolutionär, antihermeneutisch und antipermissiv».[321]

Martys Definition der Fundamentalismen (er bevorzugte sehr bald den Plural) blieb, obwohl recht umfassend, umstritten. Einige Forscher, insbesondere Fachleute für nichtchristliche Religionen, wandten zu Recht ein, die religiösen und dogmatischen Elemente innerhalb der Bewegungen seien so unterschiedlich, dass man sie unmöglich vergleichen und schon gar keine gemeinsamen Wurzeln oder Ergebnisse bestimmen könne. Andere waren mit Marty der Ansicht, bei allen Unterschieden hätten fundamentalistische Religionen doch einige Gemeinsamkeiten, lieferten jedoch eine allgemeinere Definition. Peter Berger beispielsweise sah im Fundamentalismus eine «Kombination mehrerer Merkmale – großer religiöser Eifer, Verachtung all dessen, was andere als den Zeitgeist definiert haben, und eine Rückkehr zu traditionellen Quellen religiöser Autorität».[322] Der Anthropologe Richard T. Antoun vertrat hingegen das Argument, dass die Fundamentalisten verschiedener Religionen vereint seien im Glauben an die absolute Autorität des Heiligen über jeden Aspekt des privaten und öffentlichen Lebens und dass ihr Verhaltenskodex vom strikten Festhalten an einer religiös inspirierten Weltsicht bestimmt sei.[323]

Der religiöse Absolutismus erlebte im letzten Viertel des 20. Jahrhunderts einen deutlichen Aufschwung. Die Erklärungen für diese Entwicklung fielen höchst unterschiedlich aus. Einige betrachteten sie in erster Linie unter religiösen Gesichtspunkten (als Unzufriedenheit besonders gläubiger Menschen mit der Liberalisierung der Glaubenspraxis innerhalb ihrer Religion), andere unter sozialen oder politischen Gesichtspunkten als Reaktion auf die Erfahrung eines gesellschaftlichen und wirtschaftlichen Niedergangs: unerfüllt gebliebene Versprechen der Dekolonisation, anhaltende Armut, eine wachsende Kluft zwischen Arm und Reich, negative soziale Auswirkungen der Verstädterung, fehlende Chancen für eine junge Generation mit steigenden Erwartungen sowie die Konfrontation mit einer säkularisierten, homogenisierten, in immer stärkerem Maße materiell ausgerichteten globalen Kultur.[324]

Am deutlichsten zeigte sich das Phänomen der Verschmelzung von religiöser und politischer Identität im Nahen und Mittleren Osten nach dem Zweiten Weltkrieg. Der Rechtsgelehrte Abdullahi Ahmed An-Na'im definierte den politischen Islam als «die Mobilisierung islamischer Identität bei der Verfolgung bestimmter Ziele staatlicher Politik, sowohl innerhalb einer islamischen Gesellschaft als auch in ihrem Verhältnis zu anderen Gesellschaften».[325] Die Nähe der Politiker, die sich der Modernisierung verschrieben hatten, zum Säkularismus wie zu den früheren Kolonialmächten, erlaubte es religiösen Fundamentalisten, die Ideologie und Praxis des Islam mit den politischen Anliegen des Antiimperialismus und des Anti-Westernismus zu verbinden.[326] Ein Beispiel dafür bietet die iranische Revolution 1979, denn sie spiegelte diese Verschmelzung politischer und religiöser Ideologien wider, als Oppositionelle das säkulare, repressive Regime von Schah Mohammad Reza Pahlavi stürzten. Der Schah hatte 1953 beim von der CIA und dem britischen Geheimdienst unterstützten Putsch gegen den demokratisch gewählten Premierminister Mohammad Mossadegh Rückendeckung seitens der USA erhalten, und er setzte danach ein autoritäres Regime durch. Einer Koalition aus liberalen Intellektuellen und islamischen Fundamentalisten gelang es 1979, den Schah vom Thron zu stürzen. Anschließend gingen die islamischen Fundamentalisten gegen den liberalen Flügel vor und errichteten unter Ajatollah Khomeini eine Theokratie, die kurz darauf die Meinungsfreiheit, die politischen Rechte und die Rechte der Frauen einschränkte. Zudem wandte sich das neue Regime entschieden gegen den kulturellen und politischen Einfluss des Westens, da dieser mit der Modernisierungskampagne des Schahs assoziiert wurde. Iran wurde zu einem Modellstaat des politischen Islamismus.[327]

Auch im arabisch-israelischen Konflikt verschmolzen nach 1948 Religion und Politik. Die arabischen Nachbarn betrachteten Israel als kolonialen Fremdkörper, der von den ehemaligen Imperialmächten des Westens geschützt wurde. Radikale politische Islamisten machten die Auslöschung des Staates Israel zu einem Projekt des religiösen Dschihad. Die Palästinensische Befreiungsorganisation (PLO), die als nationalistisch-terroristische Bewegung unter Jassir Arafat begonnen hatte, verschmolz zunehmend mit dem religiösen Zweig der politischen Islamisten. Auch auf israelischer Seite begründeten die radikaleren politischen Parteien ihren Kampf gegen die arabischen Nachbarn mit religiösen Argumenten. Die extremen religiös-politischen Stimmen auf beiden Seiten widersetzten sich immer wieder den Kompromissbemühungen gemäßigter und stärker säkularisierter Politiker. Verschärft wurde der Konflikt durch die ökonomische und soziale Entwurzelung der Menschen, die in Armut und ohne politische Stimme lebten. Für die Palästinenser war diese Entwurzelung nicht nur ökonomischer, sondern auch räumlicher Art, denn sie mussten sich in Flüchtlingslagern im Libanon, in Syrien, Ägypten, Jordanien, im Gazastreifen und im Westjordanland niederlassen, die schon bald zu einer Dauereinrichtung wurden.[328] Die Fronten in diesem Konflikt wurden in zunehmendem Maße, mit Marty gesprochen, «absolutistisch», was jeden Kompromiss unmöglich machte.

Trotz der Polarisierung religiöser Identität im Nahen Osten gab es Bemühungen, den Dialog zwischen den Religionen zu verstärken. Kurz nach dem Zweiten Weltkrieg, 1948, gründeten die großen christlichen Kirchen mit Ausnahme der katholischen Kirche den Ökumenischen Rat der Kirchen (auch Weltkirchenrat,

Ajatollah Khomeini, 17. Januar 1979. Er wurde nach der Revolution, die Schah Reza Pahlavi absetzte, zum Obersten Rechtsgelehrten und damit zum Staatsoberhaupt Irans. Die Revolution vereinte politische und religiöse Ideologien und führte zur Errichtung einer islamischen Theokratie.

WCC), der die Zusammenarbeit und die Kommunikation in dogmatischen, praktischen und sozialen Fragen verbessern sollte. Die römisch-katholische Kirche schickte Beobachter zu den Treffen des WCC und verstärkte im Laufe der folgenden Jahrzehnte nach und nach auch den Dialog mit nichtchristlichen Religionen. Das Zweite Vatikanische Konzil trug dazu bei mit der Erklärung *Nostra Aetate*, die die Beziehung der katholischen Kirche zu nichtchristlichen Religionen neu definierte. Erschienen 1965 unter Papst Paul VI., unterstützte das Dokument den Dialog mit und ein besseres Verständnis für nichtchristliche Religionen, insbesondere Hinduismus, Buddhismus, Islam und Judentum.[329] Als Reaktion auf die zunehmende geographische Nähe verschiedener Religionen in vielen Teilen der Welt entstanden nach dem Krieg zahlreiche ökumenische und interreligiöse Organisationen. Sie versuchten, Konflikte, die durch größere räumliche Nähe entstanden, einzudämmen und für ein besseres Verständnis untereinander sowie eine größere Akzeptanz religiöser Differenz zu sorgen.

Diese Zunahme interreligiöser Bewegungen hing mit der wachsenden Zahl von Anhängern nichtwestlicher Religionen in den Industrieländern zusammen. So wuchs das Interesse am Zen-Buddhismus seit den 1950er Jahren in den USA und in Westeuropa deutlich.[330] In den 1960er Jahren wurden Hinduismus und Zen-Buddhismus für viele Anhänger der Gegenkulturen zu einem spirituellen Rückzugsraum aus der technokratischen und materialistischen Realität der modernen Gesellschaft. Laut einer Umfrage behaupteten 1970 drei Prozent der Einwohner von San Francisco, sie hätten es mit buddhistischer Meditation versucht, und fünf Prozent sagten aus, sie würden transzendentale Meditation betreiben. Landesweit waren es immerhin vier Prozent der US-Bürger, die schon einmal transzendentale Meditation praktiziert hatten, was darauf schließen lässt, dass diese Praxis auch über den harten Kern der alternativen Bewegung hinaus Anhänger gefunden hatte. Transzendentale Meditation (TM) war eine Meditationstechnik, die durch den hinduistischen Guru Maharishi Mahesh Yogi propagiert wurde. Von traditionellen geistlichen Führern des Hinduismus wurde Maharishis Form der Meditation mit großem Misstrauen betrachtet, denn sie war viel kürzer und weniger streng als die traditionelle hinduistische Meditation, die wochen- oder gar monatelange Unterweisung und asketische Rituale verlangte. Gleichwohl traf TM einen Nerv bei gut ausgebildeten «Westlern», die auf der Suche nach geistiger Erneuerung waren. International berühmt wurde Maharishis Methode, als die Beatles sich 1968 für drei Monate in sein Meditationszentrum im indischen Rishikesh begaben. Auch andere Berühmtheiten wie zum Beispiel Mia Farrow und Shirley MacLaine waren von den Methoden des Maharishi angetan. Überall in Europa und in den USA, wo das Interesse an nichtwestlichen Religionen groß war, fanden Maharishi und seine Meditationskurse großen Anklang.[331]

Die Suche nach einer alternativen Spiritualität setzte sich in den 1970er und 1980er Jahren in der westlichen Welt fort, besonders durch die Ausbreitung zahlreicher experimenteller Glaubensgemeinschaften, die vielfach vom Hinduismus inspiriert waren. Zu den umstrittensten Gruppen zählte die Neo-Sannyas-Bewegung unter der Führung von Bhagwan Shree Rajneesh, einem indischen Philosophieprofessor. Er gründete in den 1970er Jahren im indischen Poona einen Ashram, in dem er Meditations- und Therapiekurse leitete und zu spirituellen Fragen lehrte. Vor allem mit seiner liberalen Einstellung zur Sexualität und seiner Kritik an Gandhi schuf er sich in Indien Feinde, was dazu führte, dass er Anfang der 1980er Jahre in die USA umsiedelte, denn seine Anhängerschaft kam zu dem Zeitpunkt bereits vornehmlich aus den Vereinigten Staaten. Kurz nachdem er sich in der Kleinstadt Antelope in Oregon niedergelassen hatte, gerieten die Anhänger seiner Gemeinschaft in Konflikt mit der lokalen Bevölkerung, aber auch innerhalb der Gruppe kam es zu Streitigkeiten.[332] Überdies geriet Rajneesh wegen Steuerhinterziehung und Verstößen gegen das Einwanderungsgesetz ins Visier der Behörden. In einem Gerichtsverfahren erklärte er sich 1985 bereit, die USA zu verlassen. Nach längeren Reisen durch Europa und Asien kehrte er 1987 nach Indien zurück, wo er drei Jahre später im Alter von 58 Jahren starb.[333] Sein Meditationszentrum in Poona (Pune) zog auch nach seinem Tod weiterhin internatio-

nale Besucher auf der Suche nach geistiger Erneuerung, Meditation und Stressbe-
wältigung an.

Das Interesse am Zen-Buddhismus und an fernöstlichen Religionen wurde Teil
der New-Age-Bewegung, die sich im letzten Viertel des 20. Jahrhunderts in der
westlichen Welt ausbreitete. Als wirkliche Bewegung lässt sich New Age freilich
nicht verstehen, denn es gab keine zentrale Gruppierung oder einen Zusammenschluss von Gruppen, die die Praxis des New Age definiert oder koordiniert
hätten. Gleichwohl wurde es zu einem Massenphänomen, das sich in der Fach-
literatur, in Workshops, kommerziellen Unternehmen und einer ganzen Gesund-
heitsbranche niederschlug. Das Spektrum des New Age reichte dabei vom Interesse
an Okkultismus und Astrologie bis zu Psychotherapie, Selbsthilfe, Alternativ-
medizin und Ökologie. Laut einer Definition ist «die New-Age-Bewegung cha-
rakterisiert durch eine populäre westliche Kulturkritik, die in Gestalt einer säkularisierten Esoterik zum Ausdruck kommt».[334] Ihre Anhänger waren überwiegend
Weiße aus der Mittelschicht, die ein Unbehagen am Materialismus und die Sehnsucht nach spirituellen, esoterischen Alternativen einte. Doch die New-Age-An-
hänger lehnten die moderne Konsumgesellschaft nicht rundweg ab, sondern entwickelten stattdessen eine alternative Konsumkultur. Ende der 1980er Jahre war
New Age zu einem riesigen globalen Unternehmen herangewachsen, unterstützt
von einer entsprechend lukrativen Industrie mit besonders zahlreicher Gefolgschaft in Deutschland, Neuseeland, Israel, Großbritannien und den USA.[335] Zur
gleichen Zeit begannen Kritiker einige der Praktiken des New Age zu hinterfragen, etwa das Interesse am Okkultismus und an Tarot sowie die Versuche, mit
dem Jenseits in Kontakt zu treten. Andere sahen New Age weniger als soziale
oder religiöse Bewegung, sondern eher als Weg hin zu persönlicher Erfüllung und
spiritueller Vervollkommnung.

Zu einem der Hauptziele für westliche Anhänger des New Age, die nach geistiger Erneuerung suchten, wurde Indien, und hier vor allem Poona, wo Rajneesh
ein Zentrum gegründet hatte, Adyar in Madras, wo die Theosophische Gesellschaft – ein Anfang des 20. Jahrhunderts gegründeter Vorläufer der New-Age-
Bewegung – ihr Hauptquartier hatte, und Puducherry, wo der Guru Sri Auro-
bindo und seine Mitarbeiterin Mira Alfassa, auch «Die Mutter» genannt, in den
1920er Jahren einen Ashram ins Leben gerufen hatten. Weltweite Beachtung fand
Aurobindos Ashram, als Mira Alfassa, die nach Aurobindos Tod 1950 die Leitung übernommen hatte, 1968 eine künstliche Stadt namens Auroville gründete.
Dieser Gemeinschaft, die offiziell von der UNESCO unterstützt wurde, gehörten
Menschen aus Dutzenden Ländern an, die die spirituellen Grundsätze von Aurobindos Philosophie in praktische Lebensformen umsetzen wollten. Auroville und
andere New-Age-Gemeinschaften, die ursprünglich auf der westlichen Übernahme religiöser Vorstellungen und Praktiken aus Indien beruhten, fanden nun
auch unter Indern der Mittel- und Oberschicht neue Anhänger, sodass sich die

verwestlichte Version des Hindu-Spiritualismus wieder mit indigenen indischen Formen verband.[336]

Die Vorliebe für nichtwestliche Glaubenspraktiken verschmolz zudem mit ökologischen Anliegen, die zu einem neuen Verständnis der Beziehung zwischen dem menschlichen Körper und seiner natürlichen Umwelt führten.[337] Homöopathie, Yoga, ganzheitliche Medizin, Aromatherapie und die chinesische Praxis der Akupunktur erfreuten sich ab den 1970er Jahren bei Mittelschichtintellektuellen in Europa und Nordamerika großer Beliebtheit.[338] Diejenigen, die sie praktizierten, betonten in zunehmendem Maße die Verbindung von körperlichem und geistigem Wohlbefinden. Auch westliche Psychiater, Psychologen und Medizinwissenschaftler begannen sich systematisch mit dem Verhältnis von Körper und Geist zu befassen. In der Folge integrierten die Mediziner zunehmend nichtwestliche Methoden in ihre Heilpraktiken, unter anderem durch den Einsatz traditioneller Heilkräuter und anderer Naturheilverfahren.

New Age war in vielerlei Hinsicht eine Reaktion auf die wachsende Abhängigkeit der Menschen von der Technik, aber beileibe keine antimoderne Bewegung. Vielmehr versuchte sie, die Fortschritte in Wissenschaft und Technik in Projekte zur persönlichen Verbesserung der Lebensqualität zu lenken. Die Ziele waren im entscheidenden Maße persönlicher und nicht kollektiver Natur. Die Regeneration von Körper und Seele sollte durch die Harmonie zwischen Moderne und Tradition, aber auch zwischen Geist und Materie erreicht werden. Das globale Interesse an dieser neuen Spiritualität resultierte eindeutig aus einem Leben in Wohlstand und Komfort. Damit stand es in auffälligem Gegensatz zur Ausbreitung anderer religiöser Bewegungen, etwa der Befreiungstheologie und dem islamischen Fundamentalismus.

Tabelle 8: Anzahl der Anhänger der großen Religionen, als Prozentsatz der Weltbevölkerung

	1900	1970	2000	2010
Agnostizismus	0,19 %	14,68 %	10,70 %	9,81 %
Buddhismus	7,84 %	6,36 %	7,32 %	7,16 %
Chinesischer Volksglaube	23,46 %	6,16 %	6,99 %	6,30 %
Christentum	34,46 %	33,24 %	32,43 %	32,81 %
Hinduismus	12,53 %	12,53 %	13,47 %	13,76 %
Islam	12,34 %	15,62 %	21,08 %	22,51 %

Quelle: World Religion Database

Wie das gleichzeitige Aufkommen von religiösem Fundamentalismus und religiösem Pluralismus zeigt, waren die Weltreligionen keine statischen Gebilde, die gegen kulturelle oder auch dogmatische Veränderungen immun gewesen wären.

Religiöse Überzeugungen und religiöse Praxis entwickelten sich im Einklang mit und in Reaktion auf umfassende gesellschaftliche, kulturelle und politische Kräfte. Umgekehrt trugen religiöse Identitäten, Praktiken und Überzeugungen zu den kulturellen Veränderungen in der zweiten Hälfte des 20. Jahrhunderts bei. Die Rolle, die der Religion bei diesen Transformationen zukam, wurde vor allem von zwei Faktoren bestimmt. Der erste war ihr Verhältnis zur Moderne. Zu Beginn des 21. Jahrhunderts wurde zunehmend klar, dass die traditionellen Vorstellungen von der säkularisierenden Macht der Moderne nicht mehr galten. Oder anders ausgedrückt: Die ökonomische, soziale und politische Modernisierung führte nicht zwangsläufig zu einem Niedergang von Religiosität. Zwar waren bestimmte Funktionen, die religiöse Glaubenssysteme und Institutionen traditionell erfüllt hatten, zumindest in der westlichen Welt von staatlichen und gemeinnützigen Institutionen übernommen worden. Dazu gehörten die spirituelle Funktion, die Mysterien der Natur und des Ursprungs des Lebens zu erklären – sie wurde mehr und mehr von der Wissenschaft wahrgenommen –, und die praktische Funktion, Gemeinschaften zu bilden und sich wohltätig zu engagieren. Doch die Glaubenszugehörigkeit wurde dadurch keineswegs aufgehoben, denn sowohl die Gläubigen als auch die religiösen Organisationen passten sich der veränderten Funktion von Glauben in der modernen Welt an. Je flexibler die religiösen Organisationen auf die veränderten sinnlichen und emotionalen Bedürfnisse ihrer Gläubigen reagierten, desto besser überlebten sie oder erlebten sogar eine Blüte. Die Moderne beeinflusste Religion somit auf unvorhergesehene Weise, indem sie für ein System religiöser Überzeugungen und Glaubenspraktiken, das flexibler, fragmentierter und vielfältiger wurde, sorgte. Innerhalb aller großen Religionen, allen voran im Christentum, im Hinduismus, im Judentum und im Islam, entstand ein breites Spektrum an Untergruppen, das von liberal bis konservativ-fundamentalistisch reichte.

Der zweite wichtige Beitrag der Religion zu den kulturellen Veränderungen der letzten sechs Jahrzehnte bestand darin, die Idee eines religiösen Pluralismus zu festigen. Seit 1945 waren die religiösen Grenzen zahlreicher und zugleich diffuser geworden. Sie hatten sich vervielfacht, weil religiöse Untergruppen oftmals spirituelle, wenn nicht sogar territoriale Barrieren gegenüber der säkularen Welt errichteten. Zur Einrichtung religiöser Enklaven kam es in erster Linie bei fundamentalistischen und konservativen Untergruppen. Doch gleichzeitig verschwammen die Trennlinien immer mehr, da sie immer weniger mit politischen oder staatlichen Grenzen übereinstimmten. Oftmals existierten die konservative und die liberale Variante eines bestimmten Glaubens nebeneinander auf engem Raum, etwa wenn sie bei der Rekrutierung von Gläubigen den gleichen urbanen Raum besetzten. In allen großen Metropolregionen findet man heute Vertreter jeder größeren Religionsgruppe, oftmals auch der verschiedenen Untergruppen innerhalb des jeweiligen Glaubens.

Der Politikwissenschaftler Thomas Banchoff definierte religiösen Pluralismus als «Interaktion zwischen religiösen Gruppen in Gesellschaft und Politik». Er sei, so Banchoff, in der Zeit nach 1945 infolge zunehmender internationaler Migration, Urbanisierung und kultureller Globalisierung entstanden. «Im Kontext von Globalisierung und Moderne konstituieren und rekonstituieren Individuen religiöse Gruppen auf einer fließenderen Grundlage.»[339] Doch die Vorstellung von einem religiösen Pluralismus, in dem Individuen sich eine Religion aussuchen und sie «konsumieren» wie all die anderen Produkte in einer pluralistischen Gesellschaft, lässt sich nicht so leicht in die Wirklichkeit umsetzen. Selbst in den USA, die über eine lange Tradition religiöser Toleranz verfügen, kam es zwischen religiösen Mehrheits- und Minderheitsgruppen zu Spannungen, als es um die Aufnahme umstrittener Werte in die Gesetzgebung ging. Dabei handelte es sich um Fragen wie die öffentliche Zurschaustellung von religiösen Symbolen, Abtreibung, Homosexualität und die gleichgeschlechtliche Ehe. In Europa sorgte der religiöse Pluralismus für tiefe Meinungsverschiedenheiten weniger in Glaubensfragen als vielmehr hinsichtlich der nach außen sichtbaren Zeichen der Glaubenspraxis (wie zum Beispiel die Verschleierung der Frauen), aber auch der Behandlung von Frauen in muslimischen Kulturen oder der Praxis der Scharia, die Muslime in unmittelbaren Konflikt mit dem europäisch-amerikanischen Recht bringen konnte.

Zwar gehört der kulturelle Pluralismus zu den zentralen Elementen jedes demokratischen Systems, doch er galt ebenfalls mitunter als Gefahr für die Demokratie. Diese Vorstellung wurzelt in der Konfrontation westlicher Religionen, vor allem von Christentum und Judentum, mit nichtwestlichen Religionen. So stellten sich viele die Frage, wie ein politisches System, das großteils auf Werten der christlichen Tradition beruht, Gruppen und Individuen absorbieren und integrieren soll, deren Glaube und Kultur dieser Tradition in vielfacher Weise widersprechen. Oder, wie es die Philosophin Martha Nussbaum formuliert hat: «Wie kann eine respektvolle pluralistische Gesellschaft ihre fragilen Toleranzfundamente tragfähiger machen, insbesondere in Zeiten eines zunehmenden religiösen Pluralismus im eigenen Land und in einer Welt, in der wir Toleranz nicht nur intern, sondern auch zwischen Völkern und Staaten kultivieren müssen?» Nussbaum zufolge stellte eine säkularisierte Zivilreligion, wie sie als Erster Jean-Jacques Rousseau postulierte, nur eine mangelhafte Lösung dar, denn sie hatte Intoleranz gegenüber denjenigen zur Folge, die sich nicht an die Grundprinzipien dieser Zivilreligion hielten, was wiederum in den internationalen Beziehungen noch größere Probleme aufwarf. Tatsächlich hatte Rousseau 1762 erklärt: «Es ist unmöglich, mit Menschen in Frieden zu leben, die man für unselig hält.»[340] Nussbaum schlug eine andere Option vor, die auf John Stuart Mills Ausführungen zu einer «Religion der Humanität» aus dem 19. Jahrhundert gründete.[341] Diese Religion begreift «Barmherzigkeit als moralische Empfindung, die sich durch öffentliche Institutionen und staatliche Erziehung kultivieren lässt». Diese neue Form von Patriotismus, wie Nussbaum das nennt, birgt in sich die Vorstellung von Toleranz und Mitgefühl gegenüber anderen und lasse deshalb Stolz auf eine universelle Menschlichkeit entstehen. «Eine liberale Gesellschaft kann sich, ohne gegen den Respekt gegenüber dem Pluralismus zu verstoßen, eines derartigen moralischen Ideals [der Barmherzigkeit] bedienen und eine moralische Erziehung fördern, die diesem Ideal verpflichtet ist. Dieses Ideal sollte zusammen mit allgemeinen Normen der Gleichheit und des Respekts als Grundlage für die politische Kultur dienen.»[342] Statt die religiöse Identität aus dem öffentlichen Leben zu verbannen, sollte der tolerante Staat religiösen Pluralismus und Toleranz als Teil der nationalen Identität begreifen.

Nussbaums Vorschlag bringt uns zurück zu der Idee, den Partikularismus in einen allgemeineren Rahmen der Universalität einzubetten. Indem er den religiösen Pluralismus und die Wertevielfalt in ein breiter angelegtes Projekt der staatlichen Erziehung und letztlich der nationalen Identität integriert, stellt der Staat die Vielfalt ins Zentrum seines Einigungsprozesses. Dieser Einigungsprozess, ob auf staatlicher, regionaler oder globaler Ebene, setzt eine Verständigung auf bestimmte menschliche Grundwerte und Moralvorstellungen voraus, die möglicherweise nur schwer zu erreichen ist. Denn sie verlangt, dass Religionsführer und ihre Anhänger ihre Lehren vor allem auf die Menschenwürde und das menschliche Wohlergehen ausrichten und weniger auf spezielle Glaubenssätze und Praktiken. Ironischerweise waren es oft gerade die fundamentalistischen Ableger der großen Weltreligionen, die diese grundlegenden Werte aus dem Blick verloren und stattdessen ein aufwändiges System aus Lehrsätzen, Regeln und sozialen Praktiken schufen, das mit anderen Systemen nicht mehr kompatibel war.[343] An der Wende zum 21. Jahrhundert besteht die große Herausforderung noch immer darin, wie man die Macht derjenigen begrenzt, die den Pluralismus abschaffen wollen, ohne dabei zu Zwangsmaßnahmen wie einer Einschränkung der Rede- und Meinungsfreiheit für religiös und kulturell «Andersdenkende» zu greifen.

4. MENSCHENRECHTE UND GLOBALISIERUNG

In vielerlei Hinsicht kann man den Aufstieg der Menschenrechte im internationalen Bereich als eine Art säkulare Religion für rationale Aufklärungsdenker verstehen. Internationale Rechtsexperten, humanitäre Helfer, Diplomaten und Religionsführer konnten sich mit der Vorstellung anfreunden, eine neue Weltordnung zu etablieren, in der die Rechte von Individuen und Staaten durch ein gemeinsames Bündel von Gesetzen garantiert würden. Hatte das Ganze als idealistische Vision universeller, für die gesamte Menschheit gültiger Werte begonnen, so spiegelten die Debatten über Definition und Reichweite der Menschenrechte seit dem Zweiten Weltkrieg die zentralen kulturellen Gegensätze zwischen Partikularismus und Universalismus sowie zwischen Homogenisierung und Heterogenisierung wider.

Politische Auseinandersetzungen über Rechte gehörten seit Jahrhunderten zum Prozess der Staatsbildung und drehten sich zunächst in erster Linie um Fragen der Staatsbürgerschaft und der Geltung des Rechts innerhalb des betreffenden Staates. Doch die katastrophalen Auswirkungen der zwei Weltkriege in der ersten Hälfte des 20. Jahrhunderts veranlassten die Verschiebung der Debatte um Rechte von der nationalen auf die internationale Ebene. Die Kernfrage lautete nun: Würden sich die Menschen bei allen kulturellen und politischen Unterschieden auf einen universellen Verhaltenskodex verständigen können, der ihre Beziehungen zueinander regeln und künftige Kriege verhindern würde? Die Frage nach der Substanz dieser Werte wurde zum Kern dieses internationalen Diskurses: Bürgerrechte, Frauenrechte, ökonomische Rechte, Minderheitenrechte. Zwar beteiligten sich immer mehr an dieser Diskussion, doch eine Verständigung auf Inhalt und Anwendungsbereich dieser Werte blieb schwierig. Die Debatten machen sowohl die politischen als auch die praktischen Beschränkungen deutlich, die einen globalen Konsens über grundlegende Rechte für alle Menschen erschweren und die weltweite Vollstreckung dieser Menschenrechte in Frage stellen.

Einen zentralen Beitrag zum internationalen Rechtsdiskurs leisteten die Vereinten Nationen auf ihrer ersten Tagung in San Francisco 1945. Nach der Erfahrung eines verheerenden Konflikts, der zwischen 50 und 70 Millionen Menschen, die meisten von ihnen Zivilisten, das Leben gekostet hatte, einigten sich die Delegierten auf die Kernprinzipien des internationalen Friedens und der Gerechtigkeit. Sie verständigten sich auf ein grundlegendes Regelwerk für die Beziehungen zwischen den Mitgliedstaaten, darunter, wie es in der Präambel der UN-Charta heißt, den «Glauben an die Grundrechte des Menschen, an Würde und Wert der menschlichen Persönlichkeit, an die Gleichberechtigung von Mann und Frau sowie von allen Nationen, ob groß oder klein».[344] Bewusst verzichtete die Charta darauf, Bedeutung und Reichweite dieser Grundrechte festzulegen, und so blieb es in den folgenden sechs Jahrzehnten Staaten, Individuen und Menschenrechtsaktivisten überlassen, diese auszuhandeln. Ebenso bewusst enthielt die Charta keinerlei Mechanismen zur Durchsetzung dieser Rechte, sodass es den Mitgliedstaaten freistand, den Geltungsbereich individueller Rechte innerhalb der eigenen Jurisdiktion zu bestimmen.

Zwar kann man den Menschenrechtsdiskurs bis in die frühe Neuzeit zurückverfolgen, doch konkrete transnationale Artikulationen einer Menschenrechtsdiskussion blieben eine Seltenheit.[345] Im 19. Jahrhundert kam es in unterschiedlichen politischen und gesellschaftlichen Kontexten immer wieder zu rechtlichen Kampagnen, etwa zur Kampagne zur Abschaffung der Sklaverei, zur Frauenrechtsbewegung und zum Kampf für die Arbeiterrechte. Die erste Genfer Konvention, die 1864 von zwölf Nationen ratifiziert wurde, etablierte internationale Regeln für den Umgang mit gefangenen und verwundeten feindlichen Soldaten.[346] Doch die brutalen Kolonialregime des ausgehenden 19. Jahrhunderts sowie die Völkermorde und Kriege der ersten Hälfte des 20. Jahrhunderts erschütterten die Hoffnungen auf eine gerechtere und humanere Welt.[347] Nach dem Ersten Weltkrieg sprach sich US-Präsident Woodrow Wilson für ein System internationaler Gesetze aus, um die zwischenstaatlichen Beziehungen ohne kriegerische Mittel zu regeln, doch Menschenrechte tauchten in seinen Vierzehn Punkten nicht auf. Menschenrechtsgruppen wie die Ligue des droits de l'homme, die 1898 nach der antisemitischen Dreyfus-Affäre in Frankreich gegründet wurde und sich dem Minderheitenschutz verschrieben hatte, kämpften darum, politisch Gehör zu finden.[348]

Dies änderte sich jedoch im Zweiten Weltkrieg, als unter der Schirmherrschaft der USA und der UNO allmählich eine globale Menschenrechtsagenda entstand. Im Januar 1941 erwähnte Franklin D. Roosevelt in seinem Bericht zur Lage der Nation auch die Verteidigung der Menschenrechte und wiederholte diese Zusage noch einmal in der Festlegung der alliierten Kriegsziele (Deklaration vereinter Nationen) am Neujahrstag 1942, kurz nach dem Kriegseintritt der USA.[349] Waren die Menschenrechte in der Atlantik-Charta vom August 1941 noch kein Thema gewesen, so sprach die «Declaration by United Nations», also der Länder, die sich mit den Achsenmächten im Krieg befanden, sechs Monate später davon, «Menschenrechte und Gerechtigkeit im eigenen Land wie auch in anderen Ländern zu wahren». Allerdings war nicht weiter davon die Rede, was das genau für Rechte waren und wie sie durchgesetzt werden sollten.[350]

Auch die UN-Charta definierte Menschenrechte nur oberflächlich, weshalb internationale Menschenrechtsaktivisten auf die Formulierung einer universellen Bill of Rights drängten. Die Vereinten Nationen lenkten ein und setzten in der Folge eine Menschenrechtskommission ein, die unter Leitung der ehemaligen First Lady der USA, Eleanor Roosevelt, ein solches Dokument ausarbeiten sollte. Das Endprodukt, die Allgemeine Erklärung der Menschenrechte, enthielt individuelle bürgerliche und politische Rechte sowie kollektive ökonomische und soziale Rechte. Die Präambel erläuterte die allgemeinen Prinzipien der Menschenwürde, Freiheit, Gleichheit und Brüderlichkeit sowie die Gründe für die Erklärung. Dann folgten Artikel über individuelle Rechte (Artikel 3–11), über Rechte von Individuen gegenüber Gruppen (Artikel 12–17), über religiös-weltanschauliche, öffentliche und politische Rechte (Artikel 18–21) und schließlich über wirtschaftliche, soziale und kulturelle Rechte (Artikel 22–27). Die Artikel 28 bis 30 stellten die Rechte in den allgemeineren Kontext von Grenzen, Pflichten und Ordnung.[351] So sauber und ordentlich die Menschenrechtserklärung aufgebaut war, so konnte sie doch die Mehrdeutigkeiten bei der Wortwahl nicht verbergen, die sogleich zu Streitigkeiten darüber führten, was mit Begriffen wie Freiheit genau gemeint war, wie das richtige Verhältnis zwischen den Rechten von Einzelnen, Gruppen und Staaten aussehen sollte und warum nirgends davon die Rede war, wie diese Rechte durchgesetzt werden sollten. Das Dokument war somit eher Ausdruck idealistischer Bestrebungen als praktischer politischer Anwendbarkeit.

Als die UN-Vollversammlung am 10. Dezember 1948 über die Menschenrechtserklärung entschied, stimmten 48 Staaten dafür, acht enthielten sich, und kein einziger Staat votierte dagegen. Die Enthaltungen kamen aus der Sowjetunion und ihren Satellitenstaaten Weißrussland, Polen, Tschechoslowakei und Ukraine, aus dem unabhängigen sozialistischen Jugoslawien sowie aus Saudi-Arabien und Südafrika. Sie spiegelten ein allgemeines Unbehagen wider, dass mit der Erklärung die Souveränität einzelner Staaten potentiell eingeschränkt werden könnte. Diese Befürchtungen waren freilich unbegründet, denn die Erklärung enthielt keinerlei Klauseln, wie die Menschenrechtsagenda implementiert werden sollte.

**Menschenrechte
im Kalten Krieg**

Trotz ihres Universalitätsanspruchs sollte die Allgemeine Erklärung der Menschenrechte im Verlauf des folgenden halben Jahrhunderts im Zentrum aller großen globalen politischen und kulturellen Auseinandersetzungen stehen. Den Anfang machte der Ost-West-Konflikt des Kalten Krieges. Tatsächlich warfen die USA genau zu dem Zeitpunkt, da die Menschenrechtserklärung angenommen wurde, der Sowjetunion bei den Vereinten Nationen Menschenrechtsverletzungen vor. Fünf Monate zuvor hatte die Sowjetunion aus Protest gegen die von den Westalliierten vorgenommene Währungsreform jeglichen Verkehr zwischen den vom Westen kontrollierten Teilen Berlins und den westlichen Besatzungszonen unterbunden. Die Sowjets befürchteten, die Einführung einer neuen Währung in den Westsektoren der Stadt werde den Wert der alten Währung, die im sowjetisch kontrollierten Teil der Stadt sowie in der Sowjetischen Besatzungszone um Berlin herum noch immer in Umlauf war, drastisch vermindern. Der US-Vertreter bei den Vereinten Nationen, Philip C. Jessup, warf der Sowjetunion vor, sie verweigere den Bürgern Berlins den Zugang zu Essen, Treibstoff und ärztlicher Versorgung, also Grundrechte, die in Artikel 25 der Menschenrechtserklärung verbrieft waren: «Jeder hat das Recht auf einen Lebensstandard, der seine und seiner Familie Gesundheit und Wohl gewährleistet.»[352] Die beiden Streitparteien legten diese Krise schließlich außerhalb der Vereinten Nationen bei, allerdings erst im Mai des Folgejahres. Berlin markierte den ersten von zahlreichen Konflikten im Kalten Krieg, bei denen unterschiedliche Auffassungen von Menschenrechten eine zentrale Rolle spielten.

Antikommunisten in den USA und in Westeuropa waren entschlossen, die Menschenrechtsfrage für ihre ideologischen Zwecke zu nutzen. Der Kommunismus als solcher, so ihr Vorwurf, stelle bereits eine Menschenrechtsverletzung dar, denn er verweigere den unter seiner Herrschaft lebenden Menschen grundlegende Rechte wie das Recht auf freie Meinungsäußerung und auf Bewegungsfreiheit sowie religiöse und politische Freiheiten. Sie nutzten die Menschenrechtserklärung, um die liberal-demokratischen Systeme des Westens als deren Hüter darzustellen und das sowjetisch dominierte System als deren unmittelbaren Erzfeind zu dämonisieren. Ihre Behauptungen beruhten auf einigen harten Fakten, unter anderem der Verfolgung politischer Dissidenten unter Stalin. Gleichwohl spielten die Menschenrechte in ihrem rhetorischen Feldzug gegen das sowjetische System nur eine geringe Rolle, denn der Verweis darauf machte die USA selbst zur Zielscheibe, insbesondere im Hinblick auf die ideologisch repressive McCarthy-Ära in den USA. In dieser Phase, die nach dem republikanischen Senator aus Wisconsin, Joseph McCarthy, benannt war, nahmen Politiker und Gesetzeshüter politisch links stehende Personen des öffentlichen Lebens ins Visier, zerstörten zahlreiche Karrieren und verurteilten viele Menschen unter dem Verdacht subversiver Aktivitäten (darunter auch der Spionage für die Sowjetunion) zu Gefängnisstrafen. Der extreme Antikommunismus der Regierung hatte substanzielle Verstöße gegen das Recht auf freie Meinungsäußerung und rechtsstaatliche Grundprinzipien zur Folge, die im Namen und unter dem Vorwand der nationalen Sicherheit begangen wurden.[353]

Die Sowjetunion wiederum betonte vor allem die miserable Menschenrechtsbilanz der USA im Hinblick auf die afroamerikanische Bevölkerung. So unterstützte sie aktiv Afroamerikaner, die Fälle systematischer Rassendiskriminierung vor die UN-Vollversammlung brachten. Auf einem Treffen der UN-Unterkommission für Minderheitenrechte im Herbst 1947 in Genf nutzten die Vertreter der Sowjetunion eine Petition, die W. E. B. Du Bois bei der UNO eingebracht hatte, um den USA vorzuwerfen, ihr Eintreten für internationale Minderheitenrechte werde durch ihren Umgang mit Minderheiten im eigenen Land unterminiert. Du Bois und die afroamerikanische Bürgerrechtsorganisation NAACP plädierten damals öffentlich dafür, die Gleichstellung der Afroamerikaner in die Allgemeine Erklärung der Menschenrechte aufzunehmen. Du Bois hatte der Vollversammlung seinen «Appell an die Welt» zukommen lassen, eine «Stellungnahme zur Verweigerung der Menschenrechte gegenüber Minderheiten im Falle der Bürger afroamerikanischer Abstammung in den USA und ein Aufruf an die Vereinten Nationen, Abhilfe zu schaffen». Dieses Vorgehen wurde von weißen liberalen Menschenrechtsaktivisten (u. a. auch von Eleanor Roosevelt) nachdrücklich missbilligt.[354]

Die politische Führung in den USA versuchte derartige Kritik anfänglich zu entschärfen, indem sie auf die (kaum merklichen) Fortschritte verwies, die in Amerika seit Ende des Zweiten Weltkriegs gemacht worden seien. Doch schon bald verfolgte sie eine politisch kalkulierte Strategie, indem sie den Ruf nach bestimmten Menschenrechten, darunter das Recht auf gleiche Bezahlung für gleiche Arbeit und das Recht auf Wohnen und ärztliche Versorgung mit dem Kommunismus in Verbindung brachte. Die Historikerin Carol Anderson vertritt die Ansicht, das «blacklisting» dieser Menschenrechtsziele während des Kalten Krieges habe dem afroamerikanischen Kampf um Gleichberechtigung in den USA geschadet und die Bürgerrechtler gezwungen, sich auf den Kampf um politische und rechtliche Gleichstellung zu beschränken. Selbst liberale Befürworter der Gleichberechtigung der Schwarzen, so Anderson, hätten davon Abstand genommen, soziale und ökonomische Rechte auf nationaler und globaler Ebene einzufordern. Indem amerikanische Menschenrechtsaktivisten sich weigerten, die internationale Durchsetzung dieser beiden in den Artikeln 25 und 26 verbürgten Kernrechte sicherzustellen, schmälerten sie das Potenzial der Menschenrechtserklärung, universell für Gleichheit zu sorgen.[355]

Unterschiedliche Auffassungen über die Definition von Menschenrechten standen auch im Mittelpunkt der Dekolonisationskämpfe der 1950er und 1960er Jahre. Die europäischen Mächte waren in den 1940er Jahren sehr darum bemüht, die Bevölkerung in ihren Kolonien vom Geltungsbereich universeller Menschenrechte auszuschließen, insbesondere von Bürgerrechten und politischen Rechten.[356] Belgien, Großbritannien, Frankreich und andere Kolonialmächte, die ihre Überseebesitzungen unbedingt behalten wollten, plädierten für eine Ausnahmeklausel für Kolonialgebiete. Begründet wurde das mit Kategorien kultureller Differenz, doch waren diese Rechtfertigungen kaum verhüllter Ausdruck rassistischen Denkens. Würde man den Kolonialsubjekten die gleichen Rechte gewähren, so die Befürworter einer Ausnahmeregelung, würde das die öffentliche Ordnung in diesen Gebieten gefährden.[357]

Umgekehrt sahen Verfechter des Antikolonialismus in der Menschenrechtsthematik ein wichtiges Instrument ihres Kampfes um Unabhängigkeit. Auf der Konferenz von Bandung 1955, auf der afrikanische und asiatische Staaten – einige davon hatten erst kurz zuvor ihre Unabhängigkeit erlangt – eine engere wirtschaftliche und politische Zusammenarbeit sowie eine gemeinsame Strategie im Kampf gegen Kolonialismus und Imperialismus anstrebten, definierten Teilnehmer die Selbstbestimmung als «oberstes Recht». Zwar bezweifelten Menschenrechtsexperten später, ob Selbstbestimmung wirklich ein Menschenrecht war, doch die Delegierten in Bandung bezeichneten es eindeutig als ein solches und wiesen ihm eine herausgehobene Stellung zu.[358] In der Allgemeinen Erklärung der Menschenrechte war von Selbstbestimmung zwar nicht explizit die Rede, doch stand sie eindeutig in engem Zusammenhang mit dem kollektiven Recht von Individuen, frei über ihre Regierungsform zu entscheiden und am Prozess des politischen Regierungshandelns mitzuwirken.

Die Delegierten im indonesischen Bandung diskutierten freilich auch über individuelle Menschenrechte. So ermahnte beispielsweise der ägyptische Journalist und Verleger Mahmoud Aboul Fath, der wegen seiner offenen Kritik an Nasser ins Exil getrieben worden war, die Delegierten, die individuellen Menschenrechte nicht aus dem Blick zu verlieren, insbesondere das Recht auf freie Meinungsäußerung. In einem offenen Brief beschwor er die Konferenzteilnehmer, sich an die in der Allgemeinen Menschenrechtserklärung vorgegebenen Prinzipien zu halten. «Menschenrechtsverletzungen», so warnte er, «sind ohne Zweifel schlimm und nicht tolerierbar, wenn sie von Imperialisten gegen Völker begangen werden, denen sie ihre Herrschaft aufzwingen, aber noch schlimmer und verwerflicher sind sie, wenn sie von ein paar wenigen Bürgern gegen das eigene Volk begangen werden.»[359] Faths Stellungnahme machte deutlich, in welchem Spannungsverhältnis individuelle und kollektive Rechte mitunter standen. Das Recht auf Selbstbestimmung galt in erster Linie für Staaten, nicht für Individuen. Es ging auf die Zeit nach dem Ersten Weltkrieg zurück, als Minderheitenrechte im Mittelpunkt standen, und hatte nicht viel mit der UN-Erklärung zu tun, die Rechte von Einzelpersonen formulierte.[360] Fath warnte davor, eine Hierarchie der Menschenrechte aufzustellen, die eine bestimmte Kategorie von Rechten über andere stellte, und vertrat stattdessen die Ansicht, das Festhalten an kollektiven wie an individuellen Rechten sei eine notwendige Voraussetzung für die Schaffung einer gerechten postkolonialen Welt.

Die universelle Sprache der Menschenrechte diente in den 1950er und 1960er Jahren direkt den asiatischen und afrikanischen Forderungen nach politischer Unabhängigkeit. Diese Völker verlangten für sich selbst die gleichen Rechte, die den ursprünglichen Unterzeichnern der Menschenrechtserklärung zugestanden worden waren. Auf der Konferenz von Bandung lehnten Staaten aus Asien und Afrika nicht nur das traditionelle politische Regime der Kolonialregierung ab, sondern auch das kulturelle System des Menschenrechtsrelativismus. Ihr Verständnis dessen, wie universelle Menschenrechte und der Kampf gegen den Kolonialismus zusammenhingen, kam in Unabhängigkeitserklärungen überall in Afrika und Asien zum Ausdruck. So bediente sich etwa der ANC im gleichen Jahr bei seiner Formulierung der Freiheitscharta ausgiebig der Sprache der Menschenrechte.[361] Individuelle Rechte, so die Charta, die lange Zeit Vorrecht der weißen Minderheit in Südafrika gewesen seien, sollten auf alle Bürger Südafrikas unabhängig von ihrer Hautfarbe ausgedehnt werden.

Einige der Auseinandersetzungen um Sinn und Umfang der Menschenrechte wurden mittels kultureller Differenz artikuliert. Schon als am Entwurf für die Erklärung gearbeitet wurde, entzündete sich Streit an der Frage kultureller Unterschiede. Doch die überwiegend mit weißen Europäern und Amerikanern besetzte Kommission verwahrte sich sogleich gegen jeden Gedanken, die Menschenrechte ließen sich in verschiedenen Teilen der Welt unterschiedlich interpretieren oder umsetzen. Tatsächlich bat die Kommission einige prominente nicht-westliche Intellektuelle um ihre Meinung, bevor sie den endgültigen Wortlaut der Erklärung festlegte. Gandhi, der damals gerade mitten im indischen Unabhängigkeitskampf steckte, erklärte, er sehe lieber eine Betonung der Pflichten als der Rechte: «Das Recht zu leben steht uns nur zu, wenn wir die Pflicht als Bürger dieser Welt erfüllen.» Statt einer universellen Erklärung der Rechte schlug er vor, «die Pflichten von Mann und Frau zu definieren und jedes Recht an eine Pflicht zu koppeln, die zuerst zu erfüllen ist. Jedes andere Recht erweist sich damit als Anmaßung, für die zu kämpfen sich nicht wirklich lohnt.» Der chinesische Philosoph Chung-shu Lo pflichtete Gandhi bei: Im gesellschaftlichen und politischen Diskurs Chinas seien Rechte in der Sprache der Pflichten gegenüber dem Nachbarn verankert.[362] Diese kritischen Stimmen führten nicht zu einer grundsätzlichen Ablehnung des Konzepts ‹Menschenrechte›, wohl aber stellten sie die Art und Weise in Frage, wie diese Rechte formuliert wurden. Entscheidend war, dass sie die Universalität der Rechte und Pflichten über kulturelle Trennlinien hinweg anerkannten.

In den 1960er Jahren verschoben sich die Grenzen der Menschenrechtsdebatten von der internationalen Arena intergouvernementaler Akteure hin zum Graswurzelaktivismus auf lokaler und transnationaler Ebene. Als die protestierenden

Studenten in den Industriestaaten die Ordnung des Kalten Krieges in Frage stellten und den eigenen Regierungen vorwarfen, gegen die Grundsätze demokratischen Regierens zu verstoßen, entstanden neue Organisationen, die sich für die Verteidigung der Menschenrechte weltweit einsetzten. Am bekanntesten wurde Amnesty International, das 1961 vom britischen Anwalt und Gewerkschaftsaktivisten Peter Benenson gegründet wurde.[363] Ziel von Amnesty war es, die öffentliche Aufmerksamkeit auf Einzelpersonen zu lenken, die aus politischen Gründen inhaftiert waren. Benenson startete Briefkampagnen, mit denen die Strafverfolgungsbehörden und Regierungen unter Druck gesetzt werden sollten, politische Gefangene freizulassen. Obwohl ihre Erfolgsbilanz der ersten zehn Jahre recht mager ausfiel, wuchs die Menschenrechtsorganisation rasch zu einem internationalen Netzwerk an und erweiterte ihren Aktionsradius auf Frauenrechte, Kinderrechte sowie auf die Rechte von Flüchtlingen und Folteropfern. In den 1960er und 1970er Jahren lag die Bedeutung von Amnesty in erster Linie darin, das Eintreten für Menschenrechte von der hohen Ebene zwischenstaatlicher Diplomatie auf die Ebene der transnationalen Graswurzelbewegungen zu bringen. In der Atmosphäre der politischen Massenbewegungen der 1960er Jahre wirkten die idealistischen Ziele der Organisation auf viele Menschen attraktiv, die angesichts der enormen Apathie der Politiker in Bezug auf politische Missstände in der Welt frustriert waren.[364]

Amnesty International richtete den Blick auf die Notlage von Individuen. Die Organisation versuchte in der Öffentlichkeit politisch neutral zu bleiben, sehr zum Missfallen derjenigen, die der Ansicht waren, die Menschenrechtsverstöße einiger Regime müsse man in einen politischen Kontext stellen.[365] Diese Neutralität ging sogar so weit, dass Amnesty lokale Verbände anwies, politische Gefangene zu gleichen Teilen aus westlichen Ländern, aus kommunistischen Staaten und aus der Dritten Welt zu «adoptieren».[366] Darüber hinaus zeigte sie eine Vorliebe für besonders öffentlichkeitswirksame Fälle, um damit die Aufmerksamkeit für die Arbeit von Amnesty zu steigern. Kritiker warfen Amnesty vor, diese Methode stelle Publizität über die tatsächliche Dringlichkeit der Fälle und lenke möglicherweise von Menschenrechtsverletzungen ab, die gleichermaßen oder sogar mehr Aufmerksamkeit verdienten.

Die Arbeit von Amnesty stand beispielhaft für die Verlagerung der globalen Menschenrechtsagenda in den 1970er Jahren hin zu individuellen Rechten. Auch der Aktionsradius erweiterte sich auf den globalen Süden, wo trotz Faths früherer Warnungen die Menschenrechtsverletzungen rasant zunahmen. Postkoloniale Staatsführer bedienten sich oftmals politischer Unterdrückung und physischer Gewalt, um ihre Macht zu festigen. Während des Kalten Krieges rechtfertigten diese Regime ihr Vorgehen gern als legitimes Mittel, um die öffentliche Ordnung und politische Stabilität zu garantieren, und bekamen dafür häufig Rückendeckung von der einen oder anderen Supermacht. Selbst als US-Präsident Jimmy

Carter 1977 versprach, die Menschenrechte zu einem der Grundsätze seiner Politik zu machen, musste er sie zumeist geopolitischen Erwägungen unterordnen.[367] So übte er Druck auf Chile aus und nutzte die Menschenrechte als politischen Hebel bei seinen Verhandlungen mit der Sowjetunion, doch im Falle wichtiger wirtschaftlicher und politischer Verbündeter wich er ebenso häufig von diesen Prämissen ab. Beispielhaft dafür kann Südafrika stehen, dessen Apartheidregime eine eklatante Menschenrechtsverletzung darstellte, dessen antikommunistische Politik das Land jedoch zu einem wichtigen Verbündeten der USA im Kalten Krieg machte.[368]

Während die Menschenrechtspolitik der Regierung Carter an den Realitäten des Kalten Krieges scheiterte, gab es trotzdem auf der europäischen Bühne Fortschritte zu verzeichnen, wie die Konferenz über Sicherheit und Zusammenarbeit in Europa (KSZE) zeigte, an der west- und osteuropäische Staaten ebenso teilnahmen wie die USA und Kanada. Die Osteuropäer hatten die erste Konferenz 1973 in Helsinki initiiert, um den Westen zur Anerkennung der bestehenden Nachkriegsgrenzen in Europa zu bewegen. Die westeuropäischen Staaten signalisierten ihre Bereitschaft dazu, allerdings unter der Bedingung, dass in die Schlussakte eine Reihe von Menschenrechtsklauseln aufgenommen würden.[369] Dazu zählten die «Achtung der Menschenrechte und Grundfreiheiten, einschließlich der Gedanken-, Gewissens-, Religions- oder Überzeugungsfreiheit für alle ohne Unterschied der Rasse, des Geschlechts, der Sprache oder der Religion», aber auch ein Abschnitt über «Gleichberechtigung und Selbstbestimmung der Völker».[370] Die Schlussakte von Helsinki 1975 führte zur Gründung von Helsinki Watch, einer Nichtregierungsorganisation, die die Einhaltung der Schlussakte in Osteuropa und der Sowjetunion überwachte.[371] Helsinki ermutigte überdies osteuropäische Dissidenten – unter ihnen den prominenten russischen Physiker Andrej Sacharow, den russischen Schriftsteller Alexander Solschenizyn und den tschechischen Dramatiker Václav Havel – dazu, Oppositionsbewegungen ins Leben zu rufen, die schließlich 1989 die kommunistischen Regime zu Fall brachten.[372] Zumindest auf dem Papier sorgte die Unterzeichnung der Schlussakte dafür, dass über die Trennlinie des Kalten Krieges hinweg ein gemeinsames Verständnis von der Unverletzlichkeit der Menschenrechte herrschte. Doch trotz aller Bemühungen hielt die Unterdrückung in Osteuropa an – ein Beleg dafür, dass das Menschenrechtsregime in den folgenden Jahren eher Ideal als Wirklichkeit bleiben sollte.

Die Definition der Menschen-rechte nach dem Kalten Krieg

Das Jahr 1989 bot neue Hoffnung, dass sich nun endgültig die Menschenrechte im Bereich der internationalen Beziehungen durchsetzen würden. Als die kommunistischen Regime in Osteuropa und in der Sowjetunion zusammenbrachen, schienen die Vereinten Nationen bereit zu sein, eine deutlich aktivere Rolle bei der weltweiten Sicherung von Frieden, Gerechtigkeit und universellen Rechten zu übernehmen. Die Unterstützung repressiver Staatsführer versiegte mehr und mehr. Südafrika ließ innerhalb von zwei Monaten nach dem Fall der Berliner Mauer seinen prominentesten politischen Gefangenen, Nelson Mandela, frei. Lateinamerikanische Rebellen und Diktatoren verloren ihren finanziellen Rückhalt. Nicaragua hielt 1990 demokratische Wahlen ab, die zur Absetzung der sowjetgestützten Sandinisten führten. Das Ende des Kalten Krieges fiel zusammen mit der Entstehung und Ausbreitung globaler Kommunikationsnetze, die unter anderem durch das Internet und die Entsendung neuer Kommunikationssatelliten ins All vorangetrieben wurden. Zusammengenommen, weckten diese Entwicklungen bei den Menschen die Hoffnung auf ein neues Zeitalter globalen Friedens.

Der durch das Ende des Kalten Krieges ausgelöste Optimismus verflüchtigte sich in den folgenden Jahren schnell wieder, denn einerseits entstanden durch den Zerfall der ideologischen Barrieren neue Verbindungen über ideologische und kulturelle Trennlinien hinweg, andererseits traten aber lange überdeckte ethnische, kulturelle und politische Gräben zu Tage. Ein Beispiel für Letzteres ist der ethnische Konflikt, der in den 1990er Jahren in Jugoslawien zum Ausbruch kam. Serben, Kroaten, Bosnier und Albaner, die ihre historisch bedingten Animositäten während der kommunistischen Herrschaft im Zaum gehalten hatten, bekämpften sich mit einer Brutalität, wie man sie in Europa seit dem Zweiten Weltkrieg nicht mehr erlebt hatte. Die ethnischen Säuberungen der Serben in Bosnien Anfang der 1990er Jahre erinnerten schmerzlich an vergangene Gräueltaten in der Region und offenbarten die Unfähigkeit oder den Unwillen der internationalen Gemeinschaft, den Opfern von Menschenrechtsverletzungen zur Seite zu stehen. So wurden in der Region rund 2,2 Millionen Menschen aus ihrer Heimat vertrieben; viele landeten in Flüchtlingslagern innerhalb des ehemaligen Jugoslawien, andere flohen in Länder der EU und nach Nordamerika. Laut einem UN-Bericht von 2006 kehrte nur etwa die Hälfte von ihnen später wieder zurück.[373]

Für die EU-Länder, die viele der Flüchtlinge vom Balkan, aber auch Migranten aus anderen osteuropäischen Ländern aufnahmen, bedeutete die Integration der Neuankömmlinge eine gesellschaftliche, wirtschaftliche und kulturelle Belastung. In Deutschland, Frankreich, Österreich, den Niederlanden und anderswo warben rechtskonservative Parteien mit zuwanderungsfeindlichen und ultranationalistischen Positionen um Wählerstimmen. Eine Zeitlang hatte es den Anschein, als habe die Öffnung der Grenzen zum ehemaligen Ostblock für eine nationalis-

Demonstranten marschieren durch Johannesburg, 1987. Sie fordern die Freilassung von
Nelson Mandela, der 1964 vom Apartheidregime in Südafrika verhaftet worden war und
seitdem im Gefängnis saß. Der internationale Druck auf Südafrika, die Menschenrechtsverletzungen und diskriminierenden Praktiken gegenüber Schwarzen zu beenden, nahm in
den 1980er Jahren zu. Mandela wurde 1994, vier Jahre nach seiner Entlassung aus der Haft,
zum ersten demokratisch gewählten Staatsoberhaupt nach der Apartheid.

tische Gegenreaktion gesorgt und nicht für einen neuen Aufbruch in Richtung globaler Integration. In Westeuropa diskutierte man über Staatsbürgerschaftsfragen, über die Pflicht, die Landessprache zu erlernen, über die Duldung nichtindigener kultureller Praktiken, über Frauenrechte und den Zugang von Immigranten zu sozialen Dienstleistungen wie etwa der Gesundheitsfürsorge. Die meisten Regierungen fuhren dabei zweigleisig: Sie verschärften die Regelungen für Zuwanderung und politisches Asyl und verstärkten zugleich die Bemühungen, diejenigen, die ins Land gelassen wurden, zu integrieren und ihnen die grundlegenden Sozialleistungen zu gewähren. Auch wenn die internationale Migration nicht immer zu größerem kulturellen Verständnis beitrug, so führte sie zumindest am Anfang des 21. Jahrhunderts in allen europäischen Großstädten zu einer größeren kulturellen und ethnischen Vielfalt.

In Ruanda mündeten ethnische Spannungen 1994 in einen Massenmord. Ein Attentat auf die Präsidenten Ruandas und Burundis, deren Flugzeug beim Landeanflug auf die ruandische Hauptstadt Kigali abgeschossen wurde, löste den Genozid an den Tutsi aus. Beide hatten der Volksgruppe der Hutu angehört, die schon seit Jahren gegen die Tutsi-Minderheit in Ruanda hetzten. Im Laufe von drei Monaten ermordeten Hutu dann zwischen 500 000 und einer Million Tutsi und gemäßigte Hutu, während die UN-Truppen, die bereits seit 1993 im Rahmen einer Friedensmission in der Region stationiert waren, tatenlos zusahen. Wie sie später erklärten, hätten sie kein offizielles UN-Mandat zum Eingreifen besessen und deshalb die Massaker nicht verhindern können.[374]

Auch was die Integration muslimischer Bevölkerungsgruppen in westliche, primär christliche Gesellschaften anging, gab es weiterhin Spannungen. In Frankreich verschärfte sich die Kontroverse um das Tragen des Schleiers in der Schule und an öffentlichen Orten; dabei bildete sich eine eigenartige Koalition aus konservativen Zuwanderungsgegnern, die die Immigranten zur kulturellen und gesellschaftlichen Assimilation zwingen wollten, und liberalen, linken und feministischen Politikern, die den Schleier als Angriff auf die säkularen Traditionen Frankreichs und als Ausdruck für die öffentliche Degradierung der Frauen betrachteten. Dieser Dauerstreit mündete schließlich 2004 in ein nationales Gesetz gegen das Tragen von «offensichtlichen Zeichen der Glaubenszugehörigkeit an öffentlichen Schulen». Ihm folgte 2010 ein Parlamentsbeschluss, der Schleier verbot, «die das Gesicht verbergen sollen».[375] Dieses Verbot trat am 11. April 2011 in Kraft. Das belgische Parlament verabschiedete drei Monate später ein ähnliches Gesetz.

Die Bedenken im Hinblick auf die Integration muslimischer Bevölkerungsteile verstärkten sich nach dem Ende des Kalten Krieges vor allem aus zwei Gründen: durch das Aufkommen des politischen Islamismus im Nahen und Mittleren Osten und speziell durch die Entstehung informeller und transnationaler Gruppen, die in unterschiedlichem Maße militante Überzeugungen vertraten. Diese Gruppen schufen sich in Staaten mit beträchtlichem muslimischen Bevölkerungsanteil eine

Schauerlicher Beweis für den Genozid: Die Behörden haben vor einer Kirche in Ruanda 300 Totenschädel aufgereiht, um das Ausmaß der Massenmorde zu klären, 6. November 1994. 1994 ermordeten die Hutu innerhalb von drei Monaten zwischen 500 000 und einer Million Tutsi und gemäßigte Hutu, derweil in der Region stationierte UN-Friedenstruppen tatenlos zuschauten.

Basis; in einigen Ländern wurden sie geduldet oder sogar aktiv unterstützt, so in den 1990er Jahren im Sudan und in Pakistan, während sie andernorts bekämpft wurden, unter anderem im Irak, wo Saddam Hussein politische Islamisten als Gefahr für seine säkular-autoritäre Herrschaft ansah. Die militanten Flügel dieser Gruppierungen verübten in der Region, aber auch in westlichen Staaten zahlreiche Terroranschläge. Islamexperten mahnten, die religiöse Praxis des Islam nicht mit den fundamentalistischen Dogmen gleichzusetzen, und zwischen religiös-fundamentalistischem und militant-politischem Islam zu unterscheiden.[376] Den meisten westlichen Beobachtern aber fehlte der Sinn für solche Nuancen, was die antimuslimische Stimmung aufheizte, insbesondere in den USA.

Samuel Huntingtons 1993 publizierte These von einem «clash of civilizations» (der im Deutschen dann zu einem «Kampf der Kulturen» wurde) brachte eine neue Form von Kulturpessimismus zum Ausdruck.[377] Huntington vertrat darin die Ansicht, dass «die zentralen Auseinandersetzungen zwischen den Menschen und die Hauptursache von Konflikten kultureller Art sein werden». Er unterteilte die Welt in sieben oder acht Zivilisationen bzw. Kulturen und sah es als erwiesen an, dass gegenwärtige und künftige gewaltsame Konflikte in erster Linie zwischen verschiedenen Zivilisationen auftreten würden. Diese Zivilisationen definierte er als kulturelle Einheiten mit gemeinsamer «Geschichte, Sprache, Kultur, Tradition und allem voran Religion. Die Menschen in unterschiedlichen Zivilisationen haben ihre eigenen spezifischen Ansichten über das Verhältnis zwischen Gott und Mensch, zwischen Individuum und Gruppe, zwischen Bürger und Staat, Eltern und Kindern, Mann und Frau, aber auch unterschiedliche Vorstellungen von der relativen Bedeutung von Rechten und Pflichten, Freiheit und Autorität, Gleichheit und Hierarchie.»[378] Nicht nur betrachtete er die Religion als wichtigsten Grundpfeiler dieser Einheiten, sondern prophezeite darüber hinaus, dass religiös-kulturelle Unterschiede zu tief in jeder dieser Zivilisationen verwurzelt seien, als dass eine Anpassung über Grenzen hinweg möglich sei. Aus diesem Grunde seien Konflikte unvermeidlich.

Warnungen vor den homogenisierenden Auswirkungen der kulturellen Globalisierung wies Huntington zurück. Zwar erkannte er an, dass der Austausch zwischen Menschen mit unterschiedlichem religiösen und kulturellen Hintergrund zugenommen hätte, doch sorge dies nicht unbedingt für mehr Verständnis und Toleranz gegenüber Andersdenkenden, sondern eher für ein höheres Konfliktpotential, das mitunter auch in Gewalt münde. «Da die Menschen ihre Identität in ethnischen und religiösen Kategorien definieren, spricht einiges dafür, dass sie das Gefühl haben, zwischen ihnen und Menschen anderer Ethnizität oder Religion herrsche ein ‹Wir›-gegen-‹sie›-Verhältnis.»[379] Tatsächlich konnte Huntington auf mehrere Konflikte in der zweiten Hälfte des 20. Jahrhunderts verweisen, bei denen die Religion zum Brennpunkt von Auseinandersetzungen wurde, die in ihrem Kern ethnischer Natur waren: zwischen Protestanten und Katholiken in Nordirland, zwischen orthodoxen Christen und Muslimen in Serbien, Kroatien und Bosnien sowie zwischen Arabern und Israelis im Nahen Osten.[380] Steven Bruce zufolge kann eine religiöse Identität «eine neue Bedeutung gewinnen und eine neue Loyalität einfordern», wenn zwei Kulturen unterschiedlichen Glaubens in Konflikt geraten oder wenn die Kultur eines bestimmten Glaubens eine andere beherrscht.

Kritiker warfen Huntington vor, eine Art von kulturellem Determinismus zu propagieren, der an den ökonomischen Determinismus der Marxisten des 19. und 20. Jahrhunderts erinnerte.[381] Ein anderer Vorwurf lautete, er habe ein stereotypisch negatives Bild vom Islam entworfen, das einem ebenso stereotyp positiven Bild des «Westens» gegenüberstand.[382] Besonders bedenklich war unter Huntingtons Kritikern die Vorstellung, wonach die politische Manifestation des Islam unvereinbar sei mit der Demokratie, eine Ansicht, die auch einige führende konservative Intellektuelle wie Bernard Lewis und Daniel Pipes vertraten.[383] Huntingtons monokausale religiös-kulturelle Erklärung der globalen Beziehungen und Konflikte ließ jedenfalls wenig Raum, um ernsthaft Ausmaß und Grenzen des kulturellen Einflusses auf die Beziehungen zwischen Völkern und innerhalb eines Volkes zu erforschen. Sie zeigte zudem, dass es trotz aller Anzeichen für eine zunehmend vernetzte und geeinte Weltgesellschaft weiterhin vielfältige Hinweise darauf gab, dass kulturelle Unterschiede und Konflikte weiterhin Bestand hatten.

Erneuten Auftrieb erhielt Huntingtons These nach den Anschlägen auf das World Trade Center in New York und das Pentagon in Washington am 11. September 2001. Diesen von der islamistischen Terrororganisation al-Qaida ausgeführten Angriffen fielen fast 3000 Menschen zum Opfer. Im Zuge der weltweiten Verfolgung des al-Qaida-Führers Osama bin Laden starteten die Vereinigten Staaten einen Militäreinsatz in Afghanistan, wo angeblich führende al-Qaida-Vertreter Zuflucht gefunden hatten. Anschließend griffen sie 2003 den Irak an, obwohl Saddam Hussein ein erklärter Feind al-Qaidas war. Die Regierung Bush rechtfertigte die Jagd auf islamische Terroristen in Afghanistan und im Irak unter anderem mit dem Hinweis auf Menschenrechtsverletzungen seitens der Taliban und Husseins. Doch als 2004 bekannt wurde, dass die Amerikaner im Militärgefängnis Abu Ghraib im Irak Häftlinge folterten und missbrauchten, sahen sich die USA selbst mit dem Vorwurf von Menschenrechtsverletzungen konfrontiert.[384] Die Versuche von Rechtsberatern der US-Regierung, brutale Verhörmethoden wie das Waterboarding zu rechtfertigen, sorgten in den USA und international für Empörung. Die Vorfälle fügten dem Ruf der USA als Verfechter universeller Menschenrechte erheblichen Schaden zu; vor allem aber schadeten sie allen Bemühungen, internationale Menschenrechtsstandards zu etablieren.[385] Wenn schon die USA sich das Recht vorbehielten, Folter im Widerspruch zu internationalen Vereinbarungen zu definieren, so machten sie damit faktisch alle Bemühungen, ein international anerkanntes System zur Durchsetzung von Menschenrechten zu schaffen, zunichte.

Solche Bemühungen hatte es seit Gründung der Vereinten Nationen 1945 gegeben, doch aufgrund der ideologischen Konflikte des Kalten Krieges blieb der Erfolg aus. Nach 1990 boten sich freilich neue Chancen internationaler Zusammenarbeit, um den Menschenrechten weltweit Geltung zu verschaffen. Die USA unterstützten hartnäckig die Einrichtung internationaler Tribunale, um Kriegsverbrecher zur Rechenschaft zu ziehen. Das erste dieser Tribunale richtete der UN-Sicherheitsrat 1993 ein, um sich mit den Menschenrechtsverletzungen im früheren Jugoslawien zu befassen. Der Internationale Strafgerichtshof für das ehemalige Jugoslawien (ICTY) verhandelte gegen Einzelpersonen, denen Menschenrechtsverletzungen auf diesem Territorium seit 1991 vorgeworfen wurden. Prominenteste Angeklagte waren der frühere serbische Ministerpräsident Slobodan Milošević, der ehemalige Präsident der Republika Srpska in Bosnien und Herzegowina, Radovan Karadžić, sowie der frühere serbische General Ratko Mladić.[386]

Ein Jahr später rief der Sicherheitsrat ein zweites Tribunal ins Leben – wieder mit Unterstützung der USA –, das sich mit dem Massenmord an den Tutsi in

Ruanda 1994 beschäftigen sollte. Der neue Geist der Zusammenarbeit nach dem Ende des Kalten Krieges ermöglichte es dem UN-Sicherheitsrat, eine Resolution zu verabschieden, die die Gewalt verurteilte, und einen Internationalen Strafgerichtshof für Ruanda (ICTR) im tansanischen Arusha zu installieren. Wie im Fall des ehemaligen Jugoslawien war die internationale Staatengemeinschaft zwar daran gescheitert, den Massenmord zu verhindern, aber handelte zumindest schnell, um die Täter zur Rechenschaft zu ziehen. Ab 1996 verhandelte der ICTR mehrere Dutzend Fälle. Zu den prominentesten Angeklagten zählten Ruandas Interimspremier Jean Kambanda sowie Jean-Paul Akayesu, zur Zeit des Genozids Bürgermeister der Stadt Taba, wo Tutsi systematisch gejagt und getötet worden waren. Beide wurden zu lebenslangen Freiheitsstrafen verurteilt.[387] Die Tribunale für Jugoslawien und Ruanda zeigten, dass die Vereinten Nationen keine Macht hatten, um direkt in regionale Konflikte eingreifen zu können und damit massive Menschenrechtsverletzungen zu verhindern oder ihnen zumindest Einhalt zu gebieten. Die Organisation entwickelte jedoch allmählich Mechanismen, um zumindest diejenigen zur Rechenschaft zu ziehen, die sich an Verbrechen gegen die Menschlichkeit beteiligt hatten.

Im Jahr 2002 gingen die UN-Mitgliedstaaten noch einen Schritt weiter in Richtung einer internationalen Strafgerichtsbarkeit, indem sie den Internationalen Strafgerichtshof (ICC) mit Sitz in Den Haag schufen. Jedoch weigerten sich die USA unter Präsident George W. Bush, das Statut zu ratifizieren, und zogen ihre Unterstützung für den ICC zurück. Trotz der Ablehnung durch die USA gewann der Strafgerichtshof bis Ende 2011 die Unterstützung von 119 Ländern. Die Rechtsprechung des ICC war zwar geographisch breit angelegt, blieb jedoch auf die Verfolgung von Staatsbürgern begrenzt, deren Regierungen das Statut unterzeichnet hatten, sowie auf Fälle, «in denen der ermittelnde oder strafrechtlich verfolgende Staat nicht willens oder in der Lage ist, die Untersuchung oder Strafverfolgung wirklich durchzuführen».[388] Die meisten Fälle, die im ersten Jahrzehnt seines Bestehens vor dem Gericht landeten, bezogen sich auf Angehörige afrikanischer Staaten.

Die Tribunale und der ICC arbeiteten unter der Prämisse, dass ein einheitliches Gesetzeswerk das nationale und internationale Verhalten von Staaten und Individuen regeln solle. Der Erfolg dieser Rechtsinstitutionen beruhte allerdings auf der Bereitschaft der Mitgliedstaaten, diese Gesetze zu übernehmen und durchzusetzen.[389] Im letzten Jahrzehnt des 20. Jahrhunderts war die Weltgemeinschaft jedoch in der Frage der Definition und Allgemeingültigkeit der Menschenrechte noch immer tief gespalten. Tatsächlich drängten UN-Mitglieder aus den Entwicklungsländern Anfang der 1990er Jahre auf eine partikularistische Interpretation der Menschenrechte, die auf einer beherzten Verteidigung des Kulturrelativismus beruhte. Diese Partikularisten waren die Nachfahren derjenigen, die 35 Jahre zuvor auf der Bandung-Konferenz für die Selbstbestimmung als allge-

mein gültiges Recht gekämpft hatten, sich also für die universelle Menschen-
rechtsinterpretation eingesetzt hatten.

Die Kontroverse nahm ihren Anfang 1991 als Reaktion auf die Veröffentlichung des zweiten Jahresberichts des United Nations Human Development Program, der anhand von vierzig Kriterien eine Rangliste der Staaten gemäß einem
neu entwickelten Index menschlicher Freiheit erstellte. Der ghanaische UN-Bot-
schafter Kofi Awoonor erhob als Sprecher der Gruppe der 77 Einwände gegen
diesen Kriterienkatalog, denn «Freiheit ist ein wertbesetzter Begriff, der je nach
Gesellschaft in unterschiedlicher Form und Gestalt zum Ausdruck kommt. Wenn
man nun die Arbeit eines bestimmten Experten nimmt, der für eine bestimmte
Kultur steht, welche sich in den Augen vieler in der jüngsten Geschichte mit der
Unterdrückung und Ausbeutung weiter Teile unserer Welt verbindet, und daraus
einen Kriterienkatalog entwickelt, der für alle Gesellschaften und Kulturen gel-
ten soll, so zeigt das einen Mangel an Feinfühligkeit, der in einer internationalen
Institution wie dem UNDP nicht wirklich akzeptabel ist.»[390] Die Gruppe der 77
wandte sich vor allem gegen die Einbeziehungen der Rechte und Freiheiten von
Homosexuellen in den Bewertungskatalog. In mehreren Mitgliedstaaten der
Gruppe, vor allem in der islamischen Welt, war Homosexualität weiterhin eine
Straftat. Und selbst in Ländern, die Homosexualität nicht mehr kriminalisierten,
blieben Fragen wie Frauenrechte und sexuelle Rechte umstritten. Zu diesem
Themenkomplex gehörten auch die Rechte von Homosexuellen, Militärdienst zu
leisten und zu heiraten, sowie das Recht der Frauen auf einen Schwangerschafts-
abbruch.

Auf der Wiener Menschenrechtskonferenz 1993 wurden grundlegende Vorbehalte laut, als mehrere nichtwestliche Länder, unter ihnen China, Iran, Syrien,
Singapur, Malaysia und Kuba, die universelle Gültigkeit der UN-Menschen-
rechtserklärung in Frage stellten: Sie verurteilten sie als Werkzeug des westlichen Imperialismus und verlangten, das Recht auf nationale Souveränität
müsse über universellen Menschenrechtsansprüchen stehen.[391] Den Wortfüh-
rern der Kritik, zu denen unter anderem Singapur und Indonesien gehörten,
wurden ihrerseits Menschenrechtsverletzungen vorgeworfen, weshalb sie ein
gehöriges Maß an Eigeninteresse hatten, die Grenzen der Menschenrechtsagenda neu zu definieren.[392]

Der Konflikt um den Kulturrelativismus war drei Monate zuvor in Thailands
Hauptstadt Bangkok entstanden, als asiatische Staaten im Vorfeld der Wiener
Konferenz über konkrete Empfehlungen verhandelten.[393] Auf dieser Konferenz
betonten sie, die Anwendung der Menschenrechte müsse kulturspezifisch in einzelnen Regionen erfolgen. In Artikel 8 der Erklärung von Bangkok hieß es:
«Zwar sind Menschenrechte von Natur aus universell, doch sie müssen im Kontext eines dynamischen und fortlaufenden Prozesses der internationalen Norm-
setzung betrachtet werden, bei dem man die Bedeutung nationaler und regionaler

Besonderheiten sowie verschiedene historische, kulturelle und religiöse Hintergründe im Auge behalten muss.»[394] Diese Argumentationslinie bedeutete ein deutliches Abrücken von der Bandung-Konferenz vier Jahrzehnte zuvor, als sich die Delegierten für die universelle Gültigkeit der Menschenrechte ausgesprochen hatten, um für Asiaten und Afrikaner das Recht auf Selbstbestimmung zu reklamieren. In Bangkok stand nun der Grundsatz kultureller Unterschiede über dem der universalen Menschenrechte.

Asiatische Menschenrechtsorganisationen und führende Intellektuelle beanstandeten sogleich die offiziellen Verlautbarungen von Bangkok. Auf einem gleichzeitig stattfindenden Treffen wiesen sie das Argument des Kulturrelativismus zurück und bekräftigten ihre Überzeugung von der Universalität, Unveräußerlichkeit und Unteilbarkeit der Menschenrechte in Asien. Das NGO-Treffen endete mit einer Gegenerklärung, in der es hieß: «Universelle Menschenrechte sind in zahlreichen Kulturen verwurzelt», und weil «Menschenrechte von universellem Belang und universellem Wert sind, lässt sich das Eintreten für Menschenrechte nicht als Angriff auf die nationale Souveränität betrachten».[395] Die asiatischen Menschenrechtsorganisationen waren sich sehr wohl bewusst, inwieweit ihre Regierungen die Debatte um den Kulturrelativismus dazu missbrauchten, eigene Menschenrechtsverletzungen zu rechtfertigen. Zwar räumten sie durchaus ein, dass es kulturelle Unterschiede gab, aber in ihren Augen galten die universellen Menschenrechte, wie sie in der Allgemeinen Menschenrechtserklärung von 1948 verankert waren, für alle Kulturen. Diese Sichtweise setzte sich letztlich auch auf der Konferenz in Wien durch. Das dortige Treffen endete nicht nur mit einem vehementen Ja zur universellen Gültigkeit von Menschenrechten, sondern es gelang auch, das Amt eines UN-Kommissars für Menschenrechte zu schaffen, unterstützt durch die asiatischen NGOs und gegen den Willen der offiziellen Regierungsvertreter asiatischer Staaten.[396]

Menschenrechtsverfechter mussten ihren Glauben an die universelle Gültigkeit der Menschenrechte, die auf gemeinsamen kulturellen Werten basierte, mit der Unterstützung kultureller Vielfalt in Einklang bringen. Besonders eindrücklich formuliert fand sich diese Verbindung von Universalismus und Partikularismus bei dem indischen Ökonomen Amartya Sen. Er kritisierte die Vorstellung, alle Asiaten hätten ein bestimmtes Wertesystem, das sich vom «Westen» unterscheide, da dies eine alte eurozentrische Sichtweise wiederhole und verstärke. Er begrüßte kulturelle Vielfalt als wichtigen Bestandteil Asiens wie auch jedes anderen Erdteils. Diese Vielfalt, so Sen weiter, schließe nicht aus, dass es gemeinsame Werte gebe. Insbesondere wandte er sich gegen das Argument, das Lee Kuan Yew aus Singapur und der chinesische Ministerpräsident Li Peng vorbrachten, dass nämlich asiatische Kulturen eine größere Vorliebe für autoritäre Herrschaft hegten, weniger für individuelle Freiheiten und Bürgerrechte übrig hätten und dass Asiens wirtschaftlicher Fortschritt genau dieser Vorliebe für den Autoritarismus zu verdanken sei.[397] Dem hielt Sen entgegen, dass die Regime schon lange vor dem Wirtschaftsboom autoritär gewesen seien und deshalb die Gründe für den wirtschaftlichen Erfolg anderswo liegen müssten. Gleichzeitig verwies er auf bestimme religiöse und kulturelle Werte in Asien (unter anderem im Buddhismus), die persönliche und bürgerliche Freiheit über blinde Autoritätshörigkeit stellten. Umgekehrt zeigte er, dass bestimmte philosophische und intellektuelle Traditionen des Westens eine tiefe Verehrung und Wertschätzung für Ordnung und Autorität hegten. Vielfalt, so sein Fazit, schließe also grundlegende Gemeinsamkeiten keineswegs aus.

Debatten über die Universalität der Menschenrechte waren sowohl lokalspezifisch geprägt als auch global lesbar. Partikularistischer und universalistischer Ansatz schlossen sich dabei nicht gegenseitig aus und standen auch nicht in Konkurrenz zueinander, sondern bedingten sich wechselseitig. In der Ära der Globalisierung stellten diese Debatten den Primat des Nationalstaats in Frage, leugneten jedoch nicht, dass dem Staat noch immer eine Macht- und Aktionsfunktion zuzurechnen ist. Sie fragmentierten nationale und internationale Gemeinschaften, indem sie das Lokale mit dem Globalen verbanden. Und sie rückten die Bedeutung neuer Kommunikationsmittel und der Informationstechnologie in den Vordergrund. Die globalen Netzwerke von Menschenrechtsaktivisten mochten zwar noch unvollkommen und ungleichmäßig ausgeprägt sein, aber sie gaben Zeugnis und übermittelten Bilder von Menschenrechtsverletzungen und bezogen damit ein globales Publikum in ihre Kampagnen ein.[398] Diese Kampagnen sorgten freilich nicht dafür, dass international Konsens über Inhalt und Reichweite des Menschenrechtsregimes herrschte. Im Gegenteil: Zahllose politische und gesellschaftliche Gruppen stritten weiter darüber, wie man Menschenrechte definieren sollte, und diesen Gruppen ging es oft eher um politische Vorteile als um moralische Prinzipien. Heute, zu Beginn des zweiten Jahrzehnts des 21. Jahrhunderts, ist unser Verständnis von Menschenrechten möglicherweise fragmentierter als je zuvor.

Kulturen der Globalisierung

Die Zeit nach dem Kalten Krieg brachte zudem hitzige Debatten über Bedeutung und Folgen kultureller Globalisierung. Worüber allgemeiner Konsens herrschte, war, dass die Welt ziemlich zusammengeschrumpft war und dass Globalisierung ein reales Phänomen war, das das Leben nahezu aller Menschen tangierte. Je nach politischer, ökonomischer oder ideologischer Überzeugung nahmen die Teilnehmer der Debatte in ihrem jeweiligen Umfeld Homogenisierung oder Heterogenisierung, Vereinheitlichung oder Fragmentierung, Partikularismus oder Universalismus wahr, und ihre Gefühle gegenüber diesen beiden Kräften, die sie näher zusammenbrachten und stärker

voneinander trennten, waren allenfalls gemischt. Befürworter und Gegner bekämpften sich in Demonstrationen auf der Straße, in öffentlichen Foren sowie in
Zeitungsartikeln und publizistischen Kommentaren. Die Frontlinien verliefen
dabei freilich nicht entlang geographischer, klassen- oder gar generationsspezi-
fischer Linien. Die gleichen Personen konnten mitunter die kulturelle Globalisierung in einem bestimmten Kontext begeistert begrüßen und in anderem Zusammenhang aufs Heftigste kritisieren.

Als demographische Gruppe konnten sich junge Menschen am leichtesten mit
den neuen Möglichkeiten anfreunden, die sich im Zuge der Globalisierung boten.
Sie nutzten das Internet ganz selbstverständlich als Kommunikationsmittel und
als Barometer populärer Trends in ganz unterschiedlichen Teilen der Welt. Sie
wussten die Früchte der kulturellen Globalisierung am besten zu nutzen, denn sie
verschaffte ihnen Zugang zu einem breiten Spektrum an kulturellen und materiellen Angeboten, mit denen sie die Beschränkungen ihrer physischen Umgebung
problemlos überwinden konnten. Sie waren deutlich weniger als ihre Eltern in
Sorge um den Verlust kultureller Traditionen in ihrer heimischen Umgebung.
Mittels Fernsehen, Internet und anderen modernen Kommunikationstechnologien konnten sie mit einer virtuellen Gemeinschaft von Menschen in Kontakt
treten, mit denen sie Vorlieben, Überzeugungen und Interessen teilten. Unabhängig von ihrem geographischen Standort waren sie somit in der Lage, persönliche
kulturelle Nischen zu besiedeln.

Für diejenigen, die Zugang zum Internet hatten, demokratisierte dieses Medium
Information und Kommunikation. Doch dieser universale Zugang zu Information
führte nicht zwangsläufig zu kultureller Homogenisierung, wie Kritiker fürchteten.
Und obwohl die Beteiligung am weltweiten Kommunikationsnetz potentiell zu größerem Verständnis für kulturelle Vielfalt und zu gesteigerter Toleranz gegenüber
kulturellen Unterschieden führen konnte, war auch das nicht immer der Fall. Als
der virtuelle Marktplatz für Ideen und Kommunikation exponentiell wuchs, beförderte er unterschiedslos alle Arten von Ideen. Das Internet verbreitete die Hassbot-
schaften islamistischer Dschihadisten ebenso wie die Aufrufe zu friedlichen Protesten der Demokratiebewegung in Tunesien und Ägypten im Frühjahr 2011. In
beiden Fällen nutzten Menschen die neue Technik, um ihre Botschaft in Sekunden-
schnelle einem nationalen und internationalen Publikum zu übermitteln.

Die Tatsache, dass junge Menschen die neuen Kommunikationsmittel selbstverständlich nutzten, machte sie nicht automatisch zu glühenden Verfechtern der
Globalisierung. Im Gegenteil: Viele von ihnen beteiligten sich an den Protesten
gegen die ökonomische Globalisierung anlässlich der jährlichen Treffen von Welthandelsorganisation, Weltwirtschaftsforum und anderen Wirtschaftsgipfeln seit
den 1990er Jahren.[399] Die internationalen Medien bezeichneten diese Aktivisten
rasch als Globalisierungsgegner, obwohl sie sich in erster Linie gegen konkrete
neoliberale Aspekte der wirtschaftlichen Globalisierung aussprachen, wie sie von

Weltbank, Weltwährungsfonds und führenden Wirtschaftsmächten vertreten wurden. Die Demonstranten warfen diesen Wirtschaftsmächten eine Politik vor, die den reichsten Volkswirtschaften der Welt insbesondere durch Freihandelszonen und wirtschaftliche Deregulierung einen unfairen Vorteil verschaffe. Sie verwiesen auf eine Reihe internationaler Vereinbarungen aus den frühen 1990er Jahren, die den internationalen Handel erleichtern sollten, jedoch kleine Unternehmer und Geschäftsleute, die auf dem internationalen Markt nicht konkurrieren konnten, gefährdeten. Zu diesen Vereinbarungen gehörten unter anderem das Nordamerikanische Freihandelsabkommen (NAFTA) sowie das jüngste Allgemeine Zoll- und Handelsabkommen (GATT), das 1994 in Kraft trat.

Die Freihandelsabkommen hatten in der Tat höchst unterschiedliche Konsequenzen für die jeweiligen Volkswirtschaften. Sie sorgten mit dafür, dass der Warenaustausch sich im letzten Jahrzehnt des 20. Jahrhunderts verbilligte, vereinfachte und beschleunigte. Zusammen mit technologischen Fortschritten im internationalen Schifffahrts- und Transportwesen nahm der Handel an Volumen und Tempo zu, während die Kosten für internationalen Transport stetig sanken – eine Entwicklung, die nicht zuletzt dem kommunistischen China verhalf, zum führenden Produzenten von Konsumgütern für den amerikanischen Markt aufzusteigen. Wichtiger aber war, dass auch der Produktionsprozess selbst sich globalisierte, da einzelne Bauteile in verschiedenen Ländern hergestellt und dann in Fabriken fern der Entwicklungs- und Marketingzentren zusammengebaut wurden. Der multinationale Produktionsvorgang ließ die Kosten für Konsumgüter auf dem internationalen Markt deutlich sinken.

Die Abkommen hatten allerdings auch negative Auswirkungen, vor allem insgesamt sinkende Löhne im Produktionssektor, denn die Hersteller wanderten aus Märkten mit hohen Arbeitskosten wie den USA, Westeuropa und Japan in Billiglohnländer in Südostasien und Lateinamerika ab.[400] Laut dem Ökonom Jeff Faux verlief die Trennlinie zwischen Gewinnern und Verlierern dieses Prozesses nicht mehr entlang nationaler, sondern entlang klassenspezifischer Grenzen. Der weltweite Rückgang bei den Löhnen reduzierte den Anteil der Arbeiter am internationalen Reichtum, während multinationale Wirtschaftseliten überproportional profitierten. In der industrialisierten Welt gerieten zudem die Interessen von Konsumenten und Arbeitern in Konflikt. Konsumenten profitierten, weil sie besseren Zugang zu billigeren Waren hatten (darunter Alltagsgegenstände wie Kleidung und Schuhe), während die Arbeiter unter stagnierenden oder sinkenden Löhnen zu leiden hatten oder, noch schlimmer, ihren Arbeitsplatz verloren. Da sie zugleich auch Konsumenten waren, fanden sich Arbeitnehmer sowohl auf der Gewinner- wie auf der Verliererseite wieder. Doch die Konflikte um NAFTA und GATT spalteten nicht nur Arbeiter, Konsumenten und Produzenten in den jeweiligen Ländern, sondern sorgten auch für neue Solidaritäten über nationale und kulturelle Grenzen hinweg. Die Proteste ließen transnationale soziale Bewegungen wie das Weltsozialforum entstehen, die es sich zum Ziel gesetzt haben, Globalisierung im Dienste weltweiter Gerechtigkeit zu fördern.

Vergrößerte die Globalisierung im wirtschaftlichen Bereich die Unterschiede durch zunehmende soziale und wirtschaftliche Stratifikation, so geschah im kulturellen Bereich offenbar das genaue Gegenteil, nämlich die Nivellierung kultureller Differenz. Doch auch für die gegenteilige Entwicklung gibt es Belege: den zunehmenden Multikulturalismus in den meisten städtischen Regionen weltweit, die Ausbreitung internationaler Nahrungsmittel allerorten sowie insbesondere die Zunahme von Reisen in Länder außerhalb Europas und Nordamerikas. Die Erfahrung der Differenz wurde sogar zu einem der zentralen Verkaufsargumente bei der Ausbreitung des globalen Tourismus nach dem Kalten Krieg, da reiche westliche Investoren neue Entwicklungsmöglichkeiten im globalen Süden und im Fernen Osten sahen. Viele ehemalige politische Brennpunkte in Afrika und Ostasien wurden zu bevorzugten Objekten touristischer Entwicklung, beispielsweise Vietnam oder Indonesien. Vor allem in den 1990er Jahren entstand eine neue Welle des Ökotourismus, der die kontrollierte «Erschließung» von Gebieten verlangte, die für auswärtige Besucher bis dato unzugänglich gewesen waren. Das in gewisser Weise widersprüchliche Ziel des «sanften Tourismus» war es, die neu erschlossenen Regionen so ursprünglich wie möglich zu belassen, gleichzeitig aber westlichen Reisenden zugänglich zu machen.

In den 1990er Jahren wurde der naturnahe Tourismus so beliebt, dass die Vereinten Nationen das Jahr 2002 zum internationalen Jahr des Ökotourismus erklärten.[401] Auf einem Ökotourismus-Gipfel der UN in Québec im gleichen Jahr erarbeiteten die Teilnehmer die «Erklärung von Québec zum Ökotourismus», in der sie sich verpflichteten, das «Natur- und Kulturerbe» von Touristenzielen zu bewahren sowie den so genannten «nachhaltigen Tourismus» zu unterstützen. Der Gipfel und das internationale Jahr des Ökotourismus machten sowohl neue Umweltsorgen als auch Probleme der Nachhaltigkeit sichtbar. Gleichzeitig wurde durch den Gipfel deutlich, wie sehr der weltweite Reiseverkehr zu einer wichtigen Einkommensquelle für große Teile der Welt geworden war, die bisher nur wenig wirtschaftliche Entwicklung erlebt hatten. Noch wichtiger aber war: Er offenbarte somit das tiefreichende Paradoxon des Tourismus an der Wende zum 21. Jahrhundert. Denn Ökotouristen lehnten die kulturelle und ökonomische Globalisierung ab und trieben sie zugleich voran. Sie suchten in immer entlegeneren Weltgegenden nach authentischen kulturellen Erfahrungen, doch ihre immer weiter ausgreifenden kollektiven Sehnsüchte und ihre Wirtschaftskraft veränderten unausweichlich die kulturelle und wirtschaftliche Dynamik ihres Reiseziels. In dem Moment, da sie die Authentizität zelebrierten, leisteten sie der Hybridität Vorschub.

Zwar war der Ökotourismus in erster Linie ein kommerzielles Phänomen, doch manifestierte sich in ihm der tiefsitzende Wunsch, kulturelle Differenz zu einem Bestandteil der eigenen Lebenserfahrung zu machen. Die Akzeptanz der Differenz in Verbindung mit der Wahrnehmung der Verbundenheit über kulturelle und geographische Grenzen hinweg fand Ende des 20. Jahrhunderts ihren Ausdruck in der Philosophie des Kosmopolitismus. Einer ihrer wichtigsten Vertreter ist der Philosoph Kwame Anthony Appiah, der im Begriff des Kosmopolitismus eine brauchbare Alternative zum abgenutzten und schlecht definierten Konzept der Globalisierung sah, das er als einen Begriff bezeichnete, «der ursprünglich eine Marktstrategie, dann eine makroökonomische These bezeichnete und heute alles zu umfassen scheint, also nichts».[402] Appiah entlehnte den Begriff des Kosmopolitismus aus Immanuel Kants Schrift *Zum ewigen Frieden* von 1795; er bringe, so Appiah, weniger die materielle Vernetztheit der Welt zum Ausdruck, sondern den Gedanken, «dass wir Pflichten gegenüber anderen Menschen haben, die über die Blutsverwandtschaft und selbst über die eher formalen Bande einer gemeinsamen Staatsbürgerschaft hinausgehen». Zudem befördere der Kosmopolitismus das Interesse an menschlichen Existenzen jenseits des eigenen Kulturkreises: «Der Kosmopolit weiß: Die Menschen sind verschieden, und wir können aus diesen Unterschieden viel lernen.»[403] Laut Appiah glauben Kosmo politen sowohl an universell gemeinsame Werte, die sie mit Fremden außerhalb ihrer vertrauten Umgebung verbinden, als auch an die Vorstellung vom kulturellen Pluralismus. In seinen Schriften weist Appiah häufig auf seine eigenen multikulturellen Wurzeln hin, die ihm ein tieferes Verständnis für kulturellen Universalismus und Pluralismus verliehen hatten. Als Sohn einer Engländerin und eines Ghanaers wuchs er in Kumasi auf, der Hauptstadt der Ashanti-Region in Ghana, aber er fühlte sich gleichzeitig in der britischen und in der ghanaischen Kultur zu Hause und ging schließlich in die Vereinigten Staaten.

Ähnlich wie die Globalisierung war auch der Kosmopolitismus als philosophisches Konzept umstritten. Der Politikwissenschaftlerin und Philosophin Seyla Benhabib zufolge gibt es im Zusammenhang mit der Idee des Kosmopolitismus drei Denkrichtungen: «Für manche bedeutet Kosmopolitismus eine Haltung aufgeklärter Moralität, die nicht die ‹Vaterlandsliebe› über die ‹Liebe zu den Menschen› stellt […]; für andere bedeutet Kosmopolitismus Hybridität, Veränderlichkeit und das Anerkennen des fragmentierten und innerlich zerrissenen Charakters des menschlichen Selbst, und Staatsbürger, deren vielfältige Bestrebungen» über die nationale Gemeinschaft hinausreichen; für eine dritte Gruppe sei Kosmopolitismus «eine normative Philosophie, die diskursethische universalistische Normen über die Grenzen des Nationalstaats hinausträgt».[404] Benhabib selbst rechnet sich am ehesten der dritten Richtung zu. Ihr Interesse am Kosmopolitismus gilt den konkreten und normativen Manifestationen des Konzepts in internationalen Gesetzen und Institutionen. Dazu gehören Menschenrechtsdefinitionen, humanitäre Hilfe, Flüchtlings- und Asylstatus, transnationale Definitionen von Staatsbürgerschaft, internationale Strafgerichtshöfe,

Tribunale, transnationale Menschenrechtsorganisationen und natürlich die Vereinten Nationen. Nach Ansicht Benhabibs liefere der Kosmopolitismus die moralische und ethische Begründung, um das Verhältnis des Staates zu seinen Bürgern (die Rechte des Einzelnen gegenüber dem Staat) sowie die Beziehungen zwischen Menschen über staatliche Grenzen hinweg zu regeln. Trotz ihrer unterschiedlichen Ansätze kommen Appiah und Benhabib zu ähnlichen Schluss-folgerungen, was die Bedeutung des Kosmopolitismus im globalisierten Umfeld des frühen 21. Jahrhunderts betrifft. Zwar liefern ihre Varianten des Kosmo-politismus keine Lösung für den anhaltenden Kampf zwischen den Kräften des Universalismus und des Partikularismus, aber sie vermitteln eine klare Vorstel-lung davon, vor welchen Herausforderungen die menschliche Gemeinschaft im neuen Jahrtausend steht.

	Differenz ist der Schlüssel zum Ver-
Die Universalisierung	ständnis der kulturellen Konflikte an der
der Differenz	Wende zum 21. Jahrhundert. Sie bietet

zugleich aber auch den Schlüssel für eine mögliche Lösung dieser Konflikte. Kulturelle Differenz in den Prozess der Natio-nenbildung zu integrieren ist zur größten Herausforderung der Ära nach dem Kalten Krieg geworden. Es könnte dabei gut sein, dass ausgerechnet das Projekt des *nation building* selbst dem gnadenlosen Voranschreiten der kulturellen Glo-balisierung zum Opfer fällt, denn transnationale Unternehmenskonglomerate, politische Organisationen und Kulturinstitutionen stellen den Primat des Natio-nalstaats in Frage. Zwar sind souveräne Staaten bisher noch nicht bereit, ihre Macht an höhere politische Institutionen abzugeben, aber sie müssen doch erken-nen, dass ihre Volkswirtschaften und nationalen Gesellschaften zunehmend von globalen Netzwerken abhängig sind. Während sie den Transfer von Waren, Men-schen und Information über nationale Grenzen hinweg bereitwillig erleichtern, tun sie sich schwer damit, die kulturellen Folgen dieses Transfers zu akzeptieren.

Dieses Unbehagen fundiert auf einem ganz bestimmten Verständnis von kultu-reller Identität als räumlich und zeitlich feststehender Größe, und diese Vorstel-lung ist ihrerseits ein Produkt des Aufklärungsdenkens des frühen 19. Jahrhun-derts, das den Nationalstaat in den Mittelpunkt rückte. Buchdruck, Kapitalismus und Imperialismus leisteten ihren Beitrag, in Europa und den USA ein nationales Bewusstsein entstehen zu lassen und zu stärken.[405] Je enger sich der Nationalis-mus definierte und je machtvoller er wurde, desto mehr bediente er sich eines linearen Mythos historischer Kontinuität. Die Vergangenheit wurde neu konzi-piert, um sie der gewünschten Identität des gegenwärtigen Staates anzupassen. Und je mehr der Staat auf einen linearen Mythos setzte, desto intoleranter wurde er gegenüber Differenz. Zwei Weltkriege in der ersten Hälfte des 20. Jahrhunderts führten die schrecklichen Folgen einer Ideologie des extremistischen Nationalismus vor Augen, der sich im Gegensatz zu anderen Kulturen definierte und – im Falle der NS-Ideologie – die Auslöschung ganzer Bevölkerungsgruppen als «Andersartige» einleitete. Die zweite Hälfte des 20. Jahrhunderts war zumindest im Bereich der Kultur von einem Ausgleich zwischen den Kräften des Nationalismus und des Transnationalismus geprägt. Vielfalt zu akzeptieren gehörte ebenso zu diesem Prozess wie die Suche nach Gemeinsamkeiten. «Differenz wird auf lokaler Ebene reproduziert», so schrieben die Historiker Michael Geyer und Charles Bright im Jahre 2002, «und zwar nicht als Geltendmachung traditioneller Bedeutungen und Praktiken, sondern als Ergebnis der Einbindung in die globalen Veränderungsprozesse, die sich im Alltagsleben vollziehen.»[406] Das macht die Idee des Nationalismus oder nationaler Identität im 21. Jahrhundert nicht zunichte, aber diese Identität muss neu begriffen werden als etwas, das in fortwährendem Wechselspiel mit – und nicht im Gegensatz zu – transnationalen Impulsen entsteht und reproduziert wird.

Obwohl die kulturelle Globalisierung als Folge der ökonomischen und politischen Globalisierung gilt, waren Kulturproduzenten – Künstler, Schriftsteller, Musiker – in diesem Prozess kultureller Hybridisierung oft an vorderster Front zu finden. Einige dieser Hybrid-Produkte sind weltberühmt, wie etwa Pablo Picassos Werke aus seiner afrikanischen Periode. Andere haben erst in jüngster Zeit internationale Aufmerksamkeit erfahren, etwa die Installationen des Konzeptkünstlers Yinka Shonibare, die sinnbildlich für die kulturelle Hybridisierung nach dem Kolonialismus und nach dem Kalten Krieg stehen. Als Künstler wie als Individuum verweigert sich Shonibare der einfachen kulturellen Kategorisierung. Seine Kunstinstallationen verfremden kulturelle Stereotypen und demonstrieren deren Absurdität. Sein bevorzugtes Medium sind farbige afrikanische Batikstoffe, die, wie er herausfand, ursprünglich gar nicht aus Afrika stammen, sondern aus den Niederlanden importiert wurden. Die Holländer ihrerseits hatten diese Stoffe auf der Grundlage von Batiken angefertigt, die sie aus ihrer Kolonialbesitzung Java eingeführt hatten. Was Weiße – und übrigens auch viele Afrikaner – als «authentisch afrikanisch» empfanden, erwies sich somit als alles andere als authentisch, sondern als vielschichtiges Produkt kolonialer Eroberung und des Beziehungsgeflechtes mit dem niederländischen Kolonialsystem der Frühen Neuzeit.

Anhand des Beispiels von Shonibares Entdeckung der hybriden «afrikanischen» Stoffe kann man die komplexen Prozesse kultureller postkolonialer Globalisierung nachzeichnen. Sie verleiht überdies dem, was Appiah unter Kosmopolitismus versteht, eine ganz konkrete Bedeutung. Shonibare kam 1962 in England zur Welt, wo sein nigerianischer Vater Jura studierte. Drei Jahre später kehrte die Familie nach Nigeria zurück, doch die Sommer verbrachte er weiterhin in England. Er wuchs also in zwei Welten auf, zweisprachig und bikulturell. Mit achtzehn erkrankte er an einer Querschnittsmyelitis, die zu partieller Lähmung führte. Später dachte er über die besonderen Umstände seiner Entwicklung als Künstler nach: «All die Dinge, die an mir angeblich nicht stimmen, haben sich in Wirklichkeit als enormer Vorzug erwiesen. Ich spreche von meiner Rasse und meiner Behinderung. Sie gelten in unserer Gesellschaft als Negativa, aber mich haben sie befreit.»[407] Seine Behinderung hatte zur Folge, dass er sich von den konventionelleren künstlerischen Ausdrucksformen abwandte und stattdessen mit Konzeptkunst befasste, mit deren Hilfe er neue Medien erkunden konnte. Der rassenspezifische Aspekt seiner Befreiung ergab sich aus dem Austausch mit einem seiner britischen Tutoren an der Byam Shaw School of Art in London, wo er sich Mitte der 1980er Jahre eingeschrieben hatte. Damals war er daran interessiert, «Kunst über die Perestroika» zu machen, suchte jedoch noch nach dem richtigen Ansatz. Sein Tutor hatte gewisse Zweifel an der Sinnhaftigkeit dieses Projekts und schlug ihm vor, als Afrikaner solle er sich lieber darauf konzentrieren, «authentische afrikanische Kunst» zu schaffen. Nachdem Shonibare den Affront überwunden hatte, nicht nur auf ein Rassenstereotyp festgelegt worden zu sein, sondern gleich auch noch den künstlerischen Ausdruck eines ganzen Kontinents aufgebürdet bekommen zu haben, begann er der Frage nachzugehen, was weiße Imperialisten (und Postimperialisten) als «authentische afrikanische Kunst» ansehen könnten. Dabei stieß er auf die javanesisch-holländischen Ursprünge der afrikanischen Stoffe und kam schließlich zu der Erkenntnis, wie oberflächlich die Vorstellung von Authentizität in Kunst und Kultur im Allgemeinen war. «Mein Tutor wollte, dass ich rein afrikanisch war», erzählte er später. «Ich aber wollte zeigen, dass ich in einer riesengroßen Welt lebte, und andere Einflüsse aufnehmen, wie das jeder weiße Künstler über Jahrhunderte hatte tun können.»[408] Mittels seiner Kunst weigerte sich Shonibare, europäisch-amerikanische Projektionen afrikanischer Identität zu übernehmen oder sich der ethnischen Selbstidentifikation zu widmen. Stattdessen fügte er dem Repertoire europäischer Darstellungen ethnischer Identität koloniale Themen hinzu.[409]

Seine Kunst spielt mit gängigen Stereotypen und stellt sie auf den Kopf. In einer Fotoinstallation mit dem Titel «Diary of a Victorian Dandy» zum Beispiel liegt er in einem viktorianisch möbliertem Zimmer auf einem bequemen Bett, umgeben von vier jungen weißen Frauen in Dienstmädchenuniformen und einem weißen Butler, die ihn aufmerksam umsorgen. Auch aus seinen holländisch-javanesisch-afrikanischen Stoffen schuf er ausgefeilte viktorianische Kleidungsstücke und vereinte dabei die Themen Kolonialismus, Rasse und Klasse. Die Kleider werden häufig von Mannequins ohne Kopf getragen, deren Hautfarbe sich schwer einer Ethnizität zuordnen lässt und irgendwo zwischen Weiß und Schwarz angesiedelt ist. Mit seinen Installationen hinterfragt Shonibare sowohl kulturelle Stereotypen als auch das Konzept kultureller Authentizität. Seine künstlerischen Schöpfungen vermischen und verkehren kulturelle Identitäten. Mit Hilfe dieser Praxis schafft er einen alternativen kulturellen Raum, der in sich authentisch ist, weil er keiner bestehenden nationalen oder kontinentalen «Authentizität» zugehört. Er produziert auf lokaler Ebene Differenz, indem er sich, wie bereits von Bright und Geyer formuliert, «mit den globalen Veränderungsprozessen, die sich im Alltagsleben vollziehen», befasst.

Shonibare gehört zu einer Gruppe von Künstlern aus nichtwestlichen Ländern, die die Rolle als Vertreter einer imaginären ethnischen Kunst, welche ihnen vom internationalen weißen Kunstestablishment zugedacht war, ablehnen. Genannt seien hier nur Chéri Samba aus Zaire, Godfried Donkor aus Ghana und Georges Adéagbo aus Benin.[410] Anhand des Lebens und Wirkens dieser Künstler kann man die Möglichkeiten und Herausforderungen kultureller Globalisierung in heutiger Zeit untersuchen. Ihre Kunst steht beispielhaft für die gelebte Erfahrung kultureller Hybridisierung, denn sie zeigt, dass es sich dabei um mehr als nur ein theoretisches Konzept handelt. Sie spiegelt ganz konkret das Leben derjenigen wider, die als Migranten zwischen verschiedenen Orten pendeln und mit mehr als nur einer Kultur in Kontakt gekommen sind oder vom kulturellen Erbe von mehr als nur einem Land oder einer Region zehren. Der Anthropologe Jan Nederveen Pieterse stellte fest, dass diese Erfahrung ziemlich weit verbreitet war: «auf die eine oder andere Weise sind wir alle Migranten».[411] Nederveen Pieterse selbst kam nach dem Zweiten Weltkrieg in den Niederlanden zur Welt, elf Tage nachdem seine Familie aus Java angekommen war, wo seine Vorfahren sich Anfang des 17. Jahrhunderts als Angehörige der Niederländischen Ostindien-Kompanie niedergelassen hatten. Er beschrieb seine Herkunft als eine Mischung aus «Javanern, Portugiesen, Franzosen, Deutschen und anderen, und sie ist durchdrungen von der indo-niederländischen Mestizenkultur».[412]

Auch wenn Nederveen Pieterses transnationale Biographie am Ende des 20. Jahrhunderts nicht so ungewöhnlich war, wie sie das einige Jahrzehnte früher gewesen wäre, war sie doch nicht typisch für die große Mehrheit der Weltbevölkerung, die im Laufe ihres Lebens in unmittelbarer Nähe ihres Geburtsortes verblieb. Die multinationale Erfahrung war schon immer vor allem bei denen anzutreffen, die sich mit Kulturproduktion und Kulturanalyse befassten: bei Intellektuellen, Wissenschaftlern, Missionaren, Künstlern, Musikern, Schriftstellern und unter wirtschaftlichen und politischen Eliten. Noch wichtiger aber ist: Die Zahl derjenigen, die westliche mit nichtwestlichen Biographien verbinden, ist höher als je zuvor. Ihre Stimmen sind zusammen mit den nichtwestlichen Stimmen in internationalen Organisationen, Politik, Kunst und Literatur immer vernehmlicher geworden.

Als Indikator für die stärkere Einbeziehung nichtwestlicher Stimmen in den globalen Kulturdiskurs kann ein kurzer Überblick über die Literaturnobelpreisträger der letzten Jahrzehnte gelten. Zwischen 1980 und 2012 verlieh das Nobelpreiskomitee die Auszeichnung zwölf Mal an Schriftsteller aus Asien, Afrika oder

Lateinamerika. In den ersten acht Jahrzehnten seines Bestehens war dies nur fünf Mal der Fall gewesen. Zudem bevorzugte das Komitee in den letzten Jahren Autoren, die über interkulturelle und «zwischenrassische» Themen schrieben, so zum Beispiel über die Apartheid in Südafrika (Nadine Gordimer, 1991), über die Rassenbeziehungen in den USA (Toni Morrison, 1993), über Kolonialismus und Postkolonialismus (Derek Walcott, 1992; V. S. Naipaul, 2001).⁴¹³ Diese Autoren spiegeln eine tiefgreifende Veränderung der internationalen literarischen Landschaft wider, zu der auch Bestsellerautoren wie Salman Rushdie, Anita Desai und Jhumpa Lahiri gehören. Der in Indien geborene Rushdie erhielt seine Ausbildung in England und lebt seither dort. Desai kam in Indien als Tochter einer Deutschen und eines Bengalen zur Welt. Sie erhielt ihre Ausbildung in Indien und hat sowohl in Indien als auch in den USA gelebt. Lahiri, die im Jahr 2000 für ihre Kurzgeschichtensammlung *Interpreter of Maladies* (dt. *Melancholie der Ankunft*) den amerikanischen Pulitzer-Preis für Literatur bekam, wurde als Kind bengalischer Eltern in London geboren und übersiedelte im Alter von drei Jahren in die USA.⁴¹⁴ Dass auf der internationalen literarischen Bühne zunehmend Autoren mit nichtwestlichen oder transnationalen Lebensgeschichten sowie Werke, die sich mit multikulturellen Themen befassen, präsent sind, kann als Gradmesser für die wachsenden interkulturellen Netzwerke dienen. Sie sind Teil einer kosmopolitischen Gruppe, die eine gemeinsame globale Sprache spricht.

Diese Sprache ist nicht nur multikulturell, sondern auch multilokal. Es handelt sich keineswegs um eine neue Sprache, denn Kulturaustausch und kulturelle Entlehnung gibt es seit Jahrhunderten. Doch in der zweiten Hälfte des 20. Jahrhunderts hat sich ihre Reichweite von den Eliten auf die Mittelschichten und vom globalen Norden auf den Süden ausgedehnt. Diese Ausweitung hat für größere Vielfalt gesorgt und den gemeinsamen kulturellen Radius vergrößert. Gleichzeitig waren aber auch Friktion und kulturelle Fragmentierung die Folge, denn verschiedene kulturelle Gruppen kämpfen auf lokalen, nationalen und globalen Schauplätzen um die Vorherrschaft. Die Entstehung wie auch die Entwicklung globaler Kulturen seit 1945 vollzog sich in zwei Richtungen, eine zentripetale ebenso wie eine zentrifugale. In den urbanen Zentren dieser Welt waren die globalen Kulturen von Homogenisierung ebenso gekennzeichnet wie von Heterogenisierung. Kultureller Austausch sorgte für universelle Verhaltensstandards, Rechte und Werte, während zugleich die spezifisch lokalen Interpretationen dieser Werte sichtbar wurden. Und schließlich mussten die am kulturellen Austausch Beteiligten fortlaufend zwischen der Forderung nach Konformität und dem Wunsch nach Differenz vermitteln. Trotz eines immer engeren Netzwerks des globalen Austauschs von Menschen, Gütern und Ideen ist die kulturelle Landschaft an der Wende zum 21. Jahrhundert möglicherweise vielfältiger und facettenreicher als je zuvor.

Die Entstehung einer transnationalen Welt

Akira Iriye

EINLEITUNG

In den ersten Junitagen des Jahres 1940, als der Krieg auch Westeuropa erreicht hatte und sich die Menschen in Paris – diejenigen, die nicht in andere Landesteile geflohen waren – für den bevorstehenden Einmarsch der Deutschen wappneten, absolvierte die Pariser Oper ordnungsgemäß ihren Spielplan und präsentierte Jules Massenets Oper *Thaïs* (1894), die Geschichte eines religiösen Eiferers, der eine verruchte Kurtisane zu bekehren versucht, am Ende aber von ihr umgarnt und verführt wird. Der Aufführung wohnten gerade einmal eine Handvoll Zuschauer bei – nicht mehr als fünfzig –, unter ihnen ein junger Diplomat, der für die japanische Botschaft arbeitete.[1] Er war aus Japan nach Paris gekommen, um an der Sorbonne die Philosophie Blaise Pascals zu studieren, doch als 1939 der Krieg ausbrach, wurde er von der Botschaft zur Verstärkung des Personals rekrutiert. Vier Jahre lang diente er auf diesem Posten, ehe er nach Berlin ging, als die Alliierten 1944 in der Normandie erfolgreich zum Gegenangriff ansetzten und die deutschen Truppen aus Frankreich zurückdrängten. Bevor er Paris verließ, besuchte er noch verschiedene Teile Frankreichs und traf unterwegs auf Häftlinge, die auf Befehl der Nationalsozialisten entlassen und «in Marsch gesetzt» worden waren – Historiker sprachen später von den «Todesmärschen».[2] Zu den Marschierenden gehörten Frauen und Männer vieler Religionen und Nationalitäten. Der Diplomat hat seine Begegnung mit diesen Menschen, die bislang dem Blick der Öffentlichkeit entzogen gewesen waren, nie vergessen. Als Deutschland schließlich im Mai 1945 kapitulierte, wurden der japanische Diplomat, seine Kollegen, deren Familien und zahlreiche andere Zivilisten (darunter eine Geigerin, die in Deutschland studierte und nach dem Krieg weltberühmt werden sollte) im österreichischen Badgastein interniert. Das US-Außenministerium in Washington entschied jedoch, diese Personen in die USA zu bringen, und so gelangten sie im August nach Bedford Springs, Pennsylvania, wo sie mehrere Monate in einem Hotel unter Arrest standen, ehe sie gegen Jahresende nach Japan zurückgeschickt wurden.[3]

Eine Geschichte wie die des japanischen Diplomaten lässt sich in einer Reihe von Kontexten betrachten. Auf der einen Ebene handelt sie vom Krieg, in dem sich Nationen gegenseitig zu zerstören und zu besiegen versuchen. Die internationalen Beziehungen haben unweigerlich Auswirkungen auf das persönliche Leben der Menschen, und die Erfahrungen des Diplomaten waren zweifellos von den Wirren des Zweiten Weltkriegs geprägt. Würden wir es dabei belassen, wäre das jedoch ungerecht – gegenüber dem Einzelnen wie gegenüber der Geschichte. Es würde darauf hinauslaufen, Geschichte auf der Grundlage nationaler und internationaler Politik zu definieren und solche persönlichen Erfahrungen (und die von Abermillionen anderer) in die Fußnoten zu verbannen. Doch das, was der Diplomat erlebte, tat und worüber er nachdachte, bekommt Bedeutung, wenn man es in andere Kontexte stellt, etwa die Geschichte der Musik, die Bewegung von Menschen über Grenzen hinweg oder die Begegnungen von Menschen mit ganz unterschiedlichem Hintergrund. Diese Themen passen nicht immer in die *big history* von Krieg oder Diplomatie, aber sie besitzen doch ihre ganz eigene Legitimität und Integrität. Einigen dieser Erfahrungen nachzuspüren hieße, der Weltgeschichte eine weitere Ebene hinzuzufügen.

Dieses Kapitel versucht, unserer Betrachtung globaler Entwicklungen seit dem Ende des Zweiten Weltkriegs eine solche weitere Ebene einzuziehen, die man als transnationale Perspektive bezeichnen könnte. Transnationale Geschichte lässt sich vielleicht am ehesten begreifen als Blick in die Vergangenheit anhand von Phänomenen und Themen, die nationale Grenzen durchschneiden und bei denen nichtnationale Akteure (etwa Nichtregierungsorganisationen oder Wirtschaftsunternehmen) und Entitäten (z. B. Kulturen, Rassen) eine wichtige Rolle spielen. Bei einem solchen Ansatz sind Individuen und Gruppen von Menschen nicht in erster Linie als Angehörige einer nationalen Gemeinschaft, sondern über andere Identitäten (etwa als Migranten, Touristen, Künstler, Studenten, Missionare) in historische Ereignisse involviert. Ihre Interaktionen unterscheiden sich von den üblichen «internationalen Beziehungen», in die Staaten bei der Verfolgung ihrer nationalen Ziele verstrickt sind, und sie schaffen sich ihre eigenen Netzwerke und Brücken, die nicht den von Nationen festgelegten Territorialgrenzen entsprechen. Transnationale Beziehungen sind somit begrifflich von internationalen Beziehungen zu unterscheiden, ebenso transnationale Angelegenheiten von nationalen Angelegenheiten.

Geht man von dieser Definition aus, so gibt es transnationale Geschichte schon seit langem. Ein besonders augenfälliges Beispiel dafür ist die alte Seidenstraße. Diese Handelsroute verband Westasien mit dem Osten des Kontinents, und auf ihr begegneten sich Menschen unterschiedlicher Rassen und Religionen und trieben Handel miteinander.[4] In der neuzeitlichen Welt jedoch, insbesondere seit dem 18. Jahrhundert, wurde die Nation zur zentralen Bezugsgröße menschlichen Tuns, zunächst in Europa und später auch in anderen Teilen der Welt. Individuen und selbst nichtstaatliche Akteure waren nun eng mit Territorialstaaten verknüpft. Gleichwohl wurden das gesamte 19. Jahrhundert hindurch stetig globale transnationale Verbindungen geschaffen, vor allem dank technologischer Neuerungen wie dem Telefon, dem Telegraphen, der Eisenbahn und anderen schnelleren Kommunikations- und Verkehrsmitteln. In ökonomischer Hinsicht bildete sich ein globaler Markt heraus. Gleichwohl war es so, dass die Nationalstaaten weiterhin den Lauf der Geschichte bestimmten. Denn die Art und Weise, wie Nationen sich im Innern wie gegenüber anderen verhielten, entschied darüber, wie die Menschen lebten. Zu Beginn des 20. Jahrhunderts war eine transnationale Welt im Entstehen begriffen, doch dieser Schwung ging häufig verloren, weil zentralisierte Staaten entstanden und es zu Rivalitäten zwischen Nationen kam, insbesondere zwischen den so genannten «Großmächten».

Eine Möglichkeit, die Weltgeschichte nach dem Zweiten Weltkrieg zu betrachten, wäre der Blick darauf, wie es Nationen und der internationalen Politik erging und wie sich parallel dazu transnationale Kräfte entwickelten. Überstand eine transnationale Welt, die um 1900 erstmals zu erkennen war, das Chaos der nationalen und internationalen Krisen, die die Weltgeschichte in der ersten Hälfte des 20. Jahrhunderts prägten? Wie sah die Welt des Jahres 2000 in dieser Hinsicht aus, verglichen zur Welt ein Jahrhundert zuvor? Dieses Kapitel versucht, die Transnationalisierung der Welt anhand einiger weniger Themenbereiche zu erkunden – transnationale Begegnungen, Aktivitäten und Gedanken – und herauszufinden, ob und wie im ersten Jahrzehnt des 21. Jahrhunderts eine transnationalere Welt entstanden ist.

Transnationale Begegnungen – wenn Menschen sich über nationale Grenzen hinweg treffen – können natürlich im Krieg genauso stattfinden wie im Frieden. Der junge japanische Student, der 1934 zunächst nach Paris ging, um dort französische Philosophie zu studieren, ist im Laufe seines Lebens einer Vielzahl von Menschen aus anderen Ländern begegnet, in Japan wie auch anderswo. In Paris trafen er, seine Frau, die er kurz zuvor geheiratet hatte (und die ebenfalls aus Japan stammte), seine Kinder und andere Familienmitglieder täglich Studenten und Wissenschaftler aus anderen Ländern, sie interagierten aber natürlich auch mit Nachbarn, Ladenbesitzern und sogar Dienstmädchen. Als der Krieg Paris erreichte, verschwanden einige ausländische Bekannte (beispielsweise aus den USA) dauerhaft aus Frankreich, während neue, besonders aus Deutschland, ins Land kamen. Mit Hilfe von Familienalben und Briefen lassen sich die sich verändernden Muster und Formen transnationaler Begegnungen nachverfolgen. Nach dem Ende des europäischen Krieges im Mai 1945 erfuhren diese Begegnungen eine deutliche Einschränkung, und anders als früher waren die meisten Menschen, mit denen der japanische Diplomat und andere wie er in Kontakt kamen, nun Amerikaner, in Europa nicht anders als in den Vereinigten Staaten. Eine solche Geschichte dürfte es aufgrund globaler transnationaler Begegnungen vor und während des Krieges millionenfach gegeben haben. Das Phänomen lässt sich unmöglich exakt in Zahlen fassen, und niemand kann mit Sicherheit sagen, wie sehr sich solche grenzüberschreitenden Begegnungen nach dem Krieg ausweiteten, doch im Folgenden sollen zumindest einige Trends und Charakteristika für die Zeit nach 1945 skizziert werden.

Transnationale Begegnungen wären freilich lediglich statistisch von Interesse, wenn sie nicht transnationale Aktivitäten generieren würden oder zumindest ein Teil davon wären. Individuen aus verschiedenen Ländern können sich über den Weg laufen, ohne dass dies dauerhafte Wirkung zeitigt. Erst dann, wenn diese Menschen beschließen, sich an gemeinsamen Unterfangen zu beteiligen – das reicht von der Beteiligung an einem Gespräch bis zum Verzehr der gleichen Speisen, vom wechselseitigen Kunstgenuss bis zum organisatorischen Zusammenschluss, um eine bestimmte Sache voranzubringen –, bekommen diese transnationalen Begegnungen eine Bedeutung. Zu den bekanntesten Beispielen für transnationale Aktivitäten gehören aus historischer Sicht die Bemühungen, religiöse und andere Vorstellungen zu teilen und zu verbreiten. Um noch einmal auf die Geschichte des japanischen Diplomaten zurückzukommen: Seine Eltern gehörten beide der Religiösen Gesellschaft der Freunde (den Quäkern) an, und zwar aufgrund ihrer Begegnung mit amerikanischen Quäkern, die Anfang des 20. Jahrhunderts nach Japan gekommen waren. Nun ist die Geschichte religiöser Anpassung wie auch religiöser Verfolgung lang, und es gibt jede Menge Geschichten, in denen einzelne Menschen und ganze Gruppen unterschiedlichen Glaubens zusammenkommen und ein ökumenisches Umfeld schaffen, während sie sich in anderen Fällen mitunter sogar gewaltsam bekämpfen. Zur gleichen Kategorie transnationaler Aktivitäten können wir auch quasi-religiöse oder säkulare ideologische Bewegungen zählen. So verbreiteten sich nach der Französischen Revolution revolutionäre und reformistische Ideen und Bewegungen über nationale Grenzen hinweg. Auch die Ideale der Demokratie und der Freiheit kannten keine staatlichen Grenzen und wurden zu atlantischen (wenngleich noch nicht globalen) Bewegungen, die von Politikern und Intellektuellen aktiv unterstützt wurden.[5] Seit der Mitte des 19. Jahrhunderts wuchsen Sozialismus und Marxismus zu transnationalen Ideologien heran und fanden Anklang bei Millionen Konvertiten, die Studiengruppen, Zellen und politische Parteien gründeten, um die neue «Heilslehre» unters Volk zu bringen. Im 20. Jahrhundert gesellten sich der Kosmopolitismus, der Internationalismus und schließlich der Transnationalismus zu den globalen Ideologien, die jeweils Netzwerke von Anhängern mit eigener Agenda und eigener Dynamik schufen.

Viele dieser religiösen und ideologischen Aktivitäten hatten eine politische Dimension und waren damit Teil nationaler und internationaler Angelegenheiten. Staaten waren häufig bestrebt, ihre Macht und ihren Einfluss auf das Ausland auszudehnen, indem sie andere zu ihrem Glauben und ihren Vorstellungen bekehrten. Die christliche Missionstätigkeit war untrennbar verbunden mit den

Kolonialerwerbungen und der Kolonialherrschaft der Großmächte im 19. Jahrhundert. Ein Grundpfeiler des Imperialismus war eine säkulare Ideologie, nämlich die Vorstellung von Zivilisation und einer *mission civilisatrice*. Doch nicht
alle religiösen oder quasi-religiösen Ideologien dienten den Interessen und Zielen
eines Staates. Einige religiöse und säkulare Bewegungen standen außerhalb nationaler Herrschaft und versuchten mitunter sogar, die Politik einzelner Regierungen zu beeinflussen. Die Anhänger mancher extremer Ideologien wie des Anarchis-
mus machten deutlich, dass transnationales Denken und Handeln sich explizit
gegen den Staat richten konnten. In den meisten Fällen jedoch taten sich transnationale religiöse und ideologische Organisationen mit intergouvernementalen
Einrichtungen wie den Vereinten Nationen zusammen, um gemeinsame Ziele
umzusetzen. Viele dieser Aktivitäten lassen sich im traditionellen Rahmen der
Nationalgeschichte und der internationalen Beziehungen beschreiben, und die
anderen Kapitel in diesem Band behandeln einige spezifische Beispiele. Dieses
Kapitel will Doppelungen vermeiden. Entscheidend aber ist, dass man dabei stets
eines bedenkt: Die transnationalen Aktivitäten breiteten sich die gesamte Neuzeit
hindurch in einer Vielzahl verschiedener Umfelder und Kontexte aus, sodass sich
die Geschichte der Welt nach 1945 nicht angemessen begreifen lässt, wenn man
Entwicklungen jenseits des nationalen und internationalen Rahmens nicht die
gebührende Beachtung schenkt.

Einige dieser transnationalen Aktivitäten, ob nun von Einzelnen oder in der
Gruppe, schienen über ein höheres Maß an Autonomie und Flexibilität zu verfügen. Ein gutes Beispiel dafür sind literarische und künstlerische Produktionen.
So wird William Shakespeare weltweit gelesen, nicht weil Millionen Menschen
von ihren Regierungen dazu gezwungen werden, sondern weil ihnen die virtuellen Welten des englischen Dramatikers aus dem 17. Jahrhundert überall gefallen,
weil sie diese teilen und weil sie Inspiration daraus beziehen. Seine Stücke werden
in vielen Sprachen auf die Bühne gebracht, womit die Übersetzung zu einem der
wichtigsten Instrumente wird, um transnationale Netzwerke zu schaffen. Wenn
jemand, der kein englischer Muttersprachler ist, etwas auf Englisch liest, so ist
das für ihn eine transnationale Erfahrung, denn transnationale Gemeinschaften
entstehen üblicherweise durch geschriebene und gesprochene Worte (und immer
häufiger sind es englische). Tatsächlich kann sich ein Chinese nicht nur mit einem
Amerikaner oder einem Europäer auf Englisch verständigen, sondern auch mit
einem Japaner, denn für beide ist diese Sprache möglicherweise leichter erlernbar
als die des jeweils anderen. Man kann das Anwachsen einer transnationalen
Leserschaft und eines transnationalen Publikums als wichtigen Indikator für die
zunehmende Transnationalisierung der Welt betrachten. Gleiches gilt für die bil-
denden Künste, für Architektur, Musik und andere kreative Tätigkeiten. Ganz
gleich welcher Nationalität ein Künstler, ein Architekt oder ein Musiker ist: Was
er oder sie schafft, hat Bedeutung über nationale Grenzen hinweg. Dabei ist es

nicht nur so, dass die Betrachter eines Gemäldes oder die Besucher eines Konzerts zumeist aus vielen Ländern kommen, sondern seit den letzten Jahrzehnten des 19. Jahrhunderts sind Kunst und Musik zunehmend das Produkt transnationaler Einflüsse und Kooperationen. Wenn der französische Dirigent eines amerikanischen Orchesters das Werk eines deutschen Komponisten präsentiert und wenn diesem Orchester viele Chinesen, Koreaner, Russen und Menschen zahlreicher anderer Nationalitäten angehören, lässt sich das nur schwerlich als etwas anderes denn als transnationales Phänomen betrachten. Gleiches gilt für die Wissenschaft. Das Studium von Literatur, bildender Kunst und Musik wurde seit Ende des 19. Jahrhunderts immer transnationaler; Historiker aus Frankreich veröffentlichten einflussreiche Schriften zur englischen Geschichte, Kunsthistoriker aus den USA leisteten wichtige Beiträge zur Erforschung der Renaissancekunst.

Zu fragen aber bleibt, ob eine transnationale Tätigkeit auch eine transnationale Gesinnung widerspiegelt, ob sie eine solche hervorbringt und stärkt oder ob sie kaum etwas dazu beiträgt. Damit sind wir beim dritten Aspekt transnationaler Geschichte: beim transnationalen Denken oder transnationalen Bewusstsein. Definieren lässt es sich als Gespür für grenzüberschreitende Verbindungen und letztlich als Gefühl eines gemeinsamen Menschseins, als Überzeugung, dass Menschen tatsächlich ungeachtet ihrer ganz unterschiedlichen Identitäten miteinander kommunizieren können. Wenn man sich bei der Betrachtung der Vergangenheit auf transnationale Phänomene und Themen konzentriert, so heißt das, den Blick darauf zu richten, ob die Welt während eines bestimmten Zeitraums transnationaler wurde oder nicht.

Die Herausbildung eines transnationalen Bewusstseins lässt sich vielleicht mit Hilfe einiger persönlicher Erfahrungen erkunden. Wenn sich beispielsweise der schon mehrmals erwähnte japanische Diplomat in den 1930er Jahren in Paris mit Pascal beschäftigte, so stehen er und seine Lehrer exemplarisch für die Vorstellung, dass Philosophie, ganz gleich welchen Ursprungs und welcher Art, eine über ihre nationale Herkunft hinausgehende Bedeutung hat und dass ganz allgemein Wissenschaft keine nationalen Grenzen kennt. Tatsächlich versuchten einige Professoren an der Sorbonne zunächst, ihm sein Ansinnen auszureden, und meinten, ein im Kern so europäischer Denker wie Pascal lasse sich von einem Außenstehenden nicht wirklich begreifen. Andere aber waren offener. Zwischen ihnen und ihrem Studenten – und damit zwischen einem französischen Philosophen des 17. Jahrhunderts und einem jungen Japaner des 20. Jahrhunderts – entstand so etwas wie ein gemeinsames geistiges Universum. Natürlich war damals im Westen der wissenschaftliche Transnationalismus schon ganz gut entwickelt. Zwar wurde er mitunter immer wieder durch einen kulturellen Nationalismus behindert, doch die Vorstellung, dass in der Wissenschaft und im akademischen Bereich persönliche Eigenschaften (intellektuelle Eignung, Lernwilligkeit, die Bereitschaft, sich mit unbekannten Ideen auseinanderzusetzen) weitaus wichtiger waren als die nationale Identität, bildete die Grundlage für entsprechende Austauschprogramme über nationale Grenzen hinweg. Einige der in den USA ins Leben gerufenen philanthropischen Stiftungen – etwa die Rockefeller Foundation (gegründet 1909), die Carnegie Corporation (1911) oder die Ford Foundation (1936) – hatten sich ausdrücklich der Förderung des Bildungs- und Kulturaustauschs verschrieben, um damit so etwas wie ein transnationales Bewusstsein zu fördern. Dort, wo die Politik einem solchen Transnationalismus im Weg stand – etwa als Ausländer und Juden im Zuge der NS-Machtübernahme aus deutschen Universitäten und Forschungseinrichtungen vertrieben wurden –, fanden viele andernorts eine Umgebung, die sie mit offenen Armen empfing, etwa die Universitäten und Colleges in den USA, die exilierte Wissenschaftler aufnahmen. Der intellektuelle Transnationalismus wurde von einem politischen Anti-Transnationalismus in Frage gestellt, aber nicht vollständig besiegt.

Ähnlich könnte man im Falle des japanischen Diplomaten, der 1940 in Paris in die Oper ging, obwohl der Stadt schreckliches Unglück drohte, von einem beispielhaften transnationalen Bewusstsein im Bereich der Musik sprechen. Es gab ein gemeinsames musikalisches Universum, das sich nicht um nationale und internationale «Realitäten» scherte. Die japanische Geigerin, die 1945 mit ihm zusammen den Atlantik überquerte, gehörte zu den zahlreichen ausländischen Musikern, die vor und während des Krieges in Europa studierten, und auch in diesen Fällen könnte man sagen, dass sie und ihre Lehrer an einen musikalischen Transnationalismus glaubten, nicht anders als die deutschen Musiker (viele von ihnen Juden), die in den 1930er Jahren und danach fern von Europa spielten und unterrichteten.[6] Ihnen gemeinsam war die Vorstellung, dass Kunst (in diesem Fall die Musik) etwas Zeitloses ist, während Politik temporärer und vorübergehender Natur ist. Der Gedanke, Kunst sei für alle Zeit und universell gültig, stand im Gegensatz zu der engstirnigeren Auffassung, wonach jedes Land und jede Kultur über ein eigenes musikalisches Erbe verfüge, das sich niemals auf andere übertragen lasse und von diesen auch gar nicht wirklich verstanden, geschweige denn geteilt werden könne. Viele Staaten – allen voran das nationalsozialistische Deutschland und seine Ideologen – versuchten ihre eigene Musik (aber auch andere Kunstformen wie die Malerei und das Kino) zu fördern, um damit das nationale Renommee zu steigern. Derartige Versuche konnten jedoch die transnationale Wertschätzung von Kultur, unabhängig von nationaler Politik und nationalistischer Propaganda, nicht unterdrücken. Wie eine Studie zum japanischen Film im China der 1930er Jahre zeigt, gab es trotz der offensichtlichen außenpolitischen Implikationen, wenn japanische Regisseure auf dem Festland Filme drehten, auf Seiten der chinesischen Filmemacher häufig den Willen zur Zusammenarbeit, und das chinesische Publikum reagierte nicht selten begeistert – man wusste also durchaus zwischen Propaganda und Kunst zu unterscheiden, und es gab genügend Raum für künstlerische Kooperation, auch wenn viele sich der japanischen

Herrschaft vehement widersetzten. Auch hier existierte neben den politischen Wechselfällen ein künstlerischer Transnationalismus und überlebte sie.[7]

Im Falle der klassischen Musik Europas – einem äußerst bedeutsamen Bereich des Transnationalismus – war es so, dass sie um die Wende zum 20. Jahrhundert erstmals wirklich ernsthafte Wertschätzung in den USA erfuhr.[8] Es gab eine gemeinsame Sensibilität, ein gemeinsames Gefühl, das Europa und die USA miteinander verband. Und wie sah es mit der übrigen Welt aus? China erreichte die klassische Musik in den 1920er Jahren, als europäische Bewohner von Shanghai ein Orchester gründeten, doch anfänglich besuchten nur «Westler» dessen Konzerte (Chinesen durften nicht in den Konzertsaal).[9] In Japan fanden westliche Melodien Ende des 19. Jahrhunderts Eingang in die Lehrpläne der Schulen und die militärische Ausbildung, und japanische Reisende besuchten in westlichen Städten mitunter Konzerte und Opern. Der Romancier Nagai Kafū soll zu den ersten Japanern gehört haben, die Anfang des 20. Jahrhunderts Aufführungen an der New Yorker Metropolitan Opera besuchten und darüber schrieben. Für ihn war das eine zutiefst bewegende Erfahrung, und er beklagte, dass es in seiner Heimat nichts Vergleichbares gebe, das sich an ein universelles Publikum richte.[10] Außerhalb der klassischen Musik wurde der Jazz mit seinen transkontinentalen Ursprüngen (afrikanisch und afroamerikanisch) in den 1920er Jahren im Ausland populär, unter anderen in der Sowjetunion, wohin afroamerikanische Musiker häufig eingeladen wurden.[11] Der Krieg behinderte zwar den musikalischen Transnationalismus, brachte ihn aber nicht zum Verschwinden. Ein besonders aufschlussreicher Beleg dafür ist Dimitri Schostakowitschs Vierte Symphonie, die aus dem von deutschen Truppen belagerten Moskau herausgeschmuggelt und überall in Europa und Nordamerika gespielt wurde. Opern wie *Capriccio* von Richard Strauss oder *Peter Grimes* von Benjamin Britten wurden noch vor Kriegsende komponiert und aufgeführt und hatten so gut wie nichts mit nationalistischen Gefühlsaufwallungen zu tun, sondern richteten sich mit ihren universellen Themen – in ersterem Fall das heikle Gleichgewicht zwischen Musik und Literatur, in letzterem das Problem der Entfremdung und der sozialen Ausgrenzung – an ein weltweites Publikum. Wenn die Heldin in *Capriccio* davon singt, dass die Künste sich an die ganze Welt richteten und die Oper keinen Schluss habe, dann wirkt das so, als übermittle Strauss, der sich selbst nie wirklich vom Nationalsozialismus distanziert hat, der vom Krieg verwüsteten Welt die Botschaft, dass die militärischen Auseinandersetzungen wie alle irdischen Dinge bald zu Ende sein würden, die Kunst jedoch werde ewig weiterleben.

Transnationales Bewusstsein kann selbst in Zeiten des Krieges durch Literatur befördert werden. Zwar gewinnt unter diesen Umständen üblicherweise das patriotische Schrifttum an Bedeutung, doch wie Paul Fussell gezeigt hat, hielten sich in den USA viele Autoren an die Sprache universeller Menschlichkeit.[12] In Japan hingegen nahmen Romanciers und Dichter einen nationalistischen Standpunkt ein und sprachen im Tonfall höchster Erregung von der neuen nationalen Mission, den Westen aus Asien zu vertreiben. Ihre Sprache war nationalistisch und provinziell, und viele von ihnen lehnten ganz bewusst den Kosmopolitismus ab, weil sie ihn für einen antiquierten Import aus dem Westen hielten.[13] Andererseits ist bemerkenswert, dass nicht wenige Amerikaner während des Krieges eine Vorliebe für traditionelle japanische Literatur entwickelten. Einige Soldaten der US-Marine, die japanische Kriegsgefangene befragten, stießen dabei auf Aspekte der japanischen Kultur, die sie begeisterten, und beschlossen auf der Stelle, sich näher mit dem Thema zu befassen, sobald der Krieg vorbei war.[14] Auch das zeugt von einem transnationalen Bewusstsein, von dem Glauben, dass bestimmte kulturelle Vermächtnisse für die ganze Welt von Wert sind. Ein wenig anders gelagert, aber nicht weniger transnational waren die literarischen Werke, die von chinesisch-amerikanischen Autoren in den USA veröffentlicht wurden. Bis zu den 1930er Jahren hatten mehrere Generationen von in den USA lebenden Chinesen Geschichten geschrieben, auf Chinesisch ebenso wie auf Englisch, und die Autoren waren sich zwar durchgängig ihres chinesischen Hintergrunds bewusst, hatten jedoch damit begonnen, über dieses angebliche Chinesisch-Sein hinauszugehen. Sie waren auch von den literarischen Stilformen und Experimenten beeinflusst, die ihre amerikanischen Kollegen pflegten, und betrachteten ihre eigene Arbeit zunehmend als chinesisch *und* amerikanisch, als wertvollen Beitrag zur Weltliteratur, den man in unserem Kontext als transnationale Literatur bezeichnen könnte.[15]

Und schließlich ist da noch die transnationale Erinnerung. Als sich der japanische Diplomat an den Krieg erinnerte, war seine persönliche *memoria* gleichermaßen transnational wie national, und er teilte sie mit Freunden und Bekannten in vielen Teilen der Welt. Gleiches gilt im Grunde für so gut wie jeden Menschen auf der Welt, der Anfang der 1940er Jahre alt genug war, um zumindest eine gewisse Erinnerung an den Weltenbrand zu bewahren. Jeder Einzelne, der von dem Konflikt direkt oder indirekt betroffen war, hatte ganz persönliche Erinnerungen an den Krieg, und der Großteil dieser Erinnerungen bewegte sich im Rahmen nationaler Dramen: Die Geschichten handelten davon, dass man eingezogen und in die Schlacht geschickt wurde, dass man Feinde tötete, um nicht selbst getötet zu werden, dass man zu Hause blieb und in der Waffenproduktion oder als Lehrer eingesetzt wurde oder anderweitig an der Beförderung nationaler Stärke arbeitete, sie erzählten vom Einmarsch feindlicher Truppen und vom zerstörten Zuhause. Solche Erinnerungen unterscheiden sich zwar von Person zu Person, doch sie konstituieren auch nationale Erinnerungen.[16] Es gibt Erinnerungen, die alle Amerikaner, alle Chinesen und so weiter gemeinsam haben, und diese nationalen Erinnerungen werden durch den Geschichtsunterricht, Bücher, historische Ausstellungen und Ähnliches von Generation zu Generation weitergegeben.

Kann es so etwas wie eine transnationale Erinnerung geben? Kann man davon sprechen, dass Amerikaner und Deutsche oder Chinesen und Japaner gemein-

Ein mazedonischer Soldat trägt eine Urne mit der Asche mazedonischer Juden bei der Eröffnung der Holocaustgedenkstätte in Skopje 2011. Diese und andere Holocaustgedenkstätten und -museen in verschiedenen Ländern zeigen, wie eine menschliche Tragödie weltweit geteilt wird.

same Erinnerungen an die Kriegszeit haben? Oder wenn schon nicht an den Krieg, dann zumindest das Gefühl einer gemeinsamen Vergangenheit, ob diese nun Jahrhunderte zurückreicht oder jüngere Erfahrungen wie etwa den 11. September 2001 betrifft? Die Erforschung transnationaler Geschichte muss solche Fragen stellen, denn schließlich bildet die Erinnerung einen ganz wesentlichen Teil von Geschichte. Wenn man danach fragt, ob es so etwas wie eine gemeinsame transnationale Erinnerung gibt, so betrifft das eine der methodologischen Grundsatzfragen transnationaler Historiographie. Wichtige Hinweise dazu finden sich in dem von Martin Conway und Kiran Patel herausgegebenen Band *Europeanization in the Twentieth Century*.[17] So behaupten die Autoren, dass es zumindest im europäischen Kontext so etwas wie eine «Erinnerungsgemeinschaft» gibt, die als transnational bezeichnet werden kann. Europa lasse sich als eine solche Gemeinschaft definieren. Dazu zählt alles aus der Vergangenheit, woran sich Europäer erinnern, von verheerenden Kriegen bis zu kulturellen Errungenschaften. Die gemeinsame *memoria* enthält Positives ebenso wie Negatives, und für die Europäer ist dieses Erinnern der Schlüssel zu ihrer Identität. Gibt es auch andere derartige Erinnerungsgemeinschaften? Wie sieht es mit Ostasien, Südasien, dem islamischen Nahen und Mittleren Osten, Afrika oder Südamerika aus? Bildet jede dieser geographischen Regionen auch eine Zone gemeinsamer Vermächtnisse? Und könnte man davon sprechen, dass auch Amerika und Europa eine gemeinsame historische Erinnerung haben? Gibt es ein pazifisches Erbe, das allen Ländern und Regionen an diesem Weltmeer gemeinsam ist? Oder um ein wenig wegzukommen von der Geographie: Können Ethnien, Religionen oder Kulturen eine gemeinsame Erinnerung haben? Wenn sich beispielsweise die abendländische Zivilisation als Erinnerungsgemeinschaft definieren lässt, wie sieht es dann mit anderen aus?

Derartige Fragen führen letztlich zu einer gemeinsamen globalen Erinnerung oder einem gemeinsamen Menschheitserbe. Verstehen sich alle Menschen, egal, wo sie leben, und ungeachtet ihrer nationalen, religiösen oder ethnischen Identität, als einer Gemeinschaft mit gemeinsamer Vergangenheit zugehörig? Gibt es so etwas wie Globalgeschichte oder, um genauer zu sein, globale Weltgeschichte, also die Geschichte der Welt, bei der weltweit gemeinsame Entwicklungen im Zentrum der Untersuchung stehen?

Man kann davon ausgehen, dass es bei denen, die alt genug waren, den Zweiten Weltkrieg zu erleben, eine gemeinsame Erinnerung über nationale und andere Grenzen hinweg gibt. Ungeachtet dessen wird der Krieg selbst heute noch, fast siebzig Jahre nach seinem Ende, vorwiegend in nationalspezifischen Kontexten erinnert. Persönliche Erinnerungen bekommen als Teil nationaler Erinnerungen Sinn und Bedeutung. Gleichwohl macht allein schon die Tatsache, dass der Akt der Erinnerung an den Zweiten Weltkrieg nationale Grenzen durchschneidet, diesen zu einer transnationalen Erfahrung. Oder genauer: Bestimmte Generationen in verschiedenen Ländern erinnern sich womöglich auf je spezifische Weise an den Krieg. Die vor oder um 1925 Geborenen waren alt genug, um unmittelbar vom Krieg betroffen zu sein; die Männer dienten als Soldaten an der Front, während die Frauen den Krieg zu Hause erlebten. Diese Generation ist heute in den Achtzigern und Neunzigern, doch egal wo ihre Angehörigen leben, scheint für sie die Erinnerung an die Kriegserfahrungen das bestimmende Moment ihres Lebens zu sein. Hingegen hat die Mehrheit derjenigen, die nach 1925, aber vor 1940 zur Welt kamen, ganz eigene Erinnerungen an die Kriegsjahre, die sich von denen der Älteren unterscheiden. Es kann also gut sein, dass es so etwas wie eine weltweit gemeinsame generationsspezifische Erinnerung gibt. Ob auch die Nachkriegsgenerationen so etwas entwickelt haben, wird im Folgenden an verschiedenen Stellen thematisiert werden. Doch ganz gleich, welcher Generation man angehört: Es gibt so etwas wie eine transnationale Erinnerung, wenn sich Menschen ungeachtet ihrer Nationalität, ihres Alters oder anderer Identitäten gemeinsam darum bemühen, die Vergangenheit zu begreifen. Wenn ein Lehrer in einer Mittelschule in Illinois seine Schüler bittet, darüber zu diskutieren, wie Präsident Truman zu der Entscheidung kam, Atombomben auf Japan abzuwerfen, und ob er nicht auch eine andere Wahl gehabt hätte, dann teilen Lehrer und Schüler Erinnerung, und dabei gibt es keine nationalen oder anderen Grenzen. Wenn der Komponist John Adams und der Librettist Peter Sellars eine Oper schreiben – *Doctor Atomic* –, in der J. Robert Oppenheimer Sekunden vor der Detonation der ersten Atombombe in der Wüste von New Mexico singt: «Es gibt keine Minuten, keine Sekunden mehr! Die Zeit ist verschwunden; es ist die Ewigkeit, die nun regiert», so laden sie damit Menschen aus allen Ländern dazu ein, über den Beginn des Atomzeitalters nachzudenken.[18] Historische Erinnerung soll transnational geteilt werden.

Die Frage, wie sich durch solche Erfahrungen der Transnationalismus als Idee und Einstellung nach dem Zweiten Weltkrieg entwickelte, bildet den Rahmen für die Erörterung dieses Themenkomplexes. «Transnationalismus» tritt dabei an die Stelle traditionellerer Begriffe wie «Kosmopolitismus» oder «Internationalismus», die zwar noch immer brauchbar sind, sich aber möglicherweise für andere, weniger transnationale Epochen besser eignen. Den Internationalismus kann man als Idee zur Förderung zwischenstaatlicher Zusammenarbeit betrachten, und Kosmopolitismus bezieht sich in der Regel auf eine geistige Haltung gebildeter Eliten, die unterschiedliche nationale Traditionen zu würdigen versuchen. Im Gegensatz dazu liegt der Transnationalismus als Ideologie den Bestrebungen von Privatleuten und nichtstaatlichen Akteuren in verschiedenen Ländern zugrunde, Brücken zu bauen und sich für gemeinsame Aktivitäten zu engagieren. Er spiegelt Versuche wider (und bestärkt diese), historische wie aktuelle Entwicklungen als Gemisch aus grenzüberschreitenden Phänomenen, gemeinsamen Interessen und globalen, menschlichen Sichtweisen zu begreifen.

1. TRANSNATIONALISMUS DER NACHKRIEGSZEIT

Zu Beginn unserer Betrachtung der transnationalen Nachkriegsgeschichte wollen wir noch einmal auf die Frage zurückkommen, ob es über nationale Grenzen hinweg gemeinsame Erinnerungen an den Zweiten Weltkrieg gibt. Noch immer erscheinen stetig neue Bücher und Aufsätze über den Krieg, die sich in ihrer überwiegenden Mehrzahl mit der einen oder anderen kriegführenden Partei befassen. Zugleich aber gab es Versuche, die Kriegserfahrungen als globales menschliches Ereignis zu betrachten, in dem moralische Dilemmata und tragische Folgen nationale Grenzen überschritten.[19] Die Herausbildung einer transnationalen Perspektive auf den Krieg stellte einen wichtigen Aspekt der Nachkriegsgeschichtsschreibung dar. Natürlich wurden unmittelbar nach Ende des Konflikts, vor allem während der Kriegsverbrecherprozesse, getrennte nationale Erinnerungen gegeneinander in Stellung gebracht. Als hohe Militärs und Politiker aus Deutschland und Japan auf der Anklagebank landeten, wurden deutlich kontrastierende Geschichten der Vorkriegs- und Kriegsjahre konstruiert: Auf der einen Seite standen die Ankläger als Vertreter der siegreichen Nationen und versuchten eine Vergangenheit zu konstruieren, in der sich Deutschland, Japan und ihre Verbündeten verschworen hatten, um die Weltherrschaft zu erlangen. Die Verteidiger argumentierten dagegen auf der Grundlage einer völlig anderen historischen Erinnerung, die im Falle Deutschlands bis zu den Ungerechtigkeiten des Versailler Friedensvertrags und im Falle Japans gar bis ins 19. Jahrhundert zurückreichte, in dem die Unterjochung Asiens durch westliche Mächte begonnen habe. Daneben gab es unterschiedliche Auslegungen des internationalen Rechts. Während sich beispielsweise die USA und ihre Kriegsverbündeten auf die Haager Abkommen von 1899 und 1907 sowie auf spätere Vereinbarungen wie die Genfer Konvention von 1925 und den Briand-Kellogg-Pakt von 1928 stützten, um Deutschland und Japan Kriegsverbrechen vorzuwerfen (etwa die Misshandlung von Kriegsgefangenen), berief sich die Verteidigung auf dieselben Vereinbarungen und behauptete, die anklagenden Länder hätten ihrerseits gegen internationales Recht verstoßen, weil sie durch ihren strategischen Bombenkrieg gegen deutsche Städte unbewaffnete Zivilisten angegriffen und getötet hätten. Abgesehen von solchen Unterschieden standen die beiden Parteien auch für widerstreitende Erinnerungen an die Vergangenheit. Zwar wurden die von einer Seite beschworenen Erinnerungen letztlich zurückgewiesen und die Kriegsverbrecher bestraft, doch die gegensätzlichen *memoriae* sollten weiterleben. Man könnte sogar davon sprechen, dass selbst unter den Alliierten schon bald deutlich divergierende nationale Erinnerungen an den Krieg konstruiert wurden: Die «Erzählung» darüber, wie der Sieg zustande gekommen war, fiel bei Amerikanern und Russen ganz unterschiedlich aus. Nationalspezifische Erinnerungen sind keineswegs verschwunden und werden auch weiter gepflegt durch den Geschichtsunterricht, nationale Museen und andere Mittel.

Gleichzeitig gab es jedoch in der unmittelbaren Nachkriegszeit unzählige Fälle von transnational gemeinsamen Erfahrungen, an die sich die Menschen aus siegreichen wie aus besiegten Ländern gleichermaßen erinnern sollten. Man denke beispielsweise an die Geschichte der Anne Frank, die in einem Haus in Amsterdam versteckt worden war, als ihr die Deportation und damit der sichere Tod drohten, weil sie jüdisch war. Das Gedenken an sie einte viele Menschen, als ihr Tagebuch kurz nach dem Krieg in zahlreichen Übersetzungen erschien und von Hunderttausenden gelesen wurde, nicht nur von Angehörigen der Kriegsgeneration, sondern auch von Jüngeren. Auch Viktor Frankls Bericht über seine Zeit im KZ, der erstmals 1946 in Buchform erschien (unter dem Titel *Ein Psycholog erlebt das Konzentrationslager*; späterer Titel: *... trotzdem Ja zum Leben sagen*), weckte ein globales Bewusstsein dafür, was in den Lagern geschehen war. (Als das Buch 1956 in japanischer Übersetzung erschien, avancierte es sogleich zu einem Bestseller und erlebte binnen zwei Monaten zwölf Auflagen.[20]) Noch vor den 1960er Jahren, als zahlreiche Bücher über NS-Deutschland und insbesondere über die Judenverfolgung erschienen, könnte man also davon sprechen, dass jenseits von politischen Phänomenen wie den Kriegsverbrecherprozessen schon so etwas wie eine transnationale Erinnerung an den Zweiten Weltkrieg im Entstehen begriffen war. Auf dem pazifischen Kriegsschauplatz, wo der Krieg schon 1931 begonnen hatte und 14 Jahre tobte, dauerte das viel länger. So etwas wie ein Pendant zu den Büchern von Frank und Frankl gab es hier nicht, und die Tatsache, dass es nicht gelang, eine Erinnerungsgemeinschaft zu schaffen, ist ein Grund dafür, dass es in Asien einen Zusammenschluss wie die Europäische Union bis heute nicht gibt. Und während der japanische Angriff auf Pearl Harbor, mit dem die pazifische Phase des Zweiten Weltkriegs begann, bei der amerikanischen Bevölkerung nahezu sofort für eine gemeinsame Erinnerung sorgte, die noch über Generationen fortleben sollte, gab es auf japanischer Seite nichts Vergleichbares, auch wenn sich im Laufe der Zeit Veteranen aus beiden Ländern versammelten,

Der Atombombenangriff auf Hiroshima am 6. August 1945. Er führte nicht nur zur Kapitulation Japans, sondern signalisierte auch den Beginn des Nuklearzeitalters.

um des Ereignisses zu gedenken.[21] Bei einem der folgenschwersten Ereignisse im pazifischen Krieg, nämlich dem Atombombenabwurf, gab es zunächst generell sehr wenig Informationen über die geheime Waffe. Natürlich wollten Amerikaner und Japaner sowie Menschen überall auf der Welt wissen, welche Auswirkungen die Bombe auf Menschen und Städte hatte, doch die US-Besatzungsbehörden erlaubten es Zivilisten zunächst nicht einmal, Opfer zu befragen. Das änderte sich erst, als John Herseys Reportage *Hiroshima* in den USA erschien (sie war erstmals im August 1946 im *New Yorker* abgedruckt worden).[22] Hersey durfte als einer der Ersten Hiroshima besuchen, und sein Bericht rückte beinahe über Nacht den Atomkrieg ins globale Bewusstsein, mit der Folge, dass binnen zehn Jahren eine einflussreiche transnationale Bewegung entstand, die gegen den weiteren Einsatz solcher Waffen eintrat. Ein solches Bewusstsein wuchs auf beiden Seiten heran und wurde zu einem wichtigen Instrument, um so etwas wie ein Menschheitsgefühl wiederherzustellen.

Ähnliches lässt sich im Falle der Besetzung Deutschlands, Österreichs, Japans und anderer Länder durch amerikanische, sowjetische, britische, französische, chinesische und andere Truppen beobachten. Zumindest was Westeuropa und Japan angeht, scheint es so etwas wie eine gemeinsame Erinnerung an die Besatzungszeit zu geben, in der die Bevölkerung in Kontakt mit Amerikanern, Briten, Franzosen und anderen Besatzern kam und in der beide Seiten mehr über den jeweils anderen erfuhren als in der Vergangenheit. Gleiches galt allerdings nicht für Deutsche und Russen. Wie Norman Naimark gezeigt hat, war die sowjetische Besatzungszone nicht gerade prädestiniert zur Herausbildung eines gemeinsamen Gedächtnisses und mit Sicherheit nicht eines Gefühls transnationaler Humanität.[23] Doch auch in diesem Fall bleibt festzuhalten: Ähnlich wie der Krieg, in dem die Menschen gerade noch gekämpft hatten, war die russische Besatzung in Ostdeutschland wie in Polen, Ungarn und anderswo eine Erfahrung, die einer bestimmten Generation in all diesen Ländern gemeinsam war.

Inwiefern die Besatzungserfahrung zu einem transnationalen Bewusstsein führen konnte, zeigt ein genauerer Blick auf die US-Besatzung in Japan. Hier werden transnationale und transkulturelle Begegnungen qua Okkupation besonders deutlich, denn US-Soldaten bildeten den Großteil der Besatzungstruppen. Abgesehen von amerikanischen Missionaren in Japan und japanischen Immigranten in den USA hatte es vor dem Krieg kaum unmittelbare Begegnungen zwischen einzelnen Japanern und Amerikanern gegeben. Das änderte sich quasi über Nacht, als im August 1945 US-Besatzungstruppen in Japan eintrafen. Nach der offiziellen Kapitulation am 2. September auf dem Schlachtschiff Missouri, das in der Bucht von Tokio vor Anker lag, gehörten amerikanische GIs schon bald überall im Land zum gewohnten Bild. Ihre Hauptaufgabe bestand selbstverständlich darin, für Frieden und Ordnung zu sorgen, doch auch in vielerlei anderer Hinsicht kamen die Besatzer in engeren Kontakt mit den Okkupierten. Wie in Deutschland bildeten oftmals Frauen die Verbindung zwischen beiden Gruppen. Die GIs ließen sich von Anfang an auf japanische Frauen ein, zunächst vor allem in Gestalt von Prostituierten, doch im Lauf der Zeit entwickelten sich auch andere Beziehungen.[24] Dabei waren die Nachkriegsreformen von entscheidender Bedeutung. Die Besatzungsbehörden unter dem Kommando von General Douglas MacArthur waren entschlossen, Japan aus seiner militaristischen und autoritären Vergangenheit in eine demokratische Zukunft zu führen. Zu MacArthurs Leuten gehörte eine Reihe von Offizieren, die in der Zeit des New Deal aktiv oder anderweitig an gesellschaftlichen und kulturellen Veränderungen in den USA beteiligt gewesen waren. Sie wollten unbedingt dazu beitragen, Japan zu verändern, und dabei kamen sie auch mit einer Vielzahl von Japanern in Kontakt, Männern wie Frauen, die ihnen dabei zur Seite stehen sollten. Es ist gut möglich, dass Besatzer wie Besetzte eine gemeinsame «Erinnerung» an die 1920er Jahre als eine Zeit teilten, die für Frieden und Demokratie in Japan vielversprechend war, ehe das Land im Jahrzehnt darauf einen Angriffskrieg vom Zaun brach.[25] Eine besonders wichtige Frage waren die Frauenrechte, denn japanische Frauen besaßen kein Wahlrecht und waren gefangen im traditionellen Ethos, das von ihnen verlangte, sich ihren Ehemännern und Schwiegervätern zu unterwerfen. Die neue Verfassung garantierte die Gleichberechtigung zwischen den Geschlechtern, und schon bald wurden Japanerinnen in Politik, Kultur und Bildung aktiv. Die Amerikaner lernten viele dieser Frauen kennen, und gemeinsam veränderten sie ihr Japanbild – eine Parallele zu den Entwicklungen in Deutschland.

Man kann das alles durchaus als Aspekte eines geopolitischen Phänomens betrachten, nämlich der Besetzung Japans durch die USA und ihre Verbündeten. Die transnationalen Verbindungen im Nachkriegsjapan bestanden nicht wirklich zwischen Gleichen. Gleichwohl erlangten Besatzer wie Okkupierte in einem Maße Wissen über den jeweils anderen, wie es das bis dahin nicht gegeben hatte, und einige von ihnen entwickelten transnationale Beziehungen, die mit der Zeit zur Grundlage für eine gemeinsame Erinnerung an diese Jahre wurden. Viele Angehörige der Besatzungsbehörden fanden Gefallen am traditionellen japanischen Theater (*kabuki* und *nō*) und brachten es begeistert einem westlichen Publikum nahe. Andere übersetzten moderne japanische Literatur und fügten diese damit in den Kanon der Weltliteratur ein. Zahlreiche Offiziere kehrten im Lauf der Zeit in die USA zurück und leisteten einen Beitrag dazu, dass im Westen Studien über Japan in Angriff genommen wurden. Das alles war in den offiziellen Richtlinien zur Besatzung nicht vorgesehen und kann somit als wichtiges Merkmal transnationaler Beziehungen gelten, die sich aus dem Zweiten Weltkrieg ergaben.

Gleiches gilt für die Rezeption amerikanischer Kultur in Japan. Abgesehen vom Baseball, einer begrenzten Zahl an Hollywoodfilmen und Perlen der Architektur (wie etwa dem Hotel Imperial), die von Frank Lloyd Wright und anderen Amerikanern entworfen wurden, wusste der Durchschnittsjapaner vor dem Krieg kaum etwas über die USA. Doch nun begannen die Schulen Demokratie zu lehren, englischsprachige Schulbücher enthielten Szenen aus dem amerikanischen Alltagsleben, Wissenschaftler begannen sich mit Verspätung mit amerikanischer Politik und Geschichte zu beschäftigen, und der Normalbürger kam mit amerikanischem Essen wie etwa Corned Beef aus der Dose in Kontakt, das erstmals auf dem japanischen Speiseplan stand, weil General MacArthur nach dem Krieg unbedingt eine Hungersnot verhindern wollte. Die japanische Begeisterung für amerikanisches Essen –

ein ähnliches Phänomen zeigte sich in Deutschland und Österreich – mag zunächst
Folge der Besatzungspolitik gewesen sein, doch sie überlebte diese Zeit und verstärkte sich in den folgenden Jahren sogar noch. Noch wirkungsvoller bei dem
Bemühen, die Japaner mit amerikanischer Gesellschaft und Kultur vertraut zu
machen, waren vermutlich Filme aus Hollywood. Hinter der Auswahl der Streifen,
die nach dem Krieg in japanischen Kinos liefen, standen eindeutig politische Ziele,
denn die politische Führung des Landes versuchte Hollywoodproduktionen auch
zu nutzen, um sich die eigene Reformarbeit zu erleichtern.[26] Allerdings bekamen
die Menschen, die sich diese Filme anschauten, auch einen ausgezeichneten Ein-
blick in den amerikanischen Alltag, in Essen, Kleidung und alle anderen Aspekte
des Lebens der Mittelschicht, das schon bald zu einer transnational gültigen Vision
von einem erstrebenswerten guten Leben wurde.

Bei der Generation, aus der sich ein Großteil des Personals der US-Besatzungsbehörden rekrutierte und die auf japanischer Seite die Besatzung erlebte, scheint
sich eine Erinnerung herausgebildet zu haben, die heute noch lebendig ist: das
Wissen darum, dass ihr Verständnis der amerikanisch-japanischen Beziehungen
auf die unmittelbaren Nachkriegsjahre zurückgeht. Wie sich eine solche Erinnerung herausbildet, ist einer der wichtigsten Aspekte transnationalen Bewusstseins. Insoweit die an der Besatzung Beteiligten bzw. von ihr Betroffenen ihre
Erinnerung an die nachfolgenden Generationen weitergaben, beruht die Sicht
der Nachkriegsgeneration auf die damalige Geschichte auf der Tradierung dieser
Erinnerungen. Wie sieht die Nachkriegsgeneration in den USA und in Japan –
und im weiteren Ausgriff auch anderswo – die transnationalen Erfahrungen der
Älteren und wie reagiert sie darauf? Teilen die Jüngeren die Erinnerungen der
älteren Generation? Oder haben sie ihre eigene Sicht auf die jüngste Vergangenheit entwickelt? Diesen wichtigen Fragen gilt es auch weiterhin nachzugehen.

Migration als gemeinsame Erfahrung

Ein weiteres wichtiges Beispiel für transnationales Bewusstsein während der ersten Nachkriegsjahre war die Erfahrung
grenzüberschreitender Migration und die
Erinnerung daran. Millionen von Menschen erinnern sich an diese Jahre als die
Zeit, in der sie oft mehrmals Grenzen überquert haben, ehe sie dauerhaft eine
neue Heimat fanden oder wieder in ihr Herkunftsland zurückkehrten. Solche Bewegungen schaffen qua Definition transnationale Individuen, doch ob sie positive
Erinnerungen mit dieser Erfahrung verbinden, ist von Mensch zu Mensch verschieden und variiert je nach den Umständen. Gleichwohl bildet die Geschichte
der Nachkriegsmigrationen offenbar einen wichtigen Teil der gemeinsamen globalen Erinnerung.

Bei Ende des Zweiten Weltkriegs lebten grob gerechnet zwei Milliarden Menschen auf dem Planeten, davon elf Millionen – knapp mehr als ein halbes Prozent – außerhalb ihres Heimatlands.[27] Bemerkenswerterweise verringerte sich die Zahl dieser Menschen – die man ganz allgemein als Flüchtlinge bezeichnen kann – nach 1945 nicht, sondern stieg drastisch an. Da der Zweite Weltkrieg mehr Soldaten und Zivilisten das Leben gekostet hatte als jeder Krieg zuvor, gab es eine erschreckende Zahl an Familien, die Angehörige im Krieg verloren hatten; einige dieser Familien schlossen sich anderen Migranten auf der Suche nach einer neuen Heimat an. In vielen Teilen der Welt markierte das Kriegsende zudem den Beginn von Konflikten innerhalb von Imperien, wo antikoloniale Kräfte die Kolonisatoren daran zu hindern versuchten, wieder zu den imperialistischen Systemen der Vorkriegszeit zurückzukehren. In solchen Regionen ging die Gewalt unvermindert weiter, was zu großen Migrationswellen führte. Insgesamt waren die ersten Jahre nach 1945 eine Zeit ungewöhnlicher globaler Migrationsbewegungen. Natürlich hörten sie danach nicht auf, sondern haben sich bis heute fortgesetzt, doch die damalige Zeit war insofern beispiellos, als ein Großteil der Migranten unfreiwillige Flüchtlinge waren, während ab den 1960er Jahren eine wachsende Zahl von ihnen weltweit auf der Suche nach neuen ökonomischen Möglichkeiten war.

Die entscheidende Frage in diesem Kontext ist, inwieweit Migrationen als gemeinsame Erfahrungen gelten, die einen zentralen Aspekt der Nachkriegswelt darstellen. Es hat den Anschein, als würde man vor allem die Erfahrungen des jüdischen Volkes als ein Beispiel dafür betrachten. Die Juden gehörten schon lange zu den am stärksten transnationalen ethnischen Gemeinschaften, und insofern kann man es als grausame Ironie des Schicksals betrachten, dass ihre Transnationalität unter den Nazis in den Konzentrationslagern Bestätigung fand, wo sie auf den Tod warteten. Dabei trafen sie auf zahlreiche Nationalitäten, Deutsche, Franzosen, Polen und andere, und zwar in fast allen Fällen in einem Umfeld wechselseitigen Nichtbegreifens und Schreckens. Das verstärkte sich noch in den letzten Monaten des Krieges, als jüdische und andere Häftlinge mit ungewissem Ziel in Marsch gesetzt wurden. Sie sollten, so der Befehl Hitlers, nicht von den Invasionstruppen befreit, sondern an andere Orte geschafft werden. Während dieser «Todesmärsche» wurden sie beschimpft, misshandelt und von Deutschen und anderen, die mit ihnen in Kontakt kamen, attackiert. Die Tatsache, dass eine bedeutende Minderheit auf diesen Todesmärschen Nicht-Juden waren, macht sie zu einem noch tragischeren transnationalen Phänomen.[28] (Es sei daran erinnert, dass zu den Opfern des Holocaust und anderer Vernichtungsfeldzüge Sinti und Roma ebenso gehörten wie Kommunisten, Homosexuelle und Geisteskranke – sie alle könnte man als transnationale Menschen bezeichnen.)

Aus solch tragischen Umständen erwuchs ein Gefühl gemeinsamen Menschseins, als einige der Überlebenden von ihren Erfahrungen berichteten und sie der ganzen Welt bewusst machten. Was ihnen widerfahren ist, wird heute üblicherweise als «Genozid» bezeichnet, und dem liegt die Annahme zugrunde, dass den Juden und anderen ihr Menschsein abgesprochen wurde, dass die an ihnen begangenen Verbrechen darin gipfelten, dass einem Teil der Weltbevölkerung das Existenzrecht abgesprochen wurde. Wie Bruce Mazlish gezeigt hat, wurde der Begriff «Verbrechen gegen die Menschlichkeit» erstmals im Zusammenhang mit der Ermordung Hunderttausender Armenier in der Türkei während des Ersten Weltkriegs verwendet.[29] Er wurde dann bei den Nürnberger Kriegsverbrecherprozessen übernommen, um die Gräueltaten der Nazis gegen die Juden zu benennen. Die 1948 von den Vereinten Nationen vorgelegte «Allgemeine Erklärung der Menschenrechte» war schließlich der letzte Schritt bei der Etablierung eines transnationalen Menschheitsbegriffs. Das Leid der Juden und anderer hatten also eindeutig für ein transnationales Bewusstsein gesorgt, für eine transnationale Erinnerung, die über getrennte nationale oder ethnische Erinnerungen hinausging.

Zudem war es so, dass viele Juden, die Deutschland und andere Teile Europas nach der «Machtergreifung» der Nationalsozialisten verlassen hatten, ihre eigenen transnationalen Erfahrungen besaßen, die zusammengenommen einen wichtigen Bestandteil der Nachkriegserinnerung bildeten. Einige gingen schon 1933 nach Palästina und anderswohin, während andere das erst nach den Pogromen vom November 1938 (im Jargon der Nazis verharmlosend «Reichskristallnacht» genannt) taten. Ihre Fluchtziele reichten von Großbritannien bis zu den USA, von Argentinien bis zur Mandschurei, doch die Gesamtheit ihrer Migrationen wurde Teil der Saga, der Erfahrungen der Migranten, die viele andere Ethnien und Nationalzugehörigkeiten umfassten, etwa die Esten, Letten und Litauer, die von den Russen, dann von den Deutschen, dann, nach dem Krieg, erneut von den Russen regiert wurden und die sich schließlich außerhalb Europas niederließen. Und dann gab es die Deutschen in Schlesien und anderen Provinzen, die nach dem Krieg an Polen fielen. Rund zehn Millionen Menschen verloren im Zuge dessen ihr Zuhause, sie wurden zwangsumgesiedelt in das neue Nachkriegsdeutschland, das jetzt von den Alliierten verwaltet wurde. Sie hatten eine gemeinsame transnationale Identität als Kriegs- und Nachkriegsmigranten und stehen damit exemplarisch für einen Kernaspekt der zeitgenössischen Weltgeschichte. Auch in Asien wurden Hunderttausende von Überseejapanern zusammen mit rund zwei Millionen Soldaten auf dem asiatischen Festland nach Japan zurückgeschickt, das nun auf vier Hauptinseln geschrumpft war. Auf dem langen Marsch nach Hause starben viele, während andere ihre Kinder zurückließen und sie chinesischen Familien anvertrauten (oder sie an diese verkauften).[30] Ihre Erfahrungen unterschieden sich nicht wesentlich von denen europäischer Migranten.

Ein wenig komplizierter wird die Sache mit der gemeinsamen Erinnerung, wenn wir einen Blick auf die Migrationswellen werfen, die im Zuge der Dekolonisation und des *nation building* in Asien, im Nahen und Mittleren Osten sowie in Afrika zu beobachten waren. In den europäischen Kolonien in Südostasien organisierten lokale Gemeinschaften und ihre Anführer Antikolonialbewegungen, um eine Rückkehr zum Status quo der Vorkriegszeit zu verhindern. In Französisch-Indochina, in Niederländisch-Ostindien und in Britisch-Malaya kam es zu gewaltsamen Zusammenstößen zwischen Kolonisatoren und Kolonialisierten, die jahrelang andauerten und in so gut wie allen Fällen dazu führten, dass die Europäer wieder in ihre Heimatländer zurückkehrten. Übergreifende Ideologie derjenigen, die für die Unabhängigkeit der Kolonien kämpften, war der Nationalismus, der oberflächlich besehen wie die Antithese zum Transnationalismus wirkt. Doch zumindest in Südostasien ließ sich der antikoloniale Nationalismus auch im Rahmen des Kosmopolitismus begreifen: «War der Nationalismus das zentrale politische Projekt des Widerstands in der Zeit des Antikolonialismus, so stellte der Kosmopolitismus das zentrale moralische Projekt dar – und diese beiden wirkten zusammen.»[31] Die Anführer der Antikolonialbewegung wie Mahatma Gandhi, Jawaharlal Nehru und Muhammad Ali Jinnah betrachteten sich als Vertreter universeller Prinzipien, sodass der Nationalismus ihres Unabhängigkeitskampfs nicht nur mit dem Transnationalismus vereinbar, sondern auch in hohem Maße Teil der sich nach dem Krieg herausbildenden Weltordnung war.

Als die indigenen Bevölkerungen sich erfolgreich befreit und ihre eigenen Staaten aufgebaut hatte, hatten sie ironischerweise mit den gleichen Regierungsproblemen zu kämpfen wie zuvor die Kolonialmächte: mit der Festlegung von Territorialgrenzen und der Verwaltung einer komplexen Mischung ethnischer Gemeinschaften (u. a. in Form von Bildung und staatlicher Wohlfahrt). Ähnlich wie nach dem Ersten Weltkrieg, als neue Staaten (Türkei, Jugoslawien, Tschechoslowakei und viele andere) mit diesen Problemen konfrontiert waren und dies in der Folge zu Millionen von umgesiedelten und staatenlosen Menschen führte, wurden auch nach 1945 unzählige Menschen aus ihrer Heimat vertrieben und landeten in Flüchtlingslagern. Selbst im vermeintlich kosmopolitischen Südasien, wo 1947 aus der Erbmasse des Britischen Empire drei neue Staaten entstanden (Indien, Pakistan und Ceylon), gab es keine gegenseitig anerkannten Grenzen; noch schlimmer aber war, dass Indien und Pakistan teilweise durch die ethnischen Gruppierungen definiert waren, die innerhalb dieser unsicheren Grenzen lebten. Indien betrachtete sich in erster Linie als Land von Hindus und Buddhisten, während Pakistan als islamische Nation gegründet worden war. Das hatte zur Folge, dass Millionen Muslime aus den Gebieten des künftigen Indien in Gegenden zogen, die zu Pakistan gehörten, während Hindus und Buddhisten den umgekehrten Weg nahmen. Schätzungen zufolge haben damals 17,9 Millionen Menschen ihre ursprüngliche Heimat verlassen, und 14,5 Millionen ließen sich schließlich in einem der neu gegründeten Staaten nieder, was bedeutet, dass mehr als 3,4 Millionen Menschen bei diesem massenhaften Bevölkerungstransfer starben oder anderweitig «verloren gingen». Andere Religionsgruppen wie die Sikhs und die Christen entschieden sich vorwiegend für das neue Indien. Ähnlich wie nach dem Ersten Weltkrieg, als sich ein großer ethnischer Austausch zwischen der Türkei und Griechenland vollzog, entwurzelte auch die Umsiedlung in Südasien Millionen von Menschen, die ihre seit Generationen angestammte Heimat verlassen mussten. Die Situation war jedoch aufgrund der unklaren Grenzen noch gravierender als damals. Doch selbst bei der muslimischen Mehrheit in Pakistan gab es in der Region Bengalen Gruppierungen, die widerspenstig blieben und nach einem eigenen Staat strebten. Auch in Ceylon, wo mehrheitlich Buddhisten lebten, versuchten die Tamilen, die rund zwanzig Prozent der Bevölkerung stellten und dem hinduistischen Glauben anhingen, das Prinzip nationaler Selbstbestimmung zu verfolgen. Viele derjenigen, die nicht von der Mehrheit regiert werden wollten, verließen die Inseln und siedelten sich in Indien an. Angesichts dieser Umstände war es schwierig, in dieser Region eine Erinnerungsgemeinschaft zu schaffen. Aber da all diese Fragen zentrale Aspekte der Nachkriegsgeschichte waren, hatten ihre Erfahrungen etwas Transnationales; sie waren nicht ein singuläres Phänomen Südasiens, sondern Teil ähnlicher Entwicklungen anderswo. Nationalistische Gegensätze wurden gewissermaßen transnationalisiert. Fraglich blieb jedoch, ob sich unter diesen Umständen mit der Zeit eine übergreifende transnationale Perspektive entwickeln würde.

Noch problematischer in dieser Hinsicht war die Frage der Erinnerung in Palästina. Die Gründung Israels und die anschließende Auseinandersetzung zwischen Israelis und palästinensischen Arabern sind natürlich Schlüsselereignisse der internationalen und der regionalen Geschichte nach 1945. Wir können sie jedoch auch im Rahmen der Suche nach einer gemeinsamen Vergangenheit betrachten. Juden wie Araber verfügten beide über ein Jahrhunderte zurückreichendes Geschichtsempfinden, doch ihr Verständnis der jüngsten Vergangenheit hatte leider wenig Transnationales an sich. Vor dem Krieg lebten weniger als 400 000 Juden in Palästina, doch bis zur Ausrufung der neuen Nation 1948 war diese Zahl auf 650 000 angewachsen – eine der bemerkenswertesten transnationalen Migrationen der Neuzeit. Dagegen gab es 1945 mehr als eine Million Araber in Palästina, von denen 600 000 bis 700 000 aus ihrer Heimat vertrieben wurden. Hunderte Dörfer wurden völlig entvölkert und anschließend dem Erdboden gleichgemacht oder von Israelis besiedelt.[32] Diese allgemeinen Zahlen sind nicht umstritten, doch darüber, was sie bedeuten, vertreten beide Seiten deutlich gegensätzliche Ansichten, und diese Ansichten sind ein wichtiger Teil der erinnerten Vergangenheit. Generationen von Palästinensern hatten in dieser Region gelebt, die zum Osmanischen Reich gehört hatte und nach dem Ersten Weltkrieg britisches Mandatsgebiet geworden war. Die meisten palästinensischen Flüchtlinge glaubten damals, sie hätten das Recht, wieder in ihr Land zurückzukehren. Ganz anders sah die jüdische Erinnerung aus, in deren Zentrum die Geschichte der Verfolgung unter den Nazis stand. Diejenigen, die nach 1933 nach Palästina ge-

gangen waren und denen nach dem Krieg viele andere gefolgt waren, waren der
Ansicht, wenn die neuzeitliche Geschichte irgendetwas lehre, dann dies: dass
Menschen nichts dringlicher brauchen als eine Nation, die sie die Ihre nennen
können, einen Staat, der sie gegen innere und äußere Feinde beschützt. Die arabischen Flüchtlinge teilten diese Ansicht, doch ihre Vorstellung von einem neuen
palästinensischen Staat sah deutlich anders aus als das Israel, das von seinen
Gründern als jüdische Nation definiert wurde, und es wäre eine heikle Situation
entstanden, wenn alle Flüchtlinge in ihre Heimatorte in Palästina zurückgekehrt
wären und damit die Bevölkerungsmehrheit gestellt hätten. Die Juden wären
gegenüber den Arabern deutlich in der Minderheit gewesen, und auch wenn ihre
Lebenserwartung deutlich höher ist – binnen weniger Jahrzehnte hat Israel in
dieser Hinsicht weltweit einen Spitzenplatz erreicht –, wären die Aussichten für
einen jüdischen Staat nicht rosig gewesen, wenn man nicht den Großteil der
palästinensischen Araber draußen gehalten hätte (bei diesen blieb zudem die
Geburtenrate bis zum Ende des 20. Jahrhunderts extrem hoch). Die Folge war,
dass die Palästinenser keinen eigenen Staat bekamen, sondern weiterhin in
Flüchtlingslagern leben mussten, die für sie in benachbarten Territorien eingerichtet worden waren. Angesichts dessen gab es kein gemeinsames historisches
Gedächtnis.

Das hielt Israelis oder Palästinenser freilich nicht davon ab, ihre transnationalen
Verbindungen zur übrigen Welt zu verstärken. Der neue Staat Israel lud Juden aus
aller Welt dazu ein, sich der neuen Nation anzuschließen oder ihre Existenz und
ihr Wohlergehen anderweitig zu unterstützen. Gleichzeitig wurde das jüngste
Schicksal des jüdischen Volkes Teil der globalen Erinnerung. Die Bilder des Holocaust, der Aufstand im Warschauer Ghetto 1943, als sich die jüdischen Bewohner
der Stadt gegen die NS-Besatzer erhoben, und die während des Krieges über den
gesamten Globus zerstreuten Juden wurden rasch Teil der gemeinsamen transnationalen Geschichte. Auch die palästinensischen Araber verfügten über transnationale Verbindungen zu Muslimen an anderen Orten. Diese lebten in der Mehrzahl
in einem eigenen Staat, ob alt (Iran, Türkei) oder neu (Pakistan, Malaysia, Indonesien). Die neuen arabischen Staaten wie Libyen, Syrien und Ägypten weigerten sich,
den Staat Israel anzuerkennen. Die militärischen Konflikte zwischen diesen beiden
Parteien bilden ein wichtiges Kapitel der internationalen Beziehungen nach 1945,
doch was die Geschichte des Transnationalismus angeht, gelang es der globalen
Gemeinschaft von Muslimen und Arabern eigenartigerweise weniger gut als Israelis und Juden, ein Gefühl transnationaler Solidarität auszubilden.

Doch bei allen Gegensätzen bleibt zu bedenken, dass Flüchtlinge, Vertriebene
und Staatenlose nicht einfach nur statistisches Material sind, sondern dass sich
dahinter Menschen aus Fleisch und Blut verbergen – die in unserem Fall genau in
dem Moment lebten, als die Vorstellung von «Menschenrechten» als Grundwert
der Nachkriegswelt verankert wurde. Ganz gleich wo sie lebten, musste man sich

Illegale Einwanderer überqueren bei Nacht die amerikanisch-mexikanische Grenze, April 1951. Migration, ob legal oder illegal, ist seit dem Ende des Zweiten Weltkriegs zu einem zentralen transnationalen Thema der Weltgeschichte geworden.

um sie kümmern, zumindest im Prinzip. Ihr Auskommen, ihre Gesundheit und ihre Bildung waren nicht Privatsache, sondern betrafen die Allgemeinheit. Zwar unterlagen diese Probleme in erster Linie der Rechtsprechung einzelner Staaten und waren somit eher Teil der nationalen als der transnationalen Geschichte, doch entwickelte sich die gesamte Vorstellung vom «Sozialstaat» zu einem transnationalen Phänomen. In China beispielsweise bedeuteten Hunderttausende von Kriegsflüchtlingen, die während des Krieges mit Japan aus ihrer Heimat vertrieben worden waren, für die nationalistische Regierung eine riesige Herausforderung, der sie sich im Rahmen einer ersten zarten Vorstellung von staatlicher

Verantwortung für das gesellschaftliche Wohlergehen gegenübersah.[33] Von Europa bis Nordamerika, vom Nahen und Mittleren Osten bis Ostasien waren die unmittelbaren Nachkriegsjahre insofern bemerkenswert, als staatliche Wohlfahrt und Menschenrechte global als Aufgabe staatlicher Politik für alle Länder betrachtet wurden. Und als die Regierungen ihre Verpflichtungen in dieser Hinsicht nicht erfüllten, konnten internationale Organisationen wie die Vereinten Nationen und eine ganze Reihe nichtstaatlicher Einrichtungen einspringen und diese Aufgabe übernehmen. Da es sich bei Migrationen qua Definition um ein transnationales Phänomen handelt, überrascht es nicht wirklich, dass mit dem Wohl dieser Migranten zumeist internationale Organisationen befasst waren, allen voran die United Nations Relief and Rehabilitation Administration (UNRRA, Nothilfe- und Wiederaufbauverwaltung der Vereinten Nationen). Auch in diesem Bereich entstand also eine transnationale Welt.

Geistiger und kultureller Austausch

Die gleichen Fragen wie im Hinblick auf den Zweiten Weltkrieg und die Nachkriegsmigration lassen sich auch hinsichtlich des transnationalen Verständnisses und der Erinnerung an den Kalten Krieg stellen. Nach dem Ende der Blockkonfrontation eröffnete sich für Wissenschaftler von beiden Seiten der geopolitischen Trennlinie die Möglichkeit, die Akten zu sichten und für ein nachvollziehbares, gemeinsames Verständnis der Konfrontation zwischen den USA und der UdSSR mitsamt ihren jeweiligen Verbündeten und Satelliten zu sorgen. Mit der Öffnung der Archive in der ehemaligen Sowjetunion und anderen Ostblockstaaten sowie in der Volksrepublik China kann auch der Kalte Krieg jetzt ein Kapitel im gemeinsamen Gedächtnis aller Menschen bilden.[34] Gleichzeitig bleibt festzuhalten, dass es beim Kalten Krieg in erster Linie um internationale Bündnisse und nationale Sicherheitsbelange ging, nicht um eine gemeinsame globale Erinnerung. Wesensmerkmal des Kalten Krieges war es, den Globus zu spalten und, wenn möglich, den Status quo auf dieser Grundlage einzufrieren, und nicht, die Herausbildung eines transnationalen Bewusstseins zu fördern. Eine universelle Vorstellung vom Menschen wäre schwer durchzusetzen gewesen, solange die Menschheit in «Sowjetmenschen» und «westliche Menschen» aufgeteilt war.

Zweifellos veranlasste das strategische Denken des Kalten Krieges die USA zu einem kulturdiplomatischen Engagement, mit dem sie in Europa, Asien und anderswo für amerikafreundliche Ansichten sorgen wollten.[35] Insbesondere die CIA war darauf bedacht, kulturelle Aktivitäten im Ausland zu unterstützen und so bei den Menschen ein positives Bild der USA sowie negative Vorstellungen über die Sowjetunion zu verbreiten. Der Rundfunksender Voice of America, der während des Krieges von der US-Regierung als Gegenmittel gegen die Propaganda der Achsenmächte gegründet und finanziert worden war, wurde 1946 zu einem Instrument der Diplomatie, als er dem US-Außenministerium übertragen wurde. So sendete die «Stimme Amerikas» unter anderem auf Russisch und Arabisch. Die Sowjetunion versuchte mit Hilfe von Störsendern zu verhindern, dass ihre Bürger diese Sendungen hörten. Gleichzeitig verfolgte Moskau seine eigene transnationale Kulturstrategie und holte Studenten aus Afrika und Asien ins Land, um ihnen die rechte marxistische Lehre einzuimpfen und sie gegen den westlichen Kolonialismus und Imperialismus in Stellung zu bringen. Doch diese Aktivitäten sollte man nicht alle unter der Rubrik der Geschichte des Kalten Krieges einsortieren. Oftmals wandten sich gerade die Projekte, die Kulturkrieger für die globale geopolitische Auseinandersetzung produzieren sollten, gegen ihre Förderer und entwickelten ihre eigene Agenda. Überdies waren von Regierungsseite betriebene Projekte im Westen nur ein Teil des großangelegten Unterfangens, den Kultur- und Bildungsaustausch zu fördern und damit internationale Verständigung und transnationales Denken zu stärken.

Besonders aktiv waren in dieser Hinsicht die Rockefeller Foundation, die Ford Foundation, die Carnegie Corporation und andere Stiftungen in den USA. So richtete die Rockefeller-Stiftung schon 1947 das Salzburg Seminar in American Studies ein, um die Kontakte zwischen Amerikanern und Europäern (insbesondere Deutschen und Österreichern) wiederzubeleben und auszuweiten und damit die Aussöhnung nach dem Krieg zu befördern. Es überrascht nicht wirklich, dass gerade die Versöhnung als geeigneter Tummelplatz für das Wirken privater Stiftungen galt. Während die offizielle Politik oft durch geopolitische Interessen bestimmt war, waren private Non-Profit-Organisationen in der Lage, ihre eigene Agenda zu finanzieren und zu betreiben. Das Salzburg Seminar fing ganz bescheiden an und entwickelte sich im Lauf der Zeit zu einem der langlebigsten und erfolgreichsten transatlantischen Austauschprogramme. Zwar ließen sich selbst solche Aktivitäten von Wahrnehmungen und politischen Vorstellungen des Kalten Krieges nicht gänzlich frei halten, aber es war keineswegs so, dass die geopolitische Auseinandersetzung sämtliche Aspekte der Austauschprogramme bestimmte, die durchaus ihre eigene Dynamik hatten. Überdies waren sich einige Nichtregierungsorganisationen sehr wohl der Gefahr bewusst, dass ihre Arbeit für politische und strategische Erwägungen staatlicherseits vereinnahmt und damit untergraben werden konnte, und zeigten sich entschlossen, ihre Autonomie so gut es ging zu bewahren. Und es gab genügend Raum für private Initiativen und ihr Bemühen, Aussöhnung und Verständigung nach dem Krieg zu fördern. So schrieb Rowan Gaither, Vorsitzender der Ford Foundation, 1951: «Zu den wichtigsten Voraussetzungen für Frieden zählen ein Mindestmaß an ökonomischem Wohlergehen, ein gesteigertes Weltverständnis und eine auf Recht und Gesetz beruhende Weltordnung.»[36] Von diesen Zielen war das «gesteigerte Weltverständnis» von besonderer Bedeutung als Aufgabe für eine private Stiftung. Große und kleine Stiftungen in den USA brachten immer mehr Studenten, Wissenschaftler, Journalisten, Künstler und viele andere aus Europa, Asien und anderswoher in die USA und finanzierten zugleich in den 1950er Jahren «internationale Regionalstudien». (Diese privaten Initiativen wurden 1958 von Seiten der US-Regierung durch den National Defense Education Act ergänzt, der Fremdsprachenkurse an US-Universitäten finanzierte, zunächst vor allem für Chinesisch, Japanisch, Arabisch, Portugiesisch, Russisch und Hindi-Urdu.)

Diese Programme sorgten ganz bewusst für transnationale Begegnungen. Statistisch betrachtet erlebten die Nachkriegsjahre einen deutlichen Zuwachs bei der Zahl der Austauschstudenten und anderer Personen, zunächst vor allem in den USA, aber Anfang der 1960er Jahre auch in vielen anderen Ländern. Das Fulbright-Austauschprogramm, das die USA erstmals 1947 auflegten, war damals das bekannteste dieser Projekte, nicht zuletzt deshalb, weil Tausende deutscher und japanischer Studenten in seinen Genuss kamen. Ihre Präsenz an den Universitäten überall im Land leistete einen enormen Beitrag zur Aussöhnung nach dem Krieg – und das Bemühen, die jüngste Vergangenheit besser zu verstehen und über eine gemeinsame historische Erinnerung zu verfügen, ist ein Kernaspekt solcher Aussöhnung.[37] Das Fulbright-Programm wurde zwar von der Regierung finanziert, aber weitgehend von Nichtregierungsorganisationen betrieben, in Washington ebenso wie an verschiedenen Universitäten und Forschungszentren. Daneben gab es kleinere Stiftungen, die ebenfalls den internationalen Studentenaustausch förderten. Eine von ihnen, das American Friends Service Committee (AFSC), eine Stiftung der Quäker, organisierte Seminare und Workcamps in Japan und anderen Teilen Asiens, um Amerikanern, Japanern und anderen gemeinsame Erfahrungen zu ermöglichen und die Chancen einer interdependenten Welt auszuloten. Ihre Erfahrungen waren keineswegs immer die Gleichen, aber sie sorgten stets für ein Gefühl von Begegnung und Engagement über Grenzen hinweg. Studierende und gebildete Menschen aus anderen Ländern zu treffen bedeutete eine transnationale Erfahrung, aus der sich das Empfinden eines gemeinsamen Menschseins entwickelte.

In diesem Zusammenhang sei auf einige wissenschaftliche Entwicklungen und allgemeine kulturelle Trends hingewiesen, die den im Entstehen begriffenen Transnationalismus unterfütterten. Während des Krieges und in den ersten Nachkriegsjahren entwickelten sich die USA zum weltweiten Zentrum von Wissenschaft und Forschung, weil sie zum einen bei der globalen Mobilisierung der Ressourcen für den Krieg eine führende Rolle spielten und weil sie zum anderen vielen geflohenen Wissenschaftlern vor allem aus Europa Zuflucht boten. Renommierte Natur- und Geisteswissenschaftler, von denen einige (aber beileibe nicht alle) jüdischer Herkunft waren, hatten ihre Heimatländer – und hier vor allem Deutschland – verlassen, um anderswo einen sicheren Hafen zu finden und ihre wissenschaftlichen Aktivitäten fortsetzen zu können. Nicht wenige von ihnen, darunter etwa der bekannte Literaturwissenschaftler Erich Auerbach, verbrachten die Kriegsjahre in der Türkei und gingen anschließend dann in die USA. Andere wie Enrico Fermi und viele Naturwissenschaftler kamen nach Amerika, um dort am Atomwaffenprogramm und an verwandten Projekten mitzuarbeiten, und blieben nach dem Krieg, um an verschiedenen Universitäten zu lehren und zu forschen. Mehrere Vertreter der Frankfurter Schule, diesem Zentrum sozialwissenschaftlicher Gelehrtheit, landeten ebenfalls in den Vereinigten Staaten. Der vermutlich Einflussreichste von ihnen, Theodor W. Adorno, war von 1938 bis 1941 in Princeton und anschließend für sieben Jahre an der University of California in Berkeley an Forschungsprojekten beteiligt, ehe er 1949 nach Deutschland zurückkehrte. Insbesondere seine Schriften über die «autoritäre Persönlichkeit» machten ihn berühmt, denn sie boten eine Möglichkeit, die Entstehung von Faschismus, Nationalsozialismus und anderen Formen des Totalitarismus im Vorkriegseuropa zu erforschen. Viele andere Wissenschaftler aus Deutschland wurden von der New School for Social Research in New York eingeladen, deren sozialwissenschaftliches Graduiertenprogramm ihnen eine neue Heimstatt für Forschung und Lehre bot.

Diese Exilwissenschaftler stehen beispielhaft für eine intellektuelle Transnationalisierung, weil sie ihr Wissen an zahlreiche amerikanische Colleges, Universitäten und Forschungsinstitute brachten und ihre Ideen mit Studenten und Wissenschaftlern des Gastgeberlandes teilten. Letztere wiederum griffen die neuen Sichtweisen aus Europa auf und erweiterten ihren geistigen Horizont. So wurden beispielsweise nach dem Krieg die umfangreichen Schriften Max Webers zum ersten Mal in englischer Übersetzung zugänglich gemacht – einzige wichtige Ausnahme war *Die protestantische Ethik und der «Geist» des Kapitalismus*, die schon 1930 auf Englisch publiziert worden war – und hatten enorme Wirkung auf die Geschichtswissenschaft, insbesondere mit Blick auf den Aufstieg des modernen kapitalistischen Westens und den Gegensatz zwischen ihm und der übrigen Welt. Nicht zuletzt der Begriff der Modernisierung ging häufig auf Webers Denken zurück, das die religiösen und geistigen Voraussetzungen sozioökonomischen Wandels thematisierte. Derartige Sichtweisen wurden im Westen besonders dankbar aufgegriffen, weil sie die marxistische Analyse mit ihrer Betonung materieller Faktoren und der Klassenverhältnisse als Triebkräfte des Wandels in Frage zu stellen schienen. Allerdings waren beide, «Weberismus» wie Marxismus, insofern transnationale Perspektiven, als sie Theorien für das Verständnis gesellschaftlicher Phänomene lieferten, die sich nicht an nationale Grenzen hielten. Zu einer Zeit, da der Kalte Krieg den Marxismus aufgrund seiner antikapitalistischen Implikationen zu einer fremden Ideologie machte, die es zu meiden galt, leisteten Exilwissenschaftler einen Beitrag, um ihn am Leben zu erhalten. Unterdessen breitete sich die Freud'sche Theorie nach dem Krieg nach Nord- und Süd-

amerika sowie nach Australien und in andere Länder aus und begann die Ge-
schichts- und die Gesellschaftswissenschaft zu beeinflussen. Marxismus wie
Freudianismus hatten eindeutig ideologische und politische Implikationen, doch
diese Implikationen gingen über nationale Grenzen hinaus: Ersterer beharrte auf
der Möglichkeit, die moderne Weltgeschichte in einem globalen Rahmen zu begreifen, Letzterer betonte die Identitäten subnationaler Gruppen wie etwa ethnischer Minderheiten.[38]

Auch auf anderen Feldern hatten transnationale Emigranten wesentlichen Einfluss auf die Wissenschaft der Nachkriegszeit. So erfuhr die Komparatistik durch
europäische Gelehrtheit, die mit Auerbach, René Jasinski, Herbert und Lieselotte
Dieckmann sowie anderen in die USA kam, einen enormen Schub. Obwohl das
Fach die Bezeichnung «Vergleichende Literaturwissenschaft» trägt, trieben diese
Gelehrten das Studium der Literatur voran, nicht die Erforschung national
getrennter literarischer Traditionen. Mit der Zeit traten hier auch asiatische Perspektiven hinzu; sie kamen entweder von chinesischen, koreanischen und japanischen Intellektuellen, die nach dem Krieg in die USA gingen, oder von europäischen und amerikanischen Wissenschaftlern, die ihr kurz zuvor erworbenes
Wissen über die Kultur Ostasiens für die Erforschung der dortigen Literatur einsetzten. Ganz ähnlich dominierten europäische Emigranten das Feld der Musik-
wissenschaft, also Musiktheorie und Musikgeschichte. Einer von ihnen, Bruno
Nettl, erinnert in seinen Memoiren daran, dass die meisten von ihnen Juden
waren, die in den 1930er Jahren und während des Krieges in Europa ihrer Posten
enthoben wurden. Hatte es vor dem Krieg in den USA so gut wie keine Musik-
wissenschaft gegeben, weder in Forschung noch in Lehre, so rivalisierten die
amerikanischen Universitäten nach 1945 «mit den bedeutenden Instituten in Berlin, Wien, Prag, Leipzig und München, die sich für die Wiege der Musikwissen-
schaft hielten».[39] Lag der Forschungsschwerpunkt zunächst vor allem auf westlicher Musik, so erweiterte man den Fokus schon bald auf andere musikalische
Traditionen, woraus dann die Musikethnologie entstand, ein wahrhaft transnationaler Ansatz in der Musikgeschichte. Curt Sachs, ebenfalls ein Emigrant, der
Deutschland 1933 verließ und in Paris lehrte, ehe er 1937 an die New York University ging, blieb bis zu seinem Tod 1958 der führende Experte auf diesem
Gebiet. Die Aktivitäten dieser und anderer Intellektueller haben jedenfalls dafür
gesorgt, dass die Intellektuellenszene in den USA und anderswo nach dem Krieg
immer transnationaler wurde.

Die transnationale Wissenschaft auf Feldern wie Literatur und Musik wurde
ergänzt und verstärkt durch die literarischen und künstlerischen Aktivitäten
überall auf der Welt. Zwar gibt es keine exakten statistischen Zahlen, aber natürlich wurden, kaum war der Krieg vorbei, transnationale kulturelle Aktivitäten
wieder aufgenommen: von der Übersetzung von Romanen und Gedichten bis zu
Kunstausstellungen, von musikalischen Aufführungen bis zu internationalen

Filmfesten. Einige davon wurden ohne Zweifel von Staaten für außenpolitische Zwecke finanziert und sind eher dem Bereich der Kulturpropaganda als dem Transnationalismus zuzurechnen. Der Kalte Krieg sorgte dafür, dass sich die Regierungen in Washington, Moskau und anderswo an internationalen Kunst- und Musikereignissen beteiligten. So wurden beispielsweise in den USA auf dem Höhepunkt der McCarthy-Ära Schritte unternommen, um eine große Zahl von Büchern aus Überseebibliotheken zu entfernen, die unter den Auspizien des US-Außenministeriums eingerichtet worden waren. Dazu gehörten etwa Ernest Hemingways *Across the River and into the Trees* sowie D. H. Lawrences *Lady Chatterley's Lover*. Die Sowjetunion wiederum rief den Internationalen Stalin-preis ins Leben und verlieh ihn 1954 an Paul Robeson, einen afroamerikanischen Sänger, der in seinem Heimatland wegen seines Protests gegen die Politik des Kalten Krieges im Grunde eine Art Paria war.

Die Liste der Beispiele ließe sich mühelos fortsetzen, aber es wäre zu einfach, sie lediglich unter geopolitischen Gesichtspunkten zu betrachten. Selbst wenn der Staat an der Finanzierung, Ausrichtung oder Beendigung solcher Aktivitäten beteiligt war, konnte er die Wirkung, die sie über nationale Grenzen hinweg auf einzelne Menschen hatten, weder kontrollieren noch voraussehen. Der Interna-tionale Tschaikowski-Wettbewerb in Moskau etwa wurde unter Aufsicht der sowjetischen Musikakademie durchgeführt, eines staatlichen Organs, doch die Tatsache, dass der erste Preis 1956 an den Amerikaner Van Cliburn ging, hatte zahlreiche transnationale Konsequenzen und bestärkte unter anderem die An-sicht, Musik kenne keine nationalen oder politischen Grenzen. Die zu Beginn dieses Kapitels erwähnte japanische Geigerin blieb in Japan, wohin sie 1945 über die USA aus Europa zurückgekehrt war, und sorgte dafür, dass in ihrem Heimat-land wieder europäische Musik gespielt wurde. Unterdessen hatte die Wiederauf-nahme der Richard-Wagner-Festspiele in Bayreuth 1951 – als Herbert von Kara-jan Wagners «Ring» ebenso dirigierte wie die *Meistersinger* – zwar politische Implikationen, aber das hielt Opernliebhaber aus Europa und Nordamerika (und schließlich aus der ganzen Welt) nicht davon ab, alljährlich auf den Grünen Hügel zu pilgern. Wilhelm Furtwängler, der bekannteste Dirigent, der während der NS-Zeit in Deutschland geblieben war und im Verdacht stand, mit den Nazis sympathisiert zu haben, nahm seine Tätigkeit bald wieder auf und gab auch Gastspiele im Ausland (1951 etwa absolvierte er mit den Berliner Philharmoni-kern erstmals eine Tournee durch Großbritannien). In Japan waren europäische Solisten nach dem Ende der Besatzung 1952 wieder ein vertrauter Anblick. Seiji Ozawa, ein junger Musiker aus Tokio, der 1935 in China zur Welt gekommen war, erhielt gemeinsam mit vielen anderen aus den verschiedensten Ländern seine Ausbildung unter anderem in Tanglewood, Massachusetts. Und Mitte der 1950er Jahre tourte erstmals eine japanische Kabuki-Theatertruppe durch ame-rikanische Städte.

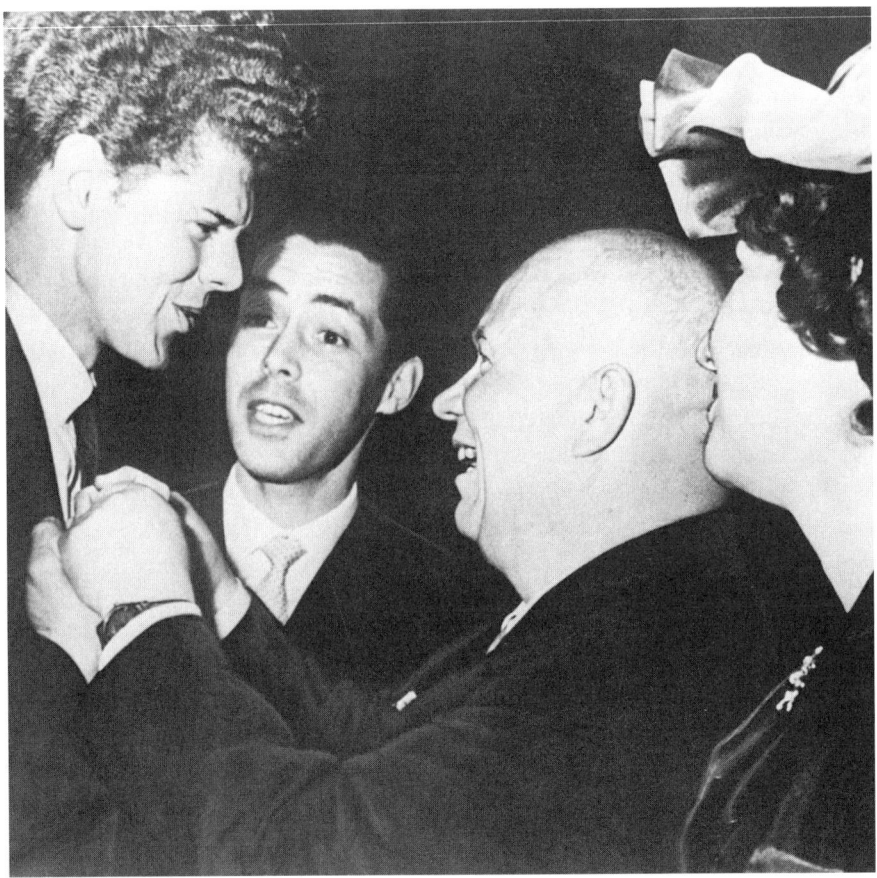

Der amerikanische Pianist Van Cliburn wird vom sowjetischen Staatschef Nikita Chruschtschow beglückwünscht, nachdem er 1956 beim Internationalen Tschaikowski-Klavier-
wettbewerb in Moskau den ersten Platz belegt hat – ein Beispiel für kulturellen Transnationalismus auf dem Höhepunkt des Kalten Krieges.

Erleichtert wurden die Wiederaufnahme und das Anwachsen transnationaler
Kulturaktivitäten zweifellos durch Verbesserungen und Neuerungen im Bereich
der Kommunikationstechnologien. So verbilligten sich internationale Telefongespräche deutlich. Die Kosten für ein dreiminütiges Gespräch zwischen New
York und London beispielsweise sanken von 189 US-Dollar 1940 auf 46 US-Dollar zwanzig Jahre später.[40] Noch wichtiger war die Ausbreitung des Tonband-
geräts, bei dem mittels eines Magnetbands Geräusche und Töne aufgezeichnet
werden konnten. Es war ursprünglich für den militärischen Gebrauch entwickelt
worden, wurde aber schon bald zu einem beliebten Medium, um Stimmen und
Musik aufzunehmen, denn es eröffnete unendliche Möglichkeiten, diese Aufnahmen transnational in Umlauf zu bringen. Und dann war da natürlich noch der

Fernseher, der nach dem Krieg in immer mehr amerikanischen Haushalten zu finden war und ab Ende der 1950er Jahre auch den Rest der Welt eroberte. Diese Geräte erleichterten die Verbreitung kultureller Produkte über Grenzen hinweg deutlich und leisteten einen wichtigen Beitrag, ein Gefühl gemeinsamer Erfahrung zu schaffen.

Besonders weitreichende Folgen hatten diese Entwicklungen (allen voran natürlich die Ausbreitung von Fernsehgeräten) auf das Kino. Viele Menschen waren überzeugt, das Fernsehen werde schon bald das Kino als Unterhaltungsform ablösen. Dass das dann doch nicht passierte, hatte unter anderem damit zu tun, dass Hollywood mit Breitwandformaten («Cinerama») und «Technicolor» reagierte, um die Menschen wieder zurück ins Kino zu locken. Überdies produzierte die Branche eine ganze Reihe von Streifen, die das Publikum in vielen Teilen der Welt begeisterten. Allein im Jahr 1953 beispielsweise hatten Hollywoodproduktionen wie *Zwölf Uhr mittags* mit Gary Cooper, Charlie Chaplins *Rampenlicht* und Gene Kellys *Singin' in the Rain* (das in Deutschland anfangs unter dem schönen Titel *Du sollst mein Glücksstern sein* in die Kinos kam) nicht nur in den USA, sondern auch in Europa und in Teilen Asiens auf Anhieb riesigen Erfolg. Während Hollywood diese Produkte nach Übersee exportierte, brachten andere Filme, die ebenfalls in der kalifornischen Traumfabrik entstanden, den Amerikanern den Rest der Welt näher. So war einer der Kassenschlager des Jahres 1956 die Verfilmung eines französischen Romans aus den 1870er Jahren, nämlich von Jules Vernes *In 80 Tagen um die Welt*, die amerikanischen Kinogängern einen Hauch von transnationaler Erfahrung verschaffte. Gleichermaßen wichtig waren im Kontext transnationaler Geschichte eine Vielzahl von Filmen, die außerhalb der USA entstanden und Menschen über nationale Grenzen hinweg in einer gemeinsamen visuellen Erfahrung vereinten – und in einem gemeinsamen Bewusstsein von Leben. Meisterwerke wie Vittorio de Sicas *Fahrraddiebe* aus Italien oder Akira Kurosawas *Rashomon* aus Japan fanden auf der ganzen Welt ein Publikum, weil sie offenbar universelle Themen ansprachen, in diesem Fall Fragen von Moral und Erinnerung. Diese und andere Filme wurden bei internationalen Filmfestspielen ausgezeichnet, die schon kurz nach dem Krieg wiederauflebten und deren Zahl im Laufe der Jahre anwuchs, was zusätzlich zur Transnationalisierung von Kulturproduktionen beitrug.

Und schließlich können wir auch die Historiographie als transnationale Erfahrung betrachten und fragen, inwieweit die Geschichtswissenschaft einen Beitrag leistete, um ein gemeinsames, grenzüberschreitendes Vergangenheitsbild zu befördern. Wie andere Fachbereiche war auch die Geschichtswissenschaft in den USA von Emigranten wie Hajo Holborn und Felix Gilbert beeinflusst, die den Blick auf die US-Geschichte erweiterten und sie in den Kontext der abendländischen oder in einigen Fällen auch der atlantischen Geschichte stellten. Sie alle betonten, dass parallele Entwicklungen in Nordamerika und Europa Ausfluss eines gemeinsamen historischen Vermächtnisses seien. Besonders deutlich wurde ihr Einfluss bei der Entstehung der vergleichenden Geschichtsschreibung, die eine Reihe von Ländern unter bestimmten thematischen Gesichtspunkten wie Feudalismus, Gesellschaftsstruktur und Politik untersuchte.[41] Gleichwohl stellten einige US-Historiker auch weiterhin das Exzeptionelle der amerikanischen Erfahrung in den Mittelpunkt. David Potters *People of Plenty. Economic Advance and the American Character* (1954) beispielsweise betrachtete die amerikanische Geschichte vor dem Hintergrund der einzigartig üppigen natürlichen Ressourcen, während Louis Hartz, Richard Hofstadter und andere die Bedeutung der «liberalen Tradition» in den USA als Phänomen ansahen, in dem sich Amerika von politischen Entwicklungen in Europa unterscheide.[42] Solche Arbeiten setzten die mononationale Ausrichtung von Historikern fort; zwar verglichen sie Entwicklungen in den USA mit denen in Europa, doch für die Interaktion der beiden Kontinente hatten sie kein Gespür – und schon gar nicht für alle anderen Teile der Welt. Andere Wissenschaftler aber bedienten sich weniger engstirniger und stärker transnationaler Perspektiven. So stellte etwa David Riesmans bahnbrechende Studie *The Lonely Crowd* (dt. *Die einsame Masse*) das bekannte Phänomen sozialer Konformität bei amerikanischen Mittelschichtfamilien in den Kontext der weltweiten Industrialisierung und Urbanisierung, während Walt W. Rostows *Stages of Economic Growth* (dt. *Stadien wirtschaftlichen Wachstums*) eine Möglichkeit eröffnete, Weltgeschichte im umfassenden Bezugsrahmen wirtschaftlicher Entwicklungsstadien zu betrachten, den der Autor auf alle Länder und Gesellschaften anwandte.[43]

Die Popularität und breite Wirkung, die diese Arbeiten fanden, zeugen vom wachsenden Einfluss der Sozialwissenschaften nicht nur in den USA (Riesman war Soziologe, Rostow Ökonom). Anthropologie und Soziologie waren Ende des 19. Jahrhunderts in Europa entstanden, doch bis zum Zweiten Weltkrieg blieben die meisten Forschungsarbeiten eng beschränkt mit ihrer Neigung, Verallgemeinerungen und Hypothesen auf der Basis des europäischen und amerikanischen Modells zu formulieren und den Nicht-Westen zu «essentialisieren», also Afrika, Asien und die arabische Welt als qualitativ verschieden im Vergleich zum Westen zu betrachten. In den 1950er Jahren jedoch finden sich einige Versuche, einen umfassenden Rahmen für das Verständnis aller Gesellschaften zu entwickeln. Die Modernisierungstheorie, die vor allem durch den Soziologen Talcott Parsons populär wurde, ist ein besonders schlagendes Beispiel für diesen Trend. Wenn man alle Gesellschaften auf dem Weg in Richtung Modernisierung sah, unter der man üblicherweise Industrialisierung, Urbanisierung und Demokratisierung verstand, dann könnten sinnvolle Vergleiche über Grenzen hinweg angestellt werden. Diese Art von methodischem Transnationalismus war typisch für die Art und Weise, wie Sozialwissenschaftler nach dem Krieg arbeiteten, von denen viele im Ausland als Soldaten gedient hatten (im Kampf wie als Besatzer), was ihren

Blick «entprovinzialisierte». Oder anders gesagt: Die physische Grenzüberschreitung hatte zu einer intellektuellen und mentalen Grenzüberschreitung geführt und damit das transnationale Denken gefördert. Manche sozialwissenschaftlichen Disziplinen wie etwa die Politikwissenschaft neigten zwar dazu, auf der Einzigartigkeit des Regierungssystems und des Entscheidungsprozesses im jeweiligen Land zu beharren, was zwangsläufig dazu führte, dass das nationale Interesse im Mittelpunkt stand und die vorhandenen Entscheidungsmöglichkeiten «realistisch» eingeschätzt wurden (es war die Hochzeit des «Realismus» in der Theorie internationaler Politik, der durch Hans J. Morgenthau, einen Emigranten aus Deutschland, in den USA populär wurde). Doch andere, besonders die Wirtschaftswissenschaften, aber auch die Soziologie – und hier vor allem die «historische Soziologie», die in den 1950er Jahren aufkam und von dem Soziologen Robert Merton, dem Historiker John K. Fairbank und anderen vorangetrieben wurde – bemühten sich um allgemeinere, universellere Generalisierungen. Angesichts dessen überrascht es nicht, dass in den Nachkriegsjahren das Interesse an Weltgeschichte und Weltkulturen wieder aufflammte. Schon früher im 20. Jahrhundert hatten Autoren wie Oswald Spengler, H. G. Wells und einige andere (überwiegend Europäer) Bücher zur Weltgeschichte veröffentlicht, wobei sie sich um einen Blickwinkel auf die Geschichte bemühten, bei dem Themen und Epocheneinteilung nicht durchweg aus der europäischen Geschichte stammten.[44] Vor der Weltwirtschaftskrise hatten solche Pionierarbeiten kaum Einfluss auf die akademische Geschichtswissenschaft gehabt, und der Krieg sorgte wieder für eine stärker westlich zentrierte Sicht: Die Bemühungen zur Überwindung der Wirtschaftskrise und der Kampf gegen die totalitären Feinde wurden als Überlebenskampf der westlichen Zivilisation angesehen. Die gleiche Ideologie bestimmte in Westeuropa und Nordamerika den Blick auf den Kalten Krieg. Gleichzeitig wuchs nach dem Krieg das Bewusstsein dafür, dass das Schicksal der Menschheit keine nationalen oder zivilisatorischen Grenzen kennt. Die Zivilisation bzw. Kultur als solche wurde auf den Prüfstand gestellt, wie Arnold J. Toynbee 1948 in seinem gleichnamigen Buch ausführte.[45] Lange Jahre war Toynbee Mitherausgeber der Reihe *Survey of International Affairs* am Royal Institute of International Affairs gewesen, in der so gut wie jedes Jahr ein Überblick über die internationale Politik erschien. Er interessierte sich jedoch auch für die historische Entwicklung der Welt, ein Interesse, das mit seinen Erfahrungen auf dem europäischen Festland, vor allem in Griechenland und auf dem Balkan, unmittelbar nach dem Ersten Weltkrieg zu tun hatte. 1934 begann er mit der Veröffentlichung von *A Study in History*, einem zwölfbändigen Werk, das erst 1961 zum Abschluss kam.[46] Der größte Teil davon entstand nach dem Zweiten Weltkrieg. Toynbees historische Analyseeinheiten waren Zivilisationen (die im Deutschen gerne als «Kulturen» firmieren) und nicht Nationen, Regionen oder Religionen, auch wenn Letzteren eine tragende Rolle bei der Entwicklung von Zivilisationen zugeschrieben wurde. Insofern war Toynbee ein transnationaler Historiker, dessen Werk nicht zuletzt von seinen ausgedehnten Reisen in alle Welt geprägt war, die er insbesondere nach 1945 unternahm. Indem er Zivilisationen ins Zentrum der weltgeschichtlichen Entwicklung rückte – sein Blick galt den «Herausforderungen», vor die sich bestimmte Zivilisationen durch veränderte natürliche und menschliche Bedingungen gestellt sahen, und ihren Reaktionen darauf –, legte er die Betonung nicht auf die materiellen, sondern auf die spirituellen und intellektuellen Grundlagen von Geschichte. Einer von Toynbees jüngeren Mitarbeitern bei der *Survey of International Affairs*, William H. McNeill, griff diesen Ansatz auf und entwickelte ihn zu einer Weltgeschichte weiter, die in der akademischen Welt stärkere Beachtung fand. Beider Werk spiegelte zweifellos das Bewusstsein wider, dass der Westen zu historisieren sei, das heißt, man durfte die Menschheitsgeschichte nicht vom Westen her definieren, sondern sollte sie als Arena betrachten, in der eine Vielzahl von Zivilisationen miteinander interagierten. Insofern wurde auch die Historiographie allmählich transnationalisiert.

Die Transnationalisierung der Dritten Welt

Die Geschichte der Dekolonisation und der Staatenbildung nach 1945 gehört eher in den Bereich der internationalen, imperialen und nationalen Geschichte. Gleichwohl bemühten sich die Politiker und Bürger sowohl in den neuen Staaten als auch in den etablierten Ländern und in den internationalen Organisationen unablässig darum, die im Entstehen begriffene «Dritte Welt» mit dem Rest des Globus zu verbinden. Schon die Vorstellung einer Dritten Welt brachte ein transnationales Bewusstsein zum Ausdruck, das die dekolonisierten und die noch immer kolonisierten Weltregionen als Teil einer begrifflich fassbaren Weltgemeinschaft betrachtete. Beim Blick auf die Welt musste man nun mehr denn je alle Länder, Regionen und Völker berücksichtigen, und die Aufteilung in «Erste Welt» (die Hauptwidersacher des Kalten Krieges), «Zweite Welt» (fortgeschrittene Industrieländer, überwiegend im Westen) und Dritte Welt schien die Wirklichkeit angemessener widerzuspiegeln als eine bipolare Einteilung der Welt, ob nun in Achsenmächte gegenüber Demokratien oder in die beiden Seiten des Eisernen Vorhangs, wie Winston Churchill es 1946 getan hatte. Die Dritte Welt umfasste den Großteil der Menschheit und sollte über eine eigene Identität verfügen.

In den 1950er Jahren war man intensiv darum bemüht, die Dritte Welt begrifflich zu fassen und damit auch ihre Stellung in der Weltgemeinschaft zu definieren. Dazu stützte man sich zum einen auf die damals vertraute Dichotomie von Kolonialismus und Antikolonialismus. Beides konnten transnationale Ideen sein, doch im Gefolge der Allgemeinen Erklärung der Menschenrechte und der Dekolonisation der meisten Länder in Asien sowie im Nahen und Mittleren Osten bestimmte die Geschichte der antikolonialen Auseinandersetzungen zunehmend die gemeinsame Erinnerung. Im Westen veröffentlichten viele Autoren wie Albert Camus oder George Orwell weiterhin scharfe Angriffe auf den Kolonialismus, und ihre Schriften fanden in den noch verbliebenen wie in den ehemaligen Kolonien eine breite Leserschaft, was den Eindruck erweckte, als gebe es ein einheitliches Muster für das Verständnis der Dritten Welt. Der Antikolonialismus bildete eine gemeinsame Erinnerung und lieferte ein gemeinsames Vokabular für das Verständnis dessen, was in der Dritten Welt geschehen war und immer noch geschah. So war etwa der nigerianische Schriftsteller Chinua Achebe von diesem Denken beeinflusst, als er 1958 seinen Roman *Things Fall Apart* (dt. *Okonkwo oder Das Alte stürzt* bzw. *Alles zerfällt*) veröffentlichte, in dem er beschrieb, wie sich die britische Kolonialherrschaft und die christliche Missionierung auf das Volk der Igbo ausgewirkt hatten.[47] In diesem Rahmen wurde die Dritte Welt zum Schauplatz der Viktimisierung durch eine Kolonialherrschaft, die die indigenen Lebensweisen grundlegend verändert hatte.

Eine andere Möglichkeit bot die Idee der Entwicklung, mit deren Hilfe Politiker und Privatleute im Westen wie auch anderswo die Dritte Welt begrifflich in den Globus zu integrieren versuchten. «Entwicklung» war eine der führenden Ideologien der 1950er Jahre und auf beiden Seiten des Eisernen Vorhangs zu finden.[48] Bis zum Zweiten Weltkrieg war das Attribut «unterentwickelt» nur ganz selten verwendet worden. Stattdessen hatte man die Länder und Völker, die keinen ökonomischen Wandel vollzogen hatten, als «rückständig» oder «zurückgeblieben» bezeichnet, womit impliziert wurde, dass sie nicht mehr wuchsen.[49] Zwar war gegen Ende des 19. und zu Beginn des 20. Jahrhunderts viel davon die Rede, Asien und andere Teile der Welt würden «erwachen», das heißt selbst die «rückständigen» Gegenden, die geschlafen hatten, während der Westen voranpreschte, würden früher oder später aus ihrem langen Schlummer erwachen und sich in die Moderne befördern. Doch vor dem Zweiten Weltkrieg konnte man nur bei einer Handvoll Länder, allen voran Japan und der Türkei, davon sprechen, dass sie sich modernisiert hatten. Nach dem Krieg hingegen wurde der «Developmentalismus» zu einer sehr verbreiteten Sichtweise, um die in Aufruhr befindliche, chaotische Welt transnational zu erfassen. Das hatte seinen Grund zum Teil darin, dass beide Seiten des Kalten Krieges die wirtschaftliche Entwicklung der Dritten Welt zu befördern versuchten, um so ihre jeweiligen Einflusssphären auszubauen. Allerdings hätten die Supermächte der Dritten Welt vermutlich gar keine Beachtung schenken müssen, wenn diese Länder nicht ihrerseits entschlossen gewesen wären, im Zuge der Staatenbildung für Entwicklung zu sorgen. Insofern beeinflusste der Developmentalismus den Kalten Krieg und nicht umgekehrt. Jedenfalls hing man in Washington wie in Moskau der Vorstellung an, man müsse anderen Ländern dabei helfen, ihre Wirtschaft zu modernisieren, und die seit kurzem unabhängigen Staaten wie auch ältere, aber weniger entwickelte Nationen etwa in Lateinamerika bemühten sich nach allen Seiten eifrig um Entwicklungshilfe.

Wir haben hier den interessanten Fall, dass zwei transnationale Modernisierungsideologien um Einfluss konkurrierten. Auf der einen Seite stand der so genannte «liberale Developmentalismus», der davon ausging, dass sich die wirtschaftliche Entwicklung am besten unter den Bedingungen eines freien, wettbewerbsorientierten Marktes voranbringen ließ.[50] Zwar würde es dazu staatlicher Wirtschaftsplanung bedürfen, doch der Privatsektor würde weiter gedeihen, wie das unter anderem in den USA und Westeuropa der Fall sei. Wie Walt W. Rostow in seinem einflussreichen Werk *Stages of Economic Growth* (1960) behauptete, folgten die meisten Gesellschaften einem Standardmuster wirtschaftlicher Entwicklung: von der traditionellen zur Agrargesellschaft und von dort zur industriellen Phase, der eine postindustrielle Konsumkultur folgt. Diese Theorie war an sich nicht neu. Schon im 19. Jahrhundert hatte der britische Soziologe Herbert Spencer die stufenweise Entwicklung der menschlichen Gesellschaft betont. Auch Karl Marx hatte den Gang der Geschichte entsprechend gesehen, nämlich als unausweichliche und universelle Entwicklung von der primitiven zur feudalen und dann zur kapitalistischen Phase. Allerdings sahen die Marxisten die postkapitalistische Phase als sozialistische, in der die Industriearbeiter die Kontrolle über den Staat übernehmen und eine planmäßige wirtschaftliche Entwicklung zum Wohle aller umsetzen würden.

Der «liberale Developmentalismus» und die sozialistische Variante hatten somit einiges gemeinsam und unterschieden sich lediglich mit Blick auf die Zukunftsperspektiven. Doch wenn überhaupt hielten sich nur wenige Länder bei ihrer Modernisierung an den von den USA oder von der UdSSR vorgeschriebenen Weg; einige sollten sich sogar noch jahrzehntelang gar nicht «modernisieren». Von den älteren Ländern Lateinamerikas rebellierten einige wie etwa Argentinien gegen die Modernisierungstheorie, denn diese implizierte üblicherweise Industrialisierung durch Kapitalakkumulation, technologische Entwicklung und Urbanisierung, und entschieden sich für eine Politik der Importsubstitution, mit der sie Industrieprodukte aus dem Ausland kaufen und diese durch den Export von Agrarprodukten bezahlen wollten, statt eigene, indigene Industrialisierungsprogramme zu starten. Mit Kuba optierte ein Karibikstaat für den Sozialismus, als Fidel Castros Revolutionstruppen Ende der 1950er Jahre die Macht übernahmen, doch so ganz entsprach das neue Regime in Havanna nicht dem sowjetischen Modell einer Diktatur des Proletariats. Solange das Stadium der Industrialisierung nicht erreicht war, war es unrealistisch, einer Machtübernahme der Industriearbeiter das Wort zu reden. Gleiches galt für China, wo die kommunistische Partei 1949 an die Macht kam. Das Land bezeichnete sich selbst als «Volksrepublik», ähnlich wie die «Volksdemokratien» in Osteuropa, und war bestrebt, sich durch staatliche Planung und Kontrolle zu industrialisieren. Doch ein entscheidendes Experiment, der so genannte «Große Sprung nach vorn», der Ende der 1950er Jahre unternommen wurde, war eine eigenständig chinesische – «maoistische» – Form der Industrialisierung. Der Plan sah die Einrichtung von Volkskommunen vor, wo Arbeiter Produkte herstellen sollten – das bedeutete eine explizite Ablehnung des sowjetischen Modells städtischer Industrialisierung. Das Experiment hatte jedoch zur Folge, dass Millionen Menschen verhungerten, weil die «Kollektivierung» riesige Landstriche entvölkerte und damit auch die Nahrungsmittelproduktion deutlich verringerte. Gleichwohl weigerte sich die kommunistische Führung Chinas zunächst, zum liberalen Entwicklungsmodell überzuwechseln. Doch trotz aller Unterschiede und Gräben war die Idee der Entwicklung damals fest etabliert und lieferte einen Rahmen, innerhalb dessen die Beziehung zwischen der Dritten Welt und anderen, stärker industrialisierten Ländern verstanden werden konnte.

Eine andere Möglichkeit, die Dritte Welt begrifflich zu transnationalisieren, war der Gegensatz zwischen «dem Westen und dem Nicht-Westen», zwischen «dem Westen und dem Rest» oder, damals populärer, zwischen «Ost und West». (Der Ost-West-Gegensatz bezog sich auch auf die geopolitische Trennlinie des Kalten Krieges, weshalb die Dritte Welt in den 1970er Jahren einen «Nord-Süd-Gegensatz» propagierte.) Diese Vorstellung presste die Dritte Welt in ein transnationales Schema, in dem ihr die Rolle des «Anderen» zufiel. Die Aufteilung der Menschheit in Ost und West, in Orient und Okzident gibt es schon lange, sie reicht zurück bis ins antike Griechenland, wo man die Welt in «Europa» und «Asien» einteilte. Auch an der Wende zum 20. Jahrhundert war die Vorstellung von einer östlichen Kultur noch immer so lebendig, dass sie Denker aus der Türkei und aus dem übrigen Asien bis nach Japan einte.[51] Doch in den 1930er und frühen 1940er Jahren hatte sich Japan den Ost-West-Gegensatz zu Eigen gemacht, um seinen Krieg in Asien als Mission zu rechtfertigen, mit der der Westen vertrieben und der Osten in einen früheren Zustand, wie er vor dem Eindringen von Europäern und Amerikanern geherrscht hatte, zurückkehren sollte. Erstaunlicherweise lebte der Gegensatz trotz solch missbräuchlicher Verwendung nach dem Krieg fort und entwickelte sich wieder zu einem brauchbaren Bezugsrahmen, um die Entstehung der Dritten Welt zu begreifen.

Im neuen Schema stand die Dritte Welt für den Osten. Die Frage, ob Japan eher dem Westen als dem Osten zugehörte, war damals noch nicht entschieden (oder ist seither wieder offen). Jedenfalls schienen Länder wie China, Indien und Ägypten den «Orient» besser zu repräsentieren. Die dortige politische Führung glaubte, dass es als Gegenstück zur westlichen Kultur eine östliche Kultur gab und dass die Menschheit in diese beiden Hälften aufgeteilt war. Und so wie sich Europäer und Amerikaner jetzt, nach ihrem Brudermord, wieder auf ihr westliches Erbe besannen, sollten sich auch die Asiaten ihrer gemeinsamen Identität wieder bewusst werden. Zu dieser Vorstellung vom Osten gehörte oft auch Afrika. Wenn sich die Menschheit in Ost und West teilte und wenn die Afrikaner nicht dem Westen zugehörig waren, dann musste man sie als Teil des Ostens verstehen, oder zumindest mussten Afrikaner und Asiaten zusammen daran arbeiten, ihre Gemeinsamkeiten zu stärken. Als sich beispielsweise Delegierte aus 29 afrikanischen und asiatischen Ländern – die meisten von ihnen hatten gerade erst die Unabhängigkeit erlangt – 1955 im indonesischen Bandung trafen, befasste sich einer der dortigen Unterausschüsse mit der kulturellen Zusammenarbeit und betonte, dass im Rahmen verschiedener globaler, von der UNESCO betriebener Projekte Austauschprogramme innerhalb der asiatisch-afrikanischen Region gefördert werden müssten. Die Delegierten waren stolz darauf, dass Asien und Afrika als Wiege der menschlichen Zivilisation galten und beide deshalb eine wichtige Rolle dabei spielten, die weltweite Kommunikation und Verständigung voranzubringen. Im gleichen Sinne machte ebenfalls 1955 der neue indische Ministerpräsident Jawaharlal Nehru den Vorschlag, die UNESCO solle ein Projekt initiieren, das durch einen systematischen Vergleich beider Kulturen das wechselseitige Verständnis zwischen «Orient» und «Okzident» verbessere. Natürlich war die Definition des «Orients» recht schwammig, doch entscheidend war, dass es Nehru und den anderen Beteiligten gelang (das Projekt lief zehn Jahre lang), den Nicht-Westen, für den exemplarisch der «Orient» stand, auf Augenhöhe mit dem Westen zu bringen. Damit war sichergestellt, dass die Förderung der internationalen Verständigung fortan über solche transnationalen Bemühungen und Begriffsbildungen erfolgen musste.

Derweil lässt sich auch das Aufblühen der «Regionalstudien» im Westen im Zusammenhang mit dieser Transnationalisierung der Dritten Welt sehen. Zwar hatte dieses Phänomen ganz offenkundig geopolitische Gründe, doch es entwickelte eine ganz eigene Dynamik, die dazu führte, dass Drittweltthemen fester Bestandteil von Lehrplänen und Bibliotheken in Europa und Nordamerika wurden. Für Lehrer, Wissenschaftler und Stiftungen waren die Zivilisationen und Geschichten Asiens, Afrikas, des Nahen und Mittleren Ostens sowie Lateinamerikas ein eigenständiger Forschungsbereich. Diese Regionalstudien oder *area studies*, wie sie in den USA hießen, waren zumeist in den allgemeineren Rahmen der *international studies* eingebunden, denn es war klar: Wollte man das Weltgeschehen begreifen, musste man sich mit den Traditionen und zeitgenössischen Entwicklungen in nichtwestlichen Gesellschaften befassen. Ein Großteil dieser Forschung mag insofern «orientalistisch» gewesen sein, als sie diese Gesellschaften als «Andere» betrachtete und davon ausging, dass der Westen die Norm darstellte, mit der der «Rest» zu vergleichen und anhand derer Unterschiede zu erklären waren.[52] Ein besonders einflussreicher Ansatz bestand in den 1950er Jahren darin, die Geschichte nichtwestlicher Länder anhand der Leitkategorien von «Herausforderung» und «Reaktion» zu betrachten. Dabei griff man auf

Toynbees Bezugsrahmen zurück, wandte ihn nun aber auf die Dritte Welt und ihr Verhältnis zum Westen an: Man wollte die Geschichte des Nicht-Westens durch Verweis auf seine Begegnung mit der «Herausforderung» des Westens verstehen, auf die er auf mannigfache Weise reagieren konnte. Eine solche Vorstellung von Weltgeschichte – für die beispielhaft die Dokumentensammlung *China's Response to the West* gelten kann, die 1954 von zwei Harvard-Professoren herausgegeben wurde – eröffnete zumindest die Möglichkeit, die moderne Geschichte nicht als einen Haufen disparater lokaler und nationaler Geschichten zu verstehen, sondern im Rahmen einer wie auch immer gearteten Globalisierungstendenz, und damit haben wir es mit einem weiteren Fall von Transnationalisierung des geistigen Horizonts zu tun.[53]

Das alles zeigt, dass die Drittwelt-Identitäten von den Erfahrungen der Dekolonisation und der Staatenbildung bis zum Glauben an eine gemeinsame Zivilisation reichten. In all diesen Fällen entwickelten die nichtwestlichen Weltregionen transnationale Erfahrungen miteinander und mit westlichen Nationen. Die Folge war: Das transnationale Denken wurde vorangetrieben, selbst wenn nationenspezifische Fragen und die übergreifenden internationalen Angelegenheiten die «Realitäten» auf einer Ebene bestimmten. Die «Realismus»-Welle im wissenschaftlichen und im nichtakademischen Bereich in den 1950er Jahren überdeckte diese transnationalen Schichten lediglich – aber nicht allzu lange.

Transnationale Organisationen

Transnationale Begegnungen und transnationales Denken wurden in der unmittelbaren Nachkriegszeit und in den 1950er Jahren durch eine wachsende Zahl von grenzüberschreitenden Organisationen enorm vorangetrieben – ganz anders als in der Zeit vor 1945. Zwar hatte es auch vor dem Krieg unzählige verschiedene Fälle von Begegnungen über Grenzen hinweg gegeben, doch nunmehr wurden sie rasch institutionalisiert: Individuen taten sich zusammen, um transnationale Organisationen zu bilden, während zugleich Nationen internationale Einrichtungen gründeten, deren Aufgabenspektrum breit gefasst war: Sie kümmerten sich um das Wohl von Migranten oder von Seuchenopfern ebenso wie um das reibungslose Funktionieren weltweiter Wirtschaftstransaktionen. Diese internationalen Organisationen garantierten, dass transnationale Bewegungen und Tätigkeiten stabiler und weniger prekär waren als früher. Oder anders gesagt: Der Transnationalismus bekam ein starkes organisatorisches Fundament.

Viele dieser Institutionen waren intergouvernementaler Art, das heißt, sie waren aufgrund von Vereinbarungen zwischen verschiedenen Nationen entstanden und dienten gemeinsamen Zielen, etwa der Abrüstung oder humanitärer

Hilfe. Beispiele dafür sind die Vereinten Nationen und ihre Sonderorganisationen wie die Weltgesundheitsorganisation (WHO) oder die Internationale Arbeitsorganisation (ILO), aber auch der Internationale Währungsfonds (IWF) und andere Teile des Systems von Bretton Woods. Sie gehören eher zum Bereich der internationalen Politik denn zur transnationalen Geschichte, aber sie boten jeweils einen Raum, an dem Menschen aus der ganzen Welt und nicht nur Regierungsvertreter zusammenkommen konnten. Einzelpersonen und nichtstaatliche Verbände trafen sich häufig bei diesen Institutionen und knüpften ihre eigenen Netzwerke, oftmals unabhängig von den eher formellen Alltagsangelegenheiten, die Regierungsvertreter und internationale Beamte hier zu regeln hatten.

Echte transnationale Organisationen beziehen sich auf nichtstaatliche Akteure. Sie repräsentieren qua Definition keine Regierungen, wenngleich die Trennlinie zwischen staatlicher Autorität und privater Tätigkeit in Ländern mit autoritären Regierungssystemen nicht immer eindeutig zu ziehen ist. Insofern nichtstaatliche Akteure vom Staatsapparat unterschieden werden können, gehören dazu auch private Freiwilligenorganisationen, die sich einem bestimmten Ziel, sei es humanitär, religiös oder ökonomisch, verschrieben haben. Zwar gab es schon immer private Vereinigungen von Menschen, doch die allermeisten davon waren, was Anliegen und Mitglieder angeht, lokal oder allenfalls national ausgerichtet, während nach 1945 die transnationalen Netzwerke solcher Organisationen zunahmen und einige Einrichtungen von Anfang an in transnationaler Absicht gegründet wurden. Bis 1951 hatten die Vereinten Nationen offiziell 188 transnationale Nichtregierungsorganisationen (NGOs) anerkannt, von denen 64 während des Krieges oder danach gegründet worden waren. Zu den humanitären Organisationen gehörten vor allem religiöse Vereinigungen wie die Catholic International Union for Social Service, der Council of Jewish Organizations oder das Friends' World Committee for Consultation. Gesundheitsorganisationen waren etwa das Internationale Komitee vom Roten Kreuz, der International Council of Nurses, die World Federation for Mental Health sowie die World Medical Association, die zusammen mit der WHO daran arbeiteten, ansteckende Krankheiten wie die Tuberkulose oder die Pocken auszurotten.[54]

Diese Organisationen boten Individuen und Verbänden aus verschiedenen Ländern die Möglichkeit und den Raum für Begegnungen, was deren transnationale Ausrichtung bestärkte. So trafen sich beispielsweise 1946 in Moskau Telekommunikationsexperten aus 66 Ländern, um ein transnationales Gremium ins Leben zu rufen, nämlich den International Frequency Registration Board, der die Frequenzvergabe und technische Fragen der Funkübertragung in verschiedenen Ländern klären sollte. Trotz der wachsenden geopolitischen Spannungen tat dieses Gremium weiter seine Arbeit und sorgte dafür, dass Amerikaner und Russen sich trafen, um profanere, aber vermutlich gleichermaßen wichtige Fragen zu erörtern. Sogar in den 1950er Jahren, auf dem Höhepunkt des Kalten Krieges, ging die Gründung von NGOs unvermindert weiter. Einige transnationale Institutionen wurden explizit geschaffen, um für Entspannung zwischen Ost und West zu sorgen und die Welt wieder enger zusammenzuführen. Ein gutes Beispiel dafür sind Organisationen, die sich der atomaren Abrüstung verschrieben. So gab es auf beiden Seiten des Eisernen Vorhangs Netzwerke von Wissenschaftlern, die gemeinsam die Gefahr eines Nuklearkriegs verringern wollten, und einige von ihnen riefen 1957 die Pugwash Conferences on Science and World Affairs ins Leben, um die atomare Abrüstung voranzutreiben. Ihnen schlossen sich Pazifisten und humanitäre Organisationen aus verschiedenen Ländern an, von denen sich viele 1955 in Hiroshima versammelt und dazu verpflichtet hatten, die Welt gegen Atom- und Wasserstoffbomben zu mobilisieren. Diese Initiativen führten schließlich zu internationalen Vereinbarungen, mit denen Atomtests eingeschränkt und strategische Waffen reduziert wurden.[55] Hier verstärkten sich transnationales Bewusstsein und die Anti-Atomwaffenbewegung wechselseitig und ließen eine eigene, weltweite Gemeinschaft von globalen Friedensnetzwerken entstehen. Als US-Präsident Dwight D. Eisenhower Programme für die friedliche Nutzung der Kernenergie verkündete, war der Weg frei für die transnationale Kooperation, um die Sicherheit der zahlreichen neu errichteten Atomanlagen zu gewährleisten und zu verhindern, dass sie zu Waffenfabriken wurden. An einer 1955 von der UNO organisierten wissenschaftlichen Konferenz nahmen Wissenschaftler aus der Sowjetunion und der Tschechoslowakei ebenso teil wie aus westlichen Ländern und ebneten den Weg für die Gründung der Internationalen Atomenergiebehörde ein Jahr später. Wir haben es hier mit einem entscheidenden transnationalen Moment zu tun, der für die Zukunft der Menschheit weitaus wichtiger war als die Geopolitik des Kalten Krieges.

In ganz ähnlichem Sinne gingen zwischen 1958 und 1961 Tausende von Amerikanern in die Sowjetunion, um verschiedene Ausstellungen zu organisieren, und ähnlich viele sowjetische Bürger reisten zu ähnlichen Zwecken in die USA. Zwar wurden diese Austauschprogramme durch ein offizielles Abkommen zwischen Washington und Moskau ermöglicht, aber dieses Abkommen war vermutlich dem Druck von Seiten privater Vereinigungen geschuldet, die nationalen Grenzen für transnationalen Austausch zu öffnen.[56] Unterdessen waren einige transnationale Vereinigungen besonders aktiv darum bemüht, gerade eben unabhängig gewordenen Ländern nicht nur bei der wirtschaftlichen Entwicklung, sondern auch bei der Modernisierung von Bildungs- und Gesundheitseinrichtungen unter die Arme zu greifen. So wurden 1954 die Medical Assistance Programs International gegründet, die Ärzte und Pflegepersonal aus Europa und Nordamerika in Länder vermitteln sollten, die sich noch mitten im Prozess der Nationenbildung befanden. Im Jahr darauf schickte Japan erstmals Fachleute in den Nahen Osten und nach Afrika, die dort bei der Überwindung der Tuberkulose helfen sollten. Gegen Ende des Jahrzehnts entstand in den USA My Brother's Keeper als «nicht-konfessionelle Freiwilligenorganisation, die es sich zum Ziel gesetzt hatte, die ungeheuren medizinischen Ressourcen der USA mit den globalen Bedürfnissen in Sachen medizinischer Versorgung zu verbinden».[57]

Auch im Bildungsbereich beteiligten sich private Gruppen, insbesondere Stiftungen aus den USA, an den Bemühungen in den Entwicklungsländern, allen Kindern den Schulbesuch zu ermöglichen und damit die Alphabetisierung der Bevölkerung zu verbessern. Hier waren enorme Aufgaben zu bewältigen, die für die nun unabhängigen Länder genauso wichtig waren wie die medizinische Versorgung, zumal ihnen meist die Ressourcen und die Infrastruktur fehlten, um die staatliche Bildung zu gewährleisten. Katholische und evangelische Missionare aus dem Ausland versuchten einige dieser Lücken zu füllen, ebenso Stiftungen wie die Rockefeller, die Carnegie oder die Ford Foundation. Sie arbeiteten eng mit der UNESCO zusammen, in deren Verfassung die beteiligten Staaten erklärten, «dass weite Ausbreitung der Kultur und Erziehung aller zu Gerechtigkeit, Freiheit und Friedfertigkeit für die Würde des Menschen unerlässlich sind und eine heilige Verpflichtung bedeuten, die alle Völker im Geiste gegenseitiger Hilfeleistung und eines gemeinsamen Anliegens zu erfüllen haben». Bildung sollte einer der heikelsten Bereiche bei der Nationenbildung bleiben, gleichzeitig aber auch zu einer wichtigen Komponente des Transnationalismus werden.

Neben den auf ein bestimmtes Feld spezialisierten transnationalen Organisationen gab es auch diejenigen, die wesentlich zur Re-Globalisierung der Weltwirtschaft beitrugen. In den 1950er Jahren jedenfalls war die internationale Wirtschaft noch keineswegs wirklich global. Zwar wuchsen Handel und Transportwesen weltweit rasant – während dieses Jahrzehnts hat sich das Handelsvolumen aller Länder zusammen fast verdoppelt –, doch wiesen die USA, Westeuropa und Japan deutlich höhere Zuwachsraten auf als andere Länder. Der Dollar war als einzige internationale Währung Zahlungsmittel zwischen verschiedenen Ländern. Seine Stärke beruhte auf den enormen Goldreserven des US-Finanzministeriums (1950 verfügten die USA über zwei Drittel der gesamten Goldreserven weltweit). Zudem floss ein großer Teil der Mittel in den Ländern in Militärausgaben. Vom Weltsozialprodukt von 71 Milliarden US-Dollar im Jahr 1950 wurden fast zwanzig Prozent – mehr als 13 Milliarden – für Rüstung (unter anderem für Atomwaffen) ausgegeben. Angesichts dieser Situation war die Weltwirtschaft einerseits US-dominiert und andererseits in erster Linie von geopolitischen Erwägungen geprägt.

Gleichwohl stützte sich die Weltwirtschaft auf internationale und transnationale Organisationen, die es zuvor nicht gegeben hatte. Insbesondere das System von Bretton Woods, das Protektionismus bei Handel und Investitionen abbauen und eine stabilere Grundlage für die weltweiten Waren- und Kapitalströme schaffen sollte, wurde doppelt institutionalisiert: in Gestalt des Internationalen Währungsfonds, der für ein reibungsloses Funktionieren von Handel und monetärem

Austausch sorgen sollte, und in Gestalt der Weltbank, die Entwicklungsländer bei ihren Wirtschaftsprojekten unterstützen sollte. Bei beiden handelte es sich um intergouvernementale Institutionen, doch ähnlich wie die Vereinten Nationen schufen sie Räume, in denen sich Netzwerke von Bankern, Unternehmern und Ökonomen aus allen Teilen der Welt entwickeln konnten. Wirklich transnational waren eher andere Organisationen, die Qualitäts- und Sicherheitsstandards für Waren festlegen sollten. Eine der ersten derartigen Organisationen war die International Organization for Standardization (ISO), die 1947 gegründet wurde und universell gültige Standards für Produkte definieren sollte. Jedes Land verfügte über seine eigenen Standards, und die ISO sollte erstmals verschiedene nationale Systeme zusammenführen und so grenzüberschreitende Austauschbeziehungen erleichtern.[58] Seither haben die ISO und ähnliche Institutionen weitere derartige transnationale Regelungen erlassen, die nicht unerheblich zur ökonomischen Globalisierung beigetragen haben. Neben den intergouvernementalen Organisationen spiegeln solche Einrichtungen die Entwicklung eines transnationalen Bewusstseins in der unmittelbaren Nachkriegszeit wider.

2. DIE TRANSNATIONALISIERUNG DER MENSCHHEIT

Ein entscheidender transnationaler Moment für das Selbstverständnis der Menschheit war ohne Zweifel der 20. Juli 1969, als der US-Astronaut Neil Armstrong als erster Mensch den Mond betrat. Dieses Ereignis war einerseits eindeutig ein Produkt der US-Strategie während des Kalten Krieges. Präsident John F. Kennedy hatte es zu einem der zentralen Ziele seiner Regierung erklärt, vor der Sowjetunion einen Menschen zum Mond zu schicken. Er wollte mit dieser Leistung das nationale Prestige steigern, das Ganze hatte aber auch militärische Implikationen im Hinblick auf den Wettlauf ins All. (Die mathematischen und technischen Fertigkeiten, die man brauchte, um eine Rakete zum Mond zu schicken, waren auch nötig, um eine Interkontinentalrakete Richtung Moskau zu schießen.) Doch in verschiedenen Teilen der Welt wurde die Mondlandung auch anders gesehen. Wer über einen Fernseher verfügte, konnte Armstrong zusehen, wie er einen Fuß auf dem Mond setzte und verkündete: «Das ist ein kleiner Schritt für einen Menschen, ein riesiger Schritt für die Menschheit.» Er rammte eine US-Flagge in den Mondboden, doch damit war keineswegs impliziert, dass die USA nunmehr den Mond für sich beanspruchen würden. Neben der Flagge hinterließ Armstrong auch eine Plakette mit einer Botschaft auf Englisch, die von Präsident Richard Nixon und den drei Astronauten unterzeichnet war: «Hier setzten Menschen vom Planeten Erde zum ersten Mal einen Fuß auf den Mond, Juli 1969. Wir kamen in Frieden für die ganze Menschheit.»

Tatsächlich «gehörte» die Mondlandung der gesamten Menschheit, denn Hunderte Millionen in Asien, Europa, Lateinamerika und anderswo verfolgten die Pionierleistung live im Fernsehen und bejubelten nicht nur das geglückte Abenteuer, sondern erblickten erstmals auch gemeinsam die Erde vom All aus. Man sah, dass der «Planet Erde», wie er fortan hieß, aus Bergen, Flüssen und Meeren bestand, nicht aus separaten nationalen Einheiten und Grenzen. Sämtliche Erdenbewohner – damals mehr als 3,6 Milliarden – teilten sich – so eine ebenfalls recht

Die Plakette, die schon bald von US-Astronauten auf der Mondoberfläche angebracht werden sollte, Juli 1969. Die darauf enthaltene Botschaft verbindet Stolz auf die nationale Leistung mit dem Bestreben, sie auch als gemeinsame Menschheitserfahrung zu begreifen.

beliebte Bezeichnung – das «Raumschiff Erde». Es war beileibe nicht das erste Mal, dass die Menschen merkten, wie blödsinnig die Aufteilung des Planeten in willkürliche und miteinander verfeindete Einheiten eigentlich war, wo die Erdenbewohner doch so viel gemeinsam hatten. Das transnationale Bewusstsein war nach dem Krieg stetig gewachsen, doch die Mondlandung verlieh ihm einen deutlichen Schub, denn fortan war es durchaus legitim, den Primat der Territorialstaaten bei der Regelung menschlicher Angelegenheiten in Frage zu stellen.

Diese Infragestellung hatte schon unmittelbar nach dem Krieg begonnen – und eigentlich schon viel früher –, doch in den 1960er Jahren verstärkte sie sich weltweit. Sie speiste sich aus vielerlei Quellen, doch Grundlage war offenbar die Vorstellung, die Albert Camus 1951 in seinem Buch *Der Mensch in der Revolte* so eloquent formuliert hatte: dass nämlich Existenz bedeutet, in der Revolte zu leben, die herrschenden Umstände in Frage zu stellen und über Alternativen nachzudenken. Als er seinen Essay schrieb, dachte der französische Philosoph und Schriftsteller nicht nur an historische Bewegungen gegen Sklaverei, Kolonialismus und anderes Unrecht, sondern auch an die bestehenden politischen und sozialen Institutionen. Eine solche Sicht der Dinge passte dann zur Protestbewegung gegen den Vietnamkrieg in den USA, Europa und anderswo, die schließlich dazu führte, dass der Kalte Krieg als solcher und das politische System, auf dem er beruhte, kritisch hinterfragt wurden.

Ende der 1950er Jahre hatte das National Committee for a Sane Nuclear Policy, das in den USA im Zuge des Widerstands gegen den Atomkrieg gegründet wurde, verkündet: «Die Souveränität der menschlichen Gemeinschaft steht über allem – über der Souveränität von Gruppen, Stämmen oder Nationen.»[59] Das war die Sprache des Transnationalismus, und sie richtete sich gegen eine Weltsicht, die den Globus in Verbündete und Feinde unterteilte, die jeweils über Massenvernichtungswaffen verfügten. Man verlor die Geduld mit dem fortdauernden Kalten Krieg und seiner Definitionsmacht über die Weltpolitik, in der das Nullsummenspiel von Gewinnen und Verlusten gespielt wurde. Der Vietnamkrieg schien genau diese Geisteshaltung zu bestätigen. Hier ist nicht der Ort, um die Antikriegsbewegung der 1960er Jahre ausführlich darzustellen, aber eines sei festgehalten: Diese Bewegung war wahrhaft global. Zwar begann sie Mitte der 1960er Jahre an den Universitäten in den USA, wo Studierende (einschließlich männlicher Studenten, die befürchten mussten, zum Militärdienst eingezogen zu werden) und Lehrkräfte bei «Teach-ins» über den Krieg diskutierten (und ihn zumeist verurteilten), breitete sich aber schon bald in viele andere Länder aus und verschmolz mit verschiedenen anderen Aktivitäten zu einer transnationalen Bewegung gegen das Establishment.

Denn diejenigen, die gegen den Vietnamkrieg protestierten, stellten die Klugheit der etablierten Politiker (angeblich «die besten und die klügsten Köpfe»), die seit einer Generation, von den 1930er bis zu den 1960er Jahren, über das nationale Geschick bestimmten, zunehmend in Frage.[60] Diese Politiker gehörten der Kriegsgeneration an, die die Weltwirtschaftskrise überwunden, im Zweiten Weltkrieg gekämpft hatte und nun den Kalten Krieg führte, im Zuge dessen sie «nationale Sicherheitsstaaten» einrichtete, in denen ein Großteil des jeweiligen Budgets für die weitere Stärkung militärischer Macht ausgegeben wurde und wo die zivile Ökonomie von Waffenherstellern (unter anderem für Kriegsschiffe und Kampfflugzeuge) dominiert wurde. Vor allem aber herrschte eine Mentalität, die die Weltpolitik genauso wie innenpolitische Angelegenheiten ausschließlich unter dem Aspekt der nationalen Sicherheit betrachtete. Das nationale Interesse war die fraglos gültige Leitlinie der Politik und der Nationalismus der ideologische Rahmen, um die Bürger auf den Krieg vorzubereiten, mochte er nun heiß oder kalt sein.

Diese ideologische Ausrichtung und die zugehörigen intellektuellen Prämissen wurden nun vehement in Frage gestellt – von denen, die gegen den fortdauernden Krieg in Südostasien protestierten, ebenso wie von anderen, die von diesem Krieg nicht unmittelbar betroffen waren, aber gegenüber dem, was das «Establishment» zu bieten hatte, ähnliches Misstrauen hegten. Und so wurden die Proteststimmen von den USA bis Frankreich, von Großbritannien bis Deutschland immer lauter und gipfelten schließlich im Jahr «1968», in dem es in diesen und anderen Ländern zu Massendemonstrationen und Streiks kam.[61] Die Anführer dieser Bewegungen, die oftmals den geburtenstarken Nachkriegsjahrgängen angehörten und in den 1960er Jahren erwachsen wurden, bezeichneten sich selbst häufig als «Radikale», als «Revisionisten», als «Neue Linke» oder als Sprecher der «Gegenkultur», das heißt, ihr Selbstverständnis, das sich gegen die vorherrschende Kultur richtete, war durch die ältere Generation bestimmt.[62] Die zugrunde liegende Ideologie lautete: «Das Kulturelle ist politisch.» Oder anders ausgedrückt: Die Suche nach der eigenen Identität, jenseits der von den politischen Eliten einer Nation definierten, war ein durch und durch politischer Akt und sollte nationale wie internationale Politik neu gestalten. Dabei handelte es sich in zweierlei Hinsicht um ein transnationales Selbstverständnis. Es richtete sich gegen staatliche Autorität, und es begann sich als Haltung über Grenzen hinweg auszubreiten.

Was die Moderne betraf, so hatte die «Gegenkultur» widerstreitende Ansichten darüber. Einerseits kritisierten ihre Vertreter das noch immer vorherrschende Ethos der Industrialisierung als erstrebenswertes Ziel für alle Länder und verwiesen auf dessen Auswirkungen auf die Umwelt, etwa auf die Luft- und Wasserverschmutzung, die in den 1960er Jahren von London bis Tokio eine gemeinsame Erfahrung war. Gleichzeitig begeisterten sich viele junge Radikale für einige Produkte der technischen Zivilisation wie Autos, Transistorradios und E-Gitarren. Doch zum Kern der «Radikalen» der 1960er Jahre gehörte, dass sie üblicherweise der Nation die Menschheit, dem Staat das Volk und Menschen, die den vorgegebenen Pfad von Bildung, Militärdienst und Karriere einschlugen, solche gegenüberstellten, die «ihr eigenes Ding machen». Einige verwandten diesen Radikalismus auf den Umbau im eigenen Land und verwiesen insbesondere auf rassen- und geschlechtsspezifische Ungleichheit, während andere einen Schritt weiter gingen und die jahrhundertealten Grundpfeiler der Gesellschaftsordnung wie etwa Ehe und Familie in Frage stellten. Ehen ohne Trauschein, Abtreibungen und homosexuelle Beziehungen wurden immer offener praktiziert. Die Beteiligten waren sich dabei sehr wohl bewusst, dass es sich um eine «Kulturrevolution» handelte, bei der alte Grundsätze über Bord geworfen und das Bewusstsein der Menschen grundlegend verändert wurden. Die «Bewusstseinsbildung» wurde denn auch zu einem Ziel der Bewegung, man rief Menschen dazu auf, ihr Verhalten zu revolutionieren, indem sie ihre Ansichten über sich selbst und die Welt veränderten. In dieser Gleichung blieb so gut wie kein Platz für den Staat beziehungsweise er wurde zum Ziel politischer und mitunter auch physischer Attacken.

Bei der «Kulturrevolution» handelte es sich somit um einen mentalen Wandel: Die Menschen sollten sich und ihre Beziehung zur Welt und zum Staat neu definieren. Es überrascht nicht, dass dieser Wandel im Wesentlichen transnational war, denn er betonte zum einen die Authentizität der einzelnen menschlichen Existenz, unabhängig von der nationalen Identität, und zum anderen wussten die Anführer der Bewegung in einem Land, was in anderen Ländern vor sich ging. Es wurde vielfach Kontakt aufgenommen. So besuchten sich beispielsweise radikale Studenten aus den USA und aus Deutschland gegenseitig und stimmten ihre jeweiligen Aktivitäten ab, vor allem im Hinblick auf Rassengleichheit und Gerechtigkeit.[63] Selbst in Osteuropa, auf der anderen Seite des Eisernen Vorhangs, fanden die Unruhen im Westen ein Echo. So hatten sich etwa in der Tschechoslowakei schon seit Anfang der 1960er Jahre gegen das Establishment gerichtete Kräfte entwickelt, die in der kurzzeitigen Demokratisierung des Prager Frühlings 1968 einen Höhepunkt fanden. Zwar handelte es sich dabei um ein nationales Ereignis, aber es machte doch deutlich, wie leicht transnationale Einflüsse – in diesem Fall in Gestalt der populären Rockmusik – Grenzen überquerten. Der Rock'n'Roll, der in den 1940er und 1950er Jahren in den USA entstanden war, schwappte über den gesamten Erdball, als britische Musiker ihn übernahmen und Bands wie die Beatles oder die Rolling Stones gründeten, die extrem populär wurden. Jedes Land hatte seine eigene Spielart des «Rock», doch es gab auch direkte Begegnungen zwischen Musikern und Publikum aus West- und Osteuropa, und zahlreiche Zeugnisse seit Ende des Kalten Krieges lassen darauf schließen, dass sich quer über Europa ein recht ausgeprägtes Netzwerk von Liebhabern populärer Musik spannte.[64] Für die Menschen in Osteuropa war Rock eine Musik mit Botschaft, denn selbst im Westen galt er als revolutionär und gegen das Establishment gerichtet. In den Texten war oft von der Sehnsucht der Menschen nach einem freien Leben die Rede, aber auch von der Solidarität über nationale und ideologische Grenzen hinweg.

Anderswo auf der Welt kam der politische und kulturelle Revisionismus langsamer voran, aber er war gleichwohl real spürbar und trug damit auch zur Transnationalisierung des Bewusstseins bei. China hatte seine eigene Kulturrevolution, die 1966 begann und insgesamt zehn Jahre dauerte. Im Vergleich zu den Kulturrevolutionen andernorts hatte sie völlig andere Ursprünge. Mao Zedong und andere Führer der kommunistischen Partei beschlossen, mit Hilfe einer landesweiten Kampagne die Reinheit der Revolution wiederherzustellen; dabei ermunterten sie junge Menschen dazu, bestehende Sitten und Institutionen anzugreifen, darunter auch die Familie, die Schulen, die Bürokratie und schließlich sogar die Streitkräfte. Besonderen Wert legten sie zudem darauf, Intellektuelle aufs Land zu schicken, wo sie auf den Dörfern wie arme Bauern leben und in der Landwirtschaft arbeiten mussten. Darin kam Maos Vorstellung zum Ausdruck, dass Handel, Industrialisierung und Verstädterung die Revolution korrumpiert hätten, weshalb diese nun wieder ihren Wesenskern zurückgewinnen müsse, indem man die Stadtbewohner – und hier vor allem die Intellektuellen – wieder zum Volk zurücktreibe. In einem solchen Kontext waren höhere Bildung und Hochkultur nutzlose Dinge. Als Anleitung zur Lebensführung brauchten die Menschen lediglich ein paar Grundprinzipien, die Mao in seinem «Kleinen Roten Buch» niedergeschrieben hatte, das jedermann bei sich tragen und aus dem jeder zitieren können musste.

Mit der Zeit nahm die chinesische «Zurück zur Natur»-Bewegung auch tiefgreifenden Einfluss auf Teile der Revolutionäre im Westen, die sich nun als Maoisten bezeichneten und Kapitalismus sowie bürgerliche Kultur attackierten. Nach China selbst gingen nur wenige Amerikaner und Europäer, denn zwischen der Volksrepublik und den USA sowie einigen europäischen Ländern gab es noch keine formellen diplomatischen Beziehungen, und selbst wo solche Beziehungen bestanden – bis 1970 hatten unter anderem Großbritannien, Frankreich und Italien die Regierung in Peking anerkannt –, waren die chinesischen Behörden bei der Visaerteilung sehr zögerlich und wollten das Land lieber vom Rest der Welt isolieren. Es gab nur wenige transnationale Momente, die chinesische und westliche Revolutionäre miteinander verbanden. Trotzdem wies die chinesische Kulturrevolution mit ihrer Betonung des einfachen Lebens und ihrem Angriff auf Bildungs-, Wirtschafts-, Militär- und andere nationale Institutionen gewisse Affinitäten zu den Kulturrevolutionen im Westen auf. Besonders auffällig war die Verbindung zwischen den chinesischen und französischen Radikalen. Prominente Intellektuelle wie Jean-Paul Sartre und Michel Foucault fanden Gefallen am Maoismus – oder zumindest an dem, was sie als dessen Kernbotschaften betrachteten – und erklärten im Einklang mit den revolutionären chinesischen Studenten, die Intellektuellen müssten sich überall mit «dem Volk» identifizieren und mit dessen kämpferischem Bestreben, sich von veralteten und dekadenten Lebensformen zu befreien.[65]

Der transnationale Charakter dieser politischen und geistigen Umwälzungen zeigte sich auch in anderen Teilen der Welt. In Japan begannen die 1960er Jahre mit einer landesweiten Protestbewegung gegen die von der Liberaldemokratischen Partei dominierte Regierung, zu deren Führung einige Personen gehörten, die eng mit dem Krieg verbunden waren – und die nun vorschlugen, den 1951 mit den USA geschlossenen Vertrag über gegenseitige Sicherheit zu revidieren, um Japan noch stärker unter den «atomaren Schutzschirm» der USA zu stellen. Zwar richtete sich der Protest gegen ein ganz bestimmtes Anliegen der Regierung, doch die Anführer der Protestbewegung nannten des Öfteren China als mögliche Alternative zu den USA und traten für die Sache der «Demokratie» ein, was für sie bedeutete, dass das Volk gegen «konservative und reaktionäre» Politiker, Bürokraten und Kapitalisten die Macht selbst in die Hand nahm. Am Ende wurde das neue Sicherheitsabkommen dann doch vom Parlament verabschiedet und trat in Kraft, aber viele der ursprünglichen Gegner wie auch diejenigen, die in den 1960er Jahren erwachsen wurden, merkten, dass sie Teil einer wachsenden weltweiten Protestbewegung waren. Sie wandten sich zwar gegen das Bündnis mit den USA, bewunderten jedoch die Menschen in Amerika, die ähnlich wie die Europäer ganz offenbar versuchten, ihr politisches und gesellschaftliches System grundlegend zu verändern. Andererseits identifizierte sich eine Minderheit radikaler Japaner mit der chinesischen Kulturrevolution und sah darin die Zukunft, während andere, mitunter extremistische Randgruppen ihren eigenen Weg gingen und zu gewaltsamen Methoden griffen, was sich letztlich als ihr Verderben erwies. Der zu Beginn des Kapitels mehrfach erwähnte japanische Diplomat lehrte zu dieser Zeit französische Philosophie an der Universität von Tokio. Mit seinen Kollegen wurde er Zeuge, wie radikale Studenten den Campus einnahmen und den Abbruch von Seminaren erzwangen. Solche Vorgänge wiederholten sich landesweit in den frühen 1970er Jahren.

Welche Folgen hatten all diese Ereignisse für das transnationale Denken, insbesondere für die transnationale intellektuelle Zusammenarbeit? Hält man sich an die empirischen Belege, so findet sich beides, Bestärkung und negative Auswirkungen. Einerseits ging der akademische Austausch ungebremst weiter, und weil das Bewusstsein globaler Interdependenz durch die Ausbreitung radikaler Bewegungen wuchs, erhielt er vermutlich einen zusätzlichen Impuls als Ort, an dem auch die Kluft zwischen Generationen überbrückt wurde. Vertreter der älteren Generation wie auch derjenigen, die zu jung waren, um den Krieg noch erlebt zu haben, kamen aus verschiedenen Ländern zusammen, um gemeinsam die Vergangenheit zu erforschen und eine vergleichende Perspektive zu vertiefen. Eines der gelungensten Beispiele dafür ist das Projekt «Modernisierung Japans», an dem in den 1960er Jahren Historiker und Sozialwissenschaftler aus den USA, Großbritannien und Japan beteiligt waren und aus dem eine ganze Reihe von Büchern hervorgingen.[66] Ein weiteres Projekt, das an der Columbia University angesiedelt war, versammelte jeden Monat verschiedene Japanexperten, die sich mit der japanischen Außenpolitik seit dem 19. Jahrhundert befassten.[67] Das vielleicht bemerkenswerteste Ereignis war in diesem Zusammenhang eine Konferenz 1969 am Kawaguchi-See, an der Historiker aus den USA und Japan teilnahmen und über «den Weg nach Pearl Harbor» diskutierten. Nicht einmal ein Vierteljahrhundert nach Kriegsende kamen hier also Wissenschaftler der einstigen Kriegsgegner zusammen, um die japanisch-amerikanischen Beziehungen vor 1941 zu erörtern. Den Beteiligten ging es nicht darum, die Entscheidungen ihrer jeweiligen Länder zu verteidigen, sondern innerhalb eines vergleichenden Bezugsrahmens danach zu fragen, wie Politik und Öffentlichkeit jeweils unbeirrt den Weg zum Krieg geebnet hatten.[68] Dieses Treffen war jedenfalls damals einzigartig – weder zwischen Chinesen und Japanern noch zwischen Chinesen und Amerikanern gab es Ähnliches. Es sollte noch dauern, bis auch diese bilateralen Beziehungen gemeinsam erforscht wurden. Insofern gab es trotz der transnationalen Wellen eines «Anti-Establishment-Denkens» noch recht wenig intellektuelles Engagement über die Trennlinie des Kalten Krieges hinweg. Das änderte sich erst, als einige russische und osteuropäische Intellektuelle in den Westen gingen und dort das Vokabular der Geschichtsschreibung und anderer Fächer bereicherten. Diese Entwicklung setzte allerdings erst Anfang der 1980er Jahre ein.

Ein noch komplexeres Bild bietet sich beim Blick auf das übrige Asien. Wichtigstes Ereignis der 1960er und 1970er Jahre war der Krieg in Vietnam. Dabei versuchten sowohl die Nordvietnamesen (und ihre Verbündeten im Süden, der Vietcong) als auch die Südvietnamesen, ihr Anliegen nicht nur im Rahmen des Machtkampfs zwischen den beiden Supermächten des Kalten Krieges, sondern in transnationaler Sprache zu präsentieren. Ho Chi Minh und andere Führer in Hanoi wollten die Weltöffentlichkeit für sich gewinnen, indem sie von Freiheit, Gerechtigkeit und Selbstbestimmung sprachen, während die Regierung in Saigon, an deren Spitze bis zu seiner Ermordung 1963 Ngo Dinh Diem stand, sich für Südvietnam der Sprache von Nationenbildung und wirtschaftlicher Entwicklung bediente.[69] Nachdem der Norden den Süden besiegt hatte und die US-Truppen 1975 das Land verlassen hatten, verknüpfte das nunmehr geeinte Vietnam beide Ansätze und erweckte vielleicht gerade deshalb den Eindruck, weniger radikal zu sein als China unter dem Maoismus. Dagegen übernahm das Nachbarland Kambodscha die Kulturrevolution chinesischer Art unter der Herrschaft der Roten Khmer (1975–1978) in ihrer Extremform: Intellektuelle und gut ausgebildete Städter wurden verhaftet, vertrieben und ermordet, weil man das Land wieder zurück ins Bauerntum befördern wollte. Erst der Einmarsch Vietnams und der Sturz des Regimes beendeten die Gräuel, lösten allerdings anschließend einen Krieg zwischen China und Vietnam aus. Diese Ereignisse gehören zur Geschichte der internationalen Beziehungen in Asien, aber gleichzeitig lässt sich beobachten, wie die radikalen Exzesse in China und Kambodscha dazu führten, dass so gut wie alle transnationalen Verbindungen und Kontakte gekappt wurden, bis die Situation für den Rest der Welt wieder akzeptabler war.

Die globale Kulturrevolution hatte also, was den Transnationalismus angeht, positive wie negative Auswirkungen. Während die negativen Aspekte – etwa ein richtiggehender Intellektuellenhass in vielen Ländern – zu bedauern sind, trug sie in ihren vielversprechendsten Momenten dazu bei, das Gefühl einer gemeinsamen Menschheit zu stärken und die Wertschätzung eines universellen Vokabulars, das Menschen aus den verschiedensten Ländern zusammenbrachte, zu steigern. Es ist kein Zufall, dass gerade zu dieser Zeit der Einfluss Viktor Frankls in Japan und anderen Ländern zunahm (er besuchte Japan 1969). Sein Plädoyer für eine universelle Menschheit und Humanität wurde von denen, die die Wirren der 1960er und 1970er Jahre erlebten, möglicherweise dankbar aufgenommen.[70]

Oberflächlich betrachtet ist es schwer, ein vergleichbares Phänomen oder gar etwas Universelles im Nahen und Mittleren Osten zu finden, wo das beherrschende Thema weiterhin die Palästinafrage war, die 1967 und erneut 1973 in eine militärische Konfrontation zwischen Arabern und Israelis mündete. Gleichwohl lassen sich auch in dieser Region transnationale Ideen und Bewegungen ausmachen. Das gilt etwa für den «Pan-Arabismus», also die Idee einer arabischen Einheit, die in vielen Ländern an Einfluss gewann, als sie die Unabhängigkeit erlangten. Diese Vorstellung, die vor allem vom ägyptischen Präsidenten Nasser mit Nachdruck vertreten wurde, verband Blockfreiheit, arabischen Nationalismus und Sozialismus miteinander und entwickelte sich in den 1960er Jahren zu einer zentralen Ideologie und zu einem wichtigen politischen Faktor in der Region. Nach dem Krieg von 1967 verlor der Pan-Arabismus als transnationale Kraft jedoch an Bedeutung; an seine Stellen traten militantere Bewegungen wie die Muslimbruderschaft und ein sektiererischer Islam. Auch das waren transnationale Phänomene, aber bemerkenswert war vor allem ihre Bereitschaft, im Namen eines heiligen Krieges den Einsatz von Gewalt zu propagieren, insbesondere gegen Israel und dessen Verbündete.

Den Transnationalismus stärker vorangebracht haben vermutlich die Ideen von Frantz Fanon und Edward W. Said. Sie und andere stellten den geistigen Bezugsrahmen in Frage, innerhalb dessen der Nahe Osten und der Orient insgesamt im Westen betrachtet wurden und innerhalb dessen sich auch der Nicht-Westen selbst verortet hatte. In seinem 1961 erschienenen Buch *Les damnés de la terre* (dt. *Die Verdammten dieser Erde*) rief der algerische Schriftsteller Frantz Fanon alle Menschen in den ehemaligen Kolonialgebieten dazu auf, sich – wenn nötig mit Gewalt – von der Sprache, den Ideen und Lebensformen zu befreien, die ihnen von den Imperialisten aufgezwungen worden seien.[71] Es bedürfe einer geistigen Revolution, um eigenständig zu denken und nicht einfach nur westliche Importe wiederzukäuen. Diese Ideen ähnelten auf frappierende Weise den Gedanken, die die Revolutionäre im Westen propagierten. Gemeinsam machten sie den Weg dafür frei, dass die westliche Ideologie ihre Hegemonialstellung verlor, wenn es darum ging, menschliches Tun sowie Vergangenheit, Gegenwart und Zukunft zu definieren und zu erklären.

1978, siebzehn Jahre nach Fanons Schrift, erschien Edward W. Saids einflussreiches Buch *Orientalism* (dt. *Orientalismus*).[72] Darin behauptete der in Palästina geborene und in den USA lehrende Autor, der Westen («der Okzident») habe dem Nicht-Westen («dem Orient») einen Diskurs- und Denkrahmen übergestülpt, in dem allein der Westen wisse, wie man die Welt zu sehen und was man über sich selbst zu denken habe. Allein die Vorstellung vom «Orient», so Said, sei ein westlicher Import; in den Ländern des angeblichen «Orients» habe es den Begriff gar nicht gegeben, und er bezeichne vor allem «den Anderen», also das Gegenteil von allem, für das der Westen vorgeblich stehe: Bewegung, Fortschritt, Wissenschaft, ja sogar Schönheit. Die Zeit aber sei reif, so Said ganz ähnlich wie vor ihm Fanon, dass «der Andere» für sich selbst zu denken lerne und sich aus der geistigen und ideologischen Vorherrschaft des Westens befreie. Zwar schienen die Vorstellungen Fanons und Saids die Art von Dialog zwischen Ost und West, wie ihn unter anderem die UNESCO führte, zu desavouieren, doch gleichzeitig entsprach ihr Denken dem Vokabular des globalen Transnationalismus der 1960er und 1970er Jahre, der forderte, überall auf der Welt vertraute Ideen und Annahmen auf den Prüfstand zu stellen.

Eine angemessene Beschreibung dieses Zustands liefert Edward Albees Drama *A Delicate Balance* (dt. *Empfindliches Gleichgewicht*) von 1966.[73] In diesem Stück geht es um die heikle Balance innerhalb einer Familie, deren Kern ein alterndes Ehepaar bildet, das der Mittelschicht angehört und in einem Haus am Stadtrand lebt. Der Mann, ein Geschäftsmann im Ruhestand, und seine Frau sind darum bemüht, eine gewisse Ordnung in ihrem Leben aufrechtzuerhalten, was deutlich schwieriger geworden ist, seit die Schwester der Frau, eine Alkoholikerin, bei ihnen eingezogen ist. Das Paar hat seinen einzigen Sohn verloren, und die 32-jährige Tochter ist bereits drei Mal geschieden und lebt gerade in Trennung von ihrem vierten Mann. Keine wirklich beneidenswerte Situation also, und das titelgebende «empfindliche Gleichgewicht», das durch Familiennormen, bestimmte Wörter, Gesten und Mimiken gewahrt wird, bricht schließlich zusammen, als ein anderes Paar, enge Freunde der Hausherren, zu Besuch kommt und ebenfalls bei ihnen einziehen will, weil es aus nicht näher benannten Gründen furchtbare Angst hat. Diese Umstände verweisen auf den Zusammenbruch der vertrauten politischen Ordnung und des bestehenden geistigen Universums im Verlauf der 1960er Jahre. Jede geltende Norm, jedes etablierte System schien in Frage gestellt zu werden oder gar zusammenzubrechen, und ein Ende war nicht in Sicht.

Schließlich aber verlor die kulturelle Gärung dieses Jahrzehnts dann doch an Dynamik. Die proletarische Kulturrevolution in China schwächte sich ab und versiegte noch vor Maos Tod 1976, und auch im Westen kehrte das «Establishment» wieder auf die Machtpositionen zurück.[74] Doch das Vermächtnis der «Sechziger» ließ sich nicht so einfach auslöschen, und das ist insofern von Bedeutung, als die geistige Transnationalisierung, der zentrale Bestandteil der globalen Kulturrevolution, den Trend bestätigte, der schon zuvor sichtbar geworden war und durch andere, parallele Entwicklungen in den 1960er und 1970er Jahren verstärkt wurde.

Eine globale Zivilgesellschaft? Am prägnantesten lassen sich diese Entwicklungen mit dem Begriff der «globalen Zivilgesellschaft» zusammenfassen, der erstmals in den 1970er Jahren Verwendung fand, und zwar zunächst insbesondere bei Politologen und Experten für internationale Beziehungen. Eine Standarddefinition für diesen Terminus gab es nicht, und noch heute ist sich die Wissenschaft uneins darüber, was er genau bezeichnet. Historisch gesehen steht fest, dass die Attribute «global» und «zivil» gemeinsam beschreiben sollten, was mit der «Gesellschaft» passierte, die in diesem Fall der Weltgemeinschaft, also im Grunde der Menschheit, und nicht lokalen Gruppierungen entsprach. Bis dahin war mit «Zivilgesellschaft» eine Entität innerhalb eines Landes gemeint gewesen, und zwar im Unterschied zum Staat. Eine moderne Nation sollte aus dem Staatsapparat und den Bürgern bestehen, die beide in einem «empfindlichen Gleichgewicht» zueinander stehen, um noch einmal Albees Stück zu zitieren, und jeweils ihre Rolle ausfüllen, um so Überleben und Wohlergehen des Landes zu sichern. Diese Dichotomie von Staat und Gesellschaft war beileibe keine neue Vorstellung, fand aber in den 1960er Jahren größere Verbreitung, weil sich das «Volk» in so vielen Ländern gegen das «Establishment» stellte. Einflussreiche Autoren wie Jürgen Habermas und Michel Foucault machten die Vorstellung einer «Zivilgesellschaft», die dem Staat als autonome Größe gegenübersteht, populär.

In den 1970er Jahren wurde das Konzept der Zivilgesellschaft auf den transnationalen Bereich übertragen und galt nunmehr als globales Phänomen. Die ganze Welt bestand demnach aus zwei Ebenen: einer Ebene, die sich aus Staaten zusammensetzte, und der Ebene der «globalen Zivilgesellschaft». Angesichts einer fehlenden Weltregierung oder ihrer Entsprechung ließ sich die «nationale» Entgegensetzung von Staat und Gesellschaft natürlich nicht eins zu eins auf die internationale Arena übertragen. Gleichwohl schienen die Erfahrungen der 1960er Jahre und darüber hinaus nahezulegen, dass sich die gegenwärtige Welt nicht verstehen ließ, wenn man die sich herausbildenden Bewegungen und Phänomene nichtstaatlicher Akteure ignorierte, die nationale Grenzen überwanden. Dieses Denken mündete in die Vorstellung von einer globalen Zivilgesellschaft, die viele – zunächst Politikwissenschaftler, dann aber auch andere – auf die 1970er Jahre datierten, was dieses Jahrzehnt zu einem stärker transnationalen machte als frühere Dekaden.[75]

Wer aber waren diese globalen nichtstaatlichen Akteure? Das konnten Migranten, Flüchtlinge oder Touristen ebenso sein wie multinationale Unternehmen oder Nichtregierungsorganisationen. Sie alle gab es schon lange, doch erst in den 1970er Jahren erkannte man ihre Bedeutung. Sie galten nun genauso als Teil der Weltgemeinschaft wie Nationalstaaten und intergouvernementale Organisationen. Das hatte mit ihrer in diesem Jahrzehnt (zum Teil exponentiell) wachsenden Zahl zu tun, aber auch damit, dass viele von ihnen transnationale Ziele verfolgten, die nicht mit separaten nationalen Zielen identisch waren. An dieser Stelle sei nur kurz skizziert, inwiefern sie mit der entstehenden globalen Zivilgesellschaft in Verbindung stehen.

Besonders aufschlussreich sind in dieser Hinsicht die statistischen Zahlen zur internationalen Migration, wie sie von den Vereinten Nationen regelmäßig veröffentlicht werden. Diese Zahlen erfassen Flüchtlinge ebenso wie Menschen, die auf der Suche nach Arbeit oder Wohnung Grenzen überqueren. Im Jahre 1960 gab es beispielsweise 73 Millionen solcher Menschen, zwanzig Jahre später war diese Zahl auf beinahe 100 Millionen gestiegen. Das war noch immer nur ein kleiner Teil der Weltbevölkerung, die im gleichen Zeitraum von 3,02 Milliarden auf 5,28 Milliarden Menschen anwuchs.[76] (Ein so phänomenales Bevölkerungs- wachstum hatte viele Ursachen, vor allem die steigende Lebenserwartung dank verbesserter Gesundheitsversorgung in den fortgeschrittenen Ländern – seiner- seits ein bedeutsames transnationales Phänomen –, die die noch immer hohe Kindersterblichkeit in den Entwicklungsländern ebenso wettmachte wie die Aus- breitung der Antibabypille, durch die die Zahl der Kinder in den reicheren Län- dern sank.) Dieses Bild freilich verändert sich, wenn wir ihm Touristen, Studen- ten, Geschäftsleute und andere hinzufügen, die in den Migrationsstatistiken nicht auftauchen, aber gleichwohl als Individuen Grenzen überschreiten. Sie blei- ben meist nur für kurze Zeit im Ausland und verfügen über ihre eigenen trans- nationalen Erfahrungen.

So gab es beispielsweise 1960 nur 69 Millionen internationale Touristen, also etwas mehr als zwei Prozent der Weltbevölkerung. Zwanzig Jahre später war diese Zahl auf 278 Millionen angewachsen, auf mehr als fünf Prozent der Welt- bevölkerung. Dass einer von 19 Menschen innerhalb eines Jahres ein fremdes Land besuchte, sagt viel über die veränderten Bedingungen auf dieser Welt aus. Diese statistischen Daten liefert jedes Land aufgrund seiner Einreisezahlen, was bedeutet, dass ein und dasselbe Individuum mehrfach gezählt wird, wenn es mehr als nur ein Land besucht hat. Die tatsächliche Zahl der Menschen, die ins Aus- land reisen, dürfte also etwas niedriger liegen. Bemerkenswert ist gleichwohl das eindrucksvolle Anwachsen des Tourismus in diesen Jahrzehnten (Anfang der 1980er Jahre, so heißt es, war der internationale Tourismus der zweitgrößte Zweig des gesamten Welthandels).[77] Und fuhr die weit überwiegende Zahl der internationalen Touristen 1960 noch nach Europa und in die USA, so waren es zwanzig Jahre später immer noch 86 Prozent, obwohl nun auch Afrika, der Nahe und Mittlere Osten sowie besonders Asien eine wachsende Zahl von Touristen anlockten. Vergleichbare Zahlen für andere Kategorien temporärer Grenzüber- schreitungen, vor allem von Geschäftsleuten und Studenten, lassen darauf schlie- ßen, dass in diesem Zeitraum nicht nur ihre Zahl stieg, sondern sie nun auch alle Teile der Welt betrafen. Die wachsende Bedeutung des Nahen und Mittleren Ostens als Anziehungspunkt für ausländische Investoren, Geschäftsleute und Arbeitskräfte aufgrund seines Erdölreichtums ist ein gutes Beispiel, aber auch japanische Bankenvertreter und Geschäftsleute strömten in großer Zahl nach Nordamerika, nach Europa und in andere Länder. Ihnen folgten schon bald die Kollegen aus Südkorea, Taiwan, Singapur, Indien und anderen asiatischen Län- dern. Folge all dieser Aktivitäten war der Aufstieg multinationaler Unternehmen, in denen sich Kapital, Arbeitskräfte und die Märkte vieler Länder – nicht nur der im Westen – vereinten, um Produkte – oder auch Ideen – zu erzeugen und zu verkaufen. Dadurch erfuhr der Welthandel eine sagenhafte Ausweitung, und der Anteil des Nahen und Mittleren Ostens sowie Asiens am *global trade* wuchs stetig.

All diese Phänomene sind Beispiele für transnationale Begegnungen und Erfahrungen und leisteten einen Beitrag zur Entwicklung der globalen Zivilgesellschaft. Inwieweit sie auch das transnationale Denken beförderten, lässt sich nur schwer sagen, aber ihr rasantes Wachstum dürfte wohl daran mitgewirkt haben, die traditionelle Vorstellung von der Welt zu verändern, wonach sie aus Nationen und insbesondere den so genannten Großmächten besteht, welche die internationale «Ordnung» zu einem bestimmten Zeitpunkt definiert hatten. Souveräne Staaten und Supermächte gab es auch weiterhin, aber ihre «internationalen» Beziehungen vollzogen sich nur auf einer Ebene, wohingegen die nichtstaatlichen Akteure zahlreiche Ebenen «transnationaler» Verbindungen hinzufügten.

Man könnte sogar davon sprechen, dass internationale Flüchtlinge nun transnationaler wurden, weil immer mehr von ihnen aus allen Winkeln dieser Erde kamen. Hatte es 1960 knapp über zwei Millionen Flüchtlinge gegeben – 2,9 Prozent alle Migranten –, so schoss diese Zahl bis 1980 auf neun Millionen nach oben, 9,1 Prozent der fast 100 Millionen Menschen, die Grenzen überquerten. Einige waren schon seit langer Zeit Flüchtlinge wie etwa die Palästinenser, die aufgrund der anhaltenden Spannungen zwischen Israel und seinen arabischen Nachbarn nicht in ihre Heimat zurückkehren konnten. Von ihnen lebten 1980 rund 700 000 in Israel, doch über eine Million blieben in den benachbarten arabischsprachigen Ländern wie dem Libanon, Jordanien und Syrien. In Südostasien hingegen gab es erst seit kurzem Flüchtlinge: 1980, fünf Jahre nach dem Ende des Vietnamkriegs, belief sich ihre Zahl dort auf 390 000. Viele von ihnen hatten Südvietnam verlassen, als das Land von der Regierung in Hanoi vereint wurde, und unter anderem in den USA und in Kanada eine neue Heimat gefunden. Auch Kambodscha hatte seinen Anteil am Flüchtlingsstrom, als Vietnam 1978/79 einmarschierte, um der Schreckensherrschaft der Roten Khmer ein Ende zu machen. Fast eine halbe Million Kambodschaner flohen über die Grenze nach Thailand und landeten dort in Flüchtlingslagern. Viele der Flüchtlinge aus Vietnam und Kambodscha wurden als «boat people» bekannt, da sie in klapprigen Booten aufs Meer hinausfuhren und Australien oder Malaysia zu erreichen versuchten. Diese Länder waren auch Ziel von Flüchtlingen aus Osttimor, die ihre Heimat verließen, als Indonesien die Unabhängigkeit des Inselstaates in Frage stellte und dort einmarschierte, was einen grausamen Krieg zur Folge hatte. Nicht viel besser sah es in Afrika aus, wo der Bürgerkrieg in Angola Hunderttausende in die Nachbarländer wie Sambia oder Zaire trieb. Der lange Krieg zwischen Äthiopien und Eritrea, der von Anfang der 1960er bis Anfang der 1990er Jahre dauerte, ließ eine halbe Million Menschen Zuflucht im Sudan und im Jemen suchen.

Wie sich solche enormen Migrations- und Flüchtlingswellen auf die nationale und internationale Politik auswirkten, ist unschwer zu erkennen. Die Vereinten Nationen, die sich als eines ihrer Ziele von Anfang an das Wohlergehen der Menschen auf ihre Fahnen geschrieben hatten, versuchten die Probleme, vor denen Migranten und Flüchtlinge standen – Unterbringung, Gesundheit, Bildung –, mit Hilfe eines Flüchtlingskommissars (UNHCR) zu bewältigen, doch einzelne Länder mussten dabei helfen. Die UNO drängte sie, jedes Jahr eine bestimmte Anzahl von internationalen Flüchtlingen aufzunehmen, und einige dieser Länder, vor allem in Nordamerika und Westeuropa, ließen sich bereitwillig darauf ein. Die entstehende Weltgesellschaft war zum Teil ein Ergebnis solcher Maßnahmen; Nationen und internationale Organisationen hatten es nun stärker denn je mit Menschen zu tun, die Grenzen überquerten oder sogar staatenlos waren. Im Zuge dessen begann sich die ethnische Zusammensetzung souveräner Staaten zu verändern, da sie Menschen völlig unterschiedlicher Herkunft aufnahmen. In den USA, dem Land, das die meisten Flüchtlinge aufnahm, sprach man schon von der Vielfalt als zentralem Merkmal der Nation, und Ähnliches ließ sich auch in den Niederlanden, in Schweden und Australien beobachten.

Diese Phänomene hatten eindeutig transnationale Implikationen. Zum einen fanden sich nunmehr ethnische Enklaven und Gemeinschaften überall auf der Welt. So war beispielsweise die vietnamesische Bevölkerung so sehr in Nordamerika, Australien und Europa verstreut, dass vietnamesisches Essen genauso gängig war wie die chinesische und japanische Küche. Oder anders gesagt: Vietnam war nicht einfach nur ein Staat mit Territorialgrenzen, sondern auch eine transnationale Existenz, für die seine Menschen überall auf der Welt standen. Gleiches gilt für andere Länder, etwa für China und die Chinesen, nachdem sich das Land Anfang der 1970er Jahre gegenüber der Welt geöffnet hatte.

Hinzu kam die wachsende Zahl transnationaler Arbeitskräfte, die nicht unbedingt dauerhaft aus ihrer Heimat in ein anderes Land zogen, aber gleichwohl einen nicht unbedeutenden Teil der Arbeiterschaft im Gastland stellten. Wang Gungwu hat diese Menschen als «sojourners» bezeichnet, als «(temporäre) Gäste», um sie von den Zuwanderern zu unterscheiden, die üblicherweise im Land bleiben und zu dauerhaften Bewohnern oder Staatsbürgern werden.[78] Auffällig an diesen temporären Migranten war, dass es sich bei ihnen von den 1960er Jahren an zum überwiegenden Teil – auch bei denjenigen, die sich in ihrem jeweiligen Gastland niederließen und damit zu Immigranten wurden – um Nicht-Europäer handelte. Das galt insbesondere für Arbeitskräfte, die auf der Suche nach Jobs waren. So kamen beispielsweise Hunderttausende von Türken nach Deutschland, wo die Wirtschaft wuchs und Arbeitskräftemangel herrschte. Frankreich wurde zur Heimat für Millionen von Arabern, die zumeist aus den früheren Kolonien in Nordafrika stammten, und auch die Niederlande zogen ehemalige Kolonialuntertanen aus Indonesien wie von den Molukken an. In diesen Ländern wuchs der

Anteil der Menschen, die im Ausland geboren waren, stetig und lag gegen Ende des 20. Jahrhunderts bei rund zehn Prozent. In Ostasien verließen immer mehr Koreaner ihre Heimat in Richtung der Vereinigten Staaten, die 1965 ihre Einwanderungsgesetze änderten und das seit den 1920er Jahren geltende Quotensystem abschafften, das Europäer bevorzugt hatte (Menschen aus Lateinamerika waren nicht unter diese Regelung gefallen, aber Asiaten, Afrikaner, Araber und andere angeblich «Nicht-Weiße» waren völlig ausgeschlossen gewesen). Nun kamen mehr Immigranten aus Asien als aus Europa. Waren es in den 1960er und 1970er Jahren vor allem Menschen aus Südkorea und Taiwan, so kamen die Zuwanderer später überwiegend aus China und Südasien (Indien und Pakistan). Das hatte zur Folge, dass die ethnische Vielfalt in den USA und einigen europäischen Ländern weiter zunahm.

Derartige Phänomene ergänzten die Weltgemeinschaft zweifellos um eine weitere transnationale Ebene, aber inwiefern sie auch das transnationale Denken beeinflusst haben, lässt sich nur schwer bestimmen. Hat die Tatsache, dass eine bis dato beispiellose Zahl ethnisch unterschiedlicher Bevölkerungsgruppen hinzukam, was «hybride» Personen und Gemeinschaften zur Folge hatte, ein gemeinsames Menschheitsgefühl bestärkt oder gab sie engstirnigeren, provinzielleren Haltungen Auftrieb? Galt die «Hybridität» als positive Entwicklung für ein Land oder wollten die meisten Menschen lieber die «Reinheit» ihrer Gesellschaften bewahren, ganz gleich, wie diese definiert war? Natürlich lässt sich bei Millionen von Individuen nur schwer verallgemeinern, aber zumindest können wir bestimmte Entwicklungen in diesen Jahrzehnten benennen und damit diesen Fragen näher kommen. Zu nennen sind hier zum einen das Phänomen des «Braindrain», zum anderen die Entwicklung des «Multikulturalismus».

Beide Tendenzen verstärkten sich wechselseitig. Der Braindrain betraf vor allem Ärzte, Wissenschaftler und andere gut ausgebildete Menschen, die aus Drittweltländern in die USA oder nach Europa gingen. Die Herkunftsländer stellte das vor große Probleme, denn sie waren damals gerade dabei, ihre Volkswirtschaften sowie die Bildungs- und Gesundheitssysteme zu modernisieren, aber solche Wellen waren unvermeidlicher Teil der wachsenden transnationalen Netzwerke, die alle Arten menschlichen Tuns umfassten. Gleiches gilt für ausländische Studenten. Immer mehr Studierende aus Asien, der arabischen Welt, Afrika und Lateinamerika suchten ihr «Bildungsheil» in Westeuropa, Nordamerika und Australien. Die USA, die alljährlich ein Drittel aller internationalen Studenten an ihre Colleges und Universitäten lockten, beherbergten 1960 knapp unter 50 000 davon, was grob 1,3 Prozent aller Studenten im Land entsprach. Bis 1980 versechsfachte sich diese Zahl auf 300 000 Studenten (was 2,6 Prozent der Gesamtzahl der Studierenden in den USA entsprach). In keinem anderen Land war der Anteil ausländischer Studenten an den Universitäten so hoch, auch wenn Großbritannien, Frankreich und die Niederlande ebenfalls eine beachtliche Zahl an

Studierenden aus den noch immer bestehenden oder ehemaligen Kolonien aufwiesen. Viele dieser ausländischen Studenten blieben in den Gastländern und machen heute einen beträchtlichen Anteil der Akademiker aus. Am drastischsten war der langsame, aber stetige Zuwachs an Studenten aus China, die in den 1970er Jahren erstmals an europäischen und amerikanischen Universitäten auftauchten, nachdem kurz zuvor offizielle (oder auch nur informelle) Beziehungen zwischen Peking und den westlichen Hauptstädten aufgenommen worden waren.

Teilweise befeuert durch den Braindrain, zum Teil aber auch aufgrund der sozialen und kulturellen Veränderungen im Westen und anderswo in den 1960er und 1970er Jahren gewann der Multikulturalismus an Einfluss, also die Vorstellung, dass die Nationen wie auch die gesamte Welt aus verschiedenen Bevölkerungsgruppen bestehen, die in enger Nachbarschaft leben, jeweils mit ihren eigenen Traditionen und Lebensweisen, diese häufig aber mit denen anderer Gruppen vermischen. War bisher vor allem die Ansicht verbreitet, der Erdball sei in getrennte ethnische Kategorien und Zivilisationen aufgeteilt, so fasste die neue Sichtweise diese Entitäten zusammen zu einer Gruppierung – der menschlichen Rasse – und einer Zivilisation, die alle Menschen mit einschloss. Doch Menschheit und menschliche Zivilisation wurden dabei nicht als homogene oder monolithische Einheit aufgefasst, sondern als unendlich vielfältig. Einheit in der Vielfalt oder Einheit *und* Vielfalt lauteten die entsprechenden Schlagworte. (Auch wenn genaue Statistiken über «Mischehen» fehlen, so spricht doch einiges dafür, dass «gemischte» Haushalte und «Mischlingskinder» in diesen Jahrzehnten immer öfter zu finden waren. Das vielleicht berühmteste Beispiel ist US-Präsident Barack Obama. Als der ehemalige Beatle John Lennon Anfang der 1970er Jahre davon sprach, die USA seien «der beste Ort, um ein eurasisches Kind groß zu ziehen» – seine Frau Yoko Ono war Japanerin –, so sprach er vermutlich für eine wachsende Zahl solcher Kinder nicht nur in den USA.)[79]

Die entstehende globale Zivilgesellschaft griff somit zwei Vorstellungen auf: die von der Einheit der Menschheit und die vom Respekt für eine unendliche Vielfalt von Denk- und Lebensweisen. Die Koexistenz der beiden – Arthur Mann sprach im Kontext der amerikanischen Geschichte von «das Eine und die Vielen» – konnte die Akzeptanz von Hybridität fördern, also die Tatsache, dass Menschen und Institutionen mit unterschiedlichem Hintergrund zusammen leben, arbeiten und sich vermischen. Sichtbar wird das an globalen kulturellen Entwicklungen und an der phänomenalen Zunahme von multinationalen Unternehmen. Eine grobe Skizze soll genügen, um diese Entwicklungen in den Kontext der Transnationalisierung zu stellen.

Globale Kultur bedeutete, über nationale Grenzen hinweg kulturelle Produkte (ob nun «Mainstream» oder «randständig») gemeinsam zu haben. Die Vorstellung von einem weltweit gemeinsamen Kulturerzeugnis lässt üblicherweise sogleich an die rasant wachsende Popularität des Rock'n'Roll denken, der die Trennlinie des

Kalten Krieges problemlos überwand und insofern «hegemonial» wurde, als er eine neue und universelle Möglichkeit bot, Worte und Musik miteinander zu verbinden. Zwar gab es nationale Varianten, doch war diese musikalische Gattung dazu gedacht, Jazz, Blues und Country hinter sich zu lassen und etwas ganz Neues zu liefern. Der Rock'n'Roll war zu dieser Zeit freilich nicht die einzig bemerkenswerte Entwicklung im globalen Kulturbereich. Auch auf dem Feld der «Hochkultur» kam es in diesen Jahrzehnten zu bedeutsamen transnationalen Austauschprozessen. In der klassischen Musik wurde der Eiserne Vorhang häufig «durchbrochen». So nahmen Pianisten aus den USA und anderen Staaten weiterhin an Klavierwettbewerben in Moskau, Prag und anderen osteuropäischen Städten teil (und gingen mitunter als Sieger daraus hervor), und Gleiches geschah in umgekehrter Richtung. So gastierte beispielsweise das Kirow-Ballett 1961 in Paris, und im Jahr darauf tourte das Leningrader Ballett durch nordamerikanische Städte. (Rudolf Nurejew, 23 Jahre alter Solotänzer des Kirow-Balletts, setzte sich am Pariser Flughafen ab und wurde zu einer bedeutenden Ballett-Größe in Europa und den USA.) Das Philadelphia Orchestra reiste sogleich in die Volksrepublik China, nachdem Washington und Peking wieder formell Kontakt aufgenommen hatten. Die 1960er und 1970er Jahre waren eine höchst produktive Zeit für Schallplattenaufnahmen klassischer Musik, und dank der Ausbreitung von Plattenspielern, Kassettenrekordern und vor allem dem «Walkman» von Sony kamen viele Menschen in den Genuss dieser Aufnahmen und konnten sie auch unterwegs hören. Unterdessen drangen bislang periphere kulturelle Aktivitäten in größere Räume vor und vermischten sich. Die 1972 gegründete Japan Foundation war das Gegenstück zum British Council, zum Goethe-Institut, zur Alliance française und anderen semioffiziellen Kultureinrichtungen, die den grenzüberschreitenden Kulturaustausch fördern sollten, und schon bald folgten ähnliche Kulturinstitute in Südkorea, Taiwan, China und anderswo in Asien. Sie wurden zwar von staatlicher Seite finanziert, funktionierten aber ähnlich wie die privaten Stiftungen in den USA und sollten den interkulturellen Austausch vorantreiben.

Aber auch diejenigen, die solche Einrichtungen nicht nutzten, wurden, ob sie es wollten oder nicht, Teil der globalen Kulturnetzwerke in anderen Bereichen wie Essen, Mode und Kino. Angesichts der sich ausweitenden Migrationswellen verwundert es nicht, dass auch die nichtwestliche Küche ihren Weg nach Europa, Nordamerika und Ozeanien fand. Zwar hatte es in westlichen Ländern schon immer chinesische Restaurants gegeben, aber die meisten von ihnen hatten sich auf kantonesisches Essen beschränkt. Nun war es möglich, zahlreiche andere Varianten, von der Küche Pekings bis zu der aus Shanghai, zu genießen. Immer mehr Amerikaner und Europäer lernten, mit Stäbchen zu essen, was vermutlich zur wachsenden Beliebtheit japanischer, koreanischer und südostasiatischer Speisen beitrug. Geschäftsleute aus Japan und Südkorea machten ihre «Heimat-

Menschen in der New Yorker U-Bahn mit ihren Walkmen von Sony, März 1981. Der prakti-sche, tragbare Audio Player, der in Japan erfunden und produziert wurde, entwickelte sich zu einem Symbol der Massenkultur, das problemlos Menschen in aller Welt miteinander verband.

küche» bekannt, und die Köche stammten zumeist von dort. Roher Fisch, die Grundlage japanischen Essens, galt nicht mehr als exotisch, geschmacklich fad und unhygienisch. Nicht nur im Ausland lebende Japaner, sondern auch Amerika-ner und Europäer lernten den Geschmack wie auch den gesundheitlichen Wert von rohem Fisch und anderen Dingen wie Tofu schätzen. Ähnlich machte der Zustrom von Vietnamesen und anderen Menschen aus Südostasien den Westen mit vietnamesischer und thailändischer Küche vertraut. Zugleich nahm in Asien die Zahl der Restaurants rasant zu, die westliches Essen, insbesondere amerika-nische, französische und italienische Küche, im Angebot hatten. Hamburger und Hot Dogs gefielen den Asiaten als Aspekt amerikanischer Kultur, und McDonald's eröffnete seine ersten Filialen in Japan Anfang der 1970er Jahre.

Im Bereich der Mode wurde die Bluejeans weltweit zur bevorzugten Alltagskleidung von jungen Menschen, aber auch von älteren. Populär wurde sie vor allem durch die Marke Levi's, die in den USA aggressiv vermarktet wurde. Immer mehr «Nicht-Westler» besuchten die Modenschauen in Paris, New York und anderswo, und so mancher eröffnete sogar seine eigene Boutique in Europa und Nordamerika. Verwiesen sei auch auf die globale Beliebtheit der stets modisch aktuell gekleideten Barbie-Puppen. Mit der Ausbreitung des Fernsehens in alle Teile der Welt konnten die Menschen überall sehen, welche Modetrends gerade «angesagt» waren, und sie nachahmen.

Zu dieser Entwicklung trug auch das Kino bei. In den 1960er Jahren entstanden so bemerkenswerte nonkonformistische und sogar «gegenkulturelle» Filme wie *Die Reifeprüfung*, eine Hollywoodproduktion, und *Uhrwerk Orange* aus Großbritannien. Die Hauptrolle in *Die Reifeprüfung* spielte Dustin Hoffman. Als Collegestudent sprengt er die Trauungsfeier seiner Ex-Freundin und macht sich mit ihr aus dem Staub, nachdem er zuvor eine Affäre mit ihrer Mutter gehabt hat. Diese und andere Episoden machten deutlich, dass die traditionellen Familienwerte und moralischen Standards ins Wanken geraten waren, sie galten als überholt und verlogen. Wichtigste treibende Kraft sollte nun vielmehr die Entschlossenheit sein, zu seinen eigenen Wünschen und Überzeugungen zu stehen. Der Film wurde in den USA gefeiert und in vielen anderen Ländern gezeigt, wo das Publikum miterlebte, was die Generation der Gegenkultur in den USA produzierte. Auch *A Clockwork Orange* (Regie führte der Amerikaner Stanley Kubrick) präsentiert britische Hooligans, die alle gesellschaftlichen Normen missachten, gewaltsam gegen die bestehende Ordnung aufbegehren und dabei nicht einmal vor Vergewaltigung zurückschrecken. Sie sprechen ein Argot aus Cockney und slawischen Wörtern. Der Film war eine extreme Darstellung der gegenkulturellen Impulse der jüngeren Generation und fand Anklang bei jungen Menschen andernorts. Er inspirierte andere Antihelden und Schauspieler, die sich gegen das Establishment stellten.

Natürlich provozierten solche extremen Darstellungen Widerstand und Ablehnung (oft in ähnlich extremer Form) bei denen, die die traditionelle Ordnung und nationale Werte in Gefahr sahen. Der Multikulturalismus, den seine europäischen und amerikanischen Gegner mit dem Verfall traditioneller Werte gleichsetzten, schien die westliche Zivilisation zu bedrohen. Der Zusammenbruch der Sexualmoral, der in Filmen wie den genannten zum Ausdruck kam, schreckte Konservative und sogar Liberale auf, die das Gefühl hatten, die gegenkulturelle Bewegung sei zu weit gegangen. Besonders umstritten waren dabei die Themen Abtreibung und Homosexualität. Mit seinem Urteil im Fall Roe vs. Wade (1975) erlaubte der Oberste Gerichtshof der USA unter bestimmten Umständen eine Abtreibung, doch die katholische Kirche und andere, die alle Föten als Lebewesen und Abtreibung grundsätzlich als Mord betrachteten, liefen Sturm gegen diese

Entscheidung. Bestimmte Länder, insbesondere die protestantischen Nationen in Europa, aber auch China und Japan, hatten Schwangerschaftsabbrüche ebenfalls erlaubt, doch der Fall Roe vs. Wade wurde zum Weckruf für den Vatikan und die Katholiken in Lateinamerika und anderswo, um ihre Überzeugung von der Unantastbarkeit menschlichen Lebens, das ihrer Ansicht nach mit der Empfängnis beginnt, zu erneuern. Ähnliches geschah im Fall der Homosexualität. Gleichgeschlechtliche Ehen waren in den meisten Ländern nach wie vor nicht erlaubt, doch immer mehr homosexuelle Paare waren jetzt bereit, sich zu «outen». Filme und Theaterstücke, die sich explizit homosexuellen Themen widmeten, stießen auf großes Interesse. So wurde beispielsweise Michel Tremblays Drama *Hosanna*, eine Geschichte zweier Schwuler auf der Suche nach ihrer sexuellen Identität, 1973 in Québec uraufgeführt und bald auch auf Bühnen in Toronto, New York und anderen Städten gespielt. Es entstanden transnationale Netzwerke von Homosexuellenorganisationen, was in vielen Teilen der Welt zu feindseligen Reaktionen führte. Als dann wenige Jahre später die ersten Fälle von AIDS auftraten, insbesondere bei Homosexuellen, löste die Angst vor Ansteckung eine globale «Homophobie» aus, obwohl NGOs und die UNO sich darum bemühten, die Ausbreitung der Krankheit einzudämmen.

Solche und ähnliche globale kulturelle Entwicklungen, die zahllose transnationale Begegnungen und Bewegungen zur Folge hatten, waren nun häufig zu beobachten. Überall entstanden transnationale Momente und erweckten den Eindruck, dass die Nationenbildung in verschiedenen Teilen der Welt zwar weiterging und der Kalte Krieg seine eigene Dynamik entwickelt hatte, dass aber zugleich viel bedeutsamere Phänomene zu beobachten waren, die sich auf Bewusstsein, Mentalität und Verhalten der Menschen überall auswirkten und diese zum Teil veränderten.

Diese transnationalen Kulturphänomene, die die globale Zivilgesellschaft gleichsam unterfütterten, wurden verstärkt durch die Aktivitäten multinationaler Unternehmen. Dahinter stand die Tatsache, dass die US-Ökonomie ihre Vormachtstellung, die sie in den unmittelbaren Nachkriegsjahren innegehabt hatte, immer weiter verlor. Am deutlichsten ließ sich das am Dollar ablesen, der Hauptstütze des Systems von Bretton Woods, der seine Position als Leitwährung immer weiter einbüßte. Das britische Pfund, der Franc, die D-Mark und der Yen legten an Wert zu, weil die Länder, in denen diese Währungen galten, wirtschaftlich gewachsen waren und ihren Außenhandel gesteigert hatten, also über größere Dollar-Reserven verfügten. Oder anders gewendet: Welthandel und Finanztransaktionen wurden zunehmend multilateral, sodass der Dollar nur noch eine wichtige Währung von mehreren war. Der Wert dieser Währungen konnte von Tag zu Tag schwanken, was der Devisenspekulation Tür und Tor öffnete, die sich in den 1980er Jahren ausbreitete. Wirtschaftliche Transaktionen wurden also ebenso transnational (grenzüberschreitend zwischen Individuen und privaten Einrichtungen) wie international (zwischen Firmen, die innerhalb des rechtlichen und politischen Rahmens ihres jeweiligen Heimatlandes agierten).

Ein guter Indikator für diese Entwicklung war die wachsende Zahl multinationaler Unternehmen. In ihnen verbanden sich Kapital, Technologie und Arbeitskräfte aus mehr als einem Land, um damit Güter und Dienstleistungen zu produzieren, die weltweit vertrieben wurden. Geldgeber, Produzenten, Beschäftigte und Konsumenten aus verschiedenen Ländern wurden zu transnationalen Akteuren und suchten nach den besten und profitabelsten Möglichkeiten für Herstellung, Vermarktung und Konsum. Gab es 1970 noch weniger als 100 multinationale Unternehmen, so waren es 1980 schon mehr als 900.[80] Sie waren nicht nur transnational in dem Sinne, dass sie Brücken über Grenzen hinweg bauten, sondern weil ihr Agieren eher von geschäftlichen als von nationalen Erwägungen bestimmt war. Insofern waren multinationale Unternehmen von Natur aus nichtnational; zwar waren sie den Regeln und Grundsätzen der Länder unterworfen, in denen sie tätig waren, aber sie verfolgten nicht zwangsläufig die Politik oder die Ziele bestimmter Nationen oder machten sich diese zu eigen. Ganz anders war das noch vor dem Ersten Weltkrieg gewesen, als die Unternehmen viel stärker in bestimmten Ländern verwurzelt waren und ihren ganz eigenen nationalistischen Wettstreit untereinander austrugen. Die Nationen, allen voran die USA, hatten versucht, ihre heimischen Produzenten zu schützen, indem sie Zollmauern errichteten. In den letzten Jahrzehnten des 20. Jahrhunderts hingegen operierten diese Unternehmen innerhalb eines Rahmens, der von verschiedenen Regierungen so gestaltet worden war, dass weltweite Wirtschaftstransaktionen gefördert wurden, und sie konkurrierten untereinander, ganz gleich, aus welchem Land ihre einzelnen Unternehmensteile stammten. Man könnte auch sagen: Früher gab es internationale Wirtschaftsaktivitäten, aber keine globale Zivilgesellschaft, während sich nunmehr beide gegenseitig verstärkten.

Der Begriff der Globalisierung war in den 1960er und 1970er Jahren noch nicht wirklich *en vogue*. Doch genau diese Richtung nahm die Weltwirtschaft in diesen beiden Dekaden. Wie der «Nixon-Schock» von 1971, der zur Abwertung des Dollars führte, signalisierte, wurde die ökonomische Globalisierung nun stärker denn je transnational. Das heißt, abgesehen vom wachsenden internationalen Handel und steigenden weltweiten Investitionen waren auch die Akteure der Globalisierung immer weiter verstreut. Das System von Bretton Woods hatte auf der Basis der intergouvernementalen Zusammenarbeit großer Länder funktioniert, und das galt in begrenztem Maße auch noch nach der Abwertung des Dollars im Jahr 1971. Doch außerhalb solcher Transaktionen auf staatlicher Ebene entstanden zunehmend transnationale Verbindungen. Das war vermutlich auch ein Grund, warum sich der Welthandel trotz der weltweiten Rezession in den 1970er Jahren nicht wirklich abschwächte.

Dieser Wirtschaftsabschwung hatte seine Ursache in erster Linie im «Ölschock», also der Verdrei- und Vervierfachung des Preises für Rohöl, das überwiegend aus dem Nahen und Mittleren Osten kam. Sie war Folge einer bewussten Entscheidung der Organisation erdölexportierender Länder (OPEC) 1973 als Vergeltung für israelische Angriffe auf die Nachbarländer. Nicht nur Israel, sondern auch die USA, Westeuropa, Japan und andere Länder, die hinter Israel zu stehen schienen, sollten von den arabischen Ländern bestraft werden, die die Mehrheit der OPEC-Mitglieder stellten. Sie wussten nur zu gut, wie abhängig diese anderen Länder von Ölimporten waren, und sie verschärften diese Verwundbarkeit, indem sie die Fördermenge reduzierten und gleichzeitig die Preise erhöhten. Der gleiche Entschluss wurde noch einmal 1979 gefasst. In der Folge stiegen die Energiekosten rasant, und ölimportierende Länder hatten zum ersten Mal seit vielen Jahren Handelsbilanzdefizite zu verzeichnen. Nicht zuletzt deshalb machten sich verschiedene Länder während der 1970er Jahre auf die Suche nach alternativen Energiequellen. Die USA, die Sowjetunion und andere europäische Länder sowie Japan hatten bereits seit den 1950er Jahren Atomkraftwerke errichtet, doch in den 1970er Jahren galt die Atomkraft vielen als womöglich beste Alternative zum importierten Öl. Gleichwohl deckte die Kernenergie damals nur einen Bruchteil des gesamten Energiebedarfs von Industrie und Privathaushalten, sodass die Abhängigkeit dieser Länder vom Öl nicht wirklich verringert wurde. Folge war eine drastisch steigende Inflation, gekoppelt mit wirtschaftlicher Stagnation, denn in den Industrienationen produzierte Waren wurden teurer, während das verfügbare Einkommen der Konsumenten (wenn Essen und Energie bezahlt waren) sank. Die Arbeitslosigkeit stieg entsprechend, und das Wirtschaftswachstum der fortgeschrittensten Länder brach ein, einige wiesen sogar ein Null- oder Minuswachstum auf. Eindrucksvollstes Beispiel dafür, wie sehr der Ölschock die reicheren Volkswirtschaften traf, war die Tatsache, dass die britische Regierung 1976 beim Internationalen Währungsfonds um einen Kredit in Höhe von vier Milliarden US-Dollar nachsuchte und diesen auch bekam.[81]

Doch trotz all dem nahm das Gesamtvolumen des internationalen Handels zu, ganz anders als in den 1930er Jahren, als die Weltwirtschaftskrise mit schrumpfendem Handel einherging. Das hatte unter anderem damit zu tun, dass Industriebetriebe und produzierendes Gewerbe in den 1970er Jahren ihre Produktion zunehmend ins Ausland verlagerten, weil sie durch die billigeren Arbeitskräfte dort Kosten einsparen konnten. Investitionen, die in der saturierten heimischen Ökonomie nicht mehr gewinnbringend möglich waren, flossen ebenfalls ins Ausland, um bislang unterentwickelte Volkswirtschaften zu industrialisieren. Damit einher ging eine Umorientierung verschiedener Volkswirtschaften (unter anderem der britischen und der amerikanischen), nämlich weg von der Industrieproduktion hin zum Dienstleistungssektor wie Finanzwesen, Versicherungen und Immobilien. Es entwickelte sich eine neue globale Arbeitsteilung, die durch «frei flottie-

rende Wechselkurse» seit Ende der 1970er Jahre erleichtert wurde. Die Devisen
waren weiterhin transnational unterwegs; während beispielsweise amerikanisches,
britisches und japanisches Kapital nach China und Indien floss, um dort lokale
Arbeitskräfte für die Produktion anzuheuern, investierten die Reichen, die es nun
auch in den letztgenannten Ländern gab, ihre Gewinne in den Kauf von Anleihen
und Wertpapieren in New York, London oder Tokio. Hinzu kam der phänomenale
Zuwachs an «Öldollars», also der Einnahmen der erdölexportierenden Länder,
die damit im Ausland investieren und Luxusgüter kaufen konnten. Es überrascht
also nicht wirklich, dass es in dieser Zeit jede Menge transnationale Transaktionen
in Sachen Kapital, Güter und Arbeit gab.

Transnationale Justiz

Der wohl bemerkenswerteste Aspekt der
entstehenden globalen Zivilgesellschaft
war die explosionsartige Zunahme von
internationalen Nichtregierungsorganisationen. Gemeinsam mit Individuen (Migranten, Touristen und anderen) sowie multinationalen Unternehmen gehörten
diese Organisationen zu den nichtstaatlichen Akteuren und teilten sich die Welt
mit Nationalstaaten und intergouvernementalen Institutionen.

Nichtregierungsorganisationen waren üblicherweise private Vereinigungen von
Menschen, die sich freiwillig zusammentaten, um bestimmte gemeinsame Ziele
zu verfolgen, und nicht in staatliche Regierungssysteme eingebunden waren. Eine
solche Definition ist natürlich schwer auf einen autoritären Staat anwendbar, der
sogar die privaten Aktivitäten seiner Bürger kontrolliert. Deshalb können auch
nicht alle derartigen Organisationen wirklich als authentischer Bestandteil der
Zivilgesellschaft gelten. Wir können uns jedoch, um eine verlässliche statistische
Orientierung zu haben, an die Auflistung der Union of International Associations
halten, die selbst ein nichtstaatlicher Akteur ist. Ihr zufolge stieg die Zahl internationaler NGOs von 2795 im Jahr 1972 auf 12 688 im Jahr 1983 (und sogar
79 786, wenn man lokale Ableger mitzählt). Dieser Zuwachs war beispiellos in
der Geschichte der NGOs.[82]

Was aber war der Grund dafür? Am ehesten lässt sich dieses Phänomen als
weiterer Aspekt dessen begreifen, was die Welt in den 1960er und 1970er Jahren
insgesamt charakterisierte: dass nämlich die überwältigende Macht und Präroga-
tive des Staates, die typisch gewesen waren für die Nachkriegsgeschichte, durch
neue gesellschaftliche und kulturelle Kräfte in Frage gestellt wurden. Besonders
wichtig war in diesem Zusammenhang das wachsende Bewusstsein dafür, dass
die bestehenden Staaten nicht in der Lage waren, mit transnationalen Fragen und
Problemen fertig zu werden. Diese Fragen betrafen vielfach Gerechtigkeitser-
wägungen. Den Begriff der Gerechtigkeit gab es schon lange im internationalen

Recht und in eigenständigen nationalen Rechtssystemen, doch in den 1960er und 1970er Jahren gewann er an Bedeutung, als Menschen in verschiedenen Teilen der Welt gegen Menschenrechtsverletzungen und gegen Umweltverschmutzung protestierten. Zwar hatten die Menschenrechts- und die Umweltbewegung unterschiedliche Ursprünge, doch in den 1970er Jahren waren sie zu einer globalen Agenda für Gerechtigkeit verschmolzen. Es ist kein Zufall, dass unter den rasant zunehmenden NGOs auch diejenigen waren, die sich mit diesen beiden Problembereichen befassten.

Die Menschenrechte sind ein durch und durch transnationales Konzept. Als die Menschen in verschiedenen Ländern weit entfernt voneinander lebten, war das, was man als die menschliche Gemeinschaft definierte, recht begrenzt. Selbst wenn von Menschenrechten die Rede war, wie etwa während der Französischen Revolution, waren mit diesen «Menschen» nicht zwangsläufig alle Erdenbewohner gemeint. Tatsächlich verband die Revolution die Rechte der Menschen mit denen der Nation, sodass sich beide wechselseitig verstärkten. Gleiches galt für die meisten anderen Länder. Die Menschenrechte sollten im Rahmen eines Nationalstaats geschützt werden, der für seine Bürger Recht und Ordnung garantierte. Das heißt, ihre Rechte waren eher Bürger- denn Menschenrechte. Doch in den Jahren nach 1945 gab es für die Menschen aus verschiedenen Nationen mehr Möglichkeiten denn je, sich zu begegnen und zu vermischen. Kein Wunder also, dass die Idee der Menschenrechte zum Leitprinzip für die Interaktionen der Menschen untereinander und für das Verhalten der Staaten gegenüber ihren Bürgern wurde.

Die Bedeutung der 1960er und 1970er Jahre für die Geschichte der Menschenrechte liegt vor allem darin begründet, dass die Menschenrechte sich in diesen Jahrzehnten erstmals auf alle Menschen bezogen, unabhängig von Herkunft und Umständen. In den 1960er Jahren verabschiedeten die Vereinten Nationen eine Resolution nach der anderen, in denen die «Unterwerfung von Völkern unter fremde Unterjochung, Herrschaft und Ausbeutung», «jede Form von Rassendiskriminierung» und die «Diskriminierung der Frau» als Menschenrechtsverletzungen eingestuft wurden. Um sicherzustellen, dass sich die Nationen an diese Grundprinzipien hielten, wurden eine Reihe von NGOs ins Leben gerufen wie etwa Amnesty International oder Human Rights Watch. Amnesty International, 1961 gegründet, wurde zu einem bedeutenden transnationalen Fürsprecher politischer Häftlinge und setzte sich dafür eine, über «nationale, kulturelle, religiöse und ideologische Grenzen hinweg» das Bewusstsein für die Situation dieser Gefangenen – und den Protest dagegen – zu fördern.[83] Diese Worte machen deutlich, dass das Menschsein nun als übergeordnete Existenzbedingung galt, die über und jenseits nationaler Identitäten stand. 1977 bekam die Organisation den Friedensnobelpreis, was von der zunehmenden Einsicht zeugte, dass eine friedliche Weltordnung und die Beachtung der Menschenrechte sich wechselseitig bedingen. Human Rights Watch, 1978 gegründet, kam vor allem dort eine entscheidende

Rolle zu, wo es sicherzustellen galt, dass zur Entspannungspolitik zwischen den
USA und der Sowjetunion auch Menschenrechtsfragen auf beiden Seiten des
Eisernen Vorhangs gehörten. (Die KSZE-Schlussakte von Helsinki, die 1975 von
allen Mitgliedstaaten der NATO und des Warschauer Pakts unterzeichnet wurde,
nahm explizit auf dieses Thema Bezug.)

Besondere Relevanz hatten die Menschenrechte in den 1970er Jahren beim
Schutz von Frauenrechten. Nicht nur in einzelnen Staaten, sondern auch über
nationale Grenzen hinweg waren die Stimmen von Frauen deutlicher und lauter
zu vernehmen als je zuvor, was nicht zuletzt der großen Zahl transnationaler
Organisationen geschuldet war, die sich diesem Ziel verschrieben hatten. Waren
die Frauenrechtsbewegungen in den 1960er Jahren noch weitgehend auf den Westen beschränkt, so wurden sie im darauffolgenden Jahrzehnt auch in Asien, Afrika
und anderswo aktiv. Die Vereinten Nationen erklärten das Jahr 1975 zum «Internationalen Jahr der Frauen» und die Jahre bis 1985 zur «Internationalen Dekade
der Frauen». Ebenfalls 1975 fand in Mexiko-Stadt ein internationaler Frauenkon-
gress statt, und die Teilnehmerinnen beschlossen, überall auf der Welt Netzwerke
von Frauenorganisationen zu schaffen. Im Jahr darauf versammelte das «internationale Tribunal über Verbrechen gegen Frauen» 2000 Frauen aus 40 Ländern,
die alle Formen von Gewalt gegen Frauen diskutierten und verurteilten. Fortan
musste jede Menschheitsdefinition auch die weibliche Hälfte umfassen, und die
Männer wurden auch weiterhin von transnationalen Frauenorganisationen und
entsprechenden Konferenzen an diese schlichte Wahrheit erinnert.

Umfasste das Menschsein auch die Männer und Frauen, die traditionell als
«missgestaltet», «abnormal», «verrückt» oder gar als «Untermenschen» galten,
also diejenigen, die von Geburt an körperlich oder geistig behindert waren, oder
die, die aufgrund eines Gehirnschadens nicht für sich selbst sorgen oder sich nicht
ausdrücken konnten? Die wohl berühmteste «Behinderte» auf der Welt war Helen
Keller (1880–1968), eine Frau, die den Verlust von Sehkraft, Gehör und später
auch der Stimme durch ein spezielles Training und ungeheure Ausdauer kompen-
sierte und zur Anführerin einer Bewegung wurde, die Tauben und Blinden helfen
wollte. Transnational bekannt wurde ihre Lebensgeschichte durch *The Miracle
Worker* (dt. *Licht im Dunkel*), ein Drama (1959) und einen Film (1962) auf der
Grundlage ihrer Biographie. Körperbehinderte stellten unterdessen eine beträchtliche Minderheit in allen Gesellschaften, die für deren Bedürfnisse das ein oder
andere Programm entwickelt hatten. Doch transnational kümmerte man sich erst
ganz allmählich um diese Menschen. Abgesehen von einigen Organisationen,
die verwundete Kriegsveteranen versorgten, gab es noch keine humanitären Bemühungen, Behinderte als ganz «normale» Menschen zu integrieren. Ein Meilenstein waren in dieser Hinsicht die Olympischen Spiele von Rom 1960: Auf die
regulären Spiele folgten Wettkämpfe, an denen körperlich behinderte Männer
und Frauen teilnahmen. Diese «Paralympics» boten Behinderten (wie auch «nor-

Die italienische Mannschaft im Olympischen Dorf vor Beginn der ersten paralympischen Spiele, die 1960 unmittelbar nach den Olympischen Spielen in Rom stattfanden. Diese Spiele wurden alle vier Jahre abgehalten und zeugten vom verspäteten Bewusstsein für behinderte Menschen und von deren überfälliger Akzeptanz weltweit.

malen» Menschen) aus verschiedenen Ländern die Möglichkeit – vielleicht zum ersten Mal in der Geschichte –, in signifikanter Zahl zusammenzukommen. Die Teilnehmer und ihre Helfer hatten jedenfalls so viel Freude an diesem Experiment, dass diese Praxis bei allen folgenden Olympischen Spielen beibehalten wurde. Zu den transnationalen Bemühungen gehörte überdies ein internationaler Wettkampf für Körperbehinderte, der 1970 im englischen Aylesbury stattfand. Ähnliche Sportereignisse gab es bald auch für Blinde und für Menschen mit Zerebralparese.[84]

So bemerkenswert diese Veranstaltungen auch waren, umfassten sie doch nur körperbehinderte Menschen und ließen die große Zahl der Menschen mit geistigen, emotionalen, psychischen und sprachlichen Schwierigkeiten außen vor. Die Vereinten Nationen nahmen die Rechte von geistig Behinderten erst mit Verspätung, nämlich 1971, in ihren Menschenrechtskatalog auf, und vier Jahre später verurteilte die Weltorganisation jegliche Diskriminierung von Behinderten. Doch erst 1980 wurden erstmals «Special Olympics» für geistig behinderte Menschen veranstaltet. Das war sicherlich ein Bereich, in dem selbst eine erweiterte Menschenrechtsdefinition einen großen Teil der Menschheit nicht wirklich erfasste. Gleichwohl war es nur eine Frage der Zeit, bis man überall auf der Welt erkannte, dass nicht einmal Schwerstbehinderte davon ausgeschlossen werden konnten. Wenn überhaupt, dann brauchten solche Menschen ein höheres Maß an «menschlicher Sicherheit» (*human security*) – ein Begriff, der zu dieser Zeit aufkam und signalisierte, dass Grundlage jeder Gerechtigkeitskonzeption nicht nur die traditionelle Vorstellung von nationaler Sicherheit, sondern genauso – oder mehr noch – das Wohlergehen der Menschen als Menschen sein musste.[85]

Ein wichtiger Aspekt «menschlicher Sicherheit» war die Umwelt. In den Jahrzehnten nach 1960 wuchs weltweit das Interesse für die physische Umwelt: für die Qualität der Luft, des Wassers und des Essens, das Menschen zu sich nahmen, ebenso wie für den Erhalt des Ökosystems, das Tieren, Vögeln, Bäumen und allen Lebewesen das Dasein ermöglichte. Beides waren transnationale Anliegen von grenzüberschreitender Relevanz. Im Grunde genommen machte man sich vor allem wegen zwei Phänomenen Gedanken, die die Nachkriegsjahrzehnte geprägt hatten: dem Bevölkerungswachstum und dem ökonomischen Wandel. Weil sich die Weltbevölkerung zwischen 1945 und 1980 mehr als verdoppelt hatte, weil immer mehr Menschen in urbanen Zentren wohnten und weil die Industrialisierung sogar Kleinstädte und Dörfer erfasst hatte, begann sich der Himmel zu verdunkeln, das Wasser wurde unsauber, und die Luft konnte man mitunter nicht mehr einatmen. Natürlich leisteten auch Kriege und Rüstungsgüter einen Beitrag zur Umweltzerstörung. Überirdische Atomtests überzogen alle Lebewesen unterschiedslos mit ihrer «Asche des Todes», ehe sie 1963 eingestellt wurden – zumindest von den USA, Großbritannien und der Sowjetunion, die ein entsprechendes Atomteststoppabkommen unterzeichneten. Im Vietnamkrieg versprühten die US-Streitkräfte das dioxinhaltige Entlaubungsmittel «Agent Orange», das nicht nur Wälder und Ackerland zerstörte, sondern auch hochgradig krebserregend wirkte.[86] Bis zu drei Millionen Kinder und Enkelkinder von Vietnamesen, die dem Gift ausgesetzt waren, sollen unter den Folgen zu leiden gehabt haben. Außerhalb solcher Schlachtfelder verschlimmerten sich die Luft- und die Wasserverschmutzung: Fabriken und Autos stießen Schadstoffe wie Kohlenmonoxid, Stickstoffoxid und Schwefeldioxid aus, während Flüsse, Seen und Meere zunehmend durch Abwässer und Industrieabfälle verschmutzt wurden.

Besonders eindrucksvoll wurde die Umweltzerstörung in Minamata sichtbar, einem am Meer gelegenen Dorf im Westen Japans. Dort kamen seit der zweiten Hälfte der 1950er Jahre immer öfter Kinder zur Welt, die körperliche Missbildungen aufwiesen, geistig behindert waren oder unter Psychosen litten. Verursacht wurde die so genannte «Minamata-Krankheit» durch eine Quecksilbervergiftung, nachdem der Hersteller einer Substanz namens Acetaldehyd diese Chemikalie (die für den Produktionsprozess benötigt wird) ins Meer gekippt hatte. Die auftretenden Missgeburten waren so schockierend, dass sich in den 1960er Jahren Bürgergruppen bildeten, die gegen das Unternehmen protestierten und von der Regierung verlangten, sie müsse etwas gegen die große Zahl von Todesfällen tun.[87] Die Nachricht von der Minamata-Krankheit erreichte andere Länder, aus denen ähnliche Vorfälle berichtet wurden, und schon bald wurde die Gefahr von Quecksilbervergiftungen zum zentralen Anliegen der entstehenden transnationalen Umweltbewegung. Das Minamata-Syndrom, so schien es, führte die Gefahren einer unkontrollierten industriellen Entwicklung vor Augen und sorgte dafür, dass die Gegenbewegung über nationale Grenzen hinweg Auftrieb bekam. Es entstand eine transnationale Bewegung, die sich gegen ein unbegrenztes Wirtschaftswachstum wandte und für die exemplarisch der Club of Rome stehen kann, eine Organisation von Ökonomen, die 1972 mit dem Report *Die Grenzen des Wachstums* auf die immer schwerwiegenderen Folgen der Industrialisierung aufmerksam machte.

Sie sprachen allerdings nicht zwangsläufig für alle. Die Vorstellung eines begrenzten Wachstums stieß von Anfang auf den Widerstand von Drittweltländern, deren Vertreter behaupteten, die Umweltprobleme dieser Welt seien von jenen verursacht worden, die die Industrialisierung bereits vollzogen und sich dabei der reichhaltigen Ressourcen der armen Länder bedient hätten. Letztere, so forderten sie, dürften nicht gezwungen werden, ihre wirtschaftliche Entwicklung zu drosseln, denn sonst würden sie auf ewig im Zustand der Unterentwicklung verharren und die ohnehin bereits große Kluft zwischen den beiden Staatengruppen würde noch weiter anwachsen. Der Konflikt zwischen Umweltbewegung und Entwicklungsgedanke wog schwer und hält bis zum heutigen Tag an. Allerdings stimmen alle Länder unabhängig davon, wie weit dort Industrialisierung und Urbanisierung vorangeschritten sind, darin überein, dass gefährdete Arten zu schützen und die Qualität von Luft und Wasser zu verbessern seien. Uneinigkeit herrscht jedoch darüber, wie man diese Ziele erreichen soll. Die ärmeren Länder jedenfalls beharren darauf, dass die reichen Länder mehr tun müssen, um die natürliche Umwelt zu schützen, und den anderen Ländern dabei helfen sollten, ein «nachhaltiges Wachstum» zu schaffen, also eine wirtschaftliche Entwicklung, die sich mit der Bewahrung der Umwelt in Einklang bringen lässt.

Ein Meilenstein in der Geschichte der transnationalen Umweltbewegung war die von den Vereinten Nationen organisierte Weltumweltkonferenz in Stockholm 1972. Dabei handelte es sich zwar eindeutig um eine internationale (und keine transnationale) Zusammenkunft, aber der Weg dorthin war von zahlreichen transnationalen NGOs geebnet worden. Eine von ihnen, die International Union for the Protection of Nature, war 1948 gegründet worden und organisierte internationale Tagungen zum Schutz der so genannten «Biosphäre». 1956 war der «Schutz» (*protection*) durch «Bewahrung» (*conservation*) ersetzt worden – sie

hieß nun abgekürzt IUCN –, und in den 1960er und 1970er Jahren wurden zahlreiche Organisationen mit ähnlichen Namen ins Leben gerufen. Eine der einflussreichsten, die Friends of the Earth, wurden 1969 in den USA gegründet und verfügten schon bald überall auf der Welt über Ableger. Diese NGOs – einer
UN-Auflistung zufolge waren mindestens zehn von ihnen international vertreten –
hatten sich dem Schutz des «Planeten Erde» vor den Menschen verschrieben;
ihrer Ansicht nach zerstörten deren Lebensstil, Ansprüche und Gier das Ökosystem nicht weniger als deren Kriege.

An der Konferenz in Stockholm nahmen Repräsentanten aus den Industriestaaten ebenso teil wie aus Ländern der Dritten Welt, Regierungsvertreter ebenso wie
Sprecher von NGOs. Zwar war das Umweltprogramm der Vereinten Nationen, das
1973 im Gefolge der Konferenz ins Leben gerufen wurde, eine internationale
Einrichtung, doch es bildete den Rahmen, innerhalb dessen Vertreter zahlreicher
privater Organisationen mit ihren gemeinsamen Anliegen zusammenkamen. Die
Zahl der transnationalen Organisationen, die sich dem Umweltschutz verschrieben
hatten, wuchs so rasant, dass 1975 in Österreich eine Konferenz abgehalten wurde,
um deren Beziehungen untereinander sowie zu den Vereinten Nationen und unabhängigen Staaten zu beleuchten.[88] Nirgendwo manifestierte sich der Umweltaktivismus, ob national oder international, so öffentlichkeitswirksam wie in den
Aktivitäten von Greenpeace, einer 1970 gegründeten Organisation. Sie widmete
sich nicht nur dem Erhalt der Biosphäre und dem Schutz bedrohter Arten (insbesondere der Wale), sondern startete oft auch direkte, besonders öffentlichkeitswirksame Aktionen. Die Greenpeace-Gründer – Kanadier und US-Amerikaner in
Kanada – protestierten von Anfang an vehement gegen Atomversuche unter Wasser
und gegen die Jagd auf Wale und versuchten diese Aktivitäten mit Hilfe von Booten
zu stören. Und Greenpeace war nicht die einzige Organisation. Ihrer Kampagne
zum Schutz der Wale schlossen sich auch die Friends of the Earth und der 1971
gegründete World Wildlife Fund an – mit Erfolg. Es kam zu Verhandlungen über
ein Verbot, Wale – oder zumindest bestimmte Arten – zu töten. Norwegen, Japan
und einige andere Länder, die noch immer Walfang betrieben – und in denen
Walfleisch verzehrt wurde –, protestierten gegen solche Verbote, konnten die transnationalen Stimmen, die mit jedem Erfolg lauter wurden, aber nicht zum Schweigen bringen.

Ganz allgemein könnte man also davon sprechen, dass Menschenrechte und
Umweltbelange das Gerechtigkeitskonzept ausgeweitet haben. Jenseits der traditionellen Rechtsauffassung gab es ein transnationales Bewusstsein, dass Menschen und natürliche Umwelt gerecht zu behandeln waren. Technisch gesehen
war transnationale Gerechtigkeit eine Vorstellung, die viel später formell von
den Vereinten Nationen übernommen wurde und sich in erster Linie auf Versöhnung und Entschädigung nach gewaltsamen Auseinandersetzungen oder
diktatorischer Herrschaft in einem bestimmten Land bezog.[89] Doch die Vor-

stellung, es müsse weltweit Gerechtigkeit herrschen und zu diesem Zweck müsse es transnationale Bemühungen geben, war schon vor 1980 deutlich erkennbar. Es überrascht somit nicht, dass der beispiellose Zuwachs an Zahl und Aktivitäten internationaler NGOs mit dem wachsenden Bewusstsein dafür zusammenfiel, dass alle Männer und Frauen, ungeachtet aller Unterschiede, vor Missbrauch geschützt und der Planet Erde mit all seinen Lebewesen gerecht behandelt werden müssten. Das waren transnationale Fragen, und NGOs schossen nicht zuletzt deshalb wie Pilze aus dem Boden, weil die Autorität des Staates geschwächt war oder weil die bestehenden Regierungen nicht mit diesen Problemen fertig wurden. Transnationale Organisationen arbeiteten zusammen mit einzelnen Regierungen und mit internationalen Institutionen an einer Lösung dieser Probleme, doch sofern diese anderen Akteure für ungeeignet befunden wurden, übernahmen private Vereinigungen mit Freude deren Platz und die Initiative im Namen der gesamten Menschheit.

Von hier aus war es nur noch ein Schritt zu der Vorstellung, dass zur Durchsetzung transnationaler Gerechtigkeit ein neuer rechtlicher Rahmen benötigt wurde, also sozusagen transnationale Gerichte. Anders als die internationalen Gerichtshöfe, die sich mit Kriegsverbrechen befassten, welche eine Nation oder eine Gruppen von Nationen gegen andere begangen hatten, sollten transnationale Gerichte die Menschen überall repräsentieren und selbst diejenigen zur Rechenschaft ziehen, die die Menschenrechte der eigenen Bürger verletzt hatten.

Ironischerweise tauchte gerade zu der Zeit, da die Pläne für transnationale Gerechtigkeit vorankamen, eine neue Herausforderung auf, nämlich in Gestalt des Terrorismus, der sich oftmals der Sprache der Gerechtigkeit bediente und nun transnationaler war denn je. Terroranschläge hatte es schon immer gegeben, doch zumeist hatte es sich um nationale Phänomene gehandelt. So protestierte die Rote Armee Fraktion in Deutschland in den 1970er Jahren gegen die herrschende Klasse, in der ihrer Ansicht nach zu viele ehemalige Nationalsozialisten vertreten waren, während die IRA in Nordirland einen Guerillakrieg gegen die britischen Besatzungstruppen führte.[90] Die kurdische Arbeiterpartei PKK kämpfte für einen kurdischen Staat im Nordirak und im Osten der Türkei, und in Nordspanien bildete sich 1968 die Separatistengruppe der ETA, die einen eigenen Baskenstaat auf der Iberischen Halbinsel wollte. Beide Organisationen bedienten sich für ihre Ziele des Terrorismus, aber der spektakulärste Terroranschlag fand 1972 statt, als die Palästinensische Befreiungsorganisation (PLO) während der Olympischen Spiele in München zahlreiche israelische Sportler als Geiseln nahm und ermordete. Als Ende der 1970er Jahre sowjetische Truppen in Afghanistan einmarschierten, starteten islamische Dschihadisten, die so genannten Mudschaheddin, einen Guerillakrieg gegen die Invasoren. In all diesen Fällen handelte es sich um politisch motivierte Terrorakte, die Teil nationaler Dramen oder eines schwierigen Nationenbildungsprozesses waren. Doch Ende der 1960er, Anfang der 1970er Jahre betrat ein stärker transnational ausgerichteter und organisierter Terrorismus die Bühne. Besonders auffällig waren muslimische Gruppierungen, die sich grenzüberschreitend zusammentaten, um ihre Feinde anzugreifen, Araber (allen voran der ägyptische Präsident Anwar as-Sadat, der 1981 von der Muslimbruderschaft ermordet wurde) ebenso wie Nicht-Araber, die als Feinde des Islam galten. Da Muslime in Südasien, Südostasien sowie im Nahen und Mittleren Osten besonders zahlreich waren, bildeten sich vor allem in diesen Regionen Netzwerke von geheimen Untergrundorganisationen, aus denen Anfang der 1990er Jahre die bekannteste transnationale Terrorgruppe hervorging: al-Qaida.

Der Terrorismus, ob lokal, national oder transnational agierend, verstieß eindeutig gegen universelle Menschenrechte mit seinen Anschlägen gegen Menschen, die die Täter aufgrund ihrer Nationalität, ihres Glaubens oder ihrer Lebensweise als Feinde betrachteten. Nicht minder missachteten Terroristen die Heiligkeit ihres eigenen Lebens, wenn sie zu Selbstmordattentätern mutierten. Wie die japanischen Kamikaze-Piloten, die ihre kleinen Flugzeuge in amerikanische Schiffe lenkten und glaubten, sie würden damit einen heiligen Auftrag zu Ehren des Kaisers erfüllen, sprengten sich islamische Extremisten in einem «heiligen Krieg» im Namen des Propheten in die Luft – und im Namen der Gerechtigkeit (so war und ist es in ihren Augen ungerecht, dass der Westen Israel auf Kosten der palästinensischen Araber unterstützt). Doch die Terroranschläge waren Verbrechen und verstießen gegen alle Menschenrechtserklärungen, die die Vereinten Nationen und andere Organisationen (darunter auch religiöse) verkündet hatten. Sie waren ein genauso schweres Vergehen gegen die Menschlichkeit wie Genozide und in ihren Dimensionen sogar noch transnationaler. Leider nahmen die transnationalen, nicht von Regierungen verübten Terrorakte in den folgenden Jahrzehnten an Zahl und Intensität zu. Diese schlagzeilenträchtigen Verbrechen wurden jedoch weltweit und damit genauso transnational verurteilt. Ob der transnationale Terrorismus sich nur durch den nationalen oder internationalen Einsatz militärischer Gewalt bekämpfen ließ oder ob nicht Staaten durch die militärische Reaktion ihrerseits dem Prinzip der Menschenrechte zuwiderhandelten – mit diesen Fragen sollte man sich in den nachfolgenden Jahrzehnten herumschlagen.

Die Wiederkehr der Religionen und die Grenzen des Transnationalismus

Das Aufkommen des islamistischen Terrors in den 1970er Jahren lässt sich auch noch in anderem Zusammenhang betrachten. Es führte auf drastische Weise die Tatsache vor Augen, dass die Religion bei Individuen und Nationen in ganz verschiedenen Weltgegenden wieder merklich an Einfluss gewann. Zwar wäre es falsch, den Terrorismus mit einer religiösen Bewegung gleichzusetzen, doch dass ausgerechnet in den Jahrzehnten, in denen auf Feldern wie den Menschenrechten oder beim Umweltschutz deutliche Fortschritte zu verzeichnen waren, transnationale Gewalt und die Wiederkehr des Religiösen zu beobachten waren, verdient doch unsere Beachtung. Galten die erstgenannten Bereiche grundsätzlich als transnationale Anliegen, so betonten bestimmte religiöse Entwicklungen eher nationale und lokale Belange. Zwar hatten die Religionen traditionell postuliert, vor Gott seien alle Menschen gleich, doch das hielt sektiererische, partikularistische Kräfte nicht davon ab, eine eigene Agenda zu entwickeln, die sich eindeutig gegen jeden Universalismus richtete.

Insbesondere nahm in diesen Jahrzehnten zu, was Scott Thomas als «religiösen Nationalismus», als Religion im Dienste einer Nation und umgekehrt, bezeichnet hat.[91] Ein gutes Beispiel dafür war Iran nach der Revolution von 1979: eine Nation, die von einer Theokratie oder von Religionsführern, den Ajatollahs, regiert wurde. Natürlich könnte man auch auf den jüdischen Staat Israel als nationale Manifestation einer Religion verweisen, doch Israel war keine Theokratie, und weltliche Juden teilten sich die Macht mit strenger religiösen. Andere Gruppierungen wie die Hamas in den besetzten Palästinensergebieten, die Hisbollah im Südlibanon und die Taliban in Afghanistan (nach dem Ende der Besetzung des Landes durch sowjetische Truppen in den 1980er Jahren) und in Pakistan stellten keine nationale Regierung, strebten aber nach der politischen Macht. In all diesen Fällen manifestierte sich das Wiederaufleben der Religion durch eine Politisierung. Ein gutes Beispiel dafür war der «politische Islam».

Doch der Islam stand damit nicht allein. Auch in anderen Religionen lebten in den 1970er Jahren fundamentalistische Tendenzen wieder auf. In den USA etwa war das Jahrzehnt sowohl von gesellschaftlicher Vielfalt als auch von einer Wiederkehr der Religion geprägt.[92] Gleiches ließ sich auch andernorts beobachten. Das Christentum, das in den meisten Fällen ein persönlicher Glaube und innerhalb eines Nationalstaats weitgehend passiv und staatlicher Autorität untergeordnet geblieben war, machte plötzlich Ansprüche geltend. Am stärksten machte sich das in der Zivilgesellschaft bemerkbar, wo die Zahl der Kirchenbesucher zunahm und evangelikale Geistliche und Bewegungen an Einfluss gewannen. Doch auch innerhalb der christlichen Kirchen gab es bedeutsame Entwicklungen, bei den Katholiken ebenso wie bei den Protestanten. Seit den 1960er Jahren wurde die katholische Kirche zu einer treibenden Kraft in Sachen Abrüstung und Ausgleich zwischen den Rassen, vertrat zugleich aber weiter recht traditionelle Ansichten in Fragen wie Ehe oder Geburtenkontrolle. Überdies engagierten sich die Katholiken vor allem in Europa intensiv für humanitäre Aktivitäten und Entwicklungsprojekte im Ausland. In Lateinamerika, wo derartige Tätigkeiten besonders häufig zu beobachten waren, entstand interessanterweise die so genannte «Befreiungstheologie». Sie lässt sich durchaus als fundamentalistisch bezeichnen, da ihre Anhänger den Lehren Jesu folgten, wie sie in der Bibel niedergelegt sind, hatte zugleich aber auch politische Implikationen, weil sie die Gläubigen beinahe zwangsläufig in Opposition zu den Autoritäten des säkularen Staates brachte.

Das protestantische Pendant zur Befreiungstheologie war die Erweckungsbewegung oder der Evangelikalismus, der vor allem die bevorstehende Wiederkehr Jesu Christi und die Notwendigkeit innigen Gebets für das persönliche Heil in den Mittelpunkt rückte. Während die «normalen» protestantischen Kirchen in Europa und den USA in den 1960er Jahren Mitglieder verloren, erlebten die nichtkonfessionellen und charismatischen Sekten einen Aufschwung. Sie beharrten darauf, dass die Bibel wörtlich zu nehmen sei, denn sie enthalte die Glaubensvorschriften, die Gott den Menschen durch Jesus vermittelt habe. In den USA etwa steigerte eine Gruppierung namens «The Moral Majority» ihren Einfluss in den 1970er Jahren deutlich und tat sich mit traditionellen Evangelikalen zusammen, deren Wurzeln bis zum «Great Awakening» im 18. Jahrhundert zurückreichten. Exemplarisch für die Spielart der Jahrhundertmitte stand Billy Graham, der die Gläubigen aufforderte, ihr Alltagsleben an der christlichen Glaubenslehre auszurichten. Diese Bewegungen waren nicht nur in dogmatischen Fragen das christliche Gegenstück zum islamischen Fundamentalismus, sondern auch in ihrem Bestreben, Einfluss auf Politik und Gesellschaft zu nehmen. Einige Fundamentalisten beteiligten sich an den Protesten gegen Geburtenkontrolle und Abtreibung, andere ließen die antidarwinistische Bewegung wieder aufleben, die in den 1920er Jahren besonders ausgeprägt gewesen war (vor allem in den USA) und die Ansicht vertrat, Wissenschaft – insbesondere diejenige, die an den Schulen gelehrt wurde – müsse der Bibel entsprechen. Entgegen der Darwin'schen Evolutionslehre beharrten die Anhänger des so genannten Kreationismus darauf, sowohl die Menschheit als auch die Welt seien Gottes Schöpfung.

Zwar taten sich Islam und Christentum bei der Wiederbelebung fundamentaler Glaubenssätze eindeutig hervor, aber auch andere Religionen waren von dieser Entwicklung betroffen und brachten Gruppierungen hervor, die fundamentalistisch, ja sogar extremistisch ausgerichtet waren. In Südasien etwa, wo Hindus und Buddhisten über Jahrhunderte friedlich zusammengelebt hatten – eine Koexistenz, die dadurch erschwert wurde, dass die Buddhisten bei den ärmeren Bevölkerungsschichten tendenziell größeren Einfluss hatten –, gingen einige Individuen und Gruppen gewaltsam aufeinander los oder mitunter gegen andere Religionen vor. Besonders schlimm wurde dieser religiöse Aktivismus, wenn er

Karte 8:   Transnationale Religion: Tempel der Mormonen (2013).

Der Dalai Lama und der Schauspieler Richard Gere beim New York Lawyers Alliance for World Security's Annual Peace Award, April 1994. Der Dalai Lama, der 1949 ins Exil vertrieben wurde, als China sich Tibet einverleibte, hat überall auf der Welt Anhänger und symbolisiert damit die geistige Führerschaft eines transnationalen Individuums.

mit einem ethnischen Konflikt innerhalb nationaler Grenzen verbunden war, wie etwa in Sri Lanka, wo die Minderheit der Tamilen, die dem Hinduismus anhingen, nach Autonomie oder sogar völliger Unabhängigkeit strebte und dafür gegen die buddhistische Mehrheit im Land kämpfte. In Tibet übernahmen die Anhänger des Dalai Lama dessen Lehre vom passiven Widerstand gegen die chinesische Regierung, die Tibet für sich beanspruchte, doch eine Minderheit von Radikalen setzte durchaus auch auf direktere Formen des Protests. Ein weiteres Beispiel sind die Buren, die weiße Bevölkerung Südafrikas, die mehrheitlich der niederländisch-reformierten Kirche angehörten, gleichzeitig aber eine Politik der Rassentrennung oder Apartheid betrieben – selbst dann noch, als die Weltgemeinschaft diese als grobe Menschenrechtsverletzung verurteilte. Die Religion im Dienste des Staates – und umgekehrt – war in vielerlei Hinsicht eine anormale Entwicklung zu einer

Zeit, da transnationale Vorstellungen und Bestrebungen so offenkundig Auftrieb erhielten.[93]

Wie kam es zu dieser Entwicklung? Ohne Zweifel handelte es sich um eine Reaktion auf die Tendenz der damaligen Zeit, das transnationale Individuum auf Kosten der nationalen Gemeinschaft zu überhöhen, und auf die stete Erosion staatlicher Autorität und die Stärkung nichtstaatlicher Akteure. In gewisser Weise wollte der religiöse Nationalismus den Staat retten, was sich am deutlichsten in den USA erkennen lässt. Dort war die Wiederkehr des Religiösen eng mit Nationalismus und politischem Radikalismus, ja sogar Antiliberalismus verbunden. Wer schockiert war angesichts der Infragestellung staatlicher Autorität durch die radikale Bewegung der 1960er Jahre, suchte oft Zuflucht bei der Religion, und das hieß in den meisten Fällen: bei der christlichen Kirche. Viele religiös Konservative wiederum standen den politischen Nationalisten nahe. Die unablässigen Angriffe auf die Regierung während des Vietnamkriegs wie auch das Anwachsen transnationaler Bewegungen sorgten unvermeidlich für eine Gegenreaktion, zu der sich diejenigen zusammenfanden, die den Respekt für die Nation wie die Kirche wiederherstellen wollten. Insofern stärkten sich Religion und Nation gegenseitig.

Das religiöse Revival in dieser Zeit lässt sich jedoch auch mit einem anderen interessanten Phänomen in Verbindung bringen: der Selbstbehauptung nichtwestlicher Länder und Völker. Kaum an die Macht gekommen, machten Irans neue Führer, die Ajatollahs, keinen Hehl aus ihrer Verachtung der westlichen Zivilisation, insbesondere des dortigen säkularen Lebensstils und der demokratischen Regierungsform. Ganz ähnlich verhielt es sich mit anderen islamischen Fundamentalisten, die den Westen wegen seiner angeblichen Weltherrschaft geißelten. Selbst weniger stark politisierte Muslime begannen sich von westlichen Werten zu distanzieren oder behaupteten, diese Werte seien nicht universell gültig und die nichtwestlichen Teile der Welt besäßen ihre eigenen Glaubensüberzeugungen. Auf den Einfluss von Autoren wie Frantz Fanon oder Edward Said wurde weiter oben bereits hingewiesen. Ihr Denken und Schreiben lief auf eine Infragestellung der politischen und kulturellen Kategorien hinaus, die im Westen definiert und im Nicht-Westen unhinterfragt übernommen worden waren. Solche Denker wie auch Religionsführer beharrten auf einem Gleichgewicht zwischen Westen und Nicht-Westen, denn keiner von beiden könne universelle Gültigkeit für sich beanspruchen. Gerade in dem Augenblick, da transnationale Kräfte beispiellos rasant zu wachsen schienen, forderten diese Stimmen eine Anerkennung der Vielfalt, ja der Aufteilung der Menschheit in getrennte religiöse und andere Identitäten. Die Politisierung der Religion kann man als einen Aspekt dieses Phänomens betrachten.

1963 veröffentlichte der Historiker William H. McNeill ein vielbeachtetes Buch: *The Rise of the West*. Der Titel war ein wenig irreführend, denn das Buch wollte

nicht den Triumph der westlichen Zivilisation feiern, sondern sie in den Kontext
der langen Menschheitsgeschichte stellen. In McNeills Augen war der «Aufstieg
des Westens» nicht vorherbestimmt. Es handelte sich um ein relativ junges Phänomen, das erst Mitte des 18. Jahrhunderts begonnen hatte. Der Westen «stieg
auf» und beherrschte nach und nach die Welt aufgrund seiner wissenschaftlichen
und geistigen Leistungen während der Aufklärung, doch diese Dominanz, so
McNeill, dauerte möglicherweise nicht länger als die anderer Kulturen zuvor. Er
war sich nur ganz vage der Kräfte bewusst, die später dann als Globalisierung
oder gar Transnationalisierung bezeichnet werden sollten, doch ähnlich wie sein
älterer Kollege Toynbee legte er besonderes Augenmerk auf die Verbindungen
zwischen Zivilisationen, die für ihn eine wichtige Triebkraft der Menschheitsgeschichte darstellten. Zwar war er sich offenkundig nicht bewusst, dass diese
Phänomene schon damals lang gehegte Vorstellungen über den modernen Westen
in Frage stellten, doch sein Beharren darauf, Geschichte als weltumspannende
Entwicklung und nicht nur in lokalen oder nationalen Einheiten zu betrachten,
sollte zwei oder drei Jahrzehnte später gängige Ansicht sein.

Jedenfalls markieren die 1960er und 1970er Jahre den Zeitpunkt, da der Aufstieg des Nicht-Westens begann. Einige Beispiele dafür finden sich schon in den
1950er Jahren, etwa die Bandung-Konferenz und das Zehn-Jahres-Projekt der
UNESCO, das die gegenseitige Wertschätzung von Orient und Okzident voranbringen sollte. Beide stellten die traditionelle Auffassung vom Westen als Norm
in Frage und versuchten Westen und Nicht-Westen auf einer Ebene zu sehen. So
wurde beispielsweise die Idee der Entwicklung politisiert und sozusagen vom
Westen entkoppelt. Keine Vorstellung war «westlicher», zumindest in der neuzeitlichen Geschichte, als die der «Entwicklung». Und sie hatte enorm viele Anhänger unter «Nicht-Westlern». So war die wirtschaftliche Entwicklung in den
1950er Jahren und darüber hinaus primäres Ziel der nunmehr unabhängigen
Staaten. Als die Zahl dieser Länder zunahm – in den 1970er Jahren waren zwei
Drittel der UN-Mitglieder postkoloniale Staaten –, wurde Entwicklung zu einem
noch dringlicheren Gebot. Schon 1960 hatte die UN-Vollversammlung eine Resolution verabschiedet, mit der das kommende Jahrzehnt zur «Entwicklungsdekade»
erklärt wurde.

Anfang der 1970er Jahre jedoch änderte sich die Situation allmählich, als die
Entwicklungsländer eine «neue Weltwirtschaftsordnung» forderten, die ihre Entwicklung dadurch vorantreiben sollte, dass sie gegenüber den westlichen Industrieländern in Sachen Handel, Investitionen und in anderen Bereichen bevorzugt
behandelt wurden. Gleichzeitig stellten einige Denker aus der Dritten Welt im
Anschluss an Fanon, Said und andere die gängigen Vorstellungen über ökonomische Entwicklung in Frage, die vorgegeben hatten, wie Agrargesellschaften durch
ein System staatlicher Planung, ob sozialistisch oder nicht, zu Industrialisierung
und Urbanisierung gelangen sollten. Die fortgeschrittenen Industrieländer sollten

zu diesem Zweck Kapital und Technologie zur Verfügung stellen. Diese Ansichten blieben auch nach 1960 einflussreich. In den USA fanden sie sogar offizielle Bestätigung, als Präsident John F. Kennedy eine Behörde für Entwicklungsarbeit einrichtete, die Agency for International Development (USAID), und eifrig Nationenbildung und Entwicklung in Asien, Afrika und Lateinamerika förderte. Überdies rief er das Peace Corps ins Leben, ein Programm für junge Amerikaner und Amerikanerinnen, mit dem sie als Ingenieure, Lehrer, Krankenhauspersonal und in vielen anderen Berufen in Ausland gehen und dort bei der Modernisierung der Entwicklungsländer helfen konnten. Auch hier stand die Entwicklung im Mittelpunkt, die nun stärker in die offizielle US-Politik integriert war, wie beispielhaft die Berufung von Walt W. Rostow, dem Cheftheoretiker der Entwicklung, in den Nationalen Sicherheitsrat zeigt. Sogar der Vietnamkrieg, der sich unter Kennedy verschärfte und unter seinem Nachfolger Lyndon B. Johnson dramatisch ausweitete, wurde angeblich geführt, um Südvietnam bei Selbstbestimmung und wirtschaftlicher Modernisierung zu unterstützen.

In diesen Jahren erlebte der akademische Developmentalismus seinen Höhepunkt. Politikwissenschaftler und Soziologen, aber auch Ökonomen und Historiker entwarfen Modernisierungstheorien, die von den Sozialwissenschaften begierig aufgegriffen wurden. Wie bereits gezeigt, betrachtete man die neuzeitliche japanische Geschichte unter dem Aspekt der Modernisierung; der gleiche Bezugsrahmen fand auch auf die Türkei, China und andere Länder Anwendung, und nicht nur Nationalgeschichten, sondern auch den internationalen Beziehungen unterlegte man häufig dieses Konzept. Der Kalte Krieg galt nun oftmals als Wettstreit zwischen den Supermächten, wer besser in der Lage und erfolgreicher darin war, Drittweltländern bei der Modernisierung zu helfen. Dabei ging es freilich um weit mehr als nur um globale Geopolitik, wie der Kampf zwischen Moskau und Peking zeigt, die jeweils die Entwicklungsstrategien in Ländern wie Nordkorea oder Vietnam in ihrem Sinne beeinflussen wollten. Wie jüngste Forschungen zeigen, interessierte sich die politische Führung in Pjöngjang oder Hanoi weniger für die Auseinandersetzung zwischen den beiden Supermächten, sondern eher für die Frage, welche Ideologie und welche Methoden am ehesten das eigene Überleben (und das der jeweiligen Länder) sicherten.[94]

Auf dieser Ebene war Entwicklung somit eine verbreitete transnationale Ideologie und zugleich Grundlage für das Verständnis nationaler und internationaler Angelegenheiten. Interessanterweise gewannen ebenfalls in den 1960er Jahren Sichtweisen aus der Dritten Welt an Einfluss, die sich gegen die Entwicklung nach westlicher Art wandten. Will man einen einzelnen Moment herausgreifen, der den Aufstieg des «Gegen-Developmentalismus» markiert, so ist hier am ehesten das Aufkommen der Dependenztheorie zu nennen, die zuerst von Raúl Prebisch formuliert wurde, einem Ökonomen und Politiker aus Argentinien. In den 1960er Jahren leitete er die UN-Wirtschaftskommission für Lateinamerika und die Karibik und warf den Industrieländern vor, selbst mit der Entwicklungshilfe noch eigene Interessen zu verfolgen, denn diese Hilfe sei immer an Bedingungen geknüpft. Die kapitalistischen Nationen würden damit ihren Zugriff auf die weniger entwickelten Länder festigen und sie in globale Handels- und Investitionsnetzwerke einbinden. Damit unterstünden diese Länder dauerhaft der Kontrolle der Industrienationen, denn sie gerieten in permanente Abhängigkeit von Letzteren statt sich von den Ketten zu befreien. Hatten Fanons Abhandlungen die geistige Abhängigkeit der Dritten Welt vom Westen thematisiert, so beschrieb Prebisch das gleiche Phänomen für den ökonomischen Bereich. Beide stellten das Vorrecht des Westens in Frage, die eigene Geschichte als Modell für andere darzustellen, und wollten den Nicht-Westen von der scheinbar dauerhaften Kontrolle der Ressourcen und Märkte dieser Welt durch die Industrieländer befreien. In den Entwicklungsländern fand die Dependenztheorie schon bald zahlreiche Anhänger, die sich und ihre Länder zunehmend als Opfer globaler Wirtschaftskräfte sahen.

Die Gegenbewegung blieb freilich nicht auf den Nicht-Westen beschränkt. Wie bereits gezeigt, war ein wichtiger Aspekt der westlichen «Kulturrevolution» der 1960er Jahre die Infragestellung der Prämissen von Modernisierung und Fortschritt. Die Revolutionäre stellten der Realität einer scheinbar unablässig wachsenden Industriewelt ihre Vision einer weniger entwickelten, weniger verstädterten Welt gegenüber. Doch viele von ihnen übernahmen auch den «Gegen-Developmentalismus» als brauchbares Konzept, um sich und die Dritte Welt miteinander zu verbinden. In ihrem transnationalen Universum sollten Männer und Frauen aus aller Welt zusammenarbeiten, und zwar nicht, um das Weltwirtschaftswachstum weiter voranzutreiben, sondern um Armut und Ungleichheit in verschiedenen Teilen der Welt zu bekämpfen. Ungerechtigkeit sollte ebenso ausgemerzt werden wie Rassismus und religiöse Intoleranz. Regierungen und Unternehmen würde man unter Druck setzen, keine Geschäfte mehr mit Südafrika zu machen, solange die Regierung dort an der Apartheidpolitik festhielt. Zudem sollten die transnationalen Radikalen die Innenpolitik in allen Ländern im Blick haben, auf dass die Rechte von Frauen, Kindern und Minderheiten gewahrt würden. Bezeichnenderweise hat Martin Luther King bis zu seiner Ermordung 1968 diesen Kampf um Gleichberechtigung zu Hause stets im Kontext ähnlicher Bewegungen im Ausland gesehen, etwa Gandhis Unabhängigkeitsstreben in Indien. Obwohl der Inder zwanzig Jahre zuvor erschossen worden war, war King der Ansicht, sie beide seien eng miteinander verbunden, nicht anders als diejenigen, die in Südafrika und anderswo für Gerechtigkeit kämpften. Sie alle wandten sich gegen eine wirtschaftliche Entwicklung um ihrer selbst willen und verfolgten in erster Linie nichtökonomische Ziele.

Dieses Denken gehörte zur Geschichte vom Aufstieg des Nicht-Westens. Waren Modernisierung und Wirtschaftsentwicklung im Kern westlichen Ursprungs, so zeugte die Tatsache, dass man nun Rassengleichheit und die Befreiung der Dritten Welt aus der Abhängigkeit in den Vordergrund rückte, davon, dass jetzt auch der Nicht-Westen die globale Bühne betreten hatte. Dessen Interessen und Vorstellungen mussten nun ernst genommen werden und dessen Sicht der Dinge musste jetzt Berücksichtigung finden, wenn es um die *condition humaine* oder um die Zukunft der Menschheit ging. Wie bereits angedeutet, verwendeten Regierungsvertreter und Nicht-Offizielle in dieser Zeit gern den Begriff der «menschlichen Sicherheit», um zu signalisieren, dass menschliche Interessen Vorrang vor nationalen Belangen hatten. Ihrer Ansicht nach reichte es nicht, sich allein um die nationale Sicherheit zu kümmern, also etwas, das jede Nation entsprechend ihren eigenen Bedürfnissen definierte. Im Gegensatz dazu hatte die menschliche Sicherheit das Wohlergehen von Männern und Frauen auf der ganzen Welt im Blick. Nur wenn sie über ein Mindestmaß an Essen, Unterkunft, Gesundheit, Bildung und Würde verfügten, konnte es wirkliche Sicherheit für alle geben, auch für einzelne Staaten. Als die Menschen ihre Vorstellungen so zu fassen begannen, wurde die Menschheit somit nicht mehr mit dem «westlichen Menschen» gleichgesetzt, dem Symbol der modernen Zivilisation, sondern mit den Menschen überall.

Die Wiederkehr der Religion in den 1970er Jahren lässt sich durchaus auch in diesen Kontext stellen. Es war nicht einfach so, dass bestimmte religiöse Bewegungen an Einfluss gewannen oder mit Feuereifer den Nationalismus unterstützten. Gleichermaßen bedeutsam war die Tatsache, dass viele dieser Bewegungen in nichtwestlichen Ländern entstanden, was man durchaus als Hinweis darauf betrachten kann, dass der Nicht-Westen sich daranmachte, eine Weltwirtschaft, eine Weltordnung und eine Weltkultur in Frage zu stellen, die zum Phänomen des «Aufstiegs des Westens» gehört hatten. Die Wiederbelebung des Islam und anderer Religionen verband sich mit dem Selbstbewusstsein der Dritten Welt, dem Aufstieg Chinas, dem «Anti-Developmentalismus» und vielen anderen Phänomenen, denen eines gemeinsam war: Sie stellten die Macht und den Einfluss des Westens in Frage.

Ob diese Situation die transnationalen Netzwerke festigte, veränderte oder beschädigte, ist eine interessante Frage, auf die es keine einfache Antwort gibt. Hätte sich der Nicht-Westen gegen den Westen gewandt, hätte das unweigerlich zu einer geteilten und nicht zu einer vernetzten Welt geführt. Das aber passierte nicht. Der Nicht-Westen fand sich nicht zu einer anti-westlichen Koalition zusammen. Die Menschen aus Asien, aus dem Nahen Osten, aus Afrika und Lateinamerika gingen weiterhin auf der Suche nach Jobs oder zum Studium in westliche Länder. Zwar entwickelten sich transnationale Verbindungen zwischen Ländern in den Regionen, von denen einige vermutlich selbstbewusst provinziell ihre Identität als «nichtwestlich» pflegten, doch in der Mehrzahl waren eindeutig die multilateralen Netzwerke, denen Länder aus allen Teilen der Erde angehörten.

Oder anders gesagt: Der beginnende Aufstieg des Nicht-Westens stellte eine Realität dar, die eine Ebene in der Entwicklung transnationaler Geschichte ausmachte. Zum einen machten nichtnationale Entitäten wie Religionen, Unternehmen, NGOs und «Rassen» darauf aufmerksam, dass es sie in der Weltarena ebenfalls gab, gleichzeitig fanden nichtwestliche Völker, Glaubensüberzeugungen, Ideen und Waren Eingang ins westliche Bewusstsein, was zur Entstehung einer stärker globalen Gemeinschaft beitrug.

3. EBENEN DES TRANSNATIONALISMUS

Die letzten beiden Dekaden des 20. Jahrhunderts galten gemeinhin als Phase einer sich beschleunigenden Globalisierung. In den 1980er Jahren fand der Begriff der Globalisierung zunehmend Verwendung; gemeint war damit insbesondere ein enormer Zuwachs an Zahl und Aktivitätsumfang multinationaler Unternehmen. Mehr als je zuvor erfasste die Globalisierung nun die meisten Länder dieser Welt.

Es ist wichtig sich bewusst zu machen, dass die ökonomische Ebene wie schon in der Zeit davor nur eine von mehreren Ebenen darstellte, die die Transnationalisierung der Welt vorantrieben. Ein Spezifikum der 1980er und 1990er Jahre war, dass die Widersprüche und sogar Konflikte zwischen diesen Ebenen immer deutlicher sichtbar wurden.

Die vielleicht bedeutsamste Entwicklung im ökonomischen Bereich war die Modernisierung der Volksrepublik China unter Deng Xiaoping, der 1979 die Regierung übernahm und das Land für internationalen Handel und Investitionen aus dem Ausland öffnete. Das führte dazu, dass massenhaft ausländisches Kapital und Technologie ins Land flossen und Produktionsbetriebe entstanden, die dieses Kapital und diese Technik mit billigen heimischen Arbeitskräften kombinierten.[95] Ende des 20. Jahrhunderts verfügte China über eine der am schnellsten wachsenden Volkswirtschaften: Zwischen 1980 und 2000 lag das durchschnittliche jährliche Wachstum bei neun Prozent. Die Produkte, die anfangs überwiegend aus landwirtschaftlichen und mineralischen Erzeugnissen, zunehmend aber aus verarbeiteten Gütern bestanden, strömten immer stärker auf den Weltmarkt. Lag Chinas Anteil am weltweiten Gesamtexport im Jahr 1980 noch bei quasi null, so belief er sich 1990 auf 1,8 Prozent und weitere zehn Jahre später auf 4 Prozent. Der Anteil der Exporte am BIP des Landes stieg von 13 Prozent 1980 auf 44 Prozent im Jahr 2000. Die Währungsreserven Chinas – ein Gradmesser für die internationale Zahlungsbilanz eines Landes – beliefen sich 1990 auf 30 Milliarden US-Dollar und stiegen bis 2000 auf 168 Milliarden, womit China weltweit einen Spitzenplatz einnahm. In so gut wie allen Ländern fand sich auf ungeheuer vielen Konsumwaren der Vermerk «Made in China»: auf Fernseh- und Rundfunkgeräten, Klimaanlagen und Computerkomponenten ebenso wie auf Küchenutensilien und Bekleidung. Das bedeutete freilich nicht, dass ein Export-produkt notwendigerweise vollständig von Chinesen hergestellt wurde. Der Entwurf stammte vielleicht aus Amerika oder Europa, und produziert wurde es von Arbeitskräften aus Indien, Vietnam, Indonesien oder eben China. Mit anderen Worten: China war nunmehr vollständig in die Weltwirtschaft integriert, in der nationale «Label» ihre früheren exklusiven Konnotationen verloren. Andere Länder schafften ihrerseits ihre Waren und ihr Kapital auf den zumindest teilweise geöffneten chinesischen Markt, wo immer mehr Menschen über die notwendigen Mittel verfügten, um sich Lebensformen nach Art der westlichen Mittelschicht leisten oder diese zumindest anstreben zu können. Zumindest waren die Chinesen weniger arm als früher. Lag die Armutsquote auf dem Land 1990 noch bei 42,8 Prozent, so sank sie bis 1997 auf 24,2 Prozent. Der Anteil der Chinesen, die von weniger als einem US-Dollar am Tag leben mussten, fiel in den 1990er Jahren von rund neun auf unter vier Prozent.[96]

Allerdings bestimmten staatliche Planung und nicht die Marktkräfte über generelle Ausrichtung, Größe oder spezielle Inhalte der chinesischen Ökonomie. Das Regime in Peking, das von der Kommunistischen Partei kontrolliert wurde, legte alljährlich Ziele für das Wirtschaftswachstum fest, erstellte Pläne für die Produktion in Industrie und Landwirtschaft und subventionierte exportorientierte Unternehmen. Selbst die Bevölkerungspolitik, die als «Ein-Kind-Politik» bekannt wurde, war Teil des staatlichen Versuchs, die Produktivität des Landes zu steigern. Durch eine Begrenzung der Gesamtbevölkerung, so die Hoffnung der politischen Führung, würden diejenigen, die zur Welt kamen, eine umso bessere Bildung und Ausbildung erfahren, um damit zu produktiven Angehörigen der Nation zu werden und in der internationalen Arena zu bestehen. Das war zentraler Bestandteil von Chinas Modernisierungsstrategie, die Anfang der 1980er Jahre gestartet wurde mit dem Ziel, zu den fortgeschritteneren Ländern aufzuschließen und einen größeren Anteil an der Weltwirtschaft für sich zu beanspruchen. Gleichwohl hätte der Staat die Aufgabe, das Land zu transformieren, ohne die Kooperation der Menschen nicht bewältigt, nicht zuletzt deshalb, weil Modernisierung bedeutete, die Nation in ein globales Umfeld zu integrieren, was wiederum hieß, ehrgeizigen und hart arbeitenden Menschen ein Profitmotiv zu bieten, damit sie auf dem heimischen und auf fremden Märkten konkurrierten. Immer mehr Chinesen beteiligten sich bereitwillig am Weltmarkt und versuchten dort ihre Chancen und Interessen umzusetzen – das ging so weit, dass bereits Ende des Jahrhunderts eine kleine Minderheit am oberen Ende der ökonomischen Leiter zu Millionären wurde, was bei der übrigen Bevölkerung vor allem Neid auslöste. Die Kluft zwischen den wenigen Erfolgreichen und dem Rest sorgte für soziale Unruhen und politische Spannungen, die sich trotz aller Bemühungen der regierenden Elite, die Ordnung aufrechtzuerhalten, nicht mehr aus der Welt schaffen ließen.

Ähnliches geschah in vielen anderen Ländern, sodass eine global vernetzte Gemeinschaft von Individuen und nichtstaatlichen Akteuren entstand, deren Agenda eine andere war als die der offiziellen Politik. Länder wie Indien oder Brasilien folgten China auf dem Fuß, auch wenn ihre Wachstumsraten in diesem Zeitraum geringer ausfielen. Und nach dem Ende des Kalten Krieges und dem Zusammenbruch der Sowjetunion nach 1989 betraten nun auch die osteuropäischen Länder die Weltbühne und nutzten die Möglichkeiten, die sich ihnen für wirtschaftliche Liberalisierung und Wachstum boten. Einigen der vormals sozialistischen Staaten gelang das besser als anderen. Polen, Ungarn und die Tschechische Republik schafften den Übergang zur Marktwirtschaft ziemlich gut, während die russische Volkswirtschaft zwischen 1990 und 2000 um 3,5 Prozent und die der Ukraine sogar um sieben Prozent jährlich schrumpften. Jedenfalls gab es im Drama der Globalisierung nun deutlich mehr Mitspieler. Die USA, Japan und westeuropäische Länder, die die Weltwirtschaft bislang bestimmt hatten und nun um ihre Hegemonialstellung fürchten mussten, waren deshalb gezwungen, ihr Augenmerk immer stärker auf diese sich neu globalisierenden Staaten zu richten.

Eine solche nach Ländern spezifizierte Darstellung der Globalisierung würde jedoch in die Irre führen, wenn man nicht berücksichtigt, dass nicht mehr nur Nationen eine zentrale Rolle in der Weltwirtschaft spielen. Ein Kernmerkmal der Globalisierung am Ende des 20. Jahrhunderts besteht ja gerade darin, dass Staaten immer weniger die entscheidenden Faktoren in Sachen Wirtschaft waren und ihre traditionell zentrale Position durch nichtstaatliche Akteure und Individuen ergänzt, wenn nicht mitunter sogar ersetzt wurde. Dieses Phänomen war, wie wir gesehen haben, bereits in den 1970er Jahren erkennbar gewesen, doch in den 1980er Jahren erfuhr es eine Beschleunigung. Wir sollten unser Augenmerk deshalb nicht nur auf den Aufstieg Chinas oder das Auftauchen der osteuropäischen Staaten in der Weltwirtschaft richten, sondern gleichermaßen auf die Waren-, Kapital- und Arbeitskräfteströme, die jetzt deutlich weniger Einschränkungen unterlagen als früher. Statt von China als monolithischer Wirtschaftsgröße sollten wir deshalb lieber von einzelnen Chinesen und profitorientierten Firmen im Land sprechen. Diese Menschen und Organisationen waren zufälligerweise chinesisch, aber ihre Rollen waren nicht an Territorialgrenzen gebunden. Sie suchten überall auf der Welt nach Geschäftsmöglichkeiten.

Auch das Kapital wurde immer staatenloser, es war befreit von verschiedenen Restriktionen, die seinen Fluss reguliert hatten. Der vielleicht entscheidende Moment bei der Transnationalisierung des Kapitals fand Ende 1985 statt, als sich die Notenbankchefs und Finanzminister der USA, Großbritanniens, Deutschlands, Frankreichs und Japans im New Yorker Plaza Hotel versammelten, um die grenzüberschreitenden Devisentransaktionen zu liberalisieren. Die staatlichen

Stellen in diesen Ländern hatten seit 1971 daran gearbeitet, ihre Geldpolitik zu koordinieren und so den Wert des Dollars auf einem bestimmten Niveau zu halten, doch nun waren sie gewillt, solche Interventionen auf ein Minimum zu reduzieren oder gar ganz abzuschaffen. Tatsächlich beendete das Plaza-Abkommen die Stützung des Dollars als offizieller Währung für internationale Transaktionen sowie staatlich kontrollierte Wechselkurse, zumindest theoretisch. In der Realität behielten die Notenbanken in verschiedenen Ländern – insbesondere in China – eine gewisse Kontrolle über die Wechselkurse, indem sie ihre jeweiligen Währungen kauften oder verkauften. Gleichwohl hatten Devisenhändler, Spekulanten und ganz gewöhnliche Bürger deutlich weniger Hindernisse als früher zu überwinden, wenn sie Devisen in beträchtlichen Mengen kaufen, thesaurieren oder verkaufen wollten. Zum ersten Mal in der Neuzeit konnten Währungen weltweit frei flottieren, was zwar die Planung für Unternehmen komplizierter machte, aber ein unvermeidlicher Aspekt der Transnationalisierung der Weltwirtschaft war.

Die Einrichtung der Europäischen Union 1991/92 durch den Vertrag von Maastricht sowie die Entscheidung der meisten Mitgliedstaaten – eine wichtige Ausnahme waren die Briten – im Jahr 1999, eine gemeinsame Währungseinheit zu schaffen, zeugten ebenfalls von dieser Transnationalisierung. Man musste nun bei Reisen in die meisten Länder West- und Mitteleuropas an der Grenze kein Geld mehr wechseln, während zugleich die Importe in die Regionalgemeinschaft und die Exporte von dort Schwankungen unterworfen waren, da sich die Wechselkurse zwischen Euro und Dollar sowie zwischen Euro und britischem Pfund bzw. anderen Währungen ständig veränderten.

Beobachter und Wissenschaftler erkannten jedoch erst ganz allmählich, dass es sich bei diesen Entwicklungen um bedeutsame historische Phänomene handelte. Zwar fand der Begriff der Globalisierung in den 1980er Jahren bei Ökonomen und Sozialwissenschaftlern zunehmend Verwendung – und wurde mehr und mehr auch von Journalisten, Unternehmern, Politikern, Beamten und sogar Stiftungen (etwa das 1991 im Rahmen der Japan Foundation eingerichtete Center for Global Partnership) benutzt –, doch die Historiker sprangen auf diesen Zug zunächst nicht auf. Ein kursorischer Blick auf das einschlägige Schrifttum zeigt, dass nur recht wenige von ihnen vor Ende des Jahrhunderts die Globalisierung erwähnten oder gar eingehender erörterten. Selbst Begriffe wie «global» oder «globalisierend» wurden vor den 1990er Jahren selten verwendet. Doch plötzlich begannen die Historiker, als seien sie von einem obsessiven Konsens getrieben, Bücher zu schreiben, in denen diese Wörter regelmäßig schon im Titel vorkamen.[97] Die Globalgeschichte wurde fast über Nacht zu einer akzeptierten Art der Geschichtsbetrachtung, zu einem plausiblen Bezugsrahmen, insbesondere für die Geschichte der Neuzeit. Auch die Weltgeschichte erlebte ein Comeback. Den Weg dafür bereitet hatte das schon erwähnte Buch von McNeill, *The Rise of the West* (1963), doch die Begeisterung des Autors für die Geschichte der ganzen Welt und ihrer verschiedenen Kulturen hatte nicht so recht gezündet, und die Historiker befassten sich einstweilen weiter vorwiegend mit Nationalgeschichten. Unter diesem Aspekt hatten sie sich mit der Vergangenheit beschäftigt, seit die Geschichtswissenschaft im 19. Jahrhundert in Europa entstanden war. Geschichte hieß, sich mit der Vergangenheit (und Gegenwart) einer Nation zu befassen. Gegen Ende des 20. Jahrhunderts jedoch wurde die Weltgeschichte immer beliebter, eigenständige Nationalgeschichten wirkten immer unzureichender und fast ein wenig provinziell. Wie die regelmäßigen Umfragen der American Historical Association zeigen, verfügte 1980 nur ein Bruchteil der historischen Fakultäten über eine Abteilung, die sich auf Weltgeschichte spezialisiert hatte, während es zwei Jahrzehnte später fast zwanzig Prozent waren.[98] Der Anteil von Lehrpersonal und Graduierten, die nichtwestliche Geschichte unterrichteten und studierten, stieg stetig, was die einstmals überwältigende Präsenz von «Amerikanisten» und «Europaexperten» in Frage stellte. In diesem Zusammenhang tauchte auch der Begriff der «Globalgeschichte» auf, der in den meisten Fällen gleichbedeutend war mit Weltgeschichte, doch interessanterweise sprachen immer mehr Wissenschaftler – ganz besonders dann, wenn sie sich mit der Neuzeit befassten – lieber von «Global-» als von «Weltgeschichte», wenn sie das eigene Tun charakterisierten.

Es ist jedenfalls bemerkenswert, dass in den 1990er Jahren immer mehr Hochschulen Seminare in Weltgeschichte anboten, denn man glaubte offenbar, es reiche nicht mehr, nur die Vergangenheit eines bestimmten Landes zu erforschen, sondern man müsse die «Vernetztheit» aller Nationalgeschichten in den Blick nehmen. Denn die Geschichte keines Landes, so Wissenschaftler und Lehrende, verlaufe «für sich» und gleichsam «autark», sondern sei von den Interaktionen mit anderen Ländern genauso geprägt wie von inneren Kräften. Insofern gebe es im Grunde so etwas wie eine reine Nationalgeschichte gar nicht, sondern nur Globalgeschichte. Da Globalgeschichte jedoch ein durchaus respekteinflößendes Konzept ist, das nahelegt, man müsse alles über Nationen und Zivilisationen wissen, und da der Terminus den Eindruck erwecken könnte, nationale Grenzen spielten keine Rolle mehr, sprachen manche lieber von transnationaler Geschichte. Damit verwarf man nicht die Existenz und Relevanz einzelner Nationen, sondern betonte die Verflechtungen und wechselseitigen Einflüsse zwischen ihnen. Nationen spielten weiterhin eine Rolle, aber es gab viele andere Mitspieler auf der Bühne der Geschichte, was für einen steten Fluss von Waren, Menschen und Ideen über Grenzen hinweg sorgte. Nicht nur Nationen interagierten miteinander, sondern auf einer anderen Ebene auch Ethnien, Religionen und Zivilisationen. Zwar behandelten die meisten Wissenschaftler diese Phänomene weiterhin als Themen der internationalen Geschichte, doch das Attribut «international» implizierte eher zwischenstaatliche Beziehungen als solche zwischen Zivilgesellschaften oder Menschen, und deshalb war es nach Ansicht so mancher Experten besser, sie als transnational zu bezeichnen.

So bot das neu entstehende Feld der transnationalen Geschichte die Möglichkeit, Geschichte – und hier vor allem moderne Geschichte – neu zu denken. Da in der Neuzeit der Nationalstaat zur zentralen Bezugsgröße für Regierung, Wirtschaftsaktivitäten und Gesellschaftsordnung geworden war und da historische Forschung und Lehre oftmals mit der Aufgabe der Nationenbildung verknüpft waren, war es wichtig, sich von dieser Fokussierung auf die Nation zu befreien und auch mit den transnationalen Aspekten in Vergangenheit und Gegenwart einer Nation zu befassen. Entsprechend richtete die Wissenschaft ihr Augenmerk zunehmend auf transnationale Themen und Phänomene in der modernen und gegenwärtigen Welt. Es war kein Zufall, dass dabei Experten für amerikanische Geschichte federführend waren, denn dieses Feld war jahrzehntelang von Autoren bestimmt gewesen, die sich auf die nationale Politik-, Sozial- und Kulturgeschichte fokussiert und deren singulären Charakter betont hatten. Dagegen vertraten Historiker wie Thomas Bender und Ian Tyrrell nunmehr die Ansicht, man müsse die US-Geschichte in den Kontext von Weltgeschichte und globalen Entwicklungen stellen. In seinem Aufsatz «Transnational History», der 1991 in der *American Historical Review* erschien, verwendete Tyrrell als einer der Ersten diesen Terminus. Er war noch immer zu wenig ausgereift, um sofort Verbreitung zu finden, und musste mit der «Welt-» und der «Globalgeschichte» um die Gunst von Wissenschaftlern, Lehrern und gebildeten Lesern buhlen. Gleichwohl war das Transnationale in der Geschichtswissenschaft angekommen.[99] Historiker waren nun bereit, das sich herausbildende transnationale Bewusstsein zur Kenntnis zu nehmen und die Erforschung der Vergangenheit in neue Begriffe zu fassen.

Wie lässt sich die lange Zeit bestehende Kluft zwischen der Wirklichkeit – also der stetig voranschreitenden Globalisierung der Welt – und ihrer wissenschaftlichen Erfassung erklären? Die Historiographie hinkte der Geschichte eindeutig hinterher. Als sich beispielsweise 1983 Historiker aus Europa, den USA und Japan versammelten, um die stürmischen Ereignisse, die das 20. Jahrhundert bis dahin geprägt hatten, unter die Lupe zu nehmen, verwendete kaum einer das Wort «Globalisierung», doch als sich die gleiche Gruppe zehn Jahre später erneut traf, nahm so gut wie jeder Teilnehmer Bezug auf den Begriff und auf verschiedene «globale» Themen der jüngeren Vergangenheit.[100] Es wäre zu einfach, die Kluft damit zu erklären, dass sich Historiker und Öffentlichkeit bis Anfang der 1990er Jahre hauptsächlich für die Wirren des Kalten Krieges interessierten. Tatsächlich waren die 1980er Jahre von dramatischen geopolitischen Umbrüchen geprägt: Das begann mit dem von einigen so genannten «zweiten Kalten Krieg», als sowjetische Truppen in Afghanistan einmarschierten und die US-Regierung unter Ronald Reagan darauf mit einer drastischen Aufstockung des Nukleararsenals reagierte, und mündete in die Gipfeltreffen zwischen Reagan und dem sowjetischen Staatschef Michail Gorbatschow. Dessen Reformpolitik im Namen von *glasnost* (Offenheit) und *perestroika* (Umgestaltung) untergrub derweil beharrlich die Stabilität und den

Schüler und Studenten demonstrieren in der Nähe des Platzes des Himmlischen Friedens in Peking, um damit die Proteste für mehr Demokratie zu unterstützen, Mai 1989. Das Ereignis wurde via Fernsehen in alle Welt übertragen und galt als Teil der globalen Demokratiebewegung. Trotz brutaler Unterdrückung lebten die chinesischen Reformbewegungen in unterschiedlicher Form weiter.

Zusammenhalt des Sowjetblocks, was schließlich zu den politischen Umwälzungen in Osteuropa und zum Fall der Berliner Mauer führte. All diese atemberaubenden Veränderungen vollzogen sich in den 1980er Jahren und wurden zunächst im Rahmen der Geschichte des Kalten Krieges interpretiert. Dafür gibt es durchaus gute Gründe, aber es überdeckt eine Menge transnationaler Entwicklungen, die sich gleichzeitig vollzogen. So ging beispielsweise dem Fall der Mauer in Berlin der Fall des Dollars nach dem Plaza-Abkommen von 1985 voraus. Diese und viele andere Entwicklungen im transnationalen Wirtschaftsbereich haben vielleicht nicht unmittelbar zum Ende des Kalten Krieges geführt, aber Letzteren sollte man im Kontext der globalen Veränderungen verstehen, die, wie wir weiter unten sehen werden, an allen Fronten gleichzeitig auftraten.

Historiker wie auch andere Beobachter erkannten diese parallelen Themen erst ganz allmählich, weil sie es gewohnt waren, die Weltpolitik im Rahmen des Kalten Krieges zu betrachten – oder allgemeiner Zeitgeschichte geopolitisch zu interpretieren, womit sie mit der auf die Nation fixierten Perspektive brachen. Dabei übersahen sie das wachsende transnationale Bewusstsein und konzentrierten sich stattdessen auf das geopolitische Verhältnis zwischen den USA und der UdSSR. Eine zunehmende Zahl von Beobachtern verfolgte allerdings gebannt die Demokratisierungsbewegungen in verschiedenen Weltgegenden. Seit Mitte der 1970er Jahre breitete sich von Griechenland, Portugal und Spanien eine politische Liberalisierungswelle aus, die unter anderem Argentinien, die Philippinen, Südkorea, Südafrika, Osteuropa und China erfasste. Doch diese Phänomene begriff man zunächst als rein nationale Ereignisse, die durch bestimmte landesspezifische Umstände ausgelöst wurden, oder man sah sie als Nebenprodukt der Entspannung zwischen den Supermächten, die Ende der 1980er Jahre ihren Höhepunkt erreichte. Doch selbst damals hätte schon offenkundig sein müssen, dass die Demokratiebewegungen eine weltweite Sorge um das Wohlergehen aller Menschen widerspiegelten. Es war kein Zufall, dass die Demonstranten auf dem Platz des Himmlischen Friedens in Peking im Frühjahr 1989 eine Replik der New Yorker Freiheitsstatue aufstellten, die als universelles Symbol für das Freiheitsstreben fungierte. Dass der Protest blutig niedergeschlagen wurde, war eine nationale Angelegenheit Chinas, doch die Erinnerung daran war transnational und verschwand nie, sodass der «Tiananmen-Moment» zum Sinnbild für den Verrat an den Sehnsüchten der Menschen überall auf der Welt wurde.

Transnationale Beiträge zur Beendigung des Kalten Krieges

Das dramatische Ende des Kalten Krieges wird üblicherweise geopolitischen Faktoren zugeschrieben, insbesondere der militärischen, wirtschaftlichen und technologischen Überlegenheit der USA. Das vorherrschende Narrativ postuliert eine Teleologie, bei der ein bipolarer Machtkampf mit dem Sieg der einen Seite endete, weil diese über größere ökonomische und militärische Macht sowie größere geistige und kulturelle Ressourcen – das, was Joseph Nye als «soft power» bezeichnet hat – verfügte, die sie wirkungsvoll gegen einen Gegner einsetzte, der zwar ein riesiges Waffenarsenal besaß, aber darüber hinaus der Überlegenheit nur wenig entgegenzusetzen hatte.[101] Wenn der Kalte Krieg jedoch wirklich nicht mehr war als eine solche einseitige Machtgleichung, dann hätte er nicht so lange gedauert. Es sei nur daran erinnert, dass die Sowjetunion und andere sozialistische Länder weltweit über einen nicht unbeträchtlichen Einfluss verfügten, weil sie in verschiedenen Teilen der Welt bei einer antikapitalistischen und antiwestlichen Öffentlichkeit Anklang fanden und den Eindruck erweckten, ihnen, den sozialistischen Staaten, gehöre die Zukunft. Untergraben und verändert wurde die geopolitische Weltkarte dadurch, dass die ideologischen und die militärischen Grundpfeiler des Kalten Krieges in Frage gestellt wurden. Diese Herausforderung des Status quo war im Wesentlichen transnationaler Art; sie reichte von globalen Bewegungen für Menschenrechte und den Weltfrieden bis zum islamischen Fundamentalismus, der sich gegen die Sowjetunion genauso wandte wie gegen den Westen. Das Ende des Kalten Krieges enthielt all diese Bestandteile, und in diesem Zusammenhang die geopolitischen «Realitäten» herauszuheben wäre im Grunde tautologisch. Das heißt: Wenn man glaubt, der Kalte Krieg sei durch diese «Realitäten» bestimmt gewesen, so konstatiert die Behauptung, er sei zu Ende gegangen, als sich diese «Realitäten» änderten, nur das, was offensichtlich ist. Hilfreicher wäre der Verweis darauf, dass die Arena, in der sich das geopolitische Spiel vollzog, eine beträchtliche Veränderung erfahren hatte, sodass auch das Spiel selbst Stück für Stück seinen Charakter veränderte. Zwar gab es weiterhin die atomar bewaffneten Staaten, und auch die internationalen Beziehungen sowie die nationalen Rivalitäten vollzogen sich weiter mit der ihnen eigenen Dynamik, doch in ihre Räume drangen nunmehr unablässig transnationale Kräfte ein.

Transnationale Beiträge zur Beendigung des Kalten Krieges erfolgten in vielerlei Form, doch die Grundlage bildete die wachsende Zahl und Bedeutung nichtstaatlicher, nichtnationaler Akteure. Die Zahl der NGOs und multinationalen Unternehmen hatte während der 1970er Jahre enorm zugenommen, und im darauffolgenden Jahrzehnt leisteten sie weiterhin einen Beitrag dazu, dass so etwas wie ein globales Gemeinschaftsgefühl entstand. Einige NGOs kämpften speziell gegen die atomare Bewaffnung und Strategie auf Seiten der Supermächte, vor allem gegen die Stationierung von Mittelstreckenraketen auf europäischem Boden. Die katholische Kirche beteiligte sich aktiv am weltweiten Ruf nach Entspannung und organisierte gemeinsam mit anderen internationalen Gruppierungen Protestmärsche in Europa, Südamerika und Asien. Es herrschte eine Atmosphäre transnationaler Solidarität, die sogar auf den Sowjetblock auszustrahlen begann. Unterdessen übernahmen multinationale Unternehmen ihre Rolle in diesem Prozess und weiteten ihre Geschäftstätigkeit auf die Länder des Ostblocks sowie auf China aus. Solche Aktivitäten eröffneten, wenn auch in bescheidenem Rahmen, Kontaktmöglichkeiten zwischen westlichen (und japanischen) Geschäftsleuten und ihren Kollegen in der Sowjetunion, in Osteuropa und in China. Zwar durften solche Kontakte nur eingeschränkt stattfinden, doch die Führungen in Moskau und Peking – allen voran Michail Gorbatschow und Deng Xiaoping – erkannten, dass persönliche Begegnungen mit ausländischen Kapitalisten ein notwendiger und unvermeidlicher Aspekt der wirtschaftlichen Modernisierungsprogramme für das eigene Land waren. Das Bewusstsein für zunehmende Geschäftsbeziehungen hat ohne Zweifel zu einem Gemeinschaftsgefühl beigetragen, das sich vor allem aus gemeinsamen Interessen über den Eisernen Vorgang hinweg speiste.

Ein weiterer transnationaler Faktor im Drama der 1980er Jahre war die Umweltbewegung. Sie hatte zwar schon in den 1970er Jahren an Schwung gewonnen, doch im folgenden Jahrzehnt hatte sie noch nicht viele Erfolge zu verzeichnen. Am deutlichsten zeigt sich das bei der weltweiten Durchschnittstemperatur. Sie war von 13,6 °C im ersten Jahrzehnt des 20. Jahrhunderts auf 13,9 °C sieben Dekaden später gestiegen, doch in den 1980er Jahren stieg sie rasanter an, nämlich auf 14,1 °C, was auf alarmierende Auswirkungen des «Treibhauseffekts» schließen ließ, der durch den Ausstoß von Kohlendioxid und anderen Gasen verursacht wurde. 1980 blies die Welt insgesamt 18 333 Millionen Tonnen Kohlendioxid in die Atmosphäre – durch die Verbrennung von fossilen Brennstoffen wie Kohle, Öl und Erdgas –, zehn Jahre später waren es schon 21 426 Millionen Tonnen.[102] Die größten Luftverschmutzer waren die USA und die Sowjetunion, die 1980 für 42 Prozent und zehn Jahre später für 41 Prozent der weltweiten Emissionen verantwortlich waren. Acht (1980) bzw. elf Prozent (1990) steuerte China bei, sodass allein diese drei Länder mehr als die Hälfte zum Klimawandel und zur Erderwärmung beitrugen.

Es wäre natürlich zu weit hergeholt, zu behaupten, der immer gravierendere Treibhauseffekt habe den Kalten Krieg untergraben und letztlich beendet. Gleichwohl steht fest, dass das Umweltbewusstsein im Ostblock ebenso wie im Westen zunahm und zu einer transnationalen Angelegenheit wurde. Nirgends zeigte sich das eindrücklicher als beim schrecklichen Atomunglück, das sich 1986 im sowjetischen Tschernobyl (heute Ukraine) ereignete. Am 26. April kam es im Reaktorblock 4 der Anlage zu einer unkontrollierten Kettenreaktion mit anschließender Explosion; das dadurch verursachte Feuer setzte radioaktive Stoffe frei, die der Wind dann weiterverbreitete. Es handelte sich um eine transnationale Tragödie, da die radioaktiven Stoffe nicht an der sowjetischen Grenze Halt machten. Der Fallout erreichte auch Westeuropa und sogar Grönland. (2011 wurde berichtet, die Wiesen in Wales, auf denen Schafe grasten, enthielten noch immer Spuren von Radioaktivität.)[103] Tschernobyl war eine zivile, keine militärische Katastrophe, aber sie hatte umso verheerendere Folgen, weil unzählige Menschen an der Strahlung starben – die Strahlungsintensität soll deutlich höher gewesen sein als bei den beiden Atombomben, die 1945 über Japan abgeworfen worden waren – und die Bewohner der Stadt evakuiert werden mussten (viele von ihnen sind bis heute nicht in ihre Heimat zurückgekehrt). In den USA waren viele bereits durch den Film *Das China-Syndrom* (1979) traumatisiert, in dem es um einen fiktiven Reaktorunfall geht und der zusammen mit dem Störfall im Reaktor von Three Mile Island, Pennsylvania (1979, nur zwölf Tage nach dem Start des Films) sowie der Katastrophe von Tschernobyl die transnationale Überzeugung bestärkte, dass

Stacheldraht umzäunt die verlassene Stadt Prypjat in der Ukraine, ganz in der Nähe des Atomkraftwerks von Tschernobyl, Mai 2003. Ein Reaktorunfall hatte 1986 dazu geführt, dass sich radioaktive Stoffe über die Ukraine und Teile Europas ausbreiteten, was weltweit die Frage aufkommen ließ, ob es klug sei, weiterhin Kernenergie zu produzieren.

Umweltkatastrophen keine nationalen Grenzen kennen. Michail Gorbatschow war sich dessen deutlich bewusst und bat andere Länder um Unterstützung bei der Bekämpfung der Katastrophe und den Aufräumarbeiten. Unter diesen Umständen erschien es nicht wirklich sinnvoll, weiter auf Konfrontation mit den USA und ihren Verbündeten zu setzen. Der Kalte Krieg hatte seinen Sinn verloren (wenn er denn je einen gehabt hatte), denn die atomaren Widersacher trugen beide zu Umweltkatastrophen und Klimawandel bei und hatten beide darunter zu leiden.

Auch die transnationale Frage der Menschenrechte verband die Länder auf beiden Seiten des Eisernen Vorhangs. Seit der KSZE-Schlussakte von Helsinki 1975, die eine Menschenrechtsklausel enthielt, unternahmen westliche Aktivisten verstärkte Bemühungen, Kontakt zu ähnlichen – in vielen Fällen im Untergrund arbeitenden – Gruppen in sozialistischen Ländern aufzunehmen und den Opfern politischer Verfolgung Schutz zu bieten.[104] Nicht zuletzt dank solcher Versuche fassten die Osteuropäer zunehmend Mut, ihrer politischen Führung die Stirn zu bieten. In der Tschechoslowakei, in Ungarn, in der DDR, in Polen und in anderen Ländern – sogar in Rumänien, wo ein besonders brutales Regime herrschte – schlossen sich die Bürger zu Oppositionsbewegungen gegen die Machthaber zusammen, und anders als früher schickte die Sowjetunion unter Gorbatschow diesmal keine Panzer und Truppen, um sie niederzuschlagen. Schließlich propagierte die Sowjetunion selbst den Geist der «Offenheit». Die Folge war, dass am Ende des Jahrzehnts ein kommunistisches Regime nach dem anderen stürzte und die Grenzen zwischen Ost- und Westeuropa sich öffneten. Besonders dramatisch verlief der Fall der Berliner Mauer im November 1989, der einen Höhepunkt des Demokratisierungsdramas in Osteuropa darstellte. Dieses Ereignis wird häufig im Kontext der Beendigung des Kalten Krieges gesehen, aber als Kapitel in der Geschichte der Menschenrechte wäre es besser aufgehoben. Denn es war die Demokratisierung, die zusammen mit der Umweltbewegung und anderen transnationalen Faktoren das Ende des Kalten Krieges herbeiführte und nicht umgekehrt. Es wäre überdies eine allzu grobe Vereinfachung, würde man die Demokratisierung in Osteuropa schlicht als Sieg der USA im geopolitischen Wettstreit betrachten. Für die Menschenrechte hatten viele Menschen überall auf der Welt gekämpft, die nichtstaatliche Aktivistennetzwerke gegründet hatten, und die Bedeutung dieses Phänomens reicht weit über das Auf und Ab internationaler Politik hinaus. Es ist vielmehr Bestandteil der transnationalen Geschichte, und insofern zeigte das, was in den 1980er Jahren geschah, dass an die Stelle der konventionellen internationalen Beziehungen transnationale Beziehungen traten. Tatsächlich existieren mehrere Geschichten parallel nebeneinander: die Geschichte der geopolitischen Angelegenheiten, die Geschichte der Menschenrechte, die Geschichte der Umweltkatastrophen und der Bemühungen, damit fertig zu werden, und noch viele andere. Wie die 1970er und 1980er Jahre gezeigt haben, erlangte die Geschichte der Menschenrechte, vielleicht zum ersten Mal in der Geschichte, eine herausgehobene Stellung und drängte andere Narrative in den Hintergrund.

Transnationaler Nationalismus?   Doch gerade als die transnationalen Wellen durch die Welt schwappten, hatte es ironischerweise den Anschein, als würden auch die traditionellen Kräfte des Nationalismus wieder aufleben. Nirgends ließ sich das eindrucksvoller beobachten als in Ost- und Südosteuropa, wo eine erneute Betonung nationaler Identität häufig zum Ruf nach staatlicher Unabhängigkeit führte. In den 1980er Jahren forderten die osteuropäischen Länder mehr Unabhängigkeit von sowjetischer Kontrolle, doch nach dem Ende des Kalten Krieges breitete sich das Phänomen noch weiter aus: Verschiedene Teile der Union der sozialistischen Sowjetrepubliken sagten sich von Moskau los und gründeten, ob mit oder ohne Zustimmung des Kreml, eigenständige Nationen (die oft schon in vorsowjetischen Zeiten bestanden hatten) wie Litauen, Estland, Georgien, Usbekistan oder Turkmenistan.

Demonstranten in London schwenken serbische Flaggen während eines Protests gegen das NATO-Bombardement Jugoslawiens, April 1999 – ein Beispiel für den Konflikt zwischen ethnischem Nationalismus und internationalen Kräften.

Ihre Abspaltung von der UdSSR bedeutete deren Ende als geeinte Nation, und folglich löste sie sich 1991 auf. Fortan war auch Russland eine Nation von vielen, doch selbst jetzt noch, da das Land kleiner geworden war, strebten einige Regionen nach Unabhängigkeit. Bekanntestes Beispiel ist die islamische Republik Tschetschenien, wo sich Separatisten 1994 von Russland abspalten wollten und mehrere Jahre lang gegen russische Truppen kämpften, die im Verlauf des Krieges die Hauptstadt Grosny fast vollständig in Schutt und Asche legten. Diese Auseinandersetzung dauerte auch im neuen Jahrhundert fort.

Im übrigen Osteuropa zerfiel die Tschechoslowakei in die Tschechische Republik und die Slowakei, doch der extremste Fall ereignete sich auf dem Balkan, wo Jugoslawien, das nach dem Ersten Weltkrieg entstanden war und verschiedene Regionen mit je eigener Identität und Religion vereinte, in eine ganze Reihe von Staaten auseinanderbrach, nachdem Tito, jugoslawischer Staatschef seit 1945, im Jahr 1980 gestorben war. Ähnlich wie die Sowjetunion und die Tschechoslowakei verschwand das Land von der Weltkarte. Fortan bestand der Balkan neben den älteren Ländern Albanien, Bulgarien und Griechenland aus Mazedonien, Serbien-

Montenegro (die beiden Republiken spalteten sich ihrerseits 2006), Bosnien-Herzegowina, Kroatien, Slowenien und dem Kosovo. Das alles waren recht kleine Länder, aber sie verfügten doch über eine eigene Geschichte, Religion und ethnische Identität. Bei der Festlegung der genauen Grenzen und der ethnischen Zusammensetzung der neuen Staaten kam es unausweichlich zu Problemen. Es kam zu schweren kriegerischen Auseinandersetzungen etwa zwischen Serben und Kroaten. Am schlimmsten traf es 1992 Sarajewo, die Hauptstadt von Bosnien-Herzegowina, wo serbische Milizen in den Bergen rings um die Stadt eine «serbische Republik» ausriefen und die Stadt belagerten und beschossen. Ein Ende fand die Belagerung erst, als NATO-Kampfflugzeuge 1995 serbische Stellungen bombardierten. In diesem und in anderen Fällen führten die erbitterten Kämpfe zwischen Serben, Muslimen, Kroaten und anderen häufig zu «ethnischen Säuberungen» und beispiellosen Gräueltaten.

Auch anderswo verstärkte sich gegen Ende des Jahrhunderts der ethnische Nationalismus. Vor allem der afrikanische Kontinent wurde in den 1990er Jahren von einer ganzen Reihe brutaler Konflikte erschüttert. In Somalia brach 1991 ein Bürgerkrieg zwischen der Zentralregierung und Separatisten im Nordwesten des Landes aus. In Sierra Leone kam es zu bewaffneten Auseinandersetzungen um die Kontrolle der Diamantenminen im Land; der Einsatz von Kindersoldaten war dabei ebenso an der Tagesordnung wie Vergewaltigungen, Verstümmelungen und andere Gräueltaten. Derweil war Zentralafrika, insbesondere die rohstoffreichen Regionen der Demokratischen Republik Kongo, Schauplatz dessen, was mancher Beobachter als «afrikanischen Weltkrieg» bezeichnet hat. An den Kämpfen waren acht afrikanische Staaten beteiligt, darunter Dutzende von Milizen, und auf dem Höhepunkt des Krieges wurden pro Tag schätzungsweise tausend Menschen getötet. Wie in Westafrika waren auch die Kriege im Kongo gekennzeichnet durch massenhafte Vergewaltigungen, den Einsatz von Kindersoldaten und Massaker. In Ruanda bekämpften sich die beiden wichtigsten ethnischen Gruppen, die Tutsi und die Hutu, erbittert, und 1994 kam es sogar zu einem Genozid der Hutu an den Tutsi.

In Südasien machten Muslime, Hindus, Buddhisten, Sikhs, Christen und andere Religionsgruppen immer wieder ihre jeweilige Macht über andere geltend, und in Sri Lanka startete die hinduistische Minderheit der Tamilen, die sich der Herrschaft der buddhistischen Mehrheit schon lange widersetzte, 1993 eine offene Revolte und setzte den Kampf trotz aller Vermittlungsbemühungen von Seiten Indiens fort. Aber auch westeuropäische Länder und sogar Kanada hatten mit separatistischen Anwandlungen zu kämpfen. Der Widerstand gegen die herrschenden nationalen Regierungen verlief zumeist friedlich, doch in Nordirland verübte die IRA regelmäßig Terroranschläge gegen protestantische Bürger, die mit ähnlichen Attacken reagierten, ehe 1998 ein Friedensabkommen geschlossen wurde. In Spanien setzten militante baskische Separatisten ihren Kampf um Unabhängigkeit fort und erschütterten die Region bis ins neue Jahrhundert hinein immer wieder mit Bombenanschlägen und Attentaten.[105]

Wie lassen sich diese Ereignisse interpretieren? Sie zeigen zunächst einmal eindeutig, wie tief der ethnische Nationalismus saß, dessen Wurzeln bis ins 19. Jahrhundert oder sogar noch weiter zurückreichen. Nachdem die Rivalität zwischen der Sowjetunion und den USA den Erhalt des Status quo über die Bestrebungen ethnischer Gruppen gestellt hatte, fühlten sich diese nun von allen derartigen Einschränkungen befreit und versuchten neue Nationen zu gründen, die ihre jeweils eigenständige Identität widerspiegeln sollten. Allerdings übersetzte sich ethnisches Selbstbewusstsein in den meisten Ländern dieser Welt, die schließlich zumeist multiethnische Gebilde waren, nicht in das Streben nach nationaler Eigenständigkeit. Russland etwa umfasste selbst nach dem Zerfall der Sowjetunion noch fast zweihundert Nationalitäten, und China setzte sich aus rund 55 Ethnien zusammen, von denen fast zehn Prozent Nicht-Chinesen waren. In den USA waren so gut wie alle Ethnien und Religionen dieser Welt vertreten. Vor allem nichtafrikanische Gruppen, allen voran Latinos und Asiaten, wuchsen dort in den letzten Jahrzehnten des 20. Jahrhunderts zahlenmäßig deutlich an, doch nichts wies darauf hin, dass irgendeine ethnische oder religiöse Gruppierung nach eigenständiger nationaler Existenz strebte. Die USA sind vielleicht das beste Beispiel dafür, wie sich ein umfassendes nationales Bewusstsein entwickelt hat, das ein Auseinanderbrechen des Landes entlang ethnischer Trennlinien unvorstellbar macht. Gleiches galt für die meisten anderen «etablierten» Staaten, wo mit Ausnahme einiger weniger Fälle wie Spanien das ethnische Selbstbewusstsein die Einheit der Nation nicht gefährdete, zumindest nicht am Ende des 20. Jahrhunderts.

Allerdings pflegten selbst in einigen dieser Länder ethnische Minderheiten weiter ein nationales (oder vielleicht besser: subnationales) Identitätsgefühl und integrierten sich nicht vollständig in die größere Gemeinschaft. Die Türken in Deutschland, die Algerier in Frankreich oder die Pakistani in Großbritannien betonten lieber ihre Ethnizität als sich zu assimilieren.[106] In China hielten Tibeter, Uiguren, Koreaner und andere Minderheiten zusammen und identifizierten sich nicht mit der Han-Mehrheit. Das wiederum sorgte für nationalistische Reaktionen auf Seiten der Mehrheitsbevölkerung, nicht selten in Gestalt ultranationalistischer Bewegungen. War die zweite Hälfte des 20. Jahrhunderts das Zeitalter des Transnationalismus, so schien gleichzeitig auch der Nationalismus einen Aufschwung zu erleben, bei Minderheits- wie bei Mehrheitsgruppen. Dieses doppelte Phänomen lässt sich vielleicht am besten so erklären, dass Transnationalismus und Nationalismus gleichzeitig auf verschiedenen Ebenen existierten und getrennte, aber nicht exklusive Räume besetzten. Transnationalismus und Nationalismus konkurrierten nicht wirklich um Einfluss, sondern waren simultan am Werk. Denn zum einen entwickelte sich der Nationalismus zu einem transnationalen Phänomen. Neben allem anderen war auch der Nationalismus globalen Entwicklungen unterworfen. Und anders als das frühere «Zeitalter des Nationalismus», das Weltkriege und lokale Kriege vom Zaun gebrochen hatte, waren viele nationalistische Kräfte jetzt nach innen orientiert. Sie waren auf der Suche nach ihren eigenen Identitäten und mitunter Gemeinschaften und wagten es sogar, sich von einem bestehenden Staat loszusagen. Zwar gab es nach wie vor nationalistische Rivalitäten der traditionellen Art – Territorial-, Handels- und andere Streitigkeiten –, doch diese internationalen Dramen vollzogen sich, während gleichzeitig globale Kräfte eine andere Ebene transnationaler Verbindungen schufen. Oder anders gesagt: Der Nationalismus wuchs ebenso wie andere «lokale» Identitäten parallel zu den Kräften der Globalisierung. Insofern bestand kein inhärenter Widerspruch oder unversöhnlicher Gegensatz zwischen Nationalismus und Transnationalismus.

Eine ernstere Herausforderung für den Transnationalismus stellte der Mono-Nationalismus dar, also die ausschließende Loyalität zur eigenen Nation und die Weigerung, sich mit grenzüberschreitenden Dingen – ob nun Waren, Ideen oder Individuen – zu befassen. Er war in der Tat unvereinbar mit dem Transnationalismus, kam aber immer seltener vor. Gleichwohl trat der Mono-Nationalismus mitunter auf, als wollte er dem Seinsgefühl der Nation wieder zu seinem Recht verhelfen. Am deutlichsten zeigt sich das im Fall der historischen Erinnerung. Denn wie gesehen hatte die Art und Weise, wie sich eine Nation an ihre Vergangenheit erinnert, stets eine zentrale Rolle für ihre Identität gespielt, doch in einem transnationalen Zeitalter konnten theoretisch kollektive Erinnerungen über Grenzen hinweg entstehen und letztlich zu einem gemeinsamen Gedächtnis der gesamten Menschheit werden. Eine solche Entwicklung war in Europa zu beobachten, wie der nächste Abschnitt zeigen wird, doch bemerkenswerter waren am Ende des Jahrhunderts konkurrierende Erinnerungen, die den Mono-Nationalismus in vielen Ländern verstärkten. China und Japan beispielsweise pflegen völlig gegensätzliche Erinnerungen an ihre neuzeitlichen Kriege, insbesondere an die japanische Besetzung Chinas in den 1930er Jahren. Japanische Geschichtsbücher, die von offiziellen Stellen überprüft wurden, bevor sie im Unterricht Verwendung finden durften, gerieten in den 1980er Jahren ins Visier von Chinesen, Koreanern und anderen Asiaten. Man warf den Behörden in Tokio vor, eine revisionistische Sicht der jüngeren Vergangenheit zu befördern, die die Aggression und die Gräueltaten des japanischen Militärs verharmlose oder gar leugne. In Japan wiederum hielt man den Kritikern vor, sie würden in ihren eigenen offiziellen Darstellungen ein verzerrtes Bild zeichnen und beispielsweise bei der Zahl der Toten oder anderen Aspekten übertreiben. Japanische Nationalisten vertraten die Ansicht, der asiatisch-pazifische Krieg sei geführt worden, um Asien zu «befreien», wohingegen Nationalisten in China, Korea, auf den Philippinen und anderswo behaupteten, der japanische Imperialismus sei noch schlimmer gewesen als der der europäischen Mächte.[107] Auch zwischen den USA und Japan sorgte die Geschichte des Zweiten Weltkriegs Mitte der 1990er Jahre für Kontroversen, und zwar wegen Plänen der Smithsonian Institution, die Enola Gay im Air and Space Museum in Washington auszustellen. Dieses Flugzeug hatte 1945 die Atombombe auf Hiroshima abgeworfen, und der ursprüngliche Entwurf hatte vorgesehen, der dadurch verursachten Zerstörung ebenso viel Aufmerksamkeit zu widmen wie der Entwicklung der neuen Waffe. Doch diese Pläne mussten grundlegend geändert werden, und der atomare Angriff sollte nun als absolut legitimes Mittel dargestellt werden, um den Krieg im Pazifik ohne weitere Opfer zu beenden.[108] Die Japaner erinnerten sich gänzlich anders an Hiroshima, nämlich als nicht zu rechtfertigenden unmenschlichen Versuch, eine Bevölkerung zu vernichten, und dieser Erinnerungskonflikt ließ sich nicht so einfach auflösen. Nicht einmal zwischen Verbündeten ließ sich also die Transnationalisierung der historischen Erinnerung problemlos bewerkstelligen. Wenn es um die Geschichte einer Nation ging, so schien der Mono-Nationalismus über den Transnationalismus zu triumphieren. Je mehr transnationale, grenzüberschreitende Verbindungen es gab, desto stärker, so schien es, wurde auch das Gefühl, Geschichte und Erinnerung seien konstituierende Bestandteile individueller und gruppenspezifischer Identitäten.

Transnationale Regionen Wollte man transnationale und nationale Bewusstseinsebene miteinander versöhnen, bot sich als eine mögliche Lösung die Schaffung einer regionalen Gemeinschaft an, wie das Beispiel Europas zeigt. Nationalismus und Transnationalismus – lokale und globale Kräfte – ließen sich eventuell durch regionale Gemeinschaften miteinander in Einklang bringen. Wie die Europäische Gemeinschaft, die 1994 zur Europäischen Union wurde, exemplarisch vor Augen führt, konnten verschiedene Nationalismen in einem regionalen Rahmen versammelt werden, in dem sämtliche Mitglieder bestimmte politische Grundausrichtungen und sogar eine Währung gemeinsam haben. Die Geschichte der Union gehört in den Bereich der nationalen und internationalen Geschichte, doch ihre transnationalen Implikationen sind offenkundig. Im Hinblick auf grenzüberschreitende Fragen wie Migration, Wasserressourcen und Umweltschutz sollte die regionale Gemeinschaft gemeinsame Strategien entwickeln. Durch die Aufhebung der Grenzen innerhalb der Union konnten sich alle Bürger aus EU-Staaten frei im Gemeinschaftsraum bewegen, und auch Besucher von außerhalb konnten in alle Länder der Union reisen, sobald sie in eines eingereist waren. Besonders wichtig waren den Europäern ihre Wasserressourcen. Zwar gibt es innerhalb der EU keine ariden Regionen, aber der Schutz der Flüsse und Seen wird groß geschrieben, um über ausreichende Wassermengen für Industrie, Landwirtschaft und Verbraucher zu verfügen. Seit den 1960er Jahren haben die Mitgliedstaaten deshalb gemeinsame Strategien entwickelt, um den Wasserverbrauch zu kontrollieren.[109] Gleiches gilt für den Schutz der natürlichen Umwelt, wo die EU-Staaten ein gemeinsames Vorgehen zur Vermeidung von CO_2-Emissionen und Entwaldung vereinbarten.

Nirgends zeigte sich das transnationale paneuropäische Bewusstsein stärker als bei der Einrichtung des Europäischen Hochschulinstituts (EUI) in Fiesole bei Florenz 1976. Die Gründer dieser Institution – die aus allen Teilen Europas kamen – wussten genau, dass eine regionale Gemeinschaft ohne gemeinsame geistige und kulturelle Erfahrungen nicht von langer Dauer sein würde, und ganz besonders galt das für den Bereich der Bildung. Sie war traditionellerweise ein zutiefst nationales Anliegen, da jedes Land darauf bedacht war, in Zukunft eine kohäsive, gebildete, auf die eigenen Bedürfnisse ausgerichtete Bevölkerung zu haben. Entsprechend waren nicht nur die Grundschulen, sondern auch die höheren Bildungseinrichtungen national organisiert. Die neuen europäischen Staatsführer waren sich bewusst, dass sie diese enge Fokussierung überwinden mussten, und sie unterstützten zwar nach wie vor nationale Zentren pädagogischer und akademischer Exzellenz, waren jedoch zugleich gewillt, Universitätsstudenten aus ganz Europa (und auch aus den USA und anderen Ländern) zusammenzubringen und ihnen ein stärker transnationales Umfeld für Forschung und Lehre zu bieten. Mit seinen Studiengängen, die zunächst in erster Linie Wirtschaftswissenschaften, Jura, Geschichte und Kultur sowie Politik- und Sozialwissenschaft umfassten, lieferte das Europäische Hochschulinstitut einen sichtbaren Beleg dafür, dass die Europäer einem gemeinsamen Wissen und dem innereuropäischen kulturellen Austausch verpflichtet waren. Bestätigung fand dieses Bekenntnis 1987 mit der Einrichtung des Erasmus-Programms (European Community Action Scheme for the Mobility of University Students), das es Studenten ermöglichte, Teile ihres Studiums in anderen Ländern zu absolvieren, und mit dem «Bologna-Prozess» von 1999, der europaweit vergleichbare Standards für höhere Bildungseinrichtungen festlegte. Zwar ist es noch zu früh, um den Erfolg derartiger Programme zu bewerten, aber man kann durchaus davon sprechen, dass damit so etwas wie transnationale Lebenswege geschaffen wurden.

Diese Schritte innerhalb Europas waren Vorbild für die Entstehung regionaler Gemeinschaften andernorts. Diese waren zwar weniger systematisch oder gründlich entwickelt, aber dennoch bedeuteten transnationale Entitäten wie die Nordamerikanische Freihandelszone (NAFTA), die Kanada, die USA und Mexiko miteinander verbindet, die Lateinamerikanische Freihandelszone (LAFTA) oder der Mittelamerikanische Gemeinsame Markt einen ersten Schritt in Richtung transnationaler Gemeinschaften. Anders als in Europa war es jedoch nicht ganz einfach, benachbarte Nationen über die wirtschaftliche Zusammenarbeit hinaus zusammenzubringen. So versuchte etwa die NAFTA eine gemeinsame Politik in

den Bereichen Umwelt und Arbeitskräfte zu etablieren, doch die drei Mitgliedstaaten waren in diesen Fragen nicht immer gleicher Ansicht. Auch so etwas wie
ein Pendant zum Europäischen Hochschulinstitut gab es nicht. Das hat seinen
Grund vor allem darin, dass die USA weiterhin Studierende aus aller Welt anzogen
und sozusagen ein transnationales Bildungsumfeld auf ihrem eigenen Terrain
schufen. Angesichts dessen verspürte man wohl kein allzu großes Bedürfnis, eine
speziell nord- oder südamerikanisch ausgerichtete internationale Universität ins
Leben zu rufen. Andererseits gab es wie selbstverständlich einen regelmäßigen
Dozenten- und Studentenaustausch zwischen höheren Bildungseinrichtungen in
den USA und Kanada. Die geographische Nähe und gemeinsame Sprache erleichterten einen solchen Transnationalismus.

Besonders wichtig für das Gelingen der Europäischen Union war die Herausbildung dessen, was Historiker als «Erinnerungsgemeinschaft» bezeichnet
haben.[110] Oder anders ausgedrückt: Die Europäer haben ein gemeinsames Verständnis ihrer vergangenen Interaktionen entwickelt. Manche dieser Ereignisse
in der Vergangenheit waren schmerzlich gewesen: Kriege, Völkermord, Intoleranz und Ähnliches. Gleichzeitig gab es aber natürlich auch eine konstruktive
Vergangenheit: die Entstehung der modernen Wissenschaft, die Aufklärung,
bedeutende Werke in Kunst, Literatur und Musik. Es galt, die europäische
Geschichte transnational zu verstehen, als eine durchaus gemischte Bilanz aus
Tragödien und Errungenschaften, aus bösen und guten Taten. Bei aller Ver-
schiedenheit waren die Europäer Erben dieser oftmals widersprüchlichen,
ebenso glorreichen wie beschämenden Vergangenheit. Entscheidend dabei war,
dass sie sich an die vielfältigen Ausformungen der Vergangenheit als gemeinsames Vermächtnis erinnerten. In der Neuen Welt hingegen waren Amerikaner,
Kanadier, Mexikaner und Südamerikaner noch nicht so weit, dass eine solche
gemeinsame Teilhabe an der Vergangenheit möglich gewesen wäre. Immerhin
gab es zwischen den Menschen in den USA und in Kanada das Vermächtnis
gemeinsamer Sprache und literarischer Tradition; man könnte sogar davon
sprechen, dass hier so etwas wie ein Gefühl der Zugehörigkeit zu einer gemeinsamen Vergangenheit bestand. Zwischen diesen beiden Völkern und den Mexi-
kanern hingegen gab es kaum so etwas wie ein gemeinsames Bewusstsein, was
sich besonders deutlich am Beispiel des Krieges von 1846–1848 zeigt, bei dem
die USA sich Texas, den Südwesten und Kalifornien einverleibten und der auf
der anderen Seite des Rio Grande gänzlich anders gesehen wird. Andererseits
entwickelten die Grenzregionen zwischen beiden Ländern in den letzten Jahrzehnten des 20. Jahrhunderts so etwas wie ein Selbstgefühl als «Grenzgemein-
schaft», und das gehört zu einem Phänomen, das Historiker als «border history» bezeichnen und das sich in vielen Weltregionen beobachten lässt. Mit der
Zeit dürfte sich eine neue Sichtweise durchsetzen, die sich viel stärker noch als
heute bewusst ist, dass die Welt mindestens genauso sehr aus *borderlands* be-

stand und besteht wie aus territorial abgegrenzten nationalen Gemeinschaften. Auch hier entsteht also eine transnationale Identität.

Überdies herrschte auf dem amerikanischen Kontinent ein doppeltes regionales Identitätsgefühl, denn er grenzte mit dem Atlantik und dem Pazifik an zwei Weltmeere. Die Vorstellung von einer Gemeinschaft atlantischer Nationen hatte es dabei schon lange gegeben. Die USA und Kanada hatten sich zusammen lange Zeit als Teil einer größeren Atlantikregion betrachtet, die sich über das Vermächtnis der abendländischen Zivilisation ebenso definierte wie über geopolitische Arrangements wie die NATO. Viel langsamer hingegen entwickelte sich die Vorstellung von einer pazifischen Gemeinschaft, doch wie Walter A. McDougall gezeigt hat, hatten die Länder und Völker des Nordpazifik – von Chinesen und Russen bis zu Hawaiianern, Kanadiern und Amerikanern – schon längere Zeit interagiert.[111] Als hätten sie sich davon inspirieren lassen, entwarfen Historiker aus Australien, Kanada, den USA und anderen Ländern allmählich das Konzept einer Pazifikgemeinschaft, die in ihrer Ausdehnung sogar größer war als das atlantische Pendant. Doch für eine pazifische Gemeinschaft, die sich mit der EU vergleichen ließe, gab es noch keinerlei Pläne.

Dazu müssten zunächst die asiatischen Länder ihre regionale Identität auf eine festere Grundlage stellen. Doch die Lage dort blieb kompliziert. Mehrere südostasiatische Länder hatten bereits Ende der 1960er Jahre eine eigene Regionalgemeinschaft gegründet (ASEAN), die nicht nur die ökonomische, sondern auch die politische Verflechtung der Mitgliedstaaten beförderte. Allerdings gerieten sie Ende der 1990er Jahre in eine schwere Finanzkrise, als Thailand und ein paar andere Länder plötzlich eine Währungsreservenknappheit zu verzeichnen hatten, was auf den steigenden Konsum ausländischer Güter zurückzuführen war. Angesichts der rasant steigenden Handelsdefizite dieser Länder sank der Wert ihrer Währungen. Zwar wurde die schlimmstmögliche Entwicklung – wie bei der Weltwirtschaftskrise Anfang der 1930er Jahre – dank des rechtzeitigen Eingreifens des Internationalen Währungsfonds verhindert, der gegen die Zusicherung wirtschaftspolitischer Reformen temporäre Hilfsmaßnahmen ergriff, doch der Vorfall zeigte, dass es nicht ausreichte, wenn sich eine Regionalgemeinschaft beinahe ausschließlich auf wirtschaftliche Zusammenarbeit konzentrierte. Anschließend begann die ASEAN deshalb damit, mit Nicht-Mitgliedern wie China, Südkorea, Japan und der EU Handelsabkommen zu schließen, und strebte so nach einem stärker globalen Engagement. Solcherart Unterfangen bewegten sich noch immer im traditionellen Rahmen internationaler Beziehungen, doch es erwuchs auch ein regionales Umwelt- und Kulturbewusstsein, das nationale Grenzen überschritt, eine Identität, die das Selbstbewusstsein der Region gegenüber China im Norden und Australien und Neuseeland im Süden widerspiegelte. Politiker und Öffentlichkeit in der Region versuchten, eine – zunächst noch recht vage – transnationale Identität zu entwickeln, mit deren Hilfe sie eine gemeinsame Haltung etwa in Sachen Menschenrechte oder Umweltschutz definieren konnten. So sind beispielsweise die Meere in Südostasien besonders reich an Korallenriffen, sie machen ungefähr ein Drittel aller Riffe weltweit aus. Als 1990 berichtet wurde, all diese Riffe seien aufgrund der Umweltverschmutzung bedroht, bildete die ASEAN den Rahmen für eine transnationale Zusammenarbeit, um dieser schwierigen Lage zu begegnen.

So bescheiden die regionalen Initiativen der südostasiatischen Länder auch sein mochten, so gingen sie doch deutlich weiter als alle Bemühungen in Ostasien. Diese Region, die vor allem aus China (einschließlich Taiwan), Süd- und Nordkorea sowie Japan besteht, blieb nicht nur wegen der ungeklärten Beziehung zwischen Festlandchina und der Insel Taiwan oder zwischen den beiden Koreas gespalten, sondern auch, weil sich anders als in Europa keine gemeinsame Erinnerung herausgebildet hatte. In Korea herrschten immer noch Ressentiments wegen der japanischen Eroberung des Königreichs auf der Halbinsel gegen Ende des 15. Jahrhunderts und wegen der japanischen Imperialherrschaft in den ersten Jahrzehnten des 20. Jahrhunderts, und in China hegte man bittere Erinnerungen an den Krieg gegen Japan. Anders als in Europa, wo man es irgendwie geschafft hatte, die Gräueltaten der Deutschen während des Krieges ins kollektive Gedächtnis zu integrieren, hielten in Ostasien Koreaner, Chinesen und Japaner an ihren getrennten Erinnerungen fest. Geschichte wurde damit nationalisiert und nicht transnationalisiert. Auch Nord- und Südkorea gingen mit ihrer jüngsten Vergangenheit, insbesondere dem Koreakrieg, höchst gegensätzlich um. In der Demokratischen Volksrepublik Korea, wo der Gründervater Kim Il Sung 1994 starb und an seine Stelle sein Sohn Kim Jong Il trat, sah man als Auslöser für den Krieg den Einmarsch Südkoreas im Zusammenspiel mit dem US-Imperialismus, während man sich im Süden (der Republik Korea) an den Konflikt als nationale Tragödie erinnerte, verursacht durch das kommunistische Regime, das nicht nur den Überfall 1950 initiiert habe, sondern auch einer Vielzahl an Menschen die Möglichkeit verwehrte, wieder in ihre Heimat im Süden zurückzukehren. Angesichts dessen war es äußerst schwierig, ein regionales Identitätsgefühl (oder gar ein gesamtkoreanisches Nationalgefühl) zu erzeugen.

Gleichwohl entwickelte sich zumindest zwischen China, Südkorea und Japan allmählich ein Bewusstsein für gemeinsame regionale Belange und ein gemeinsames Schicksal. Am deutlichsten zeigte sich das an den Wirtschaftsbeziehungen. Japan, in den 1980er und 1990er Jahren drittgrößte Handelsnation der Welt (hinter den USA und Deutschland), steigerte seine Exporte nach China von 5 Milliarden US-Dollar 1980 auf 30 Milliarden zwanzig Jahre später, während im gleichen Zeitraum die Importe aus China von 4 auf 55 Milliarden US-Dollar stiegen. Wichtigster Handelspartner Japans waren zwar nach wie vor die USA, aber China holte rasant auf. In die «newly industrialized countries» oder «Tigerstaaten» in Asien, also Südkorea, Taiwan, Hongkong und Singapur, gingen im Jahr 2000 immerhin 8,9 Prozent der japanischen Exporte, während umgekehrt 18,4 Prozent der japanischen Importe aus diesen vier Ländern kamen. Insgesamt entwickelte sich Ostasien zu einem wichtigen und rasant wachsenden Regionalmarkt; der Anteil des innerregionalen Handels stieg, gemessen am Gesamthandelsvolumen dieser Länder, von 35,6 Prozent 1980 auf 46,8 Prozent zwei Jahre später. Damit lag man zwar noch hinter der EU oder der NAFTA zurück, wo dieser Anteil im Jahr 2000 bei 73,1 bzw. 55,7 Prozent lag, aber deutlich über den ASEAN-Staaten, die nur ein Viertel ihres Gesamthandels untereinander abwickelten. Zudem gab es sehr viele innerregionale Investitionen. In China siedelten sich immer mehr Ableger japanischer Firmen an, in denen die Zahl der Manager und Arbeitskräfte aus Japan von 63 000 im Jahr 1990 auf 567 000 im Jahr 2000 stieg. (Zum Vergleich: Die Zahl der Japaner, die temporär in den USA tätig waren, lag bei 479 000 bzw. 661 000.) Umgekehrt besuchten immer mehr Chinesen Japan, und einige blieben sogar dauerhaft, sodass die Gesamtzahl der nicht-japanischen Asiaten im Land am Ende des Jahrhunderts auf rund eine Million Menschen stieg.

Auch auf populärer und elitärer Ebene verstärkte sich der Austausch zwischen Chinesen, Südkoreanern und Japanern. So fanden Filme aus Südkorea in Japan ein Publikum, und japanische TV-Filme liefen im chinesischen Fernsehen. Historiker aus den drei Ländern verstärkten ihre anfangs eher bescheidenen Bemühungen, die Vergangenheit gemeinsam zu erforschen, und legten im Zuge dessen besonderen Wert auf transnationale Regionalgeschichte. Oder anders ausgedrückt: Statt sich im Rahmen der jeweiligen Nationalgeschichten mit der Vergangenheit zu befassen, betrachteten sie die Historie der Region als Ganzer und widmeten sich dabei vor allem den ökonomischen, gesellschaftlichen und kulturellen Verflechtungen der drei Länder. Es bleibt abzuwarten, ob daraus im Laufe der Zeit eine intellektuell stimmige Vorstellung von ostasiatischer Geschichte entsteht, die sich mit europäischer Geschichte vergleichen lässt. Zumindest eines lässt sich sagen: Die Bemühungen von Wissenschaftlern, Journalisten und anderen, diese Aufgabe gemeinsam anzugehen, schufen transnationale Momente und Räume, die weit über die offiziellen Beziehungen hinausgingen.

Das amerikanische Jahrhundert als transnationales Jahrhundert

Gegen Ende des 20. Jahrhunderts, insbesondere nach dem Ende des Kalten Krieges, war viel davon die Rede, nun seien die USA die einzig verbliebene Supermacht, der Welthegemon oder ein neues Empire. All diese Begriffe zeugten von einer Geisteshaltung, derzufolge die Welt weiterhin im Wesentlichen von souveränen Nationalstaaten bestimmt wurde, die mittels militärischer und ökonomischer Macht für eine gewisse Ordnung sorgten. Doch im Zeitalter von Globalisierung und Transnationalisierung waren diese traditionellen Kategorien, an denen man den Einfluss eines Landes bemaß, nicht mehr angemessen. Eine Nation gehörte jetzt nur dann zu den «Gewinnern», wenn sie globale Entwicklungen widerspiegelte und verstärkte und die Netzwerkbildung von Menschen und Gemeinschaften förderte. Vermutlich war es nicht zuletzt dieser Einsicht geschuldet, dass viele sich an das Editorial von Henry Luce in der Zeitschrift *Life* erinnerten, in dem er 1941 das «American century» ausgerufen hatte, oder dass Francis Fukuyamas 1995 erschienenes Buch *Das Ende der Geschichte* so großen Anklang fand. In den USA rief eine Gruppe Konservativer sogar eine Bewegung namens «For a New American Century» ins Leben. Dabei handelte es sich freilich um eine mononationalistische Vereinnahmung eines im Grunde transnationalen Phänomens, denn die Verlautbarungen von Luce, Fukuyama und anderen stellten weniger die geopolitische Macht der USA in den Vordergrund, sondern vielmehr ihre «soft power» (dieser Begriff, dem Joseph Nye 1988 zu allgemeiner Popularität verhalf, impliziert, dass der globale Einfluss eines Landes vor allem aus dessen Technologien, Ideen und Vorbildcharakter resultiert). Und ohne jeden Zweifel verkörperten die USA am Jahrhundertende die Ideen und Ideale, die die Welt verändert hatten. Das meinte Fukuyama, wenn er vom «Ende der Geschichte» sprach: dass aufklärerische Vorstellungen wie Demokratie und Freiheit, für die exemplarisch die USA standen, weltweit übernommen wurden, sodass die Geschichte in gewissem Sinne zur Vollendung gelangt war.

Dieser Optimismus ist seither heftig kritisiert worden, doch Nye, Fukuyama und andere hatten sicherlich recht, wenn sie das Schicksal der USA mit dem globalen Wandel der Neuzeit verknüpften. Sie hätten freilich auch darauf hinweisen können, dass diese Transformation die Transnationalisierung zur Folge gehabt hatte – insofern hatten sich die USA mit ihrem Beitrag zu dieser Entwicklung selbst verändert. Sie waren immer stärker mit dem Rest der Welt vernetzt, was zur Folge hatte, dass sie nun weniger einzigartig waren und mehr Merkmale und Phänomene mit anderen Ländern gemeinsam hatten. Insofern hatte das «amerikanische Jahrhundert» die USA weniger «amerikanisch» und dafür «austauschbarer» gemacht. Ein ähnlicher Prozess – eine Amerikanisierung der Welt und eine Globalisierung Amerikas – war gleichzeitig bei Bevölkerungsbewegungen, technologischen Entwicklungen und auf vielen anderen Feldern zu beobachten.

So wurde beispielsweise der internationale Tourismus immer transnationaler. Hatten früher Amerikaner und dann, nachdem sie sich vom Krieg erholt hatten, Europäer die Reiseszene bestimmt, so stieg nun die Zahl der Touristen dank Menschen aus anderen Teilen der Welt stetig. Hatte die Gesamtzahl internationaler Touristen 1980 bei 278 Millionen gelegen, war sie 20 Jahre später auf 687 Millionen gestiegen. Das heißt, 1980 war jeder fünfzehnte und 2000 jeder neunte Mensch als Tourist unterwegs. (Der Einzelne konnte in solchen Statistiken aber auch mehr als einmal erfasst sein, da die einzelnen Gastgeberländer solche Zahlen unabhängig voneinander erheben. Aber der Trend ist eindeutig.) Gleichermaßen interessant ist die zunehmende Vielfalt, sowohl was die Herkunft der Touristen als auch was ihr Reiseziel anbelangt. In den letzten beiden Jahrzehnten gesellten sich zu amerikanischen und europäischen Reisenden Japaner aus der Mittelschicht, reiche arabische Touristen und schließlich Koreaner und Chinesen, sodass Auslandsreisen zu einem wahrhaft transnationalen Phänomen wurden. Läden in New York, Paris, London und anderen westlichen Städten zeichneten ihre Ware immer öfter in Japanisch oder anderen nichtwestlichen Sprachen aus und stellten jeweils Muttersprachler an, die sich um die neue Klientel kümmern sollten. Internationale Touristen besuchten überdies zunehmend Gegenden außerhalb Westeuropas und Amerikas. So reisten beispielsweise 1980 rund 23 Millionen Menschen nach Asien und in den Pazifikraum – also weniger als neun Prozent aller Touristen –, alle anderen besuchten überwiegend Europa und Nordamerika. Zwanzig Jahre später jedoch verzeichnete die Region Asien/Pazifik bereits 110 Millionen Reisende, weitere 28 Millionen fuhren nach Afrika, 23 Millionen in den Nahen und Mittleren Osten. Insgesamt lockten diese Regionen rund ein Viertel aller Touristen weltweit an.[112]

Die Ausweitung des internationalen Tourismus spiegelte sich auch in der sagenhaften Zunahme dessen wieder, was die Reisenden überall auf der Welt an Geld ausgaben. Die Einnahmen aus der Tourismusbranche stiegen von 104 Milliarden US-Dollar 1980 auf 264 Milliarden zehn Jahre später und 475 Milliarden im Jahr 2000.[113] Das heißt, im Jahr 2000 gab jeder Reisende im Durchschnitt 700 US-Dollar aus, und dabei sind die Reisekosten noch nicht einmal berücksichtigt. Fernreisen erfolgten zumeist per Flugzeug, und steigende Treibstoffpreise machten das Fliegen immer teurer. Gleichwohl legen die Zahlen nahe, dass immer mehr Menschen das Gefühl hatten, sie könnten sich solche Reisen leisten, indem sie beispielsweise Gruppenreisen unternahmen oder in preiswerteren Unterkünften übernachteten. Während in den Entwicklungsländern nur wenige genügend Geld verdienten, um selbst die günstigsten Auslandsreisen unternehmen zu können, war der internationale Tourismus in den Industrie- und in den Schwellenländern für die breite Mehrheit erschwinglich geworden. Zwar floss der Löwenanteil der Tourismuseinnahmen nach Europa und Amerika, doch auch in Asien, Afrika und der arabischen Welt machten die Milliarden, die die Reisenden ausgaben, einen immer größer werdenden Teil des Nationaleinkommens aus.

Dass im Jahr 2000 grob gerechnet jeder neunte Erdenbewohner als Tourist Grenzen überquerte und viel Geld im Ausland ausgab, stellte einen wichtigen Aspekt der Transnationalisierung – und der Amerikanisierung – der Welt dar. Doch der internationale Tourismus trug auch wesentlich zur zunehmenden Umweltzerstörung bei. Da immer mehr Menschen reisten, nahm auch der Druck auf die örtlichen Wasserressourcen zu: Luft und Gewässer wurden verschmutzt, Bäume geschädigt und sogar bedrohte Arten getötet. So wurden beispielsweise

Safarireisen nach Afrika so beliebt, dass sich schon in den 1980er Jahren warnende Stimmen erhoben, die auf die Gefährdungen für Elefanten, Löwen und andere Tiere hinwiesen. Mit dem internationalen Tourismus wuchs auch die Sorge um den Schutz natürlicher Lebensräume und bedrohter Arten. Auch das war etwas, was Amerikaner und Menschen in anderen Ländern nun gemeinsam hatten.

Wenn Hunderte Millionen ins Ausland fahren und dort, wie flüchtig auch immer, anderen Menschen begegnen, entstehen unzählige transnationale Momente, die oftmals zu transnational gemeinsamen Ideen und Einstellungen führen. Auch Schriftsteller griffen dieses Phänomen schon bald auf. Beispielhaft dafür können David Lodges Romane *Changing Places* (dt. *Ortswechsel*, 1985) und *Small World* (dt. *Kleine Welt*, 1990) stehen. In diesen und anderen Romanen werden Studenten und Universitätsdozenten als im Grunde Staatenlose geschildert, bei deren Forschungs-, Lehr- und gesellschaftlichen Aktivitäten die nationalen Identitäten weit weniger wichtig sind als die von ihnen geschaffenen transnationalen Räume. Die Leser dieser Bestseller erkannten sofort die Schauplätze, die Soziologen gerne als «Nicht-Orte» bezeichnen – Flughäfen, Reisebusse, Einkaufszentren und andere Lokalitäten, die überall auf der Welt austauschbar sind – und an denen sich die Protagonisten begegneten und eine gemeinsame Sprache sprachen. Zwar spielten viele dieser Romane im akademischen Milieu, wo sich Studenten und Lehrpersonal aus aller Herren Länder mischten und eigene transnationale Gemeinschaften schufen, doch die Schilderung dessen, wie unterschiedliche nationale Geisteslandschaften und institutionelle Traditionen verschmolzen, sich veränderten oder Bestätigung erfuhren, ließe sich auf alle internationalen Reisenden anwenden – und auch auf die, die zu Hause bleiben, aber mit ihnen interagieren. Natürlich lässt sich über die tatsächliche Wirkung solcher Begegnungen nur spekulieren, und so manche davon verliefen vermutlich weniger freundlich als andere und bestärkten bestehende Vorurteile und Stereotypen über «Ausländer». Gleichwohl kann man davon sprechen, dass sich die Menschen auf dieser Welt durch den Tourismus stärker denn je der menschlichen Vielfalt wie des gemeinsamen Menschseins bewusst wurden. Die Frage ist eher, ob dieses Bewusstsein konstruktive Folgen hatte, etwa einen stärkeren Geist der Toleranz, oder nur wenig dazu beitrug, traditionelle Vorbehalte gegenüber dem Unvertrauten zu überwinden. Vermutlich geschah beides gleichzeitig, wie Jane Desmonds 1999 erschienene Studie über den Tourismus auf Waikiki nahelegt.[114] Gleichwohl lässt sich der Tourismus als weitere Manifestation eines der zentralen Phänomene unserer heutigen Welt begreifen, nämlich der unablässigen Vermischung von Menschen mit unterschiedlicher Herkunft und unterschiedlicher Orientierung.

Auch dabei blieben die USA als Nation aufgrund ihrer Toleranz gegenüber Vielfalt stärker transnational als andere Länder. Die weltweite Migration setzte sich in den letzten beiden Dekaden des Jahrhunderts unvermindert fort, doch besonders auffallend war die Einwanderung in die USA, ob legal oder illegal, ob zu Geschäfts- oder zu Bildungszwecken. Der Anteil im Ausland geborener Menschen an der US-Bevölkerung, der zu Beginn des 20. Jahrhunderts schon bei 14 Prozent gelegen hatte, hatte im Lauf der Jahrzehnte stetig abgenommen und 1970 mit 4,7 Prozent einen Tiefpunkt erreicht, doch danach kehrte sich der Trend rasant um, und im Jahr 2000 stellten im Ausland Geborene ein Zehntel der Bevölkerung. Die bei weitem meisten Einwanderer kamen aus Mittel- und Südamerika. Ihre Zahl lag am Ende des Jahrhunderts bei über 14 Millionen, sie machten damit mehr als die Hälfte der außerhalb des Landes geborenen Bewohner aus, gefolgt von den Asiaten mit mehr als sieben Millionen. Der Anteil der Europäer, die noch 1960 mehr als fünfzig Prozent der andernorts geborenen US-Bürger stellten, war nun auf 15 Prozent gefallen. Die weitaus meisten Menschen kamen aus Mexiko. Schon 1980 lebten mehr als zwei Millionen nördlich der Grenze ihres Heimatlandes (15,6 Prozent der im Ausland Geborenen), doch bis 2000 war ihre Zahl auf über neun Millionen (rund 30 Prozent) gestiegen. Überdies wiesen die USA eine beachtliche kubanische Bevölkerungsgruppe auf, da unter Fidel Castros sozialistischem Regime viele Menschen um jeden Preis den Golf von Mexiko Richtung Norden zu überqueren suchten. Einmal, 1980, hatte die Regierung in Havanna 120 000 Kubanern die Erlaubnis erteilt, in die USA zu gehen. Doch dort blieb ihr Status mehrere Jahre lang ungeklärt, und viele von ihnen landeten in amerikanischen Bundesgefängnissen.[115] Jedenfalls stieg die Zahl der Mexikaner und anderer «Latinos» so rasch an, dass so mancher prophezeite, in fünfzig Jahren würden sie in den USA die Mehrheit stellen und sogar die aus Europa stammenden Amerikaner überholen. Bei der letztgenannten Gruppe von Neuankömmlingen gab es nach der Öffnung des Eisernen Vorhangs ebenfalls beträchtliche Veränderungen. So fanden immer mehr Osteuropäer, vor allem Polen, in amerikanischen Städten Arbeit und eine neue Heimat. Auch die Zahl der Asiaten in den USA nahm zu: Nach den Zuwanderern aus Ostasien kamen nun auch Immigranten von den Philippinen, aus Vietnam und Indien.

Diese bemerkenswerten demographischen Entwicklungen stießen im Land unvermeidlich auf anti-transnationalistischen Widerstand: Zahlreiche Traditionalisten forderten strengere Zuwanderungskontrollen, und manche wollten illegal im Land lebenden Menschen sogar das Recht auf Schulbesuch und medizinische Versorgung entziehen. Auch in anderen Ländern, insbesondere in Europa, standen diese Fragen auf der Tagesordnung. Tatsache bleibt aber auch: In den USA, in Westeuropa, Japan und einigen anderen Ländern erfüllten die Immigranten, ob nun legal oder illegal, die Bedürfnisse alternder Gesellschaften. All diese Länder wussten um die Problematik und versuchten, den bedenklichen Arbeitskräftemangel im Gesundheits-, Erziehungs- und Haushaltswesen zu bewältigen. Jedenfalls sorgten allein die Zahl der jüngst Zugewanderten sowie ihre Beschäftigung in bestimmten Arbeitsfeldern – etwa als Krankenschwestern, Hausmeister, Gärtner, Erntehelfer, Putzfrauen oder Babysitter – dafür, dass die USA Ende des

20. Jahrhunderts zu einer besonders transnationalen Nation wurden. Das Einbürgerungsrecht erkannte im Land geborenen Kindern automatisch die US-Staatsbürgerschaft zu, was zur Folge hatte, dass die jüngeren Generationen in den USA ethnisch heterogener waren als die älteren. (Laut statistischem Bundesamt der USA bezeichneten sich 1990, dem letzten Jahr, in dem Individuen nur eine einzige Rasse angeben konnten, 80,3 Prozent als «weiß», 12,1 Prozent als «schwarz» und 2,8 Prozent als «asiatisch». Die Mehrzahl der Menschen hispanischer Herkunft gab als Rasse «weiß» an, aber gesondert betrachtet machten sie 9 Prozent der Gesamtbevölkerung aus.) Mischehen kamen bei Amerikanern vermutlich häufiger vor als anderswo – ein Grund, warum das Census Bureau ab 2000 unter «Rasse» mehr als nur eine Angabe erlaubte –, was ebenfalls zur Transnationalisierung der Bevölkerung beitrug.[116]

Gleichermaßen bemerkenswert war die zunehmende Zahl ausländischer Studenten in den USA. Im Studienjahr 1977/78 lag der Ausländeranteil an amerikanischen Colleges und Universitäten erstmals bei über zwei Prozent. Ende des Jahrhunderts war er auf 3,6 Prozent gestiegen: Fast eine halbe Million junge Leute waren zum Studium in die USA gekommen bei einer Gesamtzahl von 15 Millionen Studierenden. Das hieß: Immer mehr Amerikaner gingen aufs College und trafen dort auf immer mehr ausländische Studenten. Die Tatsache, dass 1959/60 bereits knapp 50 000 Studierende aus dem Ausland in den USA waren, zeigt die anhaltende Beliebtheit der USA als Studienort für junge Menschen aus aller Welt. Und die meisten von ihnen wären nicht zum Studium in die USA gegangen, wenn die Qualität der höheren Bildung nicht bekanntermaßen höher gewesen wäre als in anderen Ländern – und die Jobmöglichkeiten für Absolventen, die sich dazu entschlossen, im Land zu bleiben, nicht so viel besser als anderswo. Wenn wir das 20. Jahrhundert als amerikanisches Jahrhundert bezeichnen, dann sollten wir nicht vergessen, dass das Land im Bereich der höheren Bildung unzweifelhaft eine Vormachtstellung erlangte. Kein Land hatte einen so hohen Anteil ausländischer Studenten und damit auch im Ausland geborener Professoren, Forscher oder Dozenten zu verzeichnen.

Das zeigt sich am augenfälligsten an der Zahl der Nobelpreise, die an amerikanische Wissenschaftler gingen. Sie hatten ihre Forschungslabors und die Hörsäle internationalisiert und zu Schauplätzen transnationaler Zusammenarbeit gemacht. Von rund 120 Nobelpreisen, die zwischen 1980 und 2000 in den Naturwissenschaften (einschließlich der Medizin) verliehen wurden, gingen mehr als 70 in die USA. Die meisten übrigen Preisträger hatten zumindest einige Zeit dort verbracht. Natürlich hatten auch viele amerikanische Nobelpreisträger ihrerseits im Ausland geforscht und gelehrt. Insofern ist es wenig sinnvoll, diese Wissenschaftler in nationale Gruppen aufzuteilen, was einmal mehr belegt, wie sehr die Grenzüberschreitung in der Welt der Wissenschaft zum Normalfall geworden ist. Gleichwohl steht ohne jeden Zweifel fest, dass amerikanische Forschungseinrich-

tungen die besten Möglichkeiten für transnationales Teamwork boten. Auch der
Nobelpreis für Wirtschaftswissenschaften, der seit 1969 verliehen wird, wurde von
US-Ökonomen dominiert; von den 46 bis zum Jahr 2000 verliehenen Auszeichnun-
gen gingen 27 in die USA. Und man darf mit ziemlicher Sicherheit davon ausgehen,
dass so gut wie allen von ihnen jede Menge Ökonomen aus dem Ausland ausgebildet haben. So sind beispielsweise Milton Friedman und andere Ökonomen von der
University of Chicago, die zu den ersten Preisträgern gehörten, als Vertreter des
«Monetarismus» bekannt, also der Theorie, wonach ein ungehinderter Geldfluss
für das wirtschaftliche Wohlergehen einer Gesellschaft förderlicher sei als staatliche Eingriffe. Dieses Denken, das nicht nur den Sozialismus, sondern auch staatliche Regulierung nach Art des New Deal ablehnte, hatte enormen Einfluss auf
ausländische Ökonomen und Regierungsvertreter, die gemeinsam dafür sorgten,
dass die 1980er und 1990er Jahre zu einer Epoche der staatlichen Deregulierung in
Gesellschaft und Wirtschaft wurden. Besonders einflussreich war die «Chicago
School» in Südamerika, wo sich entsprechend ausgebildete Ökonomen daranmach-
ten, staatliche Kontrolle und Regulierung abzubauen.

Ebenso bemerkenswert aber ist, dass der Nobelpreis für Wirtschaftswissenschaften 1998 an Amartya Sen ging, der aus Indien stammt und in den USA geforscht hatte. Ganz im Gegensatz zu Friedman rückte Sen die politischen und
sozialen Aspekte aller ökonomischen Phänomene in den Vordergrund und betonte, wie wichtig Bildung sei, um die arme Bevölkerung überall auf der Welt aus
ihrem Elend zu befreien. Er wurde zum einflussreichen Fürsprecher eines neuen
Kosmopolitismus, der die Vernetztheit von Nationen hervorhob und für universelle Werte plädierte, die aber jeweils den Bedingungen vor Ort angepasst werden
müssten. Unschwer lässt sich darin der Einfluss der indischen Tradition sowie der
amerikanischen Ausbildung auf sein Denken erkennen. Insofern ist er ein typisches Beispiel für das Zusammenspiel von amerikanischen Bildungserrungen-
schaften und transnationalen wissenschaftlichen Entwicklungen. Man könnte
sogar davon sprechen, dass Ökonomen und andere Wissenschaftler weltweit
versuchten, das Phänomen der Globalisierung zu erfassen, und dass die einen wie
Friedman dafür plädierten, die politischen und bürokratischen Hürden zu beseitigen, die ihrer Ansicht nach einem reibungslosen Wirken der ökonomischen
Kräfte im Weg standen, während andere wie Sen sich der sozialen und kulturellen Dimensionen des globalen Umbruchs bewusst waren und den Gang der
Geschichte durch aktives Engagement der Menschen verändern wollten. Beides
zeigt, dass sich das noch immer sichtbare amerikanische Jahrhundert am deutlichsten im Transnationalismus von Bildung und Lernen manifestiert.

Kurz gesagt: Die zentrale Errungenschaft des amerikanischen Jahrhunderts
besteht darin, dass es die Welt in bislang nicht dagewesenem Maße transnationalisiert hat. Die 1980er und 1990er Jahre waren in erster Linie eine Zeit der immer
stärker vernetzten Welt. Überall auf der Welt waren die Menschen wie nie zuvor

Mongolen beim Computerspiel in einem Internetcafé in Ulan Bator, Mongolei, Juli 2003 – ein Beispiel für einen global verbreiteten persönlichen Zeitvertreib.

miteinander verbunden. Nicht nur durch Migration, Tourismus oder Bildung, sondern noch grundlegender durch technologische Entwicklungen und die materielle Kultur (vor allem im Bereich des Essens) teilten sie ungeheuer viele geistige und physische Produkte. Man könnte davon sprechen, dass die transnationalen Netzwerke auf zahlreichen Schichten errichtet waren, manche fußten auf Menschen, andere auf Waren und Ideen und wieder andere auf «virtuellen» Verbindungen, die durch rasante Fortschritte in der Informations- und Kommunikationstechnologie ermöglicht wurden.

Immer mehr Menschen überall auf der Welt waren miteinander vernetzt. Mit dem Internet, das anfänglich für militärisch-wissenschaftliche Zwecke in den USA entwickelt worden war, zunehmend aber auch für die zivile Nutzung zugänglich gemacht wurde, fanden seit Mitte der 1980er Jahre Unternehmen und Einzelpersonen scharenweise Gefallen an dieser neuen Kommunikationsform. Ein anderes Beispiel für eine amerikanische Technologie, die transnationale Verbindungen erleichterte, ist die E-Mail. Sie war leicht zu bedienen und sorgte für so schnelle Verbindungen, dass sie als Kommunikationsmittel bei allen, die sich einen Computer leisten konnten, immer beliebter wurde. Und die Zahl der Nutzer stieg stetig. Waren 1995 16 Millionen Menschen oder 0,4 Prozent der Weltbevölkerung online, so war diese Zahl schon fünf Jahre später auf 361 Millionen (oder 5,8 Prozent) gestiegen. Besonders deutlich zeigt sich der transnationale und globale Charakter dieser neuen Technologie darin, dass schon im Jahr 2000 die meisten Internetnutzer – nämlich 114 Millionen oder 31 Prozent – in Asien zuhause waren, während ihre Zahl in Europa und den USA im Vergleich dazu bei «nur» 108 Millionen lag.[117]

Doch wie sich schon bald zeigte, war das Internet nicht nur ein neues Kommunikationsmittel, sondern vor allem auch ein wichtiger Informationsübermittler. Eine Organisation nach der anderen richtete ihre eigene Website ein. Und es war nur eine Frage der Zeit, bis ein Verfahren entwickelt wurde, das all diese im Netz verfügbaren Informationen sammelte und den Nutzern zur Verfügung stellte. Das beste Beispiel für dieses neue Phänomen war Google. Ende der 1990er Jahre von einigen jungen Informatikern in Kalifornien gegründet, häufte das Unternehmen ungeheure Informationsmengen aus aller Welt an und bot sie allen Internetnutzern kostenlos an. Man musste nur einen Begriff oder eine Frage eingeben, und Google lieferte die Antwort. Zunächst machten nur recht wenige von diesem Angebot Gebrauch, Ende der 1990er Jahre gab es pro Tag gerade einmal 100 000 Suchanfragen. Doch die Saat für eine enorme Ausweitung des Informationsnetzwerks im 21. Jahrhundert war bereits gelegt.

Dieses Netzwerk bestätigte die dominante Stellung der englischen Sprache, zumindest momentan. Da sich die Informationstechnologie am rasantesten in den USA entwickelte und verbreitete, war ihre Sprache natürlicherweise das Englische. Computertastaturen, die Fachbegriffe und die Handbücher, die E-Mail-Adressen und die Links waren alle auf Englisch, und die nicht englischsprachigen User mussten sich daran gewöhnen. Das änderte sich zunächst nicht wirklich, als Japan, China und andere nicht-englischsprachige Länder Computer zu produzieren begannen, auch wenn im 21. Jahrhundert die Zahl der Webseiten auf Chinesisch, Spanisch, Japanisch und in anderen Sprachen zunehmen sollte. Auf jeden Fall hatte die Ausbreitung des Internet zur Folge, dass die Welt dank gemeinsamer Technologie und Information so eng vernetzt war wie nie zuvor.

Doch es gab auch noch andere technische Errungenschaften, die dafür sorgten, dass Menschen aus verschiedenen Teilen der Welt miteinander in Verbindung traten. Dazu gehörte am Ende des Jahrhunderts vor allem die Mobilfunktechnologie. Die Zahl der Handynutzer stieg von weltweit gerade einmal elf Millionen im Jahr 1990 auf 740 Millionen im Jahr 2000. Das bedeutete, dass jeder neunte Erdenbürger mobil telefonierte, vielleicht sogar jeder siebte, wenn wir Kleinkinder nicht mitzählen. (Kinder zwischen 0 und 13 Jahren machten im Jahr 2000 rund 30 Prozent der Weltbevölkerung aus.) Doch das Mobiltelefon war nicht nur ein Triumph der Technik, es erlaubte den Menschen auch ein Mehr an Mobilität, da sie nicht mehr zu Hause oder am Arbeitsplatz sein mussten, um Telefonate zu führen. Zwar funktionierten manche Handys nicht grenzüberschreitend, doch stieg der Umfang der internationalen Telefongespräche von 33 Milliarden Minuten 1990 auf 118 Milliarden Minuten im Jahr 2000.[118]

Karte 9:   Anteil der Internetnutzer an der Bevölkerung (2011).

Jedenfalls lernten sich Menschen überall auf der Welt kennen, wenn schon nicht direkt, dann zumindest indirekt. Das Wissen um den jeweils anderen dürfte zwar nicht über eine rudimentäre Ebene hinausgelangt sein, aber verglichen mit ihren Vorfahren wussten weitaus mehr Männer und Frauen – und sogar Kinder – in so gut wie allen Teilen dieser Welt um die Existenz der anderen und teilten Informationen ebenso wie Erfahrungen. Sichtbares Beispiel dafür ist die globale Ausbreitung verschiedener Küchen. In den letzten Jahrzehnten des 20. Jahrhunderts entstand vor allem in den Großstädten in aller Welt ein riesiges Netz an «exotischen» Restaurants, in denen man eine enorme Auswahl an verschiedenen Küchen genießen konnte: französisch, italienisch, griechisch, äthiopisch, türkisch, indisch, thailändisch, vietnamesisch, kambodschanisch, indonesisch, chinesisch, koreanisch, japanisch und viele andere. Das war zum Teil Folge der Migration: Menschen, die Grenzen überschritten, brachten ihre Küche mit, die von der einheimischen Bevölkerung nun nicht mehr als seltsam, sondern als interessant betrachtet wurde. Ethnische und kulinarische Vielfalt verstärkten sich gegenseitig. Gleichzeitig gingen Stadtbewohner mehr als früher zum Essen aus. Gastronomie und Catering scheinen in allen Teilen der Welt einen Aufschwung erlebt zu haben, was nicht zuletzt auch damit zu tun hatte, dass immer mehr Frauen berufstätig waren und deshalb weniger Zeit als früher hatten, zuhause fürs Essen zu sorgen. Nun aber waren die Menschen eher bereit, neben dem vertrauten Fastfood auch nicht-traditionelle Gerichte im Restaurant oder zu Hause auszuprobieren.

Das hatte unter anderem zur Folge, dass sich die Großstädte dieser Welt immer stärker ähnelten. Shanghai und New York lieferten dem Besucher ganz ähnliche Eindrücke, und alle Städte standen vor dem Problem, wie sie die wachsende Bevölkerung unterbringen sollten. In den Industrieländern lebte schon 1950 rund die Hälfte der Menschen in Städten, ein halbes Jahrhundert später waren es 70 Prozent. Auch in der übrigen Welt stieg der Anteil der Stadtbevölkerung von 25 Prozent 1970 auf 40 Prozent im Jahr 2000. Die Fragen, mit denen die urbanen Zentren in Westeuropa und Nordamerika vor hundert Jahren konfrontiert gewesen waren, harrten nun überall einer Lösung: Kriminalität, soziale Ordnung, öffentliche Bildung, Müllentsorgung, Straßenreinigung und vieles andere mehr waren jetzt globale Probleme. Doch bei ihrer Lösung erwiesen sich die nationalen Regierungen als ungeeignet; die Städte und ihre Verwaltung mussten sich selbst darum kümmern. Deshalb trafen sich die Bürgermeister und Stadtverwalter der großen Metropolen regelmäßig, um Ideen auszutauschen und gemeinsame Strategien zu entwickeln. Doch ganz gleich, ob sie nun in «globalen Städten» lebten, wie Saskia Sassen sie genannt hat, oder nicht: Die Stadtbewohner überall auf der Welt wurden zu transnationalen Wesen.[119]

Nirgends zeigte sich dieses Phänomen der transnationalen Vernetzung deutlicher als bei globalen Sportwettkämpfen wie den Olympischen Spielen oder den Fußballweltmeisterschaften. In beiden Fällen konkurrierten die Mannschaften bzw. Sportler im Namen ihrer jeweiligen Nationen miteinander, und während der Wettkämpfe kochten die nationalistischen Emotionen unweigerlich hoch. Doch dieser Nationalismus war zugleich ein transnationales Phänomen, da er sich überall auf dem Globus manifestierte und trotzdem keine ausschließenden, feindseligen Empfindungen weckte, die früher die Beziehungen zwischen Staaten verschärft hatten. Beim Fußball war es interessanterweise so, dass die Zuschauer auf den Rängen zwar nach Nationalität getrennt waren, aber die Mannschaften auf dem Rasen immer weniger «national» zusammengesetzt waren. In Europa etwa lösten sich die Fußballligen in den 1990er Jahren fast völlig von regionalen oder nationalen Entitäten (außer beim Namen), und ganz ähnlich wie ein typisches transnationales Unternehmen (was sie ja eigentlich waren) rekrutierten die Klubs Betreuerpersonal und Spieler in aller Welt. Schaut man sich an, welche Spieler seit 1991 von der FIFA zu Weltfußballern des Jahres gekürt wurden, so besteht hier nur eine sehr schwache Korrelation zwischen der Nationalität des Spielers und der «Nationalität» seiner Mannschaft.

Seoul, Barcelona, Atlanta, Sydney – auf der Liste der Städte, in denen zwischen 1988 und 2000 die Olympischen Spiele stattfanden, finden sich einige der am schnellsten wachsenden urbanen Zentren der Welt. Die Spiele 1980 und 1984, die in zwei weiteren großen Stadtregionen stattfanden, nämlich in Moskau und Los Angeles, wurden aus geopolitischen Gründen von einigen Ländern boykottiert – ein bezeichnendes Beispiel dafür, wie Staaten die Bestrebungen der Sportler, sich zu einem «Fest des Friedens» zu versammeln, zunichtemachten. Selbst auf dem Höhepunkt des Kalten Krieges in den 1950er und 1960er Jahren waren die Spiele nicht boykottiert worden, insofern waren das eher ungewöhnliche Entwicklungen, die allerdings nicht verhinderten, dass die Spiele 1988 wieder im gewohnten Maße stattfinden konnten. (An den Winterspielen 1980 im amerikanischen Lake Placid und 1984 im jugoslawischen Sarajewo hatten Sportler aus allen Ländern teilgenommen.) Junge Menschen kamen in urbanen Zentren zusammen, wohnten gemeinsam im Olympischen Dorf und traten in Wettstreit miteinander, was ihre transnationalen Erfahrungen zusätzlich bereicherte. Die transnationale Dimension des Publikumssports zeigte sich exemplarisch bei der Eröffnungszeremonie der Winterspiele 1998 im japanischen Nagano, als Seiji Ozawa einen globalen Chor dirigierte, der die «Ode an die Freude» aus Beethovens 9. Sinfonie zum Besten gab. Sängergruppen aus Australien, Südafrika, Europa, China, den USA und anderen Ländern sangen in Echtzeit und wurden dabei via Satellit von Ozawas Taktstock in Zentraljapan koordiniert. Nichts hätte das Zeitalter des Transnationalismus besser symbolisieren können.

Transnationale Kriminelle

Leider leisteten nicht alle transnationalen Aktivitäten einen Beitrag zu einer friedlicheren Welt. Nicht wenige Individuen und Gruppen, die insofern transnational waren, als sie nicht bestimmte Staaten repräsentierten, sondern für sich die Möglichkeiten grenzüberschreitender Verflechtungen nutzten, beteiligten sich an kriminellen Handlungen und Verbrechen. Internationale Terroristen, Drogenschmuggler, Menschenhändler, die vor allem mit Frauen und Minderjährigen Geschäfte machten – sie waren schon immer eine ernsthafte Gefahr für die Weltordnung und für das nationale Wohlergehen gewesen, doch vor allem in den letzten beiden Jahrzehnten des 20. Jahrhunderts fügten solche Kriminellen der Weltgemeinschaft schweren Schaden zu.

Üblicherweise geht man davon aus, die von islamischen Fundamentalisten in diesen Jahrzehnten verübten Terroranschläge hätten sich gegen die USA und den Westen ganz allgemein gerichtet. So griff ein Selbstmordattentäter 1983 einen Stützpunkt der US-Marines am Flughafen der libanesischen Hauptstadt Beirut an und riss mehr als 300 Menschen mit in den Tod, 1998 zerstörten Sprengsätze die US-Botschaften in Kenia und Tansania und töteten mehr als 200 Personen. Das waren Ereignisse im Rahmen der internationalen Politik, aber dabei kämpfte nicht ein Land gegen ein anderes. Die Terroristen repräsentierten kein bestimmtes Land oder dessen Interessen, sondern taten sich zusammen, um die USA wegen ihrer Unterstützung für Israel oder allgemein wegen ihrer Präsenz im Nahen Osten anzugreifen oder auch nur deshalb, weil die USA in ihren Augen für modernen Kapitalismus, Dekadenz, Säkularismus, Materialismus und ähnliche Sünden standen. Und so galt der Anschlag auf das World Trade Center in New York 1993, der von einer Gruppe arabischer Extremisten verübt wurde, als Paradebeispiel für den grundsätzlichen Konflikt zwischen zwei Lebensformen, einer modernen westlichen und einer traditionalistischen anti-westlichen. Samuel Huntington, einer der einflussreichsten Autoren der 1990er Jahre, präsentierte diese Dichotomie als Erklärungsmuster in seinem vielbeachteten Buch *The Clash of Civilizations* (1996, dt. *Kampf der Kulturen*). Der moderne Westen, so Huntington, sei von der christlichen Kultur geprägt, die er von anderen Zivilisationen, insbesondere der islamischen und der chinesischen, bedroht wähnte. Das stellte die USA und ihre westlichen Verbündeten in seinen Augen vor deutlich größere Probleme als jede herkömmliche geopolitische Bedrohung. Als Beleg dafür, dass nunmehr Zivilisationen und nicht mehr Nationen die entscheidenden Faktoren der Weltpolitik waren, galten ihm die Terroranschläge von islamischen Fundamentalisten. Doch auch den Aufstieg Chinas sah er als potentiell antiwestliche Entwicklung mit Sorge. (Ironischerweise hoffte er, dass in dem von ihm für das 21. Jahrhundert prophezeiten Kampf zwischen dem Westen und dem «Rest» Indien sich auf die Seite des Ersteren schlagen werde, ähnlich wie Russland oder jedes andere Land bzw. jede andere Kultur, die zumindest ein bisschen «Westen» in sich trug.)

Huntington und viele andere, die den internationalen Terrorismus in diesem Bezugsrahmen betrachteten, wiesen zu Recht auf die transnationalen Herausforderungen und Gefährdungen der Weltordnung hin, doch ihre Dichotomie «the West and the Rest» ging nicht wirklich über traditionelles Denken hinaus – viele ihrer Vorstellungen hatten amerikanische und europäische Denker schon an der Wende zum 20. Jahrhundert formuliert – und ignorierte die Tatsache, dass Ost und West, Europäer und Asiaten sowie die verschiedenen «Rassen» dieser Welt jetzt, am Ende des 20. Jahrhunderts, sich rasant näher kamen, ja sich in manchen Fällen im Wortsinne vermischten und eine neue hybride, globale Zivilisation generierten. Diese Zivilisation war geprägt von transnationalen Verflechtungen und Austauschbeziehungen, sodass selbst die Terroranschläge zum neuen globalen Drama gehörten und eine Ebene des im Entstehen begriffenen grenzüberschreitenden Bewusstseins bildeten. Denn die Terroristen spielten nicht Kulturen, Nationen oder auch Religionen gegeneinander aus. Vielmehr ähnelten sie entfremdeten Individuen, die überall leben und sich dafür entscheiden, sich dem Lauf der Dinge zu entziehen. Statt in gesellschaftlichen oder gemeinschaftlichen Angelegenheiten ihre Bestimmung zu finden, versuchten sie ihre «Reinheit» zu bewahren und alles auszulöschen, was dem im Wege stand. Sie waren insofern transnationale Wesen, als sie sich nicht mit einem Land identifizierten oder in dessen Namen agierten, doch zugleich versuchten sie anderen transnationalen Wesen Schaden zuzufügen, damit deren Bemühungen, Brücken zwischen den Regionen und Kulturen dieser Welt zu schlagen, keinen Erfolg hatten.

Transnational waren die islamischen Terroristen auch insofern, als nur wenige von ihnen in ihrem Herkunftsland blieben. Mehrere Anführer von Terrorgruppen stammten aus dem Jemen, andere aus Saudi-Arabien sowie aus anderen Ländern des Nahen und Mittleren Ostens und aus Südasien. Sie wechselten zwischen diesen Ländern und Regionen hin und her, einige studierten in Europa und Nordamerika. Einige gerieten gerade während ihrer Zeit im Westen unter den Einfluss des radikalen Islam. Als Gäste in einem fremden Land mit anderer Religion und anderer Lebensweise hatten sie mit einem Gefühl der Entfremdung zu kämpfen und waren oft frustriert darüber, nicht als Mitglieder der gastgebenden Gemeinschaft respektiert zu werden. Das trieb sie zur Verzweiflung und im Extremfall in eine Feindseligkeit, die jede Gewalttat als Ausdruck der Wut zu rechtfertigen schien. Zusammen mit den Lehren radikalislamischer Theologen führte dieser Zorn zu einem Sendungsbewusstsein, das sich offenkundig aus einem moralischen Überlegenheitsgefühl speiste. Diese Selbstgerechtigkeit verstärkte sich noch, wenn die angehenden Terroristen sich in Koranschulen und Gebetshäusern versammelten, wo sie von denen unterwiesen wurden, die unbedingt an die Reinheit, Richtigkeit und Überlegenheit der eigenen Lehre glaubten.

Warum manche transnationalen Personen ein antisoziales Verhalten an den Tag legten, das auf Widerstand stoßen konnte (und auch stieß), was wiederum die ihnen zur Verfügung stehenden transnationalen Ressourcen schmälerte – etwa durch strengere Zuwanderungsbestimmungen oder eine strengere Überwachung ausländischer Bankkonten –, während die Mehrheit sich für eine friedlichere Ebene des Transnationalismus entschied, ist eine der Kernfragen der heutigen Gesellschaft. Zwar gehört die Idee des Dschihad, des glaubensgeleiteten Kampfes, zu den Grundpfeilern des Islam, doch für die meisten muslimischen Glaubensrichtungen und Gläubigen bedeutet sie keinen Aufruf zum gemeinsamen (und gewaltsamen) Vorgehen gegen alles, was der eigenen Religion im Weg steht. Allerdings impliziert sie eine Missachtung säkularer Autorität, insbesondere jedes Staates, der nicht auf dem Islam (oder einer seiner Richtungen) gründet, sodass der islamische Terrorismus unter anderem ein Angriff auf eine Welt war, die aus unabhängigen Nationen besteht. Doch während andere transnationale Gruppen die Autorität des Staates in Frage stellten, indem sie nichtstaatliche Organisationen ins Leben riefen und Brücken zwischen ihnen bauten, zielten die Terroristen auf eine Welt, in der nicht nur säkulare Staaten, sondern auch NGOs ohne Bezug zum Islam verschwinden sollten. Das war natürlich unmöglich, und die Terroristen wussten, dass sie sich der bestehenden Institutionen bedienen mussten. Der Unterschied zwischen ihnen und der großen Mehrheit der Menschen überall auf der Welt bestand somit darin, dass sie sich eine transnationale Zukunft einzig und allein in ihrer apokalyptischen Variante vorstellen konnten und wollten. Sie waren Kriminelle, weil sie sich weigerten, den Planeten mit anderen menschlichen Wesen zu teilen. Gleichzeitig waren viele Terroristen Reinheitsfanatiker in einer Welt, die immer hybrider wurde, und insofern waren sie seelisch eins mit anderen «Puristen», ob nun religiöser, rassistischer oder nationalistischer Art. Sie setzten auf die eine reine (nicht zu verwirklichende) Lehre in einer Welt, die immer ambivalenter wurde.[120]

Doch die Integrität der Weltgemeinschaft wurde beileibe nicht nur von Terroristen bedroht. Noch größere Herausforderungen für den Transnationalismus stellten vermutlich Drogenschmuggler, Frauen- und Kinderhändler und andere Kriminelle dar. Der Drogenschmuggel nutzte die globalen Netzwerke von Produzenten und Konsumenten und ließ sich damit erfolgreicher als je zuvor betreiben. Ein gutes Beispiel dafür ist der Opiumhandel. Trotz aller Bemühungen von internationalen Organisationen und vielen Staaten ist der Heroinkonsum im 20. Jahrhundert nicht wesentlich zurückgegangen. Es ist schwer zu sagen, ob die Nachfrage wegen der zunehmenden Verfügbarkeit stieg oder ob das Angebot auf die wachsende Nachfrage reagierte, was möglicherweise mit kriminellen Aktivitäten in vielen Ländern zusammenhing, wo der Verkauf verbotener Drogen ein lukratives Geschäft und eine Einnahmequelle für Verbrechersyndikate war. Die Globalisierung hatte damit insofern zu tun, als die Zahlen zu Angebot und Nachfrage sofort über Grenzen hinweg mitgeteilt und illegale Transaktionen via Internet abgewickelt werden konnten. In gewissem Sinne gab es so etwas wie eine trans-

Ein afghanischer Bauer in einem Schlafmohnfeld nahe Habibullah, Afghanistan, April 2011. Der Drogenanbau, der Rauschgiftkonsum und der Drogenhandel gehören zu den wichtigsten transnationalen Problemfeldern der Gegenwart.

nationale Bruderschaft der Drogenhändler, gegen die Polizei und Justiz oft machtlos waren – wenn sie nicht durch Bestechungsgelder mitunter sogar selbst davon profitierten. In Gegenden wie der afghanisch-pakistanischen Grenzregion oder in den an Myanmar angrenzenden Gebieten ließen sich zudem legale und illegale Aktionen oft nur schwer unterscheiden.

Wie der internationale Terrorismus war auch der grenzüberschreitende Drogenhandel nur schwer zu kontrollieren, denn er entzog sich der Rechtsprechung eines einzelnen Staates; zudem gab es keinen nichtmilitärischen Mechanismus, um diesem globalen Missbrauch Einhalt zu gebieten. 1923 hatte die internationale Gemeinschaft Interpol als gemeinsame Behörde gegründet, um die Polizeiarbeit über Grenzen hinweg zu koordinieren. Anfangs waren nur wenige Staaten beteiligt, doch nach dem Zweiten Weltkrieg wuchs die Zahl der Mitgliedsländer rasant und lag am Ende des Jahrhunderts bei über 100.[121] Die Effektivität von Interpol bei der Bekämpfung des Drogenhandels fiel allerdings je nach Region recht unterschiedlich aus. (In Europa gab es ab 1995 als polizeilichen Arm der EU Europol, doch in anderen Weltgegenden existierte nichts Vergleichbares.) Vielleicht weil Drogenhändler anders als Terroristen keiner Gewaltideologie anhängen, mit der sie die Welt verändern wollen, wurden sie nicht als gleichermaßen bedrohlich eingestuft, auch wenn sich das Problem im 21. Jahrhundert noch weiter verschärfen sollte.

Transnationale humanitäre Organisationen, die früher in der Bekämpfung des Rauschgifthandels aktiv gewesen waren, kümmerten sich jetzt eher um den Menschenhandel, vor allem von Frauen und Kindern, dessen Ausmaß gegen Jahrhundertende zunahm. (Laut einer UN-Schätzung wurden im Jahr 2000 rund eine Million Menschen «gehandelt».)[122] Da die nationalen Grenzen immer durchlässiger wurden, wurden Frauen insbesondere aus Osteuropa und Südostasien in andere Teile der Welt verschleppt, wo sie als «Sexsklavinnen» arbeiten sollten. Selbst minderjährige Mädchen wurden von zu Hause weggelockt, indem man ihnen einen Job im Ausland versprach, doch dort wurden sie in beengten Räumlichkeiten eingesperrt, man nahm ihnen den Pass weg und zwang sie, Fremden zu Diensten zu sein. Die Nachfrage nach den Diensten solcher Menschen stieg, und ihre Aktivitäten wurden von transnationalen Verbrechersyndikaten kontrolliert, die gegen alle Prinzipien verstießen, welche die internationale Gemeinschaft zum Schutz der Menschenrechte aufgestellt hatte. Es bleibt abzuwarten, ob es Interpol, Europol und anderen Polizeibehörden sowie regionalen Gemeinschaften und transnationalen Organisationen im Lauf der Zeit gelingt, diesen Menschenrechtsverletzungen ein Ende zu machen.

Am Ende des 20. Jahrhunderts war die Welt somit ein Kaleidoskop transnationaler Wesen, die verschiedene Ebenen grenzüberschreitender Aktivitäten und Emotionen bildeten. Die meisten profitierten von den neuen Möglichkeiten, die sich ihnen durch die Lockerung der Territorialgrenzen und die Verfügbarkeit von Information und Kommunikation über Grenzen hinweg boten, und schufen für sich und für andere eine bessere Zukunft, während eine Minderheit negativ ausgerichtet war und die Welt mit ihren Aktivitäten in Richtung Gewalt und Chaos drängte.

Und was war mit denjenigen Menschen, die nie transnational wurden? Davon gab es natürlich überall auf der Welt viele: Einige waren physisch von anderen Ländern und Gesellschaften abgeschnitten, andere entschieden sich aus Prinzip, aus persönlichen oder anderen Gründen bewusst für eine Form der Isolation. Viele widersetzten sich bestimmten Aspekten des Transnationalismus, anderen hingegen nicht. So zeigten beispielsweise die Massendemonstrationen gegen das WTO-Treffen 1999 in Seattle, dass die Menschen damit ihren Widerstand gegen die ökonomische Globalisierung zum Ausdruck brachten, andererseits aber transnational vereint waren in ihrem Streben nach einer weniger von Gier geprägten Weltordnung. Diese Menschen waren Teil einer globalen Zivilgesellschaft, die sich allmählich herausbildete. Auf der anderen Seite gab es diejenigen, die nicht deshalb außerhalb der transnationalen Netzwerke blieben, weil sie unbedingt anti-transnational eingestellt waren, sondern weil sie im Grunde mononationale Wesen waren, die sich primär und vor allem mit ihrem jeweiligen Land identifizierten und keinen Anlass sahen, daran etwas zu ändern. Auch wenn sie in ihrem Umfeld Kontakt mit Ausländern hatten, gerne exotisch essen gingen oder ins Ausland reisten, dachten sie doch stets in mononationalen Kategorien. Ihr Wohlergehen, ihre Bildung und ihre Lebensziele waren alle mit der Macht, dem Ansehen und den Interessen ihres Landes verbunden. Der Großteil der Menschheit vermengte vermutlich transnationale Erfahrungen mit nationalen Perspektiven. Nur eine Minderheit dürfte sich als wirklich transnationale Individuen betrachtet haben, die ein «transnationales Leben» führten, um einen Begriff zu verwenden, der in der Geschichtswissenschaft immer öfter zu finden ist.[123] Oder anders gesagt: Nationale Empfindungen und nationalistische Einstellungen verschwanden auch dann nicht, als die Welt immer stärker aus transnationalen Verbindungen bestand. Zum traditionellen nationalen Bewusstsein waren verschiedene Ebenen transnationalen Bewusstseins hinzugekommen. Inwiefern diese Ebenen sich veränderten, miteinander verschmolzen, sich vermehrten oder gewaltsam miteinander kollidierten, ist eine Frage, die das 20. Jahrhundert dem 21. als Vermächtnis hinterlassen hat.

4. DAS 21. JAHRHUNDERT

Die Jahre seit 2001 sind Teil der Zeitgeschichte, die in den letzten Jahrzehnten des 20. Jahrhunderts begonnen hat. Das mag erklären, warum es relativ wenige Versuche gab, den möglichen Verlauf des 21. Jahrhunderts zu prophezeien. Im Vergleich zu den letzten Jahren des 19. und den Anfangsjahren des 20. Jahrhunderts gab es diesmal nur wenige zuversichtliche Darstellungen der menschlichen Zivilisation, die eine Welt ohne Konflikte, Kriege oder Feindseligkeiten gegenüber bestimmten Gruppen von Menschen verkündeten. Sorgen bereitete zunächst einmal der Jahrtausendwechsel vom 31. Januar 1999 auf den 1. Januar 2000, denn man befürchtete den so genannten Millennium-Bug (auch Y2K-Problem genannt). Da alle möglichen Aktivitäten auf dieser Welt, von den Atomwaffen bis zur Navigation, computergesteuert waren, bestand die Möglichkeit, dass die Rechner den Übergang ins Jahr 2000 nicht erkannten und stattdessen auf 100, 1900 oder Ähnliches umschalteten, was katastrophale Folgen hätte haben können. Angeblich wurden weltweit Milliarden von Dollar ausgegeben, um den «Millennium-Bug» zu verhindern. Die Sache war jedoch weniger eine Prophezeiung für das kommende Jahrhundert als eine praktische Befürchtung, verbunden mit spezifisch technischen Fragen. Mehr oder weniger in die gleiche Kategorie fielen Vorhersagen über den Aufstieg Chinas oder Indiens als dem bevölkerungsreichsten Land zur größten Macht des neuen Jahrhunderts. Diese Beobachtungen waren nicht besonders tiefgründig und zeugten vor allem von mangelnder Fantasie am Vorabend des neuen Jahrtausends.

Viele Beobachter gingen davon aus, dass die Globalisierung sich fortsetzen werde mit all den Folgen für das Leben der Menschen und das Schicksal der Nationen. Besonders beliebt war die Diskussion darüber, ob die USA die einzige Supermacht bleiben würden, doch in Zeiten der Globalisierung waren solche geopolitischen Fragen eher uninteressant. Mehr Relevanz hatte da schon die Ansicht, dass die anhaltende wirtschaftliche Entwicklung Chinas, Indiens, Brasiliens und anderer Länder verhängnisvolle Folgen für die Umwelt haben oder das ungebremste Wachstum der Weltbevölkerung zu neuen Verteilungskämpfen um Nahrung und Rohstoffe führen könnte. Anders als 100 Jahre zuvor herrschte jetzt wenig Zuversicht, dass die Wissenschaft in der Lage sein könnte, diese und viele andere Probleme zu lösen. Andererseits hielt kaum jemand eine militärische Auseinandersetzung zwischen Großmächten für unvermeidlich. In den ersten Jahren des 20. Jahrhunderts war das noch ganz anders gewesen. Nun aber vertraute man darauf, dass die Zusammenarbeit der Nationen fortdauern werde und sich die drängendsten Probleme mittels internationaler Organisationen lösen ließen. Anders gesagt: Viele Vorstellungen, die die Jahrzehnte seit den 1960er Jahren bestimmt hatten, lieferten noch immer den Referenzrahmen für das neue Jahrhundert.

Das änderte sich auch nicht nach den Terroranschlägen vom 11. September 2001, an die sich viele Menschen als Schlüsselereignis zu Beginn des neuen Jahrhunderts erinnern. Damals brachten islamische Terroristen zwei Passagierflugzeuge in ihre Gewalt, die von Boston aus Richtung amerikanischer Westküste unterwegs waren, flogen damit nach New York und steuerten sie in die Zwillingstürme des World Trade Center. Beim Einsturz der Gebäude starben fast 3000 Menschen, überwiegend Amerikaner, aber auch zahlreiche Ausländer. Gleichzeitig flog eine dritte Maschine, die vom Washington Dulles International Airport abgehoben hatte, ins Gebäude des Pentagon bei Washington, während ein viertes Flugzeug eine weitere Stadt ins Visier nahm, möglicherweise Chicago, doch hier merkten die Passagiere, was passierte, und attackierten die Terroristen, sodass die Maschine im Westen Pennsylvanias in ein Feld stürzte, wobei alle Insassen ums Leben kamen. Alle diese Angriffe waren von der Terrorgruppe al-Qaida geplant worden, die ihr Hauptquartier unter ihrem Führer Osama bin Laden in Afghanistan aufgeschlagen hatte.

Diese schreckliche Tat traumatisierte nicht nur die Amerikaner, sondern auch die übrige Welt. Ein solches transnationales Verbrechen hatte sich so mancher vielleicht in seiner Fantasie ausgemalt, aber kaum jemand dürfte vorhergesehen haben, welches Entsetzen es weltweit hervorrief. Überall brachten Politiker und ganz gewöhnliche Bürger ihre Empörung über die Tat und ihr Mitgefühl mit dem amerikanischen Volk zum Ausdruck – nur eine kleine Minderheit machte sich ideologisch mit den Terroristen gemein und jubelte über die Demütigung, die die USA erfahren hatten. Opfer wie Täter waren transnational, und deshalb sahen viele die Anschläge als Vorboten dessen, was auf eine immer stärker vernetzte Welt zukommen würde. Einige der Terroristen hatten in Europa studiert, andere hatten in den USA den Flugschein erworben. Sie hatten Botschaften mit Osama bin Laden ausgetauscht, der sich irgendwo in den schwer zugänglichen Bergen Afghanistans aufhielt. Die Gelder für ihre Vorbereitungen stammten aus verschiedenen Quellen und flossen über ganz legale Bankkonten in den USA und anderswo.

Die Ideologie der Terroristen hingegen war alles andere als transnational, denn der islamische Fundamentalismus teilte alle Menschen in wahre Gläubige und den Rest ein, und all diese anderen betrachtete er als Feinde des Glaubens, die es zu vernichten galt. Nicht einmal gegenüber den verschiedenen religiösen Auslegungen innerhalb des Islams kannte diese Ideologie irgendeine Toleranz. Der Westen und hier insbesondere die USA standen exemplarisch für den Feind, denn sie waren materialistisch, «weltlich» und der Idee einer Weltgemeinschaft von Menschen unterschiedlichen Glaubens verpflichtet. Zudem geißelten die Terroristen die USA wegen ihrer entschlossenen Unterstützung Israels und ihrer angeblichen Feindschaft gegenüber islamischen Ländern wie Irak oder Iran.

Man sollte sich jedoch davor hüten, die Anschläge vom 11. September als Teil eines Krieges zwischen den Terroristen und den USA zu interpretieren. US-Präsident George W. Bush hat das so wahrgenommen, und er war der Überzeugung, die Welt bestehe allein aus Unterstützern und Gegnern der Terroristen, gegen die das Land einen gnadenlosen Krieg führen wollte. Aber wie sollte eine Nation einen «Krieg» gegen eine Nicht-Nation führen, eine Entität, die neben souveränen Staaten existierte? Zwar hatte US-Präsident Ronald Reagan bereits in den 1980er Jahren vom «Krieg gegen den Terror» gesprochen, so wie schon seine Vorgänger den «Krieg gegen die Armut», den «Krieg gegen das Analphabetentum» und dergleichen ausgerufen hatten. Doch das traditionelle Völkerrecht enthielt keine Regelungen für den Krieg einer Nation gegen ein Individuum oder eine nicht an einen Staat gebundene Organisation. (Aus diesem Grund wurde die Tötung Osama bin Ladens durch US-Truppen im Mai 2011, die vom Weißen Haus als Akt nationaler Selbstverteidigung gerechtfertigt wurde, nicht von allen als legitim betrachtet.) Andererseits erlebte die Welt immer öfter unheilvolle Aktivitäten nicht nur von Terroristen, sondern auch von Drogenschmugglern, Piraten, Frauenhändlern und dergleichen, sodass ein irgendwie international koordiniertes Vorgehen dagegen immer dringlicher wurde. Das Problem war, wie man diese Koordination herstellen und einen solchen «Krieg» führen sollte.

Überdies führten die Attentäter des 11. September nicht gegen eine einzelne Nation Krieg. Man könnte davon sprechen, dass sich die Anschläge gegen die ganze menschliche Gemeinschaft richteten, wie sie in der Realität und in der Wahrnehmung existierte. Allein die Vorstellung von einer transnational verflochtenen Weltgemeinschaft war mit der Ideologie der radikalen Islamisten absolut unvereinbar, die nicht vorhergesehen haben dürften, dass diese Gemeinschaft geeint mit Schrecken und Empörung reagierte, was in gewisser Weise die Existenz einer transnationalen Welt bestätigte. Wenn die Terroristen wirklich geglaubt hatten, ihre Taten würden die Weltgemeinschaft einschüchtern oder in ihren Grundfesten erschüttern, so hatten sie sich gründlich getäuscht.

Ironischerweise untergrub auch die nationenzentrierte Reaktion der USA auf die Anschläge tendenziell die Einheit der Menschheit. Die weltweiten Mitleids-

und Hilfsbekundungen für das amerikanische Volk waren aus verschiedenen Gründen nicht von Dauer, aber eine zentrale Rolle spielte dabei mit Sicherheit die Art und Weise, wie die Regierung Bush mit der Krise umging. Indem der Präsident das Ganze auf traditionelle Weise interpretierte – als Überraschungsangriff auf eine arglose Nation (die Analogie zu Pearl Harbor kam vielen Amerikanern dabei sogleich in den Sinn) –, zog er in den Kampf, um die Anstifter zu bestrafen, so wie sich die Nation vereint gegen die Angreifer von Pearl Harbor erhoben hatte. Wenn er davon sprach: «Wer nicht für uns ist, ist gegen uns», unterteilte er die Welt in zwei Gruppen, doch das «uns» waren in diesem Fall die USA, und die Vorstellung, die ganze Welt führe entweder Krieg gegen das Land oder eile ihm zu Hilfe, war nicht nur extrem nationenzentriert und unrealistisch, sondern auch noch völlig unsensibel gegenüber den sich verändernden weltweiten Bedingungen.

Tatsächlich war die Transnationalisierung in den Tagen und Monaten nach den Anschlägen vom 11. September vermutlich weniger durch die Terroristen als vielmehr durch die einseitige Reaktion der Vereinigten Staaten bedroht. Hatten die Verbrechen die Existenz einer Weltgemeinschaft eher bestätigt, so bedeuteten die Gegenmaßnahmen der Regierung Bush den Rückfall in eine Zeit, da eine Macht allein die Welt verändern konnte (oder zumindest glaubte, das zu können). Tatsächlich hatte sich Washington schon vor den Anschlägen, nämlich im Frühjahr 2001, aus dem 1998 beschlossenen Kyoto-Protokoll zur Bekämpfung des Klimawandels verabschiedet und sich geweigert, die Konvention zur Einrichtung eines internationalen Gerichtshofs zu ratifizieren, weil die Regierung Bush daran festhielt, militärisches Personal der USA müsse von dessen Rechtsprechung ausgenommen werden. Auch der 1998 vereinbarte Vertrag für ein Verbot von Antipersonen-Minen wurde von der Bush-Administration nicht ratifiziert. Sie hatte von Anfang an darauf beharrt, Grundlage der Außenpolitik dürfe allein das nationale Interesse sein und allem, was die Handlungsfreiheit der Nation einschränke, werde man sich widersetzen. Diese Entscheidungen standen eindeutig im Gegensatz zu den weltweiten Entwicklungen und zeigten, dass der Unilateralismus schon vor dem 11. September 2001 Markenzeichen der neuen US-Regierung war. Die Kluft zwischen den USA und der internationalen Gemeinschaft war so unübersehbar geworden, dass die mitfühlende Unterstützung der Welt für das amerikanische Volk nach den Anschlägen die Möglichkeit geboten hätte, die USA und den Rest der Welt einander wieder näher zu bringen. Dass dies nicht geschah, bedeutete einen schweren Rückschlag für das weitere Gedeihen einer miteinander verflochtenen, transnationalen Welt.

Manche Historiker datieren das Ende des «American century» auf diese Anschläge, doch wenn sie das deshalb tun, weil das Ereignis in ihren Augen zeigt, dass selbst die mächtigen USA verwundbar sind, dann liegen sie damit falsch.[124] Man muss vielmehr davon sprechen, dass das «amerikanische Jahrhundert» in einer zunehmend transnationalen Welt seine Bedeutung verloren hat und die Führung in Washington den anachronistischen Versuch unternahm, diese Bedeutung zurückzuholen. (Eine Gruppe von neokonservativen Persönlichkeiten hat 1997 ein kurzlebiges «Projekt für das neue amerikanische Jahrhundert» ins Leben gerufen und gefordert, das Land solle seine Verteidigungsausgaben erhöhen, «feindliche Regierungen» in die Schranken weisen, die Sache der «Freiheit» im Ausland fördern und die «singuläre» Rolle als Hüter und Verfechter der internationalen Ordnung übernehmen.[125] Doch die Konstruktion eines solchen neuen «amerikanischen Jahrhunderts» war ein Traum, der sich nicht verwirklichen ließ, nicht weil die Nation nicht in der Lage gewesen wäre, alle militärischen und ökonomischen Ressourcen zur Bekämpfung des Terrorismus zu mobilisieren, sondern weil die Weltgemeinschaft eine solche mononationale Ausrichtung und nationenzentrierte Definition der Welt im 21. Jahrhundert nicht akzeptiert hätte.)

Zwar arbeitete Washington durchaus mit anderen Regierungen zusammen (vor allem denen der liberalen Demokratien mit einem beträchtlichen muslimischen Bevölkerungsanteil), um die Hintermänner der Attentate ausfindig zu machen und zu bestrafen und um dafür zu sorgen, dass sich so etwas nicht wiederholte. Mit einigen Maßnahmen war man auch in den meisten anderen Ländern sogleich einverstanden, darunter auch in autokratisch regierten Staaten und bei früheren Gegnern aus Zeiten des Kalten Krieges. So halfen sie den USA bereitwillig bei der Politik der «rendition», bei der Terrorverdächtige in Geheimgefängnisse der CIA oder an andere Orte außerhalb Amerikas verschleppt wurden, wo sie unter unmenschlichen Bedingungen gefangen gehalten und zumeist auch gefoltert wurden. Die meisten Länder verschärften ihre Grenzkontrollen und schränkten damit die Bewegungsfreiheit potentieller Terroristen ein. Viele Länder richteten zudem strengere Überwachungssysteme auf den Flughäfen ein, vor allem im Bereich der Gepäckkontrolle. Anfänglich wurden sogar Nagelscheren und Nähnadeln beschlagnahmt, und später durften Flugreisende nur noch eine begrenzte Menge an Flüssigkeiten im Handgepäck bei sich führen. Als 2003 im Schuh eines potentiellen Terroristen eine kleine Sprengladung gefunden wurde, mussten die Flugpassagiere in mehreren Ländern (darunter auch in den USA) beim Passieren der Sicherheitsschleuse ihre Schuhe ausziehen. Die USA, Japan und einige andere Länder verpflichteten alle einreisenden Personen, ihre Fingerabdrücke abzugeben. Da einige der Attentäter des 11. September in den USA studiert hatten, wurde es schwerer, mit einem Studentenvisum ins Land zu kommen, und entsprechend sank die Zahl ausländischer Studenten in den USA von rund 586 000 im Studienjahr 2002/03 auf 564 000 drei Jahre später. Viele Studierende gingen nun anderswohin, vor allem nach Kanada, Großbritannien und Australien.

Bei den europäischen Verbündeten bestand anfangs zudem die Bereitschaft, die amerikanische Initiative für einen Angriff auf Afghanistan zu unterstützen, denn das dortige Talibanregime galt als Verbündeter von Osama bin Laden und der Terrororganisation al-Qaida. Die NATO-Partner beriefen sich dabei auf Artikel 5 des Bündnisvertrags, in dem es hieß, ein Angriff auf einen Bündnispartner sei ein Angriff auf alle NATO-Staaten. Die US-Regierung glaubte, dass Osama bin Laden sich in Afghanistan aufhielt, und verlangte von der Regierung in Kabul, ihn festzunehmen. Als diese sich weigerte, begannen Washington und London damit, Kabul und die umliegenden Gebiete zu bombardieren. Daraufhin zogen sich die Taliban rasch in entlegene Landesteile zurück, vor allem ins gebirgige Grenzgebiet zu Pakistan. Ende 2001 wurde die neue Nicht-Taliban-Regierung unter Hamid Karzai installiert und in den folgenden Jahren von immer mehr Staaten anerkannt. Das Land blieb jedoch äußerst instabil, die inneren Unruhen und Angriffe der Taliban hielten die Bevölkerung weiter in Atem. Je länger diese Situation andauerte, desto mehr schwand der internationale Rückhalt für die US-Militäraktion in Afghanistan.

Besonders deutlich wurde die mangelnde Begeisterung für die US-Politik 2003, als Washington die Weltmeinung ignorierte und in den Irak einmarschierte. (Vor Beginn der Invasion sollen zwischen sechs und zehn Millionen Menschen weltweit gegen den bevorstehenden Krieg demonstriert haben.)[126] Als Grund gaben die USA an, der Irak unter Saddam Hussein habe Terroristen Unterschlupf geboten sowie atomare und andere «Massenvernichtungswaffen» entwickelt. Keiner dieser Vorwürfe ließ sich erhärten, doch George W. Bush war fest entschlossen, wenn nötig allein zu handeln. Wie spätere Enthüllungen zeigten, hatten seine Berater bewusst Informationen ignoriert – sogar solche von US-Geheimdiensten –, die den Anschuldigungen widersprachen, und selbst der engste Verbündete Großbritannien war skeptisch gewesen. Es war äußerst schwierig, die Zustimmung der UNO zu einem Angriff auf den Irak zu bekommen, aber das hielt die USA nicht davon ab, im März 2003 mit der Bombardierung des Landes und dem Einmarsch zu beginnen. Auch Großbritannien schickte Soldaten, doch einige NATO-Partner wie Spanien und Frankreich kritisierten den Krieg ganz offen. (Die Franzosen verweigerten den USA sogar die Überflugrechte für den Angriff auf den Irak.) Diese Art des Unilateralismus entfremdete die internationale Gemeinschaft, aber auch Teile der öffentlichen Meinung in den USA. Doch je heftiger die Welt die USA kritisierte, so schien es, desto sturer reagierte man in Washington. Es existierte eindeutig eine Kluft zwischen der Welt, die transnational verbunden blieb, und den USA, die sich von der Welt zu entfremden schienen, zumindest in dieser Frage.

Alle Kriege sind ebenso transnational wie international. Sie sorgen für Verbindungen zwischen Menschen über Grenzen hinweg, die diese ansonsten vermutlich nicht entwickelt hätten. Doch für die Kriege in Afghanistan und im Irak galt das aus verschiedenen Gründen in deutlich geringerem Maße. Der Transnationalismus Afghanistans bestand eher im Innern denn nach außen. Das Land bestand aus Stammesgruppen, die sich militärisch und politisch gegenseitig bekämpften, und selbst diejenigen, die sich den Taliban widersetzt hatten, waren nicht in der

Lage, für ein stabiles Regierungssystem zu sorgen. Stets waren ethnische, stammesspezifische Loyalitäten wichtiger als jedes Nationalgefühl in einem Land, dessen Grenzen zum Nachbarn Pakistan selbst für diesen Teil Südasiens außergewöhnlich «künstlich» waren. Die Volksgruppen der Paschtunen, der Hazara und der Tadschiken hatten sich noch nie groß darum gekümmert, auf welche Seite der Grenze sie nun gehörten, und noch weniger um die Vorgaben der schwachen Zentralregierungen in Kabul oder Islamabad. Wenn es transnationale Verbindungen gab, dann waren sie meist humanitären Organisationen zu verdanken, die bei den Wiederaufbaubemühungen des Landes Hilfe leisteten. Doch ihre Tätigkeit wurde oft durch Gewalt und Instabilität behindert oder gar unmöglich gemacht. Mit den transnationalen Verbindungen, die nach dem Zweiten Weltkrieg in Deutschland, Österreich oder Japan entstanden, war das jedenfalls nicht zu vergleichen.

Im Irak gestaltete sich die Situation für transnationale Begegnungen noch schwieriger. Man hatte sich nur unzureichend darauf vorbereitet, dass der Krieg unvermeidlich militärische und nicht-militärische Komponenten haben würde: Zu Letzteren gehörte eine ganze Reihe von Fragen, von der Aufrechterhaltung von Recht und Ordnung in den besetzten Gebieten bis zur Einsetzung einer stabilen Regierung, die an die Stelle von Saddam Husseins Diktatur treten sollte. Das alte Regime zu stürzen war viel einfacher als der Wiederaufbau des Landes, nicht zuletzt deshalb, weil sich der Irak mehr als zehn Jahre lang in einem Zustand des Chaos befunden hatte. Gelegentliche Bombenangriffe der USA sowie die UN-Sanktionen in den 1990er Jahren hatten einen Großteil der Infrastruktur des Landes sowie viele Sozial- und Bildungseinrichtungen zerstört. Die Wiederherstellung der Ordnung und sozialer Dienste hätte ein hohes Maß an transnationaler Zusammenarbeit auf ziviler Ebene erfordert, aber vieles davon musste vor Ort umgesetzt werden. Auf diese Aufgaben war man nicht vorbereitet – ganz im Gegensatz zur sorgfältigen Planung für die Besetzung Deutschlands und Japans im Zweiten Weltkrieg. Das US-Militär sowie ziviles Personal mussten die Last des Wiederaufbaus nach Saddams Sturz schultern, doch nur wenige von ihnen waren der Landessprache mächtig oder kannten sich mit der Kultur des Landes aus. Unterstützt – oder mitunter ganz ersetzt – wurden sie von zivilen Vertragspartnern aus den USA und anderen Ländern, denen ebenfalls der erforderliche Hintergrund fehlte. Die Vereinten Nationen versuchten beim Wiederaufbau zu helfen, doch ihre Bemühungen erlitten einen schweren Rückschlag als im September 2003 ein mit Sprengstoff beladener Lastwagen außerhalb des UN-Hauptquartiers in Bagdad explodierte. Dabei kam auch der Sondergesandte des UN-Generalsekretärs, Sérgio Vieira de Mello, ums Leben. Als im Monat darauf erneut eine Bombe explodierte, zog die UNO ihr Personal aus dem vom Krieg zerrissenen Land ab.

Unter diesen Umständen kam es nur auf einer ganz oberflächlichen Ebene zu transnationalen Begegnungen. Zwar unternahmen einige NGOs, darunter auch das Internationale Rote Kreuz, Ärzte ohne Grenzen und kleinere Hilfsorganisationen, ernsthafte Versuche in diese Richtung, doch sie verbrachten auch viel Zeit damit, sich vor Angriffen extremistischer Gruppen zu schützen, die jedes Bemühen, den Transnationalismus zu fördern, verachteten. Da sie um ihr Leben fürchteten, mussten humanitäre Organisationen und Hilfeleistende häufig die US-Truppen oder andere Streitkräfte um Schutz bitten. Die Schwäche der irakischen Zivilgesellschaft machte es unheimlich schwer, transnationale Begegnungen herzustellen und dauerhaft zu ermöglichen.

Dialog der Kulturen

Der Transnationalismus stand also eindeutig auf dem Prüfstand, doch die Anschläge vom 11. September und die anschließenden Kriege in Afghanistan und im Irak bedeuteten keine Umkehr der historischen Entwicklungen, die gegen Ende des 20. Jahrhunderts sichtbar geworden waren. Dazu gehörten die ökonomische und die kulturelle Globalisierung ebenso wie Bemühungen um ein Mehr an Kommunikation und Verständnis zwischen Nationen, Religionen und Zivilisationen. Letzteres Ziel dürfte mit den Anschlägen auf Amerika und der anschließenden antimuslimischen Stimmung einen Rückschlag erlitten haben. Das Ereignis schürte unzweifelhaft in vielen Teilen der Welt die Angst vor dem Islam, vor allem in Europa und Nordamerika, wo man weniger Erfahrung mit oder Kenntnis über diese Religion hatte als anderswo, etwa in China und Indien, wo es eine signifikante muslimische Minderheit gibt. Im Westen waren viele Menschen nicht bereit und in der Lage, zwischen den Extremisten und der gemäßigten (oder politisch teilnahmslosen) Mehrheit der Muslime zu unterscheiden. Man wusste nicht so genau, wer die Extremisten waren, und viele Menschen, darunter auch Regierungsvertreter, neigten dazu, Muslime im eigenen Land als potentielle Terroristen zu betrachten.

Solcherart Befürchtungen, so schien es, waren nicht unbegründet, denn den Anschlägen vom 11. September folgten ähnliche, wenn auch weniger massive Angriffe auf Zivilisten, etwa im Oktober 2002 der Sprengstoffanschlag auf Touristen im indonesischen Bali, im Juli 2005 die Bombenanschläge auf die U-Bahn und einen Bus in London sowie an Weihnachten 2009 ein glücklicherweise gescheitertes Attentat auf ein ziviles US-Flugzeug, das sich auf dem Weg von Amsterdam nach Detroit befand. Dabei handelte es sich um (potentielle) Selbstmordanschläge, bei denen sich die Terroristen zusammen mit ihren Opfern in die Luft sprengten. Diese Fanatiker, die für eine angeblich höhere Sache ihr Leben gaben, erinnerten Beobachter an die Kamikaze-Angriffe japanischer Piloten gegen Ende des Zweiten Weltkriegs. Doch diese Analogie passte nicht so ganz, denn die Kamikaze-Flieger erfüllten einen militärischen Auftrag und attackierten in erster Linie amerikanische Kriegsschiffe, während hinter den islamischen Terroristen, die bei ihren Zielen keinen Unterschied machten, keine nationale Befehlsgewalt stand. Beide aber, islamische wie japanische Selbstmordangriffe, waren den meisten Menschen unbegreiflich und bestärkten nur die Vorstellung von Fanatikern, die von irrationalen Überzeugungen beseelt waren. Von diesen Einzelfällen ließ sich leicht verallgemeinern und behaupten, der gesamte Islam oder der Großteil der Muslime weltweit unterstütze eine solche Kultur der Irrationalität. Kaum jemandem gefielen die strengen Sicherheitsvorkehrungen an den Flughäfen, die nach diesen Anschlägen und Attentatsversuchen zu einer transnationalen Erfahrung wurden. Unter diesen Umständen wären Pessimisten vermutlich der Meinung gewesen, es sei nicht die richtige Zeit, um in einen Dialog mit dem Islam zu treten oder auch nur transnationale Bemühungen um interkulturelle Kommunikation und Verständigung fortzusetzen.

In Wirklichkeit aber rissen diese Bemühungen auch nach 2001 nicht ab. Gerade weil die Krise so ernst war, verdoppelten zivile Organisationen und internationale Institutionen ihre Anstrengungen, den Dialog zwischen den Kulturen am Leben zu erhalten. Die Vereinten Nationen hatten 1998 eine Resolution verabschiedet, wonach das Jahr 2001 zum «Jahr des Dialogs zwischen den Kulturen» werden solle. Die UNO sowie verschiedene internationale und nationale Organisationen wollten Konferenzen finanzieren, auf denen über dieses Thema diskutiert werden sollte. Eines der ersten dieser Treffen fand im Juli 2001 im litauischen Vilnius statt. Zur Eröffnung wies der Generalsekretär der UNESCO, Kōichirō Matsuura, darauf hin, dass die entstehende neue Weltordnung auf einem soliden Fundament der Kommunikation und des Dialogs zwischen Kulturen ruhen müsse. Zusammen mit den Konferenzteilnehmern war er der Ansicht, die Bemühungen um ein besseres wechselseitiges Verständnis der verschiedenen Kulturen und Zivilisationen müssten deutlich verstärkt werden. Diese und andere Treffen – etwa eine von der UNESCO veranstaltete Konferenz von Wissenschaftlern, die in New York über die Artenvielfalt diskutierten – wurden von den deutlich dramatischeren Ereignissen des 11. September 2001 überschattet, doch die Anschläge dämpften die Begeisterung und den Einsatz für den interkulturellen Dialog keineswegs. In den verbleibenden Monaten des Jahres fanden ähnliche Treffen wie in Vilnius in verschiedenen Teilen der Welt statt und machten deutlich, dass es den Terroristen nicht gelungen war, die Menschen bei ihren Bemühungen um den Transnationalismus einzuschüchtern.

Als wollte es solche Aktivitäten moralisch unterstützen, hielt das Nobelpreiskomitee in Oslo Anfang Dezember ein Symposium ab, um an das einhundertjährige Bestehen des Friedensnobelpreises zu erinnern. Zu den Teilnehmern gehörten UN-Generalsekretär Kofi Annan, der den Preis in diesem Jahr erhalten hatte, zahlreiche frühere Preisträger sowie die Vertreter verschiedener Organisationen – wie etwa des American Friends Service Committee, von Amnesty International,

Ärzte ohne Grenzen oder der Internationalen Kampagne zum Verbot von Landminen –, die ausgezeichnet worden waren. Knapp drei Monate nach den Anschlägen des 11. September widmete sich das Treffen explizit der Sache des Weltfriedens und des gegenseitigen Verständnisses. Die Teilnehmer sprachen sich dabei in
großer Mehrheit gegen den Militäreinsatz in Afghanistan aus und äußerten die
Befürchtung, die USA würden ein ähnliches Vorgehen auch gegen den Irak in
Betracht ziehen. Als Kofi Annan den Nobelpreis entgegennahm, erinnerte er die
Anwesenden – und mit ihnen die ganze Welt – daran, dass die Schaffung einer
friedlichen Welt weit mehr erforderte als die Ausrottung des Terrorismus. So
verwies er etwa darauf, dass in Afrika Tag für Tag 7000 Menschen – also mehr
als doppelt so viele wie im World Trade Center – an AIDS starben. Eine stabile
Weltordnung werde es erst geben, wenn solche Tragödien beendet seien.

Unterdessen gingen die Bemühungen um einen Dialog zwischen den Kulturen
auch im Jahr zwei des neuen Jahrtausends und danach weiter. Die UN-Initiative
zog zusätzliche Treffen nach sich, die sich diesem Anliegen widmeten. Die Bemühungen erwiesen sich oftmals als frustrierend und stießen mitunter auf scharfe
Kritik von Seiten derjenigen, die darauf beharrten, mit islamischen Extremisten
seien keine Kommunikation und Verständigung möglich. Letztere reagierten
ebenfalls entsprechend und propagierten ihren eigenen Purismus, der sich gegen
jede Versöhnung mit dem «Teufel» aussprach. Der anhaltende Zustrom von arabischen, pakistanischen, afghanischen, albanischen und anderen muslimischen
Immigranten nach Europa, Nordamerika und Australien führte häufig zu sozialen Spannungen, vor allem weil die Neuankömmlinge sich zumeist in ärmeren
Vierteln der Großstädte abschotteten. Die Unruhen in den Pariser Vorstädten im
Herbst 2005, bei denen vor allem arabische Zuwanderer Polizeifahrzeuge, öffentliche Gebäude und Schulen angriffen, schienen die Kluft zu symbolisieren, die
zwischen Gemeinschaften unterschiedlichen Glaubens und mit unterschiedlichen
Lebensweisen existierte.

Der Konflikt bestand dabei oftmals zwischen dem Ideal der kulturellen Vielfalt
und des kulturellen Pluralismus einerseits, das jeder Menschengruppe erlaubte,
ihre eigene Religion und Lebensform zu pflegen, und dem Ideal des Säkularismus
andererseits, der darauf beharrte, bestimmte Werte wie etwa die Achtung der
Frauenrechte müssten universell gelten und von allen akzeptiert werden. So verbot beispielsweise die Regierung in Frankreich, einem Land mit einer starken
säkularen Tradition, das Tragen des *hijab* (also von Kopftuch, Schleier oder Burka)
an öffentlichen Orten wie Schulen, und in Großbritannien kritisierte ein Parla-
mentsabgeordneter (der gleichzeitig auch noch Außenminister war) Wählerinnen,
die beim Treffen mit ihm verschleiert waren. 2005 sorgten die Mohammed-Kari-
katuren von zwölf dänischen Zeichnern für weltweite Proteste von Muslimen.
Und 2011 erschoss ein Rechtsextremist in Norwegen 69 junge Menschen, unter
ihnen auch mehrere Muslime, die an einem interkulturellen Sommercamp auf der

Insel Utøya teilgenommen hatten. Dass in europäischen Städten Moscheen gebaut wurden, wirkte auf manche Beobachter wie ein Affront, sie empfanden dies als islamische Verdrängung der christlichen Kultur, und in den USA spalteten Pläne, nahe «Ground Zero» in Manhattan ein islamisches Kulturzentrum zu errichten, die Nation, auch wenn sich in diesem Fall die Vorstellung von kulturellem Pluralismus und die säkulare Doktrin der Religionsfreiheit einerseits und die Erinnerung an eine nationale Tragödie andererseits gegenüberstanden.

Unter der aufgewühlten Oberfläche dieses Konflikts gingen jedoch im Stillen die Bemühungen weiter, allzu simple Vorstellungen vom Konflikt und der Unvereinbarkeit von Kulturen, Religionen oder Ethnien zu überwinden und weniger extremistische, weniger dogmatische Weltsichten zu entwickeln. Was man brauchte, war eine Sichtweise, die Welt und Menschheit als divergierend *und* vereint, lokal *und* global zugleich betrachtete. Als ein wichtiges Beispiel dafür können die energischen Versuche amerikanischer, kanadischer, australischer, britischer und anderer europäischer Historiker gelten, bei sich selbst und bei ihren Studenten den traditionellen Ethnozentrismus und nationenzentrierte Sichtweisen auf die Vergangenheit zu überwinden. Im ersten Jahrzehnt des 21. Jahrhunderts wurden an vielen Universitäten neue Studiengänge für Welt-, Global- oder transnationale Geschichte geschaffen oder bestehende Programme ausgeweitet. Im Jahr 2008 fand an der Harvard University die erste Konferenz zur Globalgeschichte statt, an der Historiker aus allen Erdteilen teilnahmen. Daneben erschien eine ganze Reihe hervorragender Lehrbücher, die dem Studium der Vergangenheit eine globale Perspektive hinzufügten. 2005 etwa veröffentlichte Richard W. Bulliet zusammen mit Kollegen das voluminöse Werk *The Earth and Its Peoples*, das eine neue Sicht der Weltgeschichte präsentierte und sich vom gängigen eurozentrischen Narrativ verabschiedete. Dabei fügten die Autoren nicht einfach dem bisherigen Narrativ andere Teile der Welt hinzu, sondern sie versuchten den gesamten Globus ständig im Blick zu behalten, damit die Leser nachverfolgen konnten, wie verschiedene Völker und Regionen Verbindungen zueinander aufgebaut hatten. Im 21. Jahrhundert, so heißt es einleitend, «visualisieren die Menschen zunehmend eine einzige Weltgemeinschaft».[127] Ein weiteres Lehrbuch der modernen Weltgeschichte, *Worlds Together, Worlds Apart* (2002), befasste sich mit transnationalen Entwicklungen wie «dem Schwarzen Tod, dem Silber aus Amerika, das in die Weltwirtschaft einfloss, und dem Aufkommen des Nationalismus, der die ganze Welt erschütterte». Diese Phänomene, so die Autoren, «hatten in den verschiedenen Regionen unterschiedliche Reaktionen zur Folge».[128] Der Schwerpunkt lag dabei auf dem Dialog zwischen Verflechtung und Divergenz, den zahlreiche Historiker als geeigneten begrifflichen Rahmen für ihre eigenen Studien zur Welt-, Global- oder transnationalen Geschichte übernahmen. Entscheidend war dabei, sich von der Fokussierung auf die Nationen als Untersuchungseinheiten zu lösen.

Nach Überzeugung dieser Historiker gelangte man nur dann zu einem ausgewogeneren Verständnis historischer Entwicklungen, wenn man sich auf Migrationsströme, Seuchen, die Zirkulation von Gold und Silber und viele andere Themen konzentrierte, die über nationale Grenzen hinausgingen.

Selbst im Bereich der Nationalhistoriographie waren die Autoren verstärkt daran interessiert, die Geschichte eines Landes in den Kontext weltweiter Entwicklungen zu stellen. So behandelt beispielsweise Thomas Benders *A Nation Among Nations* (2006) die Geschichte Amerikas von Kolumbus bis zur Gegenwart, vergleicht aber immer wieder nationale und globale Entwicklungen, sodass Politik, Gesellschaft und Kultur des Landes nicht als einzigartig erscheinen.[129] Der Autor wollte explizit einen Gegenentwurf zur «exzeptionalistischen» Darstellung der US-Geschichte liefern, die in der Historiographie vorherrscht, und vertritt die These, dass sich ein Großteil dessen, was in den USA (oder in irgendeinem anderen Land) geschehen ist, mit Hilfe wechselseitiger Beeinflussungen und paralleler Entwicklungen über nationale Grenzen hinweg erklären lässt. Ganz ähnlich versuchte der australische Historiker Ian Tyrrell in *Transnational Nation* (2007) die Geschichte der USA in den Kontext der Globalgeschichte zu stellen, sodass sie als Produkt äußerer (ökonomischer, kultureller, sozialer) *wie* innerer Faktoren erscheint.[130] Diese Beispiele zeigen: Während die US-Regierung eine tendenziell unilaterale Außenpolitik betrieb, versuchten die Wissenschaftler und Dozenten des Landes die Aufmerksamkeit der Menschen auf die Welt «da draußen» zu lenken. Denn sie wussten genau: Sollte ihre Bildung der jüngeren Generation Bürger hervorbringen, die sich stärker für globale Fragen interessierten und anderen Völkern und Kulturen gegenüber aufgeschlossener waren, so wäre das eine der vielversprechendsten Entwicklungen des neuen Jahrhunderts.[131]

In Asien gab es ähnliche Bemühungen. In Malaysia wurde an der University of Malaysia ein Center for Civilizational Dialogue eingerichtet, und im japanischen Osaka eröffnete die private Kansai Gaidai University 2007 ein neues Zentrum für die Erforschung des Kulturtransfers in Ostasien. Unter der Leitung des chinesischen Historikers Tao Demin setzte sich das Institut zum Ziel, die Geschichte der innerregionalen (aber auch der interregionalen) kulturellen Diffusion und Vermischung in der Frühen Neuzeit zu erforschen. Etwa zur gleichen Zeit fanden erstmals jährliche Symposien an den Universitäten in Peking und Seoul statt, die sich der aktuellen Lage der menschlichen Zivilisation und ihrer Zukunft widmeten. Diese Bemühungen hatten kein schlichtes Verständnis von Zivilisation oder vom Dialog zwischen den Kulturen zur Folge, zeigten aber deutlich, dass auch in Asien ein ernsthaftes Interesse daran bestand, bei der Betrachtung der Vergangenheit über mononationale Analyserahmen hinauszugelangen. All die genannten Beispiele zeugen von einer transnationalen Geisteshaltung, wonach – mit den Worten des Historikers Bruce Mazlish – Zivilisation heute «alle Menschen überall umfasst».[132]

Die transnationale Reichweite der globalen Wirtschaftskrise Unterdessen schritt die Globalisierung voran, wenngleich die Weltwirtschaft ab 2007 allmählich an Dynamik verlor und sogar in eine mehrere Jahre dauernde schwere Krise geriet. Doch ungeachtet dessen, ob die Weltwirtschaft sich im Auf- oder Abschwung befand, bestätigte dieses Hin und Her nur, dass alle Teile der Welt jetzt enger miteinander verflochten waren als je zuvor.

Im ersten Jahrzehnt des neuen Jahrhunderts wuchs die Weltbevölkerung von rund 6,1 auf gut 6,9 Milliarden Menschen. Sollte dieser Trend anhalten, so die Prognose, wäre 2025 die Zahl von acht Milliarden und 2050 von neun Milliarden erreicht. Wenn man bedenkt, dass 1900 erst 1,6 Milliarden und 1950 gerade einmal 2,5 Milliarden Menschen auf der Erde lebten, so sind das fast unvorstellbare Zuwächse, die die menschliche Umwelt, die Ressourcen der Erde und die Fähigkeit von Regierungen und Gemeinschaften überall auf der Welt, zumindest einen Anschein von Ordnung zu wahren, vor enorme Herausforderungen stellen. Allerdings lag die Rate der demographischen Zuwächse zu Beginn des 21. Jahrhunderts niedriger als Mitte des vergangenen Jahrhunderts. Die natürliche Wachstumsrate, also die Geburtenrate abzüglich der Sterberate im Verhältnis zur Gesamtbevölkerung, sank von 17,8 Prozent im Zeitraum 1950–1955 auf 12,3 Prozent fünfzig Jahre später.

Diese Zahlen zeigen vor allem eines: Zwar sank die Sterberate dank des Ausbleibens großer Kriege und medizinischer Fortschritte deutlich, doch auch die Geburtenrate ging zurück. Bemerkenswerterweise gelten diese allgemeinen Trends sowohl für die fortgeschrittenen Industrieländer als auch für die Entwicklungsländer. Zwar verzeichneten Letztere weiterhin höhere Geburtenraten und stellten 80 Prozent der Weltbevölkerung, doch wuchsen ihre Bevölkerungen zu Beginn des 21. Jahrhunderts weniger schnell. Die Gründe dafür waren vielfältig: eine breitere Anwendung von Verhütungsmitteln, eine weniger traditionelle Lebensweise, in der man nicht mehr wie bisher viele Kinder haben musste, sowie staatliche Maßnahmen, die kleine Haushalte förderten oder sogar vorschrieben. Letztgenanntes Phänomen ließ sich exemplarisch in China beobachten. Die in den 1970er Jahren ausgerufene «Ein-Kind-Politik» wurde von der Regierung in Peking nur leicht modifiziert, was zur Folge hatte, dass die Bevölkerung im Zeitraum 2005–2010 nur um 0,58 Prozent wuchs, also deutlich unter dem Weltdurchschnitt von 1,17 Prozent. Viel stärker wuchs die Bevölkerung in den USA (0,97 Prozent), in Mexiko (1,12 Prozent), in Brasilien (1,26 Prozent) sowie in so gut wie allen Ländern Südamerikas.

Eine neue Entwicklung nach der Jahrhundertwende war die erstaunliche Langlebigkeit der Menschen in Ländern wie China, Singapur und Südkorea. In einigen europäischen Ländern sowie in Japan war eine alternde Bevölkerung gegen Ende des 20. Jahrhunderts zum Problem geworden, doch nun zeigte sich dieses Phänomen auch in anderen Ländern. In den USA hielt zwar der Zustrom an Einwanderern das Durchschnittsalter niedrig, doch im Jahr 2004 waren 3,1 Prozent der Bevölkerung über 75 Jahre alt. Die entsprechenden Zahlen für Russland, Italien, Schweden und Großbritannien lagen bei 2,5, 4,5, 4,4 bzw. 3,8 Prozent. Selbst in China, wo die durchschnittliche Lebenserwartung 2005 bei 72 Jahren lag, waren mehr als zwei Prozent der Menschen über 70. In Russland hingegen lag die durchschnittliche Lebenserwartung für Männer 2004 bei nur 58,5 Jahren (bei Frauen waren es 71,8 Jahre), eine Ausnahme, die die Regel bestätigt (und vor allem durch den wirtschaftlichen Zusammenbruch Anfang der 1990er Jahre bedingt war). Diese statistischen Zahlen zeigen, dass die Weltbevölkerung nicht nur insgesamt wuchs, wenn auch langsamer als früher, sondern dass sich auch ihre Zusammensetzung rasant veränderte. Das Altern der Bevölkerung war dabei ein gesellschaftliches und ein ökonomisches Problem, denn ältere Bürger in ihren Siebzigern, Achtzigern oder sogar darüber hinaus arbeiteten in der Regel nicht mehr und benötigten verschiedene Formen von Unterstützung, für die man sowohl Pflegekräfte als auch die entsprechenden finanziellen Mittel brauchte. In wohlhabenderen Ländern kümmerten sich staatliche und private Altenheime um die Bedürfnisse der Senioren, und zunehmend organisierten Bürger Selbsthilfegemeinschaften, in denen man sich gegenseitig half, ohne in ein Heim gehen zu müssen. In der übrigen Welt aber gab es solche Einrichtungen und Programme kaum, und Familien, Clans und Dörfer mussten mit der neuen Situation fertig werden, so gut sie konnten.

Jedenfalls lebten im ersten Jahrzehnt des 21. Jahrhunderts mehr Menschen auf der Erde als je zuvor, und die Zwänge und Nöte, die Menschen in der Vergangenheit auf der Suche nach Essen, Arbeit und Stabilität zur Migration veranlasst hatten, bestanden nach wie vor. In der Geschichte der grenzüberschreitenden Migration setzte das neue Jahrhundert die Entwicklung des vergangenen fort, doch zu den zahlreichen Migranten, die aus der Karibik und aus Südamerika in die USA strömten, kamen nun zunehmend solche, die Afrika, den Nahen und Mittleren Osten sowie Zentralasien verließen und anderswo ihr Heil suchten. Darunter waren auch Flüchtlinge, die durch das von Bürgerkrieg, ethnisch motivierter Gewalt und Terror verursachte Chaos aus ihren Heimatländern vertrieben wurden. Die meisten, nämlich jeweils 1,8 Millionen, kamen 2008 aus dem Irak und aus Afghanistan, und sie landeten überwiegend in Pakistan und Iran, wo sie die Bevölkerungsprobleme dieser Länder noch weiter verschärften.[133] Ein relativ neues Phänomen waren die «Binnenflüchtlinge», die aus ihren Häusern und Dörfern vertrieben wurden und in Flüchtlingslagern innerhalb der Landesgrenzen landeten. 2004 sollen es weltweit mehr als 17 Millionen gewesen sein.[134] Bei ihnen handelte es sich nicht um transnationale Wesen im strengen Sinne, aber in den meisten Fällen wurden sie von transnationalen Hilfsorganisationen betreut, allen voran vom UN-Hochkommissariat für Flüchtlinge.

Gab es genügend Ressourcen, um wenigstens die Grundbedürfnisse der wachsenden Weltbevölkerung zu befriedigen? Mit dieser Frage hatten sich Beobachter schon seit Jahrzehnten beschäftigt, doch zu Beginn des 21. Jahrhunderts wurde vor allem der Klimawandel zu einem drängenden Problem, denn er hatte entscheidende Auswirkungen auf die Ernährungssicherheit und auf das Nahrungsmittelangebot. Nicht zuletzt die Sorge darum hatte 1998 zum Kyoto-Protokoll geführt, mit dem der Ausstoß von Treibhausgasen reduziert werden sollte, doch nicht nur die USA hatten sich geweigert, es Europa und Japan gleich zu tun und das Abkommen zu unterzeichnen, sondern auch China, Indien und andere Entwicklungsländer waren dem «Regime» nicht beigetreten. Im 21. Jahrhundert freilich war ein solches Abseitsstehen, das signalisierte, dass die Welt bei dieser globalsten aller Krisen gespalten war, nicht mehr akzeptabel. In einigen dieser Länder, die ihren Lebensstil stetig steigerten, verlangten die Menschen zunehmend nach Klimaanlagen, Kühlschränken und Ähnlichem, was den CO_2-Ausstoß weiter erhöhte. Al Gore, ehemals Vizepräsident der USA, schlug in dem Dokumentarfilm *Eine unbequeme Wahrheit* angesichts solcher Entwicklungen Alarm. Seine Botschaft war simpel und eindeutig: Die Durchschnittstemperaturen auf der Erde stiegen, und das Eis am Nordpol schmolz rasant dahin. Filmbilder zeigten Eisbären, die in Ermangelung dicker Eisschichten gezwungen waren, Hunderte von Kilometern im offenen Meer zu schwimmen. Eine Folge der globalen Erwärmung schien eine Zunahme der Regenmengen zu sein, und tatsächlich kam es in den ersten Jahren des neuen Jahrhunderts zu einer ganzen Reihe lebensbedrohlicher Wirbelstürme. Sie sowie Erdbeben, Hitzeperioden oder Überschwemmungen seien, so hieß es, durch den weltweiten Klimawandel verursacht oder stünden zumindest damit in Zusammenhang.

Zwar bezweifelten eine Minderheit von Wissenschaftlern und einige Politiker, dass der Klimawandel vom Menschen verursacht war – sie glaubten, er sei Teil eines natürlichen Zyklus –, doch Tatsache bleibt, dass die Menschen immer mehr Energie verbrauchten. Statistische Zahlen zur «Primärenergie» – dazu gehören Kohle, Wasserkraft, Erdgas – zeigen, dass der Gesamtverbrauch aus diesen Energiequellen zwischen 1980 und 2004 um fast 50 Prozent gestiegen ist, nämlich von umgerechnet 6,5 Milliarden Tonnen Erdöleinheiten auf 9,7 Milliarden Tonnen. Das entspricht in etwa der Zuwachsrate der Weltbevölkerung. Viele Länder verbrauchten jedoch mehr Energie, als sie produzierten. Die USA etwa produzierten 2004 1425 Millionen Tonnen Energie, verbrauchten aber 2052 Millionen Tonnen. Für China lagen diese Zahlen bei 1242 bzw. 1260 Millionen Tonnen. Zusammen verbrauchten diese beiden Länder also 36 Prozent der weltweiten Energieressourcen, produzierten aber nur 27 Prozent. Eine solche Diskrepanz zwischen Energieverbrauch und Energieproduktion war typisch für Nordamerika, Europa und Asien, und diese Defizite wurden ausgeglichen, indem überschüssige Energie aus anderen Regionen dieser Welt importiert wurde: aus Südamerika, Afrika, dem Nahen und Mittleren Osten sowie aus Ozeanien. Wenn sich jedoch diese Weltgegenden selbst im gleichen Tempo wie die anderen industrialisierten und urbanisierten, dann, soviel war klar, würde es zu einer akuten Energieknappheit kommen. Bis dahin war der Energieimport für die meisten Länder Nordamerikas, Europas und Asiens die einzige Möglichkeit, um den eigenen Bedarf zu decken. Die Zukunft der Atomkraft jedenfalls, die zu dieser Zeit 15 Prozent des weltweiten Strombedarfs deckte, sah nach der Atomkatastrophe von Fukushima im März 2011 nicht wirklich rosig aus.[135]

Ein ähnliches Ungleichgewicht zwischen Produktion und Verbrauch herrschte bei den Nahrungsmitteln. Hier waren die USA eines der wenigen Länder, das bei Grundnahrungsmitteln wie Mais und Weizen den eigenen Bedarf decken konnte und exportierte, was zu Hause nicht benötigt wurde. Das Land war 2006 für 38,5 Prozent der weltweiten Maisproduktion verantwortlich, beim Weizen waren es 9,5 Prozent. Viele dieser Agrarprodukte wurden ins Ausland verkauft, wobei die USA mehr als die Hälfte des weltweit exportierten Maises beisteuerten. Japan und Südkorea, die beide keinen Mais anbauten, importierten zusammen mehr als ein Viertel der weltweit gehandelten Menge. Beim Getreide insgesamt konnte Japan nur 28 Prozent des eigenen Bedarfs selbst decken, die restlichen 72 Prozent mussten importiert werden. Japanische Fischer trugen 2005 mit 4,4 Prozent zur globalen Fangquote bei, doch die Japaner aßen so viel Fisch, dass das Land noch einmal die gleiche Menge aus anderen Staaten importieren musste. Ähnlich war die Situation in Ländern wie Großbritannien, Spanien oder den Niederlanden. Sie bezahlten ihre Nahrungsmittelimporte mit dem Export anderer Güter, vor allem von Industrieprodukten. (20,7 Prozent der japanischen Exporte waren im Jahr 2004 Autos, weitere 17,3 Prozent entfielen auf Werkzeugmaschinen. Bei den britischen Exporten lagen diese Anteile bei 9,8 bzw. 13,3 Prozent.)

Das reibungslose Funktionieren des internationalen Handels war somit von entscheidender Bedeutung, um den Zugang zu den Nahrungsmittelressourcen dieser Welt zu garantieren. Zum Glück orientierten sich die meisten Länder als Mitglieder der Welthandelsorganisation (WTO) am Grundprinzip des Freihandels, auch wenn es weiterhin Importbeschränkungen gab, die aber zumeist von den Richtlinien der WTO gedeckt waren. Für einige ärmere Länder in Afrika und Asien reichte der Exporthandel jedoch nicht aus, um die Grundbedürfnisse der Bevölkerung zu decken, und für sie war deshalb Hilfe von Seiten anderer Länder und internationaler Institutionen überlebenswichtig. Ein ganzes Stück komplizierter wurde die Sache jedoch, wenn die Preise für Grundnahrungsmittel wie Weizen und Reise starken Schwankungen unterworfen waren, wie das vor Beginn der globalen Wirtschaftskrise 2007 der Fall war. So war, um nur ein Beispiel zu nennen, der Preis für Winterhartweizen seit über einem Jahrhundert rückläufig, doch 2005 schoss er – wie auch der Preis für Mais, Reis, Soja und Hafer – in die Höhe. Ursache dafür war kein externer Schock für das Produktionssystem wie etwa eine Dürre oder Schädlingsplage, sondern eine «Spekulationsblase» an den Rohstoffmärkten. Die höheren Preise führten in den Entwicklungsländern zu sozialen Unruhen und zu Gewalt und sorgten dafür, dass die Zahl derjenigen, die nicht genug zu essen hatten, nach oben schnellte. Selbst in den USA war die Knappheit zu spüren, in einigen Supermärkten durften die Kunden von bestimmten Produkten wie Reis nur eine begrenzte Menge einkaufen.

Ein zentraler Aspekt des globalen Systems von Produktion, Konsum, Handel und Hilfe war das Finanzsystem, in dem die meisten Währungen untereinander frei konvertibel waren. Seit dem Plaza-Abkommen von 1985, das den Devisenhandel liberalisiert hatte, waren globale Geldgeschäfte immer transnationaler geworden, auch wenn die meisten Außenhandels- und Investitionstätigkeiten noch immer in Dollar oder auch zunehmend in Euro abgewickelt wurden. Die Devisen eines jeden Landes wurden zumeist nach wie vor in Dollar gemessen. Doch auch andere Währungen erlangten den Status semi-internationaler Transaktionseinheiten. Da nun auch China, Indien, Brasilien und andere Länder zu wichtigen weltwirtschaftlichen Akteuren geworden waren, herrschte in Sachen Devisen gewissermaßen ein freier Wettbewerb. Theoretisch konnte jeder überall Devisen und Wertpapiere kaufen und verkaufen, und das Spekulationsgeschäft, an dem sich Menschen aus aller Welt beteiligten, führte zu ständig schwankenden Wechselkursen und Renditen. Tatsächlich versuchten die Notenbanken in verschiedenen Ländern von Zeit zu Zeit, den Wert einer Währung im Vergleich zu anderen zu stützen oder künstlich niedrig zu halten. So waren, um das auffälligste Beispiel zu nehmen, die staatlichen Stellen in China darauf bedacht, den Wert der Landeswährung Renminbi niedrig zu halten, um so den Export zu stärken. Eine solche Politik sorgte zwar bei anderen Ländern – insbesondere bei den USA mit ihrem riesigen Handelsdefizit gegenüber China – für Irritationen, aber Tatsache bleibt, dass die Chinesen nun Anleihen und Aktien auf den amerikanischen Märkten kauften, deren Wert teilweise von einem stabilen Wechselkurs zwischen den beiden Währungen abhing. Ein neues Zeitalter des Finanzkapitalismus war angebrochen. Doch anders als vor hundert Jahren, als eine kleine Zahl von Bankiers, Industriellen und Anteilseignern das Spiel quasi monopolisiert hatten, war nun die ganze Welt – und zumindest theoretisch jeder Einzelne – als Markt und als Investor daran beteiligt.

Die Überhitzung des globalen Finanzmarkts erreichte 2007 ihren Höhepunkt, als mehr Waren, Geld und Wertpapiere im globalen Rahmen den Besitzer wechselten als je zuvor. Das hatte zwangsläufig Folgen: Die Aktienkurse stürzten ab, der Wert vieler Währungen fiel, zahlreiche Menschen verloren ihren Arbeitsplatz und ihr Eigenheim. Man könnte die Krise in gewisser Weise so auf den Punkt bringen: «Kapitalismus ohne Kapital». Oder anders ausgedrückt: Menschen mit wenig oder keinerlei Ersparnissen kauften auf Pump Güter, die sie sich eigentlich nicht leisten konnten, und belasteten ihre Häuser, um an große Geldsummen zu kommen, weil sie davon ausgingen, der Wert ihrer Immobilien werde weiter steigen und es ihnen so ermöglichen, den Kredit zurückzuzahlen. Überdies liehen sich viele ältere Bürger Geld, um in Altersresidenzen zu ziehen, die zumeist in privater Hand waren und viel Geld kosteten. Banken, Kreditfirmen, Wertpapierhändler und andere beförderten diese Verbraucherkredite, weil sie auf beträchtliche Renditen hofften. Diese Hypothekenkredite wurden verbrieft, sodass sich die Kreditgeber noch mehr Kapital beschaffen konnten. Dieses System sollte nicht lange funktionieren, und so geschah 2007 das Unvermeidliche, als das Fiasko mit den «Subprime-Krediten» die Blase platzen ließ. Die Banken und Kreditanstalten, die das Geld an Schuldner mit mäßiger Bonität verliehen hatten, taten sich zunehmend schwer, an die Rückzahlungen zu kommen, und verloren in der Folge riesige Summen. Unterdessen merkten plötzlich Hedgefonds und verschiedene andere Formen von Investitionen in Banken, Versicherungen, ausländische Wertpapiere und Fremdwährungen, dass die schnellen Gewinne, die sie im Auge gehabt hatten, sich verflüchtigt hatten. Verschiedene Fondsgesellschaften und Finanzinstitute brachen zusammen. Da alle Transaktionen grenzüberschreitend erfolgt waren, waren auch die Folgen wahrhaft global. Einzelpersonen und Organisationen hatten sich so sehr von den Devisen- und Aktienmärkten ferner Länder abhängig gemacht, dass es zu einer Kettenreaktion in allen Teilen der Welt kam.

Bemerkenswerterweise aber erlebten, anders als in der Weltwirtschaftskrise der 1930er Jahre, weder der Welthandel noch die Auslandsinvestitionen einen signifikanten Einbruch. Beide Formen transnationaler Aktivitäten behaupteten sich, weil die Nachfrage nicht jäh nachließ. Natürlich schrumpfte der Weltmarkt für bestimmte Güter, vor allem für Autos, was zur Folge hatte, dass in den Automobilfabriken und bei den Zulieferern viele Arbeitskräfte entlassen wurden. Der extremste Fall war dabei General Motors. Der bis 2008 weltgrößte Automobilhersteller (seither ist das Toyota) geriet aufgrund der Finanzkrise in schwere Turbulenzen, ging pleite und musste mit Geldern in Milliardenhöhe von der US-Regierung gestützt werden. Da das Geld aus dem Staatshaushalt stammte, hieß das, dass das Unternehmen nun den Steuerzahlern gehörte. In ähnlicher Weise sprangen die Regierungen der USA, Deutschlands und mehrerer anderer OECD-Länder im Zuge der Bankenkrise ein, um den Zusammenbruch bestimmter Finanzinstitute zu verhindern. Dennoch war bei grenzüberschreitenden Handelsaktivitäten und Investitionen kein dramatischer Einbruch zu verzeichnen. Das hatte teilweise damit zu tun, dass die Nachfrage nach Nahrungsmitteln und Energie nicht nachließ, zum Teil aber auch damit, dass Länder wie China oder Indien anders als die USA und Europa keine heimische Wirtschaftskrise erlebten und in gewisser Weise – zumindest für einige Zeit – deren Rolle in der Weltwirtschaft übernehmen konnten, sprich: weiterhin ausländische Produkte kauften und in ausländische Unternehmen investierten. Insbesondere China verfügte über enorme Devisenreserven in Dollar und Euro, doch statt sie zu verkaufen, agierte das Land sehr verantwortungsbewusst und sorgte so mit dafür, dass diese Währungen nicht abstürzten. Das nämlich hätte die Weltwirtschaftskrise deutlich verschärft und die Schuldenlast der öffentlichen Haushalte in den USA und in den europäischen Ländern deutlich erhöht.

Die globale Wirtschaftskrise des frühen 21. Jahrhunderts war in ihrer Reichweite deutlich transnationaler als die Great Depression Anfang der 1930er Jahre, doch zugleich waren die Reaktionen auf die Krise ebenfalls deutlich besser grenzüberschreitend koordiniert. Dass China, das zusammen mit Taiwan und Hongkong rasch zur (gemessen am BIP) zweitreichsten Nation hinter den USA aufstieg, wesentlich dazu beitragen konnte, die Folgen der Krise abzumildern, stand symbolisch dafür, wie transnational die Weltwirtschaft inzwischen geworden war. Die wachsende Bedeutung der BRIC-Staaten – gemeint sind damit neben China Brasilien, Russland und Indien (inzwischen gehört auch Südafrika dazu, daher die Abkürzung BRICS) – und zahlreicher anderer Länder zeigte sich nirgends deutlicher als auf den internationalen Konferenzen, die nach dem finanziellen GAU von 2009 stattfanden und an denen die zwanzig reichsten Länder dieser Welt teilnahmen. Die auf den G20-Gipfeln vertretenen Nationen erwirtschafteten 90 Prozent des Welt-BIP. Im Gegensatz zur monetären Krise der 1970er Jahre, die zur Einrichtung der G7-Treffen führte (aus denen dann mit Russland die G8 wurden), war man sich bewusst, dass diese reichsten sieben oder acht Nationen die globalen Wirtschaftsfragen ohne Beteiligung anderer nicht mehr bewältigen konnten, denn diese anderen stellten nicht nur riesige Märkte dar, sondern produzierten auch Agrarerzeugnisse, Rohstoffe und Industriewaren. Beim G20-Treffen im September 2009 verständigte man sich auf wechselseitige Konsultationen und Überwachungsmaßnahmen, damit nicht einzelne Länder übermäßig Geld ausgaben oder sparten, und wollte sicherstellen, dass Banken und Investmentfonds nicht mehr zügellos auf Kosten der normalen Bürger agierten. Dass Farmen, Fabriken und Finanzwesen der Welt so eng miteinander verflochten und die Hauptproduzenten und -konsumenten bereit waren, die Probleme gemeinsam anzugehen, war einer der Hauptgründe dafür, dass es Ende 2009 zu einer wirtschaftlichen Erholung kam, die sich Ende 2010 noch verstärkte.

In gewisser Weise also – und in deutlichem Gegensatz zu den 1930er Jahren, als die Wirtschaftskrise die Welt spaltete und gleichsam «entglobalisierte» – bestätigten die Turbulenzen zu Beginn des 21. Jahrhunderts nur, wie sehr die verschiedenen Teile der Welt miteinander verflochten waren. Transnationale Verbindungen und Netzwerke wurden nicht zerrissen, sondern gestärkt. Das lässt sich beispielsweise daran ablesen, dass sich die Internetnutzung in den Krisenjahren 2008–2010 weiter ausbreitete oder dass einige Weltkonzerne ihre Ressourcen grenzüberschreitend zu bündeln versuchten, um zu transnationalen Giganten zu werden. So ging die unter enormen Verlusten leidende Fluglinie Japan Airlines (JAL) eine Allianz mit American Airlines ein, wobei die US-Fluggesellschaft JAL mit frischem Kapital versorgte und darauf hoffte, mit dem neuen Partner den Anteil am lukrativen Reisemarkt in der asiatisch-pazifischen Region zu steigern. Auch die Zahl der internationalen Reisenden und der Austauschstudenten sank im Zuge der Krise nicht signifikant. Die Menschen überquerten weiterhin Grenzen. Millionen von ihnen taten das auf der Suche nach Arbeit; trotz restriktiver Maßnahmen, die einige Länder zum Schutz der heimischen Arbeitskräfte ergriffen hatten, kamen weiter Migranten, und auch der Schmuggel illegaler Drogen ging weiter. All das zeigte: Transnationale Bewegungen waren zu Beginn des 21. Jahrhunderts unverändert relevant.

Auf dem Weg zu einer transnationalen Partnerschaft

Wird mit der Zeit eine gefestigte transnationale Welt entstehen? Es ist nicht Aufgabe des Historikers, die Zukunft vorherzusagen, aber zwei Aspekte könnten zu unserem Verständnis der ersten Jahre des 21. Jahrhunderts im Kontext der Weltgeschichte seit dem Zweiten Weltkrieg beitragen. Da ist zum einen die Entwicklung einer pazifischen Gemeinschaft und möglicherweise anderer Regionalgemeinschaften, und da ist zum anderen das, was wir als das «Obama-Phänomen» bezeichnen könnten, das über die US-Politik hinausreicht und die zunehmende Relevanz des Themas «Hybridität» widerspiegelt. Diese Beispiele lassen darauf schließen, dass transnationale Verflechtungen und Ideen weiter zunehmen werden.

Der Handel, finanzielle Verflechtungen und andere Bindungen brachten Ostasien, Südostasien, Südasien, die Antipoden- und die Pazifikinseln sowie Nord- und Südamerika enger zusammen. In Handelsangelegenheiten fungierte Ostasien als zentrales Bindeglied zum Rest der Welt. Der US-Handel mit China hat sich zwischen 2000 und 2004 mehr als verdoppelt, und im Jahr 2004 kamen 6,9 Prozent der weltweiten Exporte aus China. Nur Deutschland (10,6 Prozent) und die USA (12,7 Prozent) übertrafen Chinas Bilanz. Auch andere asiatische Länder, allen voran Japan und Südkorea, gehörten weiterhin zu den wichtigsten Exportnationen. Auffällig war zu Beginn des neuen Jahrhunderts, dass sich der Handel innerhalb der ostasiatischen Länder intensiviert hat. Beinahe die Hälfte der japanischen Exporte ging 2003 in andere asiatische Länder, im Falle Chinas waren es 37 Prozent. Bei den Importen sah es so aus, dass Japan 58 Prozent seiner Einfuhren aus Asien bezog, in China waren es 42,1 Prozent. Asien entwickelte sich also zu einer riesigen Handelszone, in der die einzelnen Länder immer mehr Güter kauften und verkauften. Auch wenn es keine formale regionale Gemeinschaft gab, entwickelte sich Ostasien doch fraglos zu einer solchen.

Unterdessen wurden die finanziellen Verbindungen zwischen Ost- und Südostasien nach der Währungskrise Ende der 1990er Jahre gestärkt. Damals war in

Thailand, Indonesien, Südkorea und anderswo der Wert der einheimischen Währungen gegenüber dem Dollar rasant abgesackt, was das Geld- und Bankensystem dieser Länder schwer erschütterte und sich überdies in steigender Arbeitslosigkeit und fallenden Börsenkursen bemerkbar machte. Weder der Internationale Währungsfonds noch die USA waren wirklich bereit zu helfen, weil sie gemäß dem Washington-Konsens der Ansicht waren, die Marktmechanismen würden die Dinge bald wieder ins Lot bringen. Zwar ist unzweifelhaft richtig, dass die Globalisierung des Devisenhandels seit den 1980er Jahren zu deutlichen Wertschwankungen nationaler Währungen geführt hat, aber der Washington-Konsens hielt selbst dann noch an seiner Politik des «Hände weg» fest, als einige asiatische Währungen gegenüber dem Dollar bis zu 80 Prozent an Wert verloren. Aus Sicht der betroffenen Nationen war das absolut inakzeptabel, und sie unternahmen deshalb auf regionaler Ebene etwas dagegen. Zu einem ASEAN-Treffen im Dezember 1997 waren die Staatschefs von China, Japan und Südkorea eingeladen, und das daraus resultierende ASEAN+3 erwies sich als brauchbarer Rahmen für kollektives regionales Handeln.[136] Die Gruppe traf sich weiterhin jährlich und wurde zu einer soliden Basis für die Schaffung einer asiatischen Regionalgemeinschaft. Im Kontext der Krise von 1997 stellte Japan zunächst zeitlich befristet 30 Milliarden Dollar an Krediten zur Verfügung, und anschließend richtete ASEAN+3 ein System von «Währungsswaps» ein, mit denen die Währung eines Landes, die in Schwierigkeiten gerät, eine Finanzspritze anderer Währungen bekommen kann.

Mit der Zeit wurden diese Bemühungen der ASEAN und ostasiatischer Länder auch auf andere Bereiche ausgedehnt, etwa auf Umweltfragen und den Klimawandel, auf den Kulturaustausch, die wirtschaftliche Entwicklung und sogar die politische und militärische Sicherheit. Zusätzliche Vereinbarungen stärkten die regionalen Bindungen. Am erfolgreichsten waren dabei die so genannten «Freihandelsabkommen» (FTA), die seit 2000 immer häufiger ausgehandelt wurden: etwa zwischen Singapur und Neuseeland, zwischen der ASEAN und China, zwischen Thailand und Indien, zwischen Singapur und Südkorea, zwischen Japan und Malaysia sowie zwischen Thailand und Australien. Diese Abkommen beflügelten den innerregionalen Handel so sehr, dass das Handelsvolumen der FTA-Unterzeichnerstaaten fast 50 Prozent des gesamten Handels in der Region ausmachte.

Die Einbeziehung von Australien, Neuseeland und Indien in die Freihandelsabkommen zeigt, dass «Asien» im Kontext der regionalen Entwicklung breiter definiert wurde. Zumindest die Handelsvereinbarungen umfassten nun die meisten Länder – mehr als zwanzig – von Indien bis Neuseeland. Die «asiatische» Regionalgemeinschaft, die da entstand, war in Wirklichkeit eine «asiatisch-pazifische» Gemeinschaft. So gehörten die USA von Anfang an der Asia Pacific Economic Cooperation (APEC) an, einem 1989 gegründeten Zusammenschluss für wirtschaftliche Zusammenarbeit und Unterstützung. Bald schlossen sich auch andere amerikanische Nationen wie Mexiko und Peru an, sodass die geographischen Grenzen der regionalen Organisationen locker gehalten wurden. Diese verschiedenen, sich überlappenden Netzwerke zeigten, dass eine asiatische Regionalgemeinschaft, sollte sie Wirklichkeit werden, kein exklusiver Club sein würde. Interessant ist, dass China, Japan und Südkorea enorm in rohstoffreiche, aber ökonomisch unterentwickelte Weltregionen investierten, vor allem in Südamerika und Afrika. China etwa war im Afrika südlich der Sahara diplomatisch wie wirtschaftlich quasi omnipräsent. Sein «Standing» auf dem Kontinent, das in diesen Jahren weiter gewachsen ist, hat im Vergleich zu den westlichen Nationen davon profitiert, dass Chinas Beziehungen zu Afrika nicht durch die historische Erinnerung an koloniale Ausbeutung belastet sind. Zudem war Peking eher als die USA oder europäische Länder bereit, die Handelsbeziehungen mit Ländern wie etwa dem Sudan auszuweiten, denen vom Westen Menschenrechtsverletzungen vorgeworfen wurden.

Im ersten Jahrzehnt des 21. Jahrhunderts war also tatsächlich eine asiatisch-pazifische Wirtschaftsgemeinschaft entstanden. Auf China (mitsamt Hongkong), Taiwan, Japan, Südkorea und die wichtigsten ASEAN-Staaten entfielen 2005 über 20 Prozent des Welthandels. Der Anteil der EU lag bei 29 Prozent, der der USA bei 28 Prozent. Zusammen zeichneten diese drei Wirtschaftszentren für beinahe vier Fünftel der internationalen Warentransaktionen verantwortlich. Ob eine solche Handelsgemeinschaft mit der Zeit eine dem Euro vergleichbare gemeinsame Währung entwickeln wird, bleibt abzuwarten. 2010 jedenfalls benutzten die meisten asiatischen Länder noch immer den Dollar als Abrechnungswährung. Nur Japan führte 20 Prozent seiner Transaktionen in Nicht-Dollar-Währungen aus. Alle asiatischen Länder sowie der überwiegende Rest der Welt hielten an ihren Dollarreserven fest und waren an einem stabilen Dollar interessiert.

Die Idee einer transpazifischen Partnerschaft passte ideal zu diesen Entwicklungen. Angesichts der engen ökonomischen Verbindungen zwischen den Ländern des Pazifikraums erschien es sinnvoll, sie mit Hilfe einer «Partnerschaft» noch enger aneinander zu binden und letztlich so etwas Ähnliches wie die Europäische Union zu schaffen. Das hätte nicht nur einen freieren Handel zwischen den Mitgliedsländern zur Folge, sondern würde auch die Grenzen für alle Menschen – für Arbeitskräfte, Touristen oder Studenten – öffnen. Das wäre ein wahrhaft kolossales Unterfangen und würde erstmals in der Geschichte ein pazifisches Jahrhundert einläuten. Ob das 21. ein solches Jahrhundert werden wird, steht freilich keineswegs fest, aber allein schon die Idee einer transpazifischen Partnerschaft zeigt, dass die Region seit der ersten Hälfte des 20. Jahrhunderts weit vorangekommen ist, denn damals war der Pazifik alles andere als «pazifisch» gewesen.

Natürlich dürfte es dauern und Mühe kosten, bis die Pazifikländer eine solide politische und kulturelle Basis für ihre Partnerschaft geschaffen haben. Der erste Schritt in diese Richtung könnte ein gemeinsames Verständnis der Vergangenheit sein, eine Aufgabe, die sich in Ostasien als besonders schwierig erwiesen hat. Anders als Deutschland und Frankreich ist es Japan und China noch immer nicht gelungen, die Vergangenheit zu bewältigen. Auch Japan und seine ehemalige Kolonie Korea haben noch zu keinem gemeinsamen Verständnis dieser unseligen Erfahrung gefunden. Das «Geschichtsproblem», wie man es nannte, verhinderte weiter, dass sich die drei genannten Länder trotz ihrer unzweifelhaft bestehenden ökonomischen Verflechtung politisch und psychologisch näher kamen. Zwar hatten Lehrer und Wissenschaftler aus den drei Ländern ein Kooperationsprojekt gestartet, in dem sie zusammen Bücher schreiben wollten, doch solche Bemühungen wurden oft durch neue, unerwünschte Entwicklungen zunichte gemacht, etwa durch die Veröffentlichung eines Geschichtslehrwerks in Japan 2001, das von mehreren nationalistischen Autoren verfasst war und eine höchst einseitige Sicht der Vergangenheit vermittelte. Diese Publikation, die mit Genehmigung des Bildungsministeriums erfolgte, führte in China und Korea sofort zu negativen Reaktionen und heizte den dortigen Nationalismus an. Zum Glück machten sich an der Jahrhundertwende auch transnational gesonnene Historiker bemerkbar und waren bereit, gemeinsam etwas gegen diese unseligen Entwicklungen zu unternehmen. Sie trafen sich alljährlich in Peking, Tokio und Seoul, und im Jahr 2005 veröffentlichte eine dieser Gruppen ein gemeinsam verfasstes Buch, das sich mit der neuzeitlichen Geschichte Ostasiens befasste und den Blick dabei insbesondere auf die Zeit seit dem 19. Jahrhundert richtete. Im Vorwort weisen die Autoren darauf hin, dass sie dieses Buch geschrieben hätten, um aus der Vergangenheit zu lernen und einem künftigen Ostasien den Weg zu bereiten, das sich, so ihre Hoffnung, durch Frieden, Demokratie und Menschenrechte auszeichnen werde. Das Buch verurteilte Japan wegen seiner vergangenen Unterjochung des koreanischen Volkes und seiner Aggression gegen China, sprach jedoch auch davon, dass vor allem die jüngeren Menschen aus diesen drei Ländern zusammenkämen und das gegenseitige Verständnis voranbrächten. Unerwähnt blieben freilich historische Makel im China unter kommunistischer Herrschaft, etwa der verheerende «Große Sprung nach vorn» oder die Kulturrevolution, die beide dazu führten, dass Millionen Menschen starben oder ins Exil getrieben wurden. Aber immerhin war ein wichtiger Anfang für eine kooperative Erforschung der ostasiatischen Geschichte gemacht.

Solche Entwicklungen könnten mit der Zeit dazu beitragen, eine regionale Erinnerungsgemeinschaft ähnlich der Europäischen Union zu schaffen, und die bereits recht soliden ökonomischen Netzwerke weiter stärken. Oder anders ausgedrückt: Transnationale Begegnungen waren nun viel mehr als nur zufällige Nebenprodukte ökonomischer Transaktionen, und man konnte davon ausgehen, dass sich mit der Zeit bei Chinesen, Koreanern und Japanern ein transnationales Bewusstsein herausbilden würde, wenn sie nur in ausreichender Zahl ihre mono-nationalistischen Neigungen überwanden.

Eine interessante Frage ist in diesem Zusammenhang, ob solchen bescheidenen Anfängen möglicherweise ähnliche Bemühungen in anderen Teilen Asiens und des Pazifikraums folgen würden. Historisch und kulturell standen Südost- und Südasien und erst recht die Antipoden sowie der amerikanische Kontinent überwiegend Europa näher als Asien. Doch in Australien, Kanada und den USA unternahm man ernsthafte Anstrengungen, die eigene Nationalgeschichte in den Kontext der pazifischen Geschichte zu stellen, sprich: im Rahmen der Interaktionen und der Verflechtung mit anderen Ländern im erweiterten Pazifikraum zu betrachten. Asiatische Zuwanderung und Bevölkerungsgruppen in den genannten Ländern wie auch die Vorbehalte ihnen gegenüber seitens der weißen Mehrheit galten nun als integraler Bestandteil der jeweiligen Entwicklungen.[137] So gesehen hatten all diese Länder eine gemeinsame Vergangenheit. Gleiches würde für die Länder in Ost-, Südost- und Südasien gelten, wo die Vermischung verschiedener Bevölkerungsgruppen eine historische Tatsache darstellt. Am deutlichsten zeigt sich das am Beispiel des Stadtstaats Singapur: Dort hatte das Zusammentreffen unterschiedlicher «Rassen» und Ethnien «hybride» Gemeinschaften geschaffen, und man konnte davon ausgehen, dass das etwas verspätete Bewusstsein für diese Vergangenheit ein Gefühl gemeinsamer Erinnerung erzeugen würde.

Eine zentrale Frage zu Beginn des 21. Jahrhunderts lautete: Würde es auch anderen Weltregionen wie Afrika, dem Nahen und Mittleren Osten oder Südamerika gelingen, eine Regionalgemeinschaft zu bilden? Sämtliche unabhängigen Länder Afrikas – immerhin mehr als 40 – hatten 2004 die Afrikanische Union (AU) ins Leben gerufen, doch sie entwickelte sich weder in Richtung einer ökonomischen noch einer kulturellen Gemeinschaft weiter. Viele Länder hatten unter anhaltenden Bürgerkriegen zu leiden, Hunderttausende verließen den Kontinent und suchten ihr Heil in Europa. Gleichwohl gab es einige Hoffnungsschimmer. So erwiesen sich Südafrika und der Rest des Kontinents 2010 als hervorragende Ausrichter der Fußballweltmeisterschaft. Und es gab begründete Hoffnung, dass sich Malaria und der HI-Virus in baldiger Zukunft besser behandeln und Infektionen effektiver verhindern lassen würden. Während einige Regionen Zentralafrikas in ihrem Erbe aus genozidalen Konflikten, Despotismus, wirtschaftlicher Stagnation, Korruption und Krieg zu verharren schienen, unternahmen die vom Krieg zerrütteten Regionen Westafrikas erste Schritte, Kriegsverbrecher vor den Internationalen Strafgerichtshof zu bringen – Anfang 2012 wurde dort der erste afrikanische Kriegsverbrecher verurteilt – und die Wunden zu heilen, die der Bürgerkrieg geschlagen hatte. Im Nahen und Mittleren Osten sind die meisten Länder zwar islamisch, aber das verhinderte nicht, dass Streitigkeiten und Bruderzwist jedes Gefühl von Ordnung und Gemeinschaft untergruben. Wie der «Arabische

Frühling» 2011 gezeigt hat, könnte es durchaus sein, dass Demokratisierung eine zentrale – wenn auch nicht die einzige – Voraussetzung dafür ist, eine kohärente und dauerhafte Ordnung zu entwickeln, ob nun in einzelnen Ländern oder zwischen ihnen. Auf alle Fälle lassen der Sturz diktatorischer Regime und die Entstehung offener, demokratischerer Gesellschaften in mehreren islamischen Ländern des Nahen Ostens und Nordafrikas vermuten, dass jede Form von regionaler Gemeinschaft vom Willen der Menschen abhängen wird. Das überrascht nicht wirklich, wenn man bedenkt, dass regionale Gemeinschaften qua Definition transnational sind und das Streben nach Freiheit und Menschenrechten zu den wichtigsten transnationalen Idealen gehört.

Lateinamerika hingegen schien immer fester an die eigene künftige Größe zu glauben. Spätestens zu Beginn des 21. Jahrhunderts entwickelte sich Brasilien zur potentiellen Wirtschaftsmacht, und ganz Südamerika jubelte, als das Internationale Olympische Komitee 2009 Rio de Janeiro zum Austragungsort der Olympischen Sommerspiele 2016 erkor. Nicht zuletzt aufgrund einer in vielerlei Hinsicht gemeinsamen Kultur – und der (mit Ausnahme Brasiliens) gemeinsamen Sprache Spanisch – hatten die Menschen in Südamerika ihren Kontinent stets unter regionalen Gesichtspunkten betrachtet, auch wenn es durchaus nationalistische Rivalitäten und sogar Kriege gegeben hatte. Das 21. Jahrhundert aber versprach den Aufstieg der Region zur globalen ökonomischen und politischen Macht. Hatte es um 2000 den Anschein, als seien Produktion und Handel weltweit von Europa, Nordamerika und Ostasien dominiert, so darf man inzwischen davon ausgehen, dass Lateinamerika in den 2020er Jahren einen beträchtlichen Teil des weltweiten Wohlstands erwirtschaften und möglicherweise wie andere Weltregionen auch vor der Aufgabe stehen wird, eine transnationale Partnerschaft aufzubauen.

Der Obama-Moment

Niemand, so schien es, verkörperte die transnationalen Trends der Weltgeschichte und die transnationalen Hoffnungen der Menschheit zu Beginn des 21. Jahrhunderts besser als Barack Obama, der 44. Präsident der Vereinigten Staaten von Amerika. Sein persönlicher Hintergrund, sein Bildungsweg, seine Vorstellungen vom eigenen Land und von der Welt, seine Leistungen (wie auch seine Misserfolge) im Amt – all das zeugt von einem Zusammenspiel von Faktoren, die die gegenwärtige Welt prägen.

Obamas biographischer Hintergrund könnte nicht transnationaler sein. Wie immer mehr Menschen auf dieser Welt entstammt er einer «Mischehe», er ist ein «Hybrid» zu einer Zeit, da «Hybridität» immer häufiger zu beobachten ist in einer vernetzten Welt, in der Menschen unterschiedlicher Herkunft sich nicht nur begegnen, sondern auch vermischen. Obama war erst 47 Jahre alt, als er zum

Präsidenten gewählt wurde, er war ein Produkt der Nach-1960er-Welt. Sein Vater war aus Kenia nach Hawaii gekommen, um an der dortigen Universität zu studieren. Er traf dort eine amerikanische Studentin, deren Vorfahren mütterlicherseits aus Irland stammten. Die beiden heirateten, hatten einen Sohn (Barack) zusammen und ließen sich dann wieder scheiden. Obamas Vater kehrte zurück nach Kenia, während der junge Barack mit seiner Mutter nach Indonesien ging, wo er die Highschool besuchte und die Landessprache lernte. Ein paar Jahre später kehrte er nach Hawaii zurück, ging dort auf die Punohoe School in Honolulu und anschließend aufs Occidental College in Kalifornien. Nach einem Jahr wechselte er an die Columbia University, ging dann nach Chicago, wo er für eine gemeinnützige Organisation arbeitete, und heiratete eine Absolventin der Princeton University. Anschließend beschloss Obama, einen Abschluss in Rechtswissenschaft zu erwerben, ging nach Harvard und wurde Herausgeber der dortigen *Harvard Law Review*. Wieder zurück in Chicago, lehrte er an der University of Chicago Law School, ehe er im Jahr 2001 beschloss, in die Politik zu gehen, und in den Senat von Illinois gewählt wurde. Seine «gemischtrassigen» Eltern, die Schule im Ausland, die Ausbildung an Eliteuniversitäten und sein kommunaler Einsatz für die Bewohner armer Stadtviertel, die in der sich globalisierenden Wirtschaft das Nachsehen hatten – all das macht Obama zu einer transnationalen Person. Dass ausgerechnet die Vereinigten Staaten ein solches Individuum hervorbrachten, ist kein Zufall, wenn man den transnationalen Charakter dieser Nation bedenkt. Andererseits zeigte sein Aufstieg in der nationalen Politik, woraus die Nation Macht und Einfluss bezog. (Doch auch Obamas Gegner in den USA verwiesen immer wieder auf seine angebliche «ausländische» Herkunft, wenn sie seine Fähigkeiten in Frage stellten; das zeigt, dass es noch immer einen beträchtlichen mononationalistischen Widerstand gegen den Transnationalismus gibt.)

Obamas Augenblick in der nationalen Politik kam 2004, als er sich um einen Sitz im US-Senat bewarb und gewählt wurde. Seine Grundsatzrede bei der Democratic National Convention in Boston machte ihn schlagartig bekannt, enthielt aber weitaus mehr als den einen Satz, der Berühmtheit erlangt hat: «Wir sind keine schwarze oder weiße Nation, wir sind die Vereinigten Staaten von Amerika.» Im Rest seiner Rede nahm er zur Weltlage Stellung, kritisierte die republikanische Regierung, weil sie im Irak einen rücksichtslosen Krieg führe und die internationale Meinung ignoriere, und plädierte überzeugend für eine Weltordnung, die von Frieden, Gerechtigkeit und Gleichheit bestimmt ist. Auf lokaler wie auf nationaler Ebene war er ein leidenschaftlicher Befürworter von Gerechtigkeit, aber er war nicht mononational. Er war der festen Überzeugung, nationale und internationale Bestrebungen und Werte seien aufs Engste miteinander verflochten. Die Sache des konstruktiven Transnationalismus hätte keinen mächtigeren Fürsprecher finden können.

Einwohner von Kisumu in Kenia feiern Barack Obamas Sieg bei der US-Präsidentenwahl im November 2008 – ein Beispiel dafür, wie die Politik einer Nation über die Landesgrenzen hinauswirkt.

Das würde erklären, warum die Welt mit angehaltenem Atem auf den Ausgang der US-Präsidentschaftswahlen 2008 wartete. Von außen betrachtet wirkten die USA wie ein gespaltenes Land, auf der einen Seite diejenigen, die mononational blieben und ihre Ziele unilateral verfolgten, auf der anderen Seite diejenigen, die die Verbindungen zur übrigen Welt unbedingt aufrechterhalten und stärken wollten. Während in den USA die Meinungen zwischen den Anhängern Obamas und denen seines republikanischen Konkurrenten John McCain – der zufälligerweise außerhalb der USA geboren war, nämlich in der Panamakanalzone – geteilt waren, war die Beliebtheit des demokratischen Kandidaten anderswo eindeutig. Als Obama im Mai 2008 Berlin besuchte und an der Siegessäule eine Rede hielt, waren die 200 000 Zuhörer begeistert. Obamas Rede war durch und durch internationalistisch. Er beschrieb sich selbst als «Mitbürger der Welt» und sprach von der Zukunft der Menschheit, wie das vor ihm noch kein Politiker getan hatte. Er verkörperte die transnationale Gesinnung, die sich der schlichten Tatsache bewusst war, dass die Erde allen Menschen gemeinsam gehört und deshalb bewahrt werden muss, dass weltweiter Frieden und Wohlstand möglich sind, wenn die Menschen bei der Verfolgung ihrer gemeinsamen Ziele zusammenarbeiten.

Die öffentliche Meinung in der Welt, die in den ersten Jahren des Jahrhunderts von den USA zutiefst enttäuscht und desillusioniert gewesen war, bejubelte vereint Obamas Wahl im Dezember. Von Großbritannien bis Deutschland, von Kenia bis Indien, von Australien bis Japan versammelten sich spontan Menschen und brachten ihre Freude zum Ausdruck, die nicht nur Obama persönlich galt, sondern auch einem Amerika, das es gewagt hatte, einen Mann wie ihn ins höchste Amt zu wählen und damit zum wohl mächtigsten Mann der Welt zu machen. Die Menschen sahen die USA wieder als Hoffnung für die Menschheit, als Land von Gerechtigkeit und Freiheit. Transnational wurden eine transnationale Nation und ihr transnationales Oberhaupt gefeiert. Obamas Moment war im Wortsinne jedermanns Moment weltweit.

Hier ist nicht der Ort, um Obamas Präsidentschaft im Detail zu bilanzieren, aber ohne Zweifel sah er sich als mächtigen Fürsprecher des Transnationalismus, da er selbst ein transnationales Individuum war. Zwar sprach er als Staatsoberhaupt einer Nation häufig von nationalen Interessen und heimischen Belangen, doch ansonsten wiederholte er bei jeder sich bietenden Gelegenheit seinen Einsatz für eine friedliche, vernetzte, von Vielfalt geprägte Welt. So betonte die Regierung Obama beispielsweise die Bedeutung nicht-militärischer Maßnahmen – ökonomisch, sozial, kulturell –, um Brücken zu Iran, zu Nordkorea und sogar zu bestimmten Terrorgruppen zu bauen und sie so eher zu einer Zusammenarbeit zu bewegen. Insbesondere ermunterte die Regierung die eigenen Bürger, aber auch die anderer Nationen dazu, Hilfsmissionen zu organisieren und wirtschaftliche Programme im Irak, in Afghanistan und anderswo zu fördern, wo die Zahl der Arbeitslosen noch immer hoch war und die Terroristen deshalb leicht neue Anhänger rekrutieren konnten. Besonders wichtig war der Wiederaufbau von Bildungseinrichtungen, vor allem für Kinder und Frauen. Gleichzeitig verstärkten Hilfsorganisationen ihre Bemühungen, die Rechte von Frauen, ethnischen Minderheiten und politischen Dissidenten zu gewährleisten. Das waren besonders sensible Felder, denn autoritäre Regime waren fest entschlossen, Bildung und Presse zu kontrollieren, doch die Regierung Obama beharrte weiter darauf, jeder müsse das Recht auf Bildung und wirtschaftliche Chancen haben, und drängte vehement auf ungehinderten Zugang zum Internet überall auf der Welt.

Die Weltgemeinschaft wusste, dass der Präsident selbst dann, wenn er in manchen Fragen eine militärische Strategie und einen konventionelleren internationalen Ansatz verfolgte, Größeres im Sinn hatte und transnational dachte. Deshalb verlieh ihm das Nobelpreiskomitee in Oslo 2009 den Friedensnobelpreis weniger für das bisher Geleistete, sondern in Anerkennung seiner Bestrebungen. Das entsprach durchaus dem Geist des Preises, der zuvor an Organisationen wie Amnesty International, Ärzte ohne Grenzen und das American Friends Service Committee vergeben worden war, allesamt private Vereinigungen von Einzelpersonen, die transnationale Brücken bauen und jenseits nationaler politischer und strategischer Erwägungen für alle Menschen da sein wollten.

Nirgends zeigte sich Obamas transnationaler Führungsanspruch deutlicher als bei seinem Bemühen um eine gemeinsame Strategie im Kampf gegen den Klimawandel. War sein Vorgänger der Idee eines internationalen Abkommens zur Reduzierung des CO_2-Ausstoßes noch reserviert, wenn nicht sogar feindselig gegenübergestanden, so wollte Obama die Initiative ergreifen und alle Nationen, auch seine eigene, zu verstärkten Schritten in diese Richtung drängen. Deshalb reiste er im Dezember 2009 persönlich zur Weltklimakonferenz nach Kopenhagen und trug dazu bei, dass die Teilnehmer eine Übereinkunft zur Schadstoffreduzierung unterzeichneten. Obamas anschließende Politik in Sachen Klimawandel enttäuschte allerdings diejenigen, die der Ansicht waren, er hätte mit Nachdruck eine Agenda für die gesamte Menschheit und nicht nur für einzelne Nationen vorantreiben sollen. Eines zumindest steht fest: Sollte der verhängnisvolle Weg in Richtung einer weiteren Erderwärmung jemals, wenn auch nur teilweise, gebremst werden, dann wäre das ein weiterer Beleg für den transnationalen «Zeitgeist».

Vor allem aber zeigte Obamas Präsidentschaft – und darin liegt ihre vielleicht größte Bedeutung –, dass sich der Transnationalismus auch in einer Welt, die noch immer aus Nationen bestand, vorantreiben ließ. Tatsächlich zeigten wichtige Ereignisse, die die Welt 2011 erschütterten, dass sich die zeitgenössische Geschichte nur im transnationalen Rahmen adäquat verstehen lässt. Das ganze Jahr über beteiligten sich die Bürger Nordafrikas und des Nahen Ostens an Bewegungen, die die politischen Institutionen der betreffenden Länder demokratisieren wollten. Nachdem sie lange Jahre von Oligarchen und Diktatoren unterdrückt worden waren, hatten Bürger und Organisationen das Gefühl, sie würden von der internationalen Gemeinschaft unterstützt werden, wenn sie mehr Rechte und Freiheiten einforderten. In einigen Ländern wie Tunesien, Ägypten und Libyen wurden die Tyrannen gestürzt, während sie sich in anderen, vor allem in Syrien, an die Macht klammerten, doch der «Arabische Frühling» war kein länderspezifisches Phänomen, sondern Teil einer weltweiten Entwicklung. Über die Vereinten Nationen und andere Organisationen brachte die Weltgemeinschaft ihre Unterstützung zum Ausdruck. Einige Länder blieben allerdings gleichgültig, zumindest nach außen hin. Staaten wie Russland und China widersetzten sich jeder Einmischung in die Angelegenheiten der Länder, die sich in Aufruhr befanden, und hatten ein wachsames Auge darauf, was innerhalb der eigenen Landesgrenzen passierte. Doch eine Reaktion Nation für Nation war anachronistisch. Selbst die Entscheidung einiger NATO-Staaten (darunter auch die USA), den Rebellen mittels militärischer Luftunterstützung beizustehen, bewegte sich im konventionellen Rahmen internationaler Politik. Produktiver waren da schon private Organisationen, die die Aufständischen versorgten und unterstützten, schon allein deshalb, weil es sich dabei um transnationale und nicht um getrennte nationale Bemühungen handelte.

Auch bei der Dreifachkatastrophe, die Japan 2011 traf – das Erdbeben, der Tsunami und der atomare GAU in Fukushima –, wurde überdeutlich, wie wichtig eine transnationale Einmischung war. Die internationale Gemeinschaft reagierte schnell und umfassend. In mehr als hundert Ländern brachten Einzelpersonen und Organisationen ihr Mitgefühl zum Ausdruck und schickten Hilfe für die Opfer der Naturkatastrophe; verschiedene Länder entsandten militärisches Personal, Ärzte und Rettungskräfte an die Orte der Zerstörung. Als die Atomanlagen ausfielen und die «Kernschmelze» einsetzte, was zur Freisetzung von Radioaktivität führte, schickte nicht nur die Internationale Atomenergiebehörde Vertreter ins Land, um mit Rat und Tat zu helfen und sich zu informieren, sondern auch aus vielen anderen Ländern wie Deutschland, Frankreich, den USA, China und Südkorea kamen hochrangige Regierungsvertreter zu Besuch. Da all diese Länder selbst Atomenergie erzeugten, wurde das japanische Fiasko als transnationale Krise betrachtet, die nur durch grenzüberschreitende Zusammenarbeit bewältigt werden konnte.

Die Demokratiebewegungen in der arabischen Welt und die Atomkatastrophe in Japan machten vor allem eines deutlich: Es gibt in der Tat nur eine einzige, vernetzte Welt. Alle Länder, Menschen, Religionen und Kulturen sind miteinander verflochten. Die Transnationalisierung der Menschheit ist unabweisbar, und sie ist ein Produkt all der Kräfte, die die Geschichte nach dem Zweiten Weltkrieg angetrieben haben. Natürlich gibt es nach wie vor eigenständige nationale Interessen, aber sie müssen in den Kontext transnationaler Menschheitsinteressen gestellt werden. Es wäre deshalb Aufgabe aller Menschen, von Politikern wie Bürgern, von Wissenschaftlern wie anderen, sich mit dem Lauf der Geschichte zu identifizieren, das noch immer einflussreiche mononationalistische Denken zu bekämpfen und den Generationen, die die Erde erben und vor der Aufgabe stehen, die Welt noch weiter zu transnationalisieren, ein wertvolles Geschenk zu hinterlassen.

Anhang

ANMERKUNGEN

Staaten und Machtbeziehungen im Wandel

1 Eine erste Version der nachfolgenden Bilanz des Zweiten Weltkriegs habe ich in einem Essayband zum historischen Ort dieses Krieges veröffentlicht: Wilfried Loth, Weltpolitische Zäsur 1945. Der Zweite Weltkrieg und der Untergang des alten Europa, in: Christoph Kleßmann (Hg.), *Nicht nur Hitlers Krieg. Der Zweite Weltkrieg und die Deutschen*, Düsseldorf 1989, S. 99–112.

2 Vgl. Manfred Hildermeier, *Geschichte der Sowjetunion 1917–1991. Entstehung und Niedergang des ersten sozialistischen Staates*, München 1998, S. 615 f.

3 Siehe die Zusammenstellung bei Walter Lipgens, *Die Anfänge der europäischen Einigungspolitik 1945–1950. Erster Teil: 1945–1947*, Stuttgart 1977, S. 7–9.

4 Vgl. Alan S. Milward, Europe and the Marshall Plan. 50 Years On, in: John Agnew/ J. Nicholas Entrikin (Hg.), *The Marshall Plan Today. Model and Metaphor*, London 2004, S. 58–81.

5 Zit. bei Alexeij M. Filitov, Problems of Post-War Construction in Soviet Foreign Policy Conceptions during World War II, in: Francesca Gori/Silvio Pons (Hg.), *The Soviet Union and Europe in the Cold War, 1943–53*, London 1996, S. 3–22, hier S. 12 f.

6 SSSR i germanskij vopros 1941–1949, Bd. 1: 22 *ijunja 1941–8 maja 1945*, Moskau 1996, S. 333–360.

7 Georgij Dimitroff zur Führung der tschechoslowakischen Kommunisten 6. 12. 1944, mitgeteilt bei Karel Kaplan, *Der kurze Marsch. Kommunistische Machtübernahme in der Tschechoslowakei 1945–1948*, München 1981, S. 15.

8 Aufzeichnung Wilhelm Pieck zur Beratung der KPD-Führer mit Stalin 4. 6. 1945, in: Rolf Badstübner/Wilfried Loth (Hg.), *Wilhelm Pieck – Aufzeichnungen zur Deutschlandpolitik 1945–1953*, Berlin 1994, S. 50–53.

9 Erklärung über das befreite Europa, in: *Foreign Relations of the United States. Diplomatic Papers* [künftig: FRUS] 1945. *The Conferences of Malta and Yalta 1945*, Washington, DC 1955, S. 971 f.

10 Veröffentlicht in: Ellen Clayton-Garwood, *Will Clayton. A Short Biography*, Austin, TX 1958, S. 115–118.

11 *FRUS* 1947, II, S. 815–817.

12 Besprechung mit Semjonow 9. 7. 1949, zit. nach Badstübner/Loth, *Wilhelm Pieck*, S. 287–291, hier S. 288.

13 NSC 48/1 und 48/2, in Thomas H. Etzold/John L. Gaddis (Hg.), *Containment. Documents on American Policy and Strategy, 1945–1950*, New York 1978, S. 253, 256–259, 273–275.

14 Politbüro-Sitzung vom 5.9.1950, berichtet von Nikita S. Chruschtschow, Koreiska voina, in: *Ogonek* 1 (1991), S. 27 f.

15 Generalstabschef Omar Bradley bei einem Kongress-Hearing, zit. nach *The History of Joint Chiefs of Staff*. Bd. 3: *The Joint Chiefs of Staff and National Policy: The Korean War*, Wilmington, DE 1979, S. 67.

16 Beschluss des Ministerrats der UdSSR vom 19.3.1953, zit. nach Kathryn Weathersby, New Russian Documents on the Korean War, in: *CWIHP Bulletin* (1995/96), S. 30–84, hier S. 80–82.

17 Grundgesetz für die Bundesrepublik Deutschland vom 23.5.1949, Präambel.

18 Telegramm Stalins zur Gründung der DDR 13.10.1949, in: Hermann Weber (Hg.), *DDR. Dokumente zur Geschichte der Deutschen Demokratischen Republik 1945–1985*, München 1986, S. 163 f.

19 *FRUS 1950*, I, S. 234–292.

20 Memorandum vom 29.8.1950, in: Klaus von Schubert (Hg.), *Sicherheitspolitik der Bundesrepublik Deutschland. Dokumentation 1945–1977*, Teil I, Bonn 1977, S. 79–85.

21 Regierungserklärung vom 24.10.1950, in: *Journal Officiel de la République française* 25.10.1950, S. 7118 f.

22 Bakulin an Semjonow am 18.2.1952, zit. nach Wilfried Loth, *Die Sowjetunion und die deutsche Frage*, Göttingen 2007, S. 143.

23 Die immer noch oft kolportierte Behauptung, das Angebot der «Stalin-Noten» sei nicht ernst gemeint gewesen, steht auf schwachen Füßen; siehe Wilfried Loth, The German Question from Stalin to Khrushchev. The Meaning of New Documents, in: *Cold War History* 10 (2010), S. 229–245.

24 Malenkow zur SED-Führung 2.6.1953, zit. nach Loth, *Sowjetunion*, S. 302.

25 Aktennotiz Dixons vom 19.5.1953, zit. nach Josef Foschepoth, Churchill, Adenauer und die Neutralisierung Deutschlands, in: *Deutschland-Archiv* 17 (1984), S. 1286–1301, hier S. 1292.

26 *Dokumente zur Deutschlandpolitik*, Bd. 3.1, Bonn 1955, S. 76–80.

27 *Europa-Archiv* 10 (1955), S. 8121.

28 *Voprosi istorii* 8–9 (1992), S. 76.

29 *FRUS 1955–1957*, Bd. 25, S. 317 f.

30 So die Erläuterung in einer Instruktion für den französischen Botschafter in London, zit. nach René Massigli, *Une comédie des erreurs, 1943–1956*, Paris 1978, S. 157.

31 Erhard am 15.3.1957 zu Vertretern der US-Presse, zit. nach Karl Kaiser, *EWG und Freihandelszone*, Leiden 1963, S. 136.

32 Vertragstext in *Europa-Archiv* 27 (1963), D 84–86.

33 *Europa-Archiv* 34 (1970), D 44.

34 Jean Monnet, *Erinnerungen eines Europäers*, München 1980, S. 651.

35 Zit. nach Michael R. Beschloss, *Powergame. Kennedy und Chruschtschow. Die Krisenjahre 1960–1963*, Düsseldorf 1991, S. 589.

36 Charles de Gaulle, *Memoiren der Hoffnung. Die Wiedergeburt 1958–1962*, Wien u.a. 1971, S. 275.

37 *Dokumente zur Deutschlandpolitik*. V. Reihe. Bd. 1/1, Frankfurt a.M. 1984, S. 1047–1054.

38 *Prawda*, 26.9.1968.

39 So die Formulierung in seiner Antrittsrede vom 20.1.1969.

40 Zit. nach Heinrich von Siegler (Hg.), *Dokumentation zur Deutschlandfrage*, Bd. 5, Bonn 1970, S. 713–717.

41 Texte u.a. in: *Außenpolitik der Bundesrepublik Deutschland. Dokumente von 1949 bis 1994*, Bonn 1995, S. 337 f.

42 Ebd. S. 370–374.

43 Ebd. S. 352–354.

44 Text der Schlussakte von Helsinki in: *Europa-Archiv* 30 (1975), D 437–484.

45 Anatoly Dobrynin, *In Confidence. Moscow's Ambassador to America's Six Cold War Presidents (1962–1986)*, New York 1995, S. 417.

46 Dobrynin, *In Confidence*, S. 431.

47 Angaben nach Béla Balassa, *Economic Policies in the Pacific Area Developing Countries*, London 1991, S. 25.

48 Fiona Venn, *Oil Diplomacy in the Twentieth Century*, London 1986, S. 11.

49 Zit. nach Victor Israelyan, *Inside the Kremlin during the Yom Kippur War*, University Park 1995, S. 169 f.

50 Nach den Berechnungen bei Edward R. Fried/Charles L. Shultze, *Higher Oil Prices and the World Economy. The Adjustment Problem*, Washington, DC 1975.

51 Zit. nach Harold James, *Rambouillet, 15. November 1975. Die Globalisierung der Wirtschaft*, München 1997, S. 11.

52 Zur Analyse der Rüstungsentwicklung in der zweiten Hälfte der 1970er Jahre vgl. Wilfried Loth, *Helsinki, 1. August 1975. Entspannung und Abrüstung*, München 1998, S. 182–185, 191–193.

53 Interview Ronald Reagan 16. 10. 1981, in: *Weekly Compilation of Presidential Documents*, Bd. 17 (26. 10. 1981), S. 1160 f.

54 Ansprache Ronald Reagan 8. 3. 1983, in: *Weekly Compilation of Presidential Documents*, Bd. 19 (14. 3. 1983), S. 369.

55 Interview Reagan 16. 10. 1981.

56 Ernst-Otto Czempiel, *Machtprobe. Die USA und die Sowjetunion in den achtziger Jahren*, München 1989, S. 153.

57 Protokoll der Sitzung des Politbüros am 10. 12. 1981, in Auszügen veröffentlicht in: CWIHP-Bulletin 5 (1995), S. 121, 134–137.

58 Information an die Führer des Warschauer Paktes vom 1. oder 2. 12. 1983, zit. bei Vladislav M. Zubok, *A Failed Empire. The Soviet Union in the Cold War from Stalin to Gorbachev*, Chapel Hill, NC 2007, S. 275.

59 Interview Tschernenko in: *Washington Post*, 17. 10. 1984.

60 Zit. nach Raymond L. Garthoff, *The Great Transition. American-Soviet Relations and the End of the Cold War*, Washington, DC 1994, S. 159 f., 163 f.

61 In der Politbüro-Sitzung vom 11. 3. 1985, zit. bei David Remnick, *Lenin's Last Tomb. The Last Days of the Soviet Empire*, New York 1993, S. 520.

62 Dobrynin, *In Confidence*, S. 597.

63 *Wsesojusnaja konferenzija Kommunistitscheskoi partii Sowjetskogo sojusa. Stenografitscheski otschet*, Moskau 1988, S. 42 f.

64 So Gorbatschows Eingeständnis auf einer Pressekonferenz in Mailand am 1. 12. 1989. Zit. nach Rafael Biermann, *Zwischen Kreml und Kanzleramt. Wie Moskau mit der deutschen Einheit rang*, Paderborn 1997, S. 344.

65 Michail Gorbatschow, *Erinnerungen*, Berlin 1995, S. 723.

66 *Europa-Archiv* 11 (1990), S. D 283.

67 Vertrag von Maastricht, Art. J.7, zit. nach Thomas Läufer (Bearb.), *Europäische Gemeinschaft – Europäische Union. Die Vertragstexte von Maastricht*, Bonn 1993, S. 181.

68 Verfassungsvertrag Art. I-40.

69 Zit. nach David Reynolds, *One World Divisible. A Global History since 1945*, London 2000, S. 645.

70 Grundakte über Gegenseitige Beziehungen, Zusammenarbeit und Sicherheit zwischen der NATO und der Russischen Föderation, in: www.nato.diplo.de/contentblob/1940894/Daten/189459/1997_05_Paris_Down/Dat.pdf (aufgerufen am 18.6.2013).

71 Zum Begriff vgl. Tilman Altenburg/Julia Leininger, Global Shifts Caused by the Rise of Anchor Countries, in: *Zeitschrift für Wirtschaftsgeographie* 52 (2008), S. 4–19.

72 World Bank, *China 2020. Development Challenges in the New Century*, Washington, DC 1997, S. 3.

73 Ebd. S. 6.

74 Für eine vergleichsweise realistische Beschreibung gegenwärtiger Trends vgl. Fareed Zakaria, *Der Aufstieg der Anderen. Das postamerikanische Zeitalter*, München 2009.

Offene Türen in der Weltwirtschaft

1 Tom Verducci, Global Warming, in: *Sports Illustrated*, 6. 3. 2006, S. 56; siehe auch Robert Whiting, *The Meaning of Ichiro. The New Wave from Japan and the Transformation of Our National Pastime*, New York 2004, S. 96–110; Arturo J. Marcano Guevara/David P. Fidler, *Stealing Lives. The Globalization of Baseball and the Tragic Story of Alexis Quiroz*, Bloomington, IN 2002.

2 Reinhold Wagnleitner, The Empire of the Fun, or Talkin' Soviet Blues. The Sound of Freedom and U.S. Cultural Hegemony in Europe, in: *Diplomatic History* 23 (1999), S. 499–524, hier S. 507.

3 Randall B. Woods, *A Changing of the Guard. Anglo-American Relations, 1941–1946*, Chapel Hill, NC 1990, S. 2–61.

4 Robert M. Hathaway, 1933–1945. Economic Diplomacy in a Time of Crisis, in: William II. Becker/Samuel F. Wells Jr. (Hg.), *Economics and World Power. An Assessment of American Diplomacy Since 1789*, New York 1984, S. 314–322.

5 Robert A. Pollard/Samuel F. Wells Jr., 1945–1960. The Era of American Economic Hegemony, in: Becker/Wells, *Economics and World Power*, S. 333–390, hier S. 337.

6 Henry Morgenthau zit. nach Woods, *Changing of the Guard*, S. 145; siehe auch Robert A. Pollard, *Economic Security and the Origins of the Cold War, 1945–1950*, New York 1985, S. 13–17.

7 Cordell Hull zit. nach Warren F. Kimball, *The Juggler. Franklin Roosevelt as Wartime Statesman*, Princeton, NJ 1991, S. 44 f.

8 Philip Cortney zit. nach Thomas W. Zeiler, *Free Trade, Free World. The Advent of GATT*, Chapel Hill, NC 1999, S. 151; siehe auch ebd., S. 2–19, 34, 42–50, 128, 139–146.

9 Ebd., S. 131–134.

10 Ebd., S. 109.

11 Ebd., S. 109 f.

12 Alfred E. Eckes Jr., *Opening America's Market. U.S. Foreign Trade Policy Since 1776*, Chapel Hill, NC 1995.

13 Alfred E. Eckes Jr./Thomas W. Zeiler, *Globalization and the American Century*, New York 2003, S. 127–132.

14 Pollard, *Economic Security*, S. 73–81; Zeiler, *Free Trade*, S. 177.

15 Judith Goldstein, Creating the GATT Rules: Politics, Institutions, and American Policy, in: John Gerard Ruggie (Hg.), *Multilateralism Matters. The Theory and Praxis of an Institutional Form*, New York 1993, S. 201–232, hier S. 202–203, 213, 219, 225.

16 Paul Steege, *Black Market, Cold War. Everyday Life in Berlin, 1946–1949*, Cambridge 2007, S. 106–126.

17 Pollard, *Economic Security*, S. 131, 158–159; Pollard/Wells, 1945–1960, S. 345 f.

18 Alan S. Milward, *The Reconstruction of Western Europe, 1945–1951*, Berkeley, CA 1984, S. 2 f.

19 Michael J. Hogan, *The Marshall Plan. America, Britain, and the Reconstruction of Western Europe, 1947–1952*, New York 1987, S. 443–445.

20 Melvyn P. Leffler, *A Preponderance of Power. National Security, the Truman Administration, and the Cold War*, Stanford, CA 1992, S. 188–192.

21 William Clayton zit. nach Diane B. Kunz, *Butter and Guns. America's Cold War Economic Diplomacy*, New York 1997, S. 35.

22 Hogan, *Marshall Plan*, S. 138–149.

23 Milward, *Reconstruction of Western Europe*, S. 332 f., 419 f., 456–461.

24 Victoria De Grazia, *Das unwiderstehliche Imperium. Amerikas Siegeszug im Europa des 20. Jahrhunderts*, Stuttgart 2010, S. 398, siehe auch S. 387–397.

25 Pollard, *Economic Security*, S. 162 f.

26 Jeffrey A. Engel, *Cold War at 30,000 Feet. The Anglo-American Fight for Aviation Supremacy*, Cambridge, MA 2007, S. 53–88.

27 Zit. nach Ian Jackson, *The Economic Cold War. America, Britain, and East-West Trade, 1948–1963*, Basingstoke 2001, S. 68; siehe auch ebd., S. 26–72.

28 Steege, *Black Market*, S. 158–187.

29 Gründungskommuniqué des RGW zit. nach Curt Gasteyger, *Europa zwischen Spaltung und Einigung. Darstellung und Dokumentation 1945–2005*, Bonn 2005, S. 104; siehe auch Robert Bideleux/Ian Jeffries, *A History of Eastern Europe. Crisis and Change*, London ²2007, S. 480.

30 Bideleux/Jeffries, *History of Eastern Europe*, S. 481–483.

31 Francine McKenzie, GATT and the Cold War. Accession Debates, Institutional Development, and the Western Alliance, 1947–1959, in: *Journal of Cold War History* 10 (2008), S. 78–109, hier S. 84–98.

32 Bideleux/Jeffries, *History of Eastern Europe*, S. 484–487.

33 Pollard, *Economic Security*, S. 164.

34 John W. Dower, *Embracing Defeat. Japan in the Wake of World War II*, New York 1999, S. 112–116, 530.

35 Walter LaFeber, *The Clash. U.S.-Japanese Relations Throughout History*, New York 1997, S. 265, 269.

36 George F. Kennan zit. nach Michael Schaller, *The American Occupation of Japan. The Origins of the Cold War in Asia*, New York 1985, S. 106.

37 Pollard, *Economic Security*, S. 167–187.

38 Haruo Iguchi, *Unfinished Business. Ayukawa Yoshisuke and U.S.-Japan Relations, 1937–1953*, Cambridge, MA 2003, S. 219.

39 Schaller, *American Occupation*, S. 110, 141–160.

40 LaFeber, *The Clash*, S. 273, siehe auch S. 271.

41 William S. Borden, *The Pacific Alliance. United States Foreign Economic Policy and Japanese Trade Recovery, 1947–1955*, Madison, WI 1984, S. 122 f.; Dower, *Embracing Defeat*, S. 536–538.

42 Pollard, *Economic Security*, S. 192 f.

43 Gordon H. Chang, *Friends and Enemies. The United States, China, and the Soviet Union, 1948–1972*, Stanford, CA 1990, S. 42–74.

44 Engel, *Cold War at 30,000 Feet*, S. 104–199.

45 Michael Schaller, *Altered States. The United States and Japan since the Occupation*, Oxford 1997, S. 48 f.

46 Dower, *Embracing Defeat*, S. 542 f.; Borden, *Pacific Alliance*, S. 150–165.

47 Eckes/Zeiler, *Globalization*, S. 139.

48 Schaller, *Altered States*, S. 32; siehe auch ebd., S. 53, 57.

49 LaFeber, *The Clash*, S. 294 f.; Pollard/Wells, *1945–1960*, S. 350, 353.

50 Amy L. S. Staples, *The Birth of Development. How the World Bank, Food and Agriculture Organization, and World Health Organization Changed the World, 1945–1965*, Kent, OH 2006, S. 33–51.

51 Louis A. Picard/Terry F. Buss, *A Fragile Balance. Re-examining the History of Foreign Aid, Security, and Diplomacy*, Sterling, VA 2009, S. 83–90.

52 Pollard, *Economic Security*, S. 203–209.

53 Odd Arne Westad, *The Global Cold War. Third World Interventions and the Making of Our Times*, Cambridge 2007, S. 32; siehe auch ebd., S. 27–31.

54 Chester Bowles zit. nach Dennis Merrill, *Bread and the Ballot. The United States and India's Economic Development, 1947–1963*, Chapel Hill, NC 1990, S. 85; siehe auch ebd., S. 48–94.

55 Andrew J. Rotter, *Comrades at Odds. The United States and India, 1947–1964*, Ithaca, NY 2000, S. 88, 92–114.

56 Pollard/Wells, 1945–1960, S. 352, 354; Pollard, *Economic Security*, S. 209–218.

57 Staples, *Birth of Development*, S. 49–53; Eckes/Zeiler, *Globalization*, S. 142 f.

58 Gabriel Kolko, *Confronting the Third World. United States Foreign Policy, 1945–1980*, New York 1988, S. 75–77.

59 Douglas Little, *American Orientalism. The United States and the Middle East Since 1945*, Chapel Hill, NC 2002, S. 58; siehe auch ebd., S. 52–57.

60 Pollard/Wells, 1945–1960, S. 363 f.

61 Westad, *Global Cold War*, S. 31 f., 66–72.

62 Merrill, *Bread and the Ballot*, S. 123; siehe auch ebd., S. 117–124.

63 Stephen G. Rabe, *Eisenhower and Latin America. The Foreign Policy of Anticommunism*, Chapel Hill, NC 1988, S. 90 f.

64 Piero Gleijeses, *Shattered Hope. The Guatemalan Revolution and the United States, 1944–1954*, Princeton, NJ 1991.

65 Bevan Sewell, A Perfect (Free-Market) World? Economics, the Eisenhower Administration, and the Soviet Economic Offensive in Latin America, in: *Diplomatic History* 32 (2008), S. 841–868.

66 Burton I. Kaufman, *Trade and Aid. Eisenhower's Foreign Economic Policy, 1953–1961*, Baltimore, MD 1982, S. 64.

67 ebd., S. 69; siehe auch ebd., S. 68–73; Merrill, *Bread and the Ballot*, S. 134–136.

68 Westad, *Global Cold War*, S. 155 f.

69 Kaufman, *Trade and Aid*, S. 56 f., 95–110, 133–174.

70 John F. Kennedy zit. nach Kyle Longley, *In the Eagle's Shadow. The United States and Latin America*, Wheeling, IL 2002, S. 237; siehe auch Rabe, *Eisenhower and Latin America*, S. 92 f.

71 Stephen G. Rabe, *The Most Dangerous Area in the World. John F. Kennedy Confronts Communist Revolution in Latin America*, Chapel Hill, NC 1999, S. 164–66.

72 David F. Schmitz, *Thank God They're on Our Side. The United States and Right-Wing Dictatorships, 1921–1965*, Chapel Hill, NC 1999, S. 240–243.

73 Longley, *In the Eagle's Shadow*, S. 237 f., 246–250, 266–268; Jeffrey F. Taffet, *Foreign Aid as Foreign Policy. The Alliance for Progress in Latin America*, London 2007, S. 175–194.

74 George McTurnan Kahin, *The Asian-African Conference, Bandung, Indonesia, April 1955*, Ithaca, NY 1956, S. 42, 76–78.

75 Jason C. Parker, Small Victory, Missed Chance. The Eisenhower Administration, the Bandung Conference, and the Turning of the Cold War, in: Kathryn C. Statler/Andrew L. Johns (Hg.), *The Eisenhower Administration, the Third World, and the Globalization of the Cold War*, Lanham, MD 2006, S. 153–174, hier S. 160–170.

76 Walt W. Rostow zit. nach Michael E. Latham, Introduction. Modernization, International History, and the Cold War World, in: David C. Engerman u. a. (Hg.), *Staging Growth. Modernization, Development, and the Global Cold War*, Amherst, MA 2003, S. 3–22, hier S. 6; siehe auch Nils Gilman, Modernization Theory, the Highest Stage of American Intellectual History, in: ebd., S. 47–80, hier S. 54–75.

77 Walt W. Rostow, *Stadien wirtschaftlichen Wachstums. Eine Alternative zur marxistischen Entwicklungstheorie*, Göttingen 1960.

78 Tom Mboya zit. nach Daniel Speich, The Kenyan Style of ‹African Socialism›. Develop-

mental Knowledge Claims and the Explanatory Limits of the Cold War, in: *Diplomatic History* 33 (2009), S. 449–466, hier S. 451.

79 Joan E. Spero/Jeffrey A. Hart, *The Politics of International Economic Relations*, Belmont, CA ⁶2003, S. 175–86; Edgar J. Dosman, *The Life and Times of Raul Prebisch, 1901–1986*, Montreal 2010.

80 Enrique Cárdenas/José Antonio Ocampo/Rosemary Thorp (Hg.), *An Economic History of Twentieth-Century Latin America*, Bd. 3: *Industrialization and the State in Latin America. The Postwar Years*, Basingstoke 2000.

81 Thomas W. Zeiler, *American Trade and Power in the 1960s*, New York 1992, S. 29–31, 191–206; siehe auch die offizielle Website der UNCTAD, online: unctad.org/en/Pages/AboutUs.aspx (aufgerufen am 30.4.2013).

82 Office of the United States Trade Representative, Generalized System of Preferences, online: www.ustr.gov/Trade_Development/Preference_Programs/GSP/Section_Index.html (aufgerufen am 30.4.2013).

83 Staples, *Birth of Development*, S. 56–62.

84 Diane B. Kunz, *The Economic Diplomacy of the Suez Crisis*, Chapel Hill, NC 1991, S. 153–186.

85 Peter L. Hahn, *The United States, Great Britain, and Egypt, 1945–1956. Strategy and Diplomacy in the Early Cold War*, Chapel Hill, NC 1991, S. 211–239.

86 Ronn F. Pineo, *Ecuador and the United States. Useful Strangers*, Athens, GA 2007, S. 133–138, 148–154, 177–186.

87 Kaufman, *Trade and Aid*, S. 60–63.

88 Alan P. Dobson, *US Economic Statecraft for Survival, 1933–1991. Of Sanctions, Embargoes and Economic Warfare*, London 2002, S. 114–281; Philip J. Funigiello, *American-Soviet Trade in the Cold War*, Chapel Hill, NC 1988, S. 153–209.

89 Bideleux/Jeffries, *History of Eastern Europe*, S. 507–511.

90 Pollard/Wells, 1945–1960, S. 367; Pascaline Winand, *Eisenhower, Kennedy, and the United States of Europe*, New York 1993, S. 109–137, 310–315.

91 Zeiler, *American Trade and Power*, S. 25–29, 225–238; David P. Calleo, Since 1961. American Power in a New World Economy, in: Becker/Wells, *Economics and World Power*, S. 391–458, hier S. 400–405, 408 f., 447.

92 De Grazia, *Das unwiderstehliche Imperium*, S. 416–423.

93 David Fieldhouse, A New Imperial System? The Role of the Multinational Corporations Reconsidered, in: Jeffry A. Frieden/David A. Lake (Hg.), *International Political Economy. Perspectives on Global Power and Wealth*, London ⁴2000, S. 167–179, hier S. 173–175; Mira Wilkins, *The Maturing of Multinational Enterprise. American Business Abroad from 1914 to 1970*, Cambridge, MA 1974, S. 341–348, 395; Alfred E. Eckes Jr., Europe and Economic Globalization since 1945, in: Klaus Larres (Hg.), *A Companion to Europe Since 1945*, Malden, MA 2009, S. 249–269, hier S. 255 f.

94 De Grazia, *Das unwiderstehliche Imperium*, S. 429–445, 460; Eckes/Zeiler, *Globalization*, S. 161, 171 f.

95 Wilkins, *Maturing of Multinational Enterprise*, S. 328; siehe auch World Tourism Organization, International Tourism on Track for a Rebound after an Exceptionally Challenging 2009, Presseerklärung vom 18.1.2010, online: www.unwto.org/media/news/en/press_det.php?id=5361 (aufgerufen am 30.4.2013).

96 Marc Levinson, *The Box. How the Shipping Container Made the World Smaller and the World Economy Bigger*, Princeton, NJ 2006, S. 11, 275–278; Mike Hanlon, On the Water. The World's Largest Container Ship Launched, in: *Gizmag*, 11.7.2006, online: www.gizmag.com/go/5853/ (aufgerufen am 30.4.2013); Eckes/Zeiler, *Globalization*, S. 157–160.

97 Royce J. Ammon, *Global Television and the Shaping of World Politic. CNN, Telediplomacy, and Foreign Policy*, Jefferson, NC 2001, S. 34 f.; International Telecommu-

nications Union, The World In 2009: ICT Facts and Figures, online: www.itu.int/ITU-D/ict/material/Telecom09_flyer.pdf (aufgerufen am 30. 4. 2013).

98   Kaufman, *Trade and Aid*, S. 176–179; Eckes/Zeiler, *Globalization*, S. 178; Calleo, Since 1961, S. 409–417.

99   Robert D. Schulzinger, *A Time for War. The United States and Vietnam, 1941–1975*, New York 1997, S. 242 f., siehe auch ebd., S. 135–185.

100 Richard Nixon zit. nach Francis J. Gavin, *Gold, Dollars, and Power. The Politics of International Monetary Relations, 1958–1971*, Chapel Hill, NC 2004, S. 187, siehe auch ebd., S. 166–185.

101 Charles S. Maier, ‹Malaise›: The Crisis of Capitalism in the 1970s, in: Niall Ferguson/Charles S. Maier/Erez Manela/Daniel J. Sargent (Hg.), *The Shock of the Global. The 1970s in Perspective*, Cambridge, MA 2010, S. 25–48, hier S. 45; Gavin, *Gold*, S. 188–196.

102 Giovanni Arrighi, The World Economy and the Cold War, 1970–1990, in: Melvyn P. Leffler/Odd Arne Westad (Hg.), *The Cambridge History of the Cold War*, Cambridge 2010, Bd. 3, S. 23–44.; Eckes/Zeiler, *Globalization*, 182 f.; Calleo, Since 1961, S. 417–421.

103 Little, *American Orientalism*, S. 62; siehe auch Calleo, Since 1961, S. 421–427; die fünf US-Ölkonzerne unter den Seven Sisters waren Mobil (Socony), Exxon (Standard Oil of New Jersey/Esso), Chevron (Socal), Texaco und Gulf.

104 Daniel Yergin, *Der Preis. Die Jagd nach Öl, Geld und Macht*, Frankfurt a. M. 1991, S. 706 f.

105 George Williamson zit. nach Eckes/Zeiler, *Globalization*, S. 187; siehe auch Yergin, *Der Preis*, S. 703.

106 Yergin, *Der Preis*, S. 732; Little, *American Orientalism*, S. 70; siehe auch Kunz, *Butter and Guns*, S. 229.

107 Yergin, *Der Preis*, S. 723–739, 748–751.

108 Eckes/Zeiler, *Globalization*, S. 185; Little, *Third World Orientalism*, S. 70, 72.

109 Kunz, *Butter and Guns*, S. 238.

110 James R. Schlesinger zit. nach Yergin, *Der Preis*, S. 860.

111 Yergin, *Der Preis*, S. 775–778, 817–826, 889 f., 915–924; Little, *American Orientalism*, S. 73.

112 Eckes/Zeiler, *Globalization*, S. 187–193; Kunz, *Butter and Guns*, S. 249, 251.

113 Spero/Hart, *The Politics*, S. 301–325.

114 Mark Atwood Lawrence, History From Below. The United States and Latin America in the Nixon Years, in: Fredric Logevall/Andrew Preston (Hg.), *Nixon in the World. American Foreign Relations, 1969–1977*, Oxford 2008, S. 269–288, hier S. 277–280; Kunz, *Butter and Guns*, S. 262–268;

115 Spero/Hart, *The Politics*, S. 96–102.

116 Spero/Hart, *The Politics*, S. 185 f., 243–255, 246, 311–316; United Nations General Assembly, Declaration on the Establishment of a New International Economic Order, A/RES/S-6/3201, 1. 5. 1974, online: www.un-documents.net/s6r3201.htm (aufgerufen am 30. 4. 2013); Craig Murphy, *The Emergence of the NIEO Ideology*, Boulder, CO 1984, S. 125–147.

117 Yergin, *Der Preis*, S. 775–778.

118 James Myers, The Lome Convention, online: homepages.uel.ac.uk/myeo278s/ACP1.htm (aufgerufen am 30. 4. 2013); Rebecca Rush, Banana Wars Continue, in: Council on Hemispheric Affairs, 16. 5. 2005, online: www.coha.org/2005/05/banana-wars-continue/ (aufgerufen am 30. 4. 2013).

119 WTO, The Uruguay Round, online: www.wto.org/english/thewto_e/whatis_e/tif_e/fact5_e.htm (aufgerufen am 30. 4. 2013).

120 Lawrence Ingrassia zit. nach Richard E. Mshomba, *Africa in the Global Economy*, Boulder, CO 2000, S. 94.

121 Spero/Hart, *The Politics*, S. 204–214.

122 Robert A. Pastor (Hg.), *Latin America's Debt Crisis. Adjusting to the Past or Planning for the Future*, Boulder, CO 1987, S. 6–14.

123 Jeffry A. Frieden, *Debt, Development, and Democracy. Modern Political Economy and Latin America, 1965–1985*, Princeton, NJ 1991, S. 118–134, 145, 169–175, 189–228.

124 Sebastian Edwards, *Crisis and Reform in Latin America. From Despair to Hope*, Oxford 1995, S. 23–57.

125 Kunz, *Butter and Guns*, S. 267–269.

126 Eckes/Zeiler, *Globalization*, S. 195–197.

127 Charles H. Feinstein, *An Economic History of South Africa. Conquest, Discrimination, and Development*, Cambridge 2005, S. 165–240.

128 Bill Freund, *The Making of Contemporary Africa. The Development of African Society Since 1800*, Basingstoke ²1998, S. 253

129 J. Lahai Samboma zitiert nach Mshomba, *Africa in the Global Economy*, S. 94.

130 Freund, *Making of Contemporary Africa*, S. 257–260.

131 John Iliffe, *Geschichte Afrikas*, München 1997, S. 327–365.

132 Paul Kennedy, *African Capitalism. The Struggle for Ascendancy*, Cambridge 1988, S. 104–134.

133 Alex Thomson, *An Introduction to African Politics*, London 2000, S. 176, siehe auch ebd., S. 165–186.

134 Lourdes Beneria/Savitri Bisnath, Gender and Poverty. An Analysis for Action, in: Frank H. Lechner/John Boli (Hg.), *The Globalization Reader*, Malden, MA 2000, S. 172–176.

135 James H. Mittelman, *The Globalization Syndrome. Transformation and Resistance*, Princeton, NJ 2000, S. 74–87.

136 Bruce Cumings, *Korea's Place in the Sun. A Modern History*, New York 2005, S. 303–331.

137 Gregg Andrew Brazinsky, Koreanizing Modernization. Modernization Theory and South Korean Intellectuals, in: Engerman u. a., *Staging Growth*, S. 251–274; Alice H. Amsden, *Asia's Next Giant. South Korea and Late Industrialization*, New York 1989, S. 55, 66–76, 93–111, 215–235.

138 LaFeber, *The Clash*, S. 296–310; Michael A. Barnhart, From Hershey Bars to Motor Cars. America's Economic Policy Toward Japan, 1945–1976, in: Akira Iriye/Robert A. Wampler (Hg.), *Partnership. The United States and Japan, 1951–2001*, Tokio 2001, S. 201–222, hier S. 219.

139 Eckes, *Opening America's Market*, S. 200, siehe auch ebd., S. 168–175.

140 LaFeber, *The Clash*, S. 327–332, 365.

141 Eckes/Zeiler, *Globalization*, S. 199.

142 LaFeber, *The Clash*, S. 301 f.

143 Kunz, *Butter and Guns*, S. 300.

144 John Connally zit. nach LaFeber, *The Clash*, S. 353 f.

145 Thomas W. Zeiler, Business is War in U.S.-Japanese Economic Relations, 1977–2001, in: Iriye/Wampler, *Partnership*, S. 223–248; LaFeber, *The Clash*, S. 357–363; Kunz, *Butter and Guns*, S. 303.

146 Barnhart, From Hershey Bars, S. 219; Zeiler, Business is War, S. 225–230.

147 N. N., Imports of Color Television Sets Exceed Domestic Production, in: *Trends in Japan Information Bulletin*, 25. 8. 1995, online: web-japan.org/trends95/29.html (aufgerufen am 30. 4. 2013).

148 Kunz, *Butter and Guns*, S. 313–323.

149 Eckes/Zeiler, *Globalization*, S. 214, 229 f.

150 Zeiler, Business is War, S. 237 f., 240–246.

151 Deng Xiaoping, 30. 6. 1984, zit. nach Jinglian Wu, *Understanding and Interpreting Chinese Economic Reform*, Mason, OH 2005, S. 294.

152 Wu, *Understanding and Interpreting*, S. 309 f.
153 Carolyn Carter, *Globalizing South China*, Oxford 2001, S. 213 f.; Nick Knight, *Imagining Globalisation in China. Debates on Ideology, Politics and Culture*, Cheltenham 2008, S. 56–77
154 Suzhou Industrial Park, Investment Environment, online: www.sipac.gov.cn/english/Investment/200403/t20040329_5263.htm (aufgerufen am 30. 4. 2013).
155 Knight, *Imagining Globalisation*, S. 172–178.
156 Eckes/Zeiler, *Globalization*, S. 201.
157 Wu, *Understanding and Interpreting*, S. 295–305, 319–324.
158 Spero/Hart, *The Politics*, S. 364–374; LaFeber, *The Clash*, S. 403 f.
159 World Bank, World Development Indicators, Data: Countries and Economies, online: data. worldbank.org/country (aufgerufen am 30. 4. 2013).
160 Alfred E. Eckes Jr., *U.S. Trade Issues*, Santa Barbara, CA 2009, S. 58–62.
161 Shalendra D. Sharma, India's Economic Liberalization. A Progress Report, April 2003, in: Sumit Ganguly (Hg.), *South Asia*, New York 2006, S. 147–155, hier S. 147.
162 Satyendra S. Nayak, *Globalization and the Indian Economy. Roadmap to Convertible Rupee*, London 2008, S. 115–132, siehe auch ebd., S. 4, 8.
163 Vinay Rai/William L. Simon, *Think India*, New York 2007, S. 17–26, 47–62; Eckes/Zeiler, *Globalization*, S. 241.
164 Eckes/Zeiler, *Globalization*, S. 1, 204–206, 210–212, 216–218.
165 CIA, *The World Factbook: European Union*, online: www.cia.gov/library/publications/the-world-factbook/geos/ee.html (aufgerufen am 30. 4. 2013); Länderberichte in der World Economic Data Base des IWF, April 2008, online: www.imf.org/external/pubs/ft/weo/2008/01/weodata/index.aspx (aufgerufen am 30. 4. 2013).
166 David Marsh, *Der Euro. Die geheime Geschichte der neuen Weltwährung*, Hamburg 2009, S. 321–352; Eckes, Europe and Economic Globalization, S. 257–265; De Grazia, *Das unwiderstehliche Imperium*, 520–544.
167 N. N., Wake up Europe! The European Union after Ireland's vote, in: *The Economist*, 10. 10. 2009, S. 13; Spero/Hart, *The Politics*, S. 78–80, 258; John McCormick, *Understanding the European Union*, New York ³2005.
168 Kees van der Pijl, *Global Rivalries. From the Cold War to Iraq*, London 2006, S. 283–290.
169 Michael Hart, *A Trading Nation. Canadian Trade Policy from Colonialism to Globalization*, Vancouver 2002, S. 423 f.
170 Sidney Weintraub (Hg.), *NAFTA's Impact on North America. The First Decade*, Washington, DC 2004; U.S. Department of Commerce, NAFTA 10 Years Later. Overview, online: www.ita.doc.gov/media/Publications/pdf/nafta10.pdf (aufgerufen am 30. 4. 2013); Daniel Griswold, NAFTA at 10. An Economic and Foreign Policy Success, online: www.cato.org/publications/commentary/nafta-10-economic-foreign-policy-success (aufgerufen am 30. 4. 2013); Public Citizen, North American Free Trade Agreement (NAFTA), online: www.citizen.org/trade/nafta/ (aufgerufen am 30. 4. 2013).
171 Joanna Klonsky/Stephanie Hanson/Brianna Lee, Mercosur. South America's Fractious Trade Bloc, online: www.cfr.org/publication/12762/ (aufgerufen am 30. 4. 2013); Spero/Hart, *The Politics*, S. 94–96, 255–259.
172 Jorge Robledo, Why Say No to FTAA, online: www.bilaterals.org/spip.php?article1064 (aufgerufen am 30. 4. 2013); Jerry Haar/John Price (Hg.), *Can Latin America Compete? Confronting the Challenges of Globalization*, New York 2008, S. 33–40.
173 Gerald Tan, *ASEAN. Economic Development and Cooperation*, Singapore 2003, S. 5–37, 234–276.
174 ASEAN-China Trade to Hit $200b in 2008, online: www.bilaterals.org/spip.php?article9660 (aufgerufen am 30. 4. 2013); About APEC, online: www.apec.org/About-Us/About-APEC.aspx (aufgerufen am 30. 4. 2013).

175 What is the WTO, online: www.wto.org/english/thewto_e/whatis_e/whatis_e.htm (aufgerufen am 30.4.2013); Ian F. Fergusson, The World Trade Organization. Background and Issues, online: www.nationalaglawcenter.org/assets/crs/98–928.pdf (aufgerufen am 30.4.2013).

176 William Greider, *One World, Ready or Not. The Manic Logic of Global Capitalism*, New York 1997, S. 13–19; Eckes, *U.S. Trade Issues*, S. 68 f.; Spero/Hart, *The Politics*, S. 9.

177 Joseph M. Grieco/G. John Ikenberry, *State Power and World Markets. The International Political Economy*, New York 2003, S. 6 f., 14 f., 208–212, 222–226.

178 Eckes, *Opening*, S. 217 f.; Eckes, *U.S. Trade Issues*, S. 40–45.

179 Eckes/Zeiler, *Globalization*, S. 209 f., 213 f.

180 Pietra Rivoli, *Reisebericht eines T-Shirts. Ein Alltagsprodukt erklärt die Weltwirtschaft*, Berlin 2006, S. 19–24, 27–34, 103–118, 137–168, 209–254, 274–304.

181 Spero/Hart, *The Politics*, S. 90–94, 96–106.

182 Gary P. Sampson, Developing Countries and the Liberalization of Trade Services, in: John Whalley (Hg.), *Developing Countries and the Global Trading System*, Bd. 1, Ann Arbor, MI 1989, S. 132–145.

183 James Goldsmith zit. nach Eckes, *Opening*, S. 285; siehe auch Gary P. Sampson, Non-Tariff Barriers Facing Developing Country Exports, in: Whalley, *Developing Countries*, S. 171–185.

184 London School of Economics/Centre for Civil Society, What is Civil Society?, 1.3.2004, online: www.webarchive.org.uk/wayback/archive/20080305014721/http://www.lse.ac.uk/collections/CCS/what_is_civil_society.htm (aufgerufen am 30.4.2013); Ronnie D. Lipschutz, Reconstructing World Politics. The Emergence of Global Civil Society, in: ders. (Hg.), *Civil Societies and Social Movements*, Aldershot 2006, S. 237–268.

185 Peter Baker, The Mellowing of William Jefferson Clinton, in: *New York Times Magazine*, 31.5.2009, S. 46; William J. Clinton Foundation, online: www.clintonfoundation.org (aufgerufen am 30.4.2013); Andrew F. Cooper, *Celebrity Diplomacy*, Boulder, CO 2008, S. 31–34, 38, 47, 56, 84, 100 f.

186 Live 8, online: www.live8live.com/makepromiseshappen/ (aufgerufen am 30.4.2013).

187 Susan George, Weltbürger gegen den Welthandel. Seattle war ein Erfolg, aber noch kein Sieg, in: *Le Monde Diplomatique*, 14.1.2000, S. 4 f.; Grieco/Ikenberry, *State Power*, S. 226–238.

188 Walter LaFeber, *Michael Jordan and the New Global Capitalism*, New York 1999, S. 126, 147–151.

189 James L. Watson (Hg.), *Golden Arches East. McDonald's in East Asia*, Stanford, CA 1997, S. 10–18.

190 Kamal Nath zit. nach David M. Dickson, Farm Tariffs Sink World Trade Talks, in: *Washington Times*, 30.7.2008, siehe auch Ian F. Fergusson, World Trade Organization Negotiating. The Doha Development Agenda, online: www.nationalaglawcenter.org/assets/crs/RL32060.pdf (aufgerufen am 30.4.2013); Alan Beattie/Frances Williams, Doha Trade Talks Collapse, in: *Financial Times*, 29.7.2008..

191 Energy: The Kyoto Protocols, online: www.globalization101.org/the-kyoto-protocols/ (aufgerufen am 30.4.2013).

192 Climate Savers Computing, online: www.climatesaverscomputing.org (aufgerufen am 30.4.2013); Starbuck's and the Environment, online: www.starbucks.com/responsibility/environment (aufgerufen am 30.4.2013).

193 Matthew Ocheltree, Energy Issue Brief. Examples of Micropower, online: www.globalization101.org/j-examples-of-micropower/ (aufgerufen am 30.4.2013); Globalization and the Tourism Industry, 6.1.2009, *Globalization 101.org*, online: online: www.globalization101.org/globalization-and-the-tourism-industry-2/ (aufgerufen am 30.4.2013).

194 Bideleux/Jeffries, *History of Eastern Europe*, S. 556–597; OECD, Russian Federation, online: www.oecd.org/dataoecd/7/50/2452793.pdf (aufgerufen am 30.4.2013).

195 Elaine Sciolino, U.S. is Abandoning ‹Shock Therapy› for the Russians, in: *New York Times*, 21.12.1993.

196 Cumings, *Korea's Place in the Sun*, S. 33; Tan, *ASEAN*, S. 200–233; Eckes/Zeiler, *Globalization*, S. 249–251.

197 Joseph E. Stiglitz, *Die Schatten der Globalisierung*, Berlin 2002, S. 109–157.

198 Eckes/Zeiler, *Globalization*, S. 257.

199 Richard A. Posner, *A Failure of Capitalism. The Crisis of '08 and the Descent Into Depression*, Cambridge, MA 2009; siehe auch Eckes, *U.S. Trade Issues*, S. 70; World Bank, *World Development Indicators, Data: Countries and Economies*, online: data.worldbank.org/country (aufgerufen am 30.4.2013).

200 IWF, *World Economic Outlook Report*, Oktober 2008, online: www.cfr.org/publication/17483/ (aufgerufen am 30.4.2013).

201 N.N., Global Troubles, in: *New York Times*, 22.2.2009, S. 2.

202 Nigel Holmes/Megan McArdle, Iceland's Meltdown, in: *The Atlantic*, Dezember 2008, S. 66 f.

203 Carter Dougherty, A Scramble to Shore Up Economies Worldwide, in: *New York Times*, 28.10.2008.

204 N.N., Failed States. Insights into Two of the World's Most Broken States, 30.11.2009, online: www.globalization101.org/failed-states-insight-into-two-of-the-world's-most-broken-states/ (aufgerufen am 30.4.2013).

205 Stephen Castle/David Jolly, Giant Stimulus Plan Proposed for Europe, in: *New York Times*, 27.11.2008; IWF, *World Economic Outlook. Recovery, Risk, and Rebalancing*, Oktober 2010, online: www.imf.org/external/pubs/ft/weo/2010/02/index.htm (aufgerufen am 30.4.2013).

206 Paul Krugman, Moment of Truth, in: *New York Times*, 10.10.2008, S. A33.

207 The Pittsburgh Summit 2009: Welcoming The World. A Report by the Pittsburgh G-20 Partnership, September 2009, online: www.scribd.com/doc/40196322/G20Report1109 (aufgerufen am 30.4.2013); John Kirton/Madeline Koch (Hg.), *The G20 Pittsburgh Summit 2009*, Washington, DC 2009.

208 World Bank, *Global Economic Prospects 2010. Crisis, Finance, and Growth*, Washington, DC 2010; Economy 2011, World Economic Growth in Year 2011, online: economy2011.org/?p=28 (aufgerufen am 30.4.2013).

209 Matt Taibbi, How I Stopped Worrying and Learned to Love the OWS Protests, in: *Rolling Stone*, 24.11.2011, S. 65 f.

210 Niall Ferguson, *Der Aufstieg des Geldes. Die Währung der Geschichte*, Berlin 2009, S. 296–301; David S. Landes, *Wohlstand und Armut der Nationen. Warum die einen reich und die anderen arm sind*, Berlin 1999, S. 471–525; John Templeton Foundation, Does the Free Market Corrode Moral Character?, online: http://www.templeton.org/market/ (aufgerufen am 30.4.2013); United Nations, *The Millennium Development Goals Report 2009*, New York 2009.

Mensch und Umwelt im Zeitalter des Anthropozän

1 Paul J. Crutzen/Eugene Stoermer, The Anthropocene, in: *IGBP Global Change Newsletter* 41 (2000), S. 17–18. Ein italienischer Geologe sprach bereits 1873 vom «anthropozänen Zeitalter», doch setzte sich der Ausdruck damals nicht durch; vgl. Antonio Stoppani, *Corso di geologia*, Mailand 1873.

2 Will Steffen/Paul J. Crutzen/John R. McNeill, The Anthropocene. Are Humans Now Overwhelming the Great Forces of Nature?, in: *Ambio* 36 (2007), S. 614–621.

3 Das andere Extrem war die beinahe völlige Auslöschung des Menschen vor rund 76 000 Jahren infolge einer gewaltigen Vulkaneruption. Genetische Indizien legen nahe, dass die Weltbevölkerung auf ein paar Tausend fortpflanzungsfähige Paare geschrumpft war – und die Menschheit somit nur haarscharf dem Aussterben entging.

4 William F. Ruddiman, *Plows, Plagues and Petroleum. How Humans Took Control of Climate*, Princeton, NJ 2005.

5 John F. Richards, *The Unending Frontier. An Environmental History of the Early Modern World*, Berkeley, CA 2003, vermittelt einen Eindruck davon, wie die Landwirtschaft sich ausbreitete.

6 Diese Fragen untersuchen Alfred W. Crosby, *Die Früchte des weißen Mannes. Ökologischer Imperialismus 900–1900*, Frankfurt a. M. 1991; William H. McNeill, *Seuchen machen Geschichte. Geißeln der Völker*, München 1978; sowie Emmanuel Le Roy Ladurie, Un concept. L'unification microbienne du monde, in: *Schweizerische Zeitschrift für Geschichte* 23 (1978), S. 627–696.

7 Angus Maddison, *The World Economy*, Bd. 1, Paris 2006, S. 261.

8 Im Folgenden stützen wir uns auf Vaclav Smil, *Energy in World History*, Boulder, CO 1994; ders., *Energy in Nature and Society*, Cambridge, MA 2008; Alfred Crosby, *Children of the Sun. A History of Humanity's Unappeasable Appetite for Energy*, New York 2006; sowie Frank Niele, *Energy. Engine of Evolution*, Amsterdam 2005.

9 Charles Hall u. a., Hydrocarbons and the Evolution of Human Culture, in: *Nature* 426 (2003), S. 318–322.

10 Die Angaben zu China stammen aus IEA/OECD, *Cleaner Coal in China*, Paris 2009, S. 45–46; zu Großbritannien aus F. D. K. Liddell, Mortality of British Coal Miners in 1961, in: *British Journal of Industrial Medicine* 30 (1973), S. 15–24, hier S. 16; Anfang des 21. Jahrhunderts starben in den USA jährlich etwa 1400 ehemalige Bergleute am Staublunge-Syndrom, so Barbara Freese, *Coal. A Human History*, Cambridge, MA 2003, S. 175.

11 Chad Montrie, *To Save the Land and People. A History of Opposition to Surface Mining in Appalachia*, Chapel Hill, NC 2003.

12 Irina Gildeeva, Environmental Protection during Exploration and Exploitation of Oil and Gas Fields, in: *Environmental Geosciences* 6 (1999), S. 153–154.

13 Joanna Burger, *Oil Spills*, New Brunswick, NJ 1997, S. 42–44.

14 Zu den Auswirkungen der Deepwater-Horizon-Ölpest auf den Fischfang und die Umwelt siehe Harold Upton, The Deepwater Horizon Oil Spill and the Gulf of Mexico Fishing Industry, in: *Congressional Research Service Report* vom 17. 2. 2011, online: fpc.state. gov/documents/organization/159014.pdf (aufgerufen am 28. 2. 2013); juristischen Aspekten widmete sich das Symposium «Deep Trouble. Legal Ramifications of the Deepwater Horizon Oil Spill», dokumentiert in: *Tulane Law Review* 85 (2011), S. 889–1144. Unter den journalistischen Aufarbeitungen erwähnenswert ist Joel Achenbach, *A Hole At the Bottom of the Sea. The Race to Kill the BP Oil Gusher*, New York 2011.

15 Die folgenden Ausführungen stützen sich auf die Studien von Anna-Karin Hurtig/ Miguel San Sebastián, Geographical Differences in Cancer Incidence in the Amazon Basin of Ecuador in Relation to Residence near Oil Fields, in: *International Journal of Epidemiology* 31 (2002), S. 1021–1027; sowie dies., Oil Exploitation in the Amazon Basin of Ecuador. A Public Health Emergency in: *Revista Panamericana de Salud Pública* 15 (2004), S. 205–211. Eine Gegenposition hinsichtlich des behaupteten kausalen Zusammenhangs mit Krebserkrankungen vertreten Michael Kelsh/Libby Morimoto/Edmund Lau, Cancer Mortality and Oil Production in the Amazon Region of Ecuador, 1990–2005, in: *International Archives of Occupational and Environmental Health* 82 (2008), S. 381–395; siehe auch Judith Kimmerling, Oil Development in Ecuador and Peru. Law, Politics, and the Environment, in: Anthony Hall (Hg.), *Amazonia at the Crossroads. The Challenge of Sustainable Development*, London 2000, S. 73–98.

16 Matt Finer u. a., Oil and Gas Projects in the Western Amazon. Threats to Wilderness, Biodiversity, and Indigenous Peoples, in: *PLoS one* 3.8 (2008), e2932, doi:10.1371/journal. pone.0002932 (aufgerufen am 10. 5. 2013). Zum allgemeinen Kontext siehe Allen Gerlach, *Indians, Oil, and Politics. A Recent History of Ecuador*, Wilmington, DE 2003. Genauere Informationen zur Vereinbarung mit dem UNDP stellt das Multi-Partner Trust Fund Office zur Verfügung, online: mptf. undp. org/yasuni (aufgerufen am 28. 2. 2013).

17 Patience O. Olajide u. a., Fish Kills and Physiochemical Qualities of A Crude Oil Polluted River in Nigeria, in: *Research Journal of Fisheries and Hydrobiology* 4 (2009), S. 55–64.

18 J. Shola Omotola, «Liberation Movements» and Rising Violence in the Niger Delta. The New Contentious Site of Oil and Environmental Politics, in: *Studies in Conflict and Terrorism* 33 (2010), S. 36–54; Tobias Haller u. a. (Hg.), *Fossil Fuels, Oil Companies, and Indigenous Peoples. Strategies of Multinational Oil Companies, States, and Ethnic Minorities; Impact on Environment, Livelihoods, and Cultural Change*, Wien 2007. Politische Analysen bieten zahlreiche Studien von Michael Watts, beispielsweise ders., Blood Oil. The Anatomy of a Petro-insurgency in the Niger Delta, in: *Focaal* 52 (2008), S. 18–38; Ed Kashi, *The Curse of the Black Gold. 50 Years of Oil in the Niger Delta*, hg. von Michael Watts, New York 2009.

19 Haller u. a., *Fossil Fuels*, S. 166 f.

20 Dara O'Rourke/Sarah Connolly, Just Oil? The Distribution of Environmental and Social Impacts of Oil Production and Consumption, in: *Annual Review of Environment and Resources* 28 (2003), S. 587–617, hier S. 598.

21 Ebd., S. 599–601.

22 In den 1990er Jahren war in den USA in der die Sicherheit von (Öl- und Gas-)Pipelines zuständigen Behörde jeweils ein Inspektor für 60 000 Kilometer Leitungsstrecke zuständig, und im Weltmaßstab stellte sich das Verhältnis vermutlich eher schlechter dar; vgl. O'Rourke/Connolly, Just Oil?, S. 611.

23 G. E. Vilchek/A. A. Tishkov, Usinsk Oil Spill. Environmental Catastrophe or Routine Event?, in: Robert M. M. Crawford (Hg.), *Disturbance and Recovery in Arctic Lands*, Dordrecht 1997, S. 411–420; Anna Kireeva, Oil Spills in Komi. Cause and the Size of the Spill Kept Hidden, online: www.bellona.org/articles/articles_2007/Oil_spill_in_Komi (aufgerufen am 28. 2. 2013).

24 Marjorie Mandelstam Balzer, The Tension between Might and Rights. Siberians and Energy Developers in Post-Socialist Binds, in: *Europe-Asia Studies* 58 (2006), S. 567–588.

25 Benjamin K. Sovacool, The Costs of Failure. A Preliminary Assessment of Major Energy Accidents, 1907–2007, in: *Energy Policy* 36 (2008), S. 1802–1820.

26 Michelle Bell/Devra Davis/Tony Fletcher, A Retrospective Assessment of Mortality from the London Smog Episode of 1952. The Role of Influenza and Pollution, in: *Environmental Health Perspectives* 112 (2004), S. 6–8.

27 Während des so genannten Blitzkriegs starben in London zwischen September 1940 und Mai 1941 ungefähr 20 000 Menschen.

28 Zit. nach Devra Davis, *When Smoke Ran Like Water. Tales of Environmental Deception and the Battle against Pollution*, New York 2002, S. 45.

29 Ebd., S. 31–54; Peter Brimblecombe, *The Big Smoke. A History of Air Pollution in London since Medieval Times*, London 1987, S. 165–169.

30 Entsprechende Daten finden sich bei Bert Brunekreef/Stephen T. Holgate, Air Pollution and Health, in: *Lancet* 360 (2002), S. 1233–1242, hier S. 1239.

31 Eri Saikawa u. a., Present and Potential Future Contributions of Sulfate, Black and Organic Aerosols from China to Global Air Quality, Premature Mortality, and Radiative Forcing, in: *Atmospheric Environment* 43 (2009), S. 2814–2822.

32 Majid Ezzati u. a., Selected Major Risk Factors and Global and Regional Burden of Disease, *Lancet* 360 (2002), S. 1347–1360. Zu ähnlichen Ergebnissen kommen Aaron J. Cohen u. a., The Global Burden of Disease due to Outdoor Air Pollution, in: *Journal of Toxicology and Environmental Health* 68 (2005), S. 1301–1307.

33 Zu bedenken ist dabei, dass die Luftverschmutzung vor allem sehr junge und ältere Menschen tötet, darüber hinaus besonders Menschen mit Herz- und Atemwegsproblemen, während im Krieg Menschen in der Blüte ihres Lebens sterben. Makroökonomisch betrachtet, wären die Kosten für die tödlichen Folgen der Schadstoffbelastung daher geringer zu veranschlagen als der Preis für die Opfer des Krieges, denn im ersten Fall sterben vorwiegend Personen, die generativ leicht zu ersetzen sind (Säuglinge und Kleinkinder), sowie solche, die ihren Beitrag zum Sozialprodukt bereits geleistet haben (Greise). Betrachtet man jedes Menschenleben als gleichwertig, ist ein solches Kalkül natürlich grauenvoll.

34 John Watt u. a. (Hg.), *The Effects of Air Pollution on Cultural Heritage*, Berlin 2009, untersuchen die Folgen der Luftverschmutzung mit Blick auf Kulturdenkmäler.

35 David Stern, Global Sulfur Emissions from 1850 to 2000, in: *Chemosphere* 58 (2005), S. 163–175; Z. Lu u. a., Sulfur Dioxide Emissions in China and Sulfur Trends in East Asia since 2000, in: *Atmospheric Chemistry and Physics* 10 (2010), S. 6311–6331; Chak K. Chan/Xiaohong Yao, Air Pollution in Mega Cities in China, in: *Atmospheric Environment* 42 (2008), S. 1–42; Ming Fang/Chak K. Chan/Xiaohong Yao, Managing Air Quality in a Rapidly Developing Nation. China, in: *Atmospheric Environment* 43 (2009), S. 79–86.

36 Jes Fenger, Air Pollution in the Last 50 Years. From Local to Global, in: *Atmospheric Environment* 43 (2009), S. 15.

37 Hugh Ross Anderson, Air Pollution and Mortality. A History, in: *Atmospheric Environment* 43 (2009), S. 144–145.

38 Michio Hashimoto, History of Air Pollution Control in Japan, in: Hajime Nishimura (Hg.), *How to Conquer Air Pollution. A Japanese Experience*, Amsterdam 1989, S. 1–94.

39 James Fleming, *Fixing the Sky. The Checkered History of Weather and Climate Control*, New York 2010.

40 J. Samuel Walker, *Three Mile Island. A Nuclear Crisis in Historical Perspective*, Berkeley, CA 2004.

41 N. N., The Charm of Nuclear Power, in: *The Economist*, 29. 3. 1986, S. 11.

42 Alexey V. Yablokov/Vassily B. Nesterenko/Alexey V. Nesterenko, Consequences of the Chernobyl Catastrophe for the Environment, in: *Annals of the New York Academy of Sciences* 1181 (2009), S. 221–286. Die bei Tieren zu beobachtenden Folgen der Katastrophe beschränkten sich nicht auf die Sperrzone von Tschernobyl. Die im Fleisch von Elchen in Schweden gemessene radioaktive Strahlung beispielsweise lag 1988 bis zu 33-mal höher als vor dem Reaktorunfall (ebd., S. 256).

43 Jim T. Smith/Nicholas A. Beresford, *Chernobyl. Catastrophe and Consequences*, Berlin 2005; Alexey V. Nesterenko/Vassily B. Nesterenko/Alexey V. Yablokov, Consequences of the Chernobyl Catastrophe for Public Health, in: *Annals of the New York Academy of Sciences* 1181 (2009), S. 31–220.

44 Die Abfälle werden in Beton- und Stahlbehältern gelagert, in den meisten Fällen auf dem Reaktorgelände. Die Planungen für unterirdische Endlager stießen auf politische Widerstände, ebenso die Versenkung im Meer. Zur Entsorgungsproblematik siehe die Website des Nuclear Energy Institute (einer Interessenvertretung der Nuklearindustrie): www.nei.org/keyissues/nuclearwastedisposal/ (aufgerufen am 28. 2. 2013).

45 Nützliche Daten und Einsichten bieten die Beiträge der *Environmental History* vom April 2012, insbesondere Sara B. Pritchard, An Envirotechnical Disaster. Nature, Technology, and Politics at Fukushima, in: *Environmental History* 17 (2012), S. 219–243. Siehe auch Joseph C. MacDonald, Fukushima – One Year Later, in: *Radiation Protec-*

tion Dosimetry 149 (2012), S. 353–354; sowie Koichi Hasegawa, Facing Nuclear Risks. Lessons from the Fukushima Nuclear Disaster, in: *International Journal of Japanese Sociology* 21 (2012), S. 84–91.

46 Eine Insider-Perspektive bieten Yoichi Funabashi/Kay Kitazawa, Fukushima in Review. A Complex Disaster, A Disastrous Response, in: *Bulletin of the Atomic Scientists* 68 (2012), S. 9–24.

47 Zu den Kontroversen, die Wasserkraft-Projekte begleiten, siehe Rolf Sternberg, Hydropower. Dimensions of Social and Environmental Coexistence, in: *Renewable and Sustainable Energy Reviews* 12 (2008), S. 1588–1621.

48 So geschehen beim Bau der Rihand-Talsperre in Uttar Pradesh, Indien, erbaut 1954 bis 1962; siehe Enakshi Ganguly Thukral (Hg.), *Big Dams, Displaced People. Rivers of Sorrow, Rivers of Change*, New Delhi 1992, S. 13–14.

49 Alf Gunvald Nilsen, *Dispossession and Resistance in India. The River and the Rage*, London 2010.

50 Satyajit Singh, *Taming the Waters. The Political Economy of Large Dams in India*, Delhi 1997; John R. Wood, *The Politics of Water Resource Development in India. The Narmada Dams Controversy*, Los Angeles 2007; Nilsen, *Dispossession*.

51 Kehui Xu/John D. Milliman, Seasonal Variations of Sediment Discharge from the Yangtze River before and after Impoundment of the Three Gorges Dam, in: *Geomorphology* 104 (2009), S. 276–283.

52 Peidong Zhang u. a., Opportunities and Challenges for Renewable Energy Policy in China, in: *Renewable and Sustainable Energy Reviews* 13 (2009), S. 439–449.

53 Die Bemerkung stammt von Arnst Kurelek, einem kanadischen Holzfäller, zit. nach C. Ross Silversides, *Broadaxe to Flying Shear. The Mechanization for Forest Harvesting East of the Rockies*, Ottawa 1997, S. 107.

54 Manfred Weissenbacher, *Sources of Power. How Energy Forges Human History*, Santa Barbara, CA 2009, S. 452.

55 Zu den angeführten Beispielen, siehe Alejandro Palafox Muñoz/Romano Segrado Pavón/Lilia Zizumbo Villareal, Rehabilitación turística y capacidad de carga en Cozumel, in: *Revista iberoamericana de economia ecológica* 11 (2009), S. 53–63; Stefan Gössling u. a., Ecological Footprint Analysis as a Tool To Assess Tourism Sustianability, in: *Ecological Economics* 43 (2002), S. 199–211 (über die Seychellen, ein insofern interessanter Fall, als die dortige Regierung sich bemüht, die Umwelt der Inseln zu erhalten und gleichzeitig den Tourismus weiterzuentwickeln); Gavin M. Mudd, Gold Mining in Australia. Linking Historical Trends and Environmental and Resource Sustainability, in: *Environmental Science and Policy* 10 (2007), S. 629–644; Martin Cryer/Bruce Hartill/Steve O'Shea, Modification of Marine Benthos by Trawling. Generalization for the Deep Ocean?, in: *Ecological Applications* 12 (2002), S. 1824–1839; Lawrence Solomon, *Toronto Sprawls. A History*, Toronto 2007; John Sewell, *The Shape of the Suburbs. Understanding Toronto's Sprawl*, Toronto 2009.

56 Joel Cohen, *How Many People Can the Earth Support?*, New York 1995, S. 78–79.

57 Das dystopische Bild geht zurück auf Carlo M. Cipolla, *Wirtschaftsgeschichte und Weltbevölkerung*, München 1972, S. 71.

58 Robert William Fogel, *The Escape from Hunger and Premature Death, 1700–2100. Europe, America, and the Third World*, Cambridge 2004, S. 21.

59 Die Erfolge und Rückschläge im Kampf gegen Malaria beschreibt detailliert James L. A. Webb, *Humanity's Burden. A Global History of Malaria*, Cambridge 2009.

60 Fogel (*Escape*, S. 40) zufolge lebten in Großbritannien Angehörige der Oberschicht aus dem Geburtsjahrgang 1875 rund 17 Jahre länger als die Gesamtbevölkerung; 2000 betrug der Unterschied vier Jahre. Daten der Vereinten Nationen zur Lebenserwartung finden sich online: www.un.org/esa/population/ (aufgerufen am 28. 2. 2013).

61 Cohen, *How Many People*, S. 6; Han Fei, *Die Kunst der Staatsführung. Die Schriften*

des Meisters Han Fei, Leipzig 1994, S. 530; Quintus Septimius Florens Tertullianus, *De anima*, hg. v. Jan Hendrik Waszink, Amsterdam 1947, Kap. 30.3–4.

62 Leo Silberman, Hung Liang-Chi. A Chinese Malthus, in: *Population Studies* 13 (1960), S. 257–265.

63 Indiens Geburtenrate lag Mitte der 1970er Jahre bei 36/1000; als Ziel wurden 25/1000 vorgegeben, was erst ungefähr zur Jahrtausendwende erreicht wurde, also rund zwanzig Jahre später als erhofft; vgl. Ramachandra Guha, *India After Gandhi. The History of the World's Largest Democracy*, New York 2007, S. 415–416, 511–514.

64 Tyrene White, *China's Longest Campaign. Birth Planning in the People's Republic, 1949–2005*, Ithaca, NY 2006; Susan Greenhalgh, *Just One Child. Science and Policy in Deng's China*, Berkeley, CA 2008; zu Indien und China gleichermaßen siehe auch Matthew Connelly, *Fatal Misconception. The Struggle to Control World Population*, Cambridge, MA 2008.

65 Daten aus jüngerer Zeit zu Steppengebieten in Nordchina liefern Ma Yonghuan/Fan Shengyue, The Protection Policy of Eco-environment in Desertification Areas of Northern China. Contradictions and Countermeasures, in: *Ambio* 35 (2006), S. 133–134; darüber hinaus, in historischer Perspektive, James Reardon-Anderson, *Reluctant Pioneers. China's Northward Expansion, 1644–1937*, Stanford, CA 2005; sowie Peter C. Perdue, *China Marches West. The Qing Conquest of Central Asia*, Cambridge, MA 2005; Dee Mack Williams, *Beyond Great Walls. Environment, Identity, and Development on the Chinese Grasslands of Inner Mongolia*, Stanford, CA 2002.

66 Mary Tiffen/Michel Mortimore/Francis Gichuki, *More People, Less Erosion. Environmental Recovery in Kenya*, Chichester 1994; zur Mittelmeerregion siehe John R. McNeill, *The Mountains of the Mediterranean World. An Environmental History*, Cambridge 1992.

67 2010 besaß die weltweit bewässerte Fläche eine Ausdehnung von rund 300 Millionen Hektar, etwa fünfmal so groß wie Texas or siebenmal so groß wie Frankreich; siehe Bridget Scanlon/Ian Jolly/Marios Sophocleous/Lu Zhang, Global Impacts of Conversions from Natural to Agricultural Ecosystems on Water Resources. Quantity versus Quality, in: *Water Resources Research* 43 (2007), W03437, doi:10.1029/2006WR005486.

68 Dean Bavington, *Managed Annihilation. An Unnatural History of the Newfoundland Cod Collapse*, Vancouver 2010.

69 Jason Link u. a., Trophic Role of Atlantic Cod in the Ecosystem, in: *Fish and Fisheries* 10 (2008), S. 58–87; Ilona Stobutzki/Geronimo Silvestre/Len Garces, Key Issues in Coastal Fisheries in South and Southeast Asia, Outcomes of a Regional Initiative, in: *Fisheries Research* 78 (2006), S. 109–118. Das Verschwinden des Kabeljaus, eines Raubfisches, hat die ozeanischen Ökosysteme an Orten wie der Neufundlandbank völlig reorganisiert.

70 Daten zur Seefischerei der Ernährungs- und Landwirtschaftsorganisation der Vereinten Nationen (FAO) finden sich online: www.fao.org/fishery/statistics/global-production/en (aufgerufen am 28. 2. 2013); die FAO-Daten reichen nur bis 1950 zurück; ihre Zuverlässigkeit dürfte in jüngster Zeit am größten sein.

71 H. Bruce Franklin, *The Most Important Fish in the Sea. Menhaden and America*, Washington, DC 2007.

72 Das Maß ppm (*parts per million*) steht für «Teile pro Million» (Anm. d. Ü.).

73 Anqing Shi, The Impact of Population Pressure on Global Carbon Emissions, 1975–1996. Evidence from Pooled Cross-country Data, in: *Ecological Economics* 44 (2003), S. 29–42; weitere Überlegungen siehe John R. McNeill, *Blue Planet. Die Geschichte der Umwelt im 20. Jahrhundert*, Frankfurt a. M. 2003, S. 288 f.; historische Daten zur Emmision von Kohlendioxid aus den Jahren 1751 bis 2004 (Bezogen auf die Verwendung fossiler Brennstoffe) finden sich online: cdiac.ornl.gov/trends/emis/em_cont.html (aufgerufen am 28. 2. 2013).

74 Das Chemiewerk in Bhopal produzierte Pestizide, bestimmt zur Verwendung in der indischen Landwirtschaft. Nun ließe sich zwar behaupten, damit bestehe eine Verbindung zum Bevölkerungswachstum in Indien, doch erklärt das in keiner Weise den Unfall, für den die mangelnde Wartung der Anlagen die Ursache war; die Nachgeschichte der Katastrophe untersucht Suroopa Mukherjee, *Surviving Bhopal. Dancing Bodies, Written Texts, and Oral Testimonials of Women in the Wake of an Industrial Disaster*, Basingstoke 2010, S. 17–40.

75 Dirk Hoerder, *Cultures in Contact. World Migration in the Second Millennium*, Durham, NC 2002, S. 508–582.

76 Char Miller (Hg.), *On the Border. An Environmental History of San Antonio*, Pittsburgh 2001.

77 Ren Qiang/Yuan Xin, Impacts of Migration to Xinjiang since the 1950s, in: Robyn Iredale/Naran Bilik/Fei Guo (Hg.), *China's Minorities on the Move. Selected Case Studies*, Armonk, NY 2003, S. 89–105. Die genaue Zahl chinesischer Einwanderer in Xinjiang ist unklar.

78 J. Marc Foggin, Depopulating the Tibetan Grasslands, in: *Mountain Research and Development* 28 (2008), S. 26–31; Andrew M. Fischer, *Urban Fault Lines in Shangri-La. Population and Economic Foundations of Inter-ethnic Conflict in the Tibetan Areas of Western China*, Crisis States Working Paper 42, London 2004; Hao Xin, A Green Fervor Sweeps the Qinghai-Tibetan Plateau, in: *Science* 321 (2008), S. 633–635.

79 Greg Grandin, *Fordlandia. The Rise and Fall of Henry Ford's Forgotten Jungle City*, New York 2009.

80 Eine Einschätzung aus jüngerer Zeit gibt Philip M. Fearnside, Deforestation in Brazilian Amazonia. History, Rates, and Consequences, in: *Conservation Biology* 19 (2005), S. 680–688; siehe auch Michael Williams, *Deforesting the Earth. From Prehistory to Global Crisis*, Chicago 2003, S. 460–481.

81 Peter Dauvergne, The Politics of Deforestation in Indonesia, in: *Pacific Affairs* 66 (1993/94), S. 497–518; J. Hardjono, The Indonesian Transmigration Scheme in Historical Perspective, in: *International Migration* 26 (1988), S. 427–438; Holzindustrie, Plantagenwirtschaft und vieles andere trugen ebenfalls zur rasch fortschreitenden Zerstörung der tropischen Regenwälder in Indonesien bei.

82 Das Maß ppb (*parts per billion*) steht für «Teile pro Milliarde» (Anm. d. Ü.). Die folgenden Ausführungen stützen sich auf Jonathan Cowie, *Climate Change. Biological and Human Aspects*, Cambridge 2007, S. 1–16, 22–31, 126–167.

83 Den globalen Kohlenstoffzyklus erörtert Bert Bolin, *A History of the Science and Politics of Climate Change. The Role of the Intergovernmental Panel on Climate Change*, Cambridge 2007, Kap. 2.

84 Michael R. Raupach u. a., Global and Regional Drivers of Accelerating CO_2 Emissions, in: *Proceedings of the National Academy of Sciences of the United States of America* 104 (2007), S. 10288–10293, hier S. 10288; Schätzungen zu den globalen Auswirkungen der Abholzung tropischen Regenwaldes finden sich bei Wolfgang Cramer u. a., Tropical forests and the global carbon cycle. Impacts of Atmospheric Carbon Dioxide, Climate Change and Rate of Deforestation, in: *Philosophical Transactions of the Royal Society. Biological Sciences* 359 (2004), S. 331–343; in allgemein historischer Perspektive zur Waldzerstörung siehe Williams, *Deforesting the Earth*.

85 Thomas A. Boden/Gregg Marland/Robert J. Andres, Global, Regional, and National Fossil-Fuel CO_2 Emissions, in: *Trends. A Compendium of Data on Global Change*, Carbon Dioxide Information Analysis Center, Oak Ridge National Laboratory, U.S. Department of Energy, Oak Ridge, TN 2009, doi:10.3334/CDIAC/00001; Raupach u. a., Global and Regional Drivers, S. 10288.

86 Josep G. Canadell u. a., Contributions to Accelerating Atmospheric CO_2 Growth from Economic Activity, Carbon Intensity, and Efficiency of Natural Sinks, in: *Proceedings*

of the National Academy of Sciences of the United States of America 104 (2007), S. 18866–18870; Raupach u. a., Global and Regional Drivers, S. 10288–10292.

87 James Hansen u. a., Global Temperature Change, in: *Proceedings of the National Academy of Sciences of the United States of America* 103 (2006), S. 14288–14293; Philip D. Jones u. a., Global and Hemispheric Temperature Anomalies – Land and Marine Instrumental Records, in: *Trends. A Compendium of Data on Global Change*, Carbon Dioxide Information Analysis Center, Oak Ridge National Laboratory, U.S. Department of Energy, Oak Ridge, TN 2 011, doi:10.3334/CDIAC/cli.002; John M. Broder, Past Decade Was Warmest Ever, NASA Finds, in: *New York Times*, 22. 1. 2010, S. A8.

88 Andrew E. Dessler/Edward A. Parson, *The Science and Politics of Global Climate Change. A Guide to the Debate*, Cambridge 2006, Tabelle 3.1, S. 65; Edward L. Miles, On the Increasing Vulnerability of the World Ocean to Multiple Stresses, in: *Annual Review of Environment and Resources* 34 (2009), S. 17–41; Catherine P. McMullen/United Nations Environment Programme (Hg.), *Climate Change Science Compendium 2009*, Nairobi u. a. 2009, S. 17–23.

89 Scott C. Doney/David S. Schimel, Carbon and Climate System Coupling on Timescales from the Precambrian to the Anthropocene, in: *Annual Review of Environment and Resources* 32 (2007), S. 31–66; Miles, Increasing Vulnerability of the World, S. 26–28.

90 McMullen/UNEP, *Climate Change Science Compendium*, S. 15–16.

91 Jianchu Xu u. a., The Melting Himalayas. Cascading Effects of Climate Change on Water, Biodiversity, and Livelihoods, in: *Conservation Biology* 23 (2009), S. 520–530.

92 M. Monirul Qader Mirza, Climate Change, Flooding and Implications in South Asia, in: *Regional Environmental Change* 11 (2011), S. 95–107; Katherine Morton, Climate Change and Security at the Third Pole, in: *Survival* 53 (2011), S. 121–132.

93 Bolin, *History of the Science and Politics of Climate Change*, Kap. 1.

94 Spencer R. Weart, *The Discovery of Global Warming*, Cambridge, MA 2008, S. 14–17.

95 Weart, *Discovery of Global Warming*, S. 19–33. Einen Überblick über die Mauna Loa-Messreihe aus jüngerer Zeit geben Ralph F. Keeling u. a., Atmospheric CO_2 records from sites in the SIO air sampling network, in: *Trends. A Compendium of Data on Global Change*, Carbon Dioxide Information Analysis Center, Oak Ridge National Laboratory, U.S. Department of Energy, Oak Ridge, TN 2009, doi:10.3334/CDIAC/atg.035. Doney/Schimel schreiben, die Mauna Loa-Messreihe sei «unter den Datensätzen der Geophysik, wenn nicht der Naturwissenschaften überhaupt, geradezu ikonenhaft» (Carbon and Climate System Coupling, S. 48).

96 Cowie, *Climate Change*, S. 20 f.; Weart, *Discovery of Global Warming*, S. 53–58, 70–78, 126–137.

97 Bolin, *History of the Science and Politics of Climate Change*, S. 20–34; Weart, *Discovery of Global Warming*, Kap. 4 und 5.

98 William C. Clark u. a., Acid Rain, Ozone Depletion, and Climate Change. An Historical Overview, in: The Social Learning Group (Hg.), *Learning to Manage Global Environmental Risks*, Bd. 1: *A Comparative History of Social Responses to Climate Change, Ozone Depletion and Acid Rain*, Cambridge, MA 2007, S. 21–55; Cass R. Sunstein, Of Montreal and Kyoto. A Tale of Two Protocols, in: *Harvard Environmental Law Review* 31 (2007), S. 10–13; Bolin, *History of the Science and Politics of Climate Change*, S. 44–47; Dessler/Parson, *Science and Politics of Global Climate Change*, S. 12; Intergovernmental Panel on Climate Change (IPCC), *Klimaänderung 2007. Synthesebericht*, hg. von der Deutschen IPCC-Koordinierungsstelle, Stuttgart 2008, S. 1–26; eine faszinierende Beschreibung der Rolle von Wissenschaftlern in der Ozon- und Klimapolitik der 1980er und 1990er Jahre bietet Reiner Grundmann, Ozone and Climate. Scientific Consensus and Leadership, in: *Science, Technology, & Human Values* 31 (2006), S. 73–101.

99 Geoffrey J. Blanford/Richard G. Richels/Thomas F. Rutherford, Revised Emissions Growth Projections for China. Why Post-Kyoto Climate Policy Must Look East, in: Joseph E. Aldy/Robert N. Stavins (Hg.), *Post-Kyoto International Climate Policy. Implementing Architectures for Agreement*, Cambridge 2010, S. 822–856; Paul G. Harris/Hongyuan Yu, Climate Change in Chinese Foreign Policy. Internal and External Responses, in: Paul G. Harris (Hg.), *Climate Change and Foreign Policy. Case Studies from East to West*, London 2009, S. 53–67; Boden/Marland/Andres, Fossil-Fuel CO_2 Emissions.

100 Paul G. Harris, Climate Change in Environmental Foreign Policy. Science, Diplomacy, and Politics, in: ders., *Climate Change and Foreign Policy*, S. 1–17; Michael T. Hatch, The Politics of Climate Change in Germany. Domestic Sources of Environmental Foreign Policy, in: Paul G. Harris (Hg.), *Europe And Global Climate Change. Politics, Foreign Policy and Regional Cooperation*, Cheltenham, MA 2007, S. 41–62; Boden/Marland/Andres, Fossil-Fuel CO_2 Emissions; Nigel Purvis/Andrew Stevenson, *Rethinking Climate Diplomacy. New Ideas for Transatlantic Cooperation Post-Copenhagen*, Washington, DC 2010; Sunstein, Of Montreal and Kyoto, S. 22–53; Renat Perelet/Serguey Pegov/Mikhail Yulkin, Climate Change. Russia Country Paper, in: *Human Development Report. Occasional Papers* (2007–2008), online: hdr.undp.org/en/reports/global/hdr2007-2008/papers/ (aufgerufen am 28.2.2013); David A. Wirth, Current Developments. The Sixth Session (Part Two) and Seventh Session of the Conference of the Parties to the Framework Convention on Climate Change, in: *The American Journal of International Law* 96 (2002), S. 648–660.

101 Edward O. Wilson, Vorwort des Herausgebers, in: ders./Frances M. Peter (Hg.), *Ende der biologischen Vielfalt? Der Verlust an Arten, Genen und Lebensräumen und die Chancen für eine Umkehr*, Heidelberg u. a. 1992, S. 14–16, hier S. 14; Williams, *Deforesting the Earth*, S. 437–446.

102 Gordon H. Orians/Martha J. Groom, Global Biodiversity. Patterns and Processes, in: Martha J. Groom/Gary K. Meffe/C. Ronald Carroll (Hg.), *Principles of Conservation Biology*, Sunderland, MA 2006, S. 27–62, hier S. 30 f.; Catherine Badgley, The Multiple Scales of Biodiversity, in: *Paleobiology* 29 (2003), S. 11–13; Martin Jenkins, Prospects for Biodiversity, in: *Science* 302 (2003), S. 1175; abweichende Auffassungen vertreten beispielsweise Geerat J. Vermeij/Lindsey R. Leighton, Does Global Diversity Mean Anything?, in: *Paleobiology* 29 (2003), S. 3–7; D. M. J. S. Bowman, Death of Biodiversity – The Urgent Need for Global Ecology, in: *Global Ecology and Biogeography Letters* 7 (1998), S. 237–240.

103 Craig Hilton-Taylor u. a., State of the World's Species, in: Jean-Christophe Vié/Craig Hilton-Taylor/Simon N. Stuart (Hg.), *Wildlife in a Changing World. An Analysis of the 2008 IUCN Red List of Threatened Species*, Gland 2009, S. 15–42, hier S. 15–17; James P. Collins/Martha L. Crump, *Extinction in our Times. Global Amphibian Decline*, New York 2009, S. 1–2; Orians/Groom, Global Biodiversity, S. 33 f.

104 Jens Mutke u. a., Terrestrial Plant Diversity, in: Gary A. Krupnick/W. John Kress (Hg.), *Plant Conservation. A Natural History Approach*, Chicago 2005, S. 15–25; Simon L. Lewis, Tropical Forests and the Changing Earth System, in: *Philosophical Transactions of the Royal Society. Biological Sciences* 361 (2006), S. 195–210.

105 Michael L. McKinney, Is Marine Biodiversity at Less Risk? Evidence and Implications, in: *Diversity and Distributions* 4 (1998), S. 3–8; Beth A. Polidoro u. a., Status of the World's Marine Species, in: Vié/Hilton-Taylor/Stuart, *Wildlife in a Changing World*, S. 55–66.

106 Paul K. Dayton, The Importance of the Natural Sciences to Conservation, in: *American Naturalist* 162 (2003), S. 1–13, hier S. 2; Polidoro u. a., Status of the World's Marine Species, S. 57 f.

107 Edward O. Wilson, Der gegenwärtige Stand der biologischen Vielfalt, in: ders./Peter, *Ende der biologischen Vielfalt?*, S. 19–36, hier S. 29–30; David S. Woodruff, Dec-

lines of Biomes and Biotas and the Future of Evolution, in: *Proceedings of the National Academy of Sciences of the United States of America* 98 (2001), S. 5471–5476; zu den Problemen einer exakten Schätzung der Dimensionen und Auslöser des Artensterbens siehe etwa Richard G. Davies u. a., Human Impacts and the Global Distribution of Extinction Risk, in: *Proceedings of the Royal Society. Biological Sciences* 273 (2006), S. 2127–2133; Bruce A. Stein/Warren L. Wagner, Current Plant Extinctions. Chiaroscuro in Shades of Green, in: Krupnick/Kress, *Plant Conservation*, S. 59–60.

108 William Adams, *Against Extinction. The Story of Conservation*, London 2004, S. 47–50; J. Donald Hughes, Biodiversity in World History, in: ders. (Hg.), *The Face of the Earth. Environment and World History*, Armonk, NY 2000, S. 22–46, hier S. 35; Jean-Christophe Vié u. a., The IUCN Red List. A Key Conservation Tool, in: Vié/Hilton-Taylor/Stuart, *Wildlife in a Changing World*, S. 1–13; Hilton-Taylor u. a., State of the World's Species, S. 15–42.

109 Martha J. Groom, Major Threats to Biodiversity and Their Interaction, in: Groom/Meffe/Carroll, *Principles of Conservation Biology*, S. 64–69, hier S. 64 f.; statistische Daten zur globalen Nutzung des Landes finden sich zusammengefasst in McNeill, *Blue Planet*, Tabelle 7.1, S. 230; Daten zur Verbreitung von Vogelarten finden sich in Kevin J. Gaston/Tim M. Blackburn/Kees Klein Goldewijk, Habitat Conversion and Global Avian Biodiversity Loss, in: *Proceedings of the Royal Society. Biological Sciences* 270, (2003), Tabelle 1, S. 1294.

110 Williams, *Deforesting the Earth*, S. 386–421, siehe auch Lewis, Tropical Forests, S. 197–199.

111 Williams, *Deforesting the Earth*, S. 420–481.

112 Gary J. Wiles u. a., Impacts of the Brown Tree Snake. Patterns of Decline and Species Persistence in Guam's Avifauna, in: *Conservation Biology* 17 (2003), S. 1350–1360; Dieter C. Wasshausen/Werner Rauh, Habitat Loss. The Extreme Case of Madagascar, in: Krupnick/Kress, *Plant Conservation*, S. 151–155; Mutke u. a., Terrestrial Plant Diversity, S. 18; Williams, *Deforesting the Earth*, S. 343.

113 Michel Meybeck, Global Analysis of River Systems. From Earth System Controls to Anthropocene Syndromes, in: *Philosophical Transactions of the Royal Society. Biological Sciences* 358 (2003), S. 1935–1955.

114 Nach wie vor gibt es Diskussionen, wie der Nilbarsch in den Viktoriasee gelangte. Während die eine Seite behauptet, die Kolonialverwaltung in Uganda habe den Fisch dort ausgesetzt, um die Fischerei am See lukrativer zu machen, heißt es von anderer Seite, der Barsch sei durch Zufall dort heimisch geworden; vgl. Robert M. Pringle, The Nile Perch in Lake Victoria. Local Responses and Adaptations, in: *Africa. Journal of the International African Institute* 75 (2005), S. 510–538.

115 Siehe Dayton, Importance of the Natural Sciences.

116 Callum Roberts, *The Unnatural History of the Sea*, Washington, DC 2007, Kap. 12 u. 20–22.

117 Carmel Finley, A Political History of Maximum Sustained Yield, 1945–1955, in: David J. Starkey/Poul Holm/Michaela Barnard (Hg.), *Oceans Past. Management Insights from the History of Marine Animal Populations*, London 2008, S. 189–206; Roberts, *Unnatural History of the Sea*, S. 321–323.

118 Roberts, *Unnatural History of the Sea*, S. 288–302, 314–326; Fischzucht und Aquakultur behandelt James Muir, Managing to Harvest? Perspectives on the Potential of Aquaculture, in: *Philosophical Transactions of the Royal Society. Biological Sciences* 360 (2005), S. 191–218.

119 James A. Estes u. a. (Hg.), *Whales, Whaling, and Ocean Ecosystems*, Berkeley, CA 2007, S. 82–101; John A. Knauss, The International Whaling Commission – Its Past and Possible Future, in: *Ocean Development & International Law* 28 (1997), S. 79–87.

120 Clive Wilkinson, Status of Coral Reefs of the World. Summary of Threats and Remedial Action, in: Isabelle M. Cote/John D. Reynolds (Hg.), *Coral Reef Conservation*, Cambridge 2006, S. 3–21.

121 Adams, *Against Extinction*, S. 176–201; Hughes, Biodiversity in World History, S. 35–40; zum ESA und der Wiederansiedelung von Wölfen siehe etwa John Erb/Michael W. DonCarlos, An Overview of the Legal History and Population Status of Wolves in Minnesota, in: Adrian P. Wydeven/Timothy R. Van Deelen/Edward J. Heske (Hg.), *Recovery of Gray Wolves in the Great Lakes Region of the United States. An Endangered Species Success Story*, New York 2009, S. 49–64; zum Tiger-Programm und zum Schutz von Wildtieren in Indien siehe Mahesh Rangarajan, The Politics of Ecology. The Debate on Wildlife and People in India, 1970–1995, in: ders./Vasant K. Saberwal (Hg.), *Battles over Nature. Science and the Politics of Conservation*, Delhi 2003, S. 189–239.

122 Adams, *Against Extinction*, S. 25–53, 67–96; eine scharfe Kritik am Wirken europäischer Naturschützer in Afrika formulieren Jonathan S. Adams/Thomas O. McShane, *The Myth of Wild Africa. Conservation without Illusion*, Berkeley, CA 1996; aus Gabun berichtet Lydia Polgreen, Pristine African Park Faces Development, in: *The New York Times*, 22. 2. 2009, S. A6.

123 Roberts, *Unnatural History of the Sea*, Vorwort, Kap 1 u. 25; Louisa J. Wood u. a., Assessing Progress Towards Global Marine Protection Targets. Shortfalls in Information and Action, in: *Oryx* 42 (2008), S. 340–351; Juliet Eilperin, ‹Biological Gem› Becomes Largest Marine Reserve. Coral, Tuna, Sharks Expected to Thrive in Chagos Islands, in: *The Washington Post*, 2. 4. 2010, S. A10; John M. Broder, Bush to Protect Vast New Pacific Tracts, in: *The New York Times*, 6. 1. 2009, S. A13.

124 Zur Walfang-Kontroverse siehe Stephen R. Palumbi/Joe Roman, The History of Whales Read from DNA, in: Estes u. a., *Whales, Whaling, and Ocean Ecosystems*, S. 102–115; sowie James A. Estes u. a., Retrospection and Review, in: ebd., S. 388–393; Juliet Eilperin, A Crossroads for Whales. With Some Species Rebounding, Commission Weighs Loosening of Hunting Ban, in: *The Washington Post*, 29. 3. 2010, S. A01.

125 Den Schutz der Tiger diskutiert Virginia Morell, Can the Wild Tiger Survive?, in: *Science* 317 (2007), S. 1312–1314.

126 Camille Parmesan/John Matthews, Biological Impacts of Climate Change, in: Groom/Meffe/Carroll, *Principles of Conservation Biology*, S. 333–374, hier S. 352; Wilkinson, Status of Coral Reefs, S. 19–21.

127 Celia Dugger, U.N. Predicts Urban Population Explosion, in: *The New York Times*, 28. 6. 2007, S. A6; die Angaben zu den Einwohnerzahlen der Städte weltweit gehen zurück auf Thomas Brinkhoff, The Principal Agglomerations of the World, online: www.citypopulation.de/world/Agglomerations.html (aufgerufen am 28. 2. 2013); Ballungsraum («Agglomeration») bezeichnet dabei «eine Kernstadt sowie an diese angrenzende benachbarte Gemeinden, also beispielsweise durchgängig bebaute Vorstadtgebiete oder Pendlersiedlungen»; Tokio umfasst somit Yokohama, Kawasaki und Saitama.

128 Zur Entsorgung der New Yorker Abfälle im Meer siehe Martin V. Melosi, *The Sanitary City. Urban Infrastructure in America from Colonial Times to the Present*, Baltimore, MD 2000, S. 180–182, 260; den Beitrag urbaner Ballungsräume zu Treibhausgasemissionen untersuchen Nancy B. Grimm u. a., Global Change and the Ecology of Cities, in: *Science* 319 (2008), S. 756–760.

129 Martin V. Melosi, The Place of the City in Environmental History, in: *Environmental History Review* 17 (1993), S. 1–23, hier S. 7; Nürnberg machte der Umstand zu schaffen, nicht an einem schiff- oder flößbaren Fluss zu liegen, was bedeutete, dass Holz nicht aus Wäldern weiter flussaufwärts bezogen werden konnte und die Stadt daher auf die nächstgelegenen Holzressourcen angewiesen war, vgl. Joachim Radkau, *Natur und Macht. Eine Weltgeschichte der Umwelt*, München ²2012, S. 176.

130 Verena Winiwarter/Martin Knoll, *Umweltgeschichte. Eine Einführung*, Köln 2007,

S. 181 f., 199; Christopher G. Boone/Ali Modarres, *City and Environment*, Philadelphia, PA 2006, S. 77 f., 101 f.; Grimm u. a., Global Change.

131 Melosi, Place of the City, S. 7; Grimm u. a., Global Change, S. 756; dem verwickelten Problem der Entwicklung der Geburtenrate in Städten widmen sich beispielsweise Oğuz Işik/M. Melih Pinarcioğlu, Geographies of a Silent Transition. A Geographically Weighted Regression Approach to Regional Fertility Differences in Turkey, in: *European Journal of Population / Revue Européenne de Démographie* 22 (2006), S. 399–421; Eric R. Jensen/Dennis A. Ahlburg, Why Does Migration Decrease Fertility? Evidence from the Philippines, in: *Population Studies* 58 (2004), S. 219–231; Amson Sibanda u. a., The proximate determinants of the decline to below-replacement fertility in Addis Ababa, Ethiopia, in: *Studies in Family Planning* 34 (2003), S. 1–7; Patrick R. Galloway/Ronald D. Lee/Eugene A. Hammel, Urban versus Rural. Fertility Decline in the Cities and Rural Districts of Prussia, 1875 to 1910, in: *European Journal of Population / Revue Européenne de Démographie* 14 (1998), S. 209–264.

132 Kenneth T. Jackson, Cities, in: Richard W. Bulliet (Hg.), *The Columbia History of the 20th Century*, New York 1998, S. 528–542, hier S. 529 f.; John Reader, *Cities*, New York 2004, S. 122–124; eine klassische Zusammenstellung statistischer Daten zur städtischen Bevölkerungsentwicklung bieten Tertius Chandler/Gerald Fox, *3000 Years of Urban Growth*, New York 1974, vgl. insb. S. 300–326.

133 Zum Holztransport siehe Radkau, *Natur und Macht*, S. 175 f. Zu den Grenzen der Städte vgl. die geistreichen Bemerkungen von H. G. Wells, *Anticipations of the Reaction of Mechanical and Scientific Progress upon Human Life and Thought*, New York 1902, S. 44–54, 70 f.

134 Zu Pest, Cholera und Quarantäne in Europa siehe Gerry Kearns, Zivilis or Hygaeia. Urban Public Health and the Epidemiologic Transition, in: Richard Lawton (Hg.), *The Rise and Fall of Great Cities. Aspects of urbanization in the Western World*, New York 1989, S. 98 f., 107–111; Japan untersucht Susan B. Hanley, Urban Sanitation in Preindustrial Japan, in: *Journal of Interdisciplinary History* 18 (1987), S. 1–26.

135 Wells, *Anticipations*, S. 54.

136 Jackson, Cities, S. 530–532; die Versorgung Londons diskutiert Reader, *Cities*, S. 127–132.

137 Vgl. allgemein United Nations Department for Economic and Social Information and Policy Analysis/Population Division, *The Challenge of Urbanization. The World's Largest Cities*, New York 1995; Australien untersucht Clive Forster, *Australian Cities. Continuity and Change*, Melbourne 1995, Kap. 1.

138 Pradyumna P. Karan, The City in Japan, in: ders./Kristin Stapleton (Hg.), *The Japanese City*, Lexington, KY 1997, S. 12–39; Forster, *Australian Cities*, S. 6–12.

139 Wells, *Anticipations*, S. 54.

140 Diese Interpretation der Geschichte Chicagos geht zurück auf William Cronon, *Nature's Metropolis. Chicago and the Great West*, New York 1991.

141 Martin Melosi, *Effluent America. Cities, Industry, Energy, and the Environment*, Pittsburgh 2001, S. 54–56, 178 f.; Peter Hall, *Cities of Tomorrow. An Intellectual History of Urban Planning and Design in the Twentieth Century*, Oxford 1996, S. 31–33; Leonardo Benevolo, *Die sozialen Ursprünge des modernen Städtebaus. Lehren von gestern, Forderungen für morgen*, Gütersloh 1971, S. 13–32; Reader, *Cities*, S. 147 f.

142 Melosi, *Sanitary City*, Kap. 2–9; zu Haussmann und Paris siehe Howard Saalman, *Haussmann. Paris Transformed*, New York 1971, S. 19f; Reader, *Cities*, S. 211–214.

143 André Raymond, *Cairo*, Cambridge, MA 2000, S. 309–321; James B. Pick/Edgar W. Butler, *Mexico Megacity*, Boulder, CO 2000, S. 30–37 (Daten S. 37, Tabelle 3.2); zur Geschichte des Verkehrswesens in den USA vor 1939 siehe Owen D. Gutfreund, *Twentieth-Century Sprawl. Highways and the Reshaping of the American Landscape*,

New York 2004, Kap. 1; Clay McShane, *Down the Asphalt Path. The Automobile and the American City*, New York 1994, S. 103–122; John Jakle, Landscapes redesigned for the automobile, in: Michael P. Conzen (Hg.), *The Making of the American Landscape*, Boston, MA 1990, S. 293–299.

144 United Nations Department for Economic and Social Information and Policy Analysis/ Population Division, *World Urbanization Prospects. The 2003 Revision*, New York 2004, S. 3, Tabelle 1.1 u. S. 11, Tabelle 1.7; die Zahl der Megastädte hängt unter anderem davon ab, wie die Stadtgrenzen definiert werden; so geht Thomas Brinkhoff (www.citypopulation.de) für 2010 von weltweit 26 urbanen Agglomerationen mit mehr als zehn Millionen Einwohnern aus.

145 United Nations, *World Urbanization Prospects 2003*, S. 3–5, Tabellen 1.1 u. 1.3; Zahlen sind gerundet.

146 United Nations Human Settlements Programme, *The Challenge of Slums. Global Report on Human Settlements 2003*, London 2003, S. 25–27.

147 Zur Entwicklung am Persischen Golf siehe Yasser Elsheshtawy, Cities of Sand and Fog. Abu Dhabi's Global Ambitions, in: ders. (Hg.), *The Evolving Arab City. Tradition, Modernity and Urban Development*, London 2008, S. 258–304; Janet Abu-Lughod, Urbanization in the Arab World and the International System, in: Josef Gugler (Hg.), *The Urban Transformation of the Developing World*, Oxford 1996, S. 185–210; zu Karatschi siehe Arif Hasan, The Growth of a Metropolis, in: Hamida Khuhro/Anwer Mooraj (Hg.), *Karachi. Megacity of our Times*, Karachi 1997, S. 171–195, hier S. 174; zu China siehe Anthony M. Orum/Xiangming Chen, *The World of Cities. Places in Comparative and Historical Perspective*, Malden, MA 2003, S. 101–103, Tabelle 4.1.

148 James Heitzman, *The City in South Asia*, London 2008, S. 179, 187; David Satterthwaite, In Pursuit of a Healthy Urban Environment in Low- and Middle-Income Nations, in: Peter J. Marcotullio/Gordon McGranahan (Hg.), *Scaling Urban Environmental Challenges. From Local to Global and Back*, London 2007, S. 69–105, hier S. 79; Alan Gilbert, Land, Housing, and Infrastructure in Latin America's Major Cities, in: ders. (Hg.), *The Mega-City in Latin America*, New York 1996, S. 73–109, hier S. 74 f., Tabelle 4.1; Hasan, Growth of a Metropolis, S. 188 f.

149 Satterthwaite, Healthy Urban Environment, S. 69–71; United Nations Centre for Human Settlements, *Cities in a Globalizing World. Global Report on Human Settlements 2001*, London 2001, S. 105–110; zur Wasserversorgung in indischen Großstädten siehe Rajendra Sagane, Water Management in Mega-Cities in India. Mumbai, Delhi, Calcutta, and Chennai, in: Juha I. Uitto/Asit K. Biswas (Hg.), *Water for Urban Areas. Challenges and Perspectives*, New York 2000, S. 84–111.

150 United Nations, *Challenge of Slums*, S. 113, Tabelle 6.8; Gilbert, Land, Housing, and Infrastructure, S. 78–80.

151 Grimm u. a., Global Change, S. 757; Mario J. Molina/Luisa T. Molina, Megacities and Atmospheric Pollution, in: *Journal of the Air and Waste Management Association* 54 (2004), S. 644–680; World Health Organization/United Nations Environment Programme, *Urban Air Pollution in Megacities of the World*. Cambridge, MA 1992, S. 56–65, 203–210.

152 United Nations, *Challenge of Slums*, S. 211 f.; WHO/UNEP, *Urban Air Pollution*, S. 107–113; Robert Cribb, The Politics of Pollution Control in Indonesia, in: *Asian Survey* 30 (1990), S. 1123–1135; Susan Abeyasekere, *Jakarta. A History*, Singapore 1989, S. 167–245.

153 United Nations, *World Urbanization Prospects 2003*, S. 3, Tabelle 1.1.

154 Frank Uekötter, *The Age of Smoke. Environmental Policy in Germany and the United States, 1880–1970*, Pittsburgh, PA 2009, S. 113–195, 209–258; siehe auch ders., *Von der Rauchplage zur ökologischen Revolution. Eine Geschichte der Luftverschmutzung in Deutschland und den USA 1880–1970*, Essen 2003, S. 285–334, 349–402; Joel

A. Tarr, Metabolism of the Industrial City. The Case of Pittsburgh, in: *Journal of Urban History* 28 (2002), S. 511–545, hier S. 523–528.

155 WHO/UNEP, *Urban Air Pollution*, S. 124–134, 172–177, 211–218.

156 Uekötter, *Age of Smoke*, S. 198–207; ders., *Rauchplage*, S. 335–348; Molina/Molina, Megacities, S. 644–661.

157 Clay McShane, *Down the Asphalt Path. The Automobile and the American City*, New York 1994, S. 1–56, 103–122, 203–223; Barbara Schmucki, *Der Traum vom Verkehrsfluss. Städtische Verkehrsplanung seit 1945 im deutsch-deutschen Vergleich*, Frankfurt a. M. 2001, S. 100–103, 126, 401; Peter Newman/Jeffrey Kenworthy, *Sustainability and Cities. Overcoming Automobile Dependence*, Washington, DC 1999, S. 80, Tabelle 3.8; Forster, *Australian Cities*, S. 18; Jakle, Landscapes redesigned, S. 299–300.

158 Jeffrey Kenworthy/Felix Laube, *An International Sourcebook of Automobile Dependence in Cities, 1960–1990*, Boulder, CO 1999, S. 361; Newman/Kenworthy, *Sustainability and Cities*, S. 94 f., Tabelle 3.12; Karan, City in Japan, S. 33; Forster, *Australian Cities*, S. 15–20.

159 Newman/Kenworthy, *Sustainability and Cities*, S. 75, 80, 82 f., 121, Tabellen 3.4, 3.8, 3.9, 3.14; siehe auch Matthew E. Kahn, The Environmental Impact of Suburbanization, in: *Journal of Policy Analysis and Management* 19 (2000), S. 569–586; zu amerikanischen Kraftstoffpreisen und Fahrzeuggrößen siehe Rudi Volti, A Century of Automobility, in: *Technology and Culture* 37 (1996), S. 663–685.

160 Melosi, *Sanitary City*, S. 297 f., 338–341, 373 f., 395–422; zur Urbanisierung und zur Nutzung des Landes im Großbritannien der Nachkriegszeit siehe Peter Hall, The Containment of Urban England, in: *The Geographical Journal* 140 (1974), S. 386–408.

161 Grimm u. a., Global Change, S. 756, 758.

162 William E. Rees, Ecological Footprints and Appropriated Carrying Capacity. What Urban Economics Leaves Out, in: *Environment and Urbanization* 4 (1992), S. 121–130 (Zitat S. 125); William E. Rees/Mathis Wackernagel, *Unser ökologischer Fußabdruck. Wie der Mensch Einfluss auf die Umwelt nimmt*, Basel 1997; eine kritische Bestandsaufnahme unternehmen Winiwarter/Knoll, *Umweltgeschichte*, S. 182–185.

163 Charles J. Kibert, Green Buildings. An Overview of Progress, in: *Journal of Land Use & Environmental Law* 19 (2004), S. 491–502; Rodney R. White, Editorial. Convergent Trends in Architecture and Urban Environmental Planning, in: *Environment and Planning D. Society and Space* 11 (1993), S. 375–378.

164 Timothy Beatley, Green Urbanism in European Cities, in: Rutherford H. Platt (Hg.), *The Humane Metropolis. People and Nature in the 21st-Century City*, Amherst, MA 2006, S. 297–314; Timothy Beatley, *Green Urbanism. Learning from European Cities*, Washington, DC 2000.

165 Anna Lehmann/Ulrich Schulte, Brüder, zur Sonne, nach Freiburg!, in: *die tageszeitung*, 31. 7. 2007, Berlin Aktuell, S. 21; Thomas Schroepfer/Limin Hee, Emerging Forms of Sustainable Urbanism. Case Studies of Vauban Freiburg and solarCity Linz, in: *Journal of Green Building* 3 (2008), S. 65–76; die kommunalen Bemühungen Freiburgs um Nachhaltigkeit präsentiert eine Informationsbroschüre der Stadt Freiburg im Breisgau, *Freiburg Green City – Wege zur Nachhaltigkeit* (2008), online: www.freiburg.de/greencity (aufgerufen am 28. 2. 2013).

166 John Pucher/Ralph Buehler, Making Cycling Irresistible. Lessons from The Netherlands, Denmark and Germany, in: *Transport Reviews* 28 (2008), S. 495–528; Newman/Kenworthy, *Sustainability and Cities*, S. 201–208; John Pucher, Bicycling Boom in Germany. A Revival Engineered by Public Policy, in: *Transportation Quarterly* 51 (1997), S. 31–46.

167 Zu Curitiba siehe Bill McKibben, *Hope, Human and Wild. True Stories of Living Lightly on the Earth*, Minneapolis 2007, S. 59–111; Hugh Schwartz, *Urban Renewal,*

Municipal Revitalization. The Case of Curitiba, Brazil, Alexandria, VA 2004, Kap. 1; Donella Meadows, The City of First Priorities, in: *Whole Earth Review* 85 (1995), S. 58 f.; Jonas Rabinovitch, Curitiba. Towards Sustainable Urban Development, in: *Environment and Urbanization* 4 (1992), S. 62–73.

168 Zu Havanna siehe Shawn Miller, *An Environmental History of Latin America*, Cambridge 2007, S. 230–235; Adriana Premat, Moving between the Plan and the Ground. Shifting Perspectives on Urban Agriculture in Havana, Cuba, in: Luc J. A. Mougeot (Hg.), *Agropolis. The Social, Political, and Environmental Dimensions of Urban Agriculture*, London 2005, S. 153–185; Reader, *Cities*, S. 168–171.

169 Luc J. A. Mougeot, Introduction, in: ders., *Agropolis*, S. 1–30, hier S. 1–6 u. Tabelle 1.

170 Eine kritische Einschätzung der Bemühungen Barcelonas um einen grünen Wandel bietet Juan Martinez-Alier, *The Environmentalism of the Poor. A Study of Ecological Conflicts and Valuation*, Cheltenham, MA 2002, S. 161–167; zur globalen Nachfrage nach Autos siehe United Nations Centre for Human Settlements, *Cities in a Globalizing World*, S. 129, Tabelle 11.1; zum chinesischen Automarkt siehe Yok-shiu F. Lee, Motorization in Rapidly Developing Cities, in: Peter J. Marcotullio/Gordon McGranahan (Hg.), *Scaling Urban Environmental Challenges. From Local to Global and Back*, London 2007, S. 179–205.

171 Maddison, *World Economy*, Bd. 1, S. 125 f.

172 Jürgen Osterhammel/Niels P. Petersson, *Geschichte der Globalisierung. Dimensionen, Prozesse, Epochen*, München ⁵2012, S. 70–83; John R. McNeill, Social, Economic, and Political Forces in Environmental Change. Decadal Scale (1900 to 2000), in: Robert Costanza/Lisa J. Graumlich/Will Steffen (Hg.), *Sustainability or Collapse? An Integrated History and Future of People on Earth*, Cambridge, MA 2007, S. 301–330, hier S. 307 f.

173 Zum RGW siehe Rondo Cameron/Larry Neal, *A Concise Economic History of the World from Paleolithic Times to the Present*, New York 2003, S. 374.

174 Stephen Kotkin, *Armageddon Averted. The Soviet Collapse, 1970–2000*, aktual. Neuaufl., Oxford 2008, S. 17–25, 32–34; Maddison, *World Economy*, Bd. 1, S. 129, Tabelle 3–5; Cameron/Neal, *Economic History*, S. 371.

175 Nicht berücksichtigt ist hierbei die Energie aus Biomasse, obgleich für Millionen Menschen in Entwicklungsländern weiterhin von großer Bedeutung, denn Biomasse bleibt in der Regel außerhalb der Warenwirtschaft und taucht insofern in statistischen Erhebungen meist nicht auf; siehe Smil, *Energy in Nature and Society*, Kap. 9, insb. S. 243, Diagramm 9.1.

176 Smil, *Energy in Nature and Society*, S. 241–243, 257–259.

177 Vaclav Smil, *Energy at the Crossroads. Global Perspectives and Uncertainties*, Cambridge, MA 2003, S. 65–105.

178 Massimo Livi Bacci, *A Concise History of World Population*, Oxford 1992, S. 109, Tabelle 4.3; Maddison, *World Economy*, Bd. 2, S. 542 f., Tabelle 5a.

179 Vaclav Smil, *Transforming the Twentieth Century. Technical Innovations and their Consequences*, Oxford 2006, S. 221–224.

180 John McCormick, *Reclaiming Paradise. The Global Environmental Movement*, Bloomington 1989, S. 55 f., 69–71.

181 Smil, *Transforming the Twentieth Century*, S. 123–130; Peter Clark, Versatile Plastics for Future, in: *The Science News-Letter* 76 (1959), S. 402 f.

182 John B. Colton Jr./Bruce R. Burns/Frederick D. Knapp, Plastic Particles in Surface Waters of the Northwestern Atlantic, in: *Science* 185 (1974), S. 491–497; N. N., Oily Seas and Plastic Waters of the Atlantic, in: *Science News* 103 (1973), S. 119; Thor Heyerdahl, *Expedition Ra. Mit dem Sonnenboot in die Vergangenheit*, Gütersloh 1970, S. 206 f., 230, 297 f. (Zitat S. 206).

183 Smil, *Transforming the Twentieth Century*, S. 123.

184 Peter G. Ryan u. a., Monitoring the Abundance of Plastic Debris in the Marine Environ-

ment, in: *Philosophical Transactions of the Royal Society. Biological Sciences* 364(2009), S. 1999–2012; David K. A. Barnes u. a., Accumulation and Fragmentation of Plastic Debris in Global Environments, in: *Philosophical Transactions of the Royal Society. Biological Sciences* 364 (2009), S. 1985–1998; Lindsey Hoshaw, Afloat in the Ocean, Expanding Islands of Trash, in: *The New York Times*, 10. 11. 2009, S. D2; Richard C. Thompson u. a., Lost at Sea. Where Is All the Plastic?, in: *Science* 304 (2004), S. 838; siehe auch die eher populärwissenschaftliche Darstellung von Curtis Ebbesmeyer/Eric Scigliano, *Flotsametrics and the Floating World*, New York 2009, S. 186–221.

185 Peter Dauvergne, *The Shadows of Consumption. Consequences for the Global Environment*, Cambridge, MA 2008, S. 99–131; Smil, *Transforming the Twentieth Century*, S. 41.

186 Maddison, *World Economy*, Bd. 1, S. 131–134; Cameron/Neal, *Economic History*, S. 367–370; zur Bedeutung niedriger Erdölpreise für das Nachkriegs-Europa siehe Christian Pfister, The ‹Syndrome of the 1950s› in Switzerland, in: Susan Strasser/ Charles McGovern/Matthias Judt (Hg.), *Getting and Spending. European and American Consumer Societies in the Twentieth Century*, Cambridge 1998, S. 359–377.

187 Maddison, *World Economy*, Bd. 1, S. 139–141; Yasukichi Yasuba, Japan's Post-War Growth in Historical Perspective, in: Steven Tolliday (Hg.), *The Economic Development of Modern Japan, 1945–1995. From Occupation to the Bubble Economy*, Bd. 1, Cheltenham 2001, S. 3–16.

188 Zum Konzept der Amerikanisierung siehe Richard Kuisel, Commentary. Americanization for Historians, in: *Diplomatic History* 24 (2000), S. 509–515; Literatur zur Amerikanisierung Europas existiert in großer Zahl, siehe etwa Emanuella Scarpellini, Shopping American Style. The Arrival of the Supermarket in Postwar Italy, in: *Enterprise and Society* 5 (2004), S. 625–668; Detlef Junker, The Continuity of Ambivalence. German Views of America, 1933–1945, in: David Barkley/Elisabeth Glaser-Schmidt (Hg.), *Transatlantic Images and Perceptions. Germany and America since 1776*, Cambridge 1997, S. 243–263; Richard Kuisel, *Seducing the French. The Dilemma of Americanization*, Berkeley, CA 1993; Frank Costigliola, *Awkward Dominion. American Political, Economic and Cultural Relations with Europe, 1919–1933*, Ithaca, NY 1984; zum kulturellen Einfluss der USA auf die Konsumgewohnheiten in Japan siehe Penelope Francks, *The Japanese Consumer. An Alternative Economic History of Modern Japan*, Cambridge 2009, S. 151–162; Yasuba, Japan's Post-War Growth, S. 13–14; zum amerikanischen Einfluss auf ostasiatische Konsumgewohnheiten allgemein siehe James L. Watson, *Golden Arches East. McDonald's in East Asia*, Stanford, CA 2006. Zur Herausbildung globaler Konsumkulturen vgl. auch das 2. Kapitel von Petra Gödde in diesem Band, S. 572–584.

189 Maddison, *World Economy*, Bd. 2, S. 542 f., 552 f. und 562 f., Tabellen 5a, 5b u. 5c.

190 Kotkin, *Armageddon Averted*, Kap. 1; Cameron/Neal, *Economic History*, S. 372 f.; zu den Auswirkungen der Kollektivierung auf Natur und Bevölkerung in Osteuropa siehe Katrina Z. S. Schwartz, *Nature and National Identity after Communism. Globalizing the Ethnoscape*, Pittsburgh 2006; Arvid Nelson, *Cold War Ecology. Forests, Farms, and People in the East German Landscape, 1945–1989*, New Haven, CT 2005.

191 Kotkin, *Armageddon Averted*, S. 10–17, 48–53; vgl. dazu auch das 2. Kapitel von Wilfried Loth in diesem Band, S. 108–117.

192 Kotkin, *Armageddon Averted*, Kap. 3.

193 Kotkin, *Armageddon Averted*, Kap. 5; Maddison, *World Economy*, Bd. 1, S. 155–161.

194 Ho-fung Hung, Introduction: The Three Transformations of Global Capitalism, in: ders. (Hg.), *China and the Transformation of Global Capitalism*, Baltimore, MD 2009, S. 1–21, hier S. 10 f.; Osterhammel/Petersson, *Geschichte der Globalisierung*, S. 87 f.

195 Giovanni Arrighi, China's Market Economy in the Long Run, in: Hung, *China*, S. 22–49; Hung, Introduction, ebd., S. 1–21, hier S. 6–13; John Minns, World Economies.

Southeast Asia since the 1950s, in: Patrick Heenan/Monique Lamontagne (Hg.), *The Southeast Asia Handbook*, London 2001, S. 24–37.

196 Zum Bananenhandel siehe Marcelo Bucheli/Ian Read, Banana Boats and Baby Food. The Banana in U.S. History, in: Steven Topik/Carlos Marichal/Zephyr Frank (Hg.), *From Silver to Cocaine. Latin American Commodity Chains and the Building of the World Economy, 1500–2000*, Durham, NC 2006, S. 204–227.

197 Osterhammel/Petersson, *Geschichte der Globalisierung*, S. 98–100; Minns, World Economies.

198 Maddison, *World Economy*, Bd. 1, S. 151–155 u. S. 129, Tabelle 3–5.

199 Martinez-Alier, *Environmentalism of the Poor*, Kap. 2; Ramachandra Guha/Juan Martinez-Alier, *Varieties of Environmentalism. Essays North and South*, London 1997, Kap. 9; Herman E. Daly, Steady-State Economics versus Growthmania. A Critique of the Orthodox Conceptions of Growth, Wants, Scarcity, and Efficiency, in: *Policy Sciences* 5 (1974), S. 149–167.

200 Robert Costanza u. a., The Value of the World's Ecosystem Services and Natural Capital, in: *Nature* 387 (1997), S. 253–260; Robert Costanza, Ecological Economics. Reintegrating the Study of Humans and Nature, in: *Ecological Applications* 6 (1996), S. 978–990; Kenneth Arrow u. a., Economic Growth, Carrying Capacity, and the Environment, in: *Ecological Applications* 6 (1996), S. 13–15; Herman E. Daly, On Economics as a Life Science, in: *The Journal of Political Economy* 76 (1968), S. 392–406; Kenneth E. Boulding, Economics and Ecology, in: F. Fraser Darling/John P. Milton (Hg.), *Future Environments of North America*, Garden City, NY 1966, S. 225–234.

201 Weltkommission für Umwelt und Entwicklung/Gro Harlem Brundtland/Volker Hauff (Hg.), *Unsere gemeinsame Zukunft*, Greven 1987, insb. S. 46; David Satterthwaite, *Barbara Ward and the Origins of Sustainable Development*, London 2006; Susan Baker, *Sustainable Development*, London 2006; Lorraine Elliott, *The Global Politics of the Environment*, New York 2004; Robert Paehlke, Environmental Politics, Sustainability and Social Science, in: *Environmental Politics* 10 (2001), S. 1–22; United Nations Environment Programme, *In Defence of the Earth. The Basic Texts on Environment. Founex, Stockholm, Cocoyoc*, Nairobi 1981.

202 Dieser Frage widmet sich in einer hervorragenden Studie Ramachandra Guha, *How Much Should a Person Consume? Environmentalism in India and the United States*, Berkeley, CA 2006, Kapitel 9.

203 Smil, *Energy in World History*, S. 185; zur UdSSR siehe Paul Josephson, War on Nature as Part of the Cold War. The Strategic and Ideological Roots of Environmental Degradation in the Soviet Union, in: John R. McNeill/Corinna Unger (Hg.), *Environmental Histories of the Cold War*, New York 2010, S. 21–50, hier S. 46; Charles S. Maier, The World Economy and the Cold War in the Middle of the Twentieth Century, in: Melvyn P. Leffler/Odd Arne Westad (Hg.), *The Cambridge History of the Cold War*, Cambridge 2010, Bd. 1, S. 64, schreibt, die UdSSR habe rund 20 % ihres Bruttosozialprodukts (BSP) für Militärausgaben aufgewendet, während in den USA, Frankreich und Großbritannien rund 5–10 % des BSP militärischen Zwecken dienten. Etwa 3–4 % des US-amerikanischen Erdölverbrauchs entfielen auf das Militär. Ein einzelner F-16-Kampfjet der US-Luftwaffe, seit 1979 im Einsatz, verbraucht an einem Nachmittag mehr Treibstoff als eine durchschnittliche amerikanische Familie in mehr als zwei Jahren.

204 Zum Netz der Interstate Highways und seinen ökologischen Auswirkungen siehe John R. McNeill, The Biosphere and the Cold War, in: Leffler/Westad (Hg.), *The Cambridge History of the Cold War*, Bd. 3: Endings, S. 422–444, hier S. 434–436.

205 Christopher J. Ward, *Brezhnev's Folly. The Building of BAM and Late Soviet Socialism*, Pittsburgh 2009; natürlich standen auch hinter diesem Projekt vielfältige Motive.

206 Philip Micklin, The Aral Sea Disaster, in: *Annual Review of Earth and Planetary Sciences* 35 (2007), S. 47–72; die ehemalige Insel Wosroschdenije stellt ein Umweltprob-

lem dar, das noch direkter mit dem Kalten Krieg zusammenhängt. Auf dem Eiland befand sich das größte Versuchsgelände des sowjetischen Biowaffenprogramms, bei dem Milzbrand-, Pocken- und zahlreiche andere Krankheitserreger auf ihre Waffentauglichkeit getestet wurden. 2001 entstand durch das Austrocknen des Aralsees eine Landbrücke zur Insel; seither können Kleinnager und andere Tiere das ehemals von Wasser umschlossene Versuchsareal ohne Weiteres verlassen.

207 Yin Shaoting, Rubber Planting and Eco-Environmental/Socio-cultural Transition in Xishuangbanna, in: Abe Ken-ichi/James E. Nickum (Hg.), *Good Earths. Regional and Historical Insights into China's Environment*, Kyoto 2009, S. 136–143; Judith Shapiro, *Mao's War Against Nature. Politics and Environment in Revolutionary China*, Cambridge 2001, S. 172–184; Hongmei Li u. a., Demand for Rubber Is Causing the Loss of High Diversity Rain Forest in SW China, in: *Biodiversity and Conservation* 16 (2007), S. 1731–1745.

208 Zum Uranabbau in den USA und zur Rolle der Navajo siehe Barbara Rose Johnston/ Susan E. Dawson/Gary E. Madsen, Uranium Mining and Milling. Navajo Experiences in the American Southwest, in: Barbara Rose Johnston (Hg.), *Half-Lives and Half-Truths. Confronting the Radioactive Legacies of the Cold War*, Santa Fe, NM 2007, S. 97–116.

209 Eckdaten präsentieren Arjun Makhijani/Howard Hu/Katherine Yih (Hg.), *Nuclear Wastelands. A Global Guide to Nuclear Weapons Production and Its Health and Environmental Effects*, Cambridge, MA 1995.

210 Michele Stenehjem Gerber, *On the Home Front. The Cold War Legacy of the Hanford Nuclear Site*, Lincoln 2002; Thomas E. Marceau, *Hanford Site Historic District. History of the Plutonium Production Facilities, 1943–1990*, Columbus, OH 2003; John M. Whiteley, The Hanford Nuclear Reservation. The Old Realities and the New, in: Russell J. Dalton u. a., *Critical Masses. Citizens, Nuclear Weapons Production, and Environmental Destruction in the United States and Russia*, Cambridge, MA 1999, S. 29–58.

211 Ian Stacy, Roads to Ruin on the Atomic Frontier. Environmental Decision Making at the Hanford Nuclear Reservation, 1942–1952, in: *Environmental History* 15 (2010), S. 415–448.

212 Gerber, *Home Front*, S. 90–92; Maurice A. Robkin, Experimental Release of ^{131}I. The Green Run, in: *Health Physics* 62 (1992), S. 487–495.

213 Bengt Danielsson/Marie-Thérèse Danielsson, *Poisoned Reign. French Nuclear Colonialism in the Pacific*, New York 1986; Stewart Firth, *Nuclear Playground*, Honolulu 1986; Mark Merlin/Ricardo Gonzalez, Environmental Impacts of Nuclear Testing in Remote Oceania, 1946–1996, in: McNeill/Unger, *Environmental Histories*, S. 167–202, das Schicksal der Marshallinseln und ihrer Bewohner, die jahrzehntelang unfreiwillig Zeugen der US-Atomtests wurden, untersuchen Barbara Rose Johnston/Holly M. Barker, *Consequential Damages of Nuclear War. The Rongelap Report*, Walnut Creek, CA 2008.

214 Obgleich die insgesamt freigesetzte Menge Radionuklide in Tomsk 7 (Sewersk) möglicherweise größer war, verteilten sie sich dort über eine größere Fläche; siehe Don J. Bradley, *Behind the Nuclear Curtain. Radioactive Waste Management in the Former Soviet Union*, Columbus, OH 1997, S. 451 f.; zum sowjetischen Nuklearkomplex siehe Nikolai N. Egorov u. a. (Hg.), *The Radiation Legacy of the Soviet Nuclear Complex*, London 2000; Igor Kudrik u. a., *The Russian Nuclear Industry*, Oslo 2004; John Whiteley, The Compelling Realities of Mayak, in: Dalton u. a., *Critical Masses*, S. 59–96; zu den Folgen für Menschen siehe auch Paula Garb, Russia's Radiation Victims of Cold War Weapons Production Surviving in A Culture of Secrecy and Denial, in: Johnston, *Half-Lives and Half-Truths*, S. 249–276; Cynthia Werner/Kathleen Purvis-Roberts, Unraveling the Secrets of the Past. Contested Visions of Nuclear Testing in the Soviet Republic of Kazakhstan, in: ebd., S. 277–298.

215 Norwegische und russische Forscher schätzten die in Majak versehentlich oder bewusst freigesetzten Mengen von radioaktivem Strontium (^{90}Sr) und Cäsium (^{137}Cs) zwischen 1948 und 1996 auf 8900 Petabecquerel; siehe Rob Edwards, Russia's Toxic Shocker. Bomb Factories Created the Most Radioactive Place on Earth, in: *New Scientist* 156 (1997), S. 15; ein Petabecquerel sind eine Billiarde oder 10^{15} Becquerel, und 8900 Petabecquerel entsprechen rund 0,24 Milliarden Curie, also rund das 1,8-Fache der offiziell genannten Zahl.

216 Bradley, *Behind the Nuclear Curtain*, S. 399–401; Garb, Russia's Radiation Victims, S. 253–260.

217 Zhores Medvedev, *Bericht und Analyse der bisher geheimgehaltenen Atomkatastrophe in der* UdSSR, Hamburg 1979.

218 Zusammenfassende Darstellungen aus jüngerer Zeit zu den zahlreichen Unfällen in sowjetischen Atomkomplexen bieten Josephson, War on Nature as Part of the Cold War, S. 21–50, hier S. 43–46; sowie McNeill, The Cold War and the Biosphere, S. 437–443 (worauf sich unsere Darstellung im Wesentlichen stützt).

219 Egorov u. a., *Radiation Legacy*, S. 150–153; Bradley, *Behind the Nuclear Curtain*, S. 419 f.

220 Beispielsweise Mark Hertsgaard, *Expedition ans Ende der Welt. Auf der Suche nach unserer Zukunft*, Frankfurt a. M. 1999; Garb, Russia's Radiation Victims; siehe auch Murray Feshbach, *Ecological Disaster. Cleaning up the Hidden Legacy of the Soviet Regime*, New York 1995, S. 48 f.; Ders./Alfred Friendly Jr., *Ecocide in the USSR. Health and Nature under Siege*, New York 1992, S. 174–179.

221 Nina A. Koshikurnikova u. a., Mortality among Personnel Who Worked at the Mayak Complex in the First Years of Its Operation, in: *Health Physics* 71 (1996), S. 90–93; Mira M. Kossenko, Cancer Mortality Among Techa Rivers Residents and Their Offspring, in: ebd., S. 77–82; Nina A. Koshikurnikova u. a., Studies on the Mayak Nuclear Workers. Health Effects, in: *Radiation and Environmental Biophysics* 41 (2002), S. 29–31; Mikhail I. Balonov u. a., Assessment of Current Exposure of the Population Living in the Techa Basin from Radioactive Releases from the Mayak Facility, in: *Health Physics* 92 (2007), S. 134–147; auch Studien des US-Energieministeriums verweisen auf gesundheitliche Probleme ehemaliger Beschäftigter im Nuklearkomplex von Majak, siehe etwa online: hss.energy.gov/HealthSafety/IHS/hstudies/russian_health.html (aufgerufen am 28. 2. 2013); zusammenfassend aus jüngerer Zeit siehe William J. F. Standring/Mark Dowdall/Per Strand, Overview of Dose Assessment Developments and the Health of Riverside Residents Close to the ‹Mayak› PA Facilities, Russia, in: *International Journal of Environmental Research and Public Health* 6 (2009), S. 174–199.

222 Whiteley, Compelling Realities, S. 90, zitiert Paula Garb, Complex Problems and No Clear Solutions. Difficulties of Defining and Assigning Culpability for Radiation Victimization in the Chelyabinsk Region of Russia, in: Barbara Rose Johnston (Hg.), *Life and Death Matters. Human Rights at the End of the Millennium*, Walnut Creek, CA 1997, S. 307–329.

223 Am wenigsten klar ist die Situation in China, da aus chinesischen Anlagen kaum Daten vorliegen und diese im Zweifelsfall noch unzuverlässiger sind als die russischen; siehe Alexandra Brooks/Howard Hu, China, in: Makhijani/Hu/Yih, *Nuclear Wastelands*, S. 515–518.

224 Erik Martiniussen, *Sellafield*, Oslo 2003; siehe auch Jacob Hamblin, *Poison in the Well. Radioactive Waste in the Oceans at the Dawn of the Nuclear Age*, New Brunswick, NJ 2008.

225 2006 stellte ein russisches Gericht fest, der Direktor der Anlage Majak, Vitali Sadownikow, habe in den Jahren 2001 bis 2004 die Verklappung von zig Millionen Kubikmeter radioaktiver Abfälle in die Tetscha angeordnet, um Kosten zu sparen und sich zu bereichern; siehe den Bericht der Bellona Stiftung, online: www.bellona.ru/bellona.

org/news/news_2006/Mayak_plant_%20general_director_dismissed_from_his_post (aufgerufen am 28. 2. 2013).

226 Tom Kenworthy, U.S. Wildlife Finds Safe Haven on Dangerous Cold War-era Weapons Sites, in: USA *Today*, 29. 8. 2001.

227 Das Strontium-Isotop ^{90}Sr verhält sich biochemisch in mancher Hinsicht wie Calcium. Über die Nahrung und insbesondere über belastete Milch kann es leicht aufgenommen werden; im Körper lagert sich Strontium in den Zähnen, den Knochen und im Knochenmark ab und kann Krebs- und Leukämieerkrankungen verursachen.

228 Arjun Makhijani/Stephen I. Schwartz, Victims of the Bomb, in: Stephen I. Schwartz (Hg.), *Atomic Audit. The Costs and Consequences of U.S. Nuclear Weapons since 1940*, Washington, D.C. 1998, S. 395–432, hier S. 395, gehen von einer Größenordnung zwischen 70 000 und 800 000 Krebserkrankungen weltweit aufgrund oberirdischer Atomwaffentests der USA aus. Was Todesfälle infolge anderer Aspekte der Nuklearwaffenprogramme anbelangt, sind die Schätzungen noch weitaus ungenauer, insbesondere mit Blick auf China und die UdSSR.

229 Ein prominenter Befürworter solcher Vorhaben in den USA war Edward Teller, der die Projekte als «geotechnischen Tiefbau» bezeichnete. Teller, der in Budapest geboren war und vor 1933 in Deutschland studiert hatte, war ein vehementer Antikommunist und zugleich den enthusiastischsten sowjetischen Planern ebenbürtig, wenn es um die «zivile» Nutzung thermonuklearer Explosionen ging; siehe Edward Teller/Wilson K. Talley/Gary H. Higgins, *The Constructive Uses of Nuclear Explosives*, New York 1968; Scott Kirsch, *Proving Grounds. Project Plowshare and the Unrealized Dream of Nuclear Earthmoving*, New Brunswick, NJ 2005.

230 Insgesamt gab es ein paar Dutzend ähnlicher Unfälle, bei denen Flugzeuge und Nuklearwaffen im Spiel waren, ohne dass es zu ausgewachsenen Katastrophen gekommen wäre; siehe Randall C. Maydew, *America's Lost H-Bomb. Palomares, Spain, 1966*, Manhattan, KS 1997; lesenswert auch die journalistische Darstellung der Ereignisse von Barbara Moran, *The Day We Lost the H-Bomb. Cold War, Hot Nukes, and the Worst Nuclear Weapons Disaster in History*, New York 2009.

231 Allgemein zum Großen Sprung nach vorn siehe Alfred Chan, *Mao's Crusade. Politics and Policy Implementation in China's Great Leap Forward*, Oxford 2001; Dali Yang, *Calamity and Reform in China. State, Rural Society, and Institutional Change since the Great Leap Forward*, Stanford, CA 1998; einen viel beachteten journalistischen Überblick gibt Jasper Becker, *Hungry Ghosts. Mao's Secret Famine*, New York 1998; eine detaillierte politische Analyse bietet Roderick MacFarquhar, *The Origins of the Cultural Revolution*, Bd. 2. *The Great Leap Forward*, New York 1983; als eine sehr zuverlässige Darstellung gilt weithin der im chinesischen Original 2008 in Hongkong veröffentlichte Bericht von Yang Jisheng, *Grabstein. Mùbēi. Die große chinesische Hungerkatastrophe 1958–1962*, Frankfurt a. M. 2012; zu Umweltfragen siehe Shapiro, *Mao's War against Nature*, S. 70–93; Elizabeth Economy, *The River Runs Black. The Environmental Challenge to China's Future*, Ithaca, NY 2004, S. 51–53.

232 Die meisten Studien sprechen von rund 30 Millionen Opfern; Yang Jisheng nennt die Zahl von 36 Millionen (*Grabstein*, S. 11); überproportional stark betroffen war die Gruppe der über 40-jährigen Männer, während für gewöhnlich vor allem kleinere Kinder Opfer von Hungersnöten werden; siehe Susan Cotts Watkins/Jane Menken, Famines in Historical Perspective, in: *Population and Development Review* 11 (1985), S. 647–675.

233 Einmal soll Mao angekündigt haben, China werde die Stahlproduktion der USA binnen sieben Jahren überholen; siehe Bao Maohong, The Evolution of Environmental Problems and Environmental Policy in China, in: McNeill/Unger, *Environmental Histories*, S. 323–340, hier S. 327 (Bao beruft sich dabei auf Xie Chuntao,

The Roaring Waves of the Great Leap Forward, Henan 1990, S. 25, eine chinesische Quelle).

234 Roderick MacFarquhar/Timothy Cheek/Eugene Wu (Hg.), *The Secret Speeches of Chairman Mao. From the Hundred Flowers to the Great Leap Forward*, Cambridge, MA 1989, S. 377–517, insb. S. 409, 511; MacFarquhar, *Origins of the Cultural Revolution*, Bd. 2, S. 90.

235 Die Zahl von 90 Millionen geht auf Mao zurück und könnte aus der Luft gegriffen sein, wird aber von wissenschaftlicher Seite weithin aufgegriffen; MacFarquhar, *Origins of the Cultural Revolution*, Bd. 2, S. 113–116, 128–130; Bao, Evolution of Environmental Problems, S. 326 f.; Economy, *River Runs Black*, S. 53; Shapiro, *Mao's War Against Nature*, S. 81.

236 Shapiro, *Mao's War Against Nature*, S. 81–83; zu Sichuan siehe John F. Studley, Forests and Environmental Degradation in SW China, in: *International Forestry Review* 1 (1999), S. 260–265; allgemeiner Stanley D. Richardson, *Forests and Forestry in China. Changing Patterns of Resource Development*, Washington, DC 1990; sowie in längerfristiger Perspektive Mark Elvin, *Retreat of the Elephants. An Environmental History of China*, New Haven, CT 2004, S. 19–85.

237 Angaben nach Bao, Evolution of Environmental Problems, S. 327.

238 MacFarquhar/Cheek/Wu, *Secret Speeches of Chairman Mao*, S. 378.

239 Bao, Evolution of Environmental Problems, S. 328.

240 Hektische Betriebsamkeit und die Vorstellung, das Ausland überholen zu müssen, durchdrangen während des Großen Sprungs nach vorn alle Bereiche. Die Chinesische Paläontologische Gesellschaft etwa gelobte, binnen sieben Jahren die kapitalistischen Fossiliensammler zu überholen; Stanley Karnow, *Mao and China. A Legacy of Turmoil*, New York 1990, S. 89.

241 Lillian M. Li, *Fighting Famine in North China. State, Market, and Environmental Decline*, Stanford, CA 2007, S. 369 f.

242 Karnow, *Mao and China*, S. 91 f.

243 Frank Dikötter, *Mao's Great Famine. The History of China's Most Devastating Catastrophe, 1958–62*, London 2010, S. 188. Die besten Quellen im Hinblick auf die Umweltfolgen des Großen Sprungs nach vorn bleiben Shapiro, *Mao's War Against Nature*; sowie Bao, Evolution of Environmental Problems; siehe ferner die Äußerungen Maos in MacFarquhar/Cheek/Wu, *Secret Speeches of Chairman Mao*, insb. S. 379, 403, 409, 441, 450.

244 Barry Naughton, The Third Front. Defence Industrialization in the Chinese Interior, in: *China Quarterly* 115 (1988), S. 351–386.

245 Zu den Umweltfolgen siehe Shapiro, *Mao's War Against Nature*, S. 154–156.

246 MacFarquhar/Cheek/Wu, *Secret Speeches of Chairman Mao*, S. 384 (Rede vom 4. Januar 1958).

247 Qu Geping/Li Jinchang, *Population and the Environment in China*, Boulder, CO 1994, S. 180.

248 Bao, Evolution of Environmental Problems, S. 330–339.

249 Die internationalen politischen Hintergründe der Kriege im südlichen Afrika beschreiben Chris Saunders/Sue Onslow, The Cold War and Southern Africa, 1976–1990, in: Leffler/Westad (Hg.), *The Cambridge History of the Cold War*, Bd. 3, Cambridge 2010, S. 222–243; die sozialen und ökologischen Auswirkungen beleuchten Emmanuel Kreike, War and Environmental Effects of Displacement in Southern Africa (1970s-1990s), in: William Moseley/B. Ikubolajeh Logan (Hg.), *African Environment and Development. Rhetoric, Programs, Realities*, Aldershot 2004, S. 89–110; Joseph P. Dudley u. a., Effects of War and Civil Strife on Wildlife and Wildlife Habitats, in: *Conservation Biology* 16 (2002), S. 319–329.

250 Rodolphe de Koninck, *Deforestation in Viet Nam*, Ottawa 1999, S. 12; Geschichten von Entlaubungsgiften und Rome-Planierraupen finden sich in zahlreichen Darstellungen,

eine geraffte Zusammenfassung gibt Greg Bankoff, A Curtain of Silence. Asia's Fauna in the Cold War, in: McNeill/Unger, *Environmental Histories*, S. 203–226, hier S. 215 f.

251 Die führende Autorität, was die Umweltfolgen des Vietnamkriegs angeht, ist Arthur H. Westing; siehe beispielsweise ders. (Hg.), *Herbicides in War. The Long-term Ecological and Human Consequences*, London 1984.

252 Bankoff, Curtain of Silence.

253 Dudley u. a., Effects of War; siehe auch Michael J. Chase/Curtice R. Griffin, Elephants Caught in the Middle. Impacts of War, Fences, and People on Elephant Distribution and Abundance in the Caprivi Strip, Namibia, in: *African Journal of Ecology* 47 (2009), S. 223–233.

254 Andrew Terry/Karin Ullrich/Uwe Riecken, *The Green Belt of Europe. From Vision to Reality*, Gland 2006.

255 Lisa M. Brady, Life in the DMZ. Turning A Diplomatic Failure into An Environmental Success, in: *Diplomatic History* 32 (2008), S. 585–611; Ke Chung Kim, Preserving Korea's Demilitarized Corridor for Conservation. A Green Approach to Conflict Resolution, in: Saleem H. Ali (Hg.), *Peace Parks. Conservation and Conflict Resolution*, Cambridge, MA 2007, S. 239–260; Hall Healy, Korean Demilitarized Zone Peace and Nature Park, in: *International Journal on World Peace* 24 (2007), S. 61–84.

256 Franz Josef Strauß wird zitiert von Ramachandra Guha, *Environmentalism. A Global History*, New York 2000, S. 97 – Wortlaut hier laut einer dpa-Meldung vom 19. 7. 1982 (Anm. d. Ü.).

257 Guha, *Environmentalism*, S. 69–79; Miller, *Environmental History of Latin America*, S. 204 f.; zu Carson und zur Rezeption ihres Buchs siehe Linda J. Lear, Rachel Carson's *Silent Spring*, in: *Environmental History Review* 17 (1993), S. 23–48; zur Wahrnehmung von DDT vor und nach der Veröffentlichung von *Der stumme Frühling* siehe Thomas R. Dunlap (Hg.), *DDT, Silent Spring, and the Rise of Environmentalism. Classic Texts*, Seattle 2008.

258 William Cronon gehörte zu denen, die sich dagegen wandten, den Einfluss Rachel Carsons und ihres Buchs zu stark hervorzuheben; andererseits hebt er hervor, wie sehr die Umweltbewegung in Carsons Schuld stehe, siehe sein Vorwort zu Dunlap, DDT, S. ix – xii.

259 Uekötter, *Age of Smoke*, S. 113–207; ders., *Rauchplage*, S. 285–348.

260 Adam Rome, ‹Give Earth a Chance›. The Environmental Movement and the Sixties, in: *Journal of American History* 90 (2003), S. 525–554; McCormick, *Reclaiming Paradise*, S. 52–54; Guha nannte die ersten beiden Jahrzehnte nach dem Zweiten Weltkrieg das «Zeitalter der ökologischen Unschuld», siehe Guha, *Environmentalism*, S. 63–68.

261 Russell J. Dalton, *The Green Rainbow. Environmental Groups in Western Europe*, New Haven, CT 1994, S. 36 f.

262 Jeffrey Broadbent, *Environmental Politics in Japan. Networks of Power and Protest*, Cambridge 1998, S. 12–19; Miranda A. Schreurs, *Environmental Politics in Japan, Germany, and the United States*, Cambridge 2003, S. 35–46; Rome, ‹Give Earth a Chance›.

263 Tatsächlich führten Publikationen wie *Die Grenzen des Wachstums* zu immens heftigen und mit großer Leidenschaft vorgetragenen Reaktionen. Zu den prominenten Beteiligten gehörte der amerikanische Ökonom Julian Simon, siehe beispielsweise seine Studie *The Ultimate Resource*, Princeton, NJ 1981.

264 McCormick, *Reclaiming Paradise*, S. 144 f.

265 Martinez-Alier, *Environmentalism of the Poor*; Guha/Martinez-Alier, *Varieties of Environmentalism*, S. 3–5.

266 Ramachandra Guha, Environmentalist of the Poor, in: *Economic and Political Weekly* 37 (2002), S. 204–207; ein prominenter Vertreter der These vom Vorherrschen «postmaterialistischer Werte» ist der US-amerikanische Politologe Ronald Inglehart.

267 Anil Agarwal und Ramachandra Guha, zwei indische Intellektuelle, formulierten zahlreiche Beiträge in der Debatte um die unterschiedlichen Perpektiven auf Umwelt in Ländern der Ersten und der Dritten Welt; Agarwal als intellektuelles und moralisches Vorbild widmet Guha seinen Essay, Environmentalist of the Poor; zur Chipko-Bewegung siehe Ramachandra Guha, *The Unquiet Woods. Ecological Change and Peasant Resistance in the Himalaya*, erw. Neuaufl., Berkeley, CA 2000, S. 152–179, 197–200; zur US-amerikanischen Umweltbewegung und zur Rezeption der Kritik Guhas siehe Paul Sutter, When Environmental Traditions Collide. Ramachandra Guha's *The Unquiet Woods* and U.S. Environmental History, in: *Environmental History* 14 (2009), S. 543–550; zusammenfassend zu vielen Interpretationen der Chipko-Bewegung siehe Haripriya Rangan, *Of Myths and Movements. Rewriting Chipko into Himalayan History*, London 2000, S. 13–38; eine eher romantisierende Version liefert Vandana Shiva, The Green Movement in Asia, in: Matthias Finger (Hg.), *Research in Social Movements, Conflicts and Change. The Green Movement Worldwide*, Greenwich, CT 1992, S. 195–215, insb. S. 202.

268 Zu Chico Mendes siehe Kathryn Hochstetler/Margaret E. Keck, *Greening Brazil. Environmental Activism in State and Society*, Durham, NC 2007, S. 111 f.; zu Narmada siehe Madhav Gadgil/Ramachandra Guha, *Ecology and Equity. The Use and Abuse of Nature in Contemporary India*, London 1995, S. 61–63, 73–76; zusammenfassend über Ken Saro-Wiwa berichten Guha/Martinez-Alier, *Varieties of Environmentalism*, S. xviii-xix.

269 Martinez-Alier, *Environmentalism of the Poor*, S. 168–194; ein klassischer Text der Literatur zur Umweltgerechtigkeit in den USA ist Robert D. Bullard, *Dumping in Dixie. Race, Class and Environmental Quality*, Boulder, CO 1990.

270 Shapiro, *Mao's War against Nature*, S. 21–65.

271 Valery J. Cholakov, Toward Eco-Revival? The Cultural Roots of Russian Environmental Concerns, in: Hughes, *Face of the Earth*, S. 150–164, hier S. 155–157; zum Naturschutz in der Zwischenkriegszeit siehe Guha, *Environmentalism*, S. 125–130; zur Sowjetunion siehe Charles Ziegler, Political Participation, Nationalism and Environmental Politics in the USSR, in: John Massey Stewart (Hg.), *The Soviet Environment. Problems, Policies, and Politics*, Cambridge 1992, S. 24–39, hier S. 32 f.; zu Kuba siehe Sergio Díaz-Briquets/Jorge Pérez-López, *Conquering Nature. The Environmental Legacy of Socialism in Cuba*, Pittsburgh 2000, S. 13–17.

272 Marshall Goldman, Environmentalism and Nationalism. An Unlikely Twist in an Unlikely Direction, in: Stewart, *Soviet Environment*, S. 1–10, hier S 2 f.

273 Cholakov, Toward Eco-Revival?, S. 157 f.; Ziegler, Political Participation, S. 30–32.

274 Merrill E. Jones, Origins of the East German Environmental Movement, in: *German Studies Review* 16 (1993), S. 238–247; William T. Markham, *Environmental Organizations in Modern Germany. Hardy Survivors in the Twentieth Century and Beyond*, New York 2008, S. 134–141.

275 Oleg N. Yanitksy, Russian Environmental Movements, in: Jill Ker Conway/Kenneth Keniston/Leo Marx (Hg.), *Earth, Air, Fire, Water. Humanistic Studies of the Environment*, Amherst, MA 1999, S. 184–186; Cholakov, Toward Eco-Revival?, S. 161; Ze'ev Wolfson/Vladimir Butenko, The Green Movement in the USSR and Eastern Europe, in: Finger, *Research in Social Movements*, S. 41–50.

276 Sun Yanfei/Zhao Dingxin, State-Society Relations and Environmental Campaigns, in: Kevin J. O'Brien (Hg.), *Popular Protest in China*, Cambridge, MA 2008, S. 144–162; Robert P. Weller, *Discovering Nature. Globalization and Environmental Culture in China and Taiwan*, Cambridge 2006, S. 115–129.

277 Uekötter, *Age of Smoke*, S. 252–258; ders., *Rauchplage*, S. 480–492; Miller, *Environmental History of Latin America*, S. 206–208; Dalton, *Green Rainbow*, S. 52 f.; McCormick, *Reclaiming Paradise*, S. 125–31; zu Nixon siehe Ted Steinberg, *Down to Earth. Nature's Role in American History*, Oxford ²2009, S. 251.

278　Elliott, *Global Politics of the Environment*, S. 7–13; Hughes, Biodiversity in World History, S. 35 f.

279　McCormick, *Reclaiming Paradise*, S. 88–105.

280　Samuel P. Hays, *A History of Environmental Politics since 1945*, Pittsburgh 2000, S. 95–117; ders., *Explorations in Environmental History. Essays*, Pittsburgh 1998, S. 223–258.

281　Wangari Maathai, *Afrika, mein Leben. Erinnerungen einer Unbeugsamen*, Köln 2008, S. 153–174; dies., *Die Grüngürtel-Bewegung. Ansatz und Erfahrungen*, Steyr 2008.

282　Tatsächlich blickt der Naturschutz in Brasilien auf eine lange und bewundernswerte Tradition zurück, doch seine Repräsentanten verfügten nur über geringen Einfluss; siehe José Luiz de Andrade Franco/José Augusto Drummond, Wilderness and the Brazilian Mind (I). Nation and Nature in Brazil from the 1920s to the 1940s, in: *Environmental History* 13 (2008), S. 724–750; dies., Wilderness and the Brazilian Mind (II). The First Brazilian Conference on Nature Protection (Rio De Janeiro 1934), in: *Environmental History* 14 (2009), S. 82–102.

283　Hochstetler/Keck, *Greening Brazil*, S. 26–33, 70–81, 97–130; ein Beispiel für die Aufmerksamkeit, die Umweltaktivisten der deutsch-brasilianischen Zusammenarbeit auf dem Gebiet der Kernenergie widmeten, bietet Amnesty International/Brasilienkoordinationsgruppe/Arbeitsgemeinschaft katholischer Studenten- und Hochschulgemeinden/Bundesverband Bürgerinitiativen Umweltschutz e. V. (Hg.), *Das deutsch-brasilianische Atomgeschäft. Kommentare, Analysen und Dokumente*, Köln 1977.

284　Siehe dazu die Website www.globalgreens.org (aufgerufen am 10. 5. 2013).

285　Schwere Havarien von Großtankern sollten sich Ende des 20. Jahrhunderts noch mehrere ereignen; zu den bekanntesten gehört das Auseinanderbrechen der *Amoco Cadiz* vor der Küste der Bretagne 1978 und das Aufgrundlaufen der *Exxon Valdez* vor Alaska 1989. Beide Tankschiffe waren ungefähr doppelt so groß wie die *Torrey Canyon*, die eine Tragfähigkeit von rund 118 000 Tonnen Zuladung hatte. Die aktuell größten Tanker kommen auf über eine halbe Million Tonnen; siehe Burger, *Oil Spills*, S. 28–61.

286　Christopher Key Chapple, Toward an Indigenous Indian Environmentalism, in: Lance E. Nelson (Hg.), *Purifying the Earthly Body of God. Religion and Ecology in Hindu India*, Albany, NY 1998, S. 13–38; Miller, *Environmental History of Latin America*, S. 209–211; Russell J. Dalton, The Environmental Movement in Western Europe, in: Sheldon Kamieniecki (Hg.), *Environmental Politics in the International Arena. Movements, Parties, Organizations, and Policy*, Albany, NY 1993, S. 41–68, hier S. 58; die französische Nuklearpolitik vor und nach Tschernobyl diskutiert Michael Bess, *The Light-Green Society. Ecology and Technological Modernity in France, 1960–2000*, Chicago 2003, S. 92–109.

287　Jacques-Yves Cousteau soll übrigens dem Vernehmen nach ein schwieriges Verhältnis zu französischen Umweltaktivisten gehabt haben; diese wiederum hielten ihn angeblich für naiv. Allerdings hinderte das die grüne Partei später nicht, Cousteau eine Spitzenkandidatur bei den Wahlen zur Nationalversammlung anzutragen, die er aber ablehnte; siehe Bess, *Light-Green Society*, S. 72 f.

288　Doch nicht immer geht es ums Geschäft. Auf Kuba gab es die im weltweiten Vergleich möglicherweise umfangreichste Umstellung auf organischen Landbau. Nach dem Verlust des Zugangs zu sowjetischem Öl in den 1990er Jahren war das Land notgedrungen gezwungen, auf organische Methoden zurückzugreifen. Manche Stimmen behaupten, der Speiseplan der kubanischen Bevölkerung sei heute gesünder und schmackhafter als jemals zuvor und stamme zudem vermehrt aus nachhaltigem Anbau; siehe Miller, *Environmental History of Latin America*, S. 230–235.

Globale Kulturen

1 Charles Bright/Michael Geyer, Where in the World is America? The History of the United States in the Global Age, in: Thomas Bender (Hg.), *Rethinking American History in a Global Age*, Berkeley, CA 2002, S. 63–99.

2 Zur langen Geschichte der Globalisierung siehe John Robert McNeill/William H. McNeill, *The Human Web. A Bird's-Eye View of World History*, New York 2003; David Armitage, Is There a Pre-History of Globalization?, in: Deborah Cohen/Maura O'Connor (Hg.), *Comparison and History: Europe in Cross-National Perspective*, London 2004, S. 165–176. Zur jüngsten Phase der Globalisierung siehe Jürgen Osterhammel/Niels P. Petersson, *Geschichte der Globalisierung. Dimensionen, Prozesse, Epochen*, München ⁵2012, S. 100–105.

3 Franz Boas, *Das Geschöpf des sechsten Tages*, Berlin 1955; Ruth Benedict, *Urformen der Kultur*, Reinbek bei Hamburg 1955; Margaret Mead, *Continuities in Cultural Evolution*, New Haven, CT 1964. Vgl. auch das Vorwort von Stephen Toulmin zur Neuausgabe des Buches von Mead, *Continuities in Cultural Evolution* (New Brunswick, NJ 1999).

4 Alfred Eckes Jr., Open Door Expansionism Reconsidered. The World War II Experience, in: *Journal of American History* 59 (1973), S. 924; Raymond Vernon, *Sovereignty at Bay. The Multinational Spread of U.S. Enterprises*, New York 1971.

5 Einen nützlichen Überblick und eine Bibliographie zur Globalisierung bietet Andreas Wimmer, Globalization *Avant La Lettre*. A Comparative View of Isomorphization and Heteromorphization in an Inter-Connecting World, in: *Comparative Studies in Society and History* 43 (2001), S. 435–466, hier S. 436.

6 George Ritzer, *Die McDonaldisierung der Gesellschaft*, Konstanz ⁴2006.

7 José Corrêa Leite mit Carolina Gil, *The World Social Forum. Strategies of Resistance*, Chicago 2005.

8 Resolution 217 A (III) der Generalversammlung vom 10. Dezember 1948, Allgemeine Erklärung der Menschenrechte, Präambel, zit. nach der offiziellen deutschen Übersetzung auf www.ohchr.org/EN/UDHR/Pages/Language.aspx?LangID=ger (aufgerufen am 10. 5. 2013).

9 Neben der UNO gehören zu diesen internationalen Organisationen der Internationale Währungsfonds (IWF), der Internationale Gerichtshof in Den Haag, die UNESCO (Organisation der Vereinten Nationen für Bildung, Wissenschaft und Kultur) sowie UNICEF, das Kinderhilfswerk der Vereinten Nationen. Vgl. auch Akira Iriye, *Global Community. The Role of International Organizations in the Making of the Contemporary World*, Berkeley, CA 2002.

10 Amy L. S. Staples, *The Birth of Development. How the World Bank, Food and Agriculture Organization, and World Health Organization Changed the World 1945–1965*, Kent, OH 2006.

11 Was man unter städtisch versteht, wird allerdings lokal sehr unterschiedlich interpretiert. Die Statistikbehörde der UNO vertraute bei der Erstellung ihrer Daten auf die Berichte der Mitgliedstaaten. Doch selbst innerhalb Europas werden statistische Daten unterschiedlich erfasst. So stuft beispielsweise Albanien jede Kommune mit mehr als 400 Einwohnern als Stadt ein, während in der Türkei eine Stadt mehr als 20 000 Bewohner umfassen muss. United Nations, *Demographic Yearbook 2005*, New York 2008, Tab. 6, online verfügbar unter http://unstats.un.org/unsd/demographic/products/dyb/dyb2005.htm (aufgerufen am 10. 5. 2013).

12 Dietmar Rothermund, *The Routledge Companion to Decolonization*, London 2006.

13 Vgl. Partha Chatterjee, *The Nation and Its Fragments. Colonial and Postcolonial Histories*, Princeton, NJ 1993.

14 Tony Judt, *Geschichte Europas von 1945 bis zur Gegenwart*, München/Wien 2006, S. 29–37.

15 Zu den Internierungslagern siehe Roger Daniels, *Prisoners without Trial. Japanese Americans in World War II*, New York 1993. Zur Vertreibung siehe Peter Gatrell/Nick Baron (Hg.), *Warlands. Population Resettlement and State Reconstruction in the Soviet-East European Borderlands, 1945–1950*, Basingstoke 2009. Zu Zwangsarbeit und Holocaust siehe Ulrich Herbert, *Fremdarbeiter. Politik und Praxis des «Ausländer-Einsatzes» in der Kriegswirtschaft des Dritten Reiches*, Neuaufl. Bonn 1999; Michael Thad Allen, *The Business of Genocide. The SS, Slave Labor, and the Concentration Camps*, Chapel Hill, NC 2002; Timothy Snyder, *Bloodlands. Europa zwischen Hitler und Stalin*, München ⁴2012; Paul B. Jaskot, *The Architecture of Oppression. The SS, Forced Labor and the Nazi Monumental Building Economy*, London 2000.

16 Lori Watt, *When Empire Comes Home. Repatriation and Reintegration in Postwar Japan*, Cambridge, MA 2009; John W. Dower, *Embracing Defeat. Japan in the Wake of World War II*, New York 1999, S. 48–51.

17 Zu deutschen Juden in Israel siehe Shlomo Erel, *Neue Wurzeln. 50 Jahre Immigration deutschsprachiger Juden in Israel*, Gerlingen 1983; Curt D. Wormann, German Jews in Israel. Their Cultural Situation since 1933, in: *Leo Baeck Institute Yearbook* 1970, S. 73–103. Zu den Heimatvertriebenen in Deutschland siehe Andreas Kossert, *Kalte Heimat. Die Geschichte der deutschen Vertriebenen nach 1945*, München ⁴2009; Eagle Glassheim, The Mechanics of Ethnic Cleansing. The Expulsion of Germans from Czechoslovakia, 1945–1947, in: Philipp Ther/Ana Siljak (Hg.), *Redrawing Nations. Ethnic Cleansing in East-Central Europe, 1944–1948*, Lanham, MD 2001, S. 197–219.

18 Vladislav M. Zubok, *A Failed Empire. The Soviet Union in the Cold War from Stalin to Gorbachev*, Chapel Hill, NC 2007; ders., *Zhivago's Children. The Last Russian Intelligentsia*, Cambridge, MA 2009, S. 259–443.

19 Das Buch wurde 1973 im Westen veröffentlicht und dann als Samisdat in die Sowjetunion zurückgeschmuggelt. Weitere Einzelheiten finden sich bei Zubok, *Zhivago's Children*, S. 308 f. Zum sowjetischen Imperialismus siehe Odd Arne Westad/Sven Holtsmark/Iver B. Neumann (Hg.), *The Soviet Union in Eastern Europe, 1945–1989*, New York 1994.

20 Mark J. Gasiorowski/Malcolm Byrne (Hg.), *Mohammad Mosaddeq and the 1953 Coup in Iran*, Syracuse, NY 2004; Stephen Kinzer, *All the Shah's Men. An American Coup and the Roots of Middle East Terror*, Hoboken, NJ 2003; Richard H. Immerman, *The CIA in Guatemala. The Foreign Policy of Intervention*, Austin, TX 1982.

21 Zu Lateinamerika siehe Walter LaFeber, *Inevitable Revolutions. The United States in Central America*, New York 1984; Greg Grandin, *Empire's Workshop. Latin America, the United States, and the Rise of the New Imperialism*, New York 2006; Greg Grandin/Gilbert M. Joseph (Hg.), *A Century of Revolution. Insurgent and Counterinsurgent Violence during Latin America's Long Cold War*, Durham, NC 2010.

22 John Morton Blum, *V Was for Victory. Politics and American Culture During World War II*, New York 1976, S. 325–327.

23 Thomas J. Knock, *To End All Wars. Woodrow Wilson and the Quest for a New World Order*, New York 1992, S. 263–270.

24 Henry Luce, The American Century, in: *Life Magazine*, 17. 2. 1941, wieder abgedruckt in: ders., *The American Century*, New York 1941, S. 39.

25 Luce, *The American Century*, S. 33 f.

26 Frank A. Ninkovich, *The Diplomacy of Ideas. U.S. Foreign Policy and Cultural Relations, 1938–1950*, Cambridge 1981, S. 25–34.

27 Walter L. Hixson, *Parting the Curtain. Propaganda, Culture, and the Cold War, 1945–1961*, New York 1997, S. 2, 11.

28 Ebd., S. 21, 37 f.

29 Detaillierte Informationen zum CCF bieten Peter Coleman, *The Liberal Conspiracy. The Congress for Cultural Freedom and the Struggle for the Mind of Postwar Europe*, New York 1989; Michael Hochgeschwender, *Freiheit in der Offensive? Der Kongress für kulturelle Freiheit und die Deutschen*, München 1998, S. 217–219, 229–253, 559–571.

30 Hixson, *Parting the Curtain*, S. 17 f.

31 David Caute, *The Dancer Defects. The Struggle for Cultural Supremacy During the Cold War*, Oxford 2003, S. 450; Hixson, *Parting the Curtain*, S. 117.

32 Penny M. von Eschen, *Satchmo Blows Up the World. Jazz Ambassadors Play the Cold War*, Cambridge, MA 2004, S. 79–91.

33 Lizabeth Cohen, *A Consumer's Republic. The Politics of Mass Consumption in Postwar America*, New York 2003.

34 Hixson, *Parting the Curtain*, S. 153 f.; Caute, *The Dancer Defects*, S. 40–43. Beide Ausstellungen waren Bestandteil eines 1958 geschlossenen amerikanisch-sowjetischen Abkommens über den kulturellen und wissenschaftlichen Austausch zwischen beiden Ländern.

35 Laut dem Historiker Chen Jian veranlasste der sowjetische Einmarsch in der Tschechoslowakei im August 1968 die chinesische Führung dazu, Beziehungen zu den Vereinigten Staaten aufzunehmen. Vgl. Chen Jian, *Mao's China and the Cold War*, Chapel Hill, NC 2001, S. 243–245. Siehe auch Jan Foitzik (Hg.), *Entstalinisierungskrise in Ostmitteleuropa, 1953–1956. Vom 17. Juni bis zum ungarischen Volksaufstand. Politische, militärische, soziale und nationale Dimensionen*, Paderborn 2001; Christiane Brenner/Peter Heumos, *Sozialgeschichtliche Kommunismusforschung. Tschechoslowakei, Polen, Ungarn und DDR, 1948–1968*, München 2005.

36 John Dower, *War Without Mercy. Race and Power in the Pacific War*, New York 1987, S. 118–190.

37 Diese Ideen finden sich in Lenins Schrift *Der Imperialismus als höchstes Stadium des Kapitalismus, Gemeinverständlicher Abriß* (1917), in: ders., *Werke*, Bd. 22, Berlin 1960, S. 189–309.

38 World Youth Groups Converge on Prague, in: *New York Times*, 24. 7. 1947; International Festival of Youth, in: *Time*, 11. 8. 1947. Der Artikel im *Time Magazine* nannte eine Zahl von 30 000 Besuchern, deutlich mehr als die offiziellen Schätzungen der Veranstalter.

39 Mehr dazu bei Lawrence Wittner, *The Struggle Against the Bomb*, Bd. 1: *One World Or None*, Stanford, CA, 1993, S. 177–186.

40 Henry Luce, Flight of the Dove, in: *Time*, 17. 9. 1951.

41 Eine vollständige Liste der fremdsprachigen Presseerzeugnisse sowie statistische Daten zu den Sendestunden zwischen 1955 und 1974 finden sich bei Baruch A. Hazan, *Soviet Propaganda. A Case Study of the Middle East Conflict*, Jerusalem 1976, S. 50–79.

42 Odd Arne Westad, *The Global Cold War. Third World Interventions and the Making of Our Times*, Cambridge 2007, S. 124 f.; Salim Yaqub, *Containing Arab Nationalism. The Eisenhower Doctrine and the Middle East*, Chapel Hill, NC 2004, S. 257–259.

43 Nikita Chruschtschow, Rechenschaftsbericht des Zentralkomitees der KP an den XX. Parteitag der KPdSU vom 14. 2. 1956, zit. nach Robert C. Horn, *Soviet-Indian Relations. Issues and Influence*, New York 1982, S. 5–6.

44 Vgl. Pierre Brocheux, *Ho Chi Minh. A Biography*, übersetzt von Claire Duiker, New York 2007, S. 7–22; David Macey, *Frantz Fanon. A Biography*, New York 2001, S. 112–153; Stanley Wolpert, *Gandhi's Passion. The Life and Legacy of Mahatma Gandhi*, New York 2001, S. 20–27; Judith M. Brown, *Nehru. A Political Life*, New Haven, CT 2003.

45 Natürlich gab es lokale und regionale Varianten dieses Modells, und in vielen Fällen

brachen Kolonialstaaten kurz nach Erlangung der Unabhängigkeit auseinander. Einen guten Überblick über den Dekolonisationsprozess und seine lokalen Varianten gibt Rothermund, *The Routledge Companion to Decolonization*.

46 Rothermund, *The Routledge Companion to Decolonization*, S. 165–167. Mahmood Mamdani, *When Victims Become Killers. Colonialism, Nativism, and the Genocide in Rwanda*, Princeton, NJ 2001.

47 Dazu gehören der Mau-Mau-Aufstand in Kenia sowie Unruhen im Kongo, in Indien, Angola, Algerien und Indochina. Weitere Informationen finden sich bei Westad, *The Global Cold War*, S. 207–249, und Rothermund, *The Routledge Companion to Decolonization*, S. 153–157.

48 Terry Bell mit Dumisa Buhle Ntsebeza, *Unfinished Business. South Africa, Apartheid, and Truth*, London 2003; Heather Deegan, *The Politics of the New South Africa. Apartheid and After*, Harlow 2001.

49 Todd Shepard, *The Invention of Decolonization. The Algerian War and the Remaking of France*, Ithaca, NY 2006; Matthew Connelly, *A Diplomatic Revolution. Algeria's Fight for Independence and the Origins of the Post-Cold War Era*, Oxford 2002.

50 Dipesh Chakrabarty, *Europa als Provinz. Perspektiven postkolonialer Geschichtsschreibung*, Frankfurt a. M, S. 8. Vgl. auch ders., AHR Roundtable: The Muddle of Modernity, in: *American Historical Review* 116 (2011), S. 663–666, hier S. 664.

51 Vgl. Cyril L. R. James, *Die schwarzen Jakobiner. Toussaint L'Ouverture und die Unabhängigkeitsrevolution in Haiti* (orig. 1938), Köln 1984.

52 Léopold Sédar Senghor, What is Négritude?, in: Paul Sigmund (Hg.), *The Ideologies of the Developing Nations*, New York 1963, S. 248 f., zit. nach Robert Tignor u. a., *Worlds Together, Worlds Apart. A History of the World from the Beginnings of Humankind to the Present*, New York ²2008, S. 874.

53 Eine umfassende Analyse findet sich bei Rob Nixon, Caribbean and African Appropriations of *The Tempest*, in: *Critical Inquiry* 13 (1987), S. 557–578. Eine Fallstudie kultureller Emanzipation bietet Harvey Neptune, *Caliban and the Yankees. Trinidad and the United States Occupation*, Chapel Hill, NC 2007. Aimé Césaire, *Ein Sturm. Stück für ein schwarzes Theater* (orig. 1969), Berlin 1970. Vgl. auch Edward W. Said, *Kultur und Imperialismus. Einbildungskraft und Politik im Zeitalter der Macht*, Frankfurt a. M. 1993, S. 290–292.

54 Aimé Césaire zit. nach Nixon, Caribbean and African Appropriations of *The Tempest*, S. 571.

55 Frantz Fanon, *Die Verdammten dieser Erde*, Frankfurt a. M. 1966, S. 162 f.

56 Ebd., S. 163 f.

57 Vgl. Ulf Hannerz, *Cultural Complexity. Studies in the Social Organization of Meaning*, New York 1992; James Clifford, *The Predicament of Culture. Twentieth-Century Ethnography, Literature, and Art*, Cambridge, MA 1988; Stuart Hall, The Local and the Global. Globalization and Ethnicity, in: Anne McClintock/Aamir Mufti/Ella Shohat (Hg.), *Dangerous Liaisons. Gender, Nation, and Postcolonial Perspectives*, Minneapolis, MN 1997, S. 173–187; James Lull, *Media, Communication, Culture. A Global Approach*, Cambridge 1995; Kevin Robins, Tradition and Translation. National Culture in its Global Context, in: John Corner/Sylvia Harvey (Hg.), *Enterprise and Heritage. Crosscurrents of National Culture*, London 1991, S. 21–44; John Tomlinson, *Globalization and Culture*, Chicago 1999.

58 Edward W. Said, *Orientalismus* (orig. 1978), Frankfurt a. M. ³2012.

59 Christina Klein, *Cold War Orientalism. Asia in the Middlebrow Imagination*, Berkeley, CA 2003; Douglas Little, *American Orientalism. The United States and the Middle East since 1945*, Chapel Hill, NC 2002; Naoko Shibusawa, *America's Geisha Ally. Reimagining the Japanese Enemy*, Cambridge, MA 2006.

60 Zu den Kritikern gehörten der Historiker Bernard Lewis und auch der Anthropologe

Daniel Martin Varisco. Eine detaillierte Darstellung zu Wirkung und Rezeption von Saids *Orientalismus* bietet Gyan Prakash, Orientalism Now, in: *History and Theory* 34 (1995), S. 199–212.

61 Said, *Kultur und Imperialismus*, S. 30, 292.

62 Patrick Manning, *Francophone Sub-Saharan Africa 1880–1995*, Cambridge ²1998, S. 162; Chinua Achebe, *Alles zerfällt* (orig. 1958), Frankfurt a. M. 2012.

63 Chinua Achebe, *Morning Yet on Creation Day. Essays*, London 1975, S. 77 f.

64 Weitere Einzelheiten zur Diskussion um Achebes Sprachwahl finden sich in Kalu Ogbaa, *Understanding Things Fall Apart. A Student Casebook to Issues, Sources, and Historical Documents*, Westport, CT 1999, S. 191–206. Vgl. auch Ezenwa-Ohaeto, *Chinua Achebe. A Biography*, Oxford 1997, S. 246.

65 Saskia Sassen, The Global City. Introducing a Concept, in: *Brown Journal of World Affairs* 11 (2005), S. 39. Eine Fallstudie bietet Shahrzad Faryadi, Urban Representation of Multiculturalism in a Global City. Toronto's Iranian Community, verfügbar auf der Website des Institute on Globalization and the Human Condition an der McMaster University, Hamilton, Ontario, Kanada unter http://globalization.mcmaster.ca/wps. htm (aufgerufen am 20. 2. 2010).

66 Timothy J. Hatton/Jeffrey G. Williamson, *Global Migration and the World Economy: Two Centuries of Policy and Performance*, Cambridge, MA 2005, S. 203.

67 William G. Clarence-Smith, The Global Consumption of Hot Beverages, c. 1500 to c. 1900, in: Alexander Nützenadel/Frank Trentmann (Hg.), *Food and Globalization. Consumption, Markets and Politics in the Modern World*, Oxford 2008, S. 37–55. Vgl. auch David Inglis/Debra Gimlin (Hg.), *The Globalization of Food*, Oxford 2009.

68 Dirk Hoerder, *Cultures in Contact. World Migrations in the Second Millennium*, Durham, NC 2002, S. 499–505; vgl. auch ders., Migrationen und Zugehörigkeiten, in: Emily S. Rosenberg (Hg.), *Weltmärkte und Weltkriege 1870–1945* (Geschichte der Welt, Bd. 5), München 2012, S. 433–588.

69 Hatton/Williamson, *Global Migration*, S. 206 f.

70 Wendy Webster, Immigration and Racism, in: Paul Addison/Harriet Jones (Hg.), *A Companion to Contemporary Britain, 1939–2000*, Malden, MA 2005, S. 97–100.

71 Hoerder, *Cultures in Contact*, S. 524.

72 Alejandro Portes/Alex Stepick, *City on the Edge. The Transformation of Miami*, Berkeley, CA 1993.

73 Hatton/Williamson, *Global Migration*, S. 209 f.

74 Zahlen nach: Emirates see Fiscal Crisis as Chance to Save Culture, in: *New York Times*, 12. 11. 2008, S. 1.

75 Frauke Heard-Bey, The United Arab Emirates. Statehood and Nation Building in a Traditional Society, in: *Middle East Journal 59: Democratization and Civil Society* (2005), S. 357–375. Vgl. auch Jim Krane, *City of Gold. Dubai and the Dream of Capitalism*, New York 2009.

76 Timothy J. Hatton/Jeffrey G. Williamson, *The Age of Mass Migration. Causes and Economic Impact*, New York 1998, S. 9.

77 Die Internationale Arbeitsorganisation (ILO) unterscheidet zwei Kategorien von Arbeitsmigration, nämlich Kontraktmigration und Siedlungsmigration. Vgl. K. C. Zachariah/ B. A. Prakash/S. Irudaya Rajan, Indian Workers in UAE: Employment, Wages and Working Conditions, in: *Economic and Political Weekly* 39 (2004), S. 2228.

78 Ebd., S. 2227–2234.

79 Maxine L. Margolis, *An Invisible Minority. Brazilians in New York City*, Boston 1998, S. 114.

80 Arjun Appadurai, *Modernity at Large. Cultural Dimensions of Globalization*, Minneapolis, MN 1996, S. 4.

81 Wie es vom Bevölkerungsfonds der Vereinten Nationen definiert wird. Vgl. UNFPA,

State of World Population 2007. Online verfügbar unter www.unfpa.org/swp/2007/english/introduction.html (aufgerufen am 10. 5. 2013).

82 United Nations, *Demographic Yearbook 2005*, New York 2008, Tab. 6.

83 Diese Städte waren Tokio und Osaka in Japan, New York und Los Angeles in den USA, Moskau in Russland, Beijing und Shanghai in China. Zahlen in World Urbanization Prospects. The 2005 Revision, in: United Nations Department of Economics and Social Affairs, Population Division (2006), *Working Paper* Nr. ESA/P/WP/200.

84 Matthew Gandy, Planning, Anti-Planning and the Infrastructure Crisis Facing Metropolitan Lagos, in: *Urban Studies* 43 (2006), S. 371–391. Vgl. auch die anderen Aufsätze in diesem Heft zum urbanen Afrika.

85 Tabelle A.11. Die 30 größten städtischen Anhäufungen nach Bevölkerung, 1950–2015, abgedruckt in Population Division, Department of Economic and Social Affairs, United Nations Secretariat, *World Urbanization Prospects: The 2001 Revision* (New York 2002). Online verfügbar unter *www.un.org/esa/population/publications/wup2001/wup2001dh*.pdf. Mehr Informationen zu den Slums von Mumbai in UN Habitat, Slums of the World: The Face of Urban Poverty in the New Millennium, Working Paper of the United Nations Human Settlements Programme, Nairobi 2003.

86 Hoerder, *Cultures in Contact*, S. 497.

87 Balfour-Deklaration, 31. 10. 1917, abgedruckt in: Charles D. Smith, *Palestine and the Arab-Israeli Conflict. A History with Documents*, Boston [6]2007, S. 102 f.

88 Hoerder, *Cultures in Contact*, S. 496. Vgl. auch Benny Morris, *The Birth of the Palestinian Refugee Problem Revisited*, Cambridge [2]2004.

89 Hoerder, *Cultures in Contact*, S. 499.

90 Rothermund, *The Routledge Companion to Decolonization*, S. 151–157, 161–167, 231–237.

91 Weitere Einzelheiten zu Hungersnöten und Konflikten im 20. Jahrhundert finden sich bei Stephen Devereux, *Famine in the 20*[th] *Century*, IDS Working Paper 105, Brighton 2000, S. 6, online verfügbar unter www.ids.ac.uk/files/dmfile/wp105.pdf (aufgerufen am 10. 5. 2013).

92 Vgl. Mike Robinson/Alison Phipps, Editorial. World Passing By. Journeys of Culture and Cultural Journeys, in: *Tourism and Cultural Change* 1 (2003), S. 7. Vgl. auch Christopher Endy, *Cold War Holidays. American Tourism in France*, Chapel Hill, NC 2004.

93 David Reynolds, *Rich Relations. The American Occupation of Britain, 1942–1945*, London 1995; Beth Bailey/David Farber, *The First Strange Place. The Alchemy of Race and Sex in World War II Hawaii*, New York 1992.

94 Petra Goedde, *GIs and Germans. Culture, Gender, and Foreign Relations, 1945–1949*, New Haven, CT 2003.

95 Zit. in Endy, *Cold War Holidays*, S. 19.

96 Ebd., S. 44–46.

97 1970 wurde die Organisation in United Nations World Tourism Organization (UNWTO) umbenannt. Zu ihrer Geschichte siehe www2.unwto.org/en/content/history-0 (aufgerufen am 24. 11. 2012).

98 Zahlen unter www.unwto.org/facts/menu.html (aufgerufen am 24. 11. 2012).

99 Marc Augé, *Nicht-Orte*, München [3]2012.

100 Zit. in Endy, *Cold War Holidays*, S. 140.

101 William J. Lederer/Eugene Burdick, *Der häßliche Amerikaner*, Hamburg 1959.

102 Für Einzelheiten zur Verfolgung von Kommunisten siehe Ellen Schrecker, *Many Are the Crimes. McCarthyism in America*, Boston 1998.

103 Martin B. Duberman, *Paul Robeson*, New York 1988, S. 463.

104 Hixson, *Parting the Curtain*, S. 157; von Eschen, *Satchmo Blows Up the World*, S. 58–91.

105 Fritz Fischer, *Making Them Like Us. Peace Corps Volunteers in the 1960s*, Washington 1998, S. 1; vgl. auch Elizabeth Cobbs Hoffman, *All You Need is Love. The Peace Corps and the Spirit of the 1960s*, Cambridge, MA 1998.

106 Fischer, *Making them Like Us*, S. 131, 184 f.

107 Daniel T. Rodgers, *Atlantiküberquerungen. Die Politik der Sozialreform, 1870–1945*, Stuttgart 2010, S. 76.

108 Hixson, *Parting the Curtain*, S. 153, 157 f.

109 Zu denen, die in Osteuropa studierten, gehörte Raila Amollo Odinga, der von 2008 bis 2013 als Ministerpräsident Kenias fungierte. Er hielt sich in den 1960er Jahren zum Maschinenbaustudium in der DDR auf.

110 Ninkovich, *The Diplomacy of Ideas*, S. 140–144; Hixson, *Parting the Curtain*, S. 8 f.

111 Nähere Einzelheiten zu den physischen Dimensionen der Mall finden sich auf der offiziellen Website unter www.thedubaimall.com/en (aufgerufen am 26. 11. 2012).

112 In Asien gibt es noch einige Malls, die die Dubai Mall an Verkaufsfläche übertreffen, etwa die South China Mall im chinesischen Dongguan, die allerdings unter massivem Leerstand leidet.

113 Kristin L. Hoganson, *Consumer's Imperium. The Global Production of American Domesticity 1865–1920*, Chapel Hill, NC 2007, S. 11 f.

114 Timothy H. Breen, *The Marketplace of Revolution. How Consumer Politics Shaped American Independence*, Oxford 2004.

115 Clarence-Smith, Global Consumption of Hot Beverages.

116 Hans-Joachim Klimkeit, *Die Seidenstraße. Handelsweg und Kulturbrücke zwischen Morgen- und Abendland*, Köln 1988; McNeill/McNeill, *The Human Web*, S. 156 f.; William H. McNeill, *The Rise of the West. A History of the Human Community*, Chicago 1963, S. 485–558.

117 Mehr Informationen zum Fortbestehen des ausländischen Einflusses auf amerikanischen Konsum finden sich bei Andrew C. McKevitt, Consuming Japan: Cultural Relations and the Globalizing of America, 1973–1993. PhD Diss., Temple University, 2009.

118 Ritzer, *McDonaldisierung*; Benjamin R. Barber, *Jihad Vs. McWorld. How Globalization and Tribalism Are Reshaping the World*, New York 1996; die deutsche Übersetzung des Buches ersetzt «McWorld» im Titel interessanterweise durch eine andere Ikone amerikanischer Globalisierung: *Coca-Cola und Heiliger Krieg. Wie Kapitalismus und Fundamentalismus Demokratie und Freiheit abschaffen*, Bern 1997. Bryant Simon, *Everything but the Coffee. Learning about America from Starbucks*, Berkeley, CA 2009; Eric L. Gans, *The End of Culture. Toward a Generative Anthropology*, Berkeley, CA 1985.

119 Douglas Goodman, Globalization and Consumer Culture, in: George Ritzer (Hg.), *The Blackwell Companion to Globalization*, Malden, MA 2007, S. 330–351, hier S. 347.

120 James L. Watson (Hg.), *Golden Arches East. McDonald's in East Asia*, Stanford, CA 1997; Hannerz, *Cultural Complexity*.

121 Walter Benjamin, Das Kunstwerk im Zeitalter seiner technischen Reproduzierbarkeit, in: ders., *Illuminationen. Ausgewählte Schriften 1*, Frankfurt a. M. 1977, S. 136–169, die Zitate S. 139 und 141.

122 Ronald Inglehart/Wayne E. Baker, Modernization, Cultural Change, and the Persistence of Traditional Values, in: *American Sociological Review* 65 (2000), S. 19–51, hier S. 21.

123 Ariel Dorfman/Armand Mattelart, *How to Read Donald Duck. Imperialist Ideology in the Disney Comic*, übersetzt von David Kunzle, New York 1975. Vgl. auch Ritzer, *McDonaldisierung*; Watson, *Golden Arches East*.

124 Petra Goedde, Stichwort «McDonald's», in: Akira Iriye (Hg): *Palgrave Dictionary of Transnational History*, Basingstoke 2009, S. 700 f.

125 Max Weber, *Wirtschaft und Gesellschaft. Grundriss der verstehenden Soziologie*, hg. von Johannes Winckelmann, Tübingen ⁵1980, S. 695.

126 Für weitere Einzelheiten siehe Watson, *Golden Arches East*; John F. Love, *McDonald's. Behind the Arches*, New York 1995.

127 Ritzer, *McDonaldisierung*, S. 31–34.

128 Ebd., S. 248–251; Wimmer, Globalization *Avant La Lettre*, S. 436. Für Einzelheiten zu den Debatten und Theorien zum Thema Konsumkulturen siehe Goodman, Globalization and Consumer Culture, S. 344–347. Vgl. auch Hannerz, *Cultural Complexity*; Watson, *Golden Arches East*.

129 Goodman nennt Néstor García Canclini und Benjamin Barber als die beiden Pole in diesem Spektrum theoretischer Debatten. Vgl. García Canclini, *Hybrid Cultures. Strategies for Entering and Leaving Modernity*, übersetzt von Christopher L. Chiappari/Silvia L. López Minneapolis, MN 1995; siehe auch ders., *Consumers and Citizens. Globalization and Multicultural Conflicts*, übersetzt von George Yúdice, Minneapolis, MN 2001; Barber, *Jihad Vs. McWorld*.

130 Roland Robertson, Glocalization. Time-Space and Homogeneity-Heterogeneity, in: Mike Featherstone/Scott Lash/Roland Robertson (Hg.), *Global Modernities*, London 1995, S. 25–44.

131 George Ritzer, *The Globalization of Nothing*, Thousand Oaks, CA 2004.

132 Wochenschau zu sehen in dem Dokumentarfilm *The Atomic Café* (USA 1982, Regie: Jayne Loader, Kevin Rafferty und Pierce Rafferty); vgl. auch Elizabeth Cohen, *Consumer's Republic. The Politics of Mass Consumption in Postwar America*, New York 2003.

133 «Endlich wieder kaufen können: Wählt CDU», CDU-Wahlplakat 1948, ACDP, Plakatsammlung, 10-017-202, Konrad Adenauer Stiftung e. V. Archiv für Christlich-Demokratische Politik. Nähere Einzelheiten bei Goedde, *GIs and Germans*, S. 196–198.

134 Dower, *Embracing Defeat*, S. 136–138, 543–544. Vgl. auch Penelope Francks, *The Japanese Consumer. An Alternative Economic History of Modern Japan*, Cambridge 2009.

135 Petra Goedde, Stichwort «Coca-Cola», in: *Palgrave Dictionary of Transnational History*, S. 36 f.

136 Hixson, *Parting the Curtain*, S. 170.

137 Vgl. ebd., S. 179. Eine Transkription des Wortgefechts findet sich online unter www.teachingamericanhistory.org/library/index.asp?document=176 (aufgerufen am 10. 5. 2013).

138 Hixson, *Parting the Curtain*, S. 179.

139 Rechenschaftsbericht Chruschtschows vom 14. 2. 1956, zit. nach: *Das Ende des Stalin-Mythos. Die Ergebnisse des 20. Parteikongresses der Kommunistischen Partei der Sowjetunion*, Frankfurt a. M. 1956, S. 95–125, hier S. 114.

140 Susan E. Reid, Khrushchev Modern. Agency and Modernization in the Soviet Home, in: *Cahiers du Monde Russe* 47 (2006), S. 227–268.

141 Raymond G. Stokes, Plastics and the New Society. The German Democratic Republic in the 1950s and 1960s, in: Susan E. Reid/David Crowley (Hg.), *Style and Socialism. Modernity and Material Culture in Post-War Eastern Europe*, Oxford 2000, S. 65–80, hier S. 69. Auszüge aus Ulbrichts Rede vor dem Parteitag finden sich im *Protokoll der Verhandlungen des V. Parteitages der Sozialistischen Einheitspartei Deutschlands. 10. bis 16. Juli 1958 in der Werner-Seelenbinder-Halle zu Berlin: 1. bis 5. Verhandlungstag*, Berlin 1958.

142 David Crowley, Thaw Modern. Design in Eastern Europe after 1956, in: ders./Jane Pavitt (Hg.), *Cold War Modern. Design 1945–1970*, London 2008, S. 138 f.

143 Horst Redeker, *Chemie gibt Schönheit*, Berlin 1959, S. 30 f.

144 Nordica Nettleton, Driving Towards Communist Consumerism, in: *Cahiers du Monde Russe* 47 (2006), S. 131–151, hier 148 f.

145 Uta G. Poiger, *Jazz, Rock, and Rebels. Cold War Politics and American Culture in a Divided Germany*, Berkeley, CA 2000, S. 106–136.

146 Stokes, Plastics and the New Society, S. 76.

147 Elaine Tyler May, *Homeward Bound. American Families in the Cold War Era*, New York 1988, S. 6–10 und 137.

148 David Riesman, *Die einsame Masse. Eine Untersuchung der Wandlungen des amerikanischen Charakters*, Darmstadt/Neuwied u. a. 1956.

149 Sloan Wilson, *Der Mann im grauen Flanell*, Köln 2013. Der Roman wurde ein Jahr nach Erscheinen in der Regie von Nunnally Johnson mit Gregory Peck und Jennifer Jones in den Hauptrollen verfilmt.

150 Vance O. Packard, *Die unsichtbaren Schranken. Theorie und Praxis des Aufstiegs in der «klassenlosen» Gesellschaft*, Düsseldorf 1959, S. 19.

151 *The Wild One* (dt. *Der Wilde*), Regie: László Benedek, Columbia Pictures, USA 1953.

152 Cyclist's Holiday, in: *Life Magazine*, 21. 7. 1947, S. 31.

153 *Blackboard Jungle* (dt. *Saat der Gewalt*), Regie: Richard Brooks, Metro-Goldwyn-Mayer, USA 1955.

154 *Rebel Without a Cause* (dt. *… denn sie wissen nicht, was sie tun*), Regie: Nicholas Ray, Warner Brothers, USA 1955.

155 Michael T. Bertrand, *Race, Rock, and Elvis*. Urbana, IL 2000, S. 97–101.

156 Ebd., S. 189–195, 202.

157 Kaspar Maase, *BRAVO Amerika. Erkundungen zur Jugendkultur der Bundesrepublik in den fünfziger Jahren*, Hamburg 1992; Poiger, *Jazz, Rock, and Rebels*.

158 Dick Hebdige, The Meaning of Mod, in: Stuart Hall/Tony Jefferson (Hg.), *Resistance Through Rituals. Youth Subcultures in Post-war Britain*, London 1975, S. 87–96.

159 Poiger, *Jazz, Rock, and Rebels*, S. 79; vgl. auch Reinhold Wagnleitner, *Coca-Colonization und Kalter Krieg. Die Kulturmission der USA in Österreich nach dem Zweiten Weltkrieg*, Verlag für Gesellschaftskritik, 1991. Zur Problematik des Begriffs «Halbstarke» siehe zeitgenössisch schon Helmut Schelsky, *Die skeptische Generation. Eine Soziologie der deutschen Jugend*, Düsseldorf 1957, S. 495.

160 Zahlen nach Poiger, *Jazz, Rock, and Rebels*, S. 85.

161 Ebd., S. 197.

162 David Crowley, Warsaw's Shops, Stalinism and the Thaw, in: Reid/Crowley, *Style and Socialism*, S. 25–48, hier S. 28.

163 Timothy W. Ryback, *Rock Around the Bloc. A History of Rock Music in Eastern Europe and the Soviet Union*, New York 1990, S. 9.

164 Hixson, *Parting the Curtain*, S. 116.

165 S. Frederick Starr, *Red and Hot. The Fate of Jazz in the Soviet Union 1917–1980*, New York 1983, S. 239, 236 f. Siehe auch Zubok, *Zhivago's Children*, S. 40–44.

166 Kristin Roth-Ey spricht von 791 Konzerten und 63 weiteren so genannten «Massenkonzerten» während der Festspiele. Vgl. Kristin Roth-Ey, «Loose Girls» on the Loose? Sex, Propaganda and the 1957 Youth Festival, in: Melanie Ilič/Susan Reid/Lynne Atwood (Hg.), *Women in the Khrushchev Era*, Basingstoke 2004, S. 75–95, hier S. 76, Anm. 2, und 91; Zubok, *Zhivago's Children*, S. 100–111, bes. 105.

167 Roth-Ey, «Loose Girls» on the Loose?, S. 76.

168 Hixson, *Parting the Curtain*, S. 159 f.

169 Roth-Ey, «Loose Girls» on the Loose?; Zubok, *Zhivago's Children*, S. 109.

170 Zubok, *Zhivago's Children*, S. 111. Juliane Fürst, *Stalin's Last Generation. Soviet Post-War Youth and the Emergence of Mature Socialism*, New York 2010.

171 Einen Überblick über die amerikanische Bürgerrechtsbewegung im 20. Jahrhundert gibt Kevin K. Gaines, *Uplifting the Race. Black Leadership, Politics, and Culture in the Twentieth Century*, Chapel Hill, NC 1996; Mary Dudziak, *Cold War Civil Rights. Race and the Image of American Democracy*, Princeton, NJ, 2000.

172 Dazu gehörten der Philosoph Bertrand Russell sowie die Atomforscher Albert Einstein und Leo Szilard. Vgl. Paul Boyer, *By the Bomb's Early Light. American Thought and Culture at the Dawn of the Atomic Age*, New York 1983; Lawrence Wittner, *The Struggle Against the Bomb*, Bd. 1: *One World Or None*, Stanford, CA 1993.

173 Van Gosse, *Rethinking the New Left. An Interpretative History*, New York 2005; Norbert Frei, *1968. Jugendrevolte und globaler Protest*, München 2008, S. 92–94; Martin Klimke, *The Other Alliance. Student Protest in West Germany and the United States in the Global Sixties*, Princeton, NJ 2010, S. 89 f.

174 Max Horkheimer/Theodor W. Adorno, *Dialektik der Aufklärung. Philosophische Fragmente* (1947), Frankfurt a. M. 1969; C. Wright Mills, *Die Konsequenz. Politik ohne Verantwortung*, München 1959; Riesman, *Die einsame Masse;* Jean-Paul Sartre, *Der Existentialismus ist ein Humanismus. Und andere philosophische Essays 1943–1948*, Reinbek 1994; Herbert Marcuse, *Der eindimensionale Mensch. Studien zur Ideologie der fortgeschrittenen Industriegesellschaft*, Neuwied 1967.

175 Port Huron Statement, wieder abgedruckt in: Judith Clavier Albert/Stewart Edward Albert (Hg.), *The Sixties Papers. Documents of a Rebellious Decade*, New York 1984, S. 176–196.

176 Fanon, *Die Verdammten dieser Erde*, S. 27–73.

177 Jon Lee Anderson, *Che. Die Biographie*, München 2002, S. 656–664.

178 Laut Trisha Ziff steht das Bild Che Guevaras für «Anti-Establishment, radikales Denken und Handeln». Vgl. Ziff (Hg.), *Che Guevara. Revolutionary & Icon*, New York 2006.

179 David Mark Chalmers, *And the Crooked Places Made Straight. The Struggle for Social Change in the 1960s*, Baltimore, MD 1991, S. 139 f.

180 Todd Gitlin, *The Sixties. Years of Hope, Days of Rage*, Toronto 1987, S. 319; David Farber, *Chicago '68*, Chicago 1988.

181 Stefan Aust, *Der Baader Meinhof Komplex*, völlig überarb. und erg. Neuausg., Hamburg 2008, S. 77–83. Im Jahr 2009 enthüllten bislang unbekannte Dokumente der DDR-Staatssicherheit, dass der Polizeibeamte Karl-Heinz Kurras Stasi-Informant gewesen war. Allerdings fanden sich keine Hinweise darauf, dass die DDR etwas mit den Schüssen auf Ohnesorg zu tun gehabt hätte.

182 Gretchen Dutschke-Klotz, *Rudi Dutschke. Wir hatten ein barbarisches, schönes Leben. Eine Biographie*, Köln 1996, S. 197–200; Ulrich Chaussy, *Die drei Leben des Rudi Dutschke. Eine Biographie*, überarb. Neuausg., Zürich 1999, S. 79. Zu Bachmanns rechtsextremistischen Verbindungen siehe Reinhard Mohr, Schrecken aus dem braunen Sumpf. Enthüllungen über Dutschke-Attentäter, in: *Der Spiegel*, 6. 12. 2009.

183 Vgl. Wolfgang Kraushaar (Hg.), *Die RAF und der linke Terrorismus*, 2 Bde., Hamburg 2006; ders./Karin Wieland/Jan Philipp Reemtsma, *Rudi Dutschke, Andreas Baader und die RAF*, Hamburg 2005; Aust, *Baader Meinhof Komplex*.

184 Alain Touraine, *The May Movement. Revolt and Reform*, übersetzt von Leonard F. X. Mayhew, New York 1971, S. 138 f.; Ingrid Gilcher-Holtey, *Die Phantasie an der Macht! Mai 68 in Frankreich*, Frankfurt a. M. 1995.

185 Gilcher-Holtey, *Die Phantasie an der Macht*; dies. (Hg.), *1968. Vom Ereignis zum Gegenstand der Geschichtswissenschaft*, Göttingen 1998, S. 20 f.

186 Touraine, *The May Movement*, S. 209, 233; Gilcher-Holtey, *1968*, S. 24.

187 Eine umfassende Darstellung des Prager Frühlings bietet Stefan Karner u. a. (Hg.), *Prager Frühling. Das internationale Krisenjahr 1968*, 2 Bde., Köln u. a. 2008. Zum Vergleich siehe auch Judt, *Postwar*, S. 436–447.

188 Zit. nach *The Prague Spring 1968. A National Security Archives Document Reader*, Budapest 1998, S. 10.

189 Rede von Alexander Dubček, 30./31. 10. 1967, abgedruckt in: *The Prague Spring*, S. 14.

190 Auszugsweise abgedruckt in: ebd., S. 92–95. Vgl. auch H. Gordon Skilling, *Czechoslovakia's Interrupted Revolution*, Princeton, NJ 1976, S. 217–221.

191 «Manifest der 2000 Worte», 27. 6. 1968, abgedruckt in: Karner u. a., *Prager Frühling*, Bd. 2, S. 139–147, Zitat S. 145.

192 Skilling, *Czechoslovakia's Interrupted Revolution*, S. 708–710, 749.

193 Zubok, *Zhivago's Children*, S. 321–331; Paul Berman, *Zappa Meets Havel. 1968 und die Folgen – eine politische Reise*, Hamburg 1998, S. 205–209.

194 Berman, *Zappa Meets Havel*, S. 169, 191 f., 205 f.; Ryback, *Rock Around the Bloc*, S. 25, 145–147.

195 Václav Havel, Rede auf dem 4. Tschechoslowakischen Schriftstellerkongress, 27.– 29. 6. 1967, abgedruckt in: *The Prague Spring*, S. 9 f.

196 Ryback, *Rock Around the Bloc*, S. 145.

197 Ulrich Enzensberger, *Die Jahre der Kommune 1. Berlin 1967–1969*, Köln 2004.

198 Reinhard Uhle, Pädagogik der Siebziger Jahre – zwischen wissenschaftsorientierter Bildung und repressionsarmer Erziehung, in: Werner Faulstich (Hg.), *Die Kultur der 70er Jahre*, München 2004, S. 49–63.

199 Samuel Hays, *Beauty, Health, and Permanence. Environmental Politics in the United States, 1955–1985*, New York 1987.

200 Adam Rome, «Give Earth a Chance». The Environmental Movement and the Sixties, in: *Journal of American History* 90 (2003), S. 525–554. Vgl. auch das Vorwort von Joachim Radkau in der Neuausgabe Rachel Carson, *Der stumme Frühling. Der Öko-Klassiker*, München ³2007.

201 Boyer, *By the Bomb's Early Light*, S. 15, 49–75.

202 Ralph H. Lutts, Chemical Fallout. Rachel Carson's *Silent Spring*, Radioactive Fallout, and the Environmental Movement, in: *Environmental Review* 9 (1985), S. 210–225, hier S. 213 f.; vgl. auch Ralph E. Lapp, *The Voyage of the Lucky Dragon*, New York 1958; Richard P. Tucker, The International Environmental Movement and the Cold War, in: Richard Immerman/Petra Goedde (Hg.), *The Oxford Handbook of the Cold War*, Oxford 2013, S. 565–583.

203 Lawrence Wittner, *Resisting the Bomb. A History of the World Nuclear Disarmament Movement 1954–1970*, Stanford, CA 1997.

204 Peter Anker, The Ecological Colonization of Space, in: *Environmental History* 10 (2005), S. 239–268. Zur Internationalisierung des «Tages der Erde» siehe Barnaby J. Feder, The Business of Earth Day, in: *New York Times*, 12. 11. 1989; vgl. auch die offizielle Website des Earth-Day-Netzwerks unter http://earthday.envirolink.org/history.html (aufgerufen am 10. 5. 2013).

205 Frank Zelko, Making Greenpeace. The Development of Direct Action Environmentalism in British Columbia, in: *BC Studies* (2004), S. 197–239, hier S. 236 f.

206 Cohen, *A Consumer's Republic*, S. 11.

207 Erica Carter, *How German Is She? Postwar West German Reconstruction and the Consuming Woman*, Ann Arbor, MI 1997, S. 80 f., 112–144; Vgl. Victoria de Grazia, *Das unwiderstehliche Imperium. Amerikas Siegeszug im Europa des 20. Jahrhunderts*, Stuttgart 2010. Zum CDU Plakat siehe Abbildung S. 577, Anm. 133.

208 Leila J. Rupp, *Mobilizing Women for War. German and American Propaganda, 1939–1945*, Princeton, NJ 1978.

209 Susan M. Hartmann, *The Homefront and Beyond. American Women in the 1940s*, Boston, MA 1982, S. 53–70; Leisa Meyer, *Creating GI Jane. Sexuality and Power in the Women's Army Corps during World War II*, New York 1996.

210 May, *Homeward Bound*; Margaret R. Higonnet u. a. (Hg.), *Behind the Lines. Gender and the Two World Wars*, Princeton, NJ 1989. Siehe U.S. Census Bureau, *Statistical Abstracts* (The National Data Book), online verfügbar unter http://www.census.gov/compendia/statab/past_years.html (aufgerufen am 10. 5. 2013).

211 Wendy Goldman, *Babas* at the Bench. Gender Conflict in Soviet Industry in the 1930s, in: Melanie Ilič (Hg.), *Women in the Stalin Era*, Basingstoke 2001, S. 69. Vgl. auch

Melanie Ilič, *Women Workers in the Soviet Interwar Economy. From «Protection» to «Equality»*, Basingstoke 1999.

212 Goldman, *Babas* at the Bench, S. 77–85; Sarah Davies, «A Mother's Cares». Workers and Popular Opinion in Stalin's Russia 1934–1941, in: Ilič, *Women in the Stalin Era*, S. 89–109, hier S. 91.

213 Vgl. Susann Conze, Women's Work and Emancipation in the Soviet Union, 1941–1950, in: Ilič, *Women in the Stalin Era*, S. 216–234.

214 Donald Filtzer, Women Workers in the Khrushchev Era, in: Ilič/Reid/Attwood, *Women in the Khrushchev Era*, S. 31.

215 Zahlen aus *Statistisches Jahrbuch der* DDR, Berlin 1987, S. 17.

216 Wojciech Fangor, *Postaci* (1950), in: David Crowley/Jane Pavitt, *Cold War Modern. Design 1945–1970*, London 2008, S. 130.

217 Michails Korneckis (Lettland), *Saturieties, meitenes / Mädchen, packen wir es an* (1959). Das Bild war Teil der Ausstellung *Gender Check – Rollenbilder in der Kunst Osteuropas* im Museum Moderner Kunst Stiftung Ludwig, Wien, 13. 11. 2009– 14. 2. 2010, und in der Nationalen Kunstgalerie Zachęta, Warschau, 19. 3.–13. 6. 2010.

218 Zu den Erziehungsaufgaben der Frauen in der Sowjetunion siehe Deborah A. Field, Mothers and Fathers and the Problem of Selfishness in the Khrushchev Period, in: Ilič/Reid/Attwood, *Women in the Khrushchev Era*, S. 96–113, hier S. 101. Zum Haushalt und dem Sowjetstaat vgl. Susan E. Reid, Women in the Home, in: ebd., S. 149–176, hier S. 159 f.

219 William J. Jorden, 1,056 Miles High: Russia Reports New Satellite Is Final Stage of Rocket, in: *New York Times*, 4. 11. 1957, S. 1. Zu den Protesten angesichts der Unmenschlichkeit siehe: Laika, A U.N. Issue: Uruguayan Says She Starved – Soviet Aide Denies It, in: *New York Times*, 21. 11. 1957, S. 10; Animals: The She-Hound of Heaven, in: *Time Magazine*, 18. 11. 1957.

220 Sue Bridger, The Cold War and the Cosmos. Valentina Tereshkova and the First Woman's Space Flight, in: Ilič/Reid/Attwood, *Women in the Khrushchev Era*, S. 222–237.

221 Khrushchev: Now You See What Women Can Do, in: *Boston Globe*, 17. 6. 1963, S. 3

222 Zit. nach Bridger, The Cold War and the Cosmos, S. 231.

223 She Loves Spike Heels, in: *Boston Globe*, 17. 6. 1963, S. 3; Russian Blonde in Space. See Possibility of Rendezvous with Bykovsky, in: *Chicago Tribune*, 17. 6. 1963, S. 3 – flankiert war diese Überschrift bemerkenswerterweise von einem Bild, das Tereschkowa mit dunklen Haaren zeigt; Space Girl Launched by Russians, in: *Irish Times*, 17. 6. 1963.

224 She Orbits Over the Sex Barrier, in: *Life Magazine*, 28. 6. 1963, S. 28–30.

225 From Factory into Space, She Fits Ideal of Soviet Heroine, in: *Los Angeles Times*, 17. 6. 1963, S. 3; Dorothy McCardle, New Cultural Attaché Says: USSR Training Women by Dozens for Space Roles, in: *The Washington Post, Times Herald*, 20. 6. 1963, S. B3.

226 U.S. Women Feel Low about Red High Flier: Think It's Shame, in: *Los Angeles Times*, 17. 6. 1963, S. 1; U.S. Not Planning Orbit by Woman: Some Leading Fliers Have Protested Exclusion, in: *New York Times*, 17. 6. 1963, S. 8; U.S. Has No Plans to Put Woman in Space: And None in Training, in: *Washington Post, Times Herald*, 18. 6. 1963, S. B5.

227 Clare Boothe Luce, But Some People Simply Never Get the Message, in: *Life Magazine*, 28. 6. 1963, S. 31.

228 Richard Witkin, Training for Space: Soviet and U.S. Differ in Assessing the Qualifications of an Astronaut, in: *New York Times*, 18. 6. 1963, S. 3.

229 Luce, But Some People Simply Never Get the Message, S. 31. Die Tatsache, dass es zwanzig Jahre dauerte, bis die Sowjets die zweite Kosmonautin, Swetlana Sawitskaja, ins All schickten, um der ersten amerikanischen Frau im All, Sally Ride, zuvorzukommen, legt nahe, dass der Vorwurf eines PR-Gags zumindest nicht völlig aus der Luft gegriffen ist. Gleichwohl sollte das Tereschkowas Leistung nicht schmälern.

230 Kosmonautin: Sterne abgestaubt, in: *Der Spiegel* 26, 26. 6. 1963, S. 68.

231 Audrey R. Topping, First in Space But Not in Femininity, in: *New York Times*, 30. 6. 1963, S. 42–46.

232 Simone de Beauvoir, *Das andere Geschlecht. Sitte und Sexus der Frau* (orig. 1949), Reinbek bei Hamburg 1992; vgl. auch Judith Butler, Sex and Gender in Simone de Beauvoir's *Second Sex*, in: *Yale French Studies* 72 (1986), S. 35–49.

233 Betty Friedan, *Der Weiblichkeitswahn. Ein vehementer Protest gegen das Wunschbild von der Frau* (orig. 1963), Reinbek bei Hamburg 1966.

234 Vgl. Joanne Meyerowitz, Beyond the Feminine Mystique. A Reassessment of Postwar Mass Culture, 1946–1958, in: *Journal of American History* 79 (1993), S. 1455–1482, hier S. 1458. Siehe auch Joanne Meyerowitz, *Not June Cleaver. Women and Gender in Postwar America 1945–1960*, Philadelphia 1994.

235 Casey Hayden/Mary King, *Sex and Caste. A Kind of Memo*, (1965), auszugsweise abgedruckt in: Alexander Bloom/Wini Breines (Hg.), *«Takin' It to the Streets». A Sixties Reader*, New York, 1995, S. 47–51.

236 Ein eindrucksvolles Beispiel für das Problem, vor dem schwarze Frauen in der Bürgerrechtsbewegung standen, ist Anne Moody, *Coming of Age in Mississippi*, 1968, Neuaufl. New York 2004. Vgl. auch Deborah Gray White, *Too Heavy a Load. Black Women in Defense of Themselves*, New York 1999, S. 176–211; Sara Evans, *Personal Politics. The Roots of Women's Liberation in the Civil Rights Movement and the New Left*, New York 1979, S. 88 f.

237 Sheila Rowbotham, *The Past Is Before Us. Feminism in Action Since the 1960s*, London 1989; Holger Nehring, The Growth of Social Movements, in: Paul Addison/Harriet Jones (Hg.), *Blackwell Companion to Contemporary Britain, 1939–2000*, Malden, MA 2005, S. 389–406, hier S. 391 f.; Adam Lent, *British Social Movements Since 1945. Sex, Colour, Peace, and Power*, Basingstoke 2002.

238 Hilke Schlaeger/Nancy Vedder-Shults, The West German Women's Movement, in: *New German Critique* 13, Special Feminist Issue (1978), S. 59–68, hier S. 63.

239 Dorothy Kaufmann-McCall, Politics of Difference. The Women's Movement in France From May 1968 to Mitterrand, in: *Signs* 9 (1983/84), S. 283–287. Vgl. auch Claire Duchen, *Feminism in France. From May '68 to Mitterrand*, London 1986; Sandra Reineke, *Beauvoir and Her Sisters. The Politics of Women's Bodies in France*, Urbana, IL 2011.

240 Amy Erdman Farrell, *Yours in Sisterhood. Ms Magazine and the Promise of Popular Feminism*, Chapel Hill, NC 1998; Edith Hoshino Altbach, The New German Women's Movement, in: *Signs* 9 (1983/84), S. 454–469, hier S. 455.

241 Alkarim Jivani, It's Not Unusual. Gay and Lesbian History in Britain, in: Bonnie G. Smith (Hg.), *Global Feminisms since 1945*, London 2000, S. 164–179. Weitere Einzelheiten bei Alkarim Jivani, *It's Not Unusual. A History of Lesbian and Gay Britain in the Twentieth Century*, London 1997.

242 Neil Miller, *Out of the Past. Gay and Lesbian History from 1869 to the Present*, New York 1995. Organisationen wie zum Beispiel der Council for Global Equality überprüfen weltweit den Stand der Gesetze gegen Homosexualität und führen eine aktuelle Liste der Verstöße.

243 Robin Morgan, *Sisterhood Is Powerful. An Anthology of Writings from the Women's Liberation Movement*, New York 1970; Dies., Good Bye to All That, auszugsweise abgedruckt in: Alexander Bloom/Wini Breines (Hg.), *«Takin' It To the Streets». A Sixties Reader*, New York 1995, S. 499–503.

244 Shulamith Firestone, *Frauenbefreiung und sexuelle Revolution* (orig. 1970), Frankfurt a. M. 1975.

245 Linda Gordon, *Woman's Body, Woman's Right. Birth Control in America* (1974), überarb. und akt. Neuaufl., New York 1990, S. 400–409; David Garrow, *Liberty and Sexuality. The Right to Privacy and the Making of Roe v. Wade*, New York 1994.

246 Larry Rohter, Doctor Slain During Protest Over Abortion, in: *New York Times*, 11.3.1993, S.A1; vgl. auch den Kommentar zu diesem Fall «The Death of Dr. Gunn», in: *New York Times*, 12.3.1993, S.A28.

247 «Wir haben abgetrieben!», in: *Stern* 24, 6.6.1971. Alice Schwarzer gestand Jahrzehnte später, dass sie in Wirklichkeit nie abgetrieben hatte. Altbach, The New German Women's Movement, S.455. Vgl. auch Schlaeger, The West German Women's Movement, S.59–68.

248 Zu Ostdeutschland siehe Donna Harsch, Society, the State, and Abortion in East Germany, in: *American Historical Review* 102 (1997), S.53–84.

249 Kaufmann-McCall, Politics of Difference, S.284.

250 Mangala Subramaniam, The Indian Women's Movement, in: *Contemporary Sociology* 33 (2004), S.635–639, hier S.635.

251 Der Begriff «Dritte Welt» wird hier gleichbedeutend mit dem globalen Süden und der nichtwestlichen Welt verwendet, um Feministinnen in der postkolonialen Welt zu bezeichnen.

252 Soha Abdel Kader, *Egyptian Women in a Changing Society, 1899–1987*, Boulder, CO 1987; Nayereh Tohidi, Gender and Islamic Fundamentalism: Feminist Politics in Iran, in: Chandra Talpade Mohanty/Ann Russo/Lourdes Torres (Hg.), *Third World Women and the Politics of Feminism*, Bloomington, IN 1991, S.251–267.

253 Domitila Barrios de Chungara (zus. mit Mema Viezzer), *Let Me Speak. Testimony of Domitila, a Woman of the Bolivian Mines*, New York 1978.

254 Chandra Talpade Mohanty, Introduction. Cartographies of Struggle. Third World Women and the Politics of Feminism, in: Mohanty/Russo/Torres, *Third World Women and the Politics of Feminism*, S.1–47, hier S.11.

255 Joyce Blackwell, *No Peace without Freedom. Race and the Women's International League for Peace and Freedom, 1915–1975*, Carbondale, IL 2004, S.143–194.

256 Leila J.Rupp, From Rosie the Riveter to the Global Assembly Line: American Women on the World Stage, in: *Magazine of History* 18: *Sex, Courtship, and Dating* (Juli 2004), S.53–57, hier S.55.

257 WIDF-Statuten zusammengefasst in Cheryl Johnson-Odim/Nina Emma Mba, *For Women and the Nation. Funmilayo Ransome-Kuti of Nigeria*, Champaign, IL 1997, S.137. Eine wissenschaftliche Abhandlung, die sich ausschließlich mit der WIDF und ihren Bemühungen um Frauenorganisationen in der Dritten Welt befasst, gibt es bislang nicht. Zeitgenössische Beobachter vermerkten jedoch das aggressive Wirken so genannter kommunistischer «Frontorganisationen» in Asien und Afrika. Siehe etwa Walter Kolarz, The Impact of Communism on West Africa, in: *International Affairs* 38 (1962), S.156–169, hier S.164.

258 Jocelyn Olcott, Cold War Conflicts and Cheap Cabaret: Sexual Politics at the 1975 United Nations International Women's Year Conference, in: *Gender and History* 22 (2010), S.733–754.

259 James P.Sterba, Equal Rights Vital, U.N.Chief Asserts at Women's Parley, in: *New York Times*, 20.6.1975, S.1.

260 Ethel L.Payne, From Where I Sit: Women's Year Meet, in: *Chicago Defender*, 5.7.1975, S.6.

261 Christa Wichterich, Strategische Verschwisterung, multiple Feminismen und die Globalisierung von Frauenbewegungen, in: Ilse Lenz/Michiko Mae/Karin Klose (Hg.), *Frauenbewegungen weltweit. Aufbrüche, Kontinuitäten, Veränderungen*, Opladen 2000, S.257–280, hier S.257 f.

262 Barrios de Chungara, *Let Me Speak*, S.202 f. Vgl. auch Olcott, Cold War Conflicts and Cheap Cabaret, S.748.

263 Judy Klemesrud, As the Conference Ends, What Now for Women?, in: *New York Times*, 2.7.1975.

264 Zu der von der UN-Vollversammlung gebilligten Version des «Welt-Aktionsplans» siehe «United Nations A/RES/30/3520: Resolutions Adopted by the General Assembly 3520 (XXX). World Conference of the International Women's Year», online verfügbar unter www.un-documents. net/a30r3520.htm (aufgerufen am 10. 5. 2013). Zum Wortlaut der Erklärung von Mexiko siehe «United Nations E/CONF.66/34: Declaration of Mexico on the Equality of Women and Their Contribution to Development and Peace», 2. 7. 1975, online verfügbar unter www.un-documents.net/mex-dec.htm (aufgerufen am 10. 5. 2013).

265 Stanley Meisler, Unity Eludes the World's Women, in: *Los Angeles Times*, 6. 7. 1975, S. D1.

266 James P. Sterba, Women Find Unity Elusive, in: *New York Times*, 24. 6. 1975, S. 3.

267 Bina Agarwal, From Mexico 1975 to Beijing 1995, in: *Indian Journal of Gender Studies* 3 (1996), S. 90 f.

268 Martha Alter Chen, Engendering World Conferences. The International Women's Movement and the United Nations, in: *Third World Quarterly* 16: *Nongovernmental Organisations, the United Nations and Global Governance* (September 1995), S. 477–493, hier S. 478. Vgl. auch Mallika Dutt, Some Reflections on United States Women of Color and the United Nations Fourth World Conference on Women and NGO Forum in Beijing, China, in: Smith, *Global Feminisms*, S. 305–313.

269 Robin Morgan (Hg.), *Sisterhood Is Global. The International Women's Movement Anthology*, New York 1984. Siehe auch Kelly Shannon, *Veiled Intentions: Islam, Global Feminism, and U.S. Foreign Policy Since the Late 1970s*, Diss., Temple University, 2010; Valentine M. Moghadam, *Globalizing Women. Transnational Feminist Networks*, Baltimore 2005, S. 142–172.

270 Marie-Aimée Hélie-Lucas, Women Living Under Muslim Laws, in: Joanna Kerr (Hg.), *Ours By Right. Women's Rights as Human Rights*, London 1993, S. 52–64.

271 Barrios de Chungara, *Let Me Speak*, S. 198 f. Siehe auch Olcott, Cold War Conflicts and Cheap Cabaret.

272 Chandra Talpade Mohanty, Under Western Eyes. Feminist Scholarship and Colonial Discourses, in: *Boundary* 2, 12/13 (1984), S. 333–358; aktualisierte und veränderte Fassung in Chandra Mohanty/Ann Russo/Lourdes Torres (Hg.), *Third World Women and the Politics of Feminism*, Bloomington, IN 1991, S. 51–80, hier S. 57.

273 Joan W. Scott, Gender. A Useful Category of Historical Analysis, in: *American Historical Review* 91 (1986), S. 1053–1075, hier S. 1056.

274 So etwa Gayatri Chakravorty Spivak, French Feminism in an International Frame, in: *Yale French Studies: Feminist Readings: French Texts/American Contexts* (1981), S. 154–184. Siehe auch Gyan Prakash, Orientalism Now, in: *History and Theory* 34 (1995), S. 199–212, hier S. 210.

275 Spivak, French Feminism in an International Frame, S. 157 (Hervorhebung im Original).

276 Fran P. Hosken, *The Hosken Report: Genital and Sexual Mutilation of Females*, Lexington, MA 1979. Vgl. auch Elizabeth Heger Boyle, *Female Genital Cutting. Cultural Conflict in the Global Community*, Baltimore 2002; Kelly J. Shannon, The Right to Bodily Integrity: Women's Rights as Human Rights and the International Movement to End Female Genital Mutilation, 1970–1990s, in: Akira Iriye/Petra Goedde/William I. Hitchcock (Hg.), *The Human Rights Revolution. An International History*, New York, 2012, S. 285–310.

277 Gloria Steinem, The International Crime of Female Genital Mutilation, in: *Ms. Magazine*, März 1979, S. 65–67, 98.

278 Nawal el Saadawi, The Question No One Would Answer, in: *Ms. Magazine*, März 1979, S. 68 f.

279 Wichterich, Strategische Verschwisterung, S. 258. Siehe auch Inge Rowhani, Resümee

zum Ende der Dekade der Frauen, in: New Internationalist (Hg.), *Frauen – Ein Weltbericht*, Berlin 1986, S. 337–349.

280 Angela Gilliam, Women's Equality and National Liberation, in: Mohanty/Russo/Torres, *Third World Women and the Politics of Feminism*, S. 215–236, hier S. 218 f.

281 Ebd., S. 218.

282 Youssef M. Ibrahim, Arab Girls. Veils at Issue in France, in: *New York Times*, 12. 11. 1989, S. 5.

283 Khalid L. Rehman, Leserbrief «Muslim Head Covering Far Different from Veil», in: *New York Times*, 23. 12. 1989, S. E10. Selbst der Korrespondent der *New York Times*, Yussef M. Ibrahim, verwendete unterschiedslos die Begriffe Kopftuch und Schleier. Vgl. Ibrahim, Arab Girls.

284 Germaine Greer, Veiled Thoughts on Fashion and Democracy, in: *The Guardian*, 17. 10. 1994, S. 18.

285 Joan W. Scott, Symptomatic Politics: The Banning of Islamic Head Scarves in French Public Schools, in: *French Politics, Culture & Society* 23 (2005), S. 106–127, hier S. 110. Vgl. auch dies., *The Politics of the Veil*, Princeton, NJ 2007.

286 Beispiele für diese Frauen, von denen einige sehr erfolgreich und unabhängig sind, bietet Madeleine Bunting, A Meeting of Two Worlds, in: *The Guardian*, 13. 6. 1990, S. 21.

287 Chandra Talpade Mohanty, «Under Western Eyes» Revisited. Feminist Solidarity through Anticapitalist Struggles, in: *Signs* 28 (2003), S. 499–535, hier S. 505.

288 Susanne Hoeber Rudolph, Dehomogenizing Religious Formations, in: dies./James Piscatori (Hg.), *Transnational Religion and Fading States*, Boulder, CO 1997, S. 243–261.

289 Zur Rolle von Religion in der US-Außenpolitik vgl. Andrew Preston, *Sword of the Spirit, Shield of Faith: Religion in American War and Diplomacy*, New York 2012.

290 Peter L. Berger (Hg.), *The Desecularization of the World. Resurgent Religion and World Politics*, Grand Rapids, MI 1999; Susanne Hoeber Rudolph, Introduction: Religion, States, and Transnational Civil Society, in: dies./Piscatori, *Transnational Religion and Fading States*, S. 1–24, hier S. 1 f.; Charles Taylor, *Ein säkulares Zeitalter*, Frankfurt a. M. 2009.

291 Dianne Kirby (Hg.), *Religion and the Cold War*, Basingstoke 2003, S. 1.

292 Nicholas Guyatt, *Providence and the Invention of the United States, 1607–1876*, New York 2007.

293 Andrew J. Rotter, Christians, Muslims, and Hindus. Religion and U.S.-South Asian Relations, in: *Diplomatic History* 24 (2000), S. 593–613, hier S. 595. Siehe auch Knock, *To End All Wars*, S. 3 f., 8.

294 Dianne Kirby, Divinely Sanctioned. The Anglo-American Cold War Alliance and the Defence of Western Civilization and Christianity, 1945–48, in: *Journal of Contemporary History* 35 (2000), S. 385–412, hier S. 388 f.

295 Rotter, Christians, Muslims, and Hindus, S. 598. Preston, *Sword of the Spirit*, S. 414, 441.

296 Zit. nach Dianne Kirby, The Religious Cold War, in: Immerman/Goedde, *The Oxford Handbook of the Cold War*, S. 540–564, hier S. 549.

297 Elizabeth Shakman Hurd, *The Politics of Secularism in International Relations*, Princeton, NJ 2008, S. 29. Siehe auch Kirby, Religion.

298 Wladimir I. Lenin, Sozialismus und Religion, in: ders., *Über die Religion. Eine Auswahl*, Berlin 1981, S. 39–44.

299 Anna Dickinson, Domestic Foreign Policy Considerations and the Origins of Postwar Soviet Church-State Relations 1941–6, in: Kirby, *Religion and the Cold War*, S. 23–26; Hartmut Lehmann, The Rehabilitation of Martin Luther in the GDR, or Why Thomas Müntzer Failed to Stabilize the Moorings of Socialist Ideology, in: ebd., S. 205–207. Siehe auch Dianne Kirby, Anglican-Orthodox Relations and the Religious Rehabilitation of the Soviet Regime during the Second World War, in: *Revue d'Histoire Ecclesiastique* 96 (2001), S. 101–123.

300 Für nähere Einzelheiten zu diesem schwankenden Verhältnis siehe Zubok, *Zhivago's Children*, S. 127 f.; Tony Shaw, Martyrs, Miracles and Martians: Religion and Cold War Cinematic Propaganda in the 1950s, in: Kirby, *Religion and the Cold War*, S. 215 f. Siehe auch Gerhard Besier, *Der SED-Staat und die Kirche 1969–1990. Die Vision vom «dritten Weg»*, Berlin 1995.

301 Peter L. Berger, The Desecularization of the World. A Global Overview, in: ders., *The Desecularization of the World*, S. 1–18, hier S. 2 f.

302 Grace Davie, Europe. The Exception That Proves the Rule?, in: Berger, *The Desecularization of the World*, S. 65–83, hier S. 65. Siehe auch Grace Davie, *Europe: The Exceptional Case: Parameter of Faith in the Modern World*, London 2002.

303 Zu den Zahlen für Ende der 1980er Jahre siehe Jørgen S. Nielsen, *Muslims in Western Europe*, Edinburgh 1992, S. 26. Zu den Zahlen für 2008 siehe Forschungsgruppe Weltanschauungen in Deutschland, Religionszugehörigkeit, Deutschland, 1950–2008, Fassung vom 27.3.2009. Die Zahlen stammen aus den Jahresberichten des Statistischen Bundesamts.

304 Näheres zur Gemeinschaft der Sikhs bei Roger Ballard/Catherine Ballard, The Sikhs. The Development of South Asian Settlements in Britain, in: James L. Watson (Hg.), *Between Two Cultures. Migrants and Minorities in Britain*, Oxford 1977, S. 21–56; Sewa Singh Kalsi, *The Evolution of a Sikh Community in Britain*, Leeds 1992. Weitere Informationen zur muslimischen Bevölkerung in Westeuropa finden sich bei Nielsen, *Muslims in Western Europe*.

305 Detlef Pollack/Wolf-Jürgen Grabner/Christiane Heinze (Hg.), *Leipzig im Oktober. Kirchen und alternative Gruppen im Umbruch der DDR – Analysen zur Wende*, Berlin ²1994. Siehe auch Günther Heydemann/Gunther Mai/Werner Müller (Hg.), *Revolution und Transformation in der DDR 1989/90*, Berlin 1999; Charles S. Maier, *Das Verschwinden der DDR und der Untergang des Kommunismus*, Frankfurt a. M. 1999.

306 Richard Wayne Wills, Sr., *Martin Luther King Jr. and the Image of God*, New York 2009, S. 139–190.

307 Alex Haley, *Malcolm X. Die Autobiographie*, Bremen 2003; Manning Marable, *Malcolm X. A Life of Reinvention*, New York, 2011. Für einen Vergleich zwischen den beiden Bürgerrechtlern und ihrem Glauben siehe Lewis V. Baldwin/Amiri YaSin Al-Hadid, *Between Cross and Crescent. Christian and Muslim Perspectives on Malcolm and Martin*, Gainesville 2002; Louis A. DeCaro Jr., *Malcolm and the Cross. The Nation of Islam, Malcolm X, and Christianity*, New York 1998.

308 Gustavo Gutiérrez, *Theologie der Befreiung*, München 1973; Leonardo und Clodovis Boff, *Wie treibt man Theologie der Befreiung?*, Düsseldorf 1986. Einen Überblick bieten auch Philipp Berryman, *Liberation Theology. The Essential Facts about the Revolutionary Movement in Latin America and Beyond*, Philadelphia 1987; Paul E. Sigmund, *Liberation Theology at the Crossroads. Democracy or Revolution*, Oxford 1990.

309 José Casanova, *Public Religions in the Modern World*, Chicago 1994, S. 126, 133 f. Siehe auch Berryman, *Liberation Theology*, S. 185–200.

310 David B. Barrett/Todd M. Johnson, Annual Statistical Table on Global Mission: 2004, in: *International Bulletin of Missionary Research* 28 (2004), S. 24–25, hier S. 25. Ich verdanke diesen Hinweis Benjamin Brandenburg, der an der Temple University an einer Dissertation zum «Evangelical Empire» arbeitet.

311 Guillermo Cook (Hg.), *New Face of the Church in Latin America. Between Tradition and Change*, Maryknoll, NY 1994.

312 Weitere Informationen zu den Veränderungen in der christlichen Bevölkerung finden sich in: Pew-Templeton Global Religious Futures Project, *Global Christianity. A Report on the Size and Distribution of the World's Christian Population*, Washington. D. C., Pew Research Center's Forum on Religion and Public Life, December 2011.

313 Steve Bruce, *Religion in the Modern World. From Cathedrals to Cults*, Oxford 1996, S. 121 f.

314 David Harrington Watt, *A Transforming Faith. Explorations of Twentieth-Century American Evangelicalism*, New Brunswick, NJ 1991, S. 81.

315 Frances FitzGerald, *Cities on a Hill. A Journey through Contemporary American Cultures*, New York 1981, S. 120 f., 150–153.

316 Ebd., S. 180.

317 Berger, *The Desecularization of the World*, S. 6 f., 11.

318 Peter Beyer/Lori Beaman (Hg.), *Religion, Globalization, and Culture*, Leiden 2007, S. 2, 4.

319 Martin E. Marty/R. Scott Appleby, *The Fundamentalism Project*, Bd. 1: *Fundamentalisms Observed*, Chicago 1991; Bd. 2: *Fundamentalisms and Society*, Chicago 1993; Bd. 3 *Fundamentalisms and the State*, Chicago 1993; Bd. 4: *Accounting for Fundamentalisms*, Chicago 1994; Bd. 5: *Fundamentalisms Comprehended*, Chicago 1995.

320 Martin Marty, Fundamentalism as a Social Phenomenon, in: *Bulletin of the American Academy of Arts and Sciences* 42, 2 (1988), S. 15–29, hier S. 15–19.

321 Ebd., S. 19–23.

322 Berger, *The Desecularization of the World*, S. 6 f.

323 Richard T. Antoun, *Understanding Fundamentalism. Christian, Islamic and Jewish Movements*, London 2001, S. 1–3.

324 Das *Fundamentalism Project* konzentrierte sich in erster Linie auf die religiösen Aspekte des Fundamentalismus, wobei aber durchaus auch soziale und politische Ursachen und Konsequenzen thematisiert wurden. Zur These von der Dislozierung siehe Nikki R. Keddie, The New Religious Politics: Where, When, and Why do «Fundamentalisms» Appear?, in: *Comparative Studies in Society and History* 40 (1998), S. 696–723, hier S. 698 f., 718; Abdullahi Ahmed An-Na'im, Political Islam in National Politics and International Relations, in: Berger, *The Desecularization of the World*, S. 103–121, hier S. 106.

325 Na'im, Political Islam, S. 103.

326 Ebd., S. 106.

327 Nikki R. Keddie mit Yann Richard, *Modern Iran: Roots and Results of Revolution*, New Haven, CT 2003, S. 214–243.

328 Benny Morris, *The Birth of the Palestinian Refugee Problem Revisited*, New York 1987, 2004. Durch die so genannten Neuen Historiker, die die traditionellen Darstellungen zu den palästinensischen Flüchtlingen in Frage stellen, bleibt das Thema umstritten.

329 Die deutsche Fassung dieses Dokumentes findet sich unter www.vatican.va/archive/hist_councils/ii_vatican_council/documents/vat-ii_decl_19651028_nostra-aetate_ge.html (aufgerufen am 21. 12. 2012).

330 Bruce, *Religion in the Modern World*, S. 169.

331 Zur wachsenden Beliebtheit des Hinduismus siehe Hinduism in New York: A Growing Religion, in: *New York Times*, 2. 11. 1967, S. 49, 55. Vgl. auch Shandip Saha, Hinduism, Gurus, and Globalization, in: Beyer/Beaman, *Religion, Globalization and Culture*, S. 485–502. Zu Großbritannien siehe Bruce, *Religion in the Modern World*, S. 176, 197 f.; zu Deutschland Barney Lefferts, Chief Guru of the Western World, in: *New York Times*, 17. 12. 1967, S. 45, 48.

332 Lewis F. Carter, The «New Renunciates» of the Bhagwan Shree Rajneesh. Observation and Identification Problems of Interpreting New Religious Movements, in: *Journal for the Scientific Study of Religion* 26 (1987), S. 148–172. Siehe auch Lewis F. Carter, *Charisma and Control in Rajneeshpuram. The Role of Shared Values in the Creation of a Community*, Cambridge 1990; Frances FitzGerald, A Reporter at Large. Rajneeshpuram, in: *The New Yorker*, Teil I: 22. 9. 1986, S. 46–96, Teil II: 29. 9. 1986, S. 83–125.

333 Bruce, *Religion in the Modern World*, S. 178 f.

334 Wouter J. Hanegraaff, *New Age Religion and Western Culture. Esotericism in the Mirror of Secular Thought*, Leiden 1996, S. 521.

335 Zu Schätzungen für Großbritannien und die USA siehe Paul Heelas, *The New Age Movement: The Celebration of the Self and the Sacralization of Modernity*, Oxford 1996, S. 108–130.

336 Ebd., S. 122 f.

337 Laurel Kearns, Religion and Ecology in the Context of Globalization, in: Beyer/Beaman, *Religion, Globalization and Culture*, S. 305–334.

338 Bruce, *Religion in the Modern World*, S. 210 f., 223 f.

339 Thomas Banchoff, Introduction, in: ders. (Hg.), *Democracy and the New Religious Pluralism*, Oxford 2007, S. 3–16; *American Religion*, Princeton, NJ 1988, S. 218–222.

340 Jean-Jacques Rousseau, *Vom Gesellschaftsvertrag oder Grundsätze des Staatsrechts*, Stuttgart 2003, S. 152. Ich stütze mich hier auf Martha Nussbaums Rousseau-Interpretation in: Radical Evil in Liberal Democracies. The Neglect of the Political Emotions, in: Banchoff, *Democracy and the New Religious Pluralism*, S. 171–202, hier S. 180.

341 Der Begriff der Religion der Humanität wurde zuerst von Auguste Comte entwickelt. Nussbaums Ausführungen zu dem Thema beziehen sich jedoch auf die von Mill in «The Utility of Religion» entwickelten Ideen. Siehe John Stuart Mill, *Three Essays on Religion*, New York 1874, S. 69–122, hier besonders S. 109, 117.

342 Nussbaum, Radical Evil in Liberal Democracies, S. 183.

343 Als Beispiel nennt Nussbaum den Versuch der hinduistischen Rechten 2007 in Indien, die pluralistische Gesellschaft wieder in eine Gesellschaft zurückzuverwandeln, die Hindus privilegiert, und ein System der Intoleranz gegenüber anderen religiösen und gesellschaftlichen Gruppen zu schaffen. Vgl. Nussbaum, Radical Evil in Liberal Democracies, S. 182.

344 Charta der Vereinten Nationen vom 26. Juni 1945, abgedruckt in: *Menschenrechte. Dokumente und Deklarationen*, Bonn ⁴2004, S. 42.

345 Siehe Lynn Hunt (Hg.), *The French Revolution and Human Rights: A Brief Documentary History*, Boston 1996.

346 Paul Gordon Lauren, *The Evolution of International Human Rights: Visions Seen*, Philadelphia, PA ²2003, S. 37–70.

347 Für eine Schilderung des grausamen belgischen Kolonialregimes im Kongo siehe Adam Hochschild, *Schatten über dem Kongo. Die Geschichte eines der großen, fast vergessenen Menschheitsverbrechen*, Stuttgart 2000.

348 Lauren, *The Evolution of International Human Rights*, S. 73.

349 Jan Herman Burgers, The Road to San Francisco: The Revival of the Human Rights Idea in the Twentieth Century, in: *Human Rights Quarterly* 14 (1992), S. 448. Elizabeth Borgwardt, *A New Deal for the World. America's Vision for Human Rights*, Cambridge, MA 2005.

350 Mark Mazower, The Strange Triumph of Human Rights, 1933–1950, in: *Historical Journal* 47 (2004), S. 379–398, hier S. 385.

351 Mary Ann Glendon, *A World Made New. Eleanor Roosevelt and the Universal Declaration of Human Rights*, New York 2001, S. 174.

352 Goedde, *GIs and Germans*, S. 178 f. Zu Artikel 25 siehe Glendon, *A World Made New*, S. 313.

353 Schrecker, *Many are the Crimes*; Stanley I. Kutler, *The American Inquisition. Justice and Injustice in the Cold War*, New York 1982.

354 Carol Anderson, *Eyes Off the Prize. The United Nations and the African American Struggle for Human Rights, 1944–1955*, New York 2003, S. 105–110. Siehe auch Mazower, The Strange Triumph of Human Rights, S. 395.

355 Anderson, *Eyes Off the Prize*, S. 5; Mary L. Dudziak, *Cold War Civil Rights. Race and the Image of American Democracy*, Princeton, NJ 2000. Siehe auch Barbara Keys/

Roland Burke, Human Rights, in: Immerman/Goedde, *The Oxford Handbook of the Cold War*, S. 486–502.

356 Mark Mazower, *No Enchanted Palace. The End of Empire and the Ideological Origins of the United Nations*, Princeton, NJ 2009, S. 61–63; Jan Eckel, Utopie der Moral, Kalkül der Macht: Menschenrechte in der globalen Politik seit 1945, in: *Archiv für Sozialgeschichte* 49 (2009), S. 452; Andreas Eckert, African Nationalists and Human Rights, 1940s–1970s, in: Stefan-Ludwig Hoffmann (Hg.), *Human Rights in the Twentieth Century*, Cambridge 2010, S. 283–300.

357 Roland Burke, «The Compelling Dialogue of Freedom». Human Rights at the Bandung Conference, in: *Human Rights Quarterly* 28 (2006), S. 962. Siehe auch Roland Burke, *Decolonization and the Evolution of International Human Rights*, Philadelphia, PA 2010, S. 40.

358 Gegen die Selbstbestimmung als Menschenrecht sprachen sich unter anderem A. W. Brian Simpson und Samuel Moyn aus. Dafür plädierten neben anderen Roland Burke und Bradley Simpson. Siehe A. W. Brian Simpson, *Human Rights and the End of Empire. Britain and the Genesis of the European Convention*, New York 2001, S. 300; Samuel Moyn, *The Last Utopia. Human Rights in History*, Cambridge, MA 2010, S. 84–89; Bradley Simpson, «The First Right». The Carter Administration, Indonesia and the Transnational Human Rights Politics of the 1970s, in: Akira Iriye/Petra Goedde/William I. Hitchcock (Hg.), *The Human Rights Revolution. An International History*, New York 2011; Burke, *Decolonization and the Evolution of International Human Rights*.

359 Mahmoud Aboul Fath, Brief an die Delegierten in Bandung (13. 4. 1955), zitiert in: Burke, «The Compelling Dialogue of Freedom», S. 951. Siehe auch Burke, *Decolonization and the Evolution of Human Rights*. Laut einem 1954 im *Time Magazine* erschienenen Artikel hatte der Widerstand Aboul Faths und seines Bruders Hussein gegen die Politik Nassers zumindest zum Teil wirtschaftliche Gründe. Siehe The Press; Egyptian Uproar, in: *Time*, 17. 5. 1954.

360 Mazower, The Strange Triumph of Human Rights, S. 382.

361 Abgedruckt in: *Third World Quarterly* 9 (1987), S. 672–677.

362 Mohandas Gandhi, Letter addressed to the Director-General of UNESCO, und Chung-Shu Lo, Human Rights in the Chinese Tradition, beide zitiert nach Glendon, *A World Made New*, S. 75.

363 Tom Buchanan, The Truth Will Set you Free! The Making of Amnesty International, in: *Journal of Contemporary History* 37 (2002), S. 575–597.

364 Jonathan Power, *Amnesty International: The Human Rights Story*, New York 1981; Kirsten Sellars, *The Rise and Rise of Human Rights*, Phoenix Mill 2002; Stephen Hopgood, *Keepers of the Flame. Understanding Amnesty International*, Ithaca, NY 2006.

365 Sellars, *The Rise and Rise of Human Rights*, S. 97. Sellars vertritt die Auffassung, trotz des öffentlichen Beharrens auf politischer Neutralität sei die Führung von Amnesty zeitweise sehr einseitig parteiisch zugunsten britischer Positionen gewesen. Siehe auch Hopgood, *Keepers of the Flame*, S. 4–6.

366 Eckel, Utopie der Moral, Kalkül der Macht, S. 460.

367 Gaddis Smith, *Morality, Reason, and Power: American Diplomacy in the Carter Years*, New York 1986.

368 Jan Eckel, «Under a Magnifying Glass». The International Human Rights Campaign against Chile in the Seventies, in: Hoffmann, *Human Rights in the Twentieth Century*, S. 321–342, hier S. 338.

369 William Korey, *The Promises We Keep. Human Rights, the Helsinki Process, and American Foreign Policy*, New York 1993, S. 5–9.

370 Der vollständige Text der Schlussakte von Helsinki findet sich in deutscher Übersetzung online unter www.osce.org/de/mc/39503?download=true (aufgerufen am 4. 1. 2013).

Eine zeitgenössische Darstellung bietet H. Gordon Skilling, *Charter 77 and Human Rights in Czechoslovakia*, London 1981.

371 Keys/Burke, Human Rights.

372 Daniel C. Thomas, *The Helsinki Effect. International Norms, Human Rights and the Demise of Communism*, Princeton, NJ 2001.

373 Hoher Flüchtlingskommissar der Vereinten Nationen (UNHCR), Vertreter in Bosnien-Herzegowina, The State of Annex VII, Mai 2006; vgl. in weiterer Perspektive Marie-Janine Calic, *Geschichte Jugoslawiens im 20. Jahrhundert*, München 2010.

374 Jared Diamond, *Kollaps. Warum Gesellschaften überleben oder untergehen*, Frankfurt a. M. 2005; Alison Des Forges, *Leave None to Tell the Story. Genocide in Rwanda*, Bericht für Human Rights Watch, veröffentlicht am 1. 3. 1999; online verfügbar unter www.hrw.org/legacy/reports/1999/rwanda/ (aufgerufen am 4. 1. 2013).

375 Scott, Symptomatic Politics, S. 109. Siehe auch Scott, *The Politics of the Veil*. Zum Gesetz von 2010 siehe Nadim Audi, France: Draft Veil Ban Approved, in: *New York Times*, 19. 5. 2010, S. A10.

376 Richard Crockatt, *America Embattled. September 11, Anti-Americanism, and the Global Order*, London 2003, S. 75–88.

377 Samuel P. Huntington, The Clash of Civilizations?, in: *Foreign Affairs* 72 (1993), S. 22–49. Diese These erweiterte er später zu einem Buch: *Kampf der Kulturen. Die Neugestaltung der Weltpolitik im 21. Jahrhundert* (orig. 1996), Hamburg 1997. Die Wendung vom «clash of civilizations» entlieh Huntington einem drei Jahre zuvor erschienenen Artikel von Bernard Lewis, The Roots of Muslim Rage, in: *The Atlantic Monthly*, 266, September 1990, S. 60.

378 Huntington, The Clash of Civilizations?, S. 25.

379 Ebd., S. 29.

380 Bruce, *Religion in the Modern World*, S. 96. Bruce bezieht sich hier auch auf Max Webers Begriff der «ethnischen Ehre», also «die Überzeugung von der Vortrefflichkeit der eigenen und der Minderwertigkeit fremder Sitten». Vgl. Weber, *Wirtschaft und Gesellschaft*, S. 239.

381 Siehe beispielsweise William Pfaffs Besprechung von Huntingtons Buchfassung: The Reality of Human Affairs, in: *World Policy Journal* 14 (1997), S. 89–96.

382 Eine repräsentative Auswahl an wissenschaftlichen Besprechungen – einigen positiven, in der Mehrzahl aber kritischen – sind: Robert Jervis in: *Political Science Quarterly* 112 (1997), S. 307 f.; Shahid Qadir, Civilisational Clashes. Surveying the Fault Lines, in: *Third World Quarterly* 19 (1998), S. 149–152; Richard Rosecrance in: *American Political Science Review* 92 (1998), S. 978–980; Stephen Schulman in: *Journal of Politics* 60 (1998), S. 304–306; Peter Evans in: *Contemporary Sociology* 26 (1997), S. 691–693.

383 Nähere Einzelheiten zur These vom Gegensatz zwischen Islam und Demokratie und zu den entsprechenden Gegenargumente finden sich bei Fawaz A. Gerges, *America and Political Islam. Clash of Cultures or Clash of Interests?*, New York 1999, S. 21–36.

384 Einen detaillierten Bericht über Abu Ghraib lieferte Seymour M. Hersh, Torture at Abu Ghraib, Chain of Command und The Gray Zone, in: *The New Yorker*, 10. 5. 2004, S. 42; 17. 5. 2004, S. 38; 24. 5. 2004, S. 38. Siehe auch ders., *Die Befehlskette. Vom 11. September bis Abu Ghraib*, Reinbek bei Hamburg 2004.

385 Jane Mayer, The Memo. How an Internal Effort to Ban the Abuse and Torture of Detainees Was Thwarted, in: *The New Yorker*, 27. 2. 2006, S. 32.

386 Samantha Power, *«A Problem from Hell». America and the Age of Genocide*, New York 2002, S. 326, 475 f.

387 Ebd., S. 484–486.

388 Siehe dazu die offizielle Website des Strafgerichtshofs unter www.icc-cpi.int (aufgerufen am 10. 5. 2013).

389 Dieses Paradox wird thematisiert in Seyla Benhabib, *Kosmopolitismus und Demokratie. Eine Debatte.* Mit Jeremy Waldron, Bonnie Honig und Will Kymlicka, Frankfurt a. M. 2008, S. 39 f.

390 Statement by H. E. Dr. Kofi Awoonor, Ambassador and Permanent Representative of Ghana and Chairman of the Group of 77 in the General Debate of the UNDP Governing Council, 11th June 1991, New York 1992, S. 2. Zitiert nach Russel Lawrence Barsh, Measuring Human Rights. Problems of Methodology and Purpose, in: *Human Rights Quarterly* 15 (1993), S. 87–121, hier S. 87 f.

391 Siehe den Bericht über die Auftaktsitzung von Elaine Sciolino, U.S. Rejects Notion that Human Rights Vary by Culture, in: *New York Times*, 15. 6. 1993.

392 Asian Cultural Forum on Development, *Our Voice. Bangkok NGO Declaration on Human Rights*, Bangkok 1993.

393 Die afrikanischen Staaten hatten sich im November 1992 in Tunis getroffen und vor allem den Primat der Entwicklung als Menschenrecht hervorgehoben. Das lateinamerikanische Treffen fand im Januar 1993 statt und bekräftigte die universelle Geltung der Menschenrechte. Lediglich das asiatische Treffen in Bangkok sorgte für Kontroversen.

394 Asian Cultural Forum on Development, *Our Voice*, S. 244.

395 Ebd., S. 199.

396 Der vollständige Text der Erklärung und des Aktionsplans von Wien findet sich unter http://www.unhchr.ch/huridocda/huridoca.nsf/(Symbol)/A.CONF.157.23. En?OpenDocument (aufgerufen am 8. 1. 2013). William Korey, *NGOs and the Universal Declaration of Human Rights. «A Curious Grapevine»*, New York 1998, S. 273–306.

397 Amartya Sen, Human Rights and Asian Values. What Lee Kuan Yew and Li Peng Don't Understand about Asia, in: *New Republic*, 14. 7. 1997, S. 1–9.

398 Zur Bedeutung der Kommunikation siehe Kenneth Cmiel, The Emergence of Human Rights Politics in the United States, in: *Journal of American History* 86 (1999), S. 1231–1250.

399 Zu den größten Protesten kam es 1999 in Seattle beim Treffen der WTO, zu den gewalttätigsten 2001 beim G8-Gipfel im italienischen Genua.

400 Jeff Faux, *The Global Class War. How America's Bipartisan Elite Lost Our Future, and What It Will Take to Win It Back*, New York 2006.

401 Vgl. dazu die offizielle Website der UN-Tourismusorganisation www.unwto. org/aboutwto/his/en/his.php?op=5 (aufgerufen am 10. 1. 2013).

402 Kwame Anthony Appiah, *Der Kosmopolit. Philosophie des Weltbürgertums*, München 2007, S. 11.

403 Ebd., S. 13.

404 Benhabib, *Kosmopolitismus und Demokratie*, S. 24.

405 Benedict Anderson, *Die Erfindung der Nation. Zur Karriere eines folgenreichen Konzepts*, Frankfurt a. M. [2]2005.

406 Bright/Geyer, Where in the World is America?, S. 68.

407 Deborah Sontag, Headless Bodies from a Bottomless Imagination, in: *New York Times*, 21. 6. 2009, Arts section, S. 26.

408 Ebd.

409 Viktoria Schmidt-Linsenhoff, Das koloniale Unbewusste in der Kunstgeschichte, in: Irene Below/Beatrice von Bismarck (Hg.), *Globalisierung/Hierarchisierung. Kulturelle Dominanzen in Kunst und Kunstgeschichte*, Marburg 2005, S. 19–38, hier S. 22.

410 Ebd., S. 20 f.

411 Jan Nederveen Pieterse, *Globalization & Culture: Global Mélange*, Lanham, MD [2]2009, S. 3

412 Ebd., S. 2.

413 Walcott, der in Trinidad lebt, und Naipaul, der in Trinidad geboren wurde, waren sich in ihrer Interpretation von Kolonialismus und Postkolonialismus allerdings uneins.

414 Rushdies umstrittenster Roman waren die 1988 erschienenen *Satanischen Verse*. Anita Desais bekanntester Roman *In Custody* (1984, dt. *Die Hüter der wahren Freundschaft*, 1987) stand auf der Shortlist für den Booker Prize und wurde von Merchant Ivory Productions verfilmt. Jhumpa Lahiri, *Melancholie der Ankunft* (orig. 1999), München 2000.

Die Entstehung einer transnationalen Welt

1 Maeda Yōichi, *Seiō ni manande* (In Westeuropa studieren), Tokio 1954. Für eine systematische Darstellung der Kultur Frankreichs unter deutscher Besatzung siehe Alan Riding, *And the Show Went On. Cultural Life in Nazi-Occupied Paris*, New York 2011.

2 Daniel Blatman, *The Death Marches. The Final Phase of Nazi Genocide*, Cambridge, MA 2011.

3 Arthur E. Barbeau, The Japanese at Bedford, in: *Western Pennsylvania Historical Magazine* 64 (1981), S. 151–163.

4 Vgl. dazu als Überblick Thomas Höllmann, *Die Seidenstraße*, München ³2011.

5 Vgl. dazu die klassische Darstellung von Robert R. Palmer, *The Age of the Democratic Revolution. A Political History of Europe and America, 1760–1800*, Princeton, NJ 1964.

6 Eine umfassende Darstellung zu deutschen Musikern, die im Exil in den USA lebten, bietet Horst Weber/Manuela Schwartz (Hg.), *Quellen zur Geschichte emigrierter Musiker, 1933–1950*. Bd. 1: *Kalifornien*, München 2003.

7 Yan Ni, *Senji Nit-Chû eiga kōhōshi* (Interaktionen zwischen japanischen und chinesischen Filmen während des Krieges), Tokio 2010.

8 Jessica Gienow-Hecht, *Sound Diplomacy. Music and Emotions in Transatlantic Relations, 1850–1920*, Chicago 2009.

9 Vgl. dazu Sheila Melvin/Jindong Cai, *Rhapsody in Red. How Western Classical Music Became Chinese*, New York 2004.

10 Vgl. Nagai Kafū, *American Stories*, New York 2000.

11 Siehe S. Frederick Starr, *Red and Hot. The Fate of Jazz in the Soviet Union*, Princeton, NJ 1985.

12 Paul Fussell, *Wartime. Understanding and Behavior in the Second World War*, New York 1989.

13 Donald Keene, *Chronicles of My Life. An American in the Heart of Japan*, New York 2008.

14 Roger Dingman, *Deciphering the Rising Sun. Navy and Marine Corps Codebreakers, Translators, and Interpreters in the Pacific War*, Annapolis, MD 2009.

15 Xiao-huang Yin, *Chinese American Literature since the 1850s*, Urbana, IL 2000.

16 Jüngste Beispiele für die zunehmende wissenschaftliche Befassung mit dem kollektiven Gedächtnis sind Bernhard Giesen/Christoph Schneider (Hg.), *Tätertrauma. Nationale Erinnerungen im öffentlichen Diskurs*, Konstanz 2004, sowie Christian Meier, *Das Gebot zu vergessen und die Unabweisbarkeit des Erinnerns*, München ³2010.

17 Martin Conway/Kiran Klaus Patel (Hg.), *Europeanization in the Twentieth Century*, London 2010.

18 «Doctor Atomic», *Lyric Opera of Chicago, 2007/2008 Season*, S. 12.

19 Siehe Adam Kirsch, The Battle for History, in: *The New York Times Book Review*, 29.5.2011, S. 10f.

20 *Asahi Shimbun*, 21.4.2011, S. 18.

21 Siehe Emily S. Rosenberg, *A Date Which Will Live. Pearl Harbor in American Memory*, Durham, NC 2003.

22 Vgl. Paul Boyer, *By the Bomb's Early Light*, New York 1985, S. 203–206.

23 Norman Naimark, *Die Russen in Deutschland. Die sowjetische Besatzungszone 1945 bis 1949*, Berlin 1997.

24 Naoko Shibusawa, *America's Geisha Ally. Reimagining the Japanese Enemy*, Cambridge, MA 2006.

25 Vgl. dazu Akira Iriye, *Power and Culture. The Japanese-American War, 1941–1945*, Cambridge, MA 1981.

26 Hiroshi Kitamura, *Screening Enlightenment. Hollywood and the Cultural Reconstruction of Defeated Japan*, Ithaca, NY 2010.

27 Ian Goldin/Geoffrey Cameron/Meera Balarajan, *Exceptional People. How Migration Shaped Our World and Will Define Our Future*, Princeton, NJ 2011, S. 85.

28 Blatman/Galai, *The Death Marches*.

29 Bruce Mazlish, *The Idea of Humanity in a Global Era*, New York 2009.

30 Siehe Lori Watt, *When Empire Comes Home. Repatriation and Reintegration in Postwar Japan*, Cambridge, MA 2009.

31 Sugata Bose/Kris Manjapra (Hg.), *Cosmopolitan Thought Zones. South Asia and the Global Circulation of Ideas*, Basingstoke 2010, S. 2.

32 Benny Morris, *The Birth of the Palestinian Refugee Problem, 1947–1949*, New York 1987, S. 295–298.

33 Rana Mitter, öffentliche Vorlesung an der Harvard University, 11. 4. 2012.

34 Aktuelle Untersuchungen zum Kalten Krieg, die sowjetische und chinesische Archive ausgewertet haben, versammelt Tsuyoshi Hasegawa (Hg.), *The Cold War in East Asia, 1945–1991*, Stanford, CA 2011.

35 Frank A. Ninkovich, *The Diplomacy of Ideas. U.S. Foreign Policy and Cultural Relations, 1938–1950*, New York 1981; Volker R. Berghahn, *America and the Intellectual Cold Wars in Europe*, Princeton, NJ 2001; Richard Pells, *Not Like Us. How Europeans Have Loved, Hated, and Transformed American Culture since World War II*, New York 1997.

36 Zit. nach Tadashi Yamamoto/Akira Iriye/Makoto Iokibe (Hg.), *Philanthropy and Reconciliation. Rebuilding Postwar U. S.-Japan Relations*, Tokio 2006, S. 49.

37 Einen ersten Vergleich der Aussöhnung nach dem Krieg zwischen Europa und Asien bietet Yinan He, *The Search for Reconciliation. Sino-Japanese and German-Polish Relations since World War II*, Cambridge 2009.

38 Joy Damousi/Mariano Ben Plotkin (Hg.), *The Transnational Unconscious. Essays in the History of Psychoanalysis and Transnationalism*, London 2009, S. 1.

39 Bruno Nettl, *Encounters in Ethnomusicology. A Memoir*, Warren, MI 2002, S. 36.

40 Laurent Carroué u. a. (Hg.), *La mondialisation. Genèse, acteurs et enjeux*, Rosny-sous-Bois ²2009, S. 96 (gerechnet in Dollar von 1990).

41 Vgl. etwa als Vorboten den Sammelband von Rushton Coulborn (Hg.), *Feudalism in History*, Princeton, NJ 1956, der den Feudalismus in Europa und Japan miteinander verglich.

42 Louis Hartz, *The Liberal Tradition in America*, New York 1955; Richard Hofstadter, *The American Political Tradition and the Men Who Made It*, New York 1955.

43 David Riesman, *Die einsame Masse*, Darmstadt 1956; Walt W. Rostow, *Stadien wirtschaftlichen Wachstums. Eine Alternative zur marxistischen Entwicklungstheorie*, Göttingen 1960.

44 Oswald Spengler, *Der Untergang des Abendlandes. Umrisse einer Morphologie der Weltgeschichte*, 2 Bde., Wien 1918, München 1922; Herbert George Wells, *Die Geschichte unserer Welt*, Berlin 1926.

45 Arnold J. Toynbee, *Kultur am Scheidewege*, Zürich 1949.

46 Arnold J. Toynbee, *A Study of History*, 12 Bde., London 1934–1961. Die deutsche Ausgabe *Der Gang der Weltgeschichte*, 2 Bde., Zürich 1949 und 1958 ist die Übersetzung der von Toynbee autorisierten, stark gekürzten zweibändigen Ausgabe, die auf Englisch 1946 bzw. 1957 erschien.

47 Chinua Achebe, *Alles zerfällt* (orig. 1958), Frankfurt a. M. 2012.

48 David C. Engerman, *Modernization from the Other Shore. American Intellectuals and the Romance of Russian Development*, Cambridge, MA 2003.

49 James William Park, *Latin American Underdevelopment*, Baton Rouge, LA 1995, S. 2.

50 Zum liberalen Developmentalismus siehe Robert Latham, *The Liberal Moment. Modernity, Security, and the Making of Postwar International Order*, New York 1997.

51 Cemil Aydin, *The Politics of Anti-Westernism in Asia*, New York 2007.

52 Edward Said, *Orientalismus* (orig. 1978), Frankfurt a. M. 2009.

53 Ssu-yü Teng/John King Fairbank (Hg.), *China's Response to the West. A Documentary Survey, 1839–1923* (orig. 1954), Cambridge, MA 1979.

54 Akira Iriye, *Global Community. The Role of International Organizations in the Making of the Contemporary World*, Berkeley, CA 2002, S. 47 f.

55 Lawrence S. Wittner, *One World or None. A History of the World Nuclear Disarmament Movement through 1953*, Stanford, CA 1993; Matthew Evangelista, *Unarmed Forces. The Transnational Movement to End the Cold War*, Ithaca, NY 1999.

56 Walter Hixson, *Parting the Curtain. Propaganda, Culture, and the Cold War, 1945–1961*, New York 1997.

57 Iriye, *Global Community*, S. 75 f.

58 Vgl. Steven K. Vogel, *Freer Markets, More Rules. Regulatory Reform in Advanced Industrial Countries*, Ithaca, NY 1996.

59 Iriye, *Global Community*, S. 70.

60 Vgl. Sandra Kraft, *Vom Hörsaal auf die Anklagebank. Die 68er und das Establishment in Deutschland und den USA*, Frankfurt a. M. 2010.

61 Manfred Kittel, *Marsch durch die Institutionen? Politik und Kultur in Frankfurt nach 1968*, München 2011.

62 Gerd Koenen, *Das rote Jahrzehnt. Unsere kleine deutsche Kulturrevolution, 1967–1977*, Frankfurt a. M. ⁵2011.

63 Siehe Martin Klimke/Joachim Scharloth (Hg.), *1968 in Europe. A History of Protest and Activism, 1956–1977*, New York 2008.

64 Vgl. den einleitenden Aufsatz in Conway/Patel, *Europeanization in the Twentieth Century*.

65 Richard Wolin, *The Wind from the East. French Intellectuals, the Cultural Revolution, and the Legacy of the 1960s*, Princeton, NJ 2010.

66 Vgl. etwa Marius B. Jansen (Hg.), *Changing Japanese Attitudes toward Modernization*, Princeton, NJ 1965.

67 Ein wichtiges Produkt dieser Treffen war unter anderem James W. Morley (Hg.), *Japan's Foreign Policy, 1868–1941. A Research Guide*, New York 1974.

68 Die Beiträge zu dieser Konferenz wurden veröffentlicht in Dorothy Borg/Shumpei Okamoto (Hg.), *Pearl Harbor as History. Japanese-American Relations, 1931–1941*, New York 1973.

69 Vgl. Edward Miller, *Misalliance. Ngo Dinh Diem, the United States and the Fate of South Vietnam*, Cambridge, MA 2013.

70 Viktor F. Frankl, *Der Mensch vor der Frage nach dem Sinn*, München ¹⁵2012. Vgl. *Asahi Shimbun*, 28. 4. 2011, S. 18.

71 Frantz Fanon, *Die Verdammten dieser Erde* (orig. 1961), Frankfurt a. M. 1966.

72 Said, *Orientalismus*.

73 Edward Albee, *Empfindliches Gleichgewicht/Winzige Alice. Zwei Dramen*, Frankfurt a. M. 1967.

74 Vgl. Kathrin Fahlenbrach u. a. (Hg.), *The Establishment Responds. Power, Politics, and Protest since 1945*, New York 2012.

75 Eine großartige Darstellung zur weltgeschichtlichen Bedeutung der 1970er Jahre bietet Timothy Borstelmann, *The 1970s. A New Global History from Civil Rights to Economic Inequality*, Princeton, NJ 2011.

76 Goldin u. a., *Exceptional People*, S. 90–95.

77 Jane Desmond, *Staging Tourism. Bodies on Display from Waikiki to Sea World*, Chicago 1999, S. xvii.

78 Wang Gungwu, Migration and Its Enemies, in: Bruce Mazlish/Ralph Buultjens (Hg.), *Conceptualizing Global History*, Boulder, CO 1993, S. 131–152.

79 Ted Morgan, *On Becoming American*, New York 1978, S. 185.

80 Vgl. Eric Hobsbawm, *Das Zeitalter der Extreme. Weltgeschichte des 20. Jahrhunderts*, München 1995.

81 Vgl. Kathleen Burk/Alec Cairncross, ‹Goodbye, Great Britain›. *The 1976 IMF Crisis*, New Haven, CT 1992.

82 Vgl. dazu ausführlicher ebd., S. 129–134.

83 Ebd., S. 112.

84 Ebd., S. 137.

85 Eine informative Studie zur transnationalen Behindertenbewegung von den 1970er bis zu den 1980er Jahren bietet Francine Saillant, *Identités et Handicaps. Circuits Humanitaires et Posthumanitaires*, Paris 2007. Ein wichtiger Aspekt war dabei das Recht auf Bildung für Behinderte. Vgl. Thomas Langer, *Von der Integration zur Inklusion. Das Recht auf Bildung aus der Behindertenrechtskonvention der Vereinten Nationen und seine innerstaatliche Umsetzung*, Baden-Baden 2008.

86 Vgl. dazu David Zierler, *The Invention of Ecocide. Agent Orange, Vietnam, and the Scientists Who Changed the Way We Think About the Environment*, Athens, GA 2011.

87 Timothy S. George, *Minamata. Pollution and the Struggle for Democracy in Postwar Japan*, Cambridge, MA 2001.

88 Iriye, *Global Community*, S. 147.

89 Vgl. Ana Cutter Patel/Pablo de Greiff/Lars Waldorf (Hg.), *Disarming the Past. Transitional Justice and Ex-combatants*, New York 2009, S. 263.

90 Vgl. dazu die Texte einer der Hauptprotagonistinnen der Rote Armee Fraktion, Ulrike Marie Meinhof, *Die Würde des Menschen ist antastbar. Aufsätze und Polemiken*, Berlin 2008.

91 Scott M. Thomas, *The Global Resurgence of Religion and the Transformation of International Relations*, New York 2005.

92 Borstelmann, *The 1970s*.

93 Thomas, *The Global Resurgence of Religion and the Transformation of International Relations*, S. xii.

94 Nobuo Shimotomai, Kim Il Sung's Balancing Act between Moscow and Beijing, 1956–1972, in: Hasegawa (Hg.), *The Cold War in East Asia*, S. 122–151.

95 Die beste aktuelle Biographie über Deng Xiaoping stammt von Ezra F. Vogel, *Deng Xiaoping and the Transformation of China*, Cambridge, MA 2011.

96 Sakamoto Masahiro (Hg.), *20 seiki no sekai* (Die Welt des 20. Jahrhunderts), Tokio 1992, S. 148–153. Was das statistische Material für das späte 20. Jahrhundert angeht, so stütze ich mich auf Carroué u. a., *La mondialisation*.

97 Beispiele dafür sind Mazlish/Buultjens, *Conceptualizing Global History*; Akira Iriye, The Cambridge History of American Foreign Relations, Bd. 3: *The Globalizing of America*, Cambridge 1993.

98 American Historical Association, *Perspectives*, September 2011, S. 14–17.

99 Vgl. dazu auch die bahnbrechende Aufsatzsammlung von Jürgen Osterhammel, *Ge-*

schichtswissenschaft jenseits des Nationalstaats. Studien zu Beziehungsgeschichte und Zivilisationsvergleich, Göttingen 2001.

100 Die Beiträge zu diesen beiden Konferenzen sind versammelt in Nobutoshi Hagihara u. a. (Hg.), *Experiencing the Twentieth Century*, Tokio 1985, und Japan Foundation Center for Global Partnership (Hg.), *The End of the Century*, Tokio 1995.

101 Siehe Joseph S. Nye Jr., *Bound to Lead. The Changing Nature of American Power*, New York 1990.

102 *The World Almanac and Book of Facts 2007*, New York 2007, S. 283.

103 *Asahi Shimbun*, 1. 6. 2011, S. 8.

104 Sarah B. Snyder, *Human Rights Activism and the End of the Cold War. A Transnational History of the Helsinki Network*, New York 2011.

105 Zu Deutschland, wo die Rebellion in den 1970er Jahren ebenfalls in Terroranschläge mündete, siehe Stefan Aust, *Der Baader Meinhof Komplex*, völlig überarb. und erg. Neuausg., Hamburg 2008.

106 Einen grundlegenden Überblick über die Situation in Deutschland bietet Berthold Löffler, *Integration in Deutschland*, München 2010.

107 Eine sehr differenzierte und kluge Darstellung der «Geschichtsbuch-Kontroverse» findet sich in Daqing Yang u. a., *Toward a History Beyond Borders*, Cambridge, MA 2012.

108 Vgl. dazu die Darstellung aus erster Hand vom Leiter des Air and Space Museum Martin Harwit, *An Exhibit Denied. Lobbying the History of Enola Gay*, New York 1996.

109 Vgl. David Blanchon, *Atlas mondial de l'eau*, Paris 2009.

110 Vgl. Conway/Patel, *Europeanization in the Twentieth Century*.

111 Walter A. McDougall, *Let the Sea Make a Noise … A History of the North Pacific from Magellan to MacArthur*, New York 1993.

112 All diese Zahlen entstammen den jährlichen UN-Berichten, die sich zusammengefasst in *The World Almanac and Book of Facts* (New York), *Kokusai tōkei yōran* (Zusammenfassung internationaler Statistiken, Tokio) und ähnlichen Veröffentlichungen finden.

113 *The World Almanac and Book of Facts 2010*, New York 2010, S. 91.

114 Desmond, *Staging Tourism*.

115 Mark S. Hamm, *The Abandoned Ones. The Imprisonment and Uprising of the Mariel Boat People*, Boston, MA 1995.

116 Diese Zahlen stammen aus *The World Almanac and Book of Facts 2007*, New York 2007, S. 601–603.

117 Vgl. www.internetworldstats.com/stats7.html und www.inteernetworldstats.com/emarketing.htm (aufgerufen am 10. 5. 2013).

118 *World Almanac 2010*, S. 369.

119 Saskia Sassen, *The Global City. New York, London, Tokyo*, Princeton, NJ ²2001.

120 Kenneth Weisbrode, *On Ambivalence*, Cambridge, MA 2012.

121 Fabrizio Maccaglia/Marie-Anne Matard-Bonucci (Hg.), *Atlas des mafias. Acteurs, trafics et marchés de la criminalité organisée*, Paris 2009, S. 69.

122 Vgl. www.pbs.org/wgbh/pages/frontline/slaves/etc/stats.html (aufgerufen am 10. 5. 2013).

123 Desley Deacon/Penny Russell/Angela Woollacott (Hg.), *Transnational Lives. Biographies of Global Modernity, 1700-Present*, Basingstoke 2010; Patricia A. Schechter, *Exploring the Decolonial Imaginary. Four Transnational Lives*, Basingstoke 2011.

124 Verschiedene Ansichten zum «Ende des amerikanischen Jahrhunderts» bietet der Sammelband von Andrew Bacevich (Hg.), *The Short American Century. A Postmortem*, Cambridge, MA 2012.

125 Vgl. http://www.newamericancentury.org/statementofprinciples.htm (aufgerufen am 10. 5. 2013).

126 Die Empörung unter europäischen Intellektuellen über US-Verteidigungsminister Donald Rumsfeld, der seine Geringschätzung des «alten Europa» zum Ausdruck

brachte, ist dokumentiert in «Das alte Europa antwortet Herrn Rumsfeld», in: *Frank-furter Allgemeine Zeitung*, 24. 1. 2003, S. 33.

127 Richard W. Bulliet u. a., *The Earth and Its Peoples*, Boston [3]2005, S. xxiii.

128 Robert Tignor u. a., *Worlds Together, Worlds Apart. A History of the Modern World from the Mongol Empire to the Present*, New York 2002, S. xxvi. Vgl. auch die neue Reihe «Globalgeschichte und Entwicklungspolitik» des Wiener Mandelbaum Verlags, z. B. Margarete Grandner/Dietmar Rothermund/Wolfgang Schwentker (Hg.), *Globalisierung und Globalgeschichte*, Wien 2005.

129 Thomas Bender, *A Nation among Nations. America's Place in World History*, New York 2006.

130 Ian R. Tyrrell, *Transnational Nation. United States History in Global Perspective since 1789*, New York 2007.

131 In Deutschland legen die gymnasialen Lehrpläne heute ausdrücklich Wert auf «globale Perspektiven im Geschichtsunterricht». Vgl. *Geschichte für heute. Zeitschrift für historisch-politische Bildung* 3 (2009).

132 Bruce Mazlish, *Civilization and Its Contents*, Stanford, CA 2004, S. 161.

133 Goldin u. a., *Exceptional People*, S. 150.

134 Catherine Wihtol de Wenden, *Atlas mondial des migrations*, Paris 2009, S. 12.

135 Einen knappen Überblick über die Atomenergie bietet Bruno Tertrais, *Atlas mondial du nucléaire*, Paris 2011. Der Film *Avatar* von 2009, der weltweit mehr als 2,7 Milliarden Dollar netto einspielte, war eine Parabel auf die Umweltkrise, die durch eine Bevölkerungsexplosion noch verschlimmert wurde. Der Film spielt im Jahr 2154, die Welt ist heillos überbevölkert und lechzt nach Energie. Die Menschen erkunden auf der Suche nach wertvollen Ressourcen das Weltall. Hauptprotagonist des Films ist ein US-Marinesoldat, der bei einer Schlacht in Venezuela, einem der reichsten Ölförderländer, verwundet wurde, und sein Oberbefehlshaber auf dem Mond Pandora ist selbst ein Veteran aus einem früheren Feldzug in Nicaragua, einem anderen erdölreichen Land. Der Grund, warum sie von der Erde auf den Mond kommen, ist ein fiktiver Rohstoff namens Unobtainium, der für elektrische Supraleiter benötigt wird.

136 Ich stütze mich hier vor allem auf Hirakawa Hotoshi u. a., *Higashi Ajia chiiki kyō-ryoku no kyōdō sekkei* (Gemeinsame Planungen für eine regionale Zusammenarbeit in Ostasien), Tokio 2009.

137 Ausgezeichnete Beispiele für historische Studien, die sich dieser Perspektive befleißigen, sind Bruce Cumings, *Dominion from Sea to Sea. Pacific Ascendancy and American Power*, New Haven, CT 2009; Marilyn Lake/Henry Reynolds, *Drawing the Global Colour Line. White Men's Countries and the International Challenge of Racial Equality*, Melbourne 2008; John Price, *Orienting Canada. Race, Empire, and the Transpacific*, Cambridge 2011.

BIBLIOGRAPHIE

Staaten und Machtbeziehungen im Wandel (Wilfried Loth)

Bald, Detlef: *Hiroshima, 6. August 1945. Die nukleare Bedrohung*, München 1999.

Bernecker, Walther L.: *Port Harcourt, 10. November 1995. Aufbruch und Elend in der Dritten Welt*, München 1997.

Biermann, Rafael: *Zwischen Kreml und Kanzleramt. Wie Moskau mit der deutschen Einheit rang*, Paderborn 1997.

Bitsch, Marie-Thérèse (Hg.): *Cinquante ans de traité de Rome 1957–2007. Regards sur la construction européenne*, Stuttgart 2009.

Bose, Sugata/Ayesha Jalal: *Modern South Asia. History, Culture, Political Economy*, London 1998.

Bowie, Robert R./Richard H. Immerman: *Waging Peace. How Eisenhower Shaped an Enduring Cold War Strategy*, New York 1998.

Brown, Archie: *Der Gorbatschow-Faktor. Wandel einer Weltmacht*, übers. v. Raphael Utz, Frankfurt a. M. 2000.

Brown, Archie: *Seven Years that Changed the World. Perestroika in Perspective*, Oxford 2007.

Calvocoressi, Peter: *World Politics 1945–2000*, Harlow [8]2001.

Casey, Steven/Jonathan Wright (Hg.): *Mental Maps in the Early Cold War Era, 1945–1968*, Basingstoke 2011.

Chen Jian: *Mao's China and the Cold War*, Chapel Hill, NC 2001.

Coase, Ronald/Ning Wang: *Chinas Kapitalismus. Weg ohne Plan und Zukunft?*, übers. v. Nina Sattler-Hovdar, Stuttgart 2013.

Cohen, Warren I./Akira Iriye (Hg.): *The Great Powers in East Asia, 1953–1960*, New York 1990.

Coleman, David G./Joseph M. Siracusa: *Real-World Nuclear Deterrence. The Making of International Strategy*, Westport, CT 2006.

Czempiel, Ernst-Otto: *Machtprobe. Die USA und die Sowjetunion in den achtziger Jahren*, München 1989.

Dobbs, Michael: *One Minute to Midnight. Kennedy, Khrushchev, and Castro on the Brink of Nuclear War*, New York 2008.

Fink, Carole/Bernd Schaefer (Hg.): *Ostpolitik, 1969–1974. European and Global Responses*, Cambridge 2009.

Freedman, Lawrence: *The Evolution of Nuclear Strategy*, Basingstoke [3]2003.

Fursenko, Aleksandr/Timothy Naftali: *Khrushchev's Cold War. The Inside Story of an American Adversary*, New York 2006.

Gaddis, John L.: *Der Kalte Krieg. Eine neue Geschichte*, übers. v. Klaus-Dieter Schmidt, München 2007.

Gaddis, John L.: *We Now Know. Rethinking Cold War History*, Oxford 1997.

Garthoff, Raymond L.: *Détente and Confrontation. American-Soviet Relations from Nixon to Reagan*, Washington, DC 1985.

Garthoff, Raymond L.: *The Great Transition. American-Soviet Relations and the End of the Cold War*, Washington, DC 1994.

Gori, Francesca/Silvio Pons (Hg.): *The Soviet Union and Europe in the Cold War, 1943–53*, Basingstoke 1996.

Grachev, Andrei: *Gorbachev's Gamble. Soviet Foreign Policy and the End of the Cold War*, Cambridge 2008.

Grandin, Greg: *Empire's Workshop. Latin America, the United States, and the Rise of the New Imperialism*, New York 2006.

Greiner, Bernd: *Krieg ohne Fronten. Die USA in Vietnam*, Hamburg 2007.

Greiner, Bernd/Christian Th. Müller/Claudia Weber (Hg.): *Ökonomie im Kalten Krieg*, Hamburg 2010.

Greiner, Bernd/Christian Th. Müller/Dierk Walter (Hg.): *Angst im Kalten Krieg*, Hamburg 2009.

Greiner, Bernd/Christian Th. Müller/Dierk Walter (Hg.): *Heiße Kriege im Kalten Krieg*, Hamburg 2006.

Greiner, Bernd/Christian Th. Müller/Dierk Walter (Hg.): *Krisen im Kalten Krieg*, Hamburg 2008.

Greiner, Bernd/Tim B. Müller/Claudia Weber (Hg.): *Macht und Geist im Kalten Krieg*, Hamburg 2011.

Grob-Fitzgibbon, Benjamin: *Imperial Endgame. Britain's Dirty Wars and the End of Empire*, Basingstoke 2011.

Harrison, Hope M.: *Ulbrichts Mauer. Wie die SED Moskaus Widerstand gegen den Mauerbau brach*, übers. v. Klaus-Dieter Schmidt, Berlin 2011.

Henke, Klaus-Dietmar (Hg.): *Revolution und Vereinigung 1989/90. Als in Deutschland die Realität die Phantasie überholte*, München 2009.

Herring, George C.: *America's Longest War. The United States and Vietnam, 1950–1975*, Boston [4]2002.

Hildermeier, Manfred: *Geschichte der Sowjetunion 1917–1991. Entstehung und Niedergang des ersten sozialistischen Staates*, München 1998.

Hitchcock, William I.: *France Restored. Cold War Diplomacy and the Quest for Leadership in Europe, 1944–1954*, Chapel Hill, NC 1998.

Hobsbawm, Eric: *Das Zeitalter der Extreme. Weltgeschichte des 20. Jahrhunderts*, übers. v. Yvonne Badal, München 1995.

Iriye, Akira: *China and Japan in the Global Setting*, Cambridge, MA 1992.

James, Harold: *Rambouillet, 15. November 1975. Die Globalisierung der Wirtschaft*, München 1997.

Jansen, Jan C./Jürgen Osterhammel: *Dekolonisation. Das Ende der Imperien*, München 2013.

Judt, Tony: *Die Geschichte Europas seit dem Zweiten Weltkrieg*, übers. v. Matthias Fienbork und Heiner Kober, München 2006.

Kaelble, Hartmut: *Kalter Krieg und Wohlfahrtsstaat. Europa 1945–1989*, München 2011.

Kennedy-Pipe, Caroline: *Russia and the World 1917–1991*, London 1998.

Lawrence, Mark A.: *Assuming the Burden. Europe and the American Commitment to War in Vietnam*, Berkeley, CA 2005.

Lawson, George/Chris Armbruster/Michael Cox (Hg.): *The Global 1989. Continuity and Change in World Politics*, Cambridge 2010.

Leffler, Melvyn P.: *For the Soul of Mankind. The United States, the Soviet Union, and the Cold War*, New York 2007.

Leffler, Melvyn P./Odd Arne Westad (Hg.): *The Cambridge History of the Cold War*, 3 Bde., Cambridge 2010.

Lipgens, Walter: *Die Anfänge der europäischen Einigungspolitik 1945–1950*. Erster Teil: 1945–1947, Stuttgart 1977.

Loth, Wilfried: *Der Weg nach Europa. Geschichte der europäischen Integration 1939–1957*, Göttingen ³1996.

Loth, Wilfried: *Die Sowjetunion und die deutsche Frage. Studien zur sowjetischen Deutschlandpolitik*, Göttingen 2007.

Loth, Wilfried: *Die Teilung der Welt. Geschichte des Kalten Krieges 1941–1955*, erw. Neuaufl., München 2000.

Loth, Wilfried: *Europas Einigung. Eine unvollendete Geschichte*, Göttingen 2013.

Loth, Wilfried (Hg.): *Experiencing Europe. 50 Years of European Construction 1957–2007*, Baden-Baden 2009.

Loth, Wilfried: *Helsinki, 1. August 1975. Entspannung und Abrüstung*, München 1998.

Loth, Wilfried: *Stalins ungeliebtes Kind. Warum Moskau die DDR nicht wollte*, Berlin 1994.

Loth, Wilfried/Georges-Henri Soutou (Hg.): *The Making of Détente. Eastern and Western Europe in the Cold War, 1965–75*, London 2008.

Louis, Wm. Roger: *The British Empire in the Middle East 1945–1951. Arab Nationalism, the United States, and Postwar Imperialism*, Oxford 1984.

Mann, James: *The Rebellion of Ronald Reagan. A History of the End of the Cold War*, New York 2009.

Mansfield, Peter/Nicolas Pelham: *A History of the Middle East*, London 2003.

Mark, Chi-Kwan: *China and the World since 1945*, London 2012.

Mastny, Vojetch: *The Cold War and Soviet Insecurity. The Stalin Years*, Oxford 1996.

Mejcher, Helmut: *Sinai, 5. Juni 1967. Krisenherd Naher und Mittlerer Osten*, München 1998.

Milward, Alan S.: Europe and the Marshall Plan. 50 Years On, in: John Agnew/J. Nicholas Entrikin (Hg.), *The Marshall Plan Today. Model and Metapher*, London/New York 2004, S. 58–81.

Möckli, Daniel: *European Foreign Policy during the Cold War. Heath, Brandt, Pompidou and the Dream of Political Unity*, London 2009.

Nagai, Yonosuke/Akira Iriye (Hg.): *The Origins of the Cold War in Asia*, New York 1977.

Naimark, Norman/Leonid Gibianskii (Hg.): *The Establishment of Communist Regimes in Eastern Europe, 1944–1949*, Boulder, CO 1997.

Ouimet, Matthew J.: *The Rise and Fall of the Brezhnev Doctrine in Soviet Foreign Policy*, Chapel Hill, NC 2003.

Peter, Matthias/Hermann Wentker (Hg.): *Die KSZE im Ost-West-Konflikt. Internationale Politik und gesellschaftliche Transformation 1975–1990*, München 2012.

Reinisch, Jessica/Elizabeth White (Hg.): *The Disentanglement of Populations. Migration, Expulsion and Displacement in Postwar Europe, 1944–49*, Basingstoke 2011.

Reynolds, David: *One World Divisible. A Global History since 1945*, London 2000.

Roberts, Geoffrey: *Stalins Kriege. Vom Zweiten Weltkrieg zum Kalten Krieg*, übers. v. Michael Carlo Klepsch, Düsseldorf 2008.

Rödder, Andreas: *Deutschland einig Vaterland. Die Geschichte der Wiedervereinigung*, München 2009.

Rothermund, Dietmar: *Delhi, 15. August 1947. Das Ende kolonialer Herrschaft*, München 1998.

Sanderson, Claire: *L'impossible alliance? France, Grande-Bretagne et défense de l'Europe 1945–1958*, Paris 2003.

Sayigh, Yazid/Avi Shlaim (Hg.): *The Cold War and the Middle East*, Oxford 1997.

Schenk, Catherine R.: *International Economic Relations since 1945*, London 2011.

Schulz, Matthias/Thomas A. Schwartz (Hg.): *The Strained Alliance. US-European Relations from Nixon to Carter*, Cambridge 2010.

Self, Robert C.: *British Foreign and Defence Policy since 1945*, Basingstoke 2010.

Soutou, Georges-Henri: *La guerre de Cinquante Ans. Les relations Est-Ouest 1943–1990*, Paris 2001.

Soutou, Georges-Henri: *L'alliance incertaine. Les rapports politico-stratégiques franco-allemands, 1954–1996*, Paris 1996.

Steininger, Rolf: *Berlinkrise und Mauerbau 1958 bis 1963*, erw. Neuaufl., München 2009.

Stöver, Bernd: *Der Kalte Krieg 1947–1991. Geschichte eines radikalen Zeitalters*, München 2007.

Stueck, William: *Rethinking the Korean War. A New Diplomatic and Strategic History*, Princeton, NJ 2002.

Taubman, William: *Khrushchev. The Man and His Era*, New York 2003.

Thackrah, John Richard: *Routledge Companion to Military Conflict since 1945*, London 2009.

Thiemeyer, Guido: *Europäische Integration. Motive – Prozesse – Strukturen*, Köln u. a. 2010.

Thomas, Daniel C.: *The Helsinki Effect. International Norms, Human Rights, and the Demise of Communism*, Princeton, NJ 2001.

Trachtenberg, Marc: *A Constructed Peace. The Making of the European Settlement, 1945–1963*, Princeton, NJ 1999.

Vaïsse, Maurice: *La Grandeur. Politique étrangère du général de Gaulle*, Paris 1998.

Villaume, Poul/Odd Arne Westad (Hg.): *Perforating the Iron Curtain. European Détente, Transatlantic Relations, and the Cold War, 1965–1985*, Kopenhagen 2010.

Westad, Odd Arne (Hg.): *Brothers in Arms. The Rise and Fall of the Sino-Soviet Alliance, 1945–1963*, Washington, DC 1998.

Westad, Odd Arne (Hg.): *Reviewing the Cold War. Approaches, Interpretations, Theory*, London 2001.

Westad, Odd Arne: *The Global Cold War. Third World Interventions and the Making of Our Times*, Cambridge 2005.

Wirsching, Andreas: *Der Preis der Freiheit. Geschichte Europas in unserer Zeit*, München 2012.

Zajec, Olivier: *La nouvelle impuissance américaine. Essai sur dix années d'autodissolution stratégique*, Paris 2011.

Zakaria, Fareed: *Der Aufstieg der Anderen. Das postamerikanische Zeitalter*, übers. v. Thorsten Schmidt, München 2009.

Zubok, Vladislav M.: *A Failed Empire. The Soviet Union in the Cold War from Stalin to Gorbachev*, Chapel Hill, NC 2007.

Offene Türen in der Weltwirtschaft (Thomas W. Zeiler)

Ammon, Royce J.: *Global Television and the Shaping of World Politics. CNN, Telediplomacy, and Foreign Policy*, Jefferson, NC 2001.

Amsden, Alice H.: *Asia's Next Giant. South Korea and Late Industrialization*, New York 1989.

Arrighi, Giovanni: The World Economy and the Cold War, 1970–1990, in: Melvyn P. Leffler/Odd Arne Westad (Hg.): *The Cambridge History of the Cold War*, Bd. 3: *Endings*, Cambridge 2010, S. 23–44.

Barnhart, Michael A.: From Hershey Bars to Motor Cars. America's Economic Policy Toward Japan, 1945–1976, in: Akira Iriye/Robert A. Wampler (Hg.): *Partnership. The United States and Japan, 1951–2001*, Tokio 2001, S. 201–222.

Becker, William H./Samuel F. Wells Jr. (Hg.): *Economics and World Power. An Assessment of American Diplomacy Since 1789*, New York 1984

Beneria, Lourdes/Savitri Bisnath: Gender and Poverty. An Analysis for Action, in: Frank H. Lechner/John Boli (Hg.): *The Globalization Reader*, Malden, MA 2000, S. 172–177.

Bideleux, Robert/Ian Jeffries: *A History of Eastern Europe. Crisis and Change*, London ²2007.

Borden, William S.: *The Pacific Alliance. United States Foreign Economic Policy and Japanese Trade Recovery, 1947–1955*, Madison, WI 1984.

Brazinsky, Gregg Andrew: Koreanizing Modernization: Modernization Theory and South Korean Intellectuals, in: David C. Engerman, u. a. (Hg.): *Staging Growth. Modernization, Development, and the Global Cold War*, Amherst, MA 2003, S. 251–273.

Cárdenas, Enrique/José Antonio Ocampo/Rosemary Thorp (Hg.): *An Economic History of Twentieth-century Latin America*, Bd. 3: *Industrialization and the State in Latin America. The Postwar Years*, Basingstoke 2000.

Cartier, Carolyn L.: *Globalizing South China*, Oxford 2001.

Castle, Stephen/David Jolly: Giant Stimulus Plan Proposed for Europe, in: *New York Times*, 28. 11. 2008.

Chang, Gordon H.: *Friends and Enemies. The United States, China, and the Soviet Union, 1948–1972*, Stanford, CA 1990.

Cooper, Andrew F.: *Celebrity Diplomacy*, Boulder, CO 2008.

Cumings, Bruce: *Korea's Place in the Sun. A Modern History*, erw. Neuaufl., New York 2005.

De Grazia, Victoria: *Das unwiderstehliche Imperium. Amerikas Siegeszug im Europa des 20. Jahrhunderts*, übers. v. Karl Heinz Siber, Stuttgart 2010.

Dobson, Alan P.: *US Economic Statecraft for Survival, 1933–1991. Of Sanctions, Embargoes and Economic Warfare*, London 2002.

Dosman, Edgar J.: *The Life and Times of Raúl Prebisch, 1901–1986*, Montreal 2008.

Dower, John W.: *Embracing Defeat. Japan in the Wake of World War II*, London 1999.

Eckes Jr., Alfred E.: Europe and Economic Globalization since 1945, in: Klaus Larres (Hg.): *A Companion to Europe Since 1945*, Malden, MA 2009, S. 249–269.

Eckes Jr., Alfred E.: *Opening America's Market. U.S. Foreign Trade Policy Since 1776*, Chapel Hill, NC 1995.

Eckes Jr., Alfred E.: *U.S. Trade Issues*, Santa Barbara, CA 2009.

Eckes Jr., Alfred E./Thomas W. Zeiler: *Globalization and the American Century*, Cambridge 2003.

Edwards, Sebastian: *Crisis and Reform in Latin America. From Despair to Hope*, Oxford ⁵1999.

Engel, Jeffrey A.: *The Cold War at 30,000 Feet. The Anglo-American Fight for Aviation Supremacy*, Cambridge, MA 2007.

Feinstein, Charles H.: *An Economic History of South Africa. Conquest, Discrimination and Development*, Cambridge 2005.

Ferguson, Niall: *Der Aufstieg des Geldes. Die Währung der Geschichte*, übers. von Klaus-Dieter Schmidt, Berlin ³2012.

Fieldhouse, David: ‹A New Imperial System›? The Role of the Multinational Corporations Reconsidered, in: Jeffry A. Frieden/David A. Lake (Hg.): *International Political Economy. Perspectives on Global Power and Wealth*, London ⁴2000, S. 167–179.

Freund, Bill: *The Making of Contemporary Africa. The Development of African Society Since 1800*, Basingstoke ²1998.

Frieden, Jeffry A.: *Debt, Development, and Democracy. Modern Political Economy and Latin America, 1965–1985*, Princeton, NJ 1991.

Funigiello, Philip J.: *American-Soviet Trade in the Cold War*, Chapel Hill, NC 1988.

Gasteyger, Curt: *Europa zwischen Spaltung und Einigung. Darstellung und Dokumentation 1945–2005*, Bonn 2005.

Gavin, Francis J.: *Gold, Dollars, and Power. The Politics of International Monetary Relations, 1958–1971*, Chapel Hill, NC 2004.

George, Susan: Fixing or Nixing the WTO, in: *Le Monde Diplomatique. English Edition*, Januar 2000.

Gilman, Nils: Modernization Theory, the Highest Stage of American Intellectual History, in: David C. Engerman, u. a. (Hg.): *Staging Growth. Modernization, Development, and the Global Cold War*, Amherst, MA 2003, S. 47–80.

Gleijeses, Piero: *Shattered Hope. The Guatemalan Revolution and the United States, 1944–1954*, Princeton, NJ 1991.

Goldstein, Judith: Creating the GATT Rules. Politics, Institutions, and American Policy, in: John Gerard Ruggie (Hg.): *Multilateralism Matters. The Theory and Praxis of an Institutional Form*, New York 1993, S. 201–232.

Greider, William: *One World, Ready or Not. The Manic Logic of Global Capitalism*, New York 1997.

Grieco, Joseph M./G. John Ikenberry: *State Power and World Markets. The International Political Economy*, New York 2003.

Haar, John/John Price: *Can Latin America Compete? Confronting the Challenges of Globalization*, New York 2008.

Hahn, Peter L.: *The United States, Great Britain, and Egypt, 1945–1956. Strategy and Diplomacy in the Early Cold War*, Chapel Hill, NC 1991.

Hart, Michael: *A Trading Nation. Canadian Trade Policy from Colonialism to Globalization*, Vancouver 2002.

Hogan, Michael J.: *The Marshall Plan. America, Britain, and the Reconstruction of Western Europe, 1947–1952*, Cambridge 1987.

Holmes, Nigel/Megan McArdle: Iceland's Meltdown, in: *The Atlantic*, 1. 12. 2008.

Iguchi, Haruo: *Unfinished Business. Ayukawa Yoshisuke and U.S.-Japan Relations, 1937–1953*, Cambridge, MA 2003.

Iliffe, John: *Geschichte Afrikas*, übers. v. Gabriele Gockel und Rita Seuß, München ²2003.

Jackson, Ian: *The Economic Cold War. America, Britain and East-West Trade, 1948–63*, Basingstoke 2001.

Kahin, George McTurnan: *The Asian-African Conference, Bandung, Indonesia, April 1955*, Ithaca, NY 1956.

Kaufman, Burton I.: *Trade and Aid. Eisenhower's Foreign Economic Policy, 1953–1961*, Baltimore, MD 1982.

Kennedy, Paul: *African Capitalism. The Struggle for Ascendancy*, Cambridge 1988.

Kimball, Warren F.: *The Juggler. Franklin Roosevelt as Wartime Statesman*, Princeton, NJ 1991.

Knight, Nick: *Imagining Globalisation in China. Debates on Ideology, Politics and Culture*, Cheltenham 2008.

Kolko, Gabriel: *Confronting the Third World. United States Foreign Policy, 1945–1980*, New York 1988.

Kunz, Diane B.: *Butter and Guns. America's Cold War Economic Diplomacy*, New York 1997.

Kunz, Diane B.: *The Economic Diplomacy of the Suez Crisis*, Chapel Hill, NC 1991.

LaFeber, Walter: *Michael Jordan and the New Global Capitalism*, New York 1999.

LaFeber, Walter: *The Clash. U.S.-Japanese Relations Throughout History*, New York 1997.

Landes, David S.: *Wohlstand und Armut der Nationen. Warum die einen reich und die anderen arm sind*, übers. v. Ulrich Enderwitz, Monika Noll und Rolf Schubert, Berlin 1999.

Latham, Michael E.: Introduction: Modernization, International History, and the Cold War World, in: David C. Engerman, u. a. (Hg.): *Staging Growth. Modernization, Development, and the Global Cold War*, Amherst, MA 2003, S. 1–22.

Lawrence, Mark Atwood: History From Below: The United States and Latin America in the Nixon Years, in: Fredrik Logevall/Andrew Preston (Hg.): *Nixon in the World. American Foreign Relations, 1969–1977*, Oxford 2008.

Leffler, Melvyn P.: *A Preponderance of Power. National Security, the Truman Administration, and the Cold War*, Stanford, CA 1992.

Levinson, Marc: *The Box. How the Shipping Container Made the World Smaller and the World Economy Bigger*, Princeton, NJ 2006.

Lipschutz, Ronnie D.: Reconstructing World Politics: The Emergence of Global Civil Society, in: ders. (Hg.): *Civil Societies and Social Movements*, Aldershot 2006, S. 237–268.

Little, Douglas: *American Orientalism. The United States and the Middle East Since 1945*, Chapel Hill, NC 2002.

Longley, Kyle: *In the Eagle's Shadow. The United States and Latin America*, Wheeling, IL 2002.

Maier, Charles S.: ‹Malaise›: The Crisis of Capitalism in the 1970s, in: Niall Ferguson, u. a. (Hg.): *The Shock of the Global. The 1970s in Perspective*, Cambridge, MA 2010, S. 25–48.

Marcano Guevara, Arturo J./David P. Fidler: *Stealing Lives. The Globalization of Baseball and the Tragic Story of Alexis Quiroz*, Bloomington, IN 2002.

Marsh, David: *Der Euro. Die geheime Geschichte der neuen Weltwährung*, übers. v. Friedrich Griese, Hamburg 2009.

McCormick, John: *Understanding the European Union*, Basingstoke ⁵2011.

McKenzie, Francine: GATT and the Cold War: Accession Debates, Institutional Development, and the Western Alliance, 1947–1959, in: *Journal of Cold War Studies* 10 (2008), S. 78–109.

Merrill, Dennis: *Bread and the Ballot. The United States and India's Economic Development, 1947–1963*, Chapel Hill, NC 1990.

Milward, Alan S.: *The Reconstruction of Western Europe, 1945–1951*, London 1984.

Mittelman, James H.: *The Globalization Syndrome. Transformation and Resistance*, Princeton, NJ 2000.

Mshomba, Richard E.: *Africa in the Global Economy*, Boulder, CO 2000.

Murphy, Craig: *The Emergence of the NIEO Ideology*, Boulder, CO 1984.

Nayak, Satyendra S.: *Globalization and the Indian Economy. Roadmap to Convertible Rupee*, London 2008.

Parker, Jason C.: Small Victory, Missed Chance. The Eisenhower Administration, the Bandung Conference, and the Turning of the Cold War, in: Kathryn C. Statler/Andrew L. Johns (Hg.): *The Eisenhower Administration, the Third World, and the Globalization of the Cold War*, Lanham, MD 2006, S. 153–174.

Pastor, Robert A. (Hg.): *Latin America's Debt Crisis. Adjusting to the Past or Planning for the Future*, Boulder, CO 1987.

Picard, Louis A./Terry F. Buss: *A Fragile Balance. Re-examining the History of Foreign Aid, Security, and Diplomacy*, Sterling, VA 2009.

Pineo, Ronn: *Ecuador and the United States. Useful Strangers*, Athens, GA 2007.

Pollard, Robert A.: *Economic Security and the Origins of the Cold War, 1945–1950*, New York 1985.

Posner, Richard A.: *A Failure of Capitalism. The Crisis of '08 and the Descent into Depression*, Cambridge, MA 2009.

Rabe, Stephen G.: *Eisenhower and Latin America. The Foreign Policy of Anticommunism*, Chapel Hill, NC 1988.

Rabe, Stephen G.: *The Most Dangerous Area in the World. John F. Kennedy Confronts Communist Revolution in Latin America*, Chapel Hill, NC 1999.

Rai, Vinay/William L. Simon: *Think India*, New York 2007.

Rivoli, Pietra: *Reisebericht eines T-Shirts. Ein Alltagsprodukt erklärt die Weltwirtschaft*, übers. v. Christoph Bausum, Berlin 2006.

Rostow, Walt Whitman: *Stadien wirtschaftlichen Wachstums. Eine Alternative zur marxistischen Entwicklungstheorie*, übers. v. Elisabeth Müller, Göttingen 1960.

Rotter, Andrew J.: *Comrades at Odds. The United States and India, 1947–1964*, Ithaca, NY 2000.

Sampson, Gary P.: Developing Countries and the Liberalization of Trade in Services, in:

John Whalley (Hg.): *Developing Countries and the Global Trading System*, Bd. 1: *Thematic Studies from a Ford Foundation Project*, Ann Arbor 1989, S. 132–148.

Sampson, Gary P.: Non-Tariff Barriers Facing Developing Country Exports, in: John Whalley (Hg.): *Developing Countries and the Global Trading System*, Bd. 1: *Thematic Studies from a Ford Foundation Project*, Ann Arbor 1989, S. 171–188.

Schaller, Michael: *The American Occupation of Japan. The Origins of the Cold War in Asia*, New York 1985.

Schmitz, David F.: *Thank God They're on Our Side. The United States and Right-Wing Dictatorships, 1921–1965*, Chapel Hill, NC 1999.

Schulzinger, Robert D.: *A Time for War. The United States and Vietnam, 1941–1975*, New York 1997.

Sewell, Bevan: A Perfect (Free-Market) World? Economics, the Eisenhower Administration, and the Soviet Economic Offensive in Latin America, in: *Diplomatic History* 32 (2008), S. 841–868.

Sharma, Shalendra D.: India's Economic Liberalization: A Progress Report, in: Sumit Ganguly (Hg.): *South Asia*, New York 2006, S. 147–156.

Speich, Daniel: The Kenyan Style of ‹African Socialism›: Developmental Knowledge Claims and the Explanatory Limits of the Cold War, in: *Diplomatic History* 33 (2009), S. 449–466.

Spero, Joan E./Jeffrey A. Hart: *The Politics of International Economic Relations*, Belmont, CA [6]2003.

Staples, Amy L. S.: *The Birth of Development. How the World Bank, Food and Agriculture Organization, and World Health Organization Changed the World, 1945–1965*, Kent, OH 2006.

Steege, Paul: *Black Market, Cold War. Everyday Life in Berlin, 1946–1949*, Cambridge 2007.

Stiglitz, Joseph E.: *Die Schatten der Globalisierung*, übers. v. Thorsten Schmidt, Berlin 2002.

Taffet, Jeffrey F.: *Foreign Aid as Foreign Policy. The Alliance for Progress in Latin America*, New York 2007.

Taibbi, Matt: How I Stopped Worrying and Learned to Love the Protests, in: *Rolling Stone*, 10. 11. 2011.

Tan, Gerald: *ASEAN. Economic Development and Cooperation*, Singapur [3]2003.

Thomson, Alex: *An Introduction to African Politics*, London 2000.

UN: *The Millennium Development Goals Report*, New York 2009.

Van der Pijl, Kees: *Global Rivalries. From the Cold War to Iraq*, London 2006.

Wagnleitner, Reinhold: The Empire of the Fun, or Talkin' Soviet Blues. The Sound of Freedom and U.S. Cultural Hegemony in Europe, in: *Diplomatic History* 23 (1999), S. 499–524.

Watson, James L. (Hg.): *Golden Arches East. McDonald's in East Asia*, Stanford, CA 1997.

Weintraub, Sidney (Hg.): *NAFTA's Impact on North America. The First Decade*. Washington, DC 2004.

Westad, Odd Arne: *The Global Cold War. Third World Interventions and the Making of Our Times*, Cambridge 2005.

Whiting, Robert: *The Meaning of Ichiro. The New Wave from Japan and the Transformation of Our National Pastime*, New York 2004.

Wilkins, Mira: *The Maturing of Multinational Enterprise. American Business Abroad from 1914 to 1970*, Cambridge, MA 1974.

Winand, Pascaline: *Eisenhower, Kennedy, and the United States of Europe*, Basingstoke 1997.

Woods, Randall B.: *A Changing of the Guard. Anglo-American Relations, 1941–1946*, Chapel Hill, NC 1990.

World Bank: *Global Economic Prospects 2010. Crisis, Finance, and Growth*, Washington, DC 2010.

Wu Jinglian: *Understanding and Interpreting Chinese Economic Reform*, Mason, OH 2005.

Yergin, Daniel: *Der Preis. Die Jagd nach Öl, Geld und Macht*, übers. v. Gerd Hörmann und Regine Laudann, Frankfurt a. M. 1991.

Zeiler, Thomas W.: *American Trade and Power in the 1960s*, New York 1992.

Zeiler, Thomas W.: Business is War in U.S.-Japanese Economic Relations, 1977–2001, in: Akira Iriye/Robert A. Wampler (Hg.): *Partnership. The United States and Japan, 1951–2001*, Tokio 2001, S. 223–248.

Zeiler, Thomas W.: *Free Trade, Free World. The Advent of GATT*, Chapel Hill, NC 1999.

Mensch und Umwelt im Zeitalter des Anthropozän (John R. McNeill/Peter Engelke)

Abeyasekere, Susan: *Jakarta. A History*, erw. Neuaufl., Singapur 1989.

Abu-Lughod, Janet: Urbanization in the Arab World and the International System, in: Josef Gugler (Hg.): *The Urban Transformation of the Developing World*, Oxford 1996, S. 185–210.

Adams, Jonathan S./Thomas O. McShane: *The Myth of Wild Africa. Conservation without Illusion*, Berkeley, CA 1996.

Adams, William M.: *Against Extinction. The Story of Conservation*, London 2004.

Allen, Robert C.: *Farm to Factory. A Reinterpretation of the Soviet Industrial Revolution*, Princeton, NJ 2003.

Anderson, Hugh Ross: Air Pollution and Mortality. A History, in: *Atmospheric Environment* 43 (2009), S. 142–152.

Arrighi, Giovanni: China's Market Economy in the Long Run, in: Ho-fung Hung (Hg.): *China and the Transformation of Global Capitalism*, Baltimore, MD 2009, S. 22–49.

Baker, Susan: *Sustainable Development*, London 2006.

Barnosky, Anthony D., u.a.: Has the Earth's Sixth Mass Extinction Already Arrived?, in: *Nature* 471 (2011), S. 51–57.

Bavington, Dean: *Managed Annihilation. An Unnatural History of the Newfoundland Cod Collapse*, Vancouver 2010.

Beatley, Timothy: *Green Urbanism. Learning from European Cities*, Washington, DC 2000.

Beatley, Timothy: Green Urbanism in European Cities, in: Rutherford H. Platt (Hg.): *The Humane Metropolis. People and Nature in the 21st-Century City*, Amherst, MA 2006, S. 297–314.

Benevolo, Leonardo: *Die sozialen Ursprünge des modernen Städtebaus. Lehren von gestern, Forderungen für morgen*, übers. v. Arianna Giachi, Gütersloh 1971.

Bess, Michael: *The Light-Green Society. Ecology and Technological Modernity in France, 1960–2000*, Chicago 2003.

Blayo, Yves: *Des politiques démographiques en Chine*, Paris 1997.

Boden, Thomas A./Gregg Marland/Robert J. Andres: Global, Regional, and National Fossil-Fuel CO_2 Emissions, in: *Trends. A Compendium of Data on Global Change*, Carbon Dioxide Information Analysis Center, Oak Ridge National Laboratory U.S. Department of Energy, Oak Ridge, TN 2009.

Bolin, Bert: *A History of the Science and Politics of Climate Change. The Role of the Intergovernmental Panel on Climate Change*, Cambridge 2007.

Boone, Christopher G./Ali Modarres: *City and Environment*, Philadelphia, PA 2006.

Boulding, Kenneth E.: Economics and Ecology, in: F. Fraser Darling/John P. Milton (Hg.): *Future Environments of North America*, Garden City, NY 1966, S. 225–234.

Bowman, D. M. J. S.: Death of Biodiversity – The Urgent Need for Global Ecology, in: *Global Ecology and Biogeography Letters* 7/4 (1998), S. 237–240.

Bradley, Don. J.: *Behind the Nuclear Curtain. Radioactive Waste Management in the Former Soviet Union*, hg. v. David R. Payson, Columbus, OH 1997.

Brady, Lisa M.: Life in the DMZ. Turning A Diplomatic Failure into an Environmental Success, in: *Diplomatic History* 32 (2008), S. 585–611.

Brimblecombe, Peter: *The Big Smoke. A History of Air Pollution in London since Medieval Times*, London 1987.

Broadbent, Jeffrey: *Environmental Politics in Japan. Networks of Power and Protest*, Cambridge 1998.

Bucheli, Marcelo/Ian Read: Banana Boats and Baby Food: The Banana in U.S. History, in: Steven Topik/Carlos Marichal/Zephyr Frank (Hg.): *From Silver to Cocaine. Latin American Commodity Chains and the Building of the World Economy, 1500–2000*, Durham, NC 2006, S. 204–227.

Bullard, Robert D.: *Dumping in Dixie. Race, Class and Environmental Quality*, Boulder, CO 1990.

Burger, Joanna: *Oil Spills*, New Brunswick, NJ 1997.

Cameron, Rondo/Larry Neal: *A Concise Economic History of the World. From Paleolithic Times to the Present*, New York ⁴2003.

Chan, Alfred L.: *Mao's Crusade. Politics and Policy Implementation in China's Great Leap Forward*, Oxford 2001.

Chandler, Tertius/Gerald Fox: *3000 Years of Urban Growth*, New York 1974.

Cipolla, Carlo M.: *Wirtschaftsgeschichte und Weltbevölkerung*, übers. von Walter Theimer, München 1972.

Clark, William C., u.a.: Acid Rain, Ozone Depletion, and Climate Change: An Historical Overview, in: The Social Learning Group (Hg.): *Learning to Manage Global Environmental Risks*, Bd. 1: *A Comparative History of Social Responses to Climate Change, Ozone Depletion, and Acid Rain*, Cambridge, MA 2001, S. 21–55.

Cohen, Aaron J., u.a.: The Global Burden of Disease Due to Outdoor Air Pollution, in: *Journal of Toxicology and Environmental Health* 68 (2005), S. 1301–1307.

Cohen, Joel E.: *How Many People Can the Earth Support?* New York 1995.

Collins, James P./Martha L. Crump: *Extinction in Our Times: Global Amphibian Decline*, Oxford 2009.

Connelly, Matthew: *Fatal Misconception. The Struggle to Control World Population*, Cambridge, MA 2008.

Conway, Jill Ker/Kenneth Keniston/Leo Marx (Hg.): *Earth, Air, Fire, Water. Humanistic Studies of the Environment*, Amherst, MA 1999.

Conzen, Michael P. (Hg.): *The Making of the American Landscape*, Boston, MA 1990.

Costanza, Robert: Ecological Economics: Reintegrating the Study of Humans and Nature, in: *Ecological Applications* 6 (1996), S. 978–990.

Costanza, Robert/Lisa J. Graumlich/Will Steffen (Hg.): *Sustainability or Collapse? An Integrated History and Future of People on Earth*, Cambridge, MA 2007.

Costigliola, Frank: *Awkward Dominion. American Political, Economic and Cultural Relations with Europe, 1919–1933*, Ithaca, NY 1984.

Cowie, Jonathan: *Climate Change. Biological and Human Aspects*, Cambridge 2007.

Cronon, William: *Nature's Metropolis. Chicago and the Great West*, New York 1991.

Crosby, Alfred W.: *Children of the Sun. A History of Humanity's Unappeasable Appetite for Energy*, New York 2006.

Crosby, Alfred W.: *Die Früchte des weißen Mannes. Ökologischer Imperialismus 900–1900*, übers. v. Niels Kadritzke, Frankfurt a. M./New York 1991.

Crutzen, Paul J./Eugene Stoermer: The Anthropocene, in: *IGBP Global Change Newsletter* 41 (2000), S. 17–18.

Dalton, Russell J.: *The Green Rainbow. Environmental Groups in Western Europe*, New Haven, CT 1994.

Dalton, Russell J., u.a.: *Critical Masses. Citizens, Nuclear Weapons Production, and Environmental Destruction in the United States and Russia*, Cambridge, MA 1999.

Daly, Herman E.: Steady-State Economics versus Growthmania: A Critique of the Orthodox Conceptions of Growth, Wants, Scarcity, and Efficiency, in: *Policy Sciences* 5 (1974), S. 149–167.

Danielsson, Bengt/Marie-Thérèse Danielsson: *Moruroa, mon amour*, Paris 1974.

Dauvergne, Peter: *The Shadows of Consumption. Consequences for the Global Environment*, Cambridge, MA 2008.

Davis, Devra: *When Smoke Ran Like Water. Tales of Environmental Deception and the Battle against Pollution*, Oxford 2002.

Dessler, Andrew E./Edward A. Parson: *The Science and Politics of Global Climate Change. A Guide to the Debate*, Cambridge 2006.

Díaz-Briquets, Sergio/Jorge Pérez-López: *Conquering Nature. The Environmental Legacy of Socialism in Cuba*, Pittsburgh, PA 2000.

Dikötter, Frank: *Mao's Great Famine. The History of China's Most Devastating Catastrophe, 1958–1962*, New York 2010.

Doney, Scott C./David S. Schimel: Carbon and Climate System Coupling on Timescales from the Precambrian to the Anthropocene, in: *Annual Review of Environment and Resources* 32 (2007), S. 31–66.

Dubinsky, Zvy/Noga Stambler (Hg.): *Coral Reefs. An Ecosystem in Transition*, Dordrecht 2011.

Dukes, Jeffrey S.: Burning Buried Sunshine: Human Consumption of Ancient Solar Energy, in: *Climatic Change* 61/1–2 (2003), S. 31–44.

Dunlap, Thomas R. (Hg.): *DDT, Silent Spring, and the Rise of Environmentalism. Classic Texts*, Seattle, WA 2008.

Ebbesmeyer, Curtis/Eric Scigliano: *Flotsametrics and the Floating World. How One Man's Obsession with Runaway Sneakers and Rubber Ducks Revolutionized Ocean Science*, New York 2009.

Economy, Elizabeth C.: *The River Runs Black. The Environmental Challenge to China's Future*, Ithaca, NY 2004.

Egorov, Nikolai N./Valdimir M. Novikov/Frank L. Parker/Victor K. Popov (Hg.): *The Radiation Legacy of the Soviet Nuclear Complex*, London 2000.

Elliott, Lorraine: *The Global Politics of the Environment*, Basingstoke 2004.

Elsheshtawy, Yasser (Hg.): *The Evolving Arab City. Tradition, Modernity and Urban Development*, London 2008.

Elvin, Mark: *The Retreat of the Elephants. An Environmental History of China*, New Haven, CT 2004.

Estes, James A., u. a. (Hg.): *Whales, Whaling, and Ocean Ecosystems*, Berkeley, CA 2006.

Fenger, Jes: Air Pollution in the Last 50 Years – From Local to Global, in: *Atmospheric Environment* 43 (2009), S. 13–22.

Feshbach, Murray: *Ecological Disaster. Cleaning Up the Hidden Legacy of the Soviet Regime*, New York 1995.

Feshbach, Murray/Alfred Friendly Jr.: *Ecocide in the USSR. Health and Nature under Siege*, New York 1992.

Finger, Matthias (Hg.): *The Green Movement Worldwide*, Greenwich, CT 1992.

Finley, Carmel: A Political History of Maximum Sustained Yield, 1945–1955, in: David J. Starkey/Poul Holm/Michaela Barnard (Hg.): *Oceans Past. Management Insights from the History of Marine Animal Populations*, London 2008, S. 189–206.

Firth, Stewart: *Nuclear Playground*, Honolulu, HI 1987.

Fleming, James Rodger: *Fixing the Sky. The Checkered History of Weather and Climate Control*, New York 2010.

Fogel, Robert William: *The Escape from Hunger and Premature Death, 1700–2100. Europe, America, and the Third World*, Cambridge 2004.

Forster, Clive: *Australian Cities. Continuity and Change*, Melbourne 1995.

Francks, Penelope: *The Japanese Consumer. An Alternative Economic History of Modern Japan*, Cambridge 2009.

Franco, José Luiz de Andrade/José Augusto Drummond: Wilderness and the Brazilian Mind (I): Nation and Nature in Brazil from the 1920s to the 1940s, in: *Environmental History* 13 (2008), S. 724–750.

Franco, José Luiz de Andrade/José Augusto Drummond: Wilderness and the Brazilian Mind (II): The First Brazilian Conference on Nature Protection (Rio de Janeiro, 1934), in: *Environmental History* 14 (2009), S. 82–102.

Franklin, H. Bruce: *The Most Important Fish in the Sea. Menhaden and America*. Washington, DC 2007.

Freese, Barbara: *Coal. A Human History*, Cambridge, MA 2003.

Frieden, Jeffry A.: *Global Capitalism. Its Fall and Rise in the Twentieth Century*, New York 2006.

Gadgil, Madhav/Ramachandra Guha: *Ecology and Equity. The Use and Abuse of Nature in Contemporary India*, London 1995.

Galloway, Patrick R./Ronald D. Lee/Eugene A. Hammel: Urban versus Rural: Fertility Decline in the Cities and Rural Districts of Prussia, 1875 to 1910, in: *European Journal of Population* 14 (1998), S. 209–264.

Gerber, Michele Stenehjem: *On the Home Front. The Cold War Legacy of the Hanford Nuclear Site*, Lincoln, NE ²2002.

Gerlach, Allen: *Indians, Oil, and Politics. A Recent History of Ecuador*, Wilmington, DE 2003.

Gilbert, Alan (Hg.): *The Mega-City in Latin America*, Tokio 1996.

Gleick, Peter H.: Water Use, in: *Annual Review of Environment and Resources* 28 (2003), S. 275–314.

Grandin, Greg: *Fordlandia. The Rise and Fall of Henry Ford's Forgotten Jungle City*, New York 2009.

Greenhalgh, Susan: *Cultivating Global Citizens. Population in the Rise of China*, Cambridge, MA 2010.

Greenhalgh, Susan: *Just One Child. Science and Policy in Deng's China*, Berkeley, CA 2008.

Groom, Martha J./Gary K. Meffe/C. Ronald Carroll (Hg.): *Principles of Conservation Biology*, Sunderland, MA 2006.

Guha, Ramachandra: *Environmentalism. A Global History*, New York 2000.

Guha, Ramachandra: *How Much Should a Person Consume? Environmentalism in India and the United States*, Berkeley, CA 2006.

Guha, Ramachandra: *India after Gandhi. The History of the World's Largest Democracy*, London 2007.

Guha, Ramachandra: *The Unquiet Woods. Ecological Change and Peasant Resistance in the Himalaya*, erweiterte NA, Berkeley, CA 2000.

Guha, Ramachandra/Juan Martinez-Alier: *Varieties of Environmentalism. Essays North and South*, London 1997.

Gutfreund, Owen D.: *Twentieth-Century Sprawl. Highways and the Reshaping of the American Landscape*, Oxford 2004.

Hall, Peter: *Cities of Tomorrow. An Intellectual History of Urban Planning and Design in the Twentieth Century*, NA, Oxford 1996.

Hall, Peter: The Containment of Urban England, in: *Geographical Journal* 140 (1974), S. 386–408.

Haller, Tobias, u. a. (Hg.): *Fossil Fuels, Oil Companies, and Indigenous Peoples. Strategies of Multinational Oil Companies, States, and Ethnic Minorities; Impact on Environment, Livelihoods, and Cultural Change*, Wien 2007.

Hamblin, Jacob Darwin: *Poison in the Well. Radioactive Waste in the Oceans at the Dawn of the Nuclear Age*, New Brunswick, NJ 2008.

Harris, Paul G. (Hg.): *Climate Change and Foreign Policy. Case Studies from East to West*, London 2009, S. 1–17.

Hashimoto, Michio: History of Air Pollution Control in Japan, in: Hajime Nishimura (Hg.): *How to Conquer Air Pollution. A Japanese Experience*, Amsterdam 1989, S. 1–94.

Hatch, Michael T.: The Politics of Climate Change in Germany: Domestic Sources of Environmental Foreign Policy, in: Paul G. Harris (Hg.): *Europe and Global Climate Change. Politics, Foreign Policy and Regional Cooperation*, Cheltenham, MA 2007, S. 41–62.

Hays, Samuel P.: *Explorations in Environmental History. Essays*, Pittsburgh, PA 1998.

Hays, Samuel P.: *A History of Environmental Politics since 1945*, Pittsburgh, PA 2000.

Heitzman, James: *The City in South Asia*, London 2008.

Hertsgaard, Mark: *Expedition ans Ende der Welt. Auf der Suche nach unserer Zukunft*, übers. von Sebastian Vogel, Frankfurt a. M. 1999.

Hochstetler, Kathryn/Margaret E. Keck: *Greening Brazil. Environmental Activism in State and Society*, Durham, NC 2007.

Hoerder, Dirk: *Cultures in Contact. World Migrations in the Second Millennium*, Durham, NC 2002.

Hughes, J. Donald (Hg.): *The Face of the Earth. Environment and World History*, Armonk, NY 2000.

Hung, Ho-fung (Hg.): *China and the Transformation of Global Capitalism*, Baltimore, MD 2009.

Johnston, Barbara Rose (Hg.): *Half-Lives and Half-Truths. Confronting the Radioactive Legacies of the Cold War*, Santa Fe, NM 2007.

Johnston, Barbara Rose/Holly M. Barker: *Consequential Damages of Nuclear War. The Rongelap Report*, Walnut Creek, CA 2008.

Jones, Merrill E.: Origins of the East German Environmental Movement, in: *German Studies Review* 16 (1993), S. 235–264.

Kahn, Matthew E.: The Environmental Impact of Suburbanization, in: *Journal of Policy Analysis and Management* 19 (2000), S. 569–586.

Kamieniecki, Sheldon (Hg.): *Environmental Politics in the International Arena. Movements, Parties, Organizations, and Policy*, Albany, NY 1993.

Karnow, Stanley: *Mao and China. A Legacy of Turmoil*, NA, New York [3]1990.

Kashi, Ed: *Curse of the Black Gold. 50 Years of Oil in the Niger Delta*, hg. v. Michael Watts, Brooklyn, NY 2008.

Kelsh, Michael A./Libby Morimoto/Edmund Lau: Cancer Mortality and Oil Production in the Amazon Region of Ecuador, 1990–2005, in: *International Archives of Occupational and Environmental Health* 82 (2009), S. 381–395.

Ken-ichi, Abe/James E. Nickum (Hg.): *Good Earths. Regional and Historical Insights into China's Environment*, Kyoto 2009.

Kenworthy, Jeffrey R./Felix B. Laube: *An International Sourcebook of Automobile Dependence in Cities, 1960–1990*, Boulder, CO 1999.

Khuhro, Hamida/Anwer Mooraj (Hg.): *Karachi. Megacity of Our Times*, Karachi 1997.

Kibert, Charles J.: Green Buildings. An Overview of Progress, in: *Journal of Land Use and Environmental Law* 19 (2004), S. 491–502.

Kirsch, Scott: *Proving Grounds. Project Plowshare and the Unrealized Dream of Nuclear Earthmoving*, New Brunswick, NJ 2005.

Knauss, John A.: The International Whaling Commission – Its Past and Possible Future, in: *Ocean Development and International Law* 28 (1997), S. 79–87.

Knight, Catherine: The Nature Conservation Movement in Post-War Japan, in: *Environment and History* 16 (2010), S. 349–370.

Koninck, Rodolphe de: *Deforestation in Viet Nam*, Ottawa 1999.

Kotkin, Stephen: *Armageddon Averted. The Soviet Collapse, 1970–2000*, Neuaufl., Oxford 2008.

Kreike, Emmanuel: War and Environmental Effects of Displacement in Southern Africa (1970s-1990s), in: William G. Moseley/B. Ikubolajeh Logan (Hg.): *African Environment and Development. Rhetoric, Programs, Realities*, Aldershot 2004, S. 89–110.

Kudrik, Igor, u. a.: *The Russian Nuclear Industry*, Oslo 2004.

Kuisel, Richard: *Seducing the French. The Dilemma of Americanization*, Berkeley, CA 1993.

Lawton, Richard (Hg.): *The Rise and Fall of Great Cities. Aspects of Urbanization in the Western World*, London 1989.

Le Roy Ladurie, Emmanuel, Un concept: l'unification microbienne du monde (XIVe–XVIIe siècles), in: *Schweizerische Zeitschrift für Geschichte* 23 (1973), S. 627–696.

Lear, Linda J.: Rachel Carson's *Silent Spring*, in: *Environmental History Review* 17 (1993), S. 23–48.

Lee, Yok-shiu F.: Motorization in Rapidly Developing Cities, in: Peter J. Marcotullio/Gordon McGranahan (Hg.): *Scaling Urban Environmental Challenges. From Local to Global and Back*, London 2007, S. 179–205

Lewis, Simon L.: Tropical Forests and the Changing Earth System, in: *Philosophical Transactions. Biological Sciences* 361 (2006), S. 195–210.

Li, Lillian M.: *Fighting Famine in North China. State, Market, and Environmental Decline, 1690s-1990s*, Stanford, CA 2007.

Livi Bacci, Massimo: *Storia minima della popolazione del mondo*, Bologna 1998.

Maddison, Angus: *The World Economy*, 2 Bde., Paris 2006.

Maier, Charles S.: The World Economy and the Cold War in the Middle of the Twentieth Century, in: Melvyn P. Leffler/Odd Arne Westad (Hg.): *The Cambridge History of the Cold War*, Bd. 1: *Origins*, Cambridge 2010, S. 44–66.

Makhijani, Arjun/Howard Hu/Katherine Yih (Hg.): *Nuclear Wastelands. A Global Guide to Nuclear Weapons Production and Its Health and Environmental Effects*, Cambridge, MA 1995.

Marceau, Thomas E.: *Hanford Site Historic District. History of the Plutonium Production Facilities, 1943–1990*, Columbus, OH 2003.

Markham, William T.: *Environmental Organizations in Modern Germany. Hardy Survivors in the Twentieth Century and Beyond*, New York 2008.

Martinez-Alier, Juan: *The Environmentalism of the Poor. A Study of Ecological Conflicts and Valuation*, Cheltenham 2002.

Martiniussen, Erik: *Sellafield*, Oslo 2003.

Mauch, Christof (Hg.): *Nature in German History*, New York 2004.

Mauch, Christof/Christian Pfister (Hg.): *Natural Disasters, Cultural Responses. Case Studies toward a Global Environmental History*, Lanham, MD 2009.

Mauch, Christof/Thomas Zeller (Hg.): *The World Beyond the Windshield. Roads and Landscapes in the United States and Europe*, Athens, OH 2008.

McCormick, John: *Reclaiming Paradise. The Global Environmental Movement*, Bloomington, IN 1989.

McKibben, Bill: *Hope, Human and Wild. True Stories of Living Lightly on the Earth*, Minneapolis, MN 2007.

McMullen, Catherine P. (Hg.): *Climate Change Science Compendium 2009*, Nairobi 2009.

McNeill, John R.: *Blue Planet. Die Geschichte der Umwelt im 20. Jahrhundert*, übers. v. Frank Elstner, Frankfurt a. M. 2003.

McNeill, John R.: The Cold War and the Biosphere, in: Melvyn P. Leffler/Odd Arne Westad (Hg.): *The Cambridge History of the Cold War*, Bd. 3: *Endings*, Cambridge 2010, S. 422–444.

McNeill, John R.: *The Mountains of the Mediterranean World. An Environmental History*, Cambridge 1992.

McNeill, John R./Corinna Unger (Hg.): *Environmental Histories of the Cold War*, Washington, DC 2010.

McNeill, William H.: *Seuchen machen Geschichte. Geißeln der Völker*, übers. v. Joachim von Richthofen, München 1978.

McShane, Clay: *Down the Asphalt Path. The Automobile and the American City*, New York 1994.

Melosi, Martin V.: The Place of the City in Environmental History, in: *Environmental History Review* 17 (1993), S. 1–23.

Melosi, Martin V.: *The Sanitary City. Urban Infrastructure in America from Colonial Times to the Present*, Baltimore, MD 2000.

Melosi, Martin V.: *Effluent America. Cities, Industry, Energy, and the Environment*, Pittsburgh, PA 2001.

Miller, Shawn William: *An Environmental History of Latin America*, Cambridge 2007.

Montrie, Chad: *To Save the Land and People. A History of Opposition to Surface Coal Mining in Appalachia*, Chapel Hill, NC 2003.

Moran, Barbara: *The Day We Lost the H-Bomb. Cold War, Hot Nukes, and the Worst Nuclear Weapons Disaster in History*, Novato, CA 2009.

Mougeot, Luc J. A. (Hg.): *Agropolis. The Social, Political, and Environmental Dimensions of Urban Agriculture*, London 2005.

Mukherjee, Suroopa: *Surviving Bhopal. Dancing Bodies, Written Texts, and Oral Testimonials of Women in the Wake of an Industrial Disaster*, Basingstoke 2010.

Nelson, Arvid: *Cold War Ecology. Forests, Farms, and People in the East German Landscape, 1945–1989*, New Haven, CT 2005.

Nelson, Lance E. (Hg.): *Purifying the Earthly Body of God. Religion and Ecology in Hindu India*, Albany, NY 1998.

Newman, Peter/Jeffrey Kenworthy: *Sustainability and Cities: Overcoming Automobile Dependence*, Washington, DC 1999.

Niele, Frank: *Energy. Engine of Evolution*, Amsterdam 2005.

Nilsen, Alf Gunvald: *Dispossession and Resistance in India. The River and the Rage*, London 2010.

Omotola, J. Shola: «Liberation Movements» and Rising Violence in the Niger Delta. The New Contentious Site of Oil and Environmental Politics, in: *Studies in Conflict and Terrorism* 33 (2010), S. 36–54.

O'Rourke, Dara/Sarah Connolly: Just Oil? The Distribution of Environmental and Social Impacts of Oil Production and Consumption, in: *Annual Review of Environment and Resources* 28 (2003), S. 587–617.

Orum, Anthony M./Xiangming Chen, *The World of Cities. Places in Comparative and Historical Perspective*, Malden, MA 2003.

Osterhammel, Jürgen/Niels P. Petersson: *Geschichte der Globalisierung. Dimensionen, Prozesse, Epochen*, München ⁵2012.

Paehlke, Robert: Environmental Politics, Sustainability and Social Science, in: *Environmental Politics* 10 (2001), S. 1–22.

Perdue, Peter C.: *China Marches West. The Qing Conquest of Central Eurasia*, Cambridge, MA 2005.

Pick, James B./Edgar W. Butler: *Mexico Megacity*, Boulder, CO 1997.

Pringle, Robert M.: The Nile Perch in Lake Victoria: Local Responses and Adaptations, in: *Africa* 75 (2005), S. 510–538.

Pucher, John: Bicycling Boom in Germany: A Revival Engineered by Public Policy, in: *Transportation Quarterly* 51 (1997), S. 31–46.

Pucher, John/Ralph Buehler: Making Cycling Irresistible: Lessons from The Netherlands, Denmark and Germany, in: *Transport Reviews* 28 (2008), S. 495–528.

Qu Geping/Li Jinchang: *Population and the Environment in China*, Boulder, CO 1994.

Radkau, Joachim: *Die Ära der Ökologie. Eine Weltgeschichte*, München 2011.

Radkau, Joachim: *Holz. Wie ein Naturstoff Geschichte schreibt*, München 2007.

Radkau, Joachim: *Natur und Macht. Eine Weltgeschichte der Umwelt*, München ²2012.

Rangan, Haripriya: *Of Myths and Movements. Rewriting Chipko into Himalayan History*, London 2000.

Rangarajan, Mahesh: The Politics of Ecology. The Debate on Wildlife and People in India, 1970–1995, in: ders./Vasant K. Saberwal (Hg.): *Battles over Nature. Science and the Politics of Conservation*, Delhi 2003, S. 189–239.

Reader, John: *Cities*, London 2004.

Rees, William E.: Ecological Footprints and Appropriated Carrying Capacity. What Urban Economics Leaves Out, in: *Environment and Urbanization* 4 (1992), S. 121–130.

Rees, William E./Mathis Wackernagel: *Unser ökologischer Fußabdruck. Wie der Mensch Einfluss auf die Umwelt nimmt*, übers. v. Mathis Wackernagel, Basel 1997.

Ren Qiang/Yuan Xin: Impacts of Migration to Xinjiang since the 1950s, in: Robyn Iredale/Naran Bilik/Fei Guo (Hg.): *China's Minorities on the Move. Selected Case Studies*, Armonk, NY 2003, S. 89–105.

Richards, John F.: *The Unending Frontier. An Environmental History of the Early Modern World*, Berkeley, CA 2003.

Richardson, Stanley D.: *Forests and Forestry in China. Changing Patterns of Resource Development*, Washington, DC 1990.

Roberts, Callum: *The Unnatural History of the Sea*, Washington, DC 2007.

Rome, Adam: ‹Give Earth a Chance›. The Environmental Movement and the Sixties, in: *Journal of American History* 90 (2003), S. 525–554.

Ruddiman, William F.: *Plows, Plagues and Petroleum. How Humans Took Control of Climate*, Princeton, NJ 2005.

Satterthwaite, David: *Barbara Ward and the Origins of Sustainable Development*, London 2006.

Satterthwaite, David: In Pursuit of a Healthy Urban Environment in Low- and Middle-income Nations, in: Peter J. Marcotullio/Gordon McGranahan (Hg.): *Scaling Urban Environmental Challenges. From Local to Global and Back*, London 2007, S. 69–105.

Saunders, Chris/Sue Onslow: The Cold War and Southern Africa, 1976–1990, in: Melvyn P. Leffler/Odd Arne Westad (Hg.): *The Cambridge History of the Cold War*, Bd. 3: *Endings*, Cambridge 2010, S. 222–243.

Scarpellini, Emanuella: Shopping American-Style: The Arrival of the Supermarket in Post-war Italy, in: *Enterprise and Society* 5 (2004), S. 625–668.

Scharping, Thomas: *Birth Control in China, 1949–2000. Population Policy and Demographic Development*, London 2003.

Schmucki, Barbara: *Der Traum vom Verkehrsfluss: Städtische Verkehrsplanung seit 1945 im deutsch-deutschen Vergleich*, Frankfurt a. M. 2001.

Schreurs, Miranda A.: *Environmental Politics in Japan, Germany, and the United States*, Cambridge 2002.

Schwartz, Katrina Z. S.: *Nature and National Identity after Communism. Globalizing the Ethnoscape*, Pittsburgh, PA 2006.

Schwartz, Stephen I. (Hg.): *Atomic Audit. The Costs and Consequences of U.S. Nuclear Weapons since 1940*, Washington, DC 1998.

Sewell, John: *The Shape of the Suburbs. Understanding Toronto's Sprawl*, Toronto 2009.

Shapiro, Judith: *Mao's War against Nature. Politics and the Environment in Revolutionary China*, Cambridge 2001.

Shi Anqing: The Impact of Population Pressure on Global Carbon Dioxide Emissions, 1975–1996. Evidence from Pooled Cross-country Data, in: *Ecological Economics* 44 (2003), S. 29–42.

Shiva, Vandana: The Green Movement in Asia, in: Matthias Finger (Hg.): *Research in Social Movements, Conflicts and Change*, Supplement Bd. 2: *The Green Movement Worldwide*, Greenwich, CT 1992, S. 195–215.

Sieferle, Rolf Peter: *Rückblick auf die Natur. Eine Geschichte des Menschen und seiner Umwelt*, München 1997.

Sieferle, Rolf Peter, u. a.: *Das Ende der Fläche. Zum gesellschaftlichen Stoffwechsel der Industrialisierung*, Köln 2006.

Smil, Vaclav: *Energy at the Crossroads. Global Perspectives and Uncertainties*. Cambridge, MA 2003.

Smil, Vaclav: *Energy in Nature and Society. General Energetics of Complex Systems*, Cambridge, MA 2008.

Smil, Vaclav: *Energy in World History*, Boulder, CO 1994.

Smil, Vaclav: *Transforming the Twentieth Century. Technical Innovations and Their Consequences*, Oxford 2006.

Smith, Jim T./Nicholas A. Beresford: *Chernobyl. Catastrophe and Consequences*, Berlin 2005.

Sovacool, Benjamin K.: The Costs of Failure. A Preliminary Assessment of Major Energy Accidents, 1907–2007, in: *Energy Policy* 36 (2008), S. 1802–1820.

Steffen, Will/Paul J. Crutzen/John R. McNeill: The Anthropocene. Are Humans Now Overwhelming the Great Forces of Nature?, in: *Ambio* 36 (2007), S. 614– 621.

Steinberg, Ted: *Down to Earth. Nature's Role in American History*, Oxford ²2009.

Stern, David I.: Global Sulfur Emissions from 1850 to 2000, in: *Chemosphere* 58 (2005), S. 163–175.

Stewart, John Massey (Hg.): *The Soviet Environment. Problems, Policies, and Politics*, Cambridge 1992.

Stoppani, Antonio: *Corso di geologia*, 3 Bde., Mailand 1871–1873.

Sun Yanfei/Zhao Dingxin: Environmental Campaigns, in: Kevin J. O'Brien (Hg.): *Popular Protest in China*, Cambridge, MA 2008, S. 144–162.

Sunstein, Cass R.: Of Montreal and Kyoto. A Tale of Two Protocols, in: *Harvard Environmental Law Review* 31 (2007), S. 1–66.

Sutter, Paul: When Environmental Traditions Collide: Ramachandra Guha's *The Unquiet Woods* and U.S. Environmental History, in: *Environmental History* 14 (2009), S. 543–550.

Tarr, Joel A.: The Metabolism of the Industrial City. The Case of Pittsburgh, in: *Journal of Urban History* 28 (2002), S. 511–545.

Terry, Andrew/Karin Ullrich/Uwe Riecken. *The Green Belt of Europe. From Vision to Reality*. Gland 2006.

Thukral, Enakshi Ganguly (Hg.): *Big Dams, Displaced People. Rivers of Sorrow, Rivers of Change*, New Delhi 1992.

Uekötter, Frank: *Die Wahrheit ist auf dem Feld. Eine Wissensgeschichte der deutschen Landwirtschaft*, Göttingen 2010.

Uekötter, Frank: *The Age of Smoke. Environmental Policy in Germany and the United States, 1880–1970*, Pittsburgh, PA 2009.

Uekötter, Frank: *Umweltgeschichte im 19. und 20. Jahrhundert*, München 2007.

Uekötter, Frank: *Von der Rauchplage zur ökologischen Revolution. Eine Geschichte der Luftverschmutzung in Deutschland und den USA 1880–1970*, Essen 2003.

United Nations Environment Programme: *In Defence of the Earth. The Basic Texts on Environment. Founex, Stockholm, Cocoyoc*, Nairobi 1981.

Vögele, Jörg: Urbanization and the Urban Mortality Change in Imperial Germany, in: *Health and Place* 6 (2000), S. 41–55.

Volti, Rudi: A Century of Automobility, in: *Technology and Culture* 37/4 (1996), S. 663–685.

Walker, Brett L.: *Toxic Archipelago. A History of Industrial Disease in Japan*, Seattle, WA 2010.

Walker, J. Samuel: *Three Mile Island. A Nuclear Crisis in Historical Perspective*, Berkeley, CA 2004.

Watkins, Susan Cotts/Jane Menken: Famines in Historical Perspective, in: *Population and Development Review* 11/4 (1985), S. 647–675.
Watson, James L. (Hg.): *Golden Arches East. McDonald's in East Asia*, Stanford, CA ²2006.
Watt, John, u. a.: *The Effects of Air Pollution on Cultural Heritage*, Berlin 2009.
Weart, Spencer R.: *The Discovery of Global Warming*, überarb. Neuaufl., Cambridge, MA 2008.
Webb, James L. A.: *Humanity's Burden. A Global History of Malaria*, Cambridge 2009.
Weissenbacher, Manfred: *Sources of Power. How Energy Forges Human History*, 2 Bde., Santa Barbara, CA 2009.
Weller, Robert P.: *Discovering Nature. Globalization and Environmental Culture in China and Taiwan*, Cambridge 2006.
Wells, Herbert G.: *Ausblicke auf die Folgen des technischen und wissenschaftlichen Fortschritts für Leben und Denken des Menschen*, übers. v. Felix Paul Greve, Minden i. W. 1905.
Westing, Arthur H. (Hg.): *Herbicides in War. The Long-Term Ecological and Human Consequences*, London 1984.
White, Tyrene: *China's Longest Campaign. Birth Planning in the People's Republic, 1949–2005*, Ithaca, NY 2006.
Williams, Dee Mack: *Beyond Great Walls. Environment, Identity, and Development on the Chinese Grasslands of Inner Mongolia*, Stanford, CA 2002.
Williams, Michael: *Deforesting the Earth. From Prehistory to Global Crisis*, Chicago, IL 2003.
Winiwarter, Verena/Martin Knoll: *Umweltgeschichte. Eine Einführung*, Köln 2007.
Wood, John R.: *The Politics of Water Resource Development in India. The Narmada Dams Controversy*, London 2007.
Yang Jisheng: *Grabstein. Mùbēi. Die große chinesische Hungerkatastrophe 1958–1962*, übers. v. Hans Peter Hoffmann, Frankfurt a. M. 2012.
Zhang Peidong, u. a.: Opportunities and Challenges for Renewable Energy Policy in China, in: *Renewable and Sustainable Energy Reviews* 13 (2009), S. 439–449.

Globale Kulturen (Petra Gödde)

Abdel Kader, Soha: *Egyptian Women in a Changing Society, 1899–1987*, Boulder, CO 1987.
Agarwal, Bina: From Mexico 1975 to Beijing 1995, in: *Indian Journal of Gender Studies* 3 (1996), S. 87–92.
Anderson, Benedict: *Die Erfindung der Nation. Zur Karriere eines folgenreichen Konzepts*, übers. v. Benedikt Burkhardt und Christoph Münz, Frankfurt a. M. ²2005.
Anderson, Carol: *Eyes Off the Prize. The United Nations and the African American Struggle for Human Rights, 1944–1955*, Cambridge 2003.
Antoun, Richard T.: *Understanding Fundamentalism. Christian, Islamic and Jewish Movements*, Walnut Creek, CA 2001.
Appadurai, Arjun: *Modernity at Large. Cultural Dimensions of Globalization*, Minneapolis, MN 1996.
Appiah, Kwame Anthony: *Der Kosmopolit. Philosophie des Weltbürgertums*, übers. v. Michael Bischoff, München 2009.
Armitage, David: Is There a Pre-History of Globalization?, in: Deborah Cohen/Maura O'Connor (Hg.): *Comparison and History*, New York 2004, S. 165–176.
Augé, Marc: *Nicht-Orte*, München ³2012.
Baldwin, Lewis V./Amiri YaSin Al-Hadid: *Between Cross and Crescent. Christian and Muslim Perspectives on Malcolm and Martin*, Gainesville, FL 2002.
Ballard, Roger/Catherine Ballard: The Sikhs. The Development of South Asian Settlements

in Britain, in: James L. Watson (Hg.): *Between Two Cultures. Migrants and Minorities in Britain*, Oxford ³1979, S. 21–56.

Banchoff, Thomas (Hg.): *Democracy and the New Religious Pluralism*, New York 2007.

Barber, Benjamin: *Coca Cola und Heiliger Krieg. Der grundlegende Konflikt unserer Zeit*, übers. v. Günter Seib, Bern ⁴2001.

Beauvoir, Simone de: *Das andere Geschlecht. Sitte und Sexus der Frau*, übers. v. Uli Aumüller und Grete Osterwald, Neuaufl., Reinbek 2000.

Bell, Terry: *Unfinished Business. South Africa, Apartheid, and Truth*, London 2003.

Benhabib, Seyla: *Kosmopolitismus und Demokratie. Eine Debatte*, hg. v. Robert Post, übers. v. Thomas Atzert, Frankfurt a. M. 2008.

Berger, Peter L. (Hg.): *The Desecularization of the World. Resurgent Religion and World Politics*, Washington, DC 1999.

Berryman, Philipp: *Liberation Theology. Essential Facts about the Revolutionary Movement in Latin America and Beyond*, New York 1987.

Bertrand, Michael T.: *Race, Rock, and Elvis*, Urbana, IL 2000.

Besier, Gerhard: *Der SED-Staat und die Kirche 1969–1990. Die Vision vom Dritten Weg*, Berlin 1995.

Beyer, Peter/Lori Beaman (Hg.): *Religion, Globalization, and Culture*, Leiden 2007.

Blackwell, Joyce: *No Peace without Freedom. Race and the Women's International League for Peace and Freedom, 1915–1975*, Carbondale, IL 2004.

Boff, Leonardo/Clodovis Boff: *Introducing Liberation Theology*, Maryknoll, NY 1987.

Borgwardt, Elizabeth: *A New Deal for the World. America's Vision for Human Rights*, Cambridge, MA 2005.

Boyer, Paul: *By the Bomb's Early Light. American Thought and Culture at the Dawn of the Atomic Age*, New York 1985.

Boyle, Elizabeth Heger: *Female Genital Cutting. Cultural Conflict in the Global Community*, Baltimore, MD 2002.

Brenner, Christiane/Peter Heumos (Hg.): *Sozialgeschichtliche Kommunismusforschung. Tschechoslowakei, Polen, Ungarn und DDR, 1945–1968*, München 2005.

Bright, Charles/Michael Geyer: Where in the World is America? The History of the United States in the Global Age, in: Thomas Bender (Hg.): *Rethinking American History in a Global Age*, Berkeley, CA 2002, S. 63–100.

Bruce, Steve: *Religion in the Modern World. From Cathedrals to Cults*, Oxford 1996.

Buchanan, Tom: «The Truth Will Set you Free!» The Making of Amnesty International, in: *Journal of Contemporary History* 37 (2002), S. 575–597.

Burgers, Jan Herman: The Road to San Francisco. The Revival of the Human Rights Idea in the Twentieth Century, in: *Human Rights Quarterly* 14 (1992), S. 447–477.

Burke, Roland: *Decolonization and the Evolution of International Human Rights*, Philadelphia, PA 2010.

Carter, Erica: *How German Is She? Postwar West German Reconstruction and the Consuming Woman*, Ann Arbor, MI 1997.

Casanova, José: *Public Religions in the Modern World*, Chicago, IL 1994.

Caute, David: *The Dancer Defects. The Struggle for Cultural Supremacy During the Cold War*, Oxford 2003.

Césaire, Aimé: *Une Tempête: d'après «la Tempête» de Shakespeare. Adaptation pour un théâtre nègre*, Paris 1969.

Chakrabarty, Dipesh: *Europa als Provinz. Perspektiven postkolonialer Geschichtsschreibung*, übers. v. Robin Cackett, Frankfurt a. M. 2010.

Chakravorty Spivak, Gayatri: French Feminism in an International Frame, in: *Yale French Studies* 62 (1981), S. 154–184.

Chalmers, David Mark: *And the Crooked Places Made Straight. The Struggle for Social Change in the 1960s*, Baltimore, MD 1991.

Chatterjee, Partha: *The Nation and its Fragments. Colonial and Postcolonial Histories*, Princeton, NJ 1993.

Chaussy, Ulrich: *Die Drei Leben des Rudi Dutschke. Eine Biographie*, überarb. NA, Zürich 1999.

Chen Jian: *Mao's China and the Cold War*, Chapel Hill, NC 2001.

Clifford, James: *The Predicament of Culture. Twentieth Century Ethnography, Literature, and Art*, Cambridge, MA 1988.

Cohen, Lizabeth: *A Consumer's Republic. The Politics of Mass Consumption in Postwar America*, New York 2003.

Coleman, Peter: *The Liberal Conspiracy. The Congress for Cultural Freedom and the Struggle for the Mind of Postwar Europe*, New York 1989.

Connelly, Matthew: *A Diplomatic Revolution. Algeria's Fight for Independence and the Origins of the Post-Cold War Era*, Oxford 2002.

Cook, Guillermo (Hg.): *New Face of the Church in Latin America*, Maryknoll, NY 1994.

Crockatt, Richard: *America Embattled. September 11, Anti-Americanism, and the Global Order*, London 2003.

Crowley, David/Jane Pavitt (Hg.): *Cold War Modern. Design 1945–1970*, London 2008.

Crowley, David/Susan E. Reid (Hg.): *Pleasures in Socialism. Leisure and Luxury in the Eastern Bloc*, Evanston, IL 2010.

Davie, Grace: *Europe. The Exceptional Case. Parameters of Faith in the Modern World*, London 2002.

De Grazia, Victoria: *Das unwiderstehliche Imperium. Amerikas Siegeszug im Europa des 20. Jahrhunderts*, übers. v. Karl Heinz Siber, Stuttgart 2010.

Dorfman, Ariel/Armand Mattelart: *How to Read Donald Duck. Imperialist Ideology in the Disney Comic*, New York 1975.

Dower, John W.: *Embracing Defeat. Japan in the Wake of World War II*, New York 1999.

Duchen, Claire: *Feminism in France. From May '68 to Mitterrand*, London 1986.

Dudziak, Mary L.: *Cold War Civil Rights. Race and the Image of American Democracy*, Princeton, NJ 2000.

Dutschke, Gretchen: *Rudi Dutschke. Wir hatten ein barbarisches, schönes Leben. Eine Biographie*, Köln 1996.

Dutt, Mallika: Some Reflections on United States Women of Color and the United Nations Fourth World Conference on Women and NGO Forum in Beijing, China, in: Bonnie G. Smith (Hg.): *Global Feminisms since 1945*, London 2000, S. 305–313.

Eckel, Jan: Utopie der Moral, Kalkül der Macht. Menschenrechte in der globalen Politik seit 1945, in: *Archiv für Sozialgeschichte* 49 (2009), S. 437–484.

Endy, Christopher: *Cold War Holidays. American Tourism in France*, Chapel Hill, NC 2004.

Enzensberger, Ulrich: *Die Jahre der Kommune 1. Berlin 1967–1969*, München 2006.

Erel, Shlomo: *Neue Wurzeln. 50 Jahre Immigration deutschsprachiger Juden in Israel*, Gerlingen 1983.

Evans, Sara: *Personal Politics. The Roots of Women's Liberation in the Civil Rights Movement and the New Left*, New York 1979.

Fanon, Frantz: *Die Verdammten dieser Erde*, übers. v. Traugott König, Frankfurt a. M. 1966 (orig. 1961).

Farrell, Amy Erdman: *Yours in Sisterhood. Ms. Magazine and the Promise of Popular Feminism*, Chapel Hill, NC 1998.

Faulstich, Werner (Hg.): *Die Kultur der 70er Jahre*, München 2004.

Faux, Jeff: *The Global Class War. How America's Bipartisan Elite Lost Our Future, and What It Will Take to Win It Back*, Hoboken, NJ 2006.

Featherstone, Mike/Scott Lash/Roland Robertson (Hg.): *Global Modernities*, London 1995.

Fischer, Fritz: *Making Them Like Us. Peace Corps Volunteers in the 1960s*, Washington 1998.

Fitzgerald, Frances: *Cities on a Hill. A Journey through Contemporary American Cultures*, New York 1986.

Foitzik, Jan (Hg.): *Entstalinisierungskrise in Ostmitteleuropa, 1953–1956. Vom 17. Juni bis zum ungarischen Volksaufstand. Politische, militärische, soziale und nationale Dimensionen*, Paderborn 2001.

Francks, Penelope: *The Japanese Consumer. An Alternative Economic History of Japan*, Cambridge 2009.

Frei, Norbert: *1968. Jugendrevolte und globaler Protest*, München 2008.

Friedan, Betty: *Der Weiblichkeitswahn oder die Mystifizierung der Frau*, übers. v. Margaret Carroux, Reinbek 1966.

Gaines, Kevin: *Uplifting the Race. Black Leadership, Poilitics, and Culture in the Twentieth Century*, Chapel Hill, NC 1996.

Gans, Eric L.: *The End of Culture. Toward a Generative Anthropolgy*, Berkeley, CA 1985.

García Canclini, Néstor: *Consumers and Citizens. Globalization and Multicultural Conflicts*, Minneapolis, MN 2001.

García Canclini, Néstor: *Hybrid Cultures. Strategies for Entering and Leaving Modernity*, Minneapolis, MN 1995.

Gerges, Fawaz A.: *America and Political Islam. Clash of Cultures or Clash of Interests?*, Cambridge 1999.

Gilcher-Holtey, Ingrid (Hg.): *1968. Vom Ereignis zum Gegenstand der Geschichtswissenschaft*, Göttingen 1998.

Gilcher-Holtey, Ingrid: *«Die Phantasie an die Macht». Mai 68 in Frankreich*, Frankfurt a. M. 1995.

Glassheim, Eagle: The Mechanics of Ethnic Cleansing: The Expulsion of Germans from Czechoslovakia, 1945–1947, in: Philipp Ther/Ana Siljak (Hg.): *Redrawing Nations. Ethnic Cleansing in East-Central Europe, 1944–1948*, Lanham, MD 2001, S. 197–219.

Glendon, Mary Ann: *A World Made New. Eleanor Roosevelt and the Universal Declaration of Human Rights*, New York 2001.

Goedde, Petra: *GIs and Germans. Culture, Gender, and Foreign Relations, 1945–1949*, New Haven, CT 2003.

Goedde, Petra: The Globalization of American Culture, in: Karen Halttunen (Hg.): *A Companion to American Cultural History*, Oxford 2008, S. 246–262.

Gosse, Van: *Rethinking the New Left. An Interpretative History*, New York 2005.

Grabner, Wolf-Jürgen/Christiane Heinze/Detlef Pollack (Hg.): *Leipzig im Oktober. Kirchen und alternative Gruppen im Umbruch der DDR. Analysen zur Wende*, Berlin ²1994.

Grandin, Greg: *Empire's Workshop. Latin America, the United States, and the Rise of the New Imperialism*, New York 2006.

Gutiérrez, Gustavo: *A Theology of Liberation. History, Politics, and Salvation*, Maryknoll, NY 1973.

Hanegraaff, Wouter J.: *New Age Religion and Western Culture. Esotericism in the Mirror of Secular Thought*, Leiden 1996.

Hannerz, Ulf: *Cultural Complexity. Studies in the Social Organization of Meaning*, New York 1992.

Harsch, Donna: Society, the State, and Abortion in East Germany, 1950–1970, in: *The American Historical Review* 102 (1997), S. 53–84.

Hatton, Timothy J./Jeffrey G. Williamson: *Global Migration and the World Economy*, Cambridge, MA 2005.

Hays, Samuel P.: *Beauty, Health, and Permanence. Environmental Politics in the United States, 1955–1985*, Cambridge 1987.

Heelas, Paul: *The New Age Movement*, Oxford 1996.

Kerr, Joanna (Hg.): *Ours By Right. Women's Rights as Human Rights*, London 1993.

Heydemann, Günther/Gunther Mai/Werner Müller (Hg.): *Revolution und Transformation in der DDR 1989/90*, Berlin 1999.

Hixson, Walter: *Parting the Curtain. Propaganda, Culture, and the Cold War, 1945–1961*, Basingstoke 1997.

Hochgeschwender, Michael: *Freiheit in der Offensive? Der Kongress für kulturelle Freiheit und die Deutschen*, München 1998.

Hoeber Rudolph, Susanne/James Piscatori (Hg.): *Transnational Religion and Fading States*, Boulder, CO 1997.

Hoerder, Dirk: *Cultures in Contact. World Migrations in the Second Millennium*, Durham, NC 2002.

Hoffmann, Stefan-Ludwig (Hg.): *Human Rights in the Twentieth Century*, Cambridge 2011.

Hoganson, Kristin: *Consumer's Imperium. The Global Production of American Domesticity*, Durham, NC 2007.

Hopgood, Stephen: *Keepers of the Flame. Understanding Amnesty International*, Ithaca, NY 2006.

Huntington, Samuel P.: *Kampf der Kulturen. Die Neugestaltung der Weltpolitik im 21. Jahrhundert*, übers. v. Holger Fließbach, München 1996.

Hurd, Elizabeth Shakman: *The Politics of Secularism in International Relations*, Princeton, NJ 2008.

Ilič, Melanie (Hg.): *Women in the Stalin Era*, Basingstoke 2001.

Ilič, Melanie/Susan E. Reid/Lynne Attwood (Hg.): *Women in the Khrushchev Era*, Basingstoke 2004.

Immerman, Richard H./Petra Goedde (Hg.): *The Oxford Handbook of the Cold War*, Oxford 2013.

Inboden, William: *Religion and American Foreign Policy, 1945–1960. The Soul of Containment*, Cambridge 2008.

Inglehart, Ronald/Wayne E. Baker: Modernization, Cultural Change, and the Persistence of Traditional Values, in: *American Sociological Review* 65 (2000), S. 19–51.

Inglis, David/Debra Gimlin (Hg.): *The Globalization of Food*, Oxford 2009.

Iriye, Akira: *Global Community. The Role of International Organizations in the Making of the Contemporary World*, Berkeley, CA 2002.

Iriye, Akira/Petra Goedde/William I. Hitchcock (Hg.): *The Human Rights Revolution. An International History*, Oxford 2012.

Jivani, Alkarim: It's not unusual. Gay and Lesbian History in Britain, in: Bonnie G. Smith, (Hg.): *Global Feminisms since 1945*, London 2000, S. 164–179.

Kalsi, Sewa Singh: *The Evolution of a Sikh Community in Britain*, Leeds 1992.

Karner, Stefan, u. a. (Hg.): *Prager Frühling. Das Internationale Krisenjahr 1968*, 2 Bde., Köln 2008.

Kaufmann-McCall, Dorothy: Politics of Difference. The Women's Movement in France from May 1968 to Mitterrand, in: *Signs* 9 (1983), S. 282–293.

Keddie, Nikkie R.: *Modern Iran. Roots and Results of Revolution*, New Haven, CT 2003.

Keddie, Nikkie R.: The New Religious Politics: Where, When, and Why do «Fundamentalisms» Appear?, in: *Comparative Studies in Society and History* 40 (1998), S. 696–723.

Kennedy, Paul: *Parlament der Menschheit. Die Vereinten Nationen und der Weg zur Weltregierung*, übers. v. Klaus Kochmann und Andreas Nohl, München 2007.

Kirby, Dianne: Divinely Sanctioned. The Anglo-American Cold War Alliance and the Defence of Western Civilization and Christianity, 1945–48, in: *Journal of Contemporary History* 35 (2000), S. 385–412.

Kirby, Dianne (Hg.): *Religion and the Cold War*, Basingstoke 2003.

Klein, Cristina: *Cold War Orientalism. Asia in the Middlebrow Imagination, 1945–1961*, Berkeley, CA 2003.

Klimke, Martin: *The Other Alliance. Student Protest in West Germany and the United States in the Global Sixties*, Princeton, NJ 2010.

Korey, William: *NGOs and the Universal Declaration of Human Rights. «A Curious Grapevine»*, New York 1998.

Korey, William: *The Promises We Keep. Human Rights, the Helsinki Process, and American Foreign Policy*, New York 1993.

Kossert, Andreas: *Kalte Heimat. Die Geschichte der deutschen Vertriebenen nach 1945*, München 2008.

Lauren, Paul Gordon: *The Evolution of International Human Rights. Visions Seen*, Philadelphia, PA ²2003.

Leite, José Corrêa: *Fórum Social Mundial. A história de uma invenção política*, São Paulo 2003.

Lent, Adam: *British Social Movements since 1945. Sex, Colour, Peace and Power*, Basingstoke 2001.

Little, Douglas: *American Orientalism. The United States and the Middle East since 1945*, Chapel Hill, NC 2002.

Love, John F.: *Die McDonald's Story. Anatomie eines Welterfolges*, übers. v. Ursula Bischoff, München 1990.

Lull, James: *Media, Communication, Culture. A Global Approach*, Cambridge 1995.

Maase, Kaspar: *Bravo Amerika. Erkundungen zur Jugendkultur der Bundesrepublik in den fünfziger Jahren*, Hamburg 1992.

Mamdani, Mahmood: *When Victims become Killers. Colonialism, Nativism, and the Genocide in Rwanda*, Princeton, NJ 2001.

Marcuse, Herbert: *Der eindimensionale Mensch. Studien zur Ideologie der fortgeschrittenen Industriegesellschaft*, übers. v. Alfred Schmidt, Neuwied 1967.

Marty, Martin E./R. Scott Appleby (Hg.): *The Fundamentalism Project*, 4 Bde., Chicago, 1991–2004.

May, Elaine Tyler: *Homeward Bound. American Families in the Cold War Era*, New York 1988.

Mazower, Mark: *No Enchanted Palace. The End of Empire and the Ideological Origins of the United Nations*, Princeton, NJ 2009.

McNeill, John R./William H. McNeill: *The Human Web. A Bird's-Eye View of World History*, New York 2003.

McNeill, William H.: *The Rise of the West. A History of the Human Community*, Chicago 1963.

Meyerowitz, Joanne: Beyond the Feminine Mystique. A Reassessment of Postwar Mass Culture, 1946–1958, in: *Journal of American History* 79 (1993), S. 1455–1482.

Meyerowitz, Joanne (Hg.): *Not June Cleaver. Women and Gender in Postwar America 1945–1960*, Philadelphia, PA 1994.

Miller, Neil: *Out of the Past. Gay and Lesbian History from 1869 to the Present*, New York 1995.

Moghadam, Valentine M.: *Globalizing Women. Transnational Feminist Networks*, Baltimore, MD 2005.

Mohanty, Chandra Talpade: Under Western Eyes. Feminist Scholarship and Colonial Discourses, in: *Feminist Review* 30 (1988), S. 61–88.

Mohanty, Chandra Talpade/Ann Russo/Lourdes Torres (Hg.): *Third World Women and the Politics of Feminism*, Bloomington, IN 1991.

Morgan, Robin (Hg.): *Sisterhood Is Global. The International Women's Movement Anthology*, Garden City, NY 1984.

Morris, Benny: *The Birth of the Palestinian Refugee Problem Revisited*, Cambridge ²2004.

Moyn, Samuel: *The Last Utopia. Human Rights in History*, Cambridge, MA 2010.

Nederveen Pieterse, Jan: *Globalization and Culture. Global Mélange*, Lanham ²2009.

Neptune, Harvey R.: *Caliban and the Yankees. Trinidad and the United States Occupation*, Chapel Hill, NC 2007.

Nielsen, Jørgen S.: *Muslims in Western Europe*, Edinburgh 1992.

Ninkovich, Frank A.: *The Diplomacy of Ideas. U.S. Foreign Policy and Cultural Relations, 1938–1950*, Cambridge 1981.

Nützenadel, Alexander/Frank Trentmann (Hg.): *Food and Globalization. Consumption, Markets and Politics in the Modern World*, Oxford 2008.

Olcott, Jocelyn: Cold War Conflicts and Cheap Cabaret. Sexual Politics at the 1975 United Nations International Women's Year Conference, in: *Gender and History* 22 (2010), S. 733–754.

Osterhammel, Jürgen/Niels P. Petersson: *Geschichte der Globalisierung. Dimensionen, Prozesse, Epochen*, München ⁵2012.

Packard, Vance O.: *Die unsichtbaren Schranken. Theorie und Praxis des Aufstiegs in der «klassenlosen» Gesellschaft*, übers. v. Wolf Kinzel, Düsseldorf 1959.

Poiger, Uta G.: *Jazz, Rock, and Rebels. Cold War Politics and American Culture in a Divided Germany*, Berkeley, CA 2000.

Power, Jonathan: *Amnesty International. Der Kampf um die Menschenrechte*, Düsseldorf 1982.

Power, Samantha: *A Problem from Hell. America and the Age of Genocide*, New York 2002.

Prakash, Gyan: Orientalism Now, in: *History and Theory* 34 (1995), S. 199–212.

Preston, Andrew: *Sword of the Spirit, Shield of Faith. Religion in American War and Diplomacy*, New York 2012.

Reid, Susan E./David Crowley (Hg.): *Style and Socialism. Modernity and Material Culture in Post-War Eastern Europe*, Oxford 2000.

Riesman, David: *Die einsame Masse. Eine Untersuchung der Wandlungen des amerikanischen Charakters*, übers. v. Renate Rausch, Darmstadt u. a. 1956.

Ritzer, George: *Die McDonaldisierung der Gesellschaft*, übers. v. Sebastian Vogel, Konstanz ⁴2006.

Ritzer, George (Hg.): *The Blackwell Companion to Globalization*, Malden, MA 2007.

Rothermund, Dietmar: *The Routledge Companion to Decolonization*, London 2006.

Rotter, Andrew: Christians, Muslims, and Hindus. Religion and U.S.-South Asian Relations, 1947–1954, in: *Diplomatic History* 24 (2000), S. 593–613.

Rowbotham, Sheila: *The Past is Before Us. Feminism in Action Since the 1960s*, London 1989.

Rowhani, Inge: Resümee zum Ende der Dekade der Frauen, in: New Internationalist (Hg.): *Frauen – Ein Weltbericht*, Berlin 1986, S. 337–349.

Ryback, Timothy W.: *Rock Around the Bloc. A History of Rock Music in Eastern Europe and the Soviet Union*, New York 1990.

Said, Edward W.: *Kultur und Imperialismus. Einbildungskraft und Politik im Zeitalter der Macht*, übers. v. Hans-Horst Henschen, Frankfurt a. M. 1994.

Said, Edward W.: *Orientalismus*, übers. v. Hans Günter Holl, Frankfurt a. M. 2009.

Schlager, Hilke: The West German Women's Movement, in: *New German Critique* 13, Special Feminist Issue (1978), S. 59–68.

Schmidt-Linsenhoff, Viktoria: Das koloniale Unbewusste in der Kunstgeschichte, in: Irene Below/Beatrice von Bismarck (Hg.): *Globalisierung/Hierarchisierung. Kulturelle Dominanzen in Kunst und Kunstgeschichte*, Marburg 2005, S. 19–38.

Schrecker, Ellen: *Many Are the Crimes. McCarthyism in America*, Boston, MA 1998.

Scott, Joan W.: Gender. A Useful Category of Historical Analysis, in: *American Historical Review* 91 (1986), S. 1053–1075.

Scott, Joan W.: *The Politics of the Veil*, Princeton, NJ 2007.

Sellars, Kirsten: *The Rise and Rise of Human Rights*, Stroud 2002.

Shepard, Todd: *The Invention of Decolonization. The Algerian War and the Remaking of France*, Ithaca, NY 2006.

Shibusawa, Naoko: *America's Geisha Ally. Reimagining the Japanese Enemy*, Cambridge, MA 2006.

Siegfried, Detlef: *Time Is on My Side. Konsum und Politik in der westdeutschen Jugendkultur der 60er Jahre*, Göttingen 2006.

Sigmund, Paul E.: *Liberation Theology at the Crossroads. Democracy or Revolution?*, New York 1990.

Simon, Bryant: *Everything but the Coffee. Learning about America from Starbucks*, Berkeley, CA 2009.

Simpson, A. W. Brian: *Human Rights and the End of Empire. Britain and the Genesis of the European Convention*, Oxford 2001.

Skilling, Harold Gordon: *Czechoslovakia's Interrupted Revolution*, Princeton, NJ 1976.

Starr, S. Frederick: *Red and Hot. The Fate of Jazz in the Soviet Union 1917–1980*, New York 1983.

Subramaniam, Mangala: The Indian Women's Movement, in: *Contemporary Sociology* 33 (2004), S. 635–639.

Taylor, Charles: *Ein säkulares Zeitalter*, übers. v. Joachim Schulte, Frankfurt a. M. 2009.

Thomas, Daniel C.: *The Helsinki Effect. International Norms, Human Rights and the Demise of Communism*, Princeton, NJ 2001.

Tomlinson, John: *Globalization and Culture*, Cambridge 1999.

Touraine, Alain: *The May Movement. Revolt and Reform*, New York 1971.

Von Eschen, Penny M.: *Satchmo Blows up the World*, Cambridge, MA 2004.

Wagnleitner, Reinhold: *Coca-Colonization and the Cold War. The Cultural Mission of the United States in Austria after the Second World War*, Chapel Hill, NC 1994.

Watson, James L. (Hg.): *Golden Arches East. McDonald's in East Asia*, Stanford, CA 1997.

Watt, Lori: *When Empire Comes Home. Repatriation and Reintegretion in Postwar Japan*, Cambridge, MA 2009.

Westad, Odd Arne: *The Global Cold War. Third World Interventions and the Making of Our Times*, Cambridge 2005.

Wichterich, Christa: Strategische Verschwisterung, multiple Feminismen und die Glokalisierung von Frauenbewegungen, in: Ilse Lenz/Michiko Mae/Karin Klose (Hg.): *Frauenbewegungen weltweit. Aufbrüche, Kontinuitäten, Veränderungen*, Opladen 2000, S. 257–280.

Wimmer, Andreas: Globalization *Avant La Lettre*. A Comparative View of Isomorphization and Heteromorphization in an Inter-Connected World, in: *Comparative Studies in Society and History* 43 (2001), S. 435–466.

Wormann, Curt: German Jews in Israel. Their Cultural Situation since 1933, in: *Leo Baeck Institute Yearbook* 15 (1970), S. 73–103.

Wuthnow, Robert: *Der Wandel der religiösen Landschaft in den USA seit dem Zweiten Weltkrieg*, übers. v. Karen Anke Braun, Sonia L. Kais-Heinrich und Gerhard Wegner, Würzburg 1996.

Zubok, Vladislav M.: *A Failed Empire. The Soviet Union in the Cold War from Stalin to Gorbachev*, Chapel Hill, NC 2007.

Zubok, Vladislav M.: *Zhivago's Children. The Last Russian Intelligentsia*, Cambridge, MA 2009.

Die Entstehung einer transnationalen Welt (Akira Iriye)

Achebe, Chinua: *Alles zerfällt*, übers. v. Uda Strätling, Frankfurt a. M. 2012.

Albee, Edward: *Empfindliches Gleichgewicht*, übers. v. Pinkas Braun, Frankfurt a. M. 1967.

Aust, Stefan: *Der Baader-Meinhof-Komplex*, München 2010.

Aydin, Cemil: *The Politics of Anti-Westernism in Asia*, New York 2007.

Bacevich, Andrew J. (Hg.): *The Short American Century. A Postmortem*, Cambridge, MA 2012.

Barbeau, Arthur E.: The Japanese at Bedford, in: *Western Pennsylvania Historical Magazine* 64 (1981), S. 151–172.

Bender, Thomas: *A Nation among Nations. America's Place in World History*, New York 2006.

Berghahn, Volker R.: *America and the Intellectual Cold Wars in Europe*, Princeton, NJ 2001.

Blanchon, David: *Atlas mondial de l'eau*, Paris 2009.

Blatman, Daniel: *Die Todesmärsche 1944/45. Das letzte Kapitel des nationalsozialistischen Massenmords*, übers. v. Markus Lemke, Reinbek 2011.

Borg, Dorothy/Shumpei Okamoto (Hg.): *Pearl Harbor as History*, New York 1973.

Borstelmann, Thomas: *The 1970s. A New Global History from Civil Rights to Economic Inequality*, Princeton, NJ 2012.

Bose, Sugata/Kris Manjapra (Hg.): *Cosmopolitan Thought Zones. South Asia and the Global Circulation of Ideas*, Basingstoke 2010.

Boyer, Paul: *By the Bomb's Early Light. American Thought and Culture at the Dawn of the Atomic Age*, New York 1985.

Brandt, Conrad/Benjamin Schwartz/John K. Fairbank (Hg.): *Der Kommunismus in China. Eine Dokumentar-Geschichte*, 2 Bde., übers. v. Margarete Montgelas, München 1955.

Bulliet, Richard W., u. a.: *The Earth and Its Peoples. A Global History*, 2 Bde., Boston 2005.

Burk, Kathleen/Alec Cairncross: *«Good-bye, Great Britain». The 1976 IMF Crisis*, New Haven, CT 1992.

Carroué, Laurent/Didier Collet/Claude Ruiz: *La mondialisation. Genèse, acteurs et enjeux*, Rosny-sus-Bois ²2009.

Conway, Martin/Kiran Klaus Patel (Hg.): *Europeanization in the Twentieth Century*, New York 2010.

Coulborn, Rushton (Hg.): *Feudalism in History*, Princeton, NJ 1956.

Cumings, Bruce: *Dominion from Sea to Sea. Pacific Ascendancy and American Power*, New Haven, CT 2009.

Damousi, Joy/Mariano Ben Plotkin (Hg.): *The Transnational Unconscious. Essays in the History of Psychoanalysis and Transnationalism*, Basingstoke 2009.

Deacon, Desley/Penny Russell/Angela Woollacott (Hg.): *Transnational Lives. Biographies of Global Modernity, 1700-Present*, Basingstoke 2010.

Desmond, Jane C.: *Staging Tourism. Bodies on Display from Waikiki to Sea World*, Chicago 1999.

Dingman, Roger: *Deciphering the Rising Sun. Navy and Marine Corps. Codebreakers, Translators, and Interpreters in the Pacific War*, Annapolis, MD 2009.

Engerman, David C.: *Modernization from the Other Shore. American Intellectuals and the Romance of Russian Development*, Cambridge, MA 2003.

Evangelista, Matthew: *Unarmed Forces. The Transnational Movement to End the Cold War*, Ithaca, NY 1999.

Fahlenbrach, Kathrin, u. a. (Hg.): *The Establishment Responds. Power, Politics, and Protest since 1945*, Basingstoke 2012.

Fanon, Frantz: *Die Verdammten dieser Erde*, übers. v. Traugott König, Frankfurt a. M. 1966.

Frankl, Viktor E.: *Der Mensch vor der Frage nach dem Sinn*, München ⁴1985.

Fussell, Paul: *Wartime. Understanding and Behavior in the Second World War*, New York 1989.

George, Timothy S.: *Minamata. Pollution and the Struggle for Democracy in Postwar Japan*, Cambridge, MA 2001.

Gienow-Hecht, Jessica C. E.: *Sound Diplomacy. Music and Emotions in Transatlantic Relations, 1850–1920*, Chicago 2009.

Giesen, Bernhard/Christoph Schneider (Hg.): *Tätertrauma. Nationale Erinnerungen im öffentlichen Diskurs*, Konstanz 2004.

Goedde, Petra: *GIs and Germans. Culture, Gender, and Foreign Relations, 1945–1949*, New Haven, CT 2003.

Goldin, Ian/Geoffrey Cameron/Meera Balarajan: *Exceptional People. How Migration Shaped Our World and Will Define Our Future*, Princeton, NJ 2011.

Grandner, Margarete/Dietmar Rothermund/Wolfgang Schwentker (Hg.): *Globalisierung und Globalgeschichte*, Wien 2005.

Hagihara, Nobutoshi, u. a. (Hg.): *Experiencing the Twentieth Century*, Tokio 1985.

Hamm, Mark S.: *The Abandoned Ones. The Imprisonment and Uprising of the Mariel Boat People*, Boston 1995.

Hartz, Louis: *The Liberal Tradition in America*, New York 1955.

Harwit, Martin: *An Exhibit Denied. Lobbying the History of Enola Gay*, New York 1996.

Hasegawa, Tsuyoshi (Hg.): *The Cold War in East Asia, 1945–1991*, Washington, DC 2011.

He Yinan: *The Search for Reconciliation. Sino-Japanese and German-Polish Relations since World War II*, Cambridge 2009.

Hirakawa, Hotoshi, u. a.: *Higashi Ajia chiiki kyôryoku no kyôdô sekkei* (Joint planning for East Asian regional cooperation), Tokio 2009.

Hixson, Walter: *Parting the Curtain. Propaganda, Cuture, and the Cold War, 1945–1961*, Basingstoke 1997.

Hobsbawm, Eric J.: *Das Zeitalter der Extreme. Weltgeschichte des 20. Jahrhunderts*, übers. v. Yvonne Badal, München 1995.

Hofstadter, Richard: *The American Political Tradition and the Men Who Made It*, New York 1955.

Iriye, Akira: *Global Community. The Role of International Organizations in the Making of the Contemporary World*, Berkeley, CA 2002.

Iriye, Akira: *Power and Culture. The Japanese-American War, 1941–1945*, Cambridge, MA 1981.

Iriye, Akira: *The Globalizing of America, 1913–1945*, Cambridge ²2013.

Jansen, Marius B. (Hg.): *Changing Japanese Attitudes Toward Modernization*, Princeton, NJ 1965.

Janssen, Sarah (Hg.): *The World Almanac and Book of Facts 2010*, New York 2010.

Japan Foundation Center for Global Partnership (Hg.): *The End of the Century. The Future in the Past*, Tokio 1995.

Kashner, Zoë, u. a. (Hg.): *The World Almanac and Book of Facts 2007*, New York 2007.

Keene, Donald: *Chronicles of My Life. An American in the Heart of Japan*, New York 2008.

Kirsch, Adam: The Battle for History, in: *The New York Times Book Review*, 29. 5. 2011, S. 10–11.

Kitamura, Hiroshi: *Screening Enlightenment. Hollywood and the Cultural Reconstruction of Defeated Japan*, Ithaca, NY 2010.

Kittel, Manfred: *Marsch durch die Institutionen? Politik und Kultur in Frankfurt nach 1968*, München 2011.

Koenen, Gerd: *Das rote Jahrzehnt. Unsere kleine deutsche Kulturrevolution, 1967–1977*, Frankfurt a. M. ⁵2011.

Kraft, Sandra: *Vom Hörsaal auf die Anklagebank. Die 68er und das Establishment in Deutschland und den USA*, Frankfurt a. M. 2010.

Lake, Marilyn/Henry Reynolds: *Drawing the Global Colour Line. White Men's Countries and the International Challenge of Racial Equality*, Cambridge 2008.

Löffler, Berthold: *Integration in Deutschland*, München 2011.

Maccaglia, Fabrizio/Marie-Anne Matard-Bonucci (Hg.): *Atlas des mafias*, Paris 2009.

Maeda, Yôichi: *Seiô ni manande* (Studying in Western Europe), Tokio 1954.

Mazlish, Bruce: *Civilization and Its Contents*, Stanford, CA 2004.

Mazlish, Bruce: *The Idea of Humanity in a Global Era*, New York 2009.

Mazlish, Bruce/Ralph Buultjens (Hg.): *Conceptualizing Global History*, Boulder, CO 1993.

McDougall, Walter A.: *Let the Sea Make a Noise .... A History of the North Pacific from Magellan to MacArthur*, New York 1993.

Meier, Christian: *Das Gebot zu vergessen und die Unabweisbarkeit des Erinnerns*, München ³2010.

Meinhof, Ulrike Marie: *Die Würde des Menschen ist antastbar. Aufsätze und Polemiken*, Neuaufl., Berlin 2008.

Morgan, Ted: *On Becoming American*, New York 1978.

Morris, Benny: *The Birth of the Palestinian Refugee Problem, 1947–1949*, Cambridge 1987.

Nagai, Kafū: *American Stories*, übers. v. Mitsuko Iriye, New York 2000.

Naimark, Norman M.: *Die Russen in Deutschland. Die sowjetische Besatzungszone 1945 bis 1949*, Berlin 1997.

Nettl, Bruno: *Encounters in Ethnomusicology. A Memoir*, Warren, MI 2002.

Ni Yan: *Senji Nit-Chû eiga koshoshi* (Interactions between Japanese and Chinese movies during the war), Tokio 2010.

Ninkovich, Frank: *The Diplomacy of Ideas. U.S. Foreign Policy and Cutural Relations, 1938–1950*, Cambridge 1981.

Nye, Joseph S.: *Bound to Lead. The Changing Nature of American Power*, New York 1990.

Osterhammel, Jürgen: *Geschichtswissenschaft jenseits des Nationalstaats. Studien zu Beziehungsgeschichte und Zivilisationsvergleich*, Göttingen 2001.

Palmer, Robert R.: *Das Zeitalter der demokratischen Revolution. Eine vergleichende Geschichte Europas und Amerikas von 1760 bis zur Französischen Revolution*, übers. v. Herta Lazarus, Frankfurt a. M. 1970.

Park, James William: *Latin American Underdevelopment. A History of Perspectives in the United States, 1870–1965*, Baton Rouge, LA 1995.

Patel, Ana Cutter/Pablo De Greiff/Lars Waldorf (Hg.): *Disarming the Past. Transnational Justice and Ex-combatants*, New York 2009.

Pells, Richard: *Not Like Us. How Europeans Have Loved, Hated, and Transformed American Culture since World War II*, New York 1997.

Poscher, Ralf/Johannes Rux/Thomas Langer: *Von der Integration zur Inklusion. Das Recht auf Bildung aus der Behindertenrechtskonvention der Vereinten Nationen und seine innerstaatliche Umsetzung*, Baden-Baden 2008.

Price, John: *Orienting Canada. Race, Empire, and the Transpacific*, Vancouver 2011.

Riding, Alan: *And the Show Went On. Cultural Life in Nazi-Occupied Paris*, New York 2010.

Riesman, David: *Die einsame Masse*, übers. v. Renate Rausch, Darmstadt 1956.

Rostow, Walt Whitman: *Stadien wirtschaftlichen Wachstums. Eine Alternative zur marxistischen Entwicklungstheorie*, übers. v. Elisabeth Müller, Göttingen 1960.

Said, Edward W.: *Orientalismus*, übers. v. Hans Günter Holl, Frankfurt a. M. 2009.

Saillant, Francine: *Identités et handicap. Circuits humanitaires et posthumanitaires*, Paris 2007.

Sassen, Saskia: *The Global City. New York, London, Tokyo*, Princeton, NJ ²2001.

Schechter, Patricia A.: *Exploring the Decolonial Imaginary. Four Transnational Lives*, Basingstoke 2012.

Schwartz, Manuela (Hg.): *Quellen zur Geschichte emigrierter Musiker 1933–1950*, Bd. 1: *Kalifornien*, Berlin 2003.

Shibusawa, Naoko: *America's Geisha Ally. Reimagining the Japanese Enemy*, Cambridge, MA 2006.

Snyder, Sarah: *Human Rights Activism and the End of the Cold War. A Transnational History of the Helsinki Network*, Cambridge 2011.

Spengler, Oswald: *Der Untergang des Abendlandes* (erstmals 1918/1922), München 1998.

Starr, S. Frederick: *Red and Hot. The Fate of Jazz in the Soviet Union 1917–1980*, New York 1983.

Tertrais, Bruno: *Atlas Mondial du Nucléaire*, Paris 2011.

Thomas, Scott M.: *The Global Resurgence of Religion and the Transformation of International Relations. The Struggle for the Soul of the Twenty-First Century*, New York 2005.

Tignor, Robert L., u. a.: *Worlds Together, Worlds Apart. A History of the Modern World from the Mongol Empire to the Present*, New York 2002.

Toynbee, Arnold J.: *Der Gang der Weltgeschichte*, übers. v. Jürgen von Kempski, Neuaufl., Frankfurt a. M. 2010.

Toynbee, Arnold J.: *Kultur am Scheideweg*, übers. v. Ernst Doblhofer, Zürich 1949.

Tyrrell, Ian: *Transnational Nation. United States History in Global Perspective since 1789*, Basingstoke 2007.

Vogel, Ezra F.: *Deng Xiaoping and the Transformation of China*, Cambridge, MA 2011.

Vogel, Steven K.: *Freer Markets, More Rules. Regulatory Reform in Advanced Industrial Countries*, Ithaca, NY 1996.

Watt, Lori: *When Empire Comes Home. Repatriation and Reintegration in Postwar Japan*, Cambridge, MA 2009.

Weber, Max: *Religion und Gesellschaft. Gesammelte Aufsätze zur Religionssoziologie*, Darmstadt 2012.

Wells, Herbert G.: *Die Geschichte unserer Welt*, übers. v. Otto Mandl, Helene M. Reiff und Erna Redtenbacher, Berlin 1948.

Wihtol de Wenden, Catherine: *Atlas mondial des migrations*, Paris 2009.

Wittner, Lawrence S.: *One World or None. A History of the World Nuclear Disarmament Movement through 1953*, Stanford, CA 1993.

Wolin, Richard: *The Wind from the East. French Intellectuals, the Cultural Revolution, and the Legacy of the 1960s*, Princeton, NJ 2010.

Yamamoto, Tadashi/Akira Iriye/Makoto Iokibe (Hg.): *Philanthropy and Reconciliation. Rebuilding Postwar U.S.-Japan Relations*, Tokio 2006.

Yang Daqing, u. a. (Hg.): *History Beyond Borders. Contentious Issues in Sino-Japanese Relations*, Cambridge, MA 2012.

Yin Xiaohuang: *Chinese American Literature since the 1850s*, Urbana, IL 2000.

Zierler, David: *The Invention of Ecocide. Agent Orange, Vietnam, and the Scientists Who Changed the Way We Think About the Environment*, Athens, GA 2011.

ABBILDUNGSNACHWEIS

S. 27: The Library of Congress, Washington, DC

S. 33 (Time & Life Pictures), *46* (Popperfoto), *130, 147* (Time & Life Pictures), *185* (Sports Illustrated), *191* (Time & Life Pictures), *219* (Time & Life Pictures), *233* (Popperfoto), *251, 276, 316* (Time & Life Pictures), *325* (Time & Life Pictures), *337, 350* (AFP), *363, 391, 402* (LightRocket), *442* (Jeff Hunter), *459* (Time & Life Pictures), *477* (UIG), *493, 513* (Time & Life Pictures), *546, 553, 565, 579, 589, 630, 635, 652, 654, 681* (AFP), *686* (IWM), *695* (Time & Life Pictures), *717* (Time & Life Pictures), *733* (NY Daily News), *741, 750* (WireImage), *763* (AFP), *767* (AFP), *769, 785, 793* (AFP), *822* (AFP): Getty Images

S. 65 (© Bettmann), *80* (© Hulton-Deutsch Collection), *86* (© Bettmann), *97* (© Bettmann), *107* (© Bettmann), *137* (© Pascal Manoukian/Sygma), *172* (© Thorne Anderson), *227* (© Bettmann), *265* (© Bettmann), *284* (© Luis Orlando Lagos Vázquez/The Dmitri Baltermants Collection), *374* (© G. Bowater), *412* (© Ton Koene/Visuals Unlimited), *421* (© Ashley Cooper), *520* (© JP Laffont/Sygma), *617* (© Bettmann), *702* (© Bettmann): CORBIS

S. 577: Konrad-Adenauer-Stiftung, Sankt Augustin

Leider war es nicht in allen Fällen möglich, die Inhaber der Rechte zu ermitteln. Wir bitten deshalb gegebenenfalls um Mitteilung. Der Verlag ist bereit, berechtigte Ansprüche abzugelten.

DIE AUTOREN UND HERAUSGEBER

Peter Engelke ist Senior Fellow am Atlantic Council in Washington, D.C. In seiner Forschungsarbeit beschäftigt er sich vor allem mit langfristigen globalen Entwicklungen und ihren Auswirkungen auf die Geopolitik, auf Global Governance und Sicherheit, auf die wirtschaftliche Entwicklung und die ökologische Stabilität. Zu seinen Veröffentlichungen zählt u.a. *Health and Community Design. The Impact of the Built Environment on Physical Activity* (zusammen mit Lawrence D. Frank und Thomas L. Schmid, 2003).

Petra Gödde ist Associate Professor of History an der Temple University. Zu ihren Spezialgebieten zählen die Auslandsbeziehungen der USA, transnationale Kultur- und Geschlechtergeschichte. Sie veröffentlichte u.a. *GIs and Germans. Culture, Gender, and Foreign Relations, 1945–1949* (2003), *The Human Rights Revolution. An International History* (hg. zusammen mit Akira Iriye und William I. Hitchcock, 2012) sowie das *Oxford Handbook of the Cold War* (hg. zusammen mit Richard H. Immerman, 2013).

Akira Iriye hatte bis zu seiner Emeritierung die Charles Warren Professur für Geschichte an der Harvard University inne. Als Pionier auf dem Feld der transnationalen Geschichte hat er vor allem über amerikanische Diplomatiegeschichte und die Beziehungen zwischen den USA und Asien geforscht. Zu seinen Veröffentlichungen zählen *China and Japan in the Global Setting* (1992), *Cultural Internationalism and World Order* (1997), *Global Community. The Role of International Organizations in the Making of the Contemporary World* (2002) und *Global and Transnational History. The Past, Present, and Future* (2012).

Wilfried Loth ist Professor für Neuere und Neueste Geschichte an der Universität Duisburg-Essen. Zu seinen Forschungsschwerpunkten gehören die Geschichte Europas im 19. und 20. Jahrhundert, die internationalen Beziehungen nach dem Zweiten Weltkrieg sowie die Geschichte des Kalten Krieges und der europäischen Integration. Unter anderem veröffentlichte er *Stalins ungeliebtes Kind. Warum Moskau die DDR nicht wollte* (1994), *Helsinki, 1. August 1975. Entspannung und Abrüstung* (1998), *Die Teilung der Welt. Geschichte des Kalten Krieges 1941–1955* (2002) und *Dimensionen internationaler Geschichte* (hg. zusammen mit Jost Dülffer, 2012).

John R. McNeill ist Professor an der Georgetown University, wo er Umwelt- und Weltgeschichte lehrt. Er veröffentlichte unter anderem *Something New Under the Sun* (2000, dt. *Blue Planet. Die Geschichte der Umwelt im 20. Jahrhundert*), *The Human Web. A Bird's-Eye View of World History* (gemeinsam mit William H. McNeill, 2003) und *Mosquito Empires. Ecology and War in the Greater Caribbean, 1620–1914* (2010).

Jürgen Osterhammel ist Professor für Neuere und Neueste Geschichte an der Universität Konstanz und Träger des Gottfried Wilhelm Leibniz-Preises. 2012 erhielt er den Gerda-Henkel-Preis. Sein Buch *Die Verwandlung der Welt. Eine Geschichte des 19. Jahrhun-*

derts (⁵2010) hat auch international starke Beachtung gefunden. Im Verlag C. H. Beck erschien zuletzt: Jan Jansen/Jürgen Osterhammel, *Dekolonisation* (2013).

Thomas W. Zeiler ist Professor für Geschichte an University of Colorado in Boulder. Er ist Experte für die Themenbereiche US-Diplomatie und Globalisierung und Chefredakteur der Zeitschrift *Diplomatic History.* Zu seinen Buchveröffentlichungen gehören *Globalization and the American Century* (2003) und *Annihilation. A Global Military History of World War II* (2011).

REGISTER

Personenregister

Ortsregister

Sachregister